JN441548

중국사상사

7세기 이전
중국의 지식과 사상,
그리고
신앙세계

중국사상사

7세기 이전
중국의 지식과 사상,
그리고
신앙세계

거자오광 葛兆光 지음 — 이등연, 심규호, 양충렬, 오만종 옮김

일빛

■ 일러두기

1. 원주와 역주를 함께 일련 번호를 매기되, 역주의 일련 번호를 간략화 하기 위하여 양쪽 펼친 면마다 새로 번호를 매겼을음 알려둔다.
2. 다만 원주 외에 역자가 부연설명을 한 역주(譯註)는 괄호 안에 '역자 주'라고 표시해 구별했다.
3. 번역 어투는 가능한 원전의 문맥에 따랐다.
4. 명사와 명사는 한 말이 아닌 경우에 모두 띄어쓰기를 했다. 단 고유명사나 간혹 책 이름의 경우는 예외로 했다.
5. 중국의 인명과 지명은 한국 한자음으로 읽었다. 단지 타이베이(臺北), 투르판(吐魯番), 홍콩(香港) 등은 우리에게 익숙한 원지음을 최대한 따라 표기했다. 일본의 인명은 일본어 표기법에 따라 읽었다.

한국의 독자들에게

이 책은 한국에서 번역 출간된 나의 네 번째 저서다. 이 책 『중국사상사』는 앞서 출간된 『선종과 중국문화』, 『도교와 중국문화』, 『중국경전십종』에 비해 분량이 상당히 많다. 그만큼 많은 정력을 소모하고 오랜 시간이 걸렸다. 쓰는 데만 7~8년이란 세월이 흘렀으니, 자료를 준비하고 검토하는 시간까지 합한다면 그보다 훨씬 많은 시간이 걸렸다고 말할 수 있다. 그렇기 때문에 이 책이 한국어로 번역되어 중국사상사 연구를 통해 나름의 터득한 내용들에 관해 직접 한국의 학자들과 교류할 수 있게 되어 정말 기쁘다.

이 책 『중국사상사』가 1998년과 2001년 완간된 후 중국 학계에 적지 않은 논쟁을 불러일으켰다. 내가 본 것 만해도 30여 편에 달하는 서평이 국내외 정기간행물이나 신문 등에 발표되었는데, 이는 각종 논저 중에 반복 인용되거나 토론된 것을 제외한 숫자다. 그 가운데 몇 가지 문제에 관한 토론이 특히 격렬했다.

첫째는 '일반 지식과 사상, 그리고 신앙세계'를 사상사에 집어넣을 수 있느냐에 관한 것이다. 이는 사상사의 자료 범위를 확장시킬 것인가, 사상사의 배경을 새롭게 중건할 것인가 여부와 관련된 문제라고 할 수 있는데, 사상사가 사상의 제도화, 상식화, 풍속화 등의 문제를 서술해야하는가에 관한 문제이자 과거에 문화사 내용으로 간주되던 것들을 사상사에 과연 포함시킬 수 있겠는가라는 질문이기도 하다.

둘째는 지식과 사상사의 관계를 어떻게 처리할 것인가에 관한 논쟁이다. 만약 사상사 저작물에서 사상의 지식 토대를 논의하게 된다면 반드시 수술(數術)·방기(方技)에 관한 전통적인 지식, 즉 지금의 과학사나 기술사, 학술사, 심지어는 교육사 내용까지 모두 사상사에 끌어들일 수밖에 없다. 그렇다면 과연 사상사가 그러한 것들을 다루어야만 할 것인가?

셋째는 사상사에서 '가법(加法)'과 '감법(減法)'에 관한 논쟁이다. 이는 사상사에서 시간이 흐르면서 점차 사람들의 기억 속에서 희미해진 내용들을 다시 토론해야 하는가라는 문제와 관련된다. 삭제된 내용을 다시 역사 위로 끌어올리는 것은 당시 진실한 문화 환경을 반영하는 일인가? 만약 이러한 내용을 발굴하지 않을 경우 우리는 계속되는 '후견지명(後見之明 : 나중에 생각나는 묘안)'으로 과거를 오독할 수 있지 않겠는가? 이런 질문이 주된 논제가 되었다.

넷째는 '사람' 또는 '책'으로 장절이나 단원을 구분하지 않고 사상사를 서술하게 될 경우 역사의 연속 맥락을 제대로 표현할 수 있겠는가와 관련된 논쟁이다. 기존의 장절 형식의 사상에 익숙한 독자들에게 곤혹감을 줄 수도 있다는 인식이 이러한 논쟁의 바탕에 깔려 있다.

다섯째는 사상사의 시기를 어떻게 구분할 것인가에 대한 논쟁이다. 이와 관련하여 다음과 같은 의문이 제시되었다. 왜 7세기 초(초당初唐에 해당한다)와 1895년을 사상사 시대 구분의 표지로 삼았는가? 이처럼 기존의 것과 다른 시기 구분법은 특별한 의미를 암시하고 있는가?

이상 여러 가지 문제들은 중국대륙에서 여전히 쟁론 중이다. 흥미로운 점은 이러한 문제와 논의가 어느 정도 고대 중국에 관한 논설을 자극하여 결국 '철학(哲學)'인가 아니면 '사상(思想)'인가라는 문제까지 야기했으며, 또한 간접적으로 이른바 '중국 철학의 합법성' 문제에 관한 쟁론을 일으켰다는 점이다. 이러한 논쟁은 서양 학계에도 큰 반향을 일으켜, 2002년 뉴욕에서 출간된 「당대 중국 사상(*Contemporary Chinese Thought*)」 33권 봄호와 여름호에 관련 내용이 실렸고, 일부 내용의 영문 번역문이 연재되었으며, 유럽 학자들도 장편의 서문을 발표하여 논쟁에 참가하였다.

확실히 내가 제시한 여러 문제들이 자극적이기는 하다. 아마도 이러한 논쟁은 앞으로도 계속될 것이고, 생각하기에 단시간 내에 최종 결론이 나기는 어려울 것이다. 다행인 것은 이러한 토론이 중국 학계를 자극하여 보다 심층적인 문제들을 사고하게 만드는 계기가 될 것이라는 점이다. 이런 면에서 나는 몇 마디 말을 덧붙이고자 한다. 그것은 한국 학자들의 관심과 주목을 바란다는 점이다. 앞서 말한 여러 가지 논쟁은 분명 '중국'의 사회, 사상, 학술 배경에서 나온 것이다. 『중국사상사』에서 내가 짊어지고 있는 고민이나 생각하고 있는 문제, 나름의 책략 등이 모두 '중국'에 대한 사고에서 온 것과 마찬가지이다. 아마도 현재 한국 사회나 사상, 학술 상황이 중국의 그것과 서로 다르기 때문에 중국사상사 연구를 대하는 한국 학자들은 나와 같은 걱정이나 문제의식, 또는 책략 등이 굳이 필요 없을 수도 있다. 그러나 나는 여전히 내가 쓴 『중국사상사』를 통해 한국 학계에 다음과 같은 정보, 즉 이런 쟁론이 벌어지는 것은 중국의 특정적인 배경에서 야기된 것으로 가까운 거리에 있는 이웃(중국)에서 일어나고 있는 주목할 만한 학술사 동향이며, 그 동향의 배후에 대단히 심각한 정치와 사회와 생활 배경이 존재하고 있다는 것을 전달하고자 한다.

공교롭게도 최근 몇 년 동안 나는 '근세'에 중국과 일본, 그리고 한국이 서로 얽혀 있는 문화사와 사상사에 특별히 관심을 갖기 시작했다. 나는 특히 '이역(異域)의 눈'으로 명청(明淸) 시대의 중국 사회와 사상과 학술을 살펴야 한다고 주장한 바 있다. 그렇기 때문에 때때로 조선시대의 한문 사료를 읽으면서 『연행록(燕行錄)』과 같은 역사 문헌에서 당시 조선 학자들의 중국에 대한 관찰이 상당히 예리했음을 알게 되었다. 그들은 우리들에게 중국 사료에서 볼 수 없는 것들을 제공하였다. 이와 마찬가지로 현재 한국 학계의 중국에 대한 연구도 우리 중국인들에게 반드시 필요한 '이역의 눈'으로 진지하게 살피고 상대해야 할 것이다. 그렇기 때문에 양국 학술의 상호 교류와 번역이 각별히 중요하다고 생각한다.

이런 점에서 나는 이등연, 심규호, 양충렬, 오만종 등 네 분의 교수께서 내 책을 번역해 준 것에 대해 깊이 감사한다. 번역은 문화의 교량이다. 이를 통해 다른 언어를 사용하는 학자들이 서로 만나고 소통할 수 있으며, 서로 이해할 수 있다. 특히 심규호 교수에게 감사드린다. 그는 내 책 두 권을 번역한 역자다. 비록 10여 년 동안 서로 만날 기회가 그리 많았던 것은 아니었지만, 지금도 나는 1995년의 어느 날을 생생하게 기억하고 있다. 그 해 나는 북경의 한 병원에서 수술을 받았다. 때마침 그도 북경에 체류하고 있었는데, 무더운 여름날 오후 직접 내 병실로 찾아와 병문안을 해주었다. 그 일로 나는 학술 교류가 때로 감정의 소통을 가져다주며 학술에 대한 상호 이해가 때로 서로 다른 나라의 학자들을 벗으로 만든다는 사실을 확인할 수 있었다.

그리고 두 번째 권인 『중국사상사 — 7세기에서 19세기까지의 중국의 지식과 사상, 그리고 신앙』도 곧 번역 출간된다고 하니, 진심으로 한국 친구들의 비판과 가르침을 기대하고 있겠다.

상해 복단대학(復旦大學)에서

● 추천의 글

리쉐친(**李學勤이학근**)

청화대학 교수 겸 인문학원 사상문화연구소 소장. 고고학 특히 청동기 연구에 정통한 대표 학자

『중국사상사』는 비록 정영(精英 : 엘리트)과 경전의 사상사를 서술하고 있기는 하지만 작가가 짙은 색채로 묘술한 것은 '일반 사상사'이다. 이로 인해 본서는 방법적인 면뿐만 아니라 서술 시각 면에서도 완전히 새로운 면모를 지니게 되었다. ……이 책은 참신한 각도와 영역에서 대부분의 사람들에게 그다지 익숙하지 않은 사상 세계를 선보이면서 더욱 광범위하고 깊이 있는 연구의 새로운 의미를 구현하고 있다.

싱번쓰(**邢賁思형분사**)

철학자, 이론가, 국제역학(易學)연합회 부회장, 전 중앙당교(中央黨校) 부교장, 잡지 『구실(求實)』 전 편집장

지금까지 청장년 학자들에 의해 수많은 가치 있는 작품들이 편찬 또는 독자 연구를 통해 출간되었다. 이는 중국 인문과학 연구를 뒷받침할 수많은 후배 학자들이 존재한다는 의미이기도 하다. 예컨대 거자오광 교수의 『중국사상사』는 방대한 문헌 조사, 상세하고 확실한 자료, 참신한 관점, 성실한 연구 등을 토대로 어려운 작업을 완성하였으니, 그 뜻이 참으로 기특하다. 내가 생각하기에 독창적인 연구 업적을 격려하고, 독립적으로 완성시킨 우수한 저작에 대해 특별한 관심을 표명해야 할 것이다.

왕위안화(**王元化왕원화**)

문예이론가, 화동(華東) 사범대학 교수 겸 중국작가협회 고문, 중국 문심조룡학회 및 중국문예이론학회 명예회장

거자오광 교수의 사상사는 자료가 상당히 풍부하다. 우리들의 사상사, 학술사 편찬은 여전히 부족한 것이 사실인데, 과거에도 문학사를 다시 써야 한다는 말을 했던 이들이 있다. 어떤 의미에서 새로운 문학사나 사상사를 쓴다는 것은 그것이 어떤 것이든지 간에 '다시 쓰기(重寫)'라고 할 수 있다. 내가 지금 말하고자 하는 '다시 쓰기'는 이러한 사상사가 사상 관념에서 과거와 다른 방법, 관념, 체계를 건립하여 새로운 발전과 성과를 얻어야 한다는 것을 의미한다.

주웨이정(**朱維錚주유쟁**)

복단대학 역사과 교수 겸 중국사상문화사 연구실 주임. 중국 경학사(經學史) 연구에 조예가 깊다.

이 책의 특색은 총체적인 사고뿐만 아니라 치밀하고 구체적인 견해가 적지 않다는 점이다. 학

술사의 경우 때로 누군가 전혀 낯설은 영역으로 들어가 기존의 연구를 통해 발견하지 못한 새로운 문제를 발견하기도 한다. 거자오광의 이 책을 읽으면서 이런 느낌이 들었다. 거자오광 교수는 성실한 학자이며 학풍도 상당히 근엄하다. 그가 쓴 『중국사상사』는 이전 학자들이 갖추지 못한 몇 가지 성과를 얻었다고 생각한다. 물론 책 내용 가운데 약간 논의할 부분이 없는 것은 아니지만 나 역시 그가 이처럼 자신의 큰 역량을 발휘하여 사상사를 탐구한 것에 대해 탄복한다.

거젠숭(葛劍雄 갈검웅)

복단대학 교수 겸 중국역사지리연구소 소장, 중국 진한사(秦漢史)연구회 부회장

우리들이 말하는 사상사는 너무 좁았는데, 거자오광 교수가 지금 사상사의 범위를 넓혀 놓았다. 적어도 그가 말한 신앙과 지식의 구조까지 넓어졌다. 혹자는 이러한 글쓰기 방식이 국외에 이미 존재한다고 말하지만, 나는 그의 방법이 창신(創新)하다고 생각한다. 학술 평가도 이러한 창신성을 격려하고 있다. 국제적인 학술 성과를 반영했다거나 어떤 깨우침을 수용했기 때문이 아니다. 그렇다면 창신이라고 할 수 없다. 적어도 지금까지 중국에는 이러한 사상을 체계적으로 관철시켜 사상사를 쓴 사람이 없었다. 아니 아직 없었다고 말해야 할 것이다. 바로 이 점이 대단한 것이다.

저우전허(周振鶴 주진학)

복단대학 역사지리연구소 교수, 중국지리학회 역사지리전문위원회 회원, 상해역사학회 이사

거자오광 교수의 『중국사상사』가 지닌 기본적인 의의는 사상사도 이렇게 쓸 수 있으며, 또한 이렇게 연구될 수 있다는 것을 알게 해주었다는 점이다. ……사상을 역사의 역사로 삼게 된 것은 그다지 오래된 일이 아니다. 이미 출판된 중국사상사는 수량적으로 그다지 많지 않기 때문에 또 다른 쓰기나 다시 쓰기의 공간이 비교적 넓다고 할 수 있다. 나는 이 책의 중요한 학술적 의의가 바로 여기에 있다고 생각하지 어떤 이들이 이야기하는 것처럼 자신의 저작이 이미 "한 권의 책을 써서 다른 모든 책들을 폐기할 정도"의 수준에 도달했기 때문은 아니라 생각한다. 또한 거자오광 교수가 집필한 이러한 일반적인 의미의 사상사 역시 다시 쓰게 될 가능성도 있다. 이것이 바로 학술 발전의 정상적인 길이 아닌가 한다.

거자오광(葛兆光) 교수의 『중국사상사』는 제1권 '7세기 이전 중국의 지식과 사상, 그리고 신앙세계(七世紀前中國的知識, 思想與信仰世界)'와 제2권 '7세기에서 19세기까지의 중국의 지식과 사상, 그리고 신앙(七世紀至十九世紀中國的知識, 思想與信仰)'으로 이루어져 있다. 각 권 앞부분에 '사상사의 서술 방법(思想史的寫法)'과 '속 사상사의 서술 방법(續思想史的寫法)'이라는 제목의 글이 실려 있는데, 이 번역서는 이를 「도론」으로 권두에 넣고 첫 번째 권과 한데 엮었다.

「도론」은 중국사상사 연구에 중요한 이론과 방법에 관한 문제를 논구하고 있다. 이는 기존의 『중국사상사』와 다른 글쓰기를 시도하고 있는 거자오광 교수의 『중국사상사』의 특질과 관련된 것으로 다음과 같은 내용을 담고 있다.

사상사는 엘리트, 경전 사상의 세계와 일반 지식과 사상, 그리고 신앙세계를 어떻게 다루어야 하는가? 지식사와 사상사 간의 문제, 고대 중국 사상의 궁극적인 근거나 기본 예설(預設)은 무엇인가? 과거의 전통적인 글쓰기 방식과 훈도성(訓導性)이 강한 교과서식 장절(章節) 구조를 어떻게 바꿀 것이며, 이를 통해 사상사의 진정한 맥락과 정신을 어떻게 찾아나갈 수 있을 것인가? 사상사는 '무사상(無思想)', 즉 사상이 없던 시대의 경우 그림을 그리지 않은 곳에서도 그림을 볼 수 있는 것처럼 묘사해야 할 것인가, 아니면 하지 말아야 할 것인가? 역사 속의 기억인 전통 지식과 사상은 어떻게 새롭게 해석되어 새로운 사상 자원이 되는가? 사상사 연구에 고고학적 발굴 자료나 문물 자료는 어떻게 처리할 것인가?

이러한 문제 의식 속에서 거자오광 교수는 기존의 중국사상사 글쓰기와 전혀 다른 새로운 글쓰기 방식을 해결책으로 삼아 '7세기 이전 중국의 지식과 사상, 그리고 신앙세계'와 '7세기에서 19세기까지의 중국의 지식과 사상, 그리고 신앙'에 대해 논술하고 있다. 이번에 출간되는 책은 시기적으로 상고시대부터 당대(唐代) 이전까지 사상의 역사를 다루고 있는데, 그 제목을 굳이 '중국사상사 – 7세기 이전 중국의 지식과 사상, 그리고 신앙세계'라고 칭한 것은 「도론」에서 언급한 바대로 기존의 교과서식 장절 구조에서 벗어나 사상사의 연속성을 확보하는 한편, 사람과 전적 중심의 글쓰기가 아닌 논제 중심의 글쓰기를 채택하고 있기 때문이다. 또한 '일반지식'과 '신앙세계'의 내용을 사상사의 중요 논제로 다룸으로써 지식과 사상의 문제를 해결하고, 엘리트 사상이나 경전 사상에 치우친 기존의 사상사의 부족한 점을 보완하고 있다.

차례

제2편

제3편

제4편

中國思想史

도론 : 사상사의 서술 방법

▬ 사상사의 서술 방법

영국의 역사가이며 철학자인 콜링우드(R. G. Collingwood)는 사상사야말로 진정한 역사로 간주하였다.[1] 그의 주장은 의미 있는 견해로 받아들여지기도 하지만 비판의 대상이 되기도 한다. 그러나 콜링우드의 주장이 다소 지나친 면이 있기는 하지만 오늘날에도 사상의 역사적 전통은 여전히 존속된다는 의미로 이해한다면 어느 정도 동의할 수 있지 않을까?

역사란 무엇인가? 역사가 과거의 시간 속에 출현했던 인물이나 사물, 혹은 사실에 지나지 않는다면 그것은 분명 과거라는 시간의 소멸과 함께 사라져 버릴 것이다. 지난날의 금과철마(金戈鐵馬 : 금으로 된 창과 철로 된 말)도 이제는 스러져버렸고, 온갖 조화를 부리던 기상이변도 이제는 그저 스쳐 지나가는 가을바람처럼 쓸쓸한 흔적으로만 남아 있을 뿐이다. 또한 동창(東窓)이나 고요한 담장 안에서 모의되었던 갖가지 음모들 역시 겨우 몇 쪽 혹은 몇 줄의 흔적만 남아 있을 따름이다. 게다가 많은 사람들에게 비난을 받았거나 칭송을 받은 사람들도 현명함이나 어리석음, 충성스러움이나 간사함의 차이가 있기는 하지만 그저 몇몇 연극 작품으로 각색되거나 이야기로만 남아 전해질 뿐이다. 이렇듯 지난 시절의 일들은 박물관이나 고고학적 유적지, 혹은 고대 문헌이나 역사 교과서에서나 발견할 수 있는데 우리는 거기에 귀를 기울일 수도 있고, 외면할 수도 있다.

지금까지 이어지면서 때로 현재 생활에 영향을 미치는 것은 계속해서 축적한 지식과 기술, 그리고 반복적으로 사유해 온 문제와 그것을 통해 형성된 관념이다.

'역사'는 결코 '그때 당시'로만 한정되는 것이 아니다. 내가 볼 때 적어도 두 가지는 지금까지도 면면히 이어져 현재의 생활에 영향을 미치고 있다. 하나는 수천 년 동안 계속해서 축적된 지식과 기술이다. 옛사람들의 지혜와 노력은 인류의 생활에 많은 지식과 기술을 축적해 놓음으로써 후세 사람들이 그것을 누릴 수 있도록 했으며, 뿐만 아니라 옛 사람들의 업적을 발판으로 삼아 새롭게 발전할 수 있도록 밑거름이 되어 왔다. 역사는 바로 이러한 점에서 끊임없이 발전한다. 다른 하나는 수천 년 동안 반복적으로 사유해 온 문제와 그것을 통해 형성된

---

1) 하조무(何兆武), 「역사는 반성적인 것이다(歷史是反思的)」, 『역사와 역사학(歷史與歷史學)』, 홍콩, 옥스퍼드대학 출판사, 139~140쪽, 1995.

관념, 그리고 몇 세대에 걸쳐 애써 추구해 온 우주와 인생의 의미, 우주와 사회와 인생의 문제에 관한 관념과 방법이다. 이러한 것들은 오늘날의 사유 방식에도 영향을 미쳐 지금도 여전히 해결되지 않고 있는 여러 가지 문제들을 여전히 그런 방식에 따라 사유하도록 만든다. 바로 그러한 점에서 역사는 끊임없이 중첩된다. 전자가 기술사(技術史)에 속한다면 후자는 사상사(思想史)에 속한다.

사상은 유형의 기물(器物)이나 생명의 유한성에 의해 소멸되지 않고, 언어나 문자 또는 눈으로 보고 귀로 들어온 습관을 통해 학교 교육과 학교 밖의 환경 속에서 대대로 계승되어 왔다. 이러한 '연속'을 통해 요즘 사람들은 옛사람들이 무슨 생각을 하며 살았는가를 배울 수 있다. 바로 그것 때문에 옛사람들의 사고는 요즘 사람들에게도 의미를 지닌다. 콜링우드는 "역사의 지식은 과거에 정신적으로 어떤 일을 했는가에 관한 지식이다. 동시에 그것은 그와 같은 일을 다시 행할 때 과거의 영원성으로 현재 속에서 활동하고 있다"[1]라고 말하였다. 사유 대상이나 사유 방식, 해석과 실천 방식은 한 세대 한 세대 이어지면서 중복, 변화, 순환되며 새롭게 바뀌어감으로써 시간과 공간의 연속성을 갖게 된다. 이로 인해 역사가 존재하게 되는 것이다.

사상사 저술은 이러한 점에서 자못 의의가 있다. 그럼에도 불구하고 현대 학술사를 되돌아보면 근대 중국에서 사상사라는 명칭은 철학사에 비해 그다지 환영받지 못한 것 같다. 그 원인으로 세 가지를 들 수 있다. 첫째 서양의 '철학사'라는 기존의 틀이 전환기의 중국에서 학술적 방편(方便)이 되었기 때문이다. 둘째 '철학'이란 말이 갖는 서양적 의미가 20세기 전반기에 중국 학술의 흥미를 끌고 또한 자극했기 때문이다. 셋째 대학에 철학과가 생겨나고 그에 상응하는 교재가 필요했기 때문이다.[2]

그래서 어떤 사람은 서양의 기성 관념이나 술어를 비롯해 논리를 가지고 중

1) 콜링우드, 『역사의 관념(歷史的觀念)』(중역본), 하조무(何兆武) 옮김, 북경, 중국사회과학출판사, 247쪽, 1986.

2) '사상사'라는 명칭이 확립된 시기도 비교적 늦은 편이다. 길버트는 「사상사의 목표와 방법」(『당대 사학 연구 *Historical Studies Today*』, Edited by Felix Gilbert and S. R. Graubard, 이풍빈李豐斌 옮김, 타이베이 명문서국明文書局, 111쪽, 1982)이라는 글에서 서구의 경우 1939년까지도 "사상사라는 말이 아직 보편적인 용어로 쓰이지 않은 상황이었지만, 학술계에서는 점차 사상사라는 말을 무의식적으로 사용하기 시작했다"고 밝힌 바 있다.

)세기 중국에 사상사라 : 이름의 저작물은 철학 로 명명된 것보다 많지 았다.

국 학술의 발전 과정을 종합하고자 했고, 어떤 사람은 중국 학술의 발전 과정에서 서양과 같은 철학을 찾아내어 중국에도 서양과 같은 지식이 존재한다는 것을 증명하고자 했다. 또한 대학 강의를 위해 철학사 교재를 저술하는 경우도 있었다. 그렇기 때문에 20세기 학술 저서의 목록을 보면 '사상사'라는 명칭을 가진 저작은 '철학사'라는 명칭의 저작에 비해 적을 뿐만 아니라 철학사 저작과 달리 체계적인 과정을 거치거나 충분한 경험도 축적되어 있지 않았다.

철학사 저술의 역사를 간단히 회고해 보면 다음과 같다. 책 이름을 정하는데 특히 재능이 있었던 사무량(謝無量)은 1916년 여섯 권으로 된 『중국 철학사』를 저술한 적이 있다. 그러나 그의 저작은 새로운 명칭과 다듬어지지 않은 자료를 모은 것에 불과할 뿐, 서술 체계를 갖추지 못하였다.[3] 때문에 3년 뒤인 1919년 호적(胡適)의 『중국 철학사 대강(中國哲學史大綱)』이 상무인서관(商務印書館)에서 출판되면서 즉시 그것을 대체하였다. 훗날 호적은 스스로 "중국에서 철학사를 연구한 것은 내가 처음이다"라고 했는데, 이는 사무량의 철학사를 안중에 두지 않은 듯한 말투였다.

적의 『중국철학사대 』, 풍우란의 『중국철학 』, 임계유의 『중국철학 』, 그리고 80년대에 나 『중국철학사신편』

그러나 채원배(蔡元培)는 호적의 저작이 네 가지 특징 — 증명의 방법, 문제의 핵심을 잡아내는 수완, 객관적인 시각, 체계적인 연구 — 을 가지고 있지만[4] 시간에 쫓긴 탓인지 그 내용이 충실하지 못하다고 평가하였다. 따라서 보다 체계적으로 철학사 기술에 관한 훈련을 거친 풍우란(馮友蘭)이 1930년과 1933년 연이어 체계적인 『중국 철학사』를 출간하자, 호적의 『중국 철학사 대강』 또한 풍우란의 저작에 의해 대체되었다. 물론 호적의 『중국 철학사 대강』이 곧바로 사장된 것은 아니었다. 호적의 저작은 오늘날에도 많은 시사점을 던져 준다. 그렇지만 이 경우 대개 철학사 자체의 문제가 아닌 학술사의 새로운 범주 형성과 변천 및 소멸에 관련된 것인데, 그 '시범'적 의미가 '설명'적 의미보다 강조되기 때문이다.

풍우란의 『중국 철학사』는 구성이 상당히 탄탄할 뿐만 아니라 서양 철학의 개념이나 사유 방식에 대해 깊은 이해를 지니고 있었고, 중국 고대 사상과 학설에

3) 사무량(謝無量), 『중국 철학사』, 상해, 중화서국(中華書局), 1916.

4) 진인각(陳寅恪), 김악림(金岳霖)의 조사 보고 참조. 풍우란(馮友蘭), 『중국 철학사』 부록, 북경, 중화서국.

대해서도 '공감'을 하고 있었다. 분량 또한 일반 독자의 기호에 부합했다. 그러므로 풍우란이 청화대학(清華大學)에서 철학사를 강의하고 이를 『중국 철학사』로 출간했을 당시 상당한 호평을 받았으며, 상무인서관에서 출판되자 한 시대를 풍미하기도 했다. 그러나 시대가 변화함에 따라 풍우란의 저작도 관심 밖으로 밀려난 지 여러 해가 되었다. 1960년대 이후 임계유(任繼愈)의 『중국 철학사』는 보다 간략하고 분명한 노선과 논리, 이념적 색채가 가미된 해석 방식, 그리고 분명하고 이해하기 쉬운 문체로 풍우란의 저작을 대체하였다.[1] 그러나 1980년대에 들어 이념의 강제성이 점차 약화되면서 풍우란의 『중국 철학사』가 중화서국(中華書局)에서 다시 출판되기도 했다. 그 뒤 중국에서 가장 널리 알려진 인민출판사가 7권으로 된 그의 『중국 철학사 신편(中國哲學史新編)』을 발간하였다. 역사의 수레바퀴가 다시 원점으로 되돌아 온 느낌이다. 그러나 근 80년의 역사를 통해 철학사 연구에 풍부한 경험과 교훈이 축적되어 '철학사 다시 쓰기'에 많은 도움이 될 것이다.

그렇지만 여기에도 문제가 없는 것은 아니다. 중국은 철학사 저술에 많은 경험이 있을 뿐만 아니라 처음부터 서구나 일본에서 이미 이루어진 명확한 양식을 차용하였다. 예를 들어 풍우란은 『중국 철학사』 첫머리에서 다음과 같이 밝히고 있다.

> 철학은 원래 서구의 개념이다. 그러므로 중국 철학사를 논할 때 중요한 작업은 중국 역사상 존재했던 여러 학문 가운데 서구에서 이야기하는 철학에 해당하는 것을 선택하여 기술하는 것이다.

풍우란은 현대적 의미에서 철학사는 서구의 철학 개념을 바탕으로 우주론과 인생론, 그리고 지식론의 발전사를 포함하기 때문에 철학사의 저자는 기술하고자 하는 역사에 대해 분명한 인식을 가져야 한다고 보았다. 결국 그는 '중국 역사에 존재해 왔던 각종 학문'을 일반적인 철학사(History of Philosophy)라는 입장에서 기술하는 것이 '중국 철학사'라는 생각을 오래전부터 가지고 있었던 것이다.

---

1) 임계유(任繼愈), 『중국 철학사』 4권 본(本), 북경, 인민출판사, 1966.

중국 고대의 지식과 사상을 '철학사'로 논술할 수 있는가 여부는 문제 아닐 수 없다.

그런데 서양의 기존 철학 개념을 수정하지 않고 그대로 받아들인다면, 이는 신발에 발을 맞추는 격이 될 것이다. 또한 중국의 사상과 지식을 오해하거나 곡해하지 않는 이상 상호 부합되지 않아 그대로 적용할 수 없는 부분이 적지 않게 나타날 것이다. 그러므로 중국 고대의 지식과 사상이 '철학사'로써 기술될 수 있을지의 여부가 참으로 문제였다.[2] 당군의(唐君毅)는 「중국 철학사가 마땅히 견지해야 할 태도와 그 시기 구분에 관해 간략히 논하다(略論作中國哲學史應持之態度及其分期)」라는 글에서 다음과 같이 이야기한 적이 있다.

> 철학이란 용어는 중국에는 원래 존재하지 않았다. 과거의 이른바 도술(道術), 이학(理學), 심학(心學), 현학(玄學) 등은 서구의 철학과 의미가 다르다.[3]

사실 철학이란 용어가 없다는 것은 중국인에게 철학 개념에 부합하는 지식이나 사상, 학술이 없다는 것을 의미한다. 그러나 서구의 학술 개념이 지배하는

2) 사실 이런 회의는 매우 일찍부터 존재했었다. 예를 들어 당시 양계초(梁棨超)가 「중국 역사 연구 보편(中國歷史研究補編)」에서 구상한 '도술사(道術史)의 방법'이 그것이다. 아마도 그는 '철학'이란 명칭을 사용하고 싶지 않아 중국의 '도술(道術)'로 대신한 것 같다. 그리고 김악림(金岳霖)은 풍우란의 『중국 철학사』를 검토하면서 이 문제에 대해 다소 회의적인 태도를 보인 바 있다. 그는 "만일 특정 사상의 내용과 형식이 보편 철학과 다르다면 그러한 사상을 철학으로 볼 수 있을까가 문제가 된다……. '중국 철학'이란 명칭에는 이런 곤란한 문제가 있다"라고 했다. 그런데 그는 자신의 의문점을 보다 발전시키지는 못하였다. 이는 풍우란의 『중국 철학사』의 부록 「심사보고 2(審査報告二)」 5쪽에 보인다.
부사년(傅斯年)은 『고힐강과 상고사를 논하며(與顧詰剛論古史書)』 제3장 「주한 방술가의 세계에서 보이는 몇 가지 방향에 관해(在周漢方術家的世界中幾個趨向)」에서 다음과 같이 분명히 밝히고 있다. "나는 호적 선생이 노자, 공자, 묵자 등을 기록한 책을 철학사라고 부르는 것에 찬성하지 않는다. 중국에는 본래 철학이란 것이 존재하지 않았다. 우리 민족에게 이러한 건강한 습관을 준 것에 하느님께 감사한다……. 무릇 새로운 개념을 가지고 옛 사물을 지칭하는 경우 물질적인 것은 가능하다. 왜냐하면 서로 비슷하기 때문이다. 그러나 인문(人文)상의 사물을 모두 그렇게 할 수는 없다. 왜냐하면 대부분 서로 비슷한 것 같지만 다르기 때문이다." 이는 『부사년 선집(傅斯年選集)』 제3책(타이베이, 문성서점文星書店, 423쪽, 1967)에 보인다. 요즈음 진계운(陳啓雲)은 「양한 사상 문화사의 거시적 의의(兩漢思想文化史的宏觀意義)」에서 풍우란의 『중국 철학사』조차도 "철학사라고 이름을 짓기는 했지만, 사실은 단지 한 철학가가 자신의 철학적 소양에 바탕을 두고 완성한 사상사일 뿐이다"라고 했다. 이는 『한학 연구의 회고와 전망(漢學研究的回顧與前瞻)』 하권(중화서국, 59쪽, 1995)에 실려 있다.

3) 당군의(唐君毅), 「중국 철학사가 마땅히 견지해야 할 태도와 그 시기 구분에 관해 간략히 논하다(略論作中國哲學史應持的態度及其分期)」(1940)와 「중국 철학 연구의 새로운 방향(中國哲學研究之一新方向)」(1965)은 『중국 사상사 방법론 논문집(中國思想史方法論文選集)』(타이베이, 대림출판사大林出版社, 109쪽, 123쪽, 1981)에 실려 있다.

'사상'이란 말은 '철학'보다 포용성이 풍부하다

세상 속에서 당군의 또한 자신의 입장을 견지하지 못하고 결국 '중국 철학'이란 말로써 고대의 사상과 학술을 포괄하게 되었다. 이에 비하면 '사상사(History of Thought 혹은 Intellectual History)'란 용어가 중국 역사상 존재해 왔던 각종 학문들을 기술하는데 타당해 보인다. 그것은 '사상'이란 말이 '철학'에 비해 보다 더 포용성이 풍부하기 때문이다.

그런데 상반되어 보이면서도 실은 동일한 이유로 인해 사상사 또한 곤란한 처지에 놓일 때가 있다. 이는 '사상'이란 개념이 지나치게 포용성을 지녀 경우에 따라 그 범주가 불분명하게 되고, '사상사' 또한 이로 인해 지나치게 무거운 책임을 짊으로써 자신의 범위와 내용조차 분명히 깨닫지 못하는 지경에 이르렀기 때문이다.[1] 그렇기 때문에 여러 학자들이 철학사를 여러 권 집필했던 80여 년 동안 '사상사'라는 명칭이 사용된 것은 단지 몇 번에 불과했으며,[2] 그것도 대부분 앞에 한정어가 붙어 있는 경우, 예를 들어 '정치 사상사', '종교 사상사', '학술 사상사', 그리고 단대(斷代), 즉 각 조대별(朝代別) 또는 시대별 사상사에 국한되었을 따름이다.[3] 그 가운데 후외려(侯外廬)가 주편한 『중국 사상 통사(中國思想通史)』가 거의 반세기의 성과를 덮을 만할 정도이다.

후외려 주편의 『중국 사상 통사』에 대해 여기서 따로 평가할 생각은 없다. 그러자면 많은 지면을 할애해야 하기 때문이다. 그 책은 분량도 방대할 뿐만 아니라 내용도 풍부하고, 문헌 고증도 상세한 편이기 때문에 그 책에 대해 분석하고자 한다면 보다 진지한 태도로 임하지 않으면 안 된다. 본문에서는 다만 나의

---

1) 사상사 편찬의 체제와 대상을 논한 논문은 수량도 많지 않지만, 가장 중요한 것으로 채상사(蔡尙思)의 「중국 사상사 연구 방법(中國思想史硏究法)」(상해, 상무인서관商務印書館, 1939)과 이에 대해 진종범(陳種凡)이 지은 서문을 들 수 있다. 진종범의 서문은 『진종범 논문집(陳種凡論文集)』(상해고적출판사上海古籍出版社, 1933)에도 수록되어 있다.

2) 「80년간의 역사학 목록(八十年來史學書目)」(1900~1980)의 통계에 의하면 후외려(侯外廬)의 사상사 외에도 상내덕(常乃德)의 『중국 사상 소사(中國思想小史)』(1938), 전목(錢穆)의 『중국 사상사』(1952), 양영국(楊榮國)의 『간명 중국 사상사(簡明中國思想史)』(1962), 위정통(韋政通)의 『중국 사상사』(1979), 후외려(侯外廬)의 『요점 중국 사상사(中國思想史綱)』(1980, 1981), 하조무(何兆武)의 『중국 사상 발전사(中國思想發展史)』(1980), 저백사(氐柏思)의 『이야기 중국 사상사(中國思想史話)』(1980)가 있다. 물론 이러한 통계는 완전한 것이 아니다.

3) 『고사변(古史辨)』 제4책 나근택(羅根澤)의 서문에 보면 고힐강의 "최종 목적은 상세하면서도 체계적인 학술 사상사를 쓰는 것이다"라고 했는데, 그는 끝내 쓰지 못하고 말았다(본문과 주석 내용이 적합하지 않다. 역자 주).

『중국 사상사』 편찬에 앞서 후외려의 사상사를 읽고 난 느낌과 생각이 사상사 기술을 위한 보다 발전된 논의의 기점이 되었다는 점을 지적하고 싶을 뿐이다. 1947년 『중국 사상 통사』 제1권이 출판되었을 때 후외려는 중국학술연구소를 대표하여 서문을 쓴 적이 있다. 그는 서문에서 다음과 같이 이야기하였다.

> 이 책은 각 시대마다 그 시대의 학자들이 내세운 논리와 방법을 특히 중시했기 때문에 그들의 이성이 전개되는 궤적을 좇아서, 그들이 주장하는 학술의 구체적인 길을 드러내고자 했다. 특히 그들이 근거로 삼았던 사상이나 방법을 취사선택하고 보완함으로써 그들의 사회 의식과 세계 인식을 찾고자 했다.[4]

이를 통해 우리는 사상사의 대상에 대한 그들의 인식이 '논리와 방법', '학술 태도', '사회 의식'과 '세계 인식'임을 알 수 있다. 1957년 『중국 사상 통사』 수정판이 출판되었는데, 무슨 이유에서인지 1947년판의 서문을 없애 버리고 간략한 서문을 별도로 써놓았다. 그 서문에는 다음과 같은 내용이 적혀 있다.

> 『중국 사상 통사』는 철학 사상과 논리 사상, 그리고 사회 사상을 종합적으로 편찬한 것이기 때문에 다루는 범위가 광범위하고, 내용 역시 주로 토대와 상부 구조, 이데올로기에 관해 중점적으로 설명하고 있기 때문에 비교적 복잡하게 보인다.[5]

ㅏ상사는 철학, 이데올
ᄅ기, 논리학설 및 정치,
ᆸ률, 과학을 포괄하는
ㅏ나의 '대역사(大歷史)'
ᆯ까?

그리하여 사상사의 전개 방식에도 약간의 혼란이 생겼고, '사상사'의 내용에도 '철학', '논리', 그리고 '사회 사상'이 포함되었을 뿐만 아니라 '토대'와 '상부 구조', '이데올로기'가 포함되었다. 이렇듯 개념이 불분명한 채로 기술된 내용을 통해 사상사의 어려움을 능히 짐작할 수가 있다. 이해가 가능한 당시 상황 외에 사상사와 철학사, 이데올로기의 역사나 논리학의 역사 등과 같이 경계가 불분명한 것도 하나의 중요한 원인이다. 따라서 우리는 마땅히 이렇게 질문하지 않을

4) 『중국 사상 통사(中國思想通史)』 제1권 「고대 사상편(古代思想編)」 책머리, 상해, 신지서점(新知書店), 1947.
5) 『중국 사상 통사』 제1권 「고대 사상」, 인민출판사, 1957.

수 없다. 사상사가 과연 철학, 이데올로기, 정치, 법률, 그리고 과학을 포용할 수 있는 '대역사(大歷史)'가 될 수 있을까? 만약 그렇다면 콜링우드가 이야기한 것처럼 모든 역사는 단지 사상사일 뿐이라는 말이 정말로 성립할 수 있을 것이다. 그러나 누가 감히 이처럼 삼라만상을 두루 포괄하는 사상사를 쓸 수 있겠는가?

그렇다면 도대체 사상사를 어떤 식으로 기술해야 할까? 여전히 내 마음속에는 많은 의문들이 남아 있다. 이 책 「상권」을 완성할 때까지도 여전히 여러 가지 의문점들이 불분명한 상태로 남아 있었다. 다음에 기술할 내용들은 사상사의 몇 가지 문제에 대한 내 개인의 견해일 뿐 결코 사상사 기술 방법에 대한 종합적인 논술은 아니다.

속 사상사의 서술 방법

사상사는 여전히 파악하기 힘든 영역이다. 중심은 분명하지만 서술할 경계가 모호하다.

오늘날까지 사상사는 여전히 파악하기 어려운 영역이다. 중심은 분명하지만 서술할 경계가 상당히 모호하여 그 면목이 분명치 않고, 또한 인근 학과처럼 명확하게 자신의 경계를 확립할 수 없기 때문이다. 예컨대 사상사는 종교사나 학술사와 동일한 대상에 대해 관심을 갖기 때문에 늘 '영역 싸움'이 일어난다. 또한 사상사는 사회사나 문화사와 일부 시식과 문헌을 공유해야 하기에 이들 사이에도 늘 '영상의 중첩'이 발생한다. 뿐만 아니라 사상사는 정치사나 경제사와 상호해석 관계를 유지하기 때문에 양자간에 '서로의 배경이 되어야' 하고, 심지어 어느 쪽이 어느 쪽을 총괄하거나 포함하는가에 관한 일종의 등급 및 질서의 문제가 생기게 된다. 이런 이유로 사상사는 하나의 학과로써 토대와 규범을 정하기가 어렵다.

이는 마치 어떤 역사에서 사방을 떠돌며 유목하는 민족이 여러 나라가 함께 대치하는 경계 지역에 잠시 거주하게 되었을 때 영토와 법률을 당장 확립하기 어렵고, 국민이 경계선을 넘는 것을 범법으로 묶어두기 어려운 것과 마찬가지이다. 그렇기 때문에 일찍이 반스(H. E. Barnes)가 "정치사의 편협된 그물을 돌파하여 인류 문명의 변화와 발전을 연구하는 각종 사학 가운데 사상사(Intellectual History)의 노력이 가장 오래되었다"[1]고 설파하긴 했지만, 근래에 이르기까지 학자들은 여전히 사상사를 스스로의 체계를 갖춘 대국으로 생각하지 않았다. 길버트(Felix Gilbert)에 의하면 19세기까지 "지식 생활 현상을 언급한 사학 저작은 여전히 사학의 주류 밖에 처해 있었다." 심지어 "1939년에 와서도 사상사는 아직 보편적 용어가 되지 못한 상태였고, 학술계에서 차츰 자신도 모르는 가운데 이 단어를 채용하기 시작했던 것이다."

중국에서 '사상사' 개념을 수용하고 사용하기 시작한 것은 상당히 오래되었다.

중국에서 '사상사'라는 개념을 수용한 것은 비교적 이르다. 앞에서 인용했던 사상사인 반스의 사회과학사 요점을 다룬 『사회과학사강』이 1940년에 이르

1) 반스(H E. Barnes), 『사회과학사강(社會科學史綱)』 제1책, 『사학』(중역본), 상달(向達), 상무인서관(商務印書館), 62~63쪽, 1940.

러 상달(向達)의 번역으로 상무인서관에서 출판되었지만, 1935년 용조조(容肇祖)는 이미 『중국 사상사 참고 자료』를 펴냈고, 1936년 진종범(陳鍾凡)은 채상사(蔡尙思)와 『중국 사상사』 편찬을 토론하면서 "각 시대 사상의 체계·파별(派別) 및 그 변천 과정을 차례로 서술하는 것이 사상사(History of Thought)이다"[1]라고 사상사의 의미를 분명히 정의하였다. 조금 뒤인 1939년 채상사가 『중국 사상사 연구 방법』을 출판했고, 상내덕(常乃悳)이 그해 『중국 사상 소사』를 출판했는데, 편폭이 크지 않은 이 저작은 지금 볼 때도 상당한 장점을 지니고 있다. 우선 조리가 명확하고 층차가 분명하며 간결하게 요약되어 있기 때문에 후대 일부 입문서보다 한결 낫다.

당시에는 사상사란 이름으로 된 저작이 철학사란 이름의 저작보다 많지 않았고, 철학사 저작의 영향에 미칠 바가 아니었지만 일부 사람들은 여전히 중국에서는 서양화된 '철학사'가 '사상사'만큼 친근하지 못하다고 느꼈다. 예컨대 부사년(傅斯年)이 고힐강(顧頡剛)에게 보낸 편지에서 "나는 적지(適之 : 호적胡適) 선생이 노자·장자·묵자 등에 대해 기술하면서 이를 철학사라 부르는 것에 찬동하지 않습니다. 중국은 본래 이른바 철학이란 게 없었으니, 상제께서 우리 민족에게 이런 건강한 습관을 내려주신 것에 참으로 감사드립니다. 우리 중국의 모든 철학은 아무리 많아도 소크라테스(Socrates) 정도이고, 플라톤의 경우만큼 갖추지 못했으니 근대 대학의 전문 철학은 더 말할 게 없습니다. ……무릇 새로운 명사로 옛 사물을 지칭할 때 물질적인 것은 서로 같아 가능하겠지만, 인문적인 것은 대부분 비슷한 것 같으나 다르기 때문에 매 경우마다 동일하기가 불가능합니다"[2]라고 분명하게 지적하였다. 그의 말이 다소 과격하다는 점은 일단 차치하고 '사상사'라는 명칭을 사용한 것은 중국학술계에 이미 토대가 마련되어 있었음을 보여주는 것이라고 할 수 있다.

사실 당시 적지 않은 사람들이 '철학사'라는 명칭과 형식을 채용했던 것은

1) 1939년 상무인서관에서 출판한 채상사(蔡尙思)의 『중국 사상사 연구 방법(中國思想史硏究法)』 권두에 나오는데, 나중에 『진종범 논문집(陳鍾凡論文集)』(상해고적출판사, 8쪽, 1993)에 수록되었다.

2) 부사년(傅斯年), 『고힐강과의 고사(古史) 논의』 제3부분, 「주한(周漢) 방술가 세계 속의 몇 가지 추세」, 『부사년 선집』 제3책, 타이베이, 문성서점, 1967에 수록.

서양 말 속에서 중국 사상을 받아들일 수 있는 것을 찾아 고대 중국도 마찬가지로 '애지(愛智)'의 전통을 지녔음을 증명하려는 것이었다. 그렇다면 '사상사'란 명칭을 사용하는 것은 서양 말 이외에 중국 사상의 전통과 역사 또한 다른 서술 방식으로 서술할 수 있으며, 그것과 서양에서 온 '철학사' 서술 방식을 병행할 수 있음을 의미하는 것이었다.

그러나 비록 그 당시부터 상당한 수량의 사상사 저작이 차츰 중국학술계에 등장했지만, 실제 편찬 작업이나 학과의 제도화 또는 대중의 이해 시각에서도 사상사는 여전히 그 면모가 불분명했고, 실제로 여전히 궁한 처지에 놓여 있었다.

지금 우리가 생각해야 할 몇 가지 문제

내가 현재 관심을 갖고 있는 것은 아래 몇 가지 문제이다.

첫째, 사상사의 의의는 어디에 있는가? 역사상 표창할 만한 사상적 '도통(道統)'을 확립하는 데 있는가, 아니면 한 사상의 역사적 과정을 서술하는 데 있는가? 이 문제는 사상사란 것이 사상에 속하는가 아니면 역사에 속하는가를 묻는 것이기도 하다.

둘째, 만약 후자라면 이는 그 서술 대상을 새롭게 확립해야 하는가의 여부가 문제일 수 있다. 사상의 역사 가운데 정채(精彩)한 것과 경전적인 것이 있을 뿐만 아니라 보편적이고 일반적인 지식이나 사상, 그리고 신앙 세계가 존재하여 전체 사회 생활을 지탱하고 있다. 또한 엘리트 사상이 배출된 시대도 있고, 사상이 평범했던 시대도 있다. 그렇다면 후자, 즉 일반 지식과 사상, 그리고 신앙세계 역시 역사 시간에 포함시켜 고찰해야만 하는가의 여부도 문제가 아닐 수 없다.

셋째, 언급 범위가 한층 광범한 지식이나 사상, 신앙세계를 서술하고자 할 때 사상사가 어떻게 가닥 없는 산만함을 극복하면서 사상사와 사회사·정치사의 상호 배경 문제를 제대로 분명하게 처리할 수 있겠는가에 관한 문제이다.

넷째, 사상사는 문화사나 학술사와의 영역 충돌을 어떻게 처리할 것인가? 바꿔 말해 사상사가 하나의 명확한 경계를 정해 문화사나 학술사 사이의 영역 중복을 피할 필요가 있는가의 여부에 관한 문제이다.

이하 5절부터 8절까지 독자들에게 나 나름의 초보적인 생각을 제시하고자 한다. 여기엔 원래 존재했던 사상사의 공백 지대에서 어떻게 새롭게 사상사를 발

아직 명확하지 않은 답변

견했는가, 사상사의 연속성에 관한 서술 방법, 사상사 시야 속에서 어떻게 고고

와 문물 자료를 처리할 것인가, 아울러 포스트모던 역사학 이론이 사상사 연구에 도입된 후 사상사가 이러한 이론에 어떻게 대응했는가 등이 포함된다. 그러나 나는 이 모든 문제에 명확한 답변을 마련한 것은 아니다. 왜냐하면 사상사란 학문이 백여 년 전 하서린(賀瑞麟)이 정주(程朱) 이학에 대해 말한 것처럼 "정주가 등장한 후 모든 법이 갖춰졌으니, 오로지 그 규범을 지켜 수련한다면 저절로 이루어질 것이다. 이는 이미 차려진 밥을 먹는 일과 같다"[1]는 시기까지 성숙되려면 아직도 멀었기 때문이다.

1) 하서린(賀瑞麟), 『청록유어(淸麓遺語)』 권1, 청나라 광서제(光緖帝) 연간 정의서원(正誼書院) 각본, 3쪽.

1절

일반 지식과 사상, 그리고 신앙세계의 역사

1

중국사상사 서술과 해석의 습관에 대하여

각종 '사상사'나 '철학사'를 펼쳐보면 훌륭한 철인(哲人)이나 경전에 관한 기술이 연이어 등장하는 것을 볼 수 있다. 공자로부터 강유위(康有爲)에 이르기까지, 그리고 『시경(詩經)』에서 『대동서(大同書)』에 이르기까지 거의 매 시대마다 일련의 천재적 인물들이 등장했고, 경전 또한 계속해서 출현하였다. 나와 같은 사상사가들은 대체로 시간의 순서에 따라 사상사의 각 장절(章節)들을 안배한다. 비중이 큰 사상가는 한 장을 할애하여 기술하고, 비중이 작은 사상가는 한 절을 설정한다. 또 등급을 정할 수 없는 경우에는 하나의 절에 몇 사람을 함께 묶어 기술하고, 같이 취급할 수 없는 경우는 별도로 한 소절을 마련하여 기술한다. 그리하여 문자의 기록으로 남겨 놓으면 그 명성이 영원히 전해질 것이다. 경전이나 경전의 인용과 주석 및 해설, 그리고 대표적인 엘리트 사상가들의 문자 기록을 사상사적 맥락에서 파악하여 기술하면, 경전은 실로 "그 명성이 청사에 빛날 것이다." 그러나 그럴 경우 사상사 또한 사상가 박물관이 되어 그들의 사진만을 나열해 놓은 꼴이 되고 만다. 이미 고인이 된 천재적 인물들의 생애와 저작을 마치 인명부를 편찬하듯 일일이 나열해 놓는가 하면, 공을 따져 상을 주거나 훌륭한 점을 평가하여 게시판에 공고하듯 열거하기도 한다. 이러한 저술 방식은 먼 옛날부터 이어져 온 사상사의 역사전기문체(史傳文體) 혹은 목록학적 전통과 관련이 있다.

중국 최초의 사상서로 알려진 청나라 때 양명학파의 황종희(黃宗羲)가 쓴 『명유학안(明儒學案)』은 전기(傳記)의 방식에 문선(文選) 방식을 가미한 저술 형식을 취했다. 이러한 방식은 그 나름의 일리가 있다. 가령 인물의 생존 연대에 따라 사상사의 순서를 배열할 경우 사상의 '내재 질서(內在秩序 : 내적인 맥락)'를 애써 정리할 필요가 없으며, 각 장절의 요점을 분명하게 정리할 경우 독자의 이해와 기억에 도움을 줄 수도 있다. 또 다른 한 가지 중요한 요인을 들자면, 사람들이 명성이 자자한 천재적 인물들을 각 장과 절에 안배하고 널리 애독되는 경전 텍스트를 자료로 삼음으로써 사상사를 체계적으로 정리하고 고증하며 비교하는 수고를 덜 수 있기를 원한다는 것이다.[1] 이렇듯 『시경』, 『논어』, 『노자』 등을 위주로 한 고대 경전 계열과 사상사나 철학사로 불리고 있는 현대 경전 계열의 결합이 곧 중국 사상사의 서술과 해석을 지배하고 있는 '새로운 경전의 언술 체계'를 이루고 있다.

이러한 기술 방식은 운용하기도 용이하고, 다음과 같은 이론적 가설에 의해 보편적으로 인정받고 있다.

첫째, 사상사는 실제로 이들 대표적인 엘리트 사상가와 경전으로 구성되며, 그들의 사상이 전체 사상계의 정수라는 점을 누구나 인정한다. 게다가 그들 사상의 핵심이 실제 사회에 영향을 미쳐 정치는 물론 일상 생활을 실제로 지배하고 있다는 사실 또한 모두 긍정한다. 이러한 사상의 신봉자는 상층부의 지식 계층뿐만 아니라 여러 귀족들이나 평민 계층까지 포함된다. 따라서 세상에 존재했던 대표적인 엘리트 사상가와 경전에 대해 기술하는 것이 곧 전체 사상계에 대한 기술이 된다.

둘째, 사상의 역사는 한 사람 한 사람의 사상가로 구성된 시간 순서의 배열이며, 사상은 기본적으로 시간의 추이에 따라 끊임없이 진보하고 발전한다. 후세의 사상가들은 과거 사상가들의 저작을 볼 수 있다는 점에서 그들의 해석과 설명이 이전 사상가들보다 비교 우위에 서있다고 할 수 있다. 따라서 사상가들을 시간의 순서대로 기술하는 것은 곧 사상의 역사를 기술하는 것이다.

셋째, 이러한 기술 방식에는 우리가 알 수 없는 가설이 존재하기도 한다. 즉

1) 사상사의 사유 방식과 장절 간의 문제는 제4장에서 상세히 논하고자 하기 때문에 여기에서는 논의를 생략한다.

현재 우리가 생각하는 대표적인 엘리트 사상가와 경전 자료는 당시 체계적이면서도 진실한 것이었기 때문에 역사상 도태되거나 배제되지 않았다는 것이다. 설령 그런 일이 있다고 할지라도 그 또한 정확하고도 공평한 것이었기 때문에 현존의 역사 기록과 역사 기술의 합리성을 인정하지 않으면 안 된다는 것이다.

경전 담론 체계'에서 사 사 서술의 세 가지 의 에 대하여

그러나 나의 경험에 비추어 볼 때 이러한 보편적 가설에는 다음 몇 가지 문제점이 있을 수 있다.

첫째, 사상사의 시간 순서는 결코 달력의 시간 순서와 완전히 일치하지 않는다. 때문에 사상사에서 한 명의 천재가 한 시대를 지배할 수도 있고, 또한 그런 천재가 유성처럼 홀연히 사라져 버리는 경우도 있을 수 있다. 시대를 초월한 사상은 결코 후인들이 상상하는 그러한 변화의 과정에 따라 순서적으로 전개되지 않으며, 몇 세기 이후에야 비로소 새롭게 해석되어 전해지는 경우도 있다. 물론 이들 천재의 사상도 일반 지식과 사상, 그리고 신앙세계로부터 얻은 것이겠지만, 그것은 늘 상식의 범주를 벗어나 사상사에 '비연속성'의 고리를 형성한다. 푸코가 『지식의 고고학』에서 이야기한 것처럼 그것은 역사의 '단절'이다.[2] 단절은 본궤도의 이탈일 뿐만 아니라 평균 수준과 어긋난 상태를 의미한다. 그것은 늘 시간이나 논리의 질서상 어디에서 연원하여 어디로 나아가는지를 가늠할 수 없는 돌발적 현상이다. 생각건대 대표적인 엘리트 사상가의 주장과 경전 텍스트로 구성된 사상이 반드시 연속성에 의한 필연적 맥락을 지니는 것은 아니다. 도리어 인류 보편적인 생활 속에서 실제로 존재하는 지식과 사상은 완만히 지속되고 발전함으로써 그 자체의 논리적 맥락을 보여 준다.

둘째, 대표적인 엘리트 사상가의 사상과 경전 사상이 일상 세계 속에서 반드시 가장 중요한 작용을 일으키는 것은 아니다. 특히 실제 사물과 현상을 이해하고 해석하고 처리하는 데 쓰였던 지식이나 사상은 늘 한 시대의 대표적인 엘리트 사상가가 쓴 가장 경전적인 저작이 아니다. 우리는 자신의 사상의 정수를 표현하는 저술과 후세까지 널리 전해지는 경전이 극소수에 불과하다는 사실을 쉽게 발견

2) 미셸 푸코, 『지식의 고고학(知の考古學)』(일역본), 나카무라 유지로(中村雄二郎) 옮김, 하출서방(河出書房), 11~14쪽, 1981, 1994. 『위대한 전통에 대한 새로운 해독(重新解讀偉大的傳統)』(북경, 사회과학문헌출판사, 99~101쪽, 1993)에 실린 위요우(韋遨宇)의 중역문도 참조.

할 수 있다. 게다가 일상생활의 세계는 늘 그들과 동떨어져 있다. 사회적으로 사상과 저술을 직업으로 삼을 수 있는 여건이 조성되면서, 그들의 사상과 실존 세계의 사상 사이에 다소 괴리가 생기게 된 것 또한 사실이다.[1] 학자들이 대학에서 공자와 노자, 플라톤, 아리스토텔레스(Aristole), 부처를 논할 때 지하철의 신문 판매대에서는 연예계 스타들의 일화가 가득 소개된 각종 잡지들이 절찬리에 팔리고 있다. 문인들이 이상주의에 대해 진지하게 토론하고 있을 때 일상의 현실 생활은 사람들에게 무슨 '주의'가 아닌 일종의 실용 정신을 요구한다. 교수들이 연구실에서 정치학이나 경제학 관련 논저를 쓰고 있을 때 정치 지도자는 교수들의 생각과 전혀 다른 운용 체계로 국가를 운영하고 있다. 사상과 학술의 현장은 경우에 따라 소수 정예의 지식인들을 훈련하는 공간이 되기도 한다. 이들은 늘 실제 사회나 생활의 상층부에 위치한다. 진정한 사상은 어쩌면 이처럼 실제 생활과 사회에서 사람들이 세상을 해석하고 이해하는 데 지배적인 상식일지도 모른다. 이러한 상식은 엘리트 사상가나 그들의 경전의 경우 그다지 갖추어져 있지 않다.

셋째, 사상사에서 대표적인 엘리트 사상가와 경전에 대한 역사적 서술은 항시 '소급의 필요성'과 '가치의 추인(追認)', 그리고 '의미의 강조' 등 여러 가지 원인으로 말미암아 사후(事後)에 또 다른 사상사가들에 의해 '역사적 소급을 통한 추인'으로 이루어진다. 실제로 일부 대표적인 엘리트 사상가의 저술과 경전은 사상사 저작에 언급된 것처럼 당시에도 그만큼 큰 영향력을 발휘했는지, 그리고 사상사에 있어서도 그처럼 중요한 위상을 차지하고 있었는지에 대해 의구심이 들

엘리트 사상가와 경전 역사성에 대한 사상사 위치 확인은 '소급의 요성'과 '가치의 추인' '의미의 강조' 등과 같 원인 때문에 발생한다.

1) 나는 「경전적인 것과 생활 속의 것(經典的和生活中的)」이란 제목의 글에서 요즘 사회의 상황에 대해 이렇게 언급한 바 있다. "신문 보도에 의하면 근래 어느 지역에서 다시 '보도(普度 : 중생을 구제하는 의식)'를 회복했는데, '보도(普度)' 제사의 대상은 '야귀(野鬼)'라고 한다. 제사의 형식은 공물을 진열하고 지전(紙錢 : 종이돈)과 지의(紙衣 : 종이옷)를 태우고, 지기(紙旗 : 종이 깃발)를 세우며, 귀등(鬼燈)을 밝히고 강물에 등불을 흘려보낸다. 어느 지방에서는 후장(厚葬 : 거창한 장례식)을 지내며, 사당을 짓기도 한다. 그래서 '적지 않은 푸른 산이 무덤 때문에 벌거숭이가 되었으며, 불법적으로 세운 사당이 수천 군데나 되어…… 강남의 경관을 해치고 있다.' …… 종교를 연구하고 있는 각종 저작을 살펴보면 '공(空)', '무(無)'에 관한 심오한 이론과 우주의 본질, 또는 인류의 이상에 관한 초월적 화제와 '도'와 '로고스'의 차이에 관한 사유 등이 무수하게 나열되고 있다.
그러나 이러한 논의들은 우리들이 이러한 현상을 해석하는 데 큰 도움을 주기는커녕 오히려 어리둥절하게 만들 뿐이다. '왜 일반 백성들은 궁극적인 신앙에 대해 논하지 않고 그저 명당이네 하는 것만을 믿고 있는가?' 이렇듯 우리의 의문은 여전히 남아 있다. 그리하여 우리는 '그들에게 신앙이란 도대체 무엇인가'라고 질문하지 않을 수 없는 것이다." 『중국 연구(中國硏究)』, 1997년 1기, 도쿄.

지 않을 수 없다. 명·청 사상사(明淸思想史)는 늘 고염무(顧炎武), 황종희(黃宗羲), 왕부지(王夫之) 세 명을 나란히 언급하지만, 왕부지의 경우 명말 청초 사상사에서 갖는 그의 위상과 의미는 일종의 추인된 결과다. 왕부지가 훌륭한 저작물을 쓴 것은 사실이지만, 그러한 저작들은 주로 산림에 은거할 당시에 쓴 것들이다.

따라서 과연 당시에 그 훌륭한 저작들을 읽어 본 사람이 과연 얼마나 되는지 참으로 알 수가 없다. 반대로 사상사에서 관련된 기술이 단지 한 단락 또는 반쪽 분량도 못 되는 사상가나 지작이 당시에는 오히려 훨씬 인상적인 자취를 남긴 경우도 있다. 예를 들어 청나라 말기 티모시 리처드(Timothy Richard, 중국명 이제마태李提摩太, 1845~1919년, 영국 전도사)가 번역한 『태서신사람요(泰西新史攬要)』나 존 프라이어(John Fryer, 중국명 부란아傅蘭雅, 1839~1928년, 영국 전도사)가 번역한 『치심면병법(治心免病法)』 같은 저작은 후세 사상사가들의 추인을 받지 못해 사상사에서 흔적조차 찾아볼 수 없게 되었다.

그러나 당시 그 책들은 우리들이 상상할 수 없을 정도로 대단히 매력적인 책으로 간주되었다. 사실 『태서신사람요』는 서구에서 삼류 역사 저작물로 '전혀 무가치한 유물'이라고 평가를 받았지만, 청나라 말기 중국에서는 1백만 부나 팔렸고, 당시 가장 권위 있는 역사학자인 양계초(梁啓超)에 의해 "서구 역사서 가운데 가장 훌륭한 책"으로 평가되었다. 또한 『치심면병법』은 단지 심리와 질병 치료, 정신 건강과 종교 신앙에 대해 연구한 책일 뿐이다.

그러나 청나라 말기 최고 지식인들의 일기나 서신, 또는 문장에서 볼 때 이 책이 시사하는 바는 그 내용을 훨씬 뛰어넘었음을 알 수 있다. 그래서 송서(宋恕 : 1862~1910년, 만청 시대의 계몽 철학가)에 의해 인증된 내전(內典)의 문헌으로 간주됨은 물론 학당의 교과서로 추천되었다. 심지어 사상사에서 높은 위상을 점하고 있는 담사동(譚嗣同)의 『인학(仁學)』에도 상당히 깊은 영향을 미쳤다.[2] 그저 엘리트 사

2) 추진환(鄒振環), 『중국 근대사회에 영향을 준 백 가지 번역물(影響中國近代社會的一百種譯作)』, 북경, 중국대외번역출판공사, 101~109쪽 참조. 또한 『케임브리지 만청 중국사(劍橋晚淸中國史)』(중역본, 중국사회과학출판사, 1985, 625쪽)도 참고할 만하다. 송서(宋恕), 「왕육담에게 보내는 글(致王六潭書)」(1897년 2월 11일), 「천진육재관적현문자 제일급정과서목(天津育才館赤縣文字第一級正課書目)」, 『송서집(宋恕集)』 상책, 중화서국, 567쪽, 253쪽, 1993. 담사동(譚嗣同), 『인학(仁學)』, 『담사동전집(譚嗣同全集)』(증간본增刊本), 중화서국, 357쪽, 1990.

상이나 경전에 주목할 뿐 그들 배후에 자리한 거대한 생활 세계와 상식 세계에 주의하지 않는 사상사는 때로 오해하거나 매몰되는 경우도 있고, 우연이나 단절에 의해 중요한 부분을 가릴 수도 있다. 생각건대 사상사가 단지 대표적인 엘리트 사상가와 경전에 대한 기술이라면 그런 사상사는 사상의 표면에 붕 떠 있는 역사일 따름이다. 또한 사상사가 단지 대표적 사상가나 경전을 하나씩 재확인하는 것이라면, 그런 사상사는 실로 '층층이 누적된' 역사일 따름이다.

물론 지금 내가 하고자 하는 말은 결코 대표적인 엘리트 사상가와 경전에 대한 사상사를 쓰지 말자는 것이 아니다. 다만 사상가의 지식과 사상 그리고 신앙에 어떠한 배경이 있는지를 주의 깊게 살펴보아야 한다는 점을 강조하는 것뿐이다. 단도직입적으로 말해 과거의 사상사는 단지 사상가의 사상사, 혹은 경전의 사상사에 지나지 않는다. 그렇지만 사람들이 생활하는 실제 세계는 평균치에 가까운 지식과 사상 그리고 신앙이 바탕이 된다는 점에 주의할 필요가 있다. 이러한 일반적인 지식과 사상 그리고 신앙은 사람들이 눈앞의 세계를 판단하고 해석하고 처리하는 데 중요한 작용을 한다. 그렇기 때문에 대표적인 엘리트 사상가의 저작과 경전의 사상 및 일반적인 사회와 생활 사이에 '일반 지식과 사상, 그리고 신앙세계'가 존재할 수 있는 것 같다. 그리고 이러한 지식과 사상 그리고 신앙세계의 연속도 사상의 역사적 과정을 이루기 때문에 사상사의 시각에서 바라보아야 한다.

일반적인 지식과 사상과 신앙은 사람들이 눈앞의 세계를 판단하고 해석하고 처리하는 데 작용한다.

2

이러한 문제를 깊이 사색하거나 구체적인 운용 방법을 연구하게 된 것은 불과 3년 전쯤의 일이다. 3년 전 어느 날, 나는 일기에 다음과 같이 적어 놓았다.

> 사상사에 '일반 사상사'가 존재할 필요가 있는가? 과거의 사상사는 일반 사상의 수준을 넘어선 '위대한 사상가의 사상사'이다. 그렇지만 이들 몇몇 천재 사상가들의 사상이 보편적인 지식 수준이나 일반의 사상적 정황과 꼭 부합하는 것은 아니다. 그러므로 크게 두드러진 면도 있고 사장되어 버린 면도 있으며, 단절되거나 반복된 것

도 있기 때문에 이를 사상사의 서술 방식으로 삼는 것이 결코 쉽지 않다.

이는 논리가 부족한 말이기는 하지만 내가 몇 년간 사상사를 고찰하면서 느낀 의문점들이다. 당시 나는 늘 이러한 생각을 했다. 사람들은 모두 사상사의 발전에 '법칙'이나 '조리'가 있어야 한다고 생각한다. 그러나 만일 어느 날 갑자기 어느 천재 사상가가 돌연 나타났다가 사라져 버린다거나, 어떤 심각한 사상이 홀연히 싹텄다가 호응을 얻지 못하거나, 어떤 저작이 깊은 산 속이나 옛 우물 속에 감추어져 있다가 많은 세월이 지난 뒤에 갑자기 발견되어 반향을 불러일으킨다면, 사상사는 어떻게 그 연속적 맥락을 찾아 설명할 것인가? 이는 충분히 있을 수 있는 일이다. 이렇게 볼 때 진정한 사상사의 연속성은 은연중 점진적으로 확대되고 있는 일반 지식과 사상 그리고 신앙 속에 보다 깊이 감추어져 있는 것은 아닐까 하는 생각이 들었다.

반 지식, 사상과 신앙 역사

이른바 '일반 지식과 사상, 그리고 신앙의 역사'라는 장절에서 기술하고자 하는 것이 모두 '소전통(小傳統)'에 속하는 것은 아니다. 여기서 특히 독자들에게 당부하고 싶은 말은 '대전통(大傳統)'과 '소전통'이라는 이원 대립의 용어로 사상사의 서술 대상을 구분하지 말아달라는 것이다. 또한 내가 말한 '일반 지식과 사상, 그리고 신앙'을 이른바 '민간 사상'이나 '민중 사상'으로 이해해서도 안 된다. 왜냐하면 내가 말한 '일반 지식과 사상'은 가장 보편적이면서도 일정 정도의 지식을 갖춘 사람들에 의해 수용되어 우주 현상과 사물을 해석하고 이를 활용한 것을 의미하기 때문이다. 이는 천재적인 지성의 발로도 아니고 심사숙고한 결과도 아니며, 무지몽매한 기층 민중의 '집단 의식'도 아니다. 그것은 '날마다 사용하면서도 의식하지 못하는' 일종의 보편적인 지식과 사상이다.

이러한 지식과 사상은 가장 기본적인 교육을 통해 사람들의 문화적 토대를 형성한다. 그것은 누구나 공감하는 궁극적인 근거나 가설을 바탕으로 효과적인 이해에 도달하게 할 뿐만 아니라 일상생활 속에서 해석과 적용을 통해 생활의 법칙과 이유를 발견하게 한다. 가령 전문 학술 잡지를 보면 학자들이 진지하게 '인문 정신을 탐구하고', '우주 철학을 분석'하는 내용을 쉽게 접할 수 있다. 또한 그 중에는 학자가 치밀한 실험과 복잡한 공식을 통해 '유전자 배열'이나 '초전도체

현상'을 탐구하는 내용도 있을 것이다.

그러나 실제 일상 생활에서 사람들의 의식은 자신에게 유리한가 불리한가를 따져 자신의 가치 표준으로 삼는 '실용 정신' 그리고 전기가 나갔을 때 구리선으로 퓨즈를 대체할 때 일어나는 '초부하(超負荷) 현상'에서 보다 노골적으로 드러난다. 아무리 고명한 유학자가 『중용』에 대해 심도 있게 해석하고 설명할지라도 일정한 지식을 가진 대부분의 문화인들에게 '중용'이란 그저 어디에도 편중되지 않는 태도 정도로 이해될 뿐이다. 또한 불교에서 '공(空)'에 관한 이론이 아무리 심오하다 할지라도, 일반 지식인과 대중이 이해하고 받아들이는 불교의 '공'은 그저 운명에 대한 실망이거나 혹은 마음의 지혜에 대한 마비 정도일 것이다. 그래서 "일체개공(一切皆空 : 모두가 다 공하다)"이라는 말을 통해 지친 영혼의 긴장을 완화시키고 삶의 불만을 토로하는 것이다. 또한 도교의 '도(道)'나 '무(無)'에 관한 사상의 배후에 제 아무리 중국인들의 여러 가지 우주적 지혜가 담겨 있다고 할지라도, 내가 생각하기에 도교가 한위(漢魏) 이래로 사회 생활에서 큰 영향력을 발휘할 수 있었던 것은 무엇보다 도교 안에 어떻게 하면 생명의 영원성과 생활의 곤궁함을 해결할 수 있을까에 관한 논의가 포함되었기 때문이다. 바로 이런 이유로 나는 일상 생활 속에서 실제로 운용된 지식과 기술이 사상사의 주된 배경으로 다루어져야 한다는 생각을 갖게 된 것이다.

사실 저술을 통해 전파되는 경전 사상과 달리, 이들 일반 지식과 사상 그리고 신앙의 전파는 결코 몇몇 대표적인 엘리트 사상가들 간의 상호 해독과 서신 왕래 및 공동의 토론에서 이루어지는 것이 아니라 각종 보편적인 방식을 통해서 이루어진다. 예를 들어 오락이나 연극을 구경하면서 은연중에 감화되는 경우(종교 의식이나 법회, 시장 등지에서 이루어지는 상업적인 연극이나 설창說唱)도 있고, 일반적인 교육 체제에서 직접적인 가르침(서당, 소학, 부모와 친구에 의한 경전에 대한 세속적 연역演繹), 대중적인 독서(소설, 선본選本, 선서善書 및 구비 문학) 등이 그러한 경우에 속한다. 이러한 전파 범위는 경전의 체계를 훨씬 초월했으며, 전파의 방식 또한 모든 대표적인 엘리트 사상가들이 쉽게 경험한 것일 터이다. 따라서 이러한 것들이 대표적인 엘리트 사상가의 저작이나 경전 사상 형성에 직접적인 토양과 배경이 된다고 할 수 있다.

중국 사상사에서 매우 직접적이고도 진정 효과가 있는 사상적 토양과 배경을 거의 상상하거나 추측할 수 없다.

그럼에도 불구하고 중국의 사상사는 이처럼 매우 직접적이고 효과가 있는 사상적 토양과 배경을 염두에 두지 않고 오히려 사상에 지극히 간접적인 영향을 미치는 정치적 대사건과 경제 상황만을 사상의 '중요한 배경'으로 간주한다. 그 결과 실제 세계와 동떨어지게 되어 초점거리 안에 있는 인물과 그에 부합하는 배경을 전혀 고려하지 않았다.[1] 다시 말해 사상사의 편찬자들이 비록 이해력이 뛰어난 최고의 정예 학자들인 것은 분명하지만 사상사를 집필하는 데 사상사의 직접적인 배경을 허구화시키고, 도리어 간접 배경을 부각시킴으로써 사상사를 바라보는 관점을 형이상학적이고 정신적인 것으로 만들었다는 뜻이다. 이로 인해 사상은 사상가의 저술이 되고 경전화되었으며, 사상사 또한 사상가의 역사 혹은 경전의 사상사가 될 수밖에 없었던 것이다.

물론 우리가 기술해야 할 사상사가 대표적인 엘리트 사상가와 경전의 사상에 무관심해야 한다는 의미는 결코 아니다. 사실 그런 사상이 사상사에서 여전히 대부분의 분량을 차지하기 마련이지만, 내가 여기서 특별히 지적하고 싶은 점은 역사적으로 볼 때 천재 사상가는 결국 소수에 지나지 않는다는 사실이다. 따라서 사상사의 시각에서 볼 때 그들의 사상은 이전 사람들의 생각을 초월한 천재적이고 기발한 생각들이다. 그들은 시간의 순서도 지키지 않고 애써 사상의 발자취를 따라가지도 않았다. 비록 일반 사상이나 보편 지식 속에서 지식과 암시를 얻기는 했지만, 사상사의 논리적 맥락에서 늘 벗어나 있었다. 그들은 보편성의 궤도에서 '벗어남'과 일반적인 기준에 '어긋남'을 상징한다. 그리하여 어떤 때는 사상사의 시간 축 위에서 그 연원과 나아갈 방향을 전혀 짐작할 수 없는 돌발적 현상이 나타나기도 한다. 그럼에도 불구하고 사상사는 여전히 이들 몇몇 대표적인 엘리트 사상가의 사상과 경전들을 중심으로 기술된다. 그래야만 시간의 흐름에 따라 사상의 파란과 기복을 나타낼 수 있다고 믿기 때문이다.

사상사의 기반 또는 최소 기준 : 장기 지속

우리가 말하는 '일반 지식과 사상, 그리고 신앙세계'는 기나긴 시간대에서 아무런 변화도 찾아볼 수 없을지 모른다. 예를 들어 내가 기원전 5세기에서 3세

1) 이러한 배경 분석 방법의 문제에 대해서는 갈조광(葛兆光)의 「배경과 의의(背景與意義)」(『학인學人』 제1집, 남경, 강소문예출판사江蘇文藝出版社, 1991) 참조.

기에 걸친 자료를 통해 고대 중국인의 생활 세계를 지배하는 각종 이상과 바람을 귀납했다고 하자. 이들의 이상과 바람은 진한 시대에 이르러서도 별다른 변화를 보이지 않고, 불교가 중국에 전래된 2세기에서 6세기에 이르러서도 여전히 당시 중국인의 생활 세계를 지배하였다. 다만 생사의 고락과 삼세 윤회 및 선악 응보에 관한 생각들이 다소 첨가되었을 뿐이다.

그래서 그것들은 '장기 지속(長期持續, la longue duree)'을 비례척으로 삼았다. 여기서 '장기 지속'이란 말을 쓴 것은 프랑스 아날학파(Annales School)의 역사 관념에서 따온 것이다. 이른바 아날학파의 '장기 지속'이란 푸코의 경우처럼 역사에서 연속성의 추구를 부정한 것이 아니라 역사 변화의 궤적을 따라 기술하면서 다만 근거로 삼은 시간의 잣대를 이전처럼 왕조의 변화나 정치적 변화가 아닌 실제 생활 양식의 변화에 두었음을 말한다. 예를 들어 인간의 본질과 의료 기술의 변화, 인간의 의식주와 행동 양식의 변화는 물론 주마등처럼 스쳐가는 사건이나 인물에 이르기까지 장기적으로 지속되는 시간대에서 뒷자리에 물러나 있는 것들을 말한다.[1] 따라서 그들이 말하는 역사란 마치 우주의 수레바퀴처럼 천천히 확장된다고 말할 수 있다. 생각건대 사상사 연구에서 일반 지식과 사상 그리고 신앙의 역사는 이렇듯 '장기적 지속'을 통해 기술하는 것이 마땅하다고 생각한다. 왜냐하면 그것은 비록 완만하기는 하지만 연속적으로 변화하면서 진정으로 사상사의 기반과 저변을 구성하기 때문이다.

나는 상당히 오래전부터 이런 생각을 해왔지만, 아직도 전통적인 사상사의 기술 방법을 따르는 사람들을 설득할 수 없을 것 같다는 생각이 든다. 왜냐하면 그들이 나에게 다음과 같이 질문할지도 모르기 때문이다. 당신이 말하는 '일반

---

1) '장기 지속'에 관해서는 페르낭 브로델의 「장시단(長時段) : 역사와 사회과학(歷史與社會科學)」(중역본, 『자본주의 논총資本主義論叢』, 고양顧良 등 옮김, 북경, 중앙편역출판사中央編譯出版社, 1997) 참조. 아날학파는 정치사 특히 대사건과 대변화를 생활사에 결정적 영향을 주는 결정론으로 간주하는 것을 비판하는데, 이러한 견해는 일반 지식과 사상 및 신앙사라는 일련의 문제를 이해하는 데 도움이 된다. 자크 르 고프, 『신사학(新史學)』(중역본, 요몽姚蒙 옮김, 상해역문출판사上海譯文出版社, 27쪽, 1989) 참조.
(아날학파는 역사를 장파長波·중파·단파의 3층 구조로 파악할 것을 주장하고, 특히 '장기 지속'을 중시하였다. 갈조광의 『중국사상사』 원문은 이를 '장시단長時段'으로 썼는데, 우리나라의 경우 이를 '장기지속' 또는 '장기적 지속상'으로 번역한다. 역자 주)

지식과 사상'은 결코 아무런 저술의 형태로 남아 있지도 않고 독립적인 사상도 없다. 그런데도 대표적인 엘리트 사상가나 경전에 의거하지 않고 어떻게 사상의 역사를 구성하려고 하는 것인가? 역사 기술에서 옛사람의 기록과 진술을 벗어난다면 무엇을 바탕으로 사상의 역사를 이해할 것인가? 물론 이러한 질문은 당연히 일리가 있다. 바로 이런 이유로 실제 적용이 가능하고 신빙성을 지닌 새로운 기술 방법의 모색이 필요한 것이다.

3

선적으로 할 일은 아마 전통의 사상사가 근거 삼았던 문헌이나 자료 범위를 재검토하는 일 것이다.

사상사를 쓰는데 일반 지식과 사상 그리고 신앙에 관심을 둔다면 무엇보다 전통적인 사상사가 근거로 삼았던 문헌이나 자료의 범위를 재검토하는 것이 필요하다. 전통적인 사상사의 근거 자료는 의도성이 짙은 관방 쪽의 역사 기술이나 지식과 사상의 담론을 지배했던 대표적인 엘리트 사상가의 역사 서술이 대부분이었다. 이러한 역사 서술은 실제 사상 세계와 정확하게 부합하는 것이 아니다. 일반 지식과 사상 그리고 신앙세계의 본질은 거의 모든 시대의 사건 기록이나 역사서에서 늘 '조직적인 역사 기록'과 '편향적인 가치 확인'에 의해 서술되었을 가능성이 크다. 이처럼 가치 부여를 통해 모종의 의미를 역사 서술에 집어넣고, 취사선택이나 생략 등을 거치게 되면 사람들은 자신도 모르는 사이에 그러한 입장에 서서 역사를 관찰하게 되며, 그러한 가치와 의미 속에서 자신들의 역사 서술을 지속하게 된다. 특히 수없이 많은 확인을 거친 경전의 기록들 속에서 사상가의 위상에 대해 그 가치와 의의가 반복적으로 확인된다.

그리하여 어떤 사상가는 당시 사상사의 상징이 되기도 하고, 또 어떤 사람은 당시에 모종의 의미 있는 사상이나 관념을 제기하기도 하며, 또 어떤 사람은 이전 누군가의 사상을 계승하여 마치 고리처럼 상호 계승 과정을 이어가게 된다. 이렇게 해서 사상사는 그들 사상가들의 계승 과정을 보여주게 된다. 그러나 실제 사회 생활에서 연속적이고 또한 직접적으로 작용을 일으키는 것은 고명한 사상들이 아니고 일반성과 보편성을 띤 지식과 사상들이다.

하나의 가설을 설정해 보자. 만약 100년 뒤 한 역사가가 1990년대 사상사를 기술하면서 당대 지도자가 공공장소에서 행했던 연설과 경전 작가의 저작, 관방 신문의 사설, 인가 받은 사건 서류, 대변인이 사전에 준비한 발표 원고 등을 근거로 삼았다고 가정해 보자. 그럴 경우 그 역사가가 서술한 내용은 우리가 익히 아는 세계와는 완전히 동떨어진 사상의 세계일 것이고, 그가 묘사하고 있는 인물들은 정통 사상으로 무장하고 엄숙한 표정을 지으며 마치 보고서를 읽듯이 말하는 지도자들이나 심도 있는 사상과 풍부한 상상력으로 마치 외계인처럼 이해하기 어려운 말을 일삼는 지식인이나 문인들이 대부분일 것이다. 만약 독자들이 이런 글을 보게 되면 마치 한 편의 사설 아니면 한 편의 산문처럼 느낄 것이고, 정치 지도자들이 거주하는 중남해(中南海)나 인민대회당을 들락거리거나 서재나 강의실에서 깊은 사색에 빠진 것 같은 느낌이 들 것이다.

그러나 만약 그 역사가가 오늘날 신문 가판대에서 유행하는 통속적인 읽을거리나 노래방에서 유행하는 대중 가요, 골목에 사는 남녀노소들이 한담할 때 거론되는 대중적인 화제, 일상생활에서 사람들의 관심거리가 되는 내용을 사료로 삼는다면, 그가 기술한 사상은 현재 우리의 생활 모습에 보다 근접할 수 있을 것이다.[1] 그렇기 때문에 일반 지식과 사상 그리고 신앙세계에 어느 정도 관심을 두게 되면, 자크 르 고프(Jacques Le Goff : 프랑스 사학자)가 『신사학(新史學, Nouvelle Histaire)』에서 주장한 바와 같이 "역사 문헌의 범위를 보다 확대시켜 역사학이 더 이상 랑글루아(Langlois, Charles~Victor : 1863~1929년)나 샤를르 세뇨보스(Charles Seignobos : 1854~1942년)가 근거로 삼고 있는 문헌자료에만 국한되지 않고 여러 가지 사료를 동원할 수 있다."[2] 이 점에서 아날학파나 푸코 역시 같은 의견인데,[3] 푸코는 이렇게 말하고 있다. "사상사는 각종 문학부산품(subliteratures), 역대 연감, 신문 평론, 한때 대중의 인기를 받았던 성공한 작품이나 무명작가의 작품 등을 분석해야 한다……. 사상사는 주로 이처럼 사람들이 익히 알고 있는 모든 사

문헌 자료 범위의 확대·사용방법

1) 정부나 정치를 연구하는 어떤 학자들은 이미 연구의 중심을 제정(制定)정책 연구에서 집행정책 연구로 이동하기 시작했다. 이러한 변화는 사상사 연구에 어느 정도 참고가 되고 시사점을 던져 주지 않겠는가?

2) 자크 르 고프, 『신사학(新史學)』, 중역본, 6쪽.

3) 미셸 푸코, 『지식의 고고학』, 중역본, 260쪽.

상에 주목해야 한다." 따라서 연구자는 굳이 경전 사상사의 연구 방식에 얽매일 필요가 없다.[4)]

가령 한나라 시대의 사상사를 기술할 때 더 이상 가의(賈誼), 동중서(董仲舒), 왕충(王充) 같은 '역사에 문장으로 명성을 남긴' 인물의 저작에만 국한할 필요가 없다면, 역사서나 일반 저작에 개별적으로 등장하지도 않고 역사학자들의 눈에 특별히 띄지도 않는 것들에 주목해 봄직하다. 예를 들어 마왕퇴(馬王堆)의 백서(帛書)나 그것이 암시하는 의미, 땅에서 출토된 한나라 시대 청동 거울의 명문(銘文)에서 집중적으로 표현된 한나라 시대 사람들의 심리와 사상, 은작산(銀雀山)과 장가산(張家山), 쌍고퇴(雙古堆)나 윤만(尹灣) 등에서 출토된 죽간에 은연중에 나타난 사상이 그러한 경우에 속한다. 거기에는 보잘 것 없고 형이하학적인 지식만 있는 것이 아니다. 우리는 그 속에서 당시에 점차 틀을 갖추기 시작한 민족 국가의 의식과 우주의 시공에 관한 관념 및 인류의 심리와 생리 체험 등에 관한 실마리를 찾을 수 있고, 또한 당시 사람들의 보편적인 희망과 이러한 희망을 실현할 구체적인 방법을 발견할 수 있을 것이다. 그리고 이러한 희망과 방법의 이면에서 당시 사람들이 자각하고 있지는 않았을지라도 은연중에 당시 사람들의 생활을 지배하고 있던 관념 세계가 존재한다는 것을 발견할 것이다. 또한 남북조 시대 불교 사상을 논할 때 일반적으로 사상사는 늘 도안(道安), 혜원(慧遠), 구마라습(鳩摩羅什), 승조(僧肇)와 같은 천재적인 불교도의 사상과 그들이 제시한 명제를 기술하고 있으며, 또한 민족주의, 도덕주의, 그리고 경제적 이익으로 야기된 종교적 갈등사를 주로 다루고 있다.[5)]

그러나 당시 일상 생활에서 얼마나 많은 사람이 은호(殷浩)나 사령운(謝靈運)과 같이 불경을 '수백 번 탐독하고' 범문(梵文)을 학습하면서 '불성(佛性)', '본성

4) 장광직(張光直)의 아형(亞形)과 우주 관념에 대한 연구는 반드시 체계적인 문헌 기록에 의존하고 있다고 이야기할 수 없다. 그렇다고 그가 사상사에 대해 언급한 것이 아니라고 이야기할 수 있는가?

5) 탕용동(湯用彤), 『한위 양진 남북조 불교사(漢魏兩晉南北朝佛教史)』, 중화서국 재판, 59~60쪽, 1983. 에리히 주르케(Erich Zürcher), 『불교의 중국 정복 : 초기 중세 중국에서 불교의 확산과 적응(*The Buddhist Conquest of China-The Spread and Adaptation of Buddhism in Early Medieval China*)』, 2 vols, Leiden(일역본), 다나카 스미오(田中純男)등 옮김, 도쿄, 세리카서방(せりか書房), 49쪽, 1995.

(本性)', '돈오(頓悟)' 및 '팔불중도(八不中道)'와 같은 이론에 관해 깊이 사색했겠는가? 또한 기존의 사상사는 당시 불교가 중국에 전래되는 과정이 어떠했는지를 여실히 보여 준다. 왜냐하면 『고승전(高僧傳)』, 『출삼장기집(出三藏記集)』, 『홍명집(弘明集)』, 『광홍명집(廣弘明集)』 등과 같은 경전의 기록에만 의존하여 역사를 복원하고 재구성했기 때문이다. 그러나 전혀 의도되지 않은 상태에서 유전된 여러 가지 사료를 살펴보면 이러한 대표 사상가의 사상사가 당시 생활 속에서 도대체 얼마나 많은 영향을 끼쳤는지에 대해 의구심을 갖지 않을 수가 없다. 그런 사료의 첫 번째 예는 석각, 특히 남북조 시기 불교와 관련된 석각의 제명(題銘)이다. 두 번째 경우는 문서, 즉 돈황(敦煌)의 투루판(吐魯番)에서 출토된 각종 문서 중의 제기(題記)이다. 이러한 석각과 문서는 의식적인 정리 과정을 거치지 않았고, 중간에 해석이나 설명을 가한 것도 아니다. 그렇기 때문에 그 안에는 당시 사람들의 사상 — 물론 보편적이고 일반적인 사상 — 이 진솔하게 드러나 있다. 또한 그 안에는 '공(空)'이나 '성(性)'에 관한 형이상학적인 논의도 없고 그저 여러 가지 개인적인 바람 속에 일반 사람들의 신앙이 솔직하게 드러나 있다.

물론 이는 자주 인용되지 않는 주변 자료에 반드시 주의력을 집중해야만 한다는 말이 아니다. 왜냐하면 내가 말한 '일반 지식과 사상 그리고 신앙'이 최하층 서민의 의식만을 지칭하는 것이 아니기 때문이다. 가령 가훈(家訓), 가법(家法), 권선징악에 관한 책, 아동용 교과서, 보권(寶卷) 같은 것들은 매우 훌륭한 분석 자료임에 틀림없다.[1)] 미국에서 중국 사상사에 관한 입문서로 읽히고 있는 『중국 전통의 원천(Sources of Chinese Tradition)』에 보면 「태상감응편(太上感應篇)」과 「일관도리문답(一貫道理問答)」에 관한 내용이 수록되어 있다. 그러나 자주 인용되는 경전 문헌들도 일반 지식, 사상과 신앙사 연구에 유용하다. 3년 전 일본 학자 후쿠이 후

1) 이러한 방법은 종교 연구에 가장 집중적으로 나타난다. 예를 들면 미국학자 마이클 사소(Michael Saso), 독일 한학자 베메르방크(Dr. WemerBanck), 프랑스 학자 크리스토퍼 쉬뻬르(Kristofer Schipper), 일본 학자 사와다 미즈호(澤田瑞穗)와 사카이 타다오(酒井忠夫) 등과 중국 학자 한병방(韓秉方), 마서사(馬西沙)의 연구가 이에 속한다. 그러나 그들이 주로 다루었던 것은 이른바 '민간' 혹은 '소전통'으로 내 생각과 다소 차이가 있다. 내가 사상사에서 문제 삼고자 하는 것은 사회의 일반적 혹은 평균적 지식 수준과 보편적이고 무의식적인 사상 습관이다.

미마사(福井文雅)의 『중국 사상 연구와 현대(中國思想研究と現代)』를 본 적이 있다. 이 책의 어느 구절에서 『수서(隋書)』「경적지(經籍志)」에 담겨져 있는 불교관을 논하고 있는데, 「수지(隋志)」에 기록된 불교에 관한 11가지 관점을 열거하면서 이를 『위서(魏書)』「석노지(釋老志)」와 비교하고 있었다.[2] 이 책을 보면서 나는 불교도가 아닌 지식인이 제3자의 시각에서 행한 불교에 관한 서술과 소개가 일반 지식과 사상 수준을 측정하는 참고 문헌이 될 수 있을까라는 생각이 들었다.

그러나 1년 뒤 고젠 히로시(興膳宏) 교수에게 그의 『「수서」 '경적지'에 대한 상세한 고찰(隋書經籍志詳考)』이란 책을 받아 불교에 관한 대목을 다시 읽고 난 뒤, 나는 그가 불경을 얼마나 꼼꼼히 고증하고 주석 작업을 했는지를 알 수 있었다.[3] 그리하여 불교도가 아닌 일반인이 이러한 주석을 통해 불교 문헌을 이해할 수 있다면 당시 일반인의 불교 지식과 사상 수준이 어느 정도였는지 능히 판단할 수 있을 것이라고 생각했다. 나는 4세기 이후 불교의 전파에 관해 기술하면서 『돈황유서총목(敦煌遺書總目)』을 살펴볼 때 돈황에서 출토된 불경초본(佛經抄本)의 고서의 종류와 수량을 통계내고, 그 안에서 가장 많이 필사되고 또한 상대적으로 통속적인 경전을 통해 당시 일반 불교 지식과 신앙에 관한 정황을 대강 추정할 수 있지 않을까 라는 생각이 들었다.

의식적 사료는 사람들 게 결코 '기술하는' 것 아니고 단지 사람들에 '나열할' 뿐이다.

전혀 의도되지 않은 상태에서 유전된 역사 자료는 누군가를 위해 '서술'한 것이 아니라 그저 '나열'한 것일 따름이다. 서술은 서술한 이의 의도가 담기기 마련이지만, 나열은 그저 드러내 보일 뿐이다. 여러 가지 의도되지 않은 무의식적인 역사 자료가 사상사에서 배제된 것은 매우 안타까운 일일 뿐만 아니라 사상사

2) 후쿠이 후미마사(福井文雅), 『중국 사상 연구와 현대(中國思想研究と現代)』, 도쿄, 융문관(隆文館), 111쪽 이하, 1992.

3) 고젠 히로시(興膳宏), 가와이 고조(川合康三), 『「수서」 '경적지'에 대한 상세한 고찰(隋書經籍志詳考)』, 도쿄, 급고서원(汲古書院), 1995. 예를 들어 불경(佛經) 서문의 둘째 단락은 한자가 불과 300자에 지나지 않지만 주석은 중문으로 약 3천 자에 이른다. 그중 『태자서응본기경(太子瑞應本起經)』, 『유마힐경(維摩詰經)』, 『위서(魏書)』「석노지(釋老志)」, 『멸혹론(滅惑論)』, 『서경부(西京賦)』, 『일체경음의(一切經音義)』, 『지도론(智度論)』, 『분별공덕론(分別功德論)』, 『후한서(後漢書)』, 『봉법요(奉法要)』, 『법화경(法華經)』, 『대반열반경(大般涅槃經)』, 『불국기(佛國記)』, 『무량수경(無量壽經)』, 『조론(肇論)』, 『대비경(大悲經)』, 『속고승전(續高僧傳)』, 『대부혁폐불법사(對傅奕廢佛法事)』 등 불교 내외의 각종 논저를 인용했다. 『당 연구(唐研究)』, 제2집(북경대학출판사, 536~541쪽, 1996)에 실린 이 책에 대한 갈조광(葛兆光)의 평론 참조.

가 실존의 사상 세계와 동떨어지게 만든 이유이기도 하다. 경우에 따라 사상사의 글쓰기가 되물림하듯 후대에 영향을 준다면 이전 시기 사상사가의 사유 틀과 시야가 이후 사상사를 쓰는 이에게 편의를 제공하기는 하겠지만, 그가 제공한 실마리는 오히려 후대 사상사가에게 근거 자료의 방향을 암시하거나 한정한다. 그런 까닭에 후대의 사상사가는 굳이 새로운 자료를 찾기 위해 애쓸 필요가 없다. 바로 이런 이유로 끊임없는 계승 과정을 통해 사료가 이미 정해진 범위 안에서 국한될 수밖에 없었던 것이다.

이에 대해 세 가지 예를 들어 보겠다. 2년 전 나는 시간을 내어 여러 사찰을 돌아본 적이 있는데, 북경·항주·복주·홍콩·타이베이 등 여러 지역의 사찰마다 휴대하기에 편리한 보급형 불교 소책자를 팔고 있었다. 그 책자 안에는 특히 『묘법연화경(妙法蓮華經)』「권 7」'관세음보살 보문품(觀世音菩薩普門品)'이 반드시 들어 있었는데, 이는 대다수 불교 신자의 불교에 관한 지식 수준과 무관하지 않을 것이다. 다음은 유서(類書 : 분류검색도서)의 경우를 보자.

나는 『예문유취(藝文類聚)』, 『초학기(初學記)』, 『육첩(六帖)』, 『태평어람(太平御覽)』 등 현존하는 각종 유서들이 사상사의 가장 좋은 텍스트라고 생각한다. 이러한 유서들은 하나같이 천지(天地), 제왕(帝王), 인사(人事), 예악(禮樂), 직관(職官), 품물(品物) 등과 같은 분류법에 따라 전혀 의식하지 않은 상태에서 축적된 각종 문헌들로 우리가 일반 지식과 사상, 그리고 신앙의 수준을 가늠하는 자료라고 할 수 있다. 이 외에 북주(北周)의 『무상비요(無上秘要)』나 당나라 시대의 『법원주림(法苑珠林)』 같은 불교와 도교 계통의 유서들도 사회에 보편적으로 전해지는 불교와 도교의 지식을 분석하는 텍스트로 삼을 만하다.[1] 또한 송나라 시대의 사상을 이야기할 때면 누구나가 주희(朱熹)를 떠올리게 된다. 그러나 대부분의 사상사가들은 『주문공 문집(朱文公文集)』, 『사서집주(四書集注)』 및 『주자어류(朱子語類)』 가운데 이학과 관련된 일부 자료만을 근거로 삼을 뿐 『가례(家禮)』를 연구 대상으로 삼는 경우는 거의 없다.

---

1) 이 책(『중국 사상사』)의 제4편 제7절 「목록, 유서와 경전 주소 중에 나타난 7세기 중국 지식과 사상 세계의 윤곽」 참고.

그런데 현존하는 많은 지방지(地方志)를 살펴보면 주희의 『가례』가 민국 연간에 이르기까지 지속적으로 사회 의례의 준거로 활용되었음을 알 수 있다. 이러한 의식적인 규정 속에 드러난 것이 바로 천년 동안 중국인들에 의해 보편적으로 준수되고 추구되어 온 가치와 의의이며, 일반 지식과 사상 그리고 신앙사의 내용인 것이다. 그러나 『보문품(普門品)』과 같이 7세기 이래 줄곧 널리 전해져 온 불교 경문이나 『초학기』, 『예문유취』와 같이 당나라 시대의 보편적 지식과 사상을 모아 놓은 유서, 그리고 『가례』처럼 세속 사회에서 널리 사용되었던 의례 규범이 사상사에서 진정으로 주목을 받거나 분석된 적이 있었던가?[2)]

4

1980년대 이후 나를 포함해서 많은 사람들이 중국 문학사, 중국 종교사, 중국 사상사를 다시 써야 한다는 생각을 가지고 있었다. 1992년 나는 한 서평에서 '사상의 또다른 형식의 역사'를 서술할 필요가 있다고 피력한 적이 있다. 2년 뒤 『중국 방술 자료 회편(中國方術資料滙編)』에 대한 평론에서 재차 "사상사가 상층 문화에 지나치게 편향된 나머지 대대로 축적되어 온 옛 학설에서 벗어나지 못하는 것은 아닐까? 이러한 문제를 인식하고 있다면 2천 년 동안의 중국 사상사를 다시 써야 하는 것이 아닐까?"라는 나의 소견을 밝힌 적이 있다. 1년이 지난 뒤 내가 이학근(李學勤)의 『간백(죽간과 목간, 백서)에 실린 소실된 전적과 학술사(簡帛佚籍與學術史)』를 평론하면서 "1980년대 이후 '중사(重寫 : 다시 쓰기)' 풍조는 줄곧 학계의 뜨거운 이슈가 되었다"고 이야기한 것처럼 '다시 쓰기'가 1980년대 이래로 뜨겁고

---

2) 『주자가례(朱子家禮)』에 관한 문헌학적 연구로 속경남(束景南)의 「주희 '가례'의 진위 고증(朱熹 '家禮' 眞僞辨)」과 진래(陳來)의 「주자 '가례'의 진위에 관한 고찰(朱子 '家禮' 眞僞考議)」(『주자학 간朱子學刊』 제5집, 복건인민출판사, 1989)이 있다. 그러나 『주자가례(朱子家禮)』에 관한 사상사적 연구는 최근에야 비로소 시작되었는데, 양지강(楊志剛)의 「주자가례 : 민간에서 통용되던 예(朱子家禮 : 民間通用禮)」(『전통 문화와 현대화傳統文化與現代化』, 1994년 제4기, 북경, 중화서국)가 대표적이다. 그러나 분석이 충분치 못한 것 같다. 이외에 국외의 논문으로 P. B. 에브레이(Pataricia B. Ebrey)의 『황제 체제하 중국의 유가와 가례(*Confucianism and Family Rituals in Imperial China*』(Princeton University Press, 1991)가 있다.

무거운 주제로 떠올랐지만, '다시 쓰기'란 말은 너무 엄숙하고 어렵기만 했다. 특히 다시 쓰기 작업은 이론적인 면이나 문헌적인 면에서 모두 준비 부족으로 인해 비록 그 가치는 높이 평가되었지만 실제로 성공한 경우는 거의 없었다.[1] 나의 경우 이미 두 권의 사상사를 새롭게 쓴 상태지만 새삼 나 자신에게 묻지 않을 수 없다. '다시 쓰기'에 대한 준비가 충분히 이루어졌는가?

사상사에 관한 이 책을 쓸 때 나는 이론과 기술적인 면에서 궁색함을 느꼈다. 비록 인류학, 사회학, 종교학, 문헌학 등에서 많은 암시와 도움을 받았지만, 그것은 단지 우회적이고 외부적인 도움일 뿐 사상사의 서술, 특히 일반 지식과 사상 그리고 신앙세계의 역사를 서술하는 데 직접적으로 적용할 수는 없었다. 나는 일찍이 사상사를 서술하면서 일반적인 사상사와 달리 일반 지식과 사상 그리고 신앙에 관한 부분을 넣기 위해 의도적으로 애썼다. 예를 들어 제3편에서 나는 「진한(陳漢) 시대 보편 지식의 배경과 일반 사상의 수준」이란 절을 따로 마련하여 마왕퇴 백서(帛書)와 백화(帛畵)의 전체 내용을 통해 고고학적 발견으로 거듭 밝혀지는 진한 시기의 보편 지식의 배경에 대해 언급했고, 백화와 화상전(畫像磚)을 통해 진한 시대 사람들이 마음속으로 생각하던 세 개의 세계를 분석했다. 또한 청동 거울의 명문에 표현된 각종 관념을 통해 생명, 행복, 그리고 자손에 대한 당시 사람들의 관념과 그들의 마음속에 담고 있는 민족 국가 관념에 대해서 논했다. 그리고 제4편 「불교의 동쪽 전파와 그 사상사적 의의」의 전반부에서 초기 불교가 중국에 전래되었을 때 일반 사상 세계가 어떻게 불교의 영향을 받았는가에 대해, 예컨대 사본(寫本)이나 조상(造像), 참법(懺法 : 참회를 위한 법문이나 의식) 등에서 볼 수 있는 종교 의식과 중국 사회에서 그것이 어떻게 변화했는가에 대해 전문적으로 논한 적이 있다.

당시 나는 때마침 일본 학자 이케다 온(池田溫)이 쓴 『중국 고대 사본의 지어 집록(中國古代寫本識語集錄)』이란 책을 읽고 있었는데, 그는 시간의 순서에 따라 각종 사본의 지어(識語 : 서적 소장자나 독자가 서적의 표지나 봉면封面, 권말卷末 등 서적의 어딘

---

1) 「사상의 또 다른 형식의 역사(思想的另一種形式的歷史)」, 「사상사의 시야에 놓고(置于思想史的視野中)」, 「고대 중국에 얼마나 많은 오묘한 비밀이 남아 있는가(古代中國還有多少奧秘)」는 모두 『독서(讀書)』 1992년 제9기, 1994년 제10기, 1995년 제11기(북경, 삼련서점三聯書店)에 수록되어 있다.

가에 구입 경위나 감상 등을 적어 놓은 문장을 말한다. 지기識記, 수기手記, 수지手識, 지문識文이라고도 한다. 역자 주)를 베껴 수록하였다. 이들 지어는 후대 사람들에게 보여주기 위한 것이 아니라 책을 읽은 사람이 자신의 마음을 있는 그대로 적은 것이다. 그는 특히 3세기 중엽에서 6세기 중엽까지 여러 가지 지어를 분석과 귀납의 텍스트로 삼아 불교 신앙의 기본 내용을 분석하였다.

반지식, 사상, 그리고 앙세계의 구성과 영향 세 가지 측면

그러나 이것만으로는 부족하다. 내가 생각하건대 일반 지식과 사상 그리고 신앙세계를 서술하는 데 그 구성과 영향은 다음 세 가지 측면에서 찾아볼 수 있다. 그 하나는 계몽 교육의 내용이다. 그것은 각기 교육받은 이들의 경험이 되어 그의 사상이 발전하는 과정에 지속적으로 존재하게 된다. 따라서 아동용 교재에 포함된 지식과 사상을 분석하는 일이 매우 중요하다. 둘째는 생활 지식의 원천이다. 이 역시 모든 개인에게 제공된 것으로 특히 낯선 세계를 접했을 때 동원하게 되는 경험과 지식이다. 따라서 전혀 의도하지 않거나 보편적인 재료들, 예를 들어 문자가 아닌 그림 자료(화상석, 청동 거울, 종교 그림, 조각, 건축), 보편적으로 활용되는 인쇄물(사찰의 첨문簽文, 격식화된 축문祝文, 황력皇曆과 같이 널리 통용되던 책)이 필요하다. 셋째는 사상 전파의 길이다. 이른바 엘리트 사상은 결코 직접적으로 일반 사상 세계의 내용으로 전화될 수 없다. 따라서 그것들을 통속화하는 선전물을 찾을 필요가 있다. 예를 들어 일부 사가들이 전혀 주목하지 않았던 문학 자료들, 예를 들어 초기의 강경(講經), 변문(變文)과 이후의 선서(善書 : 선을 권하는 책), 당시 예인들이 지니고 있던 창사(唱詞), 고정된 장소에서 이루어지는 연희 대본인 설서(說書), 가족 제사나 마을 집회에서 연출되던 대본 등이 그것이다.

그러나 이러한 것들에 대해 기록한다는 것은 극히 어렵다. 그런 자료를 해독하는 것 자체가 난해하기 때문에 이를 분석하는 것은 더욱 어려울 수밖에 없다. 설사 분석을 했다고 할지라도 주관성을 면할 수 없다. 무엇보다 우리가 옛사람이 생활했던 환경과 너무 멀리 떨어져 있기 때문에 단지 우리가 이해하는 것만을 기록할 따름이다. 경우에 따라서는 모순적인 내용이 나타나기도 하는데, 이는 생활세계 자체가 그다지 잘 정돈되어 있지 않기 때문이다. 그러나 사상사는 이러한 자료를 몽땅 운반하여 정리하지 않을 수 없다.

3년 전인 1994년 12월 어느 날 오후 나는 상해 복단대학에서 주유쟁(朱維錚)

선생이 주관하는 토론회에 참석한 적이 있는데, 창밖으로 가랑비가 부슬부슬 내리고 있었다. 빗속에서 아련히 피어오르는 안개를 바라보고 있노라니 발표자의 목소리가 귓가에서 아스라이 사라지는 것 같았다. 그때 문득 만일 과거 사상사의 '배경'과 '초점' 사이에 '일반 지식과 사상, 그리고 신앙세계'를 가미한다면 사상사가 보다 분명해지고 진실해질 것 같은 생각이 들었다. 이런 생각이 들자 나는 그간의 글쓰기 작업을 잠시 멈추고 다시 책읽기에 몰입했다. 그리고 이러한 생각이 나의 억제하기 어려운 글쓰기의 욕망을 다시 불러일으켜 이미 절반 정도 완성한 기존의 작업(이것은 나중에 북경대학 출판사에서 『중국 선 사상사中國禪思想史 : 6세기에서 9세기』라는 제목으로 출판되었다)을 잠시 멈추고 새로운 발상이라고 여겨지는 사상사 쓰기에 몰입을 하게 되는 계기가 되었다.

그러나 나는 3년이 지난 후에야 비록 한 개인이 완전히 새로운 면모를 갖춘 사상사 쓰기를 시작할 수는 있지만, 결코 그 혼자만의 힘으로 완성할 수 있는 일이 아니라는 사실을 깨닫게 되었다. 특히 '일반 지식과 사상, 그리고 신앙세계'는 다루어야 할 사고 맥락과 종합해야 할 자료가 너무나 많았다. 어쩌면 나의 사상사는 단지 무르익지 않은 사유 방식과 귀납된 일부 자료를 후세의 사상사가에게 넘겨주는 수준에서 멈추어 버릴지도 모르는 일이었다. 그러나 나는 그러한 사상사라도 써낼 수 있기를 진정으로 바라는데, 과연 나의 바람은 실현될 수 있을까?

2절

지식사와 사상사

술과 사상 : 현재 학계 논쟁 화제

내가 이 책을 쓰고 있을 무렵 중국 학계는 '학술'과 '사상' 분야의 문제가 뜨거운 화제로 떠오르고 있었다. 이러한 화제가 대두된 것은 물론 특정한 이데올로기 측면에서 나름의 배경이 있었겠지만, 이 점은 일단 차치하고 순수 학술적인 측면만 한정해 볼 때 이것은 해묵은 것이면서도 참신한 주제였다. 해묵었다고 말하는 까닭은 그것이 위로 청나라 시대의 한학(漢學)과 송학(宋學)을 두고 벌어진 논쟁, 즉 '한송논쟁(漢宋之爭)'은 물론이고 이학(理學) 내부의 논쟁인 주육논쟁(朱陸之爭 : 주희의 이학과 육상산陸象山의 심학心學 논쟁), 심지어 고대의 '도문학(道問學)'과 '존덕성(尊德性)'의 전통적인 차이까지 거슬러 올라갈 수 있기 때문이다.

한편 참신하다고 말하는 까닭은 그것이 현재 학계에서 전통의 계승과 세계로의 지향 사이에 취향의 차이가 존재하기 때문이다. 학술 계보를 계승하고자 했던 1920~30년대의 바람과 사상적으로 서구와 소통하고 싶어 하는 1990년대의 생각 사이에도 상당한 차이가 존재할 것이다. 그 밖에 주목해야 할 점은 여기에 전문 분야와 개인적 취향의 차이가 있다는 점이다. 이러한 차이 역시 사람들이 판단의 기로에 섰을 때 각자의 전문 분야와 개인적 취향에 따라 자신의 감정과 입장을 결정하도록 만든다. 내가 생각하기에 그들 간의 실제적인 취향의 차이는 그다지 분명하지 않을 수도 있고, 취사선택을 할 때도 반드시 자각적이지 않을 수도 있다. 따라서 자신의 취향과 감정에 따라 자신의 입장을 결정한 다음, 어쩔 수 없이 그러한 입장을 끝까지 견지하는 것일 수도 있다.

나는 학술과 사상 사이에 일정한 구분이 있다고 생각한다. 특히 학술사와 사상사는 상이한 분야이다. 이것이 1990년 내가 학술사에 관한 좌담회에서 「학술사와 사상사」라는 논문을 발표한 이유이다.[1] 이 글은 지식성이 풍부한 학술을 떠나 결코 사상만 독립적으로 존재할 수도 없고, 사상 없이 학술만으로 지식의 질서를 확립할 수 없다는 나의 생각을 밝힌 것이다. 나는 지난 몇 년간 이 문제에 대해 시종 침묵으로 일관했는데, 그것은 가치의 높고 낮음을 분별하고 자신의 입장을 다른 사람들에게 알림으로써 자기 진영의 논리를 확립하고자 하는 논쟁에 끼어들고 싶지 않았기 때문이다. 설령 어떠한 역할이 맡겨지거나 다른 사람이 부화뇌동하는 태도를 보인다 할지라도 전혀 상관하지 않았다. 그렇지만 이와 연관된 주제는 분명 지난 몇 년간 내가 사상사를 저술하면서 늘 생각하고 있던 핵심 문제 가운데 하나였다. 학술사의 연구 대상이 역사 속에서 지식이 어떻게 변화하고 성장하는가에 관한 것이라면, 사상사는 어떻게 학술사와 소통해야 하고 지식(knowledge)과 사상(intellectual 또는 thought, 혹은 idea)의 관계를 어떻게 처리해야 하는가? 다시 말해 사상사를 어떤 식으로 서술하고, 역사 과정 속에서 지식의 배경은 어떻게 사상의 합리성과 유효성을 담보할 수 있으며, 사상의 담론은 사람들이 이해하는 우주와 사회에 관한 지식을 어떤 식으로 전달할 것인가라는 문제라고 할 수 있다.

1

사상사의 지식 연원과 경 : 수술사와 경학사 예로 들어

사상사가 연속성을 추구한다는 점을 전적으로 부인하지 않는다면 지식과 사상의 문제는 사상사의 기원부터 논의하는 것이 옳다.

처음부터 우주 공간에 관한 지식과 역사적 시간에 관한 지식은 고대 사상의 토대가 되었다. 천문에 대한 관측과 체험을 통해 고대 중국인들은 우주 공간에 관한 지식을 확립했으며, 이러한 우주 공간에 관한 지식을 통해 중국 사상 세계

---

1) 「학술사와 사상사」, 『학인(學人)』 제1집, 강소문예출판사, 1992.

는 경험이나 기술상의 합리성을 제공받았다. 하늘은 둥글고 땅은 네모져 있으며, 하늘은 반구(半球) 형태로 대지를 뒤덮고 있다. 천상(天象)에는 천극(天極)과 황도(黃道)가 있고, 지리(地理 : 땅의 상태)에는 중앙과 사방이 있으며, 기(氣)는 음과 양으로 나뉜다. 극(極)의 축(軸)은 천궁(天穹)의 중앙에 있고, 국(國 : 나라)은 우주의 중앙에 있으며, 경성(京城)은 나라의 중앙에 있고, 왕궁(王宮)은 성의 중앙에 있다. 다른 모든 것들도 두 개의 대응 부분으로 나뉘어져 중앙을 중심으로 양쪽에서 전개된다. 그래서 조셉 니덤(Joseph Needham)과 미르치아 엘리아데(Mircea Eliade)는 마치 약속이나 한 것처럼 다음과 같이 지적했던 것이다. 고대 중국의 천문학적 지식은 상징과 암시, 그리고 이와 연관된 각종 의례적 형식을 통해 자연 법칙에 정확히 부합하는 일종의 공간적 형식을 사람들에게 전달해 줌으로써 사람들이 합리적인 사상의 토대를 확립하고, 이러한 바탕 위에서 각종 관념과 사상이 통일성과 조화성을 유지하도록 만들었다.[2)]

다른 한편으로 역사에 대한 상상과 기억 및 소급은 고대 중국인에게 역사적 시간에 관한 지식을 확립하는 데 도움을 주었다. 이들 지식은 중국의 사상 세계에 먼 고대에서 비롯된 신성한 증거를 제공했으며, 사람들로 하여금 그 옛날부터 있었던 일만이 합리성과 합법성을 지닌다고 믿게 만들었다. 그래서 사상은 항시 역사적 증거를 찾는 데 골몰했고, 이러한 역사는 고대 중국에서 단지 수식이나 기억의 차원이 아니라 극히 중요한 것으로 간주되었다. 그리고 선왕의 도(道)와 이전 왕조의 일은 이미 그 의의가 확인된 일종의 표지(標識)이자 의거(依據)가 되었다.[3)] 이는 선진 시대부터 이미 그러하여 당시 문헌인 『좌전(左傳)』에 이러한 일들이 많이 기록되어 있다. 예를 들어 태사 극(克)은 노(魯)나라 문공(文公)에게 고양씨

2) 조셉 니덤, 『중국 과학 기술사(中國科學技術史)』 제2권 『과학 사상사(科學思想史)』(중역본), 과학출판사와 상해고적출판사, 1991. Mircea Eliade, 『*A History of Religious Ideas II : From Gautama Buddha to the Triumph of Christianity*』, The University of Chicago Press, 1982. 『세계 종교사(世界宗敎史)』 제2권(일역본), 시마다 히로미(島田裕己)·시바타 후미코(柴田史子) 등 옮김, 도쿄, 축마서방(筑摩書房), 1991.

3) 카나야 오사무(金谷治), 『중국 고대 인류관의 각성(中國古代人類觀的覺醒)』(중역본, 『일본 학자가 논한 중국 철학사日本學者論中國哲學史』, 중화서국, 32쪽, 1986). 그는 금문(金文) 자료에 근거하여 "인류가 '보용(寶用)'이라는 동기(銅器)를 빌어 조상의 영예를 대대로 전해 주었다는 점은 바로 인류가 역사에 대해 아직 충분히 자각하지 못했다 할지라도 이미 의식을 갖기 시작했음을 말한다"고 지적한다.

(高陽氏), 고신씨(高辛氏), 요(堯), 순(舜) 이래 악을 물리치고 덕을 세우는 역사에 대해 말했고, 위강(魏絳)은 진(晉)의 제후에게 후예(后羿)와 한착(寒浞)이 어진 사람을 버리고 아첨하는 사람을 등용했다는 고사를 이야기했으며, 사약(士弱)은 태사 신갑(辛甲)의 「우인지잠(虞人之箴)」을 인용하여 진(晉)의 제후에게 송나라에 화재가 난 원인은 도당씨(陶唐氏)와 상나라 왕조의 옛 제도까지 소급하여 찾아볼 수 있다고 설명하였다.[1)]

이러한 것들은 모두 당시 사상가들이 시비와 선악의 판단은 옛날부터 경위(涇渭 : 경수涇水와 위수渭水. 경수는 흐리고 위수는 맑아 뚜렷하게 구분된다)처럼 분명하다고 믿고 있음을 보여준다. 이를 통해 전통적인 윤리 가치와 의미는 시간이 부여하는 권위와 자명성을 지니게 되고, 실용적 가치나 의의와 일치할 뿐만 아니라 고대로부터 현재에 이르기까지 전혀 어긋남이 없이 조화를 이루게 된다. 그렇기 때문에 『국어(國語)』는 이렇게 말하고 있는 것이다. "일을 부여하고 형을 집행할 때 반드시 (옛사람이) 남긴 가르침에 물어야 하고 옛 사실에서 자문을 구해야 한다(賦事行刑 必問于遺訓 而咨于故實)."[2)]

이러한 지식들은 비밀리에 전수되거나 실제 운용되는 과정을 통해 점차 여러 가지 실용적인 지식과 기술에 집중되었으며, 다른 한편으로 대중화와 이성화(理性化)에 의해 공개적인 교육 자료로 사용되면서 점차 여러 가지 경전과 사상을 형성하기 시작하였다. 초기 중국의 중요한 지식은 점성술과 역법, 제사 의식, 의료와 방술(方術)이라고 할 수 있다. 그 가운데 점성술과 역법은 우주를 파악하는 지식이고, 제사 의식은 인간의 질서를 정돈하는 지식이며, 의료와 방술은 인류 자체를 통찰하는 지식이다. 이러한 지식에서 수술(數術)·예악(禮樂)·방기(方技)와 같은 학문이 발생했고, 후세에 큰 영향을 미친 음양 사상과 황로 사상(黃老思想 : 전설적인 제왕인 황제와 노자의 사상) 및 유가와 법가 등의 사상이 생겨났다. 이러한 사상들은 이론적 근거로 삼았던 지식을 배제하거나 완전히 이탈하지 않았을 때가 있었기 때문에 우리는 상당히 많은 지식과 사상이 상통하고 심지어 융합되는 것을

---

1) 『좌전』(左傳) 문공 18년, 양공 4년·9년, 『십삼경 주소(十三經注疏)』, 중화서국, 1861쪽, 1933쪽, 1941쪽.
2) 『국어(國語)』, 「주어(周語)」 '상(上)', 23쪽.

볼 수 있다.

그래서 공자는 스스로 무격(巫覡)과 길이 다르면서도 추구하는 바는 같다고 말했던 것이고, 노자는 섭생을 잘 하는 자는 육지를 돌아다녀도 무소나 호랑이를 만나지 않고, 전쟁에 나가서도 갑옷이나 병기에 다치지 않는다고 말했을 것이다. 또한 장자가 "지극한 덕을 갖춘 자는 불로 그를 태울 수 없고, 물로 그를 빠뜨릴 수 없다"라고 주장한 것도 이러한 이유 때문이다. 그래서 중국 전통에 얽매이지 않는 서구의 한학자들은 이러한 경전(經典)이나 사상서에서 신비주의적 의미를 발견할 수 있었던 것이다.[3] 마찬가지로 경전 안에는 여러 가지 지식이 포괄되어 있는데, 이러한 박물(博物) 전통은 후세 사람들이 상상하고 있는 것과 달리 박물학가(博物學家)의 직업에 따른 결과이다. 사실 당시만 하더라도 지식과 사상은 오늘날처럼 분명하게 구분되지 않았으며, 사인(士人)들 역시 경전 전통에서 벗어나지 못한 상태였다.

그렇기 때문에 적어도 한나라 시대 이전에 이미 육경(六經)이 지식의 연원이자 진리의 근거라는 관념이 존재하고 있었던 것이다.[4] 왜냐하면 이들 경전들은 '선왕의 옛 전적(先王舊典)'으로 유구한 역사와 깊은 연원을 가지고 있을 뿐만 아니라 상당히 풍부한 내용을 포함하고 있어 폭넓은 해석의 여지를 남겨 놓았기 때문이다. 그래서 『예기(禮記)』「경해(經解)」에 보면 "온유돈후(溫柔敦厚 : 성격이 온유하고 부드러우며 인정이 두텁다는 뜻)는 「시(詩)」의 가르침이고(詩敎), 소통치원(疏通致遠 : 정사에 통달하고 상고시대의 일을 안다는 뜻)은 「서(書)」의 가르침이며(書敎), 광박역양(廣

---

3) 예를 들어 미국 철학자 허버트 핑거레트는 공자의 말 가운데 때로 그 자신이 주술에 가까운 어떤 능력들을 지녔음을 암시하고 있다고 생각했다. 『공자 : 신성한 속인(孔子 : 神聖的俗人)』. Herbert Fingarette, 『*Confucius : The Secular as Sacred, Harper and Row*』, Publishers, New York, p.4, 1972. 영국의 한학자 웨일리는 『장자』 중의 '진인(眞人)'은 인도의 '진인'과 마찬가지로 신비주의적 의미를 가지고 있다고 했다. "이러한 관념을 통해 사람들은 초기 도가와 2세기 이래 도교의 관계를 이해할 수 있다." 『고대 중국의 세 가지 사고 방식(古代中國的三種思路)』 참조. Arther Waley, 『*The Ways of Thought in Ancient China*』, Stanford University Press, p.51, 1982.

4) 아무리 『회남자(淮南子)』 권 20, 「태족(泰族)」에서 육경을 언급할 때 미사(微辭)가 있어서 "『역』은 자칫 귀신에 빠지기 쉽고 『악』은 자칫 과도함에 빠지기 쉽고 『시』는 어리석음에 빠지기 쉽고 『서』는 자칫 구속에 빠지기 쉽고 『예』는 자칫 원망함에 빠지기 쉬우며 『춘추』는 자칫 비방에 빠지기 쉽다(『易』之失鬼, 『樂』之失淫, 『詩』之失愚, 『書』之失拘, 『禮』之失忮, 『春秋』之失訾)"라고 쓴 소리를 하고 있지만, 이는 단지 소수 황로학자들의 주장일 뿐이고 그 뒤로는 기본적으로 찬송하는 소리가 귀에 가득하다. 『회남홍렬 집해(淮南鴻烈集解)』, 중화서국, 674쪽 참조.

博易良 : 심사가 넓고 조화롭고 선량하다는 뜻)은 「악(樂)」의 가르침이고(樂敎), 결정정미(絜靜精微 : 맑고 고요하게 사물의 정미함을 살필 수 있다는 뜻)는 「역(易)」의 가르침이며(易敎), 공검장경(恭儉莊敬 : 공손, 검소하고 엄숙하게 삼간다는 뜻)은 「예(禮)」의 가르침이고(禮敎), 속사비사(屬辭比事 : 문사를 짓고 사안을 비교하여 판단한다는 뜻)는 「춘추(春秋)」의 가르침이다(春秋敎)"라는 말이 나온다. 그러나 실제로 해석의 여지는 이보다 더 크다. 예를 들어 『사기』「태사공 자서(太史公自序)」를 보면 오경(五經)은 천지음양(天地陰陽), 사계오행(四季五行), 경제인륜(經濟人倫), 산천계곡(山川溪谷) 및 초목어충(草木魚蟲)에 관한 다양한 내용이 담겨 있다고 하면서 「역」은 변화의 측면, 「예」는 행위의 측면, 「서」는 정치적인 측면, 「시」는 풍자적인 측면, 「악」은 조화를 강조한다는 측면에 장점이 있고, 「춘추」는 인간을 다스리는 데 장점이 있다고 했다. 이처럼 경전은 정신과 인격뿐만 아니라 우주, 정치, 자연 및 사회 각 방면까지 모든 영역을 다루고 있는 것이다.

그러나 오늘날 사상사들은 종종 수술(數術)과 방술(方術) 및 경학 지식을 소홀하게 다루고, 수술과 방술에 대한 연구와 경학 연구를 상호 완전히 절연된 전문 분야로 나누었다. 그래서 철학사와 사상사가 많은 연구자들의 관심을 모으고 있을 때 수술과 방술에 관한 학문이나 경학사(經學史)는 오히려 '그 명맥이 끊어지고', 극소수의 사람들만이 외롭게 관심을 보였을 뿐이다. 나는 얼마 전 『삼례통론(三禮通論)』을 구해 보았다. 꼼꼼히 살펴볼 틈은 없었지만 「후기」 말미에 "1996년 2월 오강(吳江)의 전현(錢玄)이 와병 중에 기록한다. 지금 내 나이 87세이다"[1]라고 적혀 있는 구절을 읽게 되었는데, 참으로 안타까웠다. 듣자하니 「예」학에 정통한 노년의 전문가는 이제 얼마 남지 않았다고 한다. '예'는 원래 고대에 극히 중요한 지식 가운데 하나였는데, 지금은 오히려 의식 제도에 관한 학문이 날이 갈수록 관심 밖으로 밀려나는 것 같다. 그러나 수술이나 방술, 그 밖에 기타 여러 가지 지식을 떠나면 사상사는 그 형성 배경에서 점차 멀어지게 될 터인데, 과연 경학사를 벗어난 사상사가 중국 사상의 역사를 분명하게 말해 줄 수 있을까?[2]

지금의 사상사는 수술과 방기와 경학 지식을 소홀히 다루고 있다.

1) 전현(錢玄), 『삼례통론(三禮通論)』, 남경사범대학출판사, 664쪽, 1996.

2) 사실 지식사의 자원을 배제한 채 학술사 문제만으로 사상사의 윤곽을 그리고자 한다면 선진(先秦)과 같은 상고시기의 중국사상 세계의 많은 현상에 대해 명확하게 이야기할 수 없을 뿐만 아니라 청나라 시대와 같은 전

식의 변동과 사상의 변
사이

2

물론 사상사의 기원만 그런 것이 아니다. 때로 지식의 축적이 사상 수용의 전제가 되며, 지식의 변화는 사상 변화의 조짐이라고 할 수 있다. 위진(魏晋) 시기의 현학(玄學)을 논할 때와 마찬가지로 겉으로 대단히 현학적으로 보이는 철학적 담론의 이면에도 지식에 대한 상당히 복잡하고도 심오한 역사적 배경이 자리 잡고 있음을 알 수 있다. 연구자들은 동한(東漢) 시대의 박학다식한 유학자들의 지식주의 경향이 당시 지식 계층의 지식 습득 방법을 크게 확대시켰다는 점에 그다지 주의하지 않았다. 사실 이러한 지식 확대의 직접적 결과로 지식으로서 유학 경전의 유일성이 와해되었다. '성(性)과 천도(天道)'는 당시 중요한 명제였음에도 불구하고 유가들은 그다지 관심이 없었다. 그래서 일시에 각종 사상이 침투할 수 있는 틈새가 마련되었고, 여러 가지 잡다한 지식이 누구나 즐겨 보는 읽을거리가 되었다. 바로 이러한 정황 속에서 노장 사상은 자연스럽게 사상 자원으로 재등장하였고, 불성(佛性)에 관한 불교 경전 역시 많은 이들에 의해 연구될 수 있었던 것이다.

또 다른 예를 들자면 청말 사상에서 상당히 중요한 것 가운데 하나는 불학(佛學)의 부흥이다. 많은 연구자들도 이러한 사실을 잘 알고 있다. 그렇다면 어떤 이유로 말미암아 불학이 이 시기에 부흥한 것일까? 간단히 말하면 그동안 우주와 사회를 해석해 왔던 전통적인 지식이 급격한 사회적 변화 속에서 돌연 효과를 상실했기 때문이다. 사람들은 서양 사상과 대등한 위치에서 자존심을 지킬 수 있고, 서양 사상과 같이 세계를 효과적으로 해석할 수도 있는 지식 자원을 찾고자 했다. 그러는 가운데 풍부한 상상과 치밀한 논리를 가진 불학이 어느새 지식 자원으로 자리 잡게 된 것이다. 그리하여 불학은 전통의 사상 세계를 보존하는 한편 새로운 사상을 해석하는 중대한 임무를 맡았다. 그러나 불교가 부흥한 결과 오히려 서양 학문의 침투를 초래했고, 어떤 의미에서는 청말 시기, 또 민국 초기

근대의 사상사조차도 제대로 쓸 수 없을 것이다. 사상가는 청나라 시대 고증학이 사상사에 미친 영향을 이야기하거나 청나라 시대 금문 경학이 강유위나 양계초 및 그 이후의 사상에 어떤 영향을 끼쳤는가에 대해서 이야기한다. 그러나 전체 사상사에서 이러한 근원을 찾는 배경을 완전히 도외시한다면 사람들이 괴이하다고 여기지 않을까?

의 사상사에 커다란 변화 국면을 야기했다.[1]

지식의 역사는 늘 더디게 발전한다. 물론 돌발적인 변화가 그다지 흔치 않은 역사 속에서도 필승(畢升 : 북송 인종仁宗 때의 인물)이 활자 인쇄술을 발명하고, 와트가 증기 기관을 발명했던 것처럼 후세에 커다란 영향을 끼친 사건도 있고, 뉴턴(Newton)의 역학이론과 아인슈타인(Einstein)의 상대성이론처럼 인류의 인식(認識)에 획기적인 의의를 지닌 발견도 있었다. 그러나 이러한 것들도 결국 일정한 경험과 지식의 축적은 물론 정확한 묘사와 전달, 실제 실험과 생산이 밑받침되어야만 대중들의 시야에서 그 영향력과 가치를 발휘할 수 있다. 따라서 지식사(知識史), 특히 일반 지식의 역사는 끊임없이 천재가 등장하는 사상사에 비교할 때 돌연 시대를 초월하거나 상대적 히스테리시스(hysteresis : 어떤 물리량이 그때의 물리 조건만으로는 일의적으로 결정되지 않고 그 이전에 그 물질이 경과해 온 상태의 변화 과정에 의존하는 현상)의 파동이나 이상(異常)이 훨씬 적다.

역사는 분명 느슨하고 천천히 움직이지만 질서가 있다. 아날학파의 용어로 말하면 그것은 '장시간'에 걸쳐 '구조 분석'을 하는 데 적합하기 때문에 역사적으로 상당히 오랜 기간 동안 사람들을 감격시킬만한 어떤 장면을 볼 수 없다고 할지라도 브로델이 말한 것처럼 "반정지(半靜止) 상태에 놓여 있는 심층적인 면에서 살펴보아야 역사적 시간의 분화를 통해 형성된 수천수만의 층위를 이해할 수 있다. 일체 모든 것은 반정지 상태의 심층적인 면을 전환점으로 삼는다."[2] 바로 이러한 지식의 배경이 존재함으로써 사상사의 온갖 변화를 지탱하고, 또한 사상사에서 볼 수 있는 기이하고 특별한 사상을 이해할 수 있는 배경과 토양을 갖추게 되는 것이다. 따라서 사상이 이러한 지식 계통의 지지를 벗어나게 된다면 그 즉시 그 배경을 상실하게 될 것이다.

나는 사상이 지식에 대해 언제부터 오만을 부리기 시작했는지 잘 모른다. 또한 사상사가 자신의 시야를 각종 지식사에서 탈피하려는 습관이 어떻게 생겨났는지도 모른다. 때로 사람들은 초월적이고 추상적인 철학 이론이나 사상에 대해

---

1) 갈조광, 「만청 불학 부흥을 논함(論晚清佛學復興)」, 『학인(學人)』 제10집, 강소문예출판사(江蘇文藝出版社), 1996.
2) 페르낭 브로델, 「장기지속 : 역사와 사회 과학(長時段 : 歷史與社會科學)」, 『자본주의 논총(資本主義論叢)』(중역본), 중앙편역출판사, 183쪽, 1997.

미련을 갖거나 심지어 현혹되기도 한다. 그래서 "수많은 단서는 결론적으로 한마디 말로 귀결된다"는 관념이 자신들도 모르는 사이에 진리로 여겨지고, 사상사는 이러한 핵심적인 부분을 지적할 수 있어야만 전체를 아우르고 정곡을 찔렀다고 말할 수 있다고 생각한다. 그러나 다른 한편으로는 구체적인 경험이나 지식에 대해서 괜히 비웃거나 하찮게 여기기도 한다. 그들은 형이하학적인 것은 사상에 있어서 신발을 신은 채 가려운 발을 긁는 것처럼 피상적인 것에 불과하다고 생각한다. 꽤 오랜 기간 동안 이러한 잘못된 생각이 그냥 묵과되거나 끝없는 핑계로 남았으며, 바로 이로 인해 사상사는 진부한 상태로 끊임없이 지속되었던 것이다.

3

식이 사상에 영향을 준
는 것에 대한 역사적
례

여기서 말하는 '지식'은 수술(數術)이나 방술(方術)과 같은 조작 기술이나 지식, 경전 텍스트에 대한 주석이나 암기와 같은 문자적 지식에만 그치지 않고, 의식 활동과 생활 방법에 대한 이해, 생산 기술에 대한 전수, 그 밖에 사물의 명칭에 대한 분류를 두루 포괄한다. 나는 「사상사와 학술사」라는 글에서 이렇게 말한 적이 있다.

> 사상(思想)이란 두 글자는 '마음 심(心)'을 부수로 삼고 있는데, '심'이 주관하는 것은 사고, 즉 생각이다. …… 오랜 옛날부터 수많은 철학자와 지식인들 가운데 누구는 우주에 대해 사색했고, 누구는 사회를 개혁하기 위해 노력했으며, 또 누군가는 인생을 체험하기 위해 애썼다. 이렇듯 각 세대마다 생각이 다르고 사람마다 목적이 다르다. 바로 이러한 차이가 시간 축 위에서 서로 만나고 변화하는 것을 서술하는 것이 사상사의 임무이다.

이는 다소 편협하다는 생각이 드는데, 크레인 브린튼(Crane Brinton)은 『세계사회과학 백과전서』에서 '사상사(Intellectual History)'라는 주제에 관해 다음과 같이 말한 적이 있다. 협의적으로 말하자면 "사상사는 누가 언제 어떻게 지적 능력과 문화의 진보를 이룩했는지를 개략적으로 알려준다." 그러나 광의로 볼 때 사상사는 "지식 소급의 사회학(restrospective sociology of knowledge)에 가깝다."[1] 그는 비록 그 이유에 대해 자세히 밝히지 않았지만 우주와 사회, 그리고 인생에 관한 많은 사상적 내용이 우주·사회·인생에 대한 지식적 내용에서 뽑아낸 것이기 때문에 지식을 소급하는 과정에서 사상사의 시야를 확대할 수 있고, 보다 광범위한 문헌과 자료에서 사상사를 해석할 자원을 얻을 수 있다는 뜻인 것 같다.

사실 이는 많은 논증과 해석이 필요한 문제가 아니다. 사상사가가 그러한 지식 형성의 역사에 보다 관심을 갖는다면 누구나 상당한 깨우침을 얻을 수 있을 것이다. 의료, 약물학, 양생술과 침구(鍼灸) 등의 학설을 통해 고대 중국인이 가지고 있던 '인간'에 대한 관념을 분석할 수 있다거나, '식(式)', '육박(六博)', '일구(日晷 : 해시계)', 심지어 장기(將棋) 등을 통해서 고대 중국인의 '천(天)'에 관한 관념을 해석할 수도 있다는 이야기는 식자들이 거의 일상적으로 하는 말이기도 하다. 그러나 만약 자료를 얻는 영역을 계속 확대해 간다면 우리들이 미처 주의하지 못했던 지식 속에 상당히 풍부한 사상성을 지닌 내용이 숨어 있음을 발견할 수 있을 것이다. 예컨대 다음 두 가지는 내가 이 책의 서문을 쓸 때 생각하거나 직접 본 내용이다. 풍계인(馮繼仁)이 자신의 논문에서 주장한 것처럼 공의(鞏義)에 있는 북송(北宋) 황릉의 배치는 본래 건축사가의 연구 대상일 뿐이었지만 송나라 시대 관방 이데올로기의 상징을 보여주는 것이기도 하다. 황제 능의 방향과 건축 제도, 황후의 능과 상·하 궁의 배치에 담겨 있는 '세월(歲月)', '방위(方位)', '길흉(吉凶)'의 관계, 그 밖에 이들 관계의 이면에 내재되어 있는 음양 사상은 북송의 조정에서 유일하게 편찬한 『지리신서(地理新書)』에서 살펴볼 수 있다. 『지리신서』는 이렇듯 북송 시대 일반 지식과 사상, 그 밖에 신앙의 연속을 살피는 데 좋은 자료이며, 북송 시대 관방 이데올로기의 지식 구성을 분석하는 데도 좋은 참고 문헌이 된다.[2]

---

1) Crane Brinton, 『*International Encyclopedia of Social Science*』, McMillan Company and Free Press, 1972.

2) 풍계인(馮繼仁), 「북송 시대 황릉에 대한 음양 감여의 전면적인 영향에 관해 논함(論陰陽堪輿對北宋皇陵的全面影響)」, 『문물(文物)』 1994년 제8기, 북경, 문물출판사(文物出版社) 참조.

또한 1980년대 장가산(張家山)에서 한나라 시대 간본(簡本)『산술서(算術書)』가 출토되었는데, 이를 단지 수학사의 자료로만 간주한다면 사상사와는 무관할 것이다.

그러나 그렇지 않다. 나는 언젠가 북경에서 진방정(陳方正) 박사의「현대 과학은 왜 서구에서 출현했을까?」라는 강연을 들은 적이 있다. 그는 중국에서 논밭에 매기는 세금과 상업 등에 필요한 실용적 계산 위주의『구장산술(九章算術)』이 번성하고 천문학의 수리 계산을 위주로 하는『주비산경(周髀算經)』계열이 쇠락한 것을 계기로 중국의 수학과 서구의 수학이 상이한 방향으로 나아가게 되었으며, 수학이 상이한 방향으로 발전한 것은 근대 과학의 발전에도 큰 영향을 미쳤다고 주장했다.[3] 결론이 어떻든 간에 만약『구장산술』과『주비산경』의 상이한 운명에 주목하거나 서한(西漢) 초기의『산술서(算術書)』등 새로운 자료에 주의한다면 고대 중국 사상 세계를 이해하는 데 다소나마 보탬이 되지 않을까 하는 생각이 들었다.[4]

서로 다른 시대의 지식과 지식의 상이한 전파 방식, 그리고 서로 다른 계층의 지식 취향은 각기 서로 다른 사상을 도출하며, 나름의 사상적 지지 배경이 된다. 그리고 이처럼 각기 다른 지식 속에서 풍부한 사상 세계가 생성되는 것이다. 오늘날 컴퓨터와 인터넷 속에서 생활하는 현대인은 문자와 글쓰기에 대한 고대

---

3) 이러한 사유 방식은 진방정(陳方正)이 영국 학자 컬런(Christoph Cullen)이 저술한『고대 중국의 천문학과 수학—주비산경(古代中國的天文學與數學—周髀算經)』과 프랑스 학자 J.C 마르조프(Jean Claude Martzloff)가 지은『중국산술사도론(中算史導論)』수정본을 위해 쓴 평론「체용으로 본 중국 고대 과학(從體用看中國古代科學)」(『21세기二十一世紀』, 1997년 4월, 홍콩)을 참고하시오.

4) 유둔(劉鈍)은『대재언수(大哉言數)』(심양, 요녕교육출판사遼寧教育出版社, 1993, 439쪽)에서 다음과 같이 이야기한 바 있다. 중국 고대 수학은 인문적 색채가 농후하고 선명한 사회성을 지니고 있었지만,『주비산경(周髀算經)』,『구장산경(九章算經)』,『오조산경(五曹算經)』등은 모두 '주천(周天)의 역도(曆度)를 확립'하거나 '관방(官方)에서 노동력을 수급'하기 위해, 또는 '행정 관료의 기술적 요구' 등에 의해 생겨났다. 그리고 이것들은 고대 그리스의 수학처럼 '순수 이념적 정신 활동'으로 간주되지는 않았지만,『주비산경』에서 '주천의 역도를 확립'한 것은 일종의 상상의 산물이며, 순수 수학적 요인이 포함되어 있을 가능성이 크다. 고대 중국 수학사에서 이러한 저서의 운명은 확실히 중국인의 수학적 사유 방향에 영향을 끼쳤다. 또한 강효원(江曉原)은『주비산경』의 역주본(요녕교육출판사, 1996)「도언(導言 : 이끄는 말)」에서 다음과 같이 이야기한 적이 있다. "『주비산경』은 고대 중국의 유일한 기하학적 우주 모형을 구상한 바 있다. 이러한 개천(蓋天) 우주의 기하학적 모형은 분명한 구조를 가지고 있고, 또한 구체적이고 스스로 수리적 체계를 갖추고 있다……. 우리는 그 속에서 확실히 고대 그리스의 숨결을 느낄 수 있다……. 그러나 애석하게도 이러한 숨결은『주비산경』이후 그 명맥이 끊겼다."

사람들의 태도를 이해하기 어려울 것이다. 또한 텔레비전을 통해 세계를 관찰하고 3차원의 모의 세계를 통해 현실을 이해하는 사람들은 시각과 경험을 통해서만 세계를 이해하던 고대 사람들의 우주관을 이해하기 어려울 것이다. 온종일 경전 속에 파묻혀 있는 인문학자의 사상은 매일 지하철 신문 판매대에 가득 꽂혀 있는 연예계나 화류계 소식을 읽는 사람들과 다르며, 심지어 같은 지식인일지라도 이공계 지식인의 사상과도 현격한 차이가 있을 것이다.

나는 특히 이공계로 유명한 청화대학에서 근무한 지 5년이 되어 가는데, 때때로 교육 배경, 지식 취향과 전문 분야의 차이가 취미와 사상 심지어는 가치 관념의 차이를 형성할 수도 있다는 것을 경험하곤 한다. 우리가 지식사를 사상사의 해석 배경으로 간주한다면 관심을 가져야 할 일은 보다 많을 것이다. 만일 우리가 지식 생성과 전파의 제도, 수준과 방법에 관해 관심을 기울이고자 한다면 사상사는 더욱 더 풍부해질 것이고, 보다 진실하고 생동감 있게 될 것이다.

몇 가지 예를 들어보자. 우선 교육사의 문제도 사상사의 해석 영역에 들어올 수 있다. 고대 서당에서 어떤 교재를 사용하였고, 당시 시험의 내용이나 평가 기준이 어떠했는가에 관한 문제가 모두 사상사의 배경이 될 수 있다는 말이다. 왜냐하면 앞서 말한 바대로 사상은 몇몇 천재들의 사치품일 수 있지만 지식은 교육을 받는 모든 이들의 필수품이기 때문이다. 설사 천재라 할지라도 어렸을 때는 다른 사람들과 마찬가지로 일반 지식을 배웠을 것임에 틀림없다. 그의 사상은 이와 같은 일반적인 상식에서 생성된 것이니, 일반 상식은 가장 직접적인 사상 배경이 될 것이다. 그리고 만일 지식을 사상사의 서술 범주에 포함시킨다면 계몽교육, 출생과 성장 환경, 지역 문화 등은 모두 사상사의 고찰 대상이 될 수 있을 것이다. 어느 일본 학자가 운부(韻部)의 분합과 남북 방언의 차이라는 시각에서 당(唐)나라 '고문 운동(古文運動)'의 형성 배경을 논하면서 이를 단서로 남북 방언이 성운(聲韻)을 어떻게 수용하였고, 이후 송나라 시대 각 지역 문화의 부침(浮沈)과 사인(士人)들의 오르내림에 어떤 영향을 끼쳤는가를 분석한 적이 있다.[1] 그는

1) 히라타 쇼지(平田昌司), 『당송 과거 제도의 변천에 있어 방언의 배경(唐宋科擧制度轉變的方言背景-과거 제도와 한어사 제6科擧制度與漢語史第六)』, 중문본은 『오어와 민어의 비교 연구(吳語與閩語的比較研究)』, 상해교육출판사, 134~151쪽, 1995.

이를 통해 '남북의 언어 조건상의 불평등 상태'가 남북의 정치, 사상, 문화 중심의 변화에 모종의 의미를 부여했다는 결론을 내놓았다.

또한 기술사의 문제도 사상사의 해석에 끼워 넣을 수 있을 것이다. 이는 초기에 사람들이 보편적으로 주의했던 인쇄 기술의 활용과 종이의 생산 방식도 사상사의 중요한 배경이 될 수 있는 것과 마찬가지다. 사실 최초의 조판 인쇄물은 역사서와 불상이기 때문에 이를 통해 당시 사회의 보편적 지식과 사상적 경향을 체험할 수 있다.[2)] 또한 근대 종이 생산 기술과 인쇄물의 포장 양식, 근대 출판 기구의 변화 등을 통해서 근대 사상의 변화된 모습을 찾는 것도 가능한 일이다. 또 다른 예를 들면 문헌사의 일부 지식 역시 사상사에 상당히 중요한 실마리를 제공할 것이다. 불교의 중국 전래가 사상사에 끼친 의미를 논의할 경우 당시 사람들이 갖추고 있던 불교 지식을 어떻게 측정할 것인가가 불교 사상의 사회적 영향을 확정짓는 데 중요한 요인이 될 수 있다. 다시 말해 만일 당시 사람들이 늘 읽고 있던 불교 경전이 어떤 것인지를 확인할 수 있다면 그들이 심리적으로 불교 사상을 어떻게 받아들이고, 또한 얼마나 깊이 있게 이해했는지를 파악할 수 있다는 뜻이다. 이는 결코 불가능한 일이 아니다. 예를 들어 돈황(敦煌) 문서는 비록 절대적으로 정확한 근거라고 말할 수는 없지만 무의식중에 남겨놓은 다양한 형태의 불교 경문과 제문(齋文), 변문(變文) 등을 통해 당시 사회의 종교적 풍조와 불교에 대한 일반인들의 이해 정도를 능히 가늠할 수 있다. 또한 『용문편영(龍文鞭影)』처럼 기본 지식을 제공하는 데 사용한 교재나 『설문해자(說文解字)』처럼 문자의 의미를 설명하는 자전(字典) 및 각종 지식을 검색하는 데 사용하는 『예문유취(藝文類聚)』와 같은 유서(類書) 등 지식을 제공하는 전적들도 천재 사상가를 포함한 일반 사람들에게 기본적인 지식을 제공했을 것이니, 이 또한 당시 사람들의 언어에 대한 이해와 세계에 대한 지식을 살피는 데 도움을 줄 수 있다. 그렇다면 과연 그것이 우리에게 고대 중국인이 지니고 있던 사상의 대체적인 윤곽과 사고 방식에 관해 알려줄 수 있을까?

내가 이처럼 지식과 사상에 관해 생각하게 된 것은 우연한 계기가 있었다.

---

2) 「시헌통서의 의미(時憲通書的意味)」, 『독서』, 1997, 제1기 참조.

특히 근래의 고고학적 발굴을 통해 상당수의 수술과 방술 관련 자료들이 출토되었는데, 이것들은 지식과 사상의 관계를 새롭게 이해하는 데 실마리를 제공하였다. 예를 들어 은작산(銀雀山), 방마탄(放馬灘), 수호지(睡虎地), 마왕퇴(馬王堆), 장가산(張家山) 등지에서 발굴된 자료를 통해 나는 마치 고대 지식 세계와 사상 세계 사이에 가로놓인 '장막'이 걷어 올려진다는 느낌을 받았다. 당시 발굴된 대량의 죽간이나 목간, 그 밖에 백서에 이미 사라진 것으로 알려진 전적의 내용이 적혀 있었으며, 그 가운데 상당한 비율을 차지하는 것이 바로 수술과 방술 등의 지식과 기술에 관한 것이었다. 이는 고대 사상 세계의 진실한 모습을 다시 한 번 고려하도록 만들었다. 그리하여 고대 중국 사상사에서 가장 먼저 다시 서술해야 할 영역 가운데 하나가 되었다. 그래서 나는 어떤 서평에서 이렇게 말했던 것이다. "죽간과 백서에 대한 고고학적 고찰과 해독이 계기가 된 '다시 쓰기'는…… 그 배후가 역사 문헌의 발견이자 역사적 사실의 변경이며, 역사적 단서에 대한 새로운 정리이다. 따라서 '다시 쓰기'는 오이가 익으면 꼭지가 떨어지고, 물이 흐르는 곳에 도랑이 생겨나는 것과 같이 극히 자연스러운 현상으로 금세기 초에 갑골 복사(甲骨卜辭)가 발견되어 상·주(商·周)의 역사가 다시 쓰였고, 돈황 문서가 발견되어 중세사가 다시 쓰인 것과 다를 바 없다."[1]

그러나 물론 이러한 언급은 사상사 다시 쓰기가 반드시 고고학이나 문헌의 새로운 발견에 의존해야 함을 의미하는 것은 아니며, 그 밖의 다른 영역에 지식과 사상을 새롭게 이해하는 자료들이 존재하지 않는다는 것을 의미하는 것도 아니다. 문제는 현재 각종 지식에 관한 문헌들을 어떻게 관찰하고, 처리하고, 해석할 것인가에 있다.[2] 사실 교육사, 기술사, 건축사, 문헌학사 등 지식 영역의 문제가 사상사 해석의 자원이 되면서부터 사상사는 이미 다시 쓰이기 시작했다고 해도 과언이 아닐 것이다.

---

1) '고대 중국에 얼마나 많은 오묘한 비밀이 남아 있는가(古代中國還有多少奧秘)', 『독서』, 1995년 제11기.

2) 앞 절에서 이야기한 '일반 지식과 사상사'에 관한 문헌 처리 방식은 이 영역에서 여전히 활용되고 있다.

한 생각의 내력에 관
여

4

이러한 생각들은 대개 1990년대 초 점차 분명해지기 시작했다. 당시 나는 마침 새로 구입한 조셉 니덤의 『중국 과학 기술사』[3] 제2권 「과학 사상사」를 보고 있었다. 비록 새로 구입했다고는 하지만 이미 세 번이나 읽은 바 있다. 처음 본 것은 아마도 1970년대였던 것으로 기억하는데, 당시 본 것이 어느 판본인지는 전혀 기억이 나지 않는다. 지금 생각해 보면 이상하다는 생각이 든다. 어떻게 당시 이런 책을 볼 수 있었을까? 물론 당시에 '본다'는 것은 단지 기이한 책을 찾아본 것일 뿐 참된 독서는 아니었던 것 같고, 더욱이 정확하게 이해했다고 말할 수도 없다. 두 번째는 1980년대였는데, 당시에 본 것은 타이베이(臺北)에서 출판된 책이었다. 아마도 진립부(陳立夫)가 번역한 것으로 기억하는데, 번역이 너무 엉성하여 잘 이해가 되지 않는 부분이 적지 않았다. 다만 천문학과 역법에 관한 문제와 중국인의 사유에 관한 서술에서 적지 않은 시사점을 얻은 것 같다.

이것은 나중에[4] 「중묘지문(衆妙之門) — 태일(太一), 도(道), 북극(北極)」이라는 논문을 쓸 때 도움이 되었다. 근래에 다시 읽고 있는 것은 1990년 과학출판사와 상해고적출판사에서 새로이 번역한 책이다. 독일의 한학자 알프레드 포르케(Alfred Forke : 1867~1944년)가 저술한 『중국인의 우주관(The World-Conception of the Chinese)』[5]의 일본어 번역본과 대조해 가면서 꼼꼼히 읽고 있사니, 점차 뚜렷이 떠오르는 생각이 있었다. 그것은 사람들이 당면한 실제 문제를 처리하면서 얻은 경험, 지식과 기술은 우주와 사회의 근본적 의미와 가치를 해석하는 사상, 신앙과 어떤 일련의 관계를 맺고 있다는 점이다. 예를 들어 북극(北極 : 북극성)의 경우, 이것은 일종의 천문 현상이지만 당시의 사람들이 천문을 해석하고 역법을 세우는 데 필요한 지식이 되었을 뿐만 아니라 암시와 연상을 통해 사람들이 우주와 사회를 해석하는 사상이 되었고, 상상과 상징을 통해 사람들의 신앙을 지탱하는

3) 우리나라의 번역본 제목은 『중국의 과학과 문명』이다. 서울, 을유문화사, 1985(역자 주).

4) 『중국 문화』 제3집, 홍콩, 중화서국, 1990.

5) Alfred Forke, 『*The World Conception of the Chinese : Their Astronomical, Cosmological and Physico-philosophical Speculations*』, Probsthain's Oriental Series vol 14, London, 1925.

신화가 되었다. 그렇다면 사상사는 도대체 이러한 관계를 어떻게 서술해야만 하는 것일까? 북두칠성이 돌면 별들도 따라 움직이고, 세월도 흘러간다. 시간의 과정 속에서 사상은 그 지식 배경을 벗어나 독립적인 언어 체계를 이루게 된다. 그러나 후세 사람들은 사상사를 서술함에 있어서 사상의 지지 기반이었던 지식 배경에서 지나치게 멀리 벗어나 사상사 자체가 지식과 사상을 격리시키는 또 하나의 칸막이가 된 것은 아닐까?

이런 고민을 하고 있을 무렵 이영(李零)이 자신의 새로운 저작 『중국 방술고(中國方術考)』를 나에게 보여주며 평론을 부탁하였다. 그의 책은 매우 시사성이 있는 저작이었다. 그는 고대 중국의 수술과 방술의 일부 내용과 사상사에서 자주 논하는 문제를 연관시킴과 동시에 사상사 연구가 '지식 체계'의 부족한 점을 보완해야 한다고 강력히 주장하고 있었다. 당시 내가 생각하고 있던 문제는 바로 지식과 사상에 관한 것이었다. 그래서 이 책을 읽은 뒤 생각을 정리하여 『독서』라는 잡지에 발표했는데, 서평 「사상의 또 다른 형식의 역사」에서[1] 나는 이렇게 말했다. 서양에 인문 사상이나 형이상학적인 철학 및 실용 과학이 하늘과 땅, 인간과 신이 미분화되고 혼재된 상태에서 점차 분화되어 자신을 형성했던 토양에서 멀리 떨어진 '축심 시대(軸心時代)'가 있었다면 "고대 중국의 경우 이러한 분화가 그리스나 로마처럼 철저하지 않았으며, 인문 사상이나 형이상학적인 철학 및 실용 과학이 상당한 정도로 인간과 신이 혼재된 시대의 사상과 불가분의 관계를 맺고 있었다. 따라서 그 사이에 가로놓인 장막에 여전히 틈새가 남아 있기 때문에 사람들은 이를 통해 그 전후 맥락을 파악할 수 있다."

내가 이 문장에서 말한 '장막'은 지식과 사상 간의 경계를 가리킨다. 사상이 지식을 통해 자신을 단련한 뒤, 사상가는 늘 자신의 출신을 인정하지 않고 의식적이든 무의식적이든 자신의 지식적 배경을 묻어버리기 일쑤였다. 이는 황제지학(黃帝之學 : 황제의 학)이 후세에 줄곧 지식과 기술의 입장을 견지해 왔지만, 이후 사상사들이 이를 방술과 수술의 분야에 집어넣으면서 비록 한때 크게 유행했던 지식이었음에도 불구하고 사상가의 인명부에 이름을 올릴 수 없게

1) 「사상의 또 다른 형식의 역사(思想的另種形式的歷史)」, 『독서』, 1992년 제9기.

된 것과 마찬가지이다. 또한 유가가 사상가의 학파가 되자 기존의 유가 사상과 의식(儀式)의 관계를 망각한 채 예악과 관련된 의식(儀式)을 모두 사상으로 만들어버린 것과 같다. 그래서 유가의 경우 '예의(禮儀)'의 '의(儀)'자는 점차 '예의(禮義)'의 '의(義)'자로 자리를 내주게 된 것이다. 만일 후세에 저술된 저작에서 시작하여 유가의 사상사를 거슬러 올라간다면 마치 처음부터 유가가 순수한 윤리나 도덕의 문제를 논구했다는 느낌을 받을 것이다.[2] 마찬가지로 천인합일의 명제 역시 이후 정치 이념이 되자 더 이상 그 명제 이면에 있는 천문학적 배경에 대한 논의가 사라지고, 그 출처조차도 점차 불분명하게 되었다.

그래서 실제로 고대의 지식 전통을 이어받아 천문학이나 역법을 새롭게 대전통(大傳統)의 차원으로 격상시키고자 했던 참위학파(讖緯學派) 사상가들의 노력조차 결국 무위로 돌아가고, 오히려 중심에서 이탈되고 말았다. 이렇듯 사상은 오만하게도 자신과 자신의 형이하학적인 지식 배경을 분리시켜 사상사와 지식사의 '분리'를 조장했던 것이다.

그나마 다행인 것은 고대 중국에서 이러한 '분리'가 결코 철저하지 않았다는 점이다. 따라서 아무리 배경이 요원하고 모호해졌다고 할지라도 사상의 지식 배경을 이해할 수 있다.

---

2) 장태염(章太炎), 「원유(原儒)」 "수(需)는 구름이 하늘 위로 오르는 것을 말한다. 따라서 유(儒) 역시 천문을 알고 가뭄과 장마를 예견할 수 있었다……. 영성무자(靈星舞子)가 탄식하면서 비가 내리기를 기원하였는데, 그를 일러 '유(儒)'라고 했다. 그래서 증석(曾皙 : 증자의 부친인 증점曾點)이 광자(狂者 : 뜻은 높으나 말이 따르지 못하는 자)로서 무우(舞雩)에서 바람 쐬고 노래하는 데 뜻을 두었고, 원헌(原憲)이 견자(狷者 : 지식은 미치지 못하나 행실이 바른 자)로서 화관(華冠 : 무관鷸冠이라고도 한다)을 쓰고자 한 것은 모두 세상에 분한 마음을 지닌 무자(巫子)로 귀도(鬼道)에 뜻을 둔 것이다(儒者云上于天, 而儒亦知天文, 識旱澇 ……靈星舞子禺嗟以求雨者, 謂之儒, 故曾皙之狂而志舞雩, 原憲之禺而服華冠, 皆以忿世爲巫, 辟易放志于鬼道)." 시라카와 시즈카(白川靜), 『중국 고대 문화』(중역본), 타이베이, 문진출판사(文津出版社), 1983, 176쪽. 호적, 「설유(說儒)」, 『호적론학 근저(胡適論學近著)』 상책, 권1, 상무인서관, 3쪽. 염보극(閻步克), 「악사와 '유'의 문화 기원(樂師與儒之文化起源)」, 『북경대학 학보』, 1995, 5기. 이외에도 『중국 사상사』 제1권 제2편 제3절 「사상 전통의 연속과 발전(1) 유(儒)」를 참고하시오.

3절

'도' 또는 '궁극적인 의거'

1

콜링우드의 비유와 마왕퇴 백화에 대한 연상

몇 년 전 어느 날의 일인지 지금은 정확하게 기억이 나지는 않지만 한가하고 무료하던 차에 문득 『마왕퇴 한묘(馬王堆漢墓)』를 꺼내들어 그 유명한 T자형 백화(帛畵)를 살펴보았다. 천상(天上)과 인간(人間), 그리고 지하(地下)의 삼중 세계가 서로 겹쳐져 있었는데, 천천히 아래쪽으로 눈길을 돌리다가 맨 아래층에 어떤 괴인(怪人)이 두 손을 머리 위로 올리고 앞서 말한 세 가지 세계를 지탱하고 있는 모습을 보게 되었을 때 문득 마음속에 어떤 느낌이 떠올랐다. 정확한 이유는 알 수 없었지만, 그 그림을 보면서 나는 콜링우드가 『자서전』에서 말했던 한 구절이 생각났다. 그것은 다음과 같다. 어떤 철학자는 사람들에게 과학적 방법론은 제공하면서도 이와 관련된 역사적 방법론은 제시하지 못하고 있다. 이는 독자들에게 "세계는 한 마리 큰 코끼리의 등 위에 놓여 있다. 그러나 그 큰 코끼리를 지탱하고 있는 것이 무엇이냐고 묻지 말아주시기 바란다" 고 말하는 것과 같다.[1] 당시 나는 마왕퇴 백화를 보면서 콜링우드의 비유를 한참 동안 곱씹고 있었다. 왜냐하면 사

1) 콜링우드, 『자서전』(중역본), 진정(陳靜) 등 옮김, 중국사회과학출판사, 1993. 원저의 이름은 『*An Autobiography*』이다.

상사를 저술할 준비를 하고 있었기 때문이다. 나는 나 자신에게 다음과 같이 자문을 해보았다. 사상사가 시간의 흐름 속에서 사상의 현상을 서술할 때 사상을 역사에서 기정사실화하거나 이미 이루어진 것으로 서술한다면 사상사 역시 일종의 역사라고 할 수 있다. 때문에 그다지 문제가 되지는 않을 것이라고 생각하였다. 그러나 만약 사상사가 사상의 궁극적인 의거(依據)가 무엇인지에 대한 대답을 회피한다면, 이것은 '사람들이 큰 코끼리를 지탱하고 있는 것이 무엇인지 더 이상 따져 묻지 않기를 바라는 것'이 아니겠는가?

확실히 이러한 문제가 존재한다. 속담에 아무리 총명한 사람일지라도 어리석은 사람이 계속해서 왜냐고 질문을 하게 되면 끝내 답변을 할 수 없을 것이라는 말이 있다. 이 말 속에 숨어 있는 진리는 총명한 사람이 어떤 문제에 대해 서술을 하거나 해석을 하고자 할 때 언제나 그가 제시한 논리적 기점이 오히려 자신의 맹점이 될 수 있다는 것이다. 논리적 기점이란 일반적으로 논증하거나 고민할 필요가 없는 궁극적인 의거를 뜻한다. 사람들은 불언이유(不言而喩 : 굳이 말을 하지 않아도 알 수 있다)라거나 불증자명(不證自明 : 증명하지 않아도 이해할 수 있다), 이소당연(理所當然 : 당연한 이치다)과 같은 말로 그것을 지칭한다. 그것은 마치 사람의 눈과 같다. 사람들은 그것을 이용하여 모든 것을 볼 수 있지만 아무리 시력이 좋은 사람일지라도 자신의 눈은 볼 수가 없다. 그러나 고집스러운 바보는 도대체 무엇이 당연한 것이고, 무엇이 말을 하지 않아도 알 수 있는 것인지 이해를 하지 못한다. 그리하여 총명한 사람도 억지를 부리며 끝까지 캐물으니, 결국에는 대답을 할 수가 없는 지경에 이르게 된다. 이와 마찬가지로 하나의 문화, 하나의 지식, 하나의 사상 역시 그것을 지탱하는 기점이 있기 마련인데, 사람들은 이것을 '초석(礎石)'이라고 하기도 하고, 또 어떤 사람들은 '공통 인식'이라거나 '예설(預設)'이라고 부르기도 한다.

하나 지식, 사상은 모두 나름의 지지 기점을 지니고 있다.

독일의 역사학자 슈펭글러(Oswald Spengler)는 『서구의 몰락(*Der Untergang des Abendlandes*)』이라는 책에서 여러 가지 문화를 분석하면서 다음과 같은 점을 발견하였다. 모든 문화의 근원은 각기 나름의 세계에 관한 개념들이며, 그것은 그 문화만이 지니고 있는 특유한 것이다. 모든 문화는 각기 기본적인 상징을 지니고 있으며, 사람들은 이것을 통해서 세계를 이해한다. 한 문화의 모든 표현 형식은 각기 이러한 상징의 건립에 의해 결정된다.[1] 사상가 미셸 푸코(Michel Foucault)는 『성의 역사(*The History of Sexuality*)』에서 이와 유사한 관점을 제시한 적이 있는데, 다만 그는 그것을 '상징'이라고 이야기하는 대신 '공통 인식'이라고 지칭했을 뿐이다. 그는 이러한 공통 인식이 무의식적인 구조인 것 같지만 그것은 오히려 "일체의 수사와 과학, 그리고 그 밖의 다른 언어 형식이 연계된 총체적인 관계다"라고 이야기하고 있다.[2] 신학자인 폴 틸리히(Paul Tillich)는 이에 대해서 더욱 현학적으로 이야기하고 있는데, 그는 그것을 '궁극적인 원칙'이라고 표현하였다. 그의 말에 따르면, "이러한 궁극적인 원칙과 그것들에 대한 인식은 개체 심령의 변화와 상대성에서 벗어나 독립적으로 존재한다. 그것들은 영원토록 변함없이 비추는 빛처럼 사상의 기본적인 범주 안에서 발현되며, 논리와 수학의 공식 안에서 발현된다."[3]

고대 중국인들은 이러한 것들을 '도(道)'라고 불렀을 것이다. 그러나 나는 이 책에서 이것을 '의거(依據)'라고 부르고자 한다.

아마도 고대 중국인들은 그것을 일러 '도'라고 불렀을 것이다.

2

인류는 역사적 전통 속에서 자기 자신의 기본적인 관념과 주체 의식을 형성해 왔는데, 여기서 이야기하는 '형성(形成)'이란 끊임없이 갈라지고 다시 바르기를 계속하는 것과 비슷하다. 그래서 의식의 가장 밑바닥에서 깊고 아득하며 은폐된 하나의 배경이 형성되는데, 그것을 지주로 삼아 지식과 사상의 계통을 세우는 것이다. 이는 마치 나무뿌리가 나무의 줄기와 가지 그리고 잎을 지탱하며, 그것의 생존을 위한 수분과 영양을 주는 것과 같다. 그 배경은 모든 지식과 사상의 의거(依據)가 되고, 실제로 인간들의 모든 판단과 해석을 지배하며, 지식과 사상의

지식과 사상, 신앙의 사적 연원을 찾아서

1) 존 맥쿼이어(John Macquarrie), 『20세기 종교 사조 — 1900년에서 1980년까지 철학과 신학의 주변』(중역본), 하광호(何光滬) 등 옮김, 타이베이, 계관도서고빈공사(桂冠圖書股彬公司), 1992.

2) 『성의 역사(*The History of Sexuality*)』, 장정심(張廷琛) 등 옮김, 상해과학기술문헌출판사, 1989.

3) 『문화 신학(*Paul Tillich : Theology of Culture*)』(중역본), 진신권(陳新權) 등 옮김, 북경, 공인출판사(工人出版社), 14쪽, 1988.

합리성을 부여한다. 이러한 배경이 형성되면서부터 그것은 부단히 지식과 사상에 의해 확인된다. 역사에서 그러한 사실을 한두 번 인정하게 되면, 그것은 서서히 굳어져 그것에 의지하는 인간들에 의해 '높은 누각에 갇히게 된다(束之高閣).' 그렇기 때문에 이것에 대해 보다 철저하고 분명하게 이야기할 수 없다. 오랜 시간을 거쳐 이처럼 이해의 틀, 해석의 구조, 관찰의 각도, 그리고 가치 판단을 지탱하는 배경은 시종일관 지식과 사상의 절대적이고 궁극적인 의거가 된다.

이러한 의거가 있어야만 지식과 사상은 안정된 바탕을 마련할 수 있게 된다. 이것은 마치 거인이나 큰 코끼리가 튼튼한 발판 위에 서서 우주 전체를 받들고 있는 것처럼 지식과 사상을 완전하게 만들 뿐만 아니라 상호 해석이 가능한 네트워크를 형성한다. 이러한 네트워크는 사람들에게 어떤 인상, 즉 모든 것이 그 안에 망라되어 있어서 그 어떤 것일지라도 그 시야에서 벗어날 수 없으며, 또한 그 어떤 것일지라도 해석되지 않는 것이 없다는 인상을 준다. 그리하여 이러한 궁극적인 의거는 붕괴되어 사라지기 전까지 지식과 사상 세계에 '뜻밖의' 돌연한 변화나 '예상을 벗어난' 놀랄만한 단절이 없는 한, 모든 것은 여전히 기존의 지식과 사상 속에서 추론되고 연역되며, 길게 이어지고 확장된다. 그것이 지탱하고 있는 상징과 부호의 계통 안에서 사람들은 모든 것을 이해하고 안전한 느낌을 얻는다.

지식의 풍부성과 사상의 복잡성은 부단히 성장한다. 시간의 흐름 속에서 그 배경과 의거는 서서히 사라지지만, 여러 가지 지식과 사상은 그러한 토대 위에서 성장하여 마치 위로 뻗은 가지가 하늘을 향하듯이 각자의 영역과 시각, 그리고 서로 다른 사상적 맥락을 지니게 된다. 그래서 장자는 비애에 젖어 이렇게 말한 바 있다. "백가의 학자들이 각기 자신의 길만 치달아 근본으로 되돌아오지 않으니 그들은 결코 도와 합치할 수가 없었다. 후세의 학자들은 불행하게도 천지의 순일(純一)함이나 옛 사람들의 전체 모습은 보지 못하게 되었으니, 올바른 도술은 장차 천하의 학자들에 의해 여러 갈래로 찢겨지고 말 것이다(百家往而不反, 必不合矣, 後世之學者, 不幸不見天地之純, 古人之大體, 道術將爲天下裂백가왕이불반, 필불합의, 후세지학자, 불행불견천지지순, 고인지대체, 도술장위천하열)."[4] 그러나 '열(裂 : 찢김)'은 장자가 말한 것처

4) 곽경번(郭慶藩), 『장자 집석(莊子集釋)』 권10 하, 중화서국, 1069쪽, 1961.

럼 궁극적인 '도'에서 벗어나는 것을 의미하는 것이 아니라 각기 나름의 하나를 얻는 것일 따름이다. "제자는 왕궁의 관리에서 배출되었다(諸子出於王官)"는 말은 비록 틀림없는 역사적 진실이라고 볼 수는 없지만, 이러한 지식과 사상의 분화 현상에 대한 상징으로 보기에 충분하다. '천하 사람들이 대부분 하나의 식견을 얻어 스스로 좋아하던' 시절에 사람들은 각기 다른 환경과 문제를 반영하여 유가, 묵가, 도가 등 서로 다른 사상적 맥락이 존재하게 되었고, 또한 각종 수술과 방술이 나타났으며, 실제 정권을 장악하고 있는 사람들에 의해 다양한 책략이 선보였다. 이와 관련된 각종 저술, 즉 '전(傳)', '논(論)', '찬(撰)', 심지어 '초(抄)'는 공통의 지식 근원 속에서 약간의 자원을 얻어 마치 땅에서 온갖 식물이 자라듯이 매우 다양하게 나타났는데, 보는 사람들로 하여금 어지러움을 느끼게 할 정도의 상황을 연출한다.

그러나 어찌 되었든 간에 고대 사람들은 은연중에 이러한 '의거'의 중요성을 인식하고 있었다. 그래서 자신들이 전달하고자 하는 지식의 권위와 자명성을 확보하여 다른 사람들이 무조건적으로 수용하고 확신하도록 할 필요가 있을 때면 언제나 소위 말하는 '도리(道理)'를 이야기하곤 했다. '도리'의 '도'와 '리'는 물론 궁극적인 의거이다. 근래에 안휘성(安徽省) 부양(阜陽)에서 출토된 한간(漢簡) 「만물(萬物)」은 원래 약물의 약성(藥性)과 치료법 및 채약의 방법에 대해 논한 글이다. 그런데 첫머리에서는 약물에 관해 논하지 않고, "천하의 도는 불가불 듣지 않을 수 없고, 만물의 근본은 불가불 살피지 않을 수 없으며, 음양의 변화는 불가불 인식하지 않을 수 없다"[1]와 같은 궁극적인 문제에 대해 논하고 있다. 이것은 깊고 그윽한 배경이 시종일관 은연중에 그것들을 지배하고 있으며, 이로써 우주와 사회와 인류를 해석할 수 있도록 만들고, 아울러 합리적인 지식과 사상을 지닐 수 있도록 한다.

"여산(廬山) 안에 있으면 여산의 진면목을 알 수 없다"는 속담은 이미 흔한 말이 되고 말았지만, 실제로 어떤 일은 당사자보다 그 옆에 있는 방관자들이 더욱

1) 학술의 불씨는 대대로 전해진다. 부양(阜陽)에서 출토된 한간(漢簡) 「만물(萬物)」, 번역문은 『문물』 1988년 제4기에 실려 있다.

잘 아는 경우가 적지 않다. 외국 사상가들은 이미 앞서 언급한 내용을 인지하고 상세하게 논술한 바 있는데, 그 몇 가지 예를 들면 다음과 같다. 우선 한어를 전혀 모르는 엘리아데(Mircea Eliade)는 『세계종교사』에서 중국의 고대 사상에 대해서 논하면서 다음과 같이 말했다. "세계의 기원과 형성의 문제는 노자를 비롯한 도가의 중요 관심 화제였는데, 이것은 고대인들의 우주 창조에 관한 사고(思考)의 한 단면을 보여준다. 노자와 그의 제자들은 고대 아르카이크(archaique : arche, 즉 시초라는 말에서 유래) 신화 전통의 계승자들이었기 때문에 도가가 사용한 핵심 용어들인 혼돈, 도, 음양 등의 개념 역시 이미 다른 학파들도 사용했다는 점에서 알 수 있는 것처럼 고대 중국의 보편적인 사상이었다고 볼 수 있다."[2)]

엘리아데의 이러한 관점은 정확하다. 나 역시 고대의 유가(儒家), 묵가(墨家), 명가(名家), 도가(道家), 법가(法家), 음양가(陰陽家) 등으로 분류할 수 있는 사상의 배후에 분명 공통된 지식 계통이 배경으로 자리하여 각기 사상적 합리성을 유지하게 한 사실에 대해 주목한 바 있다. 각각의 사상가들은 굳이 논증할 필요가 없는 핵심적인 단어나 개념을 사용하고 있는데, 이러한 배후에는 말하지 않아도 알 수 있는 궁극적인 의거가 내재하고 있다.

철학가 홀(David L. Hall)과 중문에 능통한 한학자 로저 에임스(Roger T. Ames : 안락철安樂哲)은 『공자철학사미(孔子哲學思微)』에서 대부분의 공자 연구자들에게 보이는 결함은 "중국 전통을 지배하는 예설(預設)을 명확하게 표현할 수 있는 방법을 찾아낼 수 없다는 점이다"라고 이야기한 바 있다. 그들이 말하는 예설이 바로 내가 이야기한 의거이다. 그들은 '예설(Absolute presupposition)'이란 "일반 사람들이 말하지 않는 어떤 전제를 뜻한다. 이러한 예설은 철학 토론의 전제인데, 이것이 있어야만 사람간의 교류가 가능해진다"[3)]라고 말했다. 그들은 내재론적 우주, 개념의 양극성, 그리고 전통을 해석 배경으로 삼는 것이 바로 고대 중국 사상에서 말하지 않아도 알 수 있는 '예설'이라고 보았다. 그들은 이러한 '예설'로 인해 고

---

2) Mircea Eliade, 『*A History of Riligious Ideas II : From Gautama Buddha to the Triumph of Christianity*』, The University of Chicago Press, 1982. 『세계 종교사』(일역본), 제2권, 시마다 히로미(島田裕已), 시바타 후미코(柴田史子) 등 옮김, 도쿄, 축마서방(築摩書房), 12~13쪽, 1991.

3) 『공자철학사미(孔子哲學思微)』(중역본), 남경, 강소인민출판사, 4쪽, 1996.

대 중국인들의 사상은 외재적인 우주 본체론과 양원성(兩元性), 그리고 모든 것을 이성으로 해석하려는 배경을 지닌 서구인들의 그것과 다를 수밖에 없다고 주장했다. 어쩌면 이러한 '예설'에 관한 사상은 벤자민 슈바르츠(Benjamin I. Schwartz)와 연원 관계를 지니고 있는지도 모른다. 슈바르츠는 자신의 『고대 중국 사상의 세계』라는 책의 마지막 부분에서 고대 중국의 여러 사상가들이 지니고 있는 공통적인 예설은 다음 세 가지라고 이야기하였다. 첫째 모든 것을 수용하는 사회 정치 질서 관념, 우주를 근본으로 하는 왕자(王者)의 관념이 그 중심에 있다. 둘째 천인을 모두 포함하는 질서 관념이고, 셋째 내재주의(內在主義 : immanentist)의 정체(整體) 관념이다.[1)]

그들의 관점은 분명 옳다. 그렇지만 엘리아데는 심도 있는 논의가 부족하고, 홀과 안락철, 그리고 슈바르츠가 각기 언급한 세 가지는 그다지 다른 것 같지 않다. 그런데 고대 중국이 지니고 있던 각종 핵심적인 사상과 학술은 물론이고, 그 외의 다른 비경전적인 지식과 기술까지를 포함한 모든 지식의 절대적인 예설로 고대 중국의 이러한 지식과 사상, 관념 안에는 여전히 더욱 깊은 내원과 기본적인 의거가 존재한다. 나는 바로 이러한 점을 근본적으로 규명해 보고자 한다. 사상사를 더욱 파고들어 과연 이러한 키워드가 어디에서 왔으며, 그것들이 왜 통용될 수 있었는지, 내재하는 우주론과 개념의 양극성, 그리고 역사를 해석 배경으로 삼는 습관이나 사상적 방법론이 어떻게 확립되었으며, 또한 이러한 관념들이 무엇에 의지하여 자명한 '예설'이나 말을 하지 않아도 알 수 있다는 '공통 인식'이 되었는지 알고 싶었다. 다시 말해 그것들이 고대 중국인의 마음속에서 어떻게 그 자신의 합리성을 확립하게 되었느냐는 것을 탐구하겠다는 뜻이다.

당연히 합리적이라고 생각하는 많은 것들이 사실 자세히 살펴보면 이른바 '천경지의(天經地義 : 천지의 대의로 영원히 변하지 않는 이치)'가 아니라 일정한 역사 시기를 거치면서 대다수 사람들의 동의를 얻게 된 것에 불과한 경우가 적지 않다. 그 근원을 깊이 따지고 들어간다면 결코 부서지지 않는 토대 위에 건립된 것이

---

1) Benjamin I. Schwartz, 『*The World of Thought in Ancient China*』, The Belknep Press of Harvard University Press, Cambridge, Massachusetts, and London, 1985. 이 외에 유술선(劉述先)의 「슈바르츠 '고대 중국 사상 세계' 평가」(『당대』, 1986년 제2기, 178쪽, 타이베이)을 참고하시오.

아님을 알 수 있다.

레비스트로스는 일찍이 『슬픈 열대』라는 글에서 문명 사회의 법률과 감옥을 예로 들어 말한 적이 있다. 우리가 볼 때 법률은 공평을 의미하고, 감옥은 정의를 상징한다. 그러나 그는 식인종의 습관을 통해 이에 대해 반론을 제시하고 있다. "인육을 먹는 습속에 따르면 위험한 인물들을 처리하고자 할 때 유일한 방법은 그들을 먹어치우는 것이다. 먹어치우면 위험이 사라져 무형이 되고 만다. 문명 사회는 위험한 인물을 사회 공동체 밖으로 추방하는 방식을 통해 영구적 또는 일시적으로 위험을 자신들과 격리시켜 위험한 이들이 자신들과 접촉할 기회를 상실케 만든다." 식인종의 식인 습관은 우리들이 볼 때 상식적으로 이해하기 어렵다. '상식적으로 이해하기 어렵다'고 말하는 까닭은 그것이 우리들이 지닌 문명 체계의 '이(理 : 도리, 이치)'에 부합하지 않기 때문이다. 그러나 20세기에 들어와 인류가 점차 깨닫게 된 도리 가운데 하나는 이 세상에 영구하며 그 어느 곳에서도 모두 통용될 수 있는 '도리'는 존재하지 않는다는 점이다. 역사적으로 많은 '도리'는 역사의 깊은 곳에서 나왔다. 그것은 후세 사람들이 이미 익숙하여 일상적인 경험과 지식으로 여기는 것에 의존하고 있는데, 인간들에게 이미 일상적인 것으로 익숙해져 있기 때문에 때에 따라 더 이상 추론하지 않는 경우가 대부분이다.

그의 말을 들으니 고대 중국인들이 즐겨 말하는 '도'가 생각난다. '도'에 관해 고대에 두 가지 설이 있었다. 하나는 『노자』에서 말한 "도가 가히 도로 칭해지면 도가 아니다(道可道 非常道)"라는 것이다. 그것은 사상사의 은밀한 곳에 숨어서 사상과 지식에 깊은 영향을 주었기 때문에 그것은 '가히 말할 수 없는 것', 즉 '불가도(不可道)'가 되었다. 또 다른 하나는 『역』「계사」에서 말한 것인데, "한번은 음, 한번은 양으로 변화하는 것을 일러 도라고 말한다. ……백성들은 매일 이용하면서도 알지 못한다(一陰一陽之謂道, ……百姓日用而不知)"는 것이다. 그렇다면 왜 알지 못하는 것일까? 사람들이 이미 그것에 습관이 된 지 오래되었기 때문이다.[2] 내가 생각건대 고대 중국인들이 가장 쉽게 느끼고, 또한 모든 것을 포괄할 수 있

2) 『십삼경 주소』, 78쪽. 이러한 논술은 『역』「계사」에서 반복해서 볼 수 있다. 예를 들면 다음과 같다. "보이는 것은 상(象)이라 하고, 형체를 지닌 것은 기(器)라고 하며, 제정하여 사용하는 것은 법이라고 한다. 이용하고 출입하며 백성들이 모두 사용하는 것을 일러 신(神)이라고 부른다(見乃謂之象 形乃謂之器 制而用之謂之法 利用出

다고 여긴 것이나 나중에 중국인들이 쉽게 습관이 들어 때로 떨어질 수 없게 된 것은 아마도 공간과 시간이 되는 천지였을 것이다.

3

이리하여 또다시 오래된 문구 한 구절이 우리들의 입가를 맴돈다. "천은 불변하며, 도 또한 불변한다(天不變 道亦不變)."

천경지의 : 하늘은 불
하고, 도 역시 불변한

이러한 '도'는 확실히 내력이 유구하며 '천(天)'과 관련이 있다. 나는 이 책에서 고고학적 발굴을 통해 발견된 양저(良渚)의 옥종(玉琮)과 복양의 방각용호(蚌殼龍虎), 그리고 능가탄(凌家灘) 옥판(玉版)의 사상사적 의미에 대해 언급하고자 한다. 물론 일종의 추측을 해 보겠다는 뜻이다. 의심스럽기는 하지만 아마도 고대 중국 사상 세계의 여러 가지 지식과 사상을 지배하는 관념은 하늘이 둥글고 땅은 모나다는 천원지방(天圓地方)과 음양변화(陰陽變化), 그리고 중심사방(中心四方)과 같은 천문 지리적 경험에서 생겨났으며, 그 안에서 토대를 마련했을 것이다. 고대 중국의 지식과 문화를 가장 먼저 장악한 이들은 분명 무격(巫覡)들이었다. 무격이란 직업은 천상(天象)이나 지형(地形)과 관련이 깊다. 천상과 지형이 당시 인간들의 마음속에서 시간과 공간의 틀을 형성하고, 우주 안의 모든 것들이 이러한 틀 속에서 각자 나름의 자리를 얻게 되었다. 고대 중국의 천원지방, 천도좌선(天道左旋), 중앙사방(中央四方), 음양변화, 사계유전(四季流轉 : 사계절의 변화) 등에 관한 의미는 상징적인 암시와 의식의 신격화, 그리고 인간들이 이것으로 저것을 유추해나가는 과정을 통해 점차 절대적으로 변할 수 없는 이치로 자리 잡게 되었으며, 이로

入 民咸用之謂之神견내위지상 형내위지기 제이용지위지법 이용출입 민함용지위지신)" 82쪽. "형이상자는 도이고, 형이하자는 기인데, 변화하여 그것을 재단하는 것을 일러 변(變)이라고 하고, 미루어 행하는 것을 일러 통(通)이라고 한다(形而上者謂之道 形而下者謂之器 化而裁之謂之變 推而行之謂之通형이상자위지도 형이하자위지기 화이재지위지변 추이행지위지통)" 83쪽. "오로지 깊기에 능히 천하의 뜻을 통하게 할 수 있고, 오로지 기(幾)를 지녔기에 능히 천하의 일을 이룬다(唯深也 故能通天下之志 唯幾也 故能成天下之務유심야 고능통천하지지 유기야 고능성천하지무)" 81쪽. "변역(變易)이 가능하고 간략하여 천하의 도리를 얻을 수 있으니, 천하의 도리를 얻어 그 안에 자리를 만든다(易簡 而天下之理得矣 天下之理得 而成位乎其中矣역간 이천하지리득의 천하지리득 이성위호기중의)" 76쪽.

써 인간들의 마음속에 점차 더욱 많은 지식과 사상이 쌓이게 된 것이다. 영원히 불변하는 '천'은 영원히 불변하는 '도'의 배경이다. 영원히 불변하는 '도'는 수많은 '도리(道理)'를 지지했으며, 그러한 도리는 더욱 많은 지식에 합리성을 부여했다. 사실상 이러한 '천'은 이미 인간들이 살필 수 있는 '천상(天象)'에서 점차 벗어나기 시작했다.

처음에 '천'은 인간들이 경험하고 관측할 수 있는 것이었다. 그러나 고대 중국의 생활 세계에서 형성된 '천도(天道)'는 모든 것의 합리성을 암시하고 지식과 사상의 '질서'를 구축했다. 그리고 오랜 역사 속에서 그것은 의식과 상징, 부호를 통해 인간들의 마음속에서 하나의 정형화된 관념을 형성하게 되었다. 또한 유비와 연상을 통해 모든 지식과 사상에 침투했으니, 예를 들어 천과 관련이 있는 '명당(明堂)'이나 '환구(圜丘 : 하늘에 제사 지내는 곳)' 같은 장소나 '봉선(封禪)', '교제(郊祭)' 같은 의식이 그러하며, 천상을 본 따 여러 가지 건축물들을 질서 있게 배치한 황궁(皇宮)과 황성(皇城)의 설계 방식 또한 그러하다.[1] 이 외에도 천상의 사계절과 열두 달, 그리고 365일에 대응하여 인체의 생리 구조를 설명한 것도 마찬가지이다.

이에 대한 고대 중국인의 엄숙한 의미는 사실 현대 중국인들이 이해할 수 있는 것이 아니다. "처음 만물이 시작하던 태시(太始)에 하나에서 도가 세워지고(一)", "하나가 삼(三)을 관통하니 왕(王)이 되며", "천이 상(象)을 드리워 길흉을 드러내고(示) 사람들에게 보이는 까닭에 둘을 좇고, 세 가지가 드리워진 것이 일월성(日月星)이니 천문을 살펴 시절의 변화를 관찰하였다."[2] 이러한 것들은 언뜻 보아 그다지 이치에 맞지 않는 문자 해석인 듯하며, 그 속에 내재하고 있는 합리적인 부분들 또한 현재의 우리들이 이해할 수 있는 것들이 아니다. 이러한 의식, 상징, 부호로 암시하는 방식은 사람들의 마음속에서 '천'에 대한 관념과 실천을 규

---

1) 이 점에 대해서 갈조광의 「중묘(衆妙)의 문 – 북극(北極), 태일(太一), 도(道), 태극(太極)」(『중국 문화』 제3집, 홍콩, 중화서국, 1990)과 마세지(馬世之)의 「중국 고대 도성 설계에서 보이는 '상천(象天)'의 문제(中國古代都城規劃中的象天問題)」(『중주학간中州學刊』, 1992년 제 1기, 정주鄭州) ; 상민걸(尙民杰), 「수당(隋唐) 장안성의 설계 사상과 수당의 정치(隋唐長安城的設計思想與隋唐政治)」(『인문 잡지』, 1991년 제1기, 서안) 참조.

2) 『설문해자 의증(說文解字義證)』 권1 「일부(一部)」, 제남(齊南), 제로서사(齊魯書社), 1~5쪽, 1987.

칙적으로 반복하게 한다. 그것은 어떤 의미에서 볼 때 이미 사람들에게 수용을 강요하는 담론 권력의 일부분이 되었을 뿐만 아니라 가장 은밀하고도 가장 저항하기 힘든 일부가 되고 있었던 것이다.[1)]

고대 중국의 지식과 사상, 그리고 신앙의 세계에서 '천'이라는 이미 확립된 궁극적 의거는 시종일관 변함이 없었다. "천은 불변이고, 도 역시 불변이다(天不變 道亦不變)"라는 말은 이를 웅변적으로 대변하고 있는데, 이것은 자연스럽게 합리적인 질서와 규범으로 자리 잡고 있었다. 불변하는 천은 천문과 역법을 제정하는데 토대가 되었으며, 인간들의 자연 현상에 대한 해석의 근거가 되었고, 인간들의 생리와 심리적 체험과 치료를 지지했으며, 또한 황권과 등급 사회의 성립, 정치 의식 형태의 합법성과 제사 의식의 상징적 의미를 지지하였다. 도시와 황궁, 심지어 일반 백성들의 거주 양식에 대한 기본적인 구조 역시 이를 따르게 되었고, 심지어 인간들의 놀이나 규칙 또는 문학 예술에서의 미에 대한 감각과 이해 역시 이를 따르게 되었다.[2)]

천인합일 : 자연환경
나 자연과 친근하자는
호가 아니다.

---

1) 의심할 여지없이 '인간' 역시 고대 중국 지식과 사상 세계의 중요한 지점 가운데 하나이다. 상당히 많은 지식과 사상이 인간의 본성과 정감, 그리고 인간의 생존에 필요한 합리적인 근거에 관한 내용을 담고 있다. 성선설을 주장한 맹자나 성악설을 주장한 순자는 말할 필요도 없고, 『대학』의 저명한 사고 방식인 '정심수신제가치국평천하(正心修身齊家治國平天下)' 역시 그 기점을 '인간'에서 시작하고 있다. 그러나 고대 중국, 좀 더 정확하게 이야기하면 당송 이전까지 중국의 경우 '인간'을 지식과 사상의 합리성을 갖춘 궁극적 의거로 간주한 적이 없다. '인간'은 언제나 '천'에 둘러싸여 주로 사회 질서를 세우는 토대였을 뿐 우주 안의 모든 지식, 사상, 신앙의 절대적인 예설이 아니었던 것이다.

『중용』에서 말한 "천명을 일러 성(性)이라고 칭하고, 성을 따르는 것을 도라고 칭하며, 도를 닦는 것을 가르침이라고 말한다(天命之謂性, 率性之謂道, 修道之謂教)"는 내용에서 볼 수 있다시피 인성은 부차적인 의거일 뿐이며, 그 자체의 합리성은 언제나 '천'이 부여하는 것이다. '천'과 '인간' 사이의 진정한 변화는 대략 송나라 시대 이학이 출현하고 난 이후에야 비로소 시작된다. 그러나 송나라 시대 이학의 중요한 관심사는 더 이상 자연 세계가 포함되어 있지 않았다. 그렇기 때문에 그들은 우주 공간과 시간에 속하는 '천'을 단지 아득히 먼 곳에 두어 몽롱한 배경으로 삼았을 뿐이다. 그리고 '인간'이란 의거를 지식과 사상의 초점으로 돌출시켰던 것이다. 그렇다고 할지라도 그들 역시 '천'에 대해 의심하거나 부정한 적은 없었다. 왜냐하면 당시 관심을 둔 문제가 주로 인문정신이나 사회질서에 관한 것이었기 때문이다.

2) 예를 들어 바둑이나 고대의 육박(六博)이 그러하다. 노간(勞榦)은 「육박과 박국의 변천(六博及博局的演變)」이라는 글에서 "육박의 배치는 고대 궁실의 형성을 토대로 삼았다"라고 이야기한 바 있다. 『역사 언어 연구소 집간(歷史言語研究所集刊)』 제35본, 타이베이, 25쪽, 1964. 그러나 고대에 천지를 모방한 '식(式)'과 더욱 관련이 있는지도 모른다. 이 점에 대해서는 이령(李零)의 『중국 방술고(中國方術考)』(북경 : 인민중국출판사, 1993)를 참고하시오.

이른바 '천인합일(天人合一)'은 사실 '천(天 : 우주)'과 '인(人 : 인간)'의 모든 합리성을 근본적으로 동일한 기본적인 의거 위에 세웠다는 것을 의미하는 말이다. 그것은 실제로 고대 중국의 지식과 사상을 결정적으로 지지하는 배경이다. 설사 고대 중국의 천상에 관한 지식이 장기간에 걸쳐 직접적으로 연관이 있는 사상이 아니었다 할지라도 사상을 지탱하는 배경으로 그것은 오히려 지극히 중요한 것이 아닐 수 없었다. 이러한 배경 속에서 하나의 문화 시대를 지속시키고, 전체적으로 통괄하는 지식과 사상 체계가 건립되었으며, 일정한 시기에 걸쳐 절대적인 안정성을 보장받을 수 있었다. 이러한 바탕에서 사람들은 사고와 연상, 그리고 표현을 운용했고, 지식과 사상은 언어와 문자를 통해 더욱 완미하게 세계의 질서와 존재의 질서를 표현할 수 있었다. 그러나 일단 이러한 바탕이 동요하고 질서가 흔들리게 되면 지식과 사상 역시 세계를 이해하고 해석하는 유효성을 상실하게 된다.[3)]

서양 선교사들이 천상(天象)과 역산(曆算)에 관한 지식을 중국에 처음 소개할 당시 거의 통제를 받지 않았던 것은 단지 기술적인 문제만을 다루었기 때문이다. 그러나 그것이 근본적으로 고대 중국인의 '천'의 문제까지 건드리기 시작하자 궁극적인 의거가 동요하면서 결국 사상의 대전환을 불러일으키게 된다. 그래서 일부 예민한 사대부들은 격렬하게 서양의 천학(天學)에 대항했던 것이다. 오늘날 이미 서양 과학을 수용한 우리들의 입장에서 볼 때 그들을 완고하다고 여길 수도 있다. 그러나 전통 사상 세계의 지식과 사상의 체계에서 볼 때 그들의 사고는 다른 일반인들보다 더욱 심원한 것이 아닐 수 없다. 그들은 가장 기본적인 근거가 흔들린다는 것이 무엇을 의미하는지 정확하게 인지하고 있었기 때문이다. 이러한 점을 이해하지 못하고 지금의 과학 지식만으로 당시

3) 이 점에 대해 푸코는 『언어와 사물 ― 인문 과학의 고고학』이란 책에서 논술한 바 있다. 그의 논점에 따르면, 고전 유형의 지식 체계는 그 일반적인 배치에서 일종의 수리(數理) 원칙에 따라 해석할 수 있다. 일부 분류 방식과 생성 분석의 연결 계통으로…… 그 중심에서 그것은 도표를 형성하고, 모종의 지식은 그 내부의 어떤 계통 안에서 전개된다. 이것이 바로 질서이다. 그래서 격렬한 사상적 논쟁 역시 이러한 질서를 갖춘 체계 속에서 자연스럽게 해소된다. 영문판 『*The Order of Things : An Archaeology of the Human Siences*』, New York, Vintage/Random House, 74~75쪽, 1973.

사대부들을 멸시한다면, 이것은 그들을 진정으로 이해한 것이라고 말할 수 없다.[1] 그래서 나는 중국의 우주관과 명청 시대에 선교사들이 전파한 서양의 천문학 지식에 관해 쓰면서 '천붕지열(天崩地裂)'이란 네 글자로 제목을 삼았던 것이다. 내가 보기에 이 네 글자야말로 당시 사대부들의 마음속에 자리한 우환과 공포를 가장 잘 표현한 것이며, 또한 이 네 글자만이 '천'의 변동이 사상에 얼마나 큰 진동과 충격을 주었는지 제대로 표현하는 것이라고 생각한다.[2]

이왕 말이 나온 김에 조금 더 이야기하자면 1990년대 중국의 사상 세계에서 '천인합일'에 관한 논제가 여러 사람들의 주목을 끈 적이 있었다. 상당히 많은 학자들이 비록 오래되기는 했지만 각기 다른 심정으로 나날이 새로워지고 있는 이 명제를 새롭게 발견한 것처럼 생각을 했다. "황하의 물은 30년 동안 동쪽으로 흐르다가 다시 30년 동안 서쪽으로 흐른다"는 말이 있듯이 사람들은 세월의 유장한 흐름 속에서 휘황찬란했던 동방 문화가 새롭게 거듭날 수 있다는 희망을 발견한 것이다. '인류'와 '자연'의 분열, 과학 기술을 통해 인류가 자연을 '정복'할 수 있다는 희망으로 가득 찬 서구인들이 나름대로 총결한 사상의 배경 하에서, 동양 사람들은 전통적인 문헌에서 '천인합일'이란 것을 다시 찾아내어 다음 세기는 동양 문화의 시대가 될 것이라는 증거로 삼고자 했다.

그러나 '천인합일'에 대한 대부분의 논의는 때로 '자연 환경 보호'의 기치가 되거나 '야생 동물 애호'의 구호가 되었으며, 그저 '인간'이 '천'과 더욱 친해야 하는 것이 대자연의 섭리라고 해석하는 데 활용되었을 뿐이었다. 이러한 명제를 좋아하는 사람들이 오히려 그것이 우주의 시공을 총괄하는 틀이자 합리적인 근거라는 사실을 무시하고, 그 의미를 실용적인 측면에만 제한시켰다. '천인

---

1) 예를 들어 선교사들이 천문학에 대해 토론할 때 어떤 사람들은 항시 이와 상대되는 중국의 천학(天學)을 '위과학(僞科學 : 거짓 과학)'이라고 칭했다. 나는 이 단어를 싫어한다. 왜냐하면 그 단어의 배후에 자리한 근거가 바로 서양 과학과 반과학의 이원적인 대립이기 때문이다. 그들은 과학을 절대적인 진리로 간주하고 과학에 부합하지 않는 중국 천학의 지식을 '위과학'이라고 칭한 것이다. 한 예로 황일농(黃一農)은 「예수회 선교사의 중국 전통 성점과 술수에 대한 태도(耶蘇會士對中國傳統星占術數的態度)」라는 뛰어난 논문에서 중국 천학(天學)의 몇 가지 특징에 대해 논의하고 있다. 그는 천문의 학문 이외에도 성점(星占), 술수, 그리고 인문 정신까지 모두 포함하고 있다. 그러나 그는 보다 진일보한 토론을 전개하지 못했으며, 여전히 '위과학', '보수주의' 등의 단어를 사용하고 있다. 『구주학간(九州學刊)』, 홍콩, 21쪽, 1991.

2) 갈조광, 『중국 사상사』 제2권 제3편 제1절과 제2절의 「천붕지열(天崩地裂)」 참조.

합일'의 기치를 높이 들고 고함을 치든 아니면 구호를 외치든지 간에 아주 적은 몇 명만이 그것의 심층적 의미에 대해 이해하고 있었을 뿐이었다. 그것은 분명 고대 중국의 지극히 중요한 사상적 의거이며, 하나의 의거로서 모든 방면에 파고 들어가 일체의 합리성을 지탱하는 배경이 되었다.

물론 이것을 확대해서 해석한다면 환경 보호나 자연과 친해져야 한다는 논의에도 적용이 될 수 있을 것이다. 그러나 그것은 절대로 녹색 운동의 기치나 생활 태도를 표방하는 구호만이 아닌 것이다.

4

붕지열(天崩地裂) : 궁극적인 의거의 붕괴와 사상사의 변화 국면

앞서 이야기한 것처럼 사상과 지식의 의거는 아주 오랜 세월에 걸쳐서 서서히 확립되는데, 나중에 그 안에서 생활하는 사람들이 그것에 대해 무관심한 사이에 굳이 말하지 않아도 알 수 있는 배경이 되어 점차 엷어지게 되고, 배후에서 여러 가지 지식이나 사상의 합리성을 지탱하게 된다. 그러나 역사가 끊임없이 변동하면서 지식과 사상, 그리고 그것들을 확립시킨 배경이 극렬한 변동 속에서 훼손될 때 낡은 사상과 지식 역시 표류하는 배처럼 새로운 지식과 사조에 의해 매몰되게 된다. 그럴 경우 사람들은 어쩔 수 없이 자신을 위해 지식과 사상의 또 다른 초석을 찾게 된다.

그래서 이홍장(李鴻章)이 말한 '변국(變局 : 변화 국면)'이나 푸코가 말한 '단열(斷裂)'이 생겨나게 된다. 일단 변화 국면이 되면 '단열'이 그치지 않고 발생하며, 이후 시간은 마치 기억의 요새를 조성하는 것처럼 단열의 요새로 간격을 만들어 버린다. 이후 사람들은 과거에 지니고 있거나 의존했던 여러 가지 사상적 의거에 대해 낯설게 된다. 그래서 사상사 역시 푸코가 말한 바와 같이 '지식의 고고학'을 통해 사상의 뿌리를 찾아야만 하는 것이다. 이때 사상사는 단열의 요새를 뛰어넘고자 노력하면서 자신의 사상적 방법을 이용하여 고대의 사상 맥락을 추적하고, 이미 사라진 본원을 상상하고, 아울러 그 토대에 의식적으로 접근하여 고대 사람들이 어떻게 편안하게 그러한 토대에서 자신들의 지식과 사상, 그리고 신앙의 세

계를 건립했는가를 체득해야만 한다.

예부터 중국에는 '천경지의(天經地義)'란 성어가 있다. 절대적이고 궁극적인 의거란 뜻이다. 그러나 그것이 그 누구도 이에 대해 의문을 제기하지 않으며, 굳이 다른 것으로 증명할 필요도 없는 것은 아니다. 어찌 그것이 사상사가 끝까지 추구하는 데 면책 특권을 지니고 있겠는가? 다만 대부분의 경우 사람들이 그것에 대해 굳이 질문을 던지지 않고, 단지 그것을 저절로 그러한 이치라고 받아들여 모든 이치 가운데 가장 근본적인 이치로 간주하기 때문일 뿐이다. 예를 들어 『주자어류(朱子語類)』는 지극히 흥미롭고 대단한 책이다. 주희(朱熹)는 일찍이 자신의 제자들에게 천지와 우주의 이치에 관해 많은 이야기를 한 적이 있다. 그가 남긴 대부분의 이야기는 자신의 제자들에게 한 것들이다. 그에 따르면 우리들이 지금 말하고 있는 작은 이치들은 모두 천지가 원초적으로 보여주고 있는 큰 도리에 근거하고 있다.

"태극은 천지 만물의 이(理)일 따름이다. 천지로 이야기하자면 천지 속에 태극이 있고, 만물의 입장에서 이야기한다면 만물 속에 각기 태극이 있다. 천지보다 앞선 것은 있지 않으니 필경 먼저 그 도리가 있었을 것이다. 움직임 속에서 양이 생기는데, 그 역시 이이다. 고요함 속에서 음이 생기는데 그것 역시 이이다(太極只是天地萬物之理, 在天之言, 則天地中有太極, 在萬物言, 則萬物中各有太極. 未有天地之先 畢竟是先,有此理, 動而生陽, 亦只是理, 靜而生陰, 亦只是理태극지시천지만물지리, 재천지언, 즉천지중유태극, 재만물언, 즉만물중각유태극. 미유천지지선 필경시선, 유차리, 동이생양, 역지시리, 정이생음, 역지시리)."[1]

후학들이 주희의 어록을 편찬하면서 이 말을 권두에 둔 것은 이 문장의 뜻을 모든 도리의 근본적인 의거로 삼고자 함이었다. 그것은 마치 수당(隋唐) 이래로 수많은 유서(類書)들이 모든 지식과 사상을 현시하고 포용하는 데 '천지'를 항시 권두에 두었던 것과 마찬가지로 고대 중국인들의 마음속에 있는 것을 무의식적으로 드러낸 것이라고 이야기할 수가 있다.

한번은 주희가 학생들의 질문에 대해 답을 하면서 "'인(人)'이란 글자는 '천

1) 『주자어류』 권1, 중화서국, 1쪽, 1986.

2) 위의 책, 4쪽.

(天)'과 닮았고, '심(心)'은 '제(帝)'와 닮았다"[2]고 이야기한 적이 있다. 물론 주희는 문자학의 근거에 따라 이렇게 말한 것이 아니라 단지 감각에 의지하여 인심(人心)의 의거에 대해 말한 것일 뿐이다. 그러나 공교롭게도 고문자학의 말에 근거해 보면, 글자의 형태로 볼 때 고대 중국인들의 마음속에서 인간의 모든 것을 명시하는 '천'은 실제로 '사람의 인지전(人之顚 : 정수리)', 즉 '머리꼭지'를 나타내기 때문에 사람들은 그것으로 머리 위에 있는 하늘을 지칭하곤 했다. 또한 고대 중국인의 마음속에서 우주 만상을 움직이는 '제(帝)'는 자형(字形)으로 볼 때 아마도 단지 '화지체(花之蒂 : 꽃의 꼭지)' 즉 꽃을 지탱하는 것을 의미하는 것이었는데, 사람들이 그것을 모든 것의 시작이나 지주로 확대 해석하게 된 것일 터이다.

그렇다면 머리 위에 있는 푸르고 아득하게 넓은 하늘은 정말로 그렇게 많은 이치를 지니고 있는 것인가? 꽃을 지탱하고 있는 아름답고 여린 꽃턱은 정말로 최초, 시작, 열음의 뜻인 '태(台)', '시(始)', '태(胎)' 등 비슷한 글자와 마찬가지로 옛사람들이 말한 것처럼 모든 것을 의탁할 수 있는 것이 될 수 있을까? 그리하여 일체의 시작을 암시하고, 아울러 고대 중국인의 우주와 인간에 관한 지식과 사상의 세계를 지탱하는 것일까?

4절

연속성 : 사로[1], 장절 및 그 밖의 문제

1

사상사와 '사상사' 그리고 '사상사'의 세 가지 … 는 법

사상사의 찬술(撰述)은 '역사 속에서 사상의 노정을 만드는 안내도'로 비유되곤 한다. 그러나 일반적으로 안내도를 그리는 사람의 책임은 단지 정확도의 높낮이에 있는 것이기 때문에 그가 그린 지도의 노선에 대해 분석을 하거나 평가를 할 수는 없다. 다만 안내도를 이용하는 여행가가 길가에서 여러 가지 풍광을 보면서 자신의 느낌과 평가를 할 따름이다. 사상사가(思想史家)가 이러한 안내도 제작을 한껏 모방한다 할지라도 거의 이러한 여행가와 입장이 비슷해지게 된다. 왜냐하면 사상사의 편찬자가 만든 지도에 있는 사상의 역사 노선이나 정거장 등은 기본적으로 그의 마음속에서 구상될 수밖에 없으며, 또한 여행 안내도가 없어 황무지를 다녀야만 하는 여행자의 행적, 즉 진짜 시간 속에서 나타나는 지식과 사상의 역사적 진로와 결코 같은 것이 될 수 없기 때문이다. 만약 역사의 시간 속에서 실제로 존재하는 사상 역정을 '사상사'라고 칭한다면, 이러한 사상 과정의 진행에 대한 그 어떤 진술도 마땅히 '사상사'로 인정해야만 할 것이다. 사상사가 후

1) '사로(思路)'는 사고(思考) 방향, 사고 방식, 또는 사상적 맥락 등으로 해석할 수 있는데, 약간의 차이는 있지만 크게 다르지는 않다. 본문은 전체 문장의 맥락에 따라 이상 세 가지 가운데 하나로 풀이한다. '사로'는 영문 'The Ways of Thought'의 역어인데, 갈조광은 'train of thought'라고 썼다(역자 주).

세 사람들의 상상과 이해, 그리고 해석이 덧붙여지고 문자로 기록되어 '사상사'로 완성되었을 때, 비로소 그것은 '역사 시간 안에서 제작된 사상 노정의 안내도'가 될 수 있을 것이다.

단체 여행에 참가했던 적이 있는 사람들은 이런 느낌을 받았을 것이다. 어쩌면 품을 덜기 위한 것인지도 모르겠는데, 안내원은 선의로 여행에 참가한 모든 사람들이 사전에 규정된 노선을 따라 여행을 하면서 이곳에서 저곳으로, 그리고 다시 저곳에서 이곳으로 순서에 따라 움직이기를 희망한다. 그리하여 천태만상의 생생한 풍광은 안내원에 의해 그림 속의 만화경으로 변하고, 착실한 여행객들은 여행 후에 대체적으로 비슷한 인상을 받게 된다. 산천 경계가 아무리 좋다고 할지라도 다 볼 겨를이 없으니 그저 그렇고 그런 산수의 인상만 남게 될 뿐이다. 실존하는 사상사가 이미 과거가 되고, 아무도 그러한 사상의 역정을 중복하는 이가 없을 때 '사상사'의 편찬자 역시 마찬가지로 항시 자신이 이해하는 것 가운데서 가장 간결하고도 합리적인 노선을 따라 독자를 인도할 것이다. 그리하여 사상사라는 이름의 단체 여행에서 모든 참가자들이 서로 비슷하거나 똑같은 관찰, 즉 고대인들은 원래 이런 사상을 지녔었고, 고대 사상은 원래 이렇게 연속되었다는 등의 동일한 관찰을 경험하게 될 것이다. 그는 주제넘은 안내자와 마찬가지로 항상 모든 사람들이 사상사를 체험할 수 있는 자유를 박탈하고, 그 대신 자신이 이해하거나 구상하는 사상사의 연속성 맥락을 집어넣게 된다.

이는 정말 어쩔 수 없는 일이다. '사상사'는 형식적인 측면에서 다음과 같은 세 가지 저술 방법을 택할 수 있다. 그러나 그 세 가지 모두 편찬자의 사고 방향의 영향에서 벗어날 수 없다. '사상사' 찬술 방법의 첫 번째는 '사실을 확립하는 것'이다. 표면적으로 볼 때 그것은 그저 남이 내놓은 대로 역사 문헌에 따라 사상사의 역정을 환원시키는 일이다. 이것은 마치 성실한 안내도 제작자가 확대경을 쓰고 풍광의 상세한 지도를 제작하는 것과 같다. 이러한 편찬자는 반드시 보아야 할 풍광, 예를 들어 누가 어떤 책을 썼고, 누가 어떤 사상을 내놓았으며, 또한 이러한 저작과 사상이 언제 생겨났는가 등등에 대해 행여 놓칠까 두려워하지 않을 수 없다. 그것은 마치 '장편(長編)'과 같다. 가능한 한 정확한 사실을 시간의 실마리에 따라 연결을 하면서 사람들이 마치 사상의 박물관이나 진열실에 들어가 자신이 체험한 사상의 참 모습을 두루 훑어보게 만든다. 그러나 그 박물관이나 진열실은 역사의 모든 유물을 나열할 수 없을 뿐만 아니라 어떤 물건을 전시하고 어떻게 진열할 것인가는 모두 작가가 이미 생각하고 있었던 것들이다. 그것은 작가의 사고 방식이 마치 냉혹하고 객관적인 역사 전시물 속 깊이 숨겨져 있는 것에 불과하다.

두 번째는 '진리를 평가하는 것'이다. 이러한 편찬 방법은 사실을 서술하는 것 외에 사상의 역사에 대한 평가에 더욱 관심을 둔다. 무엇이 좋고 무엇이 나쁘며, 어떤 것이 인류의 진보에 도움을 주고 어떤 것이 인류의 진보에 방해를 하는가 등이다. 그것은 마치 고집스러운 가이드와 같다. 모든 풍광에 대해 이러쿵저러쿵 비평을 하며 자신의 구미와 이상에 따라 사람들에게 통일된 해설서를 제공한다. 따라서 다른 이들은 무엇을 듣고 싶은지 여부와 상관없이 이미 결정된 해설에 만족할 수밖에 없다. 이러한 저술에서 작가의 의도와 작가가 좋아하고 싫어하는 것은 공개적인 것이어서 굳이 숨길 필요가 없다. 역사는 그들의 붓 아래에서 항시 '이동을 하면서 보는' 한 폭의 그림이 된다. 그리고 독자의 입장에서 볼 때 역사는 '따라가며 보는' 안내도로 바뀌게 된다.

세 번째는 '따라가며 여행하는 것이다.' 일부 사상사가들은 나름대로 자신감을 가지고 고대 사상사의 사상적 맥락을 새롭게 만들어 간다. 그들은 가능한 한 옛사람들의 심정을 체험하고 사상의 맥락을 이해하며, 시간의 흐름에 따라 사상의 전환과 연결을 하나씩 진술한다. 그들은 이렇게 역사를 '따라가면서' 새롭게 길을 가려고 하는데, 나 역시 마찬가지이다.[1] 그러나 그렇다고 이런 방법이 편찬자의 주관을 피할 수 있는 것이 아님을 인정하지 않을 수 없다. 왜냐하면 시간의 흐름 속에서 여러 가지 지식과 사상의 자료나 문헌이 지극히 혼란스럽게 섞여 있고, 때로 두서가 없는 경우가 많아 따라가면서 보는 이 역시 선택을 하지 않을 수 없기 때문이다. 그러다 보면 때로 어떤 풍경에 눈길을 주느라 다른 것을 놓칠 수도 있고, 왼편에 있는 산수에 정신을 팔다가 오른편에 있는 산수를 그냥 스쳐

1) 갈조광, 『중국 선 사상사(中國禪思想史) — 6세기에서 9세기까지』 21쪽에 나오는 「도언 : 중국 선 사상사의 연구」를 참고하시오. 북경대학출판사, 1995.

지나갈 수도 있을 것이다. 사상사의 전환과 연결의 중요한 시기를 선택하는 것 역시 대부분 편찬자 자신의 의도와 이해에 따른다. 설사 그가 고대 사상사의 행적을 좇는다고 할지라도 역사의 윤곽과 맥락을 드러내고자 한다면 온갖 변화무쌍하고 첩첩으로 쌓인 역사 속에서 '사상사'의 사고 방향을 찾아나가지 않을 수 없다. 이리하여 사상사는 한 권의 '사상사'가 되는 것이다.

2

사의 연속성과 푸코의 문

사상사와 '사상사'가 서로 같지 않은 것 가운데 하나는 '사상사'의 연속성, 정체성, 그리고 연관되는 맥락 속에 존재한다. '사상사' 편찬자가 편찬을 시작하면서 역사를 하나의 맥락으로 연결시킬 때 사상사는 이미 있었던 원래의 상태에서 벗어난다. 아마도 역사 속에 진정으로 존재했던 사상은 그것이 처음 출현했을 때 사전에 특별한 의도나 설계가 없었을 것이다. 그것은 마치 개척자가 온갖 수풀로 가득 찬 원시림에서 길을 찾아 떠날 때 그 어떤 사전적인 안배나 의도적인 배치는 물론이고, 어떤 사람이 지나간 작은 길조차 없는 상태에서 단지 머리 위의 하늘을 보고 대체적인 방향을 짐작한 것과 같다. 당연히 그 어떤 질서도 존재할 수 없다. 그러나 역사학자는 사상사를 이처럼 '원시 상태'로 내버려 둘 수 없다. 또한 '사상사' 편찬자 역시 독자들이 우거진 풀숲 속에서 길을 잃도록 내버려 둘 수 없다. 왜냐하면 독자들이 스스로 사상의 역사를 송두리째 끄집어낼 수 없으며, 역사학 또한 역사가 질서 없이 어지러운 상태로 있는 것을 용인하지 않을 것이기 때문이다.

애써 역사에 질서를 부여하여 사상의 맥락을 보다 분명하게 만드는 것은 역사학의 일관된 방법이었다. 그러나 『지식의 고고학』에서 푸코는 오히려 역사학자들을 난처하게 만드는 관점을 제기한 적이 있다. 그의 관점에 따르면 연속성, 정체성, 그리고 연관되는 맥락이란 역사학이 전통적으로 추구하는 것이지만 이것은 이미 '낡은 문제'이자 현대인들이 항상 말하는 '법칙성 문제'로서 장차 또 다른 유형의 문제에 의해 치환될 것이다. 특히 과학사, 철학사, 사상사 영역의 경우는 더욱 그러하다. 예언하건대, 미래의 역사학 관점에서 볼 때 "역사는 더 이상 끊임없이 완벽해지는 역사일 수 없으며, 더 이상 계속해서 이성화되거나 추상화되는 역사일 수 없다." 오히려 "단열 현상이 끊임없이 나타나고 증강될 것이다." 따라서 역사학은 '비연속성', 다시 말해 이른바 '단열 현상'을 찾아야만 한다. 예를 들어 난관이라든지 결렬(rupture), 파열(break), 전화(mutation), 변형 등이 그것이다.

언뜻 보기에 이러한 논법은 역사학의 존재 근거 자체에 의문을 던지는 것처럼 보인다. 만약 역사학이 더 이상 역사의 연속성을 추구하지 않고 역사를 흩어진 파편처럼 단편적인 것으로 간주한다면, 역사학자는 문헌 정리자의 입장에 만족할 수밖에 없을 것이니 역사학의 사상과 지혜가 무슨 소용이 있겠는가? 그래서 나는 비록 앞에서 여러 차례 푸코의 말을 인용하기는 했지만, 역사학은 더 이상 '연속성'을 토론할 필요가 없다는 그의 말에 전적으로 동의하는 것은 결코 아니다. 특히 최근에 들어와 나는 생각을 하면 할수록 푸코의 말이 역사학의 사상적 개입이나 이론적 정리를 부정한 것이 아니라는 느낌이 든다. 내가 느끼기에 그는 다음과 같이 생각하고 있는 것 같다. 역사학자들이 제시한 여러 가지 이론은 주관이 개입되어 있다. 그래서 이를 통해 "사람들이 이미 기원을 탐구하고 끊임없이 기존에 확립한 계보를 따라 거슬러 올라가는 데 '익숙'해지도록 하고(원문은 '습관'이라고 썼다. 역자 주), 역사의 전통을 다시 세우거나 진화의 곡선에 따라 나아가는 데 익숙해지도록 하며, 목적론을 역사에 투사하고, 끊임없이 생활 속의 은유를 반복하는 데 익숙해지도록 만든다." 여기에서 푸코가 '익숙해짐(습관)'이란 말을 쓴 것은 오히려 사람들이 익숙해지지 않은 역사학의 사고 방향을 찾아 나서기를 희망하고 있는 것이자, 주체의 개입과 참여가 비교적 적은 관점을 통해 '확정성'과 '연속성'의 억지 해설을 자제하면서 문헌과 문물이 보여주는 역사 현상, 특히 과거에 인과의 사슬 밖으로 배제된 현상들을 정리함으로써 더욱 진실에 가까운 역사의 모습을 재정립하기를 희망하고 있는 것임을 알 수 있다.[1)]

---

1) 푸코, 『지식의 고고학』(일역본), 나카무라 유지로(中村雄二郎) 옮김, 하출서방, 23쪽, 1981, 1994. 『위대한 전통에 대한 새로운 해독』, 위요우 중역, 북경, 사회과학문헌출판사, 109쪽, 1993.

어떤 사람은 역사란 깨진 거울, 깨져서 수없이 많은 파편으로 흩어진 거울과 같다고 이야기한다. 그 깨진 조각을 주어 든 사람 앞에서 거울 조각은 모두 파란 하늘을 비추고 있다. 물론 누구라도 그 수많은 파편으로 조각난 거울 속 하늘을 한데 이을 수는 없다. 이러한 주장은 나름대로 일리가 있다. 그러나 또 다른 사람은 이렇게 주장한다. 역사학자의 책임은 바로 그렇게 산산조각 난 그림 속에서 상상하는 것이라고. "역사 편찬학은 과거가 어떤 역사를 지녔는지 매 세대마다 상상하는 것이다." 그렇기 때문에 산발적인 사건 기록, 무언의 유물, 단편적인 기록, 또는 의미가 있는지 여부와 상관없이 주관이 뒤섞인 사서 속에서 역사가 단절된 곳은 역사의 연속성을 회복하고, 역사의 공백 지점에는 역사의 존재를 채워 넣어야 한다. 이러한 주장 역시 나름대로 옳다. 사실 역사학자가 대면해야 하는 여러 가지 사실로 볼 때 역사학자는 어쩔 수 없이 후자를 선택할 수밖에 없을 것이다. 그래서 사상사 역시 가능한 한 문헌, 유물, 그림, 저술 속에서 이해하고(understanding), 가능한 한 이치에 부합하는 것을 통해 추측함(guessing)으로써 옛 사람들에게 가장 근사한 것에서 '사상사'의 연속성을 찾는 사상적 맥락을 새롭게 만들어야 하는 것이다.

'사상사'의 연속성을 재정립하는 데는 물론 여러 가지 방법론이 존재한다. 예를 들어 '부정의 부정'이라는 방법론을 사용하여 진화론의 토대 위에서 매 세대의 변화를 당대 사상의 과거 사상에 대한 비평과 지양으로 이해할 수도 있으며, '환경에 대한 반응'이라는 방법론을 사용하여 사회 배경에 대한 분석에 치중할 수도 있다. 말이 나온 김에 말하자면, 이는 마르크스주의 사학의 주도적인 방법론이라고 할 수 없다. 『고대 중국 사상 세계』를 저술한 벤자민 슈바르츠 역시 '사상사의 중심 과제'는 "인류가 처한 환경(situation)에 대한 '의식적 반응'을 분석하는 것"이라고 말한 적이 있다.[2] 근래에 여영시(余英時)가 제기한 '내재적 논리 이론(theory of inner logic)' 역시 사람들의 주목을 끌고 있는 것으로 상당히 중요

---

2) 벤자민 슈바르츠(Benjamin I. Schwartz), 「중국 사상사에 관한 약간의 초보적인 고찰」(중역본), 장영당(張永堂) 옮김, 『중국 사상과 제도론집』, 연경출판공사, 1976, 1977. 슈바르츠의 저작 『*The World of Thought in Ancient China*』, The Belknap Press of Harvard University Press, Cambridge, Massachusetts, and London, Introduction 2~3쪽, 1985.

하다. 그의 말에 따르면 "모든 특정한 사상 전통은 그 자체적으로 일련의 문제를 지니고 있으며, 끊임없이 해결할 필요가 있다. 그 문제들 가운데 어떤 것은 일시적으로 해결되기도 하고, 또 어떤 것은 해결되지 않은 상태에 있다. 어떤 것은 당시 상당히 중요했으나 시간이 흐르면서 중요하지 않게 되는 경우도 있다. 뿐만 아니라 낡은 문제로부터 새로운 문제가 파생되면서 끊임없이 유전된다. 그 사이에 능히 실마리나 질서를 찾을 수 있다."

인용문에서 말한 실마리나 질서가 바로 그가 말한 '내재적 논리 이론'이다.[1] 나는 이러한 사고 방법에 대해 몇 마디 덧붙이고자 한다. 그의 주장은 물론 지극히 당연하다. 그러나 전체 사상사의 시각에서 볼 때 그의 주장은 치우친 감이 없지 않다. 그는 이러한 방법론의 '내재성'을 지나치게 강조한 나머지 때로 '외연성'의 의미를 거절함으로써 적지 않은 사람들의 비판을 받았다. 그의 예증 범위는 다소 협소한 편이다. 시간적으로 주로 송·원·명·청 시대에 국한되어 있다. 당시는 중국 사상사에서 내부 변화와 조정의 시기라고 말할 수 있다. 따라서 그의 '내재적 논리 이론'의 논법은 전체 중국 사상사의 역정(歷程)을 모두 포함하기에 어려움이 있다. 따라서 사상사를 정리하기 위해서는 이러한 방법론의 내용과 유형을 좀 더 확장하여, 그것이 진정으로 사상사에 유효한 방법론이 될 수 있도록 해야만 할 것이다.

3

교과서 형식과 장절의 할

그러나 현존하는 사상사에 나타난 연속성의 유형을 분석하기에 앞서 나는 먼저 이러한 연속성을 드러내는 '사상사'의 장절(章節) 형식에 대해 논의하고자 한다. 왜냐하면 기존의 '사상사' 중에서 사람들이 연속성의 의도를 찾는 것이 때로 무의식적으로 '사상사'의 장절 형식 속에서 소실되기 때문이다.

1) 「청나라 시대 사상사의 새로운 해석(清代思想史的一個新解釋)」, 『역사와 사상』, 타이베이, 연경출판사 사업공사, 124~125쪽, 1976, 1992.

연속성은 사상사 속에 존재하기 마련이므로 '사상사'에도 당연히 존재해야 한다. 통상적으로 '사상사'는 가능한 한 실제로 존재했던 사상의 '연속'을 드러내고자 한다. 그러나 이러한 사상의 연속성을 보다 명확하고 합리적으로 '사상사'에 표현하는 일은 결코 쉽지 않다. 현존하는 '사상사' 저작들 역시 가능한 한 주관을 가지고 연속성을 나타내고자 했으나, 이러한 연속성의 '맥락'이 때로 장절에 의해 간략화되거나 아예 끊어져 단지 작자의 몇 마디 '방백(傍白)'으로 남게 되는 경우가 허다하다. 다시 말해 이른바 '사상의 연원'이나 '사상의 영향'이라는 표제 하에서 저자의 주제넘은 자신만의 표현에 의해 억지로 '맥락'을 연결시키는 경우가 적지 않다는 뜻이다.

현재 사상사의 서술 방법은 통상 이러한 곤경에 처할 수밖에 없다. 앞서 이야기한 것과 마찬가지로 사상사의 서술 방식은 통상적으로 시간의 순서에 따라 사상가들에 관한 장절을 안배하는 것이다. 일반적으로 비중 있는 사상가는 한 장(章)을 모두 차지하고, 비교적 비중이 적은 사상가는 한 절(節)에서 취급한다. 만약 등급이 그다지 높지 않은 사람들의 경우는 한데 묶어서 한 절로 처리하고, 그 이하는 아예 몇 줄로 처리하기도 한다. 책에 몇 자 적어 그것으로 사상사의 각색을 맡기고, 이러한 사상가의 조합을 사상사라고 칭한다. 대부분의 '사상사'는 모두 이렇게 쓰여졌다. 이러한 저작 방식은 낡은 역사 텍스트의 전통이기도 하고, 새로운 역사학의 영향을 받은 것이기도 하다. 전통적인 '학안(學案)'은 오늘날 사상사의 추형(雛形)이라고 할 수 있다. 그것은 '소전(小傳)'과 '문선(文選)'의 방법으로 사상 혹은 학술사를 쓰는 방법이다. 또한 현재 서양이나 동양(일본을 가리킴, 역자주)의 영향을 받은 철학사나 사상사는 처음부터 한 사상가의 '생애/배경/사상/영향' 등으로 구성된 하나의 '절'과 시간적으로 연속되는 약간의 '절'로 구성된 '장'을 기본적인 틀로 삼아 써 내려간다. 일정한 편폭 내에서 거의 비슷한 분량의 장절, 거의 일치하는 내용, 그리고 일률적인 문풍으로 거의 차이가 없는 '사상사'를 만들어 낸다. 의심할 바 없이 이러한 방법은 인물의 시대 선후에 따라 사상사의 장절을 배열하기 마련이고, 장절의 요점을 간추려 독자들에게 명확한 결론을 제공함으로써 대다수 사람들이 공동으로 인정하는 지식을 기억하거나 공부하기 좋게 만든다.

그러나 이러한 서술 방법의 이면에는 사상사의 관념이 자리잡고 있다. 책의 장절은 어떤 의미에서 작자의 서술 대상에 대한 인식을 반영한다. 사상사의 구성이 현재 저술 중에 있는 사상사 저작에 의해 몇몇 장절로 이루어질 때 이전의 '사상사', 즉 실제로 역사 속에 존재하던 사상의 역사는 은폐되고 이후의 '사상사', 즉 저자의 이해 속에 존재하는 사상의 역사가 이를 대신하게 된다. 그래서 장절은 역사를 가르고 연속성은 장절 속에서 소실되고 만다. 또한 사상은 사상사가에 의해 분할 포장된 상태로 독자들에게 제공되어 임의로 선택되고 읽히게 된다.

이러한 것은 사상사가 아니라 교과서이다. 20세기 초엽 중국의 인문 지식이 점차 전통적인 형태에서 현대적인 학과로 바뀌면서 서양 특히 동양(일본)으로부터 배운 저작 방법은 교과서적인 것이었다. 현재에 이르기까지 역사를 쓰고자 하는 학자들은 이러한 수법을 떠올리곤 한다. 나 역시 마찬가지여서 본래 중국 사상사에 관한 강의 원고를 쓰려고 했을 때 최초 저작의 문장 풍격이나 장절 구조 등은 거의 '강의' 형식에 가까웠다. 그래서 한동안 그 원고는 「중국 사상사 강의」라고 불리기도 했다. 교사의 한 사람으로 나 역시 교과서식 저작이 갖는 긍정적인 의미를 잘 알고 있다. 모든 세대의 학생들은 먼저 교과서식 저작을 읽으면서 사상사를 배우게 된다.

이에 따른 선입관이 그들에게 사상사 이해에 대한 틀을 제공하게 되고, 장절을 구분하는 구조 또한 그들에게 사상사에 대한 기억의 패턴으로 자리 잡게 된다. 그러나 연구자의 한 사람으로서 나는 점차 이러한 교과서식 사상사 저작의 부정적인 영향을 심각하게 느끼기 시작했다. 왜냐하면 교과서는 일반적으로 하나의 전체적인 인식의 틀을 통해 여러 가지 의견을 하나로 묶어버리고, 복잡한 사상사를 암기하기 쉽도록 도식화시키는 경향이 있기 때문이다. 그것은 마치 『24사(二十四史)』를 증류시켜 『삼자경(三字經)』으로 만드는 것이나 3천여 년의 역사를 한 장의 계보도로 축소시키는 것과 다를 바 없다.

사상사를 인물 생애 사전이나 저작의 요점 선독용(選讀用) 텍스트로 만드는 것은 주로 강의나 기억 또는 시험을 치르는 데 편리하도록 하기 위함이다. 이는 일반적인 지식을 가르치는 데 효과가 있지만, 사상의 맥락을 찾아 연구하려고 한다면 이러한 방법은 결코 좋은 것이라고 말할 수 없다. 특히 교과서식 저작이 하나의 잘 짜여진 틀로써 이해의 폭을 그 범주 안에 한정한다거나 개성이 결핍되었음에도 불구하고 오히려 권위적인 언어를 통해 학술적인 서술을 관청의 서류처럼 만든다거나 혹은 판에 박은 듯한 형식으로 사상적 맥락을 상투적인 공식으로 만들 경우, 결국 교과서 안에서 잘 포장된 상투적인 인물만을 배양하게 될 따름이다.[1)]

근년에 들어와 나는 현재 수많은 간행물들의 평범함과 천편일률이 바로 이러한 교과서식 저술의 후유증 때문이라고 생각한다. 교과서식 저술의 배후에는 통일된 시험이 존재하고, 통일된 시험의 배후에는 확고한 권위를 상징하는 듯한 사상사의 담론이 존재한다. 그것은 교과서가 갖는 '권의(權宜 : 임시방편적 기능)'를 '권위(權威)'로 바꾸어 놓았고, '권위'는 읽기와 시험을 통해 사상사의 서술 방식을 암시하였다. 이러한 서술 방식은 장절의 형식과 내용을 일정한 틀로 삼아 사상사의 연속적 사유 방식을 나누어 기술함으로써 사람들에게 권위적인 집체적 담론을 보여준다. 권위적인 집체적 담론은 이러한 서술 방식의 합리성을 확인시킨다.[2)]

그러나 이런 집체적인 담론 속에서도 능히 사상사를 쓸 수는 있다. 또한 대단히 많은 유사한 사상사를 쓸 수도 있다. 만약 이러한 교과서 방식을 굳이 탈피하고 싶지 않다면 그냥 그렇게 쓰면 그 뿐이다. 왜냐하면 그것 역시 그것 나름의 실용적인 합리성을 지니고 있기 때문이다. 잠시 내 개인의 체험을 이야기하고자 한다. 이 책을 쓸 당시 나는 청화대학에서 중국 사상사 과목을 개설한 적이 있었다. 처음 시작할 때 나는 '사람'을 하나의 단원으로 삼아 그의 배경,

1) 「학술적 신화상전(學術的薪火相傳 : 학술의 불씨는 대대로 전해진다)」, 『독서』, 1997년 제8기 참조.

2) 언젠가 진인각(陳寅恪) 선생이 진(晋)에서 당대(唐代)까지의 역사를 연구하는 선택 과목 강의를 시작하기 전에 학생들에게 참고서를 소개하면서 '여기저기에서 베끼고 관련 범위 또한 협소한' 몇몇 교과서에 대해 완곡하게 비판했는데, 유독 하증우(夏曾佑)의 『중학 역사 교과서』만은 칭찬을 했다. 그 이유에 대해 별 다른 언급은 하지 않고 다만 "작자가 공양학(公羊學) 금문학자(今文學者)의 시각에서 역사를 평론하여 독특한 견해를 제시했다"고 이야기했다. 만약 이러한 '독특한 견해'가 현재 등장한다면 아마도 교과서 심사자의 눈에 들지 못해 교과서, 특히 중학교 역사 교과서의 자격을 얻기 힘들었을 것이다. 『진인각 선생 편년사 집(陳寅恪先生編年事輯)』 증간본, 상해고적출판사, 94쪽, 1997.

생애, 사상 등을 기계적으로 서술하는 기존 사상사 교과서의 기술 방식을 탈피하여 사상사가 전후로 서로 이어지는 사상적 맥락에 근거하여 강의하기로 마음먹었다.

그러나 강의를 하면 할수록 이러한 강의 방법의 어려움을 실감하게 되었다. 우선 교사가 강의하는 데 너무 힘이 든다. 왜냐하면 이러한 사상사의 사상적 맥락을 따라 진행하는 방법은 사상가를 순서대로 강의하는 방법과 전혀 달라 보다 세밀한 정리와 분명한 기술이 필요하기 때문이다. 만약 그렇지 않을 경우 이처럼 복잡한 사상사를 분명하게 설명할 방법이 없다. 또한 학생들도 수업을 듣느라 매우 고생하게 된다. 사상사의 사상적 맥락을 따라 강의할 경우 분명한 틀을 제공하기 어렵고, 더욱이 정확하게 구분된 장절에 따라 내용을 외우도록 할 수 없기 때문이다. 어떤 학생은 이에 대해 이의를 제기하기도 했다. 그래서 한 동안 나 역시 힘만 들고 좋은 소리도 듣지 못하는 이런 방법을 포기할까 하는 생각이 들기도 했다. 그러나 일단 포기하면 그것은 곧 사상사의 연속성이라는 사유 방식에 따라 서술하는 방식을 포기하는 셈이 된다.

한참을 고민한 끝에 나는 설사 내 방식에 따라 쓴 내용이 '사상사'로 인정을 받지 못하는 한이 있더라도 내 자신의 방식을 고수하리라 마음을 먹고 기존의 교과서 방식을 따라야 한다는 생각을 완전히 지워버렸다. 내가 생각할 때 기존의 사상사는 연속성이 단지 한 가지일 뿐이지만 후세의 사람이 쓰는 '사상사'는 그들이 이해하는 시야 속에서 여러 가지 연속성을 지니게 될 것이다. 사상사를 쓰는 데 개인의 주관성을 인정하고 사상사의 새로운 기술 방식을 허락한다면 새로 기술한 '사상사'는 적어도 서점에 진열된 책더미 속에 전혀 의미가 없는 책 한 권을 보태는 것에 그치지는 않을 것이며, 사상사는 도리어 새로운 연속성의 사유 방식을 보여줄 수 있을 것이다.

물론 이는 내가 지금 쓰고 있는 '사상사'가 능히 '새로운 연속성의 사유 방식을 전개할 수 있다'는 말은 아니다. 사실 나 역시 이러한 교과서식의 저술을 통해 사상사에 진입했고, 그러한 낡은 투의 수법이 얼마나 지독한지도 잘 알고 있다. '머리를 치면 꼬리가 덤벼들고, 꼬리를 치면 머리가 달려드는' 장사진(長蛇陳) 식의 집체적 담론의 구조는 결코 약한 것이 아니어서 쉽게 붕괴되지 않을 것이다. 개인적으로 사상사의 연속성을 이해하는 사유 방식 또한 쉽게 세울 수 있는 것이 아니다. 나는 이 책을 쓰면서 항상 마늘에 관한 수수께끼를 생각하곤 했다. "형제 7, 8명이 기둥을 에워싸고 앉아 있는데, 한 명이라도 일어나게 되면 옷이 찢어지고 만다." 사실 내가 걱정하는 것도 바로 이런 점이었다. 개인적인 사유 방식이 사람들에게 이미 익숙해진 사상사 쓰기의 방식에서 벗어날 경우 낡은 옷은 이미 찢어졌는데 새로운 옷을 아직 찾지 못하는 그런 상황이 오는 것은 아닐까?

그러나 그래도 괜찮다. 적어도 인물을 장절로 삼는 사상사의 서술 방식을 새롭게 바꾸는 것은 사람들도 쉽게 이해할 것이다. 왜냐하면 내가 이해하는 것처럼 사상사에서 서술을 하거나 정리를 해야 할 것은 단지 정영(精英 : 엘리트) 사상이나 경전만이 아니라 일반 지식과 사상, 그리고 신앙 세계의 역사도 모두 포함하기 때문이다. 이러한 세계의 역사는 '인물'이나 '서적'으로 장절을 구분하지 않을 뿐만 아니라 일정한 시간에 따라 장절을 구분하여 처리하기도 어렵다. 또한 사상사에서 서술해야 할 엘리트 사상은 단지 사상가의 천재성에 속하거나 사상가의 깨달음만을 뜻하는 것이 아니라 그들의 전시대와 후, 지식 배경과 시대 분위기 속에서 전후 관계로 얽혀있다. 사상가는 이러한 것들을 '이야기하거나' '저술하여', 사상에 일종의 '표기(標記)'나 '명명(命名)'을 하는 것일 따름이다. 사상사의 의의는 그들의 공적을 평가하는 것이 아니다. 사상사는 죽은 귀신들의 출석부가 아니기 때문이다. 사상사에서 토론해야 하는 엘리트 사상 역시 서명권과 특허권을 지닌 한 권의 저작물이 아니다. 일반적으로 각각의 전적에 다양한 사상이 섞여져 있기 때문이다.

특히 고대 중국 사상사에서 동시대의 저작물은 상호 인용이나 차용하는 경우가 많았다. 또한 고대인의 저작은 새롭게 조합되고 맞춰졌으며, 후대 사람들의 새로운 해석이 그 안에 끼어들기도 했고, 초기 텍스트를 베끼는 와중에 후대의 어휘가 끼어드는 일도 적지 않았다. 과거에 어떤 사상의 발명권을 저작자에 따라 분배하고, 저작자를 시대의 선후에 따라 장절에 집어넣는 작업을 할 때면 항시 저작자의 진위와 선후 문제를 해결하기 위해 상당히 많은 정력을 소모하지 않을 수 없었다. 심지어 몇 대에 걸친 사상의 전파 과정을 한 사람에게 모두 포함시키는 일도 있었다.[1] 사마천은 『사기』를 쓸 때 특별히 '호견법(互見法)'을 사용했고, 사마광이 『자치통감』을 쓴 후 '기사본말(紀事本末)' 체가 생겨났다. 사실 이는 인물 위주로 전기를 쓰거나 매년 일어난 일만 기록함으로써 분열되는 것을 피하기 위함이었다. 그렇다면 현재의 사상사 역시 다시 한 번 생각해 보아야만 하지 않을까? '연속성'이란 분명 하나의 연속된 과정을 뜻한다. 그것은 일개 사상가나 한 권의 사상사 저작 속에서만 존재하는 것이 아니다. 특히 오랜 시간이 흘러 변화의 양태가 나타나는 일반 지식이나 사상, 그리고 신앙 세계의 경우 '인물'로써 장절을 삼는 사상사의 서술 방식으로 어떻게 설명할 수 있을 것인가?

4

사상사 연속성의 세 유형

사상사의 연속성 맥락은 '사상사'에서 어떻게 구현되는가? 오랜 시간에 걸쳐 끊임없이 이어진 일반 지식, 사상 및 신앙 등은 '사상사'에서 가장 기본적인 연속성을 지닌 내용이라고 말할 수 있다. 그러나 그 밖에 엘리트 사상이나 경전 사상의 연속성을 지닌 사상적 맥락 역시 '사상사'에서 표현할 수 있다. 아래에서 사상사의 연속성의 세 가지 유형에 대해 예를 들어 설명해 보고자 한다.

첫 번째 연속성은 전통 사상의 명제에 대한 부단한 해석 속에 존재한다.[2] 예를 들어 공자는 "삶에 대해서도 아직 다 모르는데 어찌 죽음을 알겠는가?(未知生

---

1) 주책종(周策縱)은 최근의 문장에서 『노자』를 예로 들어 다음과 같이 이야기한 바 있다. "고대에는 현재 우리가 사용하는 장정본이 존재하지 않았다. 이른바 당시의 서적이란 주로 죽간, 목간이나 견백(絹帛 : 명주 천)에 쓴 것으로 오늘날 바인더 노트처럼 끼워 넣거나 바꾸기가 용이했다. 고대 사람들은 판본 문제에 대해 그다지 주의하지 않았기 때문에 베낄 때 일부를 바꾸는 일 또한 흔히 있었다. 일부 학자들은 '성서(成書)', 즉 언제 책이 만들어졌다는 말을 쓰길 좋아하는데, 이는 지나치게 막연하고 관념 또한 정확하지 않은 어휘가 아닐 수 없다." 「5·4 사조의 한학에 대한 영향과 그 검토(五四思潮對漢學的影響及其檢討)」, 『한학 연구의 회고와 전망(漢學研究之回顧與前瞻)』 하책, 중화서국, 164쪽, 1995.

2) 러브조이(A. O. Lovejoy)의 『존재의 대사슬 : 사상사 연구*The Great Chain of Being : A Study of the History of an Idea*』에 따르면 이러한 방법은 '금세기의 것'과 '후세기의 것'이란 두 가지 관건이 되는 개념에 대한 서로 다른 해석의 역사 연구를 통해 서구 사상의 역사를 토론하는 것이다. 이홍기(李弘祺), 「사상사의 역사 연구에 관한 시론(試論思想史的歷史研究)」, 『중국 사상사 방법론 문선집』, 타이베이, 대림출판사, 252쪽, 1981.

焉知死미지생 언지사)", "살아 있는 사람도 채 섬기지 못하면서 어찌 귀신을 섬기려고 하는가?(未能事人 焉能事鬼미능사인 언능사귀)"라고 말한 적이 있다. 그런가 하면 그의 제자는 "공자께서 성과 천에 대해 말씀하신 것을 들은 적이 없다(夫子之言性與天道不得而聞부자지언성여천도 부득이문)"이라고 말하기도 했다. 이러한 것들은 공자가 의식적이든 아니면 무의식적이든지 간에 소홀하게 다루었던 명제로써 후대 사람들에게 끊임없이 해석할 여지를 남겨주었다. 어쩌면 이는 공자가 귀신, 천도(天道), 인성(人性) 등 미지의 영역에 대해 완곡하게 부정하면서 가정, 가족, 사회 등 현실 세계에 대해 긍정하는 내용이었을지도 모른다.

그러나 후대 사람들은 오히려 이것이 공자가 의도적으로 후세 사람들에게 남겨준 화제라고 이해하였다. 맹자와 순자의 시대에는 천도와 인성에 관해 이미 공자 시대의 한계를 벗어난 해석이 등장했다. 그들의 해석은 공자가 소홀하게 다루었던 사상 명제에 대해 새로운 의의를 부여한 것이자 공자나 그의 70여 제자를 포함한 초기 유학자와 전국시대 중엽의 유학자 사이에 분명한 한계를 짓는 것이기도 하다. 3세기에 현학이 발흥한 후 새로운 사상을 모색하는 이들 역시 이러한 사상 공간을 이용하여 노자와 장자의 사상에서 새로운 자원을 얻어 새로운 길을 개척했다. 순찬(荀粲)은 "자공이 공자께옵서 성과 천도에 대해 말한 것을 듣지 못했다고 한 것을 생각해 보면 비록 육경(六經)이 존재한다고 하나 실로 성인 말씀의 쭉정이에 지나지 않는다(常以爲子貢稱夫子之言性與天道, 不可得聞, 然則六籍雖存, 固聖人之糠粃)"[3]고 말하고 유가 경전을 한 구석으로 밀쳐놓았다. '노자와 장자의 논의를 좋아했던' 하안(何晏)은 『논어집해』에서 '성과 천도'의 구절을 해석하면서 "성이란 사람이 태어나면서 받는 것이다(性者, 人形之所受以生也)", "천도란 원형(元亨)으로 나날이 새로워지는 도로서 심히 미묘하여 이해하기 어렵다(天道者, 元亨日新之道, 深微, 故不可得而聞也)"[4]고 하여 '성과 천도'에 관한 화제를 사상에서 선점해야

3) 『삼국지』 권10, 「위서 순욱순유가후전(魏書荀彧荀攸賈詡傳)」 주석, 319쪽, 또한 유소(劉劭)는 『인물지』에서 전국시대 유가의 오행설과 도가의 자연설을 이어받아 '중용'을 도가적으로 해설했는데, 이 역시 한 예라고 할 수 있다. 탕용동(湯用彤), 「인물지를 읽고(讀人物志)」, 『위진 현학 논고(魏晉玄學論稿)』, 『탕용동 학술 논문집』, 중화서국, 196~213쪽, 1983.

4) 『논어주소』, 『십삼경 주소』, 2474쪽

하는 중요한 문제로 보았다. 나이 어린 천재 왕필(王弼) 역시 유가의 경전을 통해 유가적 사유가 도가의 현묘한 사유로 전화되어 가는 근거를 찾았다. 상당히 많은 한나라 시대 경학가(經學家)들이 『주역』에 대해 해석한 주해(註解)를 통해 또 다른 지식으로 옮겨가고 또 다른 사상을 발휘할 수 있는 공간을 찾았다.[1)]

마찬가지로 4세기에 불교가 중국에 전래되면서 그것 역시 이러한 명제에 대한 해석 공간을 전면적으로 이용하였다. 「모자이혹론(牟子理惑論)」에 보면, 자로가 사후의 세계에 대해 언급하자, 이에 대해 공자가 대꾸하지 않은 것은 "자로가 본질을 묻지 않음을 경계한 것이며, 이로써 그를 억제하고자 함일 뿐이었다(疾子路不問本末, 以此抑之耳)"[2)]라는 완곡한 설명이 나온다. 이는 다시 말해 공자는 능히 사후 세계에 대해 말할 수 있었으나 다만 자로와 이에 대해 언쟁하기를 꺼렸을 뿐이라는 뜻이다. 이 역시 불교가 삼세(三世) 귀신에 대해 강론할 수 있는 여지를 마련해 준 셈이다. 5세기에 종병(宗炳)은 『명불론(明佛論)』에서 유가의 한계에 대해 언급하면서 "삶에 대해서도 아직 다 모르는데 어찌 죽음에 대해 알겠는가?" "살아 있는 사람도 채 섬기지 못하면서 어찌 귀신을 능히 섬기려고 하는가?" "성과 천도에 대해 들을 수 없었다" 등 세 가지를 예로 들고 있다. 유가가 남긴 사상적 공백은 이렇듯 불교의 사후 세계와 인과응보설, 그리고 '인성이 곧 불성이다'는 등등의 사상과 지식이 차지할 해석 공간과 존재 이유를 마련해 주었던 것이다.[3)]

---

1) 예를 들어 『주역 주』를 보면 마융(馬融 : 觀卦 卦辭注), 송충(宋忠 : 革卦 卦辭注), 정현(鄭玄 : 萃卦 上六爻辭注, 泰卦 初九爻辭注) 및 우번(虞翻)과 왕숙(王肅)의 해석을 차용하고 있다. 카가 에이지(加賀榮治), 『중국 고전 해석사 위진편』, 도쿄, 경초서방(勁草書房), 201~202쪽, 1964.

2) 『홍명집』 권 1, 9쪽, 서부비요본(四部備要本), 중화서국.

3) 『홍명집』 권 2, 23쪽. 물론 이것이 현학(玄學) 흥기의 외재적 요인이 존재한다는 것을 부정하는 것은 아니다. 예를 들어 위정통(韋政通)은 『중국 사상사』(타이베이, 대림출판사, 717쪽, 1980)에서 경학이 "미혹되고 금기로 삼았던 것을 집대성하여 정치, 사회적으로 엄중한 혼란을 이야기시키자 양웅, 환담, 왕충 등의 비판과 반동을 불러왔다. 그리하여 사상 역시 새로운 변화를 겪게 된 것이다"라고 말한 바 있다. 이는 기본적으로 '쇠락 – 반동'의 학설, 즉 부정에 대한 부정의 사고 방식을 택한 것이라고 말할 수 있다. 아카츠카 키요시(赤塚忠) 등이 편찬한 '사상사'(장소중 옮김, 『중국 사상사』, 타이베이, 유림출판사, 169쪽, 1981)에서도 한진(漢晉) 사상의 전변에 대해 토론하면서 경학과 유학이 한나라 시대 왕조의 의식 형태로 고정되었으나 "전한 말기와 후한 말기의 혼란을 겪으면서 왕조 체제가 동요하면서 새롭게 전반적으로 사상을 파악하려는 욕구가 생겨나게 되었다." 그래서 역학과 노장 사상이 부활하게 되었다고 말한 바 있다. 이 역시 외부의 정치적 배경을 통해 이해하는 사고 방식이라고 말할 수 있다. 그러나 이러한 외연의 작용을 강조하는 것만으로는 '저 사상'이 아니라 '이 사상'의 자원이 새롭게 흥기하게 된 필연적인 연고를 정확하게 해석할 수 없다.

에서 벗어남 또는 이
척, 단열 속의 연속

내 생각에 또 다른 사상사의 연속성은 언뜻 보기에 단절된 것처럼 보이는 곳에서 드러나는 것 같다. 이는 항시 인간들의 이성이 날로 우세를 점하는 상황에서 조성되는 사상과 지식 간의 '탈피', 즉 허물벗기 과정이라고 할 수 있다. 예를 들어 유가의 기원 문제와 관련해서 과거의 사상사는 유가의 출현을 주로 그들의 사상과 어휘의 내원, 즉 '천'에 대한 관점이나 '인' 개념, 또는 '덕' 사상 등에서 찾았다. 사실 이러한 것은 일종의 '회소성 추인(回溯性追認)', 즉 거슬러 올라가 추인하는 것이라고 말할 수 있는데, 이럴 경우 우리는 먼저 이러한 사상과 어휘가 유가의 전매품이라는 것을 확인해야만 한다. 그런 다음 위로 거슬러 올라가 그것의 내력을 찾아 그 시원을 확인하고 모든 것을 그것에게 돌려버리곤 한다.[4)]

그러나 우리들이 고대의 생활 습관이나 제사 의식에서 이러한 습관이나 의식이 파생할 수 있는 여러 가지 관념을 빗질하듯 도출하는 경우는 드물다. 예를 들어 고대 의식에서 진퇴의 질서를 중시한 것이나 의식을 행할 때 사용하는 상징물에 대한 존중에서 '예악'과 '인애', 그리고 '명분' 등에 대한 사상을 도출해 낼 수 있지 않을까? 나는 유가가 의복의 색채, 형제(形制), 상징적 의미에 대해 중시한 것에서 유가의 기원을 흐름에 따라 순조롭게 이해할 수 있다고 생각한다. 이성이 사상을 점차 구체적이고 신비하며 또한 실용적인 의미가 있는 형식에서 탈피하여 순수한 '사상'으로 변화시킬 때 조작할 수 있는 지식이나 기술적인 내용은 점차 이성에 의해 '사상'에서 벗어나 단순한 기술로 변하고 만다. 그래서 사상과 기술 사이에 존재하는 장막이 합쳐지면 '단절'이 '연속'을 대신하게 되는 것이다.[5)] 이는 도교의 경우도 마찬가지이다. 도교 역시 그 형성과 상층 세계로의 진입 과정에서, 정치 권력에 의해 '이단'으로 취급받고, 정치 이데올로기에 의해 '음사(淫祀)'로 간주되었으며, 또한 이성주의 사상에 의해 '무속'으로 치부되었던

---

4) 이 점에 대해 죠셉 에셔릭(Joseph W. Esherick)은 『의화단 운동의 기원(*The Origins of The Boxer Uprising*)』 중문판 서문에서 일본 학자 고바야시 가즈미(小林一美)의 말을 인용하면서 이러한 "심친(尋親 : 원래 친족을 찾는다는 뜻이나 본문에서는 사상의 계보를 찾는다는 의미이다. 역자 주)에 몰두하는" 방법에 대해 비판한 적이 있다.

5) 이러한 역사에 관해서 일찍이 장태염, 호적 등이 상당히 심도 있는 연구를 한 바 있다. 현재 염보극(閻步克)과 진래(陳來) 역시 이에 대해 새로운 이해와 해석을 제기하고 있다. 염보극, 『사대부 정치의 변화와 발생사(士大夫政治演生史稿)』, 북경대학출판사, 1996 ; 진래, 『고대 종교와 윤리 — 유가 사상의 근원(古代宗敎與倫理 — 儒家思想的根源)』, 북경 : 삼련서점, 1996.

전통이 끊임없이 벗겨지는 현상이 숱하게 생겨났다. 초기 도교가 지니고 있던 준(準) 군사적 조직과 상당히 힘들고 신비한 의식, 음란하고 복잡한 숭배 계보, 그리고 고대 중국의 주류였던 윤리의 준칙에 위배되는 여러 가지 수행 방법 등이 모두 이러한 과정에서 점차 사라지게 되었던 것이다.

그래서 나는 이러한 역사의 한 시절을 일러 '청정도교(淸整道敎)'라고 명명했던 것이다. '청정'이란 말은 구겸지(寇謙之)가 한 말인데, 이 말은 또한 '탈매(脫魅)' 또는 '탈피'의 자각 과정에 대한 표명이라고 말할 수 있다. 도교에서 이러한 과정이 끝난 후, 당시 사람들이나 후세 사람들에게 그릇되고 지나친 습속이거나 무격의 방술로 간주되던 것들이 도교에서 말끔히 퇴출되어 '소전통(小傳統)'으로 향해 가고, 대신 도교는 '소전통'에서 지식 계층의 '대전통(大傳統)'으로 진입하게 된다. 그래서 그 안에서 또다시 '단절'처럼 보이는 연속이 생겨나게 되는 것이다.

외래 사상에 대한 과정의 새로운 발굴 상 전통 해석 중의 운 자원

세 번째 연속성은 외래의 지식과 사상의 극렬한 충격을 받았을 때 생겨난다. 역사 전통에 익숙한 사람들은 변화에 직면하게 되면 자신을 돌이켜 원래 지니고 있던 지식과 사상의 자원 속에서 새로운 지식과 사상에 대한 새로운 이해와 해석을 찾게 된다. 이때 연속성이 발생하게 된다. 이러한 이해와 해석 속에서 외래의 지식과 사상은 전통 속으로 융해되고, 또한 전통을 변화시킨다. 이때 지식과 사상은 언뜻 '단절'된 것 같지만 여전히 연속되고 있다.

아마도 불교가 중국에 들어왔을 때도 이러했을 것이다. 진인각(陳寅恪)은 전혀 의도하지 않은 채 사용한 '격의(格義)'와 '합본자주(合本子注)'[1]의 형식을 통해 고대 중국인들이 자신의 지식과 사상 자원을 이용하여 불교를 여러 가지로 이해하고 해석함으로써 불교를 중국 사상 세계에 편입시켰으며, 또한 중국 사상을 불교에 융합시켰다고 보았다. 만청(晩淸)의 대변환 시대에 불학이 새롭게 부흥한 까닭도 근대 중국인들이 서구의 지식과 사상을 수용하면서 불학이 서구의 자원을 이해하는 데 도움을 줄 수 있을 것이라고 여겼기 때문이다.

---

1) '격의(格義)'의 원래 뜻은 어떤 지역의 문화나 사상이 다른 곳에 전파될 때 일정하게 굴절되는 현상을 말한다. 특히 중국에 불교가 전래되면서 도가의 사상으로 불가 사상을 해석하여 원시 불교와 또 다른 독특한 중국 불교가 이루어졌다. '합본자주(合本子注)'는 원문과 주석을 배합하는 형식으로 남북조 시대에 크게 유행했다(역자 주).

예를 들어 자신들이 과거에 생각하지 못한 미시적 세계는 불교의 "일적수중유사만팔천충(一滴水中有四萬八千蟲 : 한 방울의 물에 사만 팔천의 벌레가 있다)" 이라는 말로 이해했으며, 또한 자신들이 알지 못하는 광활한 우주에 대해서는 불교의 "지륜외유수륜 수륜외유풍륜(地輪外有水輪 水輪外有風輪 : 지륜 밖에 수륜이 있고, 수륜 밖에 풍륜이 있다)"는 말을 통해 상상하고자 했다. 과거에 중국인들이 잘 알지 못했던 '나집(邏輯 : Logic의 음역)'의 경우 인도에서 전해진 인명학(因明學)으로 견주고자 했고, 분석이 세밀하고 분류가 복잡한 서구의 심리학은 더욱 세밀하고 복잡한 유식학(唯識學)으로 초월하고자 했다. 그래서 이를 통해 이해와 해석의 근거를 마련했을 뿐만 아니라 이를 수용하고 소화하는 데 자신감을 지니게 되었던 것이다. 만청 시절에 불학이 흥기하면서 이처럼 서학에 대한 사람들의 이해가 변화했을 뿐만 아니라 아울러 불학에 대한 이해도 변화하게 된 것이다.[2] 사상사는 이렇게 연속되면서 현실에 반응하여 역사의 기억을 소생시키며, 역사의 기억은 칩거하고 있던 지식과 사상의 자원을 다시 불러들인다. 그리고 이러한 자원은 이해의 소재가 되어 선택을 통해 새로운 지식과 사상을 해석하게 된다. 이러한 상황에서 역사는 한편으로 전통의 자원과 하나로 연결되면서 새로운 자원을 받아들여 시간 속에서 양자가 서서히 융합되는 것이다.

5

적인 쓰기와 사상사 쓰기에 대한 생각

이 책(『중국 사상사』)에서 나는 나름의 이해를 통해 사상사의 연속성 맥락을 찾고자 한다. 따라서 공자나 노자, 아니면 동중서나 왕필이든 관계없이 특정한 인물에 따라 장절을 구분하지 않는다. 또한 모종의 사상이나 논설을 어떤 사상가의 연대에 정확하게 귀속시키는 경우도 없을 것이다. 연대 역시 비교적 광범위하고 심지어 느슨할 것이다. 나는 비교적 긴 시간 안에서 사상사의 흐름을 서술하고자 한다. 따라서 혹시 과거 사람들이 중요하게 여겼던 사상 현상을 놓치는 경우도

2) 갈조광, 「만청 불학 부흥을 논함(論晩淸佛學復興)」, 『학인(學人)』 제10집, 강소문예출판사, 1996.

있을 것이며, 많은 이들이 덜 중요하다고 생각하는 사상 현상을 과다하게 서술하는 경우도 있을 것이다. 이는 내 개인의 관점이 다른 사람들과 다르기 때문이다. 예를 들어 나는 어떤 사상가의 생애나 저작에 대해서는 별로 관심이 없다. 또한 어떤 사상가의 역사상의 지위가 어떠했는가에 대해서도 그다지 쓸 생각이 없다. 오히려 나는 어떤 사상가 개인에게 속하지 않는 사상의 역사에 대해 보다 많은 지면을 할애할 것이다.

예컨대 고대 의식(儀式)은 어떻게 그 상징적인 의미 속에서 체계를 갖춘 사상을 만들어 냈으며, 고대 수술(數術)과 방기(方技)에 내재한 지식과 사상은 어떻게 자신의 문화적 품격을 경전의 지위 체계까지 올릴 수 있었는가? 불교가 전래되면서 중국은 어떤 자극을 받았으며, 중국의 '사이(四夷)'에 관한 관념은 어떻게 바뀌었는가? 무격(巫覡)의 그것과 다를 바 없던 초기 도교의 지식과 기술, 그리고 군대와 유사한 교단의 형식이 어떻게 정치 권력의 압제 하에서 주류의 전통을 바꾸고 융합하였는가? 등등이다.

나의 개인적인 이해에 따르자면, 이러한 것들이 더욱 중요하다. 왜냐하면 사상사는 옛날 사상가에게 차례대로 자리를 마련하여 과연 어떤 사상가가 위대하고 고명한지를 평가하는 것이 아니며, 또한 사상의 연표를 만들어 다른 나라의 사상가와 발명권이나 저작권을 다투기 위한 것이 아니기 때문이다. 내가 생각하기에 사상사 독자가 반드시 알아야 할 것은 인명이나 연대를 암기하는 데 있지 않다. 그런 것들은 단지 시험 답안을 찾는 데 필요할 따름이다. 이보다 더욱 확실하게 알아야 할 것은 과연 현대 중국의 지식, 사상, 신앙이 도대체 어떻게 고대 중국에서 연속되었으며, 고대 중국의 지식과 사상, 그리고 신앙이 어떤 사상적 맥락을 통해 연속되었고, 그러한 지식, 사상, 신앙의 연속되는 사상적 맥락 속에서 어떤 사상 자원이 지금의 사상으로 새롭게 해설될 수 있는가에 관한 것이다.

1980년대 이래로 사람들은 수많은 화제를 토론하였다. 그 대부분의 화제는 이미 사람들의 뇌리에서 사라졌으나 몇 가지는 여전히 끊임없이 제기되고 있다. 그 가운데 하나가 바로 '다시 쓰기'이다. 문학사, 문화사, 철학사 다시 쓰기가 마치 유행처럼 행해졌는데, 사상사 다시 쓰기도 당연히 포함된다. 다시 쓰기란 대단히 엄숙한 일이며, 또한 상당히 사람을 유인하는 일이기도 하다. 어쩌면 이는 필연적인 일일 수도 있다. 역사가 일정한 시간을 지나게 되면 언제나 고개를 돌려 그 이전의 그림자를 돌아보게 된다. 역사의 한 페이지가 넘어갈 때 사람들은 언제나 지나왔던 길을 다시 돌아보면서 끊임없이 새로운 이해와 해석을 하기 마련이다.

이는 지식과 사상이 더욱 새로워지는 과정이며, 그 과정이 바로 역사를 구성한다. 나 역시 거듭 새롭게 생각하고자 했다. 그러나 내가 쓰고자 하는 사상사가 반드시 사상의 진정한 역정을 정확하게 서술하고 있다고 말하고 싶지는 않다. 오히려 내가 설명하고자 하는 것은 '사상사'가 나의 사상사의 연속성에 대한 개인적인 이해에 불과하며, 개인의 사상사는 단지 자신이 이해한 하나의 사상적 맥락을 제공하는 것일 뿐이라는 것이다. 이는 결코 나의 관점에 동의해 달라고 권유하거나 독자들에게 나의 사상적 맥락에 따라 표준 답안을 제출해 달라는 말이 아니다. 단지 중국 사상사의 연속적인 과정이 아마도 이러할 것이며, 아울러 '사상사' 다시 쓰기가 가야할 길은 여전히 멀기만 하다는 것을 말하고자 할 뿐이다.

5절

그리지 않은 곳도 모두 그림이다

사상사는 사상이 정체되어 보이거나 눈에 띄게 평범한 시대는 서술하지 않는다. 다음과 같은 이유 때문이다. 우선 사상사의 서술 형식면에서 볼 때 엘리트 사상이 결여될 경우 사상가에 따라 장절을 배분하는 데 익숙한 서술자가 이를 처리할 방법이 없기 때문이다. 따라서 사상사는 어쩔 수 없이 '공백'으로 남고 만다. 다음 사상사 서술 관념의 측면에서 본다면 아마도 진화론적 낙관주의로 인해 사상가들이 그런 시대를 생략해도 좋다고 믿게 되고, 자신들의 책임은 사상사를 옛 것을 비판적으로 계승하고 새로운 것을 창조하는 거대한 연결고리로 삼는 데 있다고 간주하고 있기 때문이다.

사상사는 사상이 정체된 것 같거나 평범함이 드러지는 시대는 서술하지 않는다.

마지막으로 사상사의 서술 심리적인 측면에서 볼 때 평범한 시대는 역사학자를 고무시키기 어렵고, 전혀 변동이 없이 천편일률적인 침체가 지속되어 깊이 있는 탐구 욕망을 사그라지게 만들기 때문일 것이다. 그러나 한편으로는 '현재에서 과거로 소급하는' 사고 방식을 통해 오늘날 사람들이 그 시대를 '공백'이라고 단정하는 것은 때로 마음속에 미리 사상사의 가치 판단의 척도를 준비하고 있기 때문이고, 다른 한편으로는 '위인설관(爲人設官)'식 서술 방법으로 인해 사상사가가 장절에 배치할 수 있는 사상가가 없을 경우 이러한 '2류 또는 3류' 사상을 일률적으로 생략해 버리기 때문이다. 그래서 사상사는 단절과 공백이 있는 것처럼 보이게 된다.

그러나 사고 방식을 바꾸어 생각한다면 어쩌면 '공백'은 의미 있는 내용의

한 가지이고, '단절'은 의의를 지닌 연속의 한 가지라고 볼 수도 있다. 중국 서화론(書畵論)에서 가장 중국적인 이론에 따르면 그림을 그리지 않은 여백 또한 그림이며, 글씨의 필획이 끊긴 곳에 정신이 드러난다. 종이에 착색되지 않은 공간은 구름이거나 물빛일 수 있으니, 이는 감상하는 이가 체험을 통해 보충을 하거나 상상할 수 있는 영역이라는 것이다. 그래서 여백은 상당히 풍부하고 포괄적인 내용을 담고 있으며, 비백(飛白 : 물을 적게 하여 붓 자국에 흰 잔줄이 생기게 쓰는 서체)은 특별한 의취를 드러내기도 하는데, 반대로 필획이 풍부하고 윤택하면 아마도 지나치게 '실(實)'하다는 비판을 받게 될 것이다.

문제는 사상사는 예술적인 서화가 아니라는 점이다. 따라서 단지 한 번의 필획으로 스쳐 지나가면서 독자들에게 나름대로 상상하여 사상사의 공백을 메울 것을 바랄 수 없다. 이치에 따르자면, 사상사는 '변화'로 충만한 시대를 써내야 할 뿐만 아니라 평온하게 '지속'하는 시대도 써내야 한다. 역사를 읽는 이가 예술 감상자와 구별되는 가장 큰 이유는 그가 공백 상태의 역사를 제멋대로 상상할 수 없다는 데에 있다.

그럼에도 불구하고 사상사를 저술하는 이들은 평범하고 정체된 것처럼 보이는 역사 시기는 무시하고 사상사의 공백으로 남겨놓는다. 그러나 이러한 공백은 서화의 여백이나 비백처럼 사람들에게 심오한 의미를 제공하는 것이 아니라 오히려 앞뒤로 이어지는 사상사의 맥락을 방해할 뿐이다. 이는 정상적인 현상이라고 말할 수 없다. 다음과 같은 이유 때문이다. 사상사는 언제나 기성의 것을 보존하려는 경향과 변화시키려는 경향 사이를 오가기 때문에 표면적으로 볼 때 기복(起伏)은 물론이고, 긴장과 이완이 연속된다. 이른바 질서를 안정화하는 경향과 기존 질서의 변화를 추구하는 경향 사이에 벌어지는 긴장이나, 전통을 지속하려는 생활 방식과 이미 굳어진 사회 구조를 타파하려는 의도 사이의 긴장이 거의 모든 사상 시대를 뒤덮고 있다.

그래서 기존의 문화 질서를 보존하고 탐색하는 경향이 짙은 시기에는 사상사가 평범하고 범속한 안정 형태로 드러나고, 이와 달리 새로운 문화 형식을 창조하기 위한 탐색의 시기에는 사상사 또한 다른 시기와 다른 도약의 모습을 드러낸다. 사상은 이렇듯 '변이(變異)'와 '면연(綿延 : 끊임없음)', '철현(凸顯 : 두각)'과 '칩복(蟄伏 : 잠복)' 사이에서 자신의 역사를 써 내려가고 있는 것이다. 바로 이러한 이유 때문에 마치 정체된 것만 같은 시대에도 사상의 역사는 계속 앞으로 나아가고 있으며, '공백(空白)'의 배후도 발표되지 않은 문자로 가득 채워지고 있는 것이다.

'공백'의 배후도 발표되지 않은 문자로 가득 채워지고 있다.

1

전통적인 사상사 기술 방법의 이면에는 '사상사는 사상가의 사상사'라는 관념이 은연중에 숨어 있다. 또한 '사상사는 사상가의 사상사'라고 하는 사고의 이면에는 사상사의 가치 판단 관념이 암암리에 자리하고 있다. 한 시대를 '진화의 계보' 속에서 진보와 전환의 상징적인 인물로 충당될 수 없을 때 사상사는 한 단계 격을 낮춰 '2류나 3류' 인물에 대해서는 서술하려고 하지 않는다. 그들에 대해 쓰는 것을 마치 사상사에 지나치게 무거운 짐을 지우는 것처럼 여긴다. 그들은 사상사란 역사를 서술하는 데 그치는 것이 아니라 역사를 평가하는 일이기도 하다고 생각한다. 따라서 역사란 영광스러운 과거 시험 합격자의 명단처럼 아무나 손쉽게 이름을 올릴 수 있는 것이 아니다. 일단 합격 점수가 낮으면 뒷문으로 들어올 여지가 생겨 사상사가 지극히 방대해질 것이라고 생각한다. 그래서 사상사의 인물 선정에 있어 "차라리 빼놓을지언정 넘치지 않게 한다"는 나름의 척도를 정해야 역사의 기치를 높이 들고 저술의 양을 가능한 간소화하고, 또 역사의 표준을 확정할 수 있을 것이라고 여긴다.[1)]

물론 이 역시 상당히 존중할 만한 서술 방식이기는 하다. 그러나 한편으로 이것은 인문 사상의 역정을 건축 공사장에서 쓰는 진도표 정도로 간주하여 마치 단

1) 이는 철학사 서술의 영향을 받은 때문인 듯하다. 아더 라이트(Arthur F. Wright)는 사상사 연구 방법론에 관한 글에서 철학사를 사상사로 대체할 것을 건의했다. 그가 이렇게 주장한 것은 조지 보아스(George Boas)가 말한 것처럼 철학사가 단지 '사상의 핵심'과 '기재해야 할 본질'만을 연결시키는 데 관심을 지니고 "전면적인 지성(知性) 생활은 언급하지 않으면서 관념의 생성, 폐기, 시대 낙후, 또는 효능 상실 이후에 여전히 잔존하는 원인에 대해서 소홀하게 다룬다"고 생각했기 때문이다. 장단혜(張端穗) 편역본, 「중국 사상 연구 방법(硏究中國思想的方法)」, 『월간 중화 문화 부흥(中華文化復興月刊)』, 제15권 제5기, 타이베이, 17쪽, 1982년 참조.

계적으로 향상되는 것이 없으면 합격 자격이 부족하다고 보는 것과 다를 바 없다. 다른 한편으로는 구(舊)시대 역사학에서 "한 글자의 포상은 빛나는 곤룡포보다 영예롭고, 한 글자의 폄하는 도끼보다 매섭다"는 포폄 원칙을 뒷문으로 들어오도록 하는 것처럼 잘못된 표창을 하면 사상의 방향을 잘못 이끌수 있다. 그렇다면 지금까지는 따져 물은 적이 없지만 다음과 같은 질문을 던질 수 있을 것이다.

우선 사상사에서 1류나 2류의 구분이 본래부터 존재하는 것이었는가, 아니면 사상사를 저술하는 사람이 저술 과정에서 지속적으로 돌출시킨 결과인가? 사상사 저작은 진실로 이른바 엘리트 사상을 표창하고 거듭 서술하기 위함인가? 왜 그 밖의 다른 사상 현상은 사상사의 장절이 되지 못하고, 인정받았다고 여겨지는 엘리트들로만 장절을 삼아야 하는가?

하나의 예를 들어보자. 당나라 시대의 사상, 특히 7세기에서 8세기에 이르는 200년 동안의 유학을 중심으로 한 주류 지식 상황과 사상 형태가 일반 생활 세계에 미친 지대한 영향에 관한 부분은 대부분의 사상사나 철학사에서 공백으로 남기고 있다. 비교적 영향력이 있는 몇 가지 사상사나 철학사에서 이를 쉽게 확인할 수 있다. 1916년 출판된 사무량(謝無量)의 『중국 철학사』 제2편 '하'에 보면 제6장 「문중자(文中子)」, 제7장 「당나라 시대 철학 총론」, 제8장 「당나라 시대 불교 약술(略述)」에서 곧장 제9장 「한유(韓愈)」로 이어진다. 또한 1929년 대학 교재로 출간되었다가 곧바로 영향력을 상실하게 된 종태(鍾泰)의 『중국 철학사』도 마찬가지이다. 이 책은 상권 제2편에서 왕통(王通)에서부터 수당 불교 종파까지 다룬 다음 곧이어 9세기 한유에 대해서 언급하고 있다. 이 책과 거의 동시에 출간되어 지금까지 영향을 미치고 있는 풍우란(馮友蘭)의 『중국 철학사』는 수당(隋唐) 시대로 들어와 당시 불교 사상을 서술한 다음 제10장에서 7세기에서 8세기까지의 주요 이데올로기를 논하고 있는데, 몇 백자 정도로 간략하게 수대(隋代) 왕통에 대해 언급한 후 곧바로 중당(中唐) 시대 한유로 넘어간다.[2] 이러한 서술 방식은 1930년대

2) 사무량(謝無量), 『중국 철학사』 제 2편, 중화서국, 45~55쪽, 1916 ; 종태(鍾泰), 『중국 철학사』 상권, 상무인서관, 170~182쪽, 1929, 1934 ; 풍우란(馮友蘭), 『중국 철학사』 하책, 상무인서관, 1930, 중화서국 중인본(重印本), 800~801쪽, 1984.

이전 학계가 마치 약속이나 한 듯 비슷한데, 아마도 이는 국외의 영향을 받은 때문인 듯하다. 당시 중국 학계는 일본인 엔도 류키치(遠藤隆吉)의 『지나사상발달사(支那思想發達史)』, 다카세 다케지로(高瀨武次郎)의 『지나철학사』, 와타나베 히데카타(渡邊秀方)의 『중국 철학사 개론』 등에 일정한 영향을 받았다. 그런데 이러한 책들은 대부분 왕통에서 한유로 이어지고 중간에 수당 불교를 한 대목 덧붙였을 뿐이다.[1)]

이러한 서술 방식은 이후 수십 년간 아무런 변화도 없었다. 조기빈(趙紀彬)이 1940년대에 출간한 『중국 철학 사상』은 제6장에서 불학을 중심으로 당나라 시대의 사상을 서술했는데, 다만 불학과 반불학(反佛學)의 대립 구도를 만들면서 초당 시기 부혁(傅奕)과 여재(呂才)는 불교의 유심론을 비판했다는 점에서, 그리고 중당 시기 유우석(劉禹錫)과 유종원은 한유나 이고(李翶)와 차별성을 갖는다는 점에서 당나라 시대 사상사의 계보에 포함시켰을 뿐이다. 그러나 이외의 당나라 시대 사상사에서 장기간에 걸친 성당(盛唐) 시기는 여전히 공백으로 처리하였다.[2)]

1950년대에 출간된 저작물로 분량이 가장 많은 후외려(侯外廬)의 『중국 사상 통사』는 제4권에 여재(呂才)와 유지기(劉知幾)를 끼어 넣은 후 곧장 한유로 넘어간다. 비교적 늦게 나온 저작으로 임계유(任繼愈)가 주편한 『중국 철학사』는 부혁(傅奕) 등 유물론적 무신론(無神論)과 유지기의 진보적 역사관, 이전(李筌)의 유물론적 관점과 변증법적 군사 사상 등 몇 가지를 덧붙이기는 했지만 그들을 포함시킨 이유는 단지 '유물론적 관점'과 '진보성' 때문이다. 따라서 당시 사회 생활에서

---

1) 엔도 류키치(遠藤隆吉), 『지나 사상 발달사』(도쿄 : 부산방富山房, 1903, 1907) 제4편은 왕통(王通)에서 끝나고, 제5편 「사회의 대성(社會の大成)」은 「총론(總論)」, 「당나라 시대의 정치적 혁신(唐代の政治的革新)」 뒤에 「불교 사상의 과정(佛敎思想の過程)」을 소제목으로 삼아 두순(杜順), 종밀(宗密), 한유(韓愈)를 서술하고 있다. 앞에 나오는 두 사람은 불교 화엄 계통이기에, 당나라 시대 주류 사상에 관한 내용은 왕통과 한유만 있을 뿐 그 중간은 공백 상태라고 할 수 있다. 다카세 다케지로(高瀨武次郎)의 『지나 철학사』 제4편 「당나라 시대 철학」도 대동소이하여 몇 마디 당나라 시대 유학 상황을 개략적으로 설명한 뒤 한유로 넘어간다. 『지나 철학사』의 중문본은 『중국 철학사』라는 이름으로 출간되었다. 조남평(趙南坪) 옮김, 기남(暨南)대학출판부, 1925 ; 와타나베 히데카타(渡邊秀方)의 『중국 철학사 개론』 제2편 「육조 철학」은 왕통에서 끝나며, 제3편 「당나라 시대 철학」은 '총론' 뒤에 역시 곧바로 '한유'와 '이고'로 이어진다. 일문판, 와세다 대학 출판부, 1924 ; 중문판, 유간원(劉侃元) 옮김, 상무인서관, 1926, 1933.

2) 조기빈(趙紀彬), 『중국 철학 사상』, 제6장, 상해, 중화서국, 138~145쪽, 1948.

실로 깊은 영향을 끼친 주류 이데올로기와 일반 지식 및 사상과 신앙은 앞서 인용한 세 권의 책과 마찬가지로 수대에서 중당 시기까지 공백인 상태라고 할 수 있다.

의 출현은 전체 중국 사 서술 가운데 보편 제였다.

아울러 지적할 점은 공백으로 처리하는 것이 단순히 사상사 집필자의 사상적 입장이나 정치적 경향 때문만이 아니라는 사실이다. 왜냐하면 해외에서 출판된 소공권(蕭公權)의 『중국 철학 사상사』나 노사광(勞思光)의 『신편 중국 철학사』 역시 다른 책들과 마찬가지로 왕통에서 한유로 건너뛰면서 불교를 제외하고 200년을 공백으로 남겨놓았기 때문이다.[3] 분명 이러한 공백이 출현하게 된 것은 전체 중국 사상사 기술 방법상의 보편적인 문제였던 것이다.

그래서 나는 이른바 '도통(道統)'의 수립을 새삼 생각하게 된다. 한유에서 주희, 즉 중당에서 남송까지 도통을 중건하는 과정은 지금 생각해 보면 완전히 사상사의 계보를 다시 쓰는 일이었던 같다. 그들이 위로 요·순·우·탕·문·무 등 이른바 4제(四帝) 2왕(二王)까지 거슬러 올라간 것에 대해서는 굳이 말할 필요가 없다. 이미 고고학적 발굴을 통해 이러한 고대의 계보가 그들의 선배들, 즉 선진시대 학자들에 의해 만들어진 게 증명되었기 때문이다.

그러나 공자에서 자사(子思)를 거쳐 맹자까지, 연이어 한유·이정(二程)과 주희까지는 그들 자신이 새롭게 구축한 계보이니 그들이 사상사를 새롭게 쓴 것이나 마찬가지이다. 그들의 말에 따르면, 공자와 『논어』, 증자와 『대학』, 자사와 『중용』, 맹가와 『맹자』는 그들의 사상사에서 연속되는 인물과 전적이다. 이들 네 사람의 위대한 사상가와 네 권의 위대한 경전은 맹자 이후로 전승이 단절되었으며, 한유 또는 정호(程顥)와 정이(程頤)에 이르러서야 다시금 잠재하고 있던 덕(德)의 그윽한 광채가 발휘될 수 있었던 것이다. 그렇기 때문에 그들의 사상사는 거의 1천여 년 동안의 공백이 있을 수밖에 없었던 것이다.[4] 그러나 당시에 이미 누군가

---

3) 소공권(蕭公權), 『중국 정치 사상사(中國政治思想史)』 상책, 타이베이, 연경출판사, 431~433쪽, 1996. ; 후외려(侯外廬) 주편, 『중국 사상 통사』 제4권, 인민출판사, 108쪽 이하, 1959, 1980 ; 임계유(任繼愈) 주편, 『중국 철학사』 제3책, 북경, 인민출판사, 3~112쪽, 1966 ; 노사광(勞思光), 『신편 중국 철학사』 제3책 상, 삼민서국, 1995.

4) 주희(朱熹), 『중용 장구 서(中庸章句序)』, 『대학 장구 서(大學章句序)』 및 『맹자 장구 집주(孟子章句集注)』의 끝장에서 반복해서 이야기하고 있는 것이 바로 이러한 계보이다.

조심스럽게 의문을 제기한 적이 있었고,[1] 후세에 전혀 거리낄 것이 없는 누군가가 이렇게 따져 묻기도 했다. 만약 역사학적으로 고찰해 볼 때 이른바 4제 2왕이란 것도 전설에 불과하고, '도심유미(道心惟微 : 도심은 은미하여 잘 드러나지 않는다)'라고 한 열 여섯 글자의 심법(心法)이란 것도 위고문(僞古文)에 나오는 것으로 증자나 『대학』과 과연 관련이 있는 것인지 의심스럽다.[2]

또한 자사가 과연 『중용』을 집필했는지에 대해서도 의문 부호를 부치지 않을 수 없고, 맹자에서 당송 신유학까지 1천여 년에 걸친 연관 관계라는 것도 그렇게 잇는다고 이어지는 것이 결코 아니다. 그렇다면 역사학은 그러한 역사가 시간 속에서 연속되었음을 설명해야 하는 것이 아닐까? 그러나 이러한 사상의 연속성을 주축으로 삼는 '도통'을 견지하는 사람들은 오히려 이렇게 말한다. 설사 역사적 사실이나 문헌 자료에 문제가 있기는 하지만, '도통'설이 성립되는 진정한 토대는 '천성전심(千聖傳心 : 수많은 성인들이 마음으로 도통을 전했다는 말)'이기 때문에 마음으로 이치를 체득하는 것이다.

그렇기 때문에 시간적으로 그처럼 오랜 시간이 공백으로 남은 것은 1천여 년에 걸쳐 마음으로 도통을 전할 수 있는 사람을 찾지 못해 진리의 계보가 그렇게 오랫동안 중단되었으며, '도통' 역시 어쩔 수 없이 공백으로 남게 되었던 것이다. 바로 이러한 공백 속에서 "우리는 송유(宋儒)와 선진(先秦) 유가의 연관성을

---

1) 섭적(葉適)은 일찍이 공자가 증자, 증자가 자사, 자사가 맹자에게 유가의 도통을 전했다는 관점이 역사와 부합하지 않는다는 점에 주목했다. 그는 그 이유에 대해 이렇게 이야기하고 있다. "공자가 「선진」에서 제자 10인의 재질을 논하면서 덕행(德行)은 안연과 민자건, 언어는 자공, 정사는 계로, 문학은 자유와 자하 등이 뛰어나다고 말한 적이 있는데, 증자는 그 안에 들어가 있지 않다. '증자는 노둔하다(參也魯)'는 평가를 받았기 때문이다. 만약 공자가 말년에 유독 증자를 내세우거나 증자가 공자보다 나중에 사망했다면 이후 더욱 덕을 쌓고 행실을 연마하여 홀로 공자의 도를 이어받았다고 할 수 있다. 그러나 이에 대한 명확한 근거가 없다." 그러나 역사 자료에 근거한 그의 질문은 더욱 중요한 진리의 계승이라는 필요에 의해 가려지고 말았다. '도통'을 세우는 것이 '역사'로 되돌아가는 것보다 더욱 중요했기 때문이다. 그리하여 섭적 자신도 어쩔 수 없이 말을 바꾸어 이렇게 말하고 말았다. "고대에 이른바 '전(傳)'이란 것이 어찌 직계에게 직접 전수하고 받는 것을 말하는 것이겠는가? 후세 사람들이 맹자로써 공자의 도통을 전하는 것은 거의 또는 대체로 가능한 일인 것 같다." 『습학기언 서목(習學記言書目)』 권49, 「황조 문감 3(皇朝文鑒三)」, 중화서국, 738~739쪽, 1977.

2) 이 말은 위서(僞書)로 알려진 『서경(書經)』 「우서(禹書)」 '대우모(大禹謨)'에 나오는 "사람의 마음은 위태하고 도심은 은미하다. 오로지 전일(專一)함을 연마하고 성실하게 중도를 유지해야 한다(人心惟危 道心惟微. 惟精惟一 允執厥中인심유위 도심유미. 유정유일 윤집궐중)"이라는 구절을 말한다(역자 주).

사는 과연 사상이어 는가, 역사이어야 가?

살필 수 있다."[3]

후대 사람들은 이러한 연관 속에서 "마치 풀 속 뱀처럼 끊긴듯하면서도 실은 연결되어 있는 것이다"라고 말할지도 모르겠으나 역사 사실에서 사상의 전승을 토론하는 데 익숙한 사람들은 이러한 '이심전심' 식의 설법이 '지나치게 현허(玄虛)하다'고 느낄 것이다. 논자들의 주장에 따르면, 현재의 중국 사상사나 학술사의 서술은 역사적으로 『송원학안(宋元學案)』, 『명유학안(明儒學案)』까지 그 연원이 거슬러 올라가고, 『송원학안』과 『명유학안』의 형식은 다시 주희의 『이락연원록(伊洛淵源錄)』까지 거슬러 올라간다고 한다.

이렇듯 그 근원을 좇아가면 오래고 낡은 조종(朝宗)의 학술 사상에 관한 역사가 바로 이렇게 쓰여졌다는 것을 알 수 있다. 물론 현재의 사상사나 학술사 역시 이렇게 쓸 수도 있다. 하지만 바로 여기에서 사상의 입장과 역사의 입장 간에 차이가 존재하게 된다. 사상의 입장에 선다면 '사상'이 없는 시대에 어찌 사상사가 있을 수 있겠는가? 따라서 사상사가 마땅히 돌출되어야 하고 표창해야 할 것은 바로 하나의 '도통', 즉 진리의 계보인 것이다. 그러나 역사의 입장에 선다면 그 어떤 시대에도 사상이 없을 수 없다. 마치 그리지 않은 곳에도 그림이 있는 것과 마찬가지이다. 어떤 의도를 지니고 애써 어떤 것은 높이고 어떤 것은 깎아내릴 필요가 없으며, 또한 '도통'의 건립 역시 굳이 고려할 필요가 없다. 이리하여 사상적 계보의 연속성에 집착하는 것과 역사 과정의 연속성에 집착하는 것 사이에 긴장이 고조되기 시작하는 바, 곧이어 제기해야 할 것은 바로 사상사는 과연 사상이어야 하는가, 아니면 역사이어야 하는가의 문제일 것이다.

3) 유술선(劉述先), 『주자 철학 사상의 발전과 완성(朱子哲學思想的發展和完成)』, 학생서국(學生書局), 421쪽, 1982. 사상의 연속성을 사상사의 실마리로 삼는 것은 고대의 관습적인 서술 방식의 지지를 받는 것일 뿐만 아니라 현대 서양 사상가의 호응도 받을 수 있는 것 같다. 스튜어트 휴즈(Stuart Hughes), 『의식과 사회 : 유럽 사회 사상의 재인식, 1890~1930(*Consciousness and Society : The Reorientation of European Social Thought 1890~1930*)』, 「도론」, "역사학자가 '경위(經緯)가 분명한' 사상사를 쓰고자 하는 것은 일종의 환상이라고 할 수 있다. 그러나 '논리적 관점에 입각한 시간 순서에 따라 전후 일관된 사물을 이루어낼 수 있어야만 역사의 주제를 만들 수 있다…… 사상사는 사상의 관점으로 이러한 제재를 처리하는 방법을 대표한다." 『의식과 사회』, 이풍빈(李豐斌) 중역본, 타이베이, 3쪽.

2

사상적으로 평범했던 시대가 사상사 서술에서 과연 의의를 지닐 수 있는가?

우선 이 문제는 잠시 제쳐두고, 사상적으로 평범했던 시대가 사상사 서술에서 과연 의의를 지닐 수 있는가에 관한 문제부터 논의하기로 하자.

사실 사상사에서 얼핏 보기에 평범하고 자족적이며, 수성(守成)적인 시대일지라도 나름의 뛰어난 인물이나 경전이 존재하지 않는다거나 사람들에게 별도의 '역사 기억'을 환기시킬 수 없는 시대란 존재하지 않는다. 이는 마치 행복과 만족 속에 머물러 있는 사람이 우환과 변혁을 생각하는 것이 어려운 것과 같을 뿐이다. 사실 행복과 만족이란 좀처럼 얻기 힘든 귀중하고 아까운 것이다. 때로 미래의 변화에 부응하는 사상 자원은 항시 잠복 상태에 있어 역사 기억에 진입하거나 별도로 해석할 필요성이 없을 수도 있다. 따라서 그러한 사상 자원의 의의가 두드러질 리가 없다. 누군가 말한 것처럼 역사가 더 이상 인심을 격동시키지 않거나 평범한 사람들과 다른 인물이 존재하지 않는 시대에는 시간도 역사도 존재하지 않는다고 한다. 판에 박은 듯 평범하기만 한 과정이 지속된다면 이후 사람들이 역사를 회고하면서 마치 시간 개념이 상실된 것처럼 느끼고, 당시에 과연 어떤 일이 발생했으며, 어떤 상황이 사람들에게 영향을 끼쳤는가를 완전히 잊은 채 모든 것이 회색빛 영상 속에서 희미하게 사라져 시간도 단축되고 심지어 소실되기에 이른다.

그리하여 사후의 기억 속에서 당시의 모든 것이 아예 발생하지 않은 것처럼 간주되어 한 세기, 심지어 그보다 더 많은 세월이 망각의 뒤편으로 사라지게 된다. 사람들은 놀랄 만한 위기가 출현했을 때 비로소 심각한 사고와 고통스러운 추억을 지니게 된다. 그러나 반문컨대 추억과 사고가 깊이 매장되어 있던 시대라면 마땅히 역사에서 생략될 수도 있다는 말인가? "달은 어두운 면도 있고 밝은 면도 있으며, 이지러질 때도 있고 찰 때도 있는 법이다." 그렇다면 달을 그리는데 단지 보름달처럼 환하게 빛나는 달만 그리고 음영을 전혀 그리지 않는다면, 그것을 온전한 달 그림이라고 할 수 있을까?

물론 사상도 일일이 드러낼 것은 분명하게 드러내어 우리의 역사 기억에서 도망치지 못하도록 해야 하지만 역사 또한 하나하나 분명하게 서술해 우리의 역사 기억 속에서 생략되는 일이 없도록 해야 할 것이다. 물론 엘리트 사상과 경전은 사상사에서 짙은 필묵으로 중점적으로 다루어야만 한다. 그러나 사상적 광채가 희미한 회색 부분도 사상가들이 깊이 사색하고 애써 묘사할 만한 가치가 있는 시대일 것이다. 먼 시대는 차치하고서라도 가까운 시대, 예컨대 문화대혁명 시대의 경우를 예로 들어보자. 당시는 오직 한 가지 사상만 존재하던 시절이었다. 수억만의 사람들이 너나할 것 없이 붉은 색 보전(寶典 : 모택동 어록을 말한다. 역자 주)을 흔들고 '힘을 한 곳으로 몰고, 마음을 한 곳으로 집중하여 생각하며' 거의 모든 사람들이 '통일된 사상과 행동'으로 나아갔다. 그렇기 때문에 우라극(遇羅克)·고준(顧準)·장지신(張志新)처럼 생각할 때마다 숙연한 존경심이 절로 일어나는 이들이 당시에 범상치 않은 사유를 멈춘 적이 없었다. 하지만 유감스럽게도 그들의 사고 방식 또한 그 시대의 시대적 상황을 초월할 수 없었고, 논증의 논리나 서술 용어에 이르기까지 당시의 풍경을 절로 떠올리게 한다고 말할 수밖에 없다.

그렇다면 문화대혁명, 그 10년의 세월은 뛰어난 사상가가 없다는 이유로 사상사에서 짙은 필묵으로 중점적으로 서술해야 할 시대가 아니라고 말할 수 있는가? 만약 20세기 중국 사상사가 당시에 걸출한 사상가가 없다는 이유 때문에 그 시대를 생략해 버린다면 과연 그러한 사상사가 사상의 역사가 될 수 있을까?

사람들은 모두 생각할 것이다. 사상이 위대한 것인지의 여부와 관계없이, 그리고 그들의 사상이 후세 사람들의 기억 속에 진입할지의 여부와 상관없이 그러한 사상 역시 후대에 그야말로 숙연한 존경심을 불러일으키는 사상과 마찬가지로 똑같이 흘러 사라져가는 역사 시간 속에 존재했다는 사실을 생각할 것이다. 바로 이러한 이유로 우리는 잠시 영광스러운 과거 급제 방문(榜文)식의 서술 방식과 직선적 진화론의 사고 방식을 일단 제쳐놓아야 한다. 그리고 사상사가 역사를 거슬러 올라가 서술하면서 사상사를 사상가의 영광스러운 계보로 삼거나 이미 설정된 표준으로 진화의 노선을 상상하지 않음으로써 모든 사상의 시간을 평등하게 서술하고, 사상의 의의를 새롭게 헤아려 평가해야 한다.

사실 어떤 경우 한 번 보자마자 잊어버리게 되는 평범하기 그지없는 사상도 그 배후에 상당히 심각한 내용이 담겨져 있을 수도 있다. 아마존 인터넷 서점에서 일반 독자들이 '별 다섯 개'로 높이 평가한 황인우(黃仁宇)의 『만력(萬曆) 15년

(*1587 : A Year of No Significance*)』이 좋은 예다. 다시 말해 1587년은 그 어떤 중대한 의미도 없던 해라는 뜻인데, 비록 나는 그 책에 대해 다른 견해를 지니고 있기는 하지만 어쨌든 서명 속에 하나의 역사 관념이 깃들어 있다는 점에서 깊이 동감하고 있다. 나는 본서(『중국 사상사』) 제2권에 특별히 「태평성세의 평범」이란 제목으로 한 절을 마련하여 성당 시대의 사상에 대해 논하였는데, 그 목적은 특별히 뛰어난 사상이 없는 시대에도 사상사적 의의가 존재할 수 있다는 것을 설명하기 위해서였다. 사실 지식과 사상, 그리고 신앙이 전면적으로 합리화 및 체계화를 이룩하게 되면 이후에 '하나로 모든 것이 정해지는' 시대가 출현하기 마련이고, 당시의 모든 지식과 사상, 그리고 신앙 역시 그 '하나'의 그물에서 벗어날 수 없게 된다. 그래서 얼핏 보기에 상당히 원만한 결과로 인해 통찰력과 비판력이 상실될 수도 있다. 그러나 이러한 통찰력과 비판력의 상실이야말로 사상사가 토론해야만 하는 역사 현상 아니겠는가?

통찰력과 비평력의
이 바로 사상사가 토
야만 하는 역사 현
아니겠는가?

어쩌면 혹자는 이러한 결론에 불쾌감을 느낄 수도 있을 것이다. 흔히 '성당 기상(盛唐氣象)'이라고 일컬어지던 성당 시대의 역사 기억은 중국인들에게 자랑스러운 유산이 아닐 수 없다. 그러나 이러한 태평성세에 사상이 없었다는 것은 참으로 심각한 깨우침을 줄 수 있다.

또 한 가지 깊이 생각해 봐야 할 점이 있다. 만약 한 사상이 권력의 이데올로기가 되어 모든 것을 뒤덮었을 때 그러한 이데올로기를 선전하는 공허하고 상투적인 발언이 반복적으로 재현되고, 그러한 담론들이 모든 책에 기록되며 누구나 암송해야 할 교조(教條)나 심지어 금과옥조로 간주될 것이다. 그렇다면 그 안에 사상적 의의가 있는가? 아니면 없는가? 그러나 우리가 주목해야 할 점은 바로 이러한 중복과 공동(空洞), 천편일률적인 것의 배후에 "이것 외에 다른 소리는 결코 내지 말라"는 상당히 중요한 암시, 그리고 "이데올로기를 초월하는 어떤 사상도 범죄다"라는 상당히 중요한 사상이 존재한다는 것이다.

그렇기 때문에 나는 일찍이 명나라 시대와 청나라 시대 초기의 사상에 대해 주목한 바 있다. 명나라 시대와 청나라 시대는 동일하게 황제 권력이 보편주의적인 진리 관념을 통해 사상을 농단하고 압제하던 시절이다. 이러한 압제는 주로 문자옥(文字獄)을 통해 실현된 것이 아니라 오히려 더욱 유효한 진리 담론을 독점함으로써 실현된 것이라고 할 수 있다. 명나라 시대 전기에 『맹자절문(孟子節文)』, 『대고(大誥)』, 『성리대전(性理大全)』, 그리고 청나라 시대 전기에 『대의각미록(大義覺迷錄)』, 『간마변이록(揀魔變異錄)』, 『명교죄인(名教罪人)』 등이 출간되었는데, 이는 모두 정의와 도덕에 관한 문자로 가득 차 있다. 이러한 문자에 포함된 절대적이고 보편적 진리 담론은 사실 문자옥보다 한층 더 심하게 지식과 사상, 그리고 신앙을 압제했던 것이다.

왜냐하면 이들 진리의 천경지의(天經地義)적 성질로 인해 또 다른 사상 자원의 도전이 전무한 상황에서 사람들은 반박할 방법을 찾을 수 없어 결국 인정하지 않을 수 없었으며, 그러한 진리에 대한 인정은 곧 담론 권력에 대한 복종, 그야말로 정성을 다해 기꺼이 복종하는 것을 의미했기 때문이다. 진리가 오직 하나일 때 황제 권력은 권력의 합법성을 독점할 뿐만 아니라 '대의(大義)'와 '명교(名教)' 등의 진리를 차지하게 되고, 이에 대한 비판자들은 '마(魔)', '이(異)', '죄인' 등으로 간주되어 황권이 '미혹됨을 깨우치도록 해 주기'를 기다릴 수밖에 없다. 이런 상황에서 일반 사람들은 어쩔 수 없이 이러한 진리의 권위를 인정하고, 아울러 연대하여 황권의 합법성과 합리성을 승인하지 않을 수 없다. 그렇기 때문에 일반적으로 권위와 진리의 담론으로서 민족주의, 예를 들어 '화이(華夷)'에 대한 구분 등등도 이러한 권위에 저항할 방법이 없게 된다.

그렇다면 어찌 사상사가 비록 수준이 높은 것은 아닐지라도 일반적인 지식과 사상, 그리고 신앙을 무시할 수 있겠는가? 앞서 말한 평범하고 공허하며 또한 중복되는 담론이 모든 사상을 한꺼번에 덮어버릴 때 이런 시대는 이질적인 다른 부류를 없애버리고, 비판을 와해시키며, 심각성을 말살시킨다는 것을 알 수 있다. 그러나 바로 이러한 상황이 또한 사상사의 새로운 변화를 이끌 수 있다. 사람들이 다시금 새롭게 사고하고, 다른 부류의 자원을 유입시켜 평범함에 만족하지 않는 이들이 별도의 사상 자원을 주변부에서 중심으로 진입시킬 때 그 속에서 새로운 사상을 찾아낼 수 있는 가능성이 있다는 말이다. 중당에서 송나라 시대에 이르는 사상사의 변화나 만청 시대에 제자학과 불학이 새롭게 해석된 것은 그 좋은 예가 될 것이다.

이외에 또 다른 가능성도 존재한다. 표면적으로 개인의 사고가 말살되어 진정한 사고가 개인적인 담론으로 분열되고, 공공의 담론과 분리된 채로 잠재적 사상 자원이 되거나 학술적 담론과 사상적 담론을 분열시켜 사상적 담론의 지식 배경을 끄집어내어 높다란 공중 누각에 매달리게 하는 경우이다. 내가 생각하기에 청나라 시대 고증학의 배경은 바로 이러한 공공 담론과 개인 담론의 분열이라고 말할 수 있다. 표면적으로 볼 때 당시 사람들은 언제나 보편적인 진리만을 말하고 있는 듯하다. 공공장소에서 관방(官方)의 문장이나 사회의 공식적인 담론이 두루 통행하면서 도덕과 윤리의 보편적인 원칙을 숭고한 표준으로 삼아 사람들은 언제나 요순(堯舜)을 모범으로 삼고 있는 것처럼 보인다.

그러나 개인적으로 사람들은 너나할 것 없이 나름의 방식대로 행하고, 마음 깊은 곳에서 온갖 방법을 통해 이른바 진리의 통제를 벗어나고 싶어 한다. '공공의 공간'에 개별적인 존재의 여지가 없을 때, 사람들은 경전을 주석함으로써 합법적인 학술 담론을 취득하고, 지혜와 심령의 자유스러운 활동과 자아 수련의 영역을 마련하게 되는 것이다.[1] 그리하여 공공의 담론이 엄폐되는 가운데 생활은 두 가지 방면으로 분열되고, 이러한 분열이 더 이상 유지할 수 없을 때가 되면 결국 정신과 생활 세계의 전면적인 붕괴에 직면하게 되는 것이다.

3

시간을 계산하는 방법에는 두 가지가 있다고 한다. 그 하나는 정확한 각도에 따라 시간을 계산하는 방법이다. 이 방법에 따르면 사람들의 이목이 집중되는 사건이 없다고 할지라도 시간은 여전히 예전과 같이 유유히 흘러간다. 다른 하나는 사건에 따라 역사를 기억하는 것이다. 이러한 시간 계산법에 따르면 사람들의 기억 속에 남을 만한 사건이 없다면 시간이 흐르지 않은 것과 마찬가지이다. 역사를 편찬할 때는 물론 앞의 방법에 따라 진행하겠지만, 역사를 반추하

---

1) 벤자민 엘만(Benjamin Elman)에 대한 저자의 평론을 참고하시오. 『18세기의 사상과 학술 : 엘만 「이학에서 박학으로」에 대한 평가(十八世紀的思想與學術 : 評艾爾曼「從理學到朴學」)』, 『독서』, 1996년 제6기.

면서 느끼는 것은 항시 후자의 방법에 따라 이루어진다.

그래서 역사 저작물에 격동적인 사건이 발생하지 않았거나 각별히 숭배할 만한 인물이 배출된 적이 없던 시대는 우리의 기억에서 잊혀지게 된다. 사람들은 항상 자신의 기억을 통해 역사를 편찬하게 되는데, 문제는 사람들의 기억 또한 언제나 역사에 축적된 모종의 표준과 목적의 필요 가치에 따라 사건과 인물을 선택하게 된다는 데에 있다. 이러한 표준과 가치는 그다지 영원하거나 정확하다고 말할 수 없다.

사실 역사는 사관(史官)이 존재하던 때부터 줄곧 마땅히 기록해야 할 것들을 선택하여 기록해 왔다. 그리하여 기록과 생략, 기억과 상실이 시종일관 짝을 이루어 왔다. 이것은 역사 안에서 발생했던 사건이나 존재했던 인물이 지나치게 많았기 때문에 역사학자가 이것을 일일이 등록할 방법이 없기 때문이다. 황제의 일거수일투족을 기록하는 '기거주(起居注)'의 경우도 하루하루에 일어나는 모든 일에 대해 기록하는 것은 불가능하다. 나름의 예상을 통해 '중요함', '다음으로 중요함', '그리 중요하지 않음' 등이 항상 서술을 지배한다. 그래서 사상사가 단지 인심을 격동시켰던 시대만을 기록하는 것은 이처럼 어떤 시대가 '인심을 격동시켰다'고 느끼거나 향후에도 계속해서 '인심을 격동시킬 것이다'라고 여기기 때문이다. 그러나 과연 어떤 것이 '인심을 격동시키는' 사건이나 인물 또는 사상이란 말인가? 각각의 시대나 그 배경에 따라 역사 편찬자의 이해가 달라질 수 있으며, 후대에 마련된 가치는 언제나 선택의 시각을 지배하기 마련이다. 『이락연원록(伊洛淵源錄)』 편찬자가 보는 송나라 시대 사상사, 『명유학안』 편찬자의 시각에 따른 명나라 시대 사상사, 『청유학안소식(淸儒學案小識)』 편찬자가 보는 청나라 시대 사상사는 각기 편향적인 측면이 있으니, 이것은 후대의 사상가들이 왕충(王充), 범적(梵績), 왕부지(王夫之) 등의 존재를 확대하는 반면에 황보밀(皇甫謐), 구준(丘濬) 등의 존재 의의를 소홀하게 다룬 것과 같다.

눈으로 사물을 바라볼 때 초점에 따라 배경이 희미해지기도 하고 분명해지기도 한다. 그러나 세상은 원래 초점과 배경이란 것이 존재하지 않는다. 다만 보는 이의 입장에 따라 시각이 생겨나고, 그에 따라 눈앞의 세계는 분명하고 모호한 것의 차이가 생기게 되는 것이다. 바로 이러한 이유로 사상사 저작은 매번 선택과 서술의 가치 표준을 새롭게 세워야 할 필요가 있다. 나는 만약 사상사가 역사에 속한 것이라면 과거에 '공백'으로 예설(豫設)된 시간을 결코 무시할 수 없을 것이라고 생각한다. 왜냐하면 과거의 시각에서 소홀하게 다루었던 것이 존재할 수 있기 때문이다. 물론 이는 사상사를 쓸 때 어떤 선택도 필요 없이 모든 사람들의 지적 활동을 자신의 바구니에 담아야 한다고 주장하는 것과 다르다.

사상사가 역사에 속한
이라면 과거에 '공백
로 예설된 시간을
무시할 수 없다.

이것은 역사의 맥락을 가능한 분명하게 정리하고, 관습적인 선별 안목에 따라 문헌에 대한 열람을 농단하거나 서술자의 호오(好惡)에 따라 사상에 대한 평가를 독점하지 않도록 하자는 것이며, 특히 내심으로 지나치게 현실적인 정치 의도를 지닌 채 역사를 농단하는 일이 없도록 하자는 것이자, 오랫동안 누적된 사상사 관념으로 인해 사상사에서 공백으로 남은 시간을 그대로 방치하는 우를 범하지 말자는 것이다. 이는 철학가들이 늘 이야기하는 '원초의 생각으로 되돌아간다'라든지 '사물 본체로 되돌아간다'는 말과 같은 맥락이다. 역사학의 경우도 마찬가지인데, 푸코가 광기(狂氣)의 역사에 관한 연구에서 "역사에서 광기 발전 과정의 처음으로 거슬러 올라갈 필요가 있다"[1]고 이야기한 말마따나, 중국화의 경우처럼 준법(皴法)에 따라 명암을 달리하거나 채색한 적이 없는 역사 시간 속으로 다시 한 번 걸어 들어가 '내'가 직접 본 사상의 역사를 확정해야 한다는 뜻이다. 사실 이러한 방법은 서구 사람들만의 비법은 결코 아니다.

예를 들어 고대 중국의 선종(禪宗)에서도 다음과 같은 멋들어진 말이 나온다. 어느 선사가 제자에게 이렇게 물었다. "평생 여러 가지를 배우고 체득하여 수많은 일들을 기억하고 들었을 터이니 이에 대해서는 묻지 않겠다. 그대의 부모가 태어나기 전의 모습에 대해 한 마디로 말해보라."[2] '부모미생(父母未生 : 부모가 태어나기 전)'의 본래 면목을 따져 묻고 있는 것인데, 이는 다시 말해 지식과 사상, 그리고 신앙의 세계가 아직 형성되기 이전으로 되돌아가서 처음부터 다시 걸어야 한다는 뜻이라고 할 수 있다.

---

1) 푸코, 『광기와 문명 : 이성시대 광기의 역사(瘋顚與文明 : 理性時代的瘋顚史)』, 유북성(劉北成) 등 중역본, 삼련서점, 1쪽, 1999.

2) 『오등회원(五燈會元)』 권17, 중화서국, 1140쪽, 1984. 이는 위산영우(潙山靈祐) 선사가 자신의 제자인 향엄지한(香嚴智閑) 선사에게 질문한 선문답이다(역자 주).

그러나 내가 이러한 문제 의식을 지니고 있는 것은 분명하지만 실제로 사상사를 저술하면서 마음먹은 대로 실천되지 않는다는 것을 느끼지 않을 수 없었다. 예를 들면 다음과 같다. 나는 일찍이 원나라와 명나라 사이에 새롭게 이해해야 할 사상적 현상이 존재한다고 느끼고 있었다. 당시는 이민족이 통치하고 있던 시대로 전통적인 이데올로기가 전통적인 지식 계층과 더불어 점차 주변화(周邊花)되기 시작했으며, 한족의 민족적 입장이 몽고의 원나라 황권에 의해 와해되면서 천하는 한 집안이라는 '천하일가(天下一家)'의 새로운 이민족 관념에 의해 한구석으로 몰리고 있었다. 당시 유럽과 아시아를 가로지르는 대제국이 성립되어 여러 종족간에 사상적 교류가 이루어졌으며, 중국의 경우도 의미 있는 사상적 변화가 발생하였다. 그러나 사상사는 이에 대해 세밀하게 서술한 적이 없었다. 과거 일부 사상사나 철학사에서 13세기 후반부터 15세기 전반기, 즉 원나라 시대와 명나라 시대 전기를 가로지르는 100여 년의 세월은 가장 경시되고 심지어 생략된 시대였던 것이다. 또한 청나라 제국이 명나라 시대의 사상 문화적 연속성을 끊어 얼핏 보기에 역사가 굴곡진 때에도 역사는 오히려 조금씩 이어지고 있었으며, 서양의 사상과 지식이 상당한 정도로 깊숙하게 중국의 지식 세계로 진입하였다. 이러한 '진입'은 일부 지식인들의 심리에 새로운 사고 배경으로 자리 잡았고, 아울러 새로운 우려와 긴장이 생겨났다.

그렇다면 이러한 긴장과 우려는 당시 청나라 시대 지식과 사상, 그리고 신앙 세계에 어떤 영향을 끼친 것일까? 과거 사상사는 이에 대해 세심하게 기록한 적이 없던 것 같다. 아울러 송나라 시대의 경우도 상황은 마찬가지이다. 송나라 시대 사상사는 주로 정호, 정이, 주희, 육구연(陸九淵) 등이 후세에 남겨준 이학(理學) 유산에 대한 논의가 많았다. 그러나 이외에 그 배경이 되는 토대에 대해서는 그다지 언급이 없었다. 사실 일상생활을 초월하여 고조된 도덕적 이성의 배후에는 근대의 '문명'과 유사한 관념이 배경으로 자리하고 있다. 당나라 시대 이전 얼핏 보기에 비문명적인 현상이 송나라 시대에 들어와 점차 사라지면서 이른바 문명적인 생활 윤리가 전면적으로 확대되기 시작했다. 그렇다면 이러한 배경이 바로 송나라 시대의 이학 관념을 지탱하는 토양이 된 것이 아닐까? 그러나 사상사는 지나치게 열정적으로 몇몇 이학가들에게 필묵을 쏟아부었을 뿐 더욱 광범위한 사회 생활사 내부의 사상에 대해서는 관심을 기울이지 않았다.

그리하여 사상사는 마치 다리가 끊긴 시냇물 앞에서 또다시 불어난 물을 만났을 때 어쩔 수 없이 징검다리를 놓을 수밖에 없는 것처럼 역사의 흐름을 건너야만 할 때 몇몇 돌출한 인물을 징검다리 삼아 두 세 번씩 건너뛰면서 건너갈 수밖에 없었던 것이다.

4

"그리지 않은 곳도 모두 그림이다." 이 말의 핵심은 서술자가 어떻게 사상의 역사를 이해하고 해석하는가에 달려 있다.

"무화처개시화(無畵處皆是畵 : 그리지 않은 곳도 모두 그림이다)." 이 말의 핵심은 서술자가 어떻게 사상의 역사를 이해하고 해석하는가에 달려 있다. '이해'는 각기 한 시대를 살았던 사람들의 이해이고, '해석' 또한 한 시대 사람들의 해석이다. 그러나 이것이 마치 일부 절름발이 평론가가 수묵화를 감상할 때 자신의 상상으로 진부한 상투어를 덧붙여 가며 필묵이 닿지 않은 곳을 일률적으로 구름 걸린 산에 안개가 덮인 것이라 해석하는 것과 마찬가지로 제멋대로 역사를 이해하고 해석한다는 의미가 결코 아니다. 역사는 아무 말도 하지 않지만 역사의 존재는 처음부터 끝까지 이해와 해석의 한도를 제약하고 있으니, 내가 '공백'에서 사상의 역사를 서술한다고 이야기한 것은 다만 다음과 같은 세 가지 상황을 의미하는 것이다.

세 가지 상황

첫째, 과거에 '평범'하거나 '낙후'된 것으로 평가된 사상도 사상사의 현상으로 간주하여 서술을 해야 한다. 왜냐하면 사상사는 결코 엘리트 사상이나 경전을 위해 비(碑)를 세우고 평전을 써내는 역할을 하는 것이 아니라 역사를 서술하는 것이기 때문이다.

둘째, 과거에 짙은 필묵으로 중점적으로 서술하지 않았던 사상도 사상사의 잠재 자원으로 삼아 새롭게 도드라진 시대에 놓고 서술을 해야 한다. 이러한 사상들은 당시에는 설사 그다지 휘황찬란한 것이 아니었다 할지라도 그것이 역사 기억을 새롭게 발굴하는 사상 자원으로서 또 다른 시대에 출현했을 때 어쩌면 사상의 교량 역할을 맡아 새로운 지식과 사상이 새롭게 등장하는 데 도움을 줄지도 모른다.

셋째, 과거에 멀리 밀려나 배경이 되었던 사상 현상을 가깝게 당겨 시각의 초점거리 안에 두고 서술해야 한다. 모든 시대마다 사상사를 저술하는 사람의 입장이 서로 다르고, 시각마다 차이가 있으며, 당연히 관심의 초점 또한 달라진다. 이러한 차이로 인해 단지 배경이었을 뿐이었던 사상들이 엘리트 사상 현상과 다르다는 이유로 잊혀져 모퉁이에 처박혀 있었다. 그러나 한 번만 방향을 틀면 그것이 우리 면전에 다가올 수도 있다. 그렇기 때문에 그 어떤 상황에 있든지 간에 이전 사상사에서 자주 다루지 않았던 영역과 문헌을 촘촘히 걸러내어 정리하면서 세밀함과 인내심으로, 더 나아가 역사를 관찰하는 또 다른 입장과 시각, 안목으로 활용해야 한다.

이렇게 함으로써 우리는 참된 의미로 "역사가 이미 지나왔거나 표현되었던 실제 장소에 역사를 세울 수 있을 뿐만 아니라 지나왔음에도 불구하고 표현하지 못한 공백 지대 위에도 새롭게 역사를 세울 수 있을 것이다."[1)]

---

1) 자크 르 고프(Jacques Le Goff), 「아날학파 사가(年鑒學派史家)」, 『신사학(新史學)』, 요몽(姚蒙) 편역, 상해역문출판사, 37쪽, 1989. 그러나 내가 생각하기에 이러한 발언은 우리가 야사나 필기 등 주변적인 사료를 발굴하는 대신 전통적인 중요 문헌들을 경시하거나 생략해야 한다는 것을 의미하지 않는다. 『중국 사상사』 제1권이 출판된 뒤 나는 적지 않은 오해를 받았다. '일반 지식과 사상, 그리고 신앙세계'의 역사에 주목한다는 것이 야사나 필기 등 이른바 민간, 또는 주변적인 문헌을 건져 올리는 일로 치부되었기 때문이다. 다시 말해 '공백(空白)' 지대에서 사상사를 발견해야 한다고 하면, 이와 유사한 오해를 불러올 수도 있을 것이다. 내 생각에 이는 사상사의 문헌 자료를 고찰하는 시각과 평가 관념의 변화에 관한 것일 뿐이다. 이러한 변화가 있어야만 과거에 통상적으로 사용했던 13경·제자서(諸子書)·25사 및 각종 문집 속에서도, 마찬가지로 아주 많은 '공백'을 발견할 수 있다는 뜻이다.
물론 이러한 시각 변화로 인해 과거에 특별히 주의하지 않았던 문헌이나 유사(類似) 공문, 유서(類書), 그림, 요언(謠言), 가곡 속에서도 역사 공백 지대의 사상 흔적이 있다는 것을 발견할 수 있다. 우리는 과거 철학사나 사상사에도 사람들에게 익숙하면서도 보편적으로 인정되었던 '참고 자료'가 있다는 것을 알고 있다. 이들 자료는 사상사나 철학사의 사고 방식에 부합하면서 매우 영향력 있는, 그리고 대단한 주재력(主宰力)을 갖춘 서술의 틀을 세웠다. 그래서 후대 연구자들의 경우 연구자가 아예 맨손에서 시작하여 자수성가하거나 가는 도중에 다른 곳으로 빠져나간다면 모를까 얼핏 보기에 본색(本色)인 듯한 '역사' 속에 빠져들지 않을 수 없게 된다. 중국은 말할 것도 없고, 미국의 중국학계에서 가장 영향력 있는 윌리엄 드 베리(W. de Bary)가 편찬한 『중국 전통 사상 연구 자료집(*Sources of Chinese Tradition*)』과 진영첩(陳榮捷, Wing-tsit Chan)이 편찬한 『중국 철학 문헌 선편(*A Source Book in Chinese Philosophy*)』의 경우도 마찬가지로 서술 방식이나 사유 방식이 중국, 특히 1950년대 중국의 철학이나 사상사의 그것과 다르기는 하지만 여전히 경전 문헌과 엘리트 사상 및 주류 이데올로기 방면에 집중되었다. 이러한 참고 자료집과 사상사, 철학사 저작들은 이후 사람들의 시각과 입장을 응고시키는 데 큰 역할을 했다.

6절

역사 기억, 사상 자원과 새로운 해석

과거의 역사 연구, 특히 사상사 연구에 몇 가지 습관적인 용어가 등장하는데, 그것들은 은연중에 서술의 사유 방식을 규정하고, 심지어 사상사의 서술 방법을 암시하기도 한다. 그 가운데 사상의 연속성을 논할 때 늘 사용하는 애매한 단어 가운데 하나가 바로 '영향(influence)'이다. 이 단어는 한어(漢語)의 성어(成語) 가운데 하나인 '안과류영(雁過留影 : 기러기가 지나가며 그림자를 남긴다)'이라는 말과 비슷하게 만약 어떤 사상이 한때 휘황찬란했다면 땔감은 다했으나 불은 영원히 전해진다는 식으로 후세에 무엇인가를 전해 줄 수 있다는 느낌을 준다. 그러나 옛 사람은 또한 "안유유종지심 수무유영지의(雁有遺踪之心 水无留影之意 : 기러기는 발자취를 남길 마음이 있으나 물은 그림자를 남길 뜻이 없다)"이라고 이야기했다. 영향(influence)

이처럼 그 단어를 습관적으로 사용하는 것은 사상사가가 무의식적으로 '시여(施與 : 시혜)'만을 도드라지게 하는 반면, '접수(接受 : 수용)'는 소홀하게 다루고

그렇다면 사상사의 시각이 변화하게 되면 문헌 자료의 변화는 어떤 형태로 나타날 것인가? 이 문제는 앞으로 고고학과 문물에 관해 언급하면서 논의하게 될 것이다. W. de Bary, 『*Sources of Chinese Tradition*』, Columbia University Press, New York ; Wing~tsit Chan, 『*A Source Book in Chinese Philosophy*』, Princeton University Press, 1963. 이 가운데 드 베리의 자료집은 장절을 배분하는 면에서 뛰어나고, 진영첩의 자료집은 주석과 해설 면에서 비교적 낫다. 전자는 일본학자 후쿠이 후미마사(福井文雅)의 서평 「중국 사상 연구 자료집」(『필로소피아(フィロソフィア)』 제53호, 도쿄, 1968, 327~336쪽에 수록)을 참고하시오. 후자는 중국어 역본이 나왔다. 『중국 철학 문헌선 편』, 양유빈(楊儒賓)·오유능(吳有能) 등 옮김, 타이베이, 거류도서공사(巨流圖書公司), 1993.

있음을 나타낸다. 그것은 마치 당신이 같은 조상의 자손이라면 가문의 휘장과 명예, 그 밖에 유산은 물론이고 치욕과 책무, 심지어 생리적 특성까지 모조리 받아들여야만 한다는 식이다. 이는 후세 사람들이 역사적 수치를 감추는 대신 역사적 영광을 두드러지게 드러내기 위해 족보를 고쳐 쓰거나 유명한 인물을 선조로 모시고, 심지어 성을 바꾸거나 조상을 바꾸면서까지 역사 만들기(Make History)를 할 수 있다는 것을 전혀 고려하지 않은 것이다. 따라서 늘 '영향'을 토론하면서 자주 사상사에서 후세 사람의 선택과 해석의 역량을 소홀히 하였던 것이다. 러브조이(Arthur O. Lovejoy)는 그의 명저 『존재의 대사슬(*The Great Chain of Being : A Study of the History of an Idea*)』에서 '쇠사슬(chain)'로 관념의 역사에서 연속성을 은유하였는데[1], 이러한 은유를 통해 우리는 지식과 사상, 그리고 신앙의 전승과 연속이 쇠사슬처럼 앞의 고리는 뒤의 고리, 뒤의 고리는 앞의 고리에 걸려야 하며, 만약 어떤 고리 하나가 헐거워지거나 틈이 벌어질 경우 전체의 연속성이 중단될 수 있다는 것을 상기할 수 있다.

사상사의 연속 과정에서 '영향'의 중요성을 부인하려는 것은 결코 아니다. 여기에서 말하고자 하는 것은 이른바 '영향'이 사람들이 주목하는 곳에서 새롭게 떠올라 새로운 사상 자원이 될 수 있는지 여부가 오히려 현재 처해 있는 상황과 유관하다는 점이다. 현재 처해 있는 상황은 마치 일종의 '촉매(accelerant)'와 같아서 일부 역사의 기억을 환기시킬 수도 있고, 일부 역사의 기억을 억압할 수도 있다. 이처럼 환기와 억압 속에서 고대 지식과 사상, 그리고 신앙 세계는 선택적인 역사 기억을 통해 새로운 지식과 새로운 사상 자원이 될 수 있으며, 아울러 새로운 발굴과 해석을 통해 새롭게 전해지고 변화하게 될 것이다. 이것은 고금, 중서(中西)를 막론하고 모두 마찬가지이다. 예컨대 유럽 르네상스 역사의 경우 역사 기억은 주로 이탈리아 사람들이 인정한 상징과 응집력으로 이루어졌다. 그러나 부르크하르트(Burckhardt)가 당시의 역사를 논하면서 이야기한 것처럼 14세기 이전의 이탈리아 사람들은 고전 문화에 대해 거대하고도

---

1) Arthur O. Lovejoy, 『존재의 대사슬 : 사상사 연구*The Great Chain of Being : A Study of the History of an Idea*』. 일역본 제목은 『存在の大いなる連鎖』이다. 나이토우 다케지(內藤健二) 옮김, 도쿄, 정문사(晶文社), 1975.

보편적인 열정을 표출한 적이 없었으며, 다만 '세계적인 범위에서 이탈리아와 로마 제국의 몽상'이 실현되기를 희구하면서 고대 로마에 대한 역사 기억을 부활시켰다. 그러나 이러한 역사 기억을 환기시켰을 때 실제적으로 중세시대 세속 사회의 정치와 종교에 대한 역사 기억은 오히려 억압되었다.[1)]

또 다른 예도 있다. 유태인의 건국사에 보면 서기 73년 로마군이 마사다(Masada)에 침공했을 때 900명의 유태교도(猶太敎徒)들이 포로가 되느니 차라리 자결할 것을 맹세하였다. 이 사건은 유태인 역사학자인 요세푸스(Josephus)가 아랍 문자와 그리스 문자로 쓴 『유태인의 전쟁』이라는 책에 실려 있는데, 소수 기독교 교회에 전승되면서 문헌 기록으로 남아 단지 억압된 역사 기억으로 존재할 뿐 2천 년에 걸친 공식적인 역사에는 나타난 적이 없다. 그러나 금세기에 들어와 유태인의 건국 운동이 활발하게 진행되면서 당시의 사실이 새롭게 유태인의 역사 기억으로 부각되었으며, 중요한 정신적 자원으로 끊임없이 해설되면서 유태 민족의 응집력을 강화시키는 핵심적인 상징으로 부상되었다.[2)]

일반적으로 사상사가 서술하는 것은 시간의 흐름 속에서 사상이 구조를 갖추고 형태를 만들며, 변화하는 연속성을 갖춘 역사이다. 내가 여기서 이야기하고자 하는 것은 이른바 사상의 '연속성을 갖춘 역사'란 어떤 의미에서 고유한 사상 자원이 끊임없이 역사적 기억에 의해 환기되며, 아울러 새로운 생활 환경 속에서 새롭게 해석되고, 그러한 새로운 해석 속에서 또다시 이러한 과정을 재구성하는 것으로 이해할 수 있다는 말이다. 따라서 나는 '역사 기억과 사상 자원, 그리고 새로운 해석 과정'으로 부분적이나마 전통적개념인 '영향'을 대체하여 사상사의 연속성을 서술하는 어휘로 삼고자 한다.

사상의 '연속성을 역사'란 고유한 사 이 끊임없이 역사적 에 의해 환기되며, 운 생활환경 속에서 게 해석되고, 그러 로운 해석 속에서 시 이러한 과정을 하는 것으로 이해 있다.

1) 부르크하르트(Jacob Burckhardt), 『*The Civilization of the Renaissance in Italy*』, 중역본, 『이탈리아 문예부흥 시기의 문화(意大利文藝復興時期的文化)』, 하신(何新) 옮김, 상무인서관, 170~171쪽, 1983.

2) 이와 관련된 예증은 코저(Lewis A. Coser), 『아브와크와 집체 기억』, 구팽생(丘澎生), 중역본, (『당대』 1993년 제91기, 37쪽, 타이베이)에서 전재했다.

1

만약 사람들이 외래 문명과 다른 부류의 자원이 결핍된 시대에 살면서 오로지 역사 기억을 환기하고 고전을 새롭게 해석함으로써 시대의 변화에 대응할 수밖에 없다면, 그리하여 이른바 '복고로 새로움과 변화를 구한다'는 희극을 상연할 수밖에 없는 상황이라면 외래의 지식이나 사상, 또는 신앙이 개입하여 충격을 주는 경우에도 기존의 사상 자원을 발굴하고 해석하는 일은 사라지지 않을 뿐만 아니라 비교나 번역, 이해의 작용을 일으켜 '선험적 이해(前理解)'와 유사한 의의를 지니게 될 것이다.[3] 이 책에서 나는 고대 중국의 세계 지도를 논하는 대목에서 '번역'을 비유로 들어 다음과 같이 이야기한 적이 있다.

> 새로운 세계와 새로운 지식의 충격에 직면하여 사람들은 늘 자신을 되돌아보며 이해와 해석의 자원을 찾고자 했다. 어떤 새로운 지식에 대한 이해는 어떤 새로운 언어의 번역과 전혀 다른 것이 아니다. 그것은 마치 사자(lion)가 중국인에게 『목천자전(穆天子傳)』에 나오는 전설상의 '산예(狻猊)', 마스티프(mastiff : 영국이 원산지인 개의 종류)가 『좌전(左傳)』에서 조순(趙盾)을 향해 달려드는 '오(獒)'를 생각나게 만들고, 만청 시대에 과학(science)이 사람들로 하여금 주자가 제창한 '격치(格致)', 민수(democracy)가 맹자의 '백성이 귀하다(民爲貴)', 그리고 자유(liberty)가 장자의 '소요유(逍遙游)'를 생각나게 한 것과 같다. 언어 번역은 반드시 자기 본래의 고유한 언어로 하나씩 하나씩 대응하게 해야 하며, 새로운 지식에 대한 이해 또한 역사 기억과 전통 지식, 그리고 본래의 상상 공간을 환기시킴으로써 재차 이

---

3) 새로운 지식에 대면할 경우 반드시 일정한 지식 자원을 이해의 토대로 삼을 필요가 있다. 나는 이를 위해 '선험적 이해'라는 개념을 빌리고자 한다. 하이데거(Martin Heidergger)의 개념이다. 이런 사유 방식에 대해 그는 『존재와 시간』 제32절에서 자세하게 설명하고 있다. "앞서 구비되고, 앞서 보았으며, 앞서 파악한 것은 향후 준비해야 할 방향을 구성한다. 그 의의는 바로 그러한 준비된 어떤 방향에 있다. 준비된 어떤 방향에서 출발하여 모종의 것은 모종의 이해를 얻게 된다." 사상사에서 역사와 전통은 항상 앞서 존재하는 지식 자원으로써 이해의 시야와 방향을 규정한다. 진가영(陳嘉映), 왕경절(王慶節) 공역, 삼련서점, 185쪽, 1987. 이외에 가다머(Hans-Georg Gadamer)가 『철학 역사 사전』「해석학」 부분에서 언급한 내용을 참고하시오. 홍한정(洪漢鼎)이 번역한 중역본은 『철학 역총』 1986년 제3기에 실려 있다.

해하고 해석하는 '사상 자원(resources of thought)'으로 충당되는 것이다.[1)]

바로 이와 같이 전통 지식과 사상 속에서 자원을 찾아내고, 그것으로 외래 지식과 사상을 이해하고 번역하고 표현하는 과정에서 전통적인 지식과 사상, 그리고 신앙세계는 '중심'과 '주변'의 위치 이동이 생겨나고, 본래 의미와 새로운 의미의 교환이 이루어지게 되는 것이다. 전통적 사상의 세계 지도에 변화가 생기고, 마찬가지로 외래 지식과 사상 역시 이러한 이해와 번역, 그리고 해석 속에서 변화가 발생되니, 사상사는 바로 이렇게 연속되는 것이다. 물론 '역사 기억' 중에서 어떤 역사는 환기되고 어떤 역사는 잊혀지게 되는데, 이것은 대부분 현실의 '연(緣)'에 따라 '일어난다(起)'.

그러나 중국에서 새로운 변화는 늘 역사와 전통의 면모로 나타났다. 역사와 전통이라는 무소부재(無所不在)한 강력함과 풍부함, 그리고 역사와 전통이 지닌 의심할 여지없는 정당성과 권위성 때문에 사람들은 항시 예전의 단어로 새로운 지식을 해석했고, 이미 있었던 사건을 끄집어내어 눈앞에 펼쳐지는 새로운 현상과 비교하여, 말 그대로 오래된 것으로 현대적인 것을 포장했던 것이다. 그리하여 끊임없이 '복고'라고 불리는 오래된 연극이 상연되고 있는 것처럼 느껴지지만 사실 그 당시에 돌출되어 나타난 '기억'은 바로 옛날 지식과 사상, 그리고 신앙세계가 새로운 자원에 참여하면서 새로운 경향과 새로운 자태를 생동적이고 강렬하게 표현하는 것이다.[2)]

'기억'은 옛날 지식과 사상, 그리고 신앙세계가 새로운 자원에 참여하면서 새로운 경향과 새로운 자태를 생동적이고 강렬하게 표현하는 것이다

이것은 역사적으로 자주 출현하는 현상이다. 왕범삼(王汎森)은 만청 시대 한족(漢族)의 역사 기억 부활을 논하며 명·청 교체기에 관한 역사 기억은 두 가지

1) 서양인이 편찬한 영중사전에 보면, 'calender(달력)'를 '황력(皇曆)'이나 '통승(通勝)'으로, 'newspaper(신문)'는 '경초(京鈔)'나 '저보(邸報)'로, 'attorney(변호사)'는 '사정자적(寫呈子的 : 소장을 쓰는 사람)' 등으로 번역하고 있다. 이처럼 새로운 번역과 해석을 통해 서구의 새로운 지식이 중국에 들어온 것이다. 그러나 이전의 고전 자원 역시 이를 통해 새롭게 해석되기도 했다.

2) 나지전(羅志田)이 『임서의 위기 인식과 민국 초기 신구 투쟁(林紓的認同危機與民初的新舊之爭)』의 결론에서 이야기했던 바와 같이 "'새로운 것'은 '낡은 것'과 다층적 연계를 잘라낸 적이 없으며, '새로운 것'이 '낡은 것'에 이겼을 때에도 여전히 의지하는 것은 '낡은 것'의 효용이었으니, 그 사이에 존재하는 궤변은 실로 의미심장하다." 『역사 연구』, 1995년 제5기, 132쪽, 북경.

방식으로 억압받았다고 하면서 이렇게 말했다. "우선 관방의 강제적인 조치이다. 예컨대 문자옥(文字獄), 금서 운동, 금서 목록 간행, 사고전서(四庫全書)에 실린 서적에 대한 삭제와 수정이 그것이다. 그 다음은 관방의 강제적인 행위로 인해 사대부나 일반 백성이 스스로 억압했다는 것인데, 이러한 자발적 억압은 명말 청초의 역사 기억에 대한 말살과 제거를 확대시켰다."[3] 이외에도 시간의 문제가 존재한다. 시간이 흐르면서 이전의 풍부한 역사 감각과 뼈를 깎는 아픈 마음은 점차 여과되면서 책과 문자로 남게 되었다. 일단 문자와 책으로 남게 되면 현실의 살을 에는 듯한 통증과 참을 수 없는 괴로움은 점차 멀어지게 되고, 역사와 독자 사이에 마치 한 겹의 반투명 유리를 집어넣은 것처럼 독자와 역사 사이에 일종의 '소이감(疏離感)'이 생기게 된다. 사람들은 더 이상 직접적으로 역사를 느끼지 아니하고, 오히려 강 건너 불 보듯 하면서 역사를 마치 연극이나 소설로 전환시켜버리는 것이다. 그러나 억압받은 역사 기억이 어떤 종류의 것이든지 간에 이후 생활 세계에서 이와 유사한 어경(語境 : 영어 context의 역어로 배경, 환경, 전후 관계, 문맥 등의 뜻으로 번역되는데, 배경 또는 언어 환경으로 번역한다. 역자 주)이 조성될 경우 항시 누군가에 의해 다시 기억되어 부활하면서 번성, 팽창하여 새롭게 역사속의 사상 자원이 된다. 코헨(Paul A. Cohen)은 의화단의 역사를 기술하면서 역사는 세 갈래 형식, 즉 사건, 신화, 경험으로 존재할 수 있다고 이야기한 적이 있다. 그중에서 신화와 경험은 수시로 '기억'으로 다시 살아나 마치 죽은 시신에 혼백을 불러들이듯 그 시대에 여전히 의의를 지니는 역사가 된다.[4]

이 외에 보충할 말은 사상사에 다음과 같은 상황이 흔히 출현한다는 것이다. 지식과 사상 체계의 해석과 증명이 이미 원숙한 상태에 이르러 주류 이데올로기로 충당되었을 때 사람들은 역사에 대해 만족하면서도 어쩔 수 없는 심정이 생기게 된다. 이때 역사는 고의적으로 잊혀지고, 전통은 더 이상 따져 물을 필요가 없

3) 왕범삼(王汎森), 「청말의 역사 기억과 국가 건립 : 장태염을 예로 들어(清末的歷史記憶與國家建構 : 以章太炎爲例)」, 『사유와 언어(思與言)』, 제34권 제3기, 타이베이, 1~18쪽, 1996.

4) Paul A. Cohen, 『역사의 세 가지 갈래 : 사건·경험·신화로서 의화단(*History in Three Keys : The Boxers as Event, Experience and Myth*)』, Columbia University Press, 1997.

는 것처럼 여겨진다. 초당이나 성당 시대에 볼 수 있는 지식 체계의 완숙함이나 원·명(元明) 교체기에 이학이 이데올로기에서 지식 제도에 이르기까지 두루 포괄하는 사상으로 자리 잡게 된 것이 그러한 예다. 이러한 지식과 사상 체계는 사람들의 만족 속에서 점차 '상식'이 된다. 그러나 사람들이 새로운 지식에 직면하여 문화적 충격을 받게 되면 이에 부응하기 위해 어쩔 수 없이 새로운 자원을 발굴하게 되고, 그럼으로써 역사 기억의 부활이 이루어진다. 이미 '상식'의 효과를 상실했기 때문에 사람들은 더욱 자주 오래된 지식과 사상의 주변에서 새로운 지식에 대응할 수 있는 '상식 아닌 것'을 찾게 된다. 그리하여 과거 주변에 있던 옛 지식과 사상이 새로운 지식과 사조를 인도하고 해석하는 자원으로 충당되면서 주변에서 중심으로 자리를 바꾸게 된다. 이것이 바로 사상사의 변화를 이끄는 과정이다. 중당에서 북송에 이르기까지 중심이 아닌 주변에 처해 있던 자사(子思)와 맹자의 학문 계통을 새롭게 해석하고, 명나라 시대 중엽 여전히 주변에 머물고 있던 육상산의 심학을 되돌려 살펴봄으로써 지식과 사상, 그리고 신앙은 새로운 면모를 지니게 되었던 것이다.

특히 만청 시대에 출현한 많은 역사 기억, 예컨대 청말 도광(道光), 함풍(咸豐) 시절에는 명말 학자들인 고염무, 황종희, 왕부지에 대한 회고가 이루어졌고[1], 청초 만족의 한족 살육에 대한 회상, 고대 한족의 생활 의식에 대한 연구, 서북(西北) 변방에 대한 연구 등이 진행되었다.

이러한 회고적 풍조는 당시 지식과 사상, 그리고 신앙세계의 변화를 초래하였다. 특히 만청에 출현한 경학의 전형(轉型), 자학(子學)에 대한 열정과 불학(佛學) 부흥이라는 3대 사상적 조류도 모두 '사상 자원'이 되어 새롭게 발굴된 '역사 기억'이었다. 물론 이처럼 본래부터 '근대성'과 전혀 상관이 없었던 구학이 어떻게 새로운 시대에 출현해 새로운 지식에 부응할 수 있었는가에 대해서는 새로운 '의미 해석'이 필요할 것이다.[2]

---

1) 예를 들어 반조음(潘祖蔭)·진보침(陳寶琛)은 고염무·황종희를 사당에 모실 것을 건의했다.

2) 예컨대 만청(晚淸) 사상사에서, 특히 자학(子學 : 제자의 학문)을 사상 자원의 중심에 진입시킨 것은 왕중(汪中)과 관련이 있다. 그는 자신의 『술학』에서 제자(諸子)에 관한 견해를 밝힌 바 있다. 그러나 단지 후학들에게 계시를 주었을 뿐이었다. 이후 왕이민(王爾敏)은 묵학(墨學)의 부흥에 대해 『근대 중국 사상 연구 및 그 문제

2

기억은 대체로 두 다른 경향을 가지고

역사 기억은 대체로 다음 두 가지 서로 다른 경향을 지닌다.

첫째 원래의 근원으로 거슬러 되돌아가려고 한다. 돌이켜 보는 방식으로 문화적 동일시(同一視)를 진행해 자신이 강대한 역사 공간과 종족 군체(群體)의 문화에 속해 있다는 것을 확인한다. 변화에 충분히 대응할 수 있는 전통 자원을 지녔고, 스스로 이러한 전통 중의 일부분으로서 문화 전통과 민족 역사의 방식을 드러내고 과장해 사람에게 필요한 자신감과 응집력을 얻게 한다. 이런 회상은 이른바 '심근(尋根)', 즉 '뿌리 찾기'라고 이야기할 수 있다. 사람들은 이것을 통해 이미 분리된 무수한 가지와 나뭇잎을 공통된 뿌리로 연결시켜 상호 공통된 인식의 토대를 마련할 수 있을 뿐만 아니라 힘의 근원을 찾아낼 수 있는 것 같다.

그렇지만 사후에 원래의 근원으로 되돌아간다고 할지라도 정확하게 최초의 상태로 되돌아가는 것은 아니며, 단지 걸어온 길을 따라 되돌아가서 자신의 족보 속에 기록되어 있는 조상을 찾는 것이다. 때로 사람들이 '역사 기억' 속에서 무엇인가를 이 잡듯 샅샅이 뒤질 때 그러한 '역사 기억'들이 이미 오래전부터 여러 가지 지식과 사상, 신앙 등에 의해 삭제, 정정, 도색, 준염(皴染)을 거치고, 또다시 여러 가지 문헌의 선택, 간략화, 윤식을 거쳤을 수도 있다. 어쩌면 이미 유행하는 풍조나 세속의 습관에 굴종한 상태일 수도 있고, 모종의 깊은 의도가 깃들어 있을 수도 있다. 그렇기 때문에 내가 앞서 말한 바와 같이 때로 역사 속에서 문패를 잘못 찾아가는 경우도 있고, 심지어 친척과 조상을 오인하는 경우도 있게 된다.

물론 때로 의도적으로 가까이 있는 가난한 친척은 잊어버리고 보다 멀리 있

의 발굴(近代中國思想硏究及其問題之發掘)』에서 이렇게 지적했다. "묵학 안에는 적지 않은 고대 과학 이론이 들어 있다. 또한 '사람은 차등이 없다'(겸애설 : 역자 주)는 견해는 평등사상과 부합한다. 황준헌, 양계초 등이 묵학을 제창한 이후 학술계에서 한때 크게 성행했다……. 당시 묵학 연구는 왕중(汪中) 시대의 묵학 연구 풍조나 동기와 확연히 달랐다." 『중국 사상사 방법 논문 선집』, 타이베이, 대림출판사, 292쪽, 1981. 순자(荀子)를 새롭게 대두시킨 것은 만청 시기에 청나라 시대 학술의 근저를 파헤치고 순자학이 주도했던 사상적 독재를 청산하기 위한 의도와 관련이 있다. 예를 들어 하증우(夏曾佑)·담사동(譚嗣同)·양계초(梁啓超) 등이 대표적인 인물이다. 주유쟁(朱維錚), 「만청 한학 : '순자 배척'과 '순자 존숭'(晩晴漢學 : 排荀與尊荀)」, 『참문명 탐구(求索眞文明)』, 상해고적출판사, 333~350쪽, 1996년 참조.

는 부자 친척에 빌붙는 경우도 있다. 심지어 아예 사망하여 더 이상 증명할 수 없는 옛 명인을 찾아 가문의 팻말 맨 앞에 세우기도 한다. 이것은 마치 방송 보도에서 어떤 유명한 사람의 가보를 발견했다고 하지만 사실은 양자(유명인과 족보의 가문) 사이에 아무런 관련도 없는 경우와 같다. 어쩌면 그 집안은 자신들의 역사를 다시 쓰면서 대대적으로 가문의 깃발을 내세워 일부 호사가들이 진짜 '뿌리'를 찾았다고 여기도록 만드는 것일지도 모른다.

사상사도 마찬가지다. 선진 시대 유가들이 걸핏하면 '4제 2왕(四帝二王)'을 언급하거나 중세 선종(禪宗)이 서천28조(西天二八祖 : 인도 불교에서 28조가 된다는 의미), 동토6조(東土六祖 : 중국에 전래된 후 6조라는 의미)의 의발을 이어 받았다고 정통을 운운하는 것은 말할 것도 없고, 송나라 시대 신유학이 한유(韓愈)의 허구적 '도통'의 역사를 따랐다는 것 외에도 진영첩(陳榮捷)이 지적한 것처럼 그 사상의 뿌리와 혈통조차 결코 순수한 것이 아니었다. 신유학이 주장하는 이른바 '이(理)' 사상의 근원은 사실 한비(韓非)의 「해로(解老 : 노자 해설)」에서 나왔다. "깊이 생각해 볼 문제는 이(理) 사상의 기원이 유가가 아니라 묵가에서 시작되었으며, 그 사상을 건립한 것 또한 유가가 아니라 법가라는 점이다." 만약 '도'를 얘기하면서 인용한 한비의 노자 해석까지 모두 포함한다면 실제적으로 송나라 시대 유학의 '이'에 관한 자원은 유가가 아니라 묵가, 법가, 도가 등 3가로 귀속시켜야 할 것이다. 게다가 이후 '이'에 관해 보다 깊이 이해하고 해석한 왕필(王弼), 곽상(郭象) 일파와 지둔(支遁), 승조(僧肇) 일파까지 포함시킨다면 신유학의 혈통 안에 현학(玄學)과 불학(佛學)마저 포함시켜야 할 것이다.[1] 이러한 이유 때문에 수보(修譜 : 족보를 보완하고 수정함)할 때의 관습적인 방식을 따라 기존의 성씨로부터 조상까지 거슬러 올라가고, 적자(嫡子) 계통만 확정짓는 사고 방식으로 단선적인 사상 계보를 확립한다면 언제나 문제가 도출되기 마련이다. 이것은 무엇보다 고대 중국처럼 사상의 배타성이 적은 언어적 환경 속에서 사상 학설은 항시 상호 융합되거나 교류하였으며, 서로 상대방의 것을 차용할 수 있었기 때문이다. 특히 모종의 학설이 일반 지

1) 진영첩(陳榮捷), 「신유학 '이'(理) 사상의 발전(新儒學理之思想之演進)」, 『왕명학과 선(王陽明與禪)』, 학생서국, 28쪽, 1984.

식이나 사상의 수준까지 내려와 생활 세계의 '상식'이 되었을 때 서로 다른 부류의 학설이나 사상의 구별이 우리가 상상하는 만큼 그렇게 크지 않기 때문에 보다 쉽게 서로의 '자원'이 될 수 있었을 것이다.

그러나 실제로 이처럼 부정확한 역사 뿌리 찾기가 오히려 사상 자원을 발굴하는 보편적 방식이기도 하다. 이는 중국 사람이 지구가 둥글고, 구주(九州) 밖에 또 다른 구주(九州)가 있다는 말을 듣자마자 '담천연(談天衍 : 하늘의 변화에 관한 담론)', 소옹(邵雍), 이정(二程)에 관한 기억을 상기하는 것과 마찬가지로, 자신의 역사 기억에서 이러한 자원을 발굴했을 때 그것이 정확한지 여부나 연관 여부와 상관없이 새로운 지식으로 인한 문화적 충격이 가라앉게 된다. 심지어 누구보다 새로운 지식에 목말라했던 매문정(梅文鼎) 같은 지식인조차 『역학의문(曆學疑問)』에서 "진실로 하늘은 둥글고 땅은 네모지니, 네 모퉁이는 가려지지 않는다"라는 증자(曾子)의 논술이나 땅은 "태허(太虛) 가운데 있어 대기(大氣)가 이를 받들고 있다"는 기백(岐伯)의 논의, 천지는 "서로 의지하는 것"이라는 소옹(邵雍)의 언급, "(대지는) 천(天) 안에 있는 특별한 물질이다"라는 정명도(程明道)의 말을 찾아냄으로써 비로소 편안하게 "지구가 둥글다는 논법은 유럽이나 서역에서 시작된 것이 아니다"라고 이야기하며 자신의 심리적 긴장과 우려를 해소시켰던 것이다.[2)]

만청 시기에 불학이 부흥한 것은 역사 기억을 사상 자원으로 삼아 새로운 지식을 해석하고 이해하려는 의도를 분명하게 드러낸다. 당시 불학에 대한 범상치 않은 흥미는 뜻밖에도 서양의 과학과 철학에 대한 초조함에서 기인한 것이다. 이처럼 불학 자원을 새롭게 확인하고자 했던 것은 어떤 의미에서 메이지유신(明治維新)의 잘못된 정보에서 오도된 것이기도 한데, 옛 학문을 이용하여 새로운 지식을 해석하면서 '영서연설(郢書燕說 : 영 땅의 사람이 쓴 글을 연나라 사람이 잘못 해석했다는 뜻으로 견강부회의 의미, 역자 주)'하기가 다반사였다. 그러나 이러한 견강부회가 오히려 낡은 학문을 연속시키고, 아울러 새로운 지식과 연계시켜 사상사가 지속적으로 변화할 수 있도록 만들었던 것이다.

---

2) 매문정, 『역학의문』 「지구가 둥글다는 게 믿을 만한가에 대해」(『매씨총서집요』 권46), 임금수(林金水), 『마테오 리치와 중국』, 중국사회과학출판사, 155쪽에서 재인용, 1996.

다른 한 가지는 아예 뿌리째 잘라 없애버리는 방식이다. 이는 역사 기억을 발굴하는 방식을 통해 자신이 뿌리박고 있는 전통의 근원을 반성하고, 아울러 자신과 연관된 뿌리를 찾아내 철저하게 잘라 없애는 방식을 말한다. 사실 이러한 방식 역시 연속성의 한 가지인데, 단지 사람들이 기존의 뿌리에 대해 기억하고 해석하는 데 상반된 태도를 지니는 것일 따름이다. 현실과 역사의 격렬한 충돌에 직면하여 그들은 현실적인 필요에 의해 스스로 역사에서 나온 통일적인 경험과 신분을 포기하고자 한다. 물론 그들 역시 문화적 차이의 원천을 기억하고자 노력한다. 그러나 그들은 이런 전통과 역사를 끊임없이 변화하는 과정으로 보고, 낡은 역사의 구속을 약화시키고, 전통적인 문화의 경계를 벗어나 새로운 지식과 경험에 융합하고자 하는 것이다. 역사 기억은 그들에게 있어서 벗어날 수 없는 악몽과 같다. 그들의 뿌리 찾기는 보다 깊은 곳에 있는 뿌리를 뽑기 위함이다. 그렇기 때문에 이러한 때의 역사 기억은 과거의 전통에 대한 끊임없는 비평과 결연한 포기로 표현된다.

이는 만청 시대에 특히 두드러진다. 거세게 밀려오는 서양의 새로운 지식에 직면하여 사람들은 충격을 받은 나머지 도무지 어찌할 바를 몰랐다. 그들은 막강한 군함과 함포 사격 앞에서 어쩔 수 없이 어떤 보편적인 가치 관념을 받아들이지 않을 수 없었고, '부(富)'와 '강(强)'이란 것이 진보와 문명의 유일한 표준임을 인정해야 했다. 사람들은 서양을 기준으로 삼아 동서의 차이를 비교하고, 그러한 차이의 근원을 생각하였다. 그럴 때 역사가 다시금 상기되면서 비판과 책망에 직면하게 되었다. 만청 시대에 '순자 비판'과 '한유 비판'[1], 그리고 5·4운동 시기의 '공자점(孔子店 : 공자 사상의 추종자)' 비판은 거의 역사에 대한 공격과 비판의 시작이나 다를 바 없었다. 사람들은 후대 유가에 의해 건립된 역사를 다시 열어 고대 민족 국가의 정치를 확립한 순자의 위상을 새롭게 인식했다. 또한 현실 상황, 특히 이데올로기의 역사 근원을 거슬러 올라가면서 문득 현재의 지식과 사상 경향

1) '한유 비판'은 만청 학자인 엄복(嚴復)의 저작물인 『벽한(辟韓)』을 말하는 것 같다. 엄복은 루소의 천부인권론(天賦人權論)에 근거하여 중국 봉건전제(封建專制)를 강도 높게 비판하고 있는데, 그의 비판은 당나라 시대 사상가인 한유의 「원도(原道)」에서 시작하고 있다(역자 주).

이 중당 시대 한유(韓愈)에서 토대가 갖추어졌다는 사실을 깨달았다. 결국 순자와 한유는 역사의 상징이 되어 현실에 대한 책임을 감당해야만 했다. 마찬가지로 사람들이 분노와 고통 속에서 모든 역사와 전통에 실망했을 때 지금까지 역사와 전통을 지탱해 온 가장 큰 기둥인 공자 학설은 반드시 제거해야 할 '역사의 꼬리'로 간주되었다.

이는 중국에서 흔히 볼 수 있는 일로써, 사람들이 어쩔 수 없는 현실에 처했을 때 역사 기억 속에서 과거 사실을 끄집어내 비판할 대상을 발굴하는 것이라고 할 수 있다. 역사의 뿌리를 잘라버리고자 하는 이러한 경향은 지금도 여전히 이어지고 있다. 그들이 역사 기억을 일깨우는 것은 그러한 역사 기억을 없애기 위함이고, 그들이 전통을 비판의 위치에 두는 것은 새로운 지식을 위한 공간을 만들어내기 위함이다. 그들의 역사에 대한 비판은 실제로 새로운 지식과 새로운 사상의 합법성과 합리성을 두드러지게 하고 확대시키고자 하기 때문이며, 심리적으로 자신이 가능한 빨리 새로운 지식과 사상, 그리고 신앙세계에 융합하고자 하기 때문인 것이다.

만약 전자의 방식에 민족주의, 개인주의, 문화 보수주의 경향이 내재되어 있다면 후자의 방식에는 세계주의, 보편주의, 문화 급진주의 경향이 내재되어 있다고 말할 수 있다. 그렇지만 중국에서 특히 중국이 새롭게 세계의 틀 안으로 들어갈 때 대다수 사람들은 이러한 두 경향 사이를 오락가락하며 확실한 정착지를 찾지 못해 마치 공중에 떠서 흔들리는 것처럼 극도의 초조와 긴장을 드러낸다. 사상이나 문화, 역사 연구에서도 이러한 두 가지 서로 다른 경향이 얽혀져 있다. 비록 역사 연구가 금세기에 들어와 인문학 가운데 '현학(顯學 : 선진적인 학문 또는 주목받는 학문)'이 되었지만, 그것이 '현학'이 된 까닭은 오히려 역사 기억의 발굴, 즉 전통에서 '뿌리 찾기' 혹은 '전통과의 단절'이라는 두 가지 상반되면서도 상호 보충적인 경향과 관련이 깊다. 민족이나 국가에 대해 그처럼 극도의 초조와 긴장을 드러내면서 과거 중국의 역사에 농묵(濃墨)을 칠한 것은 이후 중국 역사의 전개 과정에 오랫동안 길고 긴 그림자를 남겼던 것이다.

3

내가 이런 역사 기억, 사상 자원, 새로운 해석 방식 등을 이용해 사상사에서 '영향'이라는 습관적 방법을 부분적으로 대체하려고 하는 이유는 사상사 연구의 서로 충돌하는 두 가지 사고 방식이 조화를 이룰 수 있기를 바라기 때문이다.

사상사 연구의 상호 하는 두 가지 사고의 조화

이것은 누구나 다 알고 있는 학술적인 사안일 것이다. 아주 오랜 시간 동안 19세기, 20세기 중국 역사에 관한 연구는 '충격 / 대응'이란 틀에서 진행되었다. "'서양의 도전'에 대한 중국의 대응이라는 점에 주목하였기 때문인데, ……이로 인해 역사가들은 서양의 침입과 분명한 연관이 없는 중국 근대사의 측면들에 대해 전혀 중요하지 않다고 여기게 되었다." 다시 말해 서양의 '충격', 서양의 '영향'이 역사 서술 가운데 두드러진 중점이 되었다는 뜻이다.[1] 그렇지만 이러한 '전후 미국의 중국 근대사 연구의 주류'에 대항하기 위해 코헨(Paul A. Cohen)은 『중국에서 역사 발견하다(*Discovering History in China*)』에서 오래된 미국 내 중국 학계의 '충격 / 대응'이란 연구 틀에 대해 의문을 제기했다. 그는 그 대신에 다른 연구 방식을 제기하였는데, 그것은 '내부 접근법(internal approach)'으로 중국 근대의 역사를 이해하자는 것이다. 그가 '중국을 중심으로 삼는 경향'이라 부른 이러한 사고 방식은 특히 여영시(余英時) 선생의 '내재적 논리 이론'설과 서로 호응을 이루면서 어느 정도 '충격 / 대응'이라는 연구 방식에 대한 반론을 제기했으며, 중국 사상사 연구에 많은 영향을 끼쳤다. 이러한 반론은 '내재적 논리 이론'의 의미를 부각시키거나 확대시키게 될 것이다.

이처럼 중국 역사를 분석하는 사고 방식으로 두 가지 경향이 존재하게 되었는데, 이것을 중국인에게 친숙한 어투로 이야기하자면 하나는 외연(外緣)에서 출발한 것으로 '외부적 요인이 변화의 원인'이라고 믿는 것이다. 이는 적당한 온도가 있어야만 계란이 병아리로 부화할 수 있는 것과 마찬가지이다. 예를 들자면 근대 사상사에서 서구의 지식과 사상과 신앙이 전래되고 충격을 줌으로써

---

1) Paul A. Cohen, 『중국에서 역사를 발견하다 : 미국에서 중국 중심관의 대두(在中國發現歷史 : 中國中心觀在美國的興起)』(중역본), 임동기(林同奇), 「서언」, 중화서국, 3~4쪽, 1989, 1991.

비로소 근대 중국에 변화가 발생했다는 것이다. 또 다른 하나는 내인(內因)에서 출발한 것으로 '내적인 요인이 변화의 근거'라는 말이다. 이에 따르면 계란이 있어야만 병아리가 부화할 수 있는 것처럼 중국 자체의 사상적 변화가 없었다면 외부에서 어떤 것이 영향을 주더라도 전통 중국이 근대로 나아갈 수 있는 것이 아니라는 관점이다. 이는 바꿔 말해 중국의 지식과 사상의 변화로 말미암아 서양과 마찬가지로 점차적으로 근대성을 갖추게 되었다는 말인데, 보기에 다른 것 같지만 실제로 이러한 사고 방식은 여전히 내재적 논리를 강조하고 있다고 말할 수 있다.

이론이란 늘 아쉬운 면이 있다. 외부 원인을 강조하는 것과 내재 원인을 부각시키는 것, 외래 영향을 강조하는 것과 내재적 논리를 부각시키는 것은 사실 둘 다 편협하게 심각하고 완강하게 자신들만의 견해를 주장하는 것에 불과하다. 그렇다면 보다 적합하고 평범한 서술 방법은 없는 것일까? 나는 역사 기억의 발굴, 사상 자원의 충당, 의미에 대한 새로운 해석의 방식을 통해 영향과 선택의 상호 작용을 종합할 수 있다고 생각한다.

예를 들어 만청 시대 사상사의 변화에 있어서 서양에서 전래된 새로운 지식의 영향은 항시 이야기되는 역사 변수의 하나이다. 그렇지만 만약 외래의 영향만 주의하게 된다면 서양의 능동적 충격과 중국의 피동적 대응에만 관심을 갖게 된다. 이와 달리 내재적 변화만을 주목한다면 당시 서양이 지니고 있던 새로운 지식의 변화 역량을 담아내기 어려울 것이다. 이 때문에 서양의 새로운 지식이 어떻게 중국의 지식, 사상, 신앙에 진입하였으며, 중국의 본래 지식 자원이 어떻게 새로운 지식을 이해하고 해석했는지, 또한 이러한 전통적인 지식이 어떻게 변화하면서 새로운 지식 체계에 진입했는지, 그리고 그러한 변화된 전통 지식이 어떻게 서양의 새로운 지식을 바꾸고 동시에 전통적인 낡은 학문 자체를 바꾸었으며, 이를 통해 지식과 사상, 그리고 신앙세계가 어떻게 지속되었는지에 대해 자세하게 서술하고 분석한 예가 극히 적었다.

그래서 나는 당시 중국 지식 세계가 새로운 지식에 직면하면서 역사에 대한 발굴과 사상 자원에 대한 새로운 해석이 어떠했는지를 서술하고자 하는 것이다. 그 속에는 전통 사회에서 줄곧 주류를 이루면서 지식, 사상, 그리고 신앙세계의 지주로 자리했던 경학(經學)이 과연 새로운 지식에 직면해 어떻게 자신의 모습을 변화시켰는가에 대한 논의뿐만 아니라 전통 사회에서 장기간 주변 학문의 위치에 처했던 제자학(諸子學)과 불학(佛學) 등이 과연 어떻게 역사 기억으로 새롭게 발굴되고 새로운 지식의 배경에서 사상 자원으로써 새로운 해석을 진행할 수 있었는지, 아울러 이를 통해 당시 사람들을 곤혹스럽게 했던 서양의 새로운 지식에 대해 어떤 새로운 이해를 제공했는지에 대한 논의도 포함된다.

나는 이를 통해 다음과 같은 문제를 설명할 수 있다고 생각한다. 우선 전통적이고 고전적인 학문이 새로운 지식에 대응하는 자원이 되었을 때 그것들은 역사 기억과 마찬가지로 새로운 지식에 대한 긴장과 불안 속에서 발굴되었을 것이다. 그렇다면 당시 사람들은 어떻게 이러한 전통적 지식을 다시 이해하고 해석했으며, 이를 이용하여 어떻게 새로운 지식을 해독했는가? 과연 전통이 새로운 지식에 융합되고, 새로운 지식도 전통에 융합되었는가? 그리하여 그 결과로 인해 현대 중국의 지식, 사상, 신앙세계가 완전히 새롭지도 않고 완전히 낡은 것도 아닌 것이 되어 얼핏 보기에 서양의 말투인 것 같지만 사실은 이미 중국적 요소가 삼투된 것이고, 보기에 전통적 사고 방식인 것 같지만 그다지 전통적인 것이 아닐 수도 있는 것이 된 것이 아닐까? 다시 한 번 말하건대 나는 바로 이러한 문제들을 설명하고자 한다.

사실 전통의 연속은 바로 이러하다. 진인각(陳寅恪)이 말한 '격의(格義)'란 바로 중국에 불교가 진입했을 때 역사 기억을 통해 사상 자원을 발굴하고, 새로운 지식의 배경에서 옛 학문에 대해 새롭게 이해했음을 의미한다. 만청 시기 서학에 대한 대응 또한 마찬가지로 이런 과정을 겪었으니, 그저 서양의 '영향'을 받았던 것만이 아니다. 20세기, 심지어 더 이른 시기의 중국이 전체적으로 서양의 방식대로 전환했던 추세를 인정한다고 할지라도 서양의 역법(曆法)과 홍이(紅夷 : 붉은 오랑캐, 서양인을 말함)의 대포를 받아들이는 일부터 견고한 군함과 강력한 포탄 및 부국강병의 방법 등을 수용한 것에 이르기까지, 서양의 입헌 제도나 의회 제도 등 법률 제도를 본뜬 것부터 과학, 민족, 자유 등 새로운 서구 관념을 수용한 것에 이르기까지 모두 서양의 '영향'이나 '충격'으로부터 시작된 것이 틀림없다.

격의(格義)

그러나 실제 서양에서 전해진 지식, 사상, 신앙은 '정품이 아니면 완전히 교체해 주는' 수입산 전기 제품처럼 아무런 변화나 설비 없이 주방이나 객실 또는 침실에서 그대로 쓸 수 있는 것이 아니었다. 오히려 앞에서 우리가 말했던 언어 번역과 마찬가지로 자신이 원래 지닌 지식, 사상, 신앙을 이용해 이해하고 해석함으로써 어느 정도 변형이 불가피한 것이었다. 예를 들어 '세균(細菌)'이란 말은 생물학 지식을 불교의 관념 가운데 '극대극미(極大極微 : 지극히 크고, 지극히 미세하다)'라는 상내적 관념과 연관시킨 것이고, '명리(名命)'나 '논리'에 관한 학설은 불학의 인명학(因明學 : 고대 인도에서 일어난 논리학의 일종)과 결부시켰다. 그래서 당시 지식인들이 볼 때 지식의 법칙이라고 하기보다 고대 인도에서 성행한 변설 방식 같이 느껴졌다. 또한 고대 묵가의 경험에 비추어볼 때 서양의 과학에서 주장하는 과학 원리의 기본 법칙은 그저 경험이나 기술 방법에 불과했고, '민주'라는 말 또한 고대 유가 학설에 근거할 때 하나의 제도가 아니라 일종의 태도처럼 해석되었다. 게다가 '민위귀(民爲貴 : 백성을 귀하게 여긴다는 맹자의 말)'는 옛 학설의 견제를 받아 약간 다른 형태로 변할 수밖에 없었다.

특히 '자유(自由)'라는 말은 더욱 그러했다. 원래 이 글자는 많은 학자들이 지적한 것처럼 서양의 'Liberty'가 일본 사람의 번역을 거쳐 중국에 들어왔는데, 당시 노장(老莊) 학설에 깊이 빠진 지식인들에 의해 일종의 개인적인 절대 초월의 의미로 상상되었다. 비록 엄복(嚴復)이 서둘러 『군기권계론(群己權界論)』(John Stuart Mill의 『자유론*On Liberty*』의 번역본 제목, 역자 주)을 번역하여 그 뜻을 분명히 하고자 했지만, 왕강년(汪康年)은 『논오국인지심리(論吾國人之心理 : 우리나라 사람들의 심리를 논함)』에서 여전히 이렇게 이야기하고 있었다. "우리나라 사람들은 일상적으로 '수편(隨便 : 편한 대로)', '불구(不拘 : 구속됨이 없이)', '피차몰강구(彼此沒講究 : 서로 따지지 않고)' 등의 말을 많이 쓴다. 이러한 말의 의미는 노장(老莊)에 근원을 두고 있는데, 이에 석씨(釋氏 : 석가모니)가 주장한 평등의 의미가 더해져 결국 규칙도 없고 제한도 없다는 데로 빠지게 되었다. ……근래 서양 사람들로부터 자유의 학설이 들어왔는데, 듣는 이들마다 그들의 자유라는 말이 어디에서 나왔고, 자유의 한계가 어디까지인지 따져보지도 않은 채 그저 사람마다 자유라는 두 글자를 마음에 품어 마치 그러한 지경에 이른 것처럼 생각하고 있나니, 우리들의 행복은 불가사의

한 신세가 되었다고 할 것이다."[1)]

사실 나는 이처럼 사이비인 '영서연설(郢書燕說 : 초나라 사람의 편지를 연나라 사람이 설명함. 말을 억지로 끌어다 붙여 교묘하게 이치를 맞추는 일)'이나 '망문생의(望文生義 : 글자만 보고 대강의 뜻을 짐작하는 것)'를 비판하고자 하는 것이 아니라 지식과 사상, 그리고 신앙의 이해사(理解史)에서 새로운 지식과 낡은 학문이 이처럼 서로 진입하고 교류하면서 융합되었음을 지적하고자 함이다. 조셉 레벤슨(Joseph R. Levenson)은 『유교 중국과 그 현대적 운명』에서 '박물관'이란 유명한 비유를 제시한 바 있다. 그에 따르면 공자 학설은 중국이 근대로 진입하면서 이미 "박물관의 역사 소장물이 되었는데, 그 목적은 그를 역사의 현실에서 쫓아내기 위함이었다."[2)] 그러나 사정은 그가 이야기한 것처럼 단순하지 않았다. 역사 기억은 언제나 민족의 심령 깊은 곳에 잠복해 있으며, 그 가운데 일부는 언제라도 새롭게 발굴될 수 있는 것이기 때문이다. 마치 "비는 바람 따라 이 밤에 몰래 스며들어, 소리 없이 촉촉이 만물을 적신다"[3)]는 시구처럼 말이다. 특히 한 민족의 역사가 길고 문화가 깊으며, 아울러 전통에 대한 동일 인식이 여전히 존재하고 있을 때 전통이 현대

새로운 지식과 낡은 은 이렇게 서로 진입 합류한다.

---

1) 『왕양경 유저(汪穰卿遺著)』 권 6, 민국초 배인본(排印本), 40쪽. 서양 자유주의는 '자유'를 사회라는 배경에 두고 개인 권리의 합리성과 합법성을 강조하고 있기 때문에 사람과 사람 사이의 관계, 그리고 개인과 집단의 관계가 어떠한가에 따라 한계를 설정한다. 그러나 고대 중국은 '자유'를 사회적 배경에서 이탈시킨 채 개인의 정신과 개체 행동의 자주성을 강조하고, 상상 속에서 인간을 초월적이고 절대적인 존재로 만들고자 했기 때문에 서구의 근대적 자유 관념과 결코 같을 수 없다.
그러나 본문에서 인용한 왕강년의 이해 방식은 당시에 상당히 보편적이었다. 이는 후자(중국의 자유 개념)가 서양의 자유 관념을 이해하고 해석하는 자원이 되었기 때문이다. 이로 인해 서구의 자유 개념은 이러한 새로운 이해와 해석 속에서 변화하지 않을 수 없었다. 예컨대 담사동은 『인학』에서 장자가 말한 바를 빌어 국가와 영격의 경계가 없고 천지에 소요(逍遙)하는 경지를 자유라고 생각했다. 왕이민(王爾民), 『중국 근대 사상사론(中國近代思想史論)』, 타이베이, 45쪽, 1977. 1902년 이후 엄복이 John Stuart Mill의 『군기권계론(群己權界論)』(『자유론*On Liberty*』을 뜻함)을 번역한 후에야 비로소 서구의 '자유' 관념이 점차 명확해지기 시작했다. 주창룡(周昌龍), 「5 · 4 시기 지식 분자의 개인주의에 대한 해석(五四時期知識分子對個人主義的詮釋)」, 『신사조와 전통(新思潮與傳統)』, 타이베이, 시보출판사(時報出版社), 1995.

2) Joseph R. Levenson, 『*Confucian China and it's Modern Fate*』, 제4장, 정대화(鄭大華), 중역본, 『유교 중국과 그 현대적 운명(儒教中國及其現代命運)』, 중국사회과학출판사, 338쪽, 2000. 또한 그는 같은 책 371쪽 「결론」에서 이러한 전통의 파편이 보존된 것은 "그것들이 현대인의 애호를 만족시킬 수 있었기 때문이지 그 안에 어떤 비할 바 없는 전통의 정수를 담고 있기 때문이 아니었다"라고 이야기한 바 있다.

3) 두보, 「춘야희우(春夜喜雨)」, "隨風潛入夜, 潤物細無聲"(역자 주).

로 '진입'하는 일은 결코 피할 수 있는 것이 아니다. 물론 한 민족의 전통 문화와 역사 기억은 물론이고 언어와 상징, 그리고 이야기조차 철저하게 파괴된 상태라면 혹시 모른다. 그러나 그렇지 않다면 역사는 반드시 이러한 낡음 속에서 새로운 것이 존재하고, 새로움 속에서 낡은 것이 존재하는 식으로 연속되며, 전통과 역사 또한 마치 변발을 만들 때처럼 뒤엉키고 꼬인 가운데 더욱 풍부하고 깊어지기 마련이다.

어떤 스님이 송나라 시대 주희에게 이렇게 말한 적이 있다. "지금 사람들이 책의 내용을 이해하는 것은 마치 한 잔의 술과 같습니다. 한 사람이 그 술잔에 약간의 물을 붓고 다시 다른 사람이 또 물을 부어 여러 사람이 순서대로 붓다보니 결국 그 술이 싱거워지고 말았지요." 그러나 주희는 그의 관점에 동의하지 않고 이렇게 반박했다. "저는 그렇게 생각하지 않습니다. 불교는 원래 천박했었지요. 지금 이른바 여래선(如來禪)이란 것을 보면 알 만하지요. 그런데 이후로 우리 유학 문중에서 몇몇이 그쪽으로 도피하여 유학의 뜻을 그 안에 첨가했고, 때로 잘못되거나 부족한 부분이 보이면 그때마다 유학의 문중 사람들이 수정하고 보충하였습니다. 이렇게 차례대로 첨가하다보니 그만큼 진해지고 더 이상 반박할 수 없는 지경까지 이르렀던 것입니다."

사상사에서 층층으로 쌓이는 일이 어찌 이렇지 않겠는가?

4

[장대]춘의 소설 『장군비』

장대춘(張大春)의 소설 『장군비(將軍碑)』에는 흥미로운 이야기가 담겨져 있다. 주인공인 장군은 언제나 반은 진실이고 반은 거짓인 기억 속에서 생활하고 있는데, 어느 날 기금회(基金會)에서 작가 석기(石琦)를 파견하여 그에 대한 회고록을 쓰도록 했다. "위대한 시대를 위해 역사적 증거를 남기라"는 이유에서였다. 그는 이에 대해 강력하게 반대 의사를 표명한다. 그렇지만 그의 역사는 사후에 서술자들에 의해 온갖 방법으로 새롭게 편집된 역사 이야기와 기념비의 비문, 추도식의 뇌문(誄文 : 조문)에 의해 본래 면모와 전혀 다른 모습으로 서술될 것이고, 생전에 이미 그 자신의 내심 깊은 곳에 자리한 두려움과 자부심, 그리고 거짓에 의해 반복적으로 농담(濃淡)이 바뀌면서 "그의 역사에 대한 해석은 새롭게 고쳐지고 약간의 새로운 기억이 편집될 것이며, 일부 낡은 기억은 고쳐 쓰게 될 것이다."[1] 그리하여 역사는 더 이상 본디 모습의 진실한 것이 아니게 된다.

사실 하나의 민족, 심지어 국가도 마찬가지이다. 사상사를 포함해 역사는 마치 장군이 끊임없이 회고하는 것처럼 그 자체로 결코 광채가 나는 것이 아니다. 왜냐하면 그것은 이미 시간 속에서 소실되었고, 서적·문물·유적 등으로 만들어낸 역사는 언제나 현재의 심정과 사고방식, 그리고 안목에 의해 암암리에 지배받아 일부 사건이나 인물, 연대, 또는 일부 지식과 사상의 역사를 기억 속에서 뒤져내어 '복원', '편집', '개서(改書)'한 것이기 때문이다. 지금까지 역사 서술자들은 본질적으로 단지 기억을 되살리는 작업을 할 뿐이다. 뿐만 아니라 장대춘이 말한 것처럼 "그들 모두는 시간을 무시할 뿐만 아니라 기억조차도 마음대로 고칠 수 있는 사람들이다."

그러나 바로 이러한 역사 기억이 발굴되어 새롭게 해석된 후 사상 자원으로 충당되면서 이 같은 과정을 통해 전통이 끊임없이 연속되기에 이른다. 그렇기 때문에 역사 속에서 어떠한 형태의 기억을 찾아내는가에 따라 전통이 어떠한 형태의 자원과 토대 위에서 재건되고 성장하는가를 결정하고, 어떤 기억이 억압되는가에 따라 일부 역사의 '뿌리'를 끊거나 어떤 전통의 경향을 바꿀 수 있게 된다.

본래 공통된 역사 기억은 사람마다 마음속 깊은 곳에 자리하며, 서로 다른 역사 기억은 서로 다른 뿌리에 근거한다. 사람들이 마음 깊은 곳에서 그것을 발굴해 낼 때 이를 '뿌리 찾기'라고 부른다. 공통의 뿌리를 찾게 될 때 사람들은 자신이 한 그루 나무의 나뭇가지나 잎이라는 사실을 발견하게 된다. 아무리 제각각으로 하늘을 향해 뻗어나갔지만 결국 하나의 뿌리로 귀결된다면 "원래 하나의 뿌리에서 자라났다"는 상징성이 존재하게 된다. 그리하여 뿌리 찾기는 매우 중요하고 새로운 동일 인식이라고 할 것이다. 사상사 각도에서 본다면 역사 기억은 잊혀진 지난날을 회고하는 일이거나 항상 떠오르는 지난날을 잊는 일일 뿐만 아

1) 『장대춘집(張大春集)』, 타이베이, 전위출판사(前衛出版社), 132쪽, 136쪽, 152쪽, 1993.

니라 과거를 해석하는 가운데 점차 역사의 틀을 세우고 현재를 고쳐나가 미래의 자원을 통제하는 일이기도 하다. 각종 서로 다른 문화·종교·민족 공동체 등은 각기 역사를 거슬러 올라가 나름의 뿌리를 찾고, 역사를 다시 엮음으로써 전통의 한계를 정하며, 자아와 주변의 동일한 인식 관계를 확정하게 된다. 그리하여 서로 다른 위치와 입장과 시간대에서 출발한 '지난 일 기억하기'가 때로 지난 일에 대해 서로 다르게 서술하도록 만들고, 서로 다른 심정과 현실과 처지에서 전통 자원에 대한 새로운 해석이 때로 자원에 대해 다른 이해를 이끌게 되는데, 이러한 현상은 장군의 기억처럼 개인에게 나타나는 것일 뿐만 아니라 민족 공동체라는 집합체의 역사 기억 속에서도 출현하게 되는 것이다.

7절

사상사 연구에서 고고학과 문물

고고학이 더 이상 야외에서 발굴하는 것만이 아니고, 문물이 더 이상 감상의 대상인 금석(金石)만이 아닌 20세기에 들어와 고고학과 문물은 끊임없이 역사 연구 각 영역의 시야로 진입했다. 근대 학술사에서 새로운 발견이 있을 때마다 이것들은 거의 모두 학술 연구에 적지 않은 영향을 끼쳤다. 예컨대 금세기 초 갑골문·돈황 문서·유사타간(流沙墮簡)의 발견과 연구는 학술적으로 새로운 영역을 개척했을 뿐만 아니라 역사 연구 방법의 변화를 가져왔다.

출토된 간백(簡帛)은 전통적 역사학, 사상사와 문화사, 학술 연구에 충격을 주었다

이후 지하의 고고학 자료와 문헌을 대조하고, 국외 문헌과 전통적인 문헌을 비교하며, 인류학 조사 자료와 역사 문헌 연구 결과를 대조하는 일은 이미 대다수 역사 연구자들이 공히 인정하는 연구 방법으로 자리 잡았다. 그 가운데 특히 1970년대 이후에 출토된 간백(簡帛) 문헌은 더욱더 전통적 역사학이나 사상사, 문화사, 학술사에 적지 않은 충격을 주었다. 임기(臨沂) 은작산 한간(銀雀山漢簡 : 1972년), 장사(長沙) 마왕퇴 백서(馬王堆帛書 : 1973년), 정현(定縣) 팔각랑 한간(八角廊漢簡 : 1973년), 수호지 진간(睡虎地秦簡 : 1975년), 부양(阜陽) 쌍고퇴 한간(雙古堆漢簡 : 1977년), 장가산 한간(張家山漢簡 : 1983년), 윤만 한간(尹灣漢簡 : 1993년), 그리고 최근 발견되어 계속 발표되고 있는 형문 곽점 1호 초묘(荊門郭店一號楚墓)의 전국시대 죽간(戰國竹簡)과 상해 박물관에서 구입한 전국시대 죽간은 전체 상고사, 특히 사상사와 문화사의 관점을 바꿔 써야 할 정도이다. 장사 주마루(走馬樓)에서 발견된 오간(吳簡)은 아직 정리 발표되지는 않았지만, 그 문건이 가화(嘉禾 : 232~238년) 연간에 집중된

장사군(長沙郡)의 자료로써 호적부, 명자(名刺 : 일종의 명함), 경제 문서, 사법 문서 등을 두루 포괄하고 있기 때문에 다음 세기 초 새로운 사고 방식에 따른 구역사(區域史), 도시사, 제도사, 생활사 연구에 중대한 영향을 끼칠 뿐만 아니라 자연스럽게 사상사에도 적지 않은 영향을 끼치게 될 것이다. 왜냐하면 사상사 역시 당시의 사회적 환경과 지식 배경을 재건함으로써 사상의 배경(context)을 이해하고 판단할 필요가 있기 때문이다.

사에서 금세기 고고 견의 직접적인 영향 서의 재발견과 예전 에 대한 의심의 굴레 벗어났다는 점이다.

사상사에서 현세기의 고고학적 발견이 가장 직접적 영향을 미친 것은 의심의 여지없이 고서의 재발견과 의고(擬古) 사조(思潮)의 굴레에서 벗어나게 했다는 점이다. 1970년대 이래 이와 같은 고고학적 발견은 사상사를 연구하는 사람들에게 분명 자극적인 자원이었다. 예를 들어 칠십자(七十子)와 유가의 역사에 관한 새로운 자료의 발견으로 공자에서 맹자와 순자 사이의 공백을 메울 수 있었다. 고대 유학자들이 언급한 내용이 많이 발견되면서 상당히 늦게 만들어졌을 것이라고 생각하고 있던 사상이 오히려 훨씬 이른 것으로, 사상의 원천이었음을 알게 된 경우도 있다. 도가의 경우도 그러하다. 고대 도가의 전체적 경향은 『황제서(黃帝書)』, 즉 『노자 을본 후부 고일서(老子乙本後附古佚書)』, 그리고 『태일생수(太一生水)』·『항선(恒先)』 등 여러 문헌이 발견되면서 원상 회복이 가능해졌다. 이와 유사하게 『갈관자(鶡冠子)』, 『위료자(尉繚子)』, 『문자(文子)』와 같은 고서들이 거듭 확인되면서 선진(先秦) 사상의 풍경이 더욱 풍부하게 되었다.[1] 어떤 사람이 지적한 것처럼 이러한 발견을 통해 우리들은 현존하는 고서를 정리하고, 시간적으로 고대 지식의 계보를 다시 확립할 수 있게 되었다. 또 다른 이의 지적대로 고대 문헌의 서술 습관은 초록(抄錄), 개편(改編), 정선(精選) 위주여서 어떤 책을 누가, 언제 저술했는지 확정짓기가 쉽지 않기 때문에 고대 사상사의 문헌 연대(年代)는 적절하게 늘어날 수 있으며, 그 결과 사상사가 사용하는 문헌에 일정한 자유 공간이 제공

1) 이학근(李學勤), 「고서에 대한 반성(對古書的反思)」, 『중국 전통 문화에 대한 재고(中國傳統文化的再估計)』, 상해인민출판사, 1987 ; 이학근, 『간백일적과 학술사(簡帛佚籍與學術史)』, 시보문화출판공사, 1994 ; 갈조광, 『고대 중국에는 얼마나 더 많은 비밀이 있나? － 이학근, 「간백 일적과 학술사」 평가(古代中國還有多少奧秘 － 評李學勤, 簡帛佚籍與學術史)』, 『독서』, 1995년 제11기, 북경 등을 참고할 것.

되기도 한다.[1] 아울러 이는 우리가 상고 시대의 중국 역사와 사상의 연속성의 의의에 대해 새롭게 이해하도록 촉구하기도 한다. 야스퍼스(K. Jaspers)는 자신의 '축심 시대(Axial Age)' 이론을 통해 서양 사상사 초기에 중요한 '변화'가 있었다는 점을 지적했고, 푸코(M. Foucault)는 '지식의 고고학' 이란 개념을 통해 역사 속의 '단절'을 강조했다. 그러나 중국 학자들은 여전히 이러한 발견에 근거하여 고대 중국과 중세 및 근세 지식의 연속성은 우리가 상상하고 있는 것보다 한층 심하며, 아마도 이것이 중국 사상사의 특징 가운데 하나일 것이라고 지적하고 있다. 고고학적 발굴을 통해 얻게 된 문헌은 우리들에게 다음과 같은 사실을 설명해 준다. 고대 중국의 지식 계보는 실제로 하나로 길게 이어져 자생하는 과정이었으며, 많은 사상이 이러한 공통된 지식 원천과 자료 원천을 지니고 있었다. 다만 길고 긴 과정 속에서 과거에 독점적인 수많은 신비한 지식들이 전파되면서 공개적인 '도리(道理)'가 되었고, 과거 전문적인 지식의 독점자들이 후세에 이른바 '사(士)' 계층으로 변화하고, 과거에 존중되었던 원칙들이 담론화되고, 국가와 문명의 거대한 권력이 날로 일부 지식과 사상을 지상권력의 중심으로 삼아 나머지 일부 지식과 사상은 변두리로 밀려나면서 결국 현재 우리가 보고 있는 사상의 '역사'가 이루어지게 된 것이다.

중국 학자들이 여전
러한 발견에 근거하
대 중국과 중세, 근
식의 연속성을 지적
일은 우리가 상상하
보다 한층 심하다.

1

설사 사상사가 여전히 전통적 서술 방식을 준수할지라도, 현재 다양하게 사용되고 관심의 초점이 되고 있는 『주역(周易)』, 『노자(老子)』, 『문자(文子)』, 『손빈병법(孫臏兵法)』 등 근래에 출토된 간백(簡帛) 문건은 앞으로도 여전히 사용되고 주목받을 것이며, 아울러 사상사 연구에 상당한 진전을 가져다줄 것이다. 예를 들어 다음과 같은 문제가 제기될 수 있을 듯하다. 우선 도가의 경우 현재 우리가 보고

사상사가 여전히 전
서술 방식을 고수한
할지라도 현재 출토
백(簡帛)은 여전히
되고 관심을 받을
다.

---

1) 이령(李零), 『출토 발견과 고서 연대의 재인식(出土發現與古代年代的再認識)』, 『이령 자선집(李零自選集)』, 광서사범대학출판사, 1998.

있는 『노자』에 보면 '절성기지(絶聖棄智 : 성인과 지혜를 끊어버린다)', '절인기의(絶仁棄義 : 인의를 끊어버린다)' 등 상당히 핵심적인 발언이 기록되어 있는데, 과연 이것이 도가 사상에 존재하는 사회 질서와 도덕적 이상에 대한 급진적인 태도라고 볼 수 있겠는가? 아니면 곽점 초간본 『노자』에 볼 수 있는 것처럼, 단지 '지(智 : 知)', '변(卞 : 辯)', '위(愇 : 僞)', '사(慮 : 詐)'와 같은 행위에 대한 혐오의 표현에 불과한 것인가?[2)]

또한 다음과 같은 문제도 있을 수 있다. 최근 곽점 초간본 안에 몇 가지 유가서(儒家書)에 관한 논의가 기록되어 있는데, 전통적 사상사 분류 계보와 장절 분배에 비추어 볼 때 출토된 문헌들의 내용은 상당히 심각한 사상사의 문제를 연구하는 데 도움을 줄 수 있을 뿐만 아니라 상당히 많고, 풍부한 역사의 세부 사항을 보충할 수 있게 만들었다. 또한 오랜 세월 복잡하게 뒤섞여 분명하지 않았던 유가의 자사와 맹자 계통의 문제는 마왕퇴 백서인 『오행(五行)』이 발견됨으로써 큰 진전을 볼 수 있었으며[3)], 곽점 초간본 『오행』이 다시 한 번 이러한 연구 성과에 신뢰성을 확증해 주었다.[4)] 곽점 초간에 실려 있는 유가서들은 아마도 산실된 것으로 알려진 『자사자(子思子)』일 것이라고 학자들은 추정하고 있다. 이를 통해 자사와 맹자 계통의 역사가 점차 뚜렷해졌을 뿐만 아니라 과거에 줄곧 토론되었던 유가 성명학의 기원과 변화에 관한 연구에 상당한 근거가 마련된 셈이다.[5)]

그러나 최근 사상사 서술 방법은 조금씩 변화된 모습을 보여주고 있다. 이러

2) 형문시 박물관(荊門市 博物館) 『곽점 초묘 죽간(郭店楚墓竹簡)』의 「노자(갑본) 역문 주역(老子'甲本'釋文註釋)」, 문물출판사, 111쪽, 1998. 어떤 이는 ''愇''는 '爲'로, '慮'는 '作'으로 읽어야 한다고 주장하기도 한다. 방박(龐朴), 「고묘신지(古墓新知)」, 『독서』, 1998년 제9기, 5쪽 참조. 또 어떤 이는 ''愇''는 '義'이며, '慮'는 '仁'으로, 백서본과 같다고 주장하고 있다. 형문(邢文) · 이진운(李縉云), 「곽점 노자 국제연토회 종술(郭店老子國際硏討會綜述)」, 『문물』, 1998년 제9기, 93쪽에 인용된 고명(高明)의 발언을 참고하시오.

3) 예컨대 방박(龐朴)은 마왕퇴 백서 『오행』에 관한 연구를 통해, 『순자』에서 자사와 맹자에 대해 "이전에 만들어진 옛 설법에 따라 이를 오행이라고 했다"라고 비판한 내용의 의의를 정확하게 지적한 바 있다. 이는 지금까지 명확하게 해석되지 않은 문제였다. 「자사와 맹자의 오행에 관한 새로운 고찰(思孟五行新考)」, 『문사』 제7집, 중화서국. 이외에 『백서 오행편 연구(帛書五行篇硏究)』, 제로서사(齊魯書社), 1980년 참조.

4) 형문(邢文), 「초간 오행 시론(楚簡五行試論)」, 『문물』, 1998년 제10기.

5) 이학근, 「형문 곽점 초간 중의 자사자(荊門郭店楚簡中的子思子)」, 『문물 천지』, 1998년 제2기 ; 진래(陳來), 「곽점 초간의 '성자명출' 편 초탐(郭店楚簡之〈性自命出〉篇初探)」, 『공자 연구』 1998년 제3기 ; 곽기(郭沂), 「곽점 죽간으로 본 선진 철학 발전 맥락(從郭店竹簡看先秦哲學發展脈絡)」, 『광명일보』, 1999년 4월 23일자.

한 변화는 고고학적으로 발굴되거나 발견된 여러 가지 새로운 사실들이 사상사에서 적극적으로 수용되고 있기 때문이다. 게다가 사상사 연구는 이미 '중심에 대한 관심'에서 '주변에 대한 관심', '경전에 대한 관심'에서 '일반적인 것에 대한 관심', '엘리트 사상에 대한 관심'에서 '생활 관념에 대한 관심' 쪽으로 나갔기 때문이다. 이러한 변화가 발생하게 된 원인은 다음 두 가지로 설명할 수 있다.

사상서 서술 방법으로 고고학적 발굴 내용이 사상사에 더욱 많이 반영되었다.

첫째, 고고학적 발굴을 통해 발견한 문헌 자료에 의한 자극 때문이다. 고고학적 발굴을 통해 발견된 대량의 수술(數術), 방기(方技) 문헌은 고대 중국의 일반적 지식과 사상 세계에 대한 인식을 촉진시켰고, 아울러 사상사가 주목해야 할 초점을 변화시켰다. 주지하는 바와 같이 『한서』 「예문지」는 모든 지식을 여섯 가지로 분류했는데, 이는 당시의 지식과 사상 그리고 신앙세계의 실제 상황을 반영한 것이지만, 일반 사상사는 오히려 앞에 나오는 세 가지만 주의하고 나머지 세 가지는 소홀하게 다루었다. 그러나 출토된 문헌은 오히려 상당히 많은 부분이 '병서'와 '수술', 그리고 '방기'에 관한 것이었다. 천상(天象)과 점성(占星), 택일과 거북점, 의술 처방과 양생, 병가와 음양 등에 관한 지식이 고대 분묘에 부장된 문헌 속에 대부분을 차지하고 있다는 것은 곧 당시 생활 세계에서 그것들이 상당히 많은 부분을 차지하고 있었으며, 아울러 그것들이 바로 고대 사상의 지식 배경이었음을 말해준다. 예컨대 점을 칠 때 근거로 삼았던 음양오행 기술과 조작 방법은 고대 중국인의 대우주와 소우주에 관한 관념과 서로 관계가 있다. 의약학 중의 많은 지식도 고대 중국인의 감각 체험과 관계가 있다. 천상지리(天象地理) 학문은 더욱더 고대 중국 사상의 합리적인 기본 근거였다. 고대 중국인의 사상·종교·생활·문학에 들어 있는 관념은 대부분 이러한 지식이 '은유'와 '상징', '의미 전환' 등을 거쳐 부연되거나 차용됨으로써 이루어진 것이다. 따라서 고고학적 발굴을 통해 이처럼 '형이하학'적인 것처럼 보이는 지식을 채집하고 해석하지 않았다면 경전 텍스트에 실린 '형이상학'적인 사상을 진정으로 이해할 수 없을 것이다.

둘째, 사상사의 이러한 형태 전환은 사상사 이론의 시야(視野) 전환에서 도움을 얻었다. 아날학파의 '장기 지속'을 주목하는 역사 서술, 사회 생활사의 현장을 재현하는 데 주력하는 일부 관점, 지식 계보에 관한 푸코의 고고학 방법과 자신의 의료·감옥·정신 병원·성에 관한 개별적 연구 성과를 지식사(知識史)에 투시하는 연구 방식 등이 모두 사상사의 시각과 작법에 변화를 가져왔다. 만약 이러한 근본적인 변화가 없었다면 고고학적 발굴 자료 역시 활용될 좋은 기회를 놓치게 될 뿐만 아니라 설사 그러한 자료들에 주목했다고 할지라도 적절하게 역사 속에 진입시키기가 매우 어려웠을 것이다. 만약 사상사 이론의 시야가 바뀌지 않았다면 엘리트 사상이나 경전 위주의 사상사에서 경전이라고 이야기할 수도 없고, 그렇다고 직접 사상을 표현하고 있는 것도 아닌 지식들을 사상사 서술 안에 배치한다는 것은 지극히 어려운 일이었을 것이다.

ㅑ사상사의 서술 방법 ㅏ꾸어 사상사에서 지 배경에 대한 고찰과 ·적인 사상을 서술하 ㅔ 주목한다면, 출토 백서나 죽간의 내용도 ㅏ사의 자원이 될 수 ·.

그렇기 때문에 나는 이렇게 말하고자 한다. 만약 사상사의 서술 방법을 바꾸어 사상사에서 지식 배경에 대한 고찰과 일반적인 사상을 서술하는 데 주목한다면 자탄고(子彈庫) 초백서(楚帛書), 마왕퇴 백서에 실린 『합음양(合陰陽)』, 『도인도(導引圖)』와 같은 양생·방중·의약 처방 지식, 수호지(睡虎地) 『일서(日書)』처럼 금기 사항에 관한 지식, 곽점(郭店) 초간(楚簡) 『어총(語叢)』과 같은 실용적 경향의 총서, 장가산(張家山) 『맥서(脈書)』와 『인서(引書)』에 나오는 사람의 신체에 관한 인식 등이 모두 사상사의 내용으로 해석될 수 있을 것이다.

바로 이러한 이유로 말미암아 고고학적 발견 자료들은 발굴 현장의 웅덩이에서 누각으로, 순수한 의미의 고고학에서 사상사 서술의 새로운 자원으로, 사상사의 시야 밖에서 사상사의 시야 속으로 진입하기 위해 사상사가에 의해 완성되는 수집과 해석의 과정이 필요하다. 이른바 수집 과정은 사상사에 사용되는 것을 의미하는 것이 아니라 그것이 어떻게 사상사에 사용되는 자료가 되는가를 의미한다. 또한 해석 과정이란 결코 글자상의 의미 고찰과 분석, 판정과 서술을 가리키는 것이 아니라 그것이 어떻게 사상사의 한 부분을 이루며, 사상사의 배경 속에서 어떻게 그것의 역사적 의미를 해석해내는가를 말하는 것이다. 그러므로 사상사가 하나의 새로운 인식과 관찰의 각도를 갖춰야만 비로소 과거에 주의한 적 없었던 사상 현상을 자신의 시야 속으로 흡수하여 자신의 서술 속에서 엮어낼 수 있게 된다. 이러한 새로운 인식과 관찰, 그리고 서술이 있어야만 사상사의 진정한 전환이 이루어지고, 사상사의 새로운 구상(reconceptualizing)과 다시 쓰기(rewriting)라고 말할 수 있는 것이다.

2

그러나 사상사가 단지 이러한 간백 문헌(簡帛文獻)을 주목하는 것만으로는 불충분하다. 간백 문헌에 실린 것들은 그것이 뛰어난 경전 자료이든 아니면 상식적인 기록이든지 간에 고대 중국의 문헌 자료일 따름이다. 사람들은 '고고학'이란 말을 들을 때마다 습관적으로 '오래되고 낡은' 역사 유물을 떠올리기 마련이다. 많은 사람들에게 두루 관심의 초점이 되고 있는 간백(簡帛)은 대부분 한나라 시대 또는 그 이전의 문헌들로 지금으로부터 거의 2천여 년이나 떨어진 것들이다. 당시 문헌의 희소성으로 말미암아 특히 자료 부족에 허덕이는 고대 사상사 연구자들은 그것들을 거절할 수 없으며, 당연히 사상사의 범위 안에 넣게 된다.

비각(碑刻), 서화, 서
일기, 공문, 서적 등
석 텍스트로 삼아 사
의 시야로 진입시킬
있을까?

그러나 나는 결코 고고학 성과나 문물들을 단지 지하에서 발굴해 낸 2천여 년 전의 것만으로 생각하지 않는다. 우리가 『문물』이나 『문물 천지』, 『중국 문물보』 등 간행물의 내용에서 볼 수 있는 것처럼[1] 고고학과 문물의 성과 속에는 연대가 그다지 멀지는 않지만 비문이나 각본(刻本), 서화, 서찰, 일기, 공문, 서적과 같이 여러 박물관이나 도서관에서 보관되고 있는 문물도 포함되어야 한다. 그렇다면 과연 이러한 것들도 분석 텍스트로 삼아 사상사의 시야로 진입시킬 수 있는 것일까?

이는 의심할 바 없이 긍정적이라고 답할 수 있다. 그러나 문제는 사상사가가 어떻게 이러한 원본 텍스트를 수용하고 해석하는가, 어떻게 과거의 습관적 서술 방식을 바꿀 것인가에 달려 있다. 사상사가가 처음부터 모든 것을 창조하는 것은 결코 아니다. 과거의 서술 형식이나 전대 사가들의 역사 서술, 학문의 연구 범위 등을 통해 사상사가는 자신의 노력을 아낄 수 있다. 만약 전통적인 서술 방식을 바꿀 마음이 없다면 보다 편안하게 전대 사람들의 학문 방식이나 수단을 그대로 사용할 수 있을 것이며, 그 자신이 사용하는 문헌 역시 일정한 범위로 한정될 수

1) 유위초(俞偉超)는 자신의 글에서 『문물』 잡지의 영어 이름을 『*Cultural Relics*』로 정한 것은 '문물이라는 개념을 antiquity(고대 유물, 골동품)보다 더 넓게 이해한 것'이라고 지적한 바 있다. 「문물 연구는 기물 연구이면서 문(문헌, 문화) 연구여야만 한다(文物研究既要研究物, 又要研究文)」, 『고고학이란 무엇인가(考古學是什麼)』, 중국사회과학출판사, 133쪽, 1996.

밖에 없다. 그러나 사상사가 과거 전통적 서술 방식을 바꾸어 일반 지식과 사상 그리고 신앙세계에 관심을 가지게 될 경우 골치 아픈 기술적(記述的)인 문제가 출현할 것이고, 사상사가는 문헌 범위의 확장과 학문간 경계 넘기가 거의 피할 수 없는 것이라는 것을 발견하게 될 것이다.

과거에 사상사는 주로 엘리트와 경전 위주의 사상사였다. 학안(學案)에 사전(史傳)을 더한 체제를 답습해 온 이러한 철학사나 사상사는 가볍고 빠른 수레로 낯익은 길을 달리는 것처럼 사상가의 전기나 논저를 살펴보는 것일 따름이다. 그러나 과연 우리들이 습관적으로 안심하고 사용하는 이러한 문헌들이 진정으로 사상사 본래의 맥락을 구성할 수 있는 것일까? 이처럼 모든 이들이 관심을 지니고 있는 문헌들에는 중대한 의문이 존재한다. 왜냐하면 그것들은 우리가 서술하기 전에 이미 선택, 편집, 서술, 평가의 역사 속에서 '이데올로기(정치적 가치관념)', '정영(精英)의식(엘리트 의식 : 훌륭하고 빼어난 역사자료에 대한 전통적인 관심)', '도덕원칙(무엇이 문명적이고, 무엇이 비속한가에 대한 판단)'과 역사학 서술(관찰, 편집과 수식)이라는 여러 겹으로 된 거름 체의 여과를 거친 것들이기 때문이다. 그래서 반드시 확신할 수 있거나 진실한 것이라고 이야기할 수 없다.

들이 습관적으로 안
고 사용하는 문헌은
사 서술에 진입하기
에 이미 이데올로기,
트 의식, 도덕 원칙,
학 서술이라는 여러
로 된 체의 여과를
것들이다.

반면에 고고학적 발굴을 통해 새롭게 발견된 문물이나 문헌, 예를 들어 유명 또는 무명의 비각, 서화(書畵)의 제발(題跋), 주로 안부를 묻는 다량의 서신, 민간에서 유행한 각종 통속적 읽을거리 등등은 그러한 의식적인 '체(치거나 거르거나 하는 데 쓰는 기구)'를 전혀 거치지 않은 것으로 사상의 진실한 역사 배경을 재건하는 데 유리할 수 있다. 따라서 사상사가가 이미 갖추어진 서술 방식에 안심하지 못하고 다른 종류의 자료에서 과거 언급되지 않은 지식과 사상, 그리고 신앙 등을 발굴하고자 시도하다면 그는 전통적으로 사용되어 온 경전급 문헌에 대한 정리를 진행해야 할 뿐만 아니라 과거에 주류에 포함되지 않은 자료들로서 일반적인 상식과 사상을 반영하고 있는 고고학적 발굴 유물과 문헌 자료들을 자신의 서술 질서에 어떻게 집어넣을 것인가를 심각하게 고려하게 될 것이다.

만일 저작자가 전통적 틀에 따른 서술 방식을 따르지 않고 '(특정한)사람'을 장과 절의 단위로 삼는 단선적 형식을 바꾸고자 한다면, 그는 어쩔수 없이 방대하고 번잡한 문헌 속에서 서로 관련되는 내용을 찾아 사상사 서술 계통을 새롭게 구성하지 않을 수 없을 것이다. 당연히 저작자가 진정으로 사상사의 배경 묘사를 변화시켜 사상의 사회적 배경과 지식 배경을 새롭게 구성하게 하고자 할 때 아마도 그는 자신이 의지할 바가 거의 없다는 사실을 고통스럽게 발견할 것이다. 왜냐하면 과거 사상사나 철학사가 나타내고 서술한 사회적 배경과 지식 배경이 이처럼 결핍되고 단조롭기 때문이다. 그것들은 대개 여타 역사학자의 기존 해설을 단순히, 심지어 그대로 차용한 것인지라 마치 삼류 사진관의 조잡한 배경 정도에 그친다. 그러므로 그는 보다 광범위한 자료, 특히 고고학적 발견과 문물 자료로부터 그러한 사상 발생의 배경을 새롭게 서술해내는 데 한층 많은 노력을 기울이지 않을 수 없다.

사상사가 진정 자신의 서술 각도와 관찰의 틀을 변화시키고, 과거에 엘리트 사상이나 경전처럼 중시되지 못한 텍스트들 또한 사상사의 배경을 구축하는 자원으로 삼고자 한다면 평상시 중시되지 않았던 편지·서화·달력·일기·공문·광고, 그 밖에 각종 자료들을 사상사의 시야에 집어넣을 수 있을 것이다. 사실 이는 서양 사상사가들이 일찍이 직면한 과제이기도 했다. 푸코는 『지식의 고고학』에서 이렇게 이야기한 바 있다.

고고학과 문물의 사
에 대한 또 다른 의
사상사 자체에 존재
사회생활 장면을 바
것이다.

> 사상사가 각종 문학 부산품, 역서(曆書) 연감, 신문 평론, 순식간에 사라진 성공적 작품, 그 밖에 이름이나 성도 알 수 없는 무명씨의 작품 등을 분석하면서 …… 사상사는 주로 그런 모든 사람들이 잘 알지 못하는 사상, 모든 상대와 나 사이를 묵묵히 오가며 전달하는 재현 행위에 관심을 갖게 된다.[1]

분명 우리의 사상사 연구는 자료의 범위를 새롭게 고려해야 한다. 사실 고고학 발견으로부터 현존하는 문헌의 진위를 증명하고, 고고학 발견에 따른 새로운 문헌으로 사상사 내용을 증가시키는 일들은 단지 고고학과 문물의 부분적 의의일 뿐이다. 고고학과 문물의 사상사에 대한 또 다른 의의는 사상사 자체에 존재하는 사회 생활 장면을 바꾸는 것이다. 왜냐하면 연구 과정에서 사회 생활 장면

---

1) 『지식의 고고학』, 왕덕위(王德威) 중역본, 맥전출판, 260쪽, 1993, 1997.

을 재건하는 데 상당히 많은 문물의 참여가 요구되지만 현재 의존할 수 있는 문헌이 극히 부족하기 때문이다. 사상사 연구자가 이러한 실재하는 '문물'로 자신의 '현장감'을 증가시키고, 고고학와 문물 자료를 운용하는 것은 결코 전통 문헌에 기록된 모든 것을 증명하거나 부정하는 데만 있는 것이 아니라 어떤 의미에서 볼 때 더 증가되고 구체적으로 변화하며, 직접 손댈 수 있는 자료들을 통해 이미 소실된 시대적 분위기와 심정을 새롭게 구축하여 현대 역사학자들이 '그 상황을 몸소 체험할 수 있도록' 만드는 데 있다.

그러나 비록 선진과 양한(兩漢) 이후, 예컨대 당·송·원·명·청나라 시대의 고고학적 발견과 문물 연구 가운데 절대적인 수량 면에서 문헌 자료가 선진이나 양한의 것에 비해 적다고 말할 수 없다. 그러나 현존 자료가 이미 한우충동(汗牛充棟 : 짐을 실으면 소가 땀을 흘리고, 쌓으면 들보에 가득 찬다는 뜻으로 장서藏書가 매우 많음을 의미)인 양진 이후의 사상사 연구 자료로써 그것들의 발견 의의는 거의 양적인 증보일 뿐 질적인 변화를 일으키는 것 같지는 않다. 위진 남북조(魏晋南北朝)와 수당(隋唐) 시대 비각에 돈황과 투르판 문서 가운데 불경이나 도경(道經)이 아닌 문자 기록까지 합세할지라도 『삼국지』에서 신구(新舊) 『당서』, 『전상고삼대진한육조문(全上古三代秦漢六朝文)』에서 『전당문(全唐文)』에 이르기까지 주류 문헌과 비교해 볼 때 사상사의 주된 맥락에 근본적인 변화를 일으킬 수는 없을 것이다. 또한 이후 19·20세기의 사상사는 지금도 끊임없이 명·청·민국 시대 문건이 새롭게 공개되고 있기는 하지만 그것이 아편전쟁, 양무운동, 무술변법과 같은 일련의 사건에 대한 사상사의 서술 맥락을 흔들만한 것은 아니다. 그렇기 때문에 대다수의 사상사 연구자들은 초기 사상사 연구자들처럼 고고학적 발굴을 통한 새로운 문헌이나 자료에 대해 관심을 갖지 않았다. 그러나 이는 아마도 전통적인 사상사 연구 관념이나 방법이 여전히 경전 문헌에 근거하면서 정치적 서술과 철학 사상을 사상사의 중심에 놓고 사상과 지식을 분리시켰기 때문일 것이다.

자는 경전 외에도 고
터 현대에 이르기까
일상적인 읽을거리와
유행한 책들에 주목
한다.

하지만 최근 사상사 연구의 변화에 따르면 연구자는 경전 외에도 고대부터 현대에 이르기까지의 여러 가지 일상적인 읽을거리와 당시에 유행되었던 책들을 주목해야만 한다. 물론 중고(中古) 시대의 종교 조상(造像)이나 제명(題名)에 대해 이미 주목한 사람들도 있고, 당나라 시대의 비각(碑刻)에 대해서도 대규모로 수집되고 정리되었다. 명·청나라 시대 내부 공문서 역시 이미 여러 사람들에게 널리 알려진 자료가 되었다. 뿐만 아니라 명·청나라의 보권(寶卷)은 연구자들이 더 이상 얻을 것이 없는 문헌이 되고 말았다. 그러나 현존하는 문물 중에는 아직도 충분히 주목받지 못한 것들이 많다. 생각나는 대로 예를 들자면 돈황의 두루마리 문건 속에서 발견된 수많은 소책자, 『공자비문서(孔子備問書)』, 『수신보(隨身寶)』, 『태공가교(太公家教)』, 그 밖에 『토원책(兎元策)』 등에서 볼 수 있는 만상을 포괄하여 질서 있게 배열하는 내용은 당시 지식의 정형과 간략화를 반영하는 것이다. 현존하는 각종 아동 교과서, 예를 들어 한간(漢簡) 『창힐편(倉頡篇)』, 돈황본 『태공가교(太公家教)』, 그 밖에 후대의 각종 사숙(私塾) 독본(讀本)과 교재에서 볼 수 있는 지식에 대한 분류와 소개는 당시 사회의 일반 지식 정도를 투시하는 데 큰 도움을 준다. 각양각색의 시험 답안, 과거 시험장의 정문(程文)과 책문(策問) 양식은 물론이고, 지금의 대학 입시 시험 답안 또한 일정한 이데올로기가 지식에 대해 어떤 규범을 지시하고, 사상에 대해 통제하는가를 살펴볼 수 있는 중요한 근거들이다.[1)]

특히 주목할 만한 것은 최근 출토된 문헌 중에 『일서(日書)』가 많은데, 초계(楚系)의 것도 있고, 진계(秦系)의 것도 있다는 사실이다. 그렇다면 『일서』가 특히 전국(戰國)에서 진한 시기까지 왜 이렇게 많은 것일까?[2)] 어쩌면 우리는 이를 통해 『사기』 이래 '천관(天官)'과 '역(曆)', '율(律)'과 관련된 지식이 특별히 존중되었다는 사실을 짐작할 수 있다. 중국의 관방 인쇄물로 가장 오래된 것 가운데 하나가 역서였으며, 역사상 가장 많이 인쇄되고 일반 사회에 가장 유행했던 서적 역시 『통서(通書)』나 『황력(皇曆)』 등이었다. 그렇기 때문에 사상 계보를 다시 세웠던 송나라 시대 학자들도 많은 정력을 들여 『황극경세(皇極經世)』를 편찬했던 것이다.

---

1) 이 밖에 가곡·만화·소설·복장·광고·유행어 등도 실제로 엄숙하고 심도 깊게 학술적 이론으로 탐색하고 논의할 가치가 있다.

2) 『일서(日書)』는 "정치·경제·군사·사회는 물론이고 천문·역법·민속·민생 등에 이르기까지 두루 언급되지 않은 바가 없고, 특히 사회생활 자료가 매우 풍부하다." 장강(張强), 「근래 진간 일서 연구 평가와 소개」, 『간백 연구』 제 2집, 법률출판사, 415쪽, 1996. 구체적인 연구의 예로 포모주(蒲慕洲)는 「수호지 진간 일서의 세계(睡虎地秦簡日書的世界)」에서 『일서』를 통해 당시 생활 속의 아주 많은 측면의 내용을 귀납 분석한 바 있다. 『역사 언어 연구소 집간(歷史言語研究所集刊)』 제62본 4분, 타이베이, 1993.

그렇다면 이러한 역사 현상 속에서 그 이면에 숨어 있는 보편적인 의식을 분석해 봐야 하지 않을까? 시간은 늘 사상사에 있어서 중요한 화제 가운데 하나였으며, 고대 중국에서 역법상의 시간은 생명과 생활의 연속을 담보하는 좌표였다. 그렇기 때문에 상고 시대에는 '경수농시(敬授農時 : 경건하게 농사의 때를 받는)' 전통이 있었으며, 왕조가 새롭게 건립되면 역(曆)과 정삭(正朔)을 고쳐야만 했다. 역법 자체가 곧 합리성의 근거이며, 역법의 수호가 곧 전통의 수호였기 때문이다. 그 연장선상에서 청나라 시대의 양광신(楊光先)은 역법의 제정을 둘러싸고 전도사와 뜨거운 논쟁을 벌였던 것이다. 그렇다면 중국 지식사에서 '시간' 관념과 '생활' 질서는 어떻게 이해해야 할까? 이러한 사유의 맥락에서 『일서』에서 『황력』까지의 역사가 과연 사상사의 시야로 들어올 수 있는 것일까? 또한 명·청나라의 『황력』 역시 단순히 소장된 문물 수준에 머물지 않고 사람들의 이목을 끄는 사상사의 자료로 부각될 수 있을까?[3)]

이야기가 나온 김에 가까운 예를 하나 들기로 한다. 1975년 프랑스인 르 로이 라뒤리 엠마뉴엘(Le Roy Ladurie, Emmanuel)이 쓴 역사 저작 『몽떼이유(*Montaillou*)』는 프랑스 도서 순위 가운데 비소설 부문 1위를 한 적이 있다. 이 작품은 14세기 순정파(Cathar)의 이단(異端)이 어떤 지방의 주교에게 심문을 당했던 기록을 근거로 삼아 쓴 것이다.[4)] 이처럼 수필로 이루어진 공문서는 이미 오래전부터 도서관 서고에 소장되어 연구자들의 '고고학적 발굴'을 통해야만 비로소 그 의미를 드러낸다. 이러한 예에서 볼 수 있듯이 광의의 고고학적 발견의 범위는 우리들이 상상하는 것보다 훨씬 넓다. '고고(考古)'의 '고(古)'는 당연히 상고 시대부터 명·청나라 시대를 모두 포함하는데, 그 시대 역사학의 시야 역시 우리의 전통보다 넓어야 한다. 여기에서 말하는 '사(史)'란 사실 탁월한 엘리트들이나 경전의 사상

3) 최근 이 방면의 연구는 황일농(黃一農), 「통서 : 중국 전통 천문과 사회의 교융(通書 : 中國傳統天文學社會的敎融)」(『한학 연구』 14권 제2기, 타이베이, 1996년 12월)과 갈조광, 「시헌통서의 의미(時憲通書的意味)」(『독서』 1997년 제1기) 등을 참고하시오.

4) 『몽떼이유 : 1294~1324년 오크시따니의 산촌』, 허명룡(許明龍) 등 중역본, 상무인서관, 1997. 그러나 당시 심문에서 대답은 오크어(중세기 프랑스의 방언 중의 하나)로 했지만 기록은 라틴어로 이루어졌기 때문에 그 신뢰성을 의심하는 사람도 있다. 피터 버크(Peter Burke), 『프랑스 사학 혁명 : 아날학파 1929~1989』, 강정관(江政寬) 옮김, 타이베이, 맥전출판(麥田出版), 1997.

사만이 아닌 것이다.

3

설령 현존하는 고서를 최근에 발견된 죽간(竹簡)이나 백서(帛書)와 대조하여 경전적인 사상의 내용을 다시 새롭게 해석하거나 이미 오래전에 산실된 고서를 사상사적 시각으로 다시 고찰함으로써 사상사의 내용이 더욱 풍부해질지라도 고고학적 발굴 성과물이나 문물에 대해 나는 여전히 만족할 수 없다. 그것은 설사 방기(方技)와 수술(數術) 등 일반적인 사상사 자료를 사상사 범주에 귀속시켜 사상사의 지식적 배경을 부각시키거나 최근에 발견된 여러 가지 문물 자료를 사상사의 관심과 주목 대상에 포함시킨다고 할지라도 여전히 불만족스럽기는 마찬가지다. 왜냐하면 고고학적 성과물과 문물 자체는 문자로 기록된 죽간이나 백서 등에 국한되는 것이 결코 아님에도 불구하고 고고학적 발견과 사상사의 관계에 주목하는 사람들 역시 자신의 초점 거리를 지나치게 문자 기록 자료에 집중시켜 문자 기록이 없는 문물이나 자료에 대해 전혀 의미를 부여하지 않기 때문이다. 따라서 나는 다시 한번 의문을 제기하지 않을 수 없다. 고고학적 발굴을 통해 발견된 문물 가운데 문헌 자료는 그다지 많은 편이 아니다. 그렇다면 문자 없이 도형만 있는 고고학적 성과물이나 문물 자료는 과연 어떻게 사상사 연구의 범위에 포함시킬 수 있을까?

문자는 없고 도형만 수많은 고고학의 성 문물 자료를 어떻게 사 연구 시야에 진입 수 있을까?

문물에 문자가 없다고 해서 그 문물이 의미가 없는 것은 아니다. 그것이 어떤 것이든지 간에 가공을 거친 문물은 그것을 만든 사람의 생각이 담겨있기 마련이다. 따라서 문자가 없는 문물 자료에서 사상적 담론을 새롭게 만들어 내는 것이야말로 사상사가의 책임이라고 할 수 있다. 독일의 철학자 카시러(Ernst Cassirer)는 일찍이 역사가의 중요한 일 가운데 하나는 역사 담론을 재건하는 것이라고 이야기한 적이 있다.

"역사학자는 반드시 여러 가지 문헌과 유적을 읽고 해석하는 방법을 배워야만 한다. 그것들을 단지 과거 사장된 사물로 여기는 게 아니라 과거로부터 온 살아 있는 정보로 간주해야 한다. 이러한 정보들은 그들 자신의 언어로 우리에게 이야기하고 있다. 그러나 이러한 정보의 부호 내용은 결코 직접적으로 관찰할 수 있는 것이 아니다. 그것들로 하여금 입을 열어 이야기하게 하고, 우리에게 그들의 언어를 이해하게 하는 것이 바로 언어학자, 언어 문헌학자, 역사학자가 해야 할 일이다……. 역사란 이처럼 흩어져 있는 것들, 과거의 조리 없고 사소하며 지엽적인 것들을 애써 종합하여 새로운 형태로 빚어내는 일이다." [1)]

이것이 바로 모든 역사학자의 임무인 것이다. 사실 문자 기록이 없는 자료를 사상사에서 응용하는 일에 주목하는 학자들이 이미 존재하고 있으며,[2)] 연구 성과 또한 적지 않다. 예를 들어 장광직(張光直)은 옥종(玉琮)과 청동기 동물 문양에 대한 연구를 통해 그 안에 고대의 천지(天地)를 아우르는 지식과 통치 권력을 유지하기 위한 사상이 잠재하고 있음을 지적한 바 있다.[3)] 또한 유위초(兪偉超)는 부장된 정(鼎)의 수가 어떻게 변화하는가에 대한 연구에서 춘추전국 시대의 '예붕악괴(禮崩樂壞 : 예법과 음악의 붕괴)'의 역사를 밝혀냈다.

이 밖에도 최근 복양(濮陽)에서 발견된 방퇴용호(蚌堆龍虎), 함산(含山) 능가탄(凌家灘)의 옥편(玉片), 채후을묘(蔡侯乙墓)의 칠상성도(漆箱星圖), 자탄고(子彈庫) 백서의 십이신상(十二神像), 한나라 시대의 동경(銅鏡) 양식, 화상석(畵像石 : 벽돌), 남북조 시대의 불교 조상(造像), 도교의 투간(投簡)과 부도(符圖), 당송(唐宋) 시대의 묘실(墓室) 그림, 송원(宋元) 시대의 희곡(戲曲)의 무대 유적, 민간 연화(年畵) 등에 대한 깊이 있는 연구와 해석이 진행되었으며, 이러한 해석을 통해 단순한 도형이나 형상

---

1) 『인론(人論)』 제10장, 「역사(歷史)」, 감양(甘陽) 중역본, 상해역문출판사, 224~225쪽, 1986.

2) 유위초가 이미 지적했던 것처럼 "고고학 연구나 문물 연구의 목적을 물질 문화사 연구로 보는 관점이 1950년대 이래 중국 문물, 고고학계에서 지배적인 위치를 차지하고 있었다." 그래서 그는 고고학 연구에서도 마땅히 정신 영역의 문제에 주의를 기울여야 한다고 재삼 강조한 것인데, 이는 사상사와 밀접한 관련이 있다. 이에 대해 앞서 인용한 「문물 연구는 기물 연구이면서 글에 대한 연구여야 한다(文物研究既要研究物, 又要研究文)」, 「고고학 연구 중 정신 영역 활동 탐색의 문제(考古學研究中探索精神領域活動的問題)」(『고고학이란 무엇인가?』, 137~142쪽)를 참고하시오.

3) 장광직, 「상·주 청동기상의 동물 문양(商周青銅器上的動物紋樣)」, 『중국 청동기 시대』, 삼련서점, 313~342쪽, 1983. 「종(옛날 옥그릇 : 역자 주)과 중국 고대사에서 그것의 의미(談琮及其在中國古史上的意義)」, 『중국 고대 예술과 정치』, 『중국 청동기 시대 2집』, 삼련서점, 67~81쪽, 102~114쪽, 1990. 『고고학 전제 6강(考古學專題六講)』, 문물출판사, 95~97쪽, 1986, 1992.

의 범위를 벗어나 관념과 사상의 영역까지 진입하기에 이르렀다.[1)]

주지하다시피 공간의 문제는 언제나 시간의 문제로 전환하여 사고할 수 있고, 공간의 구성은 항시 사상의 구조(framework)를 지배하기 마련이다. 은주(殷周) 시대 고묘(古墓)의 구조에서 한당(漢唐) 시대 황궁과 장안(長安)의 유적은 물론이고, 심지어 명청 시대에서 현재의 중앙 도시의 건축에 이르기까지 아형(亞形)을 고수하여 남북을 중앙 축으로 하고 양쪽 날개가 평행으로 전개되면서 가지런하게 배치되어 발전하게 된 것은 분명 고대 중국의 천지에 대한 시각적 영향과 무관치 않을 것이다. 그렇다면 이러한 시각적 인상은 '봉천승운(奉天承運 : 하늘을 받들어 그 운을 잇는다)'이라는 이유로 고대 중국의 상당히 많은 정치 관념의 준거가 된 것은 아닐까? 마찬가지로 시각의 문제는 대개 관념적인 문제이기도 하다. 따라서 그림의 구성, 색깔 배치, 주제에는 심미적 취미뿐만 아니라 생활의 취미도 담겨 있으며, 심지어 사상사의 내용도 존재한다.

공간의 구성은 항상
의 구조를 지배하그
각의 문제는 대개 관
인 문제이기도 하다

이미 누군가 지적한 것처럼 당나라 시대 이후의 많은 산수화 속에서도 적지 않은 사상사 자료를 찾아볼 수가 있다. 중국 산수화는 인물의 모습은 작고 산수는 두드러지게 크다. 또한 현란한 색채화보다 수묵이 크게 성행하였다. 이러한 성향의 배후에는 모두 관념적인 요인이 존재한다. 송나라 시대 묘실(墓室) 벽화를 보면 일상생활을 그린 장면이 현저하게 증가하는데, 이것은 사람들의 생활 중심이 변화하고 있으며 도시와 문명이 크게 확장되고 있다는 것을 반영하고 있다. 당·송나라 시대의 인물화는 인물들의 지위에 따라 크기와 위치의 차이가 확연하게 드러난다. 명·청나라 시대의 정치성과 종족성(宗族性)이 강한 인물화는 정면으로 단정하게 앉은 대칭적 구성으로 이루어져 있는데, 그 안에도 화가의 그림 대상에 대한 가치 판단과 경외의 심리가 담겨 있다. 말이 나온 김에 레벤슨(Joseph R.

---

1) 우리가 사상사의 시야를 한층 확대시킨다면 이러한 "상징, 부호, 건축, 기구(器具) 및 가요나 주술, 도편(圖片) 등 반(半) 문헌적인 자료들도 과거 사회를 연구하는 데 중요한 사료가 될 수 있을 것이다." 청말 점석재 화보(點石齋畫報)가 그런 예이다. 헤볼드 콘(Havold Kohn : 강무위康無爲)의 「그림 속에 말이 있다 : 점석재 화보와 대중문화 형성 이전의 역사(畫中有話 : 點石齋畫報與大衆文化形成之前的歷史)」(*Drawing Conclusions : Illustration and the Pre-history of Mass Culture*)를 참고하시오. 그의 글은 『역사를 읽으며 우연히 얻다 : 3편의 학술 강연록(讀史偶得 : 學術演講三篇)』(타이베이, 중앙연구원근대사연구소, 1993)에 실려 있다.

Levenson)이 회화를 예로 들어 명청 시대 문인들의 여가 정신을 논했던 것을 언급할 수 있겠다. 그는 문인들이 그처럼 회화에 많은 관심을 쏟았던 것은 바로 '상업', '법률', '과학', '실용' 등의 정신과 상대되는 여가 정신이라고 말한 적이 있는데, 이 역시 사상사에 있어 대단히 중요한 문제를 다룬 것이라고 할 수 있다. 비록 실제 그림을 사용하지 않고 문헌 성격의 회화사를 참고하기는 했지만 그 의미는 결코 퇴색되는 것이 아니다.[2)]

중국의 세계 지도를 사상사 자료로 예시한다.

나는 여기서 다시 고대 중국의 세계 지도를 사상사 자료로 예시하고자 한다. 과거 사상사를 연구하면서 지도에 관심을 가진 사람은 극히 적었다. 그러나 어떤 사람들은 고대 중국의 '천하', '구주(九州)', '중국', '세계', '열국(列國)' 등 여러 개념에 대해 관심을 가지고 있었다. 그들은 오래된 『시경』, 『사기』에서 『해국도지(海國圖志)』에 이르기까지 여러 문헌을 통해 고대 추연(鄒衍)으로부터 위원(魏源) 등에 이르기까지 세계와 중국에 관한 여러 개념들을 찾아내고 분석함으로써 고대 중국의 세계에 대한 관념의 변화를 서술하였다. 그러나 중국인의 이러한 공간 및 정치 관념을 가장 직접적으로 반영한 지도를 사용했던 사람은 이상하리만치 적었다.[3)] 사실 지도의 명칭은 '해내(海內)', '화이(華夷)', '조공(朝貢)', '우공(禹貢)', '만국(萬國)', '세계(世界)' 등 여러 가지로 바뀌었고, 고대 중국인들의 마음속에 존재하던 '천하(天下)'의 범위를 나타내는 지도 역시 크고 작은 변화가 있었으며, 위치나 방위가 바뀌기도 했다.

---

2) 레벤슨(Joseph R. Levenson), 『유교 중국과 그 현대적 운명(儒教中國及其現代命運)』, 정대화(鄭大華) 등 중역본, 중국사회과학출판사, 13~38쪽, 2000.

3) 그렇지만 지도를 연구하는 학자들 가운데 지도를 사상사에 활용하는 데 관심을 가진 이는 거의 없다. 예를 들어, 강도장(姜道章)은 「20세기 구미 학자의 중국 지도학사 연구에 대한 회고(二十世紀歐美學者對中國地圖學史研究的回顧)」(『한학 연구 통신(漢學研究通訊)』 17권 제2기, 타이베이, 1998)에서 상당히 자세하게 논술하고 있지만, 중국 고대 지도를 사상사의 측면에서 연구하는 문제에 대해서는 언급한 바 없다. 일본 학자의 경우, 오다 다께오(織田武雄)의 『지도의 역사 – 세계편(地圖の歷史 – 世界篇)』(생활사, 203쪽, 1974, 1994), 운노 카즈타카(海野一隆)의 「명청 시대 마테오 리치의 세계 지도 – 새로운 사료의 검토(明清におけるマテオ・リッチ系世界圖 – 主として新史料の檢討)」(『新發現中國科學史資料の研究(論考篇)』, 교토대학 인문과학연구소, 1985) 등에서 중국 고대 지도에 관해 논의하면서 이 문제를 언급한 바 있지만 그다지 깊이 연구된 것은 아니다. 오히려 일본 역사와 관련된 부분에서 사상사와 관련이 있는 문제가 논의되고 있다. 예를 들면 후나코시 아키오(船越昭生)의 「곤여만국전도와 쇄국 일본(坤輿萬國全圖と鎖國日本)」(『동방학보』 41책, 교토, 1970) 등이 그것이다.

이러한 변화를 통해 중국인의 사상 속에서 '세계'의 개념이 어떻게 한 쪽에서 다른 쪽으로 점차 확대되었으며, 천하를 모두 아울렀던 '중국'이 어떻게 만국 가운데 한 나라로 축소되었는지, 다시 말해 중국이 어떻게 중심에서 주변으로 이동해갔으며, '사이(四夷 : 사방의 오랑캐)'가 어떻게 중국의 변방에서 사방에 웅거하는 독립된 나라를 형성하게 되었는지를 살필 수 있을 것이다.[1] 사실 지도에 대해 궁금한 점은 이것만이 아니다. 예를 들면 다음과 같다. 고대에는 남쪽이 위이고 북쪽이 아래였는데, 어떻게 지금처럼 위쪽이 북쪽이고 아래쪽이 남쪽으로 변화했는가? 마테오 리치는 세계 지도를 그리면서 왜 명나라를 중심에 두었으며, 그리고 당시 위로 황족부터 아래로 문인에 이르기까지 '중국을 그처럼 작게 그린 것'에 대해 왜 분노하지 않았는가? 명나라 시대 중기와 후기의 해방도(海防圖)는 왜 항상 육지를 아래쪽, 바다를 위쪽에 그렸을까?[2] 명나라 시대 방지(方志)에 나오는 각종 주현(州縣)이나 성진(城鎭)의 지도는 왜 언제나 관부나 서해(署廨 : 관아), 학교나 묘관(廟觀 : 유가 사당과 도교 사원), 그리고 성황(城隍)이나 창름(倉廩 : 창고) 등에만 주목하였으며, 어찌하여 일반 백성들이 사는 거주 지역이나 중요 활동 장소인 시장이나 주점, 여관, 구란(勾欄 : 연극 등을 상연하는 오락 시설) 등은 보이지 않는 것일까?[3] 이것은 누군가 이야기한 것처럼 "모든 인류 공동체마다 서로 다른 세계를 가지고 있기 때문이니", 사실 모든 시대마다 또 다른 하나의 다른 세

---

1) 흥미로운 사실은 중국에서 중국을 중심으로 삼지 않았던 지도 가운데 최초의 것이 바로 불교 지도라는 점이다. 『불조통기(佛祖統紀)』에 보면 불교도인 지반(志磐)이 그린 「동진단 지리도(東震旦地理圖)」, 「한서역 제국도(漢西域諸國圖)」, 「서토오인지도(西土五印之圖)」 등 세 폭의 지도가 실려 있는데, 이는 당시 세계를 세 가지 중심으로 구성한 것이라고 이야기할 수 있다. 그러나 이러한 지도 구성은 기존의 지도 제작을 담당한 이들에게 수용되지 않았다. 이러한 배경에서 중국 내 이역문명의 운명을 가름할 수 있지 않을까?

2) 예를 들어 가정(嘉靖) 35년(1556)의 『주해도편(籌海圖編)』, 만력(萬曆) 19년(1591)의 『전해도주(全海圖注)』, 그리고 조금 뒤에 나온 사걸(謝杰)의 『건대왜찬(虔臺倭纂)』에 나오는 『만리해도(萬里海圖)』를 보면 북쪽이 위, 남쪽이 아래라는 상식을 따르지 않고 중국 대륙을 아래에 그리고 침략 가능성이 있는 일본과 바다를 위쪽에 그려 넣었다. 이에 대해 정약증(鄭若曾)은 다음과 같이 이야기하고 있다. "해내가 위고, 해외는 아래라는 것은 만고에 변할 수 없는 대의명분이니, 마땅히 자신을 중국(中國 : 천하의 중심에 있는 나라)에 세우고 외족을 다스려야만 한다. 만약 바다를 아래에 두게 되면 먼저 바다 가운데 서서 자신을 외족의 줄에 세워 거꾸로 중국을 바라보게 되는 격이니, 어찌 가당한 노릇이겠는가?" 『정개양 잡저(鄭開陽雜著)』 권8, 『문연각 사고전서』본, 8쪽 A~B.

3) 필자의 「고지도와 사상사」, 『21세기』(2000년 10월호 총 61기) 참조. 또한 「고여도 별해(古輿圖別解)」, 『중국 전적과 문화』, 2004년 제3기 참조.

계를 지니고 있는 것이나 마찬가지이다. '세계 지도'라는 그림 안에는 상당히 많은 민족, 국가, 세계, 그리고 지식과 권력의 사상사 내용이 내장되어 있다고 이야기할 수 있다.[4)]

왜냐하면 공간으로서 지도가 그려지는 과정에 이미 지도 작성자의 시각과 느낌, 그리고 역사 개념이 들어가 있기 때문이다. 역사적으로 각종 지도의 변화는 곧 관념의 변화를 의미한다. 또한 지도 작성의 방식이 일단 고정된 제도가 될 경우 그것의 합리성이 상식으로써 사람들의 습관을 지배하게 될 것이다. 사람들은 지도에 설정된 공간을 통해 '나라'와 '역사'에 대한 자신들의 인식을 확정짓고 아울러 '중심'과 '주변'이라는 등급 차이를 구분하게 될 것이다.[5)] 따라서 만약 지도를 사상사의 중요한 자료로 간주한다면 각종 문물 보관소에 보관되어 있는 지도들 또한 단지 소장된 '문물'일 수 없으며, 그 '가치' 또한 지도의 해당 연대(年代)에 머물지 않게 될 것이다.[6)]

4

사상사는 그 경계가 확정되지 않은 연구 영역으로서 사회사, 정치사, 경제사, 문화사, 종교사 등을 서술 배경으로 삼을 필요가 있다. 또한 연구자들은 문자의 유무와 관계없이 여러 가지 실물 자료나 문헌, 유적 등에서 사상이 존재하고 있는 구체적인 상황, 즉 배경을 세밀하게 체험할 것을 요구받고 있다. 그래서 사

4) 한 걸음 더 나아가 푸코의 생각을 따르기로 한다면 '영토', '구역', '이동' 등은 지리학 개념일 뿐만 아니라 법학, 경제, 정치적 개념이다. 그는 이들 '영토, 구역, 이동' 등 지리학에서 처리하는 개념에서 "나는 내가 찾고자 하는 것, 권력과 지식 간의 관계를 찾았다"고 이야기한 바 있다. 『권력의 눈(權力的眼睛)』, 중역본, 상해인민출판사, 205쪽, 1997.

5) 예를 들어 도시와 농촌, 수도권 사람과 지방 사람, 중원과 변방 지역, 연해 지구와 내지(內地), 시내 번화가와 변두리, 강남과 강북 등 여러 가지 지리 개념은 겉으로 볼 때 단지 방위만을 가리키는 것 같지만 실제적으로는 문명·경제·정치상 가치의 등급 구분을 은연중에 담고 있다. 그렇기 때문에 현재 지리학 연구도 이전과 달리 역사와 공간, 그리고 사회 등 세 가지 차원에서 진행되고 있다.

6) 이러한 생각은 문물을 직접 보면서 얻은 것이다. 언젠가 청화대학 도서관에 소장된 고대 지도를 참관한 적이 있었는데, 큰 지도 앞에서 내가 생각했던 것은 그 문물의 가치가 아니라 사상사적인 의미였다.

상사가 모든 역사를 감싸 앉을 수는 없겠지만 보다 많은 자료를 수용하는 일은 당연하고도 가능한 일이다. 기존의 사상사 저작 중에도 고고학적 발굴 문물 자료를 활용하는 경우가 있었지만 그것만으로는 아직도 한참 부족한 상태이다. 그 이유는 아직 사상사 저술 방법에 큰 변화가 없기 때문이다. 전통적인 사상사 저작 속에는 세상에 전해진 문헌 속의 엘리트 사상이나 경전이 이미 충분할 정도로 담겨 있다.

사상사가 모든 역사
싸 안을 수는 없지
많은 자료를 받아들
는 있다.

그래서 사람들은 사상사는 이미 눈이 어지러울 정도로 많은 문헌을 담고 있는데, 왜 굳이 그것들 이외의 새로운 고고학적 발굴 문물을 다루려고 하느냐 하는 의문을 품을지도 모른다. 어쩌면 이런 질문도 할 수 있을 것이다. 고고학과 문물이 사상사의 주요 맥락을 바꾸거나 근본적인 변화를 가져올 수 있겠는가? 기존의 방식과 달리 고고학적 발굴 유물이나 기타 문물을 사상사의 자료로 삼는 것은 사상사의 경계를 애매하게 만들지 않겠는가?

그러나 현재 내가 택한 사상사의 서술 방법은 오히려 새로운 문제를 제기하여 사상사가들이 다음과 같은 사실을 깨닫게 만들 것이다. 즉 기존의 문헌에만 의지한다면 결코 충분치 않을 뿐만 아니라 시대적 차이로 인해 문건들이 여러 차례 복제되고 인쇄되었기 때문에 더 이상 연구자들이 직접 현장에 다가선 것처럼 당시의 심정과 상황을 재구성할 수 없으며, 사회 생활의 배후에 내장되어 있는 보다 깊은 일반 지식과 사상, 그리고 신앙세계를 결코 발견해 낼 수 없다는 것이다. 그렇다면 현재 우리가 직면한 문제는 사상사가들이 어떻게 고고학적 유물과 문물을 제대로 활용할 것이며, 아울러 그것들을 어떻게 사상사 저술 과정에서 적절하게 수용하고 배치하는가에 있다고 말할 수 있다.

사상사가들은 어떻
고학적 유물과 문물
대로 활용할 것이며
울러 그것들을 사상
술 과정에서 적절하
용, 배치할 것인가?

8절

‘육경은 모두 역사이다’에서 ‘역사는 모두 문학이다’까지 : 사상사 연구 자원으로서의 포스트모던 역사학

1997·1998년 홍콩에서 발간되는 『21세기』라는 잡지에 조셉 에셔릭(Joseph W. Esherick : 중국명 주석서周錫瑞), 벤자민 엘만(Benjamin Elman), 테오도르 휴터스(Theodore Huters : 중국명 호지덕胡志德), 장융계(張隆溪), 갈검웅(葛劍雄), 나지전(羅志田)의 글이 연속 발표되면서 미국 학자 제임스 헤비아(James L. Hevia)의 포스트모던 역사학의 분위기를 물씬 풍기는 중국학 관련 저작 『회유원인(懷柔遠人 : *Cherishing Men From Afar : Qing Guest Ritual and the Macarlney Embassy of 1793*)』을 토론하였는데, 논쟁자들의 변론이 매우 날카롭고 격렬하였다. 1999년 『독서』 제2기와 『역사 연구』 제1기에 다시 양념군(楊念群), 나지전(羅志田)의 논문이 각각 발표되었는데, 헤비아의 중국에 관한 연구 방향에 대한 긍정적인 평가가 주를 이루었다. 들리는 바로는 토론회가 20세기 말 마지막 해인 1999년에 거행되었고, 당시 토론에 오른 글들이 학술계에서 가장 영향력 있는 잡지와 역사학계에서 가장 권위 있는 잡지에 게재된 것은 매우 상징적인 의미가 있으니, 그것은 서구의 포스트모던 역사학이 당당하게 중국 대륙의 학술계에 진입했음을 상징한다는 것이었다.

젠킨스(Keith Jenkins)가 카(E. H. Carr)의 『역사란 무엇인가(*What is History*)』를 평론하면서 이야기한 내용에 따르자면, 포스트모던 역사학에서 가장 중요한 관념은 역사란 “일종의 언어적 허구이자 서사 산문체의 논술이다”[1]라는 것이다. 다

1) 젠킨스(Keith Jenkins), 『「역사란 무엇인가」 평가 : 카·엘튼에서 로티·화이트까지(*On “What is History” : From Carr and Elton to Rorty and White*)』, London : Routledge, 1995. 여기서는 강정관(江政寬)의 서평을 참고했다. 『신사학』 10권 제1기, 타이베이, 1999.

시 말해 역사학을 문학으로 간주하는 것이다. 이는 상당히 전복적(顚覆的) 성격의 관념을 표현한 것이라고 할 만한데, 우리는 무의식적으로 장학성(章學誠)이 '육경개사(六經皆史 : 육경이 모두 역사이다)'라고 이야기한 것을 떠올리게 된다. 비록 그의 발언이 옛 것을 답습하여 독창적인 것은 아니지만, 후대 평론가들이 볼 때 이것은 당시 사상사에 있어서 경천동지(驚天動地)할만한 일이 아닐 수 없었을 것이다.[1] 이러한 사고 방식은 오랜 세월 동안 각종 역사 문헌들 속에서 지존의 자리를 지켜오고 있었던 '경(經)'의 위상을 무너뜨렸고, 사람들이 의심의 여지가 없는 절대적인 것으로 간주하고 있던 '경'에서 벗어날 수 있게 했으며, 고대 전적의 근원을 끝까지 파고들어가 객관적인 역사적, 문헌적 연구를 할 수 있도록 만들었다. 그리하여 이것은 그야말로 한 시대의 획을 긋는 의의를 지니게 되었다.

그렇다면 이러한 사고 방식의 추리를 따라가 볼 때 포스트모던 학이 '사(史 : 역사)'를 다시 '문(文 : 문학)'으로 바꾸어 "역사는 모두 문학이다"라고 주장한 것은 역사학을 진실과 확고한 원칙을 추구하는 것에서 해방시켜 문학과 상상의 생산물로써 더욱 자유로운 구성과 조직, 그리고 비평의 권력을 갖도록 하자는 것인가? 우리들이 알기에 동양이든 서양이든 간에 이른바 '경전(經典)'이란 그 권위성을 '진리'에 대한 독점 위에 세우고, '진리'라는 권력에 의지하여 자신의 역사 기록, 철학적 사고, 문학 표현의 절대적 합리성을 보호한다. 또한 이른바 '역사'는 그 권위성을 '진실'에 대한 독점 위에 세우고, '진실'에 의거하여 독자가 서술의 합리성을 믿도록 요구한다.

그렇다면 이러한 것들이 모두 '문학'이나 '서술(敍述)'로 바뀐다면 본래 '역사'가 지니고 있던 권위성이 한꺼번에 무너지게 되는 것일까? 예를 들어 글자나 문장에 대한 인지 능력은 경학을 연구하고 역사를 고증하던 시대에 상당히 중요한 것으로 여겨졌다. 한나라 시대 허신(許愼)의 말에 따르면 문자는 "전대 사람들이 후세에 전한 것이며, 후세 사람들이 옛 것을 아는 까닭이다(前人所以垂後, 後人所以識古)." 또한 청나라 시대 대진(戴震)은 "문자로써 언어에 통하고 언어로써 성현

---

1) 『문사통의』 권1 「역교상」의 첫머리는 바로 "육경이 모두 역사이다"라는 매우 도발적인 발언으로 시작된다. 섭영(葉瑛), 『문사통의 교주(文史通義校注)』, 중화서국, 1쪽, 1985.

의 심지(心志)에 통한다"[2]고 주장했다. 이렇듯 2천여 년 동안 경전은 언어를 빌어 고대의 진리를 전달하였고, 독자들은 언어 문자에 근거하여 진리의 환원과 해독, 복제가 가능하다고 알고 있었다. 마찬가지로 역사 역시 대부분 문자와 언어에 의해 기록되는데, 이십오사(二十五史)는 각기 다른 시대의 언어로 전통과 사실을 서술하고, 독자들은 이들 문자와 언어를 통해 과거를 돌아볼 수 있다고 믿는다. 그런데 만약 글자를 알지 못하거나 문자, 음운, 훈고의 학문에 정통하지 않은 상태에서 경사(經史)를 대할 경우 이러한 진리와 진실을 반드시 이해하거나 환원시킬 수 있다고 장담할 수 없으며, 때로 항주(杭州)를 변주(汴州)로 오인할 가능성도 존재한다.

그러나 포스트모던 역사학은 오히려 이것을 그다지 중요하게 생각하지 않는 것 같다. 나지전(羅志田)은 헤비아(Hevia)가 '사료(史料)와 해석 사이에서 일반적으로 대중들이 모두 동의했다고 생각하는 관계를 동요시키는 것'에 대해 찬성하고 있다. 그러나 '일반적으로 대중들이 모두 동의했다고 생각하는 관계'를 세우는 일은 정확한 식자(識字 : 글자 해독)와 구절 나누기 등을 토대로 적절한 시간과 공간 배경 속에 정확하게 배치하는 것을 근거로 삼기 때문에 상상은 물론이고, 그 어떤 환상도 용납하지 않는다. 그러나 양념군(楊念群)은 오히려 다음과 같이 비판하고 있다. "글자 해독은 상식적인 일이라는 비판은 모종의 권력 지배의 의미를 지니고 있으니, 이를 통해 그 담론 역량을 강조하는 동시에 지극히 독창적인 연구의 해명과 관점 확장의 권리를 막거나 더 나아가 봉쇄할 가능성이 있다."[3] 그래서 '식자(識字)'와 '석의(釋義 : 어의를 해석하는 것)' 사이의 틈이 날로 헐거워지고, 과거와 서술(敍述) 사이가 점점 멀어지면서 해석과 서술 사이에 실로 상당히 넓은 자유 공간이 생기게 되는 것 같다.

---

2) 『설문해자』 제15 「서목」, 『설문해자 의정』 권49, 1320쪽, 제로서사(齊魯書社) 영인본, 1987. 대진(戴震), 「여시중명논학서(與是仲明論學書)」, "경에서 지극한 것은 도이다. 도를 밝히는 바는 그 '사(詞 : 문장)'고, '사'를 이루는 것은 '자(字, 글자)'이다. '자'로 인해 그 '사'에 통하고, '사'로 인해 그 도에 통하게 되는데 반드시 점진적이다." 『동원문집(東原文集)』 권9, 『대진전서』 제6책, 황산서사(黃山書社), 370쪽, 1995.

3) 나지전(羅志田), 「포스트모더니즘과 중국 연구 : '멀리 있는 사람을 생각하며'의 사학적 계시(後現代主義與中國研究 : '懷柔遠人'的史學啓示)」, 『역사 연구』 1999년 제1기, 117쪽 ; 양념군(楊念群), 『'상식성 비판'과 중국 학술의 곤경('常識性'批判與中國學術的困境)」, 『독서』, 1999년 제2기, 79쪽.

실로 100년은 상전벽해(桑田碧海)의 세월로 윤회하였다. 100년 전, 세기의 교체기였던 1900년에 제1회 「국제 역사학자 대회」가 개최되었다. 그 대회 개막식에서 모노(Gabried Monod)라는 한 프랑스 역사학자는 이렇게 이야기한 적이 있다. "우리들은 더 이상 가설에 근사한 추론, 무용(無用)의 체계나 이론에 관련하고 싶지 않습니다. 그런 것들은 보기에는 당당한 것 같지만 사실은 겉만 번지르르할 뿐 내용이 없고, 사람들을 속이는 도덕적 교훈일 뿐입니다. 사실(事實)! 사실! 사실이어야만 합니다. 그 자체가 교육과 철학적 사실을 담고 있어야 합니다. 진상(眞相)! 전체적인 진상이 필요합니다. 진상을 제외하고 그 어떤 것도 필요 없습니다."[1)]

그러나 100년도 못 되어 역사학은 '사실'과 '진상'에서 '허구(虛構)'와 '서술'로 바뀌었고, 본래 서술과 사실의 간격, 기록과 진상의 사이를 연결시키던 자사(字詞 : 글자와 문장)라는 체인이 결국 녹슬고 단절되어 사람들은 도무지 이것을 통해 이것으로 저것까지 미칠 수 있다고 믿지 않게 되었다. 그렇다면 역사학이 이미 더 이상 '자(字)'나 '사(詞)'를 빌어 '진상'과 '진실'을 확인할 수 없고, 아울러 '진상'과 '진실'의 명의에 의지하여 지식과 언어의 권력을 가질 수 없게 되었을 때 이제 무엇에 근거하여 역사 서술의 의의를 확립할 수 있을 것인가?[2)]

1

우리들이 장평(長平)의 전투에서 진(秦)나라 장군 백기(白起)가 조(趙)나라 병사 수십만을 구덩이에 파묻고, 홍문연(鴻門宴)에서 항장(項庄)이 칼춤을 추며 패공(沛公)을 노렸고, 일찍이 당나라 현종 시대에 마외병란(馬嵬丙亂)이 일어났고, 조광윤(趙匡胤)이 정변으로 권력을 장악하여 황제가 된 사실에 대해 이야기하곤 하는데,

---

1) 『역사의 진상(歷史的眞相)』에서 재인용, 중역본, 중앙편역출판사, 60쪽, 1998.

2) 포스트모던 역사학이 전체 역사학에 끼친 영향은 내가 평론할 부분이 아니다. 여기서는 단지 중국 사상사의 시각에서 출발하여 자원으로써 포스트모던 역사학의 사유 방식이 우리에게 어떤 계시를 줄 수 있는가를 잠시 살펴본 것일 따름이다.

사실 이러한 이야기는 거의 모두 『사기(史記)』나 『한서(漢書)』, 『당서(唐書)』, 『송사(宋史)』의 서술에 근거하여 과거에 그러한 일이 벌어졌으며, 그러한 역사가 있었다는 것을 말하는 것일 따름이다.

포스트모던 역사학의 견해에 따르자면, 이것은 설서인(說書人 : 이야기꾼)이 『삼국연의(三國演義)』나 『수호전(水滸傳)』을 근거로 삼아 각종 이야기를 펼쳐 나가거나, 대고서(大鼓書 : 중국 청초에 크게 유행한 곡예曲藝의 일종으로 한 명 또는 여러 명이 북이나 삼현악기를 반주로 노래와 이야기를 한다. 역자 주)를 하는 이가 「검각문령(劍閣聞鈴)」을 부르고 다시 「천리송경랑(千里送京娘)」을 노래하는 것과 마찬가지로, 다같이 '책으로 증거를 삼는 것(有書爲證)'이다. 이처럼 증거로 삼는 책이 있다는 것은 상당히 중요한데, 일반적으로 우리는 항상 역사 문헌을 통해 과거를 이해한다. 그러나 포스트모던 역사학은 이 점에 대해 탁월한 견해를 제시하고 있다. 즉 우리는 우리와 '과거' 사이를 연결시키는 '역사 서술'을 흔히 소홀하게 다루어 마치 우리들이 역사 서술과 '과거' 사이의 발생 관계를 직접적으로 관통할 수 있다고 여기기 때문에 '역사 서술'은 마치 아무런 장애가 없는 투명한 유리처럼 여겨져 항시 대수롭지 않은 것으로 취급되고, 사람들은 역사를 직접 진술하면서 그것이 마치 말하지 않아도 다 아는 '과거'처럼 여긴다는 것이다.

트모던 역사학은 우
우리와 '과거' 사이
연결시키는 '역사 서
을 소홀하게 다루고
고 지적했다.

포스트모던 역사학자인 하이든 화이트(Hayden White : 1928~)는 바로 이 점을 포착하여 우리들의 '역사'는 "특별히 서술된 담론을 빌어 이루어진 것이며, '과거'와 모종의 관계이다"[3]라고 지적한 바 있다. 그의 간단한 언술에는 다음 세 가지 주목할 점이 있다. 첫째 '역사'는 '과거'와 같지 않다. 둘째 역사는 '서술된 담론이다.' 셋째 역사는 반드시 먼저 서술된 연후에 비로소 읽혀지며, 아울러 읽혀짐으로써 과거와 관계가 발생한다. 그러므로 역사 편찬학, 즉 역사 저술은 문학과 마찬가지로 문학 이론으로 해석될 수 있는 것이다. '문학적 허구로서의 역사 텍스트(The Historical Text as Literary Artifact)', 역사학자들이 크게 놀랄 만한 이 말은 그의 3부작 가운데 하나인 『논술의 의미 전환 : 문화 비평 논집』 가운데 나오는 한

---

3) 「사라진 시대의 성질 그리기 : 문학 이론과 역사 서술」, 랄프 코헨(Ralph Cohen)이 편찬한 『문학 이론의 미래』(*The Future of Literary Theory*, Edited by Ralph Cohen, 1989), 중역본, 중국사회과학출판사, 43쪽, 1993.

절의 제목인데,[1] 이를 통해 그는 이전의 역사학 관념과 역사학 방법을 철저하게 와해시키고, 아울러 '포스트모던 역사학'의 사유 방식을 이끌어낼 수 있었다.[2]

'서술(narrative)'이란 개념의 포괄적 함의와 지칭 아래 역사와 문학의 경계가 없어지기 시작했다. 우리는 그 유명한 사마천의 『사기』에서 어렵지 않게 '문학적 허구'의 예를 찾을 수 있다. 「항우 본기(項羽本紀)」 중 해하지전(垓下之戰)에 관한 이야기는 그것이 후대 문학 예술 가운데 '패왕별희(霸王別姬)'나 '오강자문(烏江自刎 : 초패왕이 오강에서 스스로 목숨을 끊은 것을 말함)'의 원형이 되기는 했지만, 그 이전에 이미 그것의 상상력을 사람들은 간파하고 있었다. 「소진장의열전(蘇秦張儀列傳)」에 나오는 연극성이 풍부한 합종연횡(合縱連橫)에 관한 이야기 또한 마왕퇴 백서(馬王堆帛書)에서 『전국종횡가서(戰國縱橫家書)』가 발견되면서 역사가의 허구일 가능성이 크다는 지적을 받게 되었다. 왜냐하면 장(張)·소(蘇) 두 사람이 생존했던 시대가 크게 차이가 있어 그들이 같은 무대에서 공연하는 일은 거의 불가능하다는 사실이 인지되었기 때문이다.[3]

'서술'이란 개념의 포괄적 함의와 지칭 아래 역사와 문학의 경계가 없어지기 시작했다.

그러나 이처럼 서술자 개인의 호기심으로 말미암아 이야기를 지어내는 풍조는 후대로 넘어올수록 점차 약화되어 역사학의 담장 밖으로 쫓겨났고, 역사학

---

1) 하이든 화이트의 삼부작은 『메타 역사학 : 유럽 19세기의 역사 상상』(*Metahistory : The Historical Imagination in Nineteenth Century*, 1973), 『논술의 의미 전환 : 문화 비평 논집』(*Tropics of Discourse : Essays in Cultural Criticism*, 1978), 『형식의 내용 : 서사 이론과 역사 재현』(*The Content of Form : Narrative Discourse and Historical Representation*, 1987) 등이다.

2) 이 부분은 이미 중역본이 있다. 장경원 주편, 『신역사주의와 문학 비평』(북경대학출판사, 1993) 참조. 이 밖에 사학과 문학 사이에 등호를 긋는 것은 기존의 학과 체계에 익숙한 역사학자를 매우 불편하게 만들지도 모른다. 왜냐하면 확실성이나 객관성을 부정하는 것이 은연중에 역사학의 합리성이나 과학성을 해체하고 있기 때문이다. 역사학이 문학에 대해 오만한 자세를 취하는 이유 가운데 하나는 단지 역사가 담고 있는 도덕적 교훈이나 경험의 총결 때문이 아니라 역사가 서술하고 있는 것이 분명하게 존재했던 것이며, 또한 역사학의 방법은 그렇게 존재했던 것을 정확하게 재현해 낼 수 있다고 확신하기 때문이다. 그러나 고대 중국의 역사학자의 관점에서 본다면 그다지 놀랄 만한 것이 아닐 수도 있다. 일찍이 사마천이 홍문연(鴻門宴)이나 해하(垓下)의 전투, 장의(張儀)와 소진(蘇秦)의 합종연횡(合縱連橫)에 대해 문학적으로 서술한 바 있기 때문이다. 또한 '문사일가(文史一家 : 문학과 사학은 한 집안)'라는 관점도 역사학에 대한 불경, 이것에 대한 분노를 어느 정도 삭히는 데 도움을 줄 수도 있을 듯하다.

3) 『사기』는 역사와 문학이 아직 철저하게 분화되지 않은 시기의 작품인데, 사마천 자신의 강렬한 개인 의식으로 인해 『사기』는 이른바 '진실'을 완전하게 추구하는 쪽이 아니라 서술의 역량을 한층 중시하는 쪽으로 나아갔다.

은 엄숙한 담론으로 과거를 쓰는 데 익숙해지기 시작했다. 그것은 마치 자신이 행하는 작업이 '서술'이 아니라 '실제 사건에 대한 기록', 즉 '기실(記實)'임을 선포하려는 것처럼 보인다. 그래서 역사학자들이 「당서(唐書)」에 나오는 현무문지변(玄武門之變)에 대한 기록을 믿고 싶어 하고, 「송사(宋史)」에 나오는 진교병변(陳橋兵變)에 대한 서술을 믿지 않을 수 없는 것과 마찬가지로 후세에 당나라 태종을 영주(英主 : 영명한 군주)로 칭송하는 것은 당시 형제들을 죽인 잔혹한 사건의 합리성을 강화시키는데 한몫을 했으며, 사건의 합리성은 다시 서술의 합리성을 강화시키는 쪽으로 나아갔다.[4)]

그리하여 후세 사람들은 권위적인 정사(正史)의 기록에 대해 의문을 제기할 수 없게 되었으며, 또한 더 많은 사료를 찾는 데 대한 어려움을 호소하게 되었다. 결국 정변을 일으켜 권력을 장악한 것은 치밀한 계획을 통한 정치 희극이 아니라 단지 하늘의 이치에 따르고 민심에 순응한 행동이었음을 인정할 수밖에 없게 된 것이다. 설사 그것이 사람들에게 고아나 과부를 괴롭히는 것처럼 부당함을 연상시킴에도 불구하고, 바로 이처럼 엄숙하고 공정하다고 인정되는 서술 속에서도 특정한 시각이나 관념, 입장, 언어 때문에 의도적이거나 무의식적으로 역사 서술을 선택하고 수정하며 심지어 왜곡하는 일이 벌어지는데, 오히려 '진실'로 그 '허구'를 숨기고, '통찰'로 그 '불견(不見 : 보지 못하는 점)'을 엄폐하고 있는 것이다.

태생적으로 활기가 충만한 문학은 언제나 기이한 생각들로 가득하다. 그러나 문학은 자주 이러한 기이한 생각들로 인해 수많은 새로운 이치를 발명했고, 비교적 신중하고 침착한 여타의 학술 영역을 감염시켰다. 화이트는 매우 빈번히 문학 이론 영역에서 자신의 사고 방향을 찾는 데 큰 도움을 받았다. 예컨대 로만 야콥슨(Roman Jakobson)이나 롤랑 바르트(Roland Barthes), 노드롭 프라이(Northrop Fryer), 폴 리쾨르(Paul Ricoeur) 같은 사람들의 경우에도 마찬가지여서 그들에게 영향을 준 사람들은 주로 언어학이나 철학, 또는 문학이론가들이었다. 그들의 이론 영역에서 '서술'이란 개념으로 말미암아 역사학은 면책 특권을 누리지도 못한

4) 이 대목의 역사에 대해서는 송나라 소박(邵博)의 『소씨 문견 후록(蘇氏聞見後錄)』 권7, 중화서국, 49~53쪽, 1983년을 참고하시오.

채 도피하지 않을 수 없었다.

그들 가운데 일부는 단순한 문학 연구자에서 그치지 않고 역사학에 관해 직접 견해를 밝힌 사람들도 있는데, 그 한 예로 롤랑 바르트의 경우를 살펴보기로 하자. 그는 1960년대부터 70년대에 이르기까지 공인된 가장 영향력 있는 사상가 가운데 한 사람이다. 그는 『역사의 담론』에서 이렇게 이야기하고 있다. 연표·편년사·총집처럼 체계 없는 나열을 통해 표현하고자 하는 실재 '과거'는 역사적 의의가 없다. 역사적 의의는 오로지 '체계가 온전하고 유동적인 담론' 속에서 비로소 존재하게 되며, 오직 이러한 '서술' 속에서 역사는 비로소 그 의의를 드러낼 수 있다. 또한 이러한 서술이 "사실에 대한 무질서한 묘사일지라도 적어도 '혼란'이라는 의의를 전달할 수 있을 것이며, 아울러 일종의 부정적이고 특별한 역사 철학을 암시할 수 있을 것이다." 따라서 역사학자는 사실을 수집한다기보다 '능지(能指 : 사물이나 대상이 표현하거나 지시하는 것, 즉 signifiants)'를 수집한다고 이야기하는 것이 올바르다. 이러한 사물이 표현하거나 지시하는 '능지'는 이러저러한 형식에 따라 조합되고 조직되는 것이기 때문에 '역사'는 이러한 서술 속에서 '고정(固定)'적인 것이지만 '사실'을 초월하는 풍부함을 지니게 된다.[1] 그는 서술 텍스트는 확정적 의의나 고정된 취지가 없으며, 다원적이고 개방적이어서 오직 비평가나 독자가 그러한 부호들을 어떻게 진열하고 조직하는가에 달려 있다고 믿고 있다. 그 자신이 발자크(Balzac)의 단편소설 「사라신느(Sarrasine)」에 대해 진행했던 분석과 마찬가지로 그는 하나의 텍스트를 일군의 어사(語辭)의 조합으로 보고 이것을 서사(narrative), 설명(hermeneutic), 문화(cultural), 부호(semic), 상징(symbolic)이란 다섯 가지 법칙으로 새롭게 윤곽을 그리고 이해했는데[2], 역사 텍스트 역시 이렇게 처리하면서 역사는 이미 문학에 근접하게 되고 '과거'는 이미 '서술'이 되고 만다.[3]

---

1) 중역본, 이유증(李幼曾) 옮김, 『현대 서양 역사 철학 역문집』, 상해역문출판사, 93쪽, 1984.

2) 『S/Z』을 참고하시오. 테리 이글턴(Terry Eagleton), 오신발(吳新發) 중역본, 『문학 이론 도독(文學理論導讀)』, 타이베이, 서림출판유한공사, 173~176쪽에서 재인용, 1993.

3) 진신(陳新)의 「20세기 서양 '역사 서술' 연구의 두 단계(20世紀西方'歷史敍述'研究的兩個階段)」라는 논문에도 이에 대한 간략한 논술이 보인다. 『강해학간』 1999년 제1기, 남경.

는 하나의 텍스트가
니다. 그러나 텍스트를
고 역사는 이루어질
것다.

"역사는 하나의 텍스트가 아니다." 그러나 되돌려 이야기하자면 "텍스트를 빼놓고 역사는 이루어질 수 없다."[4] 앞에서 이야기했던 것처럼 우리가 '서술'을 '진실'로 여길 때 '역사'는 마치 아무런 장애가 없는 투명한 유리인 듯하다. 그러나 당장 '서술'이 역사 텍스트와 그 '글쓰기'를 사람들 앞에 분명하게 드러낼 때 과거의 그 투명한 유리는 모호해지기 시작한다. 바로 이러한 모호함으로 말미암아 사람들은 그것에 주목하게 되고, 일찍이 대수롭지 않게 여겨졌던 역사 서술이 보다 자세하게 살펴볼 것으로 간주되며, 본래 '진실'을 대표하여 독자들에게 서술되었던 텍스트는 오히려 그것의 '진실' 여부가 문제시되기에 이른다. 사람들은 물을 것이다. 만약 우리들이 믿어왔던 역사가 단지 설명된 텍스트일 뿐이거나 끊임없는 중복 서술을 거친 텍스트라면 과연 역사는 진실한 과거일 수 있는가? 서술은 무엇에 근거하여 독자가 그것을 역사 그 자체라고 믿게 만들 수 있는가? 화이트는 이렇게 이야기하고 있다. 비록 역사 서술이 역사 철학처럼 '개념적인 내용을 텍스트 표면의 논술 가운데 배치하고 있지는 않지만' 오히려 역사가 자신의 이념을 '서술 내부에 깊이 숨겨 놓거나 은근히 내포시키는 형태를 설계하였다.' 그렇다면 이러한 서술 속에서 자신이 의도한 설계에 따르기 위해 의도적으로 숨기거나 왜곡, 전도, 또는 돌출시키는 일이 있지 않겠는가?

사실 사상사 역시 이러한 문제를 가지고 있다. 몇 가지 예를 들어보자. 남종선(南宗禪) 사상사에서 신회(神會)의 중요한 역사적 지위는 선종(禪宗)의 등사(燈史 : 선종 문헌으로 역대 조사祖師들을 순서에 따라 저술하였다. 등燈은 조사의 깨우침을 의미하고, 이 법이 계속 이어져가기 때문에 등사라고 한다. 역자 주) 아래에서 점차 사라졌다가 1920~30년대 불교사 연구자들에 의해 의외로 분명하게 드러나기 시작했다.[5] 또한 일반적으로 사상사에서 핵심적인 인물로 알려진 왕통(王通)은 사실 그가 생활했던 시대에 거의 영향력이 없었다. 그러나 후대로 갈수록 그의 그림자는 더욱 분명해졌다. 우선 도처에서 위기에 직면한 만당(晩唐) 시절에 이르러 피일휴(皮日休), 육구

---

4) 프레드릭 제임슨(Fredric Jameson), 『정치 무의식(*The Political Unconscious*)』, Conell University Press, 82쪽, 1981.

5) 『중국 선 사상사 – 6세기에서 9세기까지(中國禪思想史 – 從6世紀到9世紀)』(북경대학출판사, 1995) 참고.

몽(陸龜蒙), 사공도(司空圖) 등이 그를 사상과 정신의 자원으로 새롭게 발굴하였고, 이어서 국가의 권위와 사상 질서를 새롭게 건설하기를 원했던 송나라 초의 석개(石介) 등은 그를 공자(孔子)와 맹자(孟子), 양웅(揚雄)과 한유(韓愈) 사이를 잇는 대유학자로 간주하여 사상사에서 반드시 거쳐야 할 고리로 삼았다. 이후 사마광(司馬光)이 다시금 그를 칭송하면서 전체가 실록이나 다를 바 없다고 여겨지던 『자치통감(資治通鑒)』에 편입시키게 된다. 이후로 당나라 시대 초기의 여러 인물들이 뜻밖에도 그의 사상을 전수받은 것으로 알려졌고, 마치 그가 진실로 당시 최고의 정신적 지도자인양 추앙되기에 이른다.

따라서 우리의 '사상사'가 계속해서 그를 수당(隋唐) 시기에 올려놓는다면 독자들은 정말로 그가 수당 사상사에서 대단히 중요한 사상가로 생각하게 될 것이다. 그러나 사실 그가 후대 문헌에 자신의 이름을 올릴 수 있었던 것은 당나라 시대 초기에 몇몇이 그를 거론했기 때문이다. 그래서 사마광조차 "실로 공자를 이을 수 있는 성인이라 여기게 되었다"고 자못 폭로적인 발언을 했던 것이다.

이와 마찬가지로 송나라 시대 유학자의 영수로 간주되던 주돈이(周敦頤)의 경우도 같다. 당시 그는 비록 두 명의 훌륭한 학생을 제자로 삼기는 했지만, 그 누구도 그의 언론에 주목하지 않았다. 그런데 그의 뛰어난 제자, 즉 정호(程顥)와 정이(程頤)로 말미암아 그는 장식(張栻)과 주희(朱熹)의 칭송을 받게 되었으며, 그들의 판단은 다시 원나라 시대 사람들에게 전수되어 사람들이 일반적으로 '원시자료'로 간주하는 『송사(宋史)』에 실리게 되었으며, 이후 사상사가들은 이를 진실한 역사로 보고 자신들의 저작에 써넣은 것이다. 이리하여 북송의 이학(理學)은 마치 주돈이부터 비롯된 것으로 여겨졌으며, 그의 『태극도(太極圖)』는 전체 송나라 시대 사상을 뒤덮는 거대 담론이 되기에 이른 것이다.[1] 이외에도 신회나 왕통,

1) 주돈이의 위상에 관해서는 등광명(鄧廣銘)이 쓴 「주돈이의 사승과 전수에 관하여(關於周敦頤的師承和傳授)」, 『鄧廣銘治史叢稿』, 북경대학출판사, 213쪽, 1997년을 참고하시오. 사실 후외려(候外廬)나 이택후(李澤厚) 역시 이 점을 간파하여 주돈이의 사상사적 위상은 기존의 역사와 결코 부합하지 않으며, "그의 숭고한 지위는 대부분 후세 사람들이 추존하여 만든 것이다"라고 지적한 바 있다. 그러나 기존의 철학사나 사상사는 여전히 그를 북송 이학의 전면에 세워 놓고 송나라 시대 사상사가 그에게서 시작된다고 말하고 있다. 후외려, 『중국 사상 통사』 제4권 상책, 인민출판사, 502쪽, 1959 ; 이택후, 『중국 고대 사상사론』, 인민출판사, 536쪽, 1985.

차례에 걸쳐 오염되 복된 '텍스트'는 를 은폐한다.

주돈이와 같은 예는 허다하게 많다. 일반적으로 사람들은 사상사나 철학사를 서술할 때 사상과 학술의 횃불이 끊어질 듯 말 듯하면서도 고귀한 성철(聖哲)들에 의해 서로 계승되어 이어진다고 상상하기 마련이다. 보편적인 우매함 속에서 그들은 애써 고심하며 조심스럽게 문명의 불씨를 보호하고 계승한다는 것이다. 이러한 상상적인 이야기가 후대 철학사나 사상사에 의해 다시금 새롭게 서술될 때 여러 차례에 걸쳐 오염되고 전복된 '텍스트'는 '과거'를 은폐하게 되며, '텍스트'를 '역사'로 간주하는 이들은 그들이 '과거'의 사상사에서 정말로 중요한 인물이었다고 믿게 되는 것이다.

그러나 '역사'의 진실성이 '서술'이란 단어에 의해 와해되고, 사람들이 '텍스트'의 글쓰기에 대해 끝까지 추궁하게 되자, 역사 텍스트는 곧 문학 텍스트와 같은 위치로 내려가게 되었으며, 동시에 충분한 공간을 획득하기에 이르렀다. 그리하여 더 이상 높은 곳에서 거만하게 아래를 굽어보며 이른바 진실성으로 사람들의 이해와 해석을 제한할 수 없게 되었다. 이제 사람들은 앞서 예를 들었던 사상가들이 그들이 살았던 시대의 사상에 대해 어떤 의의를 지녔는가에 대해 다시 새롭게 생각하게 되었으며, 특히 역사를 탐독하는 독자들은 서술의 원본에 대해 경각심을 가지게 되고 역사의 진실성에 대해 심각한 회의를 하게 되었다. 그리하여 마치 연극 한 편을 보는 것처럼 때로 누군가 고인(古人)을 위해 마음 아파하며 눈물을 흘릴 때도 있지만, 냉정한 어떤 사람들은 "그것은 그저 극본에 따라 연출된 연극일 뿐이다"라고 정곡을 찌를 수 있게 되었다. 고집스럽게 사실을 추궁하는 사람이라면 혹시 기만을 당했다는 느낌이 들지도 모른다. 송나라 시대 사람 주숙정(朱淑貞)이 『독사(讀史)』에서 말한 것처럼 "붓끝은 취하고 버림이 천만 가지여서 후세 사람들을 제멋대로 속인다."[2)]

2) 『주숙진 집주(朱淑眞集注)』 전집 권10, 절강고적출판사, 117쪽, 1985.

2

우리는 다음과 같은 사실을 의심할 여지없이 인정해야 한다. 그것은 고대와 현대를 막론하고 이데올로기의 압력, 가치관이나 감정의 좋고 나쁨, 사고 방법과 방법의 편애, 시대적 추세와 정치적 요구, 역사 자료의 결핍과 잔존하는 우연성 등이 비록 '과거'의 사실과 무관하지만 언제나 '역사' 서술에 영향을 끼칠 수 있으며, 현장에 존재하지 않았던 그림자가 오히려 현장에 있었던 서술자를 뒤덮어 '과거'와 '역사'의 틈이 점점 더 커져만 간다는 사실이다.[1] 그러나 더욱 큰 문제는 '역사'를 '텍스트'로 여기고, '과거'와 '역사'를 분리시켜 지금까지 투명하다고 여겨왔던 유리창을 분명하게 드러내며, 역사의 독자들이 '텍스트'의 존재를 의식하여 '텍스트'의 진실성을 따지게 될지라도 그것은 단지 역사 텍스트에 대한 의심만 야기할 뿐이라는 점이다. 이러한 의심은 원래 역사 문헌 고증학의 전통에 속하는 것이다. 중국에서 『위서통고(僞書通考)』와 『속위서통고(續僞書通考)』는 이미 꽤 많은 문헌을 자신의 스포트라이트 아래 진열하였고, 송나라 시대와 청나라 시대의 고증가들은 탁월한 회의(懷疑) 정신과 고증 기술을 통해 수많은 전적을 자신들의 심문대 앞에 세웠다. 그러나 그들은 한 가지 문제, 즉 만약 진실한 과거를 추적할 길이 없다면 추적할 수 있는 유일한 것은 역사의 글쓰기와 서술일 뿐인데, 그렇다면 글쓰기와 서술 사이에 진위를 구분하는 것은 어떤 의의가 있는 것인가에 관한 문제를 풀 수 없었다.

이데올로기의 압력, 가치관이나 감정의 좋고 나쁨, 사고 방법과 편애, 시대의 추세, 정치적 요구, 역사 자료의 결핍과 잔존의 우연성 이 모두 '역사' 서술에 영향을 미친다.

사실 포스트모던 역사학은 이러한 역사 서술이 위사(僞史)에 들어가는 것에 조급해 하지 않는다. 왜냐하면 역사 서술에 진위(眞僞)가 공존한다고 여기는 사고 방식은 포스트모던주의자에게 있어서 오히려 상당히 '현대적인 것'이며, 진위를 구분하는 기술과 원칙 그 자체가 매우 '이성적인 것'이기 때문이다. 그들은 이렇게 물을지도 모른다. 만약 모든 것이 역사적 서술일 뿐이라면 과연 어떤 것이 진

---

1) 화이트의 견해에 따르면 역사적 담론은 '형식 논증', '줄거리 배치', '이데올로기의 암시'라는 세 가지 책략을 통해 해석되면서 합리성을 얻게 된다. 성녕(盛寧), 『인문의 곤혹감과 반성(人文困惑與反思)』, 삼련서점, 166쪽, 1997.

실이고, 어떤 것이 거짓인가? 바로 이런 이유로 포스트모던 역사학이 던지는 역사의 진실성에 대한 질문은 단순히 우리들이 일반적으로 말하는 '진실은 남기고 거짓은 제거하는 것'이 아니며, '거짓 사료 속에도 진실한 역사가 있다'는 것도 아니다. 기억하기에 '거짓 사료 속에도 진실한 역사가 있다'는 이 말이 찬사를 받은 적이 있다. 그것은 중국 역사학자들의 이해의 시야 속에서 나온 말인데, 대략 이야기하자면 만약 의도적으로 만든 위서(僞書)의 시대와 작가를 고증해 낼 수 있다면 의심스러운 '위서'도 진정한 '사료'로 바꿀 수 있다는 것이다.[2] 그러나 여전히 해명해야 할 몇 가지 문제점이 남아 있다.

첫째, 중국에서 이른바 '위서(僞書)'의 거짓됨은 일반적으로 위서가 지어진 시대와 지은이에 대한 것이다. 늦게 나온 것이 먼저 나온 것인 양하는 것은 마치 술도가에서 조금 전에 누룩을 빚어 만든 술을 오래 묵은 술처럼 파는 것이나 마찬가지이며, 명성이 없는 사람이 위대한 사람인양 가장하거나 질 나쁜 짝퉁을 명품으로 속여 파는 것과 같다고 여긴다. 그러나 그러한 위서에는 공개적으로 깃발을 내걸은 역사 저작은 전혀 언급되지 않고 있다. 그것들(역사 저작)은 아예 이름조차 바꾸지 않은 상태에서 위서의 내용을 그대로 담고 있지만, 전통 사학의 관점에서 진실한 문헌으로 간주되었기 때문에 여전히 허가증을 내걸고 장사를 계속하고 있는 것이다.

둘째, 일단 '거짓' 문헌이 속속들이 파헤쳐져 지은이를 확인하게 될 경우 그 즉시 진실한 역사 자료로 간주되어 계속 인용되거나 활용된다. 그것은 마치 세관에서 밀수품이나 위조품에 상표를 달고 판매하는 것처럼 폐기물을 다시 사용하는 것이나 마찬가지이다. 그야말로 '농가성진(弄假成眞 : 농담이 진담이 되는 꼴이다)이다." 그러나 그것이 참이든 거짓이든, 인위적인 '서술'에서 비롯된 것이든 아니든지 간에 모든 '서술'된 역사가 일단 본인 여부만 증명된다면 모두 '진실한 과거'를 드러낸다는 말인가?

---

2) 진인각(陳寅恪)의 「양역 대승기신론의 위조된 지개 서문에 있는 진짜 사료(梁譯大乘起信論僞智愷序中之眞史料)」『금명관총고 2편(金明館叢稿2編)』(상해고적출판사, 1980)를 예로 들 수 있다. 양역(梁譯)은 천축 삼장법사 진체(梁天竺三藏法師眞諦)가 번역했다는 뜻이다.

중국의 전통적인 문자 분석에 따르면 '위(僞)'는 곧 '인위(人爲)'일 따름이다. 따라서 위서(僞書)는 의도적으로 누군가 지어낸 것을 뜻한다. 그러나 사실 '진(眞)' 역시 '인위(人爲)'이기는 마찬가지이니, 이른바 '진사(眞史 : 진실한 역사)'라는 것도 누군가 의도하여 글을 쓴 것임에 틀림없다. 마찬가지로 이른바 '유의(有意 : 의도적)'란 말, 다시 말해 모든 인위적인 서술은 모종의 '의도적인 조직과 설계'를 감추고 있기 마련이다. 얼핏 보기에 불변의 진리처럼 여겨지거나 전혀 의심할 여지가 없는 서술인 것처럼 간주되어 말 그대로 '천경지의(天經地義)'로 평가받을 수도 있다.

'서술'의 '역사'가
에게 '진실'한 과거
겨지면서 역사의
과거를 은폐하게 되

그러나 이는 단지 그들의 '의도적인 조직과 설계'가 한 시대의 '공식(共識 : 공통된 인식)'에 부합하기 때문에 모든 사람들이 이를 '진실'로 여기는 것일 따름이다. 푸코의 말을 따르자면 이와 같은 '공통된 인식'은 바로 '사물에 대한 인식, 묘사, 기술(記述), 표현, 분류, 그리고 이해'의 방식에 의해 지지되며 일련의 '술어'로 구성되어 있는데, 이때의 '지식'은 '공통된 인식'이라는 이름으로 합리성을 확립하고 '권력(power)'을 형성하게 된다. 그것은 그 시대의 시비(是非)와 진위(眞僞) 등의 표준을 확립하게 되고, 그러한 '공통된 인식' 속에 사는 사람들이 '서술'해 낸 역사는 차츰 후대 사람들의 상상 속의 진실이 되고 만다. 그러나 이러한 '서술'의 '역사'가 독자들에게 '진실'한 '과거'로 여겨지면서 역사의 휘장이 과거를 은폐하게 되는 것이다.[1] 아마도 우리들이 지금 읽는 '역사 서술'은

1) 몇 년 전 나는 감옥, 정신 병원 및 성(性) 등의 문제에 관한 푸코의 논문을 읽으면서 그가 기존의 관점과 다른 이론을 세우기 위해 애쓰고 있고, 그 관점이 큰 호소력을 갖고 있다는 느낌을 받았다. 예컨대 『광기의 역사』에서 정신병원의 유래를 분석하면서 이것은 자칭 '이성'적이라는 사람들이 '권력'을 이용하여 다른 일부 사람들을 '병자'라고 부르면서 그들을 담장 안에 가둬두기 시작한 데서 비롯되었다고 말했다. 왜냐하면 '이성'은 이미 불변하는 진리의 대명사였고, 이러한 진리가 이미 권력이 된 상태였기 때문이다. 이러한 그의 관점에서 나는 고대의 '광천(狂泉)' 이야기가 생각났다. 국민 모두가 광천의 물을 먹고 미쳐버렸는데, 오직 국왕만은 이성을 유지하고 있었다. 그러자 백성들은 국왕에 대해 연민의 정을 느끼게 되었고, 국왕 또한 미쳐야만 한다고 생각했다. 이러한 '공통된 인식'의 '권력'이 국왕에게 광천을 마시도록 강요하기에 이르렀고, 결국 국왕 또한 광천을 마시고 미치고 말았다. 그러자 백성들 모두 만세 삼창하며 국왕의 새로운 삶을 축하했다고 한다.
그런데 푸코는 『감시와 처벌』에서 이렇게 말하고 있다. 이른바 정의를 대표하는 감옥, 형법, 법률 등은 사실 시범, 암시, 상징 등의 규범이나 훈계의 수단을 통해 권력이 인정하는 '지식'을 '공통된 인식'으로 변화시킨 것이며, 최초의 피비린내 나는 폭력적 징벌이 차츰 엄숙한 희극적 의식에 자리를 내준 것이다. '일반 사람들

푸코가 이야기한 것처럼 정말로 권력 관계 속에서 형성되었을 것이다. 그리하여 사상사 교수였던 푸코는 자신의 연구 방향을 우리들이 현재 믿고 있는 역사와 지식, 이론 등이 "어떠한 토대 위에서 가능하게 되었고, 어떤 지식 체계 속에서 구성되었으며, 도대체 어떤 역사 조건하에서 사상이 비로소 출현하고 과학이 확립되며, 경험이 반영되어 철학에 진입하고 이성(理性)이 형성되기에 이르렀는지"[2]를 발견하는 것으로 삼았다. 이것이 바로 그가 이야기한 지식의 고고학일 것이다. 고고(考古)의 의미는 사실 지금 우리들이 보기에 불변의 진리인 것처럼 여겨지는 '지식', '사상', '신앙'의 겹겹으로 퇴적된 지층을 발굴하여 그것들이 어떻게 권력에 의해 역사적으로 형성되었는지를 살피는 것이다. 따라서 이러한 '진실'된 역사 서술은 그 배후에 '의도적인 조직과 설계'가 있는 것이기 때문에 이른바 '위조'된 역사 서술과 마찬가지로 모두 하나의 '관념'이나 '사상'을 은연중에 내포하고 있는 것이다. 따라서 우리들이 그것이 서술하고 있는 '역사'가 진실한 '과거'인지 여부를 따지는 것이 아니라 이러한 역사 배후를 추궁하여 의도적으로 조직되고 설계된 '서술'이 어떻게 변화했는지를 추구할 때 그것이 바로 관념사이나 사상사가 될 것이며, "거짓 사료 속에도 진실한 역사가 있다"는 말 또한 이러한 사고 방식을 통해 이해될 수 있을 것이다.

그렇기 때문에 사상사는 어쩌면 고심하여 '진위를 가려낼' 필요가 없을지도 모른다. 역사 문헌의 진위를 분별하는 것은 단지 첫 걸음일 뿐이고, 더 중요한 것은 오히려 이와 같은 서술의 배후에서 지지하고 있는 모종의 관념 체계를 중점적으로 발굴하는 일이다. 예를 들어 '정통론(正統論)'의 지지에 따라 때로 역사는 한(漢)에서 촉(蜀)을 거쳐 진(晋)나라에 이르고, 다시 동진(東晋)에서 남쪽 정권을 따라 수당(隋唐)에 들어가기도 하며, 이와 달리 한(漢)에서 위(魏)를 거쳐 진(晋)나라에 이르고, 다시 동진(東晋)에서 북쪽 정권을 따라 수당(隋唐)에 들어가기도 한다. 도대

의 기억은 전문(傳聞)의 형식으로 법률의 엄숙한 담론을 복제하며', 그리하여 '공통된 인식'의 지위를 획득한 규범이나 훈계, 처벌 등은 역사의 불공정함을 은폐하고 폭력은 지식의 형식을 통해 권력의 배경을 감추게 된다.

2) 『사물의 질서(*The order of things*)』 New York, Random House, p.21~22, 1970. 한역본(韓譯本)의 제목은 『말과 사물』이다(역자 주).

체 어떤 것이 진실인지를 분별하는 일은 그 역사의 서술 간의 변천을 검토하는 것만 못하다. 이는 푸코가 말한 것처럼 역사 서술 속에 조직적인 설계와 의도적인 각색이 가득한데, 이러한 설계와 각색을 거친 '역사'가 진실한 역사가 되고 우리들이 수용하는 '지식'으로 변화할 수 있는 것은 '권력'이기 때문이다. "권력이 지식을 만들어 내기 때문에 권력과 지식은 직접적으로 관련을 맺고 있다. 따라서 지식 영역과 호응하지 않으면 권력 관계가 있을 수 없고, 권력 관계를 미리 설계하여 만들지 않으면 어떠한 지식도 생기지 않는다."[1)]

이리하여 포스트모던 역사학에서 권력의 지지 아래 지식을 구축하고, 지식의 참여 아래 권력이 형성되는 역사를 따지는 작업은 상당히 많은 사람들을 유인하는 영역이 되었다. 그 좋은 예 가운데 한 사람이 바로 에드워드 사이드(Edward W. Said)이다. 그는 『오리엔탈리즘(Orientalism : 동방학東方學)』에서 이른바 '동방' 지식과 '동방학'이 어떻게 '동방' 역사의 진실성을 구성하는 데 참여했는지 심각하게 폭로하였고, 또한 서방에 기원을 둔 이러한 권력과 지식 구조가 어떻게 동방의 역사를 날조하였으며, 그것을 '상식'으로 만들었는지 지적하였다.[2)]

'동방' 지식과 '동

또 하나의 좋은 예가 『소련 공산당사(聯共黨史)』인데, 그 안에 나오는 인류 발전의 '5단계(五階段)'론이 어떻게 중국 역사 서술에 영향을 주었으며, 소련식의 역사 담론, 역사 시간, 역사 시각이 중국 역사를 재구성하는 데 어떤 영향을 미쳤는지를 살필 수 있다. 이 역시 서구에서 이식된 사회사의 틀로 중국의 전통적인 역사 서술의 근간이 되었던 '왕조' 체계를 와해시켰으며, 다른 한편으로 서구의 언어 환경 아래에서만 비로소 이해할 수 있는 역사 체계를 설계하고 조직하였다. 예를 들어 '봉건주의'나 '자본주의의 맹아' 같은 것은 물론이고, 사상사에서 서구 철학에서 빌려온 '유물론'이나 '유심론', 진화론에서 차용한 '진보'와 '낙후', 계급 이론에서 빌려온 '노예주'와 '노예', '지주'와 '농민' 등의 술어가 그러하다. 이러한 것들은 모두 일련의 서술의 틀과 전문 술어가 되어 그저 긴 것을 잘라 짧

1) 『감시와 처벌(*Discipline and Punish-The Birth of Prison*)』, 유북성(劉北成) 등 중역본, 타이베이, 계관도서고빈유한공사(桂冠圖書股份有限公司), 26쪽, 1992.

2) 에드워드 사이드(Edward W. Said), 『동방학(東方學, *Orientalism*)』, 왕우근(王宇根) 중역본, 삼련서점, 1999(한역본韓譯本의 제목은 『오리엔탈리즘』이다. 역자 주).

은 것을 잇대는 식으로 중국의 사상사를 임의대로 선택하고 절단하였다. 그러나 이 역시 일종의 '권력'이 만든 '지식'이자 '지식'의 '권력'이 그것들을 우리들의 상식으로 변화시킨 것이다. 우리들은 매우 오랫동안 이처럼 '날마다 사용하면서도 제대로 알지 못한' 상식 속에서 생활해 왔다. 그리하여 우리들이 이 같은 틀과 개념이 아직 형성되지 않았을 때로 돌아가서 다시 새롭게 역사 서술을 시도할 때 우리들은 다시 다음과 같은 사실, 즉 만약 우리들이 '생산력', '생산 관계', '계급', '자본주의' 등 명확한 단어을 지향하는 걸 사용하지 않는다면 과연 어떤 '글쓰기 방식(서술 방식)'을 통해 의미 있는 중국 역사와 중국 사상사를 분명하게 표현할 수 있을지 거의 모르고 있다는 사실을 발견하게 될 것이다.[3)]

'글쓰기 방식' 속의 역사가 있다.

그러나 공교롭게도 바로 이러한 '글쓰기 방식' 속에 사상의 역사가 있다. 이처럼 조직적으로 설계되고 구성된 역사 서술이 바로 역사를 새롭게 서술하고 있는 것이다. 한층 한층 쌓인 위사(僞史 : 거짓 역사)이든 아니면 겹겹이 포장된 껍데기든지 간에 사람들이 매우 조심스럽게 층층이 포장된 역사 서술을 벗겨낼 때 이러한 거짓 역사는 이미 껍데기와 마찬가지로 과거의 역사가 되었다는 것을 발견할 수 있을 것이다. 첫 번째 층에 기록된 것은 아마도 허구의 이야기일지 모르지만 이야기를 꾸며낸 심정은 여전히 남아 있을 것이고, 두 번째 층에 기록된 것은 아마도 번잡한 사건일지 모르지만 사건을 선택한 의도가 남아 있을지도 모른다. 세

---

3) 이런 상황은 사실 포스트 식민사학 이론의 시야 속에 있는 아프리카의 상황과 매우 비슷하다. 쉔부룬(David Schoenbrun), 해리스(Patrick Harries), 머딤비(V Y. Mudimbe), 혼투지(Pauline Hontoudji) 등이 아프리카 대호구(大湖區 : 르완다, 부룬디, 탄자니아, 콩고 등 여러 나라가 있는 지역, 역자 주) 토착민 항쟁사, 남아프리카에 사는 줄루(Zulu)족의 전통과 현실, 아프리카 역사와 철학 등에 관한 연구에서 표명한 바와 같이 그들의 연구는 서방 권력과 언어의 포위망 속에 아프리카 역사가 은폐된 과정을 드러내고 있다. 서구의 식민지 권력의 장기적 통제 아래에서 서구 사람들은 서구 담론 속의 아프리카 역사를 새로 쓰고 서술하였다. 사실 서구의 시각에서 출발한 '형상 찾기'는 아프리카에서 찾은 것이 실제는 서구 사람들이 아프리카에 채워 넣은 것이었다.
이렇게 서구 사람들은 이미 아프리카의 역사와 문화를 재구성했던 것이다. 장기적인 피식민 상태가 끝나고 독립이 실현되었을 때 아프리카인들은 정작 자신들의 역사를 이해하고자 하면 근본적으로 자신들의 역사를 구성할 방법이 없다는 사실, 또한 역사에 대한 동일한 인식으로 민족의 문화 의식을 동원할 방법이 없다는 사실을 새삼스럽게 발견하게 되었다. 그리하여 아프리카인들은 우선 그들 서구 사람들이 건립한 여러 겹의 거짓 역사를 해체함으로써 비로소 과거를 새롭게 발견할 수 있었던 것이다. 중국 역사학 또한 아주 오랫동안 '말할 수 없는' 상태에 처했기에 저들의 단어나 개념을 사용하지 않고서는 중국 역사를 묘사하거나 서술할 방법이 없는 상태에 놓여 있었다.

번째 층에 기록된 것은 아마도 인물의 사적(事迹)일지 모르지만 인물을 기록한 기준은 남아 있을 것이다. 그리고 네 번째 층에 기록된 것은 후대에 일련의 개념을 통해 포장한 사상이지만, 그 안에서 포장에 동원된 사람의 사고가 솔직하게 드러날 수도 있다. 사상사는 이러한 포장들을 하나하나 홍미진진하게 펼쳐내고, 그 포장 속에서 역사를 분별할 수 있어야 한다.

그리하여 하나하나 벗겨내고 매 층마다 발굴하여 한겹 한겹 자세히 설명하다보면 그 안에 담긴 심정, 의도, 기준 및 개념 계통이 고고학적 발굴에서 지층 관계가 연속되는 것처럼 서로 이어지게 되는데, 그러한 '연속'이 바로 '과거'의 사상인 '역사'인 것이다. 만약 사상사 연구를 지상에서 행하는 고고학적 발굴이나 시간의 지도 위에서 행하는 여행에 비유한다면, 이러한 사상의 흔적들이 순차적으로 발굴되는 것은 사상사의 고고학적 발굴과 탐험이라고 이야기할 수가 있다. 그러므로 '사료(史料)'를 굳이 '진(眞 : 진실)'과 '위(僞 : 거짓)'으로 나눈다거나 진실과 거짓 가운데 어느 것이 가치가 있는지 따질 필요가 없을 것이다. 진실이나 거짓에 상관없이 모든 것이 사상의 역사를 포함하고 있기 때문이다.

명나라 시대 풍방(豊坊)이 날조한 것은 이미 연구자들에 의해 위경(僞經)임이 밝혀졌으나 그럼에도 불구하고 그 의의 또한 인정받았다. 고문 『상서(尙書)』가 설사 모두 날조된 것이라고 할지라도 한나라 시대 사람들이 공자의 옛집 벽에서 나온 위경(僞經)을 믿고자 했던 심정이나 의도적인 위조의 의도, 또는 후세 사람들이 진위를 판단하는 기준 속에서 일찍이 수많은 사상사에서 소홀하게 다루었던 내용들을 능히 볼 수 있을지도 모른다.

마르코 폴로(Marco Polo)의 『동방견문록』은 그 진위 여부를 놓고 일찍부터 많은 논쟁이 있었다. 그러나 서구에서 이러한 책이 출현한 것 자체가 진위와 상관없이 서구인들의 당시 동양에 대한 관념을 표현하는 것이 아닐까? 『광명의 성(光明之城)』[1]은 아마도 위서(僞書)일 가능성이 큰데, 그럼에도 불구하고 날조된 이야기 속에서 서구 세계의 사상의 흔적을 발견할 수 있지 않겠는가?

1) 13세기 야콥 단코나(Jacob D'Ancona)라는 유대인이 지금의 천주(泉州)를 방문하여 기록한 일종의 견문록이다(우리나라에서 『빛의 도시』라는 이름으로 번역되었다. 역자 주).

이외에 중국인이 최초로 아메리카 대륙을 발견했다는 신화 같은 이야기 역시 마찬가지이다. 이러한 신화를 반박하는 역사학자들은 이러한 신화가 19세기에서 20세기까지 중국에서 민족주의가 한창 발흥할 때의 문헌이라는 점은 간과한 채 아무런 결론도 나지 않을 쟁론만 반복하고 있을 따름이다. 이는 1897년 『경세보(經世報)』에서 「중국과 서구 중에 누가 먼저 아메리카 대륙을 발견하였는가」라는 기사가 나오면서 시작되었는데, 이것이 문제가 될 수 있는 것은 이러한 논쟁이 동방에서 민족적 자삭의 사조(思潮)를 보여주는 것일 뿐만 아니라 동양과 서양의 문명 민족들이 아메리카 대륙의 토착민들에 대해 공히 내심의 오만과 교만을 표현하고 있기 때문이다. 한 세기에 걸친 논쟁은 때로 고조되기도 하고 때로 가라앉기도 했는데, 이는 바로 각기 다른 시대의 국가 민족의 역사적 상황과 관련이 있는 것이 아닐까?

3

'서술 방법'이 '문제'다.

나는 일찍이 '서술 방법'을 강조한다는 이유로 비난을 받기도 했는데, 아마도 이는 비평가들이 '서술 방법'의 의의를 제대로 이해하지 못했기 때문인 듯하다. '역사'와 '과거'에 차이가 발생했기 때문에 '역사'는 일종의 '서술'이 되었고, 이로 인해 '서술' 그 자체와 이러한 '서술'의 역사적 구성 과정이 중심 화제로 떠오르게 된 것이다. 드레이(William H. Dray)가 말한 것처럼 "사람들은 서술(narrative)이란 단지 역사학자들이 엄격한 역사적 조사 과정 중에 발견한 무엇인가를 주로 '써내려 가는' 하나의 절차라고 공언한다." 그래서 '서술 방법'이 문제가 된다. 그 이유는 무엇보다 '무엇을 어떻게 쓸 것인가'라는 서술 방법의 배후에 권력의 지지가 도사리고 있다는 점이다. 두 번째로 서술 방법의 변화는 질서, 관념, 시각, 시야의 변화를 의미하기 때문이고, 마지막으로 서술 방법의 변화는 바로 사상사의 변화로서 푸코의 이론 용어를 빌리자면 바로 '권력과 지식 사이의 관계 변화'이기 때문이다.

갤브레이스(John Kenneth Galbraith)의 견해에 의하면 권력의 근원에는 세 가지가 있다. 첫째는 인격이고, 둘째는 재산이며, 셋째는 조직이다.[1] 만약 고대 사회의 언어 권력이 관청, 관원, 향신(鄕紳) 및 종교 인사들로부터 비롯되었다면 현대 사회의 더 많은 언어 권력은 '조직'에 의해 독점되고 있다. 이 '조직'의 넓은 범위에는 이데올로기의 합리성을 점유하고 있는 정부와 정당이 포함될 뿐 아니라 신문, 잡지, 텔레비전, 방송 등과 같은 매스미디어가 포함되며, 학교를 포함한 교육 체계도 모두 포함된다. 그들은 '지식'을 '공통된 인식', '공통된 인식'을 '상식'으로 바꾸는 것을 담당하고 있으며, 아울러 날마다 사용하면서도 제대로 알지 못하는 상식을 이용해 지배의 권력을 구성하기도 한다. 구체적으로 역사학에 관해 이야기하자면 설령 역사학자가 '서술'의 능력을 장악하고 있다고 할지라도 역사학자 수중의 붓을 지배하는 것은 또 다른 것들이다. 젠킨스(Keith Jenkins)는 이에 대해 다음 네 가지를 지목하고 있다.

역사학자 수중의 붓을 지배하는 것에는 또 요소들이 있다.

첫째, 역사학자들이 공통으로 인정하는 글쓰기의 표준 양식인데, 이러한 '서술 방법'의 배후에 바로 '공통된 인식'이라는 권력이 존재한다. 둘째, 학교에서 훈련을 받는 규격인데, 교육제도와 관련된 것이다. 셋째, 학술 집단의 압력이다. 역사학자들 역시 하나의 학술 단체로 조직되어 있어 그들 단체 내부의 동의와 배척은 상당히 위협적인 힘을 갖게 되는데, 특히 이를 권위적 위력이라고 이야기할 수 있다. 넷째, 출판사와 간행물의 심사 제도인데, 그 배후는 '권력'이나 '이데올로기'와 깊은 관련을 맺는다. 이러한 이유로 말미암아 하나의 '과거'가 '역사'로 간주되어 '서술'될 때 그것은 바로 '지식'이 되며, 특히 이러한 지식이 다시 권력의 인정을 통해 '상식'이 되고, 시험에 필수불가결한 교과서에 삽입되거나 백과사전과 같은 사전의 항목에 들어가게 되면 더 이상 따져 물을 필요 없는 면책특권을 누리게 되는 것이다. 그러나 현재 포스트모던 역사학은 '지식의 고고학'을 이용해 '지식의 합법화' 과정을 추궁하고자 한다. 이는 그것이 "어떻게 자신의 증거를 증명할 것인가?" 또는 "보다 보편적인 문제에 대한 대답, 즉 진리의 조건을 결정하는 것은 누구인가?"를 따지는 일이다.

---

1) 『권력의 해부(*The Anatomy of Power*)』, 유북성(劉北成) 중역본, 9쪽.

트모던 역사학의 사
심오한 '통찰'이 존
지만 때로 그 심각함
인해 '보지 못함'에
는 경우도 있기 때문
 내용 전체를 수용
요는 없다.

물론 포스트모던 역사학의 사고에 심오한 '통찰'이 존재하지만 때로 그 심각함으로 인해 '보지 못함'에 이르는 경우도 있다. 따라서 이를 사고의 자원으로 삼고자 할 때 그 내용 전체를 수용할 필요는 없다. 포스트모던 역사학의 가장 심오한 특징은 보편적으로 알려진 공통된 인식에 대해 의문을 제기하고 있다는 점이다. 다시 말해 얼핏 보기에 불변의 진리처럼 여겨지는 것에 대해 근원을 끝까지 따져 묻고 추궁한다는 점이다. 중국 사상사 역시 마찬가지로 따져 물어야 할 많은 문제점이 있다.

예를 들어 중국인들이 말하는 '중국 윤리'라는 것이 정말로 태어날 때부터 정당성을 확보한 것인가? 과거에 우리들은 고대 중국의 윤리 도덕의 정당성이 유사 이래의 '공통된 인식'을 지닌 것이라고 믿어왔다. 문자로 쓰인 역사는 언제나 우리들에게 탕(湯)의 현명함, 주(紂)의 잔악함에 대해 이야기했고, 요(堯)·순(舜)·우(禹)·탕(湯)·문(文)·무(武)·주공(周公)·공자(孔子) 등이 이러한 전통적인 '공통된 인식'을 따라 개인의 겸양과 가정의 화목, 사회의 질서를 유지할 수 있었다고 이야기해 주었다. 이는 다시 말해 고대부터 이미 중국은 상당히 문명적인 '전통'을 지니고 있었던 셈이다. 그러나 우리들이 이러한 '공통된 인식'을 다시 살피고, 그 근원을 따져보면 사정이 결코 그렇지 않다는 것을 발견하게 된다. 예를 들어 유가의 종교적 기원을 고증해 보면 '유(儒)'의 문명이 어떻게 점차적으로 권력에 의해 돌출되고 확인되는지를 알게 되는데, 이를 통해 우리는 문명의 '전통'이란 것이 단지 시간과 권력이 함께 만들어 낸 것에 불과하다는 사실을 발견하게 된다. 또 다른 예로 도교의 경우를 들 수 있다. 7세기 이전 도교의 조직 형태나 수도 의식(授度儀式), 기양 의식(祈禳儀式)을 연구해 보면 이른바 문명의 시선으로 볼 때 추악하기 그지없는 일들이 그 당시 사람들에게는 그다지 '추악'한 것으로 여겨지지 않았다는 것을 알 수 있다. 그러나 그것의 정당성은 '권력'의 억압 아래에서 점차 사라지게 된다.

또 다른 예로 당송 시대 일부 풍속의 변화를 들 수 있다. 예컨대 패륜과 성(性), 힘이 앞서는 협객 행위, 사람을 죽여 귀신에게 제를 지내는 풍속, 음사(淫祀) 등 당송 시대의 세속적이고 음란한 풍속이 어떻게 정당성을 잃고 사회 생활의 중심에서 변방으로 전이되고, 또한 문명이 어떻게 도시에서 시골, 한족(漢族)에서 이민족까지 퍼져나갔는지를 연구해 보면, 이른바 '화하 문명(華夏文明)'과 '유가 윤리'란 것이 사실 권력에 의해 그 합법성과 합리성을 확립한 것이자 권력에 의해 전체 중국으로 확장된 것이며, 시간이 흐르면서 점차 '역사'를 이루고 '전통'으로 퍼져나갔던 것임을 발견할 수가 있다.

사실 고대 중국 역사학은 '권력'과 '지식'의 관련 아래 형성된 이러한 '서술 방법'을 회피한 적이 없었다. 이른바 '춘추필법(春秋筆法)'이나 '미자설(美刺說)'은 '진실'을 궁극적인 지향점으로 삼은 적이 없으며, 오히려 역사 기록을 일종의 권선징악을 행하는 권력으로 여겼고, 동시에 권력의 인정을 권선징악의 근거로 삼았다. 모든 정사(正史)의 첫머리에 하늘이 왕권을 수여했다는 '천수왕권(天授王權)'의 전설을 내건 것은 모두 황권의 지지가 배후에 있기 때문이며, 그 목적은 권력의 합법성을 보호하고 신성(神聖) 가족의 가계 전설을 꾸며 '봉천승운(奉天承運)'의 신화를 만들기 위함이었다. 따라서 '진교병변 황포가신(陳橋兵變 黃袍加身 : 진교에서 병변을 일으켜 황포를 몸에 걸치다)'이라는 이야기를 꾸민 것은 「조광윤천리송경낭(趙匡胤千里送京娘 : 조광윤이 천리 길에 경랑을 호송하다)」[1]이라는 이야기와 마찬가지로 '공통된 인식'의 배경 아래 있는 도덕 윤리를 부각시켜 조씨(趙氏)의 송나라 왕조의 합리성을 확보하기 위함에 지나지 않는다. '유민(遺民)'과 '이신(貳臣 : 두 마음을 품은 신하의 뜻)'을 다르게 처리한 것은 이전 왕조와 새로운 왕조의 서로 다른 서술이 역사 속에서 일부 과거 인물의 신분을 바꿀 수도 있다는 것을 증명한다.

고대 중국 역사학은 '권력'과 '지식'의 관련 아래 형성된 이러한 '서술 방법'을 회피한 적이 없

또한 역사 서술 속에서 새로운 시간(역법·연호), 새로운 상징(오행·오색), 새로운 호칭(관직명)을 사용하는 것도 사실은 서술을 바꾼 것이다. 서술을 바꾼다는 것은 실제로 '과거'는 변하지 않았지만 역사를 바꾼 것이라고 이야기할 수가 있다. 그렇기 때문에 역사 서술을 새롭게 고찰하여 '서술' 자체를 층층으로 누적된 '역사'로 간주한다면 실제로 '서술'에 의해 은폐된 것들을 훨씬 많이 찾을 수 있을

1) 「조광윤이 천리 길에 경랑(京娘)을 호송하다(趙匡胤千里送京娘)」는 송원 시대 화본(話本) 소설에 나오는 이야기 가운데 하나이다. 대략의 줄거리는 다음과 같다. 조광윤이 위기에 처한 경랑이란 아가씨를 구해 고향에 보내주었는데, 고향에 당도하자 그녀의 부친이 오히려 두 사람의 관계를 의심하여 아예 조광윤에게 시집을 보내고자 했다. 그러나 조광윤은 이에 격분하여 그대로 떠나고, 경랑은 결국 스스로 목숨을 끊었다(역자 주).

것이니, '진실'과 '거짓'은 모두 서술에 달려 있는 것이다. 푸코는 이에 대해 다음과 같이 말하고 있다. "전통적인 형식의 역사는 단지 '과거'의 여러 가지 남겨진 유물(monuments)을 애써 '기억'하여 그러한 '문물'을 '문헌'으로 바꾸는 것일 따름이다…… 그러나 우리 시대에서 역사란 '문헌'을 다시 '문물'로 바꾸는 과정이다."[2] 그의 사고에 따르면 '지식 계보'에 관한 이러한 고고학 연구를 통해 지식 형성 과정에 따른 규칙·기준, 순서 등을 발견할 수 있는데, 이러한 규칙·기준·순서 속에 바로 각 시대의 분류·신념·풍습이 들어 있다. 우리는 이러한 지식 계보를 추적함으로써 역사가 어떻게 중심에서 변방, 혹은 변방에서 중심으로 이동했는지를 발견할 수 있는 것이다.[3]

4

강은 역사는 층층으
적된 거짓 역사로 이
진 것이라고 말했다.

마지막으로 내친 김에 지난 이야기를 하나 하고자 한다. 내가 학생들과 이러한 문제에 대해 토론하고 있을 때 어떤 학생이 "이는 포스트모던 역사학이 옛날 이야기를 새롭게 제기한다는 뜻이냐"고 물었다. 왜냐하면 1920년대에 고힐강 선생 등이 역사는 층층으로 누적된 위사(僞史)로 이루어진 것이라고 말한 적이 있기 때문이었다.

분명 고힐강은 그런 견해를 피력한 적이 있다. 그렇다면 우선 고힐강의 말을 적어보자.

> 중국 고사(古史 : 고대사)는 한 편의 흐릿한 장부처럼 2천여 년 동안 그저 입에서 나오는 대로 날조한 것들이다. 그중에 얼마나 많은 것이 누락되었는지 알 수

---

2) 푸코, 『*The Archaeology of Knowledge*』, 1972, 왕덕위(王德威) 옮김, 『지식의 고고학』, 타이베이, 맥전출판, 75쪽, 1993. 여기서 '남겨진 유물(monuments)'을 직역하면 '기념비'가 되는데, 역자는 아마도 '지식의 고고학'의 언어적 상황에 따라 이렇게 번역한 것 같다.

3) 성녕(盛寧), 『인문의 곤혹감과 반성(人文困惑與反思)』, 93쪽.

> 는 없지만 그것이 위조된 것임은 알 수가 있다. 다만 2천여 년의 세월 내내 만들어진 것이기 때문에 하나의 체계를 이루고 있기는 하다.
>
> 고사는 발생한 순서와 배열 체계가 마치 거꾸로인 것 같다.
>
> 선양(禪讓 : 양위讓位)은 전국 시대 학자들이 당시 세태에 자극을 받아 상상 속에서 만든 유토피아이다.[1)]

고사변파와 포스트
역사학의 본질적 차

이렇게 볼 때 '고사변파(古史辨派)'는 포스트모던 역사학과 마찬가지로 전통적인 역사 체계를 와해시켜 역사의 지식 계보를 다시 찾아내고, '기존의 고대사 관념이 언제, 어느 곳에서 어떤 일로 말미암았는지를' 찾아내려는 것 같다. 그러나 세밀하게 살펴보면 양자 간에 본질적인 차이가 있음을 발견할 수 있다.

우선 '고사변파'는 기본적으로 역사에 원래의 모습이 존재한다는 것을 인정하고 있다. 따라서 그들이 생각하는 역사학의 목적은 바로 겹겹이 쌓인 '위사(僞史)'를 벗겨 내어 역사의 '진실'을 드러내는 것이며, 역사학 역시 '진위'를 가려낼 수 있다는 것이다. 그러나 포스트모던 역사학은 오히려 '역사'와 '과거'를 분리하여 과거의 진실이라는 존재를 내거는 것이다. 그들에게 역사학의 목적은 단지 '텍스트'와 '서술'을 추구하는 데 있다.

다음으로 바로 이러한 차이 때문에 '고사변파'가 중점으로 삼는 것은 오직 '변위(辨僞 : 거짓을 구분하는 것)'에 있고, 제거하는 것은 단지 '입에서 나오는 대로 날조한' 폐기물일 따름이다. 이에 반해 포스트모던 역사학은 기존에 '위조된' 문헌 자체가 이미 역사 계보 속에서 하나의 누적된 층이 되고, 게다가 이러한 문헌으로 만들어진 '위사'가 이미 반복할 수 없는 '과거'와 '거꾸로' 합치된다면 이러한 '거꾸로' 된 역사 계보가 어떻게 만들어졌는지를 정리하고 발굴하는 작업이 상당히 깊은 의미를 지닌다는 점에 주목한다.

마지막으로 '고사변파'의 역사학 방법은 오직 '과거'에 국한될 뿐이다. 물론 '고사변파'가 기존의 낡은 역사학을 와해시키고, 전통에 반대하는 급진주의와

1) 「아뢸 일 세 가지(啓事三則)」, 1923년 10월 20일, 『고사변(古史辨)』 제1책, 187쪽 ; 『자서』, 『고사변』 제1책, 52쪽 ; 「고대사를 토론하며 유·호 두 선생에게 답함(討論古史答劉胡二先生)」, 『고사변』 제1책, 138쪽.

호응하여 당시 크게 유행했던 신문화 운동에 참가함으로써 현대성(modernity)과 부합된 일면을 표현한 것은 분명한 사실이다. 그래서 왕범삼(王汎森)은 "고사변파가 전통 사학의 짜임새를 헐겁게 만들고, 낡은 사료들 간의 관계에 일종의 위치 이동을 야기하여 역사 다시 쓰기를 가능하게 만들었다"[2]고 한 것이다. 그러나 그들은 여전히 '육경개사(六經皆史)'라는 사고 방식의 연장선상에서 모든 역사 문헌이 짊어지고 있는 '진실'을 추구하기 때문에 결국 포스트모던, 즉 '후현대'가 아닌 '현대' 역사학의 범주에서 머물 수밖에 없었던 것이다. 따라서 '고사변파'가 일으킨 사상사적 진동, 예를 들면 유가의 전설이 작위적인 것임을 증명함으로써 야기한 신성성(神聖性)의 와해, 전통적 경전의 권위를 떨어뜨림으로 인한 민족의 동일한 상징 부호의 변화, 역사 다시 쓰기로 활성화된 동일성 사상의 재조직 등등은 모두 사상가의 체계적인 해석을 통해야만 비로소 사상사의 시야 속으로 들어갈 수 있다.

그러나 포스트모던 역사학은 오히려 현재와 직접적인 관련을 맺는다. 그것은 역방향의 반조류로서 역사와 역사가 획득한 진리를 담보한 권력의 유일한 근거인 '진실'을 벗겨내어 역사와 과거의 구별을 확정짓고, "육경이 모두 역사다"라는 명제에서 "역사는 모두 문학이다"라는 명제로 향하기 때문이다. 그것이 추구하는 것은 우리들이 지금 습관으로 여기는 '상식'이 어떻게 만들어졌으며, 현재의 역사 서술은 어떠한 '권력' 구조 속에서 '상식'이라는 지위를 확보하게 되었는지를 폭로하는 일이다. 이로 인해 포스트모던 역사학은 현재의 '지식 체계'에 대한 질의로서, 이러한 권력과 지식의 상호 관계를 추궁할 때 그것은 공교롭게도 현재 지식과 사상의 '이야기하지 않아도 아는 것'을 와해시키고, 이러한 지식과 사상의 현대적 구조에 대해 질문을 던지며, 아울러 이러한 구조 자체를 부단히 흐르는 역사 시간 안에 두고자 하는 것이다.

포스트모던 역사학
과거'와 '역사'를 구
여 '역사'를 '서술'

사실 나는 포스트모던 역사학이 '과거'와 '역사'를 구분하여 '역사'를 '서술'을 위한 사고 방법 정도로 격을 낮추는 것에 동의하지 않는다. 비록 그것이 상

2)『고사변 운동의 흥기 — 한 사상사의 연구(古史辨運動的興起——一個思想史的硏究)』, 타이베이, 시보출판공사, 1993.

당히 심각한 의의를 지닌 것이라고 할지라도 또한 상당히 편파적인 면이 있기 때문이다. 이는 바로 내가 앞서 포스트모던 역사학이 '통찰'하면서도 '보지 못하는 면'이 있다고 언급한 바와 같다. 아마도 나는 '모던'과 '포스트모던' 그 중간쯤에 자리하고 있다고 말하는 것이 옳을 듯하다. 그것은 마치 어떤 친구가 "약수(弱水 : 옛날 전설상의 강으로 속인은 건널 수 없다)가 삼천(三千)이라고 해도 마시는 것은 한 바가지일 뿐이다"라고 이야기한 것과 같다. 포스트모던 역사학, 특히 사학의 기초 지식과 방법을 지나치게 멀리하고 혼자만의 상상에 따라 '역사'를 서술하는 방식을 취하는 일부 '포스트모던' 연구를 나는 단지 '후학(後學)', 즉 '포스트 학문'이란 구호를 빌어 자신만의 기치를 내세우는 '거짓된 포스트모던 역사학'이라고 생각한다. 그렇기 때문에 나는 포스트모던 역사학이 엄격한 의미에서 역사학으로 간주되는 것은 무엇보다 최후의 경계와 한도를 확립할 수 있는가에 달려 있다고 본다. 내가 생각하는 최후의 경계와 한도란 확실하게 존재했던 '과거'가 있다는 사실에 동의하는가 여부, 그리고 모든 역사학자들의 '서술'과 '원본'이 모두 일찍이 존재했던 '과거'에 제한을 받는다고 단정하는가 여부 등에 관한 것이다. 이를 보다 구체적으로 이야기하면 다음과 같다.

을 위한 사고 방법 ⋯로 격을 낮추는 것이⋯ 의하지 않는다.

사실 적어도 우리 시대만큼은 각각의 역사 서술이 무의식적으로 '진실에 더욱 접근하기'를 추구한다. 특히 역사적 사건이나 인물, 역사 과정상의 서술 등은 각종 고고학적 유물이나 문헌 기록, 구술 자료, 회고록이나 전기(傳記) 및 기타 사료로 인해 '과거'와 '역사'를 철저하게 구분하기 어렵고, 문학 창작처럼 '없는 사실을 꾸며내거나' 상상, 심지어 환상을 만들어내는 것이 불가능하기 때문이다. 그렇기 때문에 단지 '역사의 중건(重建)' 속에서 서술을 할 수 있게 되었다. 이는 다시 말해 '과거'가 이미 지나간 이후에 우선 재구성되고, 현현(顯現)한 연후에야 비로소 '서술'로 진입할 수 있다는 뜻이다. 역사는 결코 '과거'의 무질서한 퇴적이나 어지러운 규합이 아니고, 아무 것도 없는(nothing) 텍스트가 아니기 때문에 실재했거나 발생한 적이 있는 것 또는 각종 유물이나 문헌, 기억 속에 남아 있는 '과거'를 완전히 추방하는 일은 불가능하다. 예를 들어 은허(殷墟)라는 거대한 유적을 대하면서 '은상(殷商)'이 '하(夏)'와 마찬가지로 존재하지 않았다고 이야기할 수 있는가? 24사(二十四史)를 대하면서 역사상의 왕조가 허구라고 이야기할 수 있

확실하게 존재했던 ⋯거'가 있다는 사실에 ⋯의하는가 여부, 모든 ⋯사학자들의 '서술'과 ⋯본'이 모두 존재했던 ⋯거'에 제한을 받는⋯ 단정하는가 여부.

는가?

설사 이론적으로 사람들이 모두 서로를 이해할 수는 없기 때문에 하나의 국가를 해체하여 '상상의 공동체'를 다시 세울 수 있을지 몰라도 이미 동일한 구역에서 동일한 언어와 풍속, 습관을 지니고 있는 사람들에게 그들이 지닌 '전통'과 '과거'를 상상적 허구라고 단정 지어 말할 수 있는 사람은 없다. 그래서 최소한 최후의 경계만큼은 마땅히 지켜져야 한다고 말한 것이다. 남아 있는 유적과 문헌, 역사 자료로 인해 역사 서술은 상당히 제한을 받게 된다. 그래서 바로 '진실을 지향하는 것'을 최후 경계의 존재로 삼는 것이다. 그러나 '진실을 지향한다'는 바로 그 필요성으로 인해 역사학 역시 일부 필수적이고 기초적인 것을 갖춰야 하는데, 그것은 바로 문자와 문헌에 대한 지식과 역사 사건, 인물, 제도에 관한 상식이다. 그것은 소설처럼 자기 마음대로 지어내거나 서술할 수 있는 것이 아니다.

포스트모던 역사학의 어떤 사고 방식은 일종의 사고의 자원으로서 사상사 연구 영역에 응용하는 것이 상당히 적합하다. 왜냐하면 사상사란 어떤 의미에서 '사회와 인류, 그리고 역사의 지식과 관념'이 어떻게 모종의 배경 속에서 만들어졌는지에 관한 역사적 시간의 계보이기 때문이다. 사상사에서 논의하고 있는 '사상(思想)'은 더 이상 재현할 수 없는 '과거'일 뿐만 아니라 그 '과거' 속에서 생활했던 사람들의 더 이상 반복될 수 없는 생각들이기 때문에 일찍이 과거에 존재했던 왕조나 인물, 사건, 제도 등과 비교해 볼 때 더욱더 체험이나 상상, 기억 등을 통해서만 전해지고 지속될 수 있는 것이라고 이야기할 수 있다. 후세 사람들은 체험을 통해 앞사람들의 사상을 이해하고, 상상을 통해 당시의 배경 속으로 사상을 환원시켜 의의를 부연해내며, 기억을 통해 사상을 자원으로 만든다. 다시 말해 사상사 연구자의 체험, 상상, 기억을 통해 '사상'이 만들어지고, 또다시 재구성된다는 것이다. 이렇게 형성된 새로운 사상은 일찍이 존재했던 옛날의 사상을 이어가면서 '역사'를 구성하게 된다.

그러나 이들 '사상'의 '역사'는 또한 공교롭게도 오직 텍스트 서술을 중개로 삼아야만 '전달'되고, '재현', '전파'될 수 있다. 그렇기 때문에 바로 이러한 의미에서 포스트모던 역사학의 "역사는 모두 문학이다"라는 사고 방식은 확실히 "육경은 모두 역사이다"라는 이전의 논조와 마찬가지로 극히 풍부하고 심각한 깨우침을 담고 있는 것이다. 또한 크로체의 "모든 역사는 모두 당대사이다"라는 말이나 콜링우드의 "모든 역사는 모두 사상사이다"라는 말은 바로 이러한 의미에서 비로소 그 귀착점을 찾게 된다.

제 1 편

中國思想史

서언 : 아득히 먼 고대

의 역사는 지금까
류가 무엇을 생각하
떻게 생각해 왔는가
한 것이다.

명칭 그대로 '사상사(思想史)'란 사상의 역사이다. 한자에 있어 '사(思)'나 '상(想)' 두 글자는 모두 '마음 심(心)'을 부수로 한다. 옛사람들은 '심지관즉사(心之官則思)', 즉 '마음의 관이 곧 사(官은 안이비설신眼耳鼻舌身 등 사람의 다섯 가지 기관, 즉 오관五官을 통해 인식한 의식을 말하고, 思는 생각, 뜻, 마음을 뜻함)'라고 여겼다. 이렇게 볼 때 '사상'의 역사는 인류가 문제를 놓고 사고하고 실마리를 찾아온 역사이다. 다시 말해서 인류가 옛날부터 지금까지 무엇을 생각하고, 어떻게 생각해 왔는가를 논한 것이다. '사(史)'라는 글자에 대해 어떤 사람은 이 글자의 문자 형태가 '공정(公正 : '史'라는 글자가 마치 한 손으로 '가운데 중中'을 잡고 있는 형태 같다고 하여 어느 한쪽으로 치우치지 않는 듯한 모습으로 봄)'을 상징한다고 말하기도 하고, 또 어떤 사람은 '기재(記載 : 문서에 기록하여 실음, 즉 史가 마치 한 손에 붓을 들고 역사책에 글을 쓰고 있는 듯한 모습으로 봄)'라는 의미를 갖고 있다고 이야기하기도 한다. 아무튼 역사란 과거로 거슬러 올라가 인류의 양심과 존엄을 찾고, 자신의 전통과 연원을 밝히는 학문이다. 그러나 이러한 학문은 시간을 축으로 삼고 있기 때문에 사상의 역사는 아득히 먼 고대로부터 출발하지 않으면 안 된다.

'아득히 먼 고대'라고 할 때 도대체 그 고대는 얼마나 먼 옛날을 이야기하는 것일까 하고 궁금해 하는 사람도 있을 것이다. 또한 이것은 역사학자들도 스스로늘 되물어보는 문제이기도 하다. 물리적 의미의 시간으로 볼 때, 고대는 지금으로부터 4~5천년쯤 떨어져 있어 어떤 책에서는 '중화 오천년의 역사'라고 이야기하기도 한다. 그러나 사상적 의미의 시간으로 볼 때, 고대와 현재가 시간적으로 얼마나 멀리 떨어져 있는가를 이야기하기는 매우 어려운 문제이다. 왜냐하면 때때로 고대가 매우 가깝다고 생각되기 때문이다. 그것은 우리가 여전히 이 땅 위에서 생활하고 옛사람들이 사용했던 한자를 지금도 그대로 사용하고 있으며, 심지어 지금까지도 옛사람들의 생활 습관을 계속해서 답습하는 전통이 고대를 매우 가깝게, 그것도 옛사람과 직접 대화를 나눌 수 있을 만큼 매우 가깝게 느끼게 만들기 때문이다.

하지만 보다 많은 경우를 고려해 보면, 실제로 고대는 지금으로부터 멀리 그것도 옛사람들이 도대체 무슨 생각을 하였고, 어떤 식으로 생각했는가를 우리가 알 수 없을 만큼 멀리 떨어져 있다는 생각이 든다. 그 사이 5천년의 역사가 흘러갔고, 어느덧 그 5천년이라는 시간이 이제 몇 권의 책, 몇 페이지의 종이, 몇 조각의 갑골과 몇 점의 청동 유물, 그리고 몇 곳의 유적지로 바뀐 채 남아있기 때문이다. 역사적 자료로 간주되는 것들에는 고대인들 본래의 생각이나 느낌 혹은 마음이 담겨 있기 마련이다. 그러나 지금으로서는 그 당시의 실제 유물들에서 고대인들의 실제 생활 모습을 재현하기가 매우 어렵고, 또한 그들의 사상이나 그들이 느꼈던 감정을 이해하기는 더욱 어렵다. 그들의 행동이나 말 그리고 생각들은 그들의 죽음과 함께 소멸되어 버렸다. 지금 와서 옛사람들과 다시 사상사에 관한 대화를 나누고자 한다면 '아득히 먼' 느낌이 들 것이다. 그것은 그만큼 '낯설게' 느껴질 수밖에 없기 때문이다.

'낯설음'은 후세 사람들로 하여금 이전 사람들 심지어 역사학자와 그들의 저작까지도 진지하게 상상하거나 이해할 수 없게 만든다. 역사서는 늘 역사를 분명하게 그것도 놀라울 만큼 분명하게 기술하기도 하지만, 또한 역사가 책에 기록된 몇몇 사실과 몇몇 인물들이 전부인 것처럼 간략히 기술하기도 한다. 특히 두터운 시간의 장막에 가로막혀 있어 그러한 환경을 몸소 경험할 수도 없기 때문에 단지 문헌의 기록에만 의지하여 고대의 생활과 사상의 세계를 상상할 따름이다. 사실 시대가 바뀌고 상황이 변하면 아무리 뛰어난 역사학자라 할지라도 그 당시의 풍조와 당시의 심정을 이해하기란 쉽지가 않다. 그러므로 기록된 역사, 특히 사상의 역사는 늘 사실로 받아들여지지 않는다.

예를 들어 70년대 호남성(湖南省) 장사현(長沙縣)의 마왕퇴(馬王堆)에서 출토된 서한(西漢) 시대의 것으로 추정되는 백서(帛書)『십대경(十大經)』「정란(正亂)」에는 후세 사람들에 의해 중국 '문명의 시조'로 일컬어지고 있는 황제(黃帝)의 이야기가 기록되어 있다.

황제는 직접 치우(蚩尤)를 만나 그를 사로잡았다. 그의 □ 가죽을 벗겨 창과 방패로 만들고, 사람들에게 그것을 쏘게 하여 많이 맞추는 사람에게는 상을 주었다. 그의 머리카락은 잘라서 천□(天□)에 세워 두고 그것을 치우의 깃발이라 했다. 그의 위(胃)에는 속을 가득 채워 국(鞠 : 둥글게 만든 공)으로 삼아 사람들로 하여금 그것을 잡게 하고, 많이 맞추는 자에게는 상을 주었다. 그의 뼈와 살은 썩히고, 고염(苦鹽 : 쓰고 짠 물)에 □하여 천하 사람들로 하여금 그것을 맛보게 하였다(黃帝身禺(遇)之蚩尤, 因而禽之. 剝其□革以爲干侯, 使人射之, 多中者賞. 劏其發而建之天□, 曰之(蚩)尤之旌. 充其胃以爲鞠, 使人執之, 多中者賞. 腐其骨肉, □之苦醢 , 使天下集之황제신우지우, 인이금지. 박기□혁이위간후, 사인사지, 다중자상. 전기발이건지천□, 왈지우지정. 충기위이위국, 사인집지, 다중자상. 부기골육, □지고해, 사천하집지).[1)]

이는 매우 잔혹한 이야기이기는 하지만 거의 진실에 가까운 이야기일 것이다. 요즈음 발굴한 고대 초기, 가령 안양(安陽)의 은상(殷商)[2)] 시기 무덤에는 사람을 죽여 매장하는 순장의 사례가 적지 않다. 갑골문의 복사(卜辭)에도 순장에 관한 많은 기록이 있다. 가령 은상(殷商) 시기의 동산구만(銅山丘灣) 사사(社祀 : 토지의 주신主神을 모시는 사당) 유적지에는 사신(社神 : 토지의 신)을 상징하는 네모나게 생긴 커다란 천연석이 있고, 부근에서는 돌멩이에 맞아 죽은 사람들의 시체 스물네 구와 두개골 두 개가 발견되었다. 이는 아마도 그들이 살해되어 제물로 사용되었음을 짐작케 해준다.[3)]

보통 사람을 죽이거나 포로들을 순장하는 것 외에도 고대에는 큰 가뭄이 들면 무당을 불에 태워 그의 신령스러움을 취함으로써 비가 내리기를 기원하였

---

1) 『마왕퇴 한묘 백서(馬王堆漢墓帛書)』「노자을본권 전고일서석문(老子乙本卷前古佚書釋文)」, 문물출판사, 25쪽 B, 1974.

2) 중국 역사상 '상(商)나라'는 시조 탕(湯)임금이 하(夏)나라를 멸망시키고 세운 나라인데, 이후 반경(盤庚)이 도읍을 '은'으로 옮긴 후 지명을 따서 '은(殷)'으로 이름했다고 한다. 때문에 어떤 책에서는 처음의 이름으로 '상'이라고 하고, 어떤 책에서는 이후의 이름으로 '은'이라고 한다. 그러나 이 책에서는 '은상 혹은 은 혹은 상'이라 이름하고 있다. 이는 시대적 개념을 고려한 것이다. 따라서 이 번역본에서도 저자가 사용한 명칭에 따라 모두 '상 혹은 은 혹은 은상'으로 번역하였다(역자 주).

3) 유위초(兪偉超), 『선진양한 고고학논문집(先秦兩漢考古學論集)』「동산구만 사사 유적에 관한 추정(銅山丘灣商代社祀遺跡的推定)」, 문물출판사, 55쪽, 1985년 참조.

다.[1] 은상 시대의 갑골문 복사에는 '분소모(焚小母 : 소모를 불태운다)', '분재(焚妋 : 재를 불태운다)', '분영녀(焚永女 : 영녀를 불태운다)', '분율(焚婞 : 율을 불태운다)'과 같은 기록이 보이는데, 듣자하니 이러한 것들은 여자 무당을 불태워 죽여 비가 내리기를 기원하는 것이다. 어느 갑골에 새겨진 복사에 어느 때인가 한차례 비가 내리기를 기원하며, 심지어 닷새 동안이나 계속해서 제사하고 두 명의 여자 무당을 불태웠다고 하는 기록도 보인다.

오늘날의 관점에서 볼 때 이러한 '야만적인' 행동은 우리가 매우 문명적이라고 여기는 시대에도 줄곧 이어져 왔다고 주장하는 연구자도 있다.[2] 『좌전』 희공(僖公) 21년에 "여름에 큰 가뭄이 들자, 희공은 무당과 곱사등이를 불태워 제물로 바치고자 했다(夏大旱, 公欲焚巫尪 하대한, 공욕분무왕)"라는 기록이 보인다. 중국 문명의 시작을 알린 주(周)나라 문왕(文王)과 무왕(武王)의 시대조차도 『일주서(逸周書)』의 「극은(克殷)」, 「세부(世俘)」 등과 같은 편들을 읽을 때면 늘 전설 속의 이성화되고 문명화된 성현이 이토록 잔인하고 기만적일 수 있을까 하는 생각이 들 것이다. 즉 주나라 무왕이 상(商)나라의 주왕(紂王)을 크게 무찌를 때 휘두르던 몽둥이에 피가 흥건히 젖을 정도로 살육을 했고, 상나라의 도읍지에 이르러서는 또 활로 거듭 적의 시체를 쏘기도 하였으며, 검으로 상대의 수급을 베고 많은 포로들을 살육함으로써 제물로 삼았고, 또 천명(天命)을 상징하는 구정(九鼎)[3]과 신의 뜻을 전달하는 무당(巫祝)의 힘을 자신에게 집중시키려 한 것 등은 피 묻은 재물에 미련이 많은 야만인과 다를 바 없다는 생각이 들기 마련이다.

그 당시의 전체적인 경향은 오늘날의 관점에서 보면 그저 낯설게만 느껴지는 신비롭고 장엄하며, 이상한 분위기였던 것 같다. 그러한 낯설음은 우리에게 '아득히 멀게'만 느껴진다. 이러한 것은 오늘날 문명의 척도에서만 '야만적'이라고 이야기하는 것일까? 만일 그렇다면 까마득한 옛날의 저 고대인들은 어떻게 생

1) 구석규(裘錫圭), 『갑골문과 은상사(甲骨文與殷商史)』 「복사 중 무당과 곱사등이를 불태우고 토룡을 만든 것에 대해 말하다(說卜辭的焚巫尪與作土龍)」, 상해고적출판사, 1983.

2) 송진호(宋鎭豪), 『하상 사회생활사(夏商社會生活史)』, 중국사회과학출판사, 494쪽, 1996년 참조.

3) 구정(九鼎)이란 하(夏)나라 왕조의 우(禹)임금이 구주(九州)에서 거둬들인 금으로 주조한 두 개의 손잡이와 세 개의 발이 달린 솥으로서 하(夏), 상(商)나라 이래로 천자의 보물로 보존되어 내려왔다(역자 주).

각했을까? 그 시대 사람들은 우리들이 도저히 이해할 수 없는 문명의 척도를 달리 가지고 있었던 것일까? 만일 훗날 만들어져 전해지는 이야기라면 이야기를 전하는 사람은 왜 이러한 이야기를 영웅적인 일로 간주하여 흥미진진해 하는 것일까? '야만(野蠻)'이란 말에 대해 그 옛날에는 오늘날과 확연히 다른 이해를 가지고 있지는 않았을까?

그러므로 '아득히 먼'이란 표현은 사실 아무렇게나 사용한 것이 아니다. 왜냐하면 우리가 지금 사상의 역사에 관해 이야기할 때에는 역사 자료를 통해 머나먼 고대를 체험해야 하기 때문이다. 그러나 옛사람의 생각이나 사상은 이러한 역사 자료의 이면에 감추어져 드러나지 않기 때문에 단번에 알아낼 방법이 없다. 역사 자료 또한 늘 편찬자의 관점에 따라 옛사람의 생각이나 사상을 문자의 이면에 감추고 달리 표현하고 있다. 그래서 우리 역시 역사 자료를 곧이곧대로 믿을 수만은 없다. 그러므로 사상사의 서두는 늘 애매모호하여 흡사 『장자(莊子)』「추수(秋水)」의 "양편 물가의 거리가 상대편에 있는 소나 말을 분별할 수 없을 정도이다(兩涘渚崖之間, 不辯牛馬양사저애지간, 불변우마)"[4]라는 말과 같다.

그렇다면 호적(胡適 : 1891~1962년, 중국의 철학자)이 요순(堯舜) 시대와 하상(夏商) 왕조를 논외로 하고 『시경(詩經)』으로부터 논의를 시작했던 것처럼 사상사는 역사적 탐구를 포기한 채 '아득히 먼 고대'를 괄호 안에 묶어두어야 하는 것일까? 고힐강(顧頡剛 : 1893~1980년, 중국의 역사학자)의 『고사변(古史辨)』 제1권 「서문」에서도 언급하고 있는 것처럼 '여러 가지 흐름을 재단하는' 호적의 이러한 방법은 '삼황오제에 대한 생각에서 벗어나지 못한 사람들에게' 커다란 충격이 아닐 수 없다. 해묵은 생각을 타파하는 일은 새로운 사고방식을 수립하는 것과는 다르며, 이러한 의구심과 긴장에만 의존하는 것으로는 확실히 부족하다. 내 생각에 사상은 흐르는 강물과 같기 때문에 사상사 또한 이렇듯 흘러가는 강물의 자취를 더듬어보지 않으면 안 된다. 사상사의 서술은 마땅히 옛사람들이 맨 먼저 사상을 지니게 된 시기로부터 시작해야 한다.

---

4) 『장자(莊子)』「추수(秋水)」에 나온다. 여기서는 역사 자료가 애매모호하고 폭넓어 고대인의 사상을 알 길이 아득히 멀게 느껴진다는 뜻이다.

옛사람들이 가졌던 최초의 '사상'을 고찰함에 있어 고힐강이 언급한 당시 북경대학의 진한장(陳漢章) 교수처럼 많은 분량을 할애하여 역사 문헌 속의 요순 시대를 상상하거나 신화와 전설 속에서 상고시대(上古時代 : 하夏, 상商, 주周나라 시대를 말함) 문명의 세부적인 항목들을 구상하려는 것은 결코 아니고, 역사적 자료와 사상의 논리에 근거해서 고대 인류의 생각을 깊이 이해하고 고대 인류의 사상의 발전 과정을 거슬러 올라가려는 것이다.

여기에는 적어도 세 가지 기본 조건이 필요하다. 첫째, 옛사람들에게 '사상'이라 할 수 있는 것이 있었는가 하는 것이다. 즉 옛사람의 모든 의식 활동을 사상이라고 보는 것이 아니라 옛사람의 의식 활동 중 일종의 '비실용성', 즉 실제 생활이나 생산 활동에서 벗어나 어떤 구체적 의미를 지녔을 때만이 '사상'이라 할 수 있다.

고대 인류 사상의 발전 과정을 거슬러 올라가려면 적어도 세 가지의 기본 조건이 필요하다.

둘째, 이러한 사상에서 어떤 공통된 의식, 다시 말해서 공통적으로 인정되는 관념이 형성되었는가 하는 것이다. 즉 사상 활동에는 어떤 보편성과 추상성이 있기 마련이다. 그래서 어느 날 어떤 사람이 했던 터무니없는 생각을 사상이라고 말할 수는 없다. 적어도 여러 사람들에 의해 공통적으로 인정되고, 또한 하나의 사실만이 아닌 여러 사실들을 설명할 수 있는 관념만을 사상이라 할 수 있다.

셋째, '사상'에는 반드시 부호(符號)에 의한 기록이나 도상(圖像)에 의한 표현이 있어야 한다. 부호나 도상이 없다면 사상은 유통될 수 없을 뿐만 아니라 후세에 전해져 우리들에 의해 연구될 수도 없을 것이다. 다만 옛사람들이 자신들의 생각을 자신들의 문자나 도식, 혹은 기물 등에 남겨 타인에게 전달하거나 후세 사람에게 물려줄 때만 사상은 비로소 역사의 범주에 들어간다. 이는 오늘날 사람에게는 문헌 자료나 문화 인류학적 지식과 고고학적 발굴이 고대의 여러 관념들을 복원할 수 있을 때만이 사상은 진정한 역사를 갖게 된다.

그렇다면 중국 사상사의 원천은 우리로 하여금 문헌 자료, 문화 인류학적 지식과 고고학적 발견이란 세 방면에서 전체적으로 고찰할 것을 요구한다.

1절

상고시대 사상 세계의 재구성 : 전통 문헌, 현대 이론 그리고 고고학적 발굴

상고시대의 사상 세계는 풀리지 않는 수수께끼와 같다. 시간은 한번 흘러가면 되돌아오지 않는 법이다. 지금으로부터 수천 년 전 그저 고대의 전설이나 고고학적 유물, 혹은 후기 인류학적 조사에 의해서만 새롭게 구성될 수 있는 그러한 시대의 사람들은 도대체 무슨 생각을 하고 살았을까? 그들에게는 문자로 기록된 아무런 기록도 남아있지 않기 때문에 후세 사람들은 그저 상상과 추측을 통해 추정할 수밖에 없다. 『관자(管子)』「치미(侈靡)」에 보이는 일련의 대화에서 "'옛 시대나 지금의 시대는 다르지 않은가' 하고 묻자, '다르지 않다' 고 대답했다. 그럼 '사람들은 같은가 아니면 다른가?' 라고 묻자, '다르다' 고 대답했다(問曰 : 古之時與今之時同乎? 曰: 同. 其人同乎不同乎? 曰: 不同(문왈 : 고지시여금지시동호? 왈: 동. 기인동호부동호? 왈: 부동)"[1]라는 기록이 보인다. 옛 시대의 사람이나 지금 시대의 사람은 모두 동일한 시간의 흐름 속에서 살고 있지만, 서로 다른 시간대에서 사는 만큼 오늘날의 사람과 옛날의 사람은 각기 생각하고 상상하는 것이 확연히 다를 수밖에 없다. 그러므로 단순한 상상과 추측만으로는 고대를 다시 재현시키지 못할 것이 분명하다. 다만 우리는 가능한 모든 방법들을 동원해서 진실에 가장 가까운 상고시대의 사상 세계를 탐구하고 재구성할 따름이다.

1) 『관자(管子)』 권12, 상해고적출판사에서 영인한 청(清)나라 광서(光緖) 초(初) 절강서국(浙江書局) 『이십이자(二十二子)』본, 138쪽, 1985.

1

오늘날 우리들이 볼 수 있는 상고시대에 관한 문헌 자료는 대부분 상고시대로부터 멀리 떨어진 후세 사람들의 상상과 추억일 뿐이지, 상고시대 사람들의 실록과 기술은 아니다. 시기적으로 멀리 떨어져 있는 일이기 때문에 추억에 있어서는 늘 정서적 색채가 짙게 배여 있을 수밖에 없다. '추억'은 '회고'란 말과 마찬가지로 휘장 사이로 달을 바라보듯 지난 일을 동경하고 그리워하는 것을 의미한다. 시간은 기억하고 싶지 않는 것은 버려둔 채 미련이 남을 만한 것만을 늘 남겨놓는다. 그러므로 과거의 일은 늘 아름답게만 느껴진다. 특히 추억하는 자가 현실에 그다지 만족하지 않을 때는 고대에 대한 추억이 현실 비판의 거울이 된다. 이러한 거울 속에 드러난 것은 따스하고 향기로운 역사의 그림자이다.

이 방면에 있어서 대대로 전해져 오는 고대 문헌 중 가장 대표적인 기록으로는 『예기(禮記)』「예운(禮運)」, 『노자(老子)』「제80장」, 『황제내경(黃帝內經)』「소문(素問)」'이정변기론(移情變氣論)', 『한비자(韓非子)』「오두(五蠹)」, 『갈관자(鶡冠子)』「제13편」 등을 들 수 있다. 이들 문헌에서도 머나먼 과거의 역사를 상상할 때에는 그들 또한 먼 옛날 사람들의 어려운 생활환경에 대해 인정했다.

대동세계(大同世界
하, 우두머리, 촌락

"옛 사람들은 금수들 속에 섞여 살며 움직임으로써 추위를 피하고, 그늘에 거처함으로써 더위를 피했다(往古之人居禽獸之間, 動作以避寒, 陰居以避暑왕고지인거금수지간, 동작이피한, 음거이피서)."[1] "지난날 선왕께서는 아직 궁실이 없어서 겨울에는 파놓은 굴에서 기거하고 여름에는 섭나무를 쌓아 만든 집에서 살았다(정현鄭玄은 "추우면 흙을 쌓아두고 더우면 가래나무를 모아두고 그 위에서 거처하였다"라고 주석을 달았다). 아직 불로 익혀 먹을 줄을 몰라서 초목의 열매와 날짐승과 들짐승의 고기를 생으로 먹고, 그 피를 마시며 털까지 벗기지 않고 먹었다. 또한 삼이나 비단이 아직 없어 날짐승의 털과 들짐승의 가죽을 옷으로 지어 입었다(정현은 이것이 상고시대의 일이라고 주석하였다)(昔者先王, 未有宮室, 冬則居營窟, 夏則居橧巢 '鄭注 : 寒則累土, 暑則聚薪柴居其上', 未有火化, 食草木之實, 鳥獸之肉, 飮其血, 茹其毛, 未有麻絲, 衣其羽皮 '鄭注 : 此上古之時也' 석자선

---

1) 『황제내경(黃帝內經)』「소문(素問)」 권4 (『이십이자二十二子』본)에 나온다.

왕, 미유궁실, 동즉거영굴, 하즉거증소 '정주 : 한즉루토, 서즉취신시거기상', 미유화화, 식초목지실, 조수지육, 음기혈, 여기모, 미유마사, 의기우피 '정주 : 차상고지시야')."[2] "상고시대에는 백성들은 적고 날짐승이나 들짐승의 수가 많아 백성들은 날짐승과 들짐승, 벌레나 뱀을 이길 수 없었다(上古之世, 人民少而禽獸衆, 人民不勝禽獸虫蛇상고지세, 인민소이금수중, 인민불승금수충사)."[3]

이러한 기록들을 통해 볼 때 상고시대의 여러 가지 어려움 또한 가히 상상할 만하다. '수인씨(燧人氏)[4]', '유소씨(有巢氏)', '신농(神農)이 온갖 식물들을 직접 맛본' 일에서부터 '대우(大禹)가 물을 다스린' 일에 이르기까지, 그에 얽힌 고사는 상고시대 사람들의 생활에 대한 그들의 이해를 보여준다. 불을 발명하고 불씨를 보존함으로써 음식물을 익혀 먹고자 했고, 동물들처럼 나무 위에 집을 지어 거주한 뒤에 비로소 땅 위에 집을 짓는 법을 익혔다. 여러 번의 각종 시행착오를 거쳐서야 비로소 어떤 음식물이 식용으로 쓸 만한지를 알게 되었다. 특히 홍수가 닥쳤을 때 "넘실거리는 홍수는 바야흐로 물길을 터서 거침없는 산을 에워싸고 언덕을 넘어서 질펀하게 하늘에까지 이르렀네(湯湯洪水方割, 蕩蕩懷山襄陵, 浩浩滔天탕탕홍수방할, 탕탕회산양릉, 호호도천)."[5]라고 할 정도로 큰 어려움을 겪어야만 했다.

그러나 한비자(韓非子 : 기원전 약 270~233년)[6]와 같은 소수의 극단적인 현실주의자 외에 윗사람에게 직언하는 것을 소임으로 삼는 대다수 지식인들은 그가 처한 시대에 대한 불만과 가슴에 맺힌 원한 때문에 늘 아득히 먼 고대를 가장 이상적인 시대로 동경하였다. 그리하여 지나치게 이상화된 상상의 나래를 편 나머지 지금 자신이 갈망하는 이상 세계가 저 아득히 먼 고대에는 존재했다고 믿고, 동시에 그러한 먼 옛날의 이상 사회를 본보기로 삼아야 한다고 생각했다. 그래서 그

---

2) 『예기(禮記)』「예운(禮運)」(『십삼경주소十三經注疏』, 中華書局 영인본)

3) 『한비자(韓非子)』 권19 「오두(五蠹)」(『이십이자二十二子』본)에 나온다.

4) 고대 중국의 전설상의 황제로 수인씨는 불을 일구어 불 쓰는 법을 가르쳐주었고, 유소씨는 나무를 엮어 집 짓는 법을 가르쳐주었고, 신농씨는 농사 짓는 법을 가르쳐주었다고 전해진다(역자 주).

5) 『상서(尙書)』「요전(堯典)」

6) 중국의 전국시대 말기의 정치가이고 법률가로 한(韓)나라 왕에게 새로운 개혁과 질서 확립을 건의하였으나 받아들여지지 않았다. 훗날 그의 학설은 진나라 시황제에 의해 실시되었으나, 이를 시기한 이사(李斯)와 요가(姚賈)의 참소로 독을 마시고 죽었다(역자 주).

들이 동경하는 상고시대는 늘 아름답고 살기 좋은 시대로 묘사된다. 가령 훗날 도연명(陶淵明 : 365~427년)[1]이 묘사한 도화원(桃花源)의 경우도 마찬가지다.

『예기(禮記)』「예운(禮運)」에서는 고대를 대동사회(大同社會)로 묘사하였다. 즉 그 시대는 "천하가 만인의 것이므로, 어진 자와 능력 있는 자를 선발하여 관직에 임하게 하고 온갖 수단을 동원하여 상호간의 신뢰와 친목을 다졌다. ……노인은 자신의 여생을 편안히 마치게 하고 젊은이에게는 일거리를 찾아 주고 어린이는 잘 자라도록 하였으며, 과부, 고아, 홀아비, 질병에 걸린 자 등은 모두 옆에서 봉양하도록 배려하였다(天下爲公, 選賢與能, 講信修睦. ……老有所終, 壯有所用, 幼有所長, 矜寡孤獨廢疾者, 皆有所養천하위공, 선현여능, 강신수목. ……노유소종, 장유소용, 유유소장, 긍과고독폐질자, 개유소양)."[2] 『갈관자(鶡冠子)』「비지(備知)」에서는 또 이렇게 묘사하였다. 그 시대 "산에는 사람들이 다니던 길도 없고 연못에는 다리도 없어서 서로 왕래함이 없었으며, 배나 수레도 서로 통행하지 않았다. 지식이 있는 자라고 해서 자신의 역할을 이용하여 업신여기는 일도 없었으며, 힘이 있는 자라고 해서 주인을 신하로 삼는 일도 없었다(山無徑迹, 澤無橋梁, 不相往來, 舟車不通, ……有知者不以相欺役也, 有力者不以相臣主也산무경적, 택무교량, 불상왕래, 주차불통, ……유지자불이상기역야, 유력자불이상신주야)."[3] 그 당시 "백성들은 풀이나 먹고 물을 마시며 나무의 열매를 따먹고 소라나 조개 따위를 캐먹고 때때로 질병과 독상을 입는 경우가 많았다(民茹草飮水, 采樹木之實, 食臝蚌之肉, 時多疾病毒傷之害민여초음수, 채수목지실, 식라방지육, 시다질병독상지해)."[4] 그러나 자신들이 처한 어려운 현실을 감안한다 할지라도 그들의 마음은 도리어 평온하고 생활도 안정되었으며, 사람들의 관계도 평등하였고 사상 또한 복잡하지 않고 단순하였다.

---

1) 중국 동진(東晉 : 317~420)과 남조(南朝)의 송(宋 : 420~479)나라 초기까지 사회가 어지럽고 백성이 고통을 겪던 시절에 살았던 시인이다. 그는 관직을 그만두고 고향 심양으로 돌아가 논밭을 갈고 자연의 아름다움을 즐기면서 전원시인으로 맑고 깨끗한 시를 많이 썼다. 그의 「귀거래사(歸去來辭)」나 이상 세계를 그린 「도화원경(桃花源境)」 등이 잘 알려져 있다(역자 주).

2) 『예기(禮記)』「예운(禮運)」.

3) 『갈관자(鶡冠子)』「비지(備知)」(『도장道藏』 태청부太清部, 전顚, 27책), 문물출판사, 상해서점(上海書店), 천진고적출판사 영인본, 1988.

4) 『갈관자(鶡冠子)』「비지(備知)」.

『회남자(淮南子)』「제속(齊俗)」에서도 이야기한 바와 같이 당시는 평화로운 시대였다. "백성들과 어린 아이들은 어리석고 사리에 어두운 나머지 표정이 생각보다 화려하지 않았고, 말은 행동을 앞지르지 않았다. 그들이 입고 있는 옷은 따뜻하지만 화려하지 않았고, 병장기는 뾰족하지만 칼날처럼 예리하지 않았다. 또 그들이 부르는 노래는 즐겁지만 굽이치는 맛은 없었으며, 그들이 곡하는 소리는 슬프되, 소리가 없었다. 우물을 파서 그 물을 마시고 밭을 갈아 그 곡식을 먹었으니, 어디에도 자신이 좋아하는 바를 행하지 않았고 또한 추구하지도 않았다(民童蒙不知東西, 貌不羨乎情而言不溢乎行, 其衣致暖而無文, 其兵戈銖而不刃, 其歌樂而無轉, 其哭哀而無聲. 鑿井而飮, 耕田而食, 無所施其美, 亦不求得민동몽부지동서, 모불선호정이언불일호행, 기의치난이무문, 기병과수이불인, 기가락이무전, 기곡애이무성. 착정이음, 경전이식, 무소시기미, 역불구득)."[5] 이는 그 시대가 하나의 혼돈스럽지만 순박한 세계였음을 말해준다.[6] 이상 여러 사례들을 정리해서 이야기하자면 세상에 전해지는 문헌에 기록된 상고시대에 관한 대강의 내용은 다음과 같다.

1)촌락들이 인간 생활의 기본 단위였으며 각기 안정되어 있었다. 사람들은 해가 뜨면 밖에 나가 일하고, 해가 지면 집에 들어와 쉬며 평온하고 안정된 생활을 하였다. 비록 소득이 적을지라도 탐욕과 야심이 싹트지 않았다. 그들은 소박한 생활 속에서 소박한 마음을 유지하고 있었는데, 소박한 마음은 사회 안정의 전제이다. 가령 『갈관자』 제13편 「비지」에서 이야기한 바와 같이 "산에는 사람들이 다니던 길도 없고 연못에는 다리도 없어서 서로 왕래하지 않았으며, 배나 수레도 서로 통행하지 않았다. 무엇 때문일까? 그것은 그 백성들이 어린 아이와 같이 순박했기 때문이다(山無徑迹, 澤無橋梁, 不相往來, 舟車不通. 何者? 其民猶赤子也산무경적, 택무교량, 불상왕래, 주차불통. 하자? 기민유적자야)."[7]

2)사람들은 자연 촌락에서 생활하였다. 몇몇 자연 촌락들은 강대한 '성(城)'에 둘러싸여 있었고, 공동체인 '방(邦 : 작은 나라)'을 형성하였다. 이들 자연 촌락 공

5) 『회남자(淮南子)』「제속(齊俗)」.

6) 유문전(劉文典), 『회남홍렬집해(淮南鴻烈集解)』 권11, 중화서국, 344쪽, 1989.

7) 『갈관자(鶡冠子)』「비지(備知)」(『도장道藏』태청부太淸部, 전顚, 27책).

동체는 또한 거대한 연맹에 속하였고 다 같이 연맹 안에서 평화롭게 살았다. 사람들은 실제로 하나의 거대한 통일체 안에서 생활했는데, 이러한 통일체가 당시 중국인들이 이해할 수 있는 '천하(天下)'였다. 그래서 사람들은 무언중에 '천하'는 하나로 통일되어 있어야 한다는 의식을 갖게 되었다.

3)통일된 천하에는 하나의 우두머리가 있어야 하고, 연맹의 수령은 추대를 통해 나왔으며, 그는 공정함을 상징하는 위대한 인물이어야 한다. 그는 사심이 없기 때문에 전설 속의 요임금, 순임금, 우임금처럼 현명하고 능력 있는 인물을 등용함으로써 정의를 지키고, 권위를 옹호할 수 있었다. 그는 일종의 상징적인 암시와 시범에 의존하여 연맹 내의 질서를 안정시키고, 또한 자신의 개인적인 매력을 이용하여 미덕을 무언중의 규칙으로 삼았다. 사람들은 우두머리의 권력은 그의 인격에서 나온다고 믿었기 때문에 권력은 결코 사유물이 될 수 없었다. 수령의 책임을 맡길 수 있는 보다 적합한 사람이 나타났을 때 권력은 흔쾌히 그에게 이행될 수 있었다.

회귀형의 상상

그러나 이것이 상고시대 사회의 실제 모습은 결코 아니다. 이는 삼대(三代 : 하·상·주夏商周) 말엽의 지식인들이 상상해 낸 환상의 세계일 뿐이다. 당시 천하가 모두 떠받들던 군주의 권력이 와해되고, 각 제후들 간의 무력 쟁탈전이 전개되었던 상황과 관련해서 그들은 통일된 천하와 공동의 우두머리가 나타나기를 희망했다. 또한 윤리 도덕이 붕괴되고, 사회 질서가 혼란에 빠졌던 것과 관련해서는 예악(禮樂) 제도가 갖추어진 국가와 규범의 출현을 희망하였다. 분쟁의 시대에 민심이 흉흉하고 욕망이 팽창하는 것과 관련해서는 사상이 단순하고도 소박한 고대로의 회귀를 희망했다. 그리하여 그들은 우리에게 남겨준 문헌 속에서 상고시대를 하나의 질서정연한 세계로 묘사해 놓았으며, 또 상고시대 사람들의 사상은 소박하고 단순하다는 인상을 심어주었다.

상고시대 사람들의 생활 세계와 사상 세계는 비교적 단순하고 소박했을 것이다. 그렇지만 단순하고 소박하다는 것이 상고시대 사상 세계의 전체적인 내용은 아니고, 상고시대 생활 세계의 진실한 모습은 더더욱 아니다. 상고시대에 관한 보다 많은 기록들은 사실 후세 사람들의 상상과 바람에 의한 것일 뿐이다. 이상적이고 희망적인 색깔로 칠해진 이러한 모습들을 통해 우연히 드러난 엉성한 기록을 빌어서 다음과 같이 캐물을 수 있다. 상고시대의 백성들이 과연 원시의 질서를 그토록 존중하고 바랬을까? 그들에게 과연 그토록 자각적인 도덕적 의식과 이성적 지혜가 있었을까? 그 시대의 사상 세계는 과연 그토록 소박하고 안정되어 있었을까?

이 모든 것은 아직도 의문으로 남아있다.

2

그렇다면 현대 이론, 특히 인류학자들은 상고시대의 사상을 어떻게 이해하고 있을까? 간략히 말하면 비교적 초기에는 주로 지구상에서 아직 '문명'의 단계에 접어들지 못한 원주민 부족이나 민족을 조사함으로써 '문명'의 단계에 접어든 인류의 과거를 추측하였다. 고대 지식인들의 상고시대에 대한 기억이 주로 그들의 체험이나 상상에 기인했다면, 근대 이론가들의 상고시대에 대한 추측은 외적 관찰에서 비롯된 추측이나 분석에 바탕을 두고 있다. 근대 인류학자들은 현대와 고대 사이에 존재하는 기나 긴 '시간적' 거리를 동일한 세계에 공존하는 '개화 민족'과 '미개화된 민족' 간의 '공간' 거리로 전환한 다음, 생활 방식에 있어서 비교적 낙후된 부족을 역사의 표본으로 삼았다. 또한 이국적 정서와 황량한 풍경으로 가득 찬 문화 현상들은 그들 자신의 과거 역사를 기억하는 다시없는 좋은 재료인 것처럼 여겼다.

적 거리를 공간적 차
바꾼다. 인류학자들
인류는 같은 근원에
롯되었다'는 것에
보편주의적 관념

시간의 축에 따라 단선적으로 발전한다고 보는 단순한 진화론이 그들의 사로(思路 : 사고의 맥락이나 생각을 더듬어 가는 사고 과정)이었기 때문에 그들은 주변 세계에 현존하는 이러한 현상들을 중심 세계에서는 이미 소멸된 역사로 간주하였다. 예를 들어 루이스 모건(Lewis Henry Morgan : 1818~1881년, 미국의 인류학자)은 사라져 버린 시대로는 되돌아갈 수 없기 때문에 동일한 시대의 이민족만을 관찰했을 뿐이다. 그렇지만 그는 자신의 책을 『고대 사회(Ancient Society)』라고 명명하면서 '몽매한 시대로부터 야만 시대를 거쳐 문명 시대에 이르는 인류의 발전 과정에

대한 연구'라는 부제를 달았다.[1)]

초기 인류학자, 특히 영국의 일부 학자들은 늘 '미개화(未開化)' 또는 '반개화(半開化)' 민족, 혹은 현대 교육이 부족한 사람들이나 부족의 가족, 그리고 신앙, 의식, 풍속, 습관을 그들의 고사(故事)나 전설을 비롯한 신화와 함께 인류 문명 발전사에 있어서 초기 자료로 간주하였다. 아울러 그들은 이들 재료를 가지고 상고시대 역사를 추측하고 재구성하였기 때문에 후세에 상당히 가혹한 비평을 받곤 한다.[2)]

그렇지만 이들 비판적 견해들은 당시 시대 환경에 대한 이해가 부족하다. 그 당시 일종의 낙관주의적이고 보편주의적인 인류의 역사 관념이 서구 출신의 모든 연구자들을 지배하고 있었기 때문에 그들은 보편적으로 "인류는 모두 하나의 기원에서 나왔다"고 하는 확신을 가지고 있었고, 또한 "역사에는 법칙이 존재한다"고 하는 신념을 가지고 있었다. 그들은 공간의 차이가 문화의 차이를 구성할 수 있다는 것을 믿지 않았고, 문화의 차이가 오히려 역사적 시간의 차이일 뿐이라고 여겼다.

지금에 와서 생각해 보면 이러한 자신감 넘치는 관념의 이면에는 분명 서구중심주의가 내재되어 있음에 틀림없다. 그리고 이는 당시에 모두가 다 아는 상식처럼 받아들였던 듯하다. 그러므로 아메리카 인디언이나 오세아니아주의 마오리족, 아프리카의 토착민과 같은 부족들에 대한 연구를 통해 그들은 상고시대 사람들의 생활과 사상이 이들 '미개화된' 부족과 흡사할 뿐만 아니라 사회 구조나 사상을 비롯해 문화도 크게 다를 바가 없다고 생각했다. 예를 들어 모건은 현대의 미개화된 부족의 가족 구조를 통해 고대인의 가족 구조를 이야기했고, 또 고대인의 가족 구성을 통해 고대인의 가족 관념과 재산 관념을 설명하였다.

초기의 인류학자들 중 모건의 연구가 가장 전형적이며, 『고대사회』는 상고

---

1) 루이스 모건 저, 비혈(屝頁), 양동약(楊東莼) 등 역 『고대사회』(1877), 상무인서관, 1981. 영국의 인류학자 테일러(E. B. Tylor)는 1865년에 출판한 『인류 초기 역사와 문명의 연구』에서 인간의 발전 단계를 몽매(蒙昧)·미개(未開)·문명(文明)으로 나누었다.

2) 이들 비평에 관해서는 『인종학과 역사 상상력』을 참조할 것. 존 코마로프와 진 코마로프(John and Jean Comaroff), 『*Ethnography and the Historical Imagination*』, Boulder, San Francisco, and Oxford, Westview Press, 1992.

시대 인류의 사상에 대한 분석을 '성(性)을 기초로 한 사회 조직'으로부터 출발하였다. 예를 들어 통혼 제도에서 씨족으로, 씨족에서 부족으로, 부족에서 연맹으로, 연맹에서 국가로 발전했다고 보았다. 사회 구조는 '기초 단계로부터 차츰 성숙하여 사유재산의 출현'과 '씨족 내의 재산 분배'와 '가문 내의 친척들 간의 재산 분배를 비롯한 자녀의 계승법' 등 세 가지 계승법의 변화 발전은 점차 사회의 분화와 관념의 분화를 낳았다고 보았다. 이러한 방식으로 고대 사회는 근대 사회로의 이행을 마쳤다는 것이다. 모건은 "인류는 동일한 기원에서 출발했기 때문에 동일한 발전 단계에서는 유사한 필요성이 존재하며, 또한 유사한 사회 상태에서는 동일한 심리 작용이 있었음을 알 수 있다"[3]라고 주장하였다.

그러나 프레이저(J. G. Frazer : 1854~1941년, 영국의 사회인류학자)는 그의 유명한 저서 『황금가지(*The Golden Bough : a study in magic and religion*)』의 끝부분에서 "상식적인 범주에서 볼 때 인류에게 있어서 수준 높은 사유 활동은 대체로 주술적인 것에서 종교적인 것을 거쳐 과학적인 것에 이르는 이러한 단계적 발전 과정을 거친다"[4]라고 이야기한 적이 있다. 서구인들은 이런 몇 가지 단계를 지나 과학적 단계에 접어든 데 반해서, 숲이나 들에서 생활하는 미개화된 부족들은 아직도 주술적 단계를 벗어나지 못하고 있다. 그들의 현재는 곧 서구인의 과거에 해당하기 때문에 그들의 현재의 생활과 의식, 상징, 전설과 신화를 고찰하는 것이 곧 서구인의 과거 사상을 연구하는 길이 될 수 있다고 여겼다.

동시대의 루시앙 레비브륄(Lucien Levy-Bruhl : 1857~1939년, 프랑스의 사회인류학자)[5]은 원시 정신과 이행의 단계를 연구한 자신의 저서에서 '전(前)논리 사유'와 '논리 사유' 사이에는 결코 넘을 수 없는 벽이 존재하는 것이 아니고, 원시인이나 현대인 모두 두 가지 사유 방식을 함께 가졌을 가능성이 있다고 신중하게 말했다. 그렇지만 그가 이를 논증하기 위해 인용한 대량의 자료(고대 중국에서 연유한 자

3) 루이스 모건 지음, 『고대사회』, 「머리말」, 2쪽, 1877.

4) 프레이저, 『황금가지』 제69장 「네이미를 떠나며」(중역본), 1005쪽.

5) 그는 그의 대표작 『미개인의 사고(*Les Fonctions mentales dans les sociétés primitives*)』에서 미개인과 문명인의 심적 상태가 근본적으로 다르다고 논술하였다. 즉 미개인은 '전논리의 사고' 방식과 느낌을 가진다고 하였으나, 이와 같이 미개와 문명이 질적으로 단절된 것이라는 사고는 지금은 받아들이지 않는다.

료도 포함됨)는 간접적인 것들이었다. 그가 이야기한 '전논리 사유'는 공간적으로 비서구적인 것에 속하고, 시간적으로는 인류 초기의 사유 방식에 속한다. 이러한 사유 방식은 일찍이 서구, 혹은 '지중해 문명'에도 존재했었다. 그러므로 그의 저작은 본래 명칭이 『저급한 사회에서의 지능』이었다. 우리는 그 자신이 스스로 설정한 저술의 목표가 "원시인의 인지 과정은 우리가 늘 말하는 우리 자신의 인지 과정과 부합되지 않는다"는 것을 지적하는 데 있다. 그는 자신이 "원시인의 인지 과정과 우리의 인지 과정 사이에 어떤 차이가 있는지 밝힐 수 있고, 또 원시인의 사유에 있어 가장 일반적인 법칙이 무엇인지를 규정할 수 있다"[1]고 믿었다.

"인류학은 인류의 기원에 대한 탐색 과정에서 생긴 일련의 문제를 총칭하는 말이다. ……인류학은 역사가 미치지 못하는 것까지 애써 연구하고, 인류의 기원을 비롯해 까마득한 옛 세상, 즉 이른바 '선사 시대' 인류의 변화 발전에 대해 새롭게 밝히고자 한다."[2]

이러한 인류학은 진화론의 영향을 받아 인류학적 조사 자료를 가지고 역사적 전설을 증명한다. 또 공간적 차이로부터 시간적 차이를 고찰하는 연구 방식은 이미 19세기에서 20세기에 이르기까지 대단히 유행하였다. 이러한 연구 방식은 테일러(Edward Burnett Tylor : 1832~1917년, 영국의 인류학자)로부터 말리노브스키(Bronslow Malinowski : 1884~1942년, 폴란드의 인류학자)에 이르기까지 줄곧 인류학자들이 상고시대의 생활과 사상 세계를 이해하는 주요한 사로(思路 : 사고 방식)가 되었다. 이러한 사고 방식은 또한 중국의 역사학을 포함한 역사학 전반에 영향을 미쳐 1920~30년대 강소원(江紹原)의 『발수조(髮須爪)』[3]와 정진탁(鄭振鐸)의 『탕도편(湯禱篇)』으로부터 상고시대의 역사, 특히 신화에 관해 고찰한 오늘날의 여러 학술 논저들에 이르기까지 중국 역사학자들 또한 줄곧 이러한 연구 방식을 계승하고 있다.

---

1) 레비브륄 지음, 정유(丁由) 옮김, 『원시사유(原始思惟)』 「서론」(중역본), 상무인서관, 6쪽, 1985.

2) 클라크 위슬러(Clark Wissler)의 말. 임혜상(林惠祥)의 「인류학 총론(人類學總論)」(『임혜상인류학론저林惠祥人類學論著』, 복건인민출판사, 6쪽, 1981) 재인용.

3) 부제가 「머리카락, 수염, 손톱의 미신」인 것에서도 알 수 있듯이 이 책은 머리카락, 수염, 손톱에 대한 믿음과 풍속에 관한 것이다. 손톱을 자를 때 신중해야 하고, 머리카락과 손톱은 매장을 해야 하는 등 고대 사람들의 마음속에 이것들은 아주 귀하고 소중한 것으로 생명의 정수가 들어있다고 믿었다(역자 주).

물론 시대적 변화로 인해 서구 중심주의적 배경에서의 문화 공동 기원론이나 사상 일원론은 공개적으로 발표된 논저에서 점차 문화 상대주의나 사상의 다원론으로 대체되었다. 또한 진화론적 배경에서의 역사 법칙은 보다 복잡한 역사 현상에 의해 점차 와해되었고, 인류학자들 가운데 이러한 연구 방식에 매료되려는 사람들에게 끊임없는 경각심을 불러일으켜 주는 사람도 있다. 가령 클로드 레비스트로스(Claude Levi-Strauss : 1908~2009년, 프랑스의 문화인류학자)는 일찍이 『구조 인류학(*Structural Anthropology*)』에서 "현재 가장 중요한 것은 '원시적(primitive)'이라는 용어를 감싸고 있는 철학의 여파로부터 인류학이 벗어나도록 돕는 것이다"라고 이야기한 적이 있다. 왜냐하면 '원시적'이란 용어는 과거 '진부한 진화론'에 의해 알게 모르게 많은 혼란을 야기했기 때문이다.[4)]

이는 그가 이 책 첫머리에서 이야기한 것처럼 "서구 문명이 사회 진화의 가장 발전된 모습이라고 한다면, 원시 공동체는 초기 단계의 '잔여물'이다. 그의 논리적인 분류는 그것들이 시간적으로 출현하는 순서를 반영하고 있다."[5)] 사실상 그 자신도 이러한 공간과 시간의 대비와 치환에서 완전히 벗어날 수 없었던 것이다. 그가 여전히 사용하는 '원시적(primitive)'인 것과 '수준 낮은(low standard)'이라는 두 개의 용어의 배후를 통해서 우리는 예전처럼 이들 인류학자들이 생각한 미개화된 부족의 현존 문화가 이미 성숙한 민족의 초기 문명에 해당한다는 인류학적 조사와 역사학적 기록 사이의 등식이 깊이 자리 잡고 있음을 발견할 수 있다.

"아주 오래된 기술과 제도를 지닌 이들 민족은 우리가 1만 년에서 2만 년 전에 살았던 사람들의 사회 조직을 충분히 재건할 수 있다고 생각하도록 만들었다."[6)]

이는 어쩔 수 없는 일이다. 우리는 인류학에 가혹한 요구를 해서는 안 되고, 오히려 인류학이 우리에게 참고할 가치가 있는 시각을 제공해 준 데 대해 감사해야만 한다. 특히 상고시대 사람은 어떤 방식으로 사유하는지의 문제에 관한 인류학적 연구는 더욱이 우리가 사상의 역사를 연구할 때 신중히 고려하지 않으면 안

---

4) 레비스트로스 지음, 사유양(謝維揚) 등 공역, 『구조인류학(構造人類學)』(중역본, 상해역문출판사, 1995) 제6장 「인류학 중 의고주의 개념(人類學中的擬古主義概念)」, 107~126쪽.

5) 『구조인류학』, 제1장 「이끄는 말 : 역사와 인류학(導論 : 歷史學與人類學)」, 3쪽.

6) 『구조인류학』, 제6장 「인류학 중 의고주의 개념」, 109쪽.

된다. 그들의 주장대로 상고시대의 인류에게는 현대인과 전혀 다른 사유 방식이 존재했다. 이는 어떤 민족이든 초기 단계에서는 모두 예외일 수 없다.

1)상고시대 인류가 볼 때 세상의 '신비로운 힘'은 보편적인 사물이나 현상 속에 존재한다고 여겼다. 그리하여 이러한 신비로운 힘의 법칙이나 암호를 이해함으로써 사람들은 적극적인 방식(법술法術)이나 혹은 소극적인 방식(금기禁忌)으로 그것을 운용하거나 거기에서 도피하려고 했다. 이러한 법칙은 일반적으로 연상 작용을 통해 신비로운 힘이 생겨날 수 있다고 여겼다. 때로는 '상사(相似) — 모방(模倣)', 즉 상사성(相似性)에 바탕을 둔 연상 작용을 통해 신비로운 힘이 생겨나기도 하고[1], 때로는 '접촉 — 획득', 즉 점유성(占有性)에 바탕을 둔 연상 작용을 통해 신비로운 힘이 생겨나기도 한다.[2] 신앙이란 하나같이 인류의 연상 작용에서 기인한다. 그렇기 때문에 이를 사유의 산물이라고도 한다. 이는 프레이저가 이야기한 것처럼 "주술의 가장 중요한 원칙 중 한 가지는 심령의 감응을 믿는 것이다."[3] 이른바 '심령의 감응'은 진실한 존재가 아니고 암시를 받은 뒤의 연상 작용이다.

2)상고시대 인류의 사물에 대한 분류는 오늘날과는 자못 차이가 있다. 오늘날과 마찬가지로 고대인들도 외부 세계와 일치된 사상적 질서를 추구했다. 즉 외부 세계 질서의 정제된 사상으로 이해하고자 했다. 그들은 상호 연관된 모든 사물과 현상 사이에는 서로 상호 작용이 있으며, 심지어 결정적인 인과 관계가 있다고 믿었다.[4] 다시 말해서 상고인(上古人)의 분류 원칙과 인과 법칙은 현대인과 전혀 달

---

1) 예를 들어 인도에서는 황달에 걸린 사람의 누런 얼굴 대신 황색의 제물로 바꿔 제를 드린 다음 생명력을 상징하는 붉은 색을 태양과 신령스러운 소의 몸에서 환자의 몸으로 옮겨 놓는다. 또한 가령 그루트(Groot)는 『중국종교체계』에서 중국인이 시신을 관에 넣기 전에 염을 할 때 긴 국수를 먹는다는 것을 예로 들었다. "마른 국수의 긴 면발은 수의(壽衣)가 그에게 영향을 미칠지도 모르는 단명(短命)의 해악을 중화시키거나 완전히 제거할 수 있다. 이 또한 국수의 '긴 모양'을 가지고 생명의 '장수'를 연상한 것이다. 레비브륄의 『원시사유』, 291쪽 참조.

2) 예를 들어 원수의 두발과 손톱을 지니면, 전쟁에서 적을 이길 수 있다고 하여 자신의 빠진 치아를 조심스럽게 간직하고 자신의 운명에 대해 매우 중요하게 여긴다. 프레이저의 『황금가지』 58~59쪽 참조.

3) 프레이저의 『황금가지』, 35쪽, 55쪽 및 56쪽 참조. 또한 레비브륄은 그것을 '상호 침투'라고 명명했다. 레비브륄의 『원시사유』 237쪽 참조.

4) 레비스트로스 지음, 이유증(李幼蒸) 옮김, 『야성적 사유(野性的思惟)』(한국에서는 『야생의 사고』로 번역 출판됨), 상

리 그들 스스로의 관찰과 체험에 따라 온갖 사물에 대해 감각의 상사성에 근거하여 분류하고, 주관적인 연상에 의해 이해하고자 했다. 그들은 결코 사물과 현상을 현대의 물리적, 화학적 혹은 생물학적 원칙에 따라 문(門)·유(類)·종(種)·속(屬)으로 나누지 않고, 개념으로 추상화한 연후에 추리하고 판단하며, 구체적이고도 총체적으로 느끼고 표현하였다.[5)]

3)이러한 사유와 언어의 권력이 다수의 대중에서 소수의 대표적 엘리트에게로 옮겨가는 시점에서 사상사가 출발하였다. 능력 있는 사람들은 세계의 각종 현상과 신비적 역량에 대해 제멋대로 해석하고, 또 그것을 비밀스러운 지식과 기술로 바꾸어 놓았다. 이러한 지식과 기술들은 보편적으로 활용되었는데, 가령 비를 기원하고, 재앙을 물리치며, 병을 치료하고, 화를 피하며, 혹은 인간과 귀신을 소통시키는 일 등이 그러하다. 이러한 권력이 보다 집중되면 문화의 '카리스마(Charisma)', 즉 사상의 권위를 형성하게 된다.[6)]

프레이저는 "군주제의 출현이 인류를 야만의 상태에서 벗어나도록 하는 데 있어 기본적인 조건이었다"라고 이야기한 적이 있다. 왜냐하면 "인류는 더 이상 민주적인 원시인보다 더 옛 전통이나 풍습에 의해 엄격한 속박을 받지는 않게 되었다. 어떠한 사회도 그러한 상태에서는 더 이상 힘들고 완만하게 발전하지는 못한다. 기존의 관념에서는 원시인이 인류 가운데 가장 자유로운 사람이었다라고 생각했는데, 이는 사실과 상반된다. 당시 그들은 확실히 노예 상태였다. 어떤 대단한 노예주에 예속되지는 않았다 할지라도 그의 과거에 예속되고, 이미 돌아가신

무인서관, 16쪽, 1987. 레비스트로스의 저작 가운데 『야성적 사유』와 『구조인류학』 외에도 『우울한 열대(憂鬱的熱帶)』(한국에서는 『슬픈 열대』로 번역 출판됨), 『생식과 숙식(生食與熟食)』, 『보고 듣고 읽기(看·聽·讀)』 등은 이미 중국어로 번역되어 중국과 대만에서 출판되었다.

5) 레비브륄은 이것을 '원시적 사유'라고 칭했고, 레비스트로스는 '야성적 사유'라고 했다. 이것들은 본래 역사상 초기의 이른바 '무지몽매한 민족' 혹은 현대의 이른바 '미개화된 민족'의 사유 방식을 가리킨다. 그렇지만 브륄은 그루트(Groot)의 『중국종교체계』를 여러 차례 인용하면서 그의 원시사유에 대한 생각이 프랑스의 동양학자인 에두아르 샤반느(Edouard Emmanuel Chavannes)의 프랑스어 번역본 『사기(史記)』에서 힌트를 받았다고 밝히고 있다. 이렇게 본다면 '원시적 사유'의 개념이 전체 고대 중국의 사상 세계에 적용될 수 있다는 생각을 갖게 한다.

6) '카리스마(Charisma)'는 본래 어떤 특수한 초자연의 인격 특징을 가리킨다. 카리스마를 지닌 사람은 지배하는 힘을 지니고, 지배받는 사람은 그것에 대해 완전히 충성을 받치고 헌신하는 마음을 불러일으킨다. 막스 베버의 『중국의 종교 : 유교와 도교』, 84~85쪽 및 338쪽 참조.

조상들의 혼령에 예속되어 있다." 그러므로 프레이저는 특별히 '일부 옛것에 매료된 자나 몽상가들'이 상고시대를 '인류의 이상 국가이자 황금시대'로 간주하는 것을 비판하였다.[1)]

세 가지 의문점

여기에는 분명 확실한 소견이 담겨 있다. 앞에서 이야기한 바 있듯이 옛 사람들이 마음속에 생각하는 상고시대의 '사리사욕이 없는 세상'은 결코 참된 황금시대나 이상 국가가 아니다. 그러나 인류학자가 이른바 '미개화 민족'에 대한 현대 사회의 조사 자료에 근거해서 구성한 상고시대가 정말 역사상의 상고시대일까? 여기서 다음 몇 가지 따져 보아야 할 것이 있다. 첫째, 유럽의 인류학자가 중국 상고시대의 모습을 진정으로 고찰하고 이해한 적이 있는가? 둘째, 사상사에 있어서 시간의 변화 과정을 공간의 대비를 통해서 완전히 전환할 수 있을까? 셋째, 인류의 역사는 참으로 동일한 하나의 진화축 위에서 전개되는가? 지금으로서는 이러한 의문들에 일일이 답변할 방법이 없다. 그러나 적어도 중국 상고시대의 사상 세계가 결코 세계의 다른 지역의 초기 사상의 복제품이 아니고, 그 나름대로의 기원과 배경을 비롯하여 지식과 기술의 암호를 가지고 있다는 사실만은 확신한다. 그러므로 고대 문화인의 추억을 완전히 믿을 수 없고, 또 인류학자들의 유추도 완전히 동의할 수 없으며, 중국 고고학적 발굴의 자료를 통해 중국 고대 사상 세계의 모습을 재구성해야 한다.

3

과거의 고고학적 지
대한 일반적 이해
명의 내원에 대한

오늘날 발견된 상고시대의 하·상·주 삼대의 유물은 세 가지로 나눌 수 있다.[2)] 첫째, 가장 많이 발견된 것은 일상생활에서 사용하는 물품들이다. 이러한

1) 프레이저, 『황금가지』, 72~73쪽 참조.

2) 상고시대의 삼대에 관한 고고학적 발견은 상당히 많다. 여기서는 일일이 열거할 방법이 없기 때문에 단지 내가 판단하기에 사상사적 가치가 상당히 크다고 여겨지는 몇 가지 사례만을 선택하여 소개하고자 하며, 이러한 사례들을 통해 상고시대의 사상 세계를 대략 기술하고자 한다.

사후 세계에 대한 경
, 미감에 대한 추구,
를 통해 표달하는 기
교류

유물에는 상고시대의 삼대 왕조 사람들의 생산과 생활이 반영되어 있어서 이것들을 통해 당시의 보편적 사회 현상과 일반적인 지식을 비롯해 사상의 깊이를 엿볼 수 있다. 둘째, 유물의 대부분은 고대 사람이 죽었을 당시 순장했던 물품, 혹은 그들을 매장할 때 진열했던 물품들이다. 일상생활의 용품들은 그들이 생존했을 때 사용했거나 좋아했던 것들이고, 순장품이나 진열품들은 유물을 함께 순장하던 당시 사람들이 그들의 사후 생활에 유익하다고 생각했던 것들이다. 거기에는 상고시대의 사유나 관념의 흔적이 남아 있다. 셋째, 또 어떤 부분은 고대인들이 제사 의식이나 평상시의 상징적 활동 속에서 사용하던 것들이라고 확신할 수 있다. 비록 그것들을 '예기(禮器)'라고 일컬을 수는 없지만, 거기에는 고대인들의 사상 깊숙한 곳의 어떤 비밀스러운 관념이 담겨 있다.[3)]

고고학적 발견 속에서 사상사 연구자들의 관심을 끄는 것으로는 다음 몇 가지 현상들이 있다.

첫째, 상고시대 인류의 장묘 문화에 있어서 붉은 칠을 하거나 순장을 하는 풍습이 나타났다는 사실이다. 서안(西安) 반파유적지(半坡遺跡址)의 시체에는 주사(朱砂)로 바른 흔적이 보인다. 원군묘(元君廟) 제420묘에는 여자 아이의 순장품으로 1천여 개의 골주(骨珠 : 뼈로 만든 구슬)가 들어 있고, 화채자(花寨子) 23묘에는 여성의 순장품으로 도기 18점과 석방륜(石紡輪 : 길쌈용 도구) 1점 및 골주 448개가 들어 있었다. 황낭랑대(皇娘娘臺) 30묘와 48묘에는 순장품으로 석벽(石璧 : 돌구슬), 옥황(玉璜), 도기(陶器), 돼지의 하악골(下顎骨 : 아래턱뼈) 등이 들어 있었다. 그런데 이는

3) 구석기 시대의 문화 유적지에서 발견된 유물들 가운데 거의 모두가 실용적인 생산품과 생활용품이다. 가령 석기, 골제품 등은 기본적으로 사상사 연구의 의미를 지니지 못한다. 신석기 시대의 유적지에서 발견된 도자기, 골제품, 옥제품들은 기본적으로는 생활용품에 속하지만, 그것의 도안이나 문양, 형태 및 구체적인 실용성에서 벗어난 용도 등은 인류 사유의 어떤 내용들을 반영하고 있다. 그러므로 그것들은 '사상사 이전' 시기의 자료이다.
그렇지만 이 방면의 분석은 매우 곤란하다. 카이틀리(David N. Keightley)의 「고고학과 사상 — 중국의 탄생(考古學與思想 — 中國的誕生)」(진성찬陳星燦옮김, 『고고학의 역사·이론·실천考古學的歷史·理論·實踐』, 정주, 중주고적출판사, 357~378쪽, 1996)이란 논문에서 카이드뤄프의 말을 인용하여 "인간을 연구하는 과학이 직면한 최대의 문제는 어떻게 변화무쌍한 객관의 물질세계로부터 인류의 주관적 정신세계로 갈 것인가 하는 것이다"라고 지적한 바 있다. 그는 이 논문에서 신석기 시대의 서북부 문화권과 동부 문화권의 도자기 제품의 형태에 관한 분석을 통해 양대 문화 구역의 사상적 차이를 찾아냈다. 그러나 그의 분석은 흥미로운 추측일 뿐이다.

상고시대 사람들에게 이미 '사후 세계'의 관념과 "영혼은 영원히 존재한다"는 사상이 있었음을 보여준다. 특히 반파 옹관장(甕棺葬)의 도분(陶盆 : 질그릇 동이나 발鉢. 발은 국그릇이나 밥그릇을 말함)의 아랫부분에 작은 구멍이 있다. 혹시 이것은 영혼이 드나들도록 미리 남겨놓은 통로가 아닐까 여겨지는데, 아무튼 매우 흥미로운 문제이다.

둘째, 상고시대의 인류, 특히 그들의 도기, 옥기, 골기에는 정교하고도 추상화된 도안(圖案)과 문양(紋樣)이 새겨져 있다. 앙소문화(仰韶文化) 반파유적지에서 출토된 도기에는 의미심장한 인면어(人面漁) 문양이 있고, 대하구(大河口)의 도기에는 괴상한 문양과 태양의 도안이 있다. 용산문화(龍山文化) 일조유적지(日照遺跡址)에서는 꽃무늬가 새겨진 옥도끼가 발견되었으며, 마가요문화(馬家窯文化)에는 복잡한 기하학적 도안을 한 도기가 발견되었다. 또 내몽고 웡뉴터기(翁牛特旗옹우특기) 삼성타라촌문화(三星他拉村文化) 유적지에서는 'C'형 옥룡(玉龍)이 발견되었고, 하모도문화(河姆渡文化)에서는 태양을 바라보는 한 쌍의 새 모양의 상아 조각과 한 몸에 머리가 둘인 새 모양의 뼈 조각, 새 모양의 둥근 상아 조각 등이 출토되었는데, 이들은 모두 상고시대의 인류에게 이미 심미적인 의식과 대칭, 균형, 과장, 괴상함을 아름다움으로 여기는 관념이 존재했음을 말해준다.

셋째, 고고학적 발굴을 통해서 우리는 상고시대의 중국에서도 남녀 간의 비밀에 대해서는 매우 경외감을 가졌음을 알 수 있다. 가령 요녕성(遼寧省) 홍산문화(紅山文化)의 우하량(牛河梁) 신전(神殿)과 동산취(東山嘴) 제단(祭壇)의 여신상 또는 여성군상(女性群像)의 풍만한 젖가슴과 엉덩이, 섬서성(陝西) 화현(華縣) 용산문화의 도조(陶祖 : 질흙으로 빚어 볕에 말리거나 낮은 온도로 구운 다음 잿물을 입혀 다시 구운 남성의 성기, 조祖는 남근을 의미함), 청해성(青海省) 악도현(樂都縣) 유만(柳灣)의 남성 나체 도관(陶罐) 등은 모두 상고시대의 인류가 생명력, 즉 생명의 탄생에 대한 어떤 신비한 상상과 경외심을 갖고 있었다는 것을 이야기하고 있는데, 이것은 그들이 모든 기원에 대해 강렬한 탐구 욕망을 갖고 있었다는 것을 의미한다.

끝으로 고고학적 연구를 통해 여러 가지 부호들이 발견되었는데, 예를 들면 유만(柳灣) 도기의 하복부에 있는 '100여 종의 상이한 부호들', 즉 卍, ×, +, l 등이 바로 그것이다. 강채(姜寨) 유적에는 보다 이른 시기로 100여 개의 부호가 새겨진 도기가 있는데, 그 부호는 ([illegible], [illegible], [illegible], [illegible], [illegible], [illegible]) 등이다. "이렇게 새겨진 부호들은 도기 제작과 연관된 기사(記事) 부호(符號)인 듯싶은데, 원시의 문자라고 생각하는 사람도 있다." 강남(江南)의 마교(馬橋) 유적지에서도 그림이 새겨진 도문(陶文)이 발견되었는데, "현재 남아있는 잔의 밑바닥에 문자 두 개가 남아있다."[1] 특히 근래 용산문화 유적지, 즉 산동성(山東省) 추평현(鄒平縣) 정공촌(丁公村)에서도 그림이 새겨진 문자가 발견되어 큰 관심을 불러일으켰는데, 심지어 어떤 사람은 그 문자의 의미를 해석하면서 중국의 문자가 아주 이른 시기에 발명되었다는 것을 증명하기까지 했다.[2] 그렇다면 이는 중국의 상고시대의 인류가 대략 5~6천 년 전에 이미 부호를 사용하여 사상을 기술하고 기록하며, 교류하는 능력을 갖고 있었다는 것을 보여주는 것 아니겠는가?

문화의 옥종, 박양, 능가탄의 옥거북과 의 사상사적 의의

그러나 생명의 근원에 대한 호기심, 사후 세계에 대한 경외심, 미적 감각의 추구와 기호를 통한 사유는 결코 중국 사상만의 특색이 아니다. 이것은 세계적으로 보편적인 사상에 공통적으로 나타나는 것이며, 세계적 범위의 지식, 사상과 신앙의 기원에 관한 모든 사람들의 저작들 속에서 이와 유사한 내용을 볼 수가 있다. 따라서 결코 그것만으로 중국의 지식과 사상의 독특한 이로(理路 : 조리나 이치, 즉 '논리'를 뜻함)의 기점, 혹은 기초를 구성할 수는 없다. 나는 늘 중국 사상사 연구에 있어서 보다 중요한 암시는 아마도 다음 몇 가지의 고고학적 발견에서 연유한다고 생각한다. 이는 양저문화(良渚文化)의 옥종(玉琮), 앙소문화의 복양(濮陽)의 조개껍질로 쌓아 만든 용호(龍虎)와 능가탄(凌家灘)의 옥판(玉版)이다.

옥종(玉琮)은 예전에 주나라 시대에서 한나라 시대에 걸쳐 존재했던 기물(器物)로 간주된 적이 있다. 이는 옥종이 기원전 1000년 이후에야 뒤늦게 출현했음을 말해 주는 것인데, 청나라 시대 오대징(吳大澂 : 1835~1902년, 정치가이면서 학자)의 『고옥도고(古玉圖考)』에서 주장한 바에 따른 것이다. 또한 근대 곽보균(郭寶鈞)의 『고옥신전(古玉新詮)』에서는 베틀에 달려있는 것으로 보기도 했다. 그러나 1976년 상

1) 이상은 『신중국의 고고와 발견(新中國的考古和發現)』(문물출판사, 1984) 62쪽, 63쪽, 114쪽, 157쪽 참조.
2) 정공촌(丁公村) 용산시대(龍山時代)의 문자에 관한 토론 정황은 변인(卞仁)이 『고고(考古)』(1994년 제9기)에 발표한 「정공 도기의 문양에 대한 토론(關于丁公陶文的討論)」을 참고하기 바란다. 나는 다음 「사상사로서의 한자」라는 절에서 또한 비교적 상세하게 기술하고 있으므로 여기서는 생략한다.

나라 시대의 부호묘(婦好墓)에서 한꺼번에 14점의 옥종이 출토되었고, 또 근래에는 신석기 시대 유적지에서 석종(石琮)과 옥종이 발견되었다. 특히 양저문화(良渚文化) 유적지(1982년 강소성 무진사武進寺의 흙더미 4M, 1986년 절강성 여항余杭 반산反山 12M)에서 대옥종이 발견되고 확인됨으로써 옥종의 출현 시기는 기원전 3000년 이전으로까지 거슬러 올라갈 수 있게 되었다.[1)]

옥종은 겉은 네모나고 안은 둥글며, 기둥은 형태가 있지만 속은 텅 비어 있고, 동물 문양으로 꾸며진 옥기이다. 『주례』「대종백(大宗伯)」에서 "옥으로 육기(六器 : 여섯 가지 제사 그릇)를 만들어 천지사방(天地四方 : 하늘과 땅, 그리고 동서남북)에 예를 올린다. 창벽(蒼璧 : 푸르고 둥근 옥)으로 하늘에 예를 올리고, 황종(黃琮 : 누런 옥홀)으로 땅에 예를 올리고……(以玉作六器, 以禮天地四方, 以蒼璧禮天, 以黃琮禮地이옥작육기, 이예천지사방, 이창벽예천, 이황종예지)"[2)]라 했는데, 이에 대해 정현(鄭玄 : 127~200년, 후한後漢 말기의 대표적 유학자)은 주석을 달아 "신에게 예를 올리는 물건은 반드시 그 유사한 모양으로 한다. 벽(璧)은 둥그니 하늘을 모양으로 했고, 종(琮)은 여덟 개의 모서리가 있으니 땅을 모양으로 했고……(禮神者必象其類, 璧圓象天, 琮八方象地예신자필상기류, 벽원상천, 종팔방상지)"[3)]라고 해석하였다. 고대에는 아마도 이러한 옥종이 대단히 중요한 예기였을 것이다. 몇몇 학자들, 특히 고고학자 장광직(張光直)의 연구에 의하면 "종은 천지 관통의 상징이자 천지를 관통하는 수단 혹은 도구이다."[4)] 왜냐하면 옥종의 형태가 하늘과 땅을 상징했고, 거기에는 여러 가지 신비로운 힘을 상징하는 동물의 도안이 새겨져 있으며, 또 신과 상통할 수 있다고 전해지는 옥 같은 재료로 만들어져 있기 때문이다.

인류학자의 추측에 의하면 고대인의 연상은 상사성(相似性)의 원칙에 따라 이루어진 것으로 보인다. 옥종은 옥으로 만들어진 것으로 몸체가 매우 성스럽고 깨끗하며, 그 외부는 네모 형태로 조각되어 있어 고대인들이 생각하는 대지의 형

---

1) 오늘날 가장 대표적인 옥종 가운데 하나는 1982년 강소성 무진사(武進寺) 언덕의 양저문화 유적지 4호묘에서 출토된 것으로 현재 남경박물관에 소장되어 있다. 다른 하나는 1986년 절강성 여항(余杭) 반산(反山) 양저문화 유적지 12호묘에서 출토된 것으로 현재 절강문물고고연구소에 보관되어 있다.

2) 『주례(周禮)』「대종백(大宗伯)」.

3) 『주례(周禮)』「대종백(大宗伯)」, 정현(鄭玄) 주(注).

4) 장광직(張光直), 『중국 청동시대(中國青銅時代)』(2집), 삼련서점, 71쪽, 1990.

태와 비슷하다. 또한 옥종의 내부 역시도 둥근 모양으로 고대인들이 생각하는 하늘의 모양과 닮았다. 옥종의 가운데는 텅 비어 있어 천지가 상하로 상통함을 상징한다. 그렇기 때문에 제사를 지냄에 있어 천지에 그것을 바침으로써 천지와 소통하고 귀신을 강림케 하는 신비한 힘을 가질 수 있었다.[5)]

만일 이러한 추측이 옳다면 고대 중국에는 "천원지방(天圓地方 : 하늘은 둥글고 땅은 네모나다)"이라는 상하사방(上下四方)의 공간 관념이 이미 존재했을 것으로 생각된다. 또 공교롭게도 근래 허남성 복양현(濮陽縣) 서수파(西水坡) 앙소문화 유적지 45호 고분에서 방각(蚌殼 : 말조개 껍질)을 쌓아 만든 용호(龍虎) 도안이 발견되었다.[6)] 과거에 많은 학자들은 중국에서 청룡, 백호, 주작, 현무라는 네 가지 상상의 동물을 가지고 각기 사방을 상징하는 신으로 보는 설의 기원이 그다지 빠르지 않을 것이라고 보았다. 그러나 근래에 들어 호북성 수현(隋縣) 뇌고돈(擂鼓墩) 증후을묘(曾侯乙墓)에서 출토된 흑칠(黑漆)을 입힌 의장상(衣裝箱) 뚜껑 위에 그려진 북두용호(北斗龍虎) 28수(二十八宿) 천문도의 출현은 이러한 생각을 뒤집어 놓았고, 복양현 서수파의 방각을 쌓아 만든 용과 호랑이는 심지어 이러한 천상(天象 : 천체의 현상現象, 일월성신日月星辰의 변화하는 현상)에 대한 인식을 상고시대로까지 끌어올렸다.

고대에 있어 사방(四方)과 사계(四季)는 서로 짝이 지워져 있었다. 특히 용과 호랑이는 각기 동쪽과 서쪽을 상징하며, 또한 고대인들에게 가장 큰 관심의 대상이었던 봄과 가을 두 계절로 확대된다. 만일 방각을 쌓아 만든 이러한 용과 호랑이의 도안이 정말 청룡과 백호를 가리키고, 그것이 상징하는 바가 곧 동쪽과 서쪽이라면 중국 고대인들이 생각하는 사방과 사신(四神)에 내포된 공간과 시간 관념의 출현 시기는 상당히 이른 시대로까지 소급되어야 할 것이다.[7)]

---

5) 이는 단지 하나의 관점을 소개한 데 불과하다. 오늘날 옥종의 상징적 의미에 관해서는 상이한 견해들이 있다. 가령 일본 학자 하야시 미나오(林巳奈夫)는 옥종이 신령이 의탁하는 '주(主 : 위패)'이며 동그란 구멍은 죽은 자가 돌아와서 머무르는 곳이라 해석했다. 이는 『중국 고옥에 관한 연구(中國古玉の硏究)』(吉川弘文館, 119~120쪽, 1991)를 참조하기 바란다. 또한 중국학자 양건방(楊建芳)은 옥종이 고대 신인(神人)과 신수(神獸)가 결합된 양각의 조각품이라고 보았다. 「옥종의 연구(玉琮之硏究)」(『고고와 문물考古與文物』 1990년 제2기).

6) 안휘성 문물고고연구소의 「안휘성 함산 능가탄 신석기시대 묘지 발굴 간보(安徽含山凌家灘新石器時代墓地發掘簡報)」(『문물』 1988년 제4기), 또 『고고』(1989년 제2기)에 발표한 「간보(簡報)」.

7) 이령(李零), 『중국방술고(中國方術考)』, 중국인민출판사, 104쪽, 1993년 참조.

보다 공교로운 점은 1987년 안휘성 함산현(含山縣) 능가탄(凌家灘) 제4호 고분에서는 한 짝을 이루는 옥구(玉龜)와 옥판(玉版)이 출토되었는데, 윗면에는 많은 신비한 의미를 가리키는 사방 및 팔방의 외방내원(外方內圓 : 밖은 네모지고 안은 둥근 것)을 가리키는 도안이 새겨져 있다.[1] 연대 측정법에 의해 측정한 바에 의하면 능가탄 제4호 고분은 지금으로부터 4,500년 전후에 만들어진 것으로 추정된다. 여기서 옥판과 옥구가 공교롭게도 묘 바닥의 중앙에 놓여 있는 것으로 미루어 보아 "원래는 묘 주인의 흉부에 놓여 있었을 것으로 추정된다."[2] 이것은 매우 중요한 의미를 지님에 틀림없다.

많은 학자들의 연구에 의하면 그것은 뒷날의 '식(式 : 도구나 물건을 일정하게 만들 수 있는 틀 혹은 잣대)'이나 경(鏡 : 물체를 관찰할 수 있는 도구로 렌즈나 혹은 거울)과 유사하며, 사극(四極 : 더 밖으로 나아갈 길이 없는 곳으로 사방의 극한점. 『이아爾雅』에서는 동東은 태원泰遠, 서西는 빈국邠國, 남南은 복연濮鉛, 북北은 축율祝栗의 네 나라를 사극이라 함)과 팔방(八方 : 동東·서西·남南·북北의 사방四方과 동북東北·동남東南·서북西北·서남西南의 사유四維를 합친 여덟 방위方位)을 상징하여 고대의 공간과 시간의 사상을 담고 있다고 한다. 어떤 학자는 그것이 『사기』「귀책열전(龜策列傳)」중의 신령스러운 거북 신앙이라고 생각했으며,[3] 어떤 학자는 그것이 문자 이전 시기 중국인들이 '방위(方位)'와 '수리(數理)'를 나타내는 수단이라고 주장하기도 했다.[4] 심지어 어떤 학자는 이것이 하(夏)나라 시대 혹은 보다 이른 시기의 '율력제도(律歷制度)'로서 '사계절의 역법을 나타내는 원시 팔괘도(八卦圖)'라고 믿었다.[5]

---

1) 진구금(陳久金), 장경국(張敬國) 지음, 「함산 출토 옥편 도형에 관한 시험적 고찰(含山出土玉片圖形試考)」, 『문물』(1989년 제4기) 참조.

2) 유위초(兪偉超), 「함산 능가탄 옥기와 고고학에 있어 연구정신영역의 문제(含山凌家灘玉器和考古學中研究精神領域的問題)」, 『문물연구(文物研究)』(제5집), 홍콩, 1989.

3) 요종이(饒宗頤), 「문자 이전 방위와 수리 관계를 표시한 옥판(未有文字以前表示方位與數理關系的玉版)」, 『문물연구』(제6집), 홍콩, 1990.

4) 진잉용(陳剩勇), 「동남지구 하문화의 맹아와 굴기(東南地區夏文化的萌生與掘起)」, 『동남문화』(1991년 제1기), 남경.

5) 이학근(李學勤), 「능가탄 옥거북이 옥판을 논하다(論凌家灘玉龜玉版)」(『중국문화』(제6기), 1992) 참조. 존 페어뱅크(John K. Fairbank), 에드윈 라이샤워(Edwin O. Reischauer) 주편의 『중국 : 전통과 변혁(中國 : 傳統與變革)』(중역본, 강소인민출판사, 20쪽, 1992) 에서도 '제사를 총괄하는 자(總祭司)'와 같은 초기 중국의 통치자는 '역법의 제정자'이기도 했기 때문에 종교와 세속의 권력을 함께 가지고 있었음을 지적한 바 있다.

아무튼 이것은 신비로운 발견이라고 여겨지며, 고대의 '무술(巫術)'과도 연관되어 있을 가능성이 높다. 고대의 '무(巫)'란 글자는 두 개의 '공(工)'자가 직각으로 교차되고 중첩된 글자이다. '工'은 고대의 '구(矩 : 방형方形을 그리는 데 쓰는 곡척曲尺)'로서 원시의 '巫', 즉 '矩'를 사용하여 천지를 측량하는 사람이다. 고대의 '巫'란 글자와 글자 형태가 가장 비슷한 것이 '계(癸)'인데, '癸(揆)'에는 도량(度量 : 헤아린다)의 뜻이 담겨있다. 고대의 '巫'와 직업적 기능이 가장 가까운 자는 '사(史)'이다. '史'라는 글자는 또한 손으로 가운데 '중(中)'을 잡는 모습을 하고 있는데, '中'이란 아마도 붓을 가리키는 듯하다. 천지와 우주의 사극팔방에 대한 이해는 초기에 '무술(巫術)'의 중심이었을 것이다.

근래 고고학자들은 또 '팔각성문(八角星紋)'에 주의했다. 탕가강(湯家崗) 유적지에서 출토된 백도반(白陶盤 : 소반)의 바닥 표면에는 팔각성문이 있으며, 악양(岳陽) 분산(墳山) 보조시(堡阜市) 하층문화(下層文化) 유적지에서는 팔각형(八角形) 루공점좌(鏤孔墊座 : 구멍을 파서 새긴 별자리)가 출토된 바 있다. 제가문화(齊家文化)의 동경(銅鏡 : 청동거울)과 오현(吳縣) 등호(澄湖) 양저문화의 관이호(貫耳壺 : 귀 달린 항아리), 은상(殷商) 부호묘(婦好墓)의 기물에는 모두 팔각성문이 새겨져 있는데, 흡사 "방위(方位)나 천지(天地) 등에 관한 동방 문화 관념이 반영되어 있는 듯하다."[6)]

이것은 과거 우리가 예상했던 것보다 훨씬 이른 시기에 중국인들은 이미 천원지방(天圓地方)의 관념이 있었으며, 대지(大地)에는 사극팔방이 있고, 사방에는 천신지기(天神地祇 : 신神은 천신天神, 지祇는 지신地神을 말함)가 있었다고 믿는 상징적 공간 관념이 있었다는 것을 말해주고 있다.

이러한 관념은 사상사에 있어 매우 중요한 의의를 지닌다. 이상과 같은 사로(思路)가 성립한다면 이러한 증거들은 다음과 같은 사실을 말해준다.

첫째, 중국 고대 사상 세계는 처음부터 '천(天)', 즉 하늘과 연관되어 있으며, 천체와 지형에 대한 관찰 체험과 인식 속에는 우주와 천지에 중심과 주변이 있다는 생각이 담겨 있고, 중국 고대인들이 스스로 천지의 중심에 위치해 있다고 여

---

6) 하개균(何介鈞), 「장강 중류지역의 선사시기 문화 및 제2차 아시아 문명 학술발표회 대강(長江中游史前文化暨第二屆亞洲文明學術硏討會紀要)」, 『고고(考古)』, 1996년 제2기.

기는 생각이 내재되어 있다. 이는 중국이란 명칭의 의미와 일정한 관계가 있으며, 천지에 대한 감각과 상상 또한 이후 중국인의 각종 추상 관념과 매우 깊은 관계가 있다.

둘째, 천지와 사방의 신비한 감각과 사상으로부터 출발한 구상과 상상은 중국 고대 사상의 원초적 기점이다. 다시 말해서 이는 고대 중국인의 추리와 연상 속에서도 확실히 밝히기 어려웠던 기초와 근거이다. 그것은 일련의 은유를 통해 사유 속에서 유추하게 함으로써 공간 관계에 있어 중앙이 사방을 관할하고, 시간 순서에 있어 중앙이 사방보다 이르며, 가치 등급에 있어서도 중앙이 사방보다 우선한다는 생각을 갖게 하였다. 즉 천궁(天穹 : 높고 넓은 하늘)이 운행되고, 천도(天道 : 천체가 운행하는 길)가 왼쪽으로 회전하는 현상은 천지(天地)의 중앙이 나선형으로 생성된다는 관념을 낳게 했다. 극점(極點)은 움직이지 않으니, 하늘은 둥근 덮개와 같다는 생각은 천지에는 중심과 사방이 존재한다는 관념을 형성시킬 것이다. 이러한 관념과 신화가 만나면 인간의 의식(意識)과 의식(儀式)의 복판에 중앙의 제왕과 사방(四方)의 신기(神祇 : 하늘의 신령과 땅의 신령)의 신보(神譜 : 신의 계보)가 가지런하게 정리된다. 이러한 관념을 사회 영역으로까지 확대한다면 중앙 제왕이 사방 번신(藩臣)을 거느리고 예속하는 정치 구조의 신성성과 합리성의 근거가 될 수 있다.

셋째, 천지를 상징하는 이러한 기물과 우주를 해석하는 지식은 각기 천지와의 '동구성(同構性 : 구조적 동일성)'을 가지고 있고, 해석의 '권위성(權威性)'을 가지고 있음으로 인해 신비한 힘을 지닐 뿐만 아니라 일종의 기술이 되었다. 그러나 이들 기물은 결코 전체 소유가 아닐 뿐만 아니라 이러한 기술 또한 누구나 가지고 있는 것이 아니다. 단지 권력과 지식을 동시에 가진 자만이 지닐 수 있었다. 그리하여 신비한 힘은 소수인의 전유물이 되었고, 사상은 또 사상가의 직업이 되었다. '무(巫)'와 '사(史)'의 형성 및 그것과 '왕'의 카리스마와의 결합은 비록 상고시대의 평안하고 고요한 분위기, 마음에 품은 단순한 생각과 감정, 평등한 사회 구조를 파괴했지만 그것은 도리어 사상을 실용적이고 개별적이며 구체적인 것으로 만듦으로써 일반적인 의식 활동에서 분리시켜 보편성과 지도성을 지닌 관념으로 승화시키는가 하면, 다른 한편으로 제도적이고 조작 가능한 '지식'으로 구체화하기도 했다.

2절

복사에 나타난 은인(殷人)의 관념 체계

상고시대 삼대의 전설 속에서 오제(五帝) 이후는 하(夏)·상(商)·주(周)나라 시대이다. 하나라 시대의 역사는 까마득하다. 거기에는 신화나 전설이 역사와 한데 뒤섞여 있어 고고학적 발견을 통해 그 시대를 확정할 수도 없으며, 역사 문헌으로도 증명하기 어렵다. 따라서 여기서는 잠시 이에 관한 논의를 미루어 둘 수밖에 없다. 은상 시대는 『사기』「은본기(殷本紀)」에도 나와 있을 뿐만 아니라 출토된 10만여 편 이상의 갑골 복사(甲骨卜辭)[1]로도 확인할 수 있다. 이들 갑골 복사는 문자를 통해 그 시대의 일을 우리에게 말해 주고 있다. 갑골 복사는 안양(安陽) 등지에서 고고학적 발굴을 통해 발견된 각종 유물들에도 있을 뿐 아니라 근래에는 강서성(江西省) 대양주(大洋洲)와 사천성(四川省) 삼성퇴(三星堆)에서도 놀라운 발견이 있었다.

갑골 복사들은 실물의 형상과 부호를 통해 당시 사람들의 생각을 전달해 주고 있다. 이러한 자료들이 있기 때문에 그 시대의 지식과 사상을 대략적으로나마 논하는 것이 가능하다. 물론 이러한 지식과 사상도 주로 '무(巫 : 무당)'와 '사(史 : 사관)'에 관련된 사람들의 지식과 사상이다. 그들은 중국에 문자가 형성된 이후 최초의 지식인이자 사상가라고 할 수 있다. 비록 그들 가운데 대다수 사람들의

ㅏ '史'는 중국 문자
이후 최초의 지식인
사상가이다.

1) 상나라 때 거북의 등껍질이나 짐승의 어깨뼈에 새겨 놓은 갑골문자를 말하는 것인데, 점을 치는 일에 사용되었다고 해서 복사라고도 한다(역자 주).

이름과 각 개인의 구체적인 사상을 알 수는 없지만, 10만여 개의 갑골에 새겨진 복사들은 그 시대가 일상생활에서 벗어나 전적으로 정신 활동에 종사한 사람들의 총체적인 지식과 사상적 상황을 반영하고 있다.

1

신비로운 힘의 질서

첫 번째로 나의 주목을 끄는 것은 우선 은상(殷商) 시대 사람들이 생각하는 신비한 힘의 질서화이다.

신비한 느낌은 인류가 일찍부터 가지고 있었다. 인류가 이러한 신비한 느낌을 신비한 힘으로 표현하는 것도 초기의 사상 세계에서 나타나며, 능히 짐작할 수 있는 일이다. 심지어 이러한 신비한 힘들을 여러 신들의 존재로 상상하는 것도 초기 세계에서는 보편적으로 나타나는 현상이다. 그러나 여러 신들의 계보를 질서화 하는 경우에는 그다지 같지 않은 질서들이 서로 다른 지역과 서로 다른 문화의 사람들에게 세계를 이해하는 상이한 사로(思路)로 나타난다.

단순해 보이지만 아주 오래된 복사를 살펴보면 복사에서 은상 사람들이 신비한 힘을 신격화해 놓았을 뿐만 아니라 그것들을 대개 하나의 질서 있는 신의 계보로 조직했음을 발견할 수가 있다. 이러한 계보에서 첫 번째 중요한 사실은 당연히 은상 시대 신령 세계의 최고 위치에 있는 '제(帝)'인데, 원래 '帝'란 글자의 본뜻은 갑골문에서 화체(花蒂 : 꽃꼭지, 꽃자루)였고, 때로는 '[illegible]'로 쓰기도 하고 '[illegible]'로 쓰기도 했다.[1] 화체는 꽃의 중심 혹은 꽃을 지탱하는 것인데, 여기서 체(蒂)는 꽃이 근본적으로 존재하는 곳이다. 어떤 학자는 "옛 음이 帝에 가까운 글자는 대부분 근기(根基 : 토대, 터전, 기초), 원시(原始 : 처음, 시초) 등과 같은 뜻을 지니고 있다. 가령 체(蒂 : 꼭지)는 꽃의 기(基 : 근본, 토대)를 의미하고, 저(柢 : 나무의 뿌리)는 식물의 근기(根基 : 기초, 토대, 밑바탕)를 의미하며, 저(底 : 바닥, 밑바닥)는 집의 근기를 의미하고, 태(胎 : 모체 안에서 새 생명체를 싸고 있는 난막卵膜, 태반胎盤, 탯줄을 통틀어 이르는 말)는

1) 오대징(吳大澂), 왕국유(王國維 : 1877~1927, 금석학자), 곽말약(郭末若 : 1892~1978, 사학자이면서 문인) 등의 주장이다.

인간이 말미암아 생기는 곳을 의미하며, 시(始 : 시간이나 순서의 맨 앞, 처음, 근원, 근본)는 씨족의 발원을 의미한다"[2]라고 주장하였다.

그러므로 '帝'의 어원적 의미는 만물을 낳아 기르는 것을 뜻하였다. 따라서 '帝'라는 글자를 가지고 만물을 낳아 기르는 '천(天)'을 나타냈을 가능성이 많은데, 이는 일찍부터 그랬을 것이다.

은상(殷商)의 복사에 '제(帝)'는 점차 여러 신들의 신이란 권위적 의미를 띠어 갔다. 갑골문을 통해서 볼 때 은상 사람들이 생각하는 '帝'가 '영우(令雨 : 비를 내리다)', '영풍(令風 : 바람을 불게하다)', '영제(令𩃎 : 안개나 구름이 사라지다, 즉 갤 제霽)', '강근(降堇 : 기근이나 가뭄을 내리다. 堇는 곧 '어려울 간艱'으로서 이 글자를 곽말약郭沫若은 '흉년 근饉'이라 풀이했고, 당란唐蘭은 그것을 '초목이 시들어 마른 모양 한䁔, 즉 '가뭄 한旱'이라 풀이했다)' '강화(降禍 : 재앙을 내리다)', '강료(降𢿢 : 장맛비를 내리다. 𢿢는 혹은 료潦자라고도 한다)', '강식(降食 : 먹을 것을 내리다)', '강약(降若 : 불길한 것을 내리다. 상서롭지 않고 순조롭지 않다는 말이다)', '수우(受又 : 도움을 받다. 우又는 돕다의우佑의 뜻이다)', '수년(受年 : 풍성한 수확을 거두다)', '구(咎 : 허물을 묻다. 허물 구咎의 뜻이다)', '제여왕(帝與王 : 상제가 기운이 왕성하도록 보우하다. 왕王은 왕성하다의 왕旺의 뜻이다. 기운을 일으켜 왕성하도록 보우하다는 뜻)', '제여읍(帝與邑 : 상제가 마을을 보호하다. 성과 마을을 보호하다는 뜻)', '관(官 : 근심을 주다. 아마도 관悺 의 가차인 듯하며, 이는 근심하다는 뜻이다)' 등의 능력을 발휘할 수 있다고 여긴 듯하다.

그러나 상제(上帝)는 또한 높은 자리에 앉아 생물이나 노예의 희생을 즐기지도 않고, 인간의 제사도 받지 않으며, 선공(先公), 선왕(先王), 선조(先祖)와도 혈연적인 연관성을 갖고 있지 않다. 상제는 사회와 인간을 초월한 자연의 신으로서[3] 진몽가(陳夢家)가 저술한 『은허복사종술(殷墟卜辭綜述)』의 연구에 의하면 은상 시대 상제(上帝)의 권위와 의지에는 선의(善意)와 악의(惡意) 두 가지가 있어 작황(作況), 전쟁(戰爭), 도읍(都邑)을 하거나 왕의 행동거지를 포함한 인간 세상의 일을 관장한다.

은상의 복사에서 볼 수 있는 보다 중요한 현상은 '제(帝)' 이외에 은인(殷人)들

---

2) 첨은흠(詹鄞鑫), 『신령과 제사(神靈與祭祀)』, 강소고적출판사, 1992.

3) 진몽가(陳夢家), 『은허 복사에 관한 종합적 논의(殷墟卜辭綜述)』, 과학출판사, 1956. 중화서국 재판본, 580쪽, 1981.

이 경외하는 신귀(神鬼 : 하늘의 신神과 땅의 귀鬼)가 있다는 사실이다. 그 질서의 구조는 앞 절에서 서술한 상고시대 이래의 천지 사방의 관념과 많은 관련이 있다.

첫째, 천체와 하늘의 현상에 관한 것으로 해와 달이 있고, 바람과 구름이 있고, 비와 무지개가 있다. 그러나 이것들은 모두 직관적 경험 속의 하늘의 현상이기 때문에 은인들은 그것을 일종의 '신'과 같은 존재로 보고, 그것이 복을 내리고 재앙을 끼친다고 상상했다. 이는 전혀 이상하게 여길 일이 아니다. 여기서 우리가 눈여겨보아야 할 것은 은인들의 제사 대상 가운데 '동모(東母)'와 '서모(西母)'에 관한 것이다. 가령 복사들[1] 중에서 예를 들자면 다음과 같은 것들이 있다.

> 寮(燎)于東母三牛(료 '료' 우동모삼우) : 동모에게 소 세 마리를 불태워 제사지내다(『을(乙)』 상(上) 23.7).
>
> 寮(燎)于東母豚三犬三(료 '료' 우동모돈삼견삼) : 동모에게 돼지 세 마리와 개 세 마리를 불태워 제사지내다(『철(鐵)』 142.2).
>
> 㞢于東母西母, 若(지우동모서모, 약) : 동모와 서모에게 제사지내는 것이 같았다(『을(乙)』 상(上) 28.5).
>
> 又歲于伊, 西[illegible](우세우이, 서모) : 또한 여기에서 1년 제사를 지낸 것은 서모였다(『수(粹)』 195).

어떤 사람은 이것이 일월(日月), 즉 해와 달의 신을 가리킨다고 했다.[2] 그리고 「제의(祭義)」 중 "제일우동, 제월우서(祭日于東, 祭月于西 : 동쪽에서 해에 제사하고, 서쪽에

1) 이하에서 갑골문을 인용할 때에는 항시 다음과 같이 간략한 칭호를 사용하기로 한다. 『갑』은 동작빈(董作賓)의 『은허문자 갑편(殷墟文字甲編)』을 가리키고, 『을』은 동작빈의 『은허문자 을편(殷墟文字乙編)』을, 『명』은 명의사(明義士)의 『은허복사』를, 『수』는 곽말약(郭沫若)의 『은계수편(殷契粹編)』을 지칭한다. 또 『전』은 나진옥(羅振玉)의 『은허 서계 전편(殷墟書契前編)』을, 『후』는 나진옥(羅振玉)의 『은허 서계 후편(殷墟書契後編)』을, 『영호』는 호후선(胡厚宣)의 『전후 영호에서 새로이 구한 갑골집(戰後寧滬新獲甲骨集)』을, 『록(錄)』은 호후선의 『전후 남북에서 보이는 갑골록(戰後南北所見甲骨錄)』을, 『둔남(屯南)』은 중국사회과학원의 『소둔남지갑골(小屯 南地의 甲骨)』, 『철(鐵)』은 유악(劉鶚)의 『철운장구(鐵雲藏龜)』를, 『교도(京都)』는 패총무수(貝塚茂樹)의 『교도대학 인문과학연구소 소장 갑골문자(京都大學人文科學研究所藏甲骨文字)』, 『고(庫)』는 『고방 이씨 소장 갑골 복사(庫方二氏藏甲骨卜辭)』를, 『전(戩)』은 『전수당 소장 은허문자(戩壽堂所藏殷墟文字)』를 가리킨다.

2) 진몽가(陳夢家), 『은허 복사에 관한 종합 논의(殷墟卜辭綜述)』, 574쪽.

서 달에 제사한다)"라는 대목을 인용하여 그 근거로 삼았다. 이와 아울러 제사 때 사용되는 복사 중에 사방의 신에 대한 언급이 있다는 사실 또한 주목해야 할 필요가 있다. 가령 바람에는 협풍(協風 : 동풍), 개풍(凱風 : 남풍), 위풍(韋風 : 서풍), 설風(𣪠風 : 북풍)이 있다.[3] 복사 가운데 예를 들자면 다음과 같은 것들이 있다.

東方曰析, 風曰協(劦)(동방왈석, 풍왈협 '협') : 동쪽은 석이라고 하는데, 동쪽의 바람은 협이라고 한다.

南方曰因, 風曰凱(凯)(남방왈인, 풍왈개 '개') : 남쪽은 인이라고 하는데, 남쪽의 바람은 개라고 한다.

西方曰彝, 風曰衛(彝)(서방왈이, 풍왈위 '이') : 서방은 이라고 하는데, 서방의 바람은 위라고 한다.

(北方曰)伏, 風曰(𣪠)('북방왈' 복, 풍왈 '설') : 북방은 복이라고 하는데, 북방의 바람은 설이라고 한다.

여기 사방의 바람 명칭은 사실 신의 이름이다. 이러한 관념은 오랜 내력을 가지고 있다. 호후선(胡厚宣 : 1911~1995년, 갑골학자)은 갑골문을 『요전(堯典)』이나 『산해경(山海經)』과 비교 검토함으로써 문헌 속에 나타나 있는 사방의 명칭과 사방의 바람의 명칭이 갑골에 기록된 것과 유사하다는 사실을 지적한 적이 있다. 이렇게 볼 때 문헌이나 갑골의 기록에 그 연원이 상당히 오래되었음을 알 수 있다.

둘째, 천상(天象)에 대응하는 것은 대지(大地)이다. 은상의 복사 가운데 대지의 신기(神祇)는 그 종류도 많고 다양하다. 예컨대 하(河 : 황하黃河), 원(洹 : 원수洹水), 구(滝 : 기수淇水), 우(漷 : 사하沙河), 또한 화(崋 : 화산華山), 충(蚰 : 숭산嵩山), 흉(兇 : 곤산昆山) 등 '십산(十山)'과 '오산(五山)'이 그것이다. 그러나 이것들은 사상사에 있어서 특별히 주의할 만한 가치가 없고, 주의할 만한 것은 '사방(四方)' 혹은 '오방(五方 : 동·

3) 진몽가(陳夢家), 『은허 복사에 관한 종합 논의(殷墟卜辭綜述)』, 586쪽 참조. 또한 『갑골문 연구 합본(甲骨文合集)』 14294판, 14295판, 중화서국. 호후선(胡厚宣) 「갑골문의 사방 바람의 명칭에 대한 고증(甲骨文四方風名考證)」(『갑골학상사론총초집(甲骨學商史論叢初集)』, 제노대학 국학연구소, 석인본石印本, 1944). 양수달(楊樹達) 「갑골문 중 사방 바람과 신명(甲骨文中四方風名與神名)」(『적미거갑문설積微居甲文說』, 중국과학원, 1954).

서·남·북의 사방과 그 중앙의 다섯 방위)'의 관념이 생활과 제사 속에서 발생한 것이다.

아주 오랜 옛날 사람들은 처음에 일출과 일몰을 가지고 동서의 방향을 가늠하는 근거로 삼았다. '동(東)'자는 해가 나무 사이에 걸려 있는 모양이고, 서(西)자는 해가 나무에 깃들어 있는 모양이다. 또 나중에는 별들을 가지고 남북의 방위를 가늠하였다. 하늘에 있는 모든 것은 왼쪽으로 돌지만 영원히 움직이지 않는 것이 있는데, 그 별이 북쪽인 곧 북극성(北極星)이다. 그리고 그와 반대되는 방향이 곧 남쪽이다. 방향을 정하는 일은 고대 매우 중요한 일이었는데, 천문 역법에 관계될 뿐만 아니라 성읍(城 : 성이나 마을)을 건설하는 데도 관계되었다.[1] 위에서 인용한 복사에는 석(析), 인(因), 이(彝), 복(伏) 등 사방의 명칭이 있다. 그 밖에 '사방'을 언급한 곳이 사실 적지 않다. 가령 다음과 같은 것들이 있다.

> 寧于四方, 其五犬(영우사방, 기오견) : 사방의 신에게 안녕을 기원할 때는 다섯 마리의 개를 받쳤다(『남명南明』 487).
>
> 其寧疾于四方(기영질우사방) : 사방의 신에게 안녕과 무병을 기원하였다(『둔남屯南』 1059).

여기에 자신이 있는 중앙을 더하면 오방이 된다. 갑골문 복사 중에 "경진복, 풍중상(庚辰卜, [illegible]中商 : 경진일에 점을 쳐서 중상에 풍요를 기원했다)"(『을乙』 9078)이란 기록이 있는데, 여기에서도 중상(中商)과 사방을 한데 아울러서 일컬었다. "복오방수성(卜五方收成 : 오방의 수성을 점친 바 있다. 수성은 작황 혹은 수확을 뜻함)"(『수粹』 907). 그러므로 "제오옥신(帝五玉臣 : 상제는 다섯 개의 옥과 다섯 명의 신하를 두고 있다)"(『둔남屯南』 930)이라는 말이 나온다.

진몽가는 많은 예증을 들어 은상 시대 사람들이 사방에 대해 확실한 인식을 가지고 있었고, 사방의 신에게 고정적으로 정해진 제사를 지냈을 뿐만 아니라 사방에 대해 동서남북이란 일정한 순서를 매겼음을 설명한 적이 있다. 이는 『갑

1) 『국어(國語)』「초어(楚語)」"내명남정중사천(乃命南正重司天)……" 한 단락과 『시경(詩經)』「정지방중(定之方中)」 참조.

甲)』 622의 사과(四戈)와 『수(粹)』 907의 사토(四土)를 모두 그 증거로 삼을 수 있을 것 같다.[2] 그리고 『갈관자(鶡冠子)』, 『회남자(淮南子)』와 아울러 위서(緯書)[3]에 기록된 동서남북의 두병(斗柄 : 국자 모양의 북두칠성 별자리 가운데 자루에 해당하는 세 개의 별. 옥형玉衡, 개양開陽, 요광搖光을 말함)의 방향과 춘하추동의 사계의 순서는 이러한 관념의 원류가 매우 길다는 것을 말해준다.

『예기』「곡례(曲禮)」에서는 "천자제천지, 제사방(天子祭天地, 祭四方 : 천자는 천지에 제사하고, 사방에 제사한다)"이라고 이야기한 바 있고, 정현(鄭玄)은 주석에서 "사방에 제사를 지낸다는 것은 사교(四郊 : 사방의 교외)에서 오관(五官 : 사도司徒, 사마司馬, 사공司空, 사사司士, 사구司寇)의 신에게 제사를 지내는 것을 이야기한다. 오관의 신인 구망(句芒)은 동쪽에 있고, 축융(祝融)과 후토(后土)는 남쪽에 있으며, 욕수(蓐收)는 서쪽에 있고, 현명(玄冥)은 북쪽에 있다. 『시경』에 '내방인사(來方禋祀 : 사방의 신에게 정결히 제사 지낸다)'라고 했는데, 방사(方祀)란 각기 그 지방의 관(官)에게 제사하는 것일 따름이다."[4]

대에는 이미 상당 (完整)한 공간 질서 을 가지고 있었다.

이는 물론 훗날의 기록이지만, 갑골 복사를 통해서 아주 먼 옛날의 전통을 계승하여 은상 시대에 이미 상당히 잘 짜인 공간 질서의 관념을 가지고 있었음을 알 수 있다. 큰 고을인 상(商)은 천하의 중심이고, 사이(四夷 : 사방 오랑캐의 땅)는 사방이며, 하늘의 중앙에는 시초나 기초란 의미를 상징하는 '제(帝)'가 있으며, 은상 시대에는 또 땅의 중앙에 대지를 상징하는 대읍(大邑)인 상(商)의 사신(社神)이 있었다. 그리고 '동', '서'로 명명하는 것은 아마도 상제의 보좌격인 '동', '서'의 신기일 가능성이 크다. 사방에도 각기 그 신이 있다. 그들은 자신이 있는 곳이 중앙이고, 사이가 곧 사방이라고 믿었다. 또 그들의 전(顚 : 머리 꼭대기)은 하늘이고, 사

2) 진몽가(陳夢家), 『은허복사총론(殷墟卜辭綜述)』, 585쪽 참조. 또한 『복사통찬(卜辭通纂)』 375편(片)에 기우제에도 동·남·서·북의 순서가 있음이 기록되어 있다.

3) 전한(前漢) 말기부터 후한(後漢)에 걸쳐서 유학의 경전인 경서(經書)에 대응하여 만들어진 책이다. 『시위(詩緯)』, 『역위(易緯)』, 『서위(書緯)』, 『악위(樂緯)』, 『춘추위(春秋緯)』, 『효경위(孝經緯)』 등으로 길흉화복 따위의 예언을 적은 책인데, 나중에 금서가 되어 그 일부만 전한다(역자 주).

4) 『예기』「곡례」 정현(鄭玄) 주(注), "祭四方, 謂祭五官之神于四郊也, 句芒在東, 祝融后土在南, 蓐收在西, 玄冥在北(제사방, 위제오관지신우사교야, 구망재동, 축융후토재남, 욕수재서, 현명재북). 『詩』云 : '來方禋祀', 方祀者, 各祭其方之官而已(『시경』 운云 '래방인사', 방사자, 각제기방지관이이)."

방은 그의 머리 위에 있는 하늘을 둘러싸고 들락날락 회전하고 있다고 믿었다. 상하(上下)와 사방(四方), 즉 육합(六合) 안에는 모두 신비한 힘이 있어서 이러한 신비한 힘들도 인간과 마찬가지로 질서정연한 구조를 가지고 있다는 것이다.

2

조상 영혼 숭배 그것의 세속 권력의 결합

두 번째로 우리가 눈여겨 보아야 할 점은 복사에 표현된 조상의 영혼에 대한 숭배와 더불어 왕권과 결합된 관념의 질서화이다.

앞에서 언급한 바와 같이 상고시대 사람들에게는 생식 능력을 숭배하는 관념이 자연스럽게 형성되어 있었다. 이러한 숭배는 모든 기원에 대한 호기심과 탐구심을 불러일으켰다. 사실 이러한 호기심이 인간에게 나타나기 시작한 연원과 관련해서 그들은 맨 처음 인류의 기원이 여성이었다고 믿었다. 요녕성 객좌현(喀左縣) 동산취(東山嘴) 홍산문화(紅山文化)의 잉부도상(孕婦陶像)과 청해성(青海省) 유만(柳灣) 삼평대(三坪臺) 마가요문화(馬家窯文化)의 나체 여신 도관(陶罐)은 이러한 호기심에 참고가 될 만한 증거로 볼 수 있다. 그러나 남성이 사회의 주도적 역량이 되면서부터 이러한 생육과 번식, 인류의 시원으로서의 '조(祖)'자는 남성을 지칭하게 되었다.[1] 고대인들은 이들 남성 선조들의 생식이 인류로 하여금 하나씩 이 세상에 태어나게 했다고 생각하였다. 따라서 그들도 남성 선조의 영혼이 자손의 번영과 평안을 보호할 수 있다고 믿었으며, 그렇기 때문에 그들은 조상의 망령에 대해 제사를 지내려고 했던 것이다.

---

1) 대부분의 사람들은 '祖'(且, 且)를 남성 생식기의 형상이라고 생각한다. 이는 곽말약(郭沫若)이 1929년 발표한 「석조비(釋祖妣)」의 영향 때문인데, 곽말약 또한 분명 당시 유행하는 인류학 이론의 영향을 받았다. 『갑골문자연구(甲骨文字研究)』(과학출판사, 1962) 참조. 그러나 오늘날에는 또한 상당히 많은 반대 의견이 있다. 가령 이영(李零)은 이것이 잘못된 해석이라고 지적한 바 있다. 『중국방술고(中國方術考)』 405~409쪽 참조. 첨은흠 또한 이러한 견해에 반대했다. 그는 '조(祖)'자는 본래 항아리의 형상이라고 보았다. 앙소문화에는 조상을 거기에 묻어두는 항아리가 많았으며, 항아리의 윗부분을 인간의 머리 형상으로 만들어 놓은 것도 있는데, 이것들은 대개 시체의 뼈를 묻어두는 데 사용하였다. 그러므로 후세 사람들은 항아리 형상의 '차(且)'를 가지고 조상을 나타내는 '且'로 보았다. 「신령과 제사(神靈與祭祀)」 131~132쪽 참조.

선조를 중시하고 자손에 관심을 갖는 것은 중국인에 있어서 극히 중요한 전통적 관념이며, 심지어 가치 판단에 있어 중국 사상의 근원이 된다. 전통적인 중국인은 자신의 선조와 자신과 자신의 자손 사이에 같은 피가 흐른다는 사실을 발견하고 생명이 끊임없이 흐른다는 생각을 가졌다. 그가 자신을 떠올리면 자신이 이러한 생명의 연장선상에 놓여 있음을 발견한다. 그래서 그는 더 이상 고독하지 않고 가족이 있는 사람이 된다. 그는 자신의 생명이 확대되고 생명의 의미도 확대되어 전체 우주로 확대되는 것으로 생각한다. 분묘(墳墓), 종묘(宗廟), 사당(祠堂), 제사(祭祀)는 이러한 생명의 의미를 긍정하고 강화한 엄숙한 장소이다. 이는 중국인에게 생물 복제와 같은 연속과 문화 전승과 같은 연속을 한데 결합시킴으로써 민족의 피와 문화의 피가 일치하면 '동일시(同一視)' 할 수 있는 토대로 삼을 수 있게 했다. 다시 말해서 이런 사슬 속에서 살아야만 비로소 중국인이 되는 셈이다.

된 조상과 가까웠
람에 대한 추억과
통해서 친족간의
혈연간의 결집 및
일체감을 실현한

분묘, 종묘, 사당과 제사 활동은 돌아가신 선조와 가까웠던 사람을 추억하고 기념하는 행위를 통해 친족 간의 소통, 혈연 간의 응집과 문화적 일체감을 확인한다. 은상 시대 이래 분묘 양식을 새롭게 모색하고 수장품을 중시하고, 제사를 지내는 건축에 대한 숭배와 제사 활동에 대한 경외 등이 사상사에 있어서 갖는 의의는 다음과 같은 것들에 있다.

첫째, 그것은 사람들의 육체와 정신의 이원 분리와 삶과 죽음의 구분이란 관념이 싹트고 있음을 보여준다. 그들은 인간은 죽기 마련이고, 사후의 인간은 다른 세계에서 존재한다고 생각하기 시작했다. 둘째, 그것은 혈연과 친정(親情 : 혈육 간의 정)의 의의가 가중되고 있음을 보여준다. 의식은 이러한 가까운 친정을 표현하는 형식이며, 의식 중의 예절, 제물을 받치는 행위, 수장품은 사람들의 의식 속에 혈연의 가치를 반영하고 있다. 셋째, 장례 풍속과 제사에서의 의식과 그것의 상징적 의미는 세속의 종법(宗法)[2] 사회의 인간들 사이의 친소(親疎)에 의해 오랜 세월에 걸쳐 점차 자연스럽게 일반화된 습속에서 기인한다. 그러나 오랜 세월에

2) 주나라 시대 상층 사회의 제도로 이거(異居), 이산(異產)의 경향에서 적장자(嫡長子) 상속제 확립을 위해 일어났으며. 대종(大宗)·소종(小宗)으로 나뉘어 조종묘(祖宗廟)의 제사(祭祀)·공동 향찬(饗饌), 일정한 기간의 복상(服喪), 동종불혼(同宗不婚) 등을 행하였으나 춘추전국 시대에 이르러 유지되지 못하고 사라졌다가 송나라 때 부활한다(역자 주).

걸쳐 일반화된 이런 습속은 이와는 반대로 인간의 의식 속에 가깝고 먼 친소의 차이를 강화했다.

혈연과 친정에 기초한 이러한 의식이 왕권에서 비롯되어 점차 은상의 선공(先公)과 선왕(先王)에게도 빈번하게 행해졌는데, 복사에는 선공과 선왕에게 제사하는 많은 내용들이 등장한다. 그들은 선공과 선왕의 신령이 하늘에 있을 것이라고 확고히 믿었기 때문에 그들은 선조들에게 '료제(尞祭)'라는 제사를 많이 올린다. '료(尞)'는 갑골문에서 나무가 불에 타고 있는 형상이다. 『설문(說文)』(한자의 구조와 본래의 뜻을 설명한 책인 『설문해자說文解字』)에 "료(尞)는 섭나무를 태워 하늘에 제사하다는 뜻이다(燎, 祡祭天也료, 시제천야)" [1]라고 했고, 『이아(爾雅)』(중국에서 가장 오래된 유의어 사전이자 언어 해석 사전)에서는 "하늘에 제사하는 것을 번료(燔尞)라고 한다(祭天曰燔尞 제천왈번료)" [2]고 했다. 섶을 불살라 연무가 하늘로 피어오를 때면 그들은 이것이 하늘에 계신 선조 신령에게 지상에 있는 자손들의 기도와 축복을 전달할 수 있다고 믿었다.

은상 복사에는 조갑(祖甲 : 상나라 25대 군주) 이후 은상 시대 사람들이 장시간의 성대한 제사 의식을 통해 선공과 선왕에게 제사했고, 전체 제사 의식은 여러 가지 의식을 통해 돌려가면서 거행했음이 뚜렷이 나타난다. 복사에서는 이것을 '의제(衣祭)'라고 불렀고, 갑골문 연구자들은 '주제(周祭)'라고 부르기도 했다. 진몽가의 연구에 의하면[3] 이러한 제사 의식은 극히 복잡하여 대략 1년을 한 주기로 삼았으며, 은나라 사람의 조상에 대한 특히 은상 왕실의 선공과 선왕에 대한 조상신 숭배를 반영하고 있다. 그들은 여러 조상신들이 내려오길 비는 강신(降神), 비린 것 즉 생선을 바치는 헌성(獻腥), 음식을 올리는 궤식(饋食), 축문을 읽어 기원하는 축책(祝冊)의 차례로 제사를 행하였는데, 이 제사에는 세 부류의 다섯 가지 제사가 있다. 그 중에 '익(翌)'이라는 것이 있는데, 이는 깃털을 들고 춤추며 신이 내려오게 함으로써 제사를 지내는 것이다. 또 '협(劦)'이 있는데, 여기에도 또 세 가지 형태가 있다. 즉 피가 흐르는 생선을 바치는 '제(祭)'와 곡식을 바치는 '백(

1) 『설문해자(說文解字)』.

2) 『이아(爾雅)』.

3) 진몽가(陳夢家), 『은허복사총론(殷墟卜辭綜述)』, 386~389쪽.

: '饔')' 을 비롯해 아홉 번 제물을 바치며 합쳐 제사를 지내는, 다시 말해서 각종 제사 의식을 종합한 '협(劦)' 이 있다. 그 밖에 '삼(彡)' 이 있는데, 이는 북을 치며 제사하는 것이라고 한다.[4]

물론 선공(先公)과 선왕(先王) 등 직계 남성 조상 이외에 은허(殷墟)에서 발굴된 복사에서는 선왕의 왕비에게 제사하고, 선공과 선왕의 여러 형제들에게 제사를 지내는 예를 볼 수 있다. 등급에 차등이 있는 제사 제도는 은상 시대에 이미 인간, 즉 가족과 사회를 비롯해 천하에 관한 일종의 관념이 형성되어 있었음을 보여준다. 즉 혈연과 친족의 관계는 가족과 사회를 비롯해 천하의 구조와 질서를 구성하는 데 있어 지극히 중요하다. 생존했을 때에도 그렇고, 사망한 뒤에도 여전히 그러하며, 가족 안에서도 그렇고, 사회 안에서도 그러했다. 사회 구조의 두 축으로서 혈연관계의 의의는 왕실뿐만 아니라 왕 이하의 사회 계층에서도 마찬가지로 중요하다. 은상 시대에도 여전히 고대의 부족 전통이 비교적 많이 남아 있어서 여러 형제들(증조 형제, 조부 종형제, 부계 재종형제를 포함)도 모두 조상의 사당에서 제사를 받을 수 있었지만,[5] 가족과 사회의 주축은 이미 종적 혈연관계를 확립하고, 남성 직계, 즉 조(祖), 부(父), 자(子)를 주선(主線)으로 삼고 그들 배우자를 보선(輔線)으로 삼는 종적 전승 체계는 은상 시대에 벌써 형성되어 있었다. 따라서 적어도 은상 시대 사람들의 의식에 투영된 사회 구조는 이미 질서화 되었다고 할 수 있다.

---

4) 곽보균(郭寶鈞), 『중국 청동기시대(中國青銅器時代)』, 삼련서점, 228쪽, 1978년 참조.

5) 진몽가(陳夢家), 『은허복사종론(殷墟卜辭綜述)』, 404~405쪽 참조. 예를 들어 무정(武丁)이 제사한 여러 부친, 무릇 부친의 형제가 모두 제사에 참여하고(甲에서 癸에 이르기까지 모두 제사한다), 무정의 다음 세대인 조경(祖庚)과 조갑(祖甲) 때에는 이미 다 도태되고, 단지 갑·병·무·경·신·을(甲·丙·戊·庚·辛·乙)의 여섯 선조만 남았으며, 그 다음의 세대인 조신(祖辛)과 강정(康丁) 때에 이르러서는 제사한 바가 일찍이 왕이 된 네 명의 양갑(陽甲), 반경(盤庚), 소신(小臣), 소을(小乙)만이 남았다.

3

세 번째로 주목해야 할 점은 제사(祭祀)와 점복(占卜) 의식에 표현된 지식 계통의 질서화이다.

제사와 점복의식 속 현된 지식 체계의 종

『주례(周禮)』에는 제사에 관한 각종 기록이 있는데, 「대사악(大司樂)」에는 제사의 악무(樂舞)를 대상에 따라 천신(天神), 지시(地示), 사망(四望), 선비(先妣), 선조(先祖) 등 여섯 가지로 분류하고 있다. 또 「주정(酒正)」에서는 제사를 규모와 대상에 따라 '대제삼이(大祭三貳), 중제재이(中祭再貳)와 소제일이(小祭一貳)'로 분류한다. 대제(大祭)는 천지에 제사하고, 중제(中祭)는 종묘에 제사하며, 소제(小祭)는 오사(五祀)에 제사한다. 『사사(肆師)』에는 제사에 사용하는 제사 용품에 따라 세 종류로 나눈다. 즉 옥과 비단을 비롯해 소의 희생을 제물로 사용하는 것을 대사(大祀)라고 하고, 소의 희생과 폐(幣 : 비단)를 사용하는 것을 차사(次祀)라고 하며, 소의 희생만을 사용하는 것을 소사(小祀)라고 한다. 정사농(鄭司農 : 후한後漢 시대의 유학자인 정중鄭衆을 말함)의 주석에 보면 대사는 천지에 제사하는 것을 가리키고, 차사는 일월성신에 제사하는 것을 가리키며, 소사는 사명(司命) 이하의 소신(小神)에게 제사하는 것을 가리킨다고 했다. 정현이 보충 설명하여 말하길, 대사는 종묘도 포함하고 차사는 사직(社稷)과 오악(五岳)도 포함하며, 소사는 사명 외에 사중(司中), 풍사(風師), 우사(雨師)를 비롯해 산천과 만물에 대한 제사까지도 포함한다. 이와 같은 후세의 문헌 기록이 그런대로 신뢰성이 있다면, 주나라 시대의 제사는 세 등급으로 나눌 수 있다.

제1등급의 대제사(大祭祀)는 천지 혹은 종묘를 대상으로 한 제사로서 우주와 조상의 신령에게 제사한다.

제2등급의 중제사(中祭祀)는 일월성신 혹은 사직(社稷)과 오악(五岳)을 대상으로 한 제사로서 천상과 지하의 여러 신들의 대자(大者)에게 제사한다.

제3등급의 소제사(小祭祀)는 비와 바람과 우뢰와 번개 혹은 산천의 온갖 만물을 대상으로 한 제사로서 천상과 지하의 여러 신들의 소자(小者)에게 제사한다.

그렇다면 주나라 시대 이전의 은상 시대에는 또 어떠했을까?

복사를 통해 보건데, 은상에는 '尞', '㞢', '烄' 등과 같은 제사가 있었음을 알 수 있다.[1] 이는 대개 섶, 즉 산야에 절로 나는 잡목을 불살라 연기가 피어오르게 함으로써 천상의 신령에게 그의 정성을 통하게 한다. 또 '침(沈)', '매(埋)' 등과 같은 제사도 있었는데, 이는 물속에 가축을 빠뜨리고, 옥벽(玉璧)을 빠뜨리며, 땅속에 소의 희생 제물을 묻는 등 대부분 이러한 행위를 통해 하천(河川)에 제사를 지냈다. 복사를 통해 볼 때 은상 시대의 제사에는 일정한 구분과 등급이 있는데, 특정한 제사에서 사람들은 점차 실재 세계에는 전혀 속하지 않는 그저 의식 세계에만 속한 분류와 연계 관념들을 만들어 제사를 지냈다. 예를 들면 우주의 신과 조상의 신령, 천지의 지배자와 왕공(王公)의 선조, 산악(山岳)의 신과 대하(大河)의 신 등이 모두 제사의 대상이 되었다. 어느 등급에 속한 신령은 그 등급의 제사와 정해진 수량의 희생을 제물로 받는다. 갑골 복사 중 수많은 제사의 내용 가운데 주의할 만한 것은 다음 세 가지 현상이다.

첫째, 천지자연의 신과 선조를 비롯해 선왕과 왕비의 영혼이 점차 하나로 합쳐지고 있다는 사실에 주목할 필요가 있다. 예를 들면 선조, 선공과 선왕을 하늘보다 귀빈으로 모셔 '빈제(賓帝)'로 간주했다. 즉 선왕은 상제의 좌우에 위치하고, 제(帝)는 왕을 보호하고 돕는 기능뿐만 아니라 징벌의 능력도 가지고 있었다.[2] 가령 "제불부(보)우왕(帝不缶 '保' 于王 : 제가 왕을 보호하지 않는다)"(『철鐵』 191.4), "제불우(우)왕(帝弗ナ '佑' 王 : 제가 왕을 돕지 않는다)"(『고庫』 720), '제불기복왕(帝弗其福王 : 제는 왕에게 복을 빌지 않는다)'(『을乙』 하下 24.12, 『고庫』 561) 등에서 알 수 있다.

그리고 선왕은 또 당시의 왕을 돕는 능력을 지니고 있었다. 이는 '가차(조)신좌왕, 가차신불좌왕(家且 '祖' 辛左王, 家且辛弗左王 : 가문의 조상신이 왕을 곁에서 보좌했습니까 아니면 가문의 조상신이 왕을 곁에서 보좌하지 않았습니까?)'(『을乙』 3162, 『을乙』 1047, 1050, 4956), '정함불좌왕(貞咸弗左王 : 정은 모두 왕을 보좌하지 않는다)'(『을乙』 7201)이라고 한

1) 이는 烄, 䉈, 籹 으로 쓰기도 하는데, 이는 蒸의 초기 문자로서 『설문해자(說文解字)』에서는 '소(燒)'라고 하고 또 '번(燔)'이라고도 한다.

2) 진몽가(陳夢家), 『은허복사종술(殷墟卜辭綜述)』 569쪽 참조.

대목에 보인다. 또한 어떤 사람은 하늘에 제사할 때는 선공과 선왕을 곁에 함께 모셨던 사실에서 유추하여 은상 시대에 이미 28수(二十八宿)가 있었고, 28수와 선공과 선왕을 함께 제사하는 일이 있었다고 주장하기도 했다. 가령 '허(虛)'(현효玄枵)와 '상갑(上甲)'을 함께 제사지냈는데, 이는 천명(天命)을 받는다는 관념의 시초이다.[1] 또한 해와 선왕에게 함께 제사를 지낸 것과 관련해서 어떤 학자는 무을(武乙)과 문정(文丁) 때의 다음 갑골문을 근거로 제시하였다. "계□□, 기묘입일, 세상갑이우, 이(癸□□, 其卯入日, 歲上甲二牛, 二 : 계□□, 묘시와 일몰 때 상갑에게 소 두 마리를 올려 한 해 제사를 지내는데, 이를 두 번 지냅니다)"(『둔남窀南』 2615). 일출과 일몰의 제사 때에는 같은 방식으로 상갑에게도 제사하는데, 이는 마치 후세 사람들이 이야기한 것처럼 "하늘에 제사를 지낼 때에는……인간을 위주로 제사를 지내고, 이에 천신이 강림한다. 그러므로 시조를 높여 제사하면서 천신도 함께 모신다."[2]

두 번째로 주목할 만한 것은 제사의 규격이 점차 질서화 되고 있다는 점이다. 조갑(祖甲) 시대 이후 은상 왕실에서는 대개 제사의 계보에 따라 조상들에게 주기적으로 규격화된 제사를 거행했다. 거기에는 북을 치며 제사하는 '삼(彡)', 새의 깃을 들고 춤추며 제사하는 '익(翌)', 술과 고기와 희생을 바치는 '제(祭)', 곡식을 바치는 '백(賣)', 여러 가지 사전(祀典 : 제사를 지내는 예전禮典)이 합동으로 제사하는 '협(劦)' 등이 있다. 이러한 제사의 규격화는 질서화를 의미한다. 제사와 그에 따르는 내재적 의미는 이렇듯 규격화 되는 과정을 통해 점차 일련의 상징들을 만들어 갔는데, 그러한 상징들은 항상 사람들에게 어떤 관념을 암시하고 있다.

세 번째로 주목해야 할 점은 하늘에 있는 주재자와의 관계는 점차 왕 한 사람에게 집중되고 있다는 사실이다. 『영국 소장 갑골집(英國所藏甲骨集)』 「1923조」

---

1) 심건화(沈建華), 「은대 제성교례를 통해 오행의 기원을 논하다(從殷代祭星郊禮論五行起源)」(『중국국제 한학학술토론회 논문中國國際漢學學術討論會論文』, 해구海口, 1995.)

2) 송진호(宋鎭豪), 「갑골문의 출일과 입일에 관한 고찰(甲骨文出日入日考)」(『출토문헌 연구出土文獻硏究』, 문물출판사, 1985) 34~35쪽. 해가 뜨고 해가 지는 것은 태양에게 제사하는 의식이다. 요효수(姚孝遂,)와 초정(肖丁) 「소둔 남지의 갑골에 대한 고찰(小屯南地甲骨考釋)」(77쪽)에 의하면, 해가 뜨고 질 때의 제사는 「요전(堯典)」에도 있는데, 각기 봄과 가을의 제사로 나누어 지냈다. 그렇지만 상나라 시대에는 하루에 "해가 뜰 때와 질 때 모두 제사를 지냈다"고 한다.

의 복사에 "계축일에 점을 칠 때 왕이 주관한다고 말했다. 다음날 갑인일에 주협(酢魯)을 구하니 상갑(上甲)께서 후왕에게 옷을 내리셨으니 나 한 사람에게만 재앙이 없을까요? 일품(一品)의 제사를 지내고 9월에는 백(壹)을 제사지냈다"라는 대목이 있다. 학자들은 "그 재앙이 한 사람에게 집중되어 있다고 간주되는 것은 은왕(殷王)이 통치하는 세계가 왕 한 사람을 통해서 실현되고 있음을 보여주는 것"[3]이라고 설명했다. 조갑(祖甲) 시대는 종교적으로나 정치적으로 대변혁의 시대였다. 조갑은 앞에서 이야기한 것처럼 주나라 제사의 질서를 확립했을 뿐만 아니라 친히 조상의 신령, 즉 앞에서 이야기한 '빈제(賓帝 : 손님)'를 불러 천제(天帝)와 선왕을 소통시킴으로써 자신의 권위가 종교적 차원까지도 미치고 있음을 증명한다.

종교적 차원까지 있음을 증명했다.

4

당시의 왕은 선왕인 '빈제(賓帝)'를 통해 '천(天)', 즉 하늘과 소통함으로써 '하늘과 통하는' 권력을 얻었을 뿐만 아니라 천제로서의 책임도 짊어지고 있었다. 이 때문에 신비한 역량의 '카리스마'를 가졌다. 그러나 왕은 결코 스스로 제사의 의식을 완성하는 존재가 아니므로 제사에는 축(祝 : 신을 섬기는 일을 업으로 하는 사람)이나 무(巫)가 있어야 한다. 『국어(國語)』「초어(楚語)」에 사보(射父)가 '축'은 "산천의 이름, 고조(高祖 : 시조始祖)의 주(主 : 위패位牌), 종묘의 일, 소목(昭穆)[4]의 세대, 몸가짐을 가지런히 하고 공경하는 마음을 갖는 근엄함, 예절의 마땅함, 위엄의 법칙, 용모의 숭상, 충신의 질, 제사의 복장(山川之號, 高祖之主, 宗廟之事, 昭穆之世, 齊 '齋' 敬之勤, 禮節之宜, 威儀之則, 容貌之崇, 忠信之質, 禋絜之服산천지호, 고조지주, 종묘지사, 소목

3) 이토 미치하루(伊藤道治), 『왕권과 제사(王權與祭祀)』. 중국국제한학연구회 논문, 海口, 1995. 호후선(胡厚宣)의 「'여일인(余一人)' 문제를 다시 논함(重論 '余一人' 問題)」(『고문자 연구논문집古文字硏究論文集』, 사천대학학보 총간 제10집, 1982).

4) 소목(昭穆)이란 종묘나 사당에 신주(神主)를 모시는 차례를 가리킨다. 시조를 가운데 모시고, 그 왼쪽 줄을 소(昭), 오른쪽 줄을 목(穆)이라고 한다. 그리하여 2, 4, 6대조를 소에 모시고 3, 5, 7대조를 목에 모신다(역자 주).

지세, 제 '재' 경지근, 예절지의, 위의지칙, 용모지숭, 충신지질, 인혈지복)"[1] 등을 알아야 하며, '무격(巫覡 : 무당)'은 "정신을 맑게 하여 두 마음을 갖지 아니하고, 또 엄숙하게 삼가며, 진실하고 올바른 마음가짐을 가져야 한다. 그의 지혜는 능히 상하를 구분하여 안배하고, 그의 성스러움은 능히 멀리까지 비추어 드날릴 수 있고, 그의 밝음은 능히 그것을 비출 수 있으며, 그의 총명함은 능히 그것을 듣고 꿰뚫어 볼 수 있다(精爽不携貳者, 而又能齊肅衷正, 其知(智)能上下比義, 其聖能光遠宣郞, 其明能光照之, 其聰能聽徹之 정상불휴이자, 이우능제숙충정, 기지 '지' 능상하비의, 기성능광원선랑, 기명능광조지, 기총능청철지)"[2]고 이야기하는 대목이 보인다.

이는 곧 제사를 주재하는 사람이 그 시대에 가장 많은 지식과 기술을 갖추고 있고, 교양을 가장 잘 갖춘 상징적 인물이라는 것이다. 그리하여 왕의 주위에는 전문적으로 천제에게 뜻을 묻고, 귀신과 인간 사이의 소통을 책임지는 신비주의가 형성되었다. 그들은 왕을 대신해서 신권을 행사하는 사람으로서 일정한 지식과 기술을 지녔으며, 사상을 직업으로 삼아 그들의 사상을 통해 신의 세계와 인간의 세계를 소통시키고, 또 그들의 기록을 후세 사람에게 사상사의 자료로 남겨두었다. 『상서(尙書)』「군백(君奭)」편은 비록 믿을 만한 것은 아니지만 거기에 남아 있는 초기의 역사적 흔적을 배제하지 않았다. 이 편에서는 성왕(成王)과 탕왕(湯王)이 은상 왕조를 건립했을 때를 다음과 같이 기록하였다.

> 시즉유약이윤, 격우황천(時則有若伊尹, 格于皇天) : 그때에 이윤이 있어서 황천에 이르셨다.

'황(皇)', 즉 '𤽆'은 고대사를 연구하는 학자의 고찰에 의하면 "새의 깃으로 장식을 한 황왕(皇王)의 관면(冠冕 : 갓과 면류관)으로 신계 혹은 인간 세상의 최고 통치자를 비유한다".[3] '격(格)'에는 '접근하다 혹은 불러오다'라는 뜻이 있는데, 이

---

1) 『국어(國語)』「초어(楚語)」.

2) 『국어(國語)』「초어(楚語)」.

3) 두금붕(杜金鵬), 『황(皇)에 대해 논하다(說皇)』(『문물』 1994년 제7기). 이학근(李學勤), 「새로 출토된 대문구문화 도기의 부호에 대해 논하다(論新出大汶口文化陶器符號)」(『문물』, 1987년 제12기) 참조.

는 이윤(伊尹)이 신계(神界), 천제에게 접근하거나 천제를 불러올 수 있는 '무(巫)'임을 이야기한 것이다. 『상서(尙書)』「군석(君奭)」과 『사기(史記)』「은본기(殷本紀)」에도 태무(太戊) 때 '이척(伊陟)과 신호(臣扈)가 상제에게 나아간' 일 외에도 무함(巫咸)이 있었다. 조을(祖乙) 때에도 무현(巫賢)이 있었는데, 이들은 아마도 모두 신의 직책을 맡은 중요한 인물일 것이다.

은허의 복사에는 각 조대의 상당히 많은 '점술가'를 볼 수 있다. 이름만 남아 있는 자가 120여 명인데,[4] 이들은 고대 중국의 제1세대 지식인임에 틀림없다. 그들은 직업적으로 이중적 기능을 담당하였다. 그들은 한편으로 제사 의식을 통해 신의 세계와 소통하며 점치는 방식으로 신의 언어를 전달했는데, 이런 사람을 '무(巫)'라고 한다. 다른 한편 그들은 인간의 바람과 인간의 행위를 기록해 두었다가 신의 뜻을 증명하고 후세에 전했는데, 이런 사람을 '사(史)'라고 한다.[5]

세계의 세 가지 기식

'천지가 개벽한' 이후 문명 시대에 와서 무당과 사관의 존재 목적은 하늘과 땅, 인간과 신을 소통시키는 데 있었다. 그들은 이러한 직책을 맡았기 때문에 직업적으로 사상가나 교육자에 해당한다. 그들은 반드시 천지와 우주의 구조, 변화와 징조를 이해할 수 있어야 하고, 인류의 생사와 번영과 건강을 이해하고 신과 소통하는 의식, 규칙과 언어를 이해할 수 있어야 했다. 때문에 그들의 지식 계통에는 다음과 같은 것들이 포함되었다.

세계를 파악하는 점과 역법

1. 외부 세계를 파악하는 점성술과 역법

갑골의 복사는 당시 이러한 지식의 발달을 증명할 수 있고, 거북 껍데기를 이용한 점성술 자체는 그들의 우주 형상에 대한 이해를 의미하고 있다. 바람과

4) 진몽가(陳夢家), 『은허복사총론(殷虛卜辭綜述)』, 202쪽.

5) 갑골문에서 '복인(卜人)'은 늘 '작책(作冊)'이나 '사(史)'로 불리운다. 그들은 점을 치기 전에 문제점을 갑골에 새기고 점을 친 다음 언제나 그 결과를 갑골 위에 새기고자 하였다. 그래서 그들은 무당(巫)이면서 또한 사관(史)이기도 했고, 『주례(周禮)』「천관(天官)」의 이른바 '관서(官書)를 관장하고 정치를 보좌하는' 일을 맡은 사관(史)이 바로 이들이다. 『예기(禮記)』「예운(禮運)」에는 큰 제사 때 "왕의 앞에는 무당(巫)이 있었고 뒤에는 사관(史)이 있었다"라고 기록되어 있다. 사실 무당과 사관은 분업으로 인해 다소 차이가 있는 것에 불과할 뿐이다. 『주례(周禮)』「태축(太祝)」에 기록된 것은 무당(巫)이 태축(太祝)에 가깝지만 태축의 직책은 '장육축(掌六祝 : 각종 축수 방법)', '장육기(掌六祈 : 기도의 호칭)', '변육호(辨六號 : 神祇와 제사의 명칭)' 등을 제외하고 '작육사(作六辭)'가 있는데, '첫째는 사(祠)이고, 둘째는 명(命)이고, 셋째는 호(誥)이며, 넷째는 회(會)이고, 다섯째는 도(禱)이고, 여섯째는 뢰(誄)이다.' 사실 문자적 의미에서의 일은 '사관(史)'에 보다 가깝다.

비, 우뢰와 번개에 대한 기도는 그들의 자연 기상에 대한 이해를 나타낸다. 천간지지(天干地支)와 사시(四時), 열두 달(十二月) 및 윤달의 배치에 대한 것은 그들이 역법을 어떻게 이해하고 있는지를 보여준다. 이는 후세 수술(數術)의 술(術)의 기원이 되었으며, 이러한 지식들은 당시 지식인의 우주에 대한 인식을 보여준다.

2. 인간의 질서를 정리한 제사 의례에 관한 학문

인간의 질서를 정리
사 의례에 관한 학문

각종 제사 의식의 운용 법칙, 가령 천신과 지귀(地鬼)의 명칭, 신에게 제사하는 순서, 제사하는 자의 등급, 바치는 물품의 수량, 기도의 내용, 점복의 방법 등은 신과 소통할 수 있는 지극히 전문화된 기술일 뿐만 아니라 지극히 엄숙한 종법(宗法) 지식이다. 그것은 후세 종교적 예의의 원천이자 당시 혈연과 등급의 질서를 구분하고, 사회의 윤리 질서를 옹호하는 방법이다.

3. 인류 자체를 통찰하는 의학과 약학

인류 자체를 통찰하
학과 약학

전하는 바에 의하면 무함(巫咸)과 무팽(巫彭) 등 10명의 무당은 신과 서로 소통할 수 있었다고 한다. 즉 "종차승강, 백약원재(從此升降, 百藥爰在 : 이곳으로부터 오르내리면서 온갖 약이 비로소 존재하였다)."[1] 사실 고대의 무당들은 신과 소통할 수 있는 방법을 가지고 있었을 뿐만 아니라 많은 의료 기술을 가지고 있었다. 은허의 복사에도 '풍질(風疾)', '통질(痛疾)'이란 기록이 자주 보이며, 심지어 쌍둥이에 대한 기록도 보인다.[2] 이는 아마도 당시 무당이 이미 신을 내리게 하고 약을 처방하는 두 가지 치료 지식을 다 가지고 있었음을 말해준다. 이는 후세의 처방이나 기술과 같은 학문의 기원이며, 또한 자신의 생명과 신체에 대한 당시 사람들의 인식을 표현하고 있다.

이러한 것들이 당시 지식과 사상, 그리고 신앙 세계의 주요 내용이다.

---

1) 『산해경(山海經)』「대황서경(大荒西經)」(원가袁可), 『산해경교주(山海經校注)』, 상해고적출판사, 396쪽, 1980.

2) 호후선(胡厚宣), 「고궁 박물관에서 새로 거둔 두 편의 갑골 복사에 대해 적다(記故宮博物館新收的兩片甲骨卜辭)」(『중화문사논총中華文史論叢』, 상해고적출판사, 1981년 제1집) 121~124쪽 참조.

3절

주나라 시대의 잔존 문헌과 청동기 명문에 보이는 사상의 발전

기원전 1000여년 무렵 당시 중국의 서쪽 한 구석에 치우쳐 있던 주나라 사람들이 중원의 은나라를 무너뜨리고 천하의 주인이 되어 주나라를 건립하였다.[1] 은상(殷商)에 비해 서주(西周)에 관한 현존 자료는 상당히 풍부한 편이다. 『상서(尙書)』에도 주나라 시대의 문헌 자료로 비교적 믿을 만한 것이 일부 남아 있고, 『일주서(逸周書)』에도 신빙성이 있다고 여겨지는 몇몇 편목들이 있다. 또한 『사기(史記)』「주본기(周本紀)」도 은상에 비해 기록이 상세한 편이고, 『세본(世本)』도 비교적 참고할 만한 가치가 있다. 게다가 춘추전국 시기에 쓰인 『좌전(左傳)』과 『국어(國語)』에도 몇몇 역사적 사건이 기록되어 있고, 제자백가서 중에도 엉성하게나마 기록된 부분이 있으며, 예서(禮書)에도 예의 규범을 적은 조항이 들어있다. 그리

---

1) 주나라가 은나라를 멸망시킨 정확한 연대에 대해서는 지금껏 역사학계에서 논쟁이 끊이지 않는 문제로서, 대략 30여 개의 설이 있다고 전해진다. 이러한 시간을 기록한 것으로는 예를 들어 『利毁』 명문상의 "武王伐商, 倠 '唯' 甲子朝(무왕벌상, 추 '유' 갑자조)", 『상서』「목서(牧誓)」에 나오는 "時甲子昧爽, 王朝至商郊牧野(시갑자매상, 왕조지상교목야)", 『일주서(逸周書)』「세부(世俘)」에 나오는 "甲子朝, 接于商(갑자조, 접우상)" 등은 모두 상나라를 정벌한 날짜를 갑자(甲子)라고 말했을 뿐, 어느 해 어느 달의 갑자일인지는 밝히지 않았다. 『한서(漢書)』「율력지(律曆志)」에서 『주서(周書)』「무성(武成)」을 인용하여 "若翌日癸巳, 武王乃朝步自周, 于征伐紂(약익일계사, 무왕내조보자주, 우정벌주)"라고 했는데, 이는 출발 날짜를 계사일이라고 본 듯하다. 그러므로 뒤에 이 문제를 논할 때 의견이 분분했다. 예를 들어 전의초(田宜超)의 「허백제 금문고석(虛白齋金文考釋)」에서는 기원전 1027년이라고 말했는데, 그 이유는 『사기』「주본기(周本紀)」의 『집해(集解)』에서 「급총기년(汲冢紀年)」을 인용하여 무왕에서 유왕(幽王)의 멸망까지가 257년이라고 말하고 있기 때문이다. 이는 『중화문사논총』(상해고적출판사) 1980년 제4기에 실려 있다.

고 『시경(詩經)』에도 사회사적 자료와 사상사적 자료가 들어 있다. 특히 과거에 출토된 대량의 청동기 명문(銘文) 및 요즈음 계속해서 옛날 주나라 땅에서 발견된 1만 개가 넘는 갑골문의 복사는 모두 살펴볼 수 없을 정도로 많다.

그렇지만 사상사적 문헌으로만 보자면 아직도 매우 부족한 실정이다. 그 이유는 다음과 같다. 첫째, 매우 엉성하기 때문이다. 가령 복사(卜辭)는 비교적 간단하고, 금문(金文)은 대부분 단편적이다. 둘째, 매우 간접적이어서 사상과 관련한 직접적인 논술이 그다지 많지 않다. 마치 금문에 정형화된 문사(文辭 : 문장에 나타난 말)가 많고, 『상서』에는 고명(誥命 : 황제가 제후에게 주던 임명장)의 표현이 많은 것과 마찬가지다. 셋째, 매우 복잡하여 진위를 분별하기 어려운 것이 상당히 많다. 가령 예서(禮書) 중에는 서주 시대에 나타난 여러 사실들이 기록되어 있는데, 상당 부분이 후세 사람들의 상상에서 나온 것들이어서 사실 뭐라고 말하기가 어렵다.

그러나 주나라 시대와 은상 시대를 비교하는 것은 분명 애매모호한 일이지만, 다음 몇 가지 문제에 대한 고찰은 대체로 가능할 것으로 보인다. 우선 주나라 시대는 은상의 전통을 계승했는가, 뒤바꾸었는가 하는 문제이다. 다음은 서주 시대 지식 체계의 기본 구조가 은상과 본질적으로 차이가 있는가 하는 문제이며, 마지막으로는 서주 사상 세계의 기본 토대는 은상과 근본적인 차이가 있는가 하는 문제이다.

1

오랜 기간 동안 사상사가(思想史家)는 은주(殷周) 두 시대의 사상과 문화에 대해 강렬한 인상을 받았다. 서주는 은상과 비교해 볼 때 근본적인 변화를 낳은 시대였다. 이러한 인상은 고대의 산발적인 기록에 근거를 두고 있다. 가령 은인(殷人)은 귀신을 숭배하지만 주나라 사람은 하늘을 공경하고 인간을 중시하였다. 근대 왕국유(王國維)의 「은주제도론(殷周制度論)」 또한 이러한 인상을 강화하는 데 기여하였다. 그는 "중국의 정치와 문화의 변혁은 은과 주의 교체기만큼 극렬한 경

은주(殷周)의 연속

우는 없었다"[1]라고 했다. 그리하여 많은 학자들과 많은 저작들이 귀신에 대한 태도에 있어서 은(殷)과 주(周)는 크게 다르다고 여겼으며, 아마도 이것이 사상사의 정론으로 굳어진 듯하다. 즉 은상 시대는 '잔민사신(殘民事神)', 즉 백성을 죽이고 신을 섬겼으며, 서주 시대는 '경천보민(敬天保民)', 즉 하늘을 공경하고 백성을 보호했다는 것이다.[2]

어떤 학자들은 더 나아가 서주 시대 사람들은 한편으로 하늘을 의심하면서도 다른 한편으로 은상의 습속에 따라 하늘을 숭상했다고 주장한다. 하늘을 숭상한다는 말은 대개 은인 혹은 은상의 옛 사람에게 해당하고, 하늘을 의심했다는 말은 주나라 사람에 해당한다. 그러므로 은인처럼 하늘을 섬기는 사상을 계승한 것은 "단지 정책적인 계승일 뿐이고, 주나라 사람들은 종교 사상을 우민정책으로 간주했다." 따라서 『예기』의 「표기(表記)」에서 주나라 사람들이 "귀신을 섬기는 일을 멀리 하였다"[3]라고 말하고 있다. 근래에 와서 외국학자들이 상나라와 주나라 사이에 한 차례 '예제(禮制) 혁명'이 있었다고 주장하고 있다. "상나라 시대의 제사 전통이 완전히 사라지고 그 대신에 새로운 제사가 생겨났으며, '혁명(革命)' 이후 서주의 상층부 인사들은 이전에 비해 확실히 음악의 중요성을 보다 중시했고, 그로 인해 무장(武裝)의 지위가 내려갔을 것이다."[4]

사실 이러한 주장은 결코 믿을 만한 것이 못된다. 주나라 사람들이 마음속으로 무슨 생각을 했는지는 당시 무슨 일이 있었는지를 알 수 없게 됨에 따라 알 길이 없다. 후세 사람들이 주제넘게 옛사람의 사상을 대신할 수도 없고, 그래서도 안 된다. 역사학자들도 자신의 상상력만으로 옛사람의 주관적 의도를 추측해서는 안 된다. 다만 남아있는 자료를 통해 이치에 합당한 분석을 해야 한다.

제사나 점에 관한 주나라 시대의 많은 기록들은 결코 그들의 하늘 숭배가 하

---

1) 왕국유(王國維), 「은주제도론(殷周制度論)」(『관당집림觀堂集林』, 중화서국, 453~454쪽, 1959.)

2) 곽보균(郭寶鈞), 『중국청동기시대(中國青銅器時代)』, 삼련서점, 226쪽, 1977.

3) 곽말약(郭沫若), 『청동시대(青銅時代)』, 과학출판사, 20쪽, 1957.

4) 이는 아마도 『케임브리지 중국상고사(劍橋中國遠古史)』에서 따온 견해인 듯하다. 이러한 정보는 소개하는 투의 일부 문장을 통해 드러나고 있다. 로타 폰 폴켄하우젠(Lothar von Falkenhausen)의 「문헌과 고고학을 함께 중시하는 케임브리지 중국 상고사 주편 술략(文獻考古幷重的劍橋中國遠古史籌編述略)」(『한학연구통신漢學研究通訊』 14권 1기, 총53기, 1995) 17쪽 참조.

나의 책략에 지나지 않다는 것을 설명해 줄 수 없다. 더욱이 주나라는 은상으로부터 책봉을 받은 작은 나라였고, 그 사상과 문화도 모두 은상과 크게 다르지 않았다. 주나라 민족의 본토인 주원(周原 : 지금의 섬서성陝西省 기산현岐山縣)[1]에서 발견된 복사에는 은상의 제을(帝乙 : 상나라 30대 군주)과 제신(帝辛 : 상나라 마지막 군주인 주왕紂王)이 주나라의 묘실에서 선왕인 대갑(大甲)에게 제사를 지냈다는 기록이 있다.[2] 그래서 나는 분명한 확신을 갖게 되었는데, 그것은 은상이 중국의 지식, 사상과 신앙의 주류라는 것이다. 그리고 주나라 왕조는 본래 서쪽 모퉁이의 작은 나라였는데, 이후 크게 발전한 것은 단지 은상의 문화를 계승한 것에 지나지 않는다는 것이다. 어떤 학자가 지적한 것처럼 은주(殷周) 문화는 각기 용산문화(龍山文化)에서 연원했기 때문에 다소 차이가 있다 할지라도 상호 영향 관계에 있었을 것이다. 주나라 왕조가 상나라를 멸망시킨 뒤 은상 문화의 한 축을 계승하였다. 따라서 "문화적으로 주의 문화는 은상의 한 계열에 속한다." 그렇지만 주나라의 문화에는 나름대로 뚜렷한 서부(西部) 지역의 특징이 담겨있다.[3]

제(帝)의 숭배와 구념의 연습

신이나 귀신에 대한 제사 기록은 『일주서(逸周書)』의 「극은(克殷)」, 「세부(世俘)」, 「상서(商誓)」 등을 참고할 만하다. 몇몇 학자들의 연구에 의하면 그 가운데 「세부」와 「극은」는 은주(殷周) 왕조 교체기의 역사적 기록이고, 「상서」는 주나라 무왕이 은상의 옛 귀족들에게 한 이야기이다. 이러한 자료들을 통해 다음과 같은 사실을 알 수 있다.

첫째, 각종 제사는 대체로 은상의 전통을 계승했다. 『예기(禮記)』 「곡례 하(曲禮 下)」에서 "하늘과 땅은 천지에 제사하고, 사방에 제사하고, 오사(五祀)에 제사하되, 해마다 골고루 제사한다(天子祭天地, 祭四方, 祭五祀, 歲徧천자제천지, 제사방, 제오사, 세편)"[4]라고 했다. 이는 주나라 시대의 제도이다. 그런데 정현의 주에서는 "이것은 은나라 시기의 제도이다(此盖殷時制也차개은시제야)"[5]라고 했다. 이렇게 볼 때 주나라

1) 『사기(史記)』에 의하면, 주나라의 부족은 위하 유역에서 발흥한 뒤 12대를 지난 고공단보(古公亶父) 때 기산의 기슭, 즉 주원(周原)으로 천도하여 오랑캐의 풍속을 버리고 성곽, 궁실을 축조하고 읍락을 형성하였다고 한다.

2) 진전방(陳全方) 모방본, 『사천대학 학보』 제10집(『고문자연구 논문집古文字研究論文集』) 381쪽.

3) 장광직(張光直), 「은주 관계에 대한 재검토(殷周關系的再檢討)」(『중국청동시대』, 삼련서점, 105쪽, 1983).

4) 『예기』 「곡례 하」.

5) 『예기』 「곡례 하」(『십삼경주소十三經注疏』본 1268쪽) 정현(鄭玄) 주(注).

의 의식은 대체로 은상을 계승했고, 은상에서는 요제(燎祭)를 지내는 경우가 많았는데 사람을 제물로 사용하였음을 알 수 있다. 큰 제사에는 요제를 지내는데, 요제를 지낼 때는 사람의 머리를 베어 희생물로 사용하는 일이 많았다.

서주 시대도 은상에 못지않았다. 예를 들어 『일주서(逸周書)』「세부(世俘)」에서는 무왕(武王)이 은나라를 무너뜨릴 때 계축일에 "천은부왕사백인(薦殷俘王士百人 : 은나라의 포로인 왕王과 사士 100여 명을 제물로 받쳤다)", 주나라로 돌아온 뒤 경술일에 "벌우궐갑소자정태사, 벌궐사십부가군정사(伐右厥甲小子鼎大師, 伐厥四十夫家君鼎師 : 오른편에 있는 그 갑甲의 어린 아들 정鼎 태사大師의 머리를 베었고, 그 40가구의 수장 정 태사의 머리를 베었다)"라고 기록되어 있다. 이른바 '천(薦 : 바친다)'은 제사를 지낼 때의 희생일 가능성이 많다. '벌(伐 : 베다)'이란 글자는 본래 창을 사람의 머리에 갖다 대는 형상으로 '죽인다'는 것을 나타낸다.

『은허서계(殷墟書契)』 전편(前編)(1.18)의 복사에는 "벌삼십인, 묘육뢰(伐三十人, 卯六牢 : 사람 서른 명의 머리를 베고, 소 여섯 마리를 희생물로 삼아 묘시에 제사를 지냈다)", "벌십인, 묘삼뢰(伐十人, 卯三牢 : 사람 열 명의 머리를 베고, 소 세 마리를 희생물로 삼아 묘시에 제사를 지냈다)"라고 하여 사람을 죽이고 가축을 희생하는 제사에 관한 기록이 있다. 또 『좌전(左傳)』 소공(昭公) 11년에 초(楚)나라의 왕이 "형기사칠십인(刑其士七十人 : 그의 사士 70명을 죽였다)"이라는 기록이 있다. 이것으로 미루어 볼 때 은주(殷周) 교체기를 전후해서 상당히 오랜 기간 동안 이러한 제사 의식의 전통이 소멸되지 않고 있었음을 알 수 있다.

둘째, 오늘날의 시각에서 볼 때 주나라 시대 사람들도 극히 미신적이고 잔인한 의식을 포함한 상징적인 주술과 금기 의식을 이전과 마찬가지로 신봉하고 경외하였다. 가령 『사기』「주본기(周本紀)」에 실려 있는 것처럼 무왕(武王)이 상나라의 마지막 왕인 주왕(紂王)을 정벌하려고 할 때 전쟁을 관장하는 별인 필숙(畢宿)에게 제사를 지냈다는 기록이나 흰 물고기가 배로 들어오는 것과 불새가 집으로 날아 들어오는 것을 기이하게 여긴 기록은 모두 주나라 사람들 또한 각종 신과 귀신들의 도움과 각종 징조의 암시에 의존하였음을 보여준다. 또 「극은(克殷)」에 실려 있는 것처럼 은나라를 멸망시킨 뒤 주왕 시체에서 수급을 베어 흰색 깃발 위에 걸어놓고, 그의 둘째 부인의 수급을 배어 붉은 깃발 위에 매달아 놓았으며, 종묘에는 포로를 제물로 받쳤다는 기록[1]은 주나라 사람들이 결코 후세 사람들이 생각하는 것만큼 문명적이고 이지적이지 않았음을 보여준다.

셋째, '제(帝)'와 '천(天)'에 대한 존경은 여전히 은상과 비슷하다. 예를 들어 「상서(商誓)」에는 은나라를 정벌한 일을 기록하면서 열한 차례 '상제(上帝)'를 언급했다(또 다른 곳에서는 '제帝'를 언급했다). "여래치상제지위명벌(予來致上帝之威明罰 : 내가 상제의 위엄서린 명으로 징벌을 하겠다)."[2] "□(상)제지래, 혁주지□(명), 여역무감위대명(□'上'帝之來, 革紂之□'命', 予亦无敢違大命 : 상제께서 오심에 □하여 주왕의 □목숨을 거둘 것이니, 그대 또한 대명을 어기지 말라)."[3] 또한 '상제'를 시종 거론하여 「대우정(大盂鼎)」 명문에는 "고(고)천이림(비호)자(자애), 법(대)보선왕, □(포)유사방(古'故'天異臨'庇護'子'慈愛', 灋'大'保先王, □'匍'有四方 : 그러므로 하늘은 남달리 우리 선왕을 비호하고 자애하며 크게 보우하여 사방을 엎드려 있게 하였다)"이라고 기록하고 있다. 이른바 '외천외(위)(畏天畏'威' : 하늘의 위엄을 두려워한다)'는 『시경(詩經)』 「주송(周頌)」 '아장(我將)'에서 "아기숙야, 외천지위(我其夙夜, 畏天之威 : 나는 그 아침부터 밤까지 하늘의 위엄을 두려워한다)"라고 한 구절과 마찬가지로 '천(天)', 즉 하늘의 위엄이 시종 그들의 마음속에 존재했음을 의미한다.

그 밖에 '부궤(㝬簋 : 궤簋는 제기祭器인데, 바깥쪽이 둥글고 안쪽은 네모진 서직黍稷, 즉 찰기장과 메기장을 담는 용기)'와 '숙이종(叔夷鐘 : 기원전 581년 제나라의 그릇)'에도 '제정(帝廷)' '제소(帝所)'와 같은 말이 있다. 이를 통해 볼 때 서주의 사상 세계와 은상의 사상 세계는 사실상 대동소이했으며, '제'는 '천'에서 살면서 인간과 마찬가지로 신기(神祇)로 구성된 세계에서 일체 모든 것을 주재한다고 믿었음을 알 수 있다.

---

1) 사마천(司馬遷), 『사기(史記)』「극은(克殷)」, 124쪽. 『일주서(逸周書)』「세부(世俘)」, 『일주서회교집주(逸周書匯校集注)』(상해, 고적출판사, 1995) 441~447쪽. 또한 「소우정(小盂鼎)」이란 명문(銘文)의 기록에 의하면, "우이다기패귀방(盂以多旗佩鬼方), 즉 우(盂)가 귀방(鬼方)에게 승리하고 돌아와 강왕(康王)에게 포로를 받쳤다"고 하였다.

2) 『일주서(逸周書)』「상서(商誓)」(『일주서회교집주逸周書匯校集注』, 480쪽.

3) 『일주서(逸周書)』「상서(商誓)」(『일주서회교집주逸周書匯校集注』, 483쪽.

을 비롯해 그에 상응
원근(遠近)의 분별
회 질서의 근원이다.

2

또한 은상과 마찬가지로 주나라 시대 사람들도 조상 신령의 음덕을 매우 중시했다. 다만 그들은 '하늘'의 의지를 가치의 궁극적 귀의처로 생각하는 것 외에 '인간'의 감정도 가치의 합리적 근거라고 생각했다. 그러므로 친애하는 마음과 그것의 외향적 확대는 인간들 간의 조화로움의 기초이고, 혈연을 비롯해 그에 상응하는 원근(遠近)의 분별은 사회 질서의 근원이다. '예(禮)'는 사회가 인정하는 상징성의 규칙이 되었고, 이러한 규칙에 의해 세계는 질서를 확립했다.

알고 있듯이 고대 중국의 예제에 대한 논의는 늘 주공(周公 : 주나라의 문왕의 아들이자 무왕의 동생, 주공 단旦을 말함)에까지 거슬러 올라가는 경향이 있는데, "주공이 예와 악을 제정했다"는 전설이 과연 얼마만큼의 진실성이 있는지에 대해서는 현재로서는 뭐라 말하기가 어렵다. 다만 서주는 예제가 발달한 시대이고, 그들의 '예'에 대한 의식과 규칙은 주공과 같은 몇몇 천재들이 상상해 낸 것이 아니라, 은상의 옛 전통을 계승한 것이라고 보는 것이 무방하다. 『예기(禮記)』「예운(禮運)」에서 각 조대의 몇몇 제왕들 가운데 우·탕·문·무(禹·湯·文·武)는 '예에 있어 삼가 행하지 않음이 없었음(未有不謹于禮者也미유불근우예자야)'[4]을 말해준다. 그러나 진정 성숙한 예제는 아마도 서주 성왕(成王)과 주공의 시대에야 성립되었을 것으로 생각된다.[5]

주나라 시대 예제(禮制)의 핵심은 혈연과 신분의 높고 낮음 사이의 동일한 질서를 확립하는 것이었고, 이러한 동일한 질서를 통해 사회 질서를 확립하고자 하는 것이었다. 다시 말해서 아버지(父)와 장자(長子)의 관계를 수직축으로 삼고, 부부(夫婦)의 관계를 수평축으로 삼으며, 형제(兄弟)의 관계를 보조선으로 하여 혈연적 친소와 원근 및 순서를 구분하는 '가(家)' 그리고 군신(君臣) 관계를 주축으로 하고, 군주와 혼인을 통해 친척이 된 제후(諸侯)와의 관계를 횡축으로 삼고, 군주

4) 『예기(禮記)』「예운(禮運)」(『십삼경주소十三經注疏』 본, 1414쪽).

5) 주공(周公)이 예악을 제정했다는 전설은 『좌전』 문공(文公) 18년 노(魯)나라 계문자(季文子)의 말과 소공(昭公) 2년 진(晉)나라 대부 한선자(韓宣子)의 말에 보인다. 또한 『사기(史記)』「주본기(周本紀)」와 『예기(禮記)』「명당위(明堂位)」에 기록된 바도 참고할 만하다.

와 경대부의 관계를 보조선으로 하여 신분 등급의 상하를 확정하는 '국(國 : 국가, 나라)'을 중첩시켰다. 여기에는 상당히 복잡하고 심각한, 도덕적이고 윤리적인 내용이 포함되어 있다.

『예기(禮記)』「대전(大傳)」을 보면 "위로 조녜(祖禰 : 조상을 모신 사당)를 다스리는 것은 윗사람을 높이는 것이요, 아래로 자손을 잘 다스리는 것은 집안을 친밀히 사랑하게 하는 것이다. 방계(傍系 : 같은 시조에서 갈려나간 친족)로 형제를 바르게 다스려서 친족들이 모여 음식을 먹을 때면 그때 순서는 조상을 모신 사당의 소목(昭穆 : 조상의 신주神主를 사당에 모시는 차례. 한가운데에 시조의 신주를 모시고 오른쪽을 목穆, 왼쪽을 소昭라고 한다. 3·5·7세世를 목, 2·4·6세를 소에 모심)에 의거하여 정하며, 예의에 따라 구별을 분명히 한다. 그래야 사람의 도리를 다했다고 할 것이다(上治祖禰, 尊尊也, 下治子孫, 親親也, 旁治昆弟, 合族以食, 序以昭穆, 別之以禮義, 人道竭矣상치조녜 존존야. 하치자손 친친야. 방치곤제 합족이식 서이소무 별지이례의 인도갈의)"[1]라고 기록하고 있는데, 이것이 곧 '가(家)'의 윤리이다.

『예기』「상복소기(喪服小記)」에서 "왕자(王者 : 제왕, 천자)는 그 시조를 낳아준 바를 체(禘 : 고대 제왕이 지내는 제사)로 지내고, 이어서 시조를 배향(配享)하고 난 다음 사묘(四廟 : 고조·증조·조부·부의 사당)를 세운다…… 별자(別子 : 주로 제후諸侯의 적자適者의 아우로서 분가해 나온 사람을 말함)가 조(祖 : 일가의 시조)가 되고, 별자를 계승하는 것이 종(宗)이 되며, 녜(禰 : 아버지의 사당)를 계승하는 것이 소종(小宗)이 된다. 5세(五世)로서 종을 옮기는 것이 있으니, 그 고조를 잇는 것이다. 이런 까닭으로 조는 위로 옮겨가고, 종은 밑에서 바뀐다. 조를 높이기 때문에 종을 공경한다. 종을 공경하는 것은 조녜를 높이기 때문이다(王者, 禘其祖之所自出, 而其祖配之, 而立四廟........ 別子爲祖, 繼別爲宗, 繼禰者爲小宗, 有五世而遷之宗, 其繼高助者. 是故祖遷于上, 宗易于下. 尊祖故敬宗, 敬宗所以尊祖禰也왕자, 체기조지소자출, 이기조배지, 이립사묘........ 별자위조, 계별위종, 계녜자위소종, 유오세이천지종, 기계고조자. 시고조천우상, 종이우하. 존조고경종, 경종소이존조녜

---

1) 『예기(禮記)』「대전(大傳)」(『십삼경주소十三經注疏』본, 1506쪽).

2) 『예기(禮記)』「상복소기(喪服小記)」(『십삼경주소十三經注疏』본, 1495쪽). 여기서 해석의 관건이 되는 말은 '별자(別子)'인데, 이는 장자가 아닌 자식을 지칭한다. 그들의 후손들이 스스로 계보를 형성했기 때문에 스스로 조상이 되었으나 원래의 조종과 혼동하지는 않았다. 이것이 장유(長幼)와 적서(嫡庶)를 구분하는 방법이다.

야)”[2]라고 했다.

이는 ‘국(國)’의 윤리이다. 가(家)는 축소된 국이고, 국(國)은 확대된 가이다. “‘가까운 이를 사랑하고, 존귀한 사람을 존경하고, 나이 많은 사람을 어른으로 모시며, 남녀의 구별이 있어야 한다’는 인간의 도리 가운데 중요한 것이다(親親尊尊長長, 男女之有別, 人道之大者也친친존존장장, 남녀지유별, 인도지대자야).”[3]

이들 원칙을 국가로 확대한다면 그것이 곧 ‘왕도의 가장 중요한 일이다(王道之大者也)’. 『예기』「대전」에서 변혁할 수 있는 것은 “도량형을 세는 기준을 세워 헤아릴 때 문장을 살피고, 정월(正朔)을 고치고, 복색(服色)을 바꾸고, 휘호(徽號)를 달리하고, 기계(器械)를 달리하고, 의복을 구별하는 것이고(立權度量, 考文章, 改正朔, 易服色, 殊徽號, 異器械, 別衣服입권도량, 고문장, 개정삭, 역복색, 수휘호, 이기계, 별의복),”[4] 바꿀 수 없는 것은 “가까운 이를 사랑하고(親親), 존귀한 이를 존중하고(尊尊), 나이 많은 이를 어른으로 모시고(長長), 남녀 간에도 구별을 두는 것이다(男女有別).”[5] 이른바 바꿀 수 없는 것은 사실 전통이고, 이러한 전통의 토대를 확립한 가치와 의의이다.

왕국유(王國維)의 『은주제도론(殷周制度論)』은 은상과 서주의 교체기를 문화의 대변혁기라고 보았다. 그가 예로 거론한 적장자 제도 및 이로부터 촉발된 종법(宗法) 제도와 상복(喪服) 제도 및 사당의 숫자를 제한하는 제도와 동성끼리는 혼인을 금하는 제도 등은 그 중 가장 중요한 부분이다. 왜냐하면 그것은 중국 종법 사회의 기본적인 윤리 관념, 조직 구성과 행위 법칙을 구성하고, 또한 중국 문화의 전통을 확립했기 때문이다. 다만 이러한 제도는 결코 주나라 시대에 고안된 것이 아니라 은상 이래 점차 성숙되어 온 제도이다.

· 제도는 주대에 만 을 뿐만 아니라, 래로 점차 성숙한 다.

이러한 가(家)·종(宗)·방(邦)·국(國)의 체제 가운데 혈연의 맥을 확정하는 것은 신분, 지위, 권력의 정당성 여부를 확인하는 것과 같다. 그러므로 선조에 대한 제사와 선조에 대한 친소(親疎) 관계의 배열이 매우 중요하다. 서주 시대 종묘 제

3) 『예기(禮記)』「상복소기(喪服小記)」.

4) 『예기(禮記)』「대전(大傳)」(『십삼경주소十三經注疏』 본, 1506쪽).

5) 『예기(禮記)』「대전(大傳)」, “親親 ‘尊尊’ 長長男女之有別, 人之大者也(친친 ‘존존’ 장장남녀지유별, 인지대자야).”

사의 융숭함이 곧 그 예증이다.[1)]

3

종묘 제사 : 질서어 확인

주나라 시대 사람들은 교외의 제단에서 하늘에 제사하고, 사직에서 땅에 제사하고, 종묘에서 조상에게 제사하였다. 『예기』「제의(祭義)」에서 "나라의 신령을 제사 지내는 위치를 정하려면 사직은 공궁(公宮)의 오른편으로 하고, 종묘를 왼편으로 한다(建國之神位, 右社稷而左宗廟 건국지신위, 우사직이좌종묘)"라고 했다. 이에 정현은 '주상좌야(周尙左也)', 즉 "주나라는 왼쪽을 숭상했다"라고 주석하였다. 아마도 조상 신령의 제사가 농사를 지어 풍성한 수확을 거두는 것에 비해 더 중요했던 것 같다. 1976년, 섬서성 기산(岐山) 봉추촌(鳳雛村)에서 주나라 시대의 종묘 유적지가 발견되었는데, 학자들의 연구에 의하면 그 규모가 매우 큰 것으로 알려지고 있다. 거기에는 중앙에 신주(神主)를 진열해 놓은 태묘(太廟 : 당堂)가 있고, 여러 신하들이 제례에 참배하여 희생물을 받치는 조정(朝廷 : 정庭)이 있으며, 선조의 의관을 보관하는 '침(寢)'이 있고, 신령을 배향하는 곳인 '무(廡)'가 있다. 종묘는 밖에서 안으로 들어가면 3중문인 고문(皐門), 응문(應門), 침문(寢門)이 있고, 고문(皐門 : 대문大門)의 양편에는 함께 모여 휴식하는 '숙(塾)'이 있었다.

매년 사계절에 따라 서주의 왕실에서는 종묘에 선조를 위해 제례를 거행해야 했다. 이 사계절에 행하는 제례를 일러 '약(禴)', '사(祠)', '증(烝)', '상(嘗)'이라고 한다.[2)] 그런데 여름철에는 또 선조를 위해 성대한 합제를 지내야 했는데, 그것

1) 주나라 초기 종법상 적자와 서자의 구분, 즉 하나의 선으로 쭉 전해지는 장자 계승 제도는 적어도 관념상 꼭 후대와 같이 그렇게 명확하지는 않았다. 선조에게 제사할 때에도 여전히 상나라 왕조를 계승하여 사망한 날짜순으로 신주의 명호를 세는 작법, 가령 『사기(史記)』「제세가(齊世家)」에 제나라 태공(太公)의 첫 번째 계승자 '정공(丁公)', '을공(乙公)', '계공(癸公)' 등. 청동기의 명문에도 '문고부갑(文考父甲)' '자고부을(刺考父乙)' 등이 있다. 적서제(嫡庶制)가 확립된 이후에는 이렇듯 상나라 왕조에서 전해 내려오는 이러한 습관은 없어졌다. 『신령과 제사(神靈與祭祀)』 210쪽 참조.

2) 『시경(詩經)』「소아(小雅)」 '천보(天保)'에 보인다. 『주례』「태종백(大宗伯)」 및 『사존이(司尊彝)』에 기재된 선후의 순서가 사(祠), 약(礿), 상(嘗), 증(烝)의 순으로 되어 있다. 『이아(爾雅)』「석천(釋天)」에는 이와 다소 다르게

을 일러 '협(祫)' 혹은 '체(禘)'라고 한다. 또한 매번 책명(冊命 : 책봉 명령)과 같은 큰 일이 있을 때면 반드시 종묘에 가서 선조에게 고하고 제사 의식을 거행했으며, 아울러 주조된 정(鼎)의 명문에 그 일을 기재하였다.

당시 제사를 지낼 때에는 매번 제철에 수확한 신선한 농산물을 받치고, 각종 축산품을 올려야 했다. 『예기』「왕제(王制)」에서는 봄에는 부추에 알(卵)을 곁들이고, 여름에는 보리에 생선을 곁들이며, 가을에는 기장(黍)에 돼지고기를 곁들이고, 겨울에는 벼에 기러기를 곁들여 제를 올렸다. 거기에는 의당 맛있는 술이 따르기 마련이다. 큰 제사는 더욱 복잡하다. 먼저 향기로운 술을 땅에 따라 신이 내려오게 한 다음 가축을 죽여 그 피를 신에게 받치고 기장으로 만든 익힌 음식을 신에게 바치며, 변(籩 : 고대에 제사나 연회 때 음식을 담던 죽기竹器)에 말린 생선과 과일을 가득 담고 제기에 과자류와 간식류를 가득 담아 올렸다.

제례에서는 그릇의 수량과 등급에 엄격한 규정이 있다. 정(鼎 : 발이 셋 달리고 귀가 둘 달린 기구. 고대에 음식을 끓이거나 종묘에 비치함)이나 력(鬲 : 발은 셋으로, 굽었으며 속이 비어 잇다. 음식을 익히는데 씀)과 같은 삶는 그릇에 고기를 담고, 돈(敦 : 서직黍稷, 즉 찰기장과 메기장을 담는 옛날의 제기)이나 궤(簋 : 바깥쪽은 둥글고 안쪽은 네모진, 서직을 담는 제기) 같은 곡식을 넣어두는 그릇에 온갖 곡식을 담고, 준(尊 : 제사 지낼 때 술이나 깨끗한 물明水 등을 담기 위해 만든 그릇)이나 유(卣 : 술을 담는 단지. 고대에 술을 담는 그릇 중에서 큰 것을 이彝, 중간 크기의 것을 유, 가장 작은 것을 뇌罍라고 함) 같은 단지에 술을 담았다. 그밖에 두(豆 : 제사나 예식 때 음식을 담는 데 쓰던 나무로 만든 굽 높은 그릇)와 같이 말린 포와 식혜를 담는 그릇도 있다. 천자의 경우는 아홉 개의 정에다 그것의 세 배나 되는 정을 더 많이 배열하고, 아홉 개의 조(俎 : 적대炙臺, 즉 제사 때 산적散炙을 담는 그릇)에다 여덟 개의 궤(簋)를 더했으며, 여덟 개의 변(籩)에다 여덟 개의 두(豆)를 더 놔두었는데, 잘못하거나 어지럽게 배열해서는 안 된다.[3)]

제례 예절도 매우 복잡하다. 선조를 상징하는 형상물을 세워 놓고서 술을 올

'약(禴)'이 '약(礿)'으로 쓰여 있다.

3) 주나라 시대의 예기(禮器)에 관해서는 마형(馬衡)의 『범장제금석총고(凡將齋金石叢稿)』(중화서국, 4쪽, 1977)가 참고할 만하다. 또한 유위초(兪偉超), 고명(高明)의 「주나라 시대 정의 사용제도 연구(周代用鼎制度硏究)(상)」(『북경대학학보』, 1978년 제1기)를 참고할 만하다.

리고, 아홉 번 올리는 예를 행한 뒤 두 번 절을 한다. 그 다음날에는 술을 가지고 역제(繹祭 : 본제本祭 다음날 지내는 제사)를 지내고, 제사 중에 물론 노래와 춤으로써 신을 즐겁게 함이 적지 않았다. 『시경』「주송(周頌)」 '풍년(豐年)'에는 풍년이 들어 창고에 곡식이 가득 찼다는 내용이 기록되어 있다. "술 빚고 단술 걸러 조상들께 바치어 온갖 예를 다하니, 내리시는 복 아름답기 그지없네(爲酒爲醴, 烝畀祖妣, 以洽百禮, 降福孔皆위주위례, 증비조비, 이흡백례, 강복공개)"[1]가 바로 그것이다. 또 다른 시 「주송(周頌)」 '유고(有瞽 : 장님 악공)'에서는 제례를 올릴 때 춤과 노래를 베푼 사실을 기록하고 있다. "업(業 : 경쇠나 종을 매다는 가로대를 덮어씌워 장식하는 널빤지) 설치하고, 거(虡 : 쇠북을 거는 틀 기둥) 세워 숭아(崇牙 : 업 위에 종鐘이나 경磬을 매다는 곳)에 수우(樹羽 : 오색 깃)를 꽂았도다. 응(應 : 작은북)과 전(田 : 큰북) 매어달아 놓고, 도(鞉 : 손잡이가 달린 작은 북)와 축(柷 : 음악을 시작할 때 알리는 악기)과 어(圉 : 음악을 그치게 하는 악기)도 다 갖추어 연주하니, 소(簫 : 통소)와 관(管 : 피리) 모두 이에 화답하도다(設虡設業, 崇牙樹羽, 應田懸鼓, 鞉磬柷圉, 旣備乃奏, 簫管齊擧설거설업, 숭아수우, 응전현고, 도경축어, 기비내주, 소관제거)."[2]

『시경』「소아(小雅)」 '초자(楚茨)'는 제사 때의 악가다. 이 시에서는 먼저 자신이 심은 서직(黍稷 : 찰기장과 메기장. 곡물의 범칭. 옛날 나라의 제사 때 날로 썼음)이 무성하고 우거져서 창고에 가득 채워졌기 때문에 "술과 음식을 장만하여 제물을 올리고 제사를 지낸다(以爲酒食, 以享以祀이위주식, 이향이사)"라고 읊은 다음 증상(烝嘗 : 조상에게 드리는 제사. '증'은 겨울 제사, '상'은 가을 제사)의 의식 중에 술과 음식을 바치고 소와 양을 잡고 '축(祝)'이 팽(祊) — 종묘에서 제사를 지내는 곳 — 에서 제사를 올려 선조의 망령(신보神保, 즉 신의 가호)이 강림하시어 "효성스런 자손에게 경사가 있고, 큰 복으로 갚아 만년의 수명이 끝이 없도록 한다(孝孫有慶, 報以介福, 萬壽無疆효손유경, 보이개복, 만수무강)"고 읊었다. 이어서 또한 제사의 의식에서 취사를 맡은 자와 제기를 받드는 자는 모두 질서가 정연하고 절도가 있었으며, 주부(主婦 : 한 집안에 제사를 맡아 지내는 사람의 아내)도 신령에게 음식물을 받치는 일에 참여하여 "예법 의식이

---

1) 『시경(詩經)』「주송(周頌)」 '풍년(豐年)'.
2) 『시경(詩經)』「주송(周頌)」 '유고(有瞽)'.

모두 절도에 맞고 웃으며 말함도 모두 마음이 흐뭇하다(禮儀卒度, 笑語卒獲예의졸도, 소어졸획)"라고 했다.

사람들은 경외심을 갖고 엄숙하게 예의를 거행하고, '공축(工祝 : 관축官祝·축관祝官, 즉 제사 지낼 때 축祝을 읽는 관원)'이 신에게 기도하고, 효성스런 자손들은 제사를 주관하는 위치로 걸어가서 종과 북을 연주하고, 신령이 배불리 먹고 흠향하기를 기다린 뒤에 제사에 참여하는 자는 비로소 제사 음식을 먹는다. 이렇게 하면 복을 받을 수 있다고 한다.

그러나 왕실 고조(高祖) 대묘(大廟)의 신주(神主) 앞에서 거행하는 책명(册命 : 왕세자, 왕세손, 비빈妃嬪들을 책봉册封하던 임금의 명령) 의식은 보다 장엄하고 엄숙하다. 우선 책봉자(册封者 : 왕)는 조정의 북쪽에 위치하고 얼굴은 남쪽을 보며, 명을 받는 자는 신하의 자리에서 들어와 중정(中廷)에 서서 북쪽을 향하고 선다. 그런 연후에 왕이 사관에게 책명의 문서를 주면 사관은 왕의 오른쪽 곁에 서 있다가 받아서 남쪽을 바라보며 큰 소리로 낭독하고, 명을 받는 자는 의례대로 예를 거행한다. 그 뒤 그는 그 자신의 종묘에서 제사를 거행하고 아울러 종(鐘)과 정(鼎) 같은 예기(禮器)를 주조하여 그 일을 기록한 뒤 자신의 종묘에 놓아두고 후세의 자손들로 하여금 대대로 이를 떠받들고 아끼도록 하였다.

그것은 가족의 영광이나 명예와 관계되며, 대대로 전해질 수 있는 일이기 때문에[3] 책명 뒤에 주조한 청동기 명문의 끝머리에는 늘 '자자손손영보용(子子孫孫永寶用 : 자자손손 영구히 보배처럼 사용하라)'과 같은 글귀가 쓰여 있다. 그중 책명 때 대묘의 선조 신주 앞에서 거행하는 의식이 특히 엄숙하다. 『시경』「대아(大雅)」'문왕(文王)'에는 이러한 의식에서 연주하는 악가일 것으로 추정되는 글들이 나오는데, 중간에 "문왕께선 하늘에 계시는데, 아아, 하늘에 뚜렷하시니(文王在上 於昭于天문왕재상 어소우천)", "문왕께선 하늘과 땅 오르내리시며 상제의 곁을 떠나시지 않으시네(文王陟降, 在帝左右문왕척강 재제좌우)"와 같은 신의 내림을 이야기한 구절이 있으며, 말미에는 또한 "상제의 일은 소리도 없고 냄새도 없나니, 문왕을 본받으면

---

3) 책명 제도는 진한평(陳漢平)의 『서주책명제도연구(西周册命制度研究)』 제3장 101~130쪽과 결론 부분 318~319쪽을 참고할 필요가 있음.

온 세상이 믿고 따르리로다(上天之載 無聲無臭 儀刑文王 萬邦作孚상천지재 무성무취 의형문왕 만방작부)" 와 같은 기도의 말이 있다.

4

축, 복, 사, 종이 가지고 있는 지식 체계와 관념

천지의 여러 신과 조종(祖宗 : 조상, 선조)의 신에 대한 제사 의식 가운데 신과 인간이 소통하는 사무를 집행하는 축(祝 : 신주 앞에 꿇어앉아 기도를 하는 일을 하는 축관), 복(卜 : 점, 즉 길흉을 판단하는 일), 사(史 : 사관士官), 무(巫 : 춤과 노래로 강신降神하게 하여 소원을 비는 사람, 즉 무당) 등의 문화인이 가지고 있는 지식 체계와 사상 관념이 아무리 은상 시대와 비교하여 본질적인 변화가 없다할지라도 서주 시대로 넘어오면서 몇몇 새로운 징조가 나타났다.

『예기』「곡례(曲禮)」'하(下)' 에서 천자가 새로 조직한 관원 가운데 가장 중요한 인물은 '육대(六大)', 즉 '육전(六典 : 주나라 시대에 나라를 다스리기 위한 여섯 가지 법전, 곧 치전治典, 교전敎典, 예전禮典, 정전政典, 병전兵典, 형전刑典, 사전事典을 말함)' 을 담당하는 대재(大宰), 대종(大宗), 대사(大史), 대축(大祝), 대사(大士), 대복(大卜)이다. 지식인이나 사상가 혹은 통치자라고 할 수 있는 이들 관원의 주요 직무는 법전과 예의를 관장하고 종법 제도를 집행하며, 제사 의례를 거행하고 하늘과 땅과 인간과 신을 소통시켜 길흉화복을 예측하며, 국가의 대사를 기록하는 일이다. 그런데 직업의 분업화로 인해 사, 축, 무 등이 가지고 있는 지식과 사상 또한 점차 분화되었다.

먼저 이들 '축(祝)', '사(史)'[1], '종(宗 : 제사·예의禮儀를 맡은 벼슬, 즉 종백宗伯)', '무(巫)'는 은상 시대에 본래 제사와 점복을 담당하였다. 자료가 소실되어 문헌상으로 입증할 수 없기 때문에 그들에게 보다 세밀한 분업이 있었는지는 알 도리가 없다. 그러나 서주 이후의 각종 문헌 자료에서 그들의 직책이 점차 분화되었음을 보여준다.

1) 문헌과 금문(金文)에 보이는 '대사(大史)' '중사(中史)' '작책(作册)' '윤씨(尹氏)' 등을 말한다.

가령 '사'는 국가의 의전 행사에 참여할 권한이 없었지만 하늘과 땅과 선조(先祖)에게 제사를 지낼 때 문자로 기록하는 일을 맡았고, 책명을 할 때 문서의 초안을 만들어 낭독하여 널리 알리고 보존하는 일을 비롯해 법령의 조항을 읽는 일을 담당했다. 『주례』에는 대사(大史 : 사관의 우두머리. 곧 일관日官으로 사관은 역법과 역사 기록을 담당함), 소사(小史 : 대사를 보좌하여 각 제후국의 기록을 보관하고, 소昭와 목穆을 정함), 내사(內史 : 왕의 명령과 왕이 할 일을 보좌하는 직책. 총재冢宰 즉 재상이 왕에게 보고할 때 내사가 옆에서 보필함), 외사(外史 : 내사를 보좌하여 국외에 왕령王令을 전달하고 그 문서를 관장함), 어사(御史 : 큰 나라와 작은 나라와 도都와 비鄙에 소속된 모든 백성의 행정 사항을 관장하여 재상을 보좌함)가 있는데, 그 직책은 의식을 거행할 때의 문자 기록과 책명의 초안 작성, 사서의 편찬, 법령의 관리 등을 포괄하고 있었다.

그들은 세대의 차례와 신주를 모시는 차례인 소목(昭穆)을 분간하여 종족의 내외와 차례가 흐트러지지 않도록 할 책임이 있을 뿐만 아니라 천문과 역법에 정통하고, 길흉을 점쳐 '바야흐로 새해가 되면 일의 순서를 정하여 관부 및 도읍과 지방에 반포하고', 대사(大史)와 소사(小史) 아래에 전문적으로 풍상씨(馮相氏 : 높은 곳에 올라 천문의 차례를 보는 사람)를 두어 천문과 역법을 관리하게 하며, 보장씨(保章氏 : 하늘의 별과 해와 달의 운행을 기록하여 대사를 보좌하며, 길하고 흉한 조짐을 판단하여 보고함)를 두어 점성술과 날씨를 살피는 방법을 관장하도록 했다.[2] 그들에게 있어서 시간과 공간의 의식은 점차 자라나고 커져갔고, 제사로서 모시는 신과 조상에게 제사하는 의식 속에서 그들은 점차 우주와 사회와 인류의 기원과 발전을 인식하여 신의 뜻과 하늘의 운행을 살피며, 끊임없이 변화하는 세계에 주의를 기울이고 변화무쌍한 인간의 역사에도 주의를 기울였을 것이다.

『예기』「옥조(玉藻)」에서 "행동은 왼편에 앉은 사관이 기록하고, 말은 오른편에 앉은 사관이 기록한다(動則左史書之, 言則右史書之동즉좌사서지, 언즉우사서지)"라고 했다. 이는 언제부터 생겨난 제도인지는 알 수 없지만 사관이라는 직책은 매우 일찍부터 우주와 천문 현상의 관찰과 인간질서의 정리를 비롯해 역사적 사건의 기록에 참여해 그들의 지식 체계와 사유 방식에 생각치도 못한 변화를

2) 『주례(周禮)』「대사(大史)」(『십삼경주소十三經注疏』본, 817~818쪽) 등의 기록을 참고하길 바란다.

낳았다.

또한 '축(祝)', '사(史)', '종(宗)', '무(巫)'는 제사의 의식과 종법의 등급에 관해 매우 잘 알고 있었다. 『주례』에 '축'은 '육축(六祝)[1]의 사(辭)를 관장하여 귀신(鬼神)을 섬길 뿐만 아니라' '육기(六祈 : 재앙이 있으면 소리쳐 신에게 고하고 복을 빎)'[2]와 '육호(六號 : 제사에 있어서 각종 사물의 명칭)'[3]를 이해해야 하며, '구제(九祭 : 명命, 연衍, 포炮, 주周, 진振 등 아홉 가지의 제사 예절)'[4]와 '구배(九拜 : 의식상의 각종 예의)'[5]를 판별할 수 있어야 한다.

나라에 대사가 있을 때면 그는 나라를 위해 기도할 수 있었다. 이는 "나라에 큰 변고나 천재(天災)가 있으면 사직에 두루 제사하고 사당에서 기도한다. 대사(大師)는 사(社 : 토지의 신)에게 마땅히 고하고, 조(祖)에 이르러 군사(軍社)를 설치하며, 상제에게 제사를 행한다. 또 나라에 장차 사방에 어떤 일이 일어나려고 하면 군사에 나아가 사직에 제사를 행하되, 이 일은 축관이 앞장서서 주관한다(國有大故天裁, 彌祀社稷禱祠. 大師宜于社, 造于祖, 設軍社, 類上帝. 國將有事于四望, 及軍歸獻于社, 則前祝국유대고천재, 미사사직도사. 대사의우사, 조우조, 설군사, 류상제. 국장유사우사망, 급군귀헌우사, 즉전축)."[6] 게다가 천지의 귀신과 연관된 각종 기술과 방법에 정통해야만 한다. 『주

1) 순축(順祝 : 풍년을 오게 하는 기원), 연축(年祝 : 오래도록 바르게 되기를 구하는 기원), 길축(吉祝 : 복과 상서를 바라는 기원), 화축(化祝 : 재난과 병화를 막는 기원), 서축(瑞祝 : 제때에 비가 내려 바람이나 가뭄의 재앙이 없기를 바라는 기원), 책축(策祝 : 죄나 질병이 없게 하는 기원) 등 여섯 가지의 기원을 말한다(역자 주).

2) 유(類 : 사제師祭), 조(造 : 길에 지내는 제사), 회(禬 : 푸닥거리), 영(禜 : 산천에 지내는 제사), 공(攻 : 병이 낫도록 비는 제사), 설(說 : 말로 책망하는 제사) 등 여섯 가지의 제사를 말한다(역자 주).

3) 신호(神號 : 황천상제皇天上帝와 같다), 귀호(鬼號 : 약운황조若云皇祖와 같다), 시호(示號 : 약운후토若云后土와 같다), 생호(牲號 : 희생 제물의 아름다운 명칭), 자호(齍號 : 오곡의 아름다운 명칭), 폐호(幣號 : 약옥운가옥폐若玉云嘉玉幣와 같다)의 여섯 가지의 명칭을 말한다(역자 주).

4) 명제(命祭 : 군주가 명령하는 제사), 연제(衍祭 : 길에서 지내는 제사), 포제(炮祭 : 섶나무를 태워 하늘에 지내는 제사), 주제(周祭 : 사방四方에 지내는 제사), 진제(振祭 : 군대를 떨쳐 일어나게 하는 제사), 유제(擩祭 : 폐나 간이나 젓갈 등으로 지내는 제사), 절제(絶祭 : 허파로 지내는 제사), 요제(繚祭 : 손으로 폐를 꺼내 근본을 따르는 제사), 공제(共祭 : 받들어서 시동에게 주는 제사) 등 아홉 가지 제사 예절을 말한다(역자 주).

5) 계수(稽首 : 머리가 땅에 닿도록 공손하게 하는 절), 돈수(頓首 : 머리가 땅에 완전히 닿아 있는 절), 공수(空首 : 머리를 손이 있는 곳까지 숙이는 절), 진동(振動 : 전율하여 당황스런 절), 길배(吉拜 : 절을 한 뒤에 이마를 땅에 대는 것), 흉배(凶拜 : 머리를 땅에 댄 뒤에 절을 하는 것), 기배(奇拜 : 절을 한 자리로 끝내는 것), 포배(褒拜 : 절을 두 자리 하는 것), 숙배(숙배 : 아래로 허리를 굽히는 것으로 지금의 읍揖) 등 아홉 가지의 절을 말한다(역자 주).

6) 『주례(周禮)』(『십삼경주소十三經注疏』 본, 811쪽).

례』에 의하면 '대복(大卜)'은 서(筮 : 가늘게 쪼갠 댓가지로 치는 점), 복(卜 : 거북을 구워 그 등 껍데기에 나타난 금의 모양을 보고 치는 점), 해몽(解夢), 점험(占驗 : 예언)과 같은 각종 징조와 예측 방법을 이해하고 있어야 하고, '사무(司巫 : 무당의 행정을 총괄하는 우두머리)'는 기우제를 지낼 때 '무당들이 춤을 추게 하고', 나라에 큰 재앙이 있으면 '무당을 인솔하고 이르러서 무당이 오래 머물러 있게 한다.' '소축(小祝)'은 보좌로서 "소사(小祀 : 소소한 제사)나 앞으로 다가올 일에 대해 복을 빌고, 재앙을 물리치는 일을 비는 축호(祝號)를 관장하여 복과 상서로움을 빌고 풍년이 오게 하며, 때에 맞게 비가 오게 하고 바람이나 가뭄이 없게 하며, 재앙이나 전란에도 안녕하고 죽음이나 질병을 멀리할 수 있기를 기원한다(掌小祭祀, 將事侯禳禱祠之祝號, 而祈福祥, 順豐年, 逆時雨, 寧風旱, 彌災兵, 遠罪疾장소제사, 장사후양도사지축호, 이기복상, 순풍년, 역시우, 녕풍한, 미재병, 원죄질)."[7]

이렇게 해서 그들은 신과 소통하는 지식과 기술을 지니게 되었고, 천지와 귀신에 대해 잘 알게 되었을 뿐만 아니라 의식과 종법에 대해 풍부하게 이해할 수 있게 되었다. 그들은 신의 명호(名號 : 이름)를 상징으로 삼고 의식을 매개로 삼아 하늘의 신과 땅의 귀신 그리고 인간의 질서를 서로 연계시킴으로써 신성한 종법이나 신령한 제사, 그리고 그와 연관된 경전적(經典的) 지식으로 발전시켰다.

그리하여 이들 제사 의식과 종법 제도는 일반 민중에 의해 확인된 이후 점차 정치적 권위를 얻게 되었다. 이들 의식과 제도 속에 포함된 일종의 기술은 실용적인 생활 방식으로 간주되어 보편적으로 활용되었으며, 그 이면에 내재된 관념은 불변의 진리로 받아들여졌다. 사람들은 이러한 의식 속에서 생활의 안정을 찾고, 또 이러한 제도 속에서 질서에 대한 감각을 얻었다. 각종 의식과 제도에 정통한 이들 '축관(祝官)', '사관(史官)', '종백(宗伯)', '무당(巫堂)'은 조작적인 면에서는 훗날 무속인 혹은 술사에 상당하는 역할을 맡았고, 해석적인 면에서는 훗날 지식인 혹은 사상가에 상당하는 역할을 담당하였다. 의식과 제도에 의해 확인되고,

---

7) 『주례(周禮)』(『십삼경주소十三經注疏』본, 802쪽).

또 사람들의 현안거리가 된 이들 관념적인 내용들은 '보편적 진리'가 되었다. 이들 진리에 대한 서로 다른 해석 속에서 파생된 많은 사상의 화젯거리는 아마도 사상사의 자원이 되었을 것이다.

이들 진리에 대한 다른 해석 속에서 많은 사상의 화젯 아마도 사상사의 되다.

4절

사상사로서의 한자

앞에서 초기 중국의 부호에 대해 이미 언급한 바 있다. 가령 대문구(大汶口)의 도기(陶器)에 새겨진 부호가 그것인데, 과연 이러한 부호를 진정한 의미에서 정형화된 한자로 볼 수 있을까?[1] 근래 산동 추평현(鄒平縣) 정공촌(丁公村) 용산문화 도기에 새겨진 부호들이 과연 '4천 년 전 중국의 문사(文史 : 역사) 기록이거나' 조상을 숭배하고 후손들에 대한 보호와 벽사(辟邪)를 행했던 복사(卜辭)라고 할 수 있을까?[2] 정확하게 단언할 수는 없지만 적어도 지금 우리는 그 부호의 의의에 대해 이야기할 수 있는 것이 거의 없다. 과연 그것이 그림인지 아니면 문자인지, 우연하게 새겨놓은 것인지 아니면 의식적으로 새겨놓은 것인지조차 정확한 결론을

1) 당란(唐蘭)은 「중국 6천여 년의 문명사(中國有六千多年的文明史)」에서 대문구의 각획(刻劃 : 도기에 새겨진 부호) 부호를 한자로 보고 한자의 기원은 "태호(太昊)와 염제(炎帝) 시대다"라고 이야기한 바 있다. 『홍콩 대공보(大公報) 복간 30주년 기념문집(大公報在港復刊三十周年紀念文集)』, 1978. 구석규 역시 「한자 형성 문제의 초보적 탐색(漢字形成問題的初步探索)」에서 대문구 문화의 새김부호는 한자와 서로 계승 관계에 놓여 있는 원시 문자라고 이야기한 바 있다. 그러나 제시한 증거가 조금 부족한 듯하다. 『고대 문사 연구 신탐(古代文史研究新探)』, 강소고적출판사, 257쪽, 1992.

2) 주책종(周策縱), 「4천 년 전 중국 문사 기록(四千年前中國的文史紀實)」 및 요종이(饒宗頤)가 이에 대해 검토한 문장인 「서후(書後)」, 『명보 월간(明報月刊)』, 제336~338기(期), 제340기, 홍콩, 1993년 제12기부터 1994년 제4기. 또한 풍시(馮時), 「산동 정공 용산시대의 문자 해독(山東丁公龍山時代文字解讀)」, 『고고(考古)』, 1994년 제1기와 혁풍실(奕豐實), 「정공 용산 성지(城址)와 용산문자의 발견 및 그 의미」, 『문사철(文史哲)』, 1994년 제3기. 이상의 논문은 역문(譯文)이 약간 다른 점이 있기는 하지만 기본적으로 정공촌의 도기에 새겨진 부호를 문자로 보고 있다는 점에서 일치한다. 그러나 장정랑(張政烺)은 다른 견해를 피력하고 있다. 「문자와 서법(文字與書法)」, 『중국서법』, 1994년 제1기.

내리기가 어렵다. 그러나 은상(殷商) 시대의 갑골문이나 상주(商周) 시기의 청동기 명문(銘文)은 이미 성숙한 문자의 형태를 지니고 있었다. 이로 미루어 볼 때 문자의 기원은 상주 시기보다 훨씬 이전이었다고 할 수 있다. 현대 사상가들은 언어와 문자는 인간의 의식 세계를 구축하기 때문에 언어와 문자에는 민족의 심층적인 사유와 의식 구조가 반영되어 있다고 이야기한다. 그렇다면 고대 한자의 구조와 고대 한어의 문법을 통해 고대 중국인의 사상은 어떠했는지 살펴볼 수 있지 않을까?

1

한자의 상형성과
유의 구체성 및 감

먼저 지적해야 할 점은 한자의 상형(象形)과 아울러 고대 중국인들이 사물을 감지하는 구체적인 전통의 형성이다. 한자는 세계에서 유일하게 현재까지 사용되고 있는 문자 가운데 상형을 토대로 만들어진 문자다. 이러한 상형문자(象形文字)는 그림을 추상화하고 규범화하는 과정에서 자연스럽게 형성된 것이니만큼 하·상·주와 같은 상고시대 사람들이 고도로 개괄화되고 일반화된 '유(類)' 개념을 단번에 만들 수는 없었다. 상고시대 사람들이 외부 세계의 여러 사물을 인지하게 된 것은 구체적인 형상 하나하나에 대한 파악으로부터 시작되었을 것이다. 예를 들어 견(犬)( ), 돈(豚)( ), 어(魚)( ), 인(人)( ), 일(日)( ), 월(月)( ) 등과 같은 글자들은 모두 구체적인 것들이다. 루시앙 레비브륄(Lucien Levy-Bruhl)에 따르면 "모든 사회의 집체적 사유가 논리 이전의(pre-logical) 형식에 접근하면 할수록 그 이면에서 '심상 — 개념'의 통치적 지위가 강화된다."[1] 여기서 이야기하는 '논리 이전'이란 인류 초기 사물의 분류나 인과 관계에 대한 명확한 인식이 부족한 상황에서 보통 연상과 비유를 통해 현상과 사물을 표현하던 사유 방식을 의미한다.

'심상 — 개념'은 아마도 레비브륄이 이야기한 것처럼 '하나의 화면(畵面)에

1) 루시앙 레비브륄(Lucien Levy-Bruhl) 지음, 정유(丁由) 옮김, 『원시사유(原始思惟)』, 상무인서관, 163쪽, 1985.

의한 제한적인 개괄이자 초보적인 추상으로서' 풍부한 의미를 가지면서도 구체성을 지닌 언사(言辭 : 말이나 말씨)라고 할 수 있다.[2] 만일 레비브륄이 원시와 현대, 동방과 서방의 대립에 관한 분석적 사고방식을 그다지 염두에 두지 않는다면, 그가 이야기한 것처럼 초기의 사유일수록 더욱 구체적이고 세밀하다는 주장에 동의할 수 있다. 또한 '일반 개념에 부합하는 속명(屬名)은 거의 없지만', '인간과 사물을 표시하는 전문 용어는 매우 풍부하다'는 주장에 동의할 수 있다. 언어적인 기록 부호인 문자 역시 마찬가지다. 초기 문명 시대의 문자 부호는 고대 중국인들 역시 추상적인 것보다는 구체적 형상에 익숙했으며, 수천 년을 이어오면서 상형을 토대로 한 중국의 한자가 이러한 사유의 특징을 더욱 강화하고 공고하게 만들었다는 것을 말해준다. 당란(唐蘭)의 주장에 따르면 대문구 도기에 새겨진 문자 가운데 적어도 네 글자 정도는 인식이 가능한데, 그것들이 모두 구체적인 상형이거나 상형을 토대로 한 회의문자(會意文字)[3]이기 때문이다.

'' (음은 홀忽이다) : 꽃봉오리의 모습이다.[4]

'' (근斤) : 짧은 손잡이가 있는 분(錛 : 자귀)이다.

'' (월戉) : 긴 손잡이가 있는 부(斧 : 도끼)이다.

'' 또는 '' (경炅, 음은 열熱이다) : 산 위 해에서 불이 나고, 해 아래에 불이 있다는 뜻이다.[5]

주책종(周策縱)과 요종이(饒宗頤) 또한 정공촌(丁公村) 도기 무늬에서 보다시피 그 배열이 일정한 것으로 미루어 보아 일정한 뜻을 표현하고 있으며, 10여 개의 글자는 기본적으로 해독이 가능하다고 보았다. 또한 그중 많은 글자는 구체적이고 형상적인 도형 문자들인데, 이들 글자는 고대 중국 선조들이 익혀온 구체적

---

2) 루시앙 레비브륄(Lucien Levy-Bruhl) 지음, 정유(丁由) 옮김, 『원시사유(原始思惟)』, 상무인서관, 168쪽, 1985.

3) 회의란 '뜻을 모은다'란 말이다. 효도 효(孝)자는 회의(會意) 문자다. '늙다'의 노(老)와 자식을 뜻하는 자(子)가 합쳐져서 '孝' 자가 되었다. 자식이 노인을 받들어 봉양한다는 뜻이다.

4) ''는 갑골문은 '', '', 금문은 '', ''이다. 『설문(說文)』에 보면 "우(芺)는 풀뿌리이다"라고 하였는데, 일반적으로 '발(祓)'로 쓰이며 복을 기원하고 재앙을 피하는 데 사용했다.

5) 「광명일보(光明日報)」, 1997년 7월 14일자와 1978년 2월 23일자 신문에 게재된 당란의 글을 참조하라.

인 지각과 형상적인 표현을 그대로 반영하고 있다. 그러나 초기 문자는 자료가 부족하기 때문에, 비교적 완전한 문자인 갑골문을 근거로 이 문제를 논함이 좋을 듯싶다.[1)] 확실히 고대 한자는 당시 사람들이 구체적인 세계에서 길들여 온 직관적 지각과 형상적 표현을 그대로 보여준다. 예를 들어 우(牛), 즉 소의 경우를 살펴보면 ‘’(『갑甲』 525), ‘’(『수粹』 39), ‘’(『을乙』 3331), ‘’(『갑』 636), ‘’(『갑』 387), ‘’(『을』 8810), ‘’(『후後』 上 25.10), ‘’(『영호寧沪』 1·281), ‘’(『전前』 4·21·5) 등과 같은 글자들은 모두 소의 정면인 머리 쪽과 대칭되는 뿔을 도드라지게 표현하고 있다.

또한 식물의 경우, ‘미(米)’(, 『후』상 25.10), ‘도(稻)’(, 『을』 2593, , 『녹(錄)』 146)[2)], ‘화(禾)’(, 『갑』 191, , 『경도(京都)』 2983), ‘서(黍)’(, 『갑』 2999, , 『갑』 2665), ‘래(來)’(, 『전戩』 37.4, , 『갑』 2133), ‘맥(麥)’(『갑』 1218, , 『명(明)』 1966), ‘’(, , 음은 棃이다), ‘자(粢)’() 등의 글자가 있는데, 농사나 양식 등과 같이 이들 글자들을 총괄하는 명칭은 보이지 않는다.[3)]

문제는 단지 고대 중국 문자가 상형성을 지니고 있다는 점에 있는 것이 아니라 이러한 상형성이 이후에도 끊임없이 이어졌으며, 고대 중국 사상 세계에 적지 않은 영향을 끼쳤다는 사실이다. 『노자(老子)』에 “시제유명(始制有名 : 만물이 생겨나면 그 명칭이 생겨난다)”이라는 대목이 나온다. 언어와 문자는 눈앞에 펼쳐진 세계를 우리에게 보여주는 일련의 언술 시스템이다. 모든 언어와 문자는 이미 정해진 방

---

1) 아래 갑골문 해석은 주로 유상(劉翔)과 진항(陳抗) 등이 편찬한 『상주시기의 고문자 독본(商周古文字讀本)』(어문출판사, 1989) 및 오늘날 여러 학자들의 해석을 참조했다.

2) 이는 당란의 설에 따른 것이다. 진몽가는 『은허복사종술(殷墟卜辭綜述)』 16장에서 이 글자를 오곡의 하나인 ‘거(秬 : 찰기장)’라고 하여 울창주(鬱鬯酒)를 만드는 검은 기장, 즉 『설문』에 나오는 ‘[illegible]’라고 주장하고 있다. 527쪽.

3) 나카무라 하지메(中村元)은 『동방민족의 사유방법』(중역본, 절강인민출판사, 1989)이란 저서에서 중국인의 사유는 구체적인 형식으로 복잡한 다양성과 형식의 전체성을 나타내길 좋아한다고 이야기한 바 있다. 그의 주장은 일견 일리가 있어 보인다. 하지만 언어와 사유의 관계에 대한 보다 깊이 있는 논의로 발전하지는 못하였다. 아카쓰카 마코토(赤冢忠) 등은 자신들이 편찬한 『사상사(思想史)』(1968년 도쿄 대수관 출판본의 중역본, 대북, 유림출판사, 56쪽, 1981)에서 고대 중국의 경우 “독서인들의 논리 운용은 주로 비유, 대우, 대비, 연쇄, 연상 등에 치중되어 있으며, 정확한 추리에 근거하여 정확한 판단을 도모하고 새로운 지식을 창조하려는 태도가 결핍되어 있다. …… 이러한 결점은 확실히 고대 사람들의 논리적 사유가 아직 성숙하지 않았기 때문임과 동시에 중국 언어의 고립어로서의 성질로 말미암아 제한을 받았기 때문이다”라고 주장한 바 있다. 그러나 그들의 논점에는 보다 심층적인 원인 분석이 결핍되어 있다.

식에 따라 우주를 묘사하고 구분함으로써 이러한 일련의 언어 속에서 생활하는 사람들은 언어와 문자를 배우면서 자연스럽게 그것이 드러내고 있는 세계를 수용하게 된다.

세계의 다른 여러 문자들과 비교할 때 한자는 쓰기 방식에 있어서 거의 질적 변화를 겪지 않은 유일한 문자다. 사상은 언어와 문자를 통해서 형성되고, 주요 문명 또한 언어와 문자를 통해 전달된다는 점에서 문명은 일종의 언어 체계라고 해도 과언이 아니다. 만일 이러한 점을 인정한다면 상형을 토대로 한 한자가 장기적이고 지속적으로 사용됨으로써 중국인의 사상 세계가 실제 세계의 구체적인 형상에서 벗어나지 않도록 하고, 사유 과정에서 사용된 연산과 추리 및 판단도 순수하고 추상적인 부호에 그치지 않도록 했기 때문에 중국 문명이 지닌 연속성의 의미가 바로 여기에 있다는 것에 동의할 것이다.

우리는 수천 년의 중국 역사를 통해 중국인들이 문자에 대해 거의 신비적화하고 숭배하는 듯한 태도를 취했다는 것을 알 수 있다. 문자의 상형을 통해 훈고 작업을 시도한 것부터 연상식(聯想式) 의미 해석을 시도한 것에 이르기까지, 그리고 문자의 상형성을 빌어 신비한 부호[4]를 만든 것에서 문자의 형상적 구조를 통해 길흉을 예측하는 일에 이르기까지 '대전통(大傳統)'과 '소전통(小傳統)' 속에서 문자가 사상에 미친 영향은 도처에서 발견할 수 있다.

2

그 다음으로 '사(詞 : 낱말, 단어)'로서의 한자의 파생과 분류는 고대 중국인이 세계에 대한 지식을 습득하는 방식을 보여준다. 한자의 파생은 나무가 자라는 과

4) 가령 훗날 도교의 부적(符), 왕명(王明)의 『태평경 교주합본(太平經合校)』 권104에서 권107(중화서국, 1960) 473~509쪽에 기록된 '복문(複文)' 참고. 또한 섬서성 노현(盧縣)의 한나라 시대 무덤에서 출토된 조씨(曹氏)가 붉은 글씨로 풀이한 화병 위의 그림부호 및 낙양 서쪽 교외에서 출토된 풀이된 화병의 그림부호를 참고할 만하다. 즉 「섬서성 노현의 두 기의 한대 무덤(陝西盧縣的兩座漢墓)」(『고고와 문물考古與文物』 1980년 제1기)과 「1954년 봄 낙양 서쪽 교외의 발굴 보고(1954年春洛陽西郊發掘報告)」(『고고학보』, 1956년 제2기)를 참고하라.

정과 거의 같다. 많은 사람들은 고대 중국에서 '문(文 : 글, 문장)'이 자(字 : 문자, 글자)를 창조하던 시대에 독립적으로 생겨난 것이라고 믿었다. 이것이 장태염(張太炎 : 1868~1936, 학자이자 혁명가인 장병린章炳麟, 즉 장빙린을 말함)이 말한 바 '초문(初文)'이다. 이들 '초문'의 뿌리에서 회의(會意 : 둘 이상의 한자를 뜻으로 결합시켜 새 글자를 만드는 방법), 지사(指事 : 수량이나 위치 따위의 추상적인 개념을 상징적으로 형상화한 자형字形), 형성(形聲 : 뜻을 나타내는 글자와 음을 나타내는 글자를 합하여 새 한자를 만드는 방법) 등과 같은 글자의 구성 방법을 통해서 '자(字)'가 생겨났다. '자'의 본래 의미는 '생(生 : 낳다)'이다. 각기 '초문'에서 생겨나서 그것과 의미상 상호 연관된 일련의 글자들은 뒤에 모두 하나의 '부수(部首 : 한자 자전에서 글자를 찾는 길잡이가 되는 한 부분)'에 속하는 것으로 간주되었다.

그러나 고대 사람들이 생각하는 이러한 부수의 이들 '자'가 나타내는 현상이나 사물은 실제 세계의 한 '류(類 : 질이나 속성이 비슷한 부류, 무리, 종류)'다. 갑골문에 지사나 회의의 글자가 적지 않고, 형성자 또한 20퍼센트를 점하고 있다. 그러다가 뒤로 갈수록 이러한 부류의 합체자는 전체 한자 가운데에서 차지하는 비율이 더욱 커졌다. 곽보균(郭寶鈞)은 『금문편(金文編)』에 따르면, 의(衣), 식(食), 면(宀)의 이 세 개의 부수를 가진 글자를 통계적으로 살펴본 뒤 갑골문 가운데 '의(衣)'부는 '의(衣)' 자 하나뿐이지만, 금문(金文)에서는 '의(衣)'를 부수로 한 12개의 글자가 보이며, 『설문해자(說文解字)』에서는 보다 늘어나 116개의 글자가 보인다. '식(食)' 부의 글자는 갑골문에서 단지 '식(食)' 자만이 보이는데, 금문에는 10개의 글자가 보이며 『설문해자』에는 62개의 글자가 보인다. 또 '면(宀)' 부의 글자는 갑골문에 자(字), 택(宅), 실(室), 선(宣), 향(向), 안(安), 보(寶), 숙(宿), 침(寢), 객(客), 우(寓), 종(宗) 등 12개의 글자가 보이는데, 금문에는 36개의 글자가 보이고 『설문해자』에는 70개의 글자가 보인다.

이를 통해 볼 때 "형성이란 글자의 구성 방법은 금문 시기에 이미 독보적인 우위를 점하여 널리 알려져 있었고,"[1] 진한(秦漢) 시기에 와서는 중국 한자의 주체가 되었음을 알 수 있다.[2] 이들 '자'의 형성 과정을 통해 중국인의 사상 속에

---

1) 곽보균(郭寶鈞), 『중국 청동기시대』, 삼련서점, 245~246쪽, 1977.

나타난 세계의 모습이 어떻게 사람들의 감각에 의해 정형화되었는지를 능히 알 수가 있다. 적어도 한자에 있어서 동일한 편방(偏旁)을 가진 형성을 비롯한 회의, 지사의 문자에서 고대 중국인의 '분류(分類)' 관념이 이른바 서양에서 말하는 근대적 '분류'의 관념과 다소 차이가 있음을 발견할 수가 있다. 그들은 특히 감지할 수 있는 하나의 현상이나 사물의 표상(表象)에 주의함과 동시에 이러한 표상을 가지고 현상과 사물을 분류하는 근거로 삼았다. 가령 그들의 상형 문자는 사물에 대한 묘사에 있어서 형상적인 특징이 두드러지지만, 지사 문자의 경우는 특별히 부각시켜야 할 특징에 대해 보다 특별한 제시를 하고 있다. 그리고 같은 부류의 '자(字)'들은 그것들이 어떠한 '문(文)'을 의부(意符 : 의미 부호), 즉 분류의 근거로 삼든지 간에 '문(文)'의 상징성은 늘 이러한 '자'가 원초적 형상과 연관성을 갖도록 했으며, 사람들로 하여금 단번에 그것의 대체적인 의미를 깨달을 수 있게 했다.

그러나 이러한 분류의 사유 방식은 늘 감지할 수 있는 표상으로부터 출발하여 상당히 광범위한 연상을 낳았고, 그것을 통해 문자의 '류'가 결코 현대적 의미의 문류종속(門類種屬)[3]과는 다른 분류학상의 근거를 갖도록 했다. 그러면서도 늘 사물을 감지할 수 있는 특징을 근거로 삼아 감각과 연상을 통해서 은유의 방식으로 연관을 짓는다.

예를 들어 '목(木)'(⽊)은 '류(類)' 개념으로 본래는 식물의 추상적 명칭이다. 그렇다면 '목(木)'을 의미 부호로 지닌 글자는 모두 매(梅 : 매화나무), 이(李 : 오얏나무), 도(桃 : 복숭아나무), 계(桂 : 계수나무) 등과 같은 나무이어야 하지만, 사실은 한자 중에서 '목(木)'과 같은 유명의 범위는 나무를 훨씬 뛰어넘는다. 그것은 '본(本 : 뿌리)'이나 '말(末 : 나무 끝)' 등과 같은 나무의 일부분일 수도 있고, '주(柱 : 기둥)', '영(楹 : 들보)', '강(杠 : 깃대, 다리)', '책(柵 : 울짱, 울타리)' 등과 같은 나무를 원료로 한 건축 부품이나 각종 도구일 수도 있으며, 또 '임(栠 : 나무의 연약한 모습)', '요(枖 : 나무

---

2) 『설문해자』에는 모두 10,516자가 수록되어 있는데, 그 중 형성자가 8,407자이다. 이는 양계초(梁啓超)의 설에 근거한 것이다. 진진(陳晉), 『설문연구법』, 상무인서관, 145쪽, 1933.

3) 스웨덴의 식물학자 칼 폰 린네(Carl von Linné : 1707~1788)는 외형상의 유사성에 따라 식물의 분류체계를 만들었는데, 식물계(界)로 시작해서 스물다섯 개의 문(門)으로 나누고, 각각의 문을 강(綱)으로, 그리고 다시 강을 목(目), 과(科), 속(屬), 종(種)으로 나누었다(역자 주).

가 키는 작지만 무성한 모습)', '타(朶 : 나무가 늘어진 모양)', '왕(枉 : 나무가 굽은 모양)', '유(柔 : 굽기도 하고 곧기도 한 나무의 부드러운 성질)', '고(枯 : 나무가 마른 모양)' 등과 같은 나무와 관련된 어떤 성질이나 특징일 수도 있다.

심지어 '고(杲 : 해가 나무 위에 있어서 밝다는 뜻)', '묘(杳 : 해가 나무 아래에 있어서 어둡다는 뜻)' 등과 같이 나무와 결코 직접적인 연관이 없을 것 같지만 나무로부터 파생된 그 밖의 다른 현상을 나타낼 수도 있다. 특히 '동(東)'은 본래 '해가 나무 사이에 있어서' 태양이 막 떠오르는 방향을 상징한다. '목(木)'은 하나의 배경인 경우가 대부분이지만 연상 작용으로 인해 '목' 부수에 귀납시켰다. 아마도 이 때문에 훗날의 오행 사상에서 '동(東 : 동쪽)'을 '목(木 : 나무)'과 연관시켰을 것이다.

다른 예를 한 가지 더 들자면 '화(火 : 불)'의 경우 이 부류(즉 부수)에 속하는 글자 중에 '열(烈 : 불이 맹렬한 모양)', '증(烝 : 불기운이 위로 오르는 모양)', '경(熲 : 불빛)', 안(㷳 : 불의 색깔), '약(爚 : 불이 나는 모양)' 등과 같은 '화'의 상태를 나타낸 글자도 있고, '희(熹 : 불에 굽다)', '전(煎 : 불에 볶다)', '포(炮 : 털이 붙어 있는 상태에서 고기를 통째로 굽다)' 등과 같이 '화'의 용법을 나타낸 글자도 있다. 또 '구(爠 : 거북이를 불에 구우면서도 점을 치지 않다)', '련(煉 : 쇠를 녹여 제련하다)', '분(焚 : 밭에 불을 놓다)' 등과 같이 '화'를 이용한 각종 행사를 나타낸 글자도 있으며, '연(煙 : 불의 기운)', '병(炳 : 밝다)', '위(煒 : 붉게 성하다)', '광(光 : 밝다)',[1] '열(熱 : 따뜻하다)', '곡(焅 : 가뭄의 기운)', '흑(黑 : 불이 연기를 뿜는 색깔)' 등과 같이 '화'의 산물이나 효과, 감각 및 그 밖의 다른 이것과 연관된 것을 나타내는 글자도 있다. 그리하여 '화(火)'는 현대적 분류법에 있어서 물리학적 속성상 뜨겁고 밝고 마르고 검은 것들을 함께 하나로 연계시켜 중국 고대의 '류' 개념을 형성하였다.

이러한 '류'의 관념이 형성되고 정착되는 데는 오랜 시간이 걸렸다. 아마도 은주(殷周) 두 왕조보다도 훨씬 오래된 천여 년 동안, 심지어 보다 오랜 기간 동안 이러한 서면(書面) 문자의 분류는 사유 세계의 분류와 매우 밀접한 관련을 가지고 발전했다. 적어도 그것은 이러한 문자를 사용하는 인간의 사상에도 영향을 미쳤

1) '광(光)'이란 글자는 갑골문에 [illegible], [illegible] 라고 쓰여 있는데, 불이 사람에게 있는 모습이다. 금문(金文)에는 [illegible], [illegible] 이라고 쓰여 있는데, 의미와 형태가 모두 같고 빛이란 뜻이다.

을 것이다. 문자의 형성과 발전은 외부 세계에 대한 인간의 사유 방식과 일치되기 마련이다. 가령 아버지를 의미하는 '부(父)'란 글자는 갑골문에서 , 라고 쓰여 있는데, 이는 손에 지팡이를 잡고 있는 모습으로 한 집안 혹은 한 부족의 우두머리가 응당 지녀야 할 권위를 상징하고 있다. 그러므로 관원의 직명으로서 '윤(尹)'( ) 자와 수령의 명칭으로서 '군(君)'( ) 자는 모두 여기에서 파생되었으며, 그 의미의 확장 또한 분명하다.

또한 '척(彳)' 같은 글자는 본래 상형 문자로서 사통팔달로 확 뚫린 큰 길인 (行)이며, 은상 시대의 복사 가운데 많은 글자들이 이와 연관되어 있다. 가령 '종(從)'(, 『경진京津』 1372)은 사람들이 길에서 서로 따라 다니는 모습을 닮았고 '어(御)'(, 『前전』 2·18·6)는 사람이 길에서 말고삐를 잡고 있는 모습을 닮았으며, '사(徙)'(, 『갑』 528)는 사람들이 두 발로 길에서 걸어가는 모습이다. 이러한 글자들은 기본적으로 '도로(道路 : 길)'에서 파생되어 나온 것들이다.

그렇지만 한자가 파생되는 이치나 분류의 현상이 기정사실로 받아들여져 습관화되었을 때에도 한자의 분류는 때로 당시 사람들이 사실 세계를 이해하는 데 영향을 미쳤을 것이다. 예를 들어 '역(役)'(, 『전』 6·12·4)의 경우 갑골문에서는 본래 '척(彳)'을 부수로 하지 않았지만, 뒤에 '척(彳)'을 의미 부호로 한 다음에는 이 글자가 다른 사람을 따라서 부역하는 사람이 늘 길에 분주한 것을 상징하게 되었다. 또한 '철(徹)'(, 『전』 2·9·5)의 경우는 갑골문에서 본래 식기를 가져가 버리는 것을 나타냈는데, 사람들은 이 '철(徹)' 자가 사방으로 확 뚫려있는 큰 길과 연관이 있다고 보고 상상력을 통해 '척(彳)'이란 부류 속에 포함시켜 이 글자의 의미를 새롭게 이해하고 종합하였다. 한자가 은연 중 사상을 환기시키는 연상 부호가 되면서 인간 스스로 창조한 문자는 인간이 세계를 인식하는 데 영향을 미쳐 인간의 의식을 제약하고 규범화하였다.

여러 가지 복잡한 현상 세계를 사상적인 면에서 분류하고자 할 때 고대 중국에서는 늘 연상과 차용의 방식을 통해서 은유적으로 이해한 다음 같은 부류의 의미를 나타내는 의미 부호에서 일련의 한자를 연상해 냈을 뿐만 아니라 한자 한자의 내용에서 점차 확장하여 일관된 의미들을 갖도록 함으로써 그들 간에 어떤 미묘한 연계성을 갖게 하였다. 후세 사상사에 있어서 몇 개의 극히 중요한 개념을 예로 들어보자. 먼저 유무를 나타내는 '유(有)'란 글자의 경우 어떤 학자는 은상의 복사에서는 '우(又)' ([illegible])를 가지고 '유(有)'를 나타냈다고 지적한 바 있다. 이는 파생된 의미이고 본래의 의미는 오른손을 가리킨다. 그런데 이는 오른손이 갖는 편리함이란 뜻에서 도움이란 뜻으로, 또다시 '유(有 : 있다)'라는 뜻으로까지 의미가 확장되었는데, 이것이 문자 의미의 확장인 것이다. 그렇지만 은상의 '우(又)'는 잠시 동안의 소유를 뜻하기도 하지만, 대부분은 신명(神明)의 호우(護祐 : 보호)라는 의미다. 그러나 서주(西周) 시기의 금문 가운데 '유(有)'란 글자가 만연하면서 '우(又)'를 취하고 '육(肉)'을 취함으로써 실제에 대한 소유 의사를 나타냈다. "이것은 분명 사람들의 의지에 의해 소유할 수 있는 것이다." 그리하여 '우(右)' 자와 '우(又)' 자로부터 '유(有)' 자에 이르기까지 문자의 파생 속에서 의미 또한 확장되고 있었다. 이들 글자들은 어원적으로는 모두 오른손을 의미하는 '우(又)' 자와 일종의 '류'적 관계를 가지고 있다.[1)]

다음으로 후세에 매우 풍부한 의미를 파생한 '리(理)'란 글자의 경우, 이는 '옥(玉)' 자에서 의미를 가져왔다고 하는데 '옥을 잘 다듬는 것'과 연관이 있다. 단옥재(段玉裁 : 1735~1815년, 청나라 때의 학자)가 『설문해자』의 주석에서 『전국책(戰國策)』을 인용하여 "정(鄭)나라 사람들은 옥(玉) 가운데 아직 리(理) 않은 것을 박(璞)이라 했는데, 여기서 리(理)는 다듬는다는 의미다(鄭人謂玉之未理者爲璞, 是理爲剖析也 정인위옥지미리자위박, 시리위부석야)"[2)]라고 했다. 그러나 실제로 운용됨에 있어서는 토지를 작은 덩어리로 나눈다는 의미로까지 확장되었다. 이는 『시경』 중 「절남산(節南山)」 편의 '아강아리(我疆我理 : 내가 땅에 경계 긋고 내가 도랑 파다)', 「면(綿)」 편의 '내강내리(迺疆迺理 : 땅 경계 긋고 도랑 파다)' 「강한(江漢)」 편의 '우강우리(于疆于理 : 땅을 경계 짓고 도랑 파다)'[3)] 등과 같은 시구에 보인다. 그렇지만 이러한 예들도 '다듬다'는 의미를 크게 벗어나지 못했다고 한다면, 단옥재의 다음 해석은 그 한계

---

1) 여기서는 유상(劉翔)의 「'유'와 '무'에 관한 해석(關于"有", "無"的詮釋)」(『중국문화와 중국철학』 1989년호, 삼련서점, 1991)을 참조함.

2) 『전국책(戰國策)』.

3) 그라함(A.C. Graham)은 『두명의 중국 철학자 : 정이와 정호(*Two Chinese Philosophers : Cheng Ming-tao and Cheng Yi-Chuan*)』(London : Lund Humphries, 1958)에서 이러한 해석을 보았다. 그렇지만 그가 토지 획분이란 이러한 의미를 '理'의 원시적 의미로 간주한 것은 한자의 문자구성의 원리에는 부합되지 않는다.

를 확실히 넘어서기 시작했음을 보여준다.

"무릇 천하의 모든 사물은 반드시 자신의 마음을 미루어 아무런 불만이 없는 상태에 이르러서야 비로소 안정되기 때문에 그것을 일러 '천리(天理 : 자연의 이치)'라고 하고, 그것을 일러 '선치(善治 : 훌륭한 다스림)'라고 이야기한다. 이것이 확장의 의미다(凡天下一事一物, 必推其情至于無憾而後卽安, 是之謂天理, 是之爲善治, 此引申之義也범천하일사일물, 필추기정지우무감이후즉안, 시지위천리, 시지위선치, 차인신지의야)."[4] '천리'에서 보다 연상해 가면 온갖 사물에는 모두 '리'가 있다. "사물에 있는 질을 '기리(肌理 : 살결)'라고 하고, '주리(腠理 : 피부, 살결)'라고 하며, '문리(文理 : 문맥, 글의 조리)'라고 한다. 각기 자기 몫을 얻어 문란하지 않고 조리가 있으면 그것을 일러 '조리가 있다'라고 이야기한다(在物之質日肌理, 日腠理, 日文理, 得其分則有條不紊, 謂之條理재물지질왈기리, 왈주리, 왈문리, 득기분칙유조불문, 위지조리)."[5] 그러므로 이러한 '리(理)' 자는 상당히 많은 영역을 관통하여 하나의 공통된 개념을 형성하였다. 사람들은 그것을 통해 현상과 사물을 이해함에 있어서 '옥(玉)'의 문로(紋路 : 옥의 무늬결)와 토지의 흉혁(洶洫 : 땅에 생긴 물고랑), 문장(文章)의 기맥(氣脈 : 맥락), 심지어 소나 양의 기골(肌骨 : 살과 뼈) 등을 함께 연상함으로써 쉽게 서로 관통하는 은유의 체계로 바꾼다.

3

구법(句法)과 중의 논리적 특징

거듭해서 이야기하지만 중국어의 표현 방식은 고대 중국인의 일상적인 사유 방식을 보여준다. 아무리 갑골문이 글자를 새기기가 용이하지 않아서 표현 방식을 간략화 했을 가능성이 있다고 할지라도 그러한 표현 방식을 통해서 옛사람들이 사색하는 사유 방식을 엿볼 수가 있다. 비교적 이성화되고 체계화되고 의사전달이 충분히 이루어지는 표현 방식은 문장의 규범과 구성에 합당해야 하지만, 연구자들은 갑골문 가운데 현대 언어와 다른 표현 방식이 상당히 많다고 이야기

---

4) 단옥재(段玉裁), 『설문해자주(說文解字注)』 제1편상(성도, 고적서점 영인본, 16쪽).

5) 단옥재(段玉裁), 『설문해자주(說文解字注)』.

한다.[1] 그 가운데 다음과 같은 예를 볼 수가 있다.

1. 주어와 술어가 전도된 경우는 다음과 같다.
   受年商(수년상) : 상수년(商受年), 즉 상나라는 풍성한 수확을 거두었다.
   今出羌(금출강) : 강금출(羌今出) 즉, 강은 오늘 나갔다.
   卬(御 : 제사의 명칭)王于上甲(어왕우상갑) : 왕어우상갑(王卬于上甲), 즉 왕이 상갑에게 제사를 지냈다.
2. 사역 동사와 의동구(意動句)가 나타내고자 하는 뜻이 분명히 드러나지 않는 경우는 다음과 같다.
   歸在川人(귀재천인) : 냇물에 있는 사람들로 하여금 돌아오게 했다.
   帝弗冬(終)茲邑(제불동(종)자읍) : 상제가 설마 이 읍을 오래 지속되도록 하겠는가.
3. 분해가 가능한 경우는 다음과 같다.
   㞢奚大乙卅(지해대을삽) : '해奚'는 목적어의 한 단어이나 '대을(大乙)'이란 단어에 의해 막혀 있다.
   其又羌妣庚三人(기우강비경삼인) : '강삼인(羌三人)'이란 낱말은 '비경(妣庚)'에 의해 가로막혀 있다.
   十伐㞢五(십벌지오) : 즉 '벌십지오(伐十㞢五)'이다.

훗날의 중국어 특히 서면 문자에서는 어법 관계가 그다지 엄격하거나 세밀하지 않았고, 전달자도 단어를 생략하거나 어순을 뒤바꾸어 놓는 경우가 많았기 때문에 독자 또한 늘 '이의역지(以意逆志 : 자신의 생각으로 작가의 뜻을 미루어 해석해야 함)'했다. 이것이 고대 중국인 사유 세계의 감각주의적 경향을 반영하는 것은 아닐까? 한자의 상형성이 장기간 지속됨으로써 고립적이고 표의적인 한자의 특징은 한자로 하여금 어떠한 경우에도 엄밀한 표현 방식, 즉 의미를 표현할 수 있는 문장의 구성법이 불필요하게 되었다. 그러므로 표현 방식의 규정성과 약속성은

---

1) 이하 예구는 모두 유상(劉翔)·진항(陳抗) 등이 편저한 『상주 시대의 고문자 독본(商周古文字讀本)』(260~272쪽)을 참조하였다.

상대적으로 약한 편이다. 이는 고대 중국인의 사유 세계가 '논리', '질서', '규칙'을 그다지 주의하지 않도록 만들었다. 언어는 그 자체가 사유의 산물이자 사유 연산의 부호이다. 어떻게 전달하고 어떻게 이해하든지 간에 거기에는 공통적으로 인정되는 규칙이 있어야 한다. 그러나 문자의 그림으로서의 의미가 여전히 비교적 농후하고 문자 자체의 의미 전달 기능이 비교적 뚜렷할 경우, 이들 표현 방식의 규칙을 생략하거나 보충하지 않을 수 있다. 담론(談論)의 발화자와 수용자의 공통된 문화 관습에 의거하여 그들은 복잡한 의미를 전달하고 이해할 수 있었다.[2)]

한자의 기원과 발전을 비롯한 한자의 사용에 있어서 고대 중국 사상 세계의 사고 방향과 사유 방식을 간략히 추측해 보기만 해도 한자 자체를 통해 그들이 '어떤 방식으로 사고하는지' 뿐만 아니라 그들이 '무슨 생각을 하는지'도 이해할 수 있다. 이는 마치 문자의 자형에서 모종의 사상과 제도의 기원을 찾아볼 수 있는 것과 마찬가지로 문자의 분류를 통해서도 고대 중국인들의 생활 중심과 흥밋거리 등을 이해할 수 있다.

예를 하나 들자면 고대인들의 생활과 사상 속에서 가장 중요한 활동은 제사이고, 제사와 가장 밀접한 글자는 '시(示)'다. 그리고 이러한 '시' 자는 당란(唐蘭)의 고증에 의하면 '종(宗)' 자와 '주(主)' 자와 더불어 사실상 하나의 글자에서 분화되어 형성된 것이라고 한다.[3)] 진몽가(陳夢家)는 더 나아가 "복사의 '시(示)' 자는 응당 석주(石柱)의 상징이다"[4)]라고 했다.

그렇다면 고대 중국에서는 제사를 지낼 때 종묘나 제단 위에 석주(뒤에는 또 신주神主를 설치하거나 시동尸童을 세워 놓았다)[5)]를 설치하여 상징으로 삼는 풍속이 있었다. '시(示)'는 하늘의 형상 가운데 '전(電)'과 조합되어 '신(神)'이 되었고, 흙을 쌓아 단을 만드는 형상의 '토(土)'와 조합하여 '사(社)'가 되었으며, 손으로 고기를 집어 드는 형상의 '月又'와 조합하여 '제(祭)'가 되었다. 또 신주패위(神主牌位)의

2) 이 문제에 관해서는, 언어와 문학의 연구 가운데 비교적 체계적인 분석이 있다. 갈조광(葛兆光)의 『한자의 마방(漢字的魔方)—중국고전시가의 언어학 찰기(中國古典詩歌言語學札記)』(홍콩, 중화서국, 1989).

3) 당란(唐蘭), 「시, 종 및 주에 관한 해석(釋示, 宗及主)」(『고고사간考古社刊』 1937년 제6기).

4) 진몽가(陳夢家), 『은허복사총론(殷虛卜辭綜述)』, 과학출판사, 1956.

5) '시동(尸童)'이란 옛날 제사를 지낼 때 신위(神位) 대신으로 앉히는 아이를 지칭하는 말이다(역자 주).

'차(且)'와 조합되어 '조(祖)'가 되었고, 술 단지를 받치며 복을 부르는 형상의 ''과 조합되어 '복(福)'이 되었으며, 그릇에다 옥을 받치는 형상의 ''와 조합되어 '예(禮)'가 되었다.

이들 문자의 발전 과정을 통해서 고대 중국의 제사가 갖는 의미와 내용을 가히 알 수 있다. 고대에 그렇게 많은 '시(示)'를 부수로 하는 글자는 그 자체가 또한 고대 중국인들이 미지의 세계와 신비로운 느낌과 귀신에 대해 갖는 존경심을 보여준다. 그래야만 귀신에 관한 글자, 제사에 관한 글자, 귀신과 소통하는 방식과 이러한 방식을 전달하는 것에 관한 한자가 있을 수 있다.[1] 확실히 문자와 문자가 조합되어 이루어진 언어 가운데에는 늘 감추어진 배경과 의미가 있기 마련이다. 가토 조켄(加藤常賢)이 『중국 고대의 종교와 사상(中國古代の宗教と思想)』이란 책에서 이야기한 것처럼 '문자상의 고고학적 발굴'은 '경전(經典)에 비해 보다 원시적이거나 혹은 경전이 아직 표현해 내지 못한 의미를 해석할'[2] 수 있다. 그래서 우리는 오래된 한자를 사상사의 시각에서 바라봄으로써 그 속에 담긴 사상사의 의미를 살펴보았다.[3]

1) 이러한 예증들은 유상(劉翔)의 『중국 전통 가치관 해석학(中國傳統價値觀詮釋學)』(상해, 삼련서점, 1996)을 참고했음.

2) 가토 조켄(加藤常賢), 『중국고대의 종교와 사상(中國古代の宗教と思想)』(일본 교토, 哈佛燕京同志社, 1954) 「서설(序說)」, 2쪽 참조.

3) 문자 이외에도 사상사 연구에 사용될 수 있는 고대 자료로는 고대 중국의 도안과 문식(紋飾)을 들 수 있다. 가령 섬서성 반파현(半坡縣)에서 출토된 넓적한 도자기(陶盆) 위에 그려진 인간 얼굴을 가진 물고기 문양의 도안, 청해성(青海省) 대통현(大通縣) 상손가채(上孫家寨)에서 출토된 넓적한 도자기(陶盆) 위에 다섯 명의 사람이 춤추는 모습의 도안, 하남성 임여현(臨汝縣)에서 출토된 입구가 좁은 항아리 모양의 도자기(陶缸) 위의 황새와 물고기와 돌도끼가 그려진 도안 등에는 매우 심오한 의미가 내포되어 있다.
그러나 그 명확한 의미는 현재 추측하기 어렵다. 어떤 사람은 토템의 상징으로 보기도 하고 어떤 사람은 이상(理想)의 기탁(寄託)으로 보기도 한다. 후세 사람들의 상상력과 지혜의 발휘를 통해 늘 여러 가지 풍부한 의미로 바뀌어 나타난다. 의심할 바 없이, 고대 중국의 도안과 문식 중에 가장 쉽게 거론되는 것은 청동기 위에 새겨진 도철문양이다. 이는 반산(反山) 옥종(玉琮)에 나오는 괴이하고 흉악하게 생긴 짐승의 얼굴 도안부터 시작하여 상주 시기 청동기에 반복해서 출현하고 있다. 그것이 반복 출현한다는 것은 그 형태가 당시 상당히 보편적으로 받아들여졌다는 의미이기도 하다.
그 의미에 관해서는 장광직(張光直)의 「상주 시기 청동기에 나오는 동물 문양(商周青銅器上的動物紋樣)」(『중국청동시대(中國青銅時代)』, 삼련서점, 313쪽 이하, 1983)과 장광직의 「중국고대 예술과 정치-상주 청동기에 나오는 동물 문양에 대해 계속 논함(中國古代藝術與政治-續論商周青銅器上的動物紋樣)」(『중국청동시대 2집』, 삼련서점, 1990) 및 레비스트로스(Claude Levi-Strauss) 저, 사유양(謝維揚) 역, 『구조인류학』(중역본, 상해 역문출판사, 271쪽, 1995)을 참조하기 바란다.

5절

후세 사상사의 배경 : 의식, 상징과 숫자화한 세계 질서

제3절에서도 이야기한 것처럼 서주 시대에 행해지던 천지와 조상에 대한 숭경(崇敬)과 예배(禮拜 : 공손한 마음으로 절하는 것)는 그들의 제사 의례에서도 그대로 드러나는데, 이 점에 있어서는 은상 시대와 별다른 차이를 보이지 않는다. 그렇다고 해서 서주 시대가 모든 면에서 은상 시대와 동일하여 지식과 사상은 물론 신앙 세계에도 아무런 변화가 나타나지 않았다는 것을 의미하는 것은 아니다. 이미 앞에서 이야기한 것처럼 서주 시대에 가장 주목할 만한 부분은 모든 것이 한층 더 합리적이고 질서 있는 상태로 발전했다는 점이다.

『국어(國語)』「초어(楚語)」에는 학자들이 자주 인용하는 부분이 있다. 이에 따르면 관사보(觀射父 : 초나라의 현자)[1]가 초나라 소왕(昭王 : 재위 기원전 515~기원전 489)에게 고대 민간의 신은 나름대로 질서가 있어서 일반 사람들 가운데서도 태어나면서 신과 소통할 수 있는 신비한 능력을 가진 사람이 있다고 말했는데, 그들 가운데 남자를 격(覡)이라고 하고, 여자를 무(巫)라고 했다. 그들 무격(巫覡 : 무당과 박수를 아울러 말함) 가운데 각종 지식(예를 들면 산천지호山川之號, 즉 산천의 이름, 고조지주高祖之主 즉 고조의 신주, 종묘지사宗廟之事 즉 종묘의 일, 소목지세昭穆之世 즉 소목의 차례, 제경지근齊敬之勤 즉 장엄과 공경에 대한 성실함, 예절지의禮節之宜 즉 예절의 합당함, 위신지칙威信之則 즉

---

1) 초나라는 흰 패옥(白珩, 백형)을 보배로 여긴 것이 아니라 관사보와 좌사(左史)인 의상(倚相)을 보배로 여겼다고 하는데, 그들은 아름다운 구슬과 흰 패옥마저 보배라고 여기지 않을 정도로 뛰어난 현인이었던 것 같다(역자 주).

위엄 있는 제의의 규칙, 용모지숭容貌之崇 즉 용모의 장식, 충신지질忠信之質 즉 충신의 바탕, 인결지복禋潔之服 즉 제사 복장의 청결)을 가진 자를 '축(祝 : 축관)'이라 하고, 각종 의식 규범(예를 들면 시령時令, 희생犧牲, 옥백玉帛, 채복采服, 이기彛器, 위치位置, 차서次序, 단장壇場, 신명神名, 성씨姓氏)[1]에 대해 잘 알고 있는 자를 '종(宗 : 종백)'이라 했다.

이들 지식인들 가운데 '각사기서(各司其序 : 각각의 절차를 주관)'하는 관리가 점차 생겨나서 그들이 강신(降神 : 신내림)의 일을 맡게 됨에 따라 일반 백성들은 점차 그들이 전하는 신의 뜻을 따르는 쪽으로 길들여졌다. 그리하여 신령(神靈)은 영험하며 덕행을 갖춘 존재(신은 밝은 덕을 갖춘 존재)가 되었고, 일반 백성들은 더 이상 신령의 세계에 참여하지 않고, 그저 신령만을 믿고 정성스러운 마음을 다함으로써(백성과 신은 각기 다른 일을 하며, 백성은 이를 존경하며 모독하지 않았다) 안정된 질서를 갖추게 되었던 것이다.[2] 『국어(國語)』「초어(楚語)」하(下), 표점배인본(標點排印本)(상해, 고적출판사, 1988년)에 "神是以有明德(신시이유명덕)"과 "民神異業, 敬而不瀆(민신이업, 경이부독)"이라는 말이 보인다.

이 단락에서 하는 말에는 다분히 이상적이거나 회상적인 요소가 많다. 그러나 '국가 대사가 제사와의 전쟁'에 있었던 만큼 군사 정벌의 '권력'을 제외한 은상과 서주 시기 최대의 권력은 곧 제사를 통해 신과 소통하는 '문화'였다. 이는 제사 의식의 질서와 규범, 예절이 당시 가장 중요한 '지식'이었다는 뜻이다. 또 이에 관한 지식을 소유한 자가 당시 가장 중요한 '사상가'였다. 그들은 당시 소수에 불과했다.

관사보는 초나라 소왕에게 "백성들 중에 정신이 맑아 흩어짐이 없이 집중하는 자는 늘 한결같고 공평무사할 수 있다. 그들의 지혜는 능히 천지 상하의 마땅한 바를 얻을 수 있으며, 그들의 성스러움은 능히 멀리까지 밝음을 전파할 수 있고, 그들의 눈 밝음은 능히 모든 것을 두루 통찰할 수 있으며, 그들의 귀 밝음은

1) 시령(時令)은 절기, 희생(犧牲)은 신명(神明)에게 바치는 짐승, 옥백(玉帛)은 옛날 중국에서 제후(諸侯) 등이 황제를 뵐 때 바치는 예물로 바치던 옥과 비단, 채복(采服)은 색깔이 있는 예복, 이기(彛器)는 나라의 제례 때 쓰이는 술그릇, 위치(位置)는 지위나 역할, 차서(次序)는 차례나 질서, 단장(壇場)은 제단의 장소, 신명(神名)은 신의 이름을 말한다.

2) 『국어(國語)』「초어(楚語)」하(下), 표점배인본(標點排印本)(상해, 고적출판사, 1988)에 "神是以有明德(신시이유명덕)"과 "民神異業, 敬而不瀆(민신이업, 경이불독)"이라는 말이 보인다.

능히 사방을 통달할 수 있습니다(民之精爽不携貳者, 而又能齊肅衷正, 其智能上下比義, 其聖能光遠宣朗, 其明能光照之, 其聰能聽徹之민지정상불휴이자, 이우능제숙충정, 기지능상하비의, 기성능광원선랑, 기명능광조지, 기총능청철지)" [3)]라고 하였다. 이렇듯 관사보가 말하는 이들은 일반 백성 가운데 엘리트로서 문화를 독점하는 '카리스마'를 지닌 사람들이었다. 그것은 제사를 통한 신과의 소통, 즉 '예(禮)'가 당시 사상 세계의 중심으로서 사고와 관찰 및 신앙 등 당시 사람들의 정신세계에 거의 모든 분야를 망라하고 있었기 때문이다. 서병창(徐炳昶 : 1888~1976년)이 『중국 고대사의 전설 시대(中國古史的傳說時代)』에서 이야기한 것처럼 처음에는 '인간과 신이 서로 혼재되어 있어 사물을 올바로 분간할 수 없었고, 사람마다 모두 제사를 지내면서 모두가 다 무당이나 다름없었기' 때문에 누구나 신과 통할 수 있었고, 신이 내릴 수 있었다. 그 결과 사람들은 저마다 도취 상태에 빠져 이성을 잃었을 뿐만 아니라 권위와 질서도 세울 수 없었다. 그리하여 신도 의미를 잃었다. 성인이 나오고 나서야 '절지천통(絶地天通 : 끊어져 가는 곳에서 하늘에 통하게 함)'하였으니, 이로써 '민(民 : 백성)'과 '신(神)'이 임의대로 소통하는 혼란은 종식되고 "종교적인 일은 소수의 사람들에게 국한되게 되었다. 이 역시 보다 발전된 모습이라 아니 할 수 없다." [4)]

물론 이러한 중국 사상사의 거대한 변화를 전설 속의 전욱(顓頊) 시대와 같이 생각하는 것은 바람직하지 않다. 이러한 사상사의 거대한 변화가 완성된 것은 은상과 서주의 시기일 것이며, 제사 의식이 완비된 것 또한 그 이후의 시기에 해당할 것이다. 『예기』「예운(禮運)」에 따르면 최초의 제사는 "기장쌀을 뜨거운 돌 위에 얹어 굽고 돼지고기를 찢어 그 위에 놓아 익혔으며, 땅을 파서 웅덩이를 만들

---

3) 『국어(國語)』「초어(楚語)」 하(下).

4) 서병창(徐炳昶)의 『중국고대사의 전설시대(中國古史的傳說時代)』(북경, 과학출판사, 76~84쪽, 1960)과 장광직의 『중국청동시대(제2집)』(북경, 삼련서점, 47쪽, 1990)을 참조할 것, 일설에 따르면 '절지천통(絶地天通)'은 요(堯)임금 시대에 해당한다고 하는데, 『상서(尙書)』「여형(呂刑)」에 보면 "또한 중려(重黎)에게 명령을 내려 땅의 백성과 하늘의 신령이 서로 감통하지 못하도록 만들어 신과 백성이 더 이상 오르내리며 내왕하지 못하도록 하였다(乃命重黎, 絶地天通, 罔有降格내명중려, 절지천통, 망유강격)."라는 구절이 나온다. 공전(孔傳)에 따르면 "중(重)은 희(羲), 려(黎)는 화(和)를 뜻하는데, 요임금이 희화(羲和)에게 천지와 사계절(四時)을 관장하도록 명하여 사람과 신이 서로 어지럽게 섞이지 않아 각기 질서를 얻을 수 있도록 하였으니 이를 일러 '절지천통(絶地天通)'이라고 한다(重卽羲, 黎卽和, 堯命羲和世掌天地四時之官, 使人神不擾, 各得其序, 是謂絶地天通중즉희, 려즉화, 요명희화세장천지사시지관, 사인신불요, 각득기서, 시위절지천통)." 『십삼경주소(十三經注疏)』 중화서국 영인본, 248쪽, 1979.

어 물을 담고 손으로 떠마셨다. 그리고 비자나무의 단단한 줄기를 북채로 하여 흙을 쌓아 만든 북을 쳤다. 비록 조잡하기는 하였지만 이것으로 존경하는 마음을 신에게 바칠 수가 있었다(燔黍捭豚, 汙尊而抔飮, 蕢桴而土鼓, 猶若可以致其敬于鬼神번서패돈, 오존이부음, 괴부이토고, 유약가이치기경우귀신)."[1]

그러다가 '후성(後聖 : 뒤에 나온 성인)'이 나오면서 직감과 상상 및 경험에 의한 통신(通神)의 방법에서 점차 여러 가지 규율을 갖춘 복잡하고도 엄격한 예의 제도로 변하기 시작했다. 이른바 "현주(玄酒 : 제사 때 술 대신 쓰이는 맑은 찬물)[2]는 실내에 진설(陳設)되고, 예잔(醴醆 : 예주醴酒는 단술, 잔주醆酒는 약간 맑은 술)은 실내의 문 밖에 진설하며, 자제(粢醍 : 홍적색을 띤 술)는 실외의 마루에 놓고, 징주(澄酒 : 맑은 술)는 마루 아래에 둔다.[3] 다음으로 희생(犧牲)을 진열하고, 정조(鼎俎 : 솥과 도마) 등의 용기를 갖추어 놓고 금슬(琴瑟 : 거문고와 비파), 관경종고(管磬鐘鼓 : 피리와 경쇠 및 종과 북)를 진열한다(玄酒在室, 醴醆在戶, 粢醍在堂, 澄酒在下, 陳其犧牲, 備其鼎俎, 列其琴瑟, 管磬鐘鼓현주재실, 례잔재호, 자제재당, 징주재하, 진기희생, 비기정조, 열기금슬, 관경종고)"[4]라고 한 것이 그 예이다. 이렇듯 예물을 그 쓰임에 따라 분류하고 참여자를 여러 등급으로 나누었으며, 제사 장소 또한 각기 다른 의미를 상징하는 방향과 위치에 따라 배정하였다.

그리하여 "군신의 도리를 밝히고 부자의 정을 두텁게 하며, 형제의 사이를 화목하게 하고 상하의 질서를 가지런히 하며, 부부 사이를 구별한다. 이것이 바로 하늘이 복을 내려주는 것(以正君臣, 以篤父子, 以睦兄弟, 以齊上下, 夫婦有所, 是謂承天之祜이정군신, 이독부자, 이목형제, 이제상하, 부부유소, 시위승천지호)"[5]이라고 이야기할 수 있었다. 여기에는 질서를 추구하고 가치를 인정하는 상징적인 의식과 실질적인 사회관계에 대한 사고가 담겨 있다. 이른바 '후성'이란 아마도 후대의 전설에 나오는

---

1) 『예기(禮記)』「예운(禮運)」.

2) 현주(玄酒)는 '물'을 말하는데, 술이 아직 발명되지 않은 태고 적에는 술 대신에 물로 제사를 지냈다. 후세 여러 왕들이 옛 것을 존중하여 현주라고 부르고 제사 때 실내 북쪽에 물을 진설하였다고 한다(역자 주).

3) 예잔(醴醆)은 일종의 청주(淸酒)로서, 제조 방법이 뒤늦게 발명되어 만들어졌기에 천하게 여겨 현주보다 아래 위치인 실내의 남쪽 문 밖에 진설하였다. 또 자제(粢醍)는 적홍색을 띤 술로서 예주나 잔주보다 늦게 만들어졌기 때문에 그보다 낮은 실외의 마루에 진설하였으며, 끝으로 징주(澄酒)는 술을 빚은 뒤 찌꺼기를 침전시킨 것으로 더욱 천하게 여겨 마루 아래에 진설한 것이다(역자 주).

4) 『예기』「예운」.

5) 『예기』「예운」.

'주공(周公)' 처럼 예악을 제정한 사람일 것이다.[6]

그렇다면 이제 우리는 이런 의식의 배후에 어떤 사상 세계가 깃들어 있는지를 살펴보아야 할 것이다. 이 같은 사상적 배경을 연결해 보면 중국 사상사에는 어떤 독특한 사고가 드러날 것인가?

1

질서, 즉 관념 및 은
기 의식 중의 체현
ㅣ우주 질서

일설에 공자(孔子)는 언(偃)의 질문에 대해 다음과 같이 대답했다고 한다. "무릇 예는 반드시 천도를 기본으로 하고 땅의 형세에 높고 낮은 위치를 정하는 것이며, 귀신의 도에 따라 제사를 지내고 상제(喪祭)와 사어(射御), 관혼(冠婚)과 조빙(朝聘)까지 포괄하는 것이다(夫禮, 必本於天, 殽於地, 列於鬼神, 達於喪祭射御冠婚朝聘부예, 필본어천, 효어지, 열어귀신, 달어상제사어관혼조빙)."[7] 또한 『예기(禮記)』 「예기(禮器)」에서도 "이런 까닭에 옛적 선왕이 예를 제정할 때 재물에 따라서 그 의(義 : 뜻)를 정했다. 그래서 큰 제사일 경우는 반드시 천시(天時 : 하늘의 시간)를 따랐으며, 일월의 신에게 제사를 올릴 때는 반드시 해와 달이 뜨고 지는 것에 따라 거행했다. 동지에 하늘에 제를 지낼 때는 반드시 구릉에서 지내고, 하지에 땅에 제를 지낼 때는 반드시 시냇가나 연못에서 지냈다(是故昔先王之制禮也, 因其財物而致其義焉爾, 故作大事必順天時시고석선왕지제례야, 인기재물이치기의언이, 고작대사필순천시)"[8]라고 하였다. 위의 두 인용문을 통해 우리는 질서의 상징으로서 예의에는 그것을 뒷받침해 주는 매우 분명하고도 심후한 배경이 있었음을 알 수 있다. 그리고 그 배경이란 우주

---

6) 사실 전욱이든 주공이든 전설에 나오는 인물들 가운데 누가 이러한 업적을 달성했는가를 고증할 필요는 없을 듯하다. 그들은 모두 인간의 질서를 상징하는데, 문헌 속에서 그들의 의의는 후대 사람들에게 어떤 시대에 중국 사상사에 이성적인 질서가 형성되었다는 것을 알려주는 것에 있다. 그러나 질서를 대표하는 것은 바로 '예(禮)'를 이해하는 일련의 문화인(즉 교양인)과 '예'를 대표하는 일련의 의식이라고 할 수 있다.

7) 『예기』 「예운」.

8) 『예기』 「예기(禮器)」, "是故昔先王之制禮也, 因其財物而致其義焉爾, 故作大事必順天時(시고석선왕지제례야, 인기재물이치기의언이, 고작대사필순천시)(주 : 大事란 祭祀의 뜻이다. 『춘추전』에 말하길, 啓蟄而郊, 龍現而雩, 始殺而嘗, 閉雩而烝(계칩이교, 용현이우, 시살이상, 폐우이증)라고 하였다), 爲朝夕, 必放於日月(위조석, 필방어일월)(주 : 해는 동쪽으로 나오고, 달은 서쪽에서 나온다는 뜻이다), 爲高必因丘陵(위고필인구릉) (주 : 冬至에 환구圜丘에서 하늘에 제

에 대한 옛사람들의 이해이다. 『시경(詩經)』에서 "밝고 밝은 하늘 위에 있어 하늘 아래 땅을 비추신다네(明明上天, 照臨下土명명상천, 조임하토)"[1], "밝고 밝은 덕이 땅에 있으니 혁혁하게 하늘에 나타나시네(明明在下, 赫赫在上명명재하, 혁혁재상)"[2]라고 한 것이 이것이다. 우주는 바로 고대 중국 사상 세계의 의미와 가치의 근원이었던 것이다.

공간으로서 우주는 상주(商周) 시기 사람들의 눈에 규범과 질서를 갖춘 존재로 비쳐졌다. 하늘과 땅은 서로 상대적이지만,[3] 또한 대칭과 조화를 이루며 중앙과 사방으로 구성되어 있다. 중앙의 위치는 사방보다 높고, 사방은 중앙을 둘러싸고 있다. 사방에는 각기 성상(星象)이 있고, 또 사계절과도 연결되어 있다. 사계절에는 각기 사물의 징후(物候)가 있는데, 은상 시대 사람들은 사방의 신을 '석(析)', '인(因)', '이(彝)', '복(伏)'이라고 했다. 사계절 사물의 징후에 의하면 "봄은 만물을 생성하고 여름은 기르며, 가을은 거두어들이고 겨울은 감추어둔다"는 의미가 담겨져 있다고 한다.[4]

공간으로서 우주는 시대 사람들에게 규범과 질서를 갖춘 존재로 되었다.

『시경』「소아」'대동(大東)'을 지은 서주 사람은 하늘을 우러러 길게 탄식을 하면서 먼저 천한(天漢 : 은하수)을 그리고, 다음으로 견우(牽牛)와 직녀(織女)를 이야기한 다음 사방을 나누어 "새벽에는 동쪽에 계명성(啓明星 : 샛별 혹은 금성金星이라고 함)이 뜨고, 저녁이면 서쪽에 장경성(長庚星 : 서쪽 하늘의 금성을 개밥바라기라고도 함)이 뜬다(東有啓明, 西有長庚동유계명, 서유장경)."[5] "남녘 하늘에 기성(箕星)을 키로 삼아 겨

를 올리는 것을 이야기한다), 爲下必因川澤(위하필인천택)(주 : 夏至에 방택方澤에서 땅에 제사를 지내는 것을 이야기한다)."

1) 『시경(詩經)』「소아(小雅)」'소명(小名)'.

2) 『시경(詩經)』「대아(大雅)」'대명(大名)'.

3) 진몽가(陳夢家)는 「고문자에 나오는 상주의 제사(古文字中之商周祭祀)」(『연경학보燕京學報』 19기)라는 글에서 상나라 사람들은 "위아래 하늘과 땅이 대립한다는 관념을 가지고 있는데, 이는 음양 양극의 기본이 되었다"고 이야기한 바 있다. 『상서(尙書)』「주관(周官)」에서도 삼공(三公 : 태사, 태부, 태보)을 세워 "治道을 강론하고 나라를 다스리며 음양을 조화시키고(論道經邦, 燮理陰陽논도경방, 섭리음양)", 삼고(三孤 : 소사, 소부, 소보)를 세워 "삼공을 도와 교화를 널리 시행하고 천지의 일을 공경하게 밝힌다(貳公弘化, 寅亮天地이공홍화, 인량천지)"라고 말하고 있다. 만약 이 문장에 서주 사상의 그림자가 존재한다면 서주 사람들이 이미 천지를 음양이 대립하는 것으로 간주했다고 말할 수 있을 것이다. 『십삼경주소(十三經注疏)』, 235쪽 참조.

4) 첨은흠, 『신령과 제사-중국전통종교총론(中國傳統宗教綜論)』, 강소고적출판사(江蘇古籍出版社), 42쪽, 1992.

5) 『시경(詩經)』「소아(小雅)」'대동(大東)'.

를 날려 보낼 수 없지 않은가?[6] 북녘 하늘 북두성을 국자로 삼아 그것으로 술을 떠 마실 수는 없지 않은가?(維南有箕, 不可以簸揚, 維北有斗, 不可以把酒漿유남유기, 불가이파양, 유북유두, 불가이파주장)"[7]라고 읊기도 했다. 이렇듯 당시 사람들은 하늘의 형상(天象)에 대해 잘 알고 있었으며, 하늘의 형상 또한 질서를 갖추고 있었다.

「요전(堯典)」의 기록만 봐도 하늘의 형상과 사물의 마땅함에 대한 옛사람들의 관찰이 점차 일종의 이성적인 인식 구조로 체계화되고 있음을 알 수 있다. 예를 들어 천도(天道)는 좌측으로 돌고 성신(星辰 : 별)은 그 위치가 정해져 있으며, 한 해가 지나면 다시 한 해가 오고 1년은 사계절로 나뉜다고 보았다. 또한 사계절은 사방과 짝을 이루어 봄은 동, 여름은 남, 가을은 서, 겨울은 북과 관계된다고 여겼다. 이러한 것은 북두칠성의 자루 쪽이 가리키는 방향일 뿐만 아니라 머리 위에 있는 하늘에 대한 이성적 구분이기도 하다.

마찬가지로 지(地 : 땅) 역시 전(甸), 후(侯), 빈(賓), 요(要), 황(荒)의 오복(五服)으로 나누고, 일정한 범위에 따라 점차 바깥쪽으로 확대하였다. 중앙을 중심으로 사방이 중앙을 에워싸고 있어서 때로 동, 서, 남, 북, 중의 다섯 방향으로 나뉘기도 하고, 때로는 구주(九州)로 나누어 중주(中州) 이외에 팔방이 존재한다고 보았다. 물론 이러한 것은 상상 속의 국토 구분이고 천하에 대한 안배지만, 실제로는 은주(殷周) 시대 사람들의 사상 세계 속에 존재했던 이상적인 공간 질서였던 것이다. 「우공(禹貢)」에 나오는 전복(甸服 : 고대에 천자의 영지 이외에 가장 가까운 쪽부터 5백리를 나누어 그 첫 번째를 전복이라고 함) 5백리, 후복(侯服) 5백리, 수복(綏服) 5백리, 요복(要服) 5백리, 황복(荒服) 5백리에 대한 구상은 당시 사람들의 뇌리에 존재하는 "동쪽으로 점차 나아가면 바다에 닿고 서쪽은 사막에 이른다"는 천하의 질서화를 보여준 것이다.[8]

천지에 바로 이러한 질서가 갖추어져 있기 때문에, 인간 세상의 문제를 처리하는 의식(儀式)에도 이에 상응하는 질서가 존재한다. '천자가 천지에 제사를 지

---

6) 기성은 이십팔수(二十八宿)의 일곱째 별자리의 별들로 4개의 별로 구성되어 있다. 사각형 모양의 네 개의 별이 마치 키 같다고 생각한 것이다.

7) 『시경(詩經)』「소아(小雅)」'대동(大東)'.

8) 『국어(國語)』「주어(周語)」상(上), 여기에 실린 제공모보(祭公謀父)의 말을 참고할 것.

낼(天子祭天地천자제천지)'[1] 때 천지에 제사를 올리는 곳으로 환구(圜丘), 방구(方丘), 명당(明堂) 등이 있는데, 그 모양과 구조가 천지 사방을 상징한다. 또한 천자가 '사방에 제를 올린다'[2]라고 하였으니, 사방 교외(四郊)에서 사계절에 따라 사방의 신에 제사를 올렸다는 뜻이다. 천자의 출입 의장(儀仗)도 하늘의 형상을 모방하여 "앞에는 주조기(朱鳥旗), 뒤에는 현무기(玄武旗)가 있으며, 왼쪽에 청룡기(青龍旗) 오른쪽에 백호기(白虎旗)를 내걸고, 앞에 초요기(招搖旗)를 내걸어 병졸들의 성냄(사기와 적개심)을 바짝 조인다(前朱鳥以後玄武, 左青龍而右白虎, 招搖在上, 急繕其怒전주조이후현무, 좌청룡이우백호, 초요재상, 급선기노)."[3] 그것은 마치 하늘의 형상처럼 "나아가고 물러나는 데 절도가 있고, 좌우에 일을 맡아보는 부서가 있어서 각기 나름대로 맡은 업무를 담당한다(進退有度, 左右有局, 各司其局진토유도, 좌우유국, 각사기국)."[4]

천자가 제후들을 접견할 때 궁실을 만들고자 했는데, 궁실 역시 천지를 모방하였다. "사방 3백 보에 네 군데 문마다 단을 높이 12심(1심은 8척이다) 깊이 4척만큼 쌓고 그 위에 방명(方明)을 더했는데, 방명은 나무로 사방 4척으로 여섯 가지 색으로 만들었다. 동방은 청색, 남방은 적색, 서방은 백색, 북방은 흑색이며 위쪽은 검은색이고 아래는 황색이었다. 또한 육옥(六玉)을 설치하여 위에는 규(圭), 아래는 벽(璧)을 두었고, 남방에는 장(璋), 서방에는 호(琥), 북방은 황(璜), 동방은 규(圭)를 두었다. ……천자는 용수레를 타고 큰 기를 실어 일월을 본 떴고, ……남문 밖에서 해에 대해 예를 올리고 북문 밖에서는 달과 사방의 냇물에 예를 올렸으며, 서문 밖에서는 산천과 구릉에 대해 예를 올렸다. 하늘에 제를 올릴 때는 섶을 태웠고, 산제(山祭)는 구릉에 올라가서 올렸으며, 천제(川祭)는 하천 아래에서 올렸고, 땅에 제를 올릴 때는 제터에서 올렸다(方三百步, 四門壇十有二尋, 深四尺, 加方明於其

---

1) 『예기(禮記)』 「곡례(曲禮)」 하(下).

2) '제사방(祭四方)' 이란 정현의 주석에 따르면, "사방에 제사를 지낸다는 것은 사교에서 오관(五官)의 신에게 제를 올린다는 뜻이다(祭四方, 謂祭五官之神于四郊也제사방, 위제오관지신우사교야)." 『좌전』 소공 18년과 『예기』 「월령(月令)」 및 『주례』 「대종백(大宗伯)」 등을 참고하시오.

3) 『예기(禮記)』 「곡례(曲禮)」 상(上).

4) 같은 책, 장광직의 「은대의 아형을 논하다(說殷代的亞形)」(『중국청동시대』 제2집, 82~94쪽) 및 사라 앨런(Sarah Allan)의 『거북의 비밀(龜之謎)』 제4장 「상나라 사람의 우주관」(중역본, 왕도汪濤 역, 사천 인민출판사, 1992) 참조. 이들 저자들은 모두 은상 시대의 공간 관념에 주목하고 있으나 주나라 시대의 의식(儀式)에 있어서 우주와 천상(天象)의 공간 관념의 영향을 논하는 데까지 이르지는 못했다.

上, 方明者, 木也, 方四尺, 設六色, 東方青, 南方赤, 西方白, 北方黑, 上玄下黃, 設六玉, 上圭下璧, 南方璋, 西方琥, 北方璜, 東方圭……天子乘龍, 載大旆, 象日月……禮日於南門外, 禮月與四瀆於北門外, 禮山川丘陵於西門外, 祭天燔柴, 祭山丘陵升, 祭川沈, 祭地瘞방삼백보, 사문단십유이심, 심사척, 가방명어기상, 방명자, 목야, 방사척, 설육색, 동방청, 남방적, 서방백, 북방흑, 상현하황, 설육옥, 상규하벽, 남방장, 서방호, 북방황, 동방규……천자승룡, 재대패, 상일월……예일어남문외, 예월여사독어북문외, 예산천구릉어서문외, 제천번시, 제산구릉승, 제천침, 제지예)."[5] 그리하여 천자는 우주천지와 마찬가지로 당연하게 합리성과 권위를 지니게 되었던 것이다.

「하존(何尊)」 명문(銘文)에 보면, 무왕이 주왕을 정벌한 후 하늘에 주나라 왕조가 '중국(中國 : 여기서는 중앙이라는 의미)'에서 도읍을 정해도 되는가를 물어보았다는 대목이 있는데, 이는 '중국'이 천지 사방의 중앙에 있으며, 사방을 다스리는 중심이라고 생각하였기 때문이다. 『일주서(逸周書)』「작락(作雒)」에 기록된 바와 같이 그들은 '주나라 왕실이 지속되지 않을까' 두려워하여 '대읍을 만들어 국토의 중앙에 주나라 왕조를 형성하였고', '천하의 중앙에 위치하도록 만들었다.' 고대 중국인들은 이렇듯 일찍부터 '중심'을 차지하면 '팔방'을 제어할 수 있다고 믿고 있었다. 이는 북극성이 하늘의 중앙에 있어 하늘의 태양과 달 및 모든 별들이 이를 중심으로 운행하는 것처럼 '선기옥형(璇璣玉衡 : 혼천의渾天儀)'에 의해 지휘를 받는 것과 마찬가지다.[6]

'공간'으로서 우주는 은주(殷周) 사람들의 마음속에 뿌리 깊은 잠재의식을 심어주었다. 이는 중앙의 북극성을 중심으로 뭇별들이 에워싸듯 중국을 중심으로 사방의 제후국들이 둘러싸고 '서로 구별이 있으면서도 질서 있는 천지와 같은 구조'를 이루고 있다는 것이다. 이러한 우주의 구조가 그들에게 제공한 가치의 근원은 이렇듯 '서로 구별이 있으면서도 질서 있는 천지의 구조'가 자연스러우면서도 합리적이라는 점이다. 그것은 우주의 구조가 바로 우주 천지의 질서이기 때문이다. 또한 우주의 구조가 그들에게 제공한 관념의 양식은 사회 조직이나 인

---

5) 『의례(儀禮)』「근례(覲禮)」제10기.

6) 「하존(何尊)」 명문에 "武王旣克大邑商, 則廷告於天曰, 余其宅玆中或'國'(무왕기극대읍상, 칙정고어천왈, 여기택자중혹 '국')"라고 적혀 있다.(『문물文物』 1976년 제1기) 이밖에 고힐강(顧頡剛)의 『사림잡식·기복(史林雜識·畿服)』(중화서국, 1~19쪽, 1977) 중의 기복도(畿服圖)와 갈조광(葛兆光)의 「중묘지문(衆妙之門)—북극, 태일, 태극과 도(衆妙之門-北極, 太一, 太極與道)」(『중국문화』 제3집, 홍콩 중화서국, 1990)를 참조하기 바란다.

류 자신을 포함한 자연 그대로의 모든 사물은 우주 천지와 동일한 구조를 지니고 있다는 것이다. 그 까닭은 그것들 역시 우주 천지에서 나온 것이기 때문이다.

그밖에도 은주 사람들은 우주의 구조에서 행위의 근거를 찾았다. 그것은 인류가 우주와 사회 그리고 인류가 하나의 동일한 구조로 이루어져 있다는 인식하에서 현상 세계를 이해하고 분석하고 판단하며 처리해야 한다는 것이다. 왜냐하면 현상 세계는 동일한 뿌리, 동일한 구조, 동일한 특성을 지닌 각기 다른 사물들이 신비롭게도 서로 감응하기 때문이다. 이처럼 당시 사람들의 사상에는 천(天), 지(地), 인(人)에 대한 체험과 상상을 통해 체계적인 질서가 형성되어 있었으며,[1] 이러한 질서 속에서 고대 중국은 자신의 가치의 근원과 관념의 양식, 그리고 행위의 근거를 확립할 수 있었던 것이다.[2]

2

이러한 우주 질서는 '예(禮)'라는 의식(儀式) 행위를 통해 그 모습을 드러낸다. 대부분의 사람들은 의식이 갖는 의의에 대한 인식이 부족하다. 특히 경전(經典)이나 엘리트 사상을 중시하는 사상사학자들은 의식에 대한 연구를 그다지 중요하게 생각하지 않는다. 그래서 그들은 이러한 형이하학적인 것들은 마땅히 인류학자들의 쓰레기통에나 처넣어야 한다고 생각한다. 다른 한편 진화론에 바탕을 둔

1) 갈조광(葛兆光), 『도교와 중국문화(道敎與中國文化)』 상편, 상해, 인민출판사, 1987.

2) 엘리아데(Mercea Eliade)는 『세계 신앙과 종교 사상의 역사』(*Histoire des Croyances et Idees Religieuses*, II, Paris, 1978)에서 고대 중국의 사상에 대해 말하고 있는데, 본문에서 말하는 내용과 서로 참조 가능하다. 그는 다음과 같이 말하고 있다.
"상나라 왕조에서 1911년 신해혁명에 이르기까지 우주의 구조와 법칙에 관한 여러 가지 관념이 줄곧 연속성과 통일성을 유지하고 있었다. 전통적인 우주 형상에 따르면, 우주가 천지지간(天地之間)에 수직의 축을 둘러싸고 사방으로 구성되어 있는데, 하늘은 반구체로 땅을 덮고 땅은 사각 마차와 같은데 중심의 기둥으로 천궁(天穹)을 지탱하고 있다. 우주의 숫자인 '오(五)'는 사방에 중심을 더 한 것으로 각양각색의 색, 맛, 소리, 상징을 규정하고 있으며, 중국은 세계의 중심에 위치하고 수도는 왕국의 중앙이며, 왕의 궁실은 수도의 중앙이다."
그는 이러한 우주론이 중국 고대의 사상과 종교에서 대단히 중요하며, 심지어 근본적인 것이라고 말하고 있다. 『세계종교사』 제2책(일역본) 시마다 히로미(島田裕已), 시바타 후미코(柴田史子) 공역, 도쿄, 축마서방(筑摩書房), 13쪽, 1991, 1992.

역사학자들은 의식을 그저 종법 제도를 유지하는 형식쯤으로 간주하여 비판하면서 폐기 처분해야 할 낙후된 것으로 생각한다. 또한 경전에 주안점을 두면서 과학을 신봉하는 사상사 저작물에서도 의식은 사상과 무관하며 과학과 모순되기 때문에 폐기해야 할 것이라고 이야기한다. 그 이유는 무엇보다도 그것을 도태되어야 할 역사로 간주하기 때문이다. 그러나 만약 현재의 관념(觀念 : 생각이나 의식)에 역류하지 않고 사상의 역사적 맥락을 따라 흘러가고, '선입위주(先入爲主 : 선입견)'나 '유죄추정(有罪推定)'에 빠지지 않는 안광(眼光 : 사물을 보는 힘, 안목, 관점, 차원)을 갖춘다면, 우리는 의식이 얼마나 중요한 사상사적 의의를 갖는지를 발견할 수 있을 것이다.

우선 체계화된 의식으로 표현된다.

질서는 우선 체계화된 의식으로 표현된다. 앞에서도 이야기한 것처럼 이러한 질서의 합리성은 우주 천지에 대한 체험과 관찰 및 상상에 그 근거를 두고 있다. 동시에 그것은 의식, 특히 제사의 등급과 형식을 통해 이러한 체험과 관찰 및 상상의 결과를 확인하고 표현한다. 보다 중요한 점은 "만물은 하늘에 근본을 두고, 사람은 선조에 근본을 두기 때문에 이것이 조상의 신으로서 상제에 배향하는 까닭(萬物本乎天, 人本乎祖, 此所以配上帝也만물본호천, 인본호조, 차소이배상제야)"[3]이다. 이러한 의식은 '우주'에서 비롯된 자연의 질서를 '역사'의 사회적 질서에 투사하여 인류 사회의 등급 질서를 의식을 통해 표현한다. 아울러 의식은 의식을 통해 자연의 질서와 동일한 권위성과 합리성을 부여함으로써 특별한 의미를 갖게 된다. 사람들은 의식을 통해 신성함과 관계를 맺고 상징적인 활동을 거쳐 우주, 천지, 신기(神祇 : 천신과 지신)의 허락을 얻기도 하고, 또한 의식을 통해 세속과 관계를 맺고 상징적인 행위를 통해 하늘의 뜻과 신의 뜻을 세상에 전달한다. 이는 질서에 대한 사람들의 일치된 인식을 강화함과 동시에 이를 통해 자신의 능력을 초월하고자 하는 열망을 나타내기도 한다.

본래 이러한 의식이 갖는 합리성의 근거는 인간의 감정과 이성이다. 사회의 '서로 구별이 있으면서도 질서가 있는 구조' 및 의식의 '경중과 차등'이 형성된 근거는 원래 혈연의 정(情)을 가진 부자, 형제, 부부 관계에서 비롯된 것이다. 따

3) 『예기(禮記)』「교특생(郊特牲)」.

라서 원래의 사상적 맥락은 '인간'의 감정과 지각에서 출발해야 한다. 『예기』「삼년문(三年問)」에서는 '3년의 상(喪)이란 무엇인가?' 라고 묻고, 이에 대해 언급하면서 '정(情)에 맞도록 예(禮)를 만든 것(稱情而立文칭정이입문)' 이라 하였으며, 이는 '결코 바꿀 수 없는 도(道)이다(無易之道也무역지도야)' 라고 강조하였다. 무엇 때문일까? 그 합리성이 '인간'에서 비롯되었기 때문이다. "무릇 천지지간에 살아 있는 자로서 혈기가 있는 부류들은 반드시 아는 것이 있으니, 어느 것이나 그 같은 족속을 사랑하지 않음이 없다…… 혈기가 있는 족속들 중에 인간보다 더 지각이 있는 것은 없기 때문에 사람은 죽을 때까지 그 부모에 대해 사랑하는 마음이 끝이 없다(凡生天地之間者, 有血氣之屬, 必有知, 有知之屬, 莫不知愛其類,……有血氣之屬者, 莫知於人, 故人於其親也, 至死不窮범생천지지간자, 유혈기지속, 필유지, 유지지속, 막부지애기류…… 유혈기지속자, 막지어인, 고인어기친야, 지사불궁)."[1)]

가족, 사회, 국가의 모든 질서는 이처럼 개인의 '정(情 : 감정)'과 '지(知 : 지각)'에 바탕을 두고 있다. 『상서(尙書)』「요전(堯典)」은 물론 요임금 시대의 전적이라 할 수는 없지만 아마도 고대 사람들의 생각이 반영되었을 것이다. 사상적 맥락에서 볼 때 한 개인이나 한 가족, 또는 한 나라의 질서는 개개인의 내면적 심리로부터 형성되기 시작한다. 예를 들어 요임금의 천하 통치는 먼저 그 개인의 품격(品格)이 단정하고 '충실하며, 능히 현인에게 양보할 수 있었기' 때문에 품덕(品德)이 '사방을 환하게 비추고 위아래 천지를 사려 깊게 살필 수 있었다.' 이러한 개인의 정감(情感)과 성격(性格)의 확산이 구족(九族)[2)]의 친화를 가져다주었다. 구족의 친화가 단지 혈연의 범위에 한정된 것이었다면, 이러한 친화의 확대 재생산은 혈연 이외의 관계에까지 미치게 된다. 이에 '구족이 친밀하고 화목하게 되면 다른 종족에 대해 밝게 알게 되고,' 마침내 '모든 종족 간의 정사(政事)가 분명하게 밝혀지면서 만방의 제후들이 서로 협력하고 화합하게 된다.' 개인의 '정'과 '지'는 자연스러운 것이다.

그래서 "겨울에는 부모를 따뜻하게 해드리고 여름에는 시원하게 해드리며,

---

1) 『예기(禮記)』「삼년문(三年問)」.

2) 구족(九族)이란 고조로부터 증조, 조부, 부친, 본인, 자, 손자, 증손, 현손의 직계친을 중심으로 하여 방계친으로 고조의 4대손이 되는 형제, 종형제, 재종형제, 3종형제를 포함하는 동종 친족을 일컫는 말이다(역자 주).

저녁에는 부모의 잠자리를 정해드리고 새벽에는 일찍 깨어 아침 문안을 드린다(冬溫而夏凊, 昏定而晨省동온이하청, 혼정이신성)"[3]거나 "(부친과 뜻을 같이 한 친구 분을 뵈었을 때) 나가라는 말이 없으면 감히 나아가지 않으며, 물러가라는 말이 없으면 감히 물러가지 않는 것이다(不謂之進, 不敢進, 不謂之退, 不敢退불위지진, 불감진, 불위지퇴, 불감퇴)."[4] 또한 "(아들된 자는) 주오(主奧 : 으뜸 되는 구역이란 뜻으로 실내의 가장 깊숙한 곳인 서남우西南隅, 즉 실내의 상좌)에 자리를 잡지 않고, 자리의 한복판에 앉지 않으며, 길을 걸을 때에도 한복판으로 다니지 않고 중문에 서지 않는다(居不主奧, 坐不中席, 行不中道, 立不中門거부주오, 좌부중석, 행부중도, 입부중문)"[5]라고 이야기한 것은 결코 외부의 강제적인 힘에 의한 결과가 아니었다. 따라서 마음에서 우러나오는 친족에 대한 감정은 가족 내부 구성원들 사이에 저절로 화목한 분위기를 조성하고 질서를 마련해 주었다. 마찬가지로 아들은 아버지나 할아버지에 대해, 아우는 형에 대해, 후배는 선배에 대해 자연스러운 감정의 차이에 따라 추모와 애도 의식에 차등을 두었다. 비록 후대에 이르러 혈연 사이의 감정에서 계층 사이의 예절로 확대되었지만, 존경과 숭배, 복종과 사랑은 본래 내면의 감정과 지각에서 비롯된 것이다.

그렇지만 또 다른 면에서 볼 때 예가 의식화된 규범을 형성하고 확고한 권위를 확립하면서 점차 개인의 감정과 지각에서 멀어지게 된다. 『예기(禮記)』「예기(禮器)」에 보면 다음과 같은 대목이 나온다.

"군자가 말하길, 마음에 예절이 없는 이는 어떤 사물을 보고도 제대로 살필 수 없으며, 사물을 살피고자 해도 예의범절을 배우지 않으면 어찌 해야 할 줄을 모른다. 그렇기 때문에 무슨 일을 하든지 예로써 하지 않으면 공경을 받지 못하고 어떤 말을 하든지 예로서 하지 않으면 신뢰를 얻을 수 없다(君子曰, 無節於內者, 觀物弗之察也, 欲察物而不由禮, 不之得矣, 故作事不以禮, 弗之敬矣, 出言不以禮, 弗之信矣군자왈, 무절어내자, 관물불지찰야, 욕찰물이불유례, 부지득의, 고작사불이례, 불지경의, 출언부이례, 불지신의)."[6]

이렇듯 사람들은 이미 '예'를 자연스러운 합리적인 규칙으로 간주하여 이를

3) 『예기(禮記)』「곡례(曲禮)」 상(上).
4) 『예기(禮記)』「곡례(曲禮)」 상(上).
5) 『예기(禮記)』「곡례(曲禮)」 상(上).
6) 『예기(禮記)』「예기(禮器)」.

따를 뿐 더 이상 그것이 무엇에 근거를 두고 있는가를 따지지 않았다. 우주 천지를 체험, 관찰하고 이에 대한 상상을 하면서 사람들은 이미 '천도(天道)'라고 하는 절대 진리에 확고한 믿음을 갖게 된 것이다. 이때 '예'라고 일컬어지는 의식과 그들이 인정하는 '서로 구별이 있으면서도 질서 있는 구조'는 또한 '천도(天道)'에서 합리성의 최종 근거를 찾았다. 『예기(禮記)』「예운(禮運)」에서는 공자의 말을 인용하여 "무릇 예란 선왕이 이를 통해 하늘의 도를 이어받고, 이를 통해 사람의 감정을 다스리는 것이다(夫禮, 先王以承天之道, 以治人之情부례, 선왕이승천지도, 이치인지정)"라고 말하고 있다. 사실 가치가 갖는 합리성의 근거로서 '천도(天道)'와 '인정(人情)'은 서로 다른 것이다. '천도'는 우주의 질서에서 비롯된 규범인데 반해, '인정'은 혈연의 정에서 비롯된 자각적인 것이기 때문이다. 그러나 고대 중국의 의식(儀式)은 이 두 가지를 한데 혼합한데다 초기에는 '천도'에 치우쳐 '인정'을 등한시하는 경향이 있었다. 『예기』「예기」에서 "군자가 말하길, 예로써 인정에 가까운 것은 예의 지극한 것이 아니다(君子曰, 禮之近人情者, 非其至者也군자왈, 예지근인정자, 비기지자야)"[1]라고 말한 것은 바로 이런 의미다.

점차 군신, 부자의 등급은 더 이상 자연적인 것이거나 가깝고 먼 혈연관계에 대한 구분이 아니라 천도에서 말미암은 확고한 차등으로 인식되면서 천지 사방의 '서로 구별이 있으면서도 질서 있는 구조'가 인간 세상의 '친소(親疎)와 상하(上下)'의 질서에 투사되어 사람들의 마음속에 자연스럽게 합리적인 차등 관념을 형성하게 되었다.

또한 의식(儀式)은 이러한 차등 사실을 한층 더 강화시켰다. 예를 들어 제사 의식에 나타난 등급이 바로 그것인데, 천자는 천지, 사방, 오사(五祠)에 제사를 지내고, 제후는 산천, 오사에, 대부는 오사에 제사를 지냈으며, 사(士)는 그저 조상에 대한 제사만을 올렸다. 또한 제사 의식에서 볼 수 있는 복식(服飾)의 경우도 천자의 "패옥은 백색이고 검은색의 수술을 차며(佩百玉而玄組綬패백옥이현조수)", 공후(公侯)는 "산색의 검은빛 옥을 차고 붉은 색의 수술을 찼다(佩山玄玉而朱組綬패산현옥이주

1) 이에 정현(鄭玄)은 "인간의 정리를 가까이 하면 버릇이 없게 되고, 그것을 멀리하면 공경스럽게 된다(近人情者褻, 而遠之者敬근인정자설, 이원지자경)"고 주석하였다. 『십삼경주소(十三經注疏)』 1439쪽.

조수)". 이에 반해 대부(大夫)는 "단지 물색의 푸른빛 옥을 차고 흰 비단색의 수술을 찼다(佩水蒼玉而純組綬패수창옥이순조수)."

또한 제사 의식의 내용도 큰 차이가 있었는데, 가장 분명한 차이는 복상(服喪)에서 찾아볼 수 있다. 오복지제(五服之制)는 군왕, 부친, 남편 및 '장차 대를 이어 종묘의 주인이 될' 장자의 지위를 확인시켜 주는 것이었다.[2] "천자의 모습은 온화하면서도 거룩하고, 제후의 모습은 공경스럽고도 몸가짐이 바르며, 대부는 몸가짐이 늘 단정하게 갖추어져 있으며, 사(士)는 천천히 걸으면서도 절도가 있고, 일반 백성들은 그저 빠른 걸음으로 달려갈 따름이다(天子穆穆, 諸侯皇皇, 大夫濟濟, 士蹌蹌, 庶人僬僬천자목목, 제후황황, 대부제제, 사창창, 서인초초)"[3]라고 했는데, 의식을 행할 때의 행동거지나 용모, 정서나 분위기마저도 모두 태어나면서부터 '천연(天然 : 천부적인)'의 차이가 있다고 여기는 것 같다.

우주의 구조, 친족의 감정, 사회적 등급이 이러한 의식(儀式) 속에 절묘하게 하나로 겹치면서 우주 천지와 중앙 사방(中央四方)은 인간 세상에 하늘이 부여한 확고한 근거를 제공했으며, 혈연의 정과 가족의 관계는 사람들에게 마음에서 우러나온 자연스럽고 합리적인 이치를 선사했다. 과거 많은 사람들은 중국의 전통 속에서 윤리 도덕으로서 '예'가 갖는 의의를 고수하면서 삼강오륜(三綱五倫)이 인간의 감성에서 비롯되었기 때문에 인간의 본성에도 부합된다고 여겼다. 그래서 '예'의 의의를 부정할 수 없었다. 그러나 다른 한편 많은 이들이 '예'를 인성과 감정을 제약하는 봉건 제도라고 생각한 나머지 '예'는 정(情)과 성(性)에 모순되는 것이기 때문에 폐기해야 마땅하다고 주장하였다.

그러나 사실 그들 모두는 '예'가 갖는 '합리성'의 근원에 대해 깊이 탐색하거나 분석한 적이 없다. 질서의 상징으로서 의식의 합리성에는 두 가지 근원이 있다. 이는 인간의 성정에 바탕을 두고 합리적으로 연장되어 나온 것이다. 또한 우주 천지의 질서를 이에 대한 합리적인 근거로 삼아 인간의 자연스러운 감정의 표현이 발전하여 의식을 이루고 의식이 정리되고 종합되는 과정에서 우주 천지에

---

2) 『예기(禮記)』「곡례(曲禮)」 하(下), 『예기(禮記)』「옥조(玉藻)」 및 『의례(儀禮)』「상복제십일(喪服第十一)」 참조.
3) 『예기(禮記)』「곡례(曲禮)」 하(下).

서 비롯된 질서와 혼합되었다. 의식은 이러한 '천도(天道)'와 '인심(人心)'을 전체적으로 형식화된 틀을 통해 확인하고 표출한다. "아, 그윽하고 고요한 사당에서 공경하고 조화롭게 제후들이 제사를 돕는다(於穆淸廟, 肅雝顯相어목청묘, 숙옹현상)"[1]라고 하였으니, 장엄한 분위기를 통해 의식의 신성함이 한층 더해진다. 또한 이렇게 신과 소통하는 가운데 장엄한 분위기의 신성한 느낌이 더해지며, 또한 "제사를 지내는 날에 묘당 안으로 들어서면 반드시 옛사람의 영혼이 그 자리에 있는 것처럼 여겨지고, 제례가 끝나 문을 나서려고 할 때면 늘 엄숙한 기분이 들며 옛사람의 음성이 들리는 듯한 느낌이 든다. 또한 문밖으로 나가 귀를 기울이면 꼭 방안에서 옛사람이 탄식하는 소리가 들리는 것 같다(祭之日入室. 僾然必有見乎其位, 周還出戶, 肅然必有聞乎其容聲, 出戶而聽, 愾然必有聞乎其嘆息之聲제지일입실. 애연필유견호기위, 주환출호, 숙연필유문호기용성, 출호이청, 개연필유문호기탄식지성)."[2] 사람들이 자신의 모든 지혜와 감정을 신성한 체험에 쏟아 부으면 '그 황홀함으로 천지신명과 소통할 수 있다.' 이에 의식은 자신의 권위를 확립시켜 줌과 동시에 인간 세상에 존재하는 질서의 합리성을 확립해 준다. 이것이 바로 초기 중국의 의식이 갖는 의의이다.

3

사실 의식(儀式)은 하나의 체계화된 상징이다. 어떤 인류학자는 상징(象徵)의 의미가 중요한 까닭은 생명의 출현과 비견할 수 있기 때문이라고 말한 바 있다. 상징이 존재함으로써 여러 가지 각종 현상들을 소수의 상징을 통해 전달할 수 있으며, 과거와 미래, 진실과 허상, 멀거나 가까운 곳에 위치한 모든 사물과 현상, 정감과 의지를 동일한 시공간에 드러낼 수 있다. 뿐만 아니라 사람들이 그러한 상징에 익숙해지고 이를 받아들이게 되면, 그 상징은 정돈과 질서를 통해 세계를 (자연 속의) 무질서에서 (사상 속의) 질서 상태로 나가게 하는 작용을 한다. 의

상징, 즉 인간 질서
한 전달, 암시 및
의미

---

1) 『시경(詩經)』「주송(周頌)」'청묘(淸廟)'.

2) 『예기(禮記)』「제의(祭義)」.

식은 이처럼 상징을 통해 이루어진다. 상징은 본래 일종의 부호나 암시 또는 은유일 뿐 사실 그 자체는 아니다. 그렇다 할지라도 고대 중국 사상 세계에서 상징은 매우 중요한 의미를 갖는다. 사람들의 사상 속에 상징은 때로 사실을 대체하며 의미를 담고 있는 존재로 간주된다. 몇 천 년의 고대 중국 사회에서 상징은 복잡하지만 질서를 갖춘 일정한 체계를 형성하고 있었다. 상징에 대한 믿음으로 인해 상징은 우주 질서와 사회 질서를 이어주고 지식 체계와 심리적 균형을 유지해 주는 역할을 불러일으켰다. 그렇기 때문에 상징의 붕괴는 곧 질서의 붕괴를 의미한다.

옛 서적들을 읽다보면 '수의이치(垂衣而治)'란 말을 자주 접할 것이다. 이것은 무슨 의미인가? 이 말은 『주역(周易)』「계사(繫辭)」'하(下)'에 나오는 말이다. "황제(黃帝), 요(堯)임금, 순(舜)임금이 복식의 고하와 존비의 등급을 구분하자 천하가 다스려졌는데, 이는 건괘(乾卦)와 곤괘(坤卦)에서 법도를 취한 것이다(黃帝, 堯, 舜, 垂衣裳而天下治, 蓋取諸乾坤황제, 요, 순, 수의상이천하치, 개취제건곤)."[3] 여기에는 두 가지 의미가 들어있다.

첫째, 황제와 요임금, 순임금이 『주역』의 건곤 양괘가 지니고 있는 뜻, 즉 '건은 존귀하고 곤은 비천하다는 뜻'에 따라 귀천을 구분하여 사회에 등급과 질서를 마련했다는 의미다. 둘째, 황제와 요임금, 순임금 시대는 무위(無爲)의 다스림을 행하였으니, 세속의 기풍이 올바르고 곧아 "의상을 걸치기(垂衣裳)만 해도 백성들로 하여금 자연스럽게 선(善)을 좇게 할 수 있었다."[4]

물론 이 이야기는 전설이므로 진실 여부를 굳이 따질 필요는 없을 듯하다. 그러나 이 전설 속에 매우 중요한 의미가 깃들어 있다. 그것은 옛 사람들도 상징의 기호와 상징의 사실 사이에는 어떤 신비한 연관 관계가 있어서 서로 감응한다고 여겼다는 점이다. 상징은 바로 이런 감응을 통해 질서를 정리하는 역할을 한다. 이른바 '의상'이란 상의(衣)와 하의(裳)를 말하는 것으로 남자는 존귀하고 여자는 비천하다는 것을 상징한다. 상하가 다르기 때문에 양은 존귀하고 음은 비천함을

---

3) 『주역(周易)』「계사(繫辭)」'하(下)'.

4) 여기서 수(垂)는 옷이나 치맛자락을 땅 위로 길게 늘어뜨리는 것으로 바쁘지 않은 상태를 말한다. 즉 황제와 요임금, 순임금은 저고리와 치마를 늘어뜨리고 가만히 있어도 천하가 다스려졌다는 것이다(역자 주).

드러낸다. 앞에서 이야기한 천자, 제후, 대부, 선비, 서민의 복식에서 볼 수 있는 차이 역시 등급의 차이를 상징하고 있다. 상징이 사람들의 마음속에서 확인되는 심리 과정은 사실의 자연스러움이 갖는 합리성을 확인하는 과정이기도 하다.

『상서(尙書)』「익직(益稷)」에 매우 흥미로운 대목이 있다. 황제가 사람들에게 말하길, 내가 옛 사람들을 관찰해 보았더니, 일(日), 월(月), 성(星), 신(辰), 산(山), 용(龍), 화(華), 충(蟲) 등 각가지 상징이 있고, 조(藻), 화(火), 분(粉), 미(米), 보(黼), 불(黻), 치(絺), 수(繡) 등 각기 다른 도안과 포목(布目)이 있다. 만약 이러한 상징들을 오색으로 옷에 그려 넣고 세발솥(鼎)에 새겨 넣는다면, 사람들에게 질서와 등급이 존재한다는 것을 은연중에 보여주는 일종의 암시이다. 고대의 전설에도 "세발솥을 주조하여 사물을 본뜨니 만물이 그로 인해 두루 정비되어 백성들이 귀신을 알게 되었고, 그런 까닭에 백성들이 냇물이나 연못 및 산림에 들어가도 예기치 못한 일을 만나지 않게 되었다(鑄鼎像物, 百物而爲之備, 使民知神奸, 故民入川澤山林, 不逢不若주정상물, 백물이위지비, 사민지신간, 고민입천택산림, 불봉불약)"[1]라고 하였으니, 세발솥에 여러 가지 귀신의 기이한 형상을 주조했음을 알 수 있다. 세발솥은 세계를 인식하는 지식의 권력을 상징하고 있다.

천자가 '구정(九鼎)'을 지니고 있다는 것은 '구주(九州)'가 그의 것임을 상징한다. '구정'을 지녔다는 것은 구주를 통치할 수 있는 합리성을 부여받았다는 의미이다. 나중에 초왕(楚王)[2]이 주나라 왕조의 구정을 탐내자 이를 참람한 행위로 단정하였는데, 옛 사람들의 입장에서 볼 때 상징적인 의미를 갖는 구정을 갖는다는 것은 곧 주나라 왕조의 천명과 권력이 이전된다는 것을 의미하기 때문이다.[3]

---

1) 『상서(尙書)』「익직(益稷)」.

2) 춘추시대 초나라의 장왕(莊王 : 재위 기원전 614~591)을 말한다. 구정은 한낱 솥이 아니라 하(夏)나라 이래 중원의 통치권을 상징하는 보물로 세발솥을 차지하겠다는 것은 천하를 움켜쥐겠다는 뜻이다(역자 주).

3) 이는 『좌전(左傳)』 선공(宣公) 3년조에 보인다. 또한 『은예소설(殷藝小說)』에서는 손씨(孫氏)의 「서응도(瑞應圖)」를 인용하여 "옛적 황제가 세발솥(鼎)을 만들 때 태을(太乙)을 본 땄고, 우(禹)임금이 치수를 하면서 천하의 좋은 동(銅)을 모아 구정(九鼎)을 만들었는데, 이는 구주(九州)를 본떠 만든 것이다(昔皇帝作鼎, 象太乙, 禹治水, 收天下美銅以爲九鼎, 象九州석황제작정, 상태을, 우치수, 수천하미동이위구정, 상구주)"라고 하였다. 주나라 시대에는 매번 중요한 의식이 있을 때마다 세발솥을 주조하여 상징으로 삼았으며, 그것을 일러 '중보(重寶)'라고 하였다. 이러한 관념은 한나라 시대까지 이어졌는데, 한나라 무제는 옛날 사람들이 만든 세발솥을 발견하고 이를 상서로운 징조로 여겨 연호를 바꾸기까지 했다.

바로 이렇듯 체계
상징이다

의식은 바로 이렇듯 체계화된 상징이다. 제사에 쓰이는 제물(예를 들어 태뢰太牢, 쇠뢰少牢, 생선 등), 춤(예를 들어 팔일八佾, 육일六佾 등), 복식(예를 들어 천자의 면류관과 곤복 등), 대상(예를 들어 천지, 조상, 산천 등) 등은 인간 세상의 질서를 상징한다. 또한 의식의 진열, 행위, 장소 역시 곳곳에서 상징으로 작용한다. 후세의 기록에서도 이와 관련된 부분들을 쉽게 살필 수 있다. 예를 들어, 제사를 지낼 때면 장소와 대상이 서로 부합해야만 한다. 다시 말해서 제사의 형식이나 방향, 색채는 곧 제사를 올리고자 하는 대상을 상징한다는 뜻이다. 밖은 둥글고 안은 사각형인 환구(圜丘)는 하늘에 제를 올리는 제단이며, 옥종(玉琮)을 사용했다.

또한 춘분 때 태뢰(太牢)로 고매(高禖 : 아들을 낳게 한다는 신)[4]에게 제를 올릴 때는 "활과 활집을 차고 활과 화살을 고매 제단의 앞에 놓아" 남아의 출생을 기원했다. 여기에서 활과 화살을 제단에 올리는 것은 무기가 남아를 상징하기 때문이며, 이러한 상징을 통해 남아의 출생을 보장받을 수 있다고 여겼다.[5]

또한 제사에 사용되는 물품 또한 일종의 상징이다. 『예기(禮記)』「예기(禮器)」에 보면 대향(大饗 : 협제祫祭)의 의식에 관해 다음과 같이 기록하고 있다. "제후가 바친 황금을 받아들여 진열하는 것은 제후의 온화하고 순함을 보이고자 함이고, 제후가 묘당에 들어가 폐백에 옥을 첨가하는 것은 신령의 덕을 존중하기 때문이다. 귀갑을 앞에 놓는 것은 거북을 통해 길흉을 예지하기 때문이고, 황금을 그 다음에 둔 것은 사람들마다 모두 황금을 좋아하는 심정을 드러낸 것이며, 단칠(丹漆 : 붉은 칠), 사광(絲纊 : 실과 솜), 죽전(竹箭 : 대나무 화살) 등을 진설한 것은 그것들이 천하 만민의 공동 재산임을 보이는 것이다(內 '納' 金, 示和也, 束帛加璧, 尊德也, 龜爲前列, 先知也, 金次之, 見情也, 丹漆絲纊竹箭, 與衆共財也 내 '납' 금, 시화야, 속백가벽, 존덕야, 귀위전열, 선지야, 금차지, 견정야, 단칠사광죽전, 여중공재야)."[6]

---

4) 고매는 아들을 낳게 한다는 신이나, 또는 그 신에게 아들을 낳게 해달라고 기원하는 제사를 말한다. 매(禖)는 '매(媒)'와 통하는데, 옛날에 고신씨(高辛氏)의 비(妃)인 간적(簡狄)이 강가에서 제비의 알을 삼키고 설(契)을 낳았다는 설화에 따라 음력 2월 중춘(仲春)에 제비가 돌아올 때 고매의 제사를 지냈다고 한다(역자 주).

5) 『예기(禮記)』「월령(月令)」, "帶以弓韣, 授以弓矢, 于高禖之前(대이궁독, 수이궁시, 우고매지전)." 이 구절은 『시경(詩經)』「소아(小雅)」'동궁(彤弓)'에 보인다. 또한 「괵계자백반(虢季子白盤)」 명문의 기록에 의하면, 왕이 용감무쌍한 괵계자에게 상으로 하사한 물품이 화살과 도끼, 그리고 동시(彤矢 : 붉은 화살)였다고 한다.

6) 『예기(禮記)』「예기(禮器)」.

『예기(禮記)』「교특생(郊特牲)」에 보면 "제례에 사용하는 세발솥(鼎)과 도마형 제기(俎)의 전체 숫자는 홀수(奇數)로 하고, 변(籩)과 두(豆)[1]는 짝수(偶數)로 한다(鼎俎奇而籩豆偶정조기이변두우)"[2]고 했으니, 이는 양수가 홀수이고 음수가 짝수임을 상징한 것이다. 또한 제례에서 도호(陶瓠)를 사용하는 것은 호(瓠 : 표주박처럼 생긴 항아리)가 '천지의 성질을 본 딴 것이기' 때문이다. 또한 제사 때 직계 자손에게 '시주(尸主)'를 상징하는 '시동(尸童)'으로 하여금 봉헌을 받도록 하고 '축관(祝)'으로 하여금 '시동'을 대신해서 자손에 대한 축복을 기원하는 축문을 말하도록 하는 것 등은 조상과 후손들이 서로 소통할 수 있도록 하는 상징적인 행위이다. 그들은 조상의 신령이 정말 직계 자손의 몸에 붙을 수 있다고 상상했던 것이다.[3]

심지어 제사 의식의 여러 가지 태도 역시 상징적인 의미가 풍부하다. 제기를 드는 사람은 제기가 아무리 가볍다고 할지라도 마치 무거워 들 수 없는 것처럼 받쳐 들어야 한다. "무릇 제기를 받들 때는 받듦이 가볍더라도 마치 못이기는 것처럼 해야 한다(凡執之器, 執輕如不克범집지기, 집경여불극)"[4]라고 했는데, 이러한 태도를 통해 제기의 '중요함(重)'을 상징했으며, 나아가 예의의 장중함을 상징하였다.

다음 세 가지 문헌의 기록을 살펴보도록 하자. 첫 번째 문헌은 『일주서(逸周書)』「세부(世俘)」인데, 주로 주(周)나라 무왕(武王)이 은나라 왕조를 정복한 이후의 일에 대한 기록이다. 주나라 왕조는 은나라 왕조를 물리치고 나라를 세운 후 자신의 합리성을 증명하고 사방 제국에게 이를 알리기 위한 성대하고 장엄한 의식을 거행하고자 했다.

이에 첫째 날인 신해(辛亥) 날에 "포로를 진열하고 은나라 왕의 세발 솥을 취했다(薦俘 殷王鼎천부 은왕정)"고 한 것은 전승과 왕권의 취득을 상징한다. "무왕이 규(圭)와 헌(憲)을 펼쳐놓고 하늘과 상제에게 고했다(武王乃翼矢圭, 矢憲, 告天宗上帝무왕내익시규, 시헌, 고천종상제)"[5]고 한 것은 예기(禮器), 미옥(美玉), 헌령(憲令) 옥판(玉版)을

---

1) 변은 과실 따위를 담는 데 쓰는 제기로 대나무 조각을 엮어 걸어서 굽을 높게 만들었다. 두는 두껍고 굽이 높으며 뚜껑이 있어서 고기붙이, 국 따위를 담는데 쓰는 제기로 나무로 만들었다(역자 주).

2) 『예기(禮記)』「교특생(郊特牲)」.

3) 『시경(詩經)』「대아(大雅)」'기취(旣醉)'편 참조.

4) 『예기(禮記)』「곡례(曲禮)」'하(下)'.

5) 『일주서(逸周書)』「세부(世俘)」(『일주서회교집주逸周書匯校集注』 권4, 상해, 고적출판사, 1995).

진열하여 하늘과 상제를 향해 기도하였음을 뜻한다. 이후 '종묘에서 알리니'는 종묘에 가서 천하에 이를 알렸다는 의미다.

두 번째 날인 임자(壬子) 날에는 "왕이 곤의를 입고 염을 받들어 종묘에 고한다(王服袞衣, 矢琰, 格廟왕복곤의, 시염, 격묘)"라고 하였는데, 이는 의복을 갖추고 미옥을 받들어 조상에게 고하는 의식이다.

셋째 날인 계축(癸丑) 날에 "은나라 포로인 왕과 사대부 백 명을 진열하였다(薦殷俘王士百人천은부왕사백인)"고 한 것은 다시 한 번 포로를 나열하여 상대방에게 승리를 거두었음을 상징한다. "악사가 음악을 연주하고 왕이 염을 펼쳐놓고 황색 도끼와 창을 잡는다(籥人造, 王矢琰, 秉黃鉞, 執戈약인조, 왕시염, 병황월, 집과)"[6]라고 한 것은 음악을 연주하여 신에게 아뢰면서 다시 미옥을 봉헌하고 왕이 친히 옷을 입고 무기를 든 채로 대제를 거행했다는 뜻이다.

나흘 째 갑인(甲寅) 날에는, 당시 전쟁터인 목야(牧野)에 이르러 "왕이 붉고 흰 깃발을 몸에 차고 악사가 '무(武)'를 연주하는 가운데 들어서자 '만(萬)'을 연주하고 '명명(明明)'을 봉헌하기를 세 번 한 뒤에 마쳤다(王佩赤白旂, 籥人奏武, 王入, 進萬, 獻明明三終왕패적백정, 약인주무, 왕입, 진만, 헌명명삼종)"[7]라고 하였으니, 전쟁의 승리와 무력을 상징하는 음악과 춤으로 승전의 의미를 되새기는 의식을 거행했음을 알 수 있다. …… 이후에도 주나라 무왕은 정치적 합리성을 얻기 위해 이러한 의식을 지속적으로 거행했으며, 자신의 터전으로 돌아온 후에도 종묘(宗廟), 남교(南郊), 사(社) 등지에서 일련의 의식을 거행하였다. 이처럼 상징적인 활동을 통해, 그는 자신의 권력을 확인하고 강화하고자 했던 것이다.

두 번째 문헌은 『상서(尚書)』「고명(顧命)」이다. 이는 주(周)나라 강왕(康王 : 주나라 3대 왕) 즉위에 대해 기록한 문헌인데, 천하를 장악한 실질적인 권력은 상징성이 강한 의식을 통해 획득되고 인가된다는 것을 보여주고 있다. 기록에 따르면, 그가 왕위를 계승할 때 종묘에서 서서(西序 : 의식을 행할 때 단을 향하여 왼쪽 자리), 동서(東序 : 의식을 행할 때 단을 향하여 오른쪽 자리) 및 유간(牖間 : 문 창문의 사이), 서협(西夾 :

---

6) 『일주서(逸周書)』「세부(世俘)」.

7) 『일주서(逸周書)』「세부(世俘)」.

당堂 서쪽의 협실夾室) 등 각기 다른 자리에 각기 다른 옥궤(玉几)와 칠궤(漆几)를 진열하고, 의식을 거행하는 대청 양쪽에는 재부(財富), 권력, 선조(先祖), 국가를 상징하는 보물, 예를 들어 적도(赤刀 : 붉은 칼. 정현의 주에 따르면, 무왕이 주왕紂王을 벌할 때 사용한 칼이며, 붉은 색은 주나라의 색이다), 대훈(大訓 : 선왕의 예법을 기록한 전적), 천구(天球 : 옥경玉磬), 하도(河圖 : 지도) 등을 진열하였다.

또한 동방과 서방에 평화를 상징하는 북과 무의(舞衣) 및 전쟁을 상징하는 활, 화살, 창을 배치하였고, 계단 앞에는 호화스러운 수레와 말을 배열하였으며, 곳곳에 의장이 각기 다른 호위 군사를 배치하였다. 이러한 일련의 배치를 끝낸 다음에야 태보(太保 : 고대의 관직명. 서주 때 처음 설치했고 군주를 보필하는 업무를 맡음) 태사(太史), 태종(太宗)이 왕의 수명(授命) 의식을 거행하였다. 이러한 일련의 의식을 통해 책서(冊書 : 책명 문서)를 강왕에게 봉헌함으로써 마침내 천하를 통제할 수 있는 권력을 부여받게 되었던 것이다.

세 번째 문헌은 「송호(頌壺)」의 명문인데, 송호는 현재 산동성(山東省) 박물관에 소장되어 있다. 송호에 기록된 명문에는 모(某)왕 3년 5월에 거행된 의식이 기록되어 있다. "이른 아침, 왕이 대실로 나아가 자리에 앉으시니 인(引)이라고 부르는 재관(宰官)이 송을 데리고 문으로 들어와 중정(中廷)에 섰다. 책(冊)을 만든 윤(尹)이 왕에게 책명 문서를 수여하니 왕이 사관 괵생(虢生)을 불러 간책(簡冊)을 낭독하게 하셨다. 왕이 송에게 선포하길, 그대 송을 주나라 왕조의 대대손손 이어지는 상인 집안으로서 신호(新寤)을 관리하는 상인으로 임명하여 궁중에서 사용하는 물품을 제공토록 하셨다. 그런 다음 그에게 현의(玄衣 : 검은 색의 옷), 치둔(黹屯 : 자수로 옷 가장자리를 상감한 옷), 적불(赤芾 : 붉은 색 무릎 덮개), 주황(朱黃 : 붉은 색 패옥), 난기(鑾旂 : 방울이 달린 수레 깃발), 유륵(攸勒 : 청동장식으로 된 재갈) 등을 하사하셨다. 이에 고개를 조아려 배례한 후 명령이 적힌 책서를 받아 문을 나온 후 다시 되돌아가 옥장(玉璋)을 헌상하여 왕의 은사와 임명에 답례하였다. 그 뒤에 호(壺)를 주조하여 이번 의식을 기념하였다."[1] 이처럼 장엄한 의식에는 권력의 의미를 지닌 상징적인 물건이 존재하였고, 찬양에도 사실적인 권력이 존재하였던 것이다.

---

1) 「송호(頌壺)」의 명문은 최초로 『정송당고유문(貞松堂古遺文)』에 수록되었다.

이처럼 상징으로 가득한 여러 단계의 의식에서 상징의 의미는 더욱 부각되었고, 그것은 사람들의 마음속에서 질서의 존재를 암시하며 질서의 신성함을 전파시켰다. 사람들은 그들 자신이 만들어낸 의식과 상징을 받아들이면서 역으로 이러한 상징을 우주 공간에 존재하는 합리성의 증거로 삼았다. 그리하여 인간은 자신들이 만든 상징에 의해 도리어 제약을 받게 된 셈이다. 『주역(周易)』「계사(繫辭)」'상(上)'은 이와 관련하여 두 차례나 언급하고 있다. "성인(聖人)은 천하 만물의 심오함을 살핀 후 그 형체를 본떠서 구분지어 천하 만물에 가장 부합하는 상징을 만들었기 때문에 각 괘(卦)를 일러 '상(象)'이라고 부른다. 성인은 천하 만물의 움직임을 살펴 이러한 움직임 속에서 음양이 융합하고 회통하는 도리를 관찰하여 천하에 공통되는 전례(典禮)를 행하였다(聖人有以見天下之賾, 而擬諸其形容, 象其物宜, 是故謂之象. 聖人有以見天下之動, 而觀其會通, 以行其典禮성인유이견천하지색, 이의제기형용, 상기물의, 시고위지상. 성인유이견천하지동, 이관기회통, 이행기전례)."[2] 여기서 '상(象)'은 상징, '성인'은 사람을 이야기한다.

의식은 상고시대로부터 점차 형성되어 온 '전례(典禮)'로 사람이 우주와 사회를 관찰한 결과이며, 또한 사람이 상징적인 형식을 통해 우주와 사회를 모방하고 파악하는 방식이다. 그러나 이러한 '상징'은 세월이 거듭되면서 사람들의 마음속에 실제 세계를 대신하여 현실 세계 그 자체가 되고 말았다. 상징의 위치는 점차 격상되고 형식은 점점 더 융성해졌으며 그 작용 역시 점차 거대해졌다. 의식을 주관하는 사람, 즉 무당(巫), 축관(祝), 사관(史), 종백(宗) 등이 이러한 상징을 장악하고 의식의 양극(사람과 신, 사람과 귀신, 사람과 하늘)을 이어주는 권력을 장악하게 되면서 '사상'은 '상징의 세계'를 통해 '현실 세계'를 이용하고 설명해 주는 것이 되었던 것이다.

2) 『주역(周易)』「계사(繫辭)」'상(上)'.

4

숫자, 즉 세계 및 그의 신비화

반복적으로 사용되며 날로 추상화된 일부 상징들은 점차 고정되면서 신비화되고 숫자화된 개념이 되었다. 이러한 숫자들은 옛 사람들이 현상을 유형별로 귀납시킨 결과이다. 그들은 "서로 비슷하고 근접한 것들을 하나로 유형화하고, 숫자로 차례를 매겼다. 이러한 유형화와 숫자화의 방식은 각기 씨줄과 날줄이 되어 상고시대 사람들이 세계를 인식하는 기본 방법이 되었다."[1)]

『장자(莊子)』「천하(天下)」에 "그것은 분명하게 숫자와 법도로 존재하여 옛날 법이나 세상에 전해지는 역사서에 아직도 많이 남아 있다(其明而在數度者, 舊法世傳之史, 尙多有之기명이재수도자, 구법세전지사, 상다유지)"[2)]라고 하였으니, 이러한 전통이 주로 사관이나 축관에게서 비롯된 것임을 알 수 있다. 이러한 '숫자(數)'와 '분류(類)'의 방법은 이미 상주(商周) 시기에 창시되었지만, 상당히 신비하고 권위적인 것이었다. 언뜻 보기에 그다지 특별한 논리가 없는 듯한 '숫자화된 개념'은 옛 사람들의 마음속에서 우주와 천지의 질서를 유지하며 자연 그대로의 합리성을 갖춘 것으로 간주됨으로써 당시 사람들에게 이미 익숙하고 더 이상 의문의 여지가 없는 것으로 받아들여졌다. 후세 사람들은 이러한 것들, 예컨대 '여일인(予一人)', '오형(五刑)', '십이주(十二州)' 등등을 '정수(定數)'라고 불렀다.[3)]

고대 서양, 예를 들어 고대 그리스에도 피타고라스(Pythagoras)와 같이 숫자를 중시하는 학파가 출현한 적이 있었지만, 서구의 경우는 '숫자화'와 '유형화'의 방법이 곧바로 각기 길을 달리하고 말았다. 이에 반해 중국의 숫자는 줄곧 구체적인 사물과 연관을 맺고 있었기에 단순히 추상적인 숫자만은 아니었다. 예를 들

---

1) 방박(龐朴), 「육계와 잡다(六坐與雜多)」, 『학인(學人)』 제6집, 강소(江蘇), 문예출판사(文藝出版社), 1994.

2) 『장자(莊子)』 「천하(天下)」.

3) 숫자화된 개념에 대해 논의하고 있는 논문은 그다지 많지 않으나 다음을 참고할 수 있다. 그라넷(M. Granet)은 『*La Pensee Chinoise*』(Paris, 1934)에서 이에 대해 언급한 바 있는데, 이에 대해서는 조셉 니담(Joseph Needham)의 『중국 과학기술사』 제2권(중역본, 과학출판사, 상해 고적출판사, 312쪽, 1990)을 참고하시오. 또한 양희매(楊希枚)의 「중국 고대 신비의 숫자 논고(中國古代神秘數字論考)」도 참고할 만하다. 이 논문은 『중앙연구원 민족연구소집간(中央研究院民族研究所集刊)』 33권(타이베이, 1972)에 실려 있으며, 이후 양희매(楊希枚)의 『선진 문화사 논총(先秦文化史論集)』(중국사회과학출판사, 1995)에 재수록되었다.

어 오행(五行)의 금·목·수·화·토, 신맛·단맛·쓴맛·매운맛·짠맛, 동쪽·서쪽·남쪽·북쪽·중앙, 청색·홍색·백색·흑색·황색 등이 그러하다.

또한 일(一), 이(二), 삼(三) 역시 그 이면에 어떤 의미를 가지고 있었다. 예를 들어, "도(道)는 일(一)을 낳고, 일은 이(二)를 낳으며 이는 삼(三)을 낳는다(道生一, 一生二, 二生三,……도생일, 일생이, 이생삼,……)"[4]는 말이 그 대표적인 경우이다. 나 한 사람이란 뜻인 '여일인(予一人)'의 '일(一)'은 물론 천하에서 유일무이한 '왕(王)'의 권위를 돋보이게 한다. 만약 『고문상서(古文尙書)』를 믿을 만한 전적이라고 한다면, 적어도 은상 시대 초기에 이미 '여일인(余一人)'이란 말이 등장했다고 할 수 있다. 「탕서(湯誓)」와 「탕고(湯誥)」에 여러 차례 '여일인'이란 말이 보이기 때문이다. 예를 들어 "아, 만방의 여러 사람들은 나의 가르침을 분명히 들어 따르라(嗟爾萬方有衆, 明聽予一人誥차이만방유중, 명청여일인고)"[5]는 대목에 나오는 '여(予)'와 '만방(萬方)', '일인(一人)'과 '유중(有衆 : 다수多人 혹은 백성百姓이란 뜻)'은 상대되는 개념으로 '중심'의 의미를 더욱 부각시킨다. 갑골문 복사에도 '여일인'이란 표현이 나온다.[6]

그렇다면 이는 은상 시대 때 이미 '왕'은 곧 '하나'라는 사상이 나타났으며 주나라 왕조의 성립 이후에도 계속 답습되었다는 것을 증명하는 것일 터이다. 「태서(泰誓)」 '중·하'편에 보면, 여러 차례에 걸쳐 "백성들이 책망하는 것은 나 한 사람에게 그러한 것이니(百姓有過, 在予一人백성유과, 재여일인)"라든지 "(너희들은) 나 한 사람을 받들라, 공로가 많으면 상을 줄 것이고 명에 따르지 않으면 벌을 받을 것이다(奉予一人, 奉行天罰봉여일인, 봉행천벌)"라는 등의 기록이 보이는데, 이 역시 상주 시대에 중앙의 권위 의식이 확고히 유지되고 있었음을 말해준다.

---

4) 『도덕경(道德經)』. 후대 사람들이 전하는 말에서도 쉽게 알 수 있지만, 일(壹)은 고문자에서 '壹'로 쓰여져 있는데, '호(壺)'와 '길(吉)'이 합성된 글자이다. 전하는 말에 따르면 일은 의부(意符)이고, 길은 성방(聲旁)이다. 옛날 사람들이 '호'를 쓴 것은 하늘을 호로(葫蘆)처럼 혼돈(混沌)한 것으로 여겼기 때문이며, 이(貳)는 '조개(貝)'처럼 둘로 나누어지기 때문이었다. 그리고 삼을 삼(參)이라고 한 것은 두 가지 사물에 다른 사물을 보탠다는 뜻에 따른 것이다. 그래서 삼(參)은 천지가 인간을 낳았음을 뜻한다.

5) 『상서(尙書)』 「湯誥(탕고)」.

6) 이는 『영국 소장의 갑골집(英國所藏甲骨集)』, 1923조에 보인다, 이토 미치하루(伊藤道治)의 『왕권과 제사(王權與祭祀)』(중국 국제한학학술토론회 발표논문, 海口, 1995)를 참고하기 바란다. 그밖에 호후선(胡厚宣)의 「'余一人' 문제를 다시 논함(重論余一人問題)」(『고문자 연구 논문집古文字硏究論文集』, 사천대학 학보총간 제10집, 1982)을 참고할 만하다.

이러한 관념은 왕권에만 국한된 것은 아니며 중심과 주변을 구분할 수 있는 모든 영역에까지 확대되었다. 『상서(尙書)』「홍범(洪范)」에서 이른바 '황극(皇極)'[1]은 곧 '상중(尙中)'이라고 했는데, 이는 공간 속에 오직 '중(中)'만이 대칭이 없고 유일하기 때문에, '하나' 뿐인 것이다. 그리하여 사람들의 마음속에서 '일'은 권위의 상징이자 질서의 상징이 되었다. 또한 하늘의 중심, 즉 하늘에서 유일하게 움직이지 않는 정점인 '북극성'과 천상의 최고신인 '천제' 역시 이후에 '일(一)', '태일(太一)' 또는 '태일(泰壹)'이란 명칭이 붙게 되었다. 물론 이는 후대의 일이다.[2]

사람들이 언제부터 '오(五)'를 숭배했는지는 알 길이 없다. 아마도 은상 시대에 이미 여러 가지 복잡한 현상을 다섯 유형으로 귀납하는 습관이 있었던 것으로 보인다. 은상 시대 사람들에게 있어서 '5'는 쉽게 파악할 수 있는 기본 단위였던 것 같다. 곽말약은 일찍이 은상 시대 사람들이 "점을 칠 때 희생으로 바치는 소의 숫자였을 것이다.……한 번, 두 번, 세 번 연이어 점을 친 후에 다시 두 번을 쳐서 다섯 번이 되고, 다섯 번을 반복하여 열 번이 되며, 열 번에 다섯 번을 더하여 열다섯이 되고, 열다섯 이상은 십의 배수로 삼았다(卜牢牛之數……一二三連卜后, 一躍二爲五, 由五復一躍而爲十, 十躍爲十五, 十五以上則爲十之倍數복뢰우지수……일이삼연복후, 일약이위오, 유오복일약이위십, 십약위십오, 십오이상칙위십지배수)"[3]고 이야기한 바 있다. 이로부터 '5'를 정수로 삼아 후대에 계속해서 이어져 내려왔을 것이다.

예를 들며, 『상서(尙書)』에 '오전(五典)', '오진(五辰)', '오례(五禮)', '오옥(五玉)', '오형(五刑)', '오교(五教)', '오장(五章)', '오상(五常)', '오행(五行)', '오복(五服)', '오사(五事)', '오품(五品)', '오기(五紀)', '오복(五福)', '오언(五言)', '오성(五聲)', '오색(五色)', '오채(五彩)', '오과(五過)' 등과 같은 말들이 보인다.[4]

---

1) 임금이 국가를 다스리기 위해 정한 대도(大道)로서 한쪽에 치우치지 않는 중정(中正)의 도이다. 요순(堯舜) 이래로 전해오는 대법(大法)이다.

2) 갈조광(葛兆光), 「중묘지문-북극, 태일, 태극과 도(衆妙之門-北極, 太一, 太極與道)」, 『중국문화』 제3집, 홍콩, 중화서국, 1990.

3) 『은허복사종술(殷墟卜辭綜述)』, 113쪽에서 재인용.

4) 『상서(尙書)』의 「요전(堯典)」, 「대우모(大禹謨)」, 「익직(益稷)」, 「여형(呂刑)」, 「무성(武成)」 등의 편에 보인다. 이상의 편목은 위작으로 알려져 있는데, 본문에서는 『고문상서』의 진위 문제에 대해 논하지 않는다. 다만 이러한 단어를 뽑아 일종의 관념사에서 출현 가능한 현상의 참고자료로 삼을 따름이다.

이러한 말들이 반드시 은상 시대나 서주 시대에 나왔다고 말할 수는 없을지라도, 이러한 관념이 사람들의 마음속에 자리 잡기 시작한 시기는 구체적으로 문헌에 이러한 표현이 등장하기 훨씬 이전이었을 것이다. 바로 이러한 관념이 이미 존재하고 있었기 때문에, 춘추시대 이후 '5'라는 숫자가 보편적으로 신비한 숫자로 받아들여졌던 것이다. 예를 들어 천상의 별자리는 '오위(五位 : 세歲, 월月, 일日, 성星, 신辰)', 제사 의식은 '오사(五祠 : 체禘, 교郊, 종宗, 조祖, 보報)'로 구분하였으며, 오행의 신은 '오정(五正 : 목정구망木正句芒, 화정축융火正祝融, 금정욕수金正蓐收, 수정현명水正玄冥, 토정후토土正后土)'[5]이라고 하였다. 또한 병기는 '오병(五兵 : 과戈, 수殳, 극戟, 추모酋矛, 이모夷矛)'[6], 조미료 역시 '오미(五味 : 혜醯, 주酒, 밀蜜, 강姜, 염鹽)'[7]로 귀납시켰다.

옛 사람들은 자신의 체험과 상상, 그리고 관찰을 통해 복잡한 여러 가지 현상을 '5'로 숫자화하고 '유형화'시켰다. 또한 천지와 우주 간의 여러 가지 '5'와 그 '유형'을 서로 조합하여 다섯 가지 가장 기본적인 상징으로 이들을 지칭하였다. 그리고 그것들에는 모두 특정의 대응성과 유사성이 있다고 상상했다. 예를 들면 다섯 방향 가운데 동쪽의 경우, 동풍은 보통 봄에 많이 불기 때문에 사계절

---

5) 『국어(國語)』「주어(周語)」'하(下)'의 "선왕께옵서 세(歲), 월(月), 일(日), 신(辰), 성(星) 다섯 가지 방위와 천원(天黿), 세성(歲星), 달이 소재하는 곳을 한데 모아 공업을 세우고자 하시었다(王欲合是五位三所而用之왕욕합시오위삼소이용지)"라는 구절과 『국어』「노어(魯語)」'상(上)'의 "무릇 체, 교, 조, 종 등 다섯 가지 제사는 모두 국가 제사의 전범이다(凡禘郊祖宗報, 此五者國之典祀也범체교조종보, 차오자국지전사야)"라는 구절을 참고하기 바란다. 또한 『좌전』은공(隱公) 6년, "구종오정을 펼쳤다(翼九宗五正익구종오정)"라고 하였는데, 이는 소공(昭公) 29년에도 보인다.

6) 『주례(周禮)』「천관(天官)」'질의(疾醫)'의 정현(鄭玄) 주(注) 참조.

7) 『사기(史記)』「역서(曆書)」에 따르면, "황제가 성력(星曆)를 고찰하여 오행을 건립하였고 음양의 소식(消息)에 관한 설을 일으켰다"고 하는데, 물론 이는 전설일 뿐 믿을 수 없다. 근대인들은 보편적으로 '오행사상'이 비교적 늦게, 예를 들면 전국 후기쯤에 형성되었다고 보는 경향이 있다.

그러나 이러한 주장을 했던 초기 학자들 대부분은 약간의 여지를 남겨놓고 있다. 예를 들어 양계초(梁啓超)는 「음양오행설의 내력」(1923년)에서 "그 시작은 대개 제나라와 연나라의 방사에서 시작되었으며", 이를 전파한 이는 추연(鄒衍), 동중서(董仲舒), 유향(劉向) 등이라고 하였다. 또한 호적(胡適)은 『중국 사상사장편—제학의 정통(中國思想史長篇—齊學的正統)』에서 양계초의 관점에 동의하면서, "오행의 학설은 대개 고대 민간의 상식 가운데 일부이다"라고 모호하게 말하고 있다. 고힐강은 「오행종시설(五行終始說) 배경하의 정치와 역사」라는 글에서 "나는 감히 오행설이 전국 후기에 생겨났다고 단정지을 수 없다. 나는 단편적인 오행사상이 이미 오래 전부터 존재했다고 본다. ……그러나 추연이 기존의 오행사상을 근거로 하여 ……"라고 말하고 있다. 현재 고고학적 발굴 자료에 따르면, 오행사상의 내원은 현존하는 문헌에서 말하고 있는 것보다 훨씬 오래되었을 가능성이 농후하다.

가운데 '봄'이 다섯 방향 가운데 '동쪽'과 같은 부류에 속하게 되었고, 또한 봄에 초목이 가장 활기차게 성장하기 때문에 오행 가운데 '나무(木)'를 '동쪽'이나 '봄'과 관련시켰다. 봄날 초목이 처음으로 생명을 얻을 때 그 색이 푸르고 윤기가 흐르니 오색 가운데 '청색(靑)'이 '봄', '동쪽', '나무'와 부합된다. 여기에서 더 나아가 28개 별자리 가운데 동방은 청룡에 해당하게 된다. 그리하여 '5'라는 숫자는 일종의 묵시적 의미를 갖게 되었으며, '오행' 사상 또한 바로 여기에서 점차 싹이 트기 시작했던 것이다.

다음으로 '십이(十二)'에 대해 살펴보기로 한다. 옛 사람들은 하늘을 관찰하여 목성(歲星, 세성)의 운행을 기준으로 시간을 기록했으며, 12년을 한 주기로 하고 또한 달의 차고 기우는 것으로 시간을 표시했다. 달이 열두 번 차고 기울면 1년이 되었기에 '12'라는 숫자는 나름대로 신비성을 지니게 되었다. 은상 시대에 이미 완벽한 천간지지(天干地支)의 방법이 출현하였다.[1] 그중 천간은 '10'을 정수(整數)로 하여 계산하고 지지는 '12'를 숫자로 삼는다.[2] 『주례(周禮)』「춘관(春官)」'풍상씨(馮相氏)'에서 이른바 "십이년, 십이월, 십이지지를 관장한다(掌十有二歲, 十有二月, 十有二辰장십유이세, 십유이월, 십유이진)"[3]고 하여 시간과 '12'를 연계시키고 있다. 마치 원래부터 시간을 12등분해야만 한다고 생각한 듯하다.

옛 사람들은 역(曆)과 연관된 율(律) 역시 반드시 12와 어울려야 한다는 생각을 갖고 있었다. 그 예를 『국어(國語)』「주어(周語)」'하(下)'에서 볼 수 있다. "삼을 기강으로 삼고, 여섯으로 공평하게 나누어(六律과 六呂로 나눔) 십이 음률을 만드니, 이는 자연스러운 규율이다(紀之以三, 平之以六, 成于十二, 天之道也기지이삼, 평지이육, 성우십이, 천지도야)."[4] 공간의 여러 가지 관계 역시 마찬가지로 '12'를 정수로 삼고

---

1) 최초의 천간지지에 관한 기록은 『갑골문합집(甲骨文合集)』 제37986편에 보인다.

2) 곽말약(郭沫若), 「간지를 해석함(釋干支)」(『곽말약전집郭沫若全集』「고고편考古篇」 제1권, 인민출판사).

3) 『주례(周禮)』「춘관(春官)」'풍상씨(馮相氏)'. 십이진(十二辰)이란 십이시(十二時)의 의미일 것이다. 청나라 때 조익(趙翼)은 『해여총고(陔余叢考)』 권34에서 하루를 십이시로 나누는 것은 한나라 때 태초(太初) 연간의 일이라 주장한 바 있다. 그러나 『좌전』 소공 5년조에 나오는 두예(杜預)의 주(注)에 따르면, "야반(夜半), 계명(鷄鳴), 평단(平旦), 일출(日出), 식시(食時), 우중(隅中), 일중(日中), 일질(日昳), 포시(晡時), 일입(日入), 황혼(黃昏), 입정(入定)" 등으로 십이시가 나누어져 있다. 이로 보건대 춘추 시대에 이미 십이시 제도가 있었던 것으로 보인다.

4) 『국어(國語)』「주어(周語)」'하(下)'.

있다. 『상서(尙書)』의 「우공(禹貢)」에 우임금이 천하 '구주(九州)'를 다스렸다고 나오는데, 다른 편에는 '십이주(十二州)'가 있다고 기록되어 있다. 또한 "순임금이 십이주의 강역을 정하고, 십이주의 명산에 봉토하여 제를 올렸다(肇十有二州, 封十有二山조십유이주, 봉십유이산)", "아, 십이주의 군장이여!(咨十有二牧자십유이목)" "매 주마다 12사(사는 2,500명의 병사) 3만 명의 군사를 모집하였다(州十有二師주십유이사)"[5]라고 했다.

『주례』「하관(夏官)」'직방(職方)'과 『이아(爾雅)』「석지(釋之)」에서도 모두 십이주(十二州)라는 말을 그대로 답습하여 대지를 십이주로 나누고 열두 곳의 명산에 제를 올렸으며, 대지를 관장하는 열두 명의 사람을 임명하고 각 주마다 12개 단위의 군대를 배치하였던 것이다. 이렇듯 '12' 안에는 '하늘'로부터 받은 자연 그대로의 합리성이 내재하고 있었다.[6] 그밖에도 천지를 모방하여 설치한 여러 가지 형태의 기물들 역시 12라는 숫자에 부합해야 한다. 예를 들어 상, 하의는 "12폭으로 12월에 상응해야 하며(十有二幅, 以應十有二月십유이폭, 이응십유이월)" 천자의 '옥조(玉藻)'나 '용기(龍旗)' 역시 "열두 개의 깃발을 드리우고 해와 달의 문장을 수놓았다(十有二旒, 日月之章십유이류, 일월지장)."[7]

자연 그대로의 합리성을 지닌 이러한 '정수' 가운데 모든 것을 포함하면서도 또한 서로 대립하는 두 가지 '수'가 있으니, 그것은 바로 홀수(奇數, 기수)와 짝수(偶數, 우수)이다. 옛 사람들에게 홀수와 짝수는 하늘과 땅, 달과 별, 남자와 여자, 흰 색과 검은 색 등 자연계의 식물과 현상을 상징하는 것이었다. 극히 통합적이며 개괄적인 귀납적 사고방식 속에서 홀수와 짝수는 우주 공간에 짝을 이루어 존

---

5) 『상서(尙書)』의 「순전(舜典)」과 「익직(益稷)」 참조.

6) 후세에는 '십이(十二)'로 계산하는 명목이 더욱 많아졌다. 예를 들어 십이수(十二獸), 십이신(十二神) 등이 그것이다. 곽말약은 「석간지(釋干支)」에서 십이궁(十二宮)과 십이수(十二獸) 등이 모두 서역에서 전래된 것이라고 주장하였는데, 실제는 그렇지 않다. 근년의 고고학적 발굴 자료에 따르면, 십이수(十二獸)에 관한 이야기는 적어도 전국시대에 이미 나온 것으로서 완전히 중국 본토에서 자생된 것이다. 이학근(李學勤), 「간지기년과 십이생초(十二生肖 : 12지지의 동물로 사람의 띠를 표시함)의 기원에 관한 새로운 증거(干支紀年和十二生肖起源新證)」, 『문물천지(文物天地)』, 1984년 3기. 장사(長沙) 탄약고에서 출토된 초나라 백서에 나오는 십이신 역시 중국 열두 달의 상징이다. 이령(李零)의 『장사 탄약고의 초나라 백서 연구(長沙子彈庫楚帛書研究)』(중화서국, 1983)와 이학근(李學勤)의 『간백 일서와 학술사(簡帛佚籍與學術史)』(시보출판공사, 타아베이, 1995) 참조.

7) 『예기(禮記)』의 「심의(深衣)」, 「옥조(玉藻)」, 「명당위(明堂位)」 등 각 편을 참조하기 바란다.

재하는 현상이나 사물 가운데 가장 추상적이며 분명한 상징이었다. 이에 그들은 우주와 천지간의 각종 현상과 사물을 '상징'을 통해 파악하고 이해하고 예측하였다. 변화에 대한 예측이 불가능한 우주와 사회에 대응하여 홀수와 짝수라는 상징 역시 예측할 수 없는 우연성을 지닌 형식에 적용되었다. 그것이 바로 서법(筮法 : 시時를 헤아려 괘卦를 구하고 미래에 있을 일의 이해득실을 미리 아는 도)이다.

만약 우리가 『역(易)』(『주역周易』 혹은 『역경易經』을 말함) 「계사(系辭)」의 기록을 믿는다면, 50개의 시초(蓍草 : 점치는 데 쓰는 풀)를 몇 번에 걸쳐 임의대로 분배하고 규정에 따라 계산해서 얻은 6, 7, 8, 9 등의 숫자는 미리 알 수 있는 것이 아니다. 알 수 없는 상징은 알 수 없는 세계에 대응하고, 홀수와 짝수의 숫자를 나누어 하늘과 땅, 해와 달, 남자와 여자, 흑과 백, 차가움과 따뜻함 등 대립적인 현상과 사물에 대응하도록 했으며, 홀수와 짝수의 조합은 서법을 통해 미래를 예고할 수 있다. 또한 현실 세계 역시 상징을 통해 예측할 수 있다. 후대에 이른바 『역(易)』이란 바로 이러한 상징적인 홀수와 짝수의 각종 조합으로 현실 세계를 표현한 것이다. 홀수와 짝수는 세계를 상징하고, 상이한 조합은 세계의 복잡다단한 변화를 상징하며 숫자의 조합과 서로 짝을 이루어 경험과 기억 속에 존재하는 각종 과거의 이야기는 미래의 모습을 은유하거나 알려준다. 이것이 바로 점(占卜)이다. 우선 『주역『에 나오는 암시적 이야기와 상징을 보도록 하자.

> 履虎尾, 不咥人, 亨(이호미, 부질인, 형) : 호랑이 꼬리를 밟았으나 호랑이에게 물리지 않는다(『역』 「이괘履卦」 '괘사卦辭').
>
> 擊蒙, 不利爲寇, 利御寇(격몽, 불이위구, 이어구) : 몽매한 소인에게 타격을 가하니 외부를 공격하는데 이롭지 않으나 외래의 침략을 방어하는 데는 이롭다(『역』 「몽蒙」 '상구효사上九爻辭').
>
> 師或輿尸, 凶(사혹여시, 흉) : 군대에 시신을 실은 수레가 있으니 재앙이 있다(『역』 「사師」 '육삼효사六三爻辭').

본래 이러한 상징들은 단지 일부 경험과 기억에서 비롯된 것일 뿐이다. 그러나 사람들은 이러한 경험과 기억 속의 현상이 이와 별도로 발생한 일과 더불어 필연적으로 얻을 수 있는 효험이라고 생각함으로써 일종의 인과관계 속에 포함시켰다. 그리하여 그것들은 하나의 상징이 되었고, 이러한 상징이 반복적으로 나타나면 그것이 곧 징후가 될 수 있다. 그렇다면 어떻게 해야 이러한 상징과 징후를 얻을 수 있을까? 시초로 점을 칠 때 얻는 숫자 가운데 홀수가 몇 개 있고 짝수가 몇 개 있으며, 또 그것을 어떻게 조합하는가에 달려 있다. 사실 이들 숫자의 우연한 배열과 조합 속에서는 결코 사상사의 실마리를 찾을 수 없다. 그런데 왜 사람들은 홀수와 짝수의 상징과 암시를 믿는 것일까? 바로 이러한 질문 속에서 우리는 뜻밖에도 이 부분과 뒷절에서 논의할 음양사상(陰陽思想)이 서로 연관이 있다는 사실을 알게 되었다.

우리는 다음과 같은 몇 가지 사실을 살펴 알 수 있다. 첫째, 홀수와 짝수가 하늘과 땅, 해와 달, 흑과 백, 차가움과 따뜻함 등과 같은 대립적인 사물과 현상에 대응하고 있다. 이는 옛 사람들이 이러한 대립적이고 이원적인 현상과 사물 간에 신비스럽게도 연관성이 존재한다고 여겼음을 말해준다. 둘째, 옛 사람들의 사상 속에서 온갖 사물은 극히 개괄적인 숫자식의 상징으로 추상화될 수 있다. 셋째, 숫자가 상징이 되었을 때 이러한 숫자들은 신성한 상징성과 자연 그대로의 합리성을 지니게 될 뿐만 아니라 현상 세계의 사실 그 자체를 대체할 수 있는 능력을 지니고 있다. 바로 이렇게 사용된 지식과 기술 가운데 중국 사상사에서 가장 중요한 '음양' 사상이 섬차 싹을 틔우기 시작했던 것이다.

5

는 장차 어디로 뻗어
인가?

우주와 천지로부터 느낄 수 있는 인간 세계의 질서는 의식(儀式) 속에서 고정되고, 우주의 질서와 인류의 성정(性情)은 이러한 의식 위에 어우러졌다. 의식은 갖가지 상징을 통해 이러한 질서가 자연 그대로의 합리성과 절대성을 확인하고 강조함으로써 사람들에게 가치의 근거를 제공할 수 있었다. 상징이 반복적으로 사용됨으로써 사람들의 마음속에 점차 일종의 의식(意識), 즉 상징의 질서가 곧 세계의 질서이며 질서의 붕괴는 곧 세계 질서의 붕괴를 상징한다는 의식을 형성하기에 이르렀다. 이후 시간이 흐르면서 이러한 상징들로부터 신비하고 권위 있는 숫자로 표현된 개념을 추상해 내었다. 이러한 숫자화된 개념은 이미 의심할 수 없는 근거이자 오랫동안 사람들에게 익숙해진 것이었기 때문에 인간 세상에서 가장 잘 정돈된 질서의 상징이 되었다. 은상 시대와 서주 시대 왕실의 축관(祝), 무당(巫), 사관(史), 종백(宗) 등이 '땅의 백성과 하늘의 신령이 서로 소통하지 못하도록 한' 이후로 이러한 의식(儀式)이나 상징의 집행과 해석의 권력을 독점했다. 또한 그들은 '사상' 역시 자신들이 독차지했다. 그렇다면, 은상 시대와 서주 시대 이후 사상은 어떤 방향으로 변화했을까? 다시 말해 앞에서 이야기한 사상사의 배경 속에 면면히 이어온 후대의 사상사는 과연 어디로 뻗어나갈 것인가?

제 2 편

中國思想史

서언 : 이른바 '축심(軸心) 시대'에 관하여

기원전 9세기부터 8세기까지, 즉 지금으로부터 대략 2,800여 년 이전의 시기부터 기본적으로 안정되었던 질서가 어지럽고 혼란스러워지기 시작했다. 먼저 주(周)나라 여왕(厲王 : 주나라 10대 왕)이 폭정을 행하였다. 그는 무축(巫祝)을 임용하여 전제 정치를 실행하였으며, 평민들의 비판을 금지시켜 결국 백성들(都市平民)이 반란을 일으키게 되었다. 이에 소공(召公)과 주공(周公)이 연합하여 주나라 여왕의 자리를 빼앗고 섭정을 실시하였다. 이때가 기원전 841년이고, 14년 후 여왕이 죽어서야 비로소 주(周)나라 선왕(宣王)에게 정권을 돌려주었다.[1)]

이어 주나라 선왕은 또한 강씨(姜氏) 오랑캐의 군대에 대패하여 하는 수 없이 백성의 재산과 장정(壯丁 : 요민料民)을 대량으로 착취하자 인심이 흉흉하게 되었다. 이때가 기원전 789년으로 주나라 왕실은 갈수록 조금씩 쇠퇴하고 있었다. 다시 몇 년이 지나자 호경(鎬京 : 주나라 무왕이 정한 도읍지)에 대지진이 발생하였고, 경수(涇水)·위수(渭水)·낙수(洛水)가 마르고 기산(岐山)이 붕괴되었으니, 이는 서주(西周)가 한 걸음 더 패망의 길로 나가게 된 상황이었다. 마지막으로 무능하면서도 고집불통인 주(周)나라 유왕(幽王 : 기원전 795~기원전 771)[2)]이 끝내 신후(申侯)가 이끄는 서쪽 오랑캐와 대융(犬戎)의 군대에게 여산(驪山)에서 피살됨으로써 기원전 771년

1) 서주(西周) 말년에 관한 일은 『국어(國語)』「주어(周語)」와 위소(韋昭)의 주(注)를 참조하기 바란다(상해고적출판사上海古籍出版社, 15쪽, 1995). 『사기(史記)』 권4 「주본기(周本紀)」, 중화서국(中華書局), 144쪽, 1959, 1975. 그러나 『사기(史記)』「주본기(周本紀)의 '색은(索隱)'에서 인용하고 있는 『죽서기년(竹書紀年)』, 『여씨춘추(呂氏春秋)』에서는 모두 '공백화(共伯和)'가 섭정을 행한 것으로 되어 있어 이와 다르다.

2) 서주의 마지막 12대 왕이다. 유왕은 정실인 신후(申后)와 태자 의구(宜臼)를 폐하고 후궁으로 들어온 포사를 총애하여 그녀를 황후로, 백복을 태자로 삼았다. 포사를 웃게 하기 위해 비단을 찢고, 봉화를 올리게 한 일화가 유명하다.

서주(西周) 왕조는 멸망하고 만다.[1)]

이듬해 태자 의구(宜臼)가 진(晉)·정(鄭)·위(衛)·진(秦)나라 등의 제후의 옹립하에 즉위하고, 수도를 낙읍(雒邑)으로 천도하였는데, 이것이 바로 동주(東周) 왕조의 시작이다. 동주 왕조 성립 후의 뚜렷한 특징 가운데 하나는 제후가 점점 천자보다 강대하게 변하고, 천자는 오늘날 낙양(洛陽) 일대에 들어박힌 채 각국 제후들의 도움이나 구제, 공헌에 의지해서 겨우 표면적으로 '천하의 공통 군주'라는 상징적인 의미라도 그나마 유지할 수 있었다. 그리하여 세상의 조화와 정돈된 질서가 마침내 붕괴되었던 것이다.[2)]

어지러운 변란의 ⋯ 더불어 그 속에 함⋯ 치되어버린 것은 다⋯ 닌 사상의 세계였다

이처럼 어지러운 변란의 사회와 더불어 그 혼란 속에 함께 방치되어버린 것은 다름 아닌 사상의 세계였다. 이러한 사상 세계에 변화가 일어난 원인으로는 적어도 다음 세 가지를 들 수 있다. 첫째, 질서의 변화가 과거 천경지의(天經地義), 즉 하늘과 땅의 규범과 같았던, 말하지 않아도 '지식'과 '사상'으로 하여금 너무나도 확고했던 그 권위성을 더 이상 가질 수 없게 만들었다. 그리고 세계에 대한 사상과 지식의 유효한 해석을 다시금 세우게 하였는데, 이것은 필연적인 추세였다. 둘째, 왕실의 쇠퇴는 과거의 독점적인 문화와 사상과 지식이 제후의 영지로 유입되게 하였고, 제후국의 장기적인 안정과 풍요로움은 점점 더 일련의 새로운 문화인들을 양성해냈다. 이러한 문화인들이 왕조의 틀 속에서 지위가 상하 이동함으로써 그들의 사상과 지식 또한 변화 가운데 놓이게 되었다. 셋째, '지식 — 사상' 체계는 서로 같지 않은 직업의 문화인 중에서 서로 다르게 편중된 면이 있었고, 왕실이 무너진 뒤 문화인의 분화는 '지식 — 사상' 또한 분화가 일어나게 됨

1) 이 부분에 관한 역사는 『사기』「주본기」 140~149쪽을 참고하기 바란다.

2) 『좌전(左傳)』 은공(隱公) 3년·6년, 환공(桓公) 5년, 장공(莊公) 20년 대목을 참조할 것. 예컨대 정(鄭)나라는 원래 제후국이었으나 주나라 왕실 토지의 보리와 벼를 약탈할 수 있었고, 이 바람에 주나라 왕실은 식량이 부족하여 어쩔 수 없이 노(魯)나라 은공(隱公)이 나서서 송(宋)·위(衛)·제(齊)·정(鄭)나라 등지에서 쌀을 사들이도록 했다. 정백(鄭伯)이 주나라 왕을 뵈러가자 주나라 왕은 천자의 위풍을 내세워보려고 했지만 주나라 환공 흑견(黑肩)이 탄식하며 아뢰었다. "주나라의 동천(東遷 : 동쪽으로의 천도)에 진(晉)과 정(鄭)나라가 따릅니다." 그 의미는 지금은 산에 의지해 면전에서 위풍을 내세우지만 앞으로는 골치가 아플 것이라는 뜻이다. 과연 주나라와 정나라는 충돌이 발생하여 정나라 군대가 주나라 왕을 활로 쏘아 부상을 입힌 뒤 포로로 삼았고, 주나라의 권력을 상징하는 보물 그릇을 약탈해 갔다. 『심삼경주소(十三經注疏)』, 1723쪽, 1731쪽, 1748쪽, 1773쪽.

으로써 서로 다른 사상 유파가 형성되었다. 이를 『장자(莊子)』「천하(天下)」 편에서는 이렇게 말하고 있다.

> 옛날 성인께서는 온전히 갖추셨던 것인가? 신명(神明)에 배합하고 천지를 가늠하고 만물을 양육하며, 천하에 조화를 이루고 백성들에게 은택을 내리시며, 대도의 근본을 밝히시고 가지와 같은 제도를 연계시켜, 사면팔방이나 크고 작은 것, 정밀한 것이나 조악한 것에 두루 운용하시어 없는 곳이 없었다. 그 분명한 바가 여러 제도에 미쳤던 것은 옛날의 법도와 세상에 전해지는 사서에 대부분 기재되어 있다. 시(詩)·서(書)·예(禮)·악(樂)에 기재된 바는 추로(鄒魯 : 공자와 맹자)의 선비나 진신(縉紳 : 벼슬아치)의 선생들도 능히 알 수 있다. ……그것이 천하에 흩어져 중국에 시행되자 백가의 학설이 수시로 인용되었다.
>
> 후에 천하가 크게 어지러워지자 성현이 밝게 빛나지 못하고, 도덕이 통일되지 못한 채 천하는 저마다의 관찰을 옳다고 여기는 일이 많아졌다. 이목구비에 비유컨대, 이들은 저마다의 쓰임이 있되 서로를 아울러 통괄할 수는 없는 법이다. ……천하 사람들이 각기 바라는 바를 위해 자신의 것만을 추구하게 된 것이다. 슬프다! 백가(百家)가 달려나가 돌아올 줄 모르니, 필연코 (대도에) 부합되지 못할 것이다. 후세의 학자는 불행하게도 천지의 순정함과 옛사람의 대체(大體)를 볼 수 없게 될 것이니, 이로써 도술은 천하에 의해 분열되고 말 것이다.

이 천하에 의해 분
. 말 것이다." 이것
코 하나의 슬픈 결
아니라 휘황찬란한
다.

"도술이 천하에 의해 분열되고 말 것이다." 이것은 결코 하나의 슬픈 결말이 아니라 휘황찬란한 시작이다. '신화(神話) 시대와 그 심령의 평정과 자명한 진리는 종결되었고', 과거에는 사색할 필요조차 없었던 진리가 붕괴한 후 사람들은 어쩔 수 없이 사색하지 않을 수 없었고, 그러한 과거 신화(神化) 시대의 자신감이 소실된 이후 사람들은 부득불 이지(理智 : 이성과 지혜)의 사색 가운데서 자신감을 새롭게 세우지 않을 수 없었다. 천지는 질서가 있다는 과거의 그러한 관념들이 기울어진 후 사람들은 부득불 관찰 속에서 우주의 구성을 새롭게 세우지 않을 수 없었다. 이러한 사상 분열의 시대에 인류는 비로소 진정으로 환상적인 천지신명과 자재(自在)적인 진리에 더 이상 완전히 의지하지 않게 되었고, 자기의 이성을 활용하기 시작했다. 그리하여 춘추 말년에서 전국시대까지, 즉 기원전 6세기에서 3세기까지 중국의 사상사는 그 자신의 역정(歷程)으로 진입했는데, 이것이 아마 야스퍼스(Karl Jaspers)가 이야기한 '축심 시대(the axial period)'[1]라 할 것이다.[2]

기원전 800년에서 200년에 이르는 시기에 발생한 이러한 정신의 역정은 이런 하나의 축을 이루는 것 같다. 바로 그 시기에 비로소 오늘날 우리와 공동 생활하는 이러한 '인간'이 형성되었던 것이다.[3] 우리는 이 시기를 '축심 시대'라고 부르기로 하자. 범상치 않은 사건이 모두 이 시기에 집중적으로 발생했다. 중국에는 공자(孔子)와 노자(老子)가 출현했고, 중국 철학 중의 모든 유파가 여기서 만들어졌다. 그리고 묵자(墨子)와 장자(莊子), 그리고 제자백가가 이어졌다. 인도에서는 우파니샤드(Upanishad)와 붓다(Buddha)의 시대였다. 중국에서와 마찬가지로 각 유파 철학이 다양하게 일어나면서 회의론과 유물론, 궤변술과 허무주의 등이 발전해 나갔다. 이란에서는 차라투스트라(Zarathustra)가 우주 과정에 대한 도전적 성격의 개념을 제기했던 바 있는데, 우주 과정이란 선과 악 사이의 투쟁 과정이라 여겼다. 팔레스타인에서는 수많은 선지자들, 예컨대 엘리아(Elijah)·이사야(Isaiah)·예레미야(Jeremiah)·데우페로이사야(Deufero-Isaiah)가 그들이다. 그리스에서는 호메로스(Homeros)가 등장했고, 엘레아의 파르메니데스(Parmenides)·헤라클레이토스(Heracleitos)·플라톤(Platon) 등 철학가, 비극시인과 투키디데스(Thukydides)와 아르키메데스(Archimedes)가 있었다. 이들 모든 거대한 진보-앞서 언급한 이름들은 이러한 진보의 표현에 지나지 않는다-가 이 짧은 몇 세기에 발생했고, 독립적이면서도 거의 동시에 중국과 인도와 서양에서 이루어졌다.

---

1) 카를 야스퍼스, 『지혜의 길』, 가금화(柯錦華) 등 중역본, 중국국제광파출판사(中國國際廣播出版社), 68~70쪽, 1988.

2) 이 책의 저자는 이를 '사상의 축이 중심을 이룬 시대'라는 뜻에서 축심 시대(軸心時代)라고 말하고 있다. 아르헨티나의 대문호 호르헤 보르헤스(Borges Jorge Luis)는 이 시대를 '성인(聖人)들의 시대'라고 불렀다(역자 주).

3) 카를 야스퍼스는 '축심 시대'를 말하면서 이 시기와 우리의 현실이 맺고 있는 관계를 이렇게 말했다. "오늘날 우리가 현실을 인식하고 있는 것만이 아니라 그 역사의식까지도 다름 아닌 축심의 시대가 형성한 개념에 의해 규정되고 있다(역자 주)."

내 생각에 중국에서 이러한 사상의 '축심 시대'는 아마 『장자』「천하」 편에서 이야기한 '도술이 천하에 의해 분열된' 때부터 시작되는 것 같다.

1절

춘추전국 시대의 일반 지식과 사상

사상가의 사상은 항상 그 시대의 일반적인 지식수준에 의해 제약을 받아왔다. 내가 말하는 '일반적인 지식수준'이란 한 시대를 구성하고 있는 지식과 문화의 평균치이다. 이는 당시 사람들이 보편적으로 받아들이고 이해하는 관념에 의해 지지된 것이고, 사람들이 외재(外在)의 변화에 대응하는 일반적인 지식에 의해 표현된 것이며, 그러면서 이러한 지식을 이행하는 기술의 현시(顯示)를 거침과 동시에 보편적인 교육을 통해 대대로 전해져 온 것이다. 따라서 그것들은 사상의 정수라기보다는 오히려 사상가들의 출발점이고, 사상사의 진정한 배경은 바로 이러한 일반적인 지식의 토양 위에 존재했던 것이다.

일반적인 지식수준상의 상황

1

춘추전국(春秋戰國) 시기 제후(諸侯)와 대부(大夫)와 평민의 생활 속에는 이른바 '육예(六藝)'라는 것이 있었다. 이 '육예(六藝)'에 속하는 예(禮)·악(樂)·사(射)·어(御)·수(數)·서(書) 등의 지식 가운데 실용적인 정치·경제·군사 기술 이외에 가장 중요한 정신적 지식은 대개 은주(殷周) 시대에서 줄곧 답습되어온 것으로, 역산(曆算)과 점성(星占)이 주가 되는 천상지학(天象之學), 귀책(龜策)이 주가 되는 예측지학(豫測之學), 상징(象徵)이 주가 되는 의례지학(儀禮之學) 등은 귀족의 묘당에서는 제후 귀족의 관념에 영향을 주고, 평민의 생활 속에서는 그들의 행위를 주재하였기에 무릇 사회에 파고들어 영향력을 행사할 수 있는 지식인들은 대체로 이것에 대해 이해하는 바들이 있었다.

과 점성술

1) 역산학(曆算學)과 점성술(星占術)

이것은 일자(日者 : 천문관측이나 날의 길흉을 점치는 사람)의 한 부류인 문화인들의 천상(天象) 및 그것이 상징하는 재난과 길조(吉兆)와 길흉(吉凶)에 대한 지식과 기술을 말한다. 이른바 "천자에게는 일관(日官)이 있고, 제후에게는 일어(日御)가 있다(天子有日官, 諸侯有日御천자유일관, 제후유일어)"는 말은 바로 이러한 문화인을 가리키는 것이다. 우선 그들은 역(曆)을 만들고 분포하는 것을 책임져야 했다. 예컨대 윤달 안배의 경우 『좌전(左傳)』 문공(文公) 원년(元年)에서 윤달을 두는 것은 '예(禮)'에 관련되어 있다고 하는데, 그것은 일종의 질서의 상징으로서, 즉 "그 해의 첫날을 바르게 정하고, 달마다 드는 중기(中氣 : 이십사절기)를 바르게 끼워 넣으며, 계산하고 남은 날을 맨 나중에 모아 윤달로 했기(履端於始, 擧正於中, 歸餘於終이단어시, 거정어중, 귀여어종)" 때문이었다.

또한 고삭(告朔)[1] 안배의 경우 『좌전(左傳)』 문공(文公) 6년에 이것 역시 '예(禮)'라고 말하고 있다. 이는 '때를 바로 잡는 것(正時)'으로, 때를 바로 잡는 것은 농사를 짓기 위함이고, 그것은 살아있는 백성과 그들의 후생과 관련되기 때문이었다.[2] 다음으로 그들은 사시(四時)의 제사를 책임져야 했다. 『좌전(左傳)』 환공(桓公) 5년에 "무릇 제사는 땅 속에서 벌레가 움직이기 시작하는 정월에 교제(郊祭 : 하늘과 땅을 받드는 제사)를 지내고, 창룡수(蒼龍宿)의 별이 나타나는 4월에 우제(雩祭 : 기우제)를 지내며, 만물이 시들기 시작하는 8월에 상제(嘗祭 : 가을에 수확하고 지내는 제사)를 지내고, 벌레가 땅 속으로 숨는 10월에 증제(烝祭 : 겨울에 지내는 제사)를 지낸다(凡祀, 啓蟄而郊, 龍見而雩, 始殺而嘗, 閉蟄而烝범사, 계칩이교, 용견이우, 시살이상, 폐칩

---

1) 주(周)나라 때 제후들이 매월 초하루마다 선조의 사당에 고하여 역(曆)을 얻던 일이다. 매년 섣달에 천자가 다음해에 사용할 12개월의 역을 제후들에게 반포하면 제후는 이를 받아 선조의 사당에 두고 이를 고하면서 그 달의 역을 가져다 나라 안에 반포하였다(역자 주).

2) 『십삼경주소(十三經注疏)』 1836쪽, 1845쪽.

이중)"[1]라 하고 있다. 즉 음력 정월의 인월(寅月)·사월(巳月)·유월(酉月)·해월(亥月)에는 네 가지 종류의 큰 제사가 있는데, 만약 시기에 따르지 않았을 때에는 그들의 질책과 비평을 받을 수 있음을 이야기한 것이다.

그 다음 그들은 역법(曆法)과 세시(歲時)의 제사를 알았을 뿐만 아니라 또한 천상(天象)을 관찰하고 운기(雲氣)를 기록해야 했다. 『좌전(左傳)』 희공(僖公) 5년 동지에 시삭(視朔)했을 때 "무릇 춘분이나 추분이나 하지나 동지나 입춘이나 입하나 입추나 입동에는 반드시 구름의 기운을 기록하는데, 이는 대비하기 위한 까닭이다(凡分'春分, 秋分', 至 '夏至, 冬至', 啓 '立春, 立夏', 閉 '立秋, 立冬' 必書雲物, 爲備故也범분 '춘분, 추분', 지 '하지, 동지', 계 '입춘, 입하', 폐 '입추, 입동' 필서운물, 위비고야)"[2]고 하고 있으니, 이는 상서로움과 자연 재해를 증험하기 위해서였다. 마지막으로 그들은 또한 성신(星辰)을 관찰하고 길흉을 점쳐야 했다. 『좌전(左傳)』 희공(僖公) 5년에 복언(卜偃)은 진(晋)나라가 괵(虢)나라를 멸하는 일로 별점을 쳐서는, "병자일 아침에 해는 용미성(龍尾星) 자리에서 솟고 달은 천책성(天策星) 자리에 떠 있을 것입니다. 순화성(鶉火星)이 정남에 빛날 것입니다(丙子旦, 日在尾, 月在策, 鶉火中병자단, 일재미, 월재책, 순화중)"라 했는데, 이는 9월과 10월 사이에 반드시 괵(虢)나라를 멸할 수 있다는 것이다.[3]

그들은 천상(天象)에 대한 관측과 인사(人事)에 대한 분석을 항상 함께 연관시켰으며, 그들의 지식 계통 속에서 "천문의 현상은 언제나 징조를 보인다(天事恒象천사항상)"는 것은 곧 천도는 상징의 방식으로 인간의 길흉을 사람들에게 암시한다고 여겼다. 이에 혜성(彗星)의 출현과 "묵은 것을 제거하고 새로운 것을 펴는 것(除舊布新제구포신)", 화성(火星) 출현과 인간 화재(火災)는 모두 일대일의 대응 관계를 가지고 있었으며[4], 이러한 관념의 유래는 이미 오래 되었고, 그 뿌리 또한 깊고 견고하였다.

기원전 564년 사약(士弱)은 송(宋)나라의 화재를 논할 때, 일찍이 송(宋)나라는 화재 날것을 예측하여 순화성(鶉火星)과 대화성(大火星)이라는 두 별의 행적을 근거

---

1) 『십삼경주소(十三經注疏)』 1748~1749쪽.

2) 『십삼경주소(十三經注疏)』1794쪽.

3) 『십삼경주소(十三經注疏)』 1796쪽.

4) 『좌전(左傳)』 소공(昭公) 17년, 『십삼경주소(十三經注疏)』 2084쪽.

하여 먼저 제사를 지냈다고 말한 바 있다. 이것은 은상(殷商) 이래의 지식이었으니 "상(商)나라 사람들이 자기 나라에서 일어나는 재앙의 원인을 조사한 결과, 그것은 반드시 화재에서 시작되었습니다. 이로써 하늘이 내리는 화복(禍福)이 있음을 알았습니다(商人閱其禍敗之釁, 必始於火, 是以日知其有天道也상인열기화패지흔, 필시어화, 시이일지기유천도야)"[5]라고 말했던 것이다. 사실 어찌 은상(殷商)의 후예인 송(宋) 나라뿐이었겠는가? 예컨대 재신(梓愼)이 기운(氣)을 살펴서 송(宋)나라에 난이 있고, 채(蔡)나라에 상사(喪事)가 있음을 알았고, 비조(裨竈)가 성상(星象)으로부터 진(陳)나라의 운명을 예언한 것과 같은 것들은 모두 이러한 지식의 보편성을 설명하는 것이다.

2) 귀책(龜策)으로 길흉을 예견하는 지식

당시에는 크게는 전쟁의 승패, 천도(遷都)의 이로움과 해로움에 이르기까지, 작게는 사람의 생사, 아내를 맞는 데 있어서의 적합 여부에 이르기까지를 모두 점복으로 예측하였는데, 『좌전(左傳)』의 기재를 통해서 그러한 사실들을 알 수 있다. 기원전 645년 진(秦)나라 군대가 진(晋)나라를 공격하면서 복도보(卜徒父)를 청해 산가지 점으로써 승패를 점치도록 하였고, 기원전 614년 주(邾)나라 문공(文公)은 역(繹)으로 천도하려 하면서 또한 사(史)에게 점복으로 물었다. 기원전 609년 노(魯)나라 문공(文公)은 제후(齊侯)가 병이 났다는 것을 듣고 곧 복초구(卜楚丘)로 하여금 그가 언제 죽을 것인가를 점치게 하였고, 진(晋)나라 헌공(獻公)은 백희(伯姬)를 진(秦)나라에 시집보내려 하면서 사소(史蘇)로 하여금 이 결정의 길흉을 점치게 하였다. 기원전 581년 진후(晉侯)가 병이 나자 상전무(桑田巫)로 하여금 자신을 위해 점을 쳐 병이 나을 수 있는지를 알아보게 하였다.[6]

이들 '복(卜)' 혹은 '사(史)'란 이름은 바로 이런 부류의 지식을 직업으로 삼은 문화인을 이야기한 것으로, 비록 제후들이 그들의 권고를 듣지 않고 자신의 견해를 고집할 수 있기는 하였지만, 그들의 의견은 대부분 상황에서 여전히 효과가 있었다. 이러한 효과는 이런 부류의 지식의 유효성을 설명하는 것으로, 바꾸어

---

5) 『좌전(左傳)』 양공(襄公) 9년, 『십삼경주소(十三經注疏)』 1941쪽.

6) 『좌전(左傳)』 희공(僖公) 15년, 문공(文公) 13년, 18년, 성공(成公) 10년 등, 『십삼경주소(十三經注疏)』 1805쪽, 1807쪽, 1852쪽, 1861쪽, 1906쪽.

말하면 바로 이런 지식이 여전히 사람들에게 신뢰를 얻었다는 것이다.

『좌전(左傳)』 희공(僖公) 15년 한간(韓簡)의 말을 인용하자면, "거북껍질로 치는 점은 모양으로 나타나고, 산가지로 치는 점은 수(數)로 나타납니다. 만물은 생긴 뒤에 모양이 나타나고, 모양이 나타난 뒤에 크고 많아지며, 크고 많아진 뒤에 수(數)가 있습니다(龜, 象也. 筮, 數也. 物生而後有象, 象而後有滋, 滋而後有數귀, 상야. 서, 수야. 물생이후유상, 상이후유자, 자이후유수)"[1]라 했다. 그들은 우주란 바로 이렇게 생겨난 것이고, 귀(龜)와 서(筮)는 우주의 구조와 진화에 대한 모방이니 응당 신임해야 한다고 믿었던 것이다.

춘추(春秋) 말년에 송(宋)나라가 정(鄭)나라를 정벌하자, 조앙(趙鞅)이 곧 무복(巫卜)에게 출병하여 정나라를 구할 수 있는 지를 물었는데, 점복의 결과가 "물을 만나고 불을 대적하다(遇水適火)" 였다. 이에 그는 바로 사조(史趙)·사묵(史墨)·사귀(史龜)에게 물었고, 이 세 사람은 오행(五行)의 관계, 조앙(趙鞅)의 이름, 강(姜)씨 성의 역사 등등의 지식과 '화(火)'·'수(水)'의 상징 의미를 빌어 조앙(趙鞅)에게 송(宋)나라를 정벌해서는 안 되며, 오직 제(齊)나라를 공격할 수 있다고 했다. 양호(陽虎)가 다시 『주역(周易)』으로 산가지 점을 쳐서 괘효사(卦爻辭)에 "제을(帝乙)이 누이동생을 시집보내는데 지(祉)로써 길함을 으뜸으로 삼는다(帝乙歸妹, 以祉元吉제을귀매, 이지원길)"라는 괘를 뽑아냈다. 제을은 상(商)나라의 왕이고, 송(宋)나라는 상나라의 후예이기에 제을에게는 길조의 조짐이 있다는 것이므로 송나라를 정벌해서는 안 된다고 했다.

그리하여 조앙(趙鞅)은 송(宋)나라를 정벌하고 정(鄭)나라를 구하겠다는 생각을 취소했다.[2] 사실 이후로도 아주 오랜 시기까지 줄곧 이와 같았다. 예컨대 20여 년 전 출토된 수호지진간(睡虎地秦簡) 『일서(日書)』에서도 많은 예들이 기록되고 있는데, 진한(秦漢)시대에 이르기까지 사람들의 금기는 여전히 아주 많았고, 항상 점치는 사람들에게 "꺼리는 바를 정하고, 시비를 결정하는(定嫌疑, 決是非정혐의, 결시비)" 도움을 요청했는데, 이는 그들 자신이 그 당시마다 이성적으로 전망과 운명

1) 『십삼경주소(十三經注疏)』 1807쪽.

2) 『좌전(左傳)』 애공 원년(哀公元年), 『십삼경주소(十三經注疏)』 2165쪽.

을 판단할 방법이 없었기 때문이다.

3) 의식(儀式)의 주관과 의미의 해석

주(周)나라 왕실이 이미 사상과 문화의 권위적인 지위를 잃어버리고, 제후들마다 각자 옳다고 여기는 대로 행동하기 시작한 이래 의식 역시 자주 혼란을 야기하게 되자, 일부 제후국의 문화 관원은 자신의 지식을 운용해 의식에 대해 해석과 비평을 하기 시작했다. 이는 한편으로는 전통을 유지하기 위해서였고, 또 한편으로는 질서를 새로 세우기 위해서였다. 희성(姬姓)의 직계인 노(魯)나라를 예로 들자면, 장희백(臧僖伯)이 노(魯)나라 은공(隱公)을 위해 "봄 사냥을 수(蒐)라 하고, 여름 사냥을 묘(苗)라 하고, 가을 사냥을 선(獮)이라 하고, 겨울 사냥을 수(狩)라고 한다(春蒐, 夏苗, 秋獮, 冬狩)"라며 의식을 설명한 것, 중중(衆仲)이 노(魯)나라 은공(隱公)을 위해 의식의 악무(樂舞)에서 "천자는 8명을 쓰고, 제후는 6명을 쓰고, 대부는 4명이고, 사는 2명이다(天子用八, 諸侯用六, 大夫用四, 士用二)"는 제도를 이야기한 것, 장애백(臧哀伯)이 노(魯)나라 환공(桓公)에게 대묘의 장식 및 의식의 의미를 설명한 것, 어손(御孫)이 노(魯)나라 장공(庄公)이 애강(哀姜)을 맞아들이면서 돈을 사용한 것은 예의에 어긋난다고 비평한 것 등은[3] 모두 전통적인 의식 규범을 유지하기 위한 것 같지만, 분명한 것은 춘추시대(春秋時代) 이래로 사람들이 이제 더 이상 진부한 규칙을 묵수(墨守 : 굳게 지킴)하지 않게 되었고, 고대의 의식에 대해서도 증감이 있었음을 알 수 있다.

예컨대 노(魯)나라는 주공(周公)의 후예이기에 천자 등급의 교천(郊天)의 예를 거행할 수 있었으나 점복의 결과가 좋지 않자 결국은 독단적으로 우생제헌(牛牲祭獻 : 소를 희생 제물로 바치는 것)을 없애고 교례(郊禮)를 거행하지 않았다.[4] 기원전 612년 6월에 일식이 일어났는데, 노(魯)나라는 본래 대사(大社)에서 북을 치며 희생물을 써서는 안 되고 천자에 의해서만 재앙을 물리치는 제사를 지낼 수 있으며, 제후는 단지 "사신(社神)에게 폐백을 바치고 조정에서 북을 칠 수(用幣於社, 伐鼓

3) 『좌전(左傳)』 은공(隱公) 5년, 환공(桓公) 2년, 장공(庄公) 24년, 『십삼경주소(十三經注疏)』 1726쪽, 1727쪽, 1741쪽, 1779쪽.

4) 『좌전(左傳)』 희공(僖公) 31년, 『십삼경주소(十三經注疏)』 1831쪽.

於朝용폐어사, 벌고어조)"만 있었는데, 결과적으로 노(魯)나라는 천자만 사용할 수 있는 대사제(大社祭)를 사용하였으니,[1] 천하 질서의 변화에 따라 예의 제도에 관한 지식 역시 변화하기 시작했음을 알 수 있다. 바로 이러한 변화 속에서 의식의 상징 의미와 등급 제도는 문화인이 새롭게 수정하고 정의를 내려야 했던 것이다.

2

당시 사상사의 일반 지식 배경으로서 방금 여기서 이야기한 역산(曆算)과 점성(星占), 귀책(龜策)의 예측, 의식의 관리와 같은 것들은 사회에서 광범위하게 사용되고 보편적인 유효성을 보유하고 있는 것들이었다. 소수 문화인에 의해 장악된 지식과 기술은 어수선하고 복잡하며 또한 사고의 맥락이 그다지 분명하지 않게 보이는 지식 계통 속에서, 사실은 하나의 매우 완전하면서도 정교함을 지닌 관념 계통이었다. 옛 사람 자신은 명확하게 그 존재를 의식하지는 못했을지라도 이것은 바로 '사람들이 날마다 쓰면서도 알지 못하는(百姓日用而不知백성일용이부지)' 관념 계통이었기에, 극히 강대하면서도 깊게 사람들 마음속에 잠재하면서 사상의 배경으로 충당되고, 동시에 모든 사상의 합리성을 지탱할 수 있었던 것이다.

대칭과 조화, 상호 되는 세계 : 우주 인류의 일체화

앞서 이미 말했듯이 아주 오래 전부터 중국 사람들은 이미 우주는 상호 관련된 하나의 전체이고, '천(天)', '지(地)', '인(人)' 사이에는 심도 깊고도 신비스러운 상호 작용의 관계가 있으며, 천문학적 의의에서의 '천(天)'과 지리학적 의의에서의 '지(地)', 그리고 생리학적 의의에서의 '인(人)', 정치학적 의의에서의 '국(國)'에 이르기까지 서로 영향을 줄 수 있을 뿐만 아니라, '천(天)·지(地)·인(人)은 정신상에서 또한 상호 관통하고 현상상에서 상호 드러나며 사실상에서 서로 감응한다는 견해를 갖기 시작했다. 이러한 관념은 춘추전국(春秋戰國) 시대에도 여전히 지속되었다.

예를 들어, 『좌전(左傳)』 소공(昭公) 4년 한 차례 우박에 대한 기록에서, 계무자(季武子)가 신풍(申豐)에게 우박의 재난을 제어할 수 있는가 하고 물으니, 신풍(申豐)

1) 『좌전(左傳)』 문공(文公) 15년 『십삼경주소(十三經注疏)』 1855쪽.

은 그에게 이야기한다. 옛날에는 동지 때 얼음을 저장하기 시작했고, 봄에는 그 얼음을 꺼냈다. 겨울에 얼음을 저장할 때는 '깊은 산과 계곡'에 저장했는데, 그렇게 하면 음한(陰寒)의 기운을 묶어둘 수 있었고, 봄에 얼음을 꺼낼 때는 그것에 제사를 지냈는데, 그렇게 하면 비로소 음한(陰寒)의 기운을 풀 수 있다고 여겼기 때문이다. 얼음을 저장할 때는 검은 숫소(黑牡)와 검은 빛깔의 수수(秬黍)를 사용해 사한(司寒)에게 제사지내고, 얼음을 꺼낼 때는 복숭아나무로 만든 활과 가시나무로 만든 화살을 사용해 신령에게 받쳤다. 그러나 지금 개울이나 못의 얼음을 취하여 저장했다가 '버리고 쓰지 않으니(棄而不用)', 당연히 우박의 재난이 일어나게 된다는 것이다.

이러한 말을 통해 보건대, 당시 사람들의 마음속에서는 천문 지식, 제사 행위, 예측 기술을 비롯하여 심지어는 사람들의 생활 방식에 이르기까지 거의 함께 연결되어 있어서, 그들 사이에는 상호 감응하며 서로 배합을 이루었다. 이러한 신비한 관계가 당시 사람들의 일종의 지식 배경을 형성했으며, 그 테두리를 벗어날 수 있는 사람이 거의 없었다. 이는 그것들이 사람들의 마음속에서 증명할 필요가 없는 예측과 전제처럼 간주되었기 때문이다.

나는 여기서 잠시 '음양'과 '오행' 사상을 토론하고자 한다.

나는 '음(陰)'과 '양(陽)'의 관념이 아주 오래 전부터 응당 존재했을 것이라 여긴다. 자형(字形)에서 '阜' 부수를 따른 것을 보면, 아마도 최초에 이들은 지리와 관련이 있었던 것 같다. 서주(西周) 금문(今文) 속에 '음(陰)'은 ([illegible], [illegible], [illegible]) 되어 있고, 『영우(永盂)』에는 "군대에게 화살을 선물 하고 음양락 변방의 땅을 선물하다(錫失師永厥田陰易(陽)洛疆석실사영궐전음역 '양' 락강)", 『어궤(敔簋)』에서는 "음양락을 살피다(欲敏陰陽洛욕민음양락)"라고 하였는데, 다 같이 물의 남북 양면을 가리키고 있다. 그리하여 『개백수(㠱伯盨)』에서는 "그 음(陰)과 양(陽)으로써 그 행(行)을 정벌한다(其陰其陽, 以征其行기음기양, 이정기행)"[2], 『시경(詩經)』「대아(大雅)」 '공유(公劉)'에서는 "음(陰)과 양(陽)을 살피고, 흐르는 샘물을 살피시며(相其陰陽, 觀其流泉상기음양, 관기류

---

2) 영우명문(永盂銘文)의 석문(釋文)은 『문물(文物)』 1972년 제1기, 62쪽에 보인다. 어궤명문(敔簋銘文)의 석문(釋文)은 『양주금문사대계(兩周金文辭大係)』「도록고석(圖錄考釋)」록(錄) 62쪽에 보인다. 개백수명문(㠱伯盨銘文)의 서문(釋文)은 『상주금문록유(商周金文錄遺)』 177쪽에 보이는데, 유상(劉翔)의 『중국전통가치관전석학(中國傳統價值觀詮釋學)』(上海三聯書店, 1995)을 참고하라.

천)"[1]라 했지만, 적어도 은상(殷商)과 서주(西周) 시대부터 그것들은 이미 천상(天象)과 연관되었을 것이다.

복사(卜辭)에서 음(陰)은 (♀, ♀)으로 되어 있고, 금문(今文)에는 (♀)로 되어 있으며, 『시경(詩經)』「소아(小雅)」'담로(湛露)'에 나오는 "햇볕 나기 전에는 안 마르겠네(匪陽不晞비양부희)"라는 부분에 대해 「모전(毛傳)」에서는 "양은 일(日)이다(陽, 日也)"고 말하고 있으니[2], 아마 아주 이른 시기에 이처럼 구체적인 '음양(陰陽)'이 점차적으로 상당히 복잡한 두 갈래 상반상성(相反相成)의 유명(類名)으로 파생되었을 것이고, 아울러 앞에서 이야기한 홀수와 짝수 숫자와 관련을 맺게 되었을 것이다. 『주역(周易)』에서의 음양의 두 종류 부호는 비록 숫자에서 온 것이라고는 하지만 음과 양이란 두 가지 기본 관념으로 추상화되었고, 이는 사람들이 이미 이원대립의 사상을 가지고 있었음을 설명하는 것이다.

만약 『상서(尙書)』「주관(周官)」에 서주(西周) 역사의 그림자가 여전히 내포되어 있다고 한다면, "도를 논하고 나라를 다스리며, 음양을 고루 잘 다스리다(論道經邦, 燮理陰陽론도경방, 섭리음양)"라는 이 말은 거의 분명해지게 된다. 즉 일찍이 서주(西周)에서 '음양(陰陽)'은 단지 산(山)·수(水)·남(南)·북(北)의 방위만 표시한 게 아니라 또한 "구름이 드러나고 해가 드러나지 않고(見雲不見日)", "구름이 펼쳐지니 해를 드러낸다(雲開而見日)"는 천상(天象)을 포괄하였고, 홀수와 짝수와 심지어는 세상의 모든 대립하면서 존재하는 사물의 총 개념을 포괄하였다는 것이다. 물론 이때는 아마 여전히 자각적인 귀납과 이지적인 천명이 없었을 것이고, 단지 보편적이면서 무의식적인 관념으로 존재했을 뿐이지만 말이다.

춘추시대에 이러한 관념은 한층 더 보편화되었는데, 어떤 관념의 사상적 의의를 토론할 때는 때로 그것의 시간과 공간상에서의 유효성까지 살펴야 한다. 춘추시대에 음양의 관념은 이미 거의 말할 필요도 없는 진리가 된 것 같다. 『국어(國語)』「주어(周語)」'상(上)'에 삼천(三川)의 지진에 대한 기록에서, 백양보(伯陽父)는 이는 천지의 기운이 그 순서를 잃은 것이라고 말했다. 이 천지의 기운은 결코 구

---

1) 『십삼경주소(十三經注疏)』 543쪽.

2) 『십삼경주소(十三經注疏)』 421쪽.

체적인 풍(風)·우(雨)·회(晦)·명(明)·음(陰)·청(晴)이 아니라 사람들 상상 속의 우주의 근본적인 성질을 갖는 두 가지 요소이었기에, 백양보(伯陽父)는 "양(陽)이 엎드린 채 나올 수 없고 음(陰)이 궁지에 몰려 끓을 수 없으면 이에 지진이 있게 된다. 지금 삼천(三川)의 실제 지진은 양(陽)이 그 존재를 잃어서 음(陰)을 누른 것으로, 양(陽)이 존재를 잃고 음(陰)에 있게 되면, 하천의 근원은 반드시 막히게 되고 근원이 막히면 나라는 반드시 망하게 된다(陽伏而不能出, 陰迫而不能蒸, 於是有地震, 今三川實震, 是陽失其所而鎭陰也, 陽失而在陰, 川源必塞, 源塞, 國必亡양복이불능출, 음박이불능증, 어시유지진, 금삼천실진, 시양실기소이진음야, 양실이재음, 천원필새, 원새, 국필망)" 고 했던 것이다.

지진을 하천의 근원이 막힘으로 귀결시키고, 하천의 근원이 막힘을 음양이 균형을 잃은 것과 관련시키고, 음양이 균형을 잃은 것을 국가 흥망과 연관시켰으니 음양은 이미 구체적이 명사가 아니었던 것이다. 그리하여 그는 음양은 천지의 기운인지라 그 질서를 잃어버려서는 안 된다고 이야기한 것이다.[3] 물론 이때의 음양 사상은 특별히 명확한 이론적 정의가 있었던 것은 아니고, 항상 구체적인 명사와 일반적인 개념 사이에서 배회하였다.

기원전 644년 익새(鷁)가 뒤로 날고 하늘에서 운석이 떨어지자, 주(周)나라 왕실 내사(內史) 숙흥(叔興)이 말하길, 이것은 "음양에 의한 현상이지, 길하고 흉한 일을 생기게 하는 일은 아닙니다(陰陽之事, 非吉凶所生음양지사, 비길흉소생)" 고 했는데, 『정의(正義)』에서는 유현(劉炫)의 말을 인용해 "일을 아는 것은 음양에 있는데, 음양이 순서를 따른다면 사물이 모두 그 본성을 얻는다(知事由陰陽, 若陰陽順序, 則物皆得性지사유음양, 약음양순서, 즉물개득성)" 고 했다. 즉 여기에서의 음양은 비록 길흉과 관련은 없지만, 물(物)의 성질로 천지의 성(性)을 포괄하며, 그것의 변이는 천지만물의 변이를 드러낸다는 것을 이야기한 것이다.

기원전 541년 진후(晋侯)의 병을 살필 때에도 음양에 관한 토론이 한 차례 있었다. 의화(醫和)가 말하길, 음양은 여섯 가지 기(氣)인 '음(陰)·양(陽)·풍(風)·우(雨)·회(晦)·명(明)' 중의 두 가지 기운이라 했으니, 아직 큰 갈래 이름이 아니라 단지 자연 천상(天象)의 일이었던 것 같다. 그러나 그것은 또한 인간의 생리와 서로

3) 『국어(國語)』 26~27쪽, 상해고적출판사(上海古籍出版社), 1988.

연관이 되어 있으니 "음(陰)이 지나치면 한질(寒疾)이 생기고, 양(陽)이 지나치면 열병이 생긴다(陰淫寒疾, 陰淫熱疾음음한질, 음음열질)"라 한 것을 보면, 이 역시 비슷하게 관통하는 추상적인 관념이었던 듯하다.[1)]

이로써 알 수 있듯이 '음양' 개념은 결코 한열청우(寒熱晴雨) 등 구체적인 사물과 현상에만 머물지 않고, 중국 고대의 사상 방식은 그것으로 하여금 아주 쉽게 다른 감각상에서 서로 근접한 현상과 사물을 꿰뚫도록 만들었다. 고대 중국인들은 "만물이 생겨남에 둘이 있다(物生有兩물생유양)"라고 하면서 두 가지를 서로 짝지었고, "신체에는 좌우가 있어 각각의 짝이 있고(體有左右, 各有妃耦체유좌우, 각유비우)", 우주의 모든 것은 "맑고 흐리고, 크고 작고, 짧고 길고, 급하고 더디고, 슬프고 즐겁고, 굳세고 부드럽고, 늦고 빠르고, 높고 낮고, 숨을 내쉬고 숨을 들이마시고, 빽빽하고 소원함으로써 서로 조화를 이룬다(淸濁, 大小, 短長, 疾徐, 哀樂, 剛柔, 遲速, 高下, 出入, 周疏, 以相濟也청탁, 대소, 단장, 질서, 애락, 강유, 지속, 고하, 출입, 주소, 이상제야)"[2)]고 여겼다. 그리하여 결국 『국어(國語)』「월어(越語)」에 나오는 "음양(陰陽)의 영원함을 따르고 천지의 항상을 따른다(因陰陽之恒, 順天地之常인음양지항, 순천지지상)"는 사상을 형성하였고,[3)] 음(陰)과 양(陽)으로 하여금 우주의 양대 기본 요소가 되게 하였다.[4)]

음양이 우주의 양대 요소가 된다

다시 '오행(五行)'을 보도록 하자. 앞 편에서 일찍이 고대 중국의 숫자에 관한 사상을 이야기하면서, 이러한 일부 숫자에 대한 습관적인 사용은 매우 이른 시기부터 시작되었음을 지적한 바 있다. 그렇지만 일반 학술계에서는 모두 '오행' 사상의 원천을 비교적 늦게 설정하며, 대개는 추연(鄒衍)에 그 출발을 둔다. 예컨대

---

1) 『좌전(左傳)』 희공(僖公) 16년, 소공 원년(昭公元年), 『십삼경주소(十三經注疏)』 1808쪽, 2025쪽.

2) 『좌전(左傳)』 소공(昭公) 32년, 20년, 『십삼경주소(十三經注疏)』 2128쪽, 2094쪽.

3) 『국어(國語)』 646쪽, 상해고적출판사 배인본, 1988.

4) 알프레드 포르케(Alfred Forke)는 그의 명저 『중국인의 세계관념 : 천문학, 우주론 및 자연철학의 사변(中國人的世界觀念 : 其天文學, 宇宙論, 以及自然哲學的思辨)』에서 중국의 음양 학설과 페르시아의 이원론을 대비하면서, 중국의 음양은 가설의 처음 두 가지 원소로 화성(火性)의 양(陽)과 습성(濕性)의 음(陰)이며, 『역전(易傳)』에 이르러 비로소 홀수와 짝수를 이루게 되었지만, 이것은 단지 점복에서의 효(爻)를 가리켰을 뿐이라고 지적했다. 이러한 견해는 관념 발생의 시간과 관념 형성의 순서상에서 분명한 잘못이 있다. 영문본(英文本) 『*The World Conception of the Chinese : Their Astronomical, Cosmological and Physico-philosophical Speculations*』 223쪽. 원작은 『*Probsthain's Orieintal Series*』 제14권(London, 1925)으로 출판되었고, 일어본 제목은 『지나자연과학사상사(支那自然科學思想史)』(오와다 다케오小和田武雄 옮김, 生活社, 東京, 1939)이다.

양계초(梁啓超)의 『음양오행설의 내력(陰陽五行說之來歷)』, 고힐강(顧頡剛)의 『오덕(五德)이 처음과 끝을 이루는 정치와 역사(五德終始下的政治與歷史)』[5]와 같은 것들이 그렇다. 그러나 문헌 자료상에서 보자면 비록 '오행(五行)'의 개념과 내용의 정형화가 비교적 늦은 일이라고는 하지만 '오행' 사상은 오히려 춘추전국 시대에 줄곧 넓게 퍼져 있었으며, 사람들의 일부 특정 숫자에 대한 신앙을 따라 보편적인 관념으로 형성되었다 할 것이다.

전하는 바에 따르면, 오행 역시 처음에는 지리와 관련이 있었으며, 은상(殷商) 사람들의 공간 관념에 근원이 있다고 한다.[6] 그러나 아주 오래 전부터 오방(五方)의 범위를 뛰어넘어 상당히 많은 영역에서 통용되는 갈래 이름이 되었다. 춘추시대를 예로 들자면, 『좌전(左傳)』 소공(昭公) 9년에 비조(裨竈)가 자산(子產)에게 '화(火 : 심숙이心宿二)'와 초(楚)나라, '수(水)'와 진(晋)나라의 관계를 논한 기록과, 소공(昭公) 17년 재신(梓愼)이 화(火)와 송(宋)·진(陳)·정(鄭)·위(衛)나라의 관계, 그리고 위(衛)나라가 전욱(顓頊)의 옛날 자리(虛)라고 논하면서 "그 땅을 지배하는 별은 대수(大水)이다(其星爲大水기성위대수)"라 한 것 등으로 보아 당시 사람들에게는 이미 천(天)의 오성(五星), 지(地)의 오방(五方), 오방(五方)의 신(神)의 배합 관념이 있었음을 알 수 있다. "진(陳)나라의 본성은 수에 속한다. 화는 수와 짝을 이룬다(陳, 水屬也. 火, 水妃也진, 수속야. 화, 수비야)", "수는 화의 짝이다(水, 火之牡也수, 화지모야)"는 말 등을 통해 당시 사람들에게 이미 오행 간의 상생상극의 설법이 있었을 것임을 알 수 있다.

『좌전(左傳)』 소공(昭公) 12년에서도 『주역(周易)』의 "누런 치마는 으뜸으로 길하다(黃裳元吉황상원길)"를 해석할 때 일찍이 "황색은 중심을 나타내는 빛깔이다(黃,

---

5) 양계초는 "춘추전국시대 이전, 이른바 음양이란 것, 이른바 오행이란 것은 그 말들이 상당히 보기 어렵고, 그 의미도 극히 평범하다.……그 처음은 연·제의 방사에서 시작되었으며, 그것을 세우고, 그것을 전파하는 과정에서 그 죄는 응당 세 사람에게 물어야 하는데 추연(鄒衍)이고, 동중서(董仲書)이고, 유향(劉向)이다(春秋戰國以前, 所謂陰陽, 所謂五行, 其語甚罕見, 其義極平淡……其始盖起於燕齊方士, 而建設之, 傳播之, 宜負其罪者三人焉, 曰鄒衍, 曰董仲舒, 曰劉向춘추전국이전, 소위음양, 소위오행, 기어심한견, 기의극평담……기시개기어연제방사, 이건설지, 전파지, 의부기죄자삼인언, 왈추연, 왈동중서, 왈유향)" 고힐강은 "오행설은 전국 시대 후기에 시작되었다(五行說起於戰國的後期오행설기어전국적후기).", "추연(鄒衍)은 오행설을 시작한 사람이다(鄒衍是始創五行說的人추연시시창오행설적인)"라고 강조하였다.

6) 본 책 제1권 제1편 제2절의 토론을 참고하라. 또 방박(龐朴)의 「오행만설(五行漫說)」(『문사文史』 39집, 30쪽, 중화서국, 1994)을 참조하라.

中之色也황, 중지색야)"라는 말을 하였는데, 이로써 사람들에게 이미 오행이 사방과 오색과 상응한다는 사상이 있었음을 알 수 있다. 소공(昭公) 29년 채묵(蔡墨)은 오행의 관리를 논하면서 목을 담당하는 관리(木正), 화를 담당하는 관리(火正), 금을 담당하는 관리(金正), 수를 담당하는 관리(水正), 토를 담당하는 관리(土正)라고 하고 있으니, 또한 오행은 오신(五神)과 서로 짝을 이룬다는 전설이 있었음을 알 수 있다.

다시 소공(昭公) 20년 안자(晏子)가 오미(五味)를 갖추게 하고, 오성(五聲)을 고르게 하는 것에 관해 말하면서 "음악의 소리 또한 맛을 맞추는 일과 같다(聲亦如味 성역여미)"라고 이야기한 논술, 소공(昭公) 25년 자대숙(子大叔)이 자산(子產)이 '예(禮)'를 논할 때 이야기한 것을 인용하여 "하늘의 밝음에 의하고 땅의 성품에 의지하여 육기(六氣)를 생겨나게 하고 오행(五行)을 운용하는 것이다. 기(氣)가 오미(五味)가 되기도 하고, 빛깔을 발하여 오색(五色)이 되며, 소리로 나타나서는 오성(五聲)이 된다(則天之明, 因地之性, 生其六氣, 用其五行. 氣爲五味, 發爲五色, 章爲五聲……칙천지명, 인지지성, 생기육기, 용기오행. 기위오미, 발위오색, 장위오성……)"[1]는 논술 등을 통해 우리는 문헌의 명확한 기재에 비해 한층 이른 시대에 이미 '오행' 사상이 있었음을 알 수 있다. 이는 실제로 매우 자연스러운 일이었고, 적어도 노(魯)나라 소공(昭公) 시대에 이러한 사상은 매우 계통적이면서도 매우 보편적이었음을 알 수 있다.

오행사상은 노나라
시대에 이미 매우
이면서도 보편적인
되었다.

3

우주와 사회와 인류와의 일체 의식과 음양오행 사상은 사람들에게 천(天)·지(地)·인(人) 사이에서 서로 대칭되는 부분은 모두 일종의 신비한 연관이 있다는 보편적 인식을 갖게 했다. 사람들은 자신의 경험의 기초 위에 이러한 대칭과 대응 관련을 각각 음양과 오행으로 개괄했고, 음양과 오행 및 일부 부차적인 관계에 의해 우주는 조화로우면서 통일적인 전체를 이루고 각기 서로 연관되는 부분끼리는 서로 감응하게 된다고 여겼다. 이 감응은 갖가지 그를 드러내는 징조가

1) 『십삼경주소(十三經注疏)』 2057쪽, 2084쪽, 2063쪽, 2123쪽, 2093쪽, 2107쪽에 각각 보인다.

있어 각기 다른 좋은 일을 불러들이고 재앙을 제거하는 방법이 있게 되는데, 윤리도덕에서의 선악, 무당(巫)·축관(祝)·사관(史)·종백(宗)의 기원과 제거와 같은 것 모두가 여기에서 역량의 관건이 된다. "하늘에는 삼신(三辰)이 있고, 땅에는 오행(五行)이 있고, 몸에는 좌우(左右)가 있어 각자 짝이 있다(天有三辰, 地有五行, 體有左右, 各有妃耦 천유삼신, 지유오행, 체유좌우, 각유비우)"[2]라고 한 것처럼 아마 당시 사람들의 마음속에 우주와 인류의 감응과 연관은 현재 알고 있는 것에 비해 더욱 광범위하였을 것이고, 그들의 시야에서 세계는 신비한 관계로 충만한 전체였고, 사람들은 바로 이러한 세계 속에 존재했을 것이다.

우리 현대인들은 이 시대의 지식 구조를 질책할 권리가 없고, 사상사 또한 이 시대의 사상 수준을 무시할 이유가 없다. 그 시대 사람들은 은상(殷商)과 서주(西周) 이래의 문화 전통을 계승하였던 것이고, 질서를 상징하는 의식과 이미 형상을 이룬 사상이 아직 근본적으로 무너지지 않았던 상황 속에서 그들은 바로 그렇게 사고했던 것이다. 사상사에서도 아마 정수가 될 만한 뛰어난 사람이나 천재(天才)에 의해 돌연한 비약이 있을 수 있을 테지만, 일반적인 지식과 사상은 돌연한 변화가 있을 수 없고, 그것들은 그저 천천히 이어나갈 뿐이다. 특히 중국 고대 사상에서 누군가 이미 살핀 바처럼, 중국 문명 돌파의 역사는 점진적으로 평화롭게 전개된 것이었다. 설사 '축의 시대'가 되어 예붕악괴(禮崩樂壞), 즉 '예가 무너지고 악이 파괴된' 일로 춘추전국의 사상과 제도의 거대한 변화를 이야기한다 하더라도 그것은 결코 거대한 소리를 내면서 무너지는 게 아니라 하나하나 와해되는 식이었을 뿐이다. 전통의 잔존은 그처럼 강력한 접착제였고, 역사의 상징은 그처럼 견고한 돌덩어리나 벽돌이어서 일시에 그것들을 뒤집어엎기에는 그렇게 쉽지 않았던 것이다.

그러나 하늘의 도가 이미 변했으니 사상 또한 변화가 일어나게 되었다. 설사 그러한 변화가 매우 느리면서도 평화롭다고는 하지만 결국은 변화 속에 있었던 것이니, 우리는 다음 절에서 이러한 사상 변화의 세 가지 징조와 추세를 살피게 될 것이다.

---

2) 『좌전(左傳)』 소공(昭公) 30년, 『십삼경주소(十三經注疏)』 2128쪽.

2절

‘사(士)’의 굴기와 사상적 변이

천자가 관학(官
로 세우지 못하자
네 오랑캐에 있게

앞 장에서 이미 언급했던 것처럼 중국 초기 사상 세계에서 문화인은 주로 하늘과 통하는 권력을 장악하고 있는 축(祝 : 축관)·복(卜 : 무당)·사(史 : 사관)·종(宗 : 종백) 등 반은 무속이고 반은 사가인 귀족 지식인이었다. 그러나 주(周)나라 왕조의 실력과 위엄이 쇠미해지고 주변 제후국이 홍성함에 따라 이러한 과거 독점되어 왔던 사상 권력이 차츰 분산되어 갔다. 각 제후국에는 과거 왕관(王官)과 유사한 일군의 문화인이 대거 등장하였다. 『사기(史記)』「역서(曆書)」에 “유왕(幽王)과 려왕(厲王) 이후 주나라 왕실이 쇠미해지자 근신들이 정권을 장악하였다. 사관은 제때에 기록하지 않았고, 임금은 고삭례(古朔禮)를 거행하지 않았다. 그리하여 천문(天文)과 역산(曆算) 학자의 자제들이 흩어져 어떤 이는 제후국으로 가거나 어떤 이는 이적(夷狄)의 무리에 들게 되었다(幽厲之後, 周室微, 陪臣執政, 史不記時, 君不告朔, 故疇人子弟分散, 或在諸侯, 或在夷狄유려지후, 주실미, 배신집정, 사불기시, 군불고삭, 고주인자제분산, 혹재제후, 혹재이적)”[1]고 하였다. ‘유왕과 려왕 이후’라는 것은 대략 춘추시대이다.

「태사공자서(太史公自序)」에서 사마천(司馬遷)이 그 가세(家世)를 서술할 때도 대대손손 주나라 왕실에서 역사 기록을 관장하던 사마씨는 혜왕(惠王)과 양왕(襄王) 무렵 역시 각 제후국들로 흩어져 가서, “어떤 이는 위(衛)나라에, 어떤 이는 조(趙)나라에, 어떤 이는 진(秦)나라에 있었다(或在衛, 或在趙, 或在秦)” 고 했다. ‘혜왕과

1) 『사기(史記)』 1258~1259쪽, 중화서국(中華書局) 표점본(標點本), 1959.

양왕 무렵'이라고 하는 것은 기원전 676년에서 619년으로 바로 춘추시기에 해당한다.[2] 『좌전(左傳)』 소공(昭公) 17년의 기록에는 담자(郯子)가 노(魯)나라 소공(昭公)에게 고대의 관리를 새(鳥) 이름으로 논하자 공자(孔子)가 탄식하며 "천자가 관학을 바로 세우지 못하자 학술이 네 오랑캐에 있게 되었다(天子失官, 學在四夷천자실관, 학재사이)"[3]고 했고, 직접 담자를 찾아가 가르침을 청하였으니, 당시 문화의 변천을 알 수 있다.

또한 『논어(論語)』「미자(微子)」에도 노(魯)나라 애공(哀公) 때 사회가 혼란하고 예악이 붕괴되자, "태사(大師 : 노나라의 악관樂官의 우두머리) 지(摯)는 제(齊)나라로 갔고, 아반(亞飯 : 아반의 악장樂章을 다스리는 악사樂師. 아반을 비롯하여 삼반三飯, 사반四飯은 악장별로 정해진 악관명樂官名) 간(干)은 초(楚)나라로 갔으며, 삼반 료(繚)는 채(蔡)나라로 갔고, 사반 결(缺)은 진(秦)나라로 갔으며, 고사(鼓師) 방숙(方叔)은 하내(河內)에서 거하였고, 파도(播鼗) 무(武)는 한중(漢中)에서 거하였으며, 보조 악사 양(陽)과 경쇠 담당자 양(襄)은 바다로 들어갔다(大師摯適齊, 亞飯干適楚, 三飯繚適蔡, 四飯缺適秦, 鼓方叔入於河, 播鼗武入於漢, 少師陽, 擊磬襄入於海대사지적제, 아반간적초, 삼반료적채, 사반결적진, 고방숙입어하, 파도무입어한, 소사양, 격경양입어해)" 고 기록되어 있다.[4]

이는 다시 저들의 세가(世家)를 이루던 문화와 지식의 붕괴와 이탈이 매우 일찍부터 시작되어 줄곧 이어졌음을 설명한다. 『좌전』에 기록된 이전 다섯 왕공(王公) 즉 기원전 722에서 627년에 이르는 시기의 사건을 보면, 각 제후들의 신변에 의식을 관장하고, 점복을 풀이하고, 길흉을 예언하고, 사상을 해석하는 문화인들로 제중(祭仲)·장희백(臧僖伯)·중중(衆仲)·계량(季梁)·장애백(臧哀伯)·신수(申繻)·사효(史嚚)·어손(御孫)·조귀(曹劌)·호돌(狐突)·복언(卜偃)·궁지기(宮之奇)·복도보(卜徒父)·사소(史蘇)·장문중(臧文仲) 등이 있었다. 과거 '왕실의 관학' 다시 말해 천

2) 『사기(史記)』 3286쪽.

3) 『십삼경주소(十三經注疏)』 2084쪽.

4) 『십삼경주소(十三經注疏)』 2530쪽. 『윤주비(尹宙碑)』에 이르기를, "그 선조는 은(殷)나라에서 나왔는데, 주대(周代)에 이르러 악사(樂師) 윤(尹)의 행적이 크게 빛났다. …… 진(秦)나라가 천하를 겸병하자 지방관으로 여러 곳을 옮겨 다니니, 때로는 삼천(三川)에 거했다가, 어떤 때에는 초(楚)나라 지역으로 옮겨갔다(其先出自有殷, 迄於周世, 作師尹赫赫之盛……秦兼天下, 地判流遷, 或居三川, 或徙楚地기선출자유은, 흘어주세, 작사윤혁혁지성……진겸천하, 지판유천, 혹거삼천, 혹사초지)" 고 했다(『한비집석漢碑集釋』 436~437쪽).

자가 독점하여 말하던 문화와 지식이 점차 이런 문화인들에 의해 각각의 제후국으로 옮겨가게 되었던 것이다.[1)]

사(士)의 굴기 : 왕
리였던 지식 계층의
이동과 하층 사인의

그러나 이는 결코 "천자가 관직을 바로 세우지 못하자, 학술이 네 오랑캐에 있게 되었다(天子失官, 學在四夷천자실관, 학재사이)"는 상황을 조성한 주요 원인은 아니다. 문화의 해석과 응용이라는 배경에서 보면, 한층 중요한 것은 아마 '사(士)'의 굴기(崛起 : 우뚝 솟음, 등장登場)와 그들의 문화와 지식에 대한 관장일 것이다. 춘추에서 전국 시기까지 고대 중국 사회에서 가장 주목을 끄는 변화란 바로 이 '사', 즉 하층 귀족과 서민 계급에 끼어 있으면서 지식 창출에 종사했던 일부 사람들의 활약이다.[2)] 대체로 '사'의 등장에는 두 유형이 있다. 이전 시기, 즉 춘추 시기에는 대부분 본래 왕실 관학에 속했던 지식인이 제후의 봉지로 유입된 경우이거나 혹은 본래 귀족이었던 문화인 가문이 '사'로 몰락하여 대개 신분이 내려간 경우다.

예를 들어 『좌전』 양공(襄公) 10년, 백여(伯輿)의 대부(大夫) 하금(瑕禽)이 왕숙(王叔)의 가신(家臣)에게 변론할 때, "(저의 조상) 일곱 성씨가 평왕(平王)을 따라 희생을 갖추어 제를 올리자 왕이 그들을 믿고 의지했다(七姓從王, 牲用備具, 王賴之칠성종왕, 생용비구, 왕뢰지)"는 동주(東周)가 처음 세워진 때의 일을 들었다. 이들은 본래 역시 귀족이었으나 나중에 왕숙이 권력을 장악하여 "정사가 뇌물로써 행해지자 형벌을 내리거나 사면하는 일이 총신에게 달리게 되었으니 관의 군사 우두머리는 그 부에 견주지 못하게 되었기(政以賄成, 而刑放於寵, 官之師旅, 不勝其富정이회성, 이형방어총, 관지사여, 부승기부)" 때문에 그들은 결국 '허술한 사립문이나 지게문' 집의 사인(士人)이 된 것이다.[3)]

또 다른 예로 소공(昭公) 3년 기록에는 [숙향(叔向)의] 공실(公室)이 지금은 이미

---

1) 이러한 상황은 후대로 갈수록 분명하게 드러난다. 『사기(史記)』「귀책열전(龜策列傳)」 기록에 의하면, 무복(巫卜)이 대대로 전해졌지만 제자들이 많아지자 분산될 수밖에 없었고, 특히 한나라 시대 초기에는 "전례를 따르면서 미처 강구하여 시행할 겨를이 없었다. 비록 부자(父子)가 천문(天文)과 역산(曆算)을 관장하는 관리로서 대대로 전습하였지만(因襲掌故, 未遑講試, 雖父子疇官, 世世相傳인습장고, 미황강시, 수부자주관, 세세상전)", "그 정미함과 심오함은 유실된 바가 많았다(其精微深妙, 多所遺失기정미심묘, 다소유실)." 이는 물론 문화 전파 중의 한 현상이지만, 문화란 늘 이러한 유실과 변이 속에서 연속되는 것이다.

2) '사(士)'의 발흥에 관한 연구는 아주 많은데, 그중 여영시(余英時)의 『사(士)와 중국문화』(상해인민출판사, 1987)를 대체로 정론으로 받아들이고 있다.

3) 『십삼경주소(十三經注疏)』 1949쪽.

'말세' 여서 "병마는 달리지 않고 경(卿)에게는 군대도 없다. 공(公)의 수레에는 몰 사람이 없고 병사 대오에 장수가 없다. ……난(欒)·각(郤)·서(胥)·원(原)·호(狐)·속(續)·경(慶)·백(伯) 등이 몰락하여 하급 관리가 되었다(戎馬不駕, 卿無軍行, 公乘無人, 卒列無長……欒·胥·原·狐·續·慶·伯, 降爲皂隸융마부가, 경무군행, 공승무인, 졸열무장……란·극·서·원·호·속·경·백, 강위조예)"고 했다. 두예(杜預)의 주에서, 8성(八姓)은 '진대(晉代) 때 옛 신하의 족속(晉舊臣之族진구신지족)'이고, '조예(皂隸)'는 바로 하급 관리(賤官)라 했다.[4] 이는 바로 소공(昭公) 32년에 기록된 사묵(史墨)의 말 "세 왕후의 성씨가 지금은 서민이 되었다(三后之姓, 於今爲庶삼후지성, 어금위서)"고 한 것과 같다. 우(虞)·하(夏)·상(商) 삼대에 본래 제왕의 성씨를 지닌 후손이 서민으로 몰락한 사실은 결국 "사직에 일정한 봉록이 없고, 군신 간에 고정된 지위도 없는(社稷無常奉, 君臣無常位사직무상봉, 군신무상위)" 역사의 변천을 인식하게 하며,[5] 이러한 계층의 하락은 춘추 시대 사상과 지식 권력의 하향을 초래했던 것이다.

그러나 후기, 즉 춘추 말 전국 시기에 이르러 주로 하층 평민 가운데 대량의 교육을 받은 '사(士)'는 제후나 대부의 조직에 들어오거나 사회에서 독립되어, 정치권력을 갖고 있지는 않으나 문화 권력을 지닌 지식인 계층을 형성했다. 공자로부터 진(秦)나라에 정치에 간여했던 한비(韓非)·이사(李斯) 등이 그 한 갈래이고, 장자(莊子)로부터 진대(秦代) 말의 갈관자(鶡冠子)에 이르는 게 또 한 갈래이다. 만일 춘추 초기와 중기에 이러한 문화 지식의 소유자 대부분이 공자의 제자처럼 겨우 경(卿)·대부(大夫)의 가신(家臣)이나마 될 수 있었다면, 전국 시기에는 상당수 '사' 들 또한 공자 계파의 제자들이었을 것이지만, 매우 대단한 위치였다.[6] 즉 전기의 문화 지식 해석가들이 반드시 정치권력에 의존해야 했다면, 후기의 지식을 독점하던 이들은 대개 권력과 분리되어 대등하게 맞설 수 있었기에 '사상' 에 독립적인 발전 공간이 생겨나게 되었다. 이는 지식인의 지위 하락과 상승을 드러내주면서, 또한 그 시대적 차이를 보여준다.

---

4) 『십삼경주소(十三經注疏)』 2031쪽.

5) 『십삼경주소(十三經注疏)』 2128쪽.

6) 양관(楊寬)의 『전국사(戰國史)』(상해인민출판사, 1957) 194쪽에서 일찍이 자하(子夏 : 孔子의 제자)·이리(李悝 : 子夏의 제자)·오기(吳起 : 曾子의 제자)·자사(子思 : 孔子의 손자)…… 등의 예를 들고 있다.

물론 이것은 교육의 보급과 관련이 있다. 공자(孔子)나 묵자(墨子) 같은 개인의 강습소 외에도 당시 관방(官方)의 학교 역시 과거에 단순히 지식과 기술을 전수하는 것과는 달랐다. 『좌전』 양공(襄公) 30년에는 자산(子産)과 향교(鄕校)에 관한 이야기 한 대목이 기록되어 있는데, 적어도 춘추 후기부터 '향교'와 같은 교육 기관이 두루 생겨나기 시작했고, 그 곳에는 상당수의 정치를 이해하고 언론을 발표하거나 비판할 수 있는 이들이 있었다. 그렇다면 이런 사람들은 어떤 사람인가? 『국어(國語)』「노어(魯語)」'하(下)'에 다음과 같은 서술이 있다.

> 사(士)는 아침에 수업을 받고, 낮에는 강의 내용을 통달하고, 저녁에는 배운 것을 복습하고, 밤이면 돌이켜 헤아려보아 미진한 것이 없는 후에야 안심한다(士朝受業, 晝而講貫, 夕而習復, 夜而計過無憾, 而後卽安사조수업, 주이강관, 석이습복, 야이계과무감, 이후즉안).[1)]

당시 그들은 육예(六藝), 즉 서(書)·사(射)·어(御)·산(算)·예(禮)·악(樂)을 익혔으며, 이 외에도 여론 감독과 사상 의론의 책무를 가졌던 것으로 보이는데, 이런 사람들이 바로 '사'였던 것이다.

사상과 권력의 분 상과 기술의 분리

사상 담론의 담당자와 정치권력의 소유자는 이 시기에 분리되었고, 사상 담론과 실용 지식도 이때에 분리되었다. 사상이 정치를 굽어보면서, 그것이 인문 가치나 도덕 준칙에 종종 들어맞지 않다고 느끼면 비평을 가하였다. 정치가 때로는 사상의 힘을 빌리기도 했으므로 이러한 가르침에 또한 따랐던 것이며, 사상이 실용에 전연 맞지 않았을 때에서야 비로소 그것을 폐기하였다. 사상이 실용에서 벗어나 거의 더 이상 지식에 의존해 그 합리성을 증명할 필요가 없게 되었을 때, 제도와 기술의 버팀목이나 굴레가 되었던 것에서 벗어나 스스로 다채로운 내용을 빚어낼 수 있었다. 그리하여 이 시기 사상의 활약은 각종 유파와 갈래가 신속히 뻗어나갈 수 있도록 만들었다. 말하자면 사상이 권력과 잠시 분리된 일이 그에게 자유로운 성장 공간을 마련해 주었던 것이다. 그리고 바로 이와 같을 수 있

1) 『국어(國語)』 205쪽. 상해고적출판사(上海古籍出版社) 배인본(排印本), 1988.

었던 이유 하나는 온 세상이 동요하는 가운데 혼란한 사회가 질서를 잃게 되고, 과거 담론 권력을 장악하던 주(周)나라 천자가 이미 문화와 지식에 대한 독점력을 잃게 되면서 점차 강력해진 제후는 이들 문화인의 사상과 탐문에 반신반의하게 된 일이다.

일반적으로 실리와 실권을 추구하는 시대에서 가치의 이성 근거와 의의의 역사 배경은 그들에게 있어서는 별로 중요하지는 않겠지만, 그러나 때로는 정치 권력의 소유자를 포함한 사람들은 또한 이러한 가치와 의의가 자신의 행위에 대해 증명이나 뒷받침이 되어 줄 것을 요구하는 것이다. 이때 '사상(思想)'과 '권위(權威)' 간의 거리는 사상가를 때맞춰 만들어 낸다. 그들은 정치와 군사를 둘러싸고 실용적 해석을 할 필요가 없을 때 더욱 심도 깊은 문제를 독립적으로 사고할 수 있게 되며, 또한 과거의 해석 방식을 바꾸어 이미 변화된 세계에 대해 다시 사고하고 비평할 수 있게 되는 것이다. 따라서 왕실의 관학이 바로 서지 못하고 학술이 아래로 이동함에 따라 한편으로는 사상과 문화 담당자의 수가 증가하고, 한편으로는 사상과 문화 담당자의 권위가 상실되면서, 지식인 계층은 이 시기에 서로 다툴 필요가 없는 권력과 확실히 분리되고, 학술 사상도 이 시기에 증명할 것 없이 자명한 진리와 분리되었다. 그리하여 '사' 계층의 등장과 독립, '사' 사상의 흥기와 독립은 춘추에서 전국에 이르는 시대에 비로소 가장 눈부신 백가쟁명(百家爭鳴)을 연출해냈다.[2)]

---

2) 백가쟁명 시대의 출현에 관해 많은 이들은 또한 기술상의 원인, 즉 문자 기록의 간이화를 지적하였다. 예컨대, 양계초(梁啓超)는 『중국학술사상변천의 대세(中國學術思想變遷大勢)』에서, 주(周)나라 말에 학술이 크게 발전할 수 있었던 원인의 하나로 "문자가 간이하게 된 추세 때문이다"고 지적하였다. 부사년(傅斯年)은 『전국자가 서론(戰國子家敍論)』에서 그 첫째 배경으로, "춘추 전국 사이에 필기 도구가 크게 발달하였다. 춘추 시기에는 조정의 유력자만 문서를 쓰고 다루었지만, 전국 초에 이르러 민간 학자들도 글을 기록하고 책을 지을 수 있게 되었다. ……이러한 상황은 전국 시기에 제자들이 말을 기록하고 책을 짓는 데 필요했던 물질적인 기반이었다"라고 지적하였다. 장백잠(蔣伯潛)의 『제자통고(諸子通考)』「제자 등장·교체의 원인(諸子興替的原因)」에서도 "죽간이나 목간에 옻칠로 글을 쓰던 것에서 종이와 비단과 필묵으로 발전했고, 관방 학교에서 개인적 스승으로 변화되었고, 관방 학술에서 개인 저술로 변화했음"이 바로 제자 시대의 배경임을 지적했다.

2

권위적 지식의 실
상가의 회의와 사고

사상은 바로 이러한 사상가의 변화 속에서 조용히 변화되어 나갔다. 혼란의 시기는 언제나 기존의 가치에 의혹을 낳게 하고, 수시로 변동되는 질서는 고유의 구조에 왕왕 의문을 품게 만들기 마련이다. '천지의 도리(天經地義)'란 본래 의심할 나위 없는 불변의 도리를 뜻한다. 그러나 '천지가 무너질 듯한 커다란 변동(天崩地裂)'은 그런 자명한 이치로 하여금 토대를 잃게 만든다. 과거 안정되고 태평한 시대와 비교해 보면, 이런 시대 사람들은 자유가 더 많을 것이며 괴로움도 더 클 것이다. 논증이 필요치 않은 채 평정하게 받아들일 수 있었던 진리가 더 이상 권위성을 가지지 못할 때, 권력은 사상에 대해 강제적 성격의 권위를 상실하게 되며, 어떠한 현상이나 사물에 대한 해석에서도 해석자는 처음부터 다시 설명하고자 하고, 아울러 스스로 체계를 세우거나 자신의 주장을 합리화 할 일련의 이치를 요구한다. 그리하여 권리와 사상의 분리는 사상가로 하여금 다시 새롭게 돌이켜보며 끊임없이 탐문하지 않을 수 없게 한다. 과거 질서와 가치가 구현된 우주와 사회에 관한 지식 그리고 이러한 지식이 구현된 의식과 상징, 바로 그러한 것들의 궁극적인 근거와 토대는 도대체 무엇이었던가? 그것들은 과연 '천지의 불변 도리(天經地義)' 인가?

예컨대 과거 지극히 자연스럽고 이치에 합당하다고 보았던 천상(天象)·역산(曆算)·별점(星占)·대기 관찰(望氣) 등은 이젠 그렇게 절대적인 권위성을 갖지 않게 되었다. 『좌전』 문공(文公) 원년(기원전 626)과 6년(기원전 621)의 윤달 설정(置閏 : 曆法에 윤일과 윤달을 설정하는 일)과 고삭(告朔 : 음력 초하루나 음력 11월을 알리는 일)은 그다지 정상적이지 않다. "윤 삼월을 두는 것은 예에 맞지 않는 일이다(閏三月, 非禮也)", "윤달의 초하루에 고삭례(告朔禮)를 행하지 않은 것은 시절을 분별하는 정치를 버린 것이다(不告閏(月之)朔, 棄時政也)" 등은 제후의 의지가 역산(曆算) 지식을 함부로 넘어선 것을 말해준다.[1)]

진(晉)나라 경공(景公)은 좋지 않은 예언을 했던 상전무(桑田巫)를 주살할 수도

1) 『십삼경주소(十三經注疏)』 1836쪽, 1845쪽.

있었다. 진(晉)나라 헌공(獻公)은 여희(驪姬)를 부인으로 맞이하고자 하여 거북점을 치니 불길한 점괘가 나오고 시초(蓍草) 점을 치니 길한 점괘가 나왔다. 그러자 거북점을 치는 자가 "(점대가) 시초는 짧고 거북은 기니, 긴 것을 따르심이 낫사옵니다(筮短龜長, 不如從長서단귀장, 불여종장)" 고 권고했으나 그는 전혀 듣지 않았다. 최무자(崔武子)가 당강(棠姜)을 아내로 삼고자 하였는데, 거북점이나 시초점 모두 길하지 않은 점괘가 나왔으나, '사신(史臣)'은 오히려 환심을 사려고 길하다고 하였다. 위(魏)나라 제후는 악몽을 꾸고 사(赦 : 위衛나라의 서사筮史)인 서미(胥彌)를 시켜 거북점을 쳐보게 했다. 거북점을 치는 자는 감히 솔직히 말할 수가 없어서 할 수 없이 적당히 얼버무리고는 결국 위나라를 도망쳐 나왔다. 영험하고 신묘한 거북 등과 시초 점괘의 의지도 막강한 권력 아래에서 설설 기었던 것이다.[2)]

또한 노(魯)나라 은공(隱公)은 고중자(考仲子)라는 귀족 부인을 위해 제례를 행할 때, 제후만이 쓸 수 있는 육우(六羽)와 육일(六佾) 춤을 추었다. 노(魯)나라 장공(莊公)은 애강(哀姜)을 부인으로 맞이하면서 "여자가 드리는 예물로는 개암·밤·대추·육포를 넘지 않아야 하는(女贄不過榛·栗·棗·脩여지부과진·율·조·수)" 법을 거스르고, (종친의 부인들더러 애강을 찾아뵈게 할 적에) 폐백을 예물로 드리게 하였다. 정(鄭)나라 문공(文公)의 부인 문미(文芈)는 정나라 종묘에서 천자와 상공(上公)만이 거행할 수 있는 구헌(九獻)의 주례를 베풀며, 사당의 뜰에 수백 가지나 되는 제사 물건과 (竹器와 木器에) 각각 여섯 가지 음식을 진상하였으니, 예의 제도 역시 막강한 제후 앞에서 붕괴되기 시작했던 것이다.[3)]

후대에 '예악의 붕괴'라 불리는 이러한 일련의 국면에 직면하여 사상가의 사상 역시 극렬한 혼란이 일어났다. 시세에 따른 실용적인 변화 외에도 이성적인 사고가 싹트기 시작하였는데, 춘추 말년에 이러한 사고의 현상과 자취가 한층 뚜

---

2) 『좌전(左傳)』 성공(成公) 10년·희공(僖公) 4년·양공(襄公) 25년·애공(哀公) 17년, 『십삼경주소(十三經注疏)』 1906쪽, 1793쪽, 1983쪽, 2179쪽.

3) 『좌전(左傳)』 은공(隱公) 5년·장공(莊公) 24년·희공(僖公) 22년, 『십삼경주소(十三經注疏)』 1728쪽, 1779쪽, 1814쪽. 유위초(俞偉超)의 「주대 용정제도 연구(周代用鼎制度硏究)」(『북경대학학보北京大學學報』 1978년 제1·2기와 1979년 제1기. 나중에 다시 『선진양한고고학논집先秦兩漢考古學論集』, 문물출판사, 1985에 수록됨) 에서도 일찍이 고고학적 발견을 통해 "주(周)나라 초에 이미 완전한 형태의 정(鼎 : 祭器) 제도가 형성되었다가 세 차례 타파되는 시기를 거친 후 전국(戰國)시대 말에 이르러서는 완전히 붕괴되는 위기를 맞게 되었다" 고 실증해냈다.

렷하다. 기원전 516년, 제(齊)나라에 혜성이 나타나자 제후가 제사를 올려 상서롭지 못한 징조를 없애려 하였는데, 안자(晏子)는 "무익합니다. 하늘을 능멸하는 일입니다. 하늘의 이치는 의심할 여지가 없으니, 그 명에 두 마음을 품지 않는 법입니다. 공은 무엇 때문에 액막이 기원을 드린다는 말씀입니까?(無益也, 祇取誣言, 天道不諂, 不貳其命, 若之何禳之무익야, 지취무언, 천도부도, 불이기명, 약지하양지)"라고 하였다. 그의 말은 만일 인간의 추악함을 씻어 없애 주기 위해 하늘에 혜성이 나타난 것이라면, 그대에게 좋지 못한 행동이 있다면 설령 제를 올리거나 액막이 기원을 드린다 해도 소용없는 일일 것이며, 만약 그대가 마음에 꺼림칙한 일이 없다면 또한 제사를 지내거나 액막이 기원을 드릴 필요가 없다는 것이다. 그래서 그는 "축(祝)·사(史)가 액막이 기원을 드리는 것은 보탬이 되는 바가 없습니다(祝史之爲, 無能補也축사지위, 무능보야)"[1]라고 결론지었다.

거의 같은 시기에 진(晉)나라 조무(趙武) 또한 범회(范會)의 덕을 칭찬하면서, 어떤 사람이 자신의 덕행에 손색이 없다면 축(祝)이나 사(史)가 귀신에게 제사 지낼 때에도 부끄러울 일이 없을 것이고, 집안에 만약 부끄러운 일이 없다면 축(祝)·사(史)가 귀신에게 기도를 올리지 않아도 상관없다고 여겼다.[2] 여기서 언급할 만한 사람으로 자산(子產)이 있다. 각종 문헌 자료를 통해 보건대, 그는 매우 복잡하고도 흥미로운 문화인이었다. 신화와 역사에 정통했을 뿐만 아니라 액막이 기원의 술법도 터득했다. 또한 진보적이고 사리에 통달했을 뿐만 아니라 신비하고 기이한,[3] 반은 현신(賢臣)이자 반은 무축(巫祝)이었다. 기원전 524년에서 523년 사이에 한번은 심수(心宿 : 28수의 하나로, 동쪽의 다섯째 별자리)가 둘이 나타나 큰 불이 일어나게 되었는데, 그는 "대대적으로 제사를 올리고 사방에서 액막이 기원을 하여 불의 재해를 떨쳐 없앴다(大爲社, 祓禳於四方, 振除火災대위사, 불양어사방, 진제화재)." 그러나 또 한 번은 유연(洧淵)의 용에 영제(禜祭)를 올리는 것에는 오히려 반대했다. 용들의 난투는 화재와는 무관한 일로 제사를 드리거나 액막이 기원을 드릴

1) 『좌전(左傳)』 소공(昭公) 26년, 『십삼경주소(十三經注疏)』 2115쪽.

2) 『좌전(左傳)』 소공(昭公) 20년, 『십삼경주소(十三經注疏)』 2092쪽.

3) 이는 자산(子產)이 진(晉)나라 제후의 병이나 혼백을 논한 것 등의 일로써 알 수 있다. 『좌전(左傳)』 소공(昭公) 원년, 7년, 『십삼경주소(十三經注疏)』 2023쪽, 2050쪽.

필요가 없다고 생각하였기 때문이다.[4)]

매우 분명한 것은 이성적인 사색은 과거의 증명하지 않아도 자명했던 '사상과 지식' 체계에 한 줄기 한 줄기 균열의 틈새를 그으면서 시작된다는 것이다. 회의가 대두되고, 그 회의는 사색을 이끌고, 사색은 사람들에게 문제를 가져다준다. 가치의 연원은 무엇이고, 이성의 근거는 무엇인가? 무엇을 근거로 사람들에게 이러한 사상과 지식을 믿게 하는가? 어떻게 사람들이 그대의 사상과 지식을 믿게 할 수 있겠는가? 당시의 사색은 대략 다음 세 가지 방면에 집중되었으며, 바로 이 세 방면의 사색이 사상 변화의 세 가지 추세를 이끌었다.

3

첫째, 상징적인 예의 제도 자체와 그것이 상징하는 의의가 분리되었다. 단순한 의식은 더 이상 의의 있는 권위를 지니지 못했고, 이는 사람들이 예의 자체의 합리성의 근거를 살피기 시작했음을 의미한다. 다시 말해 사람들은 마음속에서 다음 세 가지를 탐문하게 되었다. 먼저 희생(犧牲)·복식(服飾)·악무(樂舞) 등으로 구성된 예의 제도가 무엇을 근거로 거스를 수 없는 상징적 의미를 담게 되는가? 그 다음으로는 만일 예의 제도의 실행자 자체가 이성에 어긋났다면, 이러한 의식이 여전히 하늘의 뜻을 받았다고 할 수 있는가? 마지막으로는 천지의 도는 응당 이성과 도덕과 더불어 함께 존재해야 하지만, 반드시 의식(儀式)에 의존할 필요가 있는가?

『좌전』 양공(襄公) 30년(기원전 543)의 기록에 북궁(北宮) 문자(文子)가 위후(衛侯)에게 "위엄이 있으면 경외할 만하니, 그것을 '위(威)'라 합니다. 의식이 있으면 상징할 만하니, 그것을 '의(儀)'라 이르는 것입니다(有威而可畏, 謂之威, 有儀而可象, 謂之儀유위이가외, 위지위, 유의이가상, 위지의)"라고 하였다. 아울러 위의(威儀)는 질서의 보증으로, 나아가고 물러나거나 베풀고 버리는 처신, 응대하는 기색과 행동거지, 언

4) 『좌전(左傳)』 소공(昭公) 18년, 19년, 『십삼경주소(十三經注疏)』 2086쪽, 2088쪽.

사와 몸가짐 모두 매우 중요함을 지적하였다. 왜냐하면 외재적인 예의범절은 일종의 상징적인 것으로, 사람들이 '준칙으로 삼아 따르고 본받기에' 사회에 질서가 생기게 되고, 질서가 서야 나라가 안정되는 것이기 때문이다.[1] 그러나 단지 몇 년이 지난 바로 기원전 537년, 여숙제(女叔齊)가 예의 제도에 매우 신경 쓰는 노(魯)나라 소공(昭公)을 두고 "어찌 예를 안다 하리오?(焉知禮)" 라며 비판하였다. 그는 그러한 외재적인 의식들을 두고 이렇게 말했다.

시의야, 불가위례(是儀也, 不可謂禮), 즉 의(식)이지, 예(절)라 할 수는 없다.

그렇다면 '예'란 무엇인가? 그는 진정한 '예'는 "올바른 정치 법령을 베풀어 그 백성을 잃지 않는 것(行其政令, 無失其民행기정령, 무실기민)", 즉 정치가의 이성이라고 여겼다. 만약 제후로서 노(魯)나라 소공(昭公)이 정치가의 이성을 잃은 채 "세세히 의식을 익히는 데만 급급하신다면, 예에 잘 맞는다 말하기에는 또한 먼 게 아닐런지요!(而屑屑焉習儀以亟, 言善於禮, 不亦遠乎!이설설언습의이극, 언선어례, 불역원호!)"[2]라 했다. 이런 사례는 또 있다. 기원전 517년, 자대숙(子大叔)이 조간자(趙簡子)의 '읍양과 주선의 예(揖讓周旋之禮읍양주선지례)'에 관한 물음에 대답할 때에도 자산(子產)의 말을 인용하여 "의이지, 예가 아니다(是儀也, 非禮也시의야, 비례야)"라 비평하면서, '예'란 "하늘의 도리이자 땅의 도의이며 사람의 행위이다(天之經也, 地之義也, 民之行也천지경야, 지지의야, 민지행야)"[3]라고 하였다.

이런 복잡하고 추상적으로 보이는 해석 속에서 우리는 이 시기 문화인들이 질서의 상징이 '의'지만, 그러한 질서를 실현하게 하는 것이 '예'임을 이미 의식했음을 알 수 있다. '예'는 단지 외재적인 의식과 제도만이 아니다. 그 상징이 제대로 상징될 수 있는 것은 그것이 '천지의 도리'라는 우주의 도에 부합하고, 또한 '사람들이 실행하고 준칙으로 삼는' 이성과 인성에도 들어맞기 때문이다. 천

1) 『십삼경주소(十三經注疏)』 2016쪽.

2) 『좌전(左傳)』 소공(昭公) 5년, 『십삼경주소(十三經注疏)』 2041쪽.

3) 『좌전(左傳)』 소공(昭公) 25년, 『십삼경주소(十三經注疏)』.

도(天道)와 인심(人心)은 의례에 합리성을 부여하는 근거이자 의례의 가치 근원인 것이다.

둘째, 이러한 질서의 이성 근거와 가치 근원은 본래 '하늘'이 부여한 것일 뿐만 아니라 '사람'의 감정과 천성으로부터 비롯된다. 그러나 이미 인간의 질서와 사회의 규범 및 개인의 행위 준칙으로 형성된 후에 그것은 '권력'을 지니게 되며, 거꾸로 일종의 천명과 인간의 도리가 되어 자연적이면서도 이지적인 것처럼 보인다. 그리하여 이때 '하늘'과 '인간'은 절대적인 근거가 된다. 그러나 하늘과 인간 사이에서 사상은 두 가지, 즉 '하늘'의 법령에 따라 모든 것을 하늘의 도에 의지할 것인가, 아니면 '인간'의 이성을 존중하여 질서로 하여금 이성의 승인을 얻어낼 것인가 하는 선택이 등장하게 된다. 사람들의 선택은 점차 후자로 편향되는 듯하며, 그들은 늘 '덕'의 문제로까지 소급하여 탐문하게 되었다. 이때 사람들은 일단 '인간'의 품성과 행위가 이성과 가치에 어긋나면, '하늘'이 그에게 질서를 세우는 권력을 지니게 할 리 없으며, 질서도 이로 인해 혼란하게 될 것임을 강조하기 시작한다. 이른바 "사람이 상도(常道)를 버리면, 요망함이 일어난다(人棄常, 則妖興인기상, 칙요홍)"는 말은 바로 이런 의미다.[4]

아래 몇 단락은 자주 인용되는 자료들인데, 먼저 주(周)나라 내사(內史)가 이야기한 부분이다.

> 나라가 장차 흥하려 함은 밝으신 신이 강림하여 그 덕을 살피는 것이요, 장차 망하려 함이란, 신이 다시 강림하사 그 악을 살피는 것입니다(國之將興, 明神降之, 監其德也, 將亡, 神又降之, 觀其惡也국지장홍, 명신강지, 감기덕야, 장망, 신우강지, 관기악야).[5]

다음은 괵(虢)나라의 사효(史嚚)의 말이다.

4) 『좌전(左傳)』 장공(莊公) 14년, 『십삼경주소(十三經注疏)』 1771쪽.

5) 『좌전(左傳)』 장공(莊公) 33년, 『십삼경주소(十三經注疏)』 1783쪽. 더 상세한 것은 『국어(國語)』「주어(周語)」 '상(上)' 29쪽(상해고적출판사, 1988)을 참고하시오.

나라가 장차 흥하려 함은 백성에게서 들을 수 있고, 장차 망하려 함은 신에게서 들을 수 있습니다(國將興, 聽於民, 將亡, 聽於神국장흥, 청어민, 장망, 청어신).[1)]

다음은 우(虞) 나라의 궁지기(宮之奇)가 이야기한 대목이다.

귀신은 사람의 실체로 친히 대하는 것이 아니라, 그 덕을 따라 친히 대하는 것입니다(鬼神非人實親, 唯德是依귀신비인실친, 유덕시의).[2)]

이처럼 어떤 질서가 합리적인가의 여부는 주로 인간의 도덕에 합당한가에 달려 있으며, 행위를 잘했는가의 여부는 주로 인간의 이성에 부합되는가에 달려 있다. 기원전 639년, 노(魯)나라에 큰 가뭄이 들자, 노(魯)나라 희공(僖公)이 비를 내려 줄 것을 빌고자 여무(女巫 혹은 무왕巫尪, 곱사등이 무당)를 불태워 신령을 기쁘게 하려는 의식을 거행하려 하자, 장문중(臧文仲)이 이는 방법이 아니며, 올바른 방법은 응당 "성곽을 보수하고 식료품과 일용품을 절약하며 농사에 힘쓰고 본분을 지키는 일입니다(修城郭, 貶食省用, 務穡勸分수성곽, 폄식성용, 무색권분)"라고 간언하였다. 이와 같이, '덕'의 관념은 점차 중요한 관념으로 변화되었다.

듣기로는 '덕'이란 관념의 근원은 아주 이르다고 하는데, 적어도 서주(西周) 시기에 이미 생겨났다고 본다. 예컨대 서주 중기의 『사집정(師訊鼎)』 명문(銘文) 가운데 '선왕(先王)의 덕'이니, '공자의 덕'이니, '할(㝬)의 덕'이니 하는 것 등이 보인다. 그리고 학자들은 '덕'은 또한 개인의 품성에만 그치는 게 아니라, 혈연과 천명을 통해 책명(冊命)의 형식으로 계승되고 받아들일 수 있는 것임을 지적하였다. 즉 『대재예기(大戴禮記)』「소간(少間)」에서 "옛 우와 순임금이 하늘의 덕으로써 영광을 이었고, 공덕을 널리 베풀어 예를 제정하였다(昔虞舜以天德嗣光, 布功散德制禮석우순이천덕사광, 포공산덕제예)"고 하였다. 또 『사장반(史牆盤)』 명문(銘文)에 "옛날 문왕

1) 『좌전(左傳)』 장공(莊公) 33년, 『십삼경주소(十三經注疏)』 1783쪽. 더 상세한 것은 『국어(國語)』「주어(周語)」'상(上)' 33쪽(상해고적출판사, 1988) 참고.

2) 『좌전(左傳)』 희공(僖公) 5년, 『십삼경주소(十三經注疏)』 1795쪽.

은 처음에 정사에 있어 잘못하는 면이 있거나 원칙 없이 대충 처리하기도 하였는데, 상제가 아름다운 덕과 큰 교를 내리니, 힘써 위아래가 있게 되어 온 나라를 받아들였다(曰古文王, 初戾和於政, 上帝降懿德大甹, 匍有上下, 合受萬邦왈고문왕, 초려화어정, 상제강의덕대교, 포유상하, 합수만방)" 고 하였다.

그래서 『회남자(淮南子)』「제속(齊俗)」에서 "올바른 천성을 얻는 것을 덕이라 한다(得其天性謂之德득기천성위지덕)"[3]라 이야기한 것이다. 게다가 '덕'은 당시 사람들 마음속에 어떤 신비한 의미를 지니고 있어서, '덕'을 지닌 사람은 귀신이나 인사(人事) 모두를 다 갖출 수 있게 한다고 여겼다. 『일주서(逸周書)』「본전(本典)」에서 주공(周公)은 지(智)·인(仁)·의(義)·덕(德)·무(武)를 지닌 나라는 번창할 수 있다고 말했고, "(덕이) 밝으면 사물이 보일 수 있고, (덕이) 높으면 사물을 치지(致知)할 수 있다. 만물이 갖추어지고 지극함에 이른 이를 제(帝)라 한다(明能見(現)物, 高能致物, 物備咸至曰帝명능견 '현' 물, 고능치물, 물비함지왈제)" 고 하였다.[4]

『국어(國語)』「주어(周語)」에서는 주(周)나라 양왕(襄王)의 말을 인용하여 "밝은 덕을 환히 빛내니 만물이 저절로 치지(致知)하게 될 것이다(茂昭明德, 物將自至무소명덕, 물장자지)"[5]라 하였으며, 반대로 만일 '덕'을 잃으면 정령에 이르지 못하고 만물이 흩어진다. 『주서(周書)』「상훈(常訓)」에서 "아홉 가지 덕(忠·信·敬·剛·柔·和·固·貞·順)에 간구하는 바가 담겨 있으니 그 간구하는 바가 옮겨지지 않으면 만물의 이치에 이르지 못한다(九德有奸, 九奸不遷, 萬物不至구덕유간, 구간불천, 만물부지)"[6]고 하였다. 만물의 이치에 이르지 못하면, 자연의 권위의 합리성 및 이성의 근거와 가치의 본원을 잃게 되는 것이다.

의거하다.

셋째, 당시 사람들의 질서의 이성 근거 및 가치 본원에 대한 탐문은 종종 역사로까지 소급되었다. 이는 사람들로 하여금 역사 회고와 전통에서 의미를 찾는 습관을 형성하도록 만들었다. 선왕(先王)의 도와 이전 왕조의 사적은 그 의의를

---

3) 고나미 이치로(小南一郎)의 『천명과 덕(天命と德)』(『동방학보東方學報』 64册, 일본 교토, 1992)을 참고하라.

4) 『일주서휘교집주(逸周書彙校集注)』 권6, 805쪽, 상해고적출판사, 1995.

5) 『국어(國語)』「주어(周語)」 '중(中)' 54쪽, 상해고적출판사, 1988.

6) 『일주서휘교집주(逸周書彙校集注)』 권1, 53쪽, 상해고적출판사, 1995. 구석규(裘錫圭)의 『설격물(說格物)』(『학술집림學術集林』 권1에 실림. 상해원동출판사, 1994) 참고.

확인하는 표지이자 근거이다.[1] 예컨대 태사(大史) 극(克)은 노(魯)나라 문공(文公)에게 고양씨(高陽氏)·고신씨(高辛氏)·요(堯)·순(舜)임금 이래로 재앙을 없애고 덕을 세운 역사를 설명했다. 위강(魏絳)은 진후(晉侯)에게 후예(后羿)·한착(寒浞)이 현자를 버리고 아첨하는 자를 썼던 고사를 강술하면서, 태사(大史) 신갑(辛甲)의 『우인(虞人)의 잠언(箴言)』을 인용하여 사약(士弱)이 진후(晉侯)에게 송(宋)나라 화재의 원인을 도당씨(陶唐氏)와 상(商)나라 왕조의 옛 제도까지 거슬러 해석했던 일[2]을 든 것은 모두 당시 사상가가 시비와 선악은 예로부터 경위가 분명하여 도덕적 가치나 의의, 실용적 가치나 의의를 함께 따져 봐도 고대로부터 당시까지 어그러짐 없이 전해진다고 믿었기 때문이다.

그래서 "업무를 주거나 형법을 행할 때에는 반드시 전해오는 교훈에서 자문을 구하고, 옛 사실에서 자문을 구한다(賦事行刑, 必問於遺訓, 而咨於故實부사행형, 필문어유훈, 이자어고실)"[3]고 한 것이다. 역사는 귀감이 될 만한 것이며, 뿐만 아니라 완전하고도 확실한 상징이었다. 역사란 거울이 항상 당면해 있는 오류를 바로 잡아주며, 그리고 고대의 완전함은 늘 당대의 불완전한 일면의 거울이 되었던 것이다.

기원전 625년, 노(魯)나라 문공(文公)이 종묘에서 조상에게 제사를 지낼 적에 희공(僖公)을 민공(閔公) 앞에 두었다. 그러나 민공은 희공보다 앞서 노나라 군주로 있었으니, 희공은 민공과 같은 항렬의 형제로서 비록 민공보다 연장자였을지라도 문공의 방식은 심히 '순서를 거스르는 제사(逆祀)'였다. 이때, 종묘의 주지인 하공(夏公) 불기(弗忌)가 종백(宗伯 : 주周나라 종실의 사무를 관장하는 관리)을 맡고 있었는데, "새 신(희공의 신)이 연장자이고, 전에 돌아가신 분의 신(민공의 신)이 연배가 아래이다. 연장자를 앞세우고 연배가 아래인 분을 뒤세우는 것이 순서이며, 어진 분을 높이는 일이 도리가 밝은 것이다. 도리가 밝은 것, 순서를 따르는 것이 예이

1) 카나야 오사무(金谷治)의 「중국 고대 인류관(中國 古代 人類觀)의 각성(覺醒)」에서 이미 금문(金文) 자료를 근거로 다음을 지적하였다. "인류는 '보배로운 용기(寶用)'인 청동기라는 이 일을 빌어 선조의 영예를 대대로 전해 나갔는데, 이는 바로 인류가 역사는 비록 아직 충분히 자각하지 못했을지라도, 이미 의식하기 시작했음을 설명하는 것이다." 『일본학자가 논한 중국철학사(日本學者論中國哲學史)』 32쪽, 중화서국(中華書局), 1986.

2) 『좌전(左傳)』 문공(文公) 18년, 양공(襄公) 4년·9년, 『십삼경주소(十三經注疏)』 1861쪽, 1933쪽, 1941쪽.

3) 『국어(國語)』 「주어(周語)」 '상(上)' 23쪽.

다(新鬼大, 故鬼小, 先大後小, 順也, 躋聖賢, 明也, 明·順, 禮也신귀대, 고귀소, 선대후소, 순야, 제성현, 명야, 명·순, 예야)"고 여겼다.

그러나 이런 개인의 생각에서 나온 논리는 역사적 근거는 없었기에 군자의 비판을 받았다. 군자는 항렬 순에 따라 제를 올리는 것만이 천지의 당연한 도리(天經地義)라 여겼기 때문이다. "우(禹)임금은 아버지 곤보다 먼저 제사 받지 않았고, 탕왕(湯王)은 그 조상 설(契)보다 먼저 받지 않았으며, 문왕과 무왕은 선조인 부줄(不窋)보다 먼저 받지 않았다. 송나라는 제을(帝乙)을 조상으로 삼고, 정나라는 려왕(厲王)을 조상으로 삼았다"고 했으니, 이것이야말로 역사적 근거이다(禹不先鯀, 湯不先契, 文·武不先不窋, 宋祖帝乙, 鄭祖厲王우부선곤, 탕불선계, 문·무부선부줄, 송조제을, 정조려왕).[4] 그런데 기원전 527년 적담(籍談)이 주왕(周王) 앞에서 진(晉)나라는 일찍이 선왕이 하사한 부장품을 받은 적이 없다고 망언을 하며 주나라 왕실에 이기(彝器 : 고대 종묘宗廟에 갖추어 두었던 제기祭器)를 진상할 것을 거절하자, 주왕은 문왕(文王)·무왕(武王)·양왕(襄王)의 역사를 낱낱이 열거하며, "전적만을 들추어서 조상의 업적을 잊는 일이며(數典而忘祖수전이망조)", 장차 후사(後嗣)가 없을 거라며 적담을 몹시 질책하였다. 역사적 근거가 없이는 정당한 이유도 결여됨을 알 수 있다.[5]

바로 이러한 사상 변화의 배경 아래, 춘추 말 전국 초의 사상 세계는 끝없는 변화의 기치를 나부끼며 서로 맞붙는 장면을 연출하기 시작했던 것이다.

4) 『좌전(左傳)』 문공(文公) 2년, 『십삼경주소(十三經注疏)』 1839쪽.

5) 『좌전(左傳)』 소공(昭公) 15년, 『십삼경주소(十三經注疏)』 2078쪽.

3절

사상 전통의 연속과 갱신 (1) : 유가

장태염(章太炎 : 청말 민국 초기의 학자인 장빙린章炳麟을 말함)의 말에 따르면, '유(儒)'는 고문자에서 원래 '수(需)'로 쓰였으며, 기우(祈雨)하는 무격(巫覡)의 뜻이라고 한다.[1] 그러나 호적(胡適)은 1930년대에 쓴 「설유(說儒)」라는 문장에서 유는 "은(殷)나라 민족의 교사(敎士)"로서 "상사(喪事)의 의례를 담당하는 일(治喪相禮)"을 직업으로 삼았다고 하였다.[2] 이렇듯 '유'의 기원은 쉽게 해결되기 어려운 쟁점으로 이후로도 계속해서 여러 가지 주장이 속출하였다. 근래 『주역』「수괘(需卦)」의 괘사를 통해 '수(需)'는 "술사가 다루는 방술의 동작 행위이거나" 또는 은대(殷代) 무사(巫士)가 예를 행할 때 쓰는 '예관(禮冠)'으로 『의례(儀禮)』「사관례(士冠禮)」에 나오는 '은후(殷冔)'나 『시경』「대아」 '문왕(文王)'의 "항시 불후(黼冔)를 입었다"는 구절에 나오는 '후(冔)'를 뜻한다고 고증한 경우도 있다.[3] 또한 어떤 이는 '유'의 기원을 악사(樂師), 즉 초기에 교육과 의식을 담당한 '악관'과 관련지어 고찰하기도 했다.[4] 이처럼 복잡한 고증이 진행되고 있기는 하지만 여전히 공인된 결론은 유(儒)의 내원

1) 장태염, 『원유(原儒)』, "수(需)는 구름이 하늘보다 위에 있으니, 유(儒) 역시 천문을 알고 가뭄과 장마를 알았다.……영성무자(靈星舞子)가 탄식하며 기우(祈雨)하는 이를 일러 '유'라고 했다. 그래서 증석(曾晳)이 광(狂)하여 무우(舞雩)에 뜻을 두고, 원헌(原憲)이 견(狷)하여 화관을 입은 것은 모두 분세(忿世)를 무(巫)로 여기고 벽역하여 귀신의 도에 뜻을 둔 것이다." 백천정(白川靜), 『중국고대문화』, 176쪽, 중역본, 문진출판사(文津出版社), 타이베이, 1983년 참조.

2) 『호적논학근저(胡適論學近著)』 상책, 권1, 3쪽, 상무인서관.

3) 부검평(傅劍平), 「주역수괘탐원(周易需卦探源)」, 『중국문화』 7집, 홍콩 중화서국, 1992.

나오지 않은 상태이다. 그러나 사상의 발전이라는 측면에서 볼 때 나는 '유'가 은주(殷周) 시대에 의례를 주관하던 무(巫 : 무당)·축(祝 : 축관)·사(史 : 사관)·종(宗 : 종백) 등 문화인들에게서 유래한다고 생각한다.

유사(儒士)를 무축(巫祝)의 후인들이라고 간주하여도 결코 불경한 것은 아니다. 사실 공자 역시 일찍이 자신은 무격(巫覡)과 깊은 관련이 있다고 이야기한 바 있다. 마왕퇴 한묘(馬王堆漢墓)에서 발견된 백서(帛書) 『역전(易傳)』 가운데 한 편인 「요(要)」에 보면 "나와 사무(史巫)는 길이 같으나 귀결점이 다르다"라는 공자의 말을 인용하고 있다. 그렇다면 왜 사무와 길이 같다고 했는가? 공자의 해석에 따르면, 무(巫)는 "찬(贊)에는 능하나 수(數)에 통달하지 못하고", 사(史)는 "수에 능하나 덕에 통달하지 못하다." '찬'이란 '축(祝)'을 뜻하니, 기원한다는 뜻이다. 『역』 「설괘(說卦)」에서 "은밀하게 천지신명의 도움을 받아 시초를 이용한 점치는 법이 있게 되었다(幽贊於神明而生蓍유찬어신명이생시)"라고 한 것을 보면 이를 확인할 수 있다. 또한 '수(數)'는 역산(曆算), 천문연구, 점성술 등과 같은 지식을 이야기한다. 이렇듯 공자 자신이 무(巫)·축(祝)·사(史)·종(宗)과 동일한 기원을 지니고 있으나 다만 '축'이나 '수'에서 한 걸음 더 나아가 '덕(德)'을 추구하기 때문에 그들과 다르다고 생각하여, "나는 덕을 구할 따름이다(吾求其德而已오구기덕이이)", "나는 후에 축복(祝卜)하였지만 나는 다만 덕의(德義)를 볼 따름이다(我後其祝卜矣, 我觀其德義耳也아후기축복의, 아관기덕의이야)"[5]라고 말했던 것이다. 그래서 『설문(說文)』에서 유를 "술사(術士)의 칭호이다"라고 한 것은 빈 말이 아니다.[6]

---

4) 염보극(閻步克), 「악사와 '유'의 문화 기원」, 『북경대학학보』, 1995년 5기.

5) 료명춘(廖名春), 「백서석요(帛書釋要)」, 『중국문화』 제10집, 홍콩 중화서국, 1994. 또한 『논어』 「자로(子路)」에서도 무의(巫醫)는 '항덕(恒德)'을 지니고 있다고 언급한 구절이 보인다. 공자는 자신도 항덕을 지니고 있으나 다만 "점을 치지 않을 따름이다"라고 하였다.

6) 이 점은 이미 많은 학자들이 지적한 바 있다. 일본 한학계, 예를 들어 가토 조켄(加藤常賢)은 『중국 고대의 종교와 사상』(동지사同志社, 일본 교토, 1954) 21쪽에서 '무축복사(巫祝卜史)' 등은 고대 생활의 중심에 있었던 성자(聖者)이자 지자(智者)들로서 "고대 문화와 예의를 주관했던 이들이다. 이로 볼 때 유학과 무축은 관련이 없지 않다." 또한 그는 같은 책 23쪽에서 공자와 그의 제자들은 무축복사 가운데 비교적 합리주의적인 전통을 지닌 '군자유(君子儒)'이며, 이외에 비교적 정도가 낮은 이들로 '기양복서(祈禳卜筮)'를 전업으로 하는 이들은 '소인유(小人儒)'였다고 주장하였다.
서구 한학계의 경우, 초기에 웨일리(A. Waley)는 자신이 번역한 『논어』(*The Analects of Confucius*, New York,

1

고문헌에서 볼 수 있다시피 '유(儒)'는 복식을 대단히 중시하였다. 복식(服飾)의 상징성을 중시한 것은 본래 초기 무·축·사·종이 의례를 주관할 때부터 형성된 습관이다. 초기 신비적인 의식에서 신령을 상징하는 무축은 특히 복식의 상징적인 의미에 신경을 썼다. 『초사(楚辭)』「구가(九歌)」에 보면 "영자(靈者 : 무당)는 춤을 추면서 교복(姣服)하나니, 꽃향내 물씬 방안에 가득하네"라는 구절이 나오는데, 여기에 나오는 '교복'은 바로 "장식을 잘한다"는 뜻이다(靈偃蹇兮姣服, 芳菲菲兮滿堂 영언건혜교복, 방비비혜만당).[1] 문헌에서 볼 때 '유'가 중시한 복식은 전통적이고 또한 대단히 복고적인 색채가 짙었다. 『예기』「유행(儒行)」에 보면 공자가 송나라에 거주할 당시 "장보(章甫)의 관을 썼으며", 그의 학생인 공서적(公西赤)은 자신의 이상에 대해 언급하면서 "종묘의 일과 제후들의 회동과 같은 때에 장보관을 단정히 쓰고 작은 집례자가 되기를 원합니다(宗廟之事, 如會同, 端章甫, 願爲小相焉 종묘지사, 여회동, 단장보, 원위소상언)"[2]라고 하였다.

유(儒)는 복식의 상징적 의미를 중시했다.

『묵자(墨子)』「공맹(公孟)」에 보면, "공맹자(公孟子)는 장보를 쓰고, 홀을 꽂았으며, 유자의 옷을 입고 묵자를 알현하였다"는 구절이 나온다. 장보는 은대(殷代)의 관식(冠飾 : 머리 장식)으로 당시에는 의식을 행할 때 주로 쓰는 의례적인 관(冠)이었다. 그러나 그것은 유자를 나타내는 표시이기도 했다. 고대의 복식은 이렇듯 착용자의 지향을 표시했으며, 서로 이를 인정하였다. 공맹자 역시 "군자는 언어와 복식을 옛 사람들에게 근거해야만 그런 연후에 인(仁)에 부합할 수 있다(君子必

1938)의 「도언」에서 예의와 무술은 비록 관련이 있기는 하지만 공자는 "예의에 무술의 의미가 포함되어 있다"는 것을 인정하지 않았다고 주장하였다. 그러나 그의 주장은 이후 핑가레트(H. Fingarette)의 비판을 받았다. 그는 『공자 : 신성한 속인』(*Confucius : The Secular as Sacred*, New York, 1972)에서 공자는 사람들이 말하는 것처럼 신비주의를 거절하지 않았으며, 또한 사람들이 생각하는 것처럼 목적론적인 신도로 가르침을 펼치지 않았다. 오히려 '무술'과 관련이 밀접하였는데, 이는 무술(巫術)이 특수한 인물이 "의식, 자태, 주문을 빌어 힘을 들이지 않고 직접적으로 자신의 의지를 실현할 수 있는 능력이기 때문이다"라고 주장하였다. 내가 볼 때 공자가 무술의 예의(禮儀)에서 이어받은 것들 역시 자신의 질서화(秩序化)라는 이상을 실현하기 위함이었다.

1) 『초사보주(楚辭補注)』 56쪽, 중화서국, 1983.

2) 『논어』「선진(先進)」, 『십삼경주소(十三經注疏)』본 2500쪽.

古言服, 然後仁군자필고언복, 연후인)"[3]고 하였으며, 『순자(荀子)』「애공(哀公)」에서도 공자의 말을 인용하여 "현재의 습속에 따라 살지라도 고대의 의복을 입어야 한다(居今之俗, 服古之服거금지속, 복고지복)"[4]고 기록하고 있다.

그렇다면 '고대의 의복'이란 어떤 것을 말하는가? 고복(古服)은 아마도 애공(哀公)이 질문하였던 "장보의 관을 쓰고 발끝에 굽은 장식이 있는 신을 신으며, 넓은 띠를 매고 홀을 꽂고 있는(章甫絇屨, 紳而搢笏장보구구, 신이진홀)" 모습일 것이다. 유자의 입장에서 볼 때 "단의에 현상을 입고 면류관을 쓰고 큰 수레를 타고 제사를 지내는 사람은 파나 부추 같은 것을 먹을 생각을 하지 않을 것이고, 상복에 짚신을 신고 지팡이를 짚으며 죽을 먹는 사람은 술이나 고기에 뜻을 두지 않기 때문이다(端衣玄裳絻而乘路者, 志不在於食葷 斬衰菅屨, 杖而啜粥者, 志不在於酒肉단의현상문이승로자, 지부재어식훈 참쇠관구, 장이철죽자, 지부재어주육)."[5] 이는 하나의 상징이다. 이러한 의식과 상징은 사회적 측면에서 볼 때 질서에 대한 확인이며, 개인적 측면에서 보면 욕망에 대한 절제이다. 『순자』는 공자의 말을 인용하여 애공의 질문에 답하면서 "자최(資衰 : 상복의 일종)를 입고 대지팡이를 짚으며 상을 치루는 이가 음악을 듣지 않는 것은 그의 귀가 듣지 못하기 때문이 아니라 그의 옷이 그렇게 만드는 것입니다. 보(黼 : 도끼 문양의 예복) 문양의 윗옷을 입고 불(黻 : 두개 의 궁弓자 문양으로 수놓은 예복) 문양의 아래옷을 입고 제사를 지내는 이가 파나 부추를 먹지 않는 것은 그의 입이 맛을 모르기 때문이 아니라 그의 옷이 그렇게 만드는 것입니다(資衰苴杖者不聽樂, 非耳不能聞也, 服使然也, 黼衣黻裳者不茹葷, 非口不能味也, 服使然也자쇠저장자불청락, 비이불능문야, 복사연야, 보의불상자불여훈, 비구불능미야, 복사연야)"[6]라고 하였다.

이렇듯 복식은 사람의 신분, 수양, 심지어 상태까지 상징하며, 상징은 반대로 사람의 신분과 수양, 상태 등을 제약한다. 이러한 '수의이치(垂衣而治)'의 상징 계통을 통하여 유자들은 사회를 질서 정연하게 정돈할 수 있을 것이라고 믿었던 것이다. 이러한 관념은 이미 그 초기부터 많은 비난에 봉착하였다. 예를 들어 『묵

3) 『묵자』「비유(非儒)」. 손이양(孫詒讓), 『묵자한고(墨子閒詁)』 권12, 414쪽, 416쪽, 중화서국, 1986.
4) 『순자』 권20, 『순자집해(荀子集解)』, 353쪽, 『제자집성(諸子集成)』본, 중화서국.
5) 『순자』 권20, 353쪽.
6) 『순자』 권20, 357쪽.

자』「비유(非儒)」에 보면 안자(晏子)의 말을 인용하여 유자에 대해 다음과 같이 비판하고 있다. "(공모孔某는) 외면의 수식(修飾)을 중히 여겨 세상을 미혹시키고 가무(歌舞)로 무리를 모으며, 오르고 내리는 예절을 번잡하게 만들어 거동의 규율을 표시하며, 걷는 행태의 예절에 힘써 대중들에게 보여주려고 한다. 그러나 그들의 박학다식은 세상을 제도할 수 없고, 애써 노심초사하지만 백성들에게 도움이 될 수 없다. 몇 년을 더 살아도 그들의 학문을 다 배울 수 없고, 평생토록 그들이 말하는 예절을 행할 수도 없으며, 아무리 재물을 모아도 그들이 말하는 음악을 행하는데 충분하지 않으니 번다한 수식과 사악한 술수로 임금을 움직이려고 할 뿐이다(盛容修飾以蠱世, 弦歌鼓舞以聚徒, 繁登降之禮以示儀, 務趨翔之節以觀衆. 博學不可使議世, 勞思不可以補民, 累壽不能盡其學, 當年不能行其禮, 積財不能贍其樂, 繁飾邪術以營世君성용수식이고세, 현가고무이취도, 번등강지예이시의, 무추상지절이관중. 박학불가사의세, 노사불가이보민, 누수불능진기학, 당년부능행기례, 적재부능섬기락, 번식사술이영세군)."[1)]

『논어』와 『예기』에서 볼 수 있다시피 공자와 그의 제자들과 같은 유사들은 확실히 복식의 양식이 지니고 있는 상징적인 의미에 대해 신경을 많이 썼다. 예를 들어 길일(吉日), 상사(喪事), 대제(大祭)는 물론이고 일상복에 이르기까지 각기 별도의 양식이 있었다. 『예기』「단궁(檀弓)」의 기록에 따르면, 위(衛)나라의 사도(司徒)인 경자(敬子)가 세상을 떠나자 자하(子夏)가 문상을 갔는데, 상주가 아직 소렴(小殮)을 하지 않은 상태였는데 "질(絰 : 상복을 입을 때 사용하는 것으로 허리에 쓰는 요질腰絰과 머리에 쓰는 수질首絰이 있음) 차림으로 갔다(絰而往질이왕)." 그러나 자유(子游)가 문상을 갔을 때는 상주가 이미 소렴을 한 상태였는데 "질 차림으로 다시 들어가 곡을 했다(絰而反哭질이반곡)." 자하가 자유에게 이에 대해 질문하자 자유가 말하길 이는 공자께서 말씀하신 것이라고 하면서 "주인이 옷을 갈아입지 않았을 때는 질 차림을 하지 않는다"고 말했다.

또한 증자(曾子)는 상주가 아직 소렴을 하지 않았을 때 "습구(襲裘 : 고구羔裘와 석의裼衣 위에 상의를 입은 차림새)차림으로 가서 조문을 하였는데(襲裘而弔습구이조)", 자유는 상주가 아직 소렴을 하지 않았을 때는 '석구(裼裘 : 갈옷 위에 석의를 입고 습의

---

1) 『묵자한고(墨子閒稿)』 권9, 272~273쪽.

를 입지 않은 차림새) 차림으로 조상하였으나(裼裘而弔석구이조)' 소렴 이후에는 "습구 차림에 질까지 한 다음 들어갔다(襲裘帶絰而入 : 석의 위에 습의를 입고 갈관에 삼을 감고 그 위에 질대를 찬 차림새)." 그리하여 증자가 크게 탄복하였다.

또한 그들은 복식의 색체가 지닌 상징적인 의미에 대해서도 크게 신경을 썼기 때문에 어떤 장소에는 반드시 정해진 색채의 옷을 입었다. 이는 색채 자체에 상징성이 존재했기 때문인데, 예를 들어 "하후씨(夏后氏)는 흑색을 숭상하였고", "은나라 사람들은 백색을 숭상하였으며", "주나라 사람들은 적색을 숭상하였다"는 등이 바로 그것이다. 비록 하후씨나, 은, 주나라 사람들이 반드시 그랬다고 말할 수는 없으나 유자들은 오히려 이러한 규칙을 엄격하게 준수하였다. 『논어』「향당(鄕黨)」에서 "군자는 감색(紺色)과 붉은 빛으로 옷깃의 선을 두르지 않았으며, 다홍색과 자주색으로 평상복을 만들지 않으셨다(君子不以紺緅飾, 紅紫不以爲褻衣군자불이감추식, 홍자불이위설의)"[2]라고 하였으니, 이렇게 해야만 '예에 합치되기' 때문이었다. 장자(莊子)가 이처럼 그저 복장에만 신경을 쓸 뿐 실질적인 재능은 갖추지 못한 유자들을 풍자한 것도 괴이한 일이 아닌 듯하다.

> 제가 듣건대 유자(儒者)가 둥근 관을 쓰는 것은 하늘의 때를 안다는 표시이고 모난 신을 신는 것은 땅의 형상을 안다는 뜻이며, 오색 실로 구슬을 꿰어 차고 있는 것은 일을 할 때 결단을 내린다는 뜻이라고 하였습니다. 군자가 그러한 도를 지니고 있다면 반드시 그러한 복장을 하지는 않을 것이며, 그런 복장을 한 자는 필시 그 도를 알고 있는 것이 아닐 것입니다(周聞之, 儒者冠圜冠者, 知天時, 履句屨者, 知地形, 緩佩玦者, 事至而斷. 君子有其道者, 未必爲其服也, 爲其服者, 未必知其道也주문지, 유자관환관자, 지천시, 리구구자, 지지형, 완패결자, 사지이단. 군자유기도자, 미필위기복야, 위기복자, 미필지기도야).

전하는 바에 따르면, 장자(莊子)는 노(魯)나라 애공(哀公)에게 도(道)도 없으면서 이러한 복장을 하는 것을 금지시키도록 하여 "노나라에는 감히 유자의 복장

---

2) 『십삼경주소(十三經注疏)』 2494쪽.

을 하는 이가 없었다(魯國無敢儒服者노국무감유복자)"[1]고 한다. 이렇듯 유자의 복장은 특수하고 또한 상징적인 의미가 있는 복식이라고 할 수 있다. 물론 이 이야기는 우언으로 믿을 만한 것은 아니지만 당시 유자들이 의복의 상징성에 대해 얼마나 중시하였는가를 능히 살필 수 있을 듯하다. 이후에도 유자들은 여전히 복장이 특별났다. 『사기』「역생육가열전(酈生陸賈列傳)」에 보면 한나라 고조 유방의 기사(騎士 : 기병)의 말이 기록되어 있다. "패공은 유자를 좋아하지 않습니다. 빈객들 가운데 유자의 관을 쓰고 들어오는 이가 있으면 패공이 그의 관을 벗도록 하여 그 안에 오줌을 싸버립니다." 이렇듯 유관을 쓰는 습관은 진한 시절에도 여전히 유자의 표시였다. 그렇기 때문에 역생이 유방을 처음 알현할 때 사자가 유방에게 그의 모습을 설명하기를 '대유(大儒)'인 듯하다고 하면서 "유자의 옷을 입고 측주관(側注冠)을 쓰고 있다"고 하였던 것이다.[2]

물론 유자들은 복식 이외에도 여러 가지를 중시하였다. 예를 들어 의식(儀式)에는 방위의 규칙이 있었다. '소렴의 제사(小殮之奠)'에서 자하는 응당 동편에서 행해야 한다고 여겼는데, 증자는 서쪽을 주장하였다. "유약(有若)이 사망했을 때 도공(悼公)이 조문을 했는데, 자유가 인도하고 자유는 왼쪽에 섰다." 이렇게 볼 때 의식에 정통했던 이는 자유였으나 국소자(國昭子) 모친이 사망했을 때는 자장(子張)이 상례를 맡았는데, 이전에 공자가 사도(司徒) 경자(敬子)의 상례를 주관하면서 남자는 서쪽을 향하고, 여자는 동쪽을 향하게 하던 것을 기억하고 이에 따라 처리한 것이다(有若之喪, 悼公弔焉, 子游擯, 由左유약지상, 도공조언, 자유빈, 유좌).[3]

의식의 시간이나 공간의 규칙도 있었다. 염의(殮儀)를 거행하는 시간은 하대(夏代)에는 황혼 무렵이었으며, 은대(殷代)에는 일중(日中)이었고, 주나라 시대에는 일출 무렵이었다. 곡상(哭喪)을 하는 지점 또한 각기 달라 "형제의 경우는 묘에서 곡을 하였고, 부친의 친구일 경우는 묘문 밖에서 곡하였으며, 스승일 경우는 침(寢)에서, 친구일 경우는 침문 밖에서 곡을 했다. 그리고 그냥 아는 이의 경우는 들

---

1) 『장자』「전자방(田子方)」, 『장자집석(莊子集釋)』 718쪽, 중화서국, 1978.

2) 『사기』 권97, 2692쪽, 2704쪽, 『집해(集解)』에 인용된 서광(徐廣)의 말에 따르면, "측주관은 일명 고산관(高山冠)으로 불렀다."

3) 『십삼경주소(十三經注疏)』 1304쪽.

에서 곡을 하였다." 이는 모두 의식에서 필수적인 것들이었다.[4]

또한 의식의 여러 가지 행위나 자세 역시 상징적인 의미를 지니고 있었다. 『예기』「단궁(檀弓)」에 기록되어 있는 '제사의 예(祭祀之禮)'는 그다지 간단치 않다. "가슴을 치면서 뛰는 것은 애통함이 지극하기 때문이다. 가슴을 치거나 뛰는 숫자를 계산하는 것은 애통을 절제하기 위함이다. 웃옷을 벗어 어깨를 드러내고 갓을 벗고 머리털을 삼으로 묶는 것은 모습을 바꾸는 것이고, 성내며 원망하는 것은 슬픈 마음의 변한 모습이다. 장식을 제거하는 것은 아름다움을 제거하는 것이니 어깨를 드러내고 머리털을 묶는 것은 장식을 제거하는 것에서 가장 심한 것이다. 어깨를 드러내는 경우도 있고 습의를 입을 때도 있는데 이는 슬픔을 절제하는 것이다. 견소(絹素)의 변관과 갈대(葛帶) 차림으로 장례를 거행하는 것은 토지의 신과 사귀는 도이니 경건한 마음이 있는 것이다. 주나라 사람들은 변관을 쓰고 장례를 거행했고, 은나라 사람들은 후(冔)의 차림으로 장례를 거행하였다(辟踊, 哀之至也, 有算, 爲之節文也, 袒括髮, 變也, 慍, 哀之變也. 去飾, 去美也, 袒括髮, 去飾之甚也. 有所袒, 有所襲, 哀之節也. 弁絰葛而葬, 與神交之道也, 有敬心焉. 周人弁而葬, 殷人冔而葬벽용, 애지지야, 유산, 위지절문야, 단괄발, 변야, 온, 애지변야. 거식, 거미야, 단괄발, 거식지심야. 유소단, 유소습, 애지절야. 변질갈이장, 여신교지도야, 유경심언. 주인변이장, 은인후이장)."[5] 이러한 것들 역시 모두 의식의 습관이었는데, 공자가 스스로 하, 상, 주의 예에 능통하다고 이야기한 것은 바로 이러한 의식의 법도를 알고 있다는 뜻이다.

질서는 사회 질서
…했다. 유사(儒士)
…의 습관을 계승했
상징과 유관한 지
…악하고 있었다.

결론적으로 그들은 그 누구보다 의식과 상징을 중시하였으니, 이는 의식의 질서가 곧 사회질서를 상징하는 것이었기 때문이다. 무축(巫祝)은 그 옛날부터 의례의 질서를 주관해 왔다. 유사(儒士)는 바로 이러한 무축의 후예들이기 때문에 이러한 의식과 상징의 전통을 그대로 따라 의례의 습관을 계승하였으며, 상징과 유관한 지식을 장악하고 있었던 것이다. 공자가 세상을 뜨자 의례 지식에 익숙한 공서적이 공자의 상례를 주관하면서 "흰 비단 덮개로 관을 장식하고 장(牆 : 관 주위에 담처럼 두른 것으로 유의柳衣라고 부름)을 두르고 삽(翣 : 발인할 때 영구 앞뒤에 세워 영구

4) 『논어』「팔일(八佾)」, 『십삼경주소(十三經注疏)』, 2466쪽.
5) 『십삼경주소(十三經注疏)』, 1301쪽.

차가 기울어지지 않도록 하는 제구)을 만들고, 나누어 잡는 당김줄을 만들었다(飾棺牆, 置翣, 設披식관장, 치삽, 설피)"고 하였으니, 이는 주나라 시대의 예를 채용한 것이고, '숭아(崇牙 : 악기를 거는 곳을 숭아라고 하는데, 영구차에 세우는 깃대를 비단에 새겨서 숭아 장식을 한 것을 이야기함)를 만든 것(設崇설숭)'은 은상(殷商)의 예에 따른 것이다. 그리고 '붉은 바탕의 베로 저막(褚幕)을 만들고 저의 사각에 왕개미가 왕래하는 형상을 그렸으니(綢練設旐 주연설조)'[1] 이는 하대(夏代)의 예를 채용한 것이었다. 이처럼 그들의 손에서 하·상·주 삼대의 의식과 상징 및 의식과 상징에 포함되어 있는 지식이 대대로 전승되었던 것이다.

2

그러나 변화가 없었던 것은 아니었다. 공자와 그의 제자들의 시대에 이르러 의식의 배후에 있는 관념적 내용의 변화가 분명해졌다. 그 가운데 특히 중요한 점은 다음 세 가지이다. 첫째, 의례의 규칙에서 인간의 질서에 이르기까지 그들은 '예(禮)'의 의의를 더욱 중시하였다. 둘째, 상징적인 의미에서 그들은 '명(名)'의 사상을 발전시켰다. 셋째, 의례의 가치 본질을 탐구하여 '인(仁)', 즉 질서를 준수하고 규칙을 존중하는 심리적, 정감적 토대를 찾아냈다.

의식 속에서 '예'의 를 찾다.

우선 '예(禮)'에 대해 살펴보자. 은주 이래로 의례는 제사의 대상, 시공간, 그리고 제사의 차례나 제수(祭需), 의절(儀節) 등의 측면에서 볼 때 언제나 상하의 차별과 등급의 구분 등 차별적 구조를 세우는 것을 중시한다. 이처럼 외재적 의례에서 드러나는 규칙은 사실 인간의 질서를 정돈시키기 위함이다. 형식적인 측면에서 제수의 태뢰(太牢)와 소뢰(少牢)의 구분, 악무(樂舞)에 있어서 팔일(八佾)과 육일(六佾)의 차이, 장제(葬制)에 있어서 구정(九鼎)과 칠정(七鼎)의 서열, 제례상의 교제(郊祭)와 묘제(廟祭)의 규모 등을 모두 '의례(儀禮)'라고 부른다.

'의(儀)'의 본래 뜻은 '의(義)'이다. '의(義)'는 복사에도 보이는데 병기 위에 깃

1) 『십삼경주소(十三經注疏)』, 1273~1317쪽.

털을 꽂아 장식한 모습을 본 딴 것이다. 『설문(說文)』 권12에 보면, "자신의 위엄스러운 태도이다(己之威儀)" 라고 하였는데, 단옥재(段玉裁 : 1735~1815년 청나라 때 학자)는 "옛날에는 위의(威儀)를 의(義)로 썼다. 지금은 인의(仁義)에서 그 글자를 쓴다. 의(儀)란 도(度)이다(古者威儀字作義, 今仁義字用之, 儀者, 度也고자위의자작의, 금인의자용지, 의자, 도야)" [2]라고 주석을 달았다. 또한 『좌전』의 해석에 따르면, 위의는 "위엄이 있어 가히 두렵고(有威而可畏유위이가외)", "의젓한 법도가 있어 가히 본 뜰만 하다(儀而可象유의이가상)" [3]고 풀이하였다. 이 역시 외재적 형식상의 의식, 법도, 자태를 의미하는 것이다.

'예(禮)' 라는 본래 글자는 『설문』에 따르면, "예를 행하는 기물로 두(豆)를 따르며 상형문자이다." 왕국유(王國維)는 그 글자의 윗 부분은 기물 위에 있는 두 개의 옥(玉) 형상이라고 하였고,[4] 곽말약(郭沫若)은 그 글자의 하반부에 있는 글자(壴)는, 즉 '고(鼓)' 의 초기 글자 형태라고 하였다.[5] 이렇게 볼 때 '예' 는 원래 제사에 쓰이던 악무의 뜻이라고 볼 수 있다. 그러나 의례의 뜻은 단지 의식만을 의미하는 것이 아니었다. 그것은 심지어 의식에 포함되어 있는 윤리 제도이기도 했으니, 보기에 지극히 순수한 관념 형태의 것들 또한 모두 의식과 관련이 있었다. 다만 현존하는 문헌에 은상, 서주 시대의 사람들이 이미 명확하게 이러한 관념을 의식하고 있었다는 것이 드러나지 않을 따름이다.

공자 시대에 이르러 유자(儒者)들은 외재적 의례의 여러 가지 규칙을 이해하고 있었을 뿐만 아니라 그곳에서 표현되는 사상과 관념, 그리고 그러한 사상 관념의 사회질서상의 의미에 대해 더욱 중시하였다. "예가 아니면 보지 말고, 예가 아니면 듣지 말 것이며, 예가 아니면 말하지 말고, 예가 아니면 움직이지 말라(非禮勿視, 非禮勿聽, 非禮勿言, 非禮勿動비례물시, 비례물청, 비례물언, 비례물동)" 는 것은 이러한 의절(儀節)을 좇으면서 자각적인 습관을 배양하기 위함이었고, "임금은 임금다워야 하고 신하는 신하다워야 하며, 아비는 아비다워야 하고 자식은 자식다워야 한다

2) 『설문해자주(說文解字注)』 권12, 669쪽, 성도 고적서점 영인본, 1981.

3) 『좌전』 양공 31년, 『십삼경주소(十三經注疏)』, 2016쪽.

4) 『관당집림(觀堂集林)』 권6 「석례(釋禮)」, 291쪽, 중화서국, 1959, 1994.

5) 『복사통찬(卜辭通纂)』, 54쪽, 도쿄 문구당(東京 文求堂), 1933.

(君君臣臣父父子子군군신신부부자자)”는 말은 전체 사회에 질서 정연한 서열의 구조를 형성하기 위함이었다. 결코 동작이나 자세의 규칙이거나 희생(犧牲), 악무의 제도만을 위한 것이 아니었다. 어떤 인재가 사회에 인정을 받는가? 공자의 말에 따르면 예를 제대로 행할 수 있는 이이다. “문 밖을 나가면 대빈(大賓)을 뵌 듯한 모습을 보이고, 백성을 부릴 때는 대제(大祭)를 받드는 것처럼 한다(出門如見大賓, 使民如承大祭출문여견대빈, 사민여승대제).”[1] 대빈을 만나면 공손하게 예의를 갖추고 대제를 거행할 때는 경외하는 마음으로 규칙을 준수하였다.

공자는 그 자신부터 여러 가지 예의의 규칙을 정확하게 파악하고 있었다. 그는 주례(周禮)는 물론이고 하례(夏禮), 은례(殷禮)에 대해서도 정통했으며, 일상생활에서도 항시 일의 대세를 파악하여 예의 바르고 행동거지에 절도가 있었다. 그래서 “하대부(下大夫)와 말할 때는 말이 조리가 있고 당당했으며, 상대부(上大夫)와 말을 나눌 때는 온화하면서 삼가는 듯했고, 임금이 계실 때는 공손하고 조심하며 화순하였다” 『논어』 「향당(鄕黨)」에서 우리는 그가 생각하고 있던 사람들의 예의에 대해 살펴볼 수 있다. “궁문에 들어가실 때는 몸을 굽혀 용납하지 못하는 듯이 하셨고, 서 있을 때는 문 가운데에 서지 않고, 다니실 때는 문지방을 밟지 않으셨다. (임금이 계신 자리를) 지나실 때는 낯빛이 변하셨고 발걸음을 조심하며 말씀은 부족한 듯하셨다. 옷자락을 잡고 당에 오르실 때는 몸을 굽히고 숨을 죽여 숨을 쉬지 않는 것처럼 하셨다. 나와서 한 층계를 내려서시면 낯빛을 펴서 화평하게 하시고 층계를 다 내려오시면 빨리 걷되 새가 날개를 편 듯하시고……(入公門, 鞠躬如也, 如不容, 立不中門, 行不履閾. 過位, 色勃如也, 足躩如也. 其言, 似不足者, 攝齊升堂, 鞠躬如也, 屛氣似不息者. 出降一等, 逞顔色, 怡怡如也. 沒階趨進, 翼如也……입공문, 국궁여야, 여불용, 입부중문, 행불리역. 과위, 색발여야, 족곽여야. 기언, 사부족자, 섭제승당, 국궁여야, 병기사불식자. 출강일등, 령안색, 이이여야. 몰계추진, 익여야……).”[2] 세상의 모든 계층 그리고 모든 계층의 개개인들이 모두 이러한 예의에 따라 자신의 행동거지를 규범화하는 것이 바로 질서였다.

그래서 공자는 이러한 규범을 벗어난 인간들을 혐오하여, 계씨(季氏)가 자신

---

1) 『논어』 「안연(顔淵)」, 『십삼경주소(十三經注疏)』, 2502~2504쪽.

2) 『논어』 「향당」, 『십삼경주소(十三經注疏)』, 2493~2494쪽.

의 정원에서 팔일무(八佾舞)를 추도록 하자 공자는 심히 분노했고, 삼가(三家)가 가묘(家廟)에서 제사를 거행하면서 악무로 「옹(雍)」의 가사를 사용하자 또한 심히 화를 냈던 것이다. 공자가 생각하기에 64명이 춤을 추는 팔일무나 "제후들이 제사를 돕거늘 천자께서는 엄숙하게 계시다(相維辟公, 天子穆穆상유벽공, 천자목목)" 등의 가사로 된 송가 「옹」이 가신의 의식이나 종묘에서 거행된다는 것을 실로 합당치 않은 것이 아닐 수 없었다. 그래서 그는 "이러한 것을 참을 수 있다면 어느 것인들 참지 못하겠느냐(是可忍, 孰不可忍시가인, 숙불가인)"[3]고 말했던 것이다. 그는 두 번에 걸쳐 "예를 배우지 않으면 설 수 없다(不學禮, 無以立불학례, 무이립)."[4]고 이야기한 바 있다. 이는 그가 예의란 것이 결코 동작이나 자세, 또는 일종의 제도만을 의미하는 것이 아니라 그것이 상징하는 것이 바로 질서라는 점을 정확하게 파악하고 있었기 때문이다.

이러한 질서를 안정적으로 만들기 위해서는 무엇보다 사람들이 이에 대해 경외하고 존중해야만 한다. 그리고 예의에 대한 경외와 존중은 또한 인간의 도덕과 윤리에 대한 자각에 의존한다. 이러한 예의가 없다면 개인의 도덕을 표현하거나 의지할 데가 없게 되며, 사회의 질서 또한 확인되거나 준수될 수 없는 것이다.

속에서 '명(名)'의 발전시키다.

이어서 '명(名)'에 대해 살펴보겠다. 아래 인용문은 많은 이들이 익히 알고 있는 부분인데, 『논어』「자로(子路)」에 나오는 구절이다.

> 자로(子路)가 말했다. 위(衛)나라 군주가 선생님을 기다려 정사를 하려고 하십니다. 선생님은 장차 무엇을 우선하시겠습니까? 공자께서 대답하셨다. "반드시 명분을 바로 잡겠다." 자로가 말했다. "이러하시군요. 선생님의 크고 아득하심이! 어떻게 바로잡을 수 있겠습니까?" 공자께서 말씀하셨다. "비속하구나, 유(由)야! 군자는 자신이 알지 못하는 것에 대해서는 말하지 않고 가만히 있는 법이다. 명분이 바르지 못하면 말이 이치를 따르지 못하고, 말이 이치에 따르지 못하면 일이 이루어지지 못하며, 일이 이루어지지 못하면 예악이 일어나지 못하고 예악이 일어나지 못하면 형

---

3) 『논어』「팔일(八佾)」, 『십삼경주소(十三經注疏)』 2465~2466쪽.

4) 『논어』「계씨(季氏)」 및 「요왈(堯曰)」, 『십삼경주소(十三經注疏)』, 2522쪽, 2536쪽.

> 벌이 알맞지 못하고, 형벌이 알맞지 못하면 백성들이 손발을 둘 곳이 없어진다. 그런 까닭에 군자는 명분을 붙이면 반드시 말할 수 있으며, 말할 수 있으면 반드시 행할 수 있으니, 군자는 그 말에 대해 구차함이 없을 따름이다(子路曰, 衛君侍子而爲政, 子將奚先? 子曰, 必也正名乎? 子路曰, 有是哉, 子之迂也, 奚其正? 子曰, 野哉由也. 君子於其所不知, 蓋闕如也. 名不正則言不順, 言不順則事不成, 事不成則禮樂不興, 禮樂不興則刑罰不中, 刑罰不中則民無所措手足. 故君子名之必可言也, 言之必可行也, 君子於其言, 無所苟而已矣자로왈, 위군시자이위정, 자장해선? 자왈, 필야정명호? 자로왈, 유시재, 자지우야, 해기정? 자왈, 야재유야. 군자어기소부지, 개궐여야. 명부정즉언불순, 언불순즉사불성, 사불성즉예악부흥, 예악불흥즉형벌부중, 형벌부중즉민무소조수족. 고군자명지필가언야, 언지필가행야, 군자어기언, 무소구이이의).[1)]

이처럼 '명(名)'을 중시하는 태도는 의식의 상징을 중시하는 태도와 관련이 있다. 앞서 이야기한 바대로 무·축·사·종이 주관하는 의식은 특히 상징적인 의미가 강렬했다. 인간과 천상 세계의 모든 색체, 방위, 차례, 복식, 희생(犧牲), 악무 등등은 본래 단지 일종의 부호나 암시, 또는 은유이자 실제 세계 자체가 아니었다. 그러나 인류가 문명세계로 진입한 이래로 이러한 상징에서 세계를 깨닫고 느끼게 되었기 때문에 중국 고대 사상 세계에서 상징의 의미는 극히 중요하지 않을 수 없었다. 일부 사람들은 이러한 상징 부호를 실제 현실 세계로 믿어 그것이 질서정연하면 현실 세계의 질서정연함을 암시하고 촉진하며, 그것이 붕괴되면 그것은 곧 세계 질서의 붕괴를 의미하는 것이라고 생각했다. 사람들이 점차 '명(名)'과 '실(實)'에 대한 제한과 규범, 그리고 정돈의 작용을 확신하게 되면서 사람들은 더욱더 '부호(符號)'의 새로운 정리와 확인을 통해 '사실'에 대한 정리와 확인을 할 수 있기를 희망했다.

예를 들어 초(楚)나라는 비록 '왕'을 자칭하고 실제로 막강한 세력을 지니고 있기는 했지만, 분명 '자(子)'에 속하는 제후국이었다. 그래서 사신(史臣)은 여전히 초나라를 칭할 때 '초자(楚子)'라고 하여 '명의(名義)'를 빌어 정의와 질서를 드러내는 태도를 보인 것이다. 또한 후세의 피휘(避諱 : 왕의 휘호를 피해 이름을 짓거나 달리

---

1) 『십삼경주소(十三經注疏)』, 2506쪽.

부름) 제도 역시 천자의 것이든, 아니면 일반 평민의 것이든지 간에 모두 상징 부호에 불과했지만 감히 누구도 이를 범하는 일이 없었다. 만약 그렇지 않다면 정말로 천자에게 해를 끼칠 것만 같았기 때문이다. 이처럼 사람들은 피휘를 수용하여 심리적으로 부호에 대한 경외를 품게 된 것이다. 분명 상징과 부호의 연상으로 말미암은 심리적 역량이 실제 역량이 되면서 사람들은 '정명(正名)'을 통해 '정실(正實)'하기를 희망했다. 다시 말해 명의(名義)에 대한 규정을 통해 질서의 합리성을 확인하거나 사회로 하여금 확인토록 강요하여 '정명'에 대한 강력한 바람이 존재하게 되었던 것이다. 공자는 앞서 이야기한 "반드시 명분을 바로잡겠다(必也正名乎필야정명호)"는 말 이외에도 "고가 진정한 고가 아닌데 어찌 고일 것이냐, 고일 것이냐(觚不觚, 觚哉, 觚哉고불고, 고재, 고재)"[2]라고 탄식하였으니, 바로 이러한 '정명'에 대한 바람인 것이다.

내원을 찾고 '인' 가치를 확립하다.

'예'와 '명'의 질서화와 상징화에 기대어 공자는 질서정연하고 상하 구분이 분명하며, 협조적이고 화목한 사회를 희구하였다. 그러나 그 역시 동시대의 다른 이들과 마찬가지로 더욱 심층적인 문제에 관심을 기울였다. 그것은 이러한 '예'의 의식이 과연 어느 곳에서 보편적인 합리성을 지니게 되는가? '명'의 분별 문제에 있어서 보다 본원적인 의거는 과연 무엇인가? 무엇에 근거하여 사람들은 '예'와 '명'에 대해 긍정하게 되며, 무엇에 근거하여 사회질서가 전복되지 않고 유지되는가? 다시 말해 이는 사회질서 및 사회질서를 보증하는 도덕 윤리를 위해 모든 이들이 공인할 수 있는 것이나 최종적인 가치 근거와 심리적 본원을 찾자는 것이었다.

일반적으로 사람들은 어떤 사물이나 현상에 대해 좋거나 나쁘다고 말하기는 하지만, 그것이 도대체 왜 좋고 나쁜지에 대해 말하려면 반드시 공통적으로 인정하는 표준이 있어야만 한다. 또한 그러한 표준은 반드시 전제도 없고 논증할 필요도 없으며, 의심할 여지가 없는 것이어야만 한다. 공자는 바로 이러한 것을 위해 '인(仁)'을 제시하였다. '예'가 반드시 '이(履)' 즉 이행해야만 하는 이유는 바로 그것이 '인'에 부합하기 때문이고, '명'을 반드시 '정(正)' 즉 바르게 해야만 하

2) 『논어』 「옹야(雍也)」, 『십삼경주소(十三經注疏)』 2479쪽.

는 이유 역시 그래야만 비로소 '인'에 도달할 수 있기 때문이었다.

그렇다면 이제 우리는 '인(仁)'에 대해 토론해야할 것이다. '인'이란 무엇인가? 『논어』「안연(顔淵)」에 나오는 "애인(愛人 : 사람을 사랑하는 것이다)"[1]이란 구절은 이에 대한 단도직입적인 발언이다. 학자들의 고증에 따르면, '인'자의 초기 글자 형태는 위에 '신(身)'이 있고 아래에 '심(心)'이 있으며, 그것이 와전되어 '천(忎)'으로 사용되기도 했으며 이후 간략하게 변하여 '인(仁)'이 되었다. '인' 자는 '심(心)'과 '신(身)'을 따르며, 신은 소리를 나타내는데, 그 본래 뜻은 "마음에서 사람의 신체를 생각하는 것이다." 이는 '심(心)'과 '기(旡 : 人)'를 따르며, "마음속에서 사람을 생각한다"는 '애' 자와 뜻이 거의 비슷하다.[2] 그래서 공자는 '애인(愛人)'으로 '인'을 해석한 것이다.

'애인'이란 인간의 내심 깊은 곳에서 나오는 평화롭고 겸손하며 친절한 감정이다. 물론 그것이 처음에는 혈연관계에서 비롯되었겠지만 당시에는 이미 상당히 보편적인 감정으로 확산된 상태였다. "문 밖을 나가면 대빈(大賓)을 뵌 듯한 모습을 보이고, 백성을 부릴 때는 대제(大祭)를 받드는 것처럼 한다"는 것은 단지 외재적인 예절이지만, 이를 이어 마음과 마음으로 "자신이 하고 싶지 않은 것은 남에게 시키지 않는다(己所不欲, 勿施於人)"는 것을 절로 체험하게 된다. 이렇게 되면 "나라에 원망이 없고, 집에도 원망이 없게 된다(在邦無怨, 在家無怨재방무원, 재가무원)."[3] 이른바 '기소불욕, 물시어인(己所不欲, 勿施於人)'이란 내심 깊은 곳에서 우러나온 '인간'에 대한 공평하고 친절한 감정이다. 이처럼 '타인'과 '자신'을 일체화하는 감정은 분명 '인간'은 '인간'을 존중해야 한다는 관념을 불러일으키게 될 것이다.

『국어』「진어(晉語)」에 보면 『예지(禮志)』를 인용하여 다음과 같이 말하고 있다. "장차 다른 이에게 청하고자 한다면 반듯이 먼저 자신이 들어가야 할 것이다. 다른 이가 자신을 사랑하도록 하려면 반듯이 먼저 다른 이를 사랑해야할 것이고, 다른 이가 자신을 따르게 하고자 한다면 반듯이 먼저 따라 들어가야만 할 것이

---

1) "번지(樊遲)가 인에 대해 묻자 공자께서 '사람을 사랑하는 것'이라고 말씀하셨다" 풍우란(馮友蘭)은 『중국철학사』 상책에서 '진정한 성정'으로 '인'을 해석하고 있는데 정확한 해석이다. 중화서국 중인본, 94쪽, 1984.

2) 유상(劉翔), 『중국전통가치관전석학(中國傳統價値觀詮釋學)』, 150쪽, 159쪽, 상해 삼련서점, 1996.

3) 『논어』「안연」, 『십삼경주소』 2502쪽.

다. 다른 이에게 덕을 베풀지 않고 다른 이에게 쓰임을 구하고자 한다면 죄를 짓는 것이나 다를 바가 없다(將有請於人, 必先有入焉. 欲人之愛己也, 必先愛人. 欲人之從己也, 必先從入. 無德於人, 而求用於人, 罪也장유청어인, 필선유입언. 욕인지애기야, 필선애인. 욕인지종기야, 필선종입. 무덕어인, 이구용어인, 죄야)."[4] 과연 『예지』가 어떤 책인지 지금은 상고할 도리가 없다. 그러나 단편적인 언급이기는 하지만 이미 당시 사람들이 이러한 관념을 지니고 있었을 뿐만 아니라 이처럼 '개인'을 초월한 '사회'적인 것을 보편적이고 합리적인 '통칙(通則)'으로 간주하여, 자신을 감정에 미루어 타인까지 이르게 함으로써 이를 사회 윤리의 초석으로 삼게 되었다고 말할 수 있을 것이다. 『논어』「옹야(雍也)」에서 공자가 이야기한 "무릇 인이란 자신보다 앞서 남을 세우고, 자신보다 앞서 남을 영달케 하는 것이다"는 것이 바로 이러한 뜻이며, 『논어』「이인(里仁)」에서 공자가 이야기한 내용을 '하나로 관통하는' 것이라고 한 '충서지도(忠恕之道)' 역시 이러한 의미다.

그렇다면 이러한 '존중'과 '지애(摯愛 : 진정한 사랑)'는 어떻게 생겨나는 것인가? 만약 그것이 단지 사회규범 속에서 후천적으로 형성되고 배양된 것이라면 그것은 사회규범이나 도덕관념의 '결과'일 뿐 '원인'이 될 수 없었다. 다시 말해 이성적인 근거나 가치의 근원이 될 수 없다는 뜻이다. 사람들은 사회규범(禮)과 도덕관념(善)이 도대체 무엇에 근거하고 있기에 사람마다 의심할 여지없이 준수해야 하는가라고 물었다. 공자는 이 점에 대해서 인간의 성정에 존재하는 선의 뿌리와 원인, 즉 '애인(愛人)'의 마음을 혈연간의 친정(親情)에서 찾고자 했다. 『논어』「양화(陽貨)」에서 "사람의 본성은 서로 가깝고 습관은 서로 다르다(性相近也, 習相遠也성상근야, 습상원야)"라고 하였다. 여기에서 말하는 '성(性)'은 곧 인간의 본성을 뜻한다. 공자가 볼 때 모든 감정 가운데 혈연간의 사랑은 의심할 여지가 없는 것이다. 자식이 그 부모를 사랑하고, 동생이 형을 사랑하는 것은 혈연간에 자연스럽게 생기는 진정한 성정이다. 이러한 진정한 성정에서 진정한 감정이 일어나니 이것이 바로 '효(孝)'와 '제(弟)'인 것이다.

『논어』「학이(學而)」에서 "군자는 근본에 힘써야 한다. 근본이 서면 도가 생

4) 『국어』 358쪽, 상해고적출판사, 1988.

기는 것이니, 효(孝)와 제(弟)가 인을 행하는 근본인 것이다(君子務本, 本立而道生, 孝弟也者, 其爲仁之本歟군자무본, 본립이도생, 효제야자, 기위인지본여)"[1]라고 한 것은 진정한 혈연 간의 친정이 의심할 여지없이 도덕적 이성에 부합하며, 그것이 바로 선량과 정의의 근원이자 근거라는 뜻이다. 그래서 그것을 '인의 근본'이라고 이야기한 것이다. 사람이 이러한 감정을 지니고, 이러한 감정에 근거하여 자신과 타인의 관계를 처리하게 되면 그것이 바로 '애인'의 마음을 지닌 것이다. 이러한 감정이 내적인 것에서 외적인 것으로 확대되어 자신의 부형(父兄)을 사랑하는 마음에서 타인을 사랑하기에 이르고, 혈연 역시 내적인 것에서 외적인 것으로 두루 넓혀지게 된다. 그래서 공자는 "그 사람됨이 부모와 형제를 사랑하는데 윗사람을 범하는 이는 드물다. 윗사람을 범하기를 좋아하지 않는데 어지러움을 일으키는 이는 지금까지 없었다(其爲人也孝弟, 而好犯上者鮮矣, 不好犯上而好作亂者, 未之有也기위인야효제, 이호범상자선의, 불호범상이호작란자, 미지유야)"[2]라고 단정 지었던 것이다. 공자는 이것이 바로 이성 사회를 건립하는 심리적 토대이자, '예(禮)'의 질서를 자각적으로 준수할 수 있도록 만드는 것이며, '명(名)'의 상징을 오랫동안 안정적으로 보장할 수 있는 것이라고 생각했다.

그래서 그는 모든 이들에게 "집안에 들어가면 부모에게 효도하고 집밖으로 나오면 연장자를 공경하며, 행동과 언사에 신중하여 신뢰를 주고 두루 사람들을 사랑하고 어진 이를 가까이해야할 것이니, 이렇게 행한 후에 여력이 있으면 학문을 배워야 한다(入則孝, 出則弟, 謹而信, 汎愛衆, 而親仁, 行有餘力, 則以學文입즉효, 출즉제, 근이신, 범애중, 이친인, 행유여력, 즉이학문)"[3]고 요구한 것이다.

이처럼 근본을 강조했다는 점에서 그는 이미 단순히 의식이나 상징을 통해 인간들의 질서를 정돈하고자 했던 이전 사람들과 달랐다. 그렇기 때문에 그는 "예(禮)다, 예다라고 말하는데 옥백(玉帛 : 옥과 비단)을 말하는 것인가? 악(樂)이다, 악이다라고 말하는데 종고(鐘鼓 : 종과 북)를 말하는 것인가?(禮云禮云, 玉帛云乎哉, 樂云樂云, 鐘鼓云呼哉예운예운, 옥백운호재, 악운악운, 종고운호재)"라고 탄식했던 것이다. 『논어』

---

1) 『논어』「학이」, 『십삼경주소』 2437쪽.

2) 『논어』「학이」, 『십삼경주소』 2437쪽.

3) 『논어』「학이」, 『십삼경주소』 2458쪽.

「팔일(八佾)」에서 공자는 예악의 근본은 '인'이라고 말하고 "사람이 어질지 못하면 예가 무슨 소용일 것이며, 사람이 어질지 않으면 악이 무슨 소용이겠는가?(人而不仁如禮何? 人而不仁如樂何?인이불인여례하? 인이불인여락하?)"[4]라고 하였다. 이렇듯 예악(禮樂)은 이미 외재적인 것이 되었고, 사상사는 인간의 내면 세계로 깊이 들어갔던 것이다. 굳이 말하지 않아도 자명한 권위적 율령(律令)이 외재적인 예악에서 내재적인 정감(情感)으로 전향하게 되자, 고대 사상 세계의 신비한 의미가 점차 희미해지는 대신 도덕적 색채가 더욱 분명하게 부각되었다. 이로써 중국 사상사는 '탈피(脫皮)'의 과정을 끝내고 새로운 사상의 맹아가 움터 정감과 인성의 자각에 의존하여 인간의 질서를 실현하고자 하는 학설이 등장하게 되었던 것이다.

3

후 유자들의 발전
지 서로 다른 사상

『한서(漢書)』「유림전(儒林傳)」에 따르면 공자 이후에 "70명의 제자들이 흩어져 제후들에게 유세하였는데, 크게는 경상의 사부가 된 이들도 있고 작게는 사대부의 벗이나 스승이 된 이도 있었으며, 때로는 은둔하여 나타나지 않은 이들도 있었다(七十子之徒, 散游諸侯, 大者爲卿相師傅, 小者友教士大夫, 或隱而不見칠십자지도, 산유제후, 대자위경상사부, 소자우교사대부, 혹은이부견)"[5]고 한다. 그 가운데 자장(子張), 자우(子羽), 자하(子夏), 자공(子貢), 증자(曾子) 등과 공자의 손자인 자사(子思) 등의 영향력이 자못 컸다. 그들은 공자 시대에 문인을 널리 모으고 사학을 진흥하던 전통을 이어받았다. 그리하여 '유자'들은 어느새 당시 사상 세계의 '현학(顯學)'으로 자리잡게 되었으며, 아울러 각자 학풍의 편향과 이해의 차이로 인해 '유문(儒門)'은 몇 가지 유파로 나누어지게 되었다.[6] 각 유파 간에 차이가 있었던 것은 분명한 듯하다.

예를 들어 자공과 자유, 자하 등은 그다지 같다고 볼 수 없다. 우선 자공(子貢)은 거의 맹목적으로 공자를 따랐으나 자유는 주로 '예'의 의미에 집착했고, 자하

4) 『십삼경주소』 2466쪽.

5) 『한서』 권88, 중화서국 표점본(標點本), 3591쪽.

6) 『한비자(韓非子)』「현학(顯學)」, "孔墨之後, 儒分爲八(공묵지후, 유분위팔).", 『이십이자(二十二子)』, 1185쪽.

는 '예'의 의절(儀節)과 함의를 중시했다. 예를 들어 『논어』「자장(子張)」에 나오는 기록을 보면 이를 엿볼 수 있다. 자하는 사람과 사람 간의 교제에 있어서 "가능한 자는 더불어 사귀고 불가능한 자는 사귀지 말 것(可者與之, 其不可者拒之가자여지, 기불가자거지)"을 주장하였으나 자장은 오히려 그의 실용주의적 태도에 반대하여 성현은 응당 기백과 아량이 넓어 모든 것을 포용할 수 있어야 한다고 주장하였다. 그러나 자유는 자장에 대해 "아직 인하지 못하다(未仁)"라고 비평하였으며, 증자 역시 자장이 비록 정정당당한 인물이기는 하지만 실제에 부합하지 못하여 "더불어 인을 하기는 어렵다(難與幷爲仁난여병위인)"고 공격했다. 이렇듯 동문들 간에 분파가 있었던 것은 분명한 듯하다.[1]

그러나 또한 지적할 수 있는 것은 대체적으로 그들 간에 공통적인 추세가 존재했다는 점이다. 그것은 다음 몇 가지로 나누어 볼 수 있다. 첫째, 그들은 모두 예악의 의식과 상징의 작용을 중시하였다. 그렇기 때문에 예악 제도의 지식을 전수하였으며, 아울러 예악 문화의 의미를 밝히고자 했다. 둘째, 그들은 고대의 전적에 근거하여 사상을 해석하고 이해하는 텍스트로 삼았다. 셋째, 그들은 비교적 역사적 근거를 중시하였다. 그들은 요(堯)·순(舜)·우(禹)·탕(湯)·문(文)·무(武)왕으로 이어지는 역사 전설의 계통을 지니고 필요할 때마다 역사 속에서 의심할 여지 없는 근거를 찾아내곤 했다. 그러나 이미 오랜 세월이 흘렀기 때문에 그 가운데 대다수 유파나 사람들의 문헌 자료는 이미 그 사상의 원래 면모를 고증하기 어려운 상태이며,[2] 단지 비교적 널리 유전되고 영향력이 오랫동안 지속되었던 소수 유가 문인들의 사상만 남아 그 일면을 살필 수 있을 따름이니, 그 대표적인 예가 증자와 자사이다.[3]

---

1) 『십삼경주소』 2532~2533쪽.

2) 근래 상해박물관에서 수집한 전국시대 초간(楚簡 : 초나라 간책簡冊)에 공자 70제자의 적지 않은 언론 자료가 실려 있다. 이는 공자부터 맹자와 순자 사이의 공백을 메꾸는 데 큰 도움을 줄 수 있다는 점에서 특히 사상사에 각별한 의미를 지닌 자료라고 할 수 있다. 그러나 아직 발표되지 않은 상태이기 때문에 더 이상 언급하지 않는다.

3) 이 외에도 공자의 제자 가운데 자하의 자료가 비교적 많다. 『사기』 권67 「중니제자열전(仲尼弟子列傳)」 2203쪽에 따르면, 공자 사후 자하는 "서하(西河)에서 가르침을 베풀었는데 위문후(魏文侯)의 스승이 되었다"고 한다. 또한 『후한서』 「서방전(徐防傳)」 1500쪽에 보면 "『시』, 『서』, 『예』, 『악』은 모두 공자가 정하였는데, 장구(章句)를 밝힌 것은 자하부터 시작한다"고 적혀 있다. 당대 사마정(司馬貞)은 『사기색은(史記索隱)』에서 이와 유사한 언급을 한 바 있다. 이렇듯 여러 기록으로 볼 때 자하는 『역』, 『시』, 『예기』의 「상복(喪服)」, 『춘추』 등을 전수

증자(曾子)의 사적은 불분명하다. 『사기』에서 볼 때 다만 증점(曾点)이 공자를 시봉하였는데, 그의 아들인 증삼(曾參)이 바로 증자이며, 노(魯)나라 사람으로 "공자보다 46살 어리다"는 정도 밖에 알 수 없다. 이 외에 잔존하는 문헌으로 볼 때 그는 지극히 효도를 중시하였는데, 『효경(孝經)』은 바로 그의 작품이라고 한다.[4) 『대대례기(大戴禮記)』에 보면 증자의 말이 적지 않게 기록되어 있는데, 그 가운데 「본효(本孝)」 등 4편은 대체적으로 효도에 관한 발언이니 『사기』의 기록이 전혀 근거가 없는 것은 아닌 듯하다. 또한 그는 '예' 또한 중시하였다. 「제언(制言)」 상중하 세 편은 모두 "주로 예를 행하는데 덕을 받아야 하고, 인에 거하되 의를 좇아야 하며, 나아가고 물러남이 구차해서는 안 된다는 등의 일에 대해 언급하였다"고 하였으니 대체적으로 공자의 사상을 계승한 것으로 보인다. 또한 현재 전해지는 『예기』의 한 편인 「대학(大學)」 역시 그와 관련이 있다.

자사(子思)는 이름이 공급(孔伋)으로 공자의 손자이다. 『사기』 「공자(孔子)」 '세가(世家)'에 적혀 있는 그에 관한 기록은 지극히 간단하여 62세까지 살았으며, 한때 송나라에서 곤궁에 빠진 적이 있다고 하였으니 그다지 득의하지는 못한 듯하다. 그러나 중요한 한 마디는 그가 『중용(中庸)』을 지었다는 점이다.[5)]

통상 학자들은 유문(儒門) 가운데 이들 계파가 비교적 공자의 학맥을 수성(守成)하고 있다고 보고 있다. 예를 들어 호적(胡適)은 그들이 '공문의 정전(正傳)'이라는 점을 승인하면서 다만 그들은 "효와 예에 관해 약간의 보충하는 노력만 했을 뿐이다"[6)]라고 이야기한 바 있다. 그러나 사료에서 볼 때 증자와 자사 등 당시의

한 것이 분명하다. 그러나 과연 그의 후학들이 어떻게 그의 학풍을 전승하였는지는 분명치 않다. 다만 『사기』 권67의 「색은(索隱)」에서 응소(應劭)의 말을 인용하여 자하에게 자궁(子弓)이란 제자가 있었다고 하였는데, 그가 아마도 『역』을 전승한 초나라 사람 간비(馯臂) 자궁일 것이다. 이외에 오기(吳起), 전자방(田子方), 단간목(段干木) 등이 있었다고 하나 그들은 모두 학문의 방향을 바꾸어 묵자를 따르거나 병가를 배웠으며, 또한 정치에 간여하기도 했다.

4) 『사기』 권76 「중니제자열전」, 2205쪽, 2210쪽.

5) 『사기』 권47 「공자세가」, 1946쪽. 또한 『수서(隋書)』 권13 「음악지(音樂志)」에서도 심약(沈約)의 말을 인용하여 「자사자(子思子)」에서 「중용」을 제외하고 「표기(表記)」, 「방기(坊記)」, 「치의(緇衣)」 등 『예기』에 실린 몇 편의 문장 역시 「자사자」에서 나온 것이라고 기록하고 있다. 이러한 견해는 비교적 늦게 나온 것이기 때문에 참고할 만하다. 중화서국 표점본, 228쪽, 1973.

6) 호적, 『중국철학사대강』 권상, 『호적학술문집』(「중국철학사」) 상책 101쪽. 또한 그는 같은 책 89쪽에서 '공문정전(孔門正傳)' 일파는 "대개 자하, 자유, 증자 등이 대표한다"고 말했다. 중화서국, 1991.

유자들은 과거와 달리 다음과 같은 사상적 추향을 지니고 있었음이 분명하다.

첫 번째는 인문 방면, 즉 인간의 내재적인 '인성'을 궁극적인 근거로 하는 사상적 추향이 더욱 도드라졌다. 만약 『대학』, 『중용』이 정말로 그들의 저작이라면, 그 두 편의 문헌이 후세에 어떤 영향을 끼쳤는지 여부와 상관없이 그들이 공자의 학맥을 수성하는 가운데 약간의 새로운 점을 지니게 되었다는 것을 인정하지 않을 수 없다. 그것은 그들이 공자의 시대에 중시했던 예악의 가치 근원과 이성적 근거의 사상을 더욱 진일보시켜 특히 인성의 심층적인 내용을 부각시켰다는 점이다. 공자 시대에 애인(愛人)의 심성이나 선량한 본성 등은 혈연관계에서 자연스럽게 유출되어 확대되는 연장선상에서 건립된 것이다. 그러나 증자와 자사 등의 시대로 오면서 도덕, 윤리 질서의 토대가 보편적인 인성으로 확대되기에 이른다. 그리하여 인류의 마음속에 존재하는 선을 향한 진지하고 성실한 마음을 자연적으로 지니고 있는 양지(良知)의 토대로 삼고, 인류가 응당 지녀야할 지극한 선행을 생활의 궁극적인 목적으로 간주하였던 것이다.

인간의 내재적인 '인성'을 궁극적인 근거로 하는 사상적 추향이 더욱 도드라졌다.

그리하여 『대학』, 『중용』에서 제기한 격물(格物), 치지(致知), 성의(誠意), 정심(正心) 등 심령상의 자각에서 시작하여 수신, 제가, 치국의 경로를 거쳐 천하의 합리적인 질서 건립을 위한 사상적 맥락을 모색하였고, 또한 '천명(天命)', '성(性)', '도(道)'에서 '교(教)'에 이르는, 다시 말해 하늘이 사람에게 인성을 부여하였으며, 그러한 인성의 자연스러운 흐름을 좇아 부단히 합리적인 감정을 배양함으로써 명철하고 진성(眞誠 : 진실하고 순수함)한 성정과 품격을 갖추는 방법을 제기하였던 것이다. 그것은 일면 진실하고 선량한 본성이 천명을 받은 것임을 확인하는 것이자 사람들이 조심스럽게 이러한 본성을 배양하는 데 주의력을 집중토록 하려는 것이었다. 이러한 바탕에서 이후 맹자(孟子)의 인성과 도덕에 관한 학설이 탄생하게 된다.[1]

두 번째는 '천(天)'과 소통을 꾀하여 우주 방면에서 궁극적이고 합리적인 추향을 모색했다는 점이다. 이러한 추향은 우주의 음양오행을 통해 유가의 사상을

'천(天)'과 소통을 꾀하여 우주 방면에서 궁극적이고 합리적인 추향을 모색했다는 점이다.

1) 『사기』 권74, 「맹자순경열전(孟子荀卿列傳)」, 2343쪽에서 맹자에 대해 언급하면서 "자사의 문인에게 학업을 전수받았다"고 말하고 있다.

해석한 것인데, 이에 관한 자료는 거의 실전되어 남은 것이 없다. 다만 『순자』「비십이자(非十二子)」에 보면 다음과 같은 기록이 남아 있는데, 이는 순자(荀子)가 유가의 후학들을 비난한 대목이다.

> 대략 선왕(先王)들을 법도로 삼고 있기는 하지만 그 정통을 알지 못하고 점잖은 듯하지만 성질이 격하고 뜻이 크며, 듣고 보는 것이 잡되고 넓다. 옛날 일을 참고하여 자신의 학설로 만들고 그것을 일러 오행이라고 부른다. 심히 편벽되거나 어긋나 규범이 없으며, 은밀하게 숨겨져 있어 설명이 되지 않으며, 닫히고 맺혀져 있어 해설을 할 수도 없다. 그럼에도 말을 꾸미고 공경하며 말하길, 이것이야말로 진정 참된 군자의 말씀이라고 주장한다. 자사가 이를 주장했고, 맹자가 이를 화답하였다. 세속의 어리석고 미련한 선비들이 시끄럽게 떠들고 있으나 그것이 그릇된 것임을 알지 못한다. 마침내 그것을 배워 전하면서, 공자와 자유가 이들 때문에 후세에 존경을 받는다고 여기게 되었다. 이것이 바로 자사와 맹자의 죄이다(略法先王而不知其統, 猶然而材劇志大, 聞見雜博, 案往舊造說, 謂之五行, 甚僻違而無類, 幽隱而無說, 閉約而無解, 案飾其辭而祇敬之, 曰, 此眞先君子之言也. 子思唱之, 孟軻和之. 世俗之溝猶瞀儒, 嚾嚾然不知其所非也, 遂受而傳之, 以爲仲尼子游爲玆厚于後世. 是則子思孟軻之罪也략법선왕이부지기통, 유연이재극지대, 문견잡박, 안왕구조설, 위지오행, 심벽위이무류, 유은이무설, 폐약이무해, 안식기사이지경지, 왈, 차진선군자지언야. 자사창지, 맹가화지. 세속지구유무유, 훤훤연부지기소비야, 수수이전지, 이위중니자유위자후우후세. 시즉자사맹가지죄야).[2)]

그러나 순자가 이렇게 비난을 했음에도 불구하고, 후세 사람들은 여전히 자사와 맹자가 왜 "옛날 일을 참고하여 자신의 학설로 만들고 그것을 일러 오행이라고 부른다(案往舊造說, 謂之五行안왕구조설, 위지오행)"고 했는지 정확하게 파악하지 못하고 있다. 그래서 어떤 이들은 이에 대해 순자가 '과녁 없이 활을 쏜 것처럼' 무턱대고 이야기한 것이라고 주장했고, 또 어떤 이들은 순자의 발언이 '추연(鄒衍) 등 오덕종시설(五德終始說)을 담론하였던 유가'에 대한 비난이라고 주장하기

2) 『순자』 권3, 『순자집해(荀子集解)』, 59쪽.

도 했다.[1)]

그러나 20세기 고고학적 발굴은 2천여 년 전의 사상사에 새로운 해석의 실마리를 제공하였다. 70년대 장사 마왕퇴에서 발굴된 한나라 시대 묘에서 적지 않은 백서가 출토되었는데, 그 가운데 『오행(五行)』이란 책도 포함되어 있었다. 이후 어떤 연구자가 이 책을 자사와 맹자 계열의 저작으로 간주하고, "내용 가운데 유가의 '인(仁), 의(義), 예(禮), 지(智), 성(聖)'의 '오행'에 관한 발언이 포함되어 있는데, 문체가 『대학』과 서로 비슷하며, 문구 가운데 『맹자』의 말을 인용한 것도 있다"고 발표하였다.[2)] 잠시 후 또 다른 학자 역시 『중용』에서 이야기한 '유천하지성(唯天下至聖)'에 이미 오행설의 뜻이 내포되어 있으며, 백서 『오행』에서 이야기한 '덕지행오(德之行五)'에서 '군자신독(君子愼獨)'에 이르는 대목은 『중용』의 앞부분을 그대로 답습하고 있으니, 이미 오행을 도덕화하여, 오행의 본래 의미에서 크게 벗어났음을 알 수 있다고 주장하였다.[3)]

근래에 들어와 또 다른 학자는 다음과 같은 연구 결과를 발표하였다. 백서 『오행』은 경문(經文)과 전문(傳文)으로 구분되는데, 경문은 자사나 그의 제자들에 의해 기술되었고, 전문은 세자(世子 : 석硕)에 의해 전해졌다. 그 가운데 '군자신기독(君子其愼獨)'에 관한 논설과 '금성이옥진(金聲而玉振)'의 비유는 모두 『대학』, 『중용』, 『맹자』와 유사하다. 그러나 백서 『오행』의 전문은 『맹자』와 연대가 비슷하기 때문에 경문은 보다 일찍 이루어졌을 것이다. 따라서 "아마도 먼저 『오행』의 경문이 이루어졌고, 맹자는 이를 이용한 것에 불과할지도 모른다." 이는 다시 말해 백서 『오행』의 경문이 자사나 그의 제자 시절에 생겨났으며, 그 전문은 맹자의 경우와 마찬가지로 경문의 사상에 대해 나름의 해석을 한 것이라는 뜻이다. 그렇다면 백서에서 보이는 '오행설'은 자사의 발명일 가능성이 농후하다.[4)]

---

1) 『하병송논문집(何炳松論文集)』, 257쪽, 상무인서관, 1990.

2) 한중민(韓仲民), 「장사마왕퇴한묘백서개설(長沙馬王堆陶漢墓帛書概說)」, 『문물(文物)』, 1974 제9기.

3) 방박(龐朴), 「사맹오행신고(思孟五行新考)」, 『문사(文史)』 제7집, 중화서국. 이 외에도 『백서오행편연구(帛書五行篇硏究)』(제로서사齊魯書社, 1980)을 참고하시오.

4) 이학근(李學勤), 「마왕퇴 백서 오행에 대한 재인식」, 미간(未刊). 이외에도 지전지구(池田知久)의 『마왕퇴백서오행편연구』 역시 백서 『오행』은 경문과 전문의 구분이 있다는 등 비슷한 견해를 제시하고 있다. 급고서원(汲古書院), 도쿄, 1993.

이상과 같은 견해는 분명 고려할만한 것들이다. 앞서 이야기한 학설은 자사와 맹자 계통 유자들의 수중에서 점차 성숙된 사상으로, 그들은 우주의 기본적인 구조인 오행을 유가가 제창한 다섯 가지 품격과 결합하여 하늘의 오행과 인간의 오행을 상호 소통시킨 것이다. 백서 『오행』에 보면, "오행은 모두 그 안에서 형태를 이루니 이를 실천하는 이를 일러 군자라고 칭한다(五行皆刑于闕內, 時行之, 胃之君子오행개형우궐내, 시행지, 위지군자).", "덕의 행(行)은 다섯 가지이니 그것의 조화를 일러 덕이라 칭하는 것이고, 사행(四行)이 조화를 이룬 것은 선(善)이라고 칭한다. 선이란 사람의 도이고, 덕이란 하늘의 도이다(德之行五, 和胃之德, 四行和胃之善, 善, 人道也, 德, 天道也덕지행오, 화위지덕, 사행화위지선, 선, 인도야, 덕, 천도야)"[5]라는 구절이 나오는데, 이는 『예기』「중용」 정현(鄭玄)의 주석에서 보이는 "천명이란 하늘이 사람에게 명한 바를 뜻하니 이를 일러 성명(性命)이라 이야기한다. 나무(木)의 신명은 어짐이고, 쇠(金)의 신명은 의이며, 불(火)의 신명은 예이고, 물(水)의 신명은 믿음이며, 흙(土)의 신명은 지혜이다(天命, 謂天所命生人者也, 是謂性命. 木神則仁, 金神則義, 火神則禮, 水神則信, 土神則智천명, 위천소명생인자야, 시위성명. 목신칙인, 금신칙의, 화신즉례, 수신즉신, 토신즉지)"[6] 등의 발언과 대체적으로 같은 사상적 맥락에서 나온 것이라고 볼 수 있다.

이러한 사상적 맥락에 따라 인간의 품격과 하늘의 오행이 서로 통하게 되니, 금·목·수·화·토는 천명이 외부적으로 형태를 이룬 것이고, 인·의·예·지·성은 천명이 내적으로 형태를 이룬 것이다. 성인은 위로 천도와 상통하여 오행을 품부(稟賦 : 선천적으로 타고남) 받은 것이고, 일반 사람은 단지 사행(四行) 밖에 품부받지 못했다. 그렇기 때문에 전자는 '덕'을 지니게 되고, 후자는 '선'을 향하게 된다.[7]

---

5) 『노자갑본급권후고일서(老子甲本及卷後古佚書)』, 문물출판사, 1974.

6) 『십삼경주소』, 1625쪽.

7) 곽말약(郭沫若)은 『청동시대(靑銅時代)』의 「후기(後記)」에서 오행은 확실히 자사와 맹자 계통의 유가들의 설법이다. 다만 "자사와 맹자의 전적이 완전하지 않아 그들의 오행설이 실전되었을 따름이다." 그러나 『상서』에 나오는 「홍범(洪範)」, 「우공(禹貢)」, 「고도모(皐陶謨)」, 「요전(堯典)」 등은 그들이 "'예전의 것을 참조하여(案往舊)' 만든 논설이자 수식한 문장일 가능성이 농후하다"고 말했다. 또한 그는 "사상의 발전이란 측면에서 볼 때 자사와 맹자는 오행설을 주창하여 기존의 신도(神道)의 조화에 치중하던 관념에서 전향하여 물질적인 원소를 분석하여 우주 만물의 근원에 대한 해답을 모색하였으니, 이는 그들의 공적일 뿐만 아니라 일종의 진보라고 인정하지 않을 수 없다"고 주장하였다. 332쪽, 과학출판사, 1957.

4절

사상 전통의 연속과 갱신 (2) : 묵가

묵자(墨子) 학파의 기원 역시 의례의 학문과 관련이 깊다고 한다. 『한서』 「예문지(藝文志)」에서 말하길 "묵가의 유파는 대개 청묘지수(清廟之守 : 청묘를 지키는 이들)에서 나왔다(墨家者流, 蓋出於清廟之守묵가자류, 개출어청묘지수)."[1] 이 역시 어느 정도 근거가 있는 말인 듯하다. 왜냐하면 『여씨춘추(呂氏春秋)』 「당염(當染)」에 다음과 같은 이야기가 적혀 있기 때문이다. "노(魯)나라 혜공(惠公)이 재양(宰讓)을 시켜 천자에게 지내는 제사와 조상에게 지내는 제사를 거행토록 간청하자 환왕이 사각(史角)을 사신으로 보냈는데, 혜공이 그를 노나라에 머물러 살게 했다. 그래서 그의 후예들이 노나라에 살게 되었는데, 묵자는 이들에게 배웠다(魯惠公使宰讓請郊廟之禮於天子, 桓王使史角往, 惠公止之. 其後在於魯, 墨子學焉노혜공사재양청교묘지례어천자, 환왕사사각왕, 혜공지지. 기후재어노, 묵자학언)."[2] 묵자는 공자와 마찬가지로 문화적 분위기가 물씬 풍기는 추로(鄒魯)의 땅에서 생활하였고, 학술 연원 역시 서로 유사했다. 그가 일찍이 사각(史角)의 제자에게 교묘(郊廟)의 예에 대해 배운 적이 있었기 때문에 『회남자(淮南子)』 「주술(主術)」에서 다음과 같이 말했다. 묵자(墨子) 학파의

공구와 묵적은 선대 성현의 학술을 익혀 육예의 이론에 통달하였다(孔丘墨翟修先

1) 『한서』 권30, 1738쪽, 중화서국 표점본, 1962, 1983.
2) 『여씨춘추』 권2, 「이십이자(二十二子)」, 634쪽.

聖之術, 通六藝之論공구묵적수선성지술, 통육예지론).[3]

또한 『요략(要略)』에서도 이에 대해 말하고 있다.

묵자는 유자의 학문을 배웠고, 공자의 학술을 전수받았다(墨子學儒者之業, 受孔子之術묵자학유자지업, 수공자지술).

그러나 공자보다 한 세대 늦은 묵자는[4] 공자 문하의 유자들에 대해 상당히 불만을 지닌 듯하다. 『회남자』는 이에 대해 다음과 같이 말하고 있다 "유자의 예가 번다하여 좋게 여기지 않고, 후장(厚葬 : 장례 절차가 번다하고 사치스러움)으로 재물을 허비하여 백성들을 빈한하게 만들며, 구복상생(久服傷生)하여 일을 그르치기 때문이니, 그런 까닭에 주나라의 도를 등지고 하나라의 정치를 이용하였다(以爲其禮煩擾而不悅, 厚葬靡財而貧民, 久服傷生而害事, 故背周道而用夏政이위기례번우이불열, 후장미재이빈민, 구복상생이해사, 고배주도이용하정)."[5] 그래서 묵자는 앞서 이야기한 예의 전통을 지닌 유가에 대해 격렬하게 비판하였던 것이다. 『묵자』「공맹(公孟)」 등 몇 편의 기록에 따르면 묵자의 유가에 대한 비판은 대략 네 가지 측면으로 나누어 볼 수 있다.

1

대한 묵가의 네
판

첫째, "유가는 하늘에 대해 잘 모르고, 귀신에 대해 신령스럽게 여기지 않아 하늘과 귀신에 대해 말하지 않았다. 이는 천하를 상하게 만들기에 충분하다." 이는 다시 말해 공자 이후 유자들이 의례를 일종의 외재적인 형식으로 삼는 한편

3) 『회남홍렬집해(淮南鴻烈集解)』, 302~303쪽, 유문전(劉文典) 찬, 중화서국, 1989.

4) 손이양, 『묵자연표(墨子年表)』에 따르면, 묵자의 생평(生平)은 주나라 정정왕(貞定王) 원년(기원전 468)에 태어나 주나라 안왕(安王) 26년(기원전 376)에 사망했다. 『묵자한고(墨子閒詁)』에 부록으로 실려 있다. 중화서국, 1986.

5) 『회남홍렬집해』, 709쪽.

점차 그 안에 포함되어 있는 자각적인 도덕과 윤리 의식에 치중하기 시작하면서 천지 귀신에 대한 제사나 기도 등을 경시하여 쉽게 무신론의 경향을 띠게 되었다는 뜻이다. 묵자는 유가들이 귀신을 믿지 않으면서도 제사를 중시하는 모순적인 면을 간파하고 이에 대해 다음과 같이 비판하고 있다. "'귀신이 없다'는 관점을 주장하면서 오히려 사람들에게 제례를 배우도록 하는 것은 손님도 없는데 손님에 대한 예를 배우는 것과 같고, 고기도 없는데 고기를 잡는 그물을 만드는 것과 같다(執無鬼而學祭禮, 是猶無客而學客禮也, 是猶無魚而爲魚罟也집무귀이학제례, 시유무객이학객례야, 시유무어이위어고야)."[1]

그러나 그는 유가가 인간의 정신과 행위에 대한 의례의 유도(誘導)와 제약적 의미에 관해서는 의도적으로 언급을 회피하고 있다. 그는 「천지(天志)」, 「명귀(明鬼)」 등에서 유자의 사상에 대해 지적하면서 '천(天)'이 모든 것을 망라하고 있어 인간은 천하에서 피할 곳이 없으며, 하늘은 선악의 의지를 지니고 있으며, 생사, 빈부, 치란 등을 통해 하늘의 의지를 드러내기 때문에 천자는 당연히 삼대의 성왕과 마찬가지로 "소와 양을 먹이고, 돼지와 개를 길러 정결하게 곡식을 마련하고 주례를 준비하여 상제(上帝) 귀신에게 제사를 올리고 상천(上天)에 복락을 기원해야 한다(犓牛羊, 豢犬彘, 潔爲粢, 盛酒醴, 以祭祀上帝鬼神而求祈福於天추우양, 환견체, 결위자, 성주례, 이제사상제귀신이구기복어천)"고 주장하였다. 그는 사람들, 특히 천자는 '하늘의 뜻에 순종할 것(順天意)'을 요구하였는데, '하늘의 뜻에 순종하는 것(順天意순천의)'이 바로 "더불어 서로 사랑하고, 서로 이익을 얻는 일(兼相愛, 交相利겸상애, 교상리)"이며, '하늘의 뜻에 어긋나는 것(反天意반천의)'은 "분별하여 서로 미워하고, 서로 해치는 일(別相惡, 交相賊별상오, 교상적)"[2]이라고 주장하였다.

또한 묵자는 귀신이 수백 년의 일을 예지할 수 있다고 믿어 「경주(耕柱)」에서 "귀신은 성인보다 밝고 지혜로우니 이는 마치 총명한 이를 귀머거리나 장님과 비교하는 것과 같다(鬼神之明智於聖人也, 猶聰耳明目之與聾瞽也귀신지명지어성인야, 유총이명

1) 『묵자한고』 권12, 「공맹」, 419쪽.

2) 『묵자한고』 권7, 177쪽.

3) 『묵자한고』 권11, 390쪽.

목지여농고야)"[3]고 하였으며, 귀신이 존재하기 때문에 빠짐없이 "현인에게 상을 주고, 폭군에게 벌을 준다"고 하였다. 그가 통탄해 마지않았던 것은 당시 천하가 혼란한 까닭이 바로 사람들이 "모두 귀신의 존재 여부에 대해 의혹을 가지고 귀신이 능히 현인에게 상을 주고, 폭군에게 벌을 준다는 것을 밝게 알지 못하기 때문이었으며", 귀신의 감독과 제약을 상실하였기 때문에 군신, 상하 간에 은혜가 사라지고 불충(不忠)이 넘쳐나며, 부자와 형제간에 자애가 사라지고 불효가 생겨나게 된 것이며, "백성들이 음란하고 난폭하며 도적질을 일삼고 병기, 독약, 수화(水火 : 물과 불)을 들고 크고 작은 길에서 무고한 이들의 길을 막고 타인의 거마와 의복을 빼앗아 자신들의 배를 채우게 된다(民之爲淫暴寇亂盜賊, 以兵刃毒藥水火, 退無罪人乎道路率徑, 奪人車馬衣裘以自利者幷作, 由此始, 是以天下亂민지위음폭구란도적, 이병인독약수화, 퇴무죄인호도로솔경, 탈인거마의구이자리자병작, 유차시, 시이천하란)"[4]고 하였다.

묵자는 대량의 고대 문헌을 통해 이러한 일을 인증하여 귀신은 무소부재하여, 그 시야를 벗어날 수 없기 때문에 천하가 안정되고 질서가 있으려면 유자처럼 '귀신을 공경하되 멀리하는(敬鬼神而遠之경귀신이원지)' 방법을 택해서는 안 되며, 오로지 "위로 하늘을 존중하고, 중간에서 귀신을 섬기며, 아래로 사람을 사랑해야만 한다(上尊天, 中事鬼神, 下愛人상존천, 중사귀신, 하애인)"[5]고 주장하였다.

둘째, "장례를 후하고 오랫동안 지내며 관(棺)과 곽(槨)을 몇 층씩이나 두텁게 만들고, 의복과 침구를 많이 준비하여 마치 장례를 이사 가는 것처럼 행한다. 3년 동안이나 곡읍(哭泣)하여 부축해야만 겨우 일어날 수 있고 지팡이에 의지해야 겨우 걸어갈 수 있다. 귀가 있어도 듣는 것이 없고, 눈이 있어도 보는 것이 없으니 이것이야말로 천하를 망하게 만드는 일이다(厚葬久喪, 重爲棺槨, 多爲衣衾, 送死若徙, 三年哭泣, 扶後起, 杖後行, 耳無聞, 目無見, 此足以喪天下후장구상, 중위관곽, 다위의금, 송사약도, 삼년곡읍, 부후기, 장후행, 이무문, 목무견, 차족이상천하)."[6] 『묵자』「절장(節葬)」 3편(두 편은 망실되었다)에서 묵자는 의례의 형식을 그다지 중시하지 않고, "때로 장례를 후하게 하고

4) 『묵자한고』 권8 「명귀(明鬼)」 '하(下)', 200~201쪽.
5) 『묵자한고』 권7 「천지(天志)」 '상(上)', 177쪽.
6) 『묵자한고』 권6 「절장(節葬)」 '하(下)'.

오랫동안 지내는 것은 인의가 아니며, 또한 효자가 행할 일이 아니다"라고 주장하는 것에 동의하지는 않았지만, 유자들이 과분하게 의례의 형식을 중시하는 것을 비판하여 "후세의 군자들은 때로 장례를 후하게 하고 오랫동안 지내는 것을 인의라고 여기고 효자가 마땅히 행해야할 일이라고 여긴다(後世之君子, 或以厚葬久喪以爲仁也, 義也, 孝子之事也후세지군자, 혹이후장구상이위인야, 의야, 효자지사야)"[1]라고 말했다.

묵자는 '인(仁)'이란 천하의 모든 사물과 현상의 합리적인 '도(度 : 법도)'를 형량(衡量)하는 것이라고 하면서, '천하'의 입장에서 볼 때 '인'은 '삼무(三務)', 즉 세 가지 의무가 있다고 하였다. 첫째는 천하의 백성들을 부유하게 하는 것이고, 둘째는 인구를 번성하게 하는 것이며, 셋째는 사회를 안정하게 만드는 것이다. 다시 말해 '부지(富之), 중지(衆之), 치지(治之)'이다. 그렇다면 "장례를 후하게 하고 오랫동안 지내면 백성을 부유하게 만들고 인구를 늘리며 사회를 안정시킬 수 있는가?"

묵가들은 이렇게 힐문하면서 다음과 같이 말하고 있다. 우선 장례를 후하게 오랫동안 지내게 되면 재부(財富)가 소진되고, 정신이 피로하게 되며, 육신이 쇠약해지기 때문에 사회가 제대로 운영될 수 없으며, 때에 맞춰 생산을 할 수도 없게 된다. 그렇기 때문에 "이를 통해 부유함을 얻고자 하는 것은 경작도 하지 않고 수확을 바라는 것이나 다름없다." 두 번째로 장례를 오랫동안 지내게 되면, "얼굴이 수척해지고, 안색이 검게 변하며 눈과 귀가 어두워지고 수족에 힘이 없게 된다(面目陷陬, 顔色黧黑, 耳目不聰明, 手足不勁强면목함추, 안색려흑, 이목불총명, 수족불경강)."[2] 그런즉 남녀 간의 교접에도 이롭지 못하고 질병에 걸려 죽게 되는 경우도 있을 것이니 "이를 통해 인구를 증가시키고자 함은 사람이 칼을 들고 다니며 오래 살기를 바라는 것과 같다." 세 번째로 장례를 후하고 오랫동안 지내게 되면 그만큼 재물을 허비할 수밖에 없기 때문에 백성들을 부유하게 할 수 없고 또한 인구가 번성할 리도 없다. 그러니 어찌 사회의 안정을 바랄 수 있겠는가?

묵자는 불가능하다고 단언하였다. 지나치게 번다하고 오랫동안 지속되는

---

1) 『묵자한고』 권6 「절장(節葬)」 '하(下)', 154쪽.
2) 『묵자한고』 권6 「절장(節葬)」 '하(下)', 158쪽.

장례의 일로 말미암아 가산을 탕진하게 되니 원망이 쌓이게 되고, 배우자도 제대로 구하지 못하니 필연적으로 다툼이 일어나기 때문이다. "이 때문에 품행이 음란하고 사악한 백성들은 집밖으로 나가자니 입을 옷이 없고, 집에 들어오면 먹을 음식이 없다. 내심으로 치욕의 느낌이 축적되어 일시에 사악하고 폭악한 일을 일으키게 되어 금지할 방법이 없게 된다. 그리하여 도적은 많아지고 다스리는 이는 적어질 수밖에 없는 것이다(是以僻淫邪行之民, 出則無衣也, 入則無食也, 內續奚吾, 幷爲淫暴, 而不可勝禁也, 是故盜賊衆而治者寡시이벽음사행지민, 출즉무의야, 입즉무식야, 내속해오, 병위음폭, 이불가승금야, 시고도적중이치자과)." 천하가 이렇게 큰 혼란에 빠지게 되니 "이러한 방법으로 다스리고자 하는 것은 마치 사람을 여러 차례 내치고도 자신을 배반하지 말기를 요구하는 것과 같다(以此求治, 譬猶使人三還而毋負己也이차구치, 비유사인삼환이무부기야)."[3)]

그래서 그는 다만 장례를 완전히 없앨 수는 없으니, "땅을 파고 시신을 묻는데 샘이 나오는 깊은 곳까지 땅을 파지 말 것이며, 지상의 봉분은 부패한 냄새가 나지 않을 정도로 하여 분묘의 넓이가 세 척 정도면 충분할 것이다"라고 하였으며, 일단 상을 당했을 경우는 "죽은 이를 매장하고 난 후에 산자는 오랫동안 곡을 하지 말고 신속하게 본래의 생업에 종사해야 한다(下毋及泉, 上毋通臭, 壟若參耕之畝하무급천, 상무통취, 추약삼경지무)", "死者旣已葬矣, 生者必毋久哭, 而疾而從事사자기이장의, 생자필무구곡, 이질이종사)"[4)]고 주장했던 것이다. 이렇게 해야만 비로소 인의를 행하고, 성인의 도에 합치하여 백성의 이로움에 부합할 수 있다는 뜻이다.

셋째, "가무, 연주, 무용 등 성악(聲樂 : 노래와 음악)의 일을 항시 연습하고 있으니 이 또한 천하를 망하게 만드는 일이다." 의식에 있어서 예와 악은 그 의의와 내함(內涵)을 표현하는데 불가분의 관계를 지녔다. 유자가 예를 연습할 때면 반드시 음악도 함께 연습하여 의례의 음악을 지극히 중시하였다.[5)] 유자의 관점에서 볼 때 음악은 '흥(興)', '관(觀)', '군(群)', '원(怨)'을 가능하게 만드는 것일뿐만 아니

---

3) 『묵자한고』 권6 「절장(節葬)」 '하(下)', 161~162쪽.

4) 『묵자한고』 권6 「절장(節葬)」 '하(下)', 165쪽.

5) 이 점에 관해서는 『예기』 「악기(樂記)」 등의 문헌 기록을 참고하시오.

라 절제와 등급을 구분하는 상징이기도 했다.

그러나 묵자는 달랐다. 아름다운 음악을 들으면 마음이 유쾌해지고, 화려한 문양을 보면 즐거워지고, 잘 요리된 고기는 먹고 싶으며, 높은 누각이나 훌륭한 별장은 분명 편안함을 준다. 이렇듯 이목구비의 욕망은 필요 없는 것이라고 할 수 없다. 그러나 이러한 욕망을 한껏 채우고자 한다면 "허기진 이가 먹을 것을 얻지 못하고, 헐벗은 이가 옷을 얻지 못하며, 일하는 이가 휴식을 취하지 못 한다(飢者不得食, 寒者不得衣, 勞者不得息기자불득식, 한자불득의, 노자불득식)"는 세 가지 사회적 난제를 해결할 수 없게 되며, 또한 이러한 외재적 상징에 의지하게 되면 "강자가 약자를 약탈하고 많은 무리들이 소수를 해치고, 사악한 이가 어리석은 이를 기만하며, 귀한 이가 천한 이들을 깔보고, 도적들이 떼를 지어 일어나는 것(强劫弱, 衆暴寡, 詐欺愚, 貴傲賤, 寇亂盜賊幷興강겁약, 중폭과, 사기우, 귀오천, 구란도적병홍)"[1]을 막을 수 없다. 반대로 '남자들이 농사를 짓고 과수를 심을 시기를 놓치게 만들고' '부녀자들이 길쌈하는 일을 못하게 만드니' 왕공대인들이 예악을 크게 일으키면 '백성들이 먹고 입을 재화를 빼앗는 것일 뿐이니' 결코 필요한 것이 아니다.

넷째, 유자는 "운명이 존재한다고 생각하여, 빈부(貧富), 요수(夭壽 : 요절과 장수), 치란(治亂), 안위(安危) 등이 모두 정해진 것이기 때문에 증감의 변화가 있을 수 없다고 여긴다. 통치자가 이를 믿고 행하면 필연적으로 제대로 정치를 행하지 않고, 아랫사람들이 이를 믿고 행하면 필연적으로 생업에 종사하지 않게 된다. 이는 천하를 상하게 만드는 일이다."

유자는 '명정(命定)', 즉 운명은 정해진 것이라는 이론을 신봉하고 있었던 것 같다. 그래서 빈부, 요수, 치란, 안위 등이 모두 운명이라고 여겼다. 『순자』「유좌(宥坐)」에 보면 공자와 자로의 이야기가 기록되어 있다. 공자가 여러 제후국을 돌아다니다가 진(陳)과 채(蔡)나라 사이에서 식량이 떨어져 '7일 동안 음식을 해먹지 못하는' 상황에 봉착하였다. 그때 자로가 공자에게 묻기를 "선을 행한 이는 하늘이 복락으로 보답하며, 선하지 않은 일을 행한 이는 하늘이 재앙으로 응답한다"고 말하던데, 선생님께서는 "덕과 의를 쌓고 아름다움을 품고 계신데 어찌 하늘

1) 『묵자한고』 권8 「비악(非樂)」 '상(上)', 228~229쪽.

이 선생님에게 행복으로 보답하지 않는 것입니까?" 라고 물었다. 그러자 공자가 자로에게 이렇게 대답하였다. "무릇 현명하고 불초한 것은 재질이고, 행하고 행하지 않는 것은 인위적인 것이며, 때를 만나고 만나지 못함은 시(時)이고, 죽음과 삶은 명(命 : 운명)인 것이다(夫賢不肖者, 材也, 爲不爲者, 人也, 遇不遇者, 時也, 死生者, 命也부현불초자, 재야, 위불위자, 인야, 우불우자, 시야, 사생자, 명야)." 만약 때를 만나지 못했다면 당연히 어쩔 수 없는 것이나 "만약 때를 만났다면 어찌 어려움이 있겠느냐(苟遇其時, 何難之有구우기시, 하난지유)"[2)]라고 하였다.

비록 공자가 강조한 것은 개인의 자각적인 노력이었으나 이러한 노력은 필경 마땅한 '때'를 기다려야 하는 것이니, 이것이 바로 운명이다. 그러나 자로가 이야기한 것은 아마도 당시 사상계에서 일반적으로 통용되던 운명에 대한 관념이었을 것이다.

그러나 묵자는 우선 고대 성왕(聖王)의 일에 근거한 다음 백성의 이해와 폐해를 준칙으로 삼고, 아울러 형정(刑政)의 득실을 참고하여 이러한 '운명'의 관념을 비판하고 있다. 그는 치란, 흥폐, 화복 등에 운명이라는 것은 없다고 주장하면서, 이는 다음 두 가지에 달린 것이라고 주장하고 있다. 첫째, "더불어 서로 사랑하고 서로 이익을 얻을 수 있으면, 하늘과 귀신이 그를 부유하게 만들 것이며, 제후가 그를 도울 것이고 백성들이 그를 친근하게 여길 것이며, 현명한 선비들이 그에게 귀부할 것이다." 둘째, 합리적인 법률과 율령을 반포하고 상벌 제도를 통해 현인(賢人)을 고무시키면, 백성들이 어진 이를 숭상하게 되고, 효제의 도리를 지니게 되어 "집에서는 부모에게 효순하고 자애로우며, 밖에서는 향리의 어른을 존경하고, 행동거지에 절도가 있고, 출입하는데 절도가 있으며 능히 남녀 간의 구분을 지킬 수 있게 된다."

만약 "운명이 존재한다"고 믿게 될 경우는 모든 것이 선악이나 시비로 말미암지 않고 그저 운명으로 받아들이게 되기 때문에 그 누구도 경외의 마음을 지니지 않게 되고, 애써 역행하는 이도 없을 것이다. 그리하여 "상층부에 있는 이는 옥사를 듣고 나라를 제대로 다스리지 못해 법률과 정사가 혼란해질 것이며, 아랫

2) 『순자집해』 권20, 『제자집성』 본, 345쪽.

사람들은 힘써 일하지 않아 재물과 일용할 양식이 부족할 것이다. 위로 제수용 곡식이나 술로 상제와 귀신에게 제사를 올릴 수 없고, 아래로 물건이 없어 천하의 어진 이들과 선비들을 위로할 수 없으며, 대외적으로 제후의 빈객을 접대할 재물이 부족하고, 대내적으로 기아에 허덕이고 헐벗은 이들에게 제공할 음식과 의복이 없으며 노약자를 부양할 수 없게 될 것이다(上不聽治, 則刑政亂, 下不從事, 則財用不足, 上無以供粢盛酒醴, 祭祀上帝鬼神, 下無以降綏天下賢可之士, 外無以應待諸侯之賓客, 內無以食飢衣寒, 將養老弱상불청치, 즉형정란, 하부종사, 즉재용부족, 상무이공자성주례, 제사상제귀신, 하무이강수천하현가지사, 외무이응대제후지빈객, 내무이식기의한, 장양노약)." 그 결과 "위로 천제에게 이롭지 않으며, 중간으로 귀신에게 이롭지 않고, 아래로 인간에게도 불리하게 되니(上不利於天, 中不利於鬼, 下不利於人상불이어천, 중불이어귀, 하불이어인)"[1) 모든 것이 혼란에 빠져 순서가 없게 된다.

2

위에서 말한 유자에 대한 묵자의 비판에서 볼 수 있듯이 유자가 대표하는 것 현실적이고 실용적

은 일종의 인문주의적 사조라고 할 수 있다. 그들의 마음속에는 궁극적인 이상세계이자 또한 선험적인 도덕적 본원이 존재하고 있었다. 그들이 기억하는 '과거' 속에는 수많은 이상과 상상적인 성분이 포함되어 있었으며, 그들은 일종의 '의식'과 '상징'이 중심을 이루고 있는 '예'를 통해 자신들의 마음속에 내재하는 이상적인 질서를 유지하기를 희망하였다. 따라서 그들은 실제 사회의 실용적인 문제에 대해 지나치게 고려하기를 원치 않았다. 그들의 사고 방식 속에서 이상화되고 제도화한 '예'는 더욱 확대되는 한편 전통적인 무축(巫祝)식의 율령이 도덕화, 내재화의 과정을 통해 개조되어 더 이상 제약 능력을 발휘할 수 없게 되었지만, 여전히 그들은 '예(禮)'와 '악(樂)' 및 자신의 도덕의식과 윤리적 신조로 천하를 구제하고 이상적인 질서를 실현하기를 희망했다. 그래서 그들은 '교육', '문화', 그

---

1) 『묵자한고』 권9 「비명(非命)」 '상(上)', 244쪽, 247쪽.

리고 '사상'에 희망을 거는 한편 의식과 상징이 인류에게 규범이 되고 제약을 가할 수 있을 것이라고 믿었던 것이다.

그러나 묵자 일파는 지극히 현세적이고 실용적인 입장을 견지하고 있었다. 그들은 극히 실용적인 사상을 지니고, '부유(富裕)', '번서(繁庶 : 인구 증가)', '안정(安定)' 등을 위하고, 세 가지 커다란 우환을 제거하기 위해 유자들의 이상 속에 존재하는 형식주의적인 번문욕례(繁文縟禮 : 번거롭고 까다로운 규칙과 예절)를 거부하는 한편 실제 사회와 연계된 일체의 문제에 대해 고민하였던 것이다. 유자들은 언제나 "그 마땅함을 올바르게 하고, 이익을 도모하지 않으며, 도를 밝히고 공을 꾀하지 않는다"라고 하여 이상주의적인 인문 사조에 속했다. 그러나 묵자 일파는 달랐다. 그들은 "도가 행해지지 않으면 이미 그것을 알고(道之不行, 已知之矣도지불행, 이지지의)" 고집스럽게 "그 의를 행해야 한다(行其義행기의)"는 주장에 절대로 찬동할 수 없었다.[2] 그들은 사고의 토대를 현세의 합리성에 두었다.

: 이상주의적 인물 | 속했으나, 묵자 - 현세의 합리성에 토대를 두었다.

『묵자』「공맹(公孟)」에 보면 점을 잘 치는 두 사람에 대한 비유의 이야기가 나온다. 한 사람은 "집밖에서 다른 이들을 위해 점을 쳐주고(行爲人筮者행위인서자)", 다른 한 사람은 "집에 틀어박혀 두문불출하였다(處而不出者처이부출자)." 비록 후자가 품덕이 고상하고 명성이 높다고 할지라도 전자가 오히려 더욱 많은 '서(糈 : 점을 쳐주고 받은 양식)'를 받을 것이며, "그 공적과 선행 또한 많다(其功善亦多기공선역다)."[3]

묵자는 학설 또한 이렇다고 여겼다. 그렇기 때문에 그는 자신의 학설을 실질적인 측면에서 활용하였던 것이다. '천(天)'과 '귀(鬼)'는 인간들의 행위를 통제하는 외재적 역량이다. 그것은 천하의 안정, 도덕과 질서를 돕는다. 그렇기 때문에 이에 순종해야 한다. 장례와 상례는 재부를 축적하고 인구를 늘리는 데 불리하다. 음악은 재부 생산에 불리할 뿐 아니라 재부를 소비할 뿐이다. 이처럼 외재적인 형식에 의존하여 내재적 감정을 표현하는 예악 제도란 실제 효용성이 전혀 없는 것이다. 따라서 반드시 없애버려야만 한다. '운명'에 관한 언설은 사람들에게 경외심과 믿음을 상실하게 만들 뿐 아니라 통치자는 제대로 통치를 하지 않고 백

2) 『논어』「미자(微子)」, 『십삼경주소』 2529쪽.

3) 『묵자한고』 권12, 413~414쪽.

성은 생업에 종사하지 않게 만든다. 그렇기 때문에 반드시 없애버려야만 한다. 이렇듯 그들은 의식과 상징의 의의에 대해 지극히 멸시적인 태도를 취했다.

「공맹」에서 묵자는 공맹에게 유자는 그저 형식만 중시할 뿐이라고 하면서 "행함(주로 다스림을 뜻함)은 복식에 있는 것이 아니다"라고 말하고 있다. 그는 제환공(齊桓公), 진문공(晉文公), 초(楚)나라 장왕(莊王), 월왕(越王) 구천(句踐)의 예를 들면서 "비록 그 복장은 같지 않았으나 그 행함은 일치하였다"는 점을 들어 외재적인 복식과 같은 상징이나 형식은 쓸모가 없음을 증명하고 있다. 또한 그는 상왕(商王) 주(紂), 경사(卿士) 비중(費仲), 기자(箕子), 미자(微子) 등은 "똑같이 옛 일을 이야기하였으나 어떤 사람은 어질고 어떤 사람은 어질지 않았으며", 주공(周公)과 관숙(管叔)은 "똑같은 옷을 입었으나 주공은 어질고 관숙은 어질지 않았다"고 하면서 실질적인 '인(仁)'이란 '옛 복식이나 옛 말' 등 외재적인 형식에 있는 것이 아님을 증명하였다.[1] 묵자의 사상은 분명 실재적이다. 묵자의 사상은 당시 사회에 유용한가 무용한가, 또는 이익이 되는가 아닌가를 유일한 표준으로 삼았는데, 그것은 그들이 사고하는 데 근본이 되는 이성이기도 했다.

그들이 학설을 헤아리는 표준으로 삼은 '삼표법(三表法 : 세 가지 표준)'이란 바로 역사적 근거, 가치 이성과 도구 이성, 즉 가치와 도구가 이성적이고 실용적인 것에 부합하기를 바라는 것이었다. 그래서 '본지(本之 : 근본이 있어야 함)', '원지(原之 : 고찰할 수 있어야 함)', '용지(用之 : 실용적이어야 함)'라고 불렀던 것이다. 실질적으로 사용할 곳이 없는 학설은 설사 역사적인 근거가 있고 논리적인 사상이 존재할지라도 성립될 수 없다. 왜냐하면 '종교(宗教)' - '형정(刑政)' - '조작(操作)'이라는 사고 방식에서 현실적인 조작이 불가능하다면 전혀 의미가 없기 때문이다. 아마도 이는 공자와 묵자의 신분이 다른 것과 관련이 있는 듯하다. 공자는 귀족 출신이나 묵자는 하층 출신이었던 것이다.

유가와 묵가의 논쟁은 당시 시대적 풍상의 변화를 암시하고 있다. 한 시대가

---

1) 『묵자한고』, 권12, 414~416쪽. 손이양은 『묵자한고』에서 공맹자(公孟子)는 『설원(說苑)』「수문편(修文篇)」에 나오는 공맹자고(公孟子高)인데 '공자 칠십 제자의 제자(七十子之弟子)'로 증자보다 약간 늦고 묵자와 동시대에 살았다고 보았다.

끝나가면 과거의 문화 경험을 지니고 과거의 문화 규범에 익숙하며 대대로 유전된 문화적 우월감을 향유하던 문화인들은 일종의 두려움과 불안을 느끼게 된다. 은주(殷周)의 문화 분위기에 익숙했던 당시 구 귀족계층의 문화인들은 예악이 붕괴되는 주변 환경을 낯설게 느꼈으며, 심리적으로 안정감을 상실한 채 회념과 추억에 빠져들 수밖에 없었다. 그리하여 그들은 이상을 설계하던 역사의 잔영 속에서 전통을 빌려 현실을 비판하고, 문화 정신으로 세속 사회를 풍자하였던 것이다. 기본적으로 생존 때문에 걱정할 필요가 없었던 그들은 습관적으로 더욱 궁극적이고 추상적인 심령과 정신사의 문제에 골몰하였고, 말만 꺼내면 언제나 이상적인 인문주의 전통을 언급하게 되었다. 과거의 신분 의식이나 예전의 담론 권력에 기대어 그들은 여전히 과거의 문화나 제도에 연연하고 있을 수밖에 없었던 것이다.

그러나 일단 이러한 시대가 지나간 후에는 격심한 사회적 변화의 와중에서 실용적인 사조가 기존 사상 세계의 공백을 메꾸게 되며, 문화적 우월감이나 구(舊)문화에 대한 경험을 해본 적이 없는 일군의 사상가들은 민감하게 시대의 수요를 파악하고 생존의 현실에 적응하여 지나치게 이상화한 담론을 즉각적인 효과가 있고 실용적인 책략으로 변화시키는 한편 구시대의 문화적 경험을 강력하게 비판하게 된다. 비교적 근대 역사에 근거하여 추억하거나 지속성을 지닌 사상 전통을 이용하여 자신들의 가치 체계를 세운 유가에 비해 묵자 일파는 상상 속의 하대(夏代)의 옛 이야기를 통해 자신들을 증명하고자 했다.

역사를 소추하는 데에는 두 가지 정황이 존재한다. 하나는 고찰할 수 있는 근세의 경험과 역사를 빌려 자신의 사상이 지닌 합리적 연속성을 증명하기 위함이다. 또 다른 하나는 상고하기 어려운 옛날의 전설이나 신화를 빌려 자신의 사상적 연원이 오래되었음을 설명하고자 함이다. 전자는 '법후왕(法後王 : 후왕을 법도로 삼음)'이고, 후자는 '법선왕(法先王 : 선왕을 법도로 삼음)'이라고 말할 수 있다. 전자는 경험과 지식을 고수하고 전승하며, 후자는 사상과 방법의 갱신과 변혁을 요구한다. '탁고개제(托古改制 : 옛 것에 의탁해 제도를 개혁함)'라는 말이 있는데 묵자 일파의 사상이 바로 이러하다. 그들은 문화와 지식의 단절을 그다지 중시하지 않는 대신 오로지 당대의 제도와 규범을 건립하고자 했다. 그래서 묵자 일파는 도구이성의 색채가 강렬한 사상을 통해 가치 이성을 보호하려는 사상을 비판하였던 것이다. 『순자』「해폐(解蔽)」에 보면 묵자 일파를 비난한 구절이 보인다.

> 쓰임(用)에 가려 문(文)을 알지 못했다(蔽於用而不知文폐어용이부지문).[1]

'용'은 실제 효용, 즉 실현할 수 있는 이익을 중시한다는 뜻이다. 이러한 사상은 현실에 터전을 마련하고 있다. 그러나 '문'은 곧 형식과 상징의 화해(和諧 : 화합)와 화미(華美 : 화려)를 뜻하는 것으로 그 착안점은 오히려 전통에 있다.

한나라 시대 왕충(王充)은 『논형(論衡)』「박장(薄葬)」에서 묵자 일파가 지나치게 경험에 주의했다고 지적한 바 있다. 그는 묵자가 문제를 고려할 때 "정신에 머물러 뜻을 맑게 하지 않고 구차하게 외적인 체험으로 시비를 판단하고 외물을 보고 들은 것만을 믿고, 내적으로 사리에 맞게 고민하지 않았으니 이는 이목으로 논단한 것이지 마음과 뜻으로 의론한 것이 아니다(不留精澄意, 苟以外效立事是非, 信聞見於外, 不詮訂於內, 是用耳目論, 不以心意議也불류정징의, 구이외효립사시비, 신문견어외, 부전정어내, 시용이목론, 불이심의의야)"라고 비판하면서 계속해서 다음과 같이 말하고 있다. "묵자의 의론은 마음으로 한 것이 아니라 외물에 근원을 둔 것으로 오로지 듣고 본 것만을 믿은 것이니 비록 효험하고 말하고자 함이 분명하다고 할지라도 실질을 잃은 것과 진배없다. 실질을 잃은 의론은 가르침으로 삼기 어려우니 비록 우민(愚民)의 욕망을 얻을 수는 있겠으나 지자(知者)의 마음에 적합한 것은 아니다(墨議不以心而原物, 苟信聞見, 則雖效驗章明, 猶爲失實, 失實之議難以教, 雖得愚民之欲, 不合知者之心묵의불이심이원물, 구신문견, 즉수효험장명, 유위실실, 실실지의난이교, 수득우민지욕, 불합지자지심)."[2]

다시 말해 묵자 일파는 이목구비를 통해 직접 체험할 수 있는 경험에 집착하여 정신이나 심령상의 체험을 무시하였으며, '물(物)'을 찾는데 몰두하여 '심(心)'을 방기하였으니, '우민의 욕망'에 적합할지언정 '지자의 심령'에 부합한 것은 아니었다는 뜻이다. 사실 외재적 형식으로 화해와 화미를 추구하거나 생활 속에 존재하는 상징 세계는 일면 공리성을 초월한 행위이다. 실용성과 도구성을 초월

---

1) 『순자집해(荀子集解)』 권15, 『제자집성(諸子集成)』본, 261쪽, 중화서국.

2) 『논형교석(論衡校釋)』 권23, 962~963쪽, 황휘(黃暉) 찬, 중화서국, 1990, 1995.

하지 않으면 인간은 외재 형식의 '문'을 찾아낼 수 없다. 또한 이는 일종의 인류가 지닌 감정상의 표현이기도 하다. 외재적인 '문(文)'은 곧 내재적인 '화(化)'나 다를 바 없다. 인류는 정감에 기탁한 문화 형식으로 자신의 신성에 대한 경외와 추구를 표현하고자 했으며, 또한 정감을 발설할 수 있는 문화적 상징으로 자신의 환희와 우환을 전달하고자 했다. 만약에 단지 실용과 공리만을 추구한다면 내심의 정감이나 그러한 내심의 정감에 기탁한 의례와 상징은 모두 상실되고 만다. 이러한 것들을 상실한 인류는 인간이 인간됨의 근거를 상실하여 생물로 전락하고 말 것이다. 그래서 『장자(莊子)』는 「천하(天下)」에서 이러한 '인정에 적합하지 않음'을 다음과 같이 비판한 것이다.

단지 실용과 공리
추구한다면 내심의
나 그러한 내심의
기탁한 의례와 상
모두 상실되고 만
러한 것들을 상실
는 인간이 인간됨
를 상실하여 생물
하고 말 것이다.

> 살아서 부지런히 일하고 죽어서 박하게 장사지내니 그 도는 지나치게 각박한 것이어서 사람을 근심케 하고 비통에 젖게 만들어 실천하기가 힘드니 아마도 성인의 도라고 말할 수 없을 듯하다. 천하 사람들의 마음과 배치하니 천하 사람들이 차마 감당할 수 없을 것이다. 묵자는 비록 홀로 능히 담당할 수 있었을지 모르나 천하 사람들이 어찌할 수 있을 것인가? 천하를 벗어났으니 임금의 도에서도 멀리 벗어난 것일 터이다(其生也勤, 其死也薄, 其道大觳, 使人憂, 使人悲, 其行難爲也, 恐其不可以爲聖人之道. 反天下之心, 天下不堪. 墨子雖獨能任, 奈天下何? 離於天下, 其去王也遠矣기생야근, 기사야박, 기도대곡, 사인우, 사인비, 기행난위야, 공기불가이위성인지도. 반천하지심, 천하불감. 묵자수독능임, 내천하하? 이어천하, 기거왕야원의).[3)]

3

유자와 더불어 병칭되던 묵자 일파는 당시 '현학(顯學)' 가운데 하나였다. 『여씨춘추(呂氏春秋)』에 보면, 당시 "공자와 묵자의 후학 가운데 천하에 영달한 이가

후학은 세 가지
나뉜다.

3) 『장자집해(莊子集解)』 권10, 1075쪽, 중화서국, 1961. 또한 『사기』 「태사공자서(太史公自序)」에서도 "묵자는 절약을 주장하였으나 따르기 힘들었으니 그 일을 두루 좇아갈 수 없었다"라고 이야기한 바 있다.

많았으니 그 수를 셀 수 없을 정도였다(孔墨之後學顯榮於天下者衆矣, 不可勝數공묵지후학현영어천하자중의, 불가승수)"[1]라고 기록되어 있다. 비록 묵자 일파와 관련된 문헌이 이미 대부분 산실되기는 했으나 잔존하고 있는 기록을 통해 당시 묵자의 문하생들이 얼마나 홍성했는지를 알 수 있다. 예를 들어 원래 자하의 문인이었던 금활리(禽滑厘)는 일찍이 묵자에게 수비(守備) 기술을 배워 송(宋)나라에서 초(楚)나라의 침입을 막는데 일조하였고,[2] 월(越)나라에서 묵자의 학문을 전수받은 공손과(公孫科)는 월왕의 신임을 얻어 '속거오십승(束車五十乘 : 네 마리 말이 끄는 수레 오십 대)'을 보내 묵자를 영접한 일이 있다.[3] 또한 수소자(隋巢子)는 '상검(尙儉)'의 학설을 계승하여 6편의 저작을 찬술했으며,[4] 조공자(曹公子)는 묵자의 명을 받들어 송나라에서 입사(入仕)하였는데, 절약하기 위해 귀신에게 박하게 대하다가 나중에 풍요롭게 되자 귀신에게 제사를 드렸다. 그는 자신의 잘못은 생각하지 않고 오히려 묵자의 학설을 의심하여 묵자의 비판을 받기도 했다.[5]

『장자』「천하(天下)」나 『한비자』「현학(顯學)」에 보면 모두 묵자의 후학에 대해 기록하고 있다. 이에 따르면 묵학은 나중에 세 가지 지파로 나뉘는데, 그 하나는 "상리씨(相里氏)의 묵학(「천하」에는 '상리근相里勤'으로 나온다)"이고, 또 다른 하나는 "상부씨(相夫氏)의 묵학(「천하」에는 없다)", 그리고 마지막으로 "등릉씨(鄧陵氏)의 묵학(「천하」에는 등릉자鄧陵子로 나온다)"이다.[6] 후세에 어떤 이는 그들이 '모두 묵경을 암송하였으나 점차 변화하여 달라지게 되었으며' 각기 자신들이 배운 묵자의 언술을 전수했기 때문에 『묵자』에 「상현(尙賢)」, 「상동(尙同)」, 「겸애(兼愛)」, 「비공(非攻)」, 「절용(節用)」, 「절장(節葬)」, 「천지(天志)」, 「명귀(明鬼)」, 「비악(非樂)」, 「비명(非

1) 『여씨춘추』 권4 「이십이자(二十二子)」 634쪽.

2) 『묵자한고』 권13 「공수(公輸)」, 권14 「비성문(備城門)」, 448~449쪽. 『열자(列子)』 「양주(楊朱)」를 보면 그가 묵자의 절검 사상을 계승하여 단목숙(端木叔)이 재산을 탕진한 일을 비난했다고 기록하고 있다. 『열자집해』 권7, 229쪽, 중화서국, 1979, 1985.

3) 『여씨춘추』 권19 「이십이자(二十二子)」 698쪽에 보면 '공상과(公上科)'로 적혀 있다. 『묵자한고』 권13 「노문(魯問)」, 436쪽을 참조하시오.

4) 『한서』 권30 「예문지(藝文志)」, 1738쪽.

5) 『묵자한고』 권13 「노문」, 437쪽.

6) 『장자집해』 권10, 1079쪽. 『한비자』 권19, 「이십이자」, 1185쪽.

命)」, 「비유(非儒)」 등 11편이 각기 내용상 약간씩 차이가 있는 상, 중, 하 세 편으로 나뉜 것이라고 지적한 바 있다.

후학의 발전 양태는 두 가지 추향을 드러내고

호적(胡適)의 견해에 따르면 묵가 후학의 발전 양태는 두 가지 추향을 드러내고 있다.[7] 그 하나는 '거자(鉅子 : 각 파의 스승)'를 중심으로 한 종교 조직화이다. 이는 풍우란(馮友蘭)이 이야기한 "묵자(墨子) 제자들은 모든 행동거지에 있어서 묵자의 지휘를 받아야만 했다", "묵자(墨者)들은 하나의 조직을 갖춘 단체이다", "묵자 단체의 내부 기율은 지극히 엄격했다"는 내용과 상응한다.[8] 또 다른 하나는 인문 사회를 중심으로 하는 쪽에서 기술과 논리를 중심으로 하는 '별묵(別墨)'으로 전향했다는 것이다. 확실히 『묵자』 가운데 「경(經)」 상하, 「경설(經說)」 상하, 「대취(大取)」, 「소취(小取)」 등의 내용은 주로 명변 학설과 유관하고, 「공수반(公輸盤)」, 「비성문(備城門)」 이하의 몇 편은 모두 기술 관련 논저들이다. 호적의 견해는 대체적으로 믿을 만하다.

그러나 몇 가지 보충할 부분이 있다. 우선 유자의 학문은 사상의 전승과 문화에 대한 기본 교육을 중시하였으나 묵자는 이와 달랐다. 그들은 전승 관계에 있어서 어떤 개인에 기대는 경향이 짙었고, 또한 단체로서 봉쇄적 경향이 강했다. 그래서 사상적인 측면의 연계나 유대가 자연히 느슨해지고, 단체적인 측면의 종법관계가 강화되었다. 그리하여 '거자(鉅子)'나 '성인(聖人)'의 후광이 소실될 경우 단체 또한 해산되고, 사상적 연계도 이에 따라 붕괴되지 않을 수 없었다.

두 번째로 묵자 일파의 학설은 개인에 대해 지나치게 과분한 것을 요구하였다. 예를 들어 『장자』 「천하」에 보면 다음과 같이 말하고 있다. '살아서 음악도 즐기지 않고 죽어도 상복을 입지 말기'를 요구하는 등 완전히 실용적인 사상에 복종하기를 강요하였다. 이렇듯 가혹할 정도로 소박한 삶을 요구하여 인간의 욕망을 제한하였으니 "천하 사람들의 마음에 배치되어 천하 사람들이 견딜 수 없었다." 또한 모든 이들에게 "구갈(裘褐 : 갖옷과 베옷)을 입고, 나막신이나 짚신을 신고서 낮밤을 가리지 않고 쉬지도 않으며 스스로 고통을 짊어지는 것을 법도로 삼았

---

7) 호적, 『선진명학사(先秦名學史)』, 『호적학술문집(중국철학사)』 하책, 819쪽, 중화서국.

8) 풍우란, 『중국철학사』, 112~115쪽, 중화서국, 1961, 1984.

다.” 그리하여 ‘장딴지에 살이 없고, 정강이에 털이 없어질(腓無胈, 脛無毛비무발, 경무모)’ 지경에 이르러 후세 사람들이 더욱 견디기 힘든 지경에 이르렀다. 또한 모든 후학들에게 스스로 “거자를 성인으로 여기고 각기 묵자의 종주가 되어 후세에 묵자의 후계자가 되기를 바라고 있었다.” 이는 일종의 전제적인 전승 형식으로 싸움을 야기 시킬 수밖에 없었다. 이후 묵자 일파가 서서히 소멸되고 만 것은 바로 자체 내부의 와해에 기인한 것이었다.

세 번째로 묵자의 사상은 그의 후학들에게 넘어오면서 점차 단순한 행동으로 전화되기 시작했다. 또한 행동의 필요에 따라 기술을 더욱 강력하게 추구하기에 이르렀다. 묵자는 치수에 성공한 우(禹)임금을 칭송하였고, 묵자 제자인 금활리(禽滑厘)는 송나라를 위해 초나라의 공격을 방어하는데 성공하였다. 묵자의 무리들은 모두 “불길로 나아가고 칼을 밟으며, 죽을지언정 뒤로 도망치지 않을 수 있는(赴火蹈刀, 死不還踵부화도도, 사불환종)”[1] 이들이었다. 이러한 묵자 일파의 성격으로 말미암아 이론 학설이 날로 행동을 중시하는 쪽으로 변화하게 된 것이다. 묵자가 비조(飛鳥 : 하늘을 나는 기구)를 만들고, 공수반과 더불어 성을 공격하는 기계를 만들었으며, 금활리와 더불어 성을 수비하는 문제에 대해 논의한 것 등은 모두 실질적인 행동에 고도의 기교를 갖추고자 하는 실용적인 추향이 아니겠는가?

본래 묵자의 사상 속에는 실용적 색채가 농후했다. 실용적인 색채가 과도해지면 사상적인 홍취가 점차 엷어지기 마련이다. 현실적인 수요에 부응하기 위해 생겨난 실용적인 사상은 얼마 지나지 않아 사람들의 열정을 기교와 지식을 사용하는 쪽으로 몰고 가게 된다. 그렇다면 묵자 일파가 기술과 논리 쪽으로 전화된 내재적 사상 맥락은 바로 이러한 점에 있었던 것일 수도 있다. 또한 묵자 일파의 사상이 점차 소멸하게 된 내재적 원인 또한 바로 여기에 있었던 것인지도 모른다.

묵가 학설의 와해
에 기인한다.

1) 『회남홍렬집해(淮南鴻烈集解)』 권20 「태족(泰族)」, 681쪽.

5절

사상 전통의 연속과 갱신 (3) : 도가

도자(道者)[1]는 유자나 묵자의 무리와 다르다. 만약 유자와 묵자가 전국 초기에 이미 '현학'으로 자리 잡아 처음부터 사상적 유파의 추형을 지니고 있었다고 이야기한다면 도자는 당시 아직까지 전승 관계가 명확한 유파를 지니지 않은 상태였으며, 심지어 사상조차 그다지 일치되거나 분명했던 것이 아니라고 말할 수 있다. 그 원인을 살펴보면 유자는 교육을 통한 사생(師生) 관계, 그리고 묵자는 조직을 통한 상하 관계로 인해 일정한 시간 속에서 사상사적인 전승과 연속의 궤적을 지속시킬 수 있었지만, 도자는 그 기원과 전승, 연속의 흔적을 거의 확정할 수 없었기 때문일 것이다. 도가는 이렇듯 당시 일군의 지식인들이 지니고 있던 대체적으로 일치하는 사고(思考) 노선이거나 홍취였으며, 이러한 일치된 사고나 홍취가 하나의 사조로 변화하게 된 것이라고 말할 수 있다.

『한서(漢書)』「예문지(藝文志)」에 보면 "도가의 부류는 대개 사관에서 나왔다. 주로 역법과 관련되어 성패, 존망, 화복, 고금의 도를 기록하였는데, 이후에 품부받은 요체와 지켜야할 본질을 알게 되었다. 그들은 청허(淸虛 : 마음이 맑고 깨끗함)로써 자신을 고수하고, 비약(卑弱 : 비천하고 약함)으로 자신들을 보존하였다(道家者流,

1) 이 책에는 유자나 묵자의 경우와 마찬가지로 도자라고 기록하고 있는데, 노장과 마찬가지로 '도'를 사상의 핵심으로 삼아 비교적 일치되는 사고 방식을 지닌 이들에 대한 통칭으로 관례적인 노장 혹은 도가의 관념에서 벗어난 칭호이다(역자 주).

蓋出於史官, 曆記成敗存亡禍福古今之道, 然後知稟要執本. 淸虛以自守, 卑弱以自持도가자류, 개출어사관, 력기성패존망화복고금지도, 연후지품요집본. 청허이자수, 비약이자지)."[1] 이러한 발언은 지금까지 비교적 타당한 것으로 여겨졌다. 그러나 근년에 들어와 고대 도자의 발언이 기록된 간백(簡帛 : 죽간과 백서) 문서가 계속 출토되면서 연구자들은 도자 일파와 고대 사관에 관장하던 천문, 역산, 지식 간의 관계를 인식하게 되었고, 점차 총체적인 지식 배경이라고 할 수 있는 음양오행과 도자의 사상이 갈등을 빚고 있었다는 것을 알게 되었다. 사관은 고대 중국에서 역사적 사건 기록을 담당할 뿐 아니라 성역점복(星曆占卜) 등의 증험을 맡고 있었기 때문에 천인(天人 : 하늘과 인간의 관계)이나 시공(時空)의 문제에 대해 나름으로 깊이 체험하고 있었다.

『장자』「천도(天道)」에서 "예전에 큰 도에 밝은 이는 먼저 하늘을 밝혔으며, 도덕은 그 다음이었다(古之明大道者, 先明天而道德次之고지명대도자, 선명천이도덕차지)"[2]는 말은 바로 이러한 뜻이라고 할 수 있다. 그들은 우주의 변화와 불변의 도를 체험하였고, 그 '도'를 사회와 인류의 문제로 확장시켰다. 이는 도자들의 공통된 사고방식이다. 바꿔 말하자면 그들의 사상적 맥락의 기점은 '천도'에서 시작하였으며, 이후 점차 부연되어 하나의 지식 계통이 되었다는 뜻이다.

'도'의 사상과 '도'에서 부연되어 우주, 사회, 인생의 문제를 처리하는 데 응용된 지식과 기술은 기원전 5세기에서 기원전 4세기 전후에 이르면 더 이상 고립적이거나 돌출적인 것이 아니다. 대략 구분해 본다면 대체적으로 몇 가지 서로 비슷하기는 하지만 또한 약간 구별이 되는 사상적 맥락이 존재했음을 확인할 수 있다. 전기 도자의 각종 사고 방식

첫째, 『국어』「월어(越語)」'하(下)'에 나오는 범려(范蠡)의 사상이나 『월절서(越絶書)』의 「계연(計然)」에 보이는 사상의 절반은 음양수술(陰陽數術), 그리고 절반은 도자의 색채를 띠고 있다. 그들은 우주와 천지에 대한 헤아림과 이해를 자신들의 자연과 사회에 대한 지식의 토대나 근거로 삼았으며, '천도'로써 현세의 문제를 해결하기 위한 지식의 권위성을 확인하고자 했다. 둘째, 마왕퇴 한묘에서

1) 『한서』 권30, 1736쪽, 중화서국표점본, 1962, 1983.

2) 『장자집해』 권5, 471쪽, 중화서국, 1961, 1978.

출토된 백서 『황제서(黃帝書)』나 『관자(管子)』의 몇 편 등은 이미 실용적인 면에 편중된 지식과 기술 범주의 사상이 우주관념, 제도 건설, 개인 생존 등의 여러 가지 방면에 관한 이론적 사고의 방향으로 전환되고 있음을 알 수 있다. 셋째, 『노자』에서 볼 수 있는 사고의 핵심은 우주의 도에 대한 체험을 통해 천도(天道), 세도(世道 : 현세의 도), 인도(人道) 등에 대한 전면적이고 궁극적인 이해를 추구하고 있으며, 『장자』에 이르러, 더욱 더 '인간'의 내재적 정신 초월과 자아 경계에 대한 탐구에 편중되었다.

이상 세 가지 사상적 맥락 가운데 첫 번째는 '고도자지학(古道者之學 : 옛 도자의 학문)'이라고 말할 수 있고, 두 번째는 후대에 이른바 '황제지학(黃帝之學 : 황제의 학문)'이라고 부르는 것을 뜻하며, 세 번째는 이른바 '노자지학(老子之學 : 노자의 학문)'을 뜻한다고 볼 수 있다. 물론 이 세 가지 사상적 맥락 이외에도 그 주변을 맴돌면서 약간씩 구분되는 도자들도 적지 않았다. 비록 그들은 사상이나 전승의 측면에서 어떤 직접적인 연관을 맺고 있지 않았으며, 피차간에 서로 차이가 있거나 또는 중첩되는 면도 적지 않았을 것이나 비교적 일치된 사상적 맥락을 지니고 있었기 때문에 후세 사람들은 '도가(道家)'라는 칭호로 그들을 지칭하였던 것이다.

1

비록 우리가 초기 월(越)나라 사람 범여나 계연 등과 후대 '도가'가 어떤 연원 관계를 지녔을 것이라고 생각하고 있기는 하지만 이미 관련 자료가 대부분 망실되어 단편적인 것만 남아 있는 상황에서 과연 어떤 것이 당시 사상의 유산이고 또 어떤 것이 후세 사람들의 상상을 통해 이루어진 것인지 확정하기 어렵다. 단지 우리는 춘추전국시대에 이미 천상(天象)과 음양의 술수에서 비롯된 철리적(哲理的) 내용들이 점차 형성되기에 이르렀으며, 천도를 통해 여러 가지 문제를 사고하는 고도자(古道者), 즉 고대 초기 도가의 학문이 이미 추형을 갖추고 있었음을 알 수 있을 따름이다. 따라서 보다 구체적이고 상세한 분석은 더 이상 진행할 수 없다.

그렇기 때문에 본문에서는 우선 후세에 '황제의 학문'이라고 칭해지던 도가 사상부터 살펴보기로 한다.

현재 출토된 문헌에서 볼 때, 황제의 학문은 비교적 이른 시기에 생겨난 것으로 보인다. 적어도 전국 전기, 즉 기원전 4백 년 전후에 황제의 말에 권위를 기탁한 황제의 학문이 이미 존재하고 있을 가능성이 크다.[1] 유가나 묵가의 학술 전통과 달리 만약 추로(鄒魯)에 근원을 두고 있는 유가나 묵가가 요, 순, 우, 탕, 문, 무 및 주공의 길을 추존하여 자신들의 역사적 근거로 삼았다면, 황제의 학문은 그들보다 더욱 오래된 황제를 추존하여 무릇 모든 언설이나 사상에 대해 황제를 언급했다고 할 수 있다. 유가나 묵가가 주로 인간의 본성이나 또는 인간의 요구에 부합하는 사상을 위주로 한 것과 달리 황제의 학문을 추존했던 이들은 '천도'를 사상적 근거로 삼아 일체의 세간사를 '천도', 즉 우주와 자연에 의거하고자 했다. 또한 유가와 묵가가 주로 도덕, 윤리, 정치에 관심을 표명한 것과 달리 황제의 학문이 지향한 지식은 더욱 광범위하여 옛 사람들의 천상(天象), 역산(曆算), 성점(星占 : 점성술), 망기(望氣), 지리(地理), 병법(兵法), 박물(博物), 의방(醫方), 양기(養氣), 신선(神仙) 등에 관한 지식을 모두 포괄하였다.[2]

황제의 학문은 우주 상의 이치를 부연하 용했다.

---

1) 『관자』, 『신자(愼子)』, 『위료자(尉繚子)』, 『갈관자(鶡冠子)』, 『장자』, 『신자(申子)』, 『시자(尸子)』, 『순자』, 『전국책』 등의 책에 모두 황제의 말이 인용되어 있는 것을 보면 황제의 학문이 비교적 이른 시기에 생겨났음을 알 수 있다. 『사기』 「맹순열전(孟荀列傳)」에 보면, "신도, 전변, 접자, 환연 등은 모두 황제와 노자의 도덕에 관한 학문을 배웠다(愼到田騈接子環淵, 皆學黃老道德之術신도전병접자환연, 개학황노도덕지술)"고 기록되어 있다. 『노장신한열전(老莊申韓列傳)』에서도 신자(申子)가 "황노의 학문에 근원을 두고 형명을 위주로 하였다(本於黃老而主刑名본어황노이주형명)"라고 하였으며, 한비자는 "형명, 법술의 학문을 좋아하였으며, 근본을 황노의 학문에 돌렸다(喜刑名法術之學而歸本於黃老희형명법술지학이귀본어황노)"고 기록하고 있다. 이렇게 볼 때 황제의 학문이 이미 이들이 재세하기 이전에 성립되었음을 알 수 있다.

2) 『한서』 「예문지」에 실려 있는 병서, 수술(數術), 방기(方技) 등은 대부분 '황제'의 명의로 되어 있다. 비록 그것이 대부분 『회남자』에서 이야기한 "도를 행한 자(爲道者)"에 근거하거나 가탁한 것이기는 하지만 이를 통해 전국시대에 이미 황제의 명의로 된 기술(技術)류의 저술이 적지 않았다는 것을 알 수 있다. 근년에 은작산(銀雀山)에서 출토된 한간본(漢簡本) 『황제벌적제(黃帝伐赤帝)』나 『지전(地典)』, 마왕퇴 한간본 『십문(十問)』이나 백서 『십대경(十大經)』 등은 모두 황제의 학문에 속하는 것들인데, 다만 어떤 것은 병음양(兵陰陽)에 속하기도 하며, 또 어떤 것은 음양형덕(陰陽刑德), 방기(方技) 가운데 방중(房中)에 속하는 내용들도 있다. 이러한 부류의 책들은 분명 입장(入葬) 이전에 이미 존재하고 있었기 때문에 진한(秦漢) 시절에 이미 이처럼 구체적인 지식과 기술에 관한 『황제서(黃帝書)』가 세상에 유전되고 있었음을 알 수 있다. 진한 이래로 여러 가지 수술이나 방기에 관한 저작이 주로 '황제'의 명의를 빌린 원인은 그들 사이에 지식 계보상의 유사성이 존재했기 때문일 것이다.

황제의 학문이 지닌 형이상학적 철리의 배경에는 춘추전국시대 상당히 풍부했던 천문, 역산(曆算), 지리와 물정, 법률 제도, 심지어 점성술, 망기(望氣), 덕, 형법 등에 관한 온갖 지식은 물론이고 치세와 처세의 도(道)까지 자리하고 있다. 그러나 응당 지적해야 할 것은 그것이 기본적으로 '천', 즉 우주에서 도출해낸 일련의 지식과 사상이라는 점이다. 그렇기 때문에 전국시대 마지막을 집대성한 『여씨춘추』는 전체 내용을 개괄하는 「서의(序意)」에서 황제가 전욱(顓頊)을 가르치는 대목을 인용하여 자신의 입론 근거로 삼아 다음과 같이 말했던 것이다. "이에 위에는 거대한 하늘이 있고, 아래는 커다란 땅이 있으니 네가 그것을 법도로 삼으면 백성들의 부모가 될 수 있다(爰有大圜在上, 大矩在下, 汝能法之, 爲民父母원유대환재상, 대구재하, 여능법지, 위민부모)."[3)]

마왕퇴 한묘에서 출토된 백서 『황제서』나 전국시대 각종 전적에서 인용되고 있는 황제의 언술을 참고해 보면, 황제의 학문이 확실히 우주의 문제에 관심을 표명하고 있음을 알 수 있다. 황제의 학문은 천지의 문제를 토론하면서, 이미 우주의 본원에 관해 "항시 텅 빈 무의 시작으로 태허(太虛)와 통한다(恒無之初, 迵同太虛항무지초, 형동태허)"라고 하였고, 우주 변화에 대해서는 "둘로 쪼개져 음양으로 나뉘며 떨어져 사시(四時)가 된다(剖有兩, 分爲陰陽, 離爲四時부유양, 분위음양, 리위사시)"[4)]라고 하였다. 또한 천도의 운행에 대해 언급하면서 이미 "도의 움직임은 어쩔 수 없음을 따르며(道之行也, 繇不得已도지행야, 요불늑이)", 또한 '팔정(八正)'과 '칠법(七法)' 등의 규칙이 있다고 하였다. 또한 우주의 도리를 '천', '지', '인' 세 방면으로 부연하여 이른바 "하늘은 한서(寒暑)를 제어하고 땅은 고하(高下)를 제어하며, 인간은 취여(取予)를 제어한다(天制寒暑, 地制高下, 人制取予천제한서, 지제고하, 인제취여)"는 사상을 제시하였다.[5)]

그 기본적인 사고 방식은 세간의 모든 것은 응당 '천'과 '지'를 본받아야 하

3) 『여씨춘추』 권12 마지막 부분, 「이십이자」본, 665쪽, 이 인용문은 황제의 학문 가운데 가장 중요한 부분이라고 말할 수 있다. 다시 말해 황제의 학문은 대환(大圜)과 대구(大矩), 즉 천지를 당연한 근거로 삼아 이로부터 일련의 실용적인 기술과 사상 이론을 부연하였던 것이다.

4) 『도원(道原)』, 『노자을본권전고일서석문(老子乙本卷前古佚書釋文)』, 문물출판사, 1974, 이하 인용하는 마왕퇴 백서본 『황제서』는 『석문(釋文)』으로 간칭한다.

5) 「칭(稱)」, 『석문』 38쪽 B.

며, "하늘에 순응하는 자는 창성할 것이고, 하늘에 반역하는 이는 멸망할 것이다(順天者昌, 逆天者亡순천자창, 역천자망)"[1] 등으로 요약할 수 있다. 이러한 사고 방식 속에서 천문, 역산(曆算), 잡점(雜占), 의방(醫方), 군략(軍略), 정술(政術) 등 또한 하나의 공통된 '이(理)'를 지니게 되니, "모든 것에 이치를 잃지 않으면 천하를 논함에 대책을 잃는 경우가 없을 것이다(萬擧不失理, 論天下而無遺策만거불실리, 논천하이무유책)"

"사시에 법도가 있음은 천지의 이치이다(四時有度, 天地之李(理)也사시유도, 천지지이 '리' 야))."[2] 인용문에서 '이(理)'는 우주 천지 속에서 체험하고 헤아린 것이다. 이는 한 가지 예를 살펴보아도 쉽게 알 수 있다. 황제의 학문과 비교적 밀접한 관련이 있는 『국어』「월어(越語)」 '하'에 보면 다음과 같은 내용이 기록되어 있다.

> 성신(星辰)의 출몰을 항상된 것으로 여기고 사시의 변환을 준칙으로 삼아 천도의 극한을 벗어나지 않으며 일정한 한도에 이르면 그친다(贏縮以爲常, 四時以爲紀, 無過天極, 究數而止 영축이위상, 사시이위기, 무과천극, 구수이지).

위 인용문과 비슷한 내용이 역시 황제의 학문과 관련이 있는 『관자(管子)』 권15「세(勢) 제 42」에도 기록되어 있다.

> 성공의 도는 성신의 출몰을 보물로 삼아 천도의 극한을 잃지 않도록 하며 일정한 한도에 이르면 그친다(成功之道, 贏縮爲寶, 無亡天極, 究數而止 성공지도, 영축위보, 무망천극, 구수이지).

또한 마왕퇴 백서본「칭(稱)」에도 이와 유사한 내용이 실려 있다.

> 해가 뜨면 밝아지고 달이 뜨면 어두워지니, 어두워지면 쉬고 밝아지면 자리에서 일어나 하늘의 지극함을 잃지 않고, 일정한 한도에 이르면 그친다(日爲明, 月爲晦, 昏而

---

1) 『십대경(十大經)』「성쟁(姓爭)」, 『석문』 26쪽 B.

2) 『경법(經法)』「논약(論約)」, 『석문』 16쪽 A.

休, 明而起, 無失天極, 旣 '究' 數而止일위명, 월위회, 혼이휴, 명이기, 무실천극, 구 '구' 수이지).

축, 사시와 상관 천상의 '이(理)' 화 한 것이 바로 이다.

분명 위 인용문에서 말하는 '천극(天極)'이란 기실 일월, 영축(嬴縮), 사시와 상관된 우주 천상의 이치(理)를 구체화 한 것이 바로 '수(數)'이다. 그들의 설법에 따르면 사람들은 이러한 '수'의 규칙을 참조해야만 하는데, 이것이 바로 『도원(道原)』에서 말하는 '포도집도(抱道執度)'의 '도(度)'이다. 마찬가지로 마왕퇴 백서본 『십대경』「입□(立□)」의 "나는 하늘에서 명을 받아 땅에서 자리를 정하고 사람들에게 명성을 이룬다(吾受命於天, 定位於地, 成名於人오수명어천, 정위어지, 성명어인)"[3)]에 나오는 '수명(受命)'의 명은 『갈관자』의 경우 '수(數)'라고 적혀 있다. 다시 말해 하늘이 인간들에게 부여하는 것은 창천의 지의(旨意 : 命)이자 또한 자연 법칙(數)이며, 인간들에게 최종적으로 구체화되는 '명(名)'은 사회질서를 관리하는데 사용되는 부호 계통으로, 공자가 "반드시 명칭을 바로잡겠다(必也正名乎)"고 했을 때의 '명'이자, '형명지학(刑名之學)'의 '명'이라는 뜻이다.

학문은 천문 역산 가 깊다.

황제의 학문은 천문 역산과 관계가 깊다. 『포박자(抱朴子)』 내편 권17 「등섭(登涉)」에 보면 다음과 같은 기록이 나온다.

천지의 정황과 상태, 음양의 길흉은 망망하여 상세하게 알기 어려우니 나 역시 그것이 존재한다고 말할 필요를 느끼지 못하며 또한 그것이 없다고 감히 장담할 수 없다. 그러나 황제와 태공은 모두 이를 믿었으며, 근래 달자(達者)인 엄군평(嚴君平)과 사마천은 모두 그것을 근거로 활용하고 있다. 또한 경전(『역』, 『예기』)에도 '치력명시(治曆明時 : 역법을 다스리고 시를 밝힌다)', '강유지일(剛柔之日)'이란 말이 있는데, 옛말에 '길일유무(吉日惟戊)'는 이는 여기에서 나온 것이다(天地之情狀, 陰陽之吉凶, 茫茫乎其亦難詳也, 吾亦不必謂之有, 又亦不敢保其無也. 然黃帝太公皆所信仗, 近代達者嚴君平, 司馬遷皆所據用, 而經傳有 '治曆明時', '剛柔之日', 古言曰, '吉日惟戊', 有自來矣천지지정상, 음양지길흉, 망망호기역난상야, 오역불필위지유, 우역불감보기무야. 연황제태공개소신장, 근대달자엄군

3) 『석문』, 18쪽 B, 또한 『갈관자』「세병(世兵)」과 당란(唐蘭)의 「마왕퇴에서 출토된 『노자』 을본 앞에 나오는 일서 연구(馬王堆出土『老子』乙本卷前古佚書的硏究)」(『고고학보』, 1975년 제1기)를 참고하시오.

평, 사마천개소거용, 이경전유 '치력명시', '강유지일', 고언왈, '길일유무', 유자래의).[1]

태공(太公) 등의 전설은 주로 『육도(六韜)』에서 볼 수 있다. 그러나 『한서예문지(漢書藝文志)』의 도가류에도 『태공(太公)』이 나오는데, 그것 역시 황제의 학문을 주된 내용으로 삼고 있다. 갈홍(葛洪)은 천지의 정황과 상태, 음양의 길흉은 모두 『역』 혁괘(革卦) 상사(象辭)에서 이야기한 '치력명시'나 『예기』 「곡례(曲禮)」 '상'에 기록된 내외강유(內外剛柔)의 일(日), 그리고 『시경』 「소아(小雅)」 '길일(吉日)'에서 이야기한 간지(干支)로 길흉을 배정하는 방법 등을 모두 황제의 학문에 속하는 것으로 보고 있다. 이는 황제의 학문이 천문 성상(天文星象), 음양 역법, 그리고 천상을 관찰하여 길흉을 점치는 지식이나 기술과 관련이 있음을 설명하는 것이다.

『문자(文子)』 「정성(精誠)」, 『회남자(淮南子)』 「람명(覽冥)」에도 황제가 "일월의 운행을 조정하고 음양의 기운을 다스리며, 사시의 정도를 조절하며 율력의 숫자를 정한다……(調日月之行, 治陰陽之氣, 節四時之度, 定律曆之數, …… 조일월지행, 치음양지기, 절사시지도, 정율력지수, ……)"[2]고 기록한 바 있다. 아마도 천상과 역법의 관찰과 연상을 통해 황제의 학문을 계승한 이들이 일련의 자연법칙에 근거한 원칙을 총괄하는 한편 천상과 역법의 길흉화복으로 그 정확성을 인증하는 데 사용한 것으로 보인다. 예를 들어 형덕(刑德)[3]은 원래 음양으로 역법을 추리하여 길흉을 판단하는 방법이다. 그러나 그것을 병법에 운용하면 백전백승의 토대가 된다. 『울료자(蔚繚子)』 「천관(天官)」은 이에 대해 긍정적인 발언을 하고 있다. 또한 정치에 응용하면 정치적 정확성을 확보하는데 증거가 될 수 있다. 왜냐하면 정치 역시 우주의 법칙에 합치해야만 하기 때문이다.

『관자(管子)』 「사시(四時)」 '제40(第四十)'에 보면, "음양은 천지의 큰 도리이고,

---

1) 『포박자내편교석(抱朴子內篇校釋)』, 왕명교석(王明校釋), 301쪽, 중화서국.

2) 『회남자』 권6, 「람명」, 『회남홍열집해』 205쪽, 중화서국, 1989. 이 말은 『문자』 「정성」에도 보인다. 아마도 『황제서』의 기록에서 따온 것일 터이다.

3) 형덕에 관해 『관자』 「사시(四時)」와 『십대경(十大經)』 「관(觀)」을 참조하면, 대체적으로 해를 양, 달을 음, 덕은 양, 형은 음으로 보고 있다. 덕(德)은 봄에 생겨나 여름에 성해지고, 형(刑)은 가을에 생겨나 겨울에 성해지기 때문이다. 만약 형과 덕이 어지럽지 않으면 사시에 질서가 있는 것이고, 이와 반대로 되면 어지럽게 된다.

사시는 음양의 큰 원칙이다. 형(刑)과 덕(德)은 사시와 합치하는 것이니 형덕이 사시에 합치되면 복을 이루고, 어그러지면 화를 초래한다(陰陽者天地之大理也, 四時者陰陽之大經也, 刑德者四時之合也, 刑德合於時則生福, 詭則生禍음양자천지지대리야, 사시자음양지대경야, 형덕자사시지합야, 형덕합어시칙생복, 궤즉생화)"[4]고 적혀 있다. 이는 마왕퇴 백서본 『십대경(十大經)』에서 황제의 발언으로 나오는 "처음에 갈라져 두 개가 되고, 나뉘어져 음양이 되며, 다시 떨어져 나가 사시가 된다(始判爲兩, 分爲陰陽, 離爲四時시판위양, 분위음양, 리위사시)"와 같은 뜻이다. 천지는 이미 그러하기 때문에 『칭(稱)』에서 "무릇 모든 논의는 반드시 음양의 큰 뜻으로 해야 한다(凡論必以陰陽大義범론필이음양대의)"고 이야기한 것이며, 또한 천지가 운행하는 것은 본래 사람들이 계절과 절기에서 추론하여 얻은 천문 지식이지만 그것을 인간에 투영하게 되면 인간 사회의 질서를 정하는 법칙, 말하지 않아도 알 수 있는 법칙이 되기 때문이기도 하다.

『관자』「판법해(版法解)」'제66(第六十六)'에 보면 "판법이란 천지의 위상을 법도로 삼고 사시의 운행을 본받아 천하를 다스리는 것을 뜻한다. ……봄은 왼쪽에서 만물을 생성시키고, 가을은 오른쪽에서 만물을 죽이며, 여름은 앞에서 만물을 생장시키고, 겨울은 뒤에서 만물을 감춘다……(版法者, 法天地之位, 象四時之行, 以治天下,……春生於左, 秋殺於右, 夏長於前, 冬藏於後……판법자, 법천지지위, 상사시지행, 이치천하,……춘생어좌, 추살어우, 하장어전, 동장어후……)"[5]라고 하였는데, 이 역시 황제의 학문에서 나왔을 가능성이 농후하다. 『경법(經法)』을 보면, "하늘은 하나를 잡고 셋을 밝히고 둘을 정하며, 팔정(八正)을 건립하고 칠법(七法)을 행한다(天執一明 '三·定' 二, 建八正, 行七法천집일명 '삼·정' 이, 건팔정, 행칠법)"[6]고 기록되어 있는데, 이렇듯 하늘은 해와 달, 그리고 별의 운행을 규정하고, 일음일양(一陰一陽), 즉 흐리고 맑은 날씨의 변화를 규정하며, "사시에 법도가 있고, 동정(動靜)에 바탕이 있고, 내외에 장소가 있는 것"도 규정한다. 왜냐하면 천지인(天地人)은 삼위일체이기 때문이다. 그래서 "천지에 항상됨이 있고, 만백성은 항상된 일이 있으며, 귀천에도 항상된 근거가 있게 되

4) 『이십이자』본, 148쪽.
5) 『이십이자』본, 171쪽.
6) 『경법(經法)』「논(論)」, 『석문(釋文)』 12쪽 A.

는 것이다(天地有恒常, 萬民有恒事, 貴賤有恒立천지유항상, 만민유항사, 귀천유항립)."[1] 이처럼 하늘(天)의 신성하고 정연한 질서는 당연히 인간 질서의 '판법'이 되는 것이다.

"위로 하늘을 관찰하고, 아래로 땅을 살피며, 그것으로 남녀를 상고한다(觀天於上, 視地於下, 而稽之男女관천어상, 시지어하, 이계지남녀)."[2] 이러한 사로는 춘추전국시대에 특히 영향력이 컸다. 『국어』「주어(周語)」'하(下)'에서 태자 진(晉)은 "위로 하늘을 본받지 않고, 아래로 땅을 모범으로 삼지 않으며, 중간에서 백성을 조화롭게 하지 않으면(上不象天, 而下不儀地, 中不和民상불상천, 이하부의지, 중부화민)" 입각점이 되는 근본을 잃게 된다고 이야기한 바 있다.[3] 또한 『관자』「심술하(心術下)」'하(下) 제37'에 보면, "능히 대원을 받드는 자는 대방에서 체득할 수 있으니 거울이 크고 맑으면 큰 밝음에서 보는 것이다(能戴大圓者體乎大方, 鏡大淸者視乎大明능대대원자체호대방, 경대청자시호대명)"[4]라고 기록되어 있다. 여기에서 '대원(大圓)'이란 하늘을 말하고 '대방(大方)'은 땅을 뜻한다.[5] 이 말은 『여씨춘추』 권3 「환도(圜道)」에 나오는 "하늘의 길은 둥글고 땅의 길은 모나다. 성인은 그것을 법도로 삼아 상하의 준칙을 세운다(天道圜地道方, 聖人法之所以立上下천도환지도방, 성인법지소이립상하)"라고 한 말과 상당히 비슷하다.

이것 역시 모두 황제(黃帝)와 전욱(顓頊)의 대화, 즉 "대환은 위에 있고, 대구는 아래에 있다. 너는 능히 그것을 법도로 삼아 백성의 부모가 되어야 한다(大圜在上, 大矩在下, 汝能法之, 爲民父母대환재상, 대구재하, 여능법지, 위민부모)"에서 나온 것일 가능성이 크다. 이를 지금의 말로 하자면 하늘은 둥글고 땅은 모나다는 자연법칙을 인간 질서의 궁극적인 의거로 삼아 천, 지, 인을 하나로 관통하는 것이라고 말할 수 있다.[6] 『황제서』를 보면, 천·지·인을 서로 연계시켜 사람이 천문(天文), 지리

1) 『경법』「도법(道法)」, 『석문』 2쪽 A.

2) 『과동(果童)』, 『석문』 24쪽 A.

3) 『국어』 111쪽, 상해고적출판사, 1988.

4) 『관자』「심술」'하 제37', 『이십이자』본, 145쪽.

5) 『경법』「사□(四□)」에 보면, "規之內曰員'圓', 櫃'矩'之內曰'方'(규지내왈원 '원', 거 '구' 지내왈 '방')"이라고 적혀 있다. 『석문』 11쪽 B.

6) 마왕퇴 한묘 백서 『황제서』는 황제의 학문 가운데 '경(經)'의 반열에 오른 중심적인 저작물이라고 한다. 『십대경』에 나오는 "위로 천시를 알고, 아래로 지리를 알며, 가운데로 인사를 안다(上知天時, 下知地利, 中知人事)"(『석문』 33쪽B)는 말은 상당히 중요하다. 이학근(李學勤)은 『황제내경(黃帝內徑)』「소문(素問)」에서 이에 대해 두 번에 걸쳐 인용하면서 '상경(上經)'이라고 칭한 것에 근거하여 마왕퇴에서 출토된 『황제서』를 황제의 학문

(地理), 인사(人事) 등 세 가지 요인을 참고해야 한다고 말하는 부분이 상당히 많다.

예를 들어 『경법(經法)』「대분(大分)」에 보면 "천하의 왕 노릇을 하는 이의 도는 하늘과 사람, 그리고 땅에도 있다. 이에 참여하는 자는 □, □□ 천하를 얻게 될 것이다(王天'下'者之道, 有天焉, 有人焉, 又'有'地焉, 參者□用之, □□而有天下矣왕천 '하'자지도, 유천언, 유인언, 우 '유'지언, 참자□용지, □ □이유천하의)."[7] 철학적인 측면에서 볼 때 이러한 발언은 '도'는 천지인, 즉 우주 전체를 관철하는 근본적인 원칙이며, 일체의 합리성은 천지인의 자연법칙의 지지를 획득해야 한다는 뜻이다. 그러나 이러한 지식과 기술이 생겨나게 된 배경으로 말하자면, 그것은 황제를 중심으로 한 일련의 사상 유파가 의존하고 있는 배경이나 토대를 말하며, 고대 중국의 천문과 지리, 그리고 인류 자신의 구체적이고 또한 대단히 광범위한 지식과 기술을 뜻하며, 또한 이처럼 거의 모든 고대 중국의 지식과 기술을 포함하는 배경 속에서 모든 것을 포옹하고 또한 초월하는 언어로 표현된 거대한 철리가 탄생했다고 말해야만 할 것이다.

학문은 다음과 같
용과 사고 방식을
고 있다

이상을 개괄하면 황제의 학문은 다음과 같은 내용과 사고 방식을 포함하고 있다고 말할 수 있을 것이다.

첫째, 천원지방(天圓地方)의 개천설(蓋天說)이다. 그것은 시각을 통해 북극을 중심으로 한 천체 운행을 배경으로 얻은 일종의 우주 지식이다. 우주에서 영원히 움식이지 않는 극섬을 사람들은 '일(一)' 노는 '태일(太一)', '태극(太極)'이라고 상상했다. 천지의 질서 정연한 대칭과 천지의 규칙적인 운동은 사람들에게 정밀한 우주의 구조와 자연 질서를 이해하도록 만들었다.[8]

중에서 지극히 중요한 저작물로 간주하고 있다. 이학근, 『간백일적과 학술사(簡帛佚籍與學術史)』, 323쪽, 타이베이, 시보출판공사(時報出版空事), 1994.

7) 『석문』 8쪽 B, 이러한 사로(思路)는 아마도 황제의 학문에 직접적인 영향 아래 있는 저작물에 그치는 것이 아닐 것이다. 예를 들어 『관자』「군신(君臣)」 '상(上) 제30' (『이십이자』본 132쪽)에 보면, "하늘에는 항상된 형상이 있고, 땅에는 항상된 형체가 있으며, 사람에게는 항상된 예가 있다(天有常象, 地有常形, 人有常禮천유상상, 지유상형, 인유상례)"라고 하였다. 또한 황제의 학문에 간접적인 영향을 받은 저작물에도 이러한 사로가 출현한다. 예를 들어 『순자』「천론(天論)」에 보면 "하늘에는 그 때가 있고, 땅에는 그 산물이 있으며, 인간에게는 그 다스림이 있다(天有其時, 地有其財, 人有其治)"라고 하였다.

8) 갈조광(葛兆光), 「중묘의 문-태일, 북극, 도와 태극(衆妙之門-北極, 太一, 太極與道)」, 『중국문화』 제3집, 홍콩 중화서국, 1991년 참조.

둘째, '음양(陰陽)', '사시(四時)', '오행(五行)' 등은 천지인의 공통적인 법칙을 구성한다. 그것 사이에는 일종의 '동류(同類)', '동성(同聲)', 또는 '동기(同氣)'의 관계가 형성되어 있으며, '기(氣)'가 그 사이에서 상호 움직임과 감응을 형성한다.[1)]

셋째, 천상의 궤적과 역법의 규칙은 숫자로 표시할 수 있다. 그래서 숫자로 표시된 기본 개념이 생겨나게 되었으며, 이러한 개념이 사회 범주로 확산되어 상당히 많은 숫자화한 술어가 생겨나게 된다. 예를 들어 일(一 : 도), 이(二 : 일월 또는 음양), 삼(三 : 일월성), 사시, 오정(五政), 육병(六柄), 칠법(七法), 팔정(八正) 등등이 그것인데, 이러한 것들이 바로 '수(數)', '도(度)', '위(位)'인 것이다.[2)]

넷째, 이러한 유형의 우주 관념과 천지인이 상호 관통한다는 관점에 보기에도 간략하고 신비한 숫자 개념이 더해지면서 사람들은 사회와 인간의 일이 저절로 그러한 일련의 자연법칙에 따라 운영된다고 여기게 되었다. 그들은 이러한 배경 하에서 일면 '식(式)'을 발명하고, 다른 일면 '도(度)'를 생각해 내어 이러한 사고 방식을 사회와 인간의 문제까지 확대시켰다. 이것이 바로 '도생법(道生法)'이다. 법은 '천도'에서 나온 것이기 때문에 당연히 말하지 않아도 알 수 있는 합리성을 지니게 된다. "법을 낳았으니 감히 범할 수 없고, 법이 세워지니 감히 폐지할 수 없는 것이다(生法而弗敢犯也, 法立而弗敢廢也생법이불감범야, 법립이불감폐야)"[3)]는 말은 바로 이런 뜻이다.

---

1) 이러한 사로는 일찍부터 존재했다. 『여씨춘추』 권13 「응동(應同)」에 보면 이에 대해 나온다. 그러나 이후 많은 유파들도 이러한 사상적 맥락을 채용하였다. 『신어(新語)』 권상 「술사(術事)」 '제2'에 보면 "일은 부류에 따라 서로 따르고, 소리는 음에 따라 서로 응한다(事以類相從, 聲以音相應사이류상종, 성이음상응)" (『신어교주新語校注』 47쪽, 중화서국, 1986)라고 기록되어 있고, 『한서』 권58 「공손홍전(公孫弘傳)」에도 공손홍이 "기가 같으면 따르고, 소리가 비길 수 있으면 감응하니 그 징험이 분명하다(氣同則合, 聲比則應, 其驗皎然也)" (798쪽, 『이십이자』 영인본, 상해고적출판사, 1986)고 이야기한 바 있다. 결국 이런 사상은 이후 유가화(儒家化)한다.

2) 『갈관자』 「태홍(泰鴻)」의 기록이나 『경법』 「논(論)」, 『노자을본권전고일서석문(老子乙本卷前古佚書釋文)』 12쪽 B 참조.

3) 『경법』 「도법」, 『노자을본권전고일서석문』, 2쪽 A. 『회남자』 「태족(泰族)」에서도 오제와 삼왕이 "정치에 임하여 가르침을 베푸는데 반드시 삼오를 사용하였다(莅政施教, 必用參五리정시교, 필용삼오)"고 하였다. 여기에서 '삼'이란 "하늘을 우러러 상(象)을 취하고, 땅을 굽어보아 도(度)를 취하며, 가운데 사람에게 법(法)을 취한다(仰取象於天, 俯取度於地, 中取法於人앙취상어천, 부취도어지, 중취법어인)"는 뜻이니, '상', '도', '법' 삼자간의 관계는 은유의 방식을 사용하여 관통시킬 수 있다. 이는 도와 법의 전환에 있어서 중요한 사고 방식이기도 한데, 황로(黃老)의 학문에서 '도법전관(道法轉關 : 도와 법의 전환)' 문제는 이후 다시 논의하고자 한다.

2

윤문 일파

노자의 학문을 토론하기에 앞서 기원전 4세기 전후 기타 도자(道者)의 사상에 대해 살펴볼 필요가 있다.

송견(宋鈃)과 윤문(尹文)은 제(齊)나라 직하(稷下)의 학사들이다. 대략 제나라 위(威), 선(宣), 민왕(湣王) 시절에 살았으며, 그들의 사상 자료는 현재 남아 있는 것이 거의 없다. 선진(先秦)의 문헌에서 볼 때 대략 유순하고 조화로운 태도로 분쟁을 종식시키고 모순을 피하는데 주력했으며, 세간의 모든 것을 해결하는 근원을 '도심(道心)'으로 귀결시켰다. 다시 말해 우선 자신의 마음과 정신을 정화하여 정욕을 억제하고, 자신의 고집, 즉 '별유(別宥)'를 없애고자 했던 것이다. 이는 '천도', 즉 우주 천지의 무위에서 체험한 생활태도일 것이다. 그래서 『장자』에서 그들을 일러 "부끄러움으로 기쁨을 합쳤다(以聏合歡이뉵합환)"[4] 라고 했고, 『순자』는 그들이 "욕망에 가려 얻음을 몰랐다(蔽於欲而不知得폐어욕이부지득)"[5] 라고 말했던 것이다.

전하는 말에 따르면 송견은 그의 문인들을 이끌고 도처로 다니면서 변론하고 설파하기를 인간의 정욕은 결코 많지 않은데 사람들이 많다고 잘못 알고 있으며, 이 점만 분명하게 인식한다면 능히 정욕을 극복할 수 있는 마음을 지니게 된다고 하였다. 그는 세간의 도에 있어서 '공격을 금하고 병사를 쉬게 할 것(禁攻寢兵금공침병)'을 주장하였으며, 인간의 도에 있어서는 '정욕을 줄일 것(情欲寡淺정욕과천)'을 주장하였다. 일체의 모든 것을 스스로 그러한 자연으로 여겼으니 "모욕이 욕됨이 아니라는 것을 밝게 알아 사람들로 하여금 싸우지 않게 하고", 혹은 "싸우지 않도록 하고 원수를 쫓지 않도록 하며, 감옥에 갇히는 것을 부끄럽게 여기지 않고 모욕을 당해도 굴욕스럽게 여기지 않도록 하였다."[6] 이런 주장은 대개

---

4) 『장자집석(莊子集釋)』 권10, 1082쪽.

5) 『순자집해(荀子集解)』 권15 「해폐(解蔽)」, 『제자집성(諸子集成)』본, 262쪽.

6) 『순자집해』 권12 「정론(正論)」, 『제자집성』본 227쪽, "禁攻寢兵". 『장자집석』 권10 「천하」, 1082쪽, "情欲寡淺", 1084쪽 "明見侮之不辱, 使人不鬪(명견모지불욕, 사인불투)." 『한비자』 권19 「현학」, 1084쪽, 『이십이자』본, 1186쪽, "設不鬪爭, 取不隨仇, 不羞囹圄, 見侮不辱(설불투쟁, 취불수구, 불수영어, 견모불욕)."

묵자의 비공이나 겸애, 절검 등의 학설과 비슷하여[1] 『순자』 「비십이자(非十二子)」에서 그를 묵자와 같은 부류로 삼았던 것이다.[2]

팽몽(彭蒙), 전병(
신도(愼到) 일파

그렇다면 팽몽(彭蒙), 전병(田騈), 신도(愼到) 일파는 어떻게 되는가? 소량의 자료에 따르면 그들은 비교적 반지론(反智論)적 경향을 지닌 일파였다는 것을 알 수 있다. 『장자』 「천하」의 관점에 따르면, 그들의 주장은 인간의 지식을 방기하고 개인의 집착을 제거하며, 만사, 만물의 차이에 대해 상대주의적인 '제물(齊物)'의 관념을 취했으며, 일체의 이성적 권위를 해체시키고 생활면에서 자연주의적 '순정(純情)'의 태도를 취하여 일체의 외재적인 족쇄의 속박에서 벗어나고자 했다. 왜냐하면 이지(理智)는 제한적이고 성현 역시 한 가지 견해를 주장하고 있을 따름이며, 천하의 만사만물 역시 각기 가하고 또한 불가한 것을 지니고 있으며, 진흙덩이조차 나름의 '도'를 가지고 있기 때문이다.

전하는 말에 따르면, 전병은 일찍이 제나라 선왕(宣王)에게 자신의 '도술'을

---

1) 『일본학자 도변수방(渡邊秀方)은 『중국철학사개론』에서 송견은 "묵자의 겸애학설을 계승하고 또한 노자의 유도(柔道) 처세(處世)의 법을 체득하였다." 따라서 '묵자 문하의 정통 계승자'라고 주장했다. 그러나 김수신(金受申)은 『직하파(稷下派) 연구』(상무인서관, 국학소총서본國學小叢書本, 1933) 7쪽 이후에서 서로 비슷한 점을 통해 같은 학파로 귀결시키는 방법에 동의하지 않고, 직하파는 '명가와 법가가 혼합하고', '도와 법이 전환하는' 추세를 보이고 있지만 그들 역시 도가에 속한다고 주장하였다.

2) 곽말약은 『관자』에 수록되어 있는 「심술(心術)」, 「내업(內業)」, 「백심(白心)」, 「추언(樞言)」 등 몇 편은 그들의 저작이라고 하면서, "초기의 도가는 비교적 합리적인 동태(動態)로 황로의 입장에서 유가와 묵가와 조화를 이루는 입장을 취했다"고 이야기한 바 있다. 『청동시대』, 264쪽, 과학출판사, 1961. 그러나 그들의 도자(道者)적 추향은 아주 분명하다.

상기한 몇 편에서 볼 때, "(성인은) 위로 하늘을 관찰하고 아래로 땅을 관찰한다(上察於天, 下察於地상찰어천, 하찰어지)", "(인간은) 대환을 받들고 대방을 체득하며, 큰 맑음에 비추고 큰 밝음에서 본다(戴諸大圜, 體乎大方, 鏡諸大淸, 視乎大明대제대환, 체호대방, 경제대청, 시호대명)" 등과 같은 구절은 황제의 학문에서 천지에 의거하는 학설에서 취한 것이고, "무릇 도는 뿌리도 없고 줄기도 없으며, 잎도 없고 무성함도 없으나 만물은 이로써 생겨나고 이로써 형성되니 그것을 일러 도라고 한다(凡道, 無根無莖, 無葉無榮, 萬物以生, 萬物以成, 命之曰道범도, 무근무경, 무엽무영, 만물이생, 만물이성, 명지왈도)", "정이란 기의 정수이다. 기는 만물을 이끌어 생성하고, 생성하니 사고하게 되고, 사고하니 알게 되며, 알게 되니 (욕망을)그치게 되는 것이다(精也者, 氣之精者也, 氣, 導乃生, 生乃思, 思乃知, 知則止矣정야자, 기지정자야, 기, 도내생, 생내사, 사내지, 지즉지의)" 등등은 우주 본원의 '도'와 인간의 본원인 '기'에 대한 발언이자 노자의 학설과 비슷한 부분이다.

만약에 이 문헌들이 송견과 윤문 일파의 작품이라면 그들이 '금공침병'이나 '정욕과천' 이외에도 우주와 인생 이론의 배경, 즉 우주, 사회, 인간을 일체로 보고 도를 본원으로 삼아 정기가 모든 것에 관통한다고 여겼으며, 그들의 사상 깊은 곳에서 가치의 본원과 시비의 의거를 우주와 인간의 마음에 두고, 우주는 하늘의 무언의 운행이며, 사람의 마음은 영정(寧靜)속에서 절로 변화한다고 여겼음을 알 수 있다.

설명한 적이 있었는데, 그의 '도술'은 '무정(無政)'을 '정(政)'으로 여기는 것으로, "인간의 본성에 따르고, 사물을 방임하게 되면 감당하지 못할 것이 없다(因性任物而莫不當인성임물이막부당)"[3]는 것이었다. 신도는 다음과 같은 예를 들어 자신의 논리를 증명하고자 했다. 새가 하늘을 날고 물고기가 바다를 헤엄칠 수 있는 것은 모두 '무지(無知)'하기 때문이다. 만약에 지식을 가지고 그렇게 하고자 한다면 "필시 추락하거나 익사하게 될 것이다". 따라서 "자연에 맡기면 오래갈 수 있고, 항상됨을 얻으면 구제될 수 있다(任自然者久, 得其常者濟임자연자구, 득기상자제)."[4]

이 말은 『여씨춘추』「귀인(貴因)」에도 수록되어 있기 때문에 학자들은 「귀인」을 신도의 이론으로 보고 있다.[5] 「귀인」에서 말하길 "무릇 하늘을 살피는 것은 뭇 별을 관찰하여 사시(四時)를 알기 위함이니 인순하는 것이고, 역법을 추론하는 것은 달의 운행을 살펴 회삭(晦朔)을 알고자 함이니 인순하는 것이다(夫審天者, 察列星而知四時, 因也, 推曆者, 視月行而知晦朔, 因也부심천자, 찰열성이지사시, 인야, 추력자, 시월행이지회삭, 인야)"라고 하였다. 여기에서 '인(因)', 즉 인순(因循)한다는 말은 자연에 따른다는 것을 의미한다. 그래서 신도는 "천도는 인순하여 위대하다(天道因則大천도인즉대)"[6]고 하였던 것이다.

이렇게 볼 때 신도는 '천도(天道)'를 통해 '인도(人道)'를 추론하였다고 할 수 있다. '천도'에 대한 체험을 통해 일면 '도'는 광대하고 무궁하여 파악할 수 없다는 것을 느끼고, '물(物 : 만물)'은 풍부하고 다양하여 두루 알기 어렵다는 것을 깊이 깨달음으로써 일종의 "성인을 버리고 지혜를 끊는다(棄聖絶智기성절지)"는 상대주의를 통해 일체를 초월하거나 혹은 일종의 "가한 것도 없고, 가하지 않은 것도 없다(無可無不可무가무불가)"는 자연주의적 태도로 일체에 순응하기를 희구하였다. 그래서 『장자』「천하」에서 그들에 대해 "굳이 사고도 하지 않고 지식을 도모하지

---

3) 『여씨춘추』 권17 「집일(執一)」, 『이십이자』본, 691쪽.

4) 『신자(愼子)』 13쪽, 수산각(守山閣)총서본. 『태평어람(太平御覽)』 권768, 『백씨육첩(白氏六帖)』 권11, 3409쪽(중화서국 영인본, 1985)에 『신자』의 "연정(연나라 정)은 천근보다 무거운데 오주(오나라의 배)에 태우면 물을 건널 수 있으니 뜰 수 있는 도에 의지하였기 때문이다(燕鼎之重乎千鈞, 乘於吳舟, 則可以濟, 所托者浮道也연정지중호천균, 승어오주, 즉가이제, 소탁자부도야)"라는 말을 인용하고 있는데, 이 역시 자연의 도를 좇아야 한다는 뜻인 듯하다.

5) 몽문통(蒙文通), 『양주학파고(楊朱學派考)』, 『고학진미(古學甄微)』, 253쪽, 파촉서사(巴蜀書社), 1987.

6) 『군서치요(群書治要)』에 인용된 『신자』「인순(因循)」.

도 않으며 사물에 대해 선택도 하지 않은 채로 만물과 함께 가고자 했다(不顧於慮, 不謀於知, 於物無擇, 與之俱往불고어려, 불모어지, 어물무택, 여지구왕)"[1]고 말했던 것이다. 또한 그들은 천지는 천지의 법칙이 있고 우주는 우주의 규칙이 있기 때문에 자신만의 고집을 피우기보다 그 법칙에 순응하여 그 자연스러움을 얻어야만 한다고 주장하였다. 그래서 『순자』「해폐」에서 신도에 대해 말하길 "법에 가려 어짐의 의미를 알지 못했다"고 한 것이니, 이는 다시 말해 자연법칙에 가려서 인간의 자유와 노력을 알지 못했다는 뜻이다. 이것이 바로 팽몽, 전병, 신도 등의 사로(思路 : 사고 방식)의 기점이었던 것이다.

이러한 사고 방식은 개체 사고의 의미를 부정하고 새로운 변혁의 필요를 해소시킨다는 점에서 전제주의의 토대가 되기 쉽다. 바로 이 점이 이후 '도'에서 '법'으로 전환되는데 하나의 고리 역할을 하게 된 것이다.[2] 그러나 다른 한편으로 이러한 사상이 이성적 권위에 대해 의문을 품기 시작하는 기점이 될 때 그것은 사상적 예지(叡智)를 지니게 되어 완고하고 심지어 전제적인 언어 권력을 와해시키고 해소시켜 인간들이 불편부당(不偏不黨)한 '원초적 사유(原初之思)'에서 출발하여 평등하고 공평하게 일체를 다루도록 하고, 아울러 현세의 구체적인 득실과 이해관계에서 벗어나 자연과 초월의 경계, 즉 그들이 이해하는 '도'를 찾도록 할 수 있다.

다음에서 논의할만한 가치가 있는 이들은 천하를 위해 터럭 한 올도 쓰지 않았다는 양주(楊朱) 일파이다.

양주 일파의 의의

앞서 언급한 제나라 출신의 도자들은 황제의 학문과 학술이나 사상적인 면에서 서로 얽혀 있기 때문에 그들의 사고 방식이나 언어 표현 역시 서로 비슷한 점이 적지 않다. 그러나 양주는 다르다.[3] 양주의 자료는 현재 남아 있는 것이 거의 없다. 다만 『맹자』, 『장자』, 『여씨춘추』, 『회남자』 등의 전적에 산견(散見)될 뿐이다. 『열자(列子)』에 「양주」 한 편이 수록되어 있는데, 위진(魏晋) 시대 사람의 위

1) 『장자집석』, 권10, 1086쪽.
2) 이후 법제주의의 이념과 이러한 사상이 접근하게 된 것은 바로 이 때문이다. 신도, 신불해(申不害), 한비 등은 모두 황로사상에 근본을 두고 나중에 형명으로 돌아갔다. 이 점에 대해서는 이후 상세하게 언급할 것이다.
3) 양주를 도자(道者)로 보지 않는 이들도 있기는 하지만 나는 그 역시 넓은 의미에서 '도가'로 볼 수 있다고 생각한다.

작으로 알려져 있다. 그렇기는 하지만 양주와 관련된 이야기를 포함하고 있기 때문에 방증할 수 있는 사상적 자료로 보는데 전혀 문제가 없다.

전국 초기에 양주는 자못 세속 사람들에게 환영을 받았다. 이외에도 그와 유사하게 개인주의적 사상을 지닌 이들이 적지 않았다. 예를 들어 『묵자』「경주(耕柱)」에 무마자(巫馬子)란 인물은 공공연하게 '겸애할 수 없다'고 주장하였는데, '자신의 몸(我身)'을 지극하게 아꼈던 인물로서 '유아(有我)'를 주장하여 "나를 위해 저것을 죽일 수는 있지만 이익을 위해 나를 죽일 수는 없다"고 주장할 정도에 이르렀다.[4] 『맹자』「등문공(滕文公)」에서도 "천하의 언론은 양주에게 돌아가지 않으면 묵자에게 돌아갔다"고 하여 양주와 묵자를 병칭하면서 그들을 마치 홍수나 맹수처럼 유해한 것으로 보았다. 이렇듯 당시 양주의 학문은 이미 현학(顯學)이나 다를 바 없었던 것이다. 그렇다면 그 원인은 무엇인가? 어떤 면에서 그것은 질서가 흔들리는 시대에 사람들의 보편적인 이기심과 실용적 경향에 부합하였으며, 또 다른 면에서는 인류의 마음속에 자리한 가장 심각한 생존의식의 문제와 결합하였기 때문이다. 왜냐하면 그것의 기점이 바로 개인주의이기 때문이다.

영국의 철학자 그레이엄(A. C. Graham)은 『도의 논쟁자들(道的論辨者)』라는 책에서 개인주의와 같은 "이러한 철학은 상층의 인사들에게 공중의 의무와 거대한 도덕적 압력에 저항할 수 있는 권리를 부여했는데, 이는 중화제국(中華帝國)에 줄곧 존재하던 것이다"[5]라고 이야기한 바 있다. 양주의 사상은 바로 이러한 초기 형태의 것으로서 이해타산에서 출발하여 유가나 묵자처럼 인류가 어떻게 하면 사회에 유익하고 사회는 어떻게 해야 인류에게 유익한가에 대해 추론한 것이 아니라 무엇이 진정으로 인간에게 유익한가, 무엇이 진정으로 개인에게 유용한가에 대해서만 고민하였다. 그래서 그는 '위아(爲我)', '귀기(貴己)' 등의 구호를 제기한 것이었다.

---

4) 『묵자한고』 권11, 398쪽, "有殺彼以我, 無殺我以利(유살피이아, 무살아이리)". 이외에 다음을 참고하시오. 『고사변(古史辨)』, 제6책, 194쪽, 상해고적출판사 중인본, 1982.

5) 『도의 논쟁자들 : 중국 고대의 철학논변』 (*Disputers of the Tao : Philosophical Argument in Ancient China*, Open Court Publishing Company, 1989, p. 56). 또한 관봉(關鋒)의 「묵자와 양주학파를 논함(論墨子與楊朱學派)」, 『중화문사논총』(제6집, 중화서국 상해편집소, 1965)을 참고하시오.

『장자』「변무(騈拇)」, 『한비자』「현학(顯學)」, 『여씨춘추』「불이(不二)」와 「귀생(貴生)」, 『회남자』「범론(氾論)」 등의 말에 따르면 양주가 '위아'를 주장한 것은 '외물을 경시하고 생명을 중시하였으며', '천하의 큰 이익을 위해 정강이의 터럭 한 올도 바꾸지 않았고', '성명을 온전하게 하여 참됨을 얻고, 외물로 인해 육신에 피해를 끼치지 않았기' 때문이었다. 다시 말해 인간의 개체 존재의 가치를 확립하기 위함이었던 것이다. 어떤 면에서는 이러한 사고 방식은 배후에 자연주의의 합리적 사상, 즉 '천도자연(天道自然)'에 의거하고 있다. 그에 따르면 인간의 우주의 자식이기 때문에 응당 우주의 법칙에 따라 생존하며, 우주가 부여한 생활 궤도에 순응하면서 절로 생명을 완성시켜나간다.

그것은 『여씨춘추』「진수(盡數)」에서 이야기한 다음과 같은 구절과 상응한다. "성인은 음양의 마땅함을 살피고, 만물의 이로움을 변별하여 생활에 편리하게 만든다. 그런 까닭에 정신은 형체에 안주하여 수명을 길게 늘일 수 있는 것이다. 길게 늘인다는 것은 짧음이 아니라 연장한다는 뜻이니 그 수를 다함이다(聖人察陰陽之宜, 辨萬物之利以便生, 故精神安乎形而年壽得長焉, 長也者, 非短而續之也, 畢其數也성인찰음양지의, 변만물지리이편생, 고정신안호형이년수득장언, 장야자, 비단이속지야, 필기수야)" 다른 한편으로 양주의 사상적 맥락은 가치의 양분된 원칙을 포함하고 있다. 외재적인 것은 '물(物)', '이(利)', '피(彼)'이고, 내재적인 것은 '인(人)', '정(情)', '아(我)'이다. 전자는 진실한 것 같지만 사실은 환상에 속하며, 후자는 빈 것 같지만 사실 실재하는 것이다. 따라서 그는 개인의 생명과 성정의 가치를 사회와 군체(群體 : 무리의 몸)의 이익 위에 두었던 것이다.

양주 일파는 군대도 가지 않았고, 위험한 곳에는 근처에도 가지 않았으며, 허황된 명리에 대해 극단적으로 멸시하는 태도를 취했다. 만약 『열자』「양주」에 기록된 내용이 양주 일파가 남긴 자료의 일부라고 한다면 우리들은 그들이 다음과 같은 논조로 주장했음을 알 수 있다. "무릇 명성을 위하게 되면 청렴하게 되는데 청렴하면 빈한하다. 명성을 위하면 반드시 양보하게 되는데 양보하면 빈천하게 된다." "명성을 찾으려면 몸이 고단하게 되고, 마음이 초조하게 된다." 허명(虛名)이란 일종의 허위이다. 그래서 그들은 예의나 교정(矯情)을 통해 자신을 왜곡시키는 방식을 전혀 가치가 없는 것으로 보았으며, 그렇게 하느니 차라리 죽음을 택하는 것이 낫다고 여겼다. 그들은 인간의 생사가 유한함을 알고 있었기 때문에 일종의 피세주의와 쾌락주의를 조장하였다. 이러한 인생 태도는 『열자』「양주」에도 그대로 드러나고 있다. "마음을 따라 움직여 절로 좋아하는 것에 어긋나지 않게 한다(從心而動, 不違自然所好종심이동, 불위자연소호)", "본성을 좇아 노닐고 만물이 좋아하는 것에 역행하지 않는다(從性而游, 不逆萬物所好종성이유, 불역만물소호)."[1)]

후세에 '도가'로 칭해진 여러 가지 사상은 이렇듯 약간씩 차이가 있다. 그러나 그 안에 표현된 공통된 추향, 즉 개체 생명의 영원성, 정신적 초월, 이성의 속박에서 벗어난 생명주의, 반지주의(反智主義 : 반지성주의), 초월주의적 추향은 지극히 분명하다. 그들이 우주천지에 대한 체험과 깨달음을 통해 도달한 것은 실제에 응용할 수 있는 지식이 아니라 단지 체득할 수 있는 지혜였으며, 계수(計數) 가능한 '법' 이나 '도(度)'가 아니라 명확하게 설명하기 어려운 개체 생명의 의의였던 것이다. 그것들은 이성의 역사 속에서 역사를 초월하고자 한 것이며, 사회 내부의 생존 환경에서 사회를 벗어나고자 했던 것이었다. 양주는 아마도 이러한 사고방식의 가장 극단적인 형태였을 것이다. 비록 이러한 사고 방식이 중국에서 주류가 된 적은 없었지만 그러나 때로 주류 이데올로기에 저항하는 인사들을 격동시켰음은 분명한 사실이다.

역사 속에서 역사 …월하고자 한 것이 …회 내부의 생존 환 … 사회를 벗어나고 … 것이었다.

3

그의 시대

이제 우리가 토론할 내용은 가장 심원한 영향력을 지녔다. 초기의 '도'자들의 사상을 가장 집중적으로 표현하고 있으되, 지금까지 그 시대와 내원을 확정할 수 없는 노자의 학문이다.

노자(老子)가 과연 어느 시대 사람인가에 대한 쟁론은 여전히 그치지 않고 있는데 물론 지금도 명확한 결론을 내릴 수는 없다. 전통적인 견해에 따르면 노자는 공자보다 이른 시대에 태어났다. 그러나 송대(宋代)의 엽적(葉適)이나 청대(淸代)

---

1)『열자집석』, 권7, 220쪽, 중화서국, 1979, 1985.

의 왕중(汪中) 등이 이미 이에 대해 여러 가지 질문을 던진 바 있다. 근대에 들어와 양계초(梁啓超 : 1873~1930년)는 노자의 내력이 분명치 않다고 하면서 『노자』의 편찬 연대는 대략 전국 말기라고 주장하였다. 그러나 호적(胡適 : 1891~1962년)은 전통적인 관점에 입각하여 다시 한 번 노자가 공자보다 앞선 인물이라고 주장하였다. 그렇지만 풍우란(馮友蘭 : 1894~1990년)은 노자가 비교적 늦게 출현했을 것이라고 하면서 '공자 이전에 사적인 저술은 존재하지 않았으며', '『노자』는 문답체가 아니고', '『노자』의 문장은 간단한 경전체(經典體)인 것'이 그 이유라고 하였다. 고힐강(顧頡剛) 역시 『노자』는 부체(賦體)이며, 『여씨춘추』의 경우 『노자』를 인용하고 있으나 노자를 거론하지는 않았다는 이유를 들어 전국 말기의 작품이라고 주장하였다.[1] 변론에 참가한 대다수는 당시 저명한 학자들이고 변론의 내용 역시 문헌 증거, 사상 체계, 언어 풍격 등에서 문체 특징에 이르기까지 다양하여 거의 다루지 않은 것이 없을 정도였다. 그러나 끝내 정확한 연대를 밝혀낼 수는 없었다.

호적은 이에 대해 만약 우리가 노자의 시대를 확정짓고 확실한 증거를 찾고자 한다면 "이러한 증거를 찾기 전에 조사하고 탐구하는 시기를 더 늘리고 판정할 날짜를 지연시킬 수밖에 없다"[2]고 이야기한 바 있다. 그러나 이는 곤란한 일이 아닐 수 없었으니 풍우란이 반박한 것처럼 호적 역시 자신의 철학사에서 "노자를 한 쪽에 넣을 수밖에 없었던 것이다."[3] 이처럼 당시의 경우 어쩔 수 없는 일이긴 했으나 새롭게 많은 문물이 출토된 지금의 경우는 사뭇 달라 노자가 과연 전설상의 인물인지 아니면 실제 인물인지 여부와 관계없이 적어도 전국 중기에 『노자』라는 책이 세상에 나온 상태였으며, 그 책이 반영하고 있는 것은 묵자의

---

1) 이상은 『고사변(古史辨)』 제6책을 참고하시오. 상해 고적출판사 중인본, 1982. 이외에 『위서통고(僞書通考)』에도 기재되어 있다. 근년에 이르기까지 이와 관련된 논의가 진행 중인데 그 중에서 유전작(劉殿爵)의 견해가 비교적 널리 수용되고 있다. 그는 『노자』가 비교적 늦게 출현했다는 관점에 동의하면서 다만 그 책은 한 권의 전문적인 저작이라기보다 여러 장절을 합쳐 편찬되었다는 점을 중시하고 있다. 그는 『노자』의 저작이 마지막으로 저작된 시대와 노자라는 인물을 연계시켜 대략 기원전 3세기 말엽에 생겨났으며, 초기에는 '공통된 사상 경향을 지닌 장절을 서로 합친 것으로' 이전 몇 세기 또는 더 오랜 시간에 걸쳐 세상의 언론과 궤변론을 반영한 것이라고 하였다. 아울러 전설상의 '노자' 형상과도 연계시켜 논의하고 있다. *Early Chinese Texts : A Bibliographical Guide*, p. 271, Edited by Michael Loewe, 1993.

2) 『고사변』 제6책, 410쪽.

3) 『고사변』 제6책, 417쪽.

일파와 동시대, 즉 전국 전기 도자(道者)들의 사상이라고 추측할 수 있을 듯하다.[4] 지식체계로 볼 때 노자 사상의 대체적인 내원은 고대 축사(祝史)의 '천도'의 변화에 대한 체험이며, 문화귀족들의 '세도(世道)' 붕괴의 반성, 그리고 초인(楚人)들의 '인도(人道)'의 영원함에 대한 추구와 모색이라고 말할 수 있다.

앞서 언급한 바대로 천문 역산의 학문은 고대 중국에서 대단히 중요한 지식이었으며, 이를 통해 음양 관념이 형성되고 점차 체계화되기 시작하였다. 이러한 지식을 바탕으로 이루어진 우주 관측과 인사 예측 기술은 반대로 이러한 관념을 정형화시키는 데 경험적 토대가 되었으며, 이러한 지식에 정통한 이들 가운데 축사는 가장 중요한 지파를 형성하였다. 『한서』「예문지」에서 "도가의 부류는 대개 사관(史官)에서 나왔다"고 말하고, 전설에서도 노자를 주(周)나라의 사관이라고 하였는데, 사관이란 바로 고대 점성술이나 역술, 점복 등을 관장하고 있던 이들로 '천(天)'의 본질과 운행, '천'의 원초적인 성격 등 우주에 관한 학문에 깊은 체험과 상상력을 지닌 이들이었다.

도, 인도

본래 고대 중국 사람들은 '천도(天道)'를 극히 중시하였으니 춘추시대에도 이미 음양 학설이 형성되어 있었을 정도이다. 『좌전(左傳)』이나 『국어(國語)』를 보면 『노자(老子)』의 사고 방식이 결코 독립적이거나 고립적으로 형성된 것이 아니라 당시 사상과 연관되어 있음을 알 수 있다. 다만 『노자』는 천지에 앞서 존재하는 '도'의 우선적 의미를 강조하여 이를 구체적인 현상 해석과 관련이 있는 '천도'나 '음양'과 연결시켜 철리성(哲理性)이 풍부한 사상으로 만들고 이를 통해 모든 것을 포괄케 했다는 점에서 다를 뿐이다.

『노자』를 보면 '천지'에 관한 의론이 적지 않게 나오는데 예를 들면 다음과 같다.

> 천지의 사이는 어찌 풀무와 같지 않겠는가? 공허하지만 쭈그러들어 다함이 없고,

4) 호북 형문(荊門)에서 근년에 발견된 전국 중기 초묘(楚墓)에서 옛 도가의 죽간이 출토되었는데, 보도기사에 따르면 『노자』라고 한다. 나는 『노자』가 여러 가지 옛 도가 책 중에서 정선된 부분을 따와 편찬한 것이라고 생각한다. 『중국문물보(中國文物報)』, 1995년 3월 19일 제1판에 실린 「형문에서 출토된 노자 등 다섯 부(部) 죽간 전적」과 『문물천지(文物天地)』 1995년 제6기에 실린 유조신(劉祖信)의 「형문 초묘의 놀랄만한 발견」을 참고하시오. 그러나 여하튼 간에 노자를 전국 말기나 중기에 집어넣는 관점은 성립될 수 없다.

움직이기 시작하면 끊임없이 쉬지 않고 나온다(天地之間其猶橐籥乎? 虛而不屈, 動而愈出천지지간기유탁약호? 허이불굴, 동이유출)(5장).

하늘과 땅은 (음양의 기운이) 서로 합하여 감로를 내리고 사람들은 시키지 않아도 절로 질서 있게 된다(天地相合, 以降甘露, 民莫之令而自均천지상합, 이강감로, 민막지령이자균)(32장).

그렇다면 이러한 천지의 본원은 무엇인가? 천지의 본원에 관해 노자는 우주의 내원으로서 '도(道)'를 제시하고 있다. 그가 제시한 '도'는 '어둡고 또 어두운(玄之又玄)' '온갖 묘함의 문(衆妙之門)'(1장)이자, '연연히 이어져 있는 듯 없는 듯하며(綿綿若存)' 영원한 '현빈지문(玄牝之門)'(6장)이다. 그것은 '깊고(淵兮)', '담담한(湛兮)'(4장) 그윽하고 깊은 상태로서 '볼 수도 없고' '들을 수도 없으며', '잡으려 해도 얻을 수 없는(博之不得)' 이희미(夷稀微)한 경계이자(14장), '형체가 없는 형체이자 물체가 없는 형상(無狀之狀, 無物之象)'의 황홀한 경계이다(14장). 그러나 그것은 또한 하나, 즉 '일(一)'로서 근본에 존재하는 것이니 우주 천지는 모두 이것에서 출발한다. 그래서 "도는 하나를 낳고 하나는 둘을 낳으며, 둘은 셋을 낳고 셋은 만물을 낳는다(道生一, 一生二, 二生三, 三生萬物도생일, 일생이, 이생삼, 삼생만물)"(42장)라고 말했던 것이다. 하나에서 둘이 된 자웅(雌雄)과 음양이 분리되고 또한 합쳐지니 '만물은 음을 업고 양을 안으며, 충기로 조화를 이루며'(42장) 만물이 어지럽게 흩어져 있는 우주가 '도'와 '음양'의 규칙에 귀납되어 '출신 내력'과 '가치 토대'를 지니게 되는 것이니, 이를 통해 "집을 나서지 않아도 천하를 알고 창문 밖을 살피지 않아도 천도를 안다(不出戶, 知天下, 不窺牖, 見天道불출호, 지천하, 불규용, 견천도)"는 축사(祝史)의 사고(思考)가 가능해졌던 것이다.[1)]

그러나 구체적인 점성술이나 점복을 관장하는 기술과 달리 사상가로서 노자의 학설은 이미 천문이나 역상을 관측하거나 인간 세상의 화복을 예측하는 데 국한되지 않고 '천도'를 궁극적인 근거로 삼아 '세도(世道)'와 '인도(人道)'의 문제

---

1) 이상 『노자』의 인용문은 진고응(陳鼓應)의 『노자교정문(老子校定文)』과 『노자주석과 평가(老子註釋及評介)』 부록을 참조하였다. 중화서국, 442~473쪽.

로 나아갔다. 23장에서 노자는 "도에 종사한다는 것은 도에 같아진다는 것이고, 덕에 있어서는 덕에 같아지는 것이며, 이를 잃게 된다는 것은 덕과 도를 잃게 되는 것과 같다(從事於道者, 同於道, 德者, 同於德, 失者, 同於失종사어도자, 동어도, 덕자, 동어덕, 실자, 동어실)"라고 하였는데, 이는 세도·인도·천도, 세덕·인덕·천덕, 그리고 세간의 실(失)·인세의 실(失)·천지의 실(失) 등이 모두 동류의 것으로, 예를 들어 천지의 생성이 '도생일(道生一)'에서 시작되는 것처럼 세간의 다스림 또한 마찬가지라는 뜻이다. "그런 까닭에 성인은 하늘을 안아 천하의 법식이 되는 것이니"(22장), 이는 '일'이 곧 '도'이자 근본이기 때문이다. 또한 이로 인하여 "하늘은 하나를 얻어 맑고 땅은 하나를 얻어 평안하며 신(神)은 하나를 얻어 영험하고 계곡은 하나를 얻어 가득 차며 왕후가 하나를 얻으니 천하가 바르게 되는 것이다(39장)."

노자가 당시 사회질서의 붕괴에 절망감을 느끼고 소박하고 무위한 '천도'를 통해 세도(世道)에 대해 격렬한 비판을 가한 것은 어쩌면 축사 출신이기 때문이거나 은주(殷周) 이래로 천지, 사회, 인류를 일체화 했던 사고 방식을 따른 것인지도 모른다. 그는 "하늘의 도는 남으면 덜고 부족하면 보충하는데, 사람의 도는 그렇지 않아 부족한 데에서 더 덜고 남는 데를 받들어 모신다(天之道, 損有余而補不足, 人之道則不然, 損不足以奉有余천지도, 손유여이보부족, 인지도칙불연, 손부족이봉유여)"(77장)고 비판하였으며, 또한 천도는 '다투지 않고', '말하지 않으며', '결과를 추구하지 않는데'(73장), 세상에서 높은 위치에 있는 이들은 오히려 '세금을 많이 쳐 먹고(食稅之多)', '작위적인 일을 행하며' '풍요롭게 사는 것만 추구한다'(75장)고 비난하였다. 이외에도 천도는 응당 '항상 인위적인 일을 행하지 않아도 하지 않는 일이 없기' 때문에 진정한 성인이라면 마땅히 '무위(無爲), 무사(無事), 무미(無味)해야 하며'(63장), 그가 진정으로 '덜어내고 덜어내어 무위의 경지에 이르면(損之又損, 以至於無爲손지우손, 이지어무위)'(48장) '욕심 부리지 않고 고요하면 천하가 장차 절로 바르게 된다(不欲以靜, 天下將自正불욕이정, 천하장자정)'(37장)고 주장하였다.

그러나 현세 사람들은 오히려 지략과 음모로 나라를 다스려 '그 정치가 엄격하면(其政察察기정찰찰)'(58장), '그 백성들이 교활해지며(其民缺缺기민결결)' '다스리기 어려워진다(難治)'(65장). 유자들이 요순(堯舜)을 추종하고 묵자들이 하대(夏代)를 추종하는 것에 비해 노자 계열의 도자들은 더욱 아득한 옛날을 추구하였다. "오래 전부터 존재하던 도를 파악하여 현재의 구체적인 사물을 제어하면 능히 우주의 시원을 이해할 수 있게 되니 이를 '도기(道紀)'라고 한다(執古之道, 以御今之有, 能知古始, 是謂道紀집고지도, 이어금지유, 능지고시, 시위도기)" (14장)

그들의 상상 세계에서 더욱 오래되고 소박하며, 단순한 인류의 황금시대가 존재했다. 그 시대는 "작은 나라에 백성들도 적은데 설사 각종 기구가 있다고 할지라도 사용하지 않으며, 국민들로 하여금 죽음을 중시하게 하여 멀리 옮겨 가는 이가 없도록 한다. 비록 배나 수레가 있으나 탈 필요가 없고, 비록 병기가 있다고 하나 진열할 기회가 없다. 국민들로 하여금 끈을 묶어 셈을 하던 소박한 옛날로 돌아가도록 하니(小國寡民, 使有什伯之器而不用, 使民重死而不遠徙. 雖有舟輿, 無所乘之, 雖有甲兵, 无所陳之. 使民復結繩而用之소국과민, 사유십백지기이불용, 사민중사이불원사. 수유주여, 무소승지, 수유갑병, 무소진지. 사민복결승이용지)", "사람들이 음식을 달게 먹고 아름다운 옷을 입으며, 안락한 곳에서 소박한 풍속을 즐긴다. 이웃하고 있는 나라끼리 서로 바라볼 수 있고 닭이나 개가 짖는 소리를 서로 들을 수 있으나 늙어 죽을 때까지 서로 왕래하지 않는다(甘其食, 美其服, 安其居, 樂其俗. 隣國相望, 鷄犬之聲相聞, 至老死, 不相往來감기식, 미기복, 안기거, 악기속. 린국상망, 계견지성상문, 지로사, 불상왕래)" (80장)

이것이 바로 아무런 말없이 스스로 변화하는 천도와 상응하는 세도(世道)이다. 그래서 사회의 지식이나 이성의 측면에서 도자는 묵자들에 비해 훨씬 먼 곳으로 나아갔으며, 묵자가 사회를 다스리는 방법으로 '상현(尙賢 : 어진 사람을 존경함)'을 주장하여 실용적인 이성에 호소한 것과 달리 도자는 '상현'조차 동의하지 않고 철저하게 "현인을 숭상하지 않아 백성들이 다투지 않게 해야 한다(不尙賢, 使民不爭불상현, 사민부쟁)"고 주장했던 것이다. 왜냐하면 '현(賢)'이란 끝없는 욕망을 불러일으키기 때문이다.

그들은 '예(禮)'에 대해서도 전면적인 비난을 가했다(3장). 하지만 묵자가 실용적인 측면에서 '예'가 재부를 낭비하고 백성들을 수고롭게 한다는 점에서 반대한 것과 달리 본원적인 면에서 비판하고 있다. 노자는 '예'란 "충신이 부족한 것이자 환란의 실마리이다(忠信之薄, 而亂之首충신지박, 이난지수)"라고 하였다. 그는 인류 역사를 통해 '예'를 논증하면서, 고대에 '도(道)'가 사라지자 '덕(德)'이 출현하였고, '덕'이 누구나 알 수 있는 가치를 상실하게 되자 '인(仁)'이 나타났으며, 인간의 자연스러운 감정으로서 사랑하는 마음인 '인'이 천하의 흉흉한 이해와 욕망을 더 이상 제어할 수 없게 되자 '의(義)'가 제창되었으며, '의'마저 본래의 의미를 상실하게 되자 인간들의 행위와 심리를 구속하는 '예'가 등장할 수밖에 없었다고 주장하였다(38장).

인간은 본래 '천(天)'과 마찬가지로 "보이지도 않고(不自見)", "스스로 옳다고 하지도 않으며(不自是)", "스스로 과장해서 드러내지 않고(不自伐)", "스스로 긍지를 내보이지도 않으니(不自矜)", '혼혼(昏昏 : 어둡고)' 하고 '민민(悶悶 : 순박한)'한 경계를 유지할 뿐 '찰찰(察察 : 엄격하고)', '소소(昭昭 : 스스로 뽐내는)'한 상태로 진입하지 않는다(20장). 왜냐하면 이처럼 '지(智)'나 '이(理)'에 의존하게 되면 각종 차별이 생기기 때문이다. 진정으로 맑고 투명한 사상과 영원하고 숭고한 경계란 '천'과 마찬가지로 '무위'하여 "청정하면 천하의 모범이 될 수 있다(淸淨爲天下正청정위천하정)"(45장) '무위'란 유약, 안정, 소박, 자연을 의미한다. 이와 상반되는 것은 다음과 같다. "조정은 부패가 극에 이르러 논밭이 황무해지고 창고는 텅 비었는데도 (관리들은) 화려하게 채색된 옷을 입고 날카로운 칼을 차며 맛난 음식을 잔뜩 먹고도 재물이 남아도니 이것이야말로 강도 두목이니, 이 얼마나 무도한 일인가?(朝甚除, 田甚無, 倉甚虛, 服文彩, 帶利劍, 厭飮食, 財貨有餘, 是爲盜誇, 非道也哉(조심제, 전심천, 창심허, 복문채, 대리검, 염음식, 재화유여, 시위도과, 비도야재)"(53장). 지식이나 기술, 실용적인 이성이나 재능에 의존해야만 질서를 유지할 수 있는 사상 전통은 계속해서 충격과 도전을 받게 되고 결국 붕괴하지 않을 수 없다는 것이 노자의 주장이다.

'천도'와 '세도' 이외에도 노자 사상 역시 '인도'에 대해 많은 관심을 기울이고 있다. 이른바 '인도'란 개체 생명 존재인 '사람'이 어떻게 '도'를 좇아 영원함을 얻을 수 있는가를 가리킨다. 이령(李零)은 『중국방술고(中國方術考)』에서 도가는 비록 음양의 조화와 순리를 주장하고 있기는 하지만 보다 중요한 것은 천도가 아니라 "천도에 순응하여 형체와 정신을 서로 보존하기 위해 양생을 중시하는 것"에 있다고 이야기한 바 있다.[1] 사실 도자들은 이미 오래 전부터 '천'은 물론이고 '사람'에 대해서도 언급하였다. 양자는 상호 참증(參證)하여 일체가 된다. 다만 도

1) 『중국방술고』 「서론」 15쪽, 인민중국출판사, 1994.

자의 '인도'는 '천도'를 이성적 근거이자 사색의 기점으로 삼고 있을 뿐이다. 이는 앞서 이야기한 바대로 천지, 사회, 인류를 일체로 간주하는 사상적 배경에서 대우주와 소우주에 대한 내심의 체험(실험이 아닌), 상상(상상분석이 아닌), 연역(귀납이 아닌)한 사상적 산물이다. 이러한 사상적 경향 아래서 '천'과 '인'은 하나가 된다.

노자 계열의 도자들은 천도의 '무언자화(無言自化 : 아무런 말도 없이 변화 발전함)'나 우주의 '무중생유(無中生有 : 무에서 유를 낳음)', 만사만물의 '귀근복명(歸根復命 : 뿌리이자 생명으로 되돌아감)' 등의 경험 속에서 인도가 생명을 보존하고 소외를 극복하는 방법을 체득하였다. 그들은 또한 고대 중국의 양생 기술의 배후에 자리한 자연 관념을 전체 인생의 철리로 확대시키고, 그 안에서 위로 천도와 통하며 세도를 관통하고 아래로 인도에 이르는 나름의 이론을 생각해낸 것이다. '천지근(天地根 : 하늘과 땅의 뿌리)'이 "연연히 이어져 있는 듯 없는 듯하여 아무리 써도 다함이 없다(綿綿若存, 用之不勤면면약존, 용지불근)"고 한 것은 그것이 심연 속에 침잠하고 있기 때문이고, 천지가 '길고 오래 지속될 수 있다(長且久者장차구자)'고 한 것은 그것이 '스스로 생겨나지 않음으로써 능히 장생할 수 있기(以其不自生, 故能長生이기부자생, 고능장생)' 때문이다(6, 7장).

이는 다시 말해 우주의 영원한 도는 '무'이기 때문에 시간이나 공간을 초월한 무위 상태이자 자유자재한 경계에 처해 있다는 뜻이다. 그것은 '애써 채우려고 하지 않는(不欲盈불욕영)'(15장) '계곡'이나 '골짜기'(28장)와 같다. 따라서 사람은 마땅히 이러한 천도를 따라 심연 속에 깊이 잠겨 고요함을 유지하고 무욕, 무념하여 '정기(精氣)를 결집하여 유순함에 이르고(專氣致柔전기치유)', '잡념을 제거하여 관조에 깊이 들어가(滌除玄鑑척제현감)'(10장), '혼돈 속에서 아직 웃지도 못하는 아이처럼 되어야(沌沌兮, 如嬰兒之未孩돈돈혜, 여영아지미해)'(20장) 하며, 세간의 명예나 이익, 욕망을 제거하여 '치허(致虛 : 텅 빔에 이름)와 수정(守靜 : 고요함을 지킴)의 공부가 극히 돈독한 지경에 이름(致虛極, 守靜篤치허극, 수정독)'(16장)으로써 예리한 것을 뭉뚝하게 만들고 어지럽게 얽힘을 제대로 풀어(挫其銳, 解其紛좌기예, 해기분) '화광동진(和光同塵 : 빛을 조화롭게 수렴하고 진세塵世와 함께함)'(56장)해야만 한다.

또한 양보, 절제, 시약(示弱), 유연 등의 방식으로 자기 스스로 평정한 심경을 유지해야만 하니, 이는 "사물이 성대해지면 곧 늙게 되는데, 이는 도에 합치되지 않는다고 하는 것이니 도에 합치되지 않으면 곧 사망에 이르게 되기(物壯則老, 謂之不道, 不道早已물장칙로, 위지불도, 불도조이)" 때문이다. 이는 30장과 55장에서 두 번에 걸쳐 나오는 잠언이기도 한데, 세속의 오색(五色), 오성(五聲), 오미(五味) 등을 향수하게 되면 사람이 '마음이 발광하게 되고(心發狂)', '사람의 행위에 어긋나 방해(行妨)'하게 된다."(12장) 그래서 노자는 "환난은 만족을 모르는 것보다 큰 것이 없고, 허물은 얻어 가지려고 탐욕을 부리는 것보다 더 큰 것이 없다(禍莫大于不知足, 咎莫大于欲得화막대우부지족, 구막대우욕득)"(46장)고 하였으며, 아울러 인류에게 "그런 까닭에 거센 광풍도 아침나절에 지나지 않고 폭우도 한나절을 지나지 않는다. 누가 이것을 하는가? 천지이다. 천지의 광포함도 오랠 수 없으니 하물며 인간에게 있어서랴(故飄風不終朝. 驟雨不終日. 孰爲此者? 天地. 天地尙不能久, 而況于人乎?고표풍불종조. 취우불종일. 숙위차자? 천지. 천지상불능구, 이황우인호?)"(22장)라고 하면서 생명의 영원함을 보존하여 '천'과 마찬가지로 대도를 따라 살아야 한다고 경고했던 것이다. 다음 『노자』 25장은 바로 이러한 뜻을 밝힌 것이다.

> 사람은 땅을 법도로 삼고 땅은 하늘을 법도로 삼으며, 하늘은 도를 법도로 삼고 도는 스스로 그러함을 법도로 삼는다(人法地, 地法天, 天法道, 道法自然인법지, 지법천, 천법도, 도법자연)(25장).

우리는 『노자』가 전국시대 옛 도자들의 언론을 편집하여 시가체의 격언집으로 저술한 저작물이라고 믿기 때문에 그 책에 실린 사상의 보다 구체적이고 명확한 의도를 파악하는 데 어려움이 있다. 그러나 그 내용을 전국시대 전기 사상사라는 큰 배경과 맥락 속에서 고찰한다면 그다지 문제가 없을 듯하다. 그 배경과 맥락을 통해 우리는 사회와 사상이 급변하는 시대에 노자와 같은 일련의 도자들이 나름의 질서를 모색했으며,[1] 다만 그들이 질서를 탐구하는 데 주로 사관들에

---

1) 그레이엄(A. C. Graham)은 자신의 『노자역주 : 도가 경전』(*The Book of Lieh-tzu : A Classic of the Tao*, Columbia University Press, New York, 1960, 1990)에서 선진 시대 대부분의 학파는 주로 통치자를 대변하고 있었지만 도가는 처음으로 개인 생활을 위한 철학이었다고 주장하고 있다. 그러나 이는 오해이다. 도가는 초기에 대단히 강렬한 현실 참여의 자세를 갖추고 있었다. 이 점에 대해 『노자』에서 도자들이 얼마나 법칙에 대한 이해와 강

게 익숙했던 우주 질서, 즉 '천도'와 이상화하는 데 용이한 고대 세계의 '상고(上古)'에 의거하는 한편 '천도'에서 추단하여 세도(世道)와 인도(人道)를 연역해내고, '무질서'에 격분하여 '상고'로써 '당대(當代)'에 저항했다는 것을 알 수 있다.

또한 그들은 사회와 이성, 그리고 문화에 대한 실망과 두려움으로 말미암아 특히 개체의 생명이 지닌 가치에 주목하여 인류가 우주 및 타인들과 화해를 도모하여 소박하고 평안한 삶을 영위함으로써 인류 생존의 영원성을 유지하기를 희구했던 것이다. 그래서 전통적인 지식에서 기존의 유가나 묵가와 전혀 다른 사상적 경향을 찾아내고, 그 속에서 몇 가지 사상적 갈래를 파생시켰으니 그 대강은 다음 두 가지로 요약할 수 있다. 우선 개인을 중심으로 한 반사회적인 경향이다. 이는 개인의 자유 추구와 개인의 생명 보존이라는 두 가지 서로 다른 결과를 이끌어 냈다. 다음으로 내심의 체험을 중심으로 한 반이지적(反理智的)인 경향이다. 이는 사상이 구체적이고 유형적인 세계를 초월하여 신비하고 궁극적인 경계를 직접 탐구하도록 만들었다. 이러한 두 가지 사고 방식은 조금 늦게 출현한 『장자(莊子)』에서 극히 뛰어나게 체현되고 있다.[1)]

조를 하고 있는지, 또한 음모와 용병, 그리고 치민에 대해 얼마나 열정을 지니고 있는지 살펴본다면 능히 짐작할 수 있다. 그리고 『노자』가 반사회적 일면을 지닌 것은 사실이지만 그렇다고 그것이 순수하게 개인을 위한 철학이라고 볼 수는 없는 것이다.

1) 이 책 제2편 9절의 논의를 참고하시오.

6절

전국시대의 '정영(精英)'[1] 사상과 일반 지식 : 방술 및 그 사상사적 의미

의심할 여지없이 전국시대는 이지(理智)가 크게 발달하였던 시대였다. 유자, 묵자, 그리고 도자들은 각기 이지의 세 가지 추향을 드러내고 있다. 그 첫 번째는 도덕적 의미가 크게 부각되고 있는 것으로 인격 수양을 추구하는 이지라고 할 수 있다. 이는 인간 내심의 존엄과 평정, 그리고 숭고를 보호하기를 주장하였다. 둘째는 실용적인 색채가 강렬했는데, 주로 이익 실현을 추구할 목표로 삼은 이지이다. 그것은 사람들에게 사회의 안정과 생활의 풍요로움, 그리고 개인의 생존을 유지하고 보호할 것을 요구하였다. 이외에 정신적 초월과 인생의 영원성을 추구 목표로 삼아 반이지적(反理智的) 경향을 드러낸 이지(理智)도 있었다. 그것은 사회적 압력 하에 개체의 생존과 정신의 자유를 보호하고자 노력했다. 언뜻 보기에 황당하고 불경한 신비로운 사상과 기술은 이지를 추구하는 문인들 속에서 점차 퇴화하여 단순한 의식(儀式)과 우언(寓言), 또는 상징(象徵)으로 남게 되었는데,[2] "신이 실재하는 것처럼 신에게 제사를 지낸다"는 식의 심리는 상당수의 상층 문화인들로 하여금 신비한 사상과 기술을 경원(敬遠)하도록 만들었다. 특히 구체적인 요구를 만족시키기 위해 시행되는 수술(數術)과 방기(方技) 등이 점차 이지의 점검을 피할 수 없게 되면서 신비주의는 점차 문화인들에게서 멀어져갔다. 전국시

---

1) 정영(精英)이란 본래 천재나 영웅의 뜻으로 사용되나 본문의 경우는 영어 엘리트(elite)의 의역이다. 따라서 정영사상이라고 하면 뛰어난 지적 수준을 갖춘 지식인의 사상이란 뜻이다(역자 주).

2) 황제(黃帝) 사면(四面)의 이야기가 그 한 예이다.

대 말기의 문헌을 보면 이러한 사상의 추향을 능히 이해할 수 있을 것이다.

『한비자(韓非子)』「현학(顯學)」에 보면 다음과 같이 기록되어 있다.

> 지금 무축(巫祝)이 사람들을 위해 기도하면서 천년 만세토록 살 것이라고 말하여 천년만세의 소리가 귀에서 쟁쟁할지라도 단 하루라도 수명을 연장시키는 일은 오히려 전혀 징(徵 : 효험)이 없으니, 이것이 사람들이 무축을 중시하지 않는 이유이다(今巫祝之祝人曰, 使若千秋萬歲. 千秋萬歲之聲聒耳, 而一日之壽無徵於人, 此人所以簡巫祝也금무축지축인왈, 사약천추만세. 천추만세지성괄이, 이일일지수무징어인, 차인소이간무축야).[1)]

『여씨춘추』「계춘기(季春紀)」'진수(盡數)'에도 다음과 같은 기록이 남아 있다.

> 지금 세상에 점복을 행하고 사당에 가서 기도를 하기 때문에 질병이 더욱 많이 생기게 되었다. 이를 비유하자면 활쏘기와 같다고 할 수 있다. 활을 쏘았는데 적중하지 않았다고 오히려 그 과녁을 고친다면 활을 명중시키는 데 어떤 도움이 될 것인가? 무릇 끓는 물로써 끓는 것을 그치게 한다면 그 끓어오름이 그치지 않을 것이고, 당연히 불을 치우면 더 이상 끓는 것이 그치게 될 것이다. 그런 까닭에 무의(巫醫)나 독약으로 질병을 퇴치하는 까닭에 옛 사람들은 이를 천한 것으로 여기고 말단의 방법이라고 생각했던 것이다(今世上卜筮禱祀, 故疾病愈來, 譬之若射者, 射而不中, 反修於招, 何益於中. 夫以湯止沸, 沸愈不止, 去其火則止矣. 故巫醫毒藥, 逐除治之, 故古之人賤之也, 爲其末也금세상복서도사, 고질병유래, 비지약사자, 사이부중, 반수어초, 하익어중. 부이탕지비, 비유부지, 거기화즉지의. 고무의독약, 축제치지, 고고지인적지야, 위기말야).[2)]

전자에서 이야기한 '징(徵)'이란 무축의 방술이 유효한가는 검증할 수 있는가의 여부, 다시 말해 이지의 검사를 통과할 수 있느냐의 여부에 달려 있다는 뜻이다. 그리고 후자에서 이야기한 '옛 사람(古之人)'이란 아마도 그다지 오래된 것

---

1) 『한비자』 권19, 「이십이자」본, 1186쪽.

2) 『여씨춘추』 권3, 「이십이자」본, 636쪽.

이 아니라 전국시대 초기 사람을 지칭하는 듯하다.

그러나 이는 지식층에서 벌어진 상황일 뿐이었다. 다시 말해 사상을 자신의 직업으로 여기거나 사상과 문화를 통해 사회에 영향을 끼치거나 간섭하려고 시도하는 지식계층 사이에서 이러한 일이 일어났을 때 사람들은 비로소 이지의 권위를 인정하고 이러한 이지를 의심할 바 없는 가설과 전제로 삼게 된다. 그러나 일반 민중들의 전통 속에서는 그렇지 않았다. 설사 역사 교과서가 우리들에게 당시 생겨난 이지적 사상과 학설에 대해 끊임없이 이야기할지라도 고고학적 발굴을 통해 얻게 된 전국시대 유물 속에서 이러한 이지적 사조가 일체의 것을 망라하고 있는 경향은 전혀 발견할 수 없다. 유물이나 유적이 우리들에게 알려주는 사실은 다음과 같은 것이다. 즉 구체적인 생존 상태를 개선하는 것을 목적으로 하거나 사고(思考)의 내용으로 삼으며, 아울러 이러한 목표를 실현하는 것을 이상으로 삼고 있는 일반 대중이나 귀족들이 자신들의 믿음을 지탱하거나 윤리를 유지하고, 욕구를 실현하기 위해 의지하고 있던 것은 세속을 초월한 철리나 학설이 아니라 예속(禮俗)이나 의식과 관련된 일련의 지식과 기술, 즉 은주(殷周) 이래로 지속되어 온 우주와 사회를 해석하는 지식, 인간과 신을 소통시키는 기술, 사회를 유지하는 예속과 질서를 상징하는 의식이었다는 것이다.

1

·소전통의 이론을
·국 사상에 적용할
할 필요가 있다.

인류학에 이른바 대전통(great tradition)과 소전통(little tradition)이라는 개념이 있다. 이는 로버트 레드필드(Robert Redfield : 1897~1958년, 미국의 인류학자)가 『농민사회와 문화』에서 사용한 술어이다. 그의 말에 따르면, 이러한 두 가지 전통은 "상층문화와 하층문화, 민간문화와 정통문화, 통속문화와 학자문화, 그리고 이외에도 '과층문화(科層文化 : hierarchic)'와 '세속문화(世俗文化 : lay culture)'로 칭할 수 있다"[3]고 한다. 그러나 이러한 두 가지 개념을 중국의 고대사상사로 옮겨올

3) Robert Redfield, 『농민사회와 문화 III : 전통의 사회적 조직(*Peasant Society and Culture III : The Social Organization of Tradition*)』, p 70, The University of Chicago Press, 1956.

경우 우리들은 약간의 단서와 수정이 필요하다. 중국 사상을 분석할 경우 '대전통'은 단지 유가나 도가의 경전 문화를 지시하는 것이 아니고, '소전통' 역시 향촌 사회의 민간문화를 뜻하는 것만이 아니다. 전자가 반드시 학교나 종교집단에서 전수된 것은 아니며, 후자 역시 반드시 향촌 생활에서 전파되거나 계승된 것이 아니기 때문이다.

'대전통'은 중국의 경우 한 시대에 최고 수준을 자랑하는 사상과 문화를 뜻하는데, 그것을 대표하는 것은 일군의 지식 엘리트들이다. 그러나 그들이 반드시 사회의 '상층'인 것은 아니었으며, 또한 반드시 '정통'을 차지하고 있었던 것도 아니다. 또한 그들의 지식과 권력이 서로 교융(交融)하고 교환되면서 일반 사상을 제약하는 이데올로기를 형성하는 것도 아니고, '소전통'의 인원 구성 역시 일반 백성들을 포괄하고 있을 뿐만 아니라 신분 등급은 높으나 문화 등급이 비교적 낮은 황제나 관원, 귀족 및 그들의 권속들도 모두 포함하고 있었다. 그들은 문자로 자신들의 사상을 직접 표현할 수 없었으며, 단지 행위 속에서 그들의 잠재적인 관념을 표현할 뿐이었다. 그들은 사상이나 문화 활동을 직업으로 삼지 않았다. 그렇기 때문에 사상과 문화에 대해 그다지 걱정할 필요가 없었으며, 실제 사회와 생활의 구체적인 문제를 중시할 뿐이었다. 바로 이 점에서 나는 상당히 성가신 일이기는 하지만 '일반 지식과 사상' 그리고 '정영과 경전(經典) 사상'이란 두 가지 개념을 사용하고자 했던 것이다.

그러나 사상사에서는 이 부분, 즉 '일반 지식과 사상'은 결코 포기할 수 없다. 어떤 면에서 이러한 지식과 사상이 진정으로 인간들의 실제 생활을 생생하게 지배했기 때문이며, 또 다른 면에서 이러한 지식과 사상의 수준이 바로 그 사상 시대에 살고 있는 사람들의 지식 기준을 추정하는 단서이기 때문이다. 역사학자나 인류학자들은 물론이고 적지 않은 이들이 과도하게 엘리트(정영의 뜻) 혹은 경전 사상에 연구 시야를 집중하는 경향이 있다. 여영시(余英時)는 일찍이 다음과 같이 이야기한 적이 있다. "적지 않은 인류학자나 사상가들은 모두 후자(의식형태, 하층문화, 통속사상)가 전자(학술전통, 상층문화, 고급사상)로부터 침투된다고 여긴다. 그렇기 때문에 후자는 때로 전자의 저속화와 왜곡된 모습으로 표현되기도 한다. ……전통 중국의 경험에서 볼 때 이러한 침투(seeping down)설은 더욱 적절하다.”[1]

그러나 이러한 관점은 다시 한 번 살펴볼 필요가 있다. 특히 마땅히 추궁해야 할 부분은 이러한 ‘고급사상’, ‘상층문화’ 또는 ‘학술전통’이 어디에서 나왔느냐는 것이다. 내가 생각할 때 학술전통, 고급사상, 상층문화 등 엘리트 또는 경전 문화는 그 배후에 오랜 세월 지속되고 모든 것을 포괄하는 일반 사상의 배경을 지니고 있기 마련이다. 그래서 그 아래쪽에 교육과 훈도에 근거하여 전래된 경험 계통과 지식 계통이 자리하여 엘리트 혹은 경전 문화의 토대가 되는 것이다. 이렇듯 문화는 언제나 ‘위에서 아래로’ 침투하는 것이 아니다. 일반 지식과 사상은 엘리트와 경전 문화를 탄생시키는 토양이다. 엘리트 사상은 때로 끊어지고 때로 이어지기도 한다. 천재 사상가의 탄생과 죽음은 엘리트 혹은 경전적 사상사에 고봉처럼 우뚝 솟은 시대나 저속한 시대를 연출하기도 한다. 그러나 그것이 반드시 사회사상에 돌변을 일으키는 파동을 일으키는 것은 아니다. 이렇듯 ‘일반 사상’은 연속적이다. 왜냐하면 그것과 생활이 서로 관련이 깊고 또한 사상 세계의 기반에 깊이 잠긴 역사의 근간이기 때문이자 면면히 이어지는 지식과 사상의 역사를 구성하기 때문이다.

물론 내가 「도론(導論)」에서 이미 이야기한 바와 같이 이러한 사상을 확정하려면 상당히 곤란한 점이 많다. 왜냐하면 문자로 표현된 권력은 항상 엘리트에 의해 농단되기 때문이다. ‘담론’은 그 자체로 ‘권력’이나. ‘문사’의 전달은 소수 사상가의 사상을 ‘경전’으로 만든다. ‘경전’이 정치권력에 의해 묘당(廟堂)에서 받들어질 때 일반 사상은 단지 다른 길을 통해 역사에 잠복하며, 후세 사람들은 비문자(非文字)적 의식, 습속, 기술 등으로 귀납하거나 표현할 필요가 있다. 예를 들어 전국시대의 수술(數術)이나 방기(方技) 등이 그것이다.

현대 학자들의 연구 결과에 따르면,[2] 춘추전국시대에 크게 활약하면서 일반 사회생활에 깊이 파고들었던 것은 여전히 은주(殷周) 이래의 전통적인 지식이었

---

1) 「의식형태(이데올로기)와 학술사상」, 『중국 사상전통의 현대적 전석(詮釋)』, 70쪽, 연경출판사업공사, 타이베이, 1987, 1992.

2) 이러한 연구 가운데 이령(李零)의 「전국 진한 방사 유파 고찰(戰國秦漢方士流派考)」(『전통문화와 현대화』, 1995년 제2기, 북경)이 참고할 만하다.

다. 그 속에는 다음과 같은 것이 포함되어 있다.

첫째, '천(天)'과 관련이 있는 방술, 예를 들어 천문, 역산, 점성망기(占星望氣 : 별점을 치고 기후를 보는 것), 식법(式法) 선택, 귀복서점(龜卜筮占 : 거북이 등껍질이나 시초 蓍草로 점을 치는 것), 풍각오음(風角五音) 등이 그것이다. 그것들은 옛날 사람들이 천상(天象)의 지식을 토대로 우주의 변화를 추측하고, 아울러 여기에서 추론한 여러 가지 길흉과 관련된 방법들이다. 예를 들어 성신(星辰)의 운행 위치, 성신의 색깔 변화, 운기(雲氣)의 형태와 색채, 천반(天盤)과 지반(地盤)의 대칭관계, 시령(時令)과 월일(月日)에 따른 활동 배분, 자연계의 여러 가지 소리에 존재하는 미세한 징조 등등으로 질문자의 활동을 미리 판단하는 것 등이다. 증후을묘(曾侯乙墓)의 옻칠한 관곽에 그려진 청룡, 백호 및 이십팔수도(二十八宿圖)나 장사(長沙) 탄약고 초(楚) 백서, 방마탄(放馬灘) 진간(秦簡 : 진나라 죽간)인 『일서(日書)』, 수호지(睡虎地)의 진간인 『일서』 및 마왕퇴 백서 『오성점(五星占)』 등은 모두 이러한 방술의 내용을 반영하고 있다.[1)]

천·지·인 : 전국
술, 수술에 관한
후의 관념 체계이
계보의 의의를 담
틀이다.

둘째, '지(地)'와 관련된 방술로 형법(形法) 등이 있다. 연구 결과에 따르면 지리에 관련된 지식은 지리의 의미 이외에도 본초(本草), 박물(博物), 지괴(志怪)의 내용을 겸하고 있다고 한다. 내가 볼 때 길흉과 관련된 의미도 존재한다. 예를 들어 후세의 『오악진형도(五岳眞形圖)』의 경우와 마찬가지로 고대 전설에서 이른바 "초목과 어충(魚蟲)의 이름을 많이 안다"라든지 "만물의 지형과 물의(物宜 : 사물의 마땅함)를 변별할 줄 안다"는 것도 실용적인 지식이지만 귀신이나 범법자를 식별하여 재난을 피하는 것 또한 사람들이 자연세계에 대한 믿음을 유지하는 중요한 지주였다. 고대의 사람들은 누구나 낯선 대지에서 생활하면서 서서히 그것에 익숙해질 때—아마도 추측과 상상을 통한 파악일 것이다—비로소 안심을 하게 되고 마음 놓고 생활하고 활동하게 되었을 것이다. 『우공(禹貢)』에 나오는 대지에 대한 묘사나 『산해경(山海經)』에 나오는 세계에 대한 상상, 그리고 전설에 나오는 우임금이 정(鼎)을 주조하여 사물을 본 땄다는 이야기 등은 이러한 기술의 의의를 반영

1) 독자들이 주의할 부분은 이러한 고고발굴을 거쳐 발견한 문헌들의 연대는 묘지의 연대가 아니라 그 내용을 베낀 연대라는 점이다.

하는 것이라고 볼 수 있다.

셋째, '인(人)'과 관련된 방술로서 해몽(解夢), 초혼(招魂), 복식(服食), 방중(房中), 도인(導引), 염핵(厭劾) 등이 그것이다. 이런 것들은 인간의 심리나 생리와 관련된 기술로 전국시대 사람들의 자신에 대한 인식을 드러내고 있다. 사람들은 이미 자신들이 추구하는 이상 가운데 하나가 개체 생명의 영원함과 생존 형태의 완미(完美)라는 것을 알고 있었다. 그러나 그들 역시 생명은 결코 영원한 것이 아니며, 생활 또한 생각하는 것처럼 완미할 수 없다는 것을 알고 있었다. 그들은 바깥 세상에 귀신이 존재하며, 내부 세계에는 혼백이 살고 있다고 믿었다. 또한 인간의 내적 신체와 외재하는 우주는 '기'를 통해 그 생명을 유지하고 있는데, 인간의 육신 안에서 '기'를 보존하는 것이 무엇보다 중요한 일체의 근원이라고 믿고 있었다.

이러한 사상적 맥락에 따라 그들은 사람들이 귀신과 서로 통하는 방술에 의지하여 귀신을 물리치고 혼백을 불러올 수 있다고 믿었으며, 외물을 빌어 자신을 견고하게 만들 수 있고 또한 우주와 마찬가지로 토고납신(吐故納新 : 묵은 것을 토해내고 새것을 들이마신다는 뜻)하여 호흡을 통해 우주와 생명의 원천을 교환할 수 있다고 여겼다. 『초사(楚辭)』에 나오는 「초혼(召魂)」, 「원유(遠遊)」, 출토된 문물 가운데 하나인 『행기옥패(行氣玉佩)』, 전국시대 증후 을묘(乙墓)에 그려진 '우인(羽人)', 그리고 『장자』에서 묘사된 고대 도인술에 대한 기록 및 근래 고고 발굴을 통해 발견한 전국시대 의서(醫書) 죽간 등등은 대체적으로 이러한 내용을 반영하고 있다고 볼 수 있다.

이상 여러 가지 지식의 세 가지 발생 근원은 고대 사람들이 '천', '지', '인'에 대해 체험하고 관찰한 것들이다. 당시 사람들은 천지인, 이 세 가지를 관찰하고 체험하면서 일련의 방기, 수술을 추론해냈으며, '시간(미래의 길흉을 예측함)', '공간(미지의 세계를 상상함)', '자신(생명의 존재에 대한 느낌)'으로 나누어 처리하였다. 그리고 이와 동시에 상상, 심지어 환상이나 비유를 통해 하나 하나씩 새로운 신령과 귀신을 창조해 냈으며, 이를 '천계', '지하', '인간'으로 구분하여 대응시켰다. 『초사』 「구가(九歌)」와 근년에 발견된 포산(包山) 『초간(楚簡)』, 망산(望山) 『초간(楚簡)』 등을 참조해 보면 적어도 초나라 사람들의 마음속에는 이러한 신의 계보가

존재했다는 것을 확인할 수 있다.[1)]

『초사』「구가」의 신보(新譜)	포산『초사』등의 신보
동황태일(東皇太一)	대(태, 즉 태일을 말한다)(大 '太, 卽太一')
(이상은 주신主神이다)	
운중군(雲中君), 대사명(大司命), 소사명(少司命), 동군(東君)	사명(司命), 사골(즉 사과, 사화)(司禬 '卽司過, 司禍')
(이상은 천신天神이다)	
하백(河伯), 상군(湘君), 상부인(湘夫人) 산귀(山鬼)	대수(大水), 좌산(㘸山, '㘸卽坐') 지주(궁지주, 야지주)(地主 '宮地主, 野地主'), 후토(后土), 두(杜), 궁(宮), 남방(南方)
(이상은 지지地祇이다)	
「국상」의 제사 대상(「國殤」之祭祀對象)	상(殤), 노동(老僮), 죽웅(鬻熊), 형왕(荊王), 이천자(二天子) 등
(이상은 인귀人鬼이다)	

전국시대 일반 사회 성원들의 정신은 이러한 '천신', '지지', '인귀'의 세계에 존재하고 있었다. 그리고 일련의 지식과 기술을 지닌 무격(巫覡)의 인도에 따라 그들은 상투적인 의식에 근거하여 천, 지, 인과 밀접한 관련을 유지하면서 자신을 보호하여 재앙을 피할 수 있기를 기도하였으며, 일련의 방기와 수술에 근거하여 천, 지, 인과 서로 소통하는 한편 생활과 관련된 기술과 지식을 파악하고 우주와 사회, 그리고 인류의 오묘한 비밀을 탐문하였다. 그들은 또한 일련의 상징을 통해 천, 지, 인에 대한 이해와 체험을 묘사하였으며, 그것이 대대로 이어져 사상의 대상이 되었으며, 이로 말미암아 지식의 축적이 가능해졌던 것이다.

---

1) 이에 대해 다음과 같은 논문을 참조하시오. 요종이, 「중문대학 문물관에 소장된 건초 4년 서녕병간(序寧病簡)과 포산간(包山簡)-전국, 진한 시대 해질도사(解疾禱祠)의 여러 신과 고대 역사 인물에 대해 논함」, 해남 국제한학토론회 논문, 1995. 이령(李零), 「포산초간 연구(점복류占卜類)」, 『중국 전적(典籍)과 문화논총』 제1집, 438~439쪽, 중화서국, 1993.

2

그렇다면 '천', '지', '인', '귀' 등에 관한 보편적인 지식 중에서 우리들이 볼 수 있는 것은 어떤 사상 형태인가? 나는 다음 몇 가지가 주목할 만한 것이라고 생각한다. 왜냐하면 그것들이 '일반 지식과 사상'의 문화 골격을 구축하고 있으며, '일반 지식 및 사상'과 '정영 및 경전 사상'이 서로 소통할 수 있는 맥락이기 때문이다.

: 조화와 대칭 그리
제된 공간을 구성하
체

첫째, 설사 일반 사회 성원들일지라도 그들이 대하고 있는 세계는 하나의 정체(整體), 중심에서 사방(또는 육방六方)으로 끊임없이 퍼져나가 대칭을 이루고 또한 정제(整齊)된 공간을 구성하는 정체를 이루고 있다.[2] 그래서 일월성신(日月星辰)과 풍우뇌전(風雨雷電)은 각기 맡고 있는 바가 있으며, 또한 각기 나름의 궤적을 지니고 있는 것이다. 천, 지, 인은 이렇게 서로 밀접하게 연관되어 있기 때문에 만약 어떤 이상한 변화가 생긴다면 그것은 곧 어떤 특수한 징조를 의미하는 것이 된다. 어떤 특별한 현상은 항시 또 다른 대칭되는 곳의 호응을 일으키기 마련이다. 따라서 고대 중국인들은 '천', '지', '인', '귀'의 문제를 생각할 때 항시 우주를 혼연일체로 합일되어 모든 것을 포괄한 정체로 간주하였으며, 뿌리 깊은 질서감(秩序感)을 지니게 된 것이다. 우선 우주에서 인간 자신은 '인간'이란 주체의 시각에서 뛰어나와 우주를 관찰하고 우주를 '대상화'한 '객체'[3]로 간주할 수 없었다.

두 번째로 모든 것은 각기 조리 있는 우주 정체 속에 존재한다. 정체의 질서는 사람들에게 안전하다는 느낌을 준다. 설사 그러한 질서가 제도나 법률, 지식

---

2) 당시 중국인들의 공간 의식 속에서 세계는 자신이 존재하는 중심과 대칭되는 '정(井)' 또는 '아(亞)'의 형태였다. 이러한 공간 의식의 내원은 은상(殷商)시대로 거슬러 올라간다. 이에 대해 다음과 같은 논문이 참고할 만하다. 장광직(張光直), 「은대의 아형(亞形)을 논함」, 『중국청동시대이집(中國青銅時代二集)』, 82~94쪽, 삼련서점, 1990. 사라 앨런(Sarah Allan), 『거북이의 수수께끼(龜之謎)』 제4장, 「상인(商人: 상대 사람)의 우주관」, 왕도중(汪濤中) 역, 사천인민출판사, 1992. 또한 본서 제1권 제1편 제5절을 참고하시오.

3) 영국의 과학사학자 니덤(Joseph Needham)의 『중국과학기술사』 제2권(과학출판사, 상해고적출판사, 중역본, 304쪽, 1990)에 보면, 빌헬름(H. Wilhelm), 에버하드(Eberhard), 야브톤스키(Jabtonski), 그라넷(M. Granat) 등도 모두 그것이 일종의 '협조적인 사상' 또는 '연상의 사유'라고 지적한 바 있다고 기록하고 있다. 그러나 나는 이처럼 간략한 개념은 자칫 의문을 일으키기 쉽다고 생각한다.

이나 기술에 의해 설정된 것이 아니라 단지 일종의 신비한 규칙일지라도 사람들은 이러한 규칙을 준수해야만 운명을 장악할 수 있다고 확신했다. 하나의 예를 들어보겠다. 어떤 학자는 『일서(日書)』를 고찰한 후 이처럼 광범위하게 유전되고 깊은 근원을 지닌 택일(擇日)의 기술은 중국인들의 관념에 존재하는 우주 형상의 반영이라고 이야기한 바 있다.

> 어떤 면에서 그것은 기계적인 세계이다. 왜냐하면 그 세계의 모든 현상은 시일(時日)의 계획에 따라 각종 편장(篇章) 속에 드러나기 때문이다. 또 다른 면에서 그것은 또한 신령과 귀신이 존재하는 세계이다. 그러나 이미 기본적으로 우주는 기계적이라는 것을 승인하였기 때문에 귀신의 세계 역시 기본적으로 우주의 틀 안에서 한정되며, 동시에 인간들이 좋아하지 않는 귀신이나 사물들도 일정한 방법의 운용을 통해 인간들이 회피하거나 소멸시킬 수 있게 되는 것이다. ……사람들은 비록 어쩔 수 없이 변화무쌍한 귀신 세계의 존재를 승인하지 않을 수 없지만 또한 나름의 출로를 만들어 놓고 있으니, 그 출로는 기계적인 우주관 안에 존재한다. 그러나 일단 예측할 수 없는 귀신의 세계 역시 이러한 우주의 틀 안에 끼어 들어가기 때문에 인간들은 흉사를 피하여 길한 쪽으로 나갈 수 있는 가능성을 지니게 되는 셈이다.[1)]

비록 '기계적'이란 말에 대해 동의하지는 않지만 그가 이야기한 것은 확실히 당시에 존재하던 일반 사상이었다.

둘째, '천', '지', '인', '귀'를 연계시켜 하나의 정체(整體)를 이루게 한 기본적인 요소는 고대 중국에서 그 연원이 지극히 오래된 '음양', '오행', '팔방' 등등이다. 그것들은 일체의 영역을 관통하여 천, 지, 인, 귀가 상호 연계할 수 있는 거대한 네트워크를 형성했다. 다음 두 가지 예를 들어도 무방할 것이다.

음양, 사계, 오행, 십이지 등 기본 요소

우선 앞서 언급한 바 있는 형덕(刑德)을 예로 들 수 있다. 원래 형(刑)이란 형법을 말하고, 덕(德)은 도덕이나 그 능력을 뜻한다. 그러나 그것은 전용되어 자연계

1) 포모주(蒲慕洲), 「수호지에서 발견된 진간 일서의 세계(睡虎地秦簡日書的世界)」, 『역사언어연구소 집간(集刊)』 제62본 사분(四分), 타이베이, 1993.

의 주기적 변화나 그것이 예시하는 길흉을 나타내기도 한다. 거기에서 별들의 운행이나 사시의 순환 등은 모두 '음양'과 연관되어 '형'이나 '덕'에 배분되니, "양은 덕이고 음은 형이다"라는 말이 그것이다. 그러나 '음양'에서 추론되어 단지 자연에만 적용되는 것이 아니라 군사 전략을 해석하고 설명하는 데도 사용된다. 예를 들어 『울료자』「천관(天官)」에 보면 양혜왕(梁惠王 : 위나라 혜왕)과 울료자의 대화가 실려 있는데, 거기에서 말하길 "형으로 정벌하고 덕으로 지키는 것이지, 이른바 천관, 시일, 음양, 향배가 아닙니다(刑以伐之, 德以守之, 非所謂天官, 時日, 陰陽, 向背也.刑以伐之덕이수지, 비소위천관, 시일, 음양, 향배야)"[2]라고 하였다.

또한 형덕은 천상(天象)에 대한 해석뿐만 아니라 정치를 해석하고 설명하는 데도 유효하다. 『한비자』「이병(二柄)」에 보면 "죽이는 것은 형을 칭하고 상을 주는 것은 덕을 칭함이다(殺戮之謂刑, 慶賞之謂德살륙지위형, 경상지위덕)"[3]라고 하였고, 『태공(太公)』 일문에도 "인간이 모든 일을 행하는데 선하면 하늘이 덕으로 보응하고, 악하면 하늘이 형으로 대응한다(人主擧事, 善, 則天應之以德, 惡, 則天應之以刑인주거사, 선, 즉천응지이덕, 악, 즉천응지이형)"[4]라고 적혀 있다. 이처럼 신하를 부리는 기술뿐만 아니라 하늘이 인간을 주재하는 측면에서도 활용되고 있다.

또한 정치뿐만 아니라 인정(人情)에 대한 해석이나 설명을 하는데 사용되기도 했다. 『월절서(越絶書)』에 인용된 『계예내경(計倪內經)』에 보면, "아첨하는 것은 덕이 있는 것과 반대되며 충성된 것은 형벌을 받는 것과 반대되니 형벌을 제거하여 덕으로 나아가는 것이 사람의 보편적인 감정이다(諛者反有德, 忠者反有刑, 去刑就德, 人之情也유자반유덕, 충자반유형, 거형취덕, 인지정야)"라고 하였다.

이상에서 볼 때 형덕은 좋은 일과 액운으로 비교되는 듯하다. 그러나 일반 사회에서 '형'과 '덕'은 간지(干支)와 서로 어울려 길흉화복, 만물변화를 추측하는 방법이 된다. 그래서 형덕의 위치(位置)나 성쇠는 완전히 천상의 역산에 근거하게 되는데, 2월과 8월은 '음양의 기운이 균일하고 낮과 밤이 공평하게 나뉘어

2) 『군서치요(群書治要)』 권37.

3) 『한비자』 권2, 「이십이자」, 1122쪽.

4) 소길(簫吉), 『오행대의(五行大義)』「논덕(論德)」, 『중국방술개관』(식법권式法卷), 상책, 82쪽에서 재인용.

지기 때문에(陰陽氣均, 日夜分平)' '형덕이 합문하지만(刑德合門)', 8월 이후는 음기가 성하여 태양이 남쪽에 이르니 형이 덕보다 승(勝)하고, 2월 후는 양기가 성하여 태양이 북쪽에 이르니 덕이 형보다 승하게 된다. 이를 일러 "덕남하니 생성하고 형남하면 살육하니, 2월이 되면 만물이 생성하고, 8월이 되면 초목이 죽는다(德南則生, 刑南則殺, 故曰二月會而萬物生, 八月會而草木死덕남즉생, 형남즉살, 고왈이월회이만물생, 팔월회이초목사)"라고 하였던 것이다. 또한 『관자』「사시(四時)」나 마왕퇴 한묘에서 발굴된 『관(觀)』에서도 "춘하는 덕이고 추동은 형이다"라고 하였으며, 『회남자』「천문(天文)」에서도 "일은 덕이고 월은 형이다"라고 하였다. 이렇듯 형과 덕은 거의 모든 영역에 관철되고 있는 셈이다.

또한 풍각(風角)과 오음(五音)의 기술을 예로 들 수 있다. 『좌전(左傳)』 양공(養公) 18년에 사광(師曠)이 북풍과 남풍을 노래하여 초(楚)와 진(晋)의 승부를 점쳤던 이야기가 기록되어 있다.[1] 이를 보면 고대 사람들은 천상의 바람소리에 인간 세상의 소식이 포함되어 있다고 믿은 것이 분명하다. 『주례(周禮)』「춘관(春官)」 '보장씨(保章氏)'에 보면 "12가지의 바람으로 천지의 조화를 살피고, 어그러지고 유별난 요괴의 조짐을 점쳤다(二十有二風, 察天地之和, 命乖別之妖祥이십유이풍, 찰천지지화, 명괴별지요상)"[2]라는 구절이 나온다. 어떤 학자는 은상 시대의 복사에 나오는 사방풍(四方風)은 바람의 방향과 바람의 소리에 따라 길흉을 점친 기록이라고 주장하고 있는데,[3] 석(析 : 劦, 동방), 인(因 : 개凱, 남방), 위(韋 : 이夷, 이彝, 서방), 복(伏 : 오陝, 열冽, 북방) 등은 이후 점차 음양, 오행, 팔방의 개념과 연계되었고, 바람의 방향이나 바람의 소리 또한 이러한 관념에 상응하여 나름의 위치를 지니게 되었다. 예를 들어 바람의 방향은 오방의 동남서북중(東南西北中)과 연계되었고, 바람의 소리는 악률의 궁상각치우(宮商角徵羽)와 연계되었으며, 오방의 동남서북중과 악률의 궁상각치우는 다시 오행의 금목수화토(金木水火土)와 대응하게 되었다. 그리하여 이러한 정보는 '음'과 '양'을 상징하는 바람 소리나 오행, 팔방을 상징하는 바람 소리를

---

1) 『십삼경주소』 1966쪽.

2) 『십삼경주소』 820쪽.

3) 이학근(李學勤), 「상대의 사풍과 사시(商代的四風與四時)」, 『이학근집』, 흑룡강교육출판사, 1989년 참조.

통해 전달되기에 이르렀던 것이다.[4]

이후 『회남자』 「본경(本經)」에서도 "풍우의 변화는 음률을 통해 알 수 있다"[5]라고 하였는데, 단지 풍우의 변화에 그치는 것이 아니었다. 『주례』 「전동(典同)」에 보면 "육률(六律)과 육동(六同)의 조화를 파악하여 천지, 사방, 음양의 소리를 구별한다"고 하였으니 성음의 음양 변화를 통해 자연의 음양 변화를 추측하고, 자연의 음양 변화에서 사회의 음양 변화를 추측할 수 있다는 뜻이다. 이렇듯 우주만물이 이러한 사유의 네트워크 안에서 하나의 정체(整體)가 되었던 것이다.[6]

귀의 대응 관계

셋째, 우주는 서로 연결되고 또한 화해하는 정체이며, 천지인귀(天地人鬼)를 하나로 관통하는 것은 기, 음양, 오행, 팔방 등의 기본 요소들이다. 그렇기 때문에 천지인귀 사이에는 공통의 존재방식이 있으며 그 안에서 신비하면서도 또한 필연적인 관련과 감응이 이루어지는 것이다. 방기와 수술은 기본적으로 이러한 사상을 근거로 생겨난 신앙과 호응하며, 인간들의 연상과 체험을 통해서 여러 가지 길흉화복과 관련된 기술을 창조해 낸다. 예를 들어 옛사람들은 인간의 생명이 '기'에 의해 생겨나고 유지된다고 믿었다. 『장자』 「지북유(知北游)」에서 "인간의 삶은 기가 모인 것이다. 모이면 생명을 얻고 흩어지면 죽게 된다"고 이야기한 것은 좋은 예이다. 또한 천지 역시 '기'로 구성되어 이른바 "양기는 맑아 위로 상승하여 하늘이 되고, 음기는 탁해 아래로 내려와 땅이 되었다"고 말하게 된 것이다.

이렇듯 천지와 인간 역시 동일한 구조를 지니게 된다. 천지가 영원한 까닭은 그 기가 끊임없이 유전하기 때문이다. 그래서 전국시대의 「행기명(行氣銘)」에서 "하늘은 그 근본이 위에 존재하고, 땅은 그 근본이 아래에 존재하니, 이에 순응하면 삶을 얻고 이에 역행하면 죽음에 이른다("天丌 '其' 沓 '本' 才 '在' 上墜 '地' 丌 '其' 沓 '本'

4) 『국어』 「정어(鄭語)」에 보면 "우막이 협풍을 들을 수 있다(虞幕能聽協風우막능청협풍)"는 구절이 나오는데, 주석에 따르면, "능히 조화로운 바람을 들어 알고 사시에 따르고 기에 순응하여 만물을 생육하니 이로써 즐거움이 생기게 된다"는 뜻이다. 511쪽, 512쪽, 상해 고적출판사, 1988.

5) 『회남홍렬집해』 251쪽, "風雨之變, 可以音律知(풍우지변, 가이음률지)." 중화서국, 1989.

6) 오구룡(吳九龍), 「천지팔풍오행객주오음지거(天地八風五行客主五音之居)」, 『은작산 한간 석문(銀雀山漢簡釋文)』, 문물출판사, 1985. 요종이, 「고대 청음지학과 협풍성악설의 근원(古代聽音之學與協風成樂說溯源)」, 『요종이사학논저선』, 84~87쪽, 상해고적출판사, 1993년 참조.

才 '在' 下, 順則生, 逆則死천기 '기' 본 '본' 재 '재' 상지 '지' 기 '기' 본 '본' 재 '재' 하, 순즉생, 역즉사)"[1]고 말했던 것이다. 또한 사람 역시 천지와 마찬가지로 기를 얻어 배꼽 아래에 축적하고 그것을 안정시킴으로써 삶을 연장하고 끝으로 그 최초의 자연 상태(天)를 회복함으로써 생명의 영원을 얻게 된다고 하였으니, 이른바 '취구호흡(吹呴呼吸)'이나 "진인은 발뒤꿈치로 숨을 쉰다"는 등의 양기에 관한 방술이 나오게 된 것이다.

또한 식법(式法)의 경우도 마찬가지다. 옛사람들이 생각하기에 식반(式盤)이 길흉을 예언하거나 화복을 점칠 수 있는 것은 그것이 위로 하늘을 본떠 둥글고 아래는 땅을 본떠 네모나기 때문이었다. 또한 천지반(天地盤)에도 천지를 본떠 팔방, 열두 달, 이십팔수를 새겨놓고 위아래로 움직이게 만들었는데, 이는 마치 하늘은 왼쪽으로 움직이고 땅은 움직이지 않는 것과 유사한 것이다. 이러한 상징적인 의미를 통해 그들은 우주를 파악하고 있다는 믿음과 효험을 지니게 되었을 것이다. 재앙을 피하는 주술의 방술이나 귀신을 즐겁게 하기 위한 찬송의 방법들도 비록 고대에 대아지당(大雅之堂)에 오를 수는 없었지만, 그것이 성립하게 된 근거는 기타 방술과 마찬가지로 인간 자신에 대한 심리적 체험에서 말미암은 것이 확실하다. 인간의 언어에 대한 연상, 즉 저주하는 언어에 대한 연상과 그 심리반응, 언어를 들을 때의 느낌과 그 심리반응은 사람들로 하여금 자신의 느낌이 타인이나 귀신에게도 통한다고 여기게 만들었으며, 이로 인해 '축유(祝由)'와 '송신(送神)'의 방법이 생겨나게 되었다. 진(秦)나라 사람들이 「저초문(詛楚文)」을 써서 초나라를 저주한 것은 바로 이러한 방법이라고 할 수 있다.

바로 이런 점에서 우리는 전국시대 대다수 사람들은 이처럼 신비감으로 충만한 세상에서 생활하고 있었음을 상상할 수 있을 것이다. 사상가의 이지적 사고는 필경 소수 사람들의 사업이었을 것이고, 당시 대다수 사람들의 경우에는 그들이 필요로 하는 것은 직접적이고 유효하며, 적어도 심령을 위로 받고 자신감을 증강할 수 있는 지식과 기술이었음에 틀림없다. 그렇기 때문에 전국시대에는 그처럼 신비한 관념과 기괴한 방술이 크게 유행했던 것이다. 그들은 천지인귀가 서

1) 곽말약(郭沫若)의 역본에 따름. 『말약문집』 16, 인민문학출판사, 1962.

로 연결된 우주를 하나의 조화로운 정체라고 믿었다. 또한 그들은 우주에는 분명한 중심과 모호한 주변이 존재하며, 각각의 부분은 서로 대칭되거나 가지런하게 결합되어 있으며, 일체가 음양, 사계, 오행, 팔방, 십이시 등등의 기본적인 요소로 조합되어 있고, 천지인귀가 모두 신비하고도 필연적인 대응관계를 유지하고 있다고 믿었다. 그래서 그들은 이러한 대응관계를 파악하게 되면 전체 우주를 해석할 수 있을 것이며, 더욱 좋은 삶과 생활을 향유할 수 있을 것이라고 확신했던 것이다.

3

의 지식 배경 : 정
앙은 일반 지식의
실제에서 취한 것

그렇다면 이러한 '일반 지식과 기술'은 '정영과 경전 사상'과 어떤 관계를 맺고 있는가? 의심할 여지없이 전자는 후자의 배경이자 토양이라고 말할 수 있다. 그러면 예전 학자들이 이야기한 것처럼 '일반 지식과 기술'이 단지 피동적으로 '정영과 경전 사상'의 '침투'를 받았던 것인가? 그리하여 보통 평민들은 그저 학문적 소양을 갖춘 문화인의 가르침을 받기만 하고 문화인의 사상으로 자신들의 사상을 삼았다는 말인가? 많은 학자들은 중국의 '축심 시대(軸心時代)'는 결코 '과거'와 단절하고 부정함으로써 시대를 돌파한 것이 아니라 전통에 대한 계승과 해석을 통해 긍정적인 연속선상에 있었던 것이라는 점을 인정하고 있다. 사실 문화인들이 부단히 갱신 속에서 '정영과 경전 사상'은 사회의 일반적인 생활 속에 잔존하고 있는 '일반' 지식과 기술을 포기한 것이 아니라 오히려 제고시킨 것이라고 말할 수 있다.

'일반 지식과 기술'은 이처럼 방대한 사회 영역을 지니는 한편 소수 사상가 이외 대다수 사람들의 생활을 지배하였으니 사상사에 전혀 영향력을 발휘할 수 없었다고 말하는 것은 불가능하다. 비록 양자 간의 상호 소통과 영향에 관한 직접적인 자료가 아직까지 충분하게 발굴된 상태는 아니지만 기존의 적은 자료를 통해서도 현허(玄虛 : 현묘한 모양 또는 그런 이치)하고 순수한 사상 표현이 사실 구체적이고 경험적인 지식이나 기술과 밀접하게 연관되어 있는 듯하다는 것을 쉽게 엿볼 수 있다. 때로 사상가는 특별하게 어떤 것을 지칭하거나 구체적인 술어를 특별한 지칭이 없는 추상적이고 철리적인 명사로 전화시켰으며, 실제적이고 구체적인 사상을 궁극적이고 추상적인 이론으로 바꾸었다. 또한 경험할 수 있는 사상적 맥락이나 절차를 이성적인 분석과 추리로 전환시키기도 했다. 그리하여 '일반 지식과 기술'이 지식의 배경이 되어 '정영과 경전 사상'으로 녹아들고, 이성적 소리가 소란스럽게 떠들어대는 합창이 되었으며, 이러한 합창 소리 속에서 독창자의 선율이 도드라지게 된 것이다.

하나의 예를 들어보기로 하자. 앞서 우리는 '음양'에 대해 언급한 바 있다. 음양이란 일반 사회생활에서 구체적인 현상이자 느낌이다. 프랑스의 동양학자 그라네(Marcel Granet)가 이야기한 바대로, 사람들은 음이라고 하면 차가움, 겨울, 구름, 비, 여성, 내부, 어둠 등을 연상하게 되고, 양은 햇빛, 더움, 여름, 남성 등을 연상하게 된다. 병법에서 '음양'은 구체적으로 '추위와 더위(寒暑), 시제(時制)'를 의미한다.[1] 그리고 수술(數術) 중에서 '음양'은 점복에 나오는 두 가지 괘효(卦爻)이자 형덕(刑德)을 의미하며, 방기(方技)에서 '음양'은 사람의 신체 내부와 하늘이 상응하는 한열(寒熱)이거나 각기 다른 풍질(風疾)을 뜻한다. 이것들은 모두 구체적인 지식이나 기술과 관련이 있다.

『월절서(越絶書)』「계예내경(計倪內經)」에 기록된 천상으로 한 해의 수확을 점친다는 이야기나 『오월춘추(吳越春秋)』 권9에 인용된 『계연(計然)』「부국(富國)」에서 천상으로 성쇠를 점친다고 하면서 "반드시 천지의 기를 살피는데 음양에 근원을 두고, 고허(孤虛)를 밝히 알고 존망을 살펴야만 가히 적을 가늠할 수 있다(必察天地之氣, 原于陰陽, 明于孤虛, 審于存亡, 乃可量敵필찰천지지기, 원우음양, 명우고허, 심우존망, 내가량적)"라고 이야기한 것은 바로 그러한 예이다. 여기서 말하는 '기'나 '음양'은 모두 특별히 지칭한 것들이다. 그래서 월왕(越王)은 성실하게 "위로 천문을 살펴 위수를 두루 살피고 사시를 본떠 역법을 만들었다(仰觀天文, 集察緯宿, 曆象四時앙관천문, 집찰위수, 역상사시)"고 했으며, 또한 "음양의 만물은 각기 기강을 지니고 있으니 일월성신 형덕에 따라 길흉이 변화하고, 금목수화토가 서로 상승을 되풀이한다. 이렇듯 월

---

1) 『손자병법(孫子兵法)』「시계편제일(始計篇第一)」.

삭(月朔)이 거듭 갱신되고 항상된 변화에 따로 주인이 있는 것이 아니니, 이러한 변화에 순응하면 덕이 있는 것이고 이에 역행하면 재앙이 생기게 된다(陰陽萬物, 各有紀綱, 日月星辰刑德, 變爲吉凶, 金木水火土更勝, 月朔更建, 莫主其常, 順之有德, 逆之有殃음양만물, 각유기강, 일월성신형덕, 변위길흉, 금목수화토갱승, 월삭갱건, 막주기상, 순지유덕, 역지유앙)" [2]고 말했던 것이다. 이는 확실히 천상의 구체적인 변화에 대해 이야기한 것이지 철리적인 개념으로 사변화시킨 것이라고 할 수 없다.

여기서 볼 수 있듯이 '음양'은 상당히 오랜 기간 일반적인 생활에서 경험한 구체적인 지식의 귀납이자 개괄이었다. 물론 이미 지식계층에 의해 규율성을 갖춘 일정한 위치까지 상승하고 있기는 했지만 그렇다고 경험적인 지식과 완전히 절연된 상태는 아니었던 것이다. 따라서 당시 '천도(天道)'는 순수하고 추상적인 의미의 '도'가 절대로 아니었으며, '음양(陰陽)' 역시 우주의 기본적인 두 가지 요소인 추상적 개념이 절대로 아니었던 것이다. 그러나 『노자』 이후로 '정영과 경전 사상'에 속하는 사상가의 저술에 포함되면서 '도'는 더 이상 자연으로서 천도의 의미를 뜻하지 않게 되었으며, '음양' 역시 구체적인 천상이나 지형을 의미하지 않게 되었다. 이렇듯 사상사의 개념들은 철리적 사변으로 가득 찬 언어로 형이상학적인 의미의 전화가 이루어지게 된 것이다. 이는 『갈관자(鶡冠子)』「도만제팔(度萬第八)」에서 이야기한 바와 같다.

> 이른바 천(天)이란 푸르고 푸른 기운이 가득 찬 하늘을 의미하는 것이 아니며, 이른바 지(地)란 풀썩거리는 땅을 이르는 것이 아니다. 이른바 천이란 사물을 그러하도록 만들어 다함이 없도록 한 것을 말하고 이른바 땅이란 사물을 균등하게 하여 어지럽지 않게 하는 것을 이야기한다(所謂天者, 非是蒼蒼之氣之謂天也, 所謂地者, 非是膞膞之土之謂地也. 所謂天者, 言其然物而無勝者也, 所謂地者, 言其均物而不可亂者也소위천자, 비시창창지기지위천야, 소위지자, 비시박박지토지위지야. 소위천자, 언기연물이무승자야, 소위지자, 언기균물이불가난자야).[3]

---

2) 이보가(李步嘉), 『월절서교석』 권4, 99쪽, 무한대학출판사, 1992.
3) 『갈관자』「도만제팔」.

보다 명확한 예증은 『역전(易傳)』이다. 앞서 이야기한 바대로 『역(易)』은 원래 점을 치는 기술을 기록한 책이다. 그 책이 영험하고 신통한 것으로 간주된 이유는 우주를 모방하고 우주의 기본적인 구성을 기(奇)와 우(偶) 두 가지로 축소하는 한편 이에서 한 걸음 더 나아가 서로 대립하고 또한 보완하는 두 가지, 즉 '⚊'와 '⚋'라는 부호로 추상화하여 천지인의 복잡한 변화 체계를 육효로 간단하게 위치 변화시켰다는 점에 있다. 그 사상적 맥락과 조작은 대단히 연구할 만한 가치가 있고 풍부한 고대 중국 사상이기는 하지만 그것은 여전히 무격이 행하던 조작 기술에 속하는 것이다. 『좌전』에 인용된 괘와 효사(爻辭), 상해 박물관의 전국시대 초간(楚簡), 마왕퇴(馬王堆) 한묘(漢墓)에서 출토된 『주역(周易)』, 쌍고퇴(雙古堆) 한묘의 죽간 『주역(周易)』 등에서 볼 수 있듯이 점서(占筮) 기술로 존재했던 『역』은 '일반 지식과 기술' 중에서 대단한 생명력을 유지하면서 고대 중국에 두루 이어져 왔던 것이다.

그러나 대체적으로 볼 때 전국시대 중기에 이루어졌다고 보는 『역전』, 즉 「계사(系辭)」, 「상사(象辭)」, 「단사(彖辭)」, 「설괘(說卦)」, 「서괘(序卦)」, 「문언(文言)」, 「잡괘(雜卦)」, 그리고 마왕퇴 백서본(帛書本)에 실린 「계사(系辭)」, 「이삼자문(二三子文)」, 「무화(繆和)」, 「소력(昭力)」, 「요(要)」, 「역지의(易之義)」 등에서 볼 수 있다시피 그 안에 잠재된 철리적인 내용이 발견되어 사람들에 의해 철학적 담론으로 표현될 때 이미 정영의 사상과 경전의 텍스트로 변하게 된다는 것을 알 수 있다. 예를 들어 우주 요소를 은유하는 ⚊, ⚋ 두 가지 부호는 본래 길흉을 점칠 때 사용되던 것인데 「계사」나 「문언」에서는 그 안에 잠재된 은유성이 철리를 천명하는데 사용되어 "일양일음(一陽一陰)을 일러 도라 한다"는 식으로 우주론의 강령이 되고 만다.

또한 본래 어떤 천연적인 논리에 따라 배열되기 시작하여 "반복하는 것이 아닌 즉 변화한다(非復卽變)"는 괘사 역시 서로 대칭되고 결합하는 것일 뿐이나 「서괘」에서 새롭게 해석되면서 무궁하고 또한 개방된 논리적 사상 맥락으로 변하게 된다. 어쩌면 우연하게 생긴 것인지도 모를 육효(六爻)의 숫자 역시 마찬가지다. 그것 역시 「설괘」에서 천지인을 뜻하는 '삼재(三才)'가 각기 '음양'을 구비하고 있다는 점에서 산출된 이성적 은유로 해석되었다.

이렇듯 특히 분명한 점은 본래 실용성을 지녔던 점서(占筮)의 방법은 일정한 해석을 통해 도덕화된 윤리학설로 변화하였다는 점이니, 각종 괘와 효의 상(象)이나 사(辭)에는 군자의 도덕이나 사회 윤리 또는 정치에 관한 도리가 함유되기에 이르렀던 것이다.[1] 백서본 『요(要)』에 보면 공자의 이름을 빌어 다음과 같이 말하고 있다. "『상서(尙書)』는 대부분 누락되어 있지만 『주역(周易)』은 잃지 않아 옛 사람들이 남긴 말을 포함하고 있으니 내 어찌 그것을 사용하지 않을 것인가(尙書多於'闕'矣, 周易未失也, 且又'有'古之遺言焉, 予非安其用也상서다어'궐'의, 주역미실야, 차우'유'고지유언언, 여비안기용야)"

이렇듯 공자는 옛 전적에 실린 실용적인 기술에 만족하지 않았기 때문에 이어서 다음과 같이 이야기한 것이다. "『역』에 대해 나는 축복(祝卜)을 뒤에 놔두고 그 덕의(德義)를 볼 따름이다(易, 我后其祝卜矣, 我觀其德義耳也역, 아후기축복의, 아관기덕의이야)." 분명 그는 점서로서 실용적인 『주역』의 본래 목적을 초월하여 '덕의', 즉 사상 학술적인 의미를 찾고자 했던 것이다. 그는 계속해서 『역』은 응당 "아득하게 귀신의 도움을 얻기 위해 수에 통달하고 수에 밝아 덕에 이르러야 한다(幽贊而達乎數, 明數而達乎德유찬이달호수, 명수이달호덕)"고 하였는데, 이는 유명(幽冥)한 귀신과 소통하는 것은 무격(巫覡)의 직분이고, 그 안에서 도의 운행인 '수(數)'를 살피는 것은 서사(筮史)가 맡은 일이지만 진정으로 인의를 행하는 군자라면 마땅히 그 안에서 "도덕에 순응하고 옳은 이치를 찾아내어 도리와 본성을 궁구함으로써 천명에 이르러야 한다"[2]고 여겼기 때문이다. 또한 같은 책에서 "덕이 없으면 『역』을 알 수 없다"고 이야기한 것 역시 당시 『역』이 이미 일반 지식이나 기술로서 점서의 방술을 가르치는 전적이 아니라 정영과 경전 사상에 속하는 도덕적 도리와 관계되어 일반 지식과 기술로서 세상일을 예측하는 담론은 은유가 되고, 정영과 경전 사상이 되어 철리를 천명하는 토대가 되었기 때문이었던 것이다.

이 외에 몇 가지 예를 더 들 수 있다. 대우주와 소우주에 대한 당시 사람들의 관찰과 체험은 큰 것의 경우 이미 한 지역이나 나라의 범위를 벗어났고, 작은 것

1) 예를 들어 「겸(謙)」괘의 괘사와 효사가 그러하다.

2) 이학근(李學勤)의 「백서요편과 그 학술적 의미」를 참조하시오. 『중국사학』(1944)에 게재됨.

은 사람의 내심까지 진입한 상태였다. 그래서 『장자』 「천하(天下)」에서 혜시(惠施)[1]는 "지극하게 큰 것은 밖이 없고, 지극하게 작은 것은 안이 없다"라고 말했으며, 『관자』 「주합(宙合)」에서도 "큰 것은 밖이 없고, 작은 것은 안이 없다" 고 하였으니, 그 의미는 단순히 현실 세계에서 무한하게 큰 것이나 작은 것을 뜻하는 것이 아니라 아마도 경험적인 사색이나 체험 내용을 초월한 것을 뜻하는 것일 가능성이 크다. 물론 일반 사상의 수준에서 본다면 우주에 대한 관찰과 체험 역시 여전히 구체적인 범위 안에 있었을 것이다. 그러나 지식계층이 참여함으로써 이러한 지식은 경험과 사상을 초월하여 사상과 관념으로 변화할 수 있게 되었던 것이다.

예를 들어 '지(地)'의 경우가 그러하다. 상해 박물관에서 새롭게 구입한 전국시대 중기 초(楚)나라 죽간을 보면 당시 사람들의 '천하'에 대한 인식은 당시 자신들의 생활세계에 대한 이해에서 크게 벗어나지 못했다는 것을 알 수 있다. 그들의 세계 인식은 기본적으로 자신이 살고 있는 곳을 중심으로 사방팔방으로 상상력을 펼쳐나간 것일 뿐이니 세계는 그저 정전(井田)처럼 일정한 영역을 확대한 것에 불과했다. 그래서 초나라의 '구주(九州)'에는 북방의 유주(幽州)가 없어 중원에서 생겨난 「우공(禹貢)」과 다르다. 상상력이 크게 발휘된 『산해경(山海經)』의 지리 인식 역시 경험의 추연일 뿐이니, 중산(中山) 밖에는 동서남북으로 산이 있고, 동서남북 산 밖에는 해내(海內)의 동서남북이 있으며, 해내의 밖에는 해외(海外)가 있다는 식으로 단지 지리적으로 점차 밖으로 확대된 것이니 실제는 사람들의 경험이 점차 밖으로 뻗쳐 나가는 것과 유사하다. 이후 추연(鄒衍)의 '대구주(大九州)'에 이르러서야 비로소 경험에서 현묘한 사유로 진입하게 되는데, 비록 구체적인 지리 지식이 여전히 실제적인 지리 지식으로 완전히 전화한 것은 아니지만 대체적으로 세계라는 관념을 형성하기에 이르렀던 것이다.

또 다른 예로 '천'을 들 수 있다. 『국어』 「월어(越語)」 '하(下)'에 보면 다음과 같은 범려(范蠡)의 말이 적혀 있다.

1) 그는 제자백가 중 명가(名家)의 대표적인 인물(대략 기원전 370~기원전 310)로 중국 전국시대의 정치가이고 사상가이다. 송나라 사람으로 위나라의 재상이 되었고, 그의 주장을 가끔 『장자』 「천하」에서 찾아볼 수 있다(역자 주).

성인은 때에 따라 행하니 이를 일러 때를 지키는 것이라고 합니다. 천시가 맞지 않으면 전쟁을 일으키지 아니하고 빈객이 되지 않으니……하늘은 사람에 기인하고, 성인은 하늘에 기인합니다(聖人隨時以行, 是謂守時. 天時弗作, 弗爲人客,……天因人, 聖人因天성인수시이행, 시위수시. 천시부작, 불위인객,……천인인, 성인인천).[2)]

언뜻 보기에 천과 인간에 관한 순수한 철리를 담은 내용인 듯하지만 사실은 구체적인 경험을 말하고 있는 것이다. 범려는 이어서 다음과 같이 말하고 있다. "옛날에 병법을 잘 운용하던 이는 영축(贏縮)을 일정한 기준으로 삼고 사시(四時)를 규율로 삼았으며, 천극을 벗어난 적이 없고, 수를 궁구하는데 그쳤다(古之先用兵者, 贏縮以爲常, 四時以爲紀, 無過天極, 究數而止고지선용병자, 영축이위상, 사시이위기, 무과천극, 구수이지)."[3)] 본문에 나오는 '천시'란 구체적인 천지가 일정한 질서에 따라 변화하는 것을 말하며, '영축'은 세성(歲星)이나 오성(五星)의 운행 궤적의 변화를 뜻한다.[4)] '사시'는 사계절을 뜻하는데 당시 하늘의 변화는 항시 구체적인 별들의 운행이나 사계절의 추이와 관련지었다.

그러나 적어도 전국시대부터 이러한 '천'과 '지' 개념이 점차 구체성과 특칭성(特稱性)이 점차 옅어지면서 우주의 보편성과 추상성이 도드라지게 된다. 이는 장사(長沙) 탄약고에서 발견된 초나라 백서 『갑』·『을』·『병』 세 편에서도 여실히 드러난다. 장사 백서는 본래 신기(神祇)에 맞춰 일상생활에 사용하기 위한 일종의 역서(曆書)로서 「월령(月令)」이나 「일서(日書)」와 비슷하게 각각의 달마다 금기를 이야기하고 있다.

그러나 백서 『갑』편에 보면 '천도'의 변화에 대해 논술한 부분이 보인다. "차

2) 『국어』「월어」'하'.

3) 『국어』 653쪽, 상해 고적출판사, 1988. 오(吳)나라의 유학자 위소(韋昭)의 주에 따르면, 본문에서 '천시'라고 한 것은 "천시의 이해와 재변(災變)에 따르는 것을 이야기한다."

4) 『사기』「천관서」, 1312쪽, "(세성이) 보통 도달하던 사(舍 : 별이 운행하여 도달하며 멈추는 하늘의 구역)를 지나 전진하는 것을 일러 영(贏)이라고 하며, 사에 못 미쳐 머무는 것은 축(縮)이라고 한다." 1321쪽, 오성이 "일찍 나오면 영이 되는데, 영인 것은 빈객이 된다. 늦게 나오면 축이 되는데 축인 것은 주인이 된다." 『한서』「천문지」 역시 이러한 관점에 따라 1280쪽에서 세성이 "사(舍)를 지나쳐 앞으로 나가는 것을 영이라고 하고, 사에서 물러나는 것을 축이라고 한다"고 하였고, 또한 1289쪽에서도 "무릇 다섯별이 일찍 출현하는 것을 일러 영이라고 하는데 영은 빈객이 되고, 늦게 출현하는 것을 일러 축이라고 하는데 축은 주인이 된다"라고 하였다.

고 기우는 것이 일정하지 않고", "일월성신이 어지러워 역행하게 됨"으로써 "천지의 재앙"을 불러온다. 이는 천지의 변화를 인간의 길흉이나 화복과 연계시켜 "오정(五正)이 밝으니 여러 신명이 흠향하심이다"는 것을 결코 바꿀 수 없는 질서로 간주했음을 암시하는 내용이다. 『을』편은 이러한 자연 변화에 대해 역사적 근원을 소추하면서, 우주의 정돈된 구조는 사신(四神), 사방(四方), 사색(四色) 등이 서로 배합된 것으로 이미 오래 전부터 갖춰져 있었으니, 삼천(三天)과 사극(四極)에 제사를 올리게 된 것이다. 이렇듯 자명한 의미를 지니게 됨으로써 우주의 합리적인 구조로 간주될 수 있었다. 그리하여 본래 시일(時日)의 규칙이던 것이 우주의 질서가 되고, 거꾸로 『병』편에서 월령과 사물의 징후에 관한 기록 역시 우주와 역사적 근거를 지닌 것으로 말하지 않아도 알 수 있는 사실이 되었으며, 의심할 여지없는 권위성을 지니게 된 것이다.[1)]

『관자』「주합(宙合)」에 보면 이를 "천지를 연결시켜 하나의 꾸러미로 만들었다(合絡天地以爲一裹 합락천지이위일과)"고 칭했으니 "위로 하늘 위로 통하고, 아래로 땅 아래에서 근원하며 밖으로 사해의 밖까지 나간다(上通於天之上, 下泉於地之下, 外出於四海之外 상통어천지상, 하천어지지하, 외출어사해지외)"[2)]는 말은 바로 이 뜻이다. 그것은 어떤 면에서 실재의 복잡한 현상세계로서 풍부한 다양성을 지니고 있기 때문에 사람들이 단지 경험과 지식만으로도 인식할 수 있으며, 또 다른 면에서 인간의 이지(理智)를 통해 정리하고 귀납한 관념의 세계로서 정제된 통일성을 지니게 되어 사람들이 이지에 의해 일련의 숫자나 개념으로 확정되기에 이른다. 『관자』「팔관(八觀)」, 「치미(侈靡)」, 「유관(幼官)」 등에서 일이삼(一二三)에서 구(九)까지 또는 십이(十二) 등등의 숫자로 하늘의 질서를 규범화하고 있는 것은 그 한 예라고 할 수 있다. 추연 역시 구(九)와 구 곱하기 구의 숫자 등으로 나름의 지리 공간을 상상한 바 있다. 특히 『관자』「경중(輕重)」의 경우 보다 명확한 예증이 될만한 기록이 남아 있다.

1) 이령(李零), 『장사 탄약고 전국 초나라 백서 연구(長沙子彈庫戰國楚帛書研究)』, 중화서국, 1985. 유신방(劉信芳), 「중국 최초의 물후 역월명(中國最早的物候曆月名)」, 『중화문사논총』 제53집, 상해 고적출판사, 1994.

2) 『관자』 권4, 「이십이자(二十二子)」, 107쪽.

정신을 맑게 하면 마음이 생겨나고, 마음에서 규칙이 생겨나며 규칙에서 구(矩 : 곱자)와 같은 일정한 규율이 생겨나고, 구(矩)에서 방형과 같은 또 다른 규율이 생겨나는데, 그러한 규율에서 올바름이 생겨나고 올바름에서 역법이 생겨나며 역법에서 사시(四時)가 생겨나고 사시에서 만물이 생겨난다. 성인은 이에 근거하니 이치를 담은 도가 두루 펼쳐지게 되는 것이다(淸神生心, 心生規, 規生矩, 矩生方, 方生正, 正生曆, 曆生四時, 四時生萬物, 聖人因而理之道遍矣청신생심, 심생규, 규생구, 구생방, 방생정, 정생력, 역생사시, 사시생만물, 성인인이리지도편의).[3)]

인용문 뒤로 사시, 오방, 오색 등에 대한 논술이 이어진다. 이로 볼 때 사람들이 시각, 청각, 취각, 미각, 촉각 및 지각을 통해 종합적으로 얻은 경험이 '정영과 경전 사상'에서 체험되고 상상 및 추리된 이지에 의해 정합(整合 : 가지런히 꼭 맞음)의 과정을 거치게 되는데, 성인은 이러한 이지로 얻은 규칙과 질서에 근거함과 동시에 이를 확대 부연하여 세계를 이해하고 해석하는 데 사용하게 된다. 이 때 바로 '이(理)'가 생겨나게 되는 것이다. '이'는 인간의 이지가 세계를 정리하고 귀납한 개념이며, 관념 속의 세계 질서이다. 사실 그것은 더 이상 진정으로 실재하는 세계의 질서가 아니라 '마음'에서 생겨난 '규구(規矩)'이자 이념적인 지식과 사상이다. 그러나 이러한 지식과 사상은 오히려 '담론의 권력'을 지니게 되면서 오히려 인간의 경험에 큰 영향을 끼침과 동시에 그 자체로 '정영과 경전 사상'으로 변화하면서 '일반 지식과 기술'에서 더욱 멀어지게 되는 것이다.

---

3) 『관자』「경중」.

7절

백가쟁명과 세 종류의 화제 (1) : 우주시공(宇宙時空)

듣건대 노자가 가장 먼저 '우주(宇宙)'라는 개념을 제시했다고 한다. 과연 그 말이 맞는지 여부는 굳이 논의할 생각이 없다. 그러나 그 개념 속에 시간은 물론이고 공간 또한 포함되어 있다는 것은 분명하다. "천지사방을 '우(宇)'라고 부르고, 옛날부터 지금까지를 '주(宙)'라고 이른다(天地四方曰宇, 往古來今曰宙천지사방왈우, 왕고래금왈주)."[1] 그렇다면 적어도 전국시대에 이르러 사상가들이 이미 다음과 같은 문제, 즉 우리들의 머리 위에 있는 하늘은 어떤 것이고, 다리 아래에 있는 땅은 어떤 형상을 지녔는가? 시간의 근원은 어디에 있으며, 아득하게 먼 기점에서 천지와 인간은 어떻게 형성 되었는가 등에 대해 심사숙고했다는 것은 분명하다.

전국 시대에 이르 시공에 대한 홍취 이 가능해졌다.

앞서 여러 차례에 걸쳐 초기 중국의 음양, 오행, 천지, 인귀(人鬼) 등의 관념에 대해 언급한 바 있다. 그러나 은주(殷周) 시절부터 춘추시기에 이르기까지 이러한 관념은 이른바 '대전통'에서 여전히 단편적이고 구체적이며 아직 체계를 이루지 못한 상태에 놓여 있었으며, 이론적으로 논구할 수 있는 단계가 아니었다. 그렇기 때문에 후세 사람들은 그들의 단편적인 발언에서 중요한 부분을 찾고 귀납하는 한편 나름의 이해와 해석을 통해야만 비로소 하나의 사상적 네트워크를 연결

---

1) 『시자(尸子)』 권 하, 『이십이자』본, 373쪽, 『문자(文子)』 「자연(自然)」에도 노자가 한 말로 기록되어 있다. 그러나 한간본(漢簡本) 『문자(文子)』를 보면 이는 후대 사람들이 날조한 것이 틀림없다. 왜냐하면 한간본 『문자』는 문왕과 평왕(平王)의 대화를 기록한 것이기 때문이다.

해 낼 수 있다. 마찬가지로 '소전통', 즉 병법(兵法), 방기(方技), 수술(數術)을 포함한 실용적인 기술에도 우주에 관한 지식이 포함되어 있고, 또한 천지인귀가 함께 살아가는 공동체로서 세계에 대한 사람들의 인식이 잠재되어 있다. 그러나 그것은 필경 구체적인 기술 속에서 모호한 배경으로 표현될 뿐이며 대전통을 통해 격상되어 표현되지 못하고 영원히 조작의 원리와 규칙 안에 잠복하여 일종의 말하지 않아도 자명한 존재가 될 뿐이었다.

그러나 전국시대의 사상가들은 달랐다. 그들은 이미 우주와 시공의 문제에 대해 명확하게 인식하고 있었으며, 자각적으로 논의할 수 있었다. 이는 어떤 면에서 천문학, 지리학의 시야가 이미 과거에 비해 크게 달라졌으며, 천상에 대한 관찰과 지리에 대한 이해가 "관상수시(觀象授時 : 천상을 관측하여 일시를 받음)", "정지방중(定之方中 : 『시경』「국풍國風」에 나오는 시가로 초나라 궁궐을 천시天時에 맞춰 지었다는 내용인데, 정성定星 즉 해가 질 때 나타나는 관실성管室星은 사방 한 가운데 있다는 뜻)" 등 실외에서 관측하는 수준을 넘어서서 실내에서 연역하고 추산하는 단계에 진입했기 때문이며, 또 다른 면에서는 앞서 이야기한 바와 같이 당시의 여러 가지 전통적인 전제나 의거가 더 이상 말하지 않아도 알 수 있는 권위를 지니지 못한 상태에서 현실적인 사회질서와 삶의 존재의 문제를 해결하는 데 자명한 의거가 필요했기 때문이다. 그렇기 때문에 '천지', '우주'에 대한 토론의 의미는 이미 그 자체를 벗어나 사상의 중심적인 화제로 부상하게 된 것이다. 몇 가지 이와 관련된 예를 살펴보는 것도 무방할 듯하다. 비교적 초기에 초(楚)나라 소왕(昭王)은 이렇게 물은 적이 있었다.

> 『주서(周書)』에서 중(重)과 여(黎)가 천지로 하여금 상통할 수 없게 했다고 하였는데, 무슨 말인가? 만약 그렇지 않다면 사람이 능히 승천할 수 있다는 말인가?(周書所謂重黎實使天地不通者, 何也? 若無然, 民將能登天乎?주서소위중려실사천지불통자, 하야? 약무연, 민장능등천호?)[2]

2) 『국어』「초어(楚語)」'하(下)', 559쪽.

전국시대의 『장자(莊子)』 「천운(天運)」은 첫마디부터 다음과 같은 질문으로 시작하고 있다.

> 하늘은 움직이고 있는가? 땅은 제자리에 있는가? 일월은 서로 장소를 놓고 다투고 있는 것인가? 누가 이것들을 주관하는가? 누가 이것들을 질서 있게 만들고 있는가? 누가 아무런 일도 하지 않으면서 이것들을 밀어 그렇게 행하도록 하는가?……(天其運乎? 地其處乎? 日月其爭於所乎? 孰主張是? 孰網維是? 孰居無事推而行是? ……천기운호? 지기처호? 일월기쟁어소호? 숙주장시? 숙망유시? 숙거무사추이행시?……).[1]

또한 『관자(管子)』 「구수(九守)」, 『귀곡자(鬼谷子)』 「부언(符言)」에도 동일한 질문이 적혀 있다.

> 하루는 하늘이 만들어지고 이튿날은 땅, 삼일 째 되는 날은 사람이 만들어졌으니 사방, 상하, 좌우, 전후에 미혹된 곳이 어디에 있겠는가?(一日天之, 二日地之, 三日人之, 四方上下左右前後, 熒惑之處安在?일일천지, 이일지지, 삼일인지, 사방상하좌우전후, 형혹지처안재?)[2]

물론 사람들에게 익숙한 『초사(楚辭)』 「천문(天問)」에도 이와 유사한 질문이 기록되어 있다. "아득히 먼 옛날의 시초에 누가 전해 말했는가? 아래 위 천지가 아직 형체를 갖추지 않았으니, 무엇으로 이를 상고할 수 있을 것인가? 어둡고 밝고 또 다시 어둡고 밝은데 누가 능히 이를 궁구할 수 있겠는가? 천지가 아직 있지 않아 오직 형상뿐인데, 무엇으로 이를 알 것인가?……(邃古之初, 誰傳道之? 上下未形, 何由考之? 冥昭瞢闇, 誰能極之? 馮翼惟象, 何以識之,……수고지초, 수전도지? 상하미형, 하유고지? 명소몽암, 수능극지? 풍익유상, 하이식지,……)"[3] 이러한 일련의 문제는 현실의 삶과 구체적인

---

1) 『장자집석』 권5, 493쪽, 중화서국, 1961, 1978. 『장자』 「천하」에도 "남방에 황료라는 기인이 살았다. 그가 하늘과 땅이 떨어지지도 않고 꺼지지도 않는 이유나 바람이 불고 비가 오고 벼락이 치고 번개가 치는 까닭을 (혜시에게) 물었다(南方有倚人焉曰黃繚, 問天地所以不墜不陷, 風雨雷霆之故남방유의인언왈황료, 문천지소이불추불함, 풍우뇌정지고)" 고 적혀 있는 것으로 보아 이는 당시 보편적으로 관심을 가진 문제였음을 알 수 있다.

2) 『관자』 권18, 『이십이자』본, 162쪽. 『귀곡자신교(新校)』, 방립중(房立中) 교점(校点), 『귀곡자전서』 56쪽, 서목문헌출판사(書目文獻出版社), 1993.

현상의 경험을 초월한 것으로 직접적인 체험과 환상, 이지와 사색을 통해 추측한 우주를 가리키는 것이다.

1

전국시대 우주관 가운데 절대적인 위치를 점하고 있던 것은 아마도 '개천설(蓋天說)'[4]이었을 것이다. 고대 중국인들은 시각적으로 천체가 움직이고 있다는 것을 분명히 알고 있었다. 지구가 자전하기 때문에 북반구에 살고 있는 이들은 무엇보다 "천도(天道 : 하늘의 길)는 왼쪽으로 선회한다"는 느낌, 즉 하늘이 동쪽에서 서쪽으로 움직인다는 생각이 들었을 것이다. 자전은 북극과 남극이 중심축이 되기 때문인데, 바로 이러한 이유로 고대 중국인들은 천체가 남쪽으로 갈수록 움직이는 폭이 점차 커지고 반대로 북쪽으로 갈수록 점차 작아진다는 것을 눈치 챘으며, 정북에 거의 움직이지 않는 곳, 마치 수레의 바퀴 축, 즉 축심(軸心)에서 모든 별들이 이를 에워싸고 돌고 있다고 생각했을 것이다. 그것이 바로 '천(하늘)'의 북극이니, 『논어』「위정(爲政)」에서 "북극이 마땅한 자리에 거하니 뭇 별들이 이를 에워싼다"고 한 것은 바로 이 뜻일 터이다. 『상서』「요전(堯典)」에 나오는 '선기옥형(璿璣玉衡)' 역시 하늘의 축심인 북극과 그 상징물인 북두성을 의미하는 것이다.

그리하여 고대 중국인들의 마음속에서 하늘은 마치 머리에 쓴 삿갓처럼 둥근 것이고, 북극과 북두가 그 중심에 있고 뭇 별들이 이를 에워싸고 돌면서 그침이 없으니 해와 달도 마찬가지여서 천체를 따라 선회하며 동쪽에서 떠서 서쪽으로 가라앉는다고 여겨졌던 것이다. 그래서 영원히 움직이지 않는 북극은 둥근 원의 중심에 자리하여 무대칭(無對稱)의 공간에 위치하고, 해가 뜨고 달이 지는 것을 표지로 삼는 세월의 시간적 위치를 초월한 '천'의 추축(樞軸)이자 중심으로 간주되었으며, 지고무상(至高無上)한 '일(一)'의 지위를 얻게 된 것이다. 계절에 따라 두

3) 『초사보주(楚辭補注)』, 85쪽, 중화서국, 1983.

4) 중국 고대의 우주관의 하나라로 하늘은 개립(蓋笠) 즉 삿갓 모양으로 둥글고 땅은 평평하다는 것이다 즉 '하늘은 둥글고 땅은 모나다'라는 말로 대변할 수 있다(역자 주).

병(斗柄 : 북두칠성)이 자리를 바꾸는 북두는 '천의(天意)' 즉 하늘의 뜻을 선포하는 자로서 계절의 변화를 조정하고 인간 세상의 시간을 안배하는 것으로 여겨졌으며, 두병은 1년이란 시간 속에서 사방, 즉 동서남북을 알려주는 것으로서 신성한 상징물(四象 : 청룡·주작·백호·현무)과 상징색(청·적·백·흑 및 나중에 오행에 따라 생겨난 황), 그리고 상징 계절(춘·하·추·동)을 지니게 되었다. 나름의 규칙을 지닌 천체의 운행과 별의 궤적을 통해 고대 중국인들은 연월과 일시, 그리고 계절과 절기 등을 구분하여 공간 관계를 시간 관계로 전환시켰다.

중국 대지에 거주하던 옛 사람들 역시 부단한 왕래와 천도, 그리고 전쟁 속에서 점차 자신들이 거주하는 대지에 대해 이해하고, 자신들이 거주하는 곳이 커다란 정자형(井字形)이라고 상상하게 되었다. 이른바 '구주(九州)'에 관한 이야기는 상당히 이른 시기에 나온 듯하다. 「우공(禹貢)」에 나오는 "우임금이 구주를 나누었다"는 기록이 비록 전설에 불과하고,[1] 기주(冀州), 연주(兗州), 청주(青州), 서주(徐州), 양주(揚州), 형주(荊州), 예주(豫州), 양주(梁州), 옹주(雍州) 등의 강역 구분이 단지 구상일 뿐이라고 할지라도 그것이 당시 고대 중국인들의 '천하'에 대한 이해를 반영하고 있다는 점은 분명하다. 특히 북, 동, 남, 서로 시침의 방향과 "천도가 왼쪽으로 선회한다"는 시각적 경험을 대응시킨 것은 당시 사람들의 '지(地)'에 관한 이해가 '천(天)'에 대한 관찰과 연관되어 있음을 분명하게 보여주고 있다.

물론 당시 여러 제후국에 살고 있던 이들은 천하를 이해하는 데 약간씩 차이가 있었을 것이다. 예를 들어 지금의 하남성(河南省)에 살고 있던 중원 사람들은 낙양(洛陽)을 중심으로 천하가 정자형(井字形)으로 이루어졌다고 여겼을 것이고, 남방의 초나라 사람들은 수도인 영(郢)을 중심으로 천하의 형상을 상상했을 것이다. 그러나 이러한 '지'의 형상에 대한 상상이나 이해의 사상적 맥락은 거의 일치하여 땅과 하늘을 서로 대응시켜 질서정연하고 고정된 중심에서 밖으로 퍼져나가는 공간을 상상하고 있었다. 예를 들어 『상서』「우공(禹貢)」에서 각기 5백 리마다 오복(五服 : 전복甸服·후복侯服·수복綏服·요복要服·황복荒服)으로 영역을 구분한 것이나, 『국어』「주어(周語)」'상(上)'에서 말하는 오복(전복·후복·빈복賓服·요복·황복),

---

1) 『상서』, 『십삼경주소』 146~150쪽.

『주례』「하관(夏官)」'직방씨(職方氏)'에서 말하는 구복(九服 : 왕기王畿·후복·전복·남복男服·채복采服·위복衛服·만복蠻服·이복夷服·진복鎭服·번복藩服)[2] 등은 대체로 당시 사람들의 마음속에 자리한 천하 강역의 도식(圖式)이라고 할 수 있다. 고힐강은 이러한 구분에 대해 "대체로 당시의 상황에 합치되는 것으로 순전히 억측이라고 할 수 없다"[3]고 이야기한 바 있다.

그러나 비록 그것이 순수한 억측은 아닐지라도 실측이나 추리의 결과 또한 아니다. 차라리 당시 사람들이 자신들의 지식과 상상을 통해 부연한 일종의 구상이라고 보는 것이 옳을 듯하다. 바로 이러한 '천하'에 대한 구상이 전국시대 사람들의 '지(地)'에 대한 보편적인 관념이었던 것이니, 중앙과 사방 혹은 팔방을 '회(回)'자 형태로 구획지어 정방형의 대지를 만들고, 중앙과 중앙에서 바깥쪽으로 사방, 팔방으로 뻗어가는 구조를 만든 것이다. 그리고 이러한 사방이나 팔방에 각기 상징적인 신령이나 계절, 시령(時令), 색채 등을 연관시켰으니, 이로써 땅과 하늘이 서로 같은 구조와 서로 통하는 상징을 통해 상응하는 관계를 지니게 된 것이다. 『관자』「유관도(幼官圖)」에 나오는 동남서북과 중앙의 도식(圖式)[4]이나 『산해경』에서 상상하고 있는 중(中), 동, 남, 서, 북의 지리,[5]그리고 『계예내경(計倪內經)』에서 오방의 주신과 보좌신을 오행과 결부시켜 기록하고 있는 것[6] 등은 모두 당시 사람들의 대지에 대한 관념이거나 상상이었던 것이다.

고대 중국에서 천지, 우주에 관해 형상적이고 직관적으로 만들어진 기물이 적지 않은데, 그 중 가장 오래된 것이 옥종(玉琮)이고, 이후 명당(明堂), 영대(靈臺), 식반(式盤) 등이 출현하게 된다. 이 점은 이미 언급하였기 때문에 본문에서는 더 이상 중복하지 않겠다. 『노자』는 "창 너머로 살피지 않아도 천도를 안다(不窺牖, 知天道불규유, 지천도)"고 하였고, 『관자』「심술(心術)」'하(下)'에서 "성인은 한마디로 풀어 위로 하늘을 관찰하고 아래로 땅을 살피는 사람이다(聖人一言解之, 上察於天, 下

2) 『십삼경주소』 153쪽, 『국어』 4쪽(상해고적출판사, 1988), 『십삼경주소』 863쪽 등에 나온다.
3) 「기복(畿服)」, 『사림잡식(史林雜識)』, 1~19쪽, 중화서국, 1977.
4) 『관자』 권3, 『이십이자』본, 102~103쪽 참조.
5) 원가(袁珂), 『산해경교주(山海經校注)』, 상해고적출판사, 1980.
6) 이보가(李步嘉), 『월절서교석(越絶書校釋)』 97쪽, 무한대학출판사, 1992.

察於地성인일언해지, 상찰어천, 하찰어지)" [1]라고 한 것을 보면, 천지 우주의 의미가 줄곧 고대인들의 사상의 중심으로 자리하고 있었음을 말해준다. 그렇다면 이를 통해 우리는 다음과 같은 문제를 제기할 수 있을 것이다. 경험과 체험, 또는 추론이나 심지어 현묘한 생각을 통해 나온 천, 지라는 개념이 사상사에서 도대체 어떤 관념들을 이끌어 냈으며, 또한 이러한 관념들이 어떻게 그들이 지니고 있던 여러 가지 다른 문제들에 대한 사색을 도왔는가?

2

우주 기원 이론의 : 천도와 일(一),
시, 만물의 질서

우선 우주와 시공에 대한 화제는 이러한 배경에서 점차 철리화의 과정을 밟는다. 우주공간은 하나의 중심을 지니고 있는데, 이런 시공의 중심은 신비한 '도(道)'로 간주되었다. '일(一)' 또는 '태극'으로 불리기도 한 그것은 그 밖의 모든 현상 세계에 존재하는 사물들이 지니지 못한 절대성과 궁극성을 지니고 있다. 『장자』 「제물론(齊物論)」에 보면 이에 대해 다음과 같이 말하고 있다.

> 저것과 이것이란 상대적인 개념이 없는 것, 이를 일러 도추(道樞)라고 한다. 중추(中樞)가 되어야만 비로소 둥근 고리의 중심을 차지하게 되어 이로써 무궁한 변화에 응할 수 있다(彼是莫得其偶, 謂之道樞, 樞, 始得其環中, 以應無窮피시막득기우, 위지도추, 추, 시득기환중, 이응무궁).[2]

'추(樞)'는 축(軸)의 뜻이다. 모든 것들이 중심축을 에워싸고 도는데, 추축은 짝이 없이 불변함으로써 온갖 변화에 대응한다. 모든 변동은 바로 이것에서 출발한다. 『노자』 11장에서 이야기한 "서른 개의 바퀴살이 하나의 바퀴통과 함께 하니, 그 없음에 해당하는 것에 수레의 쓰임이 있는 것이다(三十輻共一轂, 當其無, 有車

---

1) 『관자』 권13, 『이십이자』본, 145쪽.
2) 『장자집해』 권1 하, 66쪽.

之用삼십폭공일곡, 당기무, 유거지용)"는 바로 이러한 뜻이다. 어떤 학자는 미르치아 엘리아데(Mircea Eliade : 1907~1986년, 루마니아 출신의 미국의 종교학자)가 고대 종교의식에서 나오는 중심적인 상징설에 관해 언급하면서 "가장 현저한 신성지대는 절대적인 존재물의 지대이다"라고 지적하고, 이러한 중심적인 상징설은 "많은 측면에서 중국 전통적인 역사학자들의 사상과 부합한다"라고 이야기한 바 있다.

그의 말은 정확하다. 『문자(文子)』「상덕(上德)」을 보면 노자의 설법을 해석하면서 다음과 같이 말하고 있다. "곡(轂)은 텅 비어 중립을 유지한다. 삼십 개의 바퀴살은 각기 자신의 역량을 다하여 하나의 바퀴살이 여러 개의 바퀴살로 홀로 들어가 모두 버려지게 되는데 어찌 가깝고 먼 곳에 능히 이를 수 있게 되는가?", "하늘의 운행은 그침이 없으니, 끝에 이르러 다시 시작된다. 그런 까닭에 능히 오래 지속될 수 있는 것이며, 바퀴가 회전을 거듭하는 까닭에 능히 멀리 이를 수 있게 되는 것이다."

『도원(道原)』에서도 '도'를 해석하기를, "(도는) 중앙에 서서 그 신묘함으로 변화와 노닐며 사방을 아우른다. 그런 까닭에 능히 하늘이 운행되고 땅이 □, 바퀴가 움직여 폐기되지 않는 것이다(立於中央, 神與化游, 以撫四方, 是故能天運地□, 輪轉而無廢입어중앙, 신여화유, 이무사방, 시고능천운지□, 윤전이무폐)"라고 하였다. 수레바퀴, 바퀴살, 수레 덧방나무 등의 비유는 모두 천상(天象)에서 유래하는 것으로 '중심'에 대한 현묘한 생각이 부연된 것이라고 볼 수 있다. 심지어 '기(氣)'가 우주를 생성할 때도 역시 중심에 거하며, 기타 중요한 것들 역시 중심에 위치한다고 상상하기도 했다. 「상덕」에서 노자의 또 다른 명언을 해석하면서 "만물은 음을 등에 지고 양을 가슴으로 안으며, 충기(沖氣)로써 조화를 이루는데, 조화는 중앙에 거한다. 이로써 나무의 과실은 마음(心)에서 생겨나고 풀의 열매는 협(莢 : 풀 열매, 콩까지)에서 생겨나며 알은 중앙에서 생겨난다(萬物負陰而抱陽, 沖氣以僞和, 和居中央, 是以木實生於心, 草實生於莢, 卵胎生於中央만물부음이포양, 충기이위화, 화거중앙, 시이목실생어심, 초실생어협, 난태생어중앙)."[3]

유가의 경전인 「중용(中庸)」 역시 이러한 중심에 관한 설법에 동의하고 있다.

---

3) 이상은 『문자요전(文子要詮)』 130쪽을 참조하시오. 인용문의 탈자는 '체(滯)' 또는 '알(斡)'자로 본다.

“중(中)이란 천하의 가장 큰 근본이다.……중화에 이르러 하늘과 땅이 위치를 잡고 만물이 화육된다(中也者, 天下之大本也, ……致中和, 天地位矣, 萬物育矣중야자, 천하지대본야, ……치중화, 천지위의, 만물육의)”[1] 중앙의 문제는 사회 정치와도 관련이 깊다. 『맹자(孟子)』「진심(盡心)」‘상(上)’에 보면 “천하의 중심에 서서 사해 백성들을 평정한다(中天下而立, 定四海之民중천하이립, 정사해지민)”[2]라는 구절이 나오는데, 마치 천지의 중앙에 있어야만 확고부동한 합리성을 담보할 수 있다는 말처럼 들린다. 이는 『갈관자』「태홍(泰鴻)」에서 이야기한 바와 같다. “중앙이란 태일이 자리하고 있는 곳으로 신들이 법도로 우러러본다.” 이렇듯 천지 중심은 절대적인 ‘도(道)’, 궁극적인 ‘극(極)’, 무상(無上)의 ‘일(一)’로 상상되면서 모든 것들이 이로 말미암아 나오고, 천지가 일체를 포용하니 천지의 중심은 곧 모든 것의 근거가 된다. 이러한 중심은 원래 천상(天象) 지리에 대한 체험과 관측에서 비롯된 것이기는 하지만 추리와 상상을 통해 극히 추상적이고 철리적인 곳까지 올라가게 되었다.

우주의 시간 역시 하나의 기점을 가지고 있다. 『노자』에서 말하고 있는 “도는 하나를 낳고 하나는 둘을 낳으며, 둘은 셋을, 셋은 만물을 낳는다”라는 말은 상상을 통한 간단한 진술이지만 상당히 많은 고대 중국인들이 이를 신봉하여 우주의 여러 가지 어지럽고 복잡한 만사만물이 하나에서 여럿으로, 간단한 것에서 복잡한 것으로 자생되어 나갔다고 믿었다. 다시 말해 우주가 아무리 복잡한 것일지라도 그 안에 공통된 기점이 존재한다는 것을 믿었다는 뜻이다. 『갈관자』「능천(能天)」에 보면 “어느 것이 하나로부터 나오지 않고 하나의 변역에 이르지 않았겠는가?(孰不從一出, 至一易?숙불종일출, 지일역?)”라고 하였는데, 여기에 나오는 ‘일(一)’은 공간의 중심이자 시간의 기점이기도 하다. 그것은 존재하는 것의 밖에 위치하며 구체적으로 지적할 수 없는 ‘무(無)’인데, 또한 모든 ‘유(有)’의 본원이기 때문에 “하늘은 이를 얻어 높아지고 땅은 이를 얻어 만물을 숨기며, 북두성은 이를 얻어 위엄을 이룩하며, 일월은 이를 얻어 그 빛이 일정하고, 오상(五常)은 이를 얻어 그 위상이 일정하며, 뭇 별은 그것을 얻어 그 궤도가 항시 바르다……” 또한 그것

1) 『십삼경주소』, 1625쪽.

2) 『십삼경주소』, 2766쪽.

은 '많은 것' 가운데 '하나'이자 '만물'의 '근본'이며, '만물'의 '시작'이다. 다만 그것은 시종일관 시공의 밖에 존재하기 때문에 은연중에 아득한 기점을 드러내고 아득한 종점을 드러내는 것이다.

> 그래서 성인은 그 현허함을 보고 두루 행해짐을 이용하는데, 이를 억지로 도라고 이름 지었다(聖人觀其玄虛, 用其周行, 强字之曰道성인관기현허, 용기주행, 강자지왈도).[3]

'인간'의 본원을 예로 들자면 『장자』 「천지(天地)」의 관점을 빌릴 수 있을 듯하다. "태초에 무가 있었으니 유도 없고 이름도 없었다. '하나'로 여기에서 처음으로 시작되었는데 '하나'가 있을 뿐 아직 형태가 이루어진 것은 아니었다. 만물이 이를 얻어 생겨나니 이를 일러 '덕'이라고 부른다. 아직 형체가 이루어지지 않아서 하나로부터 나뉘어져 가는 것이 잠시도 끊임이 없었으니 이를 명(命)이라고 한다. 하나가 유동함으로써 물건이 생겨나게 되니, 물건이 생성되어 생리를 갖추니 이를 일러 형체라고 한다. 형체는 정신을 보존하게 되며, 제각기 나름의 원칙을 지니게 되는데 이를 일러 본성이라고 한다. 본성을 닦게 되면 덕으로 되돌아간다. 덕이 지그해지면 처음과 같아진다. 같아진다는 것은 곧 텅 빈다는 뜻이며, 텅 빈다는 것은 곧 커진다는 뜻이다(泰初有無, 無有無明. 一之所起, 有一而未形. 物得以生, 謂之德, 未形者有分, 且然無間, 謂之命, 留動而生物, 物成生理, 謂之形, 形體保神, 各有儀則, 謂之性. 性修反德, 德至同於初, 同乃虛, 虛乃大태초유무, 무유무명. 일지소기, 유일이미형. 물득이생, 위지덕, 미형자유분, 차연무간, 위지명, 유동이생물, 물성생리, 위지형, 형체보신, 각유의칙, 위지성. 성수반덕, 덕지동어초, 동내허, 허내대)."[4] 이렇듯 일체 모든 것이 이로부터 생겨나고 다시 이로 되돌아간다.

이러한 '도', '일' 혹은 '태일'의 절대성과 궁극성이 확인되면서 사람들은 이를 확정적이고 말하지 않아도 알 수 있는 경험의 토대나 이성적 근거로 삼아 과거에 경험하거나 관측한 시공 현상들을 오히려 '도' 아래에 두었다. 이는 조화롭

---

3) 『한비자』 「해로(解老)」, 『이십이자(二十二子)』본, 1139쪽.

4) 『장자집해』 권5 상, 424~425쪽. 진(晋)나라의 사상가 곽상(郭象)은 주(注)에서 "유(有)가 없으니 이름이 없다. 일(一)이란 유의 시작으로 지극히 묘한 것이다"라고 하였고, 당나라의 성현영(成玄英)은 소(疏)에서 "일이란 도를 의미한다. 하나라는 이름이 있으나 만물과 같은 형상은 없다"라고 하였다.

고 완미한 자연 질서는 곧 '도'가 무언자화(無言自化)하여 이루어졌음을 인정한 것이고, 성신의 운행과 사시사철의 추이, 일월의 운행과 음양의 변화, 사면팔방과 천상의 안배, 그리고 사회질서와 인간들의 도덕에 이르기까지 모든 것이 '도'의 현현이며 절대로 변할 수 없는 자연 법칙으로 모르는 사이에 신묘한 뜻에 따라 안배됨을 인정한 것이다.

이러한 관점은 전국시대 중엽에 이르러 보편화되기 시작하는데, 예를 들어 『역전(易傳)』의 경우, 그것이 유가의 작품인지 아니면 도자의 작품인지 불문하고 이러한 우주 관념의 영향을 받았음은 의심할 여지가 없다. 「계사(系辭)」 '상(上)'에서 "『역경』은 천지를 준칙으로 삼기 때문에 능히 천지 간의 모든 도리를 그 안에 포함할 수 있다. 『역경』의 이론을 이용하면 고개를 들어 천상의 여러 가지 변화를 살필 수 있고, 고개 숙여 지리의 천변만화하는 형태를 관찰할 수 있으니, 그런 까닭에 이로부터 음양의 어둡고 밝은 변화가 어떻게 생겨났는지를 이해할 수 있게 된다. 한 걸음 더 나아가 그 시작과 끝을 살펴본다면 생사의 오묘한 비밀도 알 수 있을 것이다"라고 말하고 있다. 그 가운데 가장 중요한 것은 천지간에서 우주의 변화가 '역이 태극을 지녀 양의(兩儀 : 양과 음)를 낳고 양의에서 사상이 생겨나며, 사상에서 팔괘가 생성하는' 과정임을 체험하는 것이다. 이러한 과정은 하나의 음과 하나의 양을 일러 도라고 한다는 뜻의 '일음일양지위도(一陰一陽之謂道)'[1]를 증명하는 것이기도 하다.

또한 『문자(文子)』「구수(九守)」에서도 우주의 변화 과정을 '도'의 전개 과정으로 보고 있다. "천지가 형체를 갖추지 않았을 때는 어둡고 아득하며 혼연일체가 되어 고요한 가운데 맑고 조용하였는데, 무겁고 탁한 것은 가라앉아 땅이 되고 가볍고 미세한 것은 하늘이 되었으며, 서로 떨어져 사시가 되고, 분리되어 음양이 되었다." 이러한 '일(一)'은 『황제서(黃帝書)』의 설법에 따르면 '근본을 말하는 것'이며, '일'로부터 '다(多)'로 변화하는 것이 바로 우주의 진화이다.

『경법(經法)』에서 말하길, "하늘은 일을 잡고 삼(三)을 밝히며, 이(二)를 정하고 팔정(八定)을 세우고 칠법(七法)을 행한다"라고 하였는데, 여기에서 나오는 '일'은

---

1) 이상은 모두 『역』「계사」'상', 『십삼경주소』 77쪽, 82쪽, 78쪽을 참조하시오.

무한한 가능성을 안고 있는 '도'로서 "그 항상성을 잃을 수 없는 하늘의 일이다." 그리고 '삼'이란 "해는 분명하게 나오고 들어가며, 남북은 다함이 있다"는 '도(度: 법도)'와 "달은 진실로 생겨나며 죽으니 나아가고 물러남에 항상됨이 있다"는 '수(數)', 그리고 "뭇별은 수가 있어 그 항상됨을 잃지 않는다"는 '신(信)' 등 세 가지를 의미한다. 그리고 '이'란 '한 번은 어둡고 한 번은 밝은' 음양의 변화를 이야기한다. 이러한 우주 질서가 바로 '천의 도(天之道)'[2)]인 것이다.

『갈관자』「태록(泰錄)」'제11'의 경우는 아예 '도'를 인격을 지닌 신기(神祇)로 간주하여 "저 하늘과 땅이 가슴속에서 움직이니, 그런 연후에 외부에서 일이 이루어져 만물이 나오고 들어간다. 또한 그런 다음에 생물(生物)에 해로움이 없게 되고 사시를 열고 닫으며, 음양을 당겨 움직이며 원망을 없애고 사물을 맑게 하니, 천하가 이로써 절로 그러하게 된다"라고 주장하였다. 『장자』「지북유(知北游)」에서도 '사시에는 밝은 법도가 있고', '만물에는 이미 이루어진 도리가 있으며', "음양 사시의 운행은 각기 그 질서를 갖추고 있다"라고 이야기한 바 있다. 이러한 '질서'는 원래 인간들이 관찰하고 사색한 결과에 대한 이성적 귀납이지만 전국시대 사상가들에 의해 '도'가 현현하는 법칙으로 간주되었던 것이다. 이렇듯 사색의 토대나 근거로서 '도' 개념은 광범위하게 사용되었으니, 자연스럽게 음양오행의 사상 맥락과 연결되면서 '천', '지', '인'의 구성을 분석하는 데 활용되어 중국 고대 우주사상의 중요한 배경이 되었으며, 또한 인간의 본성과 윤리에 합리적 근거로 활용되어 사회질서에 관한 논쟁에 참여함으로써 고대 중국 사회사상의 중요한 배경이 되었던 것이다.[3)]

---

2) 이학근(李學勤)의 고증에 따르면 『경법』은 전국시대 중엽에 편찬된 책인데, 이후 『갈관자』「태홍」에서도 이와 유사한 내용이 인용되어 있다. 『죽백일서와 학술서(簡帛佚籍與學術史)』, 98쪽 참조.

3) 화이트 헤드(A. N. Whitehead)는 『과학과 근대세계』라는 책에서 "문화는 분야가 다양하고 관념체계 역시 하나 둘이 아니다. 인류는 과학, 미학, 윤리학, 종교 등 여러 가지 활동 속에서 각기 나름의 우주관을 생성하거나 또는 우주관의 영향을 받게 된다. 이러한 분야에서 모든 시대에 각기 서로 다른 우주관이 제기되었다"라고 하였다. 그는 특히 우주관의 내원이 다양하다는 것을 강조하였는데, 철학적 우주관은 이러한 여러 가지 관점이 종합된 것이라고 하였다. 중역본, 서언 1쪽, 상무인서관, 1989.
그러나 고대 중국의 상황은 약간 다르다. 아주 오랜 옛날 사람들은 천상을 관찰하거나 체험을 통해 보편적으로 많은 이들이 인정하는 우주 관념을 형성하기에 이르렀으며, 우주 관념의 분화는 단지 이후 각종 사상의 방향이 달라짐에 따라 생겨난 것이다. 우주에 관한 해석이 서로 다른 것 역시 마찬가지 이유에 기인한 것이다.

3

다음으로 우주 시공의 구조는 이러한 배경 하에서 더욱 체계화된다. 앞서 이야기한 바대로 중앙과 사방, 도에서 모든 것이 파생된다는 관념 등에서 절반 정도는 실제 관측이나 경험에서 우러나온 것이고 나머지 절반은 추측이나 추리, 심지어 상상에서 도출해낸 것이다. 그러나 전국시대 사상 세계에서 모든 것을 해석할 수 있는 학설이 설사 그것이 사이비일지라도 구체적인 검증과 조작이 가능한 지식보다 더욱 중요하게 여겨졌으니, 이는 신속하게 팽창하고 변화하는 시대에서 한번 고생으로 영원히 평안을 구한다는 식으로 주변 세계의 모든 현상을 한꺼번에 설명해줄 수 있는 학설이 무엇보다 필요했기 때문이다.

『사기』에 나오는 추연(鄒衍)[1]에 관한 기록은 특히 주목할 만하다. 그는 추연에 대해 다음과 같이 말하고 있다. "음양의 소식(消息 : 소멸과 성장)을 깊이 관찰하여 괴이한 변화에 대해 기술하여 「종시(終始)」와 「대성(大聖)」 등 10여 만언(萬言)을 지었다. 그 언사가 아득하게 멀고 종잡을 수 없어 경전과 달랐으나, 먼저 작은 사물에서 증험을 구하고 다시 추론하여 확대해 나가니 마침내 무한한 곳까지 이르렀다……(乃深觀陰陽消息, 而作怪迂之變, 終始大聖之篇十餘萬言. 其語閎大不經, 必先驗小物, 推而大之, 至於無垠……내심관음양소식, 이작괴우지변, 종시대성지편십여만언. 기어굉대불경, 필선험소물, 추이대지, 지어무은……)".[2] 인용문에 나오는 "작은 사물에서 증험을 구하고 추론하여 이를 확대하니(先驗小物, 推而大之선험소물, 추이대지)"라는 대목에서 추연이 경험과 추리를 통한 확장의 사상 방향으로 세계를 묘술(描述)하고자 했다는 것을 알 수 있다.

일본 학자 카나야 오사무(金谷治)가 말한 바대로 추연은 '추(推)', 즉 추론의 사상 방법을 활용하여 이미 알고 있는 것에서 미지의 것을 추론하고, 경험한 사물에서 아직 경험하지 못한 미지의 세계를 미루어 알고자 했다.[3] '선험소물(先驗小物)'

1) 전국시대의 제(齊)나라 사람(대략 기원전 305~240)으로 제자백가 가운데 음양가의 대표적인 인물이다. 그는 맹자(孟子)보다 조금 뒤의 사람으로 여겨지는데, 중국의 오행사상과 음양이원론을 결합하여 음양오행사상을 주창하였다. 그의 철학으로 가장 유명한 것이 소위 오덕종시설(五德終始說)과 적현신주설(赤縣神洲說)이다(역자 주).

2) 『사기』 권74, 2344쪽.

3) 「추연의 사상」, 『동방학회 25주년 기념 동방학논집』, 도쿄, 1972. 중역본, 『일본학자가 논한 중국철학사』 144~145쪽, 중화서국, 1986.

은 그 토대이다. 우선 공간상으로 경험의 확대를 말할 수 있다. 예를 들어 세계를 상상하는데, 먼저 중국의 '명산대천과 통곡(通谷) 금수, 물이나 땅에서 자라는 것들이나 사물로 진귀한 것들'을 열거한 다음에 "이를 확대하여 해외에 사람들이 볼 수 없는 것까지 밀고 나가는 것이다." 다음은 시간상의 확대이니, 예를 들어 당시 유행하던 음양오행에 근거하여 '음양의 소식(消息)'을 탐구하는데, 당연히 '오덕종시'까지 연관시키고 계속해서 '천지가 아직 생성되기 이전에 어둡고 아득하여 고찰하기 어려운 근원'까지 거슬러 올라가 탐구하는 것이다. 동시에 절로 그러한 천지의 음양오행이론을 논술하면서 기타 영역의 문제들까지 추론한다.[4]

추연(鄒衍)의 이론에 따르면 대지는 단지 '구주(九州)'만이 아니다. 구주는 마치 囲과 같이 엎어놓은 쟁반처럼 생겼는데, 그는 이러한 형태의 '구주'를 밖으로 더욱 확대시켜 9개의 '구주'를 더 만들었고, 다시 그 9개의 '구주'를 더욱 확대시켜 81개의 '구주'로 만들었다. 그는 "유가들이 말하는 중국(中國)이란 천하에 있는 81개 가운데 한 곳만을 차지하고 있을 따름이니, 적현신주(赤縣神州 : 추연이 붙인 중국의 별칭)라고 이야기한다. 적현신주 안에도 구주가 있는데, 이것이 바로 우(禹 : 하우夏禹)가 순서를 매긴 구주인 것이다. 그러나 이러한 주는 주로서 셈할만한 것이 못된다. 중국 밖에 적현신주 같은 것이 9개가 있는데, 이것이 이른바 구주이다. 여기에 작은 바다가 그것을 둘러싸고 있는데, 백성과 금수가 서로 통행하지 않으며, 그 한 구역 안에 있는 것을 일주(一州)라고 한다. 이와 같은 것이 또 다시 9개가 있는데 큰 바다가 그 밖을 둘러싸고 있으니, 그곳이 바로 하늘과 땅의 끝이다(儒者所謂中國者, 於天下乃八十一分居其一分耳, 中國名曰赤 縣神州, 赤縣神州內自有九州, 禹之序九州是也, 不得爲州數, 中國外如赤縣神州者九, 乃所謂九州也. 於是有裨海環之, 人民禽獸莫能相通者, 如一區中者乃爲一州, 如此者九, 乃有大瀛海環其外, 天地之際焉유자소위중국자, 어천하내팔십일분거기일분이, 중국명왈적 현신주, 적현신주내자유구주, 우지서구주시야, 불득위주수, 중국외여적현신주자구, 내소위구주야. 어시유비해환지, 인민금수막능상통자, 여일구중자내위일주, 여차자구, 내유

4) 이러한 사상 맥락은 천문 역산이나 성신, 지형 등에 관한 지식이나 기술과 불가분의 관계를 지닌다. 그렇기 때문에 그는 '담천연(談天衍)'이라고 하여 뛰어난 달변가로 칭해지기도 했다. 이후 『문심조룡(文心雕龍)』「제자(諸子)」에서도 '추자양정어천문(雛子養政於天文)'이라고 하였다. 『문심조룡교주습유』 권4, 147쪽, 상해 고적출판사, 1982.

대영해환기외, 천지지제언)."[1]

여기서 우리는 초기 '구주'설이 추연에 의해 부정된 것은 아니라는 사실을 확인할 수 있다. 추연(鄒衍)은 실제로 '아(亞)' 혹은 '정(井)'자 형태의 우주 관념을 그대로 계승하고 있었으며, 다만 이를 '확대하여 마침내 무한에 이르러' 이른바 81주와 대영해(大瀛海)를 상상하고 추론해냈던 것이다.[2] 사상사에서 볼 때 이러한 추연의 의미는 고대 중국의 공간 의식이 확대되고 있었음을 상징하는 것이라고 말할 수 있다. 비록 이러한 확대가 '구주'나 "땅이 엎어놓은 쟁반처럼 생겼다"는 기존의 공간 구조에 대한 사고 맥락을 따른다는 점에서 전통의 연속선상에 놓여 있기는 하지만,[3] 이 역시 사람들이 사상을 통해 공간의 확대를 시도하고 아울러 나날이 확장되는 세계에 관한 지식을 해석하고자 했다는 것을 나타내는 것임에 틀림없다.

후세 정치 이데올로기에 심각한 영향을 끼친 것은 '오덕종시(五德終始)'설이다. 이는 주로 시간에 관한 역사 관념이라고 할 수 있는데, 앞서 언급한 바대로 고대 중국, 적어도 전국시대 이전에 이미 '오행'설이 널리 유행하고 있었다. 그러나 대다수는 주로 공간의 평행적 분석에 이용되었을 뿐이니, 예를 들어 금목수화토

---

1) 『사기』 권74, 2344쪽.

2) 물론 추연의 추론 역시 나름의 실측 경험을 토대로 하고 있다. 한나라 시대 왕충(王充)의 『논형(論衡)』「담천(談天)」을 보면 추연이 "현재 천하는 땅의 동남쪽에 위치하고 있다"는 주장을 펼쳤음을 알 수 있다. 왕충은 이에 대해 조롱하듯 다음과 같이 말하고 있다. "추연의 말대로 천극이 하늘의 정중앙이라고 한다면 지금의 천하는 땅의 동남쪽에 있어야 하고, 시야의 끝은 서북에 있어야 하며, 지금의 천하는 극남일테니, 아울러 그것을 말하자면 동남에 있지 않고, 추연의 말은 맞지 않는 것이다"(황휘黃暉, 『논형교석論衡校釋』 권11, 478쪽, 중화서국, 1990).

그러나 추연의 주장은 분명 천상, 지리에 대한 관측에서 연유한 것이다. 『목천자전(穆天子傳)』이나 『산해경』의 전설에 따르면, 전국시대 서북 지역에 대한 지리적 지식이 상당한 정도에 이르렀는데, 이를 통해 하늘의 극(極), 땅의 곤륜(昆侖)을 우주의 중심으로 삼는 관념이 형성되기에 이른다. 게다가 제나라는 동해의 한쪽 구석에 위치하고 있기 때문에 추연이 앞서 이야기한 것과 같은 주장을 할 수 있었다. 이외에도 『수경주(水經注)』 권8에도 추연에 대한 기록이 나오는데, 이에 따르면, 그가 "일찍이 민성(緡城)에 올라 송도(松都)를 살핀 적이 있다"고 한다. 이는 아마도 추연이 여러 지역을 돌면서 그곳의 지리적 상황을 실측했다는 사실을 증명하는 것일 터이다.

3) 죠셉 니담은 『중국과학기술사』 제2권의 주석에서 추연의 사상에 관한 『사기』의 기록 가운데 맨 마지막 부분에 나오는 "……천지지제언(天地之際焉)"은 "하늘의 끝이 바다의 경계가 맞물려 있다는 뜻으로 이른바 개천우주론(蓋天宇宙論)의 특징이다"라고 이야기한 바 있는데 정확한 발언이다. 중역본, 258쪽, 과학출판사, 상해고적출판사, 1990.

를 우주 구조의 기본으로 간주하거나 오색, 오음, 오미, 심지어 오장(五臟)이나 오관(五官)등까지 연계시키기도 했다. 이러한 것들은 전국시대에 이미 보편적으로 알려진 상태였기 때문에 그야말로 말하지 않아도 아는 지식이었다. 그러나 춘추시대 후기 이래로 순환론의 시간적 의미를 지닌 오행의 질서가 서서히 자생하기 시작했다.[4)]

- 이미 알고 있는 서 미지의 영역으 론해 나가는 것은 리에 합당한 사로 고대 중국에서 광 게 추연된 것은 오 .

지식을 이미 알고 있는 영역에서 미지의 영역으로 추론해 나가는 것은 본래 정리에 합당한 사로(思路 : 사고의 방향)이다. 고대 중국에서 가장 광범위하게 추연(推衍)된 것은 다름 아닌 오행이나. 『손자』「세편(勢篇)」과 『문자』「도원(道原)」에 보면 거의 비슷한 내용이 실려 있다.

> 소리는 다섯에 불과하니 다섯 소리가 변화하면 들을 수 없고, 색은 다섯에 불과하니 다섯 색이 변화하면 볼 수 없으며, 맛은 다섯에 불과하니 다섯 가지 맛이 변화하면 맛볼 수 없다(聲不過五, 五聲之變, 不可勝聽也. 色不過五, 五色之變, 不可勝視也. 味不過五, 五味之變, 不可勝嘗也성불과오, 오성지변, 불가승청야. 색불과오, 오색지변, 불가승시야. 미불과오, 오미지변, 불가승상야).[5)]

마찬가지로 오행은 금목수화토에 불과하다. 옛 사람들은 복잡한 현상 세계가 오행의 배합과 조합으로 이루어진다고 여겼는데, 그 안에 고대 중국의 사유방식, 즉 귀납과 추연의 방식이 포함되어 있다. 『손자(孫子)』가 이야기한 "많은 무리를 다스리는 것은 적은 이들을 다스리는 것과 같으니 분수가 바로 그것이다(治衆如治寡, 分數是也치중여치과, 분수시야)" 는 말은 다양하고 풍부한 현상을 먼저 분해하여 이를 '수(數)'로 귀납시키고, 끝으로 다시 '수'를 가지고 여러 영역으로 추연한다는 뜻이다. 아마도 이러한 사상 맥락이 당시 제나라 땅에서 유행한 것으로 보인다. 『관자』에 나오는 「주합(宙合)」, 「사시(四時)」, 「오행(五行)」 등은 이러한 오행이 서로 순서대로 움직이면서 계절의 변화를 장악하며 오음과 오색을 배합한다

---

4) 『좌전』 소공 20에 보면 채묵(蔡墨)의 말이 기록되어 있다. 『십삼경주소』 2123쪽. 이학근의 「백서 요편과 그 학술사적 의미(帛書要篇及其學術史意義)」, 『중국사학』 제4권, 1994.

5) 『손자』 권5, 『이십이자』본, 420쪽. 『문자요전(文子要詮)』, 41쪽, 복단대학출판사, 1988.

는 주장을 펼치고 있다. 예를 들어 갑자(甲子)로 시작되는 72천(天)은 '목(木)'에 속하는데, 병자(丙子)로 시작되는 72천의 '화(火)'와 만나고, 다시 무자(戊子)로 시작되는 72천의 '토(土)', 경자(庚子)로 시작되는 72천의 '금(金)'과 만나며, 임자(壬子)로 시작되는 72천의 '수(水)'로 이어진다. 이렇듯 1년은 오행으로 나누어지니 보기에도 합리적이고 정제된 듯하다. 이것이 바로 앞서 제기한 바대로 '수(數)'로 모든 지식을 통제하고 사상에서 우주의 모든 현상을 정합하는 방식이다.

추연은 춘추시대 말기 이후의 사상적 경향을 계승하여 오행의 학설을 시간의 종적인 측면으로 끌어들여 시간(歷史)과 변화(始終)에 응용하였다. 그리하여 이른바 '오덕종시(五德終始)'라는 개념을 제시하였다.

> 오행은 서로 순서대로 사용되고 방면에 따라 복종한다(五行相次轉用事, 隨方面爲服 오행상차전용사, 수방면위복).[1)]
>
> 오덕이 불승(不勝)을 따르면 순(舜)이 건국했다는 우(虞)는 토에 해당하고, 하나라는 목에 해당하며, 은나라는 금, 주나라는 화에 해당한다(五德從所不勝, 虞土, 夏木, 殷金, 周火 오덕종소불승, 우토, 하목, 은금, 주화).[2)]

지금 전해지는 약간의 자료에 따르면, 추연은 인류 역사, 특히 정치사를 부단히 순환하는 과정으로 본 것 같다. 모든 역사 시기에 권력을 장악한 사람은 반드시 하나의 '덕', 즉 금목수화토와 상응하는 다섯 가지 특질 가운데 하나와 짝을 이루는 '덕'을 지녀야 비로소 권력을 대신하고 장악할 수 있는 합리성과 권위성

---

1) 『사기』 권28 「봉선서(封禪書)」, "제나라 위왕(威王)과 선왕(宣王) 때부터 추연과 같은 부류들이 종시오덕의 운행을 논했다." 『집해(集解)』에 보면 여순(如淳)의 말을 인용하여 "지금 이에 관한 책으로 『오덕종시』가 있는데, 오덕은 각기 승(勝)하는 바에 따라 행한다"라고 기록하고 있다. 또한 같은 편에서 말하길, "추연은 음양주운(陰陽主運)으로 제후들에게 유명했다"라고 하였는데, 『집해』에서 여순의 말을 인용하여 "그 책과 가까운 것으로 『주운(主運)』이 있다"라고 하였다. 표점본, 1368쪽.

2) 『문선(文選)』 권59 「제고안육소왕비문(齊故安陸昭王碑文)」, 중화서국영인본, 하책, 823쪽. 오행의 순서는 두 가지가 있다. 금목토수화는 상승(相勝)의 순서인데, 『월절서(越絶書)』 권4 「계예내경(計倪內經)」에서 이야기한 "금목수화토는 교체되면 승한다(金木水火土更勝)"가 바로 이것이다. 다른 하나는 『좌전(左傳)』 소공 29년 채묵이 이야기한 것으로 상생의 순서이다. 『월령(月令)』은 바로 이러한 상생의 순서에 따르는데, 동(목), 남(화), 중(토), 서(금), 북(수)의 순서이다.

을 부여받게 된다. 당시 권력자가 이러한 '오행' 가운데 하나를 얻는다는 것은 그 것과 상응하는 성질이나 특징을 지닌다는 뜻일 뿐만 아니라 그러한 성질과 특징을 반드시 준수하고 지켜야 한다는 것을 의미하기도 했다. 그렇지 않으면 '천도'에 어긋나기 때문이다. 모든 역사는 전대 역사의 승자와 후대 역사의 패자로 이어진다. 그것은 마치 '변혁'이 필연적이고 또한 합리적임을 나타내는 듯한데, 이는 오행에서 수극토(水克土), 토극수(土克水), 수극화(水克火), 화극금(火克金), 금극목(金克木)의 과정과 같다. 이것이 바로 '종소불승(從所不勝)'의 뜻이다.

『사기』「역서(曆書)」의 기록에 따르면, 전국시대에 천하가 크게 어지러웠을 당시 모든 이들이 '강국금적, 구급해분'에 정신을 팔려 천상을 관찰하고 역률(曆律)을 제정하는 이가 없었다. "그 때 오직 추연만이 오덕의 전승과 음양 분산에 밝아 이를 제후에게 보였다(是時獨有鄒衍, 明於五德之傳而散陰陽之分, 以顯諸侯시시독유추연, 명어오덕지전이산음양지분, 이현제후)."[3] 나는 그 안에 추연이 초기 왕조 문화사에 대한 관측이 포함되어 있다고 보지는 않는다. 다만 그가 고대인들이 애호하던 풍습(예를 들어 색채, 방위, 생활습관 등)에 억지로 대입하고 음양오행에 추연한 것일 가능성이 크다. 왜냐하면 '오덕'은 음양의 변화와 움직임에 따른 것으로 음양의 변화와 움직임은 또한 '하늘의 도'에 속하는 것으로 '천도'의 배경을 지니게 되기 때문이다. 그리하여 그의 이론은 의심할 바 없는 권위성을 지니게 된 것이다. 이리하여 우주에 의거한 역사 관념이 중국에서 크게 유행하게 되었던 것이다. 『사기』「봉선서」의 기록에 따르면, 제일 먼저 이를 채용한 이는 바로 진시황이다. 그는 자신의 왕조를 '수덕(水德)'으로 정했는데, 이는 주조(周朝)의 '화덕(火德)'을 승계하고 억눌러 이겼다는 것을 의미한다.

'81주'든 아니면 '오덕종시'든 간에 이 모든 것들은 실용적인 의미 이외에도 사상사에서 전국시대 사람들의 우주의 시공(時空)에 관한 사고의 맥락이라고 말할 수 있다. 당시 사람들의 시공에 관한 사고는 이미 한 나라나 지역의 구체적인 실측과 계산을 훨씬 초월한 상태였다. 다만 그 기술 수준만은 여전히 대지나 하늘에 대한 광범위한 실제 측량과 관찰을 벗어날 수 없었을 따름이다. 그들의 사

3) 『사기』 권26, 1259쪽.

유 수준은 이미 역사의 기원까지 거슬러 올라갔으나 인류의 역사 진행에 대해 이성적으로 공정하고 냉정한 논술을 할 수 없었다는 뜻이다. 따라서 때로 경험에 따라 세계의 온갖 현상을 기본적인 '수'로 귀납시켰으며, 이러한 추측과 상상 속에서 약간 애매모호한 관념을 얻게 되었다. 이것이 바로 '미루어 확대하는' 방법이다. 『역전(易傳)』은 아마도 이러한 사상 방식의 가장 전형적인 예일 것이다. 그것은 우선 천지간의 모든 것을 '음'과 '양' 두 가지로 귀납한 다음 만사만물을 음양이 분화하여 생겨난 여덟 가지, 즉 '천(天)', '지(地)', '뇌(雷)', '풍(風)', '산(山)', '택(澤)', '수(水)', '화(火)' 등으로 귀납하였으며, 다시 이 여덟 가지를 팔괘에 배합시키고 이에서 일련의 현상과 사물을 추연하고 있다. 그 예는 다음과 같다.

> 건괘(乾卦)는 하늘을 상징하고, 또한 원형, 군왕, 아비, 옥(玉), 금속, 한냉, 얼음, 붉은색, 좋은 말을 상징한다. ……진괘(震卦)는 우레를 상징하고, 또한 교룡, 푸른색, 온갖 꽃, 큰 길, 장자(長子), 빠름, 푸른색의 어린 대나무를 상징한다(乾爲天, 爲圜, 爲君, 爲父, 爲玉, 爲金, 爲寒, 爲冰, 爲大赤, 爲良馬. ……震爲雷, 爲龍, 爲玄黃, 爲敷, 爲大塗, 爲長子, 爲決躁, 爲蒼筤竹건위천, 위환, 위군, 위부, 위옥, 위금, 위한, 위빙, 위대적, 위량마. ……진위뢰, 위룡, 위현황, 위부, 위대도, 위장자, 위결조, 위창랑죽).[1)]

이상은 「계사(系辭)」 '하(下)'에서 이야기한 다음과 같은 구절과 상통한다. "(포희씨가 팔괘를 창조할 때), 위로 하늘의 일월성신의 현상을 관측하고 아래로 땅에서 변화의 법도를 관찰하였으며, 조수의 무늬를 관찰하였고 땅과 더불어 적합한 것을 살폈다. 가깝게는 인체 각부의 형상에서 본떴고 멀리는 각종 물체의 형상에서 본을 떠서 비로소 팔괘를 만들었으니, 이로써 천지와 인간의 신묘하고 분명한 덕성을 통합시키고 종류별로 분류하여 만물의 실정을 상징하였다(仰則觀象於天, 俯則觀法於地, 觀鳥獸之文, 與地之宜, 近取諸身, 遠取諸物, 於是始作八卦, 以通神明之德, 以類萬物之情앙칙관상어천, 부칙관법어지, 관조수지문, 여지지의, 근취제신, 원취제물, 어시시작팔괘, 이통신명지덕, 이류만물지정)."[2)]

---

1) 『역』 「설괘(說卦)」, 『십삼경주소』, 94~95쪽.

후대 『염철론(鹽鐵論)』의 관점에 따르면, 추연이 우주의 시공에 대한 추측과 현묘한 생각을 했던 것은 다음과 같은 이유에 기인한다. "후세 유가나 묵가들이 천지가 넓다는 것도 모르고 환히 밝은 도도 모르면서 그저 왜곡된 한 가지만 가지고 나머지 아홉을 말하고자 하며, 한 구석만 고집하며 만 가지를 알려고 하여, (추연이) 이를 질타하기 위함이었으니, 그들(유가나 묵가)의 양태는 마치 평형을 재는 도구도 없이 높고 낮음을 알려고 하고, 그림쇠나 곱자도 없이 원을 알려고 하는 것과 같았기 때문에 위대한 성인들이 종시(終始)의 운행에 대해 이야기한 것을 추론하여 왕공이나 사대부들을 깨닫게 하고 중국의 유명한 산이나 골짜기가 바다 밖까지 이르게 된다는 것을 말하고자 했던 것이다.……(疾晚世之儒墨, 不知天地之弘, 昭曠之道, 將一曲而欲道九折, 守一隅而欲知萬方, 猶無准平而欲知高下, 無規矩而欲知萬圓也, 於是推大聖終始之運, 以喩王公列士, 中國名山通谷以至海外……질만세지유묵, 부지천지지홍, 소광지도, 장일곡이욕도구절, 수일우이욕지만방, 유무준평이욕지고하, 무규구이욕지만원야, 어시추대성종시지운, 이유왕공열사, 중국명산통곡이지해외……)"[3] 요즘 말로 하자면 추연과 같은 이들이 우주 시공의 오묘한 비밀을 탐색함과 동시에 이를 통해 현실 사회의 시비곡직에 매달려 있는 유가와 묵가의 병폐를 드러낸 것이며, 사상에 우주 시공에 대한 최종적인 근거를 제공한 것이라고 할 수 있다.

같은 이들이 우주
오묘한 비밀을 탐
이를 통해 현실
시비곡직에 매달
유가와 묵가의 병
러내고, 사상에 우
에 대한 최종적인
제공한 것이다.

4

거 : 천도와인도
리와 도덕적 분별

우주의 시공은 가치의 근거로서 전국시대 모든 것을 꿰뚫어보려는 일부 사상가들의 사상적 맥락의 기점이 되었다. 그러나 이는 또 다른 일부 사상가들의 반대에 부딪쳤다. 앞서 이야기한 바대로 우주 시공, 즉 '천도'에 대한 사색과 체험 및 현묘한 생각들은 사상 세계에 대체적인 관념 구조를 낳았는데, 인류생활은 '도', '음양', '사시', '오행', '팔괘' 등 질서정연한 개념으로 구성되어 있으며, 천

2) 『역』「계사」'하', 『십삼경주소』, 86쪽.

3) 『염철론』 권9 「논추연(論鄒衍) 제53」, 왕이기(王利器), 『염철론교주(鹽鐵論校注)』, 551쪽, 중화서국, 1992.

지, 사회, 인류는 동일한 근원과 구조를 갖춘 우주 속에서 서로 연관된 상태에서 끊임없이 유전한다는 것이다. 또한 이처럼 질서정연한 움직임이야말로 정상적인 것이며, 동류간의 상호 감응 또한 정상적인 것이다. 따라서 이러한 질서 속에서 체현된 '천도(天道)'는 일체 모든 것의 궁극적인 근거이자 모든 가치의 근원이 되었다.

그러나 '천도', 즉 우주 시공의 질서를 사상적 맥락의 기점이자 종점으로 삼아 모든 현상과 사물을 판단하는 합리성과 가치성으로 간주하는 방식은 또 다른 전통의 사상 맥락과 충돌을 일으켰다. 앞서 밝힌 바대로[1] 비록 초기 의식(儀式)이기는 하지만 두 가지 서로 다른 가치 근거의 모순이 잠복하고 있었으니, 그것은 '천'의 질서에 근거할 것이냐 아니면 '인간'의 감정에 의거할 것이냐에 관한 것이다. 물론 옛 사람들이 '천'과 '인'이 서로 어긋남 없는 조화와 화해를 이루고 있다고 생각하고 있었으나 실제로 완전한 결합은 불가능한 일이었다.

예를 들어 『월절서(越絶書)』에 보면 계예(計倪)의 말을 인용하여 "음양 만물은 각기 기강이 있다. 일월성신은 형덕(刑德)으로 길흉이 변화하며, 금목수화토는 상승하며 서로 변경되는 것이고, 월삭은 건(建 : 북두칠성의 두병斗柄이 가리키는 방향)을 따라 바뀌는 것이니, 이에 순응하면 덕이 있게 되고 역행하면 재앙이 있게 된다. 그런 까닭에 성인은 ……모든 일을 행하는데 반드시 천지, 사시에 순응하고 음양을 참조해야할 것이니, 이를 활용함에 자세히 살피지 않으면 일을 행함에 재앙이 따라붙게 된다(陰陽萬物, 各有紀綱, 日月星辰刑德, 變爲吉凶, 金木水火土更勝, 月朔更建, 莫主其常, 順之有德, 逆之有殃, 是故聖人……凡擧百事, 必順天地四時, 參以陰陽, 用之不審, 擧事有殃음양만물, 각유기강, 일월성신형덕, 변위길흉, 금목수화토갱승, 월삭갱건, 막주기상, 순지유덕, 역지유앙, 시고성인……범거백사, 필순천지사시, 참이음양, 용지불심, 거사유앙)"[2]라고 하였다. 이는 '천도'를 근본으로 하는 사상 맥락인데 이러한 사상 맥락에 따르면, 사회와 우주에서 인간은 그저 피동적인 위치에 자리할 수밖에 없으며, 질서 자체가 권위성을 지니게 된다. 그 권위는 천도로 말미암는 것이기 때문에 인간은 바닥을 길 수 밖에 없으니,

1) 제1편 제5절 「후대 사상사의 배경 : 의식, 상징과 숫자화한 세계 질서」를 참조하시오.
2) 『월절서』 권4 「계예내경」, 이보가(李步嘉 : 청나라 때 문인) 교주본, 99쪽.

군주이든 아니면 민중이든 간에 "천지의 항상됨을 변화시키고자 하면 무도(無道)의 상황을 야기시키기 때문에 빈천하고 생명이 오래갈 수 없는 것이다(欲變天地之常, 數發無道, 故貧而命不長욕변천지지상, 수발무도, 고빈이명부장)." 3)

그러나 '인간'을 기본적인 근거로 삼는 사상 맥락은 또 다르다. 예를 들어 『역』「계사」에서 "하나의 음과 하나의 양을 일러 도라고 한다(一陰一陽之謂道)"라고 말하고 있는데, 이 역시 음양의 '도'에서 유래한 것이지만 인간에 직접적으로 작용하거나 살피는 것이 아니라 '인간'을 통해서 이루어진다. 그래서 연이어 말하길 "이를 잇는 것이 바로 선(善)이고 이를 이루는 것이 성(性)이다(繼之者善也, 成之者性也)"라고 했던 것이다. 결국 합리성의 토대는 부지불식간에 '인간'에게 전이되어 '천도'가 아니라 '인도'가 되며, 논술된 이론적 맥락 역시 이에서 전환하여 '천도'에서 유래된 '도'의 합리성과 권위성이 '인간'에게 옮겨지게 된다. 바로 이런 이유로 『중용(中庸)』에서 "천명을 일러 성이라 하고, 성을 따르는 것을 도라고 하며, 도를 닦는 것을 일러 가르침이라고 한다(天命之謂性, 率性之謂道, 修道之謂敎)"라고 하여 천명을 직접 사람에게 투사하여 인간의 '성(性)'에서 체현되는 것으로 간주하는 한편 이러한 인성을 따르는 것을 바로 '도(道)'라고 볼 수 있었던 것이다.

이리하여 더 이상 외재하는 우주 시공이 아니라 인간에게 내재하는 인성 도덕이 가장 중요한 것으로 부상하게 되었다. 『중용』은 이에 대해 다음과 같이 말

---

3) 이러한 사고 방식은 특히 묵자 계열에서 강렬했다. 『묵자』「천지(天志)」'상(上)'에 보면 다음과 같은 대목이 나온다. "묵자가 이야기한다. 우리는 상천(上天)의 의지가 있어 이를 우리들이 행하는 일의 법칙으로 삼는다. 예를 들어 차륜을 만드는데 원을 그리는 규(規)가 있고, 목수에게는 네모를 그리는 구(矩)가 있는 것과 같다. 수레바퀴를 만드는 이나 목수는 규구만 있으면 천하의 모든 네모와 원형을 측량하여 '이와 부합하는 것은 맞고 부합하지 않는 것은 틀린다'고 말할 수 있다. 그러나 지금 천하의 선비나 군자들의 책은 다 쓸 수도 없고 그들이 말하는 언어는 다 말할 수조차 없는데, 그들은 위로 제후들에게 유세하고 아래로 여러 선비들에게 유세하고 있다. 그러나 인의에 대해 말하자면 아직 멀었다고 할 것이다. 어찌하여 아는가? 답하자면 나는 천하의 밝은 법(明法)으로 알 수 있다(子墨子言曰, 我有天志, 譬若輪人之有規, 匠人之有矩, 輪匠執其規矩, 以度天下之方圜, 曰, '中者是也, 不中者非也.' 今天下之士君子之書, 不可勝載, 言語不可詳計, 上說諸侯, 下說列士, 其於仁義, 則大相遠也. 何以知之? 曰, 我得天下之明法以度之자묵자언왈, 아유천지, 비야륜인지유규, 장인지유구, 륜장집기규구, 이도천하지방환, 왈, '중자시야, 부중자비야.' 금천하지사군자지서, 불가승재, 언어불가상계, 상설제후, 하설렬사, 기어인의, 즉대상원야. 하이지지? 왈, 아득천하지명법이도지)." 이는 '천'을 최종 근거로 삼아 시비를 판단했던 좋은 예라고 할 수 있다. 『묵자한고』 권7, 179쪽.

하고 있다. "능히 인간의 본성을 다하면 능히 사물의 본성을 다할 수 있고, 능히 사물의 본성을 다할 수 있으면 천지의 화육을 찬양할 수 있다. 천지의 화육을 찬양할 수 있으니 천지와함께 할 수 있는 것이다." 이렇게 인성은 일체의 사상 맥락의 토대이자 전제가 된다. 또한 이래야만 비로소 다음의 '천지(天地)' 또는 '도(道)'에 대해 논의할 수 있게 된다.

마왕퇴에서 출토된 백서 『오행』 역시 마찬가지이다. 비록 그 책에서도 여전히 "도란 천도이다"는 말을 수차례 반복하고 있기는 하지만 시종일관 천도와 인도를 하나로 연계시키고 있을 뿐만 아니라 심지어 인도를 천도의 전제로 간주하여, 선한 것은 인도이고 덕은 천도인데, 사람이 만약 '어질어 능히 편안하면' 천도에 합치되는 것이고, '도를 듣고 즐거워하면' 천도를 아는 것이며, 이와 반대로 만약 "군자의 도를 듣고도 기뻐하지 아니하는 것은 천도를 모르는 것이니 이를 일러 불성(不聖)이라고 한다"고 말하기도 했다. 또한 오행을 인간의 다섯 가지 품격의 도덕과 서로 배합시켜 인심(人心)으로 모든 것을 귀결시켰다. "능히 하나가 될 수 있어야 군자가 될 수 있고, 능히 하나가 될 수 있는 이는 능히 많은 것을 하나로 통일시킬 수 있으며, 많은 것을 하나로 귀결시킬 수 있는 이는 능히 □ 하나가 될 수 있다는 말이다. 군자는 '독(獨)'을 돈독하게 지킨다(能爲一, 然後能爲君子, 能爲一者, 言能以多□□ ('爲一'인 듯하다), 以多爲一也者, 言能以夫□爲一也, 君子愼其蜀(獨)능위일, 연후능위군자, 능위일자, 언능이다□□ '위일인 듯하다', 이다위일야자, 언능이부□위일야, 군자신기촉 '독')."[1] 인용문에서 '독'은 홀로 자신의 마음을 수양한다는 뜻이다. 이처럼 궁극적인 근거는 또다시 인간 자신의 심성으로 되돌아 왔고, 오로지 '인간'만이 능히 영원한 '천도'와 통할 수 있게 되었던 것이다.

'인간'과 '하늘' 중심을 '하늘' 간'으로 옮겼다.

『역전』, 『중용』, 그리고 『오행』 등은 자사(子思)와 맹자(孟子) 일파와 자못 얽혀 있는 듯하다. 그들의 공통된 추향(趨向)은 '인간'과 '하늘'의 관계 중심을 '하늘'에서 '인간'으로 옮겼다는 점에 있다. 그러나 그것이 '하늘'과 '인간'의 절대 분리를 의미하는 것은 아니었다. "천명을 일러 성이라 하고, 성을 따르는 것을 도라고 하며, 도를 닦는 것을 일러 가르침이라고 한다." 『중용』에 나오는 이 말은 그

---

1) 『노자갑본 및 권후 고일서(老子甲本及卷後古佚書)』, 문물출판사, 1974.

들이 하늘과 인간의 부조화를 조화로 이끌고 간극을 없애 상호 통할 수 있기를 바라고 있었음을 증명한다.

그러나 순자는 이러한 문제를 거의 극단까지 몰고 간다. 그는 『순자』「천론(天論)」에서 또 다른 사상적 맥락을 제시하고 있다. 그는 '하늘'이란 단지 저절로 그러한 자연의 '천'일 따름이며 어떤 신의 의지를 지닌 것이라거나 질서의 근거가 되는 것이 아니라고 여겼다. 물론 "인위적인 짓을 하지 않아도(無爲) 이루어지고 애써 구하지 않아도(不求) 얻게 되는 것, 그것을 일러 천직(天職)이라고 이야기한다." 그러나 '무위(無爲)'는 의도적인 '무위'가 아니며 단지 무의식적인 자화(自化)일 따름이며, 결코 인간의 시비(是非)에 대응하는 것이 아니다. "하늘의 운행은 항상됨이 있으니 그것이 요(堯)임금을 흥성케 하는 것도 아니고 걸(桀)임금을 망하게 하는 것도 아니다." 그는 이렇듯 '하늘'과 '인간'을 구분하여 "천인지간의 구분에 밝은 이, 그를 일러 지인(至人)이라고 한다(明於天人之分, 則可謂至人矣 명어천인지분, 즉가위지인의)"[2]고 말했던 것이다.

모든 전국시대 사상가들 가운데 우주의 '천'에 대해 가장 냉담했던 이가 바로 순자(荀子)이다. 물론 그도 신기한 언사로 '천'을 찬미한 적도 있다. 그러나 그의 마음속에 있는 '천'은 의지가 없으며 자재(自在)할 뿐인 자연이었다. "오로지 성인만 천을 알기 위해 애써 구하지 않는다(唯聖人爲不求知天)" 하늘이든 땅이든 모두 자연의 산물일 따름이며, 하늘에 관해서 그 현상을 파악하여 사시의 변화를 통찰하면 그 뿐일 것이며, 땅에 대해서 그 사물의 마땅함을 이해하고 음양을 조화시키면 그 뜻을 다한 것이라고 할 수 있다. 천지지간에 그 어떤 신비한 내용도 존재하지 않으며 하늘과 땅은 인간 세상의 치란을 좌지우지하는 권력을 지니지 않고 있다. 따라서 모든 것의 최종적인 근거는 바로 '인간'에게 존재할 따름이다. "군자는 자신에게 있는 것을 존중하되 하늘에 있는 것을 원하지 않으며, 소인은 자신에게 있는 것은 잘못하면서 하늘에 있는 것을 원한다." 순자는 군자와 소인의 차이가 바로 여기에 있다고 생각했다. 그의 관점에 따르면 '천'은 자연에 속하는 것이고, '인간'은 자연을 바꿀 수 있는 존재이다.

---

2) 『순자』 권11, 『이십이자(二十二子)』본, 327쪽.

천을 위대하게 여기는 생각만 하는 것과 만물을 비축하여 천을 제어하는 것 가운데 어느 것이 나은가? 천에 순종하여 찬송하는 것과 천명을 제어하여 좋게 응용하는 것 가운데 어느 것이 나은가?(大天而思之, 孰與物畜而制之, 從天而頌之, 孰與制天命而用之?대천이사지, 숙여물축이제지, 종천이송지, 숙여제천명이용지?)[1]

우주의 모든 궁극적 가치와 내재 근거가 되는 것은 '천'이 아니라 '인간'이다. 따라서 "인간의 일을 잘못하고 하늘만 생각한다면 만물의 실정을 잃게 된다." 이것이 바로 순자와 다른 사상가들, 특히 장자와 크게 다른 점이다. 순자는 '도'란 천도가 아니라 '인도(人道)'였다. 「유효(儒效)」에서 그는 이렇게 말하고 있다. "도란 하늘의 도이거나 땅의 도가 아니며 사람들의 근본이 되는 도이자 군자가 지켜야 할 도이다(道者, 非天之道, 非地之道, 人之所以道也, 君子之所道也도자, 비천지도, 비지지도, 인지소이도야, 군자지소도야)."[2] 그러나 순자의 입장에서 볼 때 전국시대의 기타 사상가들은 '도'에 대해 잘못 알고 있다고 생각했다. "일부만을 알고 있는 이들은 도의 한 모퉁이만을 보는 것이니 도의 본체를 알 수 없다. 그런 까닭에 스스로 충분하다고 여기고 언사를 수식하니 이는 안으로 스스로를 어지럽히고 밖으로 남을 미혹시키며, 윗사람은 아랫사람을 막히게 만들고, 아랫사람은 윗사람을 막히게 만드는 것이다(曲知之人, 觀於道之一隅而未識也, 故以爲足而飾之, 內以自亂, 外以惑人, 上以蔽下, 下以蔽上곡지지인, 관어도지일우이미식야, 고이위족이식지, 내이자란, 외이혹인, 상이폐하, 하이폐상)."[3]

그래서 순자는 이렇게 비판하고 있다. 어떤 사람은 실용적인 각도에서 '도'를 논하는데 이는 '이(利)', 즉 이로움을 보고자 하기 때문이고, 세속의 각도에서 '도'를 논하는 것은 '도'가 욕망을 만족시켜줄 수 있다고 보기 때문이다. 또한 어떤 사람은 우주의 외재 형상으로 '도'를 논하는데, 이는 규범을 조례화할 수 있는 '수(數)'를 얻고자 함이며, 권세나 이해의 각도에서 '도'를 논하는 이는 '도'를 통

1) 『순자』 권11 「천론」, 『이십이자(二十二子)』본, 327쪽.

2) 『순자』 권4, 같은 책, 300쪽.

3) 『순자』 권15, 「해폐(解蔽)」, 「이십이자」본, 340쪽.

해 일시적인 편리함을 얻고자 함이고, 언어 표현의 각도에서 '도'를 논하는 이는 '도'를 논설의 기교로 삼기 위함이며, '천'의 각도에서 '도'를 논하는 이는 오로지 모든 것을 자연에 순응하기 위함이다.

순자는 특히 장자에 대해 "하늘에 가려 인간을 모른다(蔽於天而不知人 폐어천이부지인)"[4]라고 비판하고 있는데, 이는 장자 일파가 '천'을 일체 사상의 궁극적인 근거로 삼아 '인간'에게 모든 사상의 기본적인 가치가 존재한다는 것을 모르고 있다고 보았기 때문이다. 순자는 이렇듯 '도'의 사고 맥락을 '천'에서 '인간'으로 전향시켰으니, 이로 인해 우주 시공에 대한 토론 대신 사회질서에 대한 사고에 집중하게 되었던 것이다.

4) 『순자』 권15, 「해폐」, 「이십이자」본, 340쪽. 주석에 이르기를, "하늘을 무위자연의 도라고 이야기한 것인데, 장자는 단지 치란(治亂)을 천(天)에 미루었을 뿐 인간에게 달려 있다는 것을 몰랐다"고 하였다.

8절

백가쟁명과 세 종류의 화제 (2) : 사회질서

어떻게 하면 혼란 사회가 무질서에 하여 새로운 질서 것인가?

삼가(三家 : 한韓, 조趙, 위魏나라)가 진(晉)나라를 나눠가지고 전씨(田氏)가 제(齊 : 강성 여씨에서 전씨로 국성이 갈린 것을 말함)나라를 대신하면서 거센 풍운에 모든 것이 급변하고 있었다. 이윽고 4세기로 접어들자 혼란은 더욱 거세졌는데, 위나라가 초나라의 노양(魯陽), 진(秦)나라의 하서(河西)를 취했다. 그러나 진(秦)나라는 석문(石門)에서 위나라를 패퇴시켰고(기원전 364), 이어서 또 다시 소량(少梁)에서 위를 패퇴시켜(기원전 362) 위는 어쩔 수 없이 대량(大梁)으로 천도했다. 전국시대 중기는 이렇게 해서 서진(西秦), 동제(東齊), 남초(南楚), 중위(中魏)의 구도로 천하가 구분되었다. 현란한 변화가 계속되면서 서로 속고 속이며, 암투를 일삼는 상황이 꼬리에 꼬리를 물고 이어졌다. 그러나 이처럼 나라와 나라, 지역과 지역, 그리고 개인과 개인 간에 긴장관계가 지속되는 가운데 '사(士)' – 지식계층-의 생존 공간과 활동 공간은 오히려 상대적으로 확대되었다.

당시 대국들은 너나할 것 없이 적지 않은 문사들을 두루 모집하여 이전까지 수주대토(守株待兎)식으로 기회가 오기만을 기다리던 시골 문사들 또한 각기 제후국을 왕래하느라 정신이 없었고, 자신의 기량을 펼칠 길이 없었던 문사들이 계속해서 제후의 상객(上客)으로 대접을 받았다. 과거의 단순하고 명확한 질서가 붕괴되고, 과거 종족 공동체가 점차 와해되면서 혈연관계가 해체되어 점차 인간관계가 복잡하게 이루어지면서 사회질서는 당시 모든 이들의 관심거리로 부상하였다. 이러한 화제는 다시 말해 어떻게 하면 혼란스러운 사회를 무질서에서 탈피시켜 새로운 질서를 부여할 것인가라는 문제였다.

전국시대에 천하가 크게 어지러웠던 첫 번째 이유는 무엇보다 상층부, 즉 왕후(王后)의 욕망이 팽창되었다는 사실로 말미암는다. 그리고 두 번째로 당시 교통의 발달로 야기된 상호 교류와 충돌을 고려해야 할 것이고, 마지막으로 사회질서의 붕괴, 즉 왕강(王綱 : 왕조의 기강)의 와해에서 그 근본적인 이유를 찾아야 할 것이다. 그러나 사회 등급을 중시하는 유자의 입장에서 볼 때는 무엇보다 왕강의 와해와 예악의 붕괴가 가장 큰 이유였다.

『대대례기(大戴禮記)』「예찰(禮察)」은 그들의 관점을 여실히 반영하고 있다. 그 대강을 보면 다음과 같다. 혼인의 예절이 파괴되고 부부지간의 관계가 더 이상 의지할 수 없는 지경에 이르렀기 때문에 음란하고 지나친 죄악이 출현하게 된 것이고, 향음주(鄕飮酒)의 예의가 사라지고 장유지간에 절제가 없어지면서 싸움과 소송이 생겨나게 되었다. 빙례(聘禮)나 대사례(大射禮)가 와해되자 제후의 행위를 제약할 수 없게 되었으니, 이로써 '영일(盈溢 : 가득차서 넘침)'의 현상이 일어나게 되었으며, 상례(喪禮)나 제례(祭禮)가 방기되자 신하와 자손들이 윗사람이나 조상들에 대한 감정이 옅어지고 자연히 혼란이 발생하게 된 것이다.[1] 동시에 천하에 공동으로 존중하는 질서의 집행자가 없게 되자, "세상의 도가 쇠미해지고 사설(邪說)과 폭행(暴行)이 난무하여 신하 중에 임금을 시해하는 자가 생기게 되고, 아들 가운데 아비를 살해하는 자가 생기게 되었다."[2] 그래서 무엇보다 질서를 회복하고 새롭게 건립하는 일이 급선무로 대두되어 권력자의 관심사가 되었으며, 자연스럽게 전국시대 중엽 이후 사상가들이 열중했던 중심 화제가 되었던 것이다.

합리성은 누구나 / 하는 공통된 질 / 거가 무엇이냐는 / 관련된다.

문제는 질서를 새롭게 세우고 회복하는 사고 방식이 서로 달랐다는 점이다. 질서를 중건하거나 회복하는데 가장 먼저 대두되는 문제는 질서의 합리성에 관

1) 『대대례기해고(大戴禮記解詁)』 권2, 21쪽, 중화서국, 1983. 이 내용은 『예기』「경해(經解)」, 『십삼경주소』 1610쪽에서도 볼 수 있다.

2) 『맹자』「등문공(滕文公)」 '하(下)', 『십삼경주소』, 2714쪽.

한 것이다. 그것은 다시 말해 누구나 따라야만 하는 공통된 질서의 근거가 무엇이냐는 문제였다. '예의'의 전통에서 출발한 유가들은 주나라 시대부터 전승된 의식이나 상징, 그리고 이미 규정된 바 있는 등급제도 등이 질서의 토대였다. 그러나 당시 사람들은 이에 대해 의문을 제기했다. '예'에서 규정된 질서란 도대체 어디에서 나온 것인가? 그것이 왜 필연적이고 또한 필수적인 것인가? 그것은 어떻게 해야만 인간들이 필요로 하는 가능한 질서에 부합할 수 있는가? 따라서 유가들은 이에 대해 모든 이들이 납득할 만한 이유를 제시해야만 했다. 특히 춘추전국 시대의 급격한 사회적, 사상적 변화를 겪으면서 '예'의 배후에서 더욱 심오한 인성의 근거와 역사적 근거를 찾아야만 했기 때문이다.

그러나 이에 비해 사관(史官)의 전통에서 출발한 도가의 경우는 오히려 사회의 진보나 기술 발전에 모든 죄를 뒤집어씌우는 쪽으로 나아갔다. 그들은 과도한 재부가 지나친 탐욕을 불러일으켰으며 과다한 정치적 지혜가 지나친 법률과 제도를 누적시켰다고 주장하는 한편 개인의 욕망과 사회적 공급 간의 긴장과 이지적 제약과 자유로운 욕구 간의 긴장이 과거의 안정되고 전통적인 질서의 붕괴를 가져왔다고 단정 지었다. 그래서 그들은 질서, 즉 현존하는 질서가 천연적인 것이며 합리적인 것인가에 초점을 맞춰 탐구하기 시작했고, 인류 역사 초기에도 이러한 것들이 있었느냐고 반문하는 한편 도대체 어떤 요구에 근거하여 그것을 따를 것을 강요하느냐고 따졌다.

사고 방식이 다른 만큼 그 답변 또한 다를 수밖에 없었다.

1

사회는 개별적인 사람들로 구성된다. 사회 구성원들은 일정한 질서를 따르며, 일련의 가치를 따라 생활하고 또한 규칙에 따라 서로 관련을 맺는다. 만약 이러한 질서나 가치, 규칙 등이 사람들이 보기에 '정리(情理)에 합당하려면' 무엇보다 사람들의 마음속에 이러한 질서를 존중하고 가치를 승인하며 규칙을 따르겠다는 마음이 존재해야만 한다. 이러한 '마음'은 개인의 과분한 정욕을 극복하고

맹자 : 성선설을
서의 건립을 논증

타인이 마땅히 누려야할 권리를 존중하는 '선(善)'[1]이라고 말할 수 있다. 본래 유자들은 사회질서의 이론적 근거, 즉 말하지 않아도 합리적이고 의심할 수 없는 질서의 도덕적 근원과 가치 토대에 대해 그다지 신경을 쓰지 않았다. 그들은 단지 윤리와 도덕을 이미 현존하는 긍정적 가치(관념)이자 행위(의식)으로 간주하고 있을 따름이었다.

그러나 급격한 변화의 시대에 돌입하여 지식이 안정성과 확정성을 잃게 되자 유자들 역시 자신들이 주장하는 도덕과 가치가 '토론할 필요가 없는 진리'라든지 '영원한 유효성을 지닌 것'임을 증명할 수 없게 되었다. 그리하여 무엇에 근거하여 이러한 질서와 가치, 규칙에 따라 생활해야하는가라는 힐난과 의문에 직면하게 되었으며, 이러한 의문 제기는 새로운 사상을 요구하였다. 결국 전국시대 중기에 들어와 맹자는 이러한 사상적 맥락에 따라 유가학설에서 나름의 토대를 찾고자 노력했다. 그가 찾은 토대란 천도가 아니라 인간의 본성이었다.[2]

맹자가 볼 때 '선'이란 사람이 본래부터 지니고 있는 천성이었다. 그는 「고자(告子)」, 「양혜왕(梁惠王)」, 「공손추(公孫丑)」, 「이루(離婁)」 등에서 이를 상당히 많이 강조하였는데, 특히 유명한 예는 두 차례나 이야기한 바 있는 '측은지심(惻隱之心)', '수오지심(羞惡之心)', '사양지심(辭讓之心)', '시비지심(是非之心)'에 관한 것이다. 맹자는 이러한 마음이 후천적으로 학습한 것이 아니라 선천적으로 구비하고 있는 것으로[3] '사람이 배우지 않아도 할 수 있고', '생각하지 않아도 알며', '적자

1) 나시다 기타로(西田幾多郎)는 『선의 연구(善的硏究)』에서 사람들이 선을 행하는 이유에 대해 언급하면서, 그 원인은 타율 윤리학으로 해석할 수 없으며, 자율 윤리학, 즉 "인성에 근거하여 설명할 수밖에 없다"고 주장하고 있다. 그는 자율 윤리학을 3가지로 나누고 있는데, 하나는 도덕상의 선악과 사정(邪正), 그리고 지식상의 진위를 동일한 것으로 보는 '유지론(唯智論)'이고, 두 번째는 이기(利己) 또는 이타(利他)적 쾌락을 인생의 목적으로 여기는 '쾌락주의'이며, 세 번째는 자신의 천성을 발휘하여 인간의 천부성을 충분하게 완성함으로써 인성의 원만한 실현에 도달하는 것, 즉 '활동주의'이다. 후에 토론할 맹자 사상은 나시다 기타로의 경우와 마찬가지로 마지막 세 번째 '활동주의'에 동의하고 있다. 하천(何倩), 중역본, 97~109쪽, 상무인서관, 1965, 1989.

2) 맹자보다 이른 시기의 유자들 중에 이러한 문제를 논의한 이들이 있었다. 『논형』 「본성(本性)」의 기록에 따르면, "주나라 사람 세석(世碩)은 인간의 본성은 선도 있고 악도 있다고 여겼다. ……그런 까닭에 세자(世子 : 세석)는 「양(성)서(養 '性' 書)」 1편을 지었다." 또한 "밀자천(密子賤), 칠조개(漆雕開), 공손니자(公孫尼子)의 무리들 역시 정성(情性)을 논의하였는데, 세자와 약간씩 달랐지만 모두 인간의 본성에 선과 악이 있다고 말했다."

3) 『맹자』, 「공손추」 '상', 「고자」 '상' 두 군데에 나온다. 『십삼경주소』 2691쪽, 2749쪽.

지심(赤子之心 : 어린 아이의 마음)'에도 이미 갖추어져 있는 양지양능(良知良能 : 교육이나 경험에 의하지 않고 선천적으로 사물을 판단하고 행할 수 있는 마음의 작용)[1]으로 인해 사람들은 동정심, 정의감, 수치심에 대한 자각과 더불어 양보하는 태도를 지니게 된다고 주장하였다.

예를 들어 어떤 이가 우물에 떨어진 것을 보게 되면 정상적인 사람은 누구나 손을 내밀어 도울 것이고, 소가 죽기 전에 떠는 모습을 보게 되면 양지를 지닌 이라면 누구나 참기 힘들 것이다. 이렇듯 '사람은 모두 참을 수 없는 마음을 지니고 있으니' 이것이 바로 사람됨의 근본적인 근거라는 것이다. 이러한 심성상의 본능에 이지적인 정확한 추론이 가미된 것을 일러 '할 바를 미루어 잘 안다'라고 말할 수 있는데, 예를 들어 "자신의 노부모에게 효도하듯이 다른 이의 부모를 잘 모시고, 자신의 아이를 사랑하는 듯이 남의 아이도 사랑할 수 있음"이 바로 그것이다. 나아가 '이러한 마음을 더욱 넓혀' 전체 사회로 확대하게 되면 능히 사회의 질서를 바로잡고 혼란에 빠진 사회를 변화시킬 수 있다는 것이 바로 맹자의 주장이다.[2]

풍우란(馮友蘭)이 지적한 바대로 맹자의 인성에 관한 설법은 아리스토텔레스의 윤리학과 서로 유사하게[3] 인간에게 '선'의 본원(本源)이 존재한다는 것을 긍정하고 있을 뿐만 아니라 '선'을 보증하는 이성도 있다고 주장하고 있다. 맹자는

---

1) 『맹자』「진심(盡心)」'상', 『십삼경주소』 2765쪽.

2) 영국 출신의 뛰어난 한학자 그레이엄(A. C. Graham)은 『맹자 인성론의 배경』이란 글에서 이와 상반되는 의견을 제시한 바 있다. 그는 『맹자』에 '성선(性善)'이란 말이 겨우 3번밖에 나오지 않으며, 기타 맹자의 사상을 논술하는 저작의 경우 전혀 나오지 않는다는 이유를 들어 맹자가 '성선'을 제창했다는 것을 증명하기에 부족하다고 말하고 있다. 또한 맹자가 이야기한 '성(性)'은 '천'이나 '도'처럼 형이상학적인 뜻이 아니라 구체적인 성정의 뜻이기 때문에 'Nature'와 다르다고 주장했다. 『*Studies in Chinese Philosophy and Philosophical Literature*』, The Institute of East Asian Philosophies, Singapore, 1986.
그러나 그의 주장은 성립할 수 없다. 무엇보다 하나의 사상이 제창되었는가 여부는 그것이 얼마나 많이 언급되었는가에 달려있는 것이 아니라 사상적 맥락이 이로 인해 관통되는가 여부에 달려 있기 때문이다. 맹자의 사고 방식은 인성에서 시작된다. 그는 인간이 지닌 착한 마음을 사회질서를 안정시킬 수 있는 근거로 삼고 개인의 성선을 사회의 화해와 안정을 위한 토대로 삼았으며, 인간과 동물 간의 선악의 차이를 인학(人學)의 기점으로 삼았다. 따라서 그가 단지 세 차례 밖에 '성선'을 언급하지 않았다는 이유로 그의 학설이 성선 사상에 속하지 않는다고 단정 짓는 것은 무리가 아닐 수 없다.

3) 『중국철학사』 156쪽, 상무인서관, 중화서국 중인본, 1984.

"마음의 감관은 생각이다(心之官則思)"라고 하면서 이 역시 "하늘이 나에게 부여한 바이다"라고 했다. 그는 또한 '사람은 금수와 다른 점이 거의 없지만', 동물의 행위 근거는 자연 본성이고 인간의 행위 근거는 인간이 지닌 인의, 자애 등 선량한 본성이라는 점에서 다르다고 주장했다. 학자들의 연구 결과에 따르면, '성(性)'의 본래 글자는 '생(生)'이며, '생'의 본래 뜻은 초목이 흙 위로 나온다는 것이다. 이후 인신(引申)되어 발생, 생육의 뜻을 지니게 되었고, 또한 생명의 존재라는 뜻을 지니게 되었다. 초기 금문이나 문헌에 "나의 생은 하늘에 복된 운명이 있는 것이 아니다(我生不有命在天)", '회발녹황구미생(懷發綠黃耇彌生)', '미궐생령종(彌厥生靈終)', '용구고명미생(用求考命彌生)' 등의 대목이 나오는데, 여기에 적힌 생(生)은 모두 순수한 생존의 의미로 쓰였다.[4)]

그러나 유가의 언어 계통에서 본다면 단순한 육체적 생존은 정신적 존재와 구분된다. 맹자는 "천명이 있기 때문에 군자는 성이라고 말하지 않으며(有命焉有命焉, 君子不謂性也유명언유명언, 군자불위성야)", "성이 있기 때문에 군자는 천명이라고 말하지 않는다(有性焉, 君子不謂命也유성언, 군자불위명야)"라고 하여 자연법칙에 속하는 생명은 '생(生)', 정신적 존재에 속하는 생명은 '성(性)'이라고 부르며 생과 성을 같은 뜻으로 보지 않았다. 그래서 고자(告子)가 "생을 일러 성이라고 한다"라고 말하자, 이를 반박하여 자연적인 '생'은 윤리적인 '성'과 같을 수 없으며, 개나 소의 성은 '생'이지만 인성(人性)은 단지 '생'만이 아니라 자연적인 인성과 이지적 자각이 결합한 것이라고 말했던 것이다. 이는 나시다 기타로(西田幾多郎)가 이야기한 바와 같이 인간은 교육과 인성의 발양을 통해 인생의 원만한 경지에 이르러야만 한다는 뜻인데, 바로 이런 까닭에 맹자는 모든 이들에게 자신의 이지를 통해 '놓인 마음을 구하고(求其放心)', '본심을 잃지 않을 것(不失本心)'을 요구하였으며, 그런 다음에 다음과 같이 하기를 강조하였던 것이다.

그 마음을 다하는 이는 그 성품을 알 것이니, 성품을 알게 되면 하늘을 알게 될 것

4) 『상서』「서백감려(西伯戡黎)」, 「사장반(史墻盤)」, 「채길궤(蔡姞簋)」, 「소박(綸鎛)」 등에 보인다. 부사년(傅斯年), 「성명고훈변증(性命古訓辨證)」, 『부사년선집』, 천진인민출판사, 1996. 유상(劉翔), 『중국전통가치관전석학(詮釋學)』, 179쪽, 상해, 삼련서점, 1995.

이다. 그 마음을 버리지 않아 잘 두고 성품을 잘 기르는 것은 하늘을 섬기는 것이오. 요절과 장수를 의심치 아니하고 몸을 닦아 기다리는 것은 천명을 세우는 것이다(盡其心者知其性也. 知其性則知天矣. 存其心, 養其性, 所以事天也. 夭壽不貳, 修身以俟之, 所以立命也진기심자지기성야. 지기성즉지천의. 존기심, 양기성, 소이사천야. 요수불이, 수신이사지, 소이립명야).[1]

인용문 속에는 인간과 하늘, 성과 생, 그리고 정신과 생명의 연계가 은연중에 내재되어 있다. 하늘, 즉 천은 조화와 창조를 주관하는 자연의 생명이다. 만약 이러한 하늘이 부여한 양지양능을 미루어 발휘함으로써 스스로 사람의 본성을 다하고자 한다면 하늘이 부여한 생명의 의의를 원만하게 실현할 수 있을 것이며,[2] 또한 인생의 궁극적인 경계에 도달할 수 있을 것이다. 따라서 어떤 이가 얼마나 많은 재물을 지니고 있으며, 얼마나 성공했는지가 중요한 것이 아니라 그가 사람으로서 스스로 본심을 다했는지 여부가 중요한 것이다. 만약 그가 마음을 다했다면(盡心), 자신의 본성을 이해할 수 있을 것이고 본성을 제고시켜 위로 '천'의 의지를 이어받고 아래로 '인(人)'의 사명을 완성하게 된다.

물론 인간의 도덕 윤리에 대한 토론은 최종적으로 사회질서의 정돈의 문제로 낙착되기 마련이다. 맹자가 볼 때 사회는 '대인(大人)'과 '소인(小人)', '노심자(勞心者)'와 '노력자(勞力者)', '군자(君子)와 야인(野人)' 등으로 구분된다. 「등문공(滕文公)」 '상'에서 그는 사회적 분업의 기원과 필요에 대해 언급하고 있는데, 이는 어떤 이라도 '한 사람의 몸'으로 '백공(百工)이 해야 할 일'을 다할 수 없기 때문이다.

그러나 이러한 분업의 사회적 관념은 그에 의해 등급의 분할로 논의되면서 직업 분화와 등급 구분이 동일하게 취급된다. 그리하여 직업의 차이에 대한 합리성이 계급 차별의 합리성으로 옮겨가게 되는 것이다. "대인의 일이 있고, 소인의

1) 『맹자』「진심」'상', 『십삼경주소』 2764쪽.

2) 이는 『중용』에 나오는 "하늘이 사람에게 부여한 것을 일러 본성이라고 하고, 본성을 따르는 것을 도라고 하며, 도를 닦는 것을 일러 교라고 한다(天命之謂性, 率性之謂道, 修道之謂教천명지위성, 솔성지위도, 수도지위교)"는 내용과 사상적 맥락이 일치한다.

일이 있다(有大人之事, 有小人之事유대인지사, 유소인지사)"라고 했을 때 이른바 '대인'과 '소인'의 차별은 그에 의해 또다시 지식 창조자와 물질 창조자의 차이로 이어지고 정신 활동과 물질 활동 또한 계층적 차별 등급을 지니게 된다. 그래서 그는 "마음을 수고롭게 하는 이는 사람을 다스리고 힘을 수고롭게 하는 이는 다스림을 받는다고 하였는데, 사람에게 다스림을 받는 이가 사람을 먹이고 사람을 다스리는 이는 사람에게 얻어먹는 것이 천하에 통용되는 이치이다(勞心者治人, 勞力者治於人, 治於人者食人, 治人者食於人, 天下之通義也노심자치인, 노력자치어인, 치어인자식인, 치인자식어인, 천하지통의야)"라고 했던 것이다. 이러한 계층의 차별은 또 다시 그에 의해 문명 정도의 차이로 이어진다. "군자가 없으면 야인을 다스릴 수 없고, 야인이 없으면 군자를 공양할 수 없다(無君子莫治野人, 無野人莫養君子무군자막치야인, 무야인막양군자)."[3)]

더욱 세밀한 논의는 그가 북궁의(北宮錡)의 "주나라는 벼슬과 봉급을 어떻게 구분했느냐"는 질문에 대한 맹자의 대답에 나온다. 맹자는 그 글에서 당시 제후들에 의해 폐기된 고대 제도, 즉 작위, 신분, 봉역(封域), 채읍(採邑), 노역(勞役) 등의 등급 서열에 대해 상세하게 논의하고 있다. 이로 보건대 맹자가 거의 기하급수적인 서열에 따라 피라미드 형태의 사회 구조 및 그것을 지탱하고 있는 사회질서에 대해 무한한 감회에 사로잡혀 있었다는 것을 알 수 있다.

문제는 이러한 구조나 질서가 성립되려면 다음 두 가지 조건이 선행되어야 한다는 점이다. 그 하나는 왕권이 막강하여 외재적인 압력과 강제를 통해 이러한 구조를 안정적으로 유지할 수 있어야 한다는 것이고, 다른 하나는 모든 이들이 자각하여 자신들의 이성을 통해 이러한 질서에 능동적으로 복종해야 한다는 점이다. 전국시대에 왕권이 와해된 후 맹자는 개개인의 내재적 심성에서 나와 선량과 어짊, 양보와 존경, 그리고 신중과 경외를 갖춘 양지와 양능만이 유일한 희망이라고 생각했을지도 모른다. 그래서 그는 다음과 같이 강력히 논변하고자 했던 것이다.

3) 『십삼경주소』 2705쪽, 2702쪽.

나 또한 인심을 바르게 하여 간사한 말을 없애고, 비뚤어진 행실을 막으며, 음란한 말을 몰아내어, 세 분의 성인을 계승하고자 하는 것이니, 어찌 변론을 좋아하겠느냐? 내 마지못해서 그러한 것일 따름이다(我亦欲正人心, 息邪說, 距詖行, 放淫辭, 以承三聖者; 豈好辯哉? 予不得已也아역욕정인심, 식사설, 거피항, 방음사, 이승삼성자; 개호변재? 여불득이야).[1]

2

맹자의 사고 방식과 다르게 사회질서에 대한 사고에서 출발하여 인간의 본성을 '악(惡)'한 것으로 판단한 이들이 있었다. 묵자의 생각

질서가 크게 혼란한 시대에 들어서면서 인심을 유지시키는 모든 방어망이 현실적인 이익과 충돌하면서 거의 붕괴되고 말았다. 사람들은 이처럼 무질서한 사회에 적응하기 위해 필연적으로 현실적인 이익을 가치 판단의 중심에 놓고 생존의 욕망을 만족시키는 데 주력하였다. 그래서 바로 코앞에 보이는 실제의 모습에서 사람들은 쉽게 '악'을 느낄 수 있게 되었으며, 현실적이고 실용적인 사상가들 역시 대부분 인성이 '악'하다는 주장에 동의하게 된다. '성악(性惡)'의 사상적 맥락은 분명 실제로 조작 가능한 정치, 경제 제도를 만들어내는 데 영향을 주게 된다.

일찍이 전국시대 초기에 『묵자』「상동(尙同)」'상(上)'에 보면 "옛날에 백성들이 처음 생겨나고 아직 형벌이나 정사가 없었을 때 말하기를, 천하 사람들이 각기 다른 뜻을 가지고 있다고 하였다(古者民始生, 未有刑政之時, 蓋其語, 人異義고자민시생, 미유형정지시, 개기어, 인리의)"[2]고 하였는데, 이는 "한 사람에게 한 사람의 도리가 있고 두 사람에게는 두 사람의 도리가 있어서(一人則一義, 二人則二義, 十人則十義일인즉일의, 법제주의의 사고

---

1) 『맹자』「등문공」'하', 『십삼경주소』 2715쪽.

2) 『묵자한고』 권3, 67쪽, 청나라 말 학자 손이양은 유씨의 설을 인용하여 마지막 주절은 응당 '개기어왈, 천하지인이의(蓋其語曰, 天下之人異義)'로 바꾸어야 한다고 주를 달았다.

이인즉이의, 십인즉십의)" 사람들마다 각기 생각하는 것이나 욕망이 다를 수밖에 없기 때문이었다. 그래서 "사람들은 자신의 뜻은 옳고 타인의 뜻은 그르다고 하여 서로 공격하였고(人是其義, 以非人之義, 故交相非也인시기의, 이비인지의, 고교상비야)" "부자와 형제지간에 원한과 미움이 생기고 친척들도 모두 흩어져 서로 화목할 수 없었으며(父子兄弟作怨惡, 離散不能相和合부자형제작원악, 리산불능상화합)", 천하 백성이 모두 "물과 불(水火), 독약(毒藥)으로 상대방에게 해를 끼치고(以水火毒藥相虧害이수화독약상휴해))", 이에 따라 "천하의 어지러움이 금수의 세상처럼 되었다(天下之亂, 若禽獸然천하지난, 약금수연)."[3]

「비공(非攻)」'상(上)'에 보면 사람들이 자신의 사사로운 이익을 만족시키기 위해 타인에게 해를 끼치는 일도 마다하지 않는 사례에 대해 언급하고 있다. "타인의 원포(園圃 : 과수원)에 들어가 복숭아나 배를 훔치고(入人園圃입인원포), 무고한 이를 죽이며(至殺不辜人지살불고인), 그의 가죽옷을 훔친다(扡其衣裘타기의구)." 게다가 통치자들도 "전승의 명예와 얻는 이익을 탐낸다(貪伐勝之名, 及得之利탐벌승지명, 급득지리)."

그러나 『묵자』에서 제기되고 있는 약방문은 오히려 이상주의적인 '겸애(兼愛)'와 '비공(非攻)'이었다. 이는 마치 끓는 물을 퍼냈다가 다시 부어 끓는 것을 막는 정도의 임시방편에 지나지 않는 것으로 '선(善)'이나 '애(愛)'로 이러한 난제를 해결한다는 것은 처음부터 역부족이었다.

전국시대 중기로 넘어오면서 이미 인성의 관찰을 통해 이후 법제주의로 칭해지던 일군의 사상가들이 하나둘씩 생겨나기 시작했다. 나는 이러한 사상적 맥락이 사상가에 의해 정식으로 주장되기 전에 이미 많은 이들의 마음속에 자리 잡고 있었다고 생각한다. 예를 들어 『묵자』 이후에 등장한 신불해(申不害)나 신도(愼到), 그리고 이극(李克) 등이 바로 그러한 이들이다. 신불해는 "법에 의지하고 지식에 의지하지 말 것이며, 술수에 맡기고 언설에 맡기지 말라"고 주장했으며, 신도는 '거법기수(據法倚數 : 법에 근거하고 술에 의지하라)'[4]를 제기하여 법도와 규칙에 따

---

3) 『묵자한고』 권3.

4) 호적(胡適), 『중국철학사대강』 권상, 『중국중고사상사장편(中國中古思想史長編)』을 참조하시오. 이상은 모두 『호적학술문집(중국철학사)』, 중화서국, 1991년판에 수록되어 있다.

라 사회를 관리해야 한다고 주장했다. 이는 모두 인성의 선한 실마리에 대한 믿음을 상실한 후에 도출된 주장들이다.

이극 역시 마찬가지다. 『설원(說苑)』「반질(反質)」에 보면 위문후(魏文侯)가 이극에게 "형벌과 징계해야 할 죄악은 어디에서 나오느냐"고 묻자 "간사하고 음란한" 탐욕과 행위에서 나온다(凡奸邪之心, 飢寒而起범간사지심, 기한이기)"고 대답하고 있다. 확실히 이극 역시 인성은 천연적으로 '악'한 종자라고 생각하고 있다. 그래서 그는 무릇 간사한 마음은 배고프고 추운 데에서 나오는데, "배고픔과 추위에 고통을 받으면서도 사악한 짓을 하지 않는 이는 있었던 적이 없다(飢寒竝至而能不爲奸邪者, 未之有也기한병지이능불위호사자, 미지유야)"라고 말하면서 다른 한편으로 풍족해져도 사악한 마음이 일어나게 되니, "남녀가 아름답게 보이느라 서로 꾸미면서 능히 음란한 마음을 지니지 않았던 이가 없다(男女飾美以相矜, 而能無淫佚之心者, 未之有也남녀식미이상긍, 이능무음일지심자, 미지유야)"[1]라고 하였다. 인성의 자각에 기대어 사회질서를 유지하기를 바라는 것은 그야말로 연목구어(緣木求魚)나 다를 바 없는 일이기에 그는 '법'을 통해 질서를 통제하고, 또한 아름답고 화려한 조각과 자수를 금지시켜 인간의 욕망을 유혹하는 일이 없도록 해야 한다고 주장했던 것이다.

더욱 극단적인 사상을 제기한 이는 상앙(商鞅)이다. 『상군서(商君書)』「개새(開塞)」에서 그는 인류가 아주 오래전부터 "그 도덕 원칙은 친인(親人 : 친한 사람)을 친근하게 하고 사리(私利)를 좋아했다(其道親親而愛私기도친친이애사)"[2]라고 하였다. 여러 사람들이 함께 모여 사는 사회에서 각기 서로 친한 이들을 친근하게 대하는 감정이나 사사로운 탐욕으로 말미암아 질서가 깨지고 혼란이 생긴다는 뜻이다.

더욱 극단적인 사
기한 이는 상앙(
다.

앞서 언급한 바대로 초기 전통적인 유자들은 의식과 상징을 통해 사람들로 하여금 질서에 대한 믿음과 존중을 이끌어낼 수 있을 것이라고 믿었다. 그러나 세월이 흐르자 내재적 이성에 대한 자각을 강조하게 된 유자들은 인간에게 내재하는 선량한 마음이나 동정심이 무질서로 인해 야기된 사회적 위기를 해소시킬 수 있을 것이라고 기대했다. 그렇지만 점차 세월이 흐르면서 예악이 붕괴되고,

---

1) 『설원교증(說苑校證)』 권20, 518~519쪽, 상종노(向宗魯) 찬, 중화서국, 1987.

2) 『상군서』「개새」, 『이십이자』본, 1106쪽.

과거에 존중하고 숭배했던 상징들도 더 이상 세속 사람들이 경외하는 대상으로서 권위를 상실하게 되었으며, 현실적인 생존 욕구와 나날이 팽창해가는 욕망이 더욱더 사람들을 실용과 공리적인 측면으로 몰고 갔다. 이제 몇 개 남은 조종(祖宗)의 위패나 신귀의 이름, 그리고 한때 장엄하고 신비스럽기만 했던 의식만으로 인류의 행위를 관리하던 시절은 더 이상 존재하지 않게 된 것이다.

이에 사람들은 더욱 냉혹하고 철저한 실용적 이성을 발전시키기 시작했고, 직접적으로 이익을 얻거나 징벌을 줄 수 없는 의식이나 상징은 더 이상 믿지 않게 되었으며, 또한 전혀 실용적인 의의가 없는 양심이나 도덕에 대해서도 신뢰하지 않게 되었다. 의식과 상징, 양심과 도덕 등은 마치 누추한 옷을 입은 허수아비가 밭 한가운데 외롭게 서 있는 꼴이 되고 말았다. 아무도 그 허수아비를 진짜 사람으로 보지 않았으며, 심지어 참새들조차 전혀 안중에 없는 양 마구 지나갈 뿐이었다. 이제 현실의 곡식을 지키고자 한다면 실제로 형벌을 사용할 수 있는 새로운 수단이 필요하지 않을 수 없었다.

그래서 상앙은 '성인(聖人)'이 나와 토지와 재산, 남녀 등에 대해 '분(分 : 구분)'을 실시하되 징벌과 장려의 조치와 권력과 위세에 의한 강제적인 보증인 '법(法)'으로 질서를 유지시켜야 한다고 주장하였다. "구분을 정하고도 제도가 없으면 불가하기 때문에 법률과 금령을 세웠고, 법률과 금령을 세웠으되 이를 관리하지 않는 것도 불가하니 그런 까닭에 관리를 세운 것이다. 관리를 세웠으나 그들을 통일적으로 관리하는 사람이 없으면 불가하니 그런 까닭에 임금을 세워 법을 지키도록 한 것이다(分定而無制, 不可, 故立禁. 禁立而 莫之司, 不可, 故立官. 官設而莫之一, 不可, 故立君분정이무제, 불가, 고립금. 금립이 막지사, 불가, 고립관. 관설이막지일, 불가, 고립군)." 군주는 전제(專制)를 시행하여 "상을 주어 범죄를 금지시키고 형벌로 권고하여 법을 지키도록 이끌며, 죄를 추궁할 뿐 선행을 추구하지 않으며, 형벌에 의지하여 형벌을 없애고자 하는 것이다(以賞禁, 以刑勸, 求過不求善, 藉刑以去刑이상금, 이형권, 구과불구선, 자형이거형)."[3)]

또한 그는 "잠시라도 법을 잊어서는 안 된다"고 하여 실용에 부합하지 않고

---

3) 『상군서』「개새」, 『이십이자』본, 1106~1107쪽.

그저 원대하기만 한 이상주의를 금지시키고 모든 것을 실제적인 법제와 규범에 종속시킬 것을 주장하였다. 그리고 법률과 규칙에 따라 관리와 백성들을 제재하고 감독함으로써 모든 사람들의 마음과 행위를 엄격하게 관리할 것을 주장하였다. 그는 "법에 따라야만 나라가 다스려진다(法任而國治법임이국치)"[1]고 믿었으며, 엄격하고 유효한 관리 시스템을 만들어 정제되고 규범 있는 사회질서를 형성하고, 이로써 초기의 혈연관계에 기반을 둔 윤리 규범 및 심리적 자율에 근거한 도덕적 자각을 대체해야 한다고 말했다. 모든 것이 법의 범위 안에 있고, 인간의 사상이나 행위가 모두 법에 의해 제한받게 된다면 개인의 정신적 자유나 초월도 불가능할 것이고 굳이 혈연간의 윤리나 도덕, 또는 양지(良知 : 타고난 지능이나 지혜)에 의지하지 않아도 될 것이라고 생각했다.

이는 유자(儒者)의 이상과 크게 다른 점이다. 유가(儒家)들의 이상에 따르면 사회질서란 외재적인 법률에 의해 구속되는 것이 아니라 사람 안에 내재하는 도덕이라는 자율 의식과 예의라는 상징적인 형식에 의해 유지되는 것이다. 공자는 일찍이 진(晋)나라에서 형정(刑鼎)을 주조한 것을 비판하면서, 민중들이 법률과 형벌에 의해 일을 하게 된다면 더 이상 귀천의 구분이 없게 될 것이고, 귀천의 구분이 없게 되면 사회가 혼란해지기 때문이라고 하였다.[2] 이보다 이른 시기에 숙향(叔向) 역시 자산(子產)이 형법을 공포한 것에 대해 비판하면서 이럴 경우 사회 사람들이 더 이상 '의(義)', '정(政)', '예(禮)', '신(信)', '인(仁)' 등 도덕 이성에 따라 시비를 판단하지 않고 충(忠), 행(行), 무(務), 화(和), 경(敬), 강(强), 강(剛) 등의 생활 습관도 유지할 수 없게 되며, 단지 법률에 따라 행할 수밖에 없게 되고 심지어 법률의 빈틈을 엿보게 된다고 하였다. 이는 무엇보다 이성과 자각에 따른 도덕이 사람을 선하게 만드는 반면에 법률과 제도는 단지 사람들이 악한 일을 하지 못하게 만드는 방지의 역할 밖에 할 수 없다고 생각했기 때문이다.[3] 자사와 맹자에 이르기까지 이러한 사상적 맥락이 계속 강화되었으나 상앙과 신불해, 신도 등은 이들과 정반대의 길에 접어들고 말았다.

---

1) 『상군서』「신법(愼法)」, 『이십이자』본, 1114쪽.

2) 『좌전』 소공 29년, 『십삼경주소』, 2124쪽.

3) 『좌전』 소공 6년, 『십삼경주소』, 2043쪽.

자나 상앙의 극
거부하다.

맹자나 상앙에 비해 비교적 늦게 나온 순자(荀子)는 두 사람의 주장을 아울러 수용함과 동시에 양쪽의 극단주의를 거부하였다. 그가 볼 때 지나치게 인성을 강조하던 맹자는 필연적으로 이상적인 문화주의로 나갈 수밖에 없어 실용적인 것과 어울릴 수 없었고, 이에 반해 과도하게 법률이나 제약에 의존했던 상앙은 필연적으로 현세적 공리주의로 빠져 인간의 감정을 완전히 무시할 수밖에 없다고 생각했다. 그래서 한 사람의 유자로서 순자는 예악(禮樂)의 상징적인 의미로서 사회에 대한 계율의 의미를 부여하는 한편 이성적인 자아 조절로 인류의 행위를 통제할 수 있도록 했으며, 또한 현실 세계를 다스리는 데 필요한 실용적인 공리를 중시하여 기존의 자사(子思)나 맹자(孟子)의 관점과 다른 길을 택했다.

순자는 사회는 개인들로 구성되어 있으며, 개인 또한 사회가 있어야만 생존할 수 있다는 점에 동의하였다. 왜냐하면 "기능이란 한 사람이 모든 기능을 다 가질 수 없고, 한 사람이 모든 관직을 겸할 수도 없으며(能不能兼技, 人不能兼官능불능겸기, 인불능겸관)"[4] 단지 여러 가지를 합쳐서 하나의 '군(群)', 즉 사회를 이루어야만 하기 때문이다. 그렇다면 사람들은 어떻게 해야 제대로 '군'을 이룰 수 있는가? 순자는 아주 재미있는 관점을 제기하고 있다. 그것은 '군(群)', 즉 무리에 질서를 부여하여 혼란을 방지하는 일은 '분(分)'에 달려있다는 것이다. '분'은 '구분'의 뜻이기도 하지만 '정분(定分)'으로 해석되기도 하니, 등급을 구분한 상태에서 각기 나름의 본분을 지켜야만 사회가 질서를 유지할 수 있다는 뜻이다.

순자는 「왕제(王制)」에서 다음과 같이 말하고 있다.

> 사람은 태어나면서 무리를 짓지 않을 수 없다. 무리를 지어 살면서도 구분이 없으면 다투게 될 것이고, 다투게 되면 혼란해지고, 혼란하면 서로 떨어져 나가며, 떨어져 나가면 약해지고 약해지면 외물(外物)을 이겨낼 수 없다(人生不能無群, 群而無分則爭, 爭則亂, 亂則離, 離則弱, 弱則不能勝物인생불능무군, 군이무분즉쟁, 쟁즉란, 란즉리, 리즉약, 약즉불능승물).[5]

---

4) 『순자집해(荀子集解)』 권6 「부국(富國)」, 『제자집성(諸子集成)』본, 113쪽.

5) 『순자집해』 권5, 『제자집성(諸子集成)』본, 105쪽.

'분(分)'의 원칙은 바로 '예'이다. 예의는 사람과 사람의 관계를 화목하게 만들기 위함이고, 또한 각양각색의 사람들을 구분하기 위함이다. 「예론(禮論)」에서 "무엇이 분별인가? 그것은 귀천의 등급이 있고 장유의 차이가 있으며, 빈부의 경중이 있어 모두 알맞게 어울리고 있음을 뜻한다(曷謂別? 曰, 貴賤有等, 長幼有差, 貧富輕重, 各有稱者也갈위별? 왈, 귀천유등, 장유유차, 빈부경중, 각유칭자야)."[1] 이는 바로 '분'을 통해 유지하는 '군'의 질서에 대한 말이다.

이러한 사상적 맥락의 기점은 인성에 관한 판단이었으나 종점은 실용적으로 사회질서를 정돈할 수 있는 방법을 도출하는 일이었다. 순자는 「성악(性惡)」 처음을 이렇게 시작하고 있다.

이러한 사상적 맥
점은 인성에 관한
었으나 종점은
로 사회질서를 정
있는 방법을 도출
이었다.

> 사람의 본성은 악한 것이니 선하다고 하는 것은 거짓이다(人之性惡, 其善者僞也인지성악, 기선자위야).

그렇다면 무엇이 성(性)인가? "태어날 때부터 그러한 것을 일러 성이라고 한다." "애써 하지 않아도 절로 그러한 것을 일러 성이라고 한다." 이에 비해 인성의 여러 가지 표현, 예를 들어 '호·오·희·노·애·락(好惡喜怒哀樂)'은 '정(情)'이라고 한다. 인간은 이지(理智)를 통해 이러한 천연적인 성(性)과 자연적으로 유로(流露 : 감정이 어떤 상태로 나타남)하는 정(情)을 선택하게 되는데, 이를 일러 '려(慮)'라고 하며 이러한 고려를 한 다음에 행하는 일을 일러 '위(僞)'라고 한다.[2] 인류가 서로 모여서 만든 '군'에서 만약 '나면서부터 이익을 좋아하는' 본성을 좇게 된다면 '쟁탈이 생기고 사양함이 없어질 것이고', '나면서 질투하고 미워하는' 본성을 좇게 되면 '남을 해치고 상하게 하는 일이 생기며 충성과 신뢰가 없어지게 된다'(生而有好利焉, 順是, 故爭奪生而辭讓亡焉, 生而有疾惡焉, 順是, 故殘賊生而忠信亡焉생이유호리언, 순시, 고쟁탈생이사양망언, 생이유질악언, 순시, 고잔적생이충신망언)." 그러니 "사람의 본성을 따르고 사람의 감정을 좇는다면 반드시 다투어 뺏게 될 것이며, 분수를 어기고 이

---

1) 『순자집해』 권13, 『제자집성(諸子集成)』본, 231쪽.
2) 『순자집해』 권16, 「정명(正名)」, 『제자집성(諸子集成)』본, 274쪽.

치를 어지럽히게 되어 난폭함으로 귀결된다(從人之性, 順人之情, 必出於爭奪, 合於犯分亂理而歸於暴종인지성, 순인지정, 필출어쟁탈, 합어범분란리이귀어폭)."[3]

그렇기 때문에 그는 인간의 이성을 인정하고 있으되 더욱 중요한 것은 교육과 학습이며, 후천적인 훈염(薰染 : 좋은 감화를 주거나 받음)을 통해 사람들이 규칙을 준수하고 질서에 복종하는 습관을 함양할 수 있음으로써 마침내 빈빈군자(彬彬君子 : 형식과 내용이 조화를 이룬 군자)가 될 수 있다고 생각했다. 그는 맹자와 마찬가지로 "마음의 감각은 생각이다"고 여겼으며, 이를 기점으로 삼았다. 그러나 그는 사람이 사람으로서 도리를 다하기 위해서는 무엇보다 이성이 필요하기는 하지만 그 이성은 교육을 통해 배양되며 지식과 수양으로 표현된다고 여겼다. 그래서 「권학(勸學)」에서 "오(吳)나라나 월(越)나라나, 동북방의 오랑캐 자식들도 태어났을 때는 같은 소리를 내지만 자랄수록 풍습이 달라지는 것은 가르침이 다르기 때문이다(干, 越, 夷, 貉之子, 生而同聲, 長而異俗, 敎使之然也간, 월, 이, 맥지자, 생이동성, 장이이속, 교사지연야)"[4]라고 한 것이다. 또한 「해폐(解蔽)」에서도 "사람의 마음은 도를 알지 못하면 안 된다(心不可以不知道심불가이부지도)"고 하였으니, '도'란 바로 일체의 시비곡직과 대소(大小), 미추(美醜)를 헤아리는 '형(衡)'이기 때문이다. 이렇듯 '형'이 있어야만 "도를 지키고 비도(非道)를 금할 수 있다(守道以禁非道수도이금비도)."

다른 한편으로 그는 외재적인 예의 제도로 인간을 절제하는 것에 대해 특별하게 주목하였다.[5] 「정명(正名)」에서 그는 '성(性)'을 천연적인 것으로 인정하였지만 '정(情)'은 '본성의 실질'이며, '욕(慾望)'은 '감정의 반응'이라고 보고, '지(知)'는 비록 '욕'을 절제할 수 있으나 정욕의 발동을 완전히 없앨 수는 없다는 점을 강조하였다. 그래서 그는 '권형(權衡)'을 중시하여 이를 통해 사람들로 하여금 '화복(禍福)'이 소재하는 곳을 정확하게 볼 수 있도록 하였다. 또한 '권형'은 내재적인 이성 이외에도 제도적인 예와 법을 지니게 되는데,[6] 「왕제(王制)」에서 이야기한 바대로 선의를 지닌 이라면 마땅히 예로써 대우하고 그렇지 않은 이라면 형벌

3) 『순자집해』 권17, 「성악」, 『제자집성(諸子集成)』본, 289쪽.
4) 『순자집해』 권1, 『제자집성』본, 2쪽.
5) 『순자집해』 권15, 『제자집성』본, 263쪽.
6) 『순자집해』 권16, 『제자집성』본, 286쪽.

로 대하게 된다. 이는 다시 말해 군자는 예로써 응대하고 소인은 법으로 대처해야 한다는 뜻이니, 이렇게 해야만 사람들이 경계하고 두려워할 것이라는 의미다. 「예론(禮論)」을 보면 이러한 뜻이 보다 명확해진다.

> 사람은 나면서부터 욕망이 있으니 욕구하면서도 이를 얻지 못하면 곧 추구하지 않을 수 없게 되고, 추구함에 일정한 기준과 한계가 없게 되면 곧 다투지 않을 수 없게 된다. 다투면 어지러워지고 어지러워지면 궁해진다. 옛 임금들은 그 어지러움을 싫어했기 때문에 예의를 제정하여 분(分)을 정하였던 것이다(人生而有欲, 欲而不得, 則不能無求, 求而無度量分界, 則不能不爭. 爭則亂, 亂則窮, 先王惡其亂也, 故制禮義以分之인생이유욕, 욕이불득, 즉불능무구, 구이무도량분계, 즉불능부쟁. 쟁즉난, 난즉궁, 선왕악기난야, 고제례의이분지).[1)]

「악론(樂論)」의 다음 구절은 이에 대해 보충한다는 의미를 지닌다.

> 옛 임금들은 그러한 혼란을 싫어하였다. 그래서 우아한 아(雅)와 송(頌)의 음악을 제정하여 사람들을 이끌어 주니, 그 음악을 풍족하게 즐기면서도 어지러운 곳으로 흐르지 않게 하였고, 그 형식이 충분히 분별되면서도 없어지지 않게 하였으며, 그 소리의 복잡하고 단순한 가락과 뾰족하고 둥근 장단이 충분히 사람의 착한 마음을 감동시켜 사악하고 더러운 기운이 가까이 할 수 없도록 하였던 것이다(先王惡其亂也, 故制雅頌之聲以道之, 使其聲足以樂而不流, 使其文足以辨而不諰, 使其曲直繁省廉肉節奏, 足以感動人之善心, 使夫邪汚之氣無由得接焉선왕악기란야, 고제아송지성이도지, 사기성족이락이불류, 사기문족이변이불시, 사기곡직번성렴육절주, 족이감동인지선심, 사부사오지기무유득접언).[2)]

---

1) 『순자집해』, 권13, 『제자집성』본, 231쪽.
2) 『순자집해』 권14, 위의 책, 252쪽.

보다는 순자의 사상
락이 훨씬 큰 영향을
다고 말할 수 있다.

3

만약에 순자의 사고 방식이 쉽게 말해 후대에 '도문학(道問學)'을 이끌고, 맹자의 사고 방식이 후대에 '존덕성(尊德性)'을 불러일으켰다고 한다면 양자의 사고 방식이 후대의 유가들에게 공히 나름의 영향력을 발휘했다고 말할 수 있을 것이다. 그러나 혼란이 거듭되고 공리(功利)를 우선시하던 당시 상황의 경우 맹자보다는 순자의 사상적 맥락이 훨씬 큰 영향을 끼쳤다고 말할 수 있다. 순지의 사상은 진한(秦漢) 시절에 점차 정형화되기 시작하여 중국의 이데올로기 가운데 가장 중요한 위치를 차지하게 된다. 물론 맹자의 사상 역시 후대 유가들에 의해 크게 전화(轉化)하면서 중국 사상계에서 점차 높은 위상을 차지하게 되고 급기야 당송(唐宋) 시절에 들어와 '아성(亞聖)'의 자리에 오르게 되지만, 전국시대 말부터 진한 시절 중국 사상의 이데올로기적 전화나 정형화에서 무엇보다 중요했던 것은 역시 순자의 사상이다.

그 첫 번째 원인은 순자가 경전을 전수하면서 숱한 제자들에게 영향을 끼쳤으며, 제자들 또한 경전의 해석과 부연을 통해 점차 문화적 담론의 권력을 제어할 수 있게 되었기 때문이다. 이는 무엇보다 『시』, 『서』, 『역』, 『춘추』, 『예』 등 여러 가지 경전을 전수하는 데 순자가 가장 중추적인 위치에 있었기 때문에 가능했다.[3] 두 번째 원인은 순자의 사상이 더 이상 유자(儒者)의 인문주의만을 추종한 것이 아니라는 점이다. 전통적인 유자들은 오로지 이상에 급급하여 실용에 부합하지 못했다. 그러나 순자의 사상은 지극히 실용적인 내용을 담보하고 있어서 한편으로 도덕적 자율을 이용할 수도 있었고, 다른 한편으로 법률에 의한 구속까지 영역을 확대하여 이데올로기적인 의미를 지니게 됨으로써 상층부에서 이를 운용하는 것이 가능했다. 세 번째 원인은 순자의 사상적 맥락이 상당히 개방적이라

3) 모(毛), 노(魯), 한(韓) 등 삼가(三家)의 『시경』 전수는 모두 순자와 관련이 깊으며, 『좌전』과 『곡량전(谷梁傳)』의 전수는 순자의 손을 통해 이루어졌다. 또한 『예』의 대대(大戴)와 소대(小戴), 그리고 『사기』 「예서(禮書)」 역시 모두 『순자』의 내용을 계승하고 있다. 또한 『별록(別錄)』에 따르면 순자가 "『역』을 잘했다"는 기록이 나온다. 그래서 피석서(皮錫瑞)는 『경학역사(經學歷史)』 제2장에서 "순자는 능히 『역』, 『시』, 『예』, 『악』, 『춘추』 등을 전수할 수 있었으며, 한나라 초기에 그의 학풍을 전수받은 이들이 극히 많았다"고 말하고 있다.

는 점이다. 그래서 순자는 기존의 과도하게 폐쇄적인 이상주의와 정신주의의 울타리에서 벗어나 각종 실용적인 사조를 광범위하게 흡수함으로써 민활하게 세간에 자신의 위상을 확보할 수 있었다.

「유효(儒效)」를 보면 그가 유자의 전통에 대해 어떻게 변화를 추구하였는지를 여실히 살필 수 있다. "도란 하늘의 도가 아니라 사람들의 근본이 되는 도이다(道者, 非天之道, 人之所以道也도자, 비천지도, 인지소이도야)" 이는 다시 말해 그가 세간의 실용적인 사상에 착안점을 두고 있기 때문에 이른바 '도'란 더 이상 추상적이고 현허(玄虛)한 사상적 대상이 아니라 구체적이고 실용적인 수단이라는 뜻이다. 「군도(君道)」에서도 그는 "도란 무엇인가? 임금의 도를 이야기한다. 임금이란 무엇인가? 많은 사람들을 잘 돌보는 것을 이야기한다(道者, 何也? 曰, 君之所道也. 君者, 何也? 曰, 能群也도자, 하야? 왈, 군지소도야. 군자, 하야? 왈, 능군야)"라고 이야기한 바 있는데, 여기에서 '군(群)'이란 사회를 의미하고, '능군(能群)'이란 양호한 사회질서를 건립할 수 있다는 뜻이다.[1] 바로 이러한 실질적인 효과로 말미암아 그의 사상적 맥락은 '도(道)'에서 점차 벗어나 '술(術)'에 가깝게 되고, 입장 역시 '예'에서 점차 '법'으로 전향하게 된다. 또한 사색의 출발점이나 종점 역시 '민(民)'에서 점차 '군(君)' 쪽으로 이동하여[2] 사상이 점차 이데올로기화 된다.

현재 순자가 어느 정도로 '법'의 사상에 영향을 받았는지는 확인할 수 없다.

---

1) 『순자집해』 권8, 아래에 다음 두 구절이 이어진다. "능군이란 무엇인가? 사람들이 잘 살 수 있도록 보양하는 것이며, 사람들을 잘 다스리는 것이며, 사람들을 잘 등용하는 것이다(能群也者, 何也? 曰, 善生養人者也, 善班治人者也, 善顯設人者也능군야자, 하야? 왈, 선생양인자야, 선반치인자야, 선현설인자야)." 156쪽.

2) 『순자집해』 권11, 「강국(强國)」, "임금이 예의를 높이고 현명한 이를 존중하면 왕자가 되고, 법을 중히 여기고 백성을 사랑하면 패자가 된다(人君者, 隆禮尊賢而王, 重法愛民而覇인군자, 륭례존현이왕, 중법애민이패)" 이를 보면 그가 여전히 '법'보다 '예'를 중시했다는 것을 알 수 있다. 그러나 그가 이처럼 '예'를 존중한 것은 의도적인 가공일 가능성을 배제할 수 없다. 『관자』 「심술(心術)」 '상'에 따르면, "예는 의(義)에서 나오고 의는 이(理)에서 나오며, 이는 마땅함에 기인한다." 예의란 풍속이자 습관으로 시기에 부합해야 하고, 인정에 따라야만 한다. 그 합리적인 가치는 본래 인간의 내재적인 정감에 근원하는 것이기 때문이다.
그러나 사회의 경우 질서를 유지하는 데 필요한 법이 반드시 있어야만 할 것이니 "일은 법에 감독을 받고, 법은 권력에서 나오며, 권력은 도에서 나온다"고 할 수 있다. 도란 바로 "안정시킬 수 있으되 가히 말할 수 없는 것"이니 사람들로 하여금 억지로라도 받아들이도록 해야만 하며, 그 합리적인 가치는 인간의 내재적 이성에 근원하는 것이기 때문에 법과 예는 '같은 곳에서 나온 것으로 어쩔 수 없이 그러한 것'이라고 말하게 되는 것이다. 『이십이자』본, 144쪽.

그러나 우리는 유가와 법가 사이에 뛰어넘을 수 없는 벽이 존재한다고 생각하지는 않는다. 오히려 '예'에서 '법'으로 옮겨진 것은 사회질서를 중건하기 위한 사상적 맥락에 따른 자연적인 일이라고 생각한다.[3] 자각적인 '예'로 인심을 경계하는데 부족하기 때문에 사회를 정돈하기 위해 자연스럽게 강제적인 '법'을 사용하지 않을 수 없었다. 표면적으로 볼 때 유자들은 대부분 예제주의(禮制主義)에 속하고, 실제로 사회를 다스리는 데에 관심을 둔 '법가'는 법제주의에 속하지만 그들 양자의 사상적 맥락은 때로 일치한다. 그들이 모두 사회질서에 관심을 두고 있으며, 기본적으로 '인성'에 기반을 두고 있다는 점에서 특히 그러하다.

다만 전자는 주로 인성이 선하다는 각도에서 출발하는 대신 후자는 인성이 악하다는 입장을 고수하고 있을 따름이다. 그렇기 때문에 전자는 인문주의적 사상가의 시각을 따르고 후자는 실용주의적인 정치가의 안목에 따른다. 만약 질서가 혼란한 상태에 이르러 인심의 자각을 통해 정돈할 수 없는 지경에 이르거나 도덕이 붕괴하여 예의라는 상징을 통해 더 이상 사회를 유지할 수 없는 상태에 이를 경우 그저 주저앉아 도만 논할 따름인 전자는 어쩔 수 없이 실질적인 사회관리를 강조하는 후자의 행렬에 끼지 않을 수 없다. 이렇듯 쉽게 자신들의 입장을 바꿀 수 있기 때문에 순자(荀子)에서 한비자(韓非子)나 이사(李斯)로 이어진 것은 사제지간의 임무 교대이자 사상사적 이치의 연속이자 확장이라고 말할 수 있다.[4] 전국시대 후기 군사적인 역량이 점점 중요한 위치를 차지하고 국토와 강역

---

3) 『좌전』 소공 25년 자대숙(子大叔)이 숙향(叔向)의 말을 인용한 구절에서 이미 '예'로부터 '법'에 대해 언급하고 있으며, '예'와 '법'을 천지와 사시, 오행, 육기(六氣) 및 생사와 희노애락 등 자연 및 인성과 서로 연계시켜 '예'와 '법'에 합리적인 근거와 가치를 부여하고 있다. 또한 『관자』 「추언(樞言)」에서도 "인간의 마음은 사납기 때문에 법으로 제어해야 한다. 법은 예에서 나오고, 예는 다스림에서 나왔으니 다스림(治理)의 도라고 할 수 있다"라고 하였다. 『이십이자』본, 107쪽.

4) 장태염(章太炎)은 『제자계통설(諸子系統說)』에서 "원래 법가는 유가에서 근원하였다"라고 지적한 바 있다. 진계천(陳啓天)의 『한비자참고서집요(韓非子參考書輯要)』, 57쪽(중화서국, 1945)을 참고하시오.

만청 시기에 하증우(夏曾佑)는 「송서에게 보내는 글(致宋恕書)」 등에서 순자에 대해 깊이 있게 논의하고 있다. 그는 1897년 전후로 순자 비판을 극력 제창하기도 했는데, 그가 생각하기에 순자는 법(法)으로 유(儒)에 들어가 공자의 "임금과 백성이 함께 주인이 되거나 백성이 주인이 되는 것(君民幷主與民主군민병주여민주)" 대신 제왕의 학을 선도하였고, '성선'이나 "말만 하면 반드시 요순을 들먹인다"던 기풍을 바꾸어 '성악'과 '법후왕(法後王)'으로 대신하였으니, 이로써 후대의 전제(專制)를 이끈 인물이기 때문이었다.

그래서 그는 양계초에게 써 보낸 시에서 "유문(遺文)이 53편 있는데, 하도(夏道)는 원래 이를 견강부회한 것이

확대 및 관리의 필요에 따라 '법'의 사상 또한 점차 그 역량과 성과가 높아지기 시작했다. 『한비자』「용인(用人)」을 보면 다음과 같다.

법술을 방기하고 마음대로 다스리게 되면 요임금일지라도 한 나라를 바르게 다스릴 수 없고, 규칙을 버리고 마음대로 추측하게 되면 하우(夏禹) 시절의 명장(名匠)으로 수레를 만드는 이였던 해중(奚仲)조차도 한 대의 수레조차 만들 수 없다(釋法術而任心治, 堯不能正一國, 去規矩而妄意度, 奚仲不能成一輪석법술이임심치, 요불능정일국, 거규구이망의도, 해중불능성일륜).[1]

또한 「심도(心度)」에서 다음과 같이 말하고 있다.

백성을 다스리는 일은 항상됨이 없으니 오로지 법도에 따라 다스려야만 한다(治民無常, 惟治爲法치민무상, 유치위법).[2]

한비자가 볼 때 비교적 느슨하고 관대한 상징적인 예악으로 훈계하여 반드시 선량하다고 말할 수 없는 인성을 자각하게 만들어 구원한다는 것은 실로 나무에서 물고기를 찾는 일만큼이나 어리석은 일이 아닐 수 없었다. 그의 사상은 다음 두 가지 기점을 가지고 있다. 첫째, 인성이 악하다는 것이다. 「외저설좌상(外儲說左上)」과 「육반(六反)」에서 그는 부모와 자식간의 관계를 통해 인성이 악한 것이 타고난 것임을 논증하고 있다. 「비내(備內)」에서도 사람끼리의 친선이란 "골육간의 친함이 아니라 이익이 그렇게 만든 것이다"라고 하면서, 이는 마치 "수레를 만드는 이가 수레를 만들게 되면 사람들이 부귀하기를 바라고, 장인(匠人)이 관을

다"라고 하였던 것이다. 손보선(孫寶瑄), 『망산려일기(忘山廬日記)』 상책, 120쪽, 상해고적출판사, 1983. 『송서집(宋恕集)』 상책 530~531쪽, 중화서국, 1993. 이 문제에 관해 주유쟁(朱維錚)의 「신주장야수지구(神州長夜誰之咎)」, 「만청의 배순(排荀 : 순자배척)과 존순(尊荀 : 순자 존중)」(『복단대학학보復旦大學學報』 1980년 제1기), 『학술집림(學術集林)』, 제4권, 상해원동출판사, 1995년 참조.

1) 『한비자』 권8, 『이십이자』본, 1146쪽.

2) 『한비자』 권20, 『이십이자』본, 1189쪽.

만들게 되면 사람들이 요절하기를 바란다(非骨肉之親也, 利所加也. 輿人成輿, 則欲人之富貴, 匠人成棺, 則欲人之夭死也비골육지친야, 이소가야. 여인성여, 즉욕인지부귀, 장인성관, 즉욕인지요사야)"[3]라고 하여 수레를 만드는 이는 좋은 사람이고 장인은 나쁜 사람인 것은 아니라고 하였다. 이렇듯 그는 모든 사회관계를 이해관계로 간략화 하였다.

또 다른 하나는 시대의 변천과 사회 혼란이다. 그는 「남면(南面)」에서 시대가 변하면 다스림의 방법도 변하지 않을 수 없다고 하면서 다음과 같이 말하고 있다.[4] "고금은 습속이 다르며 정치적 조치도 새로운 것과 낡은 것이 차이가 난다. 만약 너그러운 정치로 급박한 세상의 백성들을 다스리고자 한다면 이는 마치 고삐나 채찍이 없이 사나운 말을 몰고자 하는 것과 같으니 이는 지혜롭지 못함으로써 야기되는 우환이로다(古今異俗, 新故異備. 如欲以寬緩之政, 治急世之民, 猶無轡策而御馯馬, 此不知之患也고금리속, 신고리비. 여욕이관완지정, 치급세지민, 유무비책이어한마, 차부지지환야)."[5] 그래서 그는 유자들과 달리 사람들마다 선을 행하는 것보다 사람들마다 법을 지키도록 하는 것을 이상으로 삼았고, 영원한 이상주의 대신 실용적인 공리주의를 추구하였던 것이다. "힘이 많으면 사람들이 찾아와 알현하고, 힘이 적으면 다른 이를 찾아가 알현해야 한다(力多, 則人朝, 力寡, 則朝於人력다, 즉인조, 력과, 즉조어인)."[6]

-과 달리 영원한 이 대신 실용적인 공 를 추구하였다.

따라서 자강(自强)과 자존(自尊)을 위해 법가들은 강화된 외재적 법률로 사람들을 구속하고 관리를 통제할 것을 요구하였으며, 이를 통해야만 비로소 사회를 다스리는 데 분명하고 실질적인 효과를 볼 수 있다고 믿었던 것이다. 그는 수주대토(守株待兎)하는 우둔과 각주구검(刻舟求劍)의 고지식을 조소하면서 인류의 천진과 진솔함을 모두 내치고 말았다. 그는 다만 결과만 물을 뿐 동기는 묻지 않았던 것이다. 그가 "증거가 없는데도 확정하는 것은 우둔한 짓이고, 확정할 수 없는데 거짓 근거를 만드는 것은 무고이다(無參驗而必不者, 愚也, 弗能必而據之者, 誣也무삼험이필불자, 우야, 불능필이거지자, 무야)"[7]라고 말했던 것은 각종 철학사나 사상사 저작물에

---

3) 『한비자』 권5, 『이십이자』본, 1134쪽.

4) 『한비자』 권5, 『이십이자』본, 1135쪽.

5) 『한비자』 권19, 「오두」.

6) 『한비자』 권19, 「현학(顯學)」, 1186쪽.

7) 『한비자』 권19.

서 선의로 추론한 진실한 탐구라기보다는 공리나 효험이 없는 이상주의에 대한 멸시이자 조롱이라고 말할 수 있다.

그 당시의 사회질서에 관해 관심을 가진 이들 가운데 후세 사람들이 뭉뚱그려 이른바 '법가'로 귀납시킨 이들이 적지 않은데, 그들의 사상적 맥락이 모두 일치하는 것은 결코 아니다. 어떤 이는 군주 개인의 권력 통제를 비교적 강조한 반면 어떤 이는 관료기구 내부의 권력 안에서 군주가 어떻게 조종할 것인가에 관심을 표명하고 있었다. 또한 법률제도의 절대성이나 실용성에 편중한 이들도 있었다. 그러나 그들의 공통점은 인간의 궁극적인 이상이나 정신적 초월, 역사나 이성의 가치나 근거 등에 대해서는 그다지 관심을 보이지 않고, 어떤 사상이나 학설이 어떻게 '물화(物化)'하여 조작과 실현 가능한 기술과 제도가 될 수 있는가에 집중함으로써 나날이 심각하고 긴장되고 있는 사회질서 문제를 해결할 것인가에 관심을 두었다는 점일 것이다.[1)]

4

모든 사람들이 그처럼 현실적이고 공리적인 것은 아니다. 역사에서 이상을 찾고자 하는 전통이나 추억에 연연하는 환상은 많은 이들의 마음속에 현실과 대립되는 이상세계를 심어주어 후대의 이상주의적 사상의 근원이 되었다. 특히 유가 경전의 하나인 『예기』「예운(禮運)」은 그 좋은 예가 될 것이다. 「예운」은 고대를 하나의 이상적인 시대로 설정하여 밤에도 집 문을 닫지 않고 길에서 다른 이의 물건을 줍는 이조차 없는 도타운 민풍(民風)을 회복하기를 갈망하고 있다. 이

역사에서 이상을
하는 전통이나 환
은 이들의 마음속
주의적 사상의 근
었다.

1) 전국시대 후기에 들어오면서 '법'의 사상이 크게 흥성하였는데, 이는 일부 사인(士人)들이 직업관료가 되어 실제 정치에 간여할 수 있는 계층으로 상승했다는 점과 관련이 깊다. 그들은 더 이상 '유사(游士)'가 아니었던 것이다. 특히 진(秦)나라에서 '유사'를 금지한 이후로 실제 정치에 참여하여 관리자의 입장이 된 이들은 점점 더 실효를 중시하게 된다. 이 점에 대해서는 『상군서』「농전(農戰)」을 참고하시오. 또한 같은 책 「산지(算地)」를 보면 '유사'에 대해 맹렬하게 비판하는 대목이 나오기도 하는데, 수호지(睡虎地)에서 발견된 진간(秦簡) 『진률잡초(秦律雜鈔)』「유사률(游士律)」의 경우도 마찬가지다.

처럼 환상적인 대동세계(大同世界)를 가장 적합한 사회질서로 간주한 것은 당시 도저히 견디기 힘든 세태를 비판하기 위한 것이었는데, 당시 이런 기풍이 적지 않았다. 그러나 역사를 되돌아 올라가 옛 것을 빌어 오늘을 비판하는 기풍 속에서 사회질서에 관한 화제 가운데 가장 불협화음을 낸 이는 바로 장자(莊子)를 비롯한 일군의 사상가들이다. 의심할 여지없이 그들은 당시 사회가 혼란에 빠진 것에 대해 불만을 지니고 있었으며, 현실 사회의 불공평에 대해 격렬하게 비판의 화살을 날렸다. 그러나 그들의 역사에 대한 캐물음은 그들로 하여금 더욱 극단적인 사상적 맥락을 따라 가도록 만들었다. 그 예는 다음과 같다.

첫째, 그들은 철저하게 역사를 캐물으면서 질서란 것이 단지 인위적이고 역사적인 것에 불과하며, 그보다 먼저 존재했던 자연 질서가 파괴된 이후의 산물이라는 점을 발견했다. 그래서 역사 속에서 근거를 찾는데 익숙해진 사상가들이 인정하고 있는 현행의 질서란 천연의 합리성이 부재하며, 오히려 역사의 원시상태에 존재하는 혼돈과 소박한 상태의 질서가 합리적인 것이라고 믿었다. 『장자』 「응제왕(應帝王)」에서 말하는 '진씨(泰氏)'와 '혼돈(混沌)'의 전설[2]은 바로 이러한 사회질서를 암시하고 있는 것이다. 이보다 조금 일찍 나온 『노자』의 '소국과민(小國寡民)'이나 나중에 나온 『갈관자』의 '민(民)은 어린아이와 같다(民猶赤子민유적자)'는 이상세계에 관한 전설 역시 당시 사회질서에 관한 토론에서 또 다른 소리를 대표하는 것이었다.

---

2) 『장자집해』 권3, 「응제왕」, '진씨'의 이야기는 진씨를 현명한 이로 칭해지던 유우씨(有虞氏 : 순임금)와 비교하여 다음과 같이 전개된다. "유우씨는 진씨에게 미치지 못하는 이였다. 유우씨는 마음속에 어짊을 지니고 사람들을 구하여 얻기는 했으나 처음부터 외물로부터 벗어나지 못했다. 진씨는 잠잘 때는 평화롭고 깨어났을 때는 멍청했는데, 어떤 때는 자신을 일러 말이라고 하였고, 또 어떤 때는 자신을 소라고 하였다. 그러나 그의 지혜는 진실로 믿음이 있었고, 그의 덕은 심히 진실되었으며 처음부터 외물에 얽매이지 않았다(有虞氏不及泰氏. 有虞氏, 其猶藏仁以要人. 亦得人矣, 而未始出於非人. 泰氏其臥徐徐, 其覺于于. 一以己爲馬, 一以己爲牛. 其知情信, 其德甚眞, 而未始入於非人유우씨부급태씨. 유우씨, 기유장인이요인. 역득인의, 이미시출어비인. 태씨기와서서, 기각우우. 일이기위마, 일이기위우. 기지정신, 기덕심진, 이미시입어비인)." 다시 말해 유우씨 순(舜)은 '시비의 영역'에서 벗어나지 못하고 여전히 '인의를 부여잡고' 있으나 진씨는 오히려 "심지(心知)의 지경을 초월하고 시비의 영역에 들어가지 않았다"는 뜻이다.
한편 '혼돈'의 이야기는 숙(倏)과 홀(忽)이 중앙의 제왕인 혼돈에게 보답하기 위해 일곱 개의 구멍이 있는 사람처럼 그에게 일곱 개의 구멍을 뚫어주자 결국 혼돈이 사망하고 말았다는 내용이다. 이는 '자연을 따르지 않고 억지로 이목(耳目)을 열게 만드는' 행태에 대한 비판이다. 287쪽, 288쪽, 309쪽, 310쪽, 중화서국, 1978.

그 소리는 기원전 4세기부터 3세기에 이르는 혼란한 시대에 끊임없이 울리기 시작했다. 그들은 활과 쇠뇌, 그물과 주살, 덫과 올가미 등 그 지혜가 점차 많게 되자 새들이 하늘 위를 어지럽게 날게 되고, 낚시와 미끼, 그물과 전대, 투망과 통발 등의 지혜가 많게 되자 고기들이 물속을 어지럽게 헤엄치게 된 것처럼 천하의 어지러움은 바로 지식의 증가와 욕망의 팽창에 기인하는 것이라고 믿었다. 또한 지식과 욕망으로 말미암아 혼란과 허위가 생겨나고 혼란과 허위가 있음으로써 혼란을 제거하기 위한 법률(法律)과 허위를 교정하려는 인의(仁義)가 생겨나게 되는데, 법률과 인의로 강제적으로 조성된 질서는 평정하고 소박한 심정에 의해 지탱되는 것이 아니라 오히려 압제와 방종을 통해 죄악을 자극함으로써 더욱 큰 질서의 혼란을 야기하게 된다고 믿었다.[1)]

둘째, 질서의 혼란은 인성의 혼란에서 기인한다는 것이다. 이는 유자들의 사상과 상통하는 면이다. 그러나 다른 점은 유자들이 인성을 절대적인 본원으로 간주하여, '성선(性善)'을 통해 선량한 본성을 영원한 인성으로 삼고, '성악(性惡)'을 통해 정욕이란 인간이 생래적으로 지니게 된 품성이라고 여긴 것에 반해 장자 일파는 전혀 다른 생각을 하고 있었다는 점이다.[2)] 만약 「선성(繕性)」이 장자나 장자의 제자들이 쓴 작품이라고 한다면 그들이 인성을 부단히 변화하는 것으로 여겼다고 말할 수 있을 것이다. 그들은 자신들의 사회 관념과 마찬가지로 인생 관념에 있어서도 역사가 처음 시작되었을 때는 평정과 소박함이 유지되었다고 믿고 있었음이 틀림없다. "옛날 사람들은 혼탁하고 어두운 가운데 온 세상 사람들과 담박하고 적막한 삶을 영위하였다. 당시는 음양이 조화를 이루어 고요하고, 귀신도 소란을 피우지 않았으며, 사시가 절도에 맞아 만물도 손상되지 않았고, 뭇 생

---

1) 『장자집해』 권4, 「거협(胠篋)」, 359쪽. 같은 편에 다음과 같은 구절이 나온다. "성인이 죽지 않으면 큰 도적이 사라지지 않는다(聖人不死, 大盜不止성인불사, 대도부지)" "성인을 없애고 지혜를 버려야만 큰 도적도 사라진다(絶聖棄智, 大盜乃止절성기지, 대도내지)." 350쪽, 353쪽.

2) 먼로(Donnald J. Munro)는 자신의 『초기 중국의 '인' 관념(*The Concept of Man in Early China*)』에서 다음과 같이 말하고 있다. 인성의 본원을 회복한다는 점에서 '복성(復性)'은 유자들에게 "구불구불한 소도(小道)에서 넓고 웅대한 대도(大道)로 향하는 도덕적 복귀를 의미한다." 그러나 도자(道者)들에게 이는 '생의 기원으로 회귀하는 도'를 의미한다. 그의 주장은 적절하다. 다만 'Confucianists(유자)'로 전체 유가사상의 세계를 두루 포괄하고자 한다면 이는 옳지 않다. 왜냐하면 통상적으로 순자 역시 유가로 간주되기 때문이다. 장국웅(張國雄), 중역본, 153쪽, 상해고적출판사, 1994.

명들이 일찍 죽는 일이 없었다. 사람들은 비록 지혜를 지니고 있었으나 쓸데가 없었다. 이를 일러 지극한 하나(통일)라고 이야기한다(古之人, 在混芒之中, 與一世而得澹漠焉. 當是時也, 陰陽和靜, 鬼神不擾, 四時得節萬物不傷, 群生不夭, 人雖有知, 無所用之, 此之謂至一고지인, 재혼망지중, 여일세이득담막언. 당시시야, 음양화정, 귀신불요, 사시득절만물불상, 군생불요, 인수유지, 무소용지, 차지위지일)."

그러나 역사가 진전되어 문명시대로 진입하게 되자, 사람들의 지식이 개발되고 정욕도 더욱 거세지게 되어 인성에 '악'이 싹트기 시작했다. 그리하여 '(백성들이) 자연을 따르기는 하지만 하나가 될 수 없는(順而不一)' 상태에 이르게 된다. 이후 사람들이 질서를 따랐으나 악한 욕망이 안정되지 않아 '안락하지만 자연을 따르지 않는(安而不順)' 상태에 이르게 되었고, 사람들이 오로지 치화(治化)에 몰두하여 이성을 숭상하면서, 소박하고 순진한 본성이 본연의 상태를 잃고 이성과 지식에 의해 속박되는 시대로 진입하게 된다. 이런 지경에 이르면, "문식(文飾 : 겉만 그럴듯하게 꾸밈)을 부가하고 넓은 지식을 더하게 되는데, 문식이란 본질을 없애고 넓은 지식이란 마음에 빠지게 만든다. 그렇게 되면 백성들은 미혹되어 혼란을 일으키게 되고 자신들의 본성과 진실로 되돌아가거나 원초 상태로 복귀할 수 없게 된다(附之以文, 益之以博. 文滅質, 博溺心, 然後民始惑亂, 無以反其性情而復其初부지이문, 익지이박. 문멸질, 박익심, 연후민시혹란, 무이반기성정이복기초)."[3]

이는 「변무(騈拇)」에서 이야기한 바와 같이 "갈고리와 먹줄, 그림쇠와 굽은 자를 써서 바로잡는다는 것은 나무의 본성을 손상시키는 일이고, 새끼와 끈, 아교와 옻칠로 단단하게 한다는 것은 나무의 덕(德 : 본래 성질)을 침해하는 것이다(待鉤繩規矩而正者, 是削其性者也. 待繩約膠漆而固者, 是侵其德者也대구승규구이정자, 시삭기성자야. 대승약교칠이고자, 시침기덕자야)." 따라서 인성의 소박함이 이성이나 지식의 공교로운 수식에 매몰되고 자연적인 천성이 현실의 이익에 은폐되면, "소인은 이익을 위해 자신을 희생하고, 선비는 명성을 위해 자신의 삶을 해치며, 대부는 가국(家國)을 위해 자신을 희생하고, 성인은 천하를 위해 자신의 몸을 희생한다(小人則以身殉利, 士則以身殉名, 大夫則以身殉家, 聖人則以身殉天下소인즉이신순리, 사즉이신순명, 대부즉이신순가, 성

---

3) 『장자집해』 권6, 550~552쪽.

인칙이신순천하)."[1] 사람들은 보편적으로 변설로 지혜를 꾸미고, 지혜로 천하를 궁구하며, 지혜로 덕을 밝히려고 애쓴다. 이렇게 외재적인 물욕에 빠지고 세속의 이익에 본성을 잃게 되니 그야말로 본말이 도치된 것이라고 할 수 있다.[2] 본래 자연스럽게 화해를 이루는 질서는 이로 인해 추락하고, 어쩔 수 없이 외재적인 단속과 위협을 통해 유지할 수밖에 없게 된다. 바로 이 점에서 '도'와 '법'의 사고 방식이 상통하게 된다.

'도'와 '법'의 사
락이 상통하게 된

셋째, 이러한 사고 방식에 따라서 법가는 현실에서 법제를 실현할 수 있는 역사적 근거를 찾을 수 있었지만 이상주의를 견지하던 장자와 그의 후학들은 현실에서 나름대로 시행하거나 조작할 수 있는 방책을 얻기 힘들었다. 때문에 단지 뇌리에서 자신들의 상상력을 발휘할 따름이었다. 『장자』「응제왕(應帝王)」에서 "마음을 담담한 곳에서 노닐게 하고 기운을 막막한 곳에서 합치시키며 외물이 저절로 그러함을 따라 사사로움이 끼어들지 못하게 한다(遊心於淡, 合氣於漠, 順物自然而無容私焉유심어담, 합기어막, 순물자연이무용사언)"고 하였는데, 이는 사실 상상에 불과하다. 인성도 역사가 진전하는 과정의 산물이고 사회 역시 각각의 상황에 따라 형성되는 것이기 때문에 그들에게 있어서 유일한 가능성은 현세의 모든 초조와 우려를 버리고 세간의 모든 유혹을 뿌리쳐 원초적인 소박과 평정으로 회귀하는 것뿐이었다. 그들이 보기에 당시와 같은 현실 사회에서 도덕적 심성을 발굴하거나 후천적인 도덕의식을 함양하는 일은 모두 쓸데없는 일이었다. 온 세상이 변론과 지식, 이익과 욕망으로 뒤덮인 상황에서 원초적 사유의 명징성이나 원초적 본성의 순수함을 되찾는다는 것은 아예 불가능한 일이었기 때문이다. 따라서 모든 발굴이나 함양은 곧 훼손이나 분식(粉飾)에 불과했다.

그래서 그들은 『장자』「전자방(田子方)」에서 노담(老聃 : 노자)은 "사물의 시초에서 마음이 노닐었다"고 말하면서 이러한 '초(初)'의 마음은 '지극한 음기가 고요하고 지극한 양기가 움직여' 천지가 교합할 때 생겨난 것으로 언어로 말할 수

---

1) 『장자집해』 권4, 321쪽, 323쪽.

2) 『장자집해』 권6, 「선성(繕性)」, 556쪽. 다음 문장은 다음과 같다. "외물로 인해 자신을 잃고 세속 때문에 본성을 잃는다. 이것을 본말을 거꾸로 하는 백성들이라고 한다(喪己於物, 失性於俗者, 謂之倒置之民상기어물, 실성어속자, 위지도치지민)." 558쪽.

없고 지혜로 파악할 수 없다고 했다. 같은 문장에서 공자가 등장하여 '수심(修心)'의 방법으로 후천적으로 이를 배양할 수 있느냐고 묻자 노담이 말하길, "하늘이 절로 높고 땅이 절로 두터우며 해와 달이 절로 밝은데 그것들이 굳이 무엇을 수양하겠느냐?(天地自高, 地之自厚, 日月之自明, 夫何修焉! 천지자고, 지지자후, 일월지자명, 부하수언!)"[3]고 반문하면서 자신들이 추구하는 것은 순수와 자연(절로 그러함)에서 나오는 것임을 다시 한 번 확인하고 있다. 결국 이처럼 인류의 원초적인 사유와 원초적인 본성을 찾고자 했던 사색은 순수한 감수와 체험, 그리고 현묘한 사색 속에서 정체될 수밖에 없었다.

극도로 물욕이 만연하고 더 이상 외재적인 예법으로 질서가 유지될 수 없는 상황에서 사회질서에 대해 실망하거나 비판하는 일은 당연했다. 그러한 비판 속에는 퇴폐적인 부분도 있었고, 또한 이상적인 부분도 적지 않았다. 이러한 비판은 항시 여러 사람들의 공명을 얻었으며 그러한 정서 또한 많은 이들의 동정을 불러일으켰다. 특히 후세에 '도가'로 칭해지던 이들의 저작, 특히 새롭게 선진(先秦) 시대 저작물로 판정된 『문자(文子)』나 『갈관자』 속에는 천도에 근거하고 현실에 대해 더 이상 의문을 제기하지 않는 논의들이 많이 수록되어 있다.

이들은 '천도(天道)'를 질서를 세우는 데 근본적인 근거로 삼았다. 예를 들어 전국시대 말기에 편찬된 것으로 알려진 『문자(文子)』[4]를 보면, "성인은 천도를 법도로 삼는다"(간본簡本, 0871)고 하였다. 또한 평왕(平王)이 문자에게 "정치를 어떻게 하면 되는가?"라고 묻자 문자가 대답하길, "도(道)로써 다스리고, 도로써 □합니다(御之以道, □之以道)"(간본, 08899+0707)라고 하면서 아울러 "도를 지닌 임금은 하늘이 그를 천거하고 땅이 면려하며 귀신이 도와준다"(간본, 0569)고 말했다. 그러나 그들의 사상적 맥락에서 '천도'는 등급에 따른 현존하는 질서의 합리성을 암시하는 것이 아니라 차별이 없는 상고시대 질서의 합리성을 암시하는 것이다.

그렇다면 과연 무엇이 '천도'인가? 문자는 이에 대해 다음과 같이 말하고 있다. "하늘의 도(天道)는 높고 커서 덜어낼 것이 있으면 덜어내고 높은 곳에 있으면

---

3) 『장자집해』 권7, 716쪽.

4) 『문자』가 편찬된 시기에 대해서는 「정현 서한 중산회왕묘 죽간 문자(定縣西漢中山懷王墓竹簡文子)의 정리와 의의」, 『문물(文物)』, 1996년 제1기를 참조하시오.

서도 아래에 두면 아래에 있게 된다."(간본, 0926) 다시 말해 절로 그러한 우주와 마찬가지로 아무런 말도 하지 않으나 공평하고, 넓고 크지만 사사로움이 없다는 것이다. 이는 『노자』 제 77장에서 이야기한 "하늘의 도는 여유가 있는 것은 덜어내고 부족한 것은 보충해준다"는 구절과 상통한다. 그렇기 때문에 사람들은 '인간'의 친소관계를 토대로 이른바 질서를 만들어서는 안 된다. 이러한 질서는 친소원근(親疎遠近)과 상하의 등급이 존재하기 때문이니, 마땅히 "천도를 법도로 삼아야 하는 것이다."(간본, 0689) 그는 또한 "낮고(卑) 물러나고(退) 거두어들이며(斂) 덜기(損) 위해서는 하늘을 법도로 삼아야 한다"(간본, 0912)고 말하고 있는데, 이는 다시 말해 우주 자연과 마찬가지로 사람들 또한 조용히 물러나 '무위(無爲)'의 상태에 처해야 한다는 뜻이다.[1)]

이는 유자와 크게 다른 점이다. 유자 역시 초기에 '천도(天道)'를 자신들의 근거로 삼았지만, 그들은 '천도'를 일종의 중심과 주변으로 구성되어 질서정연한 등급 구조를 갖춘 것으로 이해했다. 그렇기 때문에 그것은 의식(儀式)으로 규정된 현실적인 질서 속에서 체현되는 것이었다. 이후 유자들은 '인간'을 '천'의 산물로 간주하고 이를 기반으로 '인간'의 각도에서 질서의 근거를 찾기 시작했다. 그렇기 때문에 인성이 악한 것인지 아니면 선한 것인지 간에 친소원근과 상하귀천을 유지할 수 있는 질서란 바로 자각적이고 적극적인 '천도'로 귀결될 수 있었던 것이다.

이에 비해 문자는 '천'의 각도에서 질서에 대한 합리성을 찾으면서, 유자들과 마찬가지로 '인간'을 '천'의 산물로 간주하였지만 '천', 즉 인간의 절로 그러한 자연의 본성과 인간의 역사에서 인성을 이해하여 천진하고 솔직하며 소박하고 혼돈 상태에 있는 것을 인간의 본성이라고 보았다. 그래서 이러한 인간의 원초적인 사유와 본성을 유지할 것을 강조하였던 것이다. 이는 '천도'를 '인도(人道)'에 투사한 것이다. 그래서 합리적 질서는 원초적인 상태에 처한 인간의 비자각적인 소박한 경계라고 말할 수 있다. 현존하는 『문자』에 따르면, "사람은 태어

---

1) 간본 『문자』는 「정현 서한 중산회왕묘 죽간 문자 석문(定縣西漢中山懷王墓竹簡文子釋文)」, 『문물』, 1996년 제1기에 수록되어 있다.

나면서부터 고요하였으니, 이것이 바로 천의 본성이다." 그러나 "외물에 느낌을 받아 움직이게 되니, 이것이 바로 본성의 욕망이다." 욕망이 충족될 경우 "외물이 응대하게 이르게 되는데, 이는 지혜의 움직임이다." 그리하여 인간의 욕망과 지식은 사람들로 하여금 호오(好惡)의 감정을 지니게 만들고 호오의 감정이 있게 되면, 소박하고 혼돈에 처한 '인성(人性)'이 소멸하고 그에 따른 '천리(天理)'의 도를 상실하게 된다.[2)]

이렇듯 천리를 상실한 시대에 이르면 사람들은 너나할 것없이 "큰 공을 세우고 명성을 드러내기 위해 애쓰며, 군신관계에 격식을 차리고 상하를 바르게 하며, 친소를 분명하게 구분하고 나라를 존속시키거나 위험에 처하게 하며, 세대를 잇거나 끊어지게 만든다(擧大功, 顯令名, 體君臣, 正上下, 明親疎, 存危國, 繼絶世거대공, 현영명, 체군신, 정상하, 명친소, 존위국, 계절세)."[3)] 이는 마치 질서가 세워진 것 같지만 사실은 인간의 소박하고 자연스러운 본성, 사회의 평화로움과 안녕 등이 모두 파괴되고 만다는 의미이다.

그래서 문자는 사람들이 '도'의 원칙, 즉 허(虛)·무(無)·평(平)·이(易)·청(淸)·진(眞)·정(靜)·법(法)·약(弱)·박(朴)을 처세의 원칙으로 삼아 역사의 기점이 되는 소박하고 혼돈된 시절로 회귀하는 한편 현실 세상에서 세속과 다투지 않고 물러나 무위에 처하기를 요구하였던 것이다. "도에 통하여 청정으로 되돌아가고, 외물의 이치를 깨달아 무위에서 그친다(通於道者, 反於淸淨, 究於物者, 終於無爲통어도자, 반어청정, 구어물자, 종어무위)"[4)]는 말은 바로 이러한 뜻이다. 『문자』보다 훨씬 늦게 나온 『갈관자』의 「비지(備知)」에 보면 역사가 시작되던 그 옛날 존재한 것 같기도 하고 아니면 현실과 아주 동떨어진 곳에서 존재할지도 모를 조화로운 질서에 대해 묘사하고 있다.

덕이 성하던 시절에는 산에 길이 없었고 연못에 다리도 없었기 때문에 서로 왕래

2) 『문자』「도원(道原)」, 『문자요전(文子要詮)』, 39쪽, 서혜군(徐慧君), 이정생(李定生) 교주(校注), 복단대학출판사, 1988.

3) 『문자』「정성(精誠)」, 『문자요전(文子要詮)』, 56쪽.

4) 『문자』「노원」, 『문자요전(文子要詮)』, 39쪽.

하지도 않았고, 배나 수레가 통용되지도 않았다. 무엇 때문인가? 그 백성들이 어린 아이와 같았기 때문이다. 지혜를 지닌 이는 상대를 속여 부려먹지 않고 힘을 지닌 이는 서로 신하와 주군으로 상대를 구분 짓지 않았다. 그렇기 때문에 까마귀나 까치의 보금자리도 엎드리면 그냥 볼 수 있고, 크고 작은 사슴들이 무리지어 살아 좇아가서 잡을 수도 있다(德之盛, 山無徑迹, 澤無橋梁, 不相往來, 舟車不通. 何者? 其民猶赤子也. 有知者不以相欺役也, 有力者不以相臣主也. 是以烏鵲之巢可伏而窺也, 麋鹿群居可從而系也덕지성, 산무경적, 택무교량, 불상왕래, 주거불통. 하자? 기민유적자야. 유지자불이상기역야, 유력자불이상신주야. 시이오작지소가복이규야, 미록군거가종이계야).[1]

그러나 시간은 분명 거슬러 올라갈 수 없는 일이다. "오제는 앞에 있고, 삼왕은 뒤에 있으니 상덕(上德)은 이미 쇠퇴하고 말았다(五帝在前, 三王在後, 上德已衰矣오제재전, 삼왕재후, 상덕이쇠의)."[2] 역사는 혼돈에서 명석한 쪽으로 흐르고, 심정은 간단한 것에서 복잡한 쪽으로 치달린다. "지극한 세상이 쇠퇴해지자 아비와 아들이 서로 다른 것을 도모하고 형제가 서로 의심한다. 왜 그런가? 천박한 쪽으로 변화하여 서로 인위적인 행위를 하기 때문이니 그런 까닭에 인위적인 일을 하는 이는 패하고 다스리고자 하는 이는 어지럽히게 되는 것이다(至世之衰, 父子相圖, 兄弟相疑. 何者? 其化薄而出於相以有爲也, 故爲者敗之, 治者亂之지세지쇠, 부자상도, 형제상의. 하자? 기화박이출어상이유위야, 고위자패지, 치자난지)."[3] 이성에 대한 각성은 사람들에게 질서를 주지 못하고 지식 역시 사람들에게 조화와 통일의 가치 시스템을 부여할 수 없다. 의리나 시비, 현우(賢愚)나 선악이 분명해질수록 더욱 혼란만 가중될 뿐이다. 도덕적인 인물의 경우 요가 순에게 제위를 양위한 것은 이지(理智)에 따른 것이지만 이해를 중시하는 인물에게는 우둔한 일이 아닐 수 없다. 탕과 무의 혁명은 인의를 좋아하는 이의 입장에서 볼 때 무도(無道)한 일로 비판받아 당연하지만 이익을 추구하는 이의 입장에서 본다면 현명한 일이다.[4]

---

1) 『갈관자』 권3, 「비지」 '제13', 사부총간 영인본, 상무인서관.

2) 『갈관자』 권3, 「세병(世兵)」 '제12'.

3) 『갈관자』 권3, 「비지」 '제13'.

4) 『갈관자』 권3, 「비지」 '제13'.

이렇듯 그들은 이성이 도대체 무엇에 의거해야만 시비를 판단하는 최종적인 근거가 될 수 있는가, 또한 도덕은 무엇에 의지해야 선악을 판단하는 최종적인 척도가 될 수 있느냐고 묻고 있다. 그레이엄(A. C. Graham)은 자신의 논문에서 『갈관자』 가운데 진(秦)나라 말기에 쓰인 몇 편에 대해 논의하고 있다. "당시는 분명 환상이 깨진 시대였다. 사람들이 그토록 갈구하던 통일된 제국이 세워졌지만 전례 없는 폭정에 시달려야만 했다. 결국 통일된 제국은 금세 와해되고 세계는 다시금 더욱 큰 혼란에 빠지게 된다. 조직을 갖춘 모든 정부에 대한 실망, 성현 군주에 대한 조롱, 황제가 개전(開戰)하기 이전의 시대에 대한 회상 등 이러한 모든 것들이 상고(尙古) 사상의 배경이 되었다."[5] 『갈관자』가 언제 편찬되었는가에 대해 그레이엄이 고증한 연대는 우리보다 조금 늦기는 하지만 그의 주장은 분명 옳다. 분명 『노자』와 『장자』의 시대 이래로 『갈관자』에 이르기까지 그러한 실망과 추억이 무질서한 세계에서 질서를 고대하는 마음과 더불어 거의 수백 년을 이어갔던 것이다.

5

道法) 전환' : 양극

그러나 우리가 마땅히 지적할 부분은 그러한 퇴폐적이고 절망적인 소리 속에서 지극히 입세(入世)적인 이치가 잠복해 있었다는 점이다. 법률에 의한 통제와 권세에 의한 조정으로 사회질서를 정돈할 수 있다는 관점이 바로 이러한 곳에서 자생했다. 특히 전국시대 말기에 접어들면서 이른바 '도법(道法) 전환'의 현상이 등장하였다.[6]

---

5) 「갈관자 : 홀대할 수 없는 한전(漢前 : 한나라 이전) 철학 저작」, 양민(楊民) 역, 『청화한학연구(清華漢學研究)』, 139쪽, 청화대학출판사, 1994.

6) 이택후(李澤厚)는 『노자』와 『한비자』의 관계에 대해 논의한 바 있는데, 그가 주로 논의한 내용은 다음과 같다. 우선 "비(非)정감적인 태도에서 냉혹하고 무정한 이기주의로 발전하였다." 둘째, 냉정하고 계산적이며 공전(空前)의 세밀화를 이룩하였다. 셋째, 이상할 정도로 명확한 공리 목적을 지니고 있었다. 이택후의 이러한 논의는 『노자』와 『한비자』가 사유가 서로 같다는 측면에서 평가한 것으로 '도법 전환'의 내재적인 사상적 맥락까지 언급한 것이라고 볼 수 없지만 참고할 수는 있다. 『중국고대사상사론』, 97~103쪽, 인민출판사, 1985.

우선 그들이 인성의 추락과 사회 혼란에 대해 강력히 비판한 것은 법도와 형률로 사회를 다스리는 데 가장 좋은 근거가 되기 때문이었다. 이렇게 역사를 뒤로 되돌리는 듯한 관념은 사실 일종의 정서적 표현이었다. 그것은 절망과 분노의 태도에서 도출되어 극도의 불만을 표현하였지만, 법제주의에 법제의 배경과 근거를 제공하는 것이기도 했다. 『상군서(商君書)』「갱법(更法)」과 『한비자(韓非子)』「오두(五蠹)」에서 모두 이야기하고 있다시피 황금시대는 한 번 가면 되돌릴 수 없다. 인류의 화목과 안녕은 이미 오래전 역사일 뿐이며, 인성은 파괴될 대로 파괴되었기 때문에 더 이상 수주대토(守株待兎)식의 기다림은 불가능한 상태였다. 그렇기 때문에 마땅히 "시기에 맞추어 법을 세우고 일에 따라 예를 제정하니, 예법은 시대에 따라 정해지고 제령(制令)은 각기 그 마땅함을 따르게 되는 것이다." 또한 진정한 성인은 "옛 것을 기대하지 않고 항상 가(可)한 것을 법도로 삼지 않으며, 세상의 일을 논하여 이에 따라 비축하는" 인물이다. 그들은 바로 이러한 이유를 통해 인성이 이미 추락한 시기에 법제는 불가피하다고 단언할 수 있었다.

두 번째로 그들이 '도'의 초월성과 보편성에 대해 나름대로 이해하고 해석한 것은 권세주의자들이 강조하고 있는 군주가 지닌 권세의 지고무상함을 확대 실시하는데 우주적 근거를 제공하기 위함이었다. 『문자』는 "오로지 무위를 잡고 있는 성왕의 도는 마땅히 높아도 위태롭지 않고, 귀하여 천자가 되니 부귀가 몸에서 벗어나지 않는다"(간본, 0864+2327)고 주장했다. 『갈관자』「능천(能天)」에 보면, "도란 성인이 행사하는 것인데 얻을 수는 있으나 그림으로 담을 수 없고 이름으로 거론할 수 없으며, 입으로 그 뜻을 전달할 수 없고 모습으로 그 형상을 세울 수 없다"라는 구절이 나온다.

다시 말해서 '도'란 법도나 규칙 안에 존재하는 것이 아니면서도 일체를 통제하고 관할한다. 그것은 말하지 않아도 알 수 있는 '세(勢)'와 '이(理)'이다. 이른바 '세(勢)'란 일종의 정치권력을 의미하고, '이(理)'란 담론의 권력을 뜻한다. 그래서 "그 도를 얻어 존재하는 이는 하늘이 능히 그를 존속케 한 것이고, 그 도를 얻어 망한 이는 하늘이 존속하지 못하게 한 것이다"라고 이야기한 것이다. 또한 그 역량은 이미 '천'을 초월하였으니 이른바 '일(一)'이라고 할 수 있다. '일'은 "물을 물답게 하고 천지에 가득하니 어느 것이 일(一)을 따라 나오지 않았는가?"

라는 말에서 알 수 있다시피 이미 '도'와 같은 것이 되었다. 이는 당시 대다수 사상가들의 공통된 생각이기도 했다.

예를 들어 『관자』「군신(君臣)」을 보면 '도'란 천지인을 관통하는 초월적인 정신이자 원칙이지만 또한 "윗사람이 백성을 이끌기 때문에 도덕은 임금에서 나오고, 제령(制令)이 상(相 : 승상)에게 전해지며, 구체적인 사업은 관리들에 의해 순서에 따라 이루어진다. 백성들의 힘은 모두 명령에 따라 움직여지는 것이다."[1] 이렇듯 '도', '일' 그리고 '군(君)'이 하나로 연계되면서 법제주의와 권위주의에 보다 가깝게 다가서게 되는 것이다.[2]

『장자』는 비록 무정부주의에 가깝기는 하지만 「천지(天地)」에서는 오히려 다음과 같이 말하고 있다. "하늘과 땅은 비록 크지만, 그 변화는 균일하다. 만물은 비록 많지만, 그 다스림은 하나로 이루어지는 것이다. 백성들은 비록 많지만, 그 주인은 임금이다. 임금은 덕을 근거로 하여 하늘에 의해 이루어진다(天地雖大, 其化均也. 萬物雖多, 其治一也, 人卒雖衆, 其主君也. 君原於德而成於天천지수대, 기화균야, 만물수다, 기치일야. 인졸수중, 기주군야. 군원어덕이성어천)." 또한 『한비자』「양권(揚權)」에서도 집권주의(集權主義)를 선양하고 있다. "모든 일은 사방의 신료들이 처리하고 중요한 일은 중앙에서 군주가 장악하니, 성인이 중추를 장악하면 사방에서 신료들이 전력을 다하는 것이다(事在四方, 要在中央, 聖人執要, 四方來效사재사방, 요재중앙, 성인집요, 사방래효)"라고 말하고 있다. 이렇듯 그들이 의거하고 있는 것은 모두 우주의 영원한 '일(一)'이었다. 그것은 질서의 상징이었다. 또한 인간은 우주를 모방하고 있으니 당연히 영원한 '일'이 존재하며, '임금'이 바로 그러한 질서의 화신이었던 것이다.

세 번째로 『노자』 이래로 도가는 줄곧 소박하고 혼돈된 경계를 숭상하여 일종의 반(反)지식을 주장하는 사상 맥락을 추구하였다. 비록 그들이 희구했던 것이 순수하고 단순한 사상 세계이기는 했지만 보편적인 지식이 개발되고 이성이 각

---

1) 『관자』 권10, 『이십이자』본, 132쪽.

2) 『문자』「도덕(道德)」, "임금은 반드시 하나를 잡아야 후에 능히 무리를 다스릴 수 있다." 『문자요전』, 107쪽. 『시자(尸子)』 권상 「분(分)」에서도 "천지가 만물을 낳고 성인이 이를 재단하는데, 사물을 재단하여 구분을 정하고 일을 편하게 하기 위해 관리를 세우니, 군신, 부자, 상하, 장유, 귀천, 친소는 모두 각기 그 분수를 얻게 된다." 『이십이자』본, 369쪽.

축하던 시대에 백성들을 자각하지 못하게 하거나 심지어 "성인을 끊고 지혜를 버리며, 인의를 방기하고, 공교로움을 끊고 이로움을 버리는(絶聖棄智, 絶仁棄義, 絶巧棄利절성기지, 절인기의, 절교기리)"[1] 지경까지 몰고나가 그 옛날의 '새끼를 묶어 셈을 하던' 시절로 돌아갈 것을 주장한 것은 사실 현실적인 방안이라고 할 수 없다. 따라서 노자가 "옛날에 도를 잘 시행했던 이는 백성을 명민하게 만들지 않고 오히려 어리석게 만들었다. 백성을 다스리기 어려운 것은 그들이 아는 것이 많기 때문이다(古之善爲道者, 非以明民, 將以愚之, 民之難治, 以其智多고지선위도자, 비이명민, 장이우지, 민지난치, 이기지다)"[2]라고 이야기한 것을 볼 때 비록 그가 마음속으로 소박하고 혼돈된 이상세계를 꿈꾼 것은 사실이지만 실제로는 우민(愚民)의 방책을 염두에 두고 있었다고 말할 수 있을 것이다.

그러나 제왕의 경우는 또 다르다. 도가들은 제왕을 사회의 중추이자 중심으로 삼았는데, 표면적으로 볼 때 옛 성인과 천도를 본받아야 한다고 말하면서 '무위'를 주장했지만, 사실은 백성들을 몽매한 상태에 처하게 만들고 제왕이 모든 것을 통제함으로써 보다 쉽게 질서를 따르게 하는 데 역점을 둔 것이다. 『장자』「천도(天道)」에서 "하늘보다 신묘한 것이 없고, 땅보다 풍부한 것이 없으며, 제왕보다 위대한 것이 없다"라고 한 것은 법제주의자들과 마찬가지로 제왕의 전제와 권위를 확립한 것이자 '대도(大道)', '도덕(道德)', '인의(仁義)', '분수(分守)', '형명(刑名)', '인임(因任)', '원성(原省)', '시비(是非)', '상벌(賞罰)' 등의 순서에 따라 높은 것에서 낮은 것으로 허(虛)에서 실(實)로 관념이 파생되어가는 역사적 맥락을 정리한 것이다.

그의 말에 따르면 시대가 점차 추락하고 무질서해지자 더 이상 대도가 행해지지 않게 되었으며, 도덕도 피폐되고 인의 또한 상실되어 어쩔 수 없이 상벌에 기대어 '형명', '인임', '원성', '시비' 등을 확정지어 모든 이들의 '분수'를 정하게 되었다. 이로 말미암아 현명한 제왕은 굳이 조심할 필요 없이 '인위적인 일을 하지 않으면서도 다스리지 않음이 없는(無爲而無不爲)' 상태에 처하면 "어리석

---

1) 『노자』 제19장.

2) 『노자』 제65장.

은 자와 지혜로운 자가 적절한 위치를 차지하고 귀천이 제자리를 잡으며, 어질고 현명한 사람이나 못난 사람들이 모두 자신들 마음에 따라 살아가고 반드시 자신의 능력에 따라 분수를 지키는데 틀림없이 나름의 이름에 합치하였다. 이런 방법으로 임금을 섬기고, 이런 방법으로 백성들을 양육하였으며, 이런 방법으로 만물을 다스리고 이런 방법으로 자신을 닦았다. 그리하여 지혜와 음모를 사용하지 않더라도 틀림없이 천연으로 되돌아갔다. 이를 일러 태평(太平)이라고 하는 것이니, 다스림의 지극함인 것이다(愚知處宜, 貴賤履位, 仁賢不肖襲情, 必分其能, 必由其名, 以此事上, 以此畜下, 以此治物, 以此修身. 知謀不用, 必歸其天. 此之謂太平, 治之至也우지처의, 귀천이위, 인현불초습정, 필분기능, 필유기명, 이차사상, 이차축하, 이차치물, 이차수신. 지모불용, 필귀기천. 차지위태평, 치지지야)."[3)]

]대 사상사에서
는 가장 중심적인
다.

전국시대 사상사에서 '질서'는 가장 중심적인 화제였다. 왜냐하면 이는 새롭고 통일된 정치 이데올로기의 수요에 자극받아 나온 것이기 때문이다. 이러한 화제에 관해 토론하면서 유자의 학문에도 법제주의로 전화하는 요인들이 포함되기에 이르러 '예'에서 '법', '민'에서 '군'으로 보다 쉽게 넘어갈 수 있게 되었으며, 도자의 학문 역시 '도법 전환'이라는 사상적 맥락을 따르게 되었던 것이다. 당시 신도(愼到), 신불해(申不害)는 도가와 법가의 학문을 겸하고 있었으며, 『관자』에도 명가, 법가, 도가의 논술이 섞여 있었다. 이 뿐만 아니라 한비자의 「해노(解老)」나 「유노(喩老)」나 『문자』, 『갈관자』에도 법제주의와 유사한 말과 글 등이 포함되기에 이르렀던 것이다.[4)] 『사기』를 보면 신자(申子)가 "황로에 근본을 두고 형명을 주장했다(本於黃老而主刑名본어황로이주형명)"고 했으며, 한비는 "형명법술의 학문을 좋아하여 황로로 돌아갔다(喜刑名法術之學而歸本於黃老희형명법술지학이귀

---

3) 『장자집해』 권5, 465쪽, 471쪽.

4) 『문자』 「도덕」, "성인이란 시대에 따라 권세를 변화시키고 형체를 보면서 적절한 조치를 시행한다. ……세태를 논하여 법을 세우고 시절에 따라 일을 행한다." 『문자』 「하덕(下德)」, "법령이 위에서 바르게 되면 백성이 아래에서 복종한다." "백성의 주인은 법으로 다스림에 사사로운 애증이 없어야 한다. 그래야만 법령이 되는 것이다. ……그런 까닭에 다스리는 자는 허여(與焉)하지 않음을 알아야 한다." 이상은 모두 법제주의에 가까운 내용이다. 『문자요전』, 109쪽, 161쪽, 171쪽. 『갈관자』 「환류(還流)」를 보면 천상의 운행 규칙을 근거로 삼아 "하나의 법이 세워지면 만물이 모두 이에 귀속된다." "그런 까닭에 법을 생성하는 것도 명(命)이고 법에 의해 사는 것 역시 명(命)이다. 명이란 절로 그러한 자연(自然)이다"라고 말하고 있으니 이 역시 법제주의와 유사한 논의이다. 사부총간(四部叢刊) 영인본, 권상.

본어황로)"[1]고 하였는데, 이는 결코 우연한 현상이 아니다. 도를 논한 이들이 법제의 학술을 펼쳐서 실제로 정치에 응용되기 시작한 것은 물론 한나라 시대의 일이지만, 도와 법이 서로 섞이고 도(道)에서 술(術)로 전화하는 추세는 이미 그 이전부터 시작된 것이었다.

1) 『사기』 권63, 2146쪽.

9절

백가쟁명과 세 종류의 화제 (3) : 개인 존재

서 개인과 그 존재

앞서 우리는 전국시대 사상 세계의 두 가지 화제에 대해 토론했는데, 그 하나는 우주의 시간과 공간에 관한 것이고 다른 하나는 사회의 질서와 도덕에 관한 것이다. 이 두 가지 화제가 언급하고 있는 내용은 모두 개인 존재의 환경과 배경에 관한 것이다. 다시 말해 토론된 화제 가운데 '개인'은 아직 확연하게 드러나지 않은 상태에서 개인이 생존하는 환경과 배경, 즉 거대한 우주와 복잡한 사회가 토론의 핵심이 되고 중심에 있어야 할 '개인'이 오히려 배경이 되었다는 뜻이다. 그러나 또 다른 화제, 즉 개인의 생존에 관한 화제 속에서 '인간'은 비로소 진정한 토론의 중심으로 부상한다.

1

영원

전국시대에 '인간' 존재에 관한 사상적 맥락의 출발점은 무엇보다 생명의 영원성을 추구하는데 있었다. 그러나 반드시 설명하고 넘어가야 할 일은 유자의 관심은 그것이 아니었다는 점이다. 그들은 사회에 있어서 인간의 현실적 존재에 대해 더욱 주의를 기울였다. 그래서 『논어』에서 "삶도 아직 다 모르는데 어찌 죽음을 알겠느냐(未知生焉知死)"는 말이 나오게 된 것이다. 『순자』「예론(禮論)」에 이에 대한 보다 명백한 설명이 나온다.

> 삶이란 사람의 시작이고 죽음이란 사람의 끝이다. 마지막과 시작이 모두 훌륭하면 사람의 도리를 다한 것이다. 그런 까닭에 군자는 시작을 공경하고 마지막을 신중하게 여기는 것이다(生, 人之始也, 死, 人之終也, 終始俱善, 人道畢矣. 故君子敬始而愼終생, 인지시야, 사, 인지종야, 종시구선, 인도필의. 고군자경시이신종).[1)]

인용문에서 볼 수 있듯이 삶 이전과 죽음 이후는 관심이 없다. 인간의 생존은 오로지 현실 속에만 있다. 현실이란 곧 하나의 사회를 의미하며, 당연히 '인간' 의 관심은 인간과 사회의 관계에 국한된다.

그러나 영원한 생명에 대한 희구는 이미 아주 오래되고 보편적인 생각이었으며, 또한 '도' 에 대한 사고 가운데 가장 핵심적인 것이었다. 『노자』 23장에서 "회오리바람도 아침나절을 지나지 않고 거센 비도 한나절을 지나지 않는다(飄風不終朝, 驟雨不終日표풍부종조, 취우부종일)"라고 이야기한 것은 분명 개체 생명의 존재와 관련된 우려에서 나온 것이고, "청정(淸靜)은 조급함을 극복하고 차가운 것은 더위를 이긴다. 청정무위는 천하 백성의 바른 모범이 될 수 있다(躁勝寒, 靜勝熱, 淸靜爲天下正조승한, 정승열, 청정위천하정)"[2)]고 한 것은 사회를 다스리는 영역에 관한 것만이 아니다. 그래서 노자는 "혼을 싣고 경영하며 하나의 기를 가슴에 품고 이탈하지 않을 수 있는가? 기를 마음대로 다스리고 부드러움을 다하여 어린아이 같을 수 있겠는가?(載營魄抱一, 能無離乎. 專氣致柔, 能如嬰兒乎재영백포일, 능무리호. 전기치유, 능여영아호)"라고 묻고 "섭생(攝生 : 양생)을 잘 하는 이는 육지를 가도 외뿔소나 범처럼 사나운 짐승을 만나지 않고 전쟁 중에도 살상되지 않는다(善攝生者, 陸行不遇兕虎, 入軍不被甲兵선섭생자, 륙행부우시호, 입군부피갑병)"[3)]라는 환상을 이야기했던 것이다. 양주(楊朱)의 사상은 바로 이러한 관점을 확대 부연하여, 이른바 '귀생(貴生)', 즉 개체 생명의 존재에 대해 깊은 관심을 보였다.

개체 생명의 존재에 관심을 보였던 일련의 사조는 전국시대 중기 이전부터 이미 깊고 오래된 배경을 지니고 있다. 그것은 인류가 처음 생겨난 이래로 깊이

---

1) 『순자집해(荀子集解)』 권13, 『제자집성(諸子集成)』본, 238쪽.

2) 『노자』 제45장.

3) 『노자』 제10장, 50장.

간직하고 있던 생명에 대한 우환에서 비롯한 것으로 당시 양기(養氣)나 연형(練形)의 지식과 기술에 의지하고 있었을 뿐만 아니라 남방 초(楚)나라 사상의 지지를 받고 있었다. 현재 우리가 『초사(楚辭)』「원유(遠遊)」에서 표현되고 있는 시대를 정확하게 알 수는 없지만, 「원유」에서 표현되는 생명의식은 분명 아주 오래 전부터 유전된 것이라고 믿을 수 있다. 특히 그 가운데 "안으로 반성하며 지조를 바르게 하고 정기가 나온 곳을 구하고자 한다. 허정(虛靜)을 찾아 이를 즐기고, 욕심 없이 아무런 일도 없으면서 스스로 만족한다(內惟省以端操兮, 求正氣之所由, 漠虛靜以恬愉兮, 澹無爲而自得내유성이단조혜, 구정기지소유, 막허정이념유혜, 담무위이자득)"고 했던 인생 태도나 "육기(六氣)를 마시고 밤이슬을 먹으며, 햇빛으로 양치질하고 아침 안개를 머금는다. 신명의 맑고 깨끗함을 보존하니 정기(精氣)가 들어오고 거칠고 더러운 것이 없어진다(餐六氣而飮沆瀣兮, 漱正陽而含朝霞, 保神明之淸澄兮, 精氣入而粗穢除찬육기이음항해혜, 수정양이함조하, 보신명지청징혜, 정기입이조예제)"[4]는 양생 방법 등은 전국시대 많은 이들이 공유하던 사상이었다고 말할 수 있을 것이다. 이러한 사상 속에는 다음 두 가지 사고 방식이 잠복하고 있다.

| 사고방식 : 자연 / 하는 관념, 양기 / 나 연형(練形)의 기

그 하나는 우주 관념과 인생 태도에 속하는 것으로 개체 생명의 의의에 대한 형이상학적 사고인데, 여기에서 이른바 '도가'의 생명 관념이 나왔다. 예를 들어 『문자』는 득도한 이는 "귀욕을 제거하고 사려를 덜며…… 오장을 편안하게 하고 사려를 바르게 하며, 근골을 강하게 만들고 이목을 총명하게 만든다(除其貴欲, 損其思慮……五臟寧, 思慮平, 筋骨堅强, 耳目聰明제기귀욕, 손기사려……오장녕, 사려평, 근골견강, 이목총명)"[5]라고 하였다. 이것이 바로 이른바 "본성을 전일하게 하고 참됨을 보존하여 자신의 몸을 어그러지지 않게 하는 것이다(全性保眞, 不虧其身전성보진, 불휴기신)."[6] 그들의 관념 세계에서 인간은 천지음양이 화육하여 "정신은 하늘에 근본을 두고 골해는 땅에 뿌리를 두니, 정신은 그 문으로 들어가고 골해는 그 뿌리로 되돌아간다(精神本於天, 骨骸根於地, 精神入其門, 骨骸反其根정신본어천, 골해근어지, 정신입기문,

4) 『초사보주(楚辭補注)』, 164~166쪽, 중화서국, 1983.

5) 『문자』「도원」, 『문자요전』, 35쪽, 복단대학출판사, 1988.

6) 『문자』「정성(精誠)」, 『문자요전』, 51쪽.

골해반기근)"[1]고 보았기 때문에 "하늘에 법도를 두고 땅에 따라야하고", 마땅히 "적절한 곳에서 거주하고 적당하게 음식을 먹으며 기쁨과 성냄을 조화롭게 하고 움직임과 멈춤이 편안해야 한다(節寢處, 適飲食, 和喜怒, 便動靜절침처, 적음식, 화희노, 편동정)."[2]

다른 하나는 구체적인 경험과 실용 기술에 속하는 것들이다. 예를 들어 『장자』에 나오는 지인(至人)의 경우가 그러하다. 『장자』에 묘사된 지인은 "큰 연못을 모두 말려버리는 큰 불에도 그를 뜨겁게 할 수 없고, 큰 강물을 얼어붙게 만드는 추위라도 그를 춥게 만들 수 없으며, 산을 무너뜨리는 엄청난 우뢰라도 그를 다치게 할 수 없고, 바다를 뒤흔드는 거대한 바람도 그를 놀라게 할 수 없다. ……구름을 타고 해와 달에 올라앉아 사해 밖에서 노니는 사람이다(大澤焚而不能熱, 河漢沍而不能寒, 疾雷破山而不能傷, 飄風振海而不能驚. ……乘雲氣, 騎日月, 而遊乎四海之外대택분이불능열, 하한호이불능한, 질뢰파산이불능상, 표풍진해이불능경. ……승운기, 기일월, 이유호사해지외)." "깊은 물속에 들어가도 숨 막히지 않고 불을 밟아도 뜨겁지 않으며, 만물 가운데 가장 높은 곳에 올라도 두려워하지 않는다(潛行不窒, 蹈火不熱, 行乎萬物之上而不慄잠행부질, 도화불열, 행호만물지상이불율)."[3] 물론 이는 그들의 상상이다. 이렇듯 그들은 만약 개체 생명을 보양하고 수련하게 된다면 이러한 신선과 같은 경지에 도달할 것이라고 상상했다.

이는 후대 양생술 및 도교의 연형지술(練形之術)로 이어진다. 근년에 장사 마왕퇴에서 출토된 백서(帛書) 가운데 『각곡식기(却穀食氣)』와 이미 실전된 지 오래되어 잔편만 남은 『능양자명경(陵陽子明經)』이 있는데, 그 내용을 살펴보면 천지사시(天地四時)를 본받아 천지의 기운을 먹고 거칠고 더러운 것을 배제하여 청정함을 보존하는 것을 위주로 하는 방법과 기술이 기록되어 있는데, 아마도 앞서 이야기한 사상적 맥락과 관련이 있을 것이다. 영국 한학자 워레이(Arther Walay)는 『장자』「추수(秋水)」에 나오는 "지극한 덕을 지닌 이는 불로 그를 뜨겁게 할 수 없고,

1) 『문자』「구수(九守)」, 67쪽.
2) 『문자』「부언(符言)」, 92쪽.
3) 『장자집해』 권1「제물론(齊物論)」, 권7「달생(達生)」, 96쪽, 633쪽.

물로 익사하게 만들 수 없으며, 추위나 더위로 그를 해칠 수 없고 사나운 짐승으로 그를 상하게 만들 수 없다(至德者, 火弗能熱, 水弗能溺, 寒暑弗能害, 禽獸不能賊지덕자, 화불능열, 수불능익, 한서불능해, 금수불능적)"는 구절에 대해 "바로 이러한 관념이 초기 철학화한 '도가'와 후기 '도교'를 관련시킨 것이다"[4]라고 이야기한 바 있다.

2

일반적으로 사회질서에 착안하고 있는 사상가들은 때로 인간의 사회관계, 즉 인간과 인간의 등급이나 조화의 문제를 중시할 뿐 개체 존재 상태의 자유와 진실에 대해서는 그다지 관심을 두지 않는다. 아주 정확한 말이라고 할 수는 없지만, 굳이 말하자면 그들은 '공성(共性)'을 말하지 않아도 알 수 있는 전제로 삼는데 익숙할 뿐 '개성'을 의심할 여지없는 근거로 삼는데 익숙하지 않다. 법제주의와 정부 관리에 집착하는 사상가들은 물론 말할 것도 없다. 예를 들어 유자 가운데 맹자나 순자는 성선을 주장하든 아니면 성악을 주장하든지 간에 한 '인간'의 가치를 판단하는데 그가 지니고 있는 사회적 품덕이나 공적을 기준으로 삼고 있다. 만약 어떤 이가 사회 여론의 찬양이나 정치권력의 인가를 받지 못하거나 가족의 존중을 받지 못할 경우 '인간'의 가치를 실현한 것으로 간주되지 않는다.

물론 '놓인 마음을 구하는(求其放心)' 가운데 정신의 자기완성과 도덕적 제고 등의 내용이 포함되어 있기는 하다. 예를 들어『맹자』「진심(盡心)」'하(下)'에 보면, "하고자 하는 것을 선(善)이라고 하고 몸에 있는 것을 신(信)이라고 하며, 충실한 것을 미(美)라고 하고 충실하여 빛이 있는 것을 대(大)라고 하며, 커서 교화하는 것을 성(聖)이라고 하고 성스러워 알 수 없는 것을 신(神)이라고 한다(可欲之謂善, 有諸己之謂信, 充實之謂美, 充實而有光輝之謂大, 大而化之之謂聖, 聖而不可知之之謂神가욕지위선, 유제기지위신, 충실지위미, 충실이유광휘지위대, 대이화지지위성, 성이불가지지지위신)"[5]라고 하였다.

---

4) 아더 워레이(Arther Walay),『고대 중국의 세 가지 사고방식(*Three Ways of Thought in Ancient China*)』, p. 51, Stanford University Press, California, 1982.

5)『맹자』제14,『십삼경주소』2775쪽. 후한 말의 학자 조기(趙岐)는 다음과 같이 주(注)를 달았다. "자신이 가히

그러나 여기에서 말하는 선, 신, 미, 대, 성, 신 등에 대한 평가의 근거는 여전히 그 개인의 사회적 행위나 도덕, 가치, 그리고 의의의 실현에 있다. 또한 어떤 이의 생존 의의의 실현은 그 사람의 성정에 따라 결정되고, 사람의 성정 차이는 그 사람의 수양에 따라 결정되며, 사람의 수양은 그 사람의 등급 질서에 따라 결정된다. 결국 사람의 등급 질서가 처음부터 그 사람의 품격과 가치를 결정짓는 것이다.

『대대례기(大戴禮記)』「애공문오의(哀公問五義)」에 보면 공자의 입을 빌어 다음과 같이 말하고 있다. 용인(庸人 : 평범한 사람)은 "입으로 선한 말을 할 수 없으며 뜻이 굳을 수 없고, 현명한 사람과 착한 선비를 선택하여 그 몸을 맡길 수 없으니 이를 자신의 우환으로 여기지도 않는다. 몸을 움직이면서도 무엇에 힘써야할지 모르고, 가만히 서 있어도 정해진 바를 모른다." 이는 보통 사람은 궁극적인 이상이나 입장이 없기 때문에 자신의 사상이나 행위를 자각하지 못하고 또한 심각한 우환도 없다는 뜻이다. 그러나 '선비(士)'는 "비록 도술(道術)을 다할 수는 없으나 필시 연유가 있고, 비록 진선진미(盡善盡美)를 할 수는 없으나 반드시 처하는 바가 있다." 이는 지식인은 자신의 가치 판단과 사상 입장을 견지하고 있기 때문에 능히 '자신이 아는 바를 살피고', '연유하는 바를 살피며', '말하고자 하는 바를 살피니'[1] 시비를 분별할 수 있는 이지력을 지녔다는 뜻이다.

한편 군자는 능히 '몸소 충과 신을 행하고(躬行忠信)' '스스로 인의를 지니고 있으니', 판단과 행동을 정확하게 할 수 있는 덕행을 지니고 있다는 뜻이고, 현인은 "좋고 나쁨을 백성들과 함께 나누고 얻고 버림을 백성들과 함께 통일하며, 행동에 법도가 있어 근본을 상하게 하지 않고 언사가 천하의 법에 적합하여 자신의 몸을 해치지 않는다"고 했으니, 천하의 모범이 된다는 뜻이다. 마지막으로 성인은 "큰 도에 달통하여 모든 변화에 응대해도 다함이 없고, 능히 만물의 성정을 살

욕구하는 것을 남에게 시키는 것은 남을 선하게 하기 위함이니 그래서 자신이 하고 싶지 않은 일을 남에게 시키지 않는 것이다. 자신에게 있는 것을 남에게 있다고 말하는 것은 남을 믿게 하기 위함이니 헤아리지 않으면 믿게 할 수 없다. 선(善)과 신(信)에 충실하여 비지 않게 하는 것은 사람을 아름답게 하기 위함이니 아름다운 덕을 지닌 사람(美人)이다. 선과 신에 충실하고 이를 선양하면 광휘가 있기 마련이니 이는 대인(大人)을 위한 것이다. 그 도를 크게 행하여 천하를 좋게 변화시키니 이는 성인(聖人)을 두고 한 말이다. 성스럽고 지혜로운 밝음이 있으나 그 도를 가히 알 수 없으니 이는 신인(神人)을 위한 것이다."

1) 『대대례기해고(大戴禮記解詁)』, 9~11쪽, 중화서국, 1983.

필 수 있다"고 했으니, 자신의 성정으로 천하 모든 사람들과 사물의 성정을 통달하고 있다는 뜻이다. 그래서 말하길 "성정(性情)이란 이치에 합당한가 여부에 따라 취사선택하는 것이다. 그런 까닭에 큰 것을 섬기고 천지와 배합하며 일월과 함께 하는 것이다(情性也者, 所以理然, 不然取舍者也, 故其事大, 配乎天地, 參乎日月정성야자, 소이리연, 불연취사자야, 고기사대, 배호천지, 참호일월)"라고 하였다. 바로 이런 이유로 말미암아 『대학』에서는 머물 곳을 알고 난 후의 평정과 편안한 마음, 그리고 이성적 사고에서 출발하여 지식을 축적하고 성정을 단정하게 하는 것을 인간됨의 기점으로 삼았으며, 이를 기점으로 삼아야만 정심(正心)하고 수신제가(修身齊家)를 거쳐 평천하(平天下)할 수 있다고 보았던 것이다. 이는 우주에 존재하는 개체 생명의 의의에 대한 것이 아니라 사회에서 개인 가치를 실현하는 면을 강조한 것으로 사회라는 인생 좌표의 참조계(參照系)가 없다면 개인 또한 위상을 찾을 수 없다는 뜻이다.

는 인생 좌표의 참
없다면 개인 또한
찾을 수 없다.

그렇다면 어째서 사회에 있어서 인간의 사상과 행위가 자명한 의의를 지니게 되고 개인의 가치는 왜 반드시 사회에서 실현되어야만 하는가? 개인 생명의 의의는 어찌하여 반드시 사회적 참조망(參照網)에 근거해야만 드러날 수 있는가? 마지막으로 과연 개인의 독자적인 의의는 존재하는가? 아마도 당시에 이러한 문제들이 제기되었을 가능성이 크다. 왜냐하면 당시에 도덕이성과 사회가치가 모든 것을 완전히 포괄하고 있었던 것은 아니기 때문에 사상의 공간이 비교적 광활했고, 끊임없이 소용돌이치는 시대를 따라 사상 또한 계속 움직일 수밖에 없었으며, 일정치 않은 사상 세계에서 모든 것이 새롭게 평가되고 있었기 때문이다. 그래서 '천도'에 관심을 표명하여 무언(無言)의 우주 속에서 더 많은 자연(自然 : 스스로, 저절로 그러함)과 자유(自由 : 스스로, 저절로 말미암음)를 체득했던 이들이 현실에 대한 불만과 걱정 속에서 또 하나의 대안으로 '인간'에 관한 사상적 맥락을 제기하였으니, 그 중에서 가장 심각했던 이가 바로 장자(莊子)다.

3

전국시대 중기 이래로 장자 일파는 이전 도자들과 사상적인 승계 관계를 지니고 있었으나 사고 방식은 과거와 그다지 같지 않았다. 그의 관점은 『장자』에 수록된 문장의 편명이기도 한 '달생(達生)'과 같다. 그가 이야기한 '달생'이란 생명의 장수 추구를 의미하는 것이 아니라 생명에 대한 개인적 완성과 생명에 대한 정신적 초월을 추구하는 것이었다. 물론 장자 역시 영원한 생명에 대한 환상을 가지고 있었다. 예를 들어 막고야산(藐姑射山)에 산다는 신인(神人)은 "피부는 얼음이나 눈과 같고 부드럽기가 처녀와 같았는데, 오곡을 먹지 않고 바람과 이슬을 마셨으며, 구름을 타고 나는 용을 몰면서 사해 밖을 노닐었다(肌膚若氷雪, 綽約若處子. 不食五穀, 吸風飮露. 乘雲氣, 御飛龍, 而遊乎四海之外기부약빙설, 작약약처자. 불식오곡, 흡풍음로. 승운기, 어비룡, 이유호사해지외)."[1] 그러나 그가 더욱 관심을 가지고 있었던 문제는 삶과 죽음에 대한 인간의 이해가 생사를 초월할 수 있느냐 여부에 있었다. 「대종사(大宗師)」에서 그는 자사(子祀), 자여(子輿), 자리(子犁), 자래(子來) 등의 입을 통해 누가 능히 "무(無)를 머리로 삼고 삶을 척추로 삼으며, 죽음을 궁둥이로 삼을 수 있겠는가? 누구든지 삶과 죽음, 존속과 멸망을 한 가지로 여기는 이가 있다면 나는 그와 더불어 친구가 될 수 있을 것이다(以無爲首, 以生爲脊, 以死爲尻, 孰知死生存亡之一體者, 吾與之友矣이무위수, 이생위척, 이사위고, 숙지사생존망지일체자, 오여지우의)"[2]라고 하였다.

장자의 사고 : 사람 지는 하나다.

이처럼 삶과 죽음을 일체 허무로 간주하는 관념을 통해 사람들은 생사를 초월하여 마음속에서 삶에 대한 갈구와 죽음에 대한 공포를 제거하게 된다. 그래서 자여(子輿)는 병이 들어 음양의 기운이 어지러워지고 끝내 곱사등이가 되었지만 '그 마음은 한가로워 마치 아무 일도 없는 듯했고(其心閒而無事기심한이무사)', 자래(子來)가 중병에 들어 곧 죽게 되자 처자가 슬피 울었는데, 그는 오히려 삶과 죽음을 '깜빡 잠들었다가 문득 깨어나는 것(成然寐, 遽然覺성연매, 거연각)'[3]으로 여길 따름이었다. 이러한 이들에게 생과 사란 더 이상 우환이나 두려움이 아니었으니 그야말로 정신적 자유와 쾌락을 얻었음이다.

「천도」에서는 이를 '천락(天樂)'이라고 칭하면서, 다음과 같이 말하고 있다.

---

1) 『장자』「소요유(逍遙遊)」, 『장자집해』 권1, 28쪽.

2) 『장자집해』 권3, 258쪽.

3) 『장자집해』 권3, 162쪽.

"천락을 아는 이는 그 삶이 천체의 운행과 같고 그 죽음은 물건의 변화와 같다고 이야기한다. 그러한 이는 고요하게 있을 때는 음과 같은 덕을 지니고 움직일 때는 양과 같은 파동을 함께 한다. 그렇기 때문에 천락은 아는 이는 하늘에 대한 원망이 없고 사람에 대한 비난이 없으며, 사물에 얽매임이 없고 귀신에게 책잡힐 일이 없는 것이다(知天樂者, 其生也天行, 其死也物化. 靜而與陰同德, 動而與陽同波. 故知天樂者, 無天怨, 無人非, 無物累, 無鬼責지천락자, 기생야천행, 기사야물화. 정이여음동덕, 동이여양동파. 고지천락자, 무천원, 무인비, 무물루, 무귀책)."[4] 이는 자연(天) 생명의 흐름을 깨달음으로써 얻는 달관인 셈이다.

그러나 정신적으로 생사의 경계를 옮게 만든다고 할지라도 생명의 삶과 죽음의 순환에 피동적으로 따라감을 의미하는 것은 결코 아니다. 장자의 사상적 맥락에 따르면, 가능한 한 천도의 '저절로 그러한 자연'에 따라 자신의 생명을 완전하게 실현하는 것이 중요하기 때문이다. 인간의 생명은 '하늘'이 부여한 것이기 때문에 인간은 마땅히 생명의 흐름을 통해 자연을 체현해야만 한다. 그것이 이른바 '보신(保身 : 몸을 보존함)', '양친(養親 : 부모를 부양함)', '전생(全生 : 온 생애)', '진년(盡年 : 수명을 다함)'[5]의 의미다. 따라서 생명을 위해하는 어떤 행위나 거동도 모두 천도의 자연을 위배하는 것이다. 그는 '천수를 다하고 요절하지 않는 것'을 최고의 지혜 가운데 하나로 손꼽으며, 고대 진인(眞人)들의 예를 들어 설명하고 있다. 이른바 진인들은 자신의 지식으로 세상과 다투지 않았으며, 자신의 개성으로 세속의 풍상에 위배되는 일을 하지 않았고, 마음속에 좋아하거나 욕구하는 것을 두지 않았으며, 기심(機心 : 기회를 보고 움지기이는 마음)도 없었다. 그들은 그저 천지의 사시 운행에 따를 뿐이었으니 「대종사」에서 말하고 있는 것처럼 "잠을 자면서도 꿈을 꾸지 않고 깨어나도 우환이 없었으며, 먹는데 맛난 것을 따지지 않고 깊고 깊은 숨을 쉬었을 따름이었다(其寢不夢, 其覺無憂, 其食不甘, 其息深深기침불몽, 기각무우, 기식불감, 기식심심)."

이들은 또한 호흡법 등 양기술(養氣術)에 정통하였는데, "삶을 기뻐하지도 않

4) 『장자집해』 권5, 462쪽.

5) 『장자집해』 권2 「양생주(養生主)」, 115쪽 참조.

았고 죽음을 싫어하지도 않았으며, 세상에 나오는 것을 기뻐하지도 않았으며 죽어서 저승으로 들어가는 것도 거부하지 않았다(不知說生, 不知惡死, 其出不欣, 其入不距 부지설생, 부지악사, 기출불흔, 기입불거)." 이렇듯 심기(心機)로 도의 진체(眞諦)를 해치지 않고 인위적인 물건으로 자연을 상하게 하지 않음으로써 그들은 "높은 곳에 올라도 떨리지 않고 물속에 들어가도 젖지 않으며 불속에 들어가도 뜨거워하지 않는다(登高不慄, 入水不濡, 入火不熱등고불율, 입수불유, 입화불열)"고 했다. 이처럼 신기한 생명력을 지녀야 비로소 천인합일(天人合一)의 생명 경계라고 말할 수 있을 것이다.

장자의 '인간'에 대한 사고의 중심은 우주에서 개인 생명이 어떤 존재 의의를 지니고 있는가에 있다. 그는 현세에서 인간의 사회적 가치에 관심을 두지 않았다. 「응제왕(應帝王)」에서 그는 "명예(名譽)의 시체가 되지 말고 모의(謀議)의 중심이 되지 말며, 일의 책임자가 되지 말고 지혜의 주인의 되지 말라. 무궁한 도를 철저하게 터득하여 아무런 조짐도 없는 경지에서 노닐고, 하늘로부터 받은 바를 다하여 이익을 살피지 않고 언제나 마음을 텅 비울 따름이로다. 지극한 이가 마음을 쓰는 일은 거울과 같아서 가는 것은 가는대로 놔두고 오는 것은 오는 대로 놔둘 뿐이니 변화에 응대하되 감추는 것이 없도다. 그런 까닭에 능히 외물을 이겨 다치는 일이 없다(無爲名尸, 無爲謀府, 無爲事任, 無爲知主, 體盡無窮, 而遊無朕, 盡其所受乎天, 而無見得, 亦虛而已. 至人之用心若鏡, 不將不迎, 應而不藏, 故能勝物而不傷무위명시, 무위모부, 무위사임, 무위지주, 체진무궁, 이유무짐, 진기소수호천, 이무견득, 역허이이. 지인지용심약경, 부장불영, 응이부장, 고능승물이불상)."[1]

장자의 '인간'에 대한 사고의 중심은 우주에서 개인 생명이 어떤 존재 의의를 지니고 있는가에 있다.

사회적 평가를 중시하는 측면에서 본다면 무엇보다 중요한 것이 명예와 모의, 일과 지혜이다. 그러나 장자가 볼 때 이러한 것들은 생명의 존재를 해치는 것에 불과하다. 그래서 '지인'은 유자들이 말하는 것처럼 마음속에 온갖 시비와 도덕윤리 등을 간직하고 '타자'의 인정과 허가를 기다리지 않고 '마치 거울처럼 마음을 써서' 만물의 형체를 모두 받아들이면서도 결코 만물의 형체는 담아두지 않으니, 주동적으로 다가서지도 않지만 그렇다고 도피하지도 않는 자세를 취하는 것이다. 그리하여 외물에 응대하면서도 얽매임이 없고, 지혜를 지니고 있으되

1) 『장자집해』 권3, 307쪽.

지혜에 얽매임이 없으니 진실로 '사람과 하늘이 하나가 되기(人與天一也인여천일야)' 때문인 것이다.[2] 하늘도 자연이고 사람 또한 자연이나, 사람을 속박하는 이지(理智)나 감정은 모두 자연의 장애일 뿐이다.

待)의 자유 경계

사람이 하늘에서 받은 것은 자연스럽고 자유로운 개체 생명이다. 따라서 생명의 의의는 바로 정신의 자유에 있는 것이다. 많은 이들이 익히 알고 있는 「소요유(逍遙遊)」에서 장자는 곤붕(鯤鵬)을 조(蜩 : 매미)와 학구(學鳩 : 비둘기처럼 생긴 밭 새) 등과 비교하면서 재미있는 우언을 이야기하고 있다. 작은 지혜(小知)와 큰 지혜(大知), 소년(小年)과 대년(大年), 유대(有待 : 의식衣食 따위에 기대어 살 수밖에 없는 덧없는 인간의 몸)와 무대(無待) 등을 통해 장자가 말하고자 하는 요지는 절대 자유의 정신 경계에 들어가야 한다는 것이다. 절대 자유의 정신 경계에 진입하게 되면 어떤 외재적인 의탁도 해서는 안 된다. 그 안에는 헛된 명예나 공적, 사사로운 마음 등이 모두 포함된다. 이러한 모든 것을 배제해야만 비로소 세속의 일체를 초월하고 심지어 자아마저 초월하여 "천지의 올바름에 올라타고 온갖 기운의 변화에도 무궁함에 노닐게 될 것이니, 이러한 이가 어찌 기대는 것이 있겠는가?(乘天地之正, 而御六氣之辯, 以遊無窮者, 彼且惡乎待哉승천지지정, 이어육기지변, 이유무궁자, 피차악호대재)"

일단 사람이 '자신을 위하는' 마음이 있게 될 경우 여러 가지 고려하거나 마음에 걸리는 일이 있기 마련이며, '공업(功業)'을 염두에 둘 경우 세속 사회와 다투지 않을 수 없게 된다. 또한 '명예'에 관심을 갖게 되면 명성에 얽매이게 되고 결국 행위나 사상 모두 속박을 받게 되며, 세속의 인가와 찬동, 그리고 칭송 등에 얽매이게 된다. 그래서 이러한 모든 것들을 버리고 '무기(無己)', '무공(無功)', '무명(無名)'의 마음자세로 소유하는 것이 아무 것도 없고 광대무변한 자유의 경계로 들어가게 되면 비로소 '천도'와 마찬가지로 '무'의 상태에 머물 수 있게 된다. '무'는 무한한 가능성을 잠재하고 있는 것이기 때문에 사람 역시 '무'에 처해야만 절대적인 자유의 경계를 향유할 수 있으며, 개체 생명의 자유와 편안함을 느끼고 마침내 생존의 진정한 의의를 체험하게 된다.

---

2) 『장지 집해』 권7 「산목(山木)」, 690쪽.

4

장자 일파의 사상에서 우리가 반드시 주목하고 이해해야 할 것은 다음 세 가지이다.

첫째, 그들이 주장한 인생 관념 역시 우주의 근거를 지니고 있다는 점이다. 장자 일파가 볼 때 인간은 '천(天)'의 소생이다. 그렇기 때문에 마땅히 '절로 그러한 자연'을 따라야만 한다. "올바른 경지에 이른 이는 자신의 성명(性命 : 인성과 천명)의 진실함을 잃지 않는다(彼至正者, 不失其性命之情피지정자, 불실기성명지정)." 외부에서 부가된 어떤 것도 그저 쓸데없는 군더더기에 불과하다. "합쳐져 있어도 쓸데없이 들러붙지 않고 갈라져 있어도 소용없이 덧붙어 있지 않으며, 길다고 해도 남는 것이 있지 않고 짧다고 해도 부족함이 없다(合者不爲駢, 而枝者不爲岐. 長者不爲有餘, 短者不爲不足합자불위병, 이지자불위기. 장자불위유여, 단자불위부족)." 그리하여 장자는 이렇게 말하고 있는 것이다. "물오리의 다리는 비록 짧지만 길게 이어주면 우환이 될 것이고, 학의 다리는 비록 길지만 짧게 자르면 슬퍼하게 될 것이다(鳧脛雖短, 續之則憂, 鶴脛雖長, 斷之則悲부경수단, 속지즉우, 학경수장, 단지즉비)."[1)]

이처럼 모든 사물은 응당 하늘이 부여한 본래 면모를 그대로 따라야만 한다. 여기서 말하는 '성명지정(性命之情)'은 맹자나 순자의 그것과 다르다. 유자는 선량한 도덕 이성이나 추악한 감정 본성, 그리고 이에서 생겨난 사람간의 준칙을 '인간'의 근본적인 근거로 삼았다. 그러나 장자는 천부적이고 자연적이며 자유로운 개체 생명 존재를 '인간'의 근본적인 근거로 삼았다. 그래서 그는 때로 '천'의 자유자재(自由自在)한 경계로 '인간'의 존재 상태를 논증하였으며, 인위적인 도덕과 윤리적인 원칙이 이러한 상태를 손상시키는 것에 대해 반대했던 것이다.

장자는 이어서 다음과 같이 말하고 있다. "인의(仁義)란 인정(人情)이 아니다. 저 어진 이들이란 얼마나 많은 우환을 지니고 있는가?(意仁義其非人情乎! 彼仁人何其多憂也의인의기비인정호! 피인인하기다우야)" 이른바 인의란 사회가 시작되면서 소박하고 혼돈한 본래 형태에서 벗어나게 되자 어쩔 수 없이 형성된 도덕적 자율일 따름이

1) 『장자집해』 권4 「병무(駢拇)」, 317쪽.

다. 그래서 장자는 「서무귀(徐無鬼)」에서 “임금께서 비록 인의를 행한다고 하실지라도 아마도 위선이 될 것입니다(君雖爲仁義, 幾且僞哉군수위인의, 기차위재)”[2]라고 말했던 것이다. 인간의 자연적인 정감에 부합하지 않으니, 아무리 고상하고 어질며 의로운 인물일지라도 다른 사람에게 똑같이 요구할 수는 없으니 당연히 마음속에 깊은 우환이 생기게 되고 결과적으로 자신 또한 외재적인 반응에 사로잡혀 결국 자연과 자유를 잃게 된다.

「추수(秋水)」에서 장자는 ‘천(天)’과 ‘인(人)’에 대한 나름의 해석을 내리고 있다. 그에 따르면 소나 말이 네 다리를 지닌 것은 ‘천’이지만 소의 코를 뚫고 말에게 고삐를 매는 것은 ‘인’이다. 장자는 이처럼 자유와 자연의 상실에 대해 깊은 비애를 느꼈으며, 인류가 천성을 손상시키지 말 것을 희구하였다.[3] 유명한 ‘혼돈의 일곱 개 구멍’에 대한 우언에서 말하고 있듯이 인간에게 이성이 개발되면 곧 자연이 상실되기 마련이고, 인간의 욕망이 꿈틀거리기 시작하면 인간의 천성이 매몰되고 만다. 그래서 “사람이 천성을 지니지 못하는 것은 성(性) 때문이다.” 인용문에서 말하는 ‘성(性)’은 바로 유자들이 근본으로 여기는 ‘인성’이다. 장자가 볼 때, 자연적인 ‘천성’이 소실된 이후에 비로소 도덕이나 양지를 함유하고 있다는 ‘인성’이 출현하게 되었는데, 이러한 ‘인성’이 나옴으로써 ‘천성’이 끊어지고 만 것이다.[4]

준을 초월함 : 만
두 같고, 죽음과
일하다.

둘째, 그들의 인생 관념은 역사적 근거가 있다는 점이다. 인간의 지성이란 관점에서 볼 때 선악은 시비 판단의 객관적 존재이다. 사실 가치 판단의 표준은 원래 인간 스스로 만든 것이지만 사람들은 오히려 이를 선천적인 존재로 간주한다. 그래서 증명을 거치지 않았음에도 불구하고 이런 가치 시스템이 권위를 지녀

2) 『장자집해』 권8, 827쪽.

3) 『장자집해』 권6, 590~591쪽 참조.

4) 『장자집해』 권7 「산목(山木)」, 694쪽, “人之不能有天, 性也(인지불능유천, 성야).” 당나라의 학자 성현영(成玄英)의 소(疏)에 따르면, “무릇 자연이란 그러한 까닭을 알 수 없으나 그러한 것이니 절로 그러한 것일 따름이다. 인위적인 것이 아니니 어찌 능히 지닐 수 있겠는가? 만약에 소유할 수 있다고 이야기한다면 그것은 절로 그러한 것이 아니다. 그래서 절로 그러한 것이 성(性 : 천성)이며 인간이 소유할 수 없음을 알 것이다.” 『장자집해』 권7 「산목(山木)」, 695쪽. 그리고 『장자집해』 권8 「서무귀」에서 “옛 진인은 ‘천’으로 인간을 대하지 ‘인’으로 ‘천’에 들어가지 않는다”라고 하였는데, 이 역시 자연적인 천성이 후천적인 인성에 앞선다는 뜻이다. 866쪽.

사람들의 마음속에 가로놓여 있게 되는 것이다. 유자들은 현실 사회에서 인간의 생존과 행복을 당연한 일로 보았으며, 인간의 내재적 이성과 일련의 가치 시스템을 같은 것으로 간주하고, 이러한 가치에 부합하는 것을 진, 선, 미로 여기고, 위배되는 것은 위(僞), 악(惡), 추(醜)로 여겼다.

그러나 장자는 이렇게 표준이 된 가치들의 내원을 캐고 들어가 원초적인 사유의 근원을 추구하면서 새로운 사실을 발견하였다. 그것은 가치 표준이란 것이 인류가 자기 마음대로 구획을 정한 것으로 각주구검(刻舟求劍)의 행태나 다를 바 없다는 점이었다. 그는 세계상에 절대적인 가치란 존재하지 않으며, 모든 것이 상대적일 수밖에 없다고 믿었다. "사물은 저것이 아닌 것이 없고, 이것이 아닌 것도 없다(物無非彼, 物無非是물무비피, 물무비시)"라든지 "삶이 있으면 죽음이 있고, 죽음이 있으면 삶도 있다. 가(可)한 것이 있으면 불가한 것도 있고, 옳은 것으로 말미암아 그른 것이 있고, 그른 것으로 말미암아 옳은 것이 있다(方生方死, 方死方生, 方可方不可, 因是因非, 因非因是방생방사, 방사방생, 방가방불가 인시인비, 인비인시)." 영원한 허무(虛無)가 유일하다는 것 이외에 일체 모든 것이 절대적으로 옳거나 절대적으로 그른 것이 아니다.

그래서 "모장(毛嬙)과 여희(驪姬)는 사람들이 미인이라고 하지만, 물고기가 그들을 보면 물속 깊이 들어가고 새들이 보면 높이 날아가 버리며, 고라니와 사슴이 그들을 보면 후다닥 도망친다(毛嬙西施, 人之所美也, 魚見之深入, 鳥見之高飛, 麋鹿見之決驟모장서시, 인지소미야, 어견지심입, 조견지고비, 미록견지결취)."[1] 개인의 생존 역시 마찬가지다. "만물은 하나로 평등하니 어느 것이 길고 어느 것이 짧다는 말인가? 도는 시작도 끝도 없지만 사물에는 죽음과 삶이 있다. 그래서 사물로 무엇인가를 이룬다는 것은 믿을 수 없다. 한 번은 비었다가 한 번은 차게 마련이니 그 형세는 일정한 위치가 없는 것이다(萬物一齊, 孰短孰長? 道無終始, 物有死生, 不恃其成. 一虛一盈, 不位乎其形만물일제, 숙단숙장? 도무종시, 물유사생, 불시기성. 일허일영, 불위호기형)."[2]

삶과 죽음은 사람들이 가장 잊기 어려운 관건이 되는 일인데, 장수나 요절은

1) 『장자집해』 권1 「제물론(齊物論)」, 66쪽.

2) 『장자집해』 권6 「추수」, 584~585쪽.

모두 시간으로 계산하기 마련이다. 그러나 「제물론」에서 말하는 바와 같이 "어려서 죽은 아이보다 더 오래 살 수 없다고 여길 수도 있고, 팽조(彭祖)가 요절했다고 말할 수도 있다." 장자는 이처럼 반어적인 어조로 인간들이 고집하는 시간 개념을 파타하고 천지와 함께 하는 무시간(無時間)의 경계로 진입함으로써 이른바 생사의 빠르고 늦음 자체를 소멸시키고 만다. 장자가 "꿈에 나비가 된 것인지 나비의 꿈속에 장주(莊周 : 장자)가 된 것인지 모르겠다"고 한 '호접몽(蝴蝶夢)'과 "처가 죽었을 때 항아리를 치며 노래했다"는 우언은 모두 생사의 한계를 초월하여 '달관'을 얻을 것을 주장한 것이다.

한편 공명(功名) 역시 사람들이 꿈에도 잊지 못하는 대상이다. 사회에서 가치를 실현하고자 하는 이들이라면 누구나 이를 통해 자신의 인생의 의의를 헤아려 보기 마련이다. 그러나 『장자』는 "죽어서 초(楚)나라의 묘당(廟堂)에 보관된 신령스러운 거북이 보다 살아서 진흙탕 속에서 꼬리를 끌고 다니는 것이 낫다"라든지 "꿈속에서 바짝 마른 해골이 수고스러운 인간세계로 돌아가지 않겠다고 말했다"는 등의 우언을 통해 생명에 외재하는 성공 여부에 연연하지 말 것을 강조하고 있다.[3] 그는 "만물은 동등하며 죽음과 삶이 하나로 똑같다(齊萬物, 一死生)"는 사상적 맥락을 통해 모든 이성과 가치를 소멸시키는 한편 세속을 초월하여 절대적인 자연과 자유를 획득하기를 희구했던 것이다.

셋째, 장자가 주장했던 인생에 관한 사상적 맥락에는 실용적인 의의가 존재한다는 점이다. 장자의 관점에 따르면, 인간의 '천성'은 자연과 자유를 향한다. 그것은 마치 새가 깊은 숲속에 살고 물고기는 천성적으로 호수나 강에 사는 것과 마찬가지다. 「지락(至樂)」에서 그는 다음과 같은 우언을 들려주고 있다. 옛날 어느 날 바다 새가 노(魯)나라 교외에 앉았는데, 노나라 임금이 그 새를 가져다가 종묘에 놓고 잔치를 베풀며 구소(九韶 : 우임금의 음악)를 연주하고 온갖 고기를 안주로 삼았다. 그러나 새는 오히려 "눈을 멍하니 뜨고 걱정하고 슬퍼하다가 감히 한 점의 저민 고기도 먹지 못하고 한 잔의 물도 마시지 못한 채 삼일 만에 죽고 말았다

3) 『장자집해』 권1 「제물론」, 112쪽, 권6 「지락(至樂)」, 614쪽, 권6 「추수」, 604쪽, 권6 「지락」, 617~619쪽을 참조하시오.

(眩視憂悲, 不敢食一臠, 不敢飮一杯, 三日而死현시우비, 불감식일련, 불감음일배, 삼일이사)." [1]

이는 사람의 경우도 마찬가지다. 사람이 여러 가지 곤란과 위협에 직면하게 되는 것은 초조와 번뇌, 공포와 싸움으로 가득 찬 사회, 결코 들어가면 안 되는 곳에 들어갔기 때문이다. 이리하여 인간의 천성은 은폐되고 손상되고 만다. 만약 원초적인 상태로 회귀할 수 있다면, 즉 자연과 일체가 되는 원초적인 사유로 되돌아갈 수 있다면 사람은 능히 "그 천성을 온전하게 할 수 있다(全其天)" 그러나 이와 반대로 이성과 지식으로 무장하게 되면 오히려 "형체를 수고롭게 하여 자신을 부리게 된다." 왜 그런가? 일단 인간이 욕망과 지식을 품게 되면 탐욕스러운 생각과 행위가 그치지 않게 되며, 그런 생각과 행위로 말미암아 타인을 해치는 결과를 낳게 된다. 모든 이들이 이런 생각을 하고 행위를 하게 되면 결국 서로 싸우고 서로 다치게 되며 사회 전체가 혼란에 빠진다. 그렇기 때문에 이는 무사무념(無思無念), 무지무식(無知無識)의 원초 시대의 몽매와 혼돈만 못하다.

「산목(山木)」에서 장자는 '무소가용(無所可用 : 쓸데가 없음)'의 큰 나무를 소재로 한 우언을 소개하고 있다.[2] 그 나무는 비록 무성하지만 채벌되지 않았다. 이는 "곧은 나무는 먼저 채벌되고 단 우물은 먼저 마신다(直木先伐, 甘井先竭직목선벌, 감정선갈)"는 이유 때문이다. 「인간세(人間世)」에서도 장자는 이와 유사한 일련의 비유를 들고 있다. "산 나무는 스스로 벌목되도록 자라고, 기름불은 스스로 태운다. 계수나무 열매는 먹을 수 있기 때문에 잘리고 옻나무는 옻으로 사용되느라 껍질이 벗겨진다(山木自寇也, 膏火自煎也, 桂可食, 故伐之, 漆可用, 故割之산목자구야, 고화자전야, 계가식, 고벌지, 칠가용, 고할지)"라고 이야기한 다음, "사람은 모두 유용(有用)의 쓰임은 알고 있으나 무용(無用)의 쓰임은 알지 못한다(人皆知有用之用, 而莫知無用之用也인개지유용지용, 이막지무용지용야)"[3]라고 결론짓고 있다. '무용지용(無用之用)'이란 생명 존재의 영원과 정신 경계의 자유를 보전하는 것을 뜻한다. 그러나 "요즘 세속의 군자들은 너나할 것 없이 자신의 몸을 위험에 빠뜨리고 삶을 버리면서까지 외물을 추구하고

1) 『장자집해』 권6 「지락」, 621쪽, 「달생(達生)」 665~666쪽에도 보인다.

2) 『장자집해』 권7 「산목」, 667쪽, 권2 「인간세」, 170~176쪽에도 이와 유사한 내용이 실려 있다.

3) 『장자집해』 권2 「인간세」, 186쪽.

있으니 어찌 슬프지 않겠는가?(今世俗之君子, 多危身棄生以殉物, 豈不悲哉!금세속지군자, 다위신기생이순물, 기부비재!)" 4)

그러나 이러한 정신적 초월과 생명의 자유를 추구하는 사색은 전국시대에 그다지 적합한 것이 아니었다. 새 둥지가 뒤집어졌는데 어찌 새알이 안전하기를 바라겠는가? 실로 극심한 변동의 와중에서 생존을 유지하는 것조차 결코 쉬운 일이 아니었다. 하물며 사회란 무수하게 많은 이들로 구성되어 있으니, 그런 가운데 한가롭게 소요(逍遙)하며 노닐겠다는 것은 상상에 불과했고, 정신적 자유 역시 환상에 불과했다. 온 세상이 가장 기본적인 생존 공간을 차지하기 위해 서로 속고 속이는 상황에서 이러한 상상이나 환상은 자극의 동력이 될 수는 있었지만 실현될 가능성은 거의 없었다. 또한 모든 세상 사람들이 생존의 실제적인 의미를 쟁취하고자 애쓰고 있을 때 이러한 상상이나 환상 또한 바뀌지 않을 수 없었으니 사람들의 사상적 맥락은 점차 천상에서 지하로 내려와 가장 실제적인 사상에 접근하게 되었던 것이다.

4) 『장자집해』 권9 「양왕(讓王)」, 971쪽.

10절

언어와 세계 : 전국시대의 명변지학(名辯之學)

언어와 세계 : 표로서 언어와 연구로서 언어

사상은 언어를 통해 드러난다. 세상은 대다수 사람들에게 있어서 언어와 문자의 전파와 매개를 통해 인식되며, 언어는 인간의 사유 속에서 제2의 세계를 구축한다. 언어의 전달을 통해 사람들은 자신들 앞에 있는 현상 세계를 인식하고, 언어의 조정을 통해 더욱 완정(完整 : 완전히 갖춤)한 관념의 세계를 새롭게 건설하며, 언어의 표현을 통해 자신의 사고 안에 내재하는 관념 세계를 타인에게 전할 수 있다. 그리하여 실존하는 현상 세계의 연속은 실존하는 역사를 구성하고, 언어의 관념 세계의 연속은 사상의 역사를 형성하게 되는 것이다.

사람들은 부단히 언어로 사상을 표현하고 수정하며 또한 전달한다. 언어로 구축된 사상 세계는 반대로 실제 세계에 대한 사람들의 이해에 영향을 끼치고, 심지어 현실 세계의 상태를 변화시키기도 한다. "반드시 이름을 바로잡겠다(必也正名乎)"라는 말은 당시, 특히 언어를 통해 격렬한 쟁론이 오가는 시대에 사상가들이 이미 언어의 세계에 대한 의미를 감지하고 있었다는 것을 설명한다. 그렇기 때문에 당시 사람들은 자연스럽게 자신들이 사용하는 언어와 문자 및 언어와 문자의 사상적 맥락을 통해 다음과 같은 의문을 던졌던 것이다. 언어가 과연 세계를 진실하게 설명할 수 있을까? 설명할 수 있다면 어떻게 설명한다는 것인가? 사람들은 언어를 통해 세계의 실존 형태를 조정할 수 있을까? 할 수 있다면 어떤 방법을 취한다는 것인가? 사람들은 언어를 초월하여 세계 자체를 직접 탐구할 수 있을까? 할 수 있다면 어떻게 탐구한다는 것인가?

춘추전국 시대로 들어오면서 서서히 등장하기 시작한 명변(明辯)의 학문은 이전까지 구체적으로 진행되었던 논쟁의 산물이자 형이상학적인 언어의 철리(哲理)에 대한 사색의 결과이다. 물론 이른바 '명가(名家)'라는 것이 당시에 학파로 버젓이 존재한 것이 아니라 후세, 특히 한나라 시대 사람들의 '회소성(回溯性)'적 귀납과 추인을 통한 결과이다.[1] 그러나 언어를 도구로 파악하는 명변은 당시 거의 모든 학자들이 관심을 지니고 있던 기술이었으며, 사변적인 언어 연구로서 명변의 학문은 당시 사상가들이 의문을 제기한 언어와 세계에 관한 근본적인 문제로 직결된다.

1

"언사가 화평하면 백성이 하나로 뭉치고, 언사가 즐거우면 백성들이 절로 진정하게 된다(辭之輯矣, 民之協矣. 辭之繹矣, 民之莫矣사지집의, 민지협의. 사지역의, 민지막의)."[2] 옛사람들은 언어의 역량을 확신하고 있었다. 특히 무축(巫祝)과 사종(史宗)이 문화 권력을 장악하고 있던 시절, 언어는 일종의 신비한 효능을 지닌 것이었다. 앞서 언급한 바대로 무축과 사종의 시대에 '상징'은 종종 '사실' 자체와 동등하게 취급되었으며, '상징'의 조정과 확인을 통해 사람들은 사실 세계 역시 조정과 확인을 얻을 수 있다고 믿었다. 이러한 전통은 공자 시대까지 지속되었는데, 공자의 '정명(正名)' 사상 속에는 초기 무축과 사종이 '상징'을 통해 세계를 조정했다는 의미가 존속하고 있다. 다만 다종다양한 '상징'이 공자와 그의 후대로 넘어오면서 '언어'로 단일화되기 시작한 것에 불과하다. 왜냐하면 모든 '상징' 가운데 '언어'가 가장 중요하고 또한 가장 기본적이기 때문이었다.

---

1) 많은 학자들이 '명가'는 전국시대의 학파가 아니라고 주장한 바 있다. 아카츠카 키요시(赤塚忠), 카나야 오사무(金谷治), 후쿠나가 미츠지(福永光司), 야마노이 유(山井涌) 등 공저, 『사상사』, 대수관, 도쿄, 1968. 중역본 『중국 사상사』, 장소(張昭) 역, 55쪽, 유림출판사, 타이베이, 1981.

2) 『좌전』 양공(襄公) 31년, 『십삼경주소』 2015쪽. 원래 이 말은 『시경』 「대아(大雅)」 판(板)에 나오는 구절이다. 『십삼경주소』 549쪽에 보면 협(協)이 흡(洽)으로 되어 있다.

'언이지물(言以知物)'은 바로 이런 뜻이다.[1] 모든 문자와 언사는 개별적으로 하나의 상징으로서 소리와 형태를 통한 비유로 사람들 뇌리에서 연상 작용을 불러일으킨다. 그것은 개별적인 단명(單名)일 때도 있으며, 때로 같은 사물이나 현상을 나타내는 공명(共名)이기도 하다. 또한 그것은 그것이 비유하는 사물이나 현상을 인간의 사유를 통해 강제적으로 귀납시켜 확인하도록 만든다. 또한 사람들이 언어나 문자를 말하거나 쓸 경우 다른 이들은 능히 그것이 나타내는 사물이나 현상을 연상할 수 있다. 언어와 문자가 진정으로 존재하는가 여부를 떠나 일단 글자나 구문, 문장이 분명한 질서를 갖추게 되면, 이를 통해 세계의 질서를 깨끗하게 정돈하는 작용을 하게 된다.

공자, 묵자, 노자 : 언어에 대한 서로 다른 입장

춘추시대 이후 사상가들이 언어에 대해 모두가 같은 입장을 취하고 있지는 않다. 언어가 세계를 설명할 수 있다고 확신하던 사람들은 공자와 그 후대 사람들이다. 그들의 주요 관심사는 사회였다. 그들은 전통적인 언어 체계를 지키고 있었고 사회질서가 고유의 언어 체계를 바탕으로 안정을 이루길 희망했다. 따라서 그들은 '군군신신부부자자(君君臣臣父父子子)'와 같은 '명(名)'과 '실(實)'의 관계가 당연한 것이며 자연의 이치에 부합되는 것이라고 굳게 믿고 있었다. 이러한 '명'은 합리적인 '실'의 세계를 확인시켜 주며 그 어떤 '실'의 변화도 '명'의 질서를 변화시켜서는 안 된다고 생각했다.

전하는 바에 따르면 춘추시대 정석(鄭析 : 명가 가운데 한 사람)은 "그른 것을 옳다고 변론하고, 옳은 것을 그르다(以非爲是, 以是爲非)"고 변론하여 전통적인 '명'을 따르지 않고 별도의 관점을 제시하였다. 그랬더니 그를 추종하는 많은 이들 역시 습관적인 사고방식을 벗어나 "그에게 송사를 배우려는 이가 그 수를 셀 수 없을 정도로 많았다(學訟者不可勝數학송자불가승수)." 그리하여 정(鄭)나라가 크게 혼란에 빠지게 되었다.[2]

그러나 공자의 이른바 '정명'이란 '명(언어)'과 '실(세계)'의 관계를 조정하여 사회질서, 즉 구시대의 '명분'과 신시대의 '등급' 간의 일치성을 유지시켜 주는

1) 『좌전』 소공(昭公) 원년, 『십삼경주소』 2020쪽, "언어로 사물을 안다(言以知物)" 두예(杜預)의 주에 따르면, "물은 유(類)이며, 언어를 살펴 화복(禍福)의 부류를 안다"는 뜻이다.

2) 『여씨춘추』 권18, 「심응람(審應覽)」 「이위(離謂)」, 『이십이자』본, 694쪽, 상해고적출판사 영인본, 1988.

것이다. 그들이 마음속으로 '명'과 '실'이 일치하지 않는다고 생각할지라도 '실'에 대한 '명'의 규정성과 조절성이 반드시 긍정적이어야 '명'이 영원하고 안정적인 의미를 지니게 된다. 비록 시간이 흘러 세상일에 변화가 일어난다 해도 '명'은 절대 변할 수 없다. 그들은 이러한 '명'을 통해 전통적인 질서의 안정과 연속을 유지하고 세계를 변화시키는데도 이러한 질서가 받아들여지기를 희망했다. 바꾸어 말하면, 그들이 지키고자 했던 것은 세계를 규범 짓고 확인시켜주는 예전의 언어 체계이며, 세계의 변화에 따라 옛 언어 체계를 변화시키는 것을 거부했다는 뜻이다.

그래서 공자는 "오직 기(器)와 명(名)은 타인에게 빌려줄 수 없다(唯器與名不可以假人유기여명불가이가인)"고 했던 것이다. 여기에서 '기(器)'는 등급 신분과 질서를 상징하는 거복(車服)이고, '명(名)'은 등급 신분과 질서를 증명하는 작호(爵號)이다. 전해지는 이야기에 따르면 어떤 이(중숙우해仲叔于奚)가 위후(衛侯)를 위해 큰 공을 세운 후 "(제후의 예제인) 곡현(曲縣)과 반영(繁纓 : 말의 배띠와 가슴끈)의 차림으로 내조할 것(曲縣繁纓以朝곡현번영이조)"을 요구하여 이를 허락 받았다. 이에 공자는 매우 개탄하며 그에게 토지를 줄 수 있으나 명칭과 상징을 아무렇게나 줄 수는 없으니, 이는 오로지 군주만이 얻을 수 있는 것이기 때문이라고 하였다. "명(名)으로 믿음을 보이고 믿음으로 기(器)를 지키며, 기에 예(禮)를 담고 예로 의(義)를 행하며 의를 통해 이로움이 생겨나니, 이로움으로 백성들을 평안하게 만드는 것이 바로 정치의 큰 줄기이다. 다른 이에게 명을 준다는 것은 그에게 정치를 맡기는 것과 다를 바 없다(名以出信, 信以守器, 器以藏禮, 禮以行義, 義以生利, 利以平民, 政之大節也, 若以假人, 與人政也명이출신, 신이수기, 기이장례, 예이행의, 의이생리, 이이평민, 정지대절야, 약이가인, 여인정야)."[3] 이렇듯 '명'은 공자 같은 일류 사상가에게 있어서 다만 언어 체계에 불과하다 할지라도 영원히 절대 변하지 않는 신성한 질서를 상징하고 있다. 또한 이는 종종 현실에 부합되지 않지만 질서를 잡고 다지는 기본 틀이기도 했다.[4]

---

3) 『좌전』 성공(成公) 2년, 『십삼경주소』, 1894쪽.

4) 한센(Chad Hansen)은 『중국고대의 언어와 논리』(*Language and Logic in Ancient China*, University of Michigan Press, 1983) 제3장에서 중국의 고대철학은 언어의 효능을 '조절성(regulative)'에 두었는데, 이는 언어의 효능을 '묘술성(descriptive)'에 둔 서구 철학과 다른 점이라고 지적한 바 있다.

묵자 일파와 공자 일파는 '명'에 대해 서로 다른 견해를 가지고 있었다. 묵자가 근거하고 있는 것은 기존의 질서와 옛 전통이 아니었다. 그들은 실질을 중시하며 기존의 경험에 따라 지식을 확정지었다. 따라서 그들은 '명'이 결코 영원한 의미를 갖는 것이 아니라 실제 내용에 따라 판단해야 한다고 생각했다. 『묵자』에 보면 다음과 같은 예가 실려 있다. 어떤 장님이 "갈고리는 하얗고 검(黔)은 까맣다(鉅者白也, 黔者黑也거자백야, 검자흑야)"라고 말했다. 그러나 그는 사실 무엇이 검은 것이고 무엇이 하얀 것인지 알 수가 없었다. 따라서 그가 흑백이라고 이야기한 것은 사실 '명'에 근거한 것이 아니라 경험에 근거한 것이다.[1] 따라서 언어는 예로부터 변함없는 영원한 것이 아니라 역사 사실의 효용에 따라 조정되어야 한다는 것이 바로 묵자 일파의 생각이었다.

그래서 그들은 "말에는 반드시 삼표가 있다(言必有三表)"고 주장했던 것이다. 그가 이야기한 '삼표'는 '근본이 있어야 함(本之者)', '연원을 고찰할 수 있어야 함(原之者)', '실용성이 있어야 함(用之者)'이다. 먼저 '옛 성왕의 사적(古者聖王之事)'을 관찰하여 역사적 근거를 얻고, 다음으로 '백성들이 직접 귀로 듣고 눈으로 본 변화(百姓耳目之變)'를 찾아서 세상의 지지를 얻은 다음 형정(刑政)에 따라 검증하여 실제로 그것이 '국가와 백성의 이익에 맞는지' 살펴봄으로써 그 실용성을 증명해야 하는 것이다.[2] '명'과 '실'의 관계에서 묵자는 분명 경험주의에 치우쳐 있다. 그는 언어란 뒤에 생긴 것으로 결코 절대적인 의미를 갖고 있다고 할 수 없으며, 언어의 유효성 여부를 가늠하는 근거는 경험에 있다고 생각했음이 분명하다.

그러나 언어에 대해 노자는 이보다 더욱 심한 견해를 가지고 있었던 것 같다. 그는 기본적으로 언어를 믿지 않았다. 그의 관심은 경험과 언어를 초월한 '도'에 있었기 때문이다. 그는 구체적인 사물과 현상에는 관심이 없었다. 언어로는 이처럼 현묘하기 그지없는 '도'를 설명하고 묘사할 방법이 없으며 설명할 수 있는 '물(物)'은 항상 변화하기 때문이다. 이에 그는 '명'은 영원성도 절대성도 없으며, 모든 언어는 오히려 사람이 느끼고 깨달을 수 있는 지혜를 방해한다고 생

1) 『묵자한고』 권12, 「귀의(貴義)」, 406쪽.

2) 『묵자한고』 권9, 「비명(非命)」 '상', 240쪽, 241쪽 참조.

각했다. "믿음이 부족한 곳에 불신이 있다(信不足焉, 有不信焉신부족언, 유불신언)"[3]고 하면서 노자는 언어가 만물이 기원할 당시에 이미 만들어졌다는 것을 인정하여 『노자』 제32장에서 "만물이 만들어지면서 각종 명칭이 생겨났고, 여러 가지 명칭도 이미 정해졌다(始制有名, 名亦旣有시제유명, 명역기유)" 고 했다. 그리고 그는 반드시 언어의 한계를 인정해야 한다고 하면서 언어는 결코 영원한 것이 아니라고 경고하는 것을 잊지 않았다. 왜냐하면 어떤 면에서 만물은 변화하는 것이며, 또한 '도는 항상된 명칭이 없는데다(道無常名)' 가 언어로 설명하거나 표현할 수 없는 것도 있기 때문이다.

그래서 그는 언어에 대해 끊임없이 의문을 제기했으며, 경험에 대해서도 역시 경계해야함을 주지시켰던 것이다. "문밖을 나가지 않아도 천하를 알고, 창밖을 내다보지 않아도 하늘의 길을 본다. 나갈수록 멀어지고 알수록 적어진다(不出戶, 知天下, 不窺牖, 見天道, 其出彌遠, 其知彌少불출호, 지천하, 불규유, 견천도, 기출미원, 기지미소)."[4] 그렇기 때문에 "아는 이는 말하지 않고 말하는 이는 알지 못하며(知者不言, 言者不知지자불언, 언자부지)"[5], "진실한 언사는 화려하지 않고 화려한 언사는 진실하지 않다(信者不美, 美言不信신자불미, 미언불신)."[6] 언어는 우주 질서를 조절할 수 있는 의미가 없으며 궁극적인 하늘의 이치에 대한 체험을 방해할 뿐이다. 만약 공자가 언어의 조정 역할을 주장하고, 묵자가 경험에 대한 신뢰성을 주장했다면 노자가 내세운 것은 경험을 초월한 직감이기 때문에 언어와 경험에 대해 회의적인 태도를 보였다고 할 수 있다.

이어서 전국시대 중기의 상황을 살펴보도록 하자.

앞에서는 다만 초기 사상가들이 언어와 세계를 보는 태도에 대해 열거했을 뿐이다. 태도는 대부분 느낌과 필요로부터 나오며, 언어에 대한 특별한 연구가 이루어졌다고 말할 수 없다. 그들은 언어를 세계의 '규범'을 다시 만들거나 조절할 수 있는 것이라고 생각하지 않고 세계를 경험하는 '도구', 더 나아가 언어를

3) 『노자』 23장.
4) 『노자』 47장.
5) 『노자』 56장.
6) 『노자』 81장.

최종적이며 신비한 것을 체험하는 '장애'로 간주했다. 그들의 주된 관심은 사회 질서, 경험적 지식, 우주의 이치일 뿐, 언어 자체에 대한 문제는 이러한 주된 관심사 밖에 존재하는 어렴풋한 문제에 불과했다. 왜냐하면 단순한 명변(名辯)에 대해 적어도 유가와 도가는 시종일관 반감을 가지고 있었기 때문이다. 유가는 순수한 언어적 사변이 사회질서를 정돈할 수 없다고 생각했고, 도가는 언어에 얽매여 현묘하고 은밀한 도를 깨달을 수 없다고 했다.

하지만 언어적 사변이 사용처와 공리(功利)가 없다고 해서 과연 의미조차 없는 것일까? 사상사의 각도에서 보면 반드시 그렇다고 말할 수 없다. 언어는 사상의 연산 부호로 사람들은 이를 빌어 세계를 이해하고 존재를 체험한다. 그렇다면 그것의 각종 단어와 구문법, 진술양식에 들어있는 윤리는 사상 수준에 직접적인 영향을 준다. 그러나 고대 중국의 거의 모든 사상가들이 언어를 사용했지만, 지속적으로 '명'과 '실'의 관계를 생각했던 묵자의 후학과 '명'과 '변'의 기술을 탐구 대상으로 삼은 혜시(惠施), 공손룡(公孫龍) 등만이 진정으로 언어 사변이나 변론 기술을 진정한 의미에서 형이상학적인 학술로 끌어올렸다고 말할 수 있다.[1)]

최근 상해 박물관에서 수집한 전국시대 중기 초간(楚簡 : 초나라 죽간) 가운데 「물선(物先)」 또는 「천도(天道)」라고 제목이 붙은 전적이 있다. 들리는 바에 의하면 그 책은 현상세계와 언어세계의 관계에 대해, 특히 '혹(或 : 불확정적 존재)', '우(又 : 有, 확정적인 존재)', '생(生 : 생명의 존재)' 및 '음(音 : 어음語音)', '언(言 : 어구)', '명(名 : 단어)', '사(事 : 사물)' 등의 상관성에 대해 논의하고 있다고 한다. 또한 "음악이 음악이 아니면 음악이라고 말할 수 있는 것이 없고, 말이 말이 아니면 말이라고 말할 수 있는 것이 없으며, 이름이 이름이 아니면 이름이라고 말할 수 있는 것이 없다(音非音, 無胃 '謂' 音, 言非言, 無胃 '謂' 言, 名非名, 無胃 '謂' 名)"는 등의 명변(名辯)식 논의가

1) 『한서』 「예문지」에 보면, 명가는 예관(禮官)에서 나왔다고 한다. "옛날에는 명칭이나 지위가 다르면 예 역시 달랐다." 이는 본래 명학이 구체적인 명분을 살펴 말하는 것임을 뜻한다. 공자의 '정명' 역시 바로 이러한 전통을 계승한 것이라고 할 수 있다. 다만 순수하게 사변적인 언어를 다루는 명학은 이러한 전통에서 일종의 이단이라고 말할 수 있다. 그래서 『한서』는 이어서 "괜히 헐뜯는 자가 하게 되면 갈고리로 긁어내고 어지럽게 가를 따름이다(及警者爲之, 鉤鈲析亂而已급오자위지, 구벽석란이이)"라고 하였다.

담겨져 있다고 한다. 애석하게도 아직까지 해당 죽간이 공개되지 않았기 때문에 더 이상 토론할 수 없다. 그러나 적어도 이러한 죽간이 출토됨으로써 당시 사상세계에 '언어'와 '세계'의 문제가 상당히 인기 있는 화제였다는 사실을 증명할 수 있을 것이다.

2

계와 현상세계의
변론가 혜시와 공
'합동이'와 '이견

먼저 혜시(惠施)와 공손룡(公孫龍)처럼 '명변'으로 명성을 날리면서 오로지 '명'으로 변론을 벌인 학자들을 살펴보아야 할 것이다.

『장자』「천하(天下)」에 보면 혜시에 대해 다음과 같이 설명하고 있다. 혜시는 자신의 견해에 따라 천하를 관찰하고 이를 천하에 제시하였으며, 이로써 천하의 '변자(辯者 : 변사)'들이 모두 이에 이끌렸다. "혜시는 매일 자신의 지혜를 이용하여 사람들과 변론을 일삼았으며, 특히 천하의 변사들과 더불어 괴이한 이론을 만들었다(惠施日以其知與人辯, 特與天下之辯者爲怪혜시일이기지여인변, 특여천하지변자위괴)." 또한 항단(恒旦)과 공손룡이 바로 이러한 '변사의 무리'인데, 그들은 "사람들의 말은 이겨낼 수 있었으나 사람들의 마음은 굴복시키지 못했다(勝人之口, 不能服人之心승인지구, 불능복인지심)."[2] 이로 보건대, 당시 혜시와 공손룡 등 변사들에게 '변(辯)'은 이미 취미이자 직업이 되었으며, 변의 '내용'은 점차 이러한 과정 속에서 퇴색되거나 사라져갔다. 그러나 변의 '기교'는 오히려 돌출하여 사색의 대상이 됨으로써 자연스럽게 사상사적 의미의 변화를 야기 시켰다. 먼저 언어는 사실과 분리되어 순수하게 사고를 운반하는 부호가 된다. 나아가 변자(辯者)들은 이러한 부호들을 임의대로 움직이고, 언어가 약정한 의미와 외연을 의도적으로 위반하여 변이된 언어 자체를 철학적 사변의 내용으로 만들었다.

『장자』「천하」에서 이른바 "(혜시가)사람들에게 반대하는 것을 핵심으로 삼고, 남을 이겨내는 것으로 명성을 삼고자 했다('惠施' 以反人爲實而欲以勝人爲名 '혜시' 이

2) 『장자집해』, 1105~1111쪽.

반인위실이욕이승인위명)" 고 한 것이나 『순자』「비십이자(非十二子)」에서 "(혜시는)괴이한 학설을 익히고, 이상한 말장난을 즐겼다('惠施' 好治怪說, 玩琦辭 '혜시' 호치괴설, 완기사)"라고 한 것은 그들이 언어를 사변의 도구가 아닌 사변의 대상으로 간주했다는 뜻이다. 이렇듯 언어는 그들의 특별한 생각을 드러내기 위해 변질되고 왜곡되었던 것이다.

혜시의 변론 자료는 대부분 이미 유실되었으며, 현재 『장자』「천하」의 기록과 평론 부분만이 남아있다. 그중 구체적인 변론 내용에 일곱 가지 항목이 있다.[1)]

1. 두께가 없는 것은 쌓을 수 없다. 그러나 그 크기는 천리나 된다(無厚不可積也, 其大千里무후불가적야, 기대천리).[2)]
2. 하늘은 땅과 같이 낮고, 산은 못과 같이 평평하다(天與地卑, 山與澤平천여지비, 산여택평).[3)]
3. 중천에 뜬 해는 동시에 저물고 있는 해이고, 살아있는 사물은 동시에 죽어가는 사물이다(日方中方睨, 物方生方死일방중방예, 물방생방사).[4)]
4. 대동과 소동은 다르다. 이를 소동이라고 한다. 만물은 모두 같고, 또한 모두 다르다. 이를 일러 대동이라고 한다(大同而與小同異, 此之謂小同異, 萬物畢同畢異, 此之謂大同異대동이여소동이, 차지위소동이, 만물필동필이, 차지위대동이).
5. 남방은 끝이 없으면서도 끝이 있다. 오늘 월나라에 갔는데 어제 도착했다(南方無窮而有窮, 今日適越而昔來남방무궁이유궁, 금일적월이석래).[5)]

---

1) 호적과 풍우란은 이를 '십사(十事)'로 나누고 있다. 그러나 맨 앞과 뒤에 실린 두 가지 일은 총괄적인 이론일 뿐 구체적인 변론의 내용이 아니다. 또한 '남방 운운'하는 대목과 '금일 운운'하는 대목은 시간과 공간의 측면에서 한 가지에 대해 언급한 것이기 때문에 두 가지로 나눌 수 없다. 『중국철학사대강』 권 상, 『호적학술문집』 157쪽, 중화서국, 1991. 『중국철학사』 246쪽, 중화서국영인본, 1984.

2) 『장자』「추수(秋水)」, "칼날에는 두께가 없다(刀刃者無厚도인자무후)"는 말을 참고하시오.

3) 『순자』「불구(不苟)」에 보면 "산과 연못은 모두 평평하고 하늘과 땅은 비슷하다(山淵平, 天地比)"라고 적혀 있다. 당나라의 학자 양경(楊倞)의 주에 따르면, 높은 산이든 아니면 깊은 연못이든지 간에 천지지간(天地之間)의 거리는 모두 똑같다는 뜻이라고 한다. 그러나 이러한 해석은 옳지 않다. 혜시의 사상과 부합하지 않기 때문이다.

4) 『장자』「제물론」에도 "삶이 있으면 죽음이 있고, 죽음이 있으면 삶이 있다(方生方死, 方死方生)"라는 구절이 나온다. 『장자집석』, 66쪽.

5) 『장자』「칙양(則陽)」, "대진인(戴晋人)이 말했다. …… '임금께서는 사방과 상하(上下 : 하늘과 땅)에 끝이 있다고 생각하십니까?' 임금이 말했다. '한계가 없소.'(戴晉人日, ……君以意在四方上下有窮乎? 君日, 無窮대진인왈, ……군이

6. 연결된 고리는 풀 수 있다(連環可解也연환가해야).

7. 나는 천하의 중앙을 알고 있다. 연나라 북쪽이자 월나라 남쪽이 그곳이다(我知天下之中央, 燕之北, 越之南是也아지천하지중앙, 연지북, 월지남시야).

여기 일곱 가지 명제는 모두 『장자』「천하」에서 혜시의 학설을 소개하는 내용에 포함된 것들인데, 그 첫 번째 구절은 다음과 같다. “만물의 뜻을 나열하여 말하길, 지극히 커서 밖이 없는 것을 일러 대일이라고 하며, 지극히 작아서 안이 없는 것을 일러 소일이라고 한다(歷物之意曰, 至大無外, 謂之大一, 至小無內, 謂之小一)” 이른바 ‘대일’, ‘소일’은 본래 경험과 지식을 초월하여 존재하는 극히 크고 극히 작은 시간과 공간이다.[6] 사람들은 대개 습관적으로 자신의 입장에서 출발하여 당시 시간과 공간에서 역사에 전해 내려오는 언어 개념으로 세계를 관찰하고 우주를 이해한다. 그러나 이렇게 세계를 파악하는 방식은 고정된 시각과 고정된 입장이라는 한계, 역사가 남긴 언어의 규정적 한계에 부딪친다. 고정적인 시각과 입장에서 출발하면 옳고 그름, 다른 점과 같은 점, 물아와 피차가 생기게 된다. 언어는 이 모든 사실 사이의 구분을 부호로 고정하여 언어를 통해 세계를 파악하는 사람들이 처음부터 ‘습관적인 고집’에 빠지게 한다. 혜시는 ‘지대(至大)’와 ‘지소(至小)’의 시공으로 만사, 만물을 관찰이 아닌 관조하고 있는데, 이는 언어와 사실 사이의 확정적 관계를 와해하는데 의미가 있다.[7]

본래 실제 세계에서 두께와 체적이 없는 것은 누적될 수 없다. 누적될 수 없

의재사방상하유궁호? 군왈, 무궁).” 또 『장자』「제물론」에는, “마음으로 스승을 삼지 않고 시비를 따진다면 이는 오늘 월나라로 떠나면서 어제 이미 도착했다고 말하는 것과 같다(未成乎心而有是非, 是今日適越而昔至也미성호심이유시비, 시금일적월이석지야)”라는 구절이 나온다. 『장자집석』, 892쪽, 56쪽.

6) 『장자집석』 권6 「추수」 577쪽에 나오는 다음 구절을 참고하시오. “상대적으로 크다는 입장에서 본다면 만물에 크지 않은 것이 없고, 작다는 입장에서 본다면 만물에 작지 않은 것이 없다. 천지도 큰 것과 비교하면 제(稊 : 돌피) 한 알 정도로 생각되며, 터럭 끝과 같이 작은 것과 비교할 때는 큰 산 정도라고 생각된다는 것을 알게 되면 이는 상대적인 분별(差數)에서 그렇게 되는 것임을 알 것이다(因其所大而大之, 則萬物莫不大, 因其所小而小之. 則萬物莫不小. 知天地之爲稊米也, 知毫末之爲丘山也, 則差數覩矣인기소대이대지, 칙만물막불대, 인기소소이소지. 칙만물막불소. 지천지지위제미야, 지호말지위구산야, 즉차수도의).”

7) 후외려(侯外廬)는 『중국고대사상학설사』(문풍서국文風書局, 상해, 1946) 제10장 254쪽에서 이상 열 가지는 혜시의 역설(逆說) 또는 패러독스(Paradox)로서 ‘순수 유심론’이라고 단정하고, 유심, 유물론의 입장에서 명변지학을 토론한 바 있다. 그러나 이는 그다지 ‘이해에 대한 공감’이 충분치 않은 듯하다.

는 것은 진짜 존재하는 것이 아니다. 그러나 이런 것도 언어 세계에서는 면적이 있는 것으로 표현될 수 있다. 따라서 혜시는 이에 대해 크기가 천리에 이른다고 말했으니, 언어 세계는 원래 사실 세계와 분리할 수 있다는 의미다.

일반적인 사유 방식으로 볼 때 하늘은 존귀하고 땅은 낮으며, 산은 높고 못은 낮다는 것은 의론의 여지가 없는 사실처럼 보인다. 그러나 '지극히 커서 밖이 없는(至大無外)' 우주에서 굽어보거나 초월적인 세계의 각도에서 투시해보면 이른바 '고'와 '저'의 구분 같은 것은 없다. "가로로 보면 고개가 되고, 옆으로 보면 봉우리가 된다"고 하였으니 대상의 위치 변화는 사람들의 보는 방향의 변화일 뿐이다. 이는 사람들의 고집스런 시각을 없앤다. 무한한 우주에서 어찌 하늘과 땅, 산과 물, 멀고 가까움과 높고 낮음의 각기 다른 공간이 있단 말인가? 일반적인 시공관에서 보면 태양은 동쪽에서 떠오르고 서쪽으로 기울어지며 만물은 탄생과 죽음을 겪는다. 그러나 '지극히 작아서 안이 없는(至小無內)' 시공간의 각도에서 볼 때 동쪽에서 떠올라 서쪽으로 지는 태양, 탄생과 죽음을 겪는 사람 등 이 모든 것이 무슨 변화가 있다고 말할 수 있는가? 이는 왕희지(王羲之)의 "나중에 오늘을 보는 것이나, 지금 옛것을 보는 것이나 같다(後之視今, 猶今之視昔후지시금, 유금지시석)"[1]는 말이나, 소식(蘇軾)이 "변한다는 측면에서 본다면 천지도 일순간일 수밖에 없고, 변하지 않는다는 측면에서 본다면 사물과 내가 모두 다함이 없도다(自其變者而觀之, 則天地曾不能以一瞬, 自其不變者而觀之, 則物與我皆無盡也자기변자이관지, 즉천지증불능이일순, 자기불변자이관지, 즉물여아개무진야)"[2]라고 이야기한 것과 다를 바 없다.

우주에 있는 모든 것들은 각기 다 그 이름이 있다. 다양한 이름들은 형상, 색채, 성격이 각기 다르다는 것을 의미한다. 그러나 종류와 종류 사이에는 극히 작은 상대적인 차이만 존재할 뿐이다. 어쨌거나 각기 서로 같은 점이 존재하기 때문이다. 예를 들면 양도 동물, 말도 동물, 사람도 동물이기 때문에 '지대무외' 한 범위에서 보면 이런 동일성과 차이는 매우 사소한 것에 지나지 않는다. 그러나 '물(物)'의 각도에서 보면 말과 소, 양, 산, 물, 사람은 모두 각기 다른 물(物)의 명칭

---

1) 「삼월삼일난정시서(三月三日蘭亭詩序)」, 『전진문(全晋文)』 권26, 중화서국 영인본 『전상고삼대진한삼국육조문』, 1609쪽.

2) 「적벽부(赤壁賦)」, 『소식문집』 권1, 6쪽, 중화서국, 1986.

이다. 이렇듯 같은 이름의 물(物)에도 또한 차이가 있으니, 그래서 "만물은 모두 같고 또한 모두 다르다"는 말이 가능해진다. 만물이 아닌 '무(無)'와 비교하면 '무(無)'는 같음도 없고, 다름도 없으니 '유'와 '무'야말로 근본적인 같음과 다름이다. '남방'이 어떤 고정적인 공간 위치에서 지칭한 것이라면 이는 무한하게 연장된다. 그러나 '지대무외'의 범위에서 보면 이는 시각적인 위치를 고정할 때 가리키는 유한한 범위일 뿐이다. '금석(今昔)' 역시 어떤 고정적인 시간 위치에서 구분한 것일 뿐이다. 사람들은 당시 시간적 입장에서 '지금'과 '옛날'을 구분한다. 그러나 만약 시간을 초월한다면 지금도, 옛날도 존재하지 않게 된다. 그래서 "오늘 월나라에 갔는데 어제 도착했다"는 말이 가능하다.

원래 고리(連環)는 풀어지지 않는 것이 당연하다. 그러나 고리라는 '물(物)'은 시공에서 형성된 것이며, 또한 시공에서 소멸되는 것이다. 3차원을 뛰어넘어 오행에 있지 않은 사람의 입장에서 본다면 그것이 소멸되는 때가 바로 연결이 풀어지는 때이다. 이른바 "'방울을 맨 사람이 방울을 푼다"는 말은 바로 이런 뜻이다. 천하의 중앙이란 다만 인위적인 중심점일 뿐 결코 특별한 권력이나 의미를 지니거나 또는 표기가 되어 있는 것이 아니다. 인간이 세상에 있을 때 모든 관찰자는 각기 자신을 원심으로 하나의 우주를 그리기 때문에 중심이 생기게 된다. 그러나 우리가 '지대무외'의 '무한함'을 의식할 경우 한없이 큰 우주에서 중심은 더 이상 존재하지 않는다. 사람들의 마음속에 자리한 이른바 중심과 변두리에 대한 고정 관념과 협소한 사고방식을 무너뜨리고 절대적인 위치와 시각을 와해시키기 위해 우주의 중심이 '연나라 북쪽'이거나 '월나라 남쪽'에 있다고 이야기한 것이니, 연나라 북쪽과 월나라 남쪽이 사람들의 고정적인 시각 속에 원래 북방의 북방, 남방의 남방이기 때문이다.

이 일곱 가지 명제는 모두 경험적 지식으로 인해 형성된 인식과 언어 인지가 사람들에게 가져다 준 고집을 해소하는데 의미가 있다. 사람들의 이지가 발달하면서 만사 만물에 대한 구분도 보다 정확해지기 시작했다. 이것과 저것을 구분하고, 언어는 이것과 저것에 대해 각각의 이름을 부여한다. 사람들은 언어를 통해 이것과 저것, 사물과 나를 이해하고 그것들을 더욱 세밀하게 분류한다. 이에 따라 사람들은 사물에 대한 싫어하고 좋아하거나 두려워하고 곤혹스러워하는 등의 차이를 지니게 된다. '각기 다름'이 있기 때문에 '차이'가 생겨나는 것이다. 이렇게 여러 가지 구체적이고 유한한 범위에 고정되어 어떤 것은 좋아하고 어떤 것은 두려워하며 희로애락이 섞이게 되니, 어떤 것을 얻고 싶어 걱정하고 또한 그 후에는 잃을까 걱정하여 자유로운 마음과 광활한 흉금을 기대할 수 없게 된다. 그래서 혜시는 장자와 마찬가지로 사람이 '지대무외'한 '대일(大一)'과 '지소무내'한 '소일(小一)'에서 만사 만물이 모두 같기도 하고 또한 모두 다르기도 하다는 사실을 깨닫고, 인간의 고정적이고 편협적인 시각을 탈피하여 초월적인 경계에 진입함으로써 모든 사물을 넓게 포용하고 인식하게 된다고 주장한 것이다.

이렇게 되면 우선 구체적인 인식이나 가치 판단에서 긴장과 당황을 하지 않아도 되며, 둘째 구체적이며 유한한 시공에서 벗어나 자유와 편안함을 얻을 수 있다. 그리고 마지막으로 '만물을 사랑하며 하늘과 땅이 하나'가 되는 이치를 깨달을 수 있다. 이미 만사 만물이 모두 절대적인 구역이나 분별 속에 존재하는 것이 아닌 까닭에 산과 물, 하늘과 땅에 높고 낮음이 있을 리 없고, 연나라 북쪽과 월나라 남쪽이 모두 우주의 중심이 될 수 있으며, 소와 양, 개와 말이 모두 같은 종류가 된다. 또한 오늘 옳은 것이 어제는 그른 것이 되고, 모든 것이 사라져 하나로 귀결되니 사람들 또한 같은 정감을 가지지 않을 이유가 없다.[1)]

지식과 언어에 대한 혜시의 견해는 장자와 매우 근사하다.[2)] 그들은 언어가 만든 구분, 지식이 만든 한계를 초월하며 '만물을 같은 것으로 보고 죽음과 삶을 동일시하여(齊萬物, 一死生)' 자유로운 경계에 도달할 것을 희망했다. 다만 장자는 '심재(心齋 : 마음을 재계하여 평형을 유지하는 것)', '좌망(坐忘 : 조용히 앉아서 잡념을 버리고 무아의 경지에 들어가는 것)'의 '무심'한 태도를 통해 텅 비고 적막한 경지에 도달하여

1) 이금전(李錦全)은 「등석, 혜시, 공손룡사상 초탐(初探)」에서 혜시의 사상에 대해 분석하면서 '합동이(合同異)'는 당시 여섯 나라의 모순을 조화시키고 전쟁을 반대하기 위한 이론적 토대였다고 주장하고 있다. 그러나 이는 지나친 억측인 듯하다. 『중산대학학보』, 1979년 제2기, 광주.

2) 장자 역시 "方生方死", "天下莫大於秋毫之末", "天地與我幷生, 而萬物與我爲一"라고 이야기한 바 있다. 특히 「덕충부」에 나오는 다음 구절은 그의 입장을 증명하고 남음이 있다. "서로 다른 점에서 본다면 한 몸에 있는 간과 담도 초나라와 월나라처럼 먼 것이고, 서로 같은 점에서 본다면 만물은 모두 한 가지이다(自其異者視之, 肝膽楚越也, 自其同者視之, 萬物皆一也)." 이렇듯 그와 혜시는 모두 "만물은 하나다(萬物爲一)"의 사상적 맥락에 속한다.

자유와 초월을 체험하고자 했으나 이에 비해 혜시는 '명', 즉 언어 변론으로 언어를 부수고 이지와 언어적 습관, 집착을 벗어나 자유와 초월의 경계를 찾아가야 한다고 주장했던 것이다.[3] 따라서 장자 계통의 학자들이 각 학파를 비난하면서도 혜시에 대해서는 십분 이해하여 다음과 같이 말했던 것이다. "애석하도다. 혜시여, 그는 그런 재주를 지니고도 멋대로 하여 참된 도를 얻지 못했고, 만물을 뒤쫓느라 자신의 본성으로 되돌아갈 수 없었도다. 이는 울림이 나오는 곳을 찾으려고 소리를 지르거나 형체와 그림자를 경주시키는 것과 같은 일이니, 슬프도다!"

3

이 좀 더 순수한
석에 접근했다.

만약 혜시의 입장이 이른바 도가에 가깝고 그 사고 방식이 '제물(齊物)'로 언어의 차이를 와해시키는 데 주력하며 '합동이(合同異 : 사물들 사이에는 차별성이 있으나 동시에 동일성이 있다)'의 경향을 지녔다고 한다면, 공손룡은 '이견백(離堅白 : 단단함과 흼은 분리된다, 즉 명사와 개념의 차별성을 철저히 분석하여 각각의 범주와 개념의 독립성을 주장함)'[4]을 중시하여 사실과 감각, 성질 등을 묘사하는 언어의 분리를 특색으로 삼기 때문에 더욱 순수한 언어 분석에 가깝다고 할 수 있다.

공손룡(公孫龍)이 내놓은 두 가지 중요한 명제는 '백마론(白馬論)'과 '견백론(堅白論)'이다.

'백마론'에서는 그는 "백마는 말이 아니다(白馬非馬)"라고 했다. 『공손룡자(公孫龍子)』「적부(迹府)」에 따르면, 공손룡이 이름을 날린 것은 이 논제 때문이다.[5] 이른바 "백마는 말이 아니다"의 함의는 다음과 같다. '말'은 '형상'을 규정짓는 말이며, '하얗다'는 것은 '색'을 규정하는 말이다. 그렇기 때문에 '말'이라 하면

3) 풍우란, 『중국철학사』, 252~254쪽을 참고하시오.

4) 우리가 눈을 감고 돌을 만지면 단단함은 인식할 수 있으나 그 흰 것은 알 수 없고, 눈으로 돌을 보면 흰 것은 인식할 수 있으나 그 단단함은 알 수 없다. 이것을 통해 공손룡은 단단함이라는 보편개념과 흼이라는 보편개념은 따로따로 존재하며, 또 분리가능하며 실제로도 독립적으로 존재한다고 주장했다.

5) 왕관(王琯), 『공손룡자현해(公孫龍子懸解)』, 34, 35쪽, 공손룡은 스스로 말하길, "내가 유명하게 된 것은 백마론 때문이다." "공손룡의 학문은 백마를 말이 아니다(非馬)라고 보는 것이다." 중화서국, 1992.

누런 말, 검은 말도 여기에 포함된다. 그러나 백마라고 하면 누런 말이나 검은 말은 포함되지 않는다. 따라서 '백마'는 '말'과 다르고 그래서 "백마는 말이 아니다"라고 한 것이다. 전하는 바에 의하면, 공손룡이 백마를 타고 국경을 넘어가고 있었다. 그런데 관령(關令 : 관을 지키는 관리)이 그를 가로 막더니 사람은 지나갈 수 있지만 말은 지나갈 수 없다고 했다. 그러자 공손룡이 바로 그 '백마론'을 내세웠다. 이에 관령은 어쩔 수 없이 국경을 넘어가도록 허락했다.[1)]

물론 일반적인 지식이나 생각의 틀로 볼 때 그가 제시한 명제는 경험적으로나 논리적으로 합당치 않다. 먼저 묵변자(墨辯者)의 생각을 빌리면 '말'은 종류이고, '백마'는 개별적인 이름이다. 종류에는 개별적인 이름이 포함되기 때문에 포용의 관계가 성립된다. 예를 들어 '사람'과 '공손룡' 두 단어를 두고 "공손룡은 사람이 아니다"란 말을 이끌어낼 수 없는 것과 마찬가지다. 다음으로 '말'이란 단어는 결코 '형상'만을 지칭하는 것이 아니다. 이는 각기 다양한 색, 크기, 생명을 지난 이 종류의 다리가 네 개 달린 동물을 지칭한다. '말'이란 단어는 시각, 청각, 촉각, 후각, 미각 등 각종 감각의 종합적인 이미지이다. '백마'의 '백'이란 다만 '말'에 대한 한정적인, 수식의 표현이다. 따라서 '하얀' '색'이 '말'의 '형상' 혹은 '성질'과 서로 배척된다고 말할 수 없다. 언어에서 '하얗다'는 것은 다만 형용사일 뿐이며, '말'은 명사다. 그렇기 때문에 앞서 인용한 이야기와 또 다른 결말이 전해지고 있다.

어느 날 공손룡이 백마를 타고 국경을 넘어가는데 관령이 백마도 말이라며 통과시켜주지 않았다. 결국 공손룡도 어쩔 수 없이 포기하고 말았다. 이를 일컬어 "헛된 언사로 실질을 빼앗기 어렵다(虛言難以奪實허언난이탈실)"[2)]라고 한다. 이렇듯 그의 명제는 그저 언어적 실험이거나 언어적 유희에 지나지 않는 것으로 현상세계의 구체적인 사물과 거리가 있었던 것이다.

이른바 '견백론'이란 '백마론'과 유사하면서도 또한 차이가 있는데, 이 역시

1) 『여씨춘추』 권18, 「심응람(審應覽)」 「음사(淫辭)」, 『이십이자』본, 695쪽. 『초학기(初學記)』 권7에도 유향(劉向)의 『칠략(七略)』이 인용되어 있다. 중화서국 표점본, 1980.

2) 환담(桓譚 : 한나라 때의 유학자), 『신론(新論)』, 엄가균(嚴可均) 집(輯), 『전후한문(全后漢文)』 권15, 『전상고삼대진한삼국육조문(全上古三代秦漢三國六朝文)』, 549쪽, 중화서국 영인본, 1958, 1985.

공손룡의 뛰어난 변론을 보여주는 논제다.[3] 『공손룡자』「견백론」를 살펴보면 다음과 같다.

> 단단함, 흼, 돌을 셋이라고 칭하면 가하겠는가? 말하건대 불가하다. 둘이라고 하면 가하겠는가? 말하건대 가하다(堅, 白, 石, 三, 可乎? 曰, 不可. 曰, 二, 可乎? 曰: 可견, 백, 석, 삼, 가호? 왈, 부가. 왈, 이, 가호? 왈: 가).[4]

그렇다면 어떻게 해서 가능한가? 공손룡은 단단하고 하얀 돌이라는 구체적인 사물을 먼저 하나의 추상적인 말로 전환시킨 다음 이 단어에 내포되어 있는 의미를 사람이 감지할 수 있는 부분으로 전환하였다. 그리고 이어서 이러한 감지 부분을 감각기관에 따라 시각과 촉각으로 분리하여 "보기만 해서는 어떤 것이 단단한 것인지 알 수 없고 희다는 것만 알 수 있으니 여기에는 단단한 것이 없고, 만지기만 해서는 어떤 것이 흰 것인지 알 수 없고 단단하다는 것만 알 수 있으니 여기에는 흰 것이 없다"라고 이야기한 것이다. 공손룡의 생각에 따르면 '견(堅 : 단단함)'이란 촉각과 '백(白 : 흰색)'이란 시각은 구체적인 세계와 각기 독립적으로 언어 세계에 존재할 수 있다. '견'은 단단한 돌에 그치지 않으며, '백'은 하얀 돌을 나타내는 것에 그치지 않는다. 따라서 '견'과 '백'은 분리할 수 있다.

그러나 여기에도 문제가 있다. 구체적인 현상 세계에서 단단하고 하얀 돌은 하나의 물체다. 형상과 색상, 성질 역시 일체를 이룬다. 그래서 경험 세계를 중시한 묵자 일파는 『묵자』「경상제사십(經上第四十)」에서는 "단단함과 흰 것은 서로 배척하지 않는다(堅白, 不相外也견백, 불상외야)"[5]라 하여 다만 감각기관과 언어에서만

---

3) 『장자』「천지(天地)」의 기록에 따르면, 부자(夫子 : 공자)가 노담에게 다음과 같이 물었다. "어떤 이가 도를 다스려 만약 그 도를 본뜬다면 불가한 것을 가능하다고 하고 그렇지 않은 것을 그렇다고 하게 될 것입니다. 변론자들이 말하길, '돌에서 희다는 것과 굳다는 개념을 분리하면 허공에 매달아놓은 것처럼 분명하다(離堅白, 若懸宇이견백, 약현우)'라고 했는데, 이런 이들을 성인이라고 말할 수 있겠습니까?" 그러자 노담이 비판적인 어조로 이는 "지혜로 일을 처리하고 기교에 얽매여 몸을 수고롭게 하고 마음을 불안하게 하는 것입니다"라고 하였다. 이로 보건대 '이견백'은 이미 당시에 유명한 화제였던 것으로 보인다. 『장자집석』 권5, 427쪽.

4) 『공손룡자현해』, 77쪽.

5) 『묵자한고』 권10, 284쪽. 또한 「경설(經說)」 '상(上) 제42', 313쪽에서도 "견과 백은 서로 묶여 사용된다(堅白之攖相盡견백지영상진)"라고 이야기한 바 있는데, 이에 대해 손이양은 "이는 견백(堅白)이 서로 다른 개념이기

분리될 수 있다고 말하였다. 만약 언어가 세계를 묘사하고 세계란 것을 보여주기 위한 것이라면 '견과 백을 나누는 것' 은 아무런 의미가 없다. 만약 언어가 세계를 벗어난다면 '견과 백의 분리' 가 가능하지만 그렇다면 언어의 의미를 어디에서 찾는단 말인가?

공손룡은 현상 세계의 만사, 만물을 각기 다른 감각적 요소로 분리하려했던 것 같다. 여러 가지 감각은 사물을 떠나 인간에 의해 독립적인 존재로 감지될 수 있다. 모든 것들이 각기 다른 감각을 통해 조합되었을 때에야 그 실재 존재가 드러난다. 여기에서 여러 가지 감각을 조합한 것은 '신(神)' 이다. '백(白 : 흰색)' 은 눈의 감각으로 이는 불빛에 비추어야 볼 수 있다. 빛이 없으면 이것도 볼 수가 없다. 빛 자체도 볼 수 있는 대상이 아니다. 따라서 이는 눈도 아니고 불빛도 아니라 바로 사람의 마음속에 자리한 영명(靈明)인 것이다. '견(堅 : 단단함)' 은 손의 감각이다. 그러나 이는 또한 막대기로 쳐보아야만 판단할 수 있다. 그렇다면 이런 감각은 손의 감각인가, 막대의 감각인가? 그러나 '신' 즉, 인간의 의식(意識)이 없다면 단단함도 느낄 수가 없다. 그렇기 때문에 "신은 볼 수 없으나 떨어짐, 즉 이(離)는 볼 수 있다(神不見, 而見離신불견, 이견리)"[1]라고 한 것이다. 그러나 신명(神明)이나 영지(靈智) 자체 역시 볼 수도, 만질 수도 없기에 역시 구체적인 지견(知見)과 분리해야 한다. 또한 구체적인 사물과는 더더욱 거리가 멀다. 그렇기 때문에 '이(離 : 떨어짐)' 라고 이야기한 것이다.

그의 결론은 바로 "이(離)에 의해서 천하는 각각 올바르게 질서를 지니게 된다(離也者, 天下, 故獨而正리야자, 천하, 고독이정)" 는 것이다. 이는 다시 말해 여러 가지 감각으로 분리된 형상과 색, 성격은 언어 세계에서 각기 다른 것을 가리키는 단어

는 하지만 모두 돌과 연관되어 돌의 성질과 색깔을 나타내는 것이니 서로 차이가 있을 수 없다는 뜻이다. 그래서 " '서로 묶어 사용된다' 고 한 것이다" 라고 주를 달았다.

또한 「경설」 '하 제43', 325쪽에서도 "보는 것과 보지 않는 것은 서로 떨어진다. 하나와 둘은 서로 만족시켜줄 수 없다. 광수하면 견과 백을 서로 만족시킬 수 있다(見不見離, 一二不相盈, 廣修堅白견불견리, 일이불상영, 광수견백)" 고 적혀 있는데, 손이양은 이에 대해 "백은 일(一)이고 견은 이(二)이다. 양자는 서로 떨어져(離) 만족시킬 수 없으며, 서로 만족시키면 그것은 서로 함유하고 있는 것(돌이 양자를 함유함)과 마찬가지다" 라고 주를 달았다. 묵자는 이렇듯 경험과 언어, 언어와 세계가 동일하다고 주장하여 "둘이면서 하나임(二而一)" 을 주장했다.

1) 『공손룡자현해』, 85쪽. 담계보(譚戒甫), 『공손룡자형명발휘(公孫龍子形名發微)』(과학출판사, 1957), 37쪽을 참고하시오.

가 되며, 이러한 각각의 단어가 드러나야만 비로소 실질적인 존재가 있게 된다는 뜻이다. 현상 세계의 만물은 오히려 허상이니 그런 까닭에 "천하에 지(指)가 없으면 사물은 사물로 지칭될 수 없다(天下無指, 物無可以謂物천하무지, 물무가이위물)"고 말했던 것이다.

혜시와 공손룡의 시대에 언어에 대한 변론은 하나의 유행처럼 되어 "천하의 변자들이 서로 이를 즐거워했다(天下之辯者相與樂之천하지변자상여락지)" 그 중에는 '합동이(合同異)'를 주장하는 이도 있고 '이견백(離堅白)'을 주장한 이도 있었는데, 이러한 변론에서 여러 가지 명제가 쏟아져 나왔다. 그 예를 들면 다음과 같다. "달걀에도 털이 있다(卵有毛)", "닭은 세 개의 다리가 있다(鷄三足)", "영 땅에도 천하가 있다(郢有天下)", "개는 양이 될 수 있다(犬可以爲羊)", "말에도 알이 있다(馬有卵)", "불은 뜨겁지 않다(火不熱)"…….[2]

그러나 논변이 순수한 논리와 언어 변론이 되자 그 배후에 자리한 사상사적 의미도 변하기 시작하여 더 이상 현상 세계와 관련이 없는 말이 되고 말았다. 중국 사람들의 경우 '사람의 입은 이길 수 있지만 사람의 마음을 승복시킬 수 없는' 변론이란 진정한 의미를 갖지 못한다. 이리하여 '도'는 '술(術)'로 변하고 사상은 기교가 되니 사람들도 위아래 할 것 없이 점차 흥미를 잃게 되었으며, 결국 공자나 묵자, 장자 계열의 모든 사상 유파의 후학들은 점차 설전의 대상인 언어 관념을 교정하여 이를 '도'로 통하는 초월적 경지, '인간'의 도덕 세계 혹은 '지(智)'의 경험적 세계로 통하는 도구가 될 수 있도록 했던 것이다.

4

의의 언어 관념 :
주장, "명과 실은
루어 조화로운 것

겉으로 볼 때 경험, 지식, 논리를 중시하는 묵자의 후학들과 이런 변자(辯者)들의 언어 관념은 사상적 맥락의 기점에서 나름대로 유사한 점이 있는 듯하다. 『묵자』「경설(經說)」'상(上)'에 보면 다음과 같은 대목이 나온다.

2) 『장자』「천하(天下)」, 『장자집석』, 1105쪽, 1106쪽.

부르는 것은 명이고 불리어지는 것은 실이다(所以謂, 名也, 所謂, 實也소이위, 명야, 소위, 실야).[1)]

실물을 지칭하는데 쓰이는 것이 단어, 지칭되는 대상이 사실 자체이기 때문에 '명'과 '실'은 결코 같은 것이 아님을 말하고 있다. 이러한 생각은 변자(辯者)와 같은 것처럼 보인다. 『공손룡자』「지물론(指物論)」에서는 "지(指)란 천하에 존재하지 않으나 사물은 천하에 존재한다"[2)]고 했다. 현상과 사물의 세계는 존재하지만 '지(指)'(단어)는 결코 실제로 존재하는 것이 아니다. 그러나 명칭은 명명을 위한 부호이고 사실은 실제 존재하고 있으니, 그렇다면 단어의 의미는 또 무엇이란 말인가?[3)] 공손룡의 생각은 순수한 언어철학적 이치에 치우쳐 있다. 그는 현상 세계와 언어 세계를 '물(物)', '명(名)', '지(指)', 즉 사실로 존재하는 '물', 생길 때부터 명명되어 바꿀 수 없는 형상과 성격의 '명', 그리고 임의적인 부호인 '지'로 구분했다. 「지물론」의 처음에 다음과 같은 구절이 있다.

만물에 지(指)가 아닌 것이 없다. 그러나 지는 지가 아니다. 천하에 지가 없으면 사물을 사물이라고 부를 수 없다(物莫非指, 而指非指, 天下無指, 物無可以謂物물막비지, 이지

1) 『묵자한고』 권10, 317쪽. 호적은 『중국철학사대강』에서 '실'이란 주사(主辭 : Subject)이고 '명'이란 술사(述辭 : Predicable)로서 "모두 명학(名學)에서 쓰여 지는 것일 뿐 본체학적인 문제가 될 수는 없다"고 말했다. 이는 약간 검토할 부분이 있는 듯하다. 왜냐하면 묵자의 명실에 관한 논설은 경험 세계와 관련이 있기 때문이다. 그러나 호적은 다른 곳에서 "여러 가지 사물은 모두 '실'이라고 말할 수 있다. '실'이라고 칭하는 것이 바로 명이다"라고 이야기한 바 있다. 이로 보건대 그는 때로 묵자의 '명실'을 단지 순수 언어의 문제로 간주한 것 같지는 않다. 『호적학술문집(중국철학사)』 상책, 155쪽, 139쪽, 중화서국, 1991.

2) 『공손룡자현해』, 50쪽, "指也者, 天下之所無也, 物也者, 天下之所有也(지야자, 천하지소무야, 물야자, 천하지소유야)." 담계보(譚戒甫)는 『공손룡자형명발미(公孫龍子刑名發微)』, 13쪽에서 '지야자(指也者)'에 대해 "지는 감각으로 말미암아 존재하는데, 세상 사람들이 말하는 허(虛)이다"라고 하였는데, 정확하지 않다.

3) 앞서 언급한 여러 가지 언어 관념에 주의하시오. 공자를 중심으로 한 유자들은 '명'을 사실에 대한 조절 효능을 지닌 부호로 간주했기 때문에 '명'이 일단 성립되면 더 이상 변경할 수 없는 것으로 보았다. 그들은 '명'과 '실', 특히 사회질서와 관련이 있는 '실'과의 일치성에 의미를 두었기 때문에 사실과 무관한 추상적이고 독립적 존재로서 '명'이란 무의미한 것이었다. 이에 비해 노자 등 '도'에 대해 토론했던 사상가들은 '명'에 대해 멸시적인 태도로 일관하였다. 이는 '명'이 인생의 초월에 장애가 되고, 자유로운 사유의 제한을 가져오기 때문이었다.

비지, 천하무지, 물무가이위물).[4]

현상 세계는 모두 언어를 통해 지칭되지만 지칭하는 언어는 실존하는 존재가 아니다. 그러나 지칭하는 언어는 '천하에 없지만' 지칭의 대상이 되는 세계는 '천하에 존재한다.' 그러나 '지(指 : 지칭하는 단어)'가 없으면 어떤 것도 사상 속에 드러날 수 없다. 『이아(爾雅)』「석언(釋言)」에 보면 "지는 드러나는 것이다(指, 示也)" 라고 했다. 형소(邢疏)에 따르면 "시(示)는 사람들에게 현현하는 것이다(示, 謂顯現於人也시, 위현현어인야)", 『설문해자(說文解字)』에서는 '시(示)' 자를 해석할 때 "시란 하늘이 형상을 드리워 길흉을 드러내는 것이니, 그래서 시라고 한다(示, 天垂象, 見吉凶, 所以示也시, 천수상, 견길흉, 소이시야)"[5]라고 했다. 천하에는 본래 '지(指)'가 없다. 왜냐하면 이는 실재하는 것이 아니며, 현상 세계 자체 역시 언어가 아니기 때문이다.[6] 그러나 이러한 '명(名)'을 통해 현상 세계의 만물이 명명되며, '지(指)'를 통해 언어에서 현시된다.[7]

묵자의 후학들은 언어에 대한 이러한 관념에 동의했다. 그들은 「소취(小取)」에서 "이름으로 실체를 거(擧 : 칭함)한다(名以擧實)" 고 했고, 「경상(經上)」에서는 또한 "칭하는 것은 실체와 비슷하다(擧, 似實也)" 고 했다. 다시 말해 단어는 이를 통

4) 『공손룡자현해』, 49쪽. 본문의 해석은 약간 다른 점이 있다.

5) 왕후화(王煦華), 「지물론전석(指物論詮釋)」, 『중화문사논총』, 1979년 제2기, 상해고적출판사.

6) 『공손룡자현해』, 51쪽 「지물론」에 보면, '명'과 '지'의 차이에 대해 좀 더 구체적인 논의를 엿볼 수 있다. 그 중에 "천하에 지(指)가 존재하지 않는 것은 만물이 독자적으로 각자의 명칭을 지니면서 사물 그 자체가 '지'가 아니라는 데에서 생겨난다(天下無指者, 生於物之各有名, 不爲指也천하무지자, 생어물지각유명, 불위지야)"는 문장이 나온다. 이를 보건대 공손룡은 '명' 이란 사물이 본래부터 지니고 있는 일종의 선천적인 명칭이기 때문에 임의적인 지칭 부호와 다를 수밖에 없다고 여기는 듯하다. 약간 혼란스러운데 이를 한자로 비유한다면 다음과 같다. 우선 '물'은 현상 세계에 실재하는 사물을 이야기한다. '명'은 한자에서 사물의 형체나 색깔, 속성과 직접적으로 관련이 있는 '자(字)'에 대당한다. 그리고 '지(指)'는 사물 자체와 오랜 세월에 걸쳐 일반화되고 인정된 지시(指示)적 관계를 지닌 '사(詞)'에 해당한다.

7) 유월(兪樾)은 "'지(指)'란 지목(指目)하는 것을 뜻한다. 소를 보고 그것을 지목하여 소라고 말하며, 말을 보고 그것을 지목하여 말이라고 말하는 것이니, 이른바 사물 가운데 지가 아닌 것이 없다"라고 이야기한 바 있다. 담계보는 이에서 한 걸음 더 나아가 다음과 같이 말하고 있다. "'지'의 뜻은 두 가지이니, '명(名)'과 '위(謂)'로 구분된다. '명' 이란 형체와 색깔, 속성에 근거한 명명이며, 위란 오랜 세월에 걸쳐 일반화와 인정을 거쳐 지시하고 호칭하는 지칭(指稱)이다." 『형명발휘(形名發徽)』 12쪽 참고.

해 실재하는 현상과 사물을 상징하고 은유한다는 뜻이다. 「경설(經說)」에서는 한 층 더 나아가 "칭하는 것은 고하는 것이니 문명으로 그 실체를 칭하는 것이다(擧, 告, 以文名擧彼實也거, 고, 이문명거피실야)"라고 했다. 그러나 언어를 순수하게 생각을 옮기는 부호로 간주한 변자(辯者)와 달리 묵자 학파의 언어 관념은 지식과 경험의 범주에 속한다. 그래서 그들은 단지 개별적인 단어로는 부족하며 한 걸음 더 나아가 분류, 총괄을 통해야만 비로소 대천세계(大千世界)의 수많은 존재를 '사유—언어' 속에서 질서 있게 드러낼 수 있다고 주장했다. 묵자의 후학들은 "명(名)은 달(達 : 개괄적인 것), 유(類 : 분류적인 것), 사(私 : 개별적인 것)이다"[1]라고 하였다. 「경설」의 해석에 따르면 "물은 달(개괄적인 것)이다(物, 達也)" 다시 말해서 '물'은 총체적인 명칭이기에 '명'을 통해서만 '물'을 드러낼 수 있고, '유명(類名 : 종류의 명칭)'을 통해야만 현상 세계를 질서 있게 파악할 수 있으며, '사명(私名 : 개별적인 명칭)'을 통해야만 각각의 사물을 확인하고 드러낼 수 있다는 뜻이다. 그래서 다음과 같이 이야기한 것이다.

> 실체가 있는 것은 반드시 명을 지닌다(有實必待文名也유실필대문명야).[2]

예를 들어 '말(馬)'은 '유명(類名)'으로 각종 '말'의 명칭을 규정하고 있다. 사람들은 '말'이라는 지칭을 통해 '말'이라는 것을 안다. '장(臧)'은 '사적인 이름'이다. '사람들 가운데 천한 자(人之賤者)'만 '장(臧)'이라고 부르니, '장'은 오로지 신분이 천한 사람을 뜻하는 개별적인 명칭인 셈이다.[3] 사람들은 세계를 파악하는데 반드시 언어를 통해야만 한다. 이를 "문명으로 고하여 그 실체를 칭한다(告以文名, 擧彼實也고이문명, 거피실야)"[4]고 한다. 언어(名)에는 지식을 전달하고 세계를 지칭하는

---

1) 『묵자한고』 권10 「경상」, 285쪽.

2) 『묵자한고』 권10 「경상」, 316쪽.

3) 『묵자한고』 「경설」 '상', 원문은 다음과 같다. "그것을 말이라고 부르는 것은 부류에 관한 것이다. 그 부류에 실체가 있는 것은 반드시 그 이름이 있기 마련이다(命之馬, 類也, 若實也者必以是名也명지마, 류야, 약실야자필이시명야)." "그것을 장(臧)이라고 부르는 것은 사적인 명칭이다. 이 명칭은 그 실체에 국한된다(名之臧, 私也, 是名也止於是實也명지장, 사야, 시명야지어시실야)"

4) 『묵자한고』, 306쪽.

(實) 의미가 있기 때문에 항상 정확하고 정련되어야만 한다. 그래서 이른바 "명과 실은 짝을 이루어 조화로운 것이다(名實耦, 合也명실우, 합야)"[5]라고 한 것이다.

이는 확연히 변자(辯者)의 경우와 다르다. 그들은 언어를 순수하게 생각을 옮기는 부호가 아니라 경험 세계의 인지 도구로 파악했다. 그들은 '명'과 '실'은 서로 일치해야만 하고, '실'에 대한 인식은 이러한 일치하는 '명'을 통해 이루어져야 한다고 보았다. 또한 적당한 '명'만이 일정한 '실'을 맞출 수 있다고 믿었다. 사람들 눈앞에 펼쳐진 세계는 방대하고 뒤에는 길고 긴 역사가 자리하고 있다. 또한 숱한 현상 세계는 지나치게 복잡하지만 인류의 개인적인 경험은 한계가 있을 수밖에 없다. 감각이 닿을 수 없는 영역을 파악하고, 파악된 지식을 전달하려면 언어에 의존할 수밖에 없다. 언어는 사람들에게 하나의 세계를 보여준다. 마치 지구의가 지구를 상징하는 것처럼, 마치 한 장의 별자리 좌표가 모든 우주를 설명하는 것처럼 언어 상징은 사람들의 사상 속에서 세계를 드러내 준다. 이는 마치 하이데거(Martin Heidegger)의 "언어의 '설(說)'이 '사물'을 부른다. …… '설(說)'(Segan : 말함)이란 단어는 명명(Nennen : ~라고 부름)의 역량을 지닌다. 그것은 개별자를 드러낸다"[6]는 말과 유사하다.

언어에 이러한 의미가 있다고 한다면 다음 문제는 바로 어떻게 '명(名)'과 '실(實)'을 서로 일치하게 만드느냐는 것이다. 이는 사유를 정리하는 매우 중요한 전제이다. 묵자의 후학들이 유(類)와 유추(類推)관계에 지대한 관심을 가졌던 것은 바로 이러한 생각 때문이다. 『묵자』「경상(經上)」에서는 먼저 경험과 이지의 인식 능력을 인정하여 "지는 접이다(知, 接也)",[7] "지는 명이다(恕, 明也)",[8] "여는 구이다(慮, 求也)"[9]라고 하였다. 이러한 '지(知)', 즉 인식 능력은 다시 '명(名 : 명칭)'을 통해 표현·전달되고 연속·누적된다. '명칭'은 다시 '달(達)', '유(類)', '사(私)', 즉 대·중·소의 개념으로 나뉘어 언어 속에 내포된 의미나 외연은 다르지만 서로 포용

---

5) 『묵자한고』, 317쪽.

6) 「언어 문제의 기본관점(語言問題的基本觀點)」, 『북경대학연구생학간』, 1987년 제1기.

7) 「경설」에서는 "以其知遇物而能貌之, 若見(이기지우물이능모지, 약견)"이라고 해석한다.

8) 「경설」에서는 "以其之論物而其知之也著, 若明(이기지론물이기지지야저, 약명)"이라고 해석한다.

9) 「경설」에서는 "以其知有求也, 而不必得之, 若睨 (이기지유구야, 이불필득지, 약예)"라고 해석한다.

하는 세 가지 단어로 표현되어 세상의 대·중·소 등 각기 다른 종속(種屬)의 사물들과 대응한다. 언어의 용법에는 '이(移)'[1], '거(擧)'[2], '가(加)'[3]가 있다.

이렇듯 사람들은 언어의 개괄, 묘사, 지시를 통해 현상 세계를 이해하게 된다. 그래서 『경상』에서 "말(言)은 명칭을 드러낸다(言, 出擧也언, 출거야)"고 말하고, 또한 "이야기한 바를 잡아 뜻이 드러나는 것은 마음의 변론이다(執所言而意得見, 心之辯也집소언이의득견, 심지변야)", "진술이란 밝히는 것이다(說, 所以明也설, 소이명야)"[4]라고 한 것이다. 이렇듯 묵자의 후학들의 태도는 분명 명변자(明辯者)들의 태도와 다르다. 그들은 언어란 세계를 인식하는 도구라고 생각하고 있다. 그렇기 때문에 가장 기본적으로 '명(名)'과 '실(實)'이 서로 일치해야 한다고 보았던 것이다. 전국의 명변(名辯) 분위기 속에서 묵자의 후학들은 언어와 사상의 진로를 귀납하여 언어가 세계에 들어맞아야 한다고 주장했다. 「소취(小取)」에서 그들은 변론이란 시비를 구분하고 치란(治亂)을 심사하며 같음과 다름을 밝히고, 이름의 실재를 살피며 이득과 폐해를 처리하고 혐의를 결정하기 위한 것이라고 말하고 있다.

> (변별의 방법)은 모든 만물의 그러함(현상)을 찾아 관찰하고 여러 가지 관련된 말을 비교 토론하여 명칭을 통해 실물을 예거하고 그 개념을 개괄하여 다시 언어나 문자로 자신의 뜻을 설명하는 것이니, 일체 추론의 부류와 판단은 반드시 종류가 같아야 한다(摹略萬物之然, 論求郡言之比, 以名擧實, 以辭抒意, 以說出故, 以類取, 以類予모략만물지연, 논구군언지비, 이명거실, 이사서의, 이설출고, 이류취, 이류여).[5]

1) 「경설」 '상'에 보면, 강아지(狗)와 개(犬)의 경우 구(狗)는 작은 견(犬)인데, '이(移 : 전이)'한 즉 '견'으로 '구'를 가리키는 것처럼 하나의 유형의 이름으로 개별적인 이름을 개괄하는 것이 가능하다는 뜻이다. 이는 풍우란의 견해를 따른 것이다. 『중국철학사』, 320쪽.

2) 「경상」에서 "명칭은 실체와 같다(擧, 似實也)"고 하였으니 '거(擧)'는 한 단어로 사물을 묘사하여 사물의 형색과 성격을 지칭하는 것을 이야기한다.

3) 『묵자한고』 권10, 285쪽, 「경설」 '상'에 보면, '개라고 꾸짖는 것(叱狗)'을 예를 들었는데, 대략 사물에 명령, 부름, 지시하여 드러낸다는 의미다.

4) 『묵자한고』, 284~285쪽.

5) 『묵자한고』 권11, 379쪽.

「경설」'하'에서도 "변론이란 때로 그것이 옳다고 말하거나 때로 그르다고 말하는 것이니 합당한 자가 승리하는 것이다(辯也者, 或謂之是, 或謂之非, 當者勝也변야자, 혹위지시, 혹위지비, 당자승야)."[6] 여기에 나오는 '당(當)'이란 사실에 걸맞고, 경험에 부합하여 지식을 이루는 것을 의미하다. 이러한 '당'의 판단 기준으로 『묵자』는 '삼표법(三表法)'을 제시하였는데, 묵자의 후학들은 여기에서 한 걸음 더 나아가 다음과 같은 사항을 첨가하였다.

제일 먼저 유지해야 하는 것은 고(故 : 원인)이다. "고란 얻음으로써 이후에 어느 것이 되는 것이다(故, 所得而後成也고, 소득이후성야)"[7]라고 하였는데, 특히 '대고(大故)', 즉 필연적인 원인을 충분히 파악해야 한다고 주장하여 "그것이 있으면 반드시 그렇게 되고, 그것이 없으면 반드시 그렇게 되지 않는 것(有之必'然', 無'之必不'然유지필 '연', 무 '지필부' 연)"[8], 이렇게 해야 사고와 표현의 근거가 될 수 있다고 했다. 둘째, 합리적으로 유추를 해야 한다. "법(法 : 규범)이란 그것에 따라 어떤 것이 그렇게 되는 것이다(法, 所若而然也법, 소약이연야)."[9] 무릇 같은 조건에서 일어난 현상이나 사물이라면 서로 유추할 수 있고, 따라서 "하나의 법에 따르는 사물이 서로 함께할 수 있으면 일체의 사물까지 다할 수 있다(一法者之相與也盡類, 若方之相合也일법자지상여야진류, 약방지상합야)."[10] 셋째, 언어 표현에는 '혹(或 : 가능)', '가(假 : 가설)', '효(效 : 유추)', '군(群 : 비유)', '모(侔 : 비교)', '수(援 : 사례를 들어 비교함)', '추(推 : 귀납추리)' 등이 있는데, 그 의미와 한계가 모두 명확해야 한다.

이상 몇 가지는 모두 묵자의 후학들이 명과 실의 간격을 인정한 가운데 명은 실에 부합해야 한다는 것을 의미한다. 더욱이 그들은 명이 실에 부합하는 것을 토대로 인간의 감각, 지각, 경험, 이지를 통해 얻어지는 지식의 유효성을 긍정하였다. 그들은 결코 언어와 세계를 분리하지 않았으며, 언어를 임의적인 부호로 간주하지 않았다. 또한 인간은 세계를 파악할 수 있고, 언어는 세계와 부합할 수 있다

6) 『묵자한고』 권10, 339쪽
7) 『묵자한고』 권10, 「경상」, 279쪽.
8) 『묵자한고』 권10, 「경설」 '상', 301쪽. 손이양의 교증(校證)에 따라 괄호 안에 몇 글자를 넣었다.
9) 『묵자한고』 권10, 「경상」, 284쪽.
10) 『묵자한고』 권10, 「경하(經下)」, 297쪽.

고 확신했다. 그렇기 때문에 그들 역시 전통적인 각 유파들과 그다지 차이가 있는 것은 아니었다. 그들은 이지적으로 언어와 세계 사이의 차이를 분명하게 가르고, 자신 있게 세계를 분석, 귀납, 묘사하는 언어의 의미를 확립했다. 낙관적인 태도로 세계에 대한 언어의 조절 능력을 믿었으며, 감각과 경험에 대한 믿음, 언어 문자의 통용성 위에 세워진 언어관을 통해 특히 '명'과 '실'의 관계를 중요하게 생각했던 것이다. 그들은 일관된 태도로 언어의 권위성과 정확성을 확인하고 언어 세계와 현상 세계가 동일하다고 믿었으며, 언어를 통해 사유 가운데 모든 세계를 전혀 어그러짐 없이 질서정연하게 정리할 수 있었다. 그것은 마치 현상 세계가 정말 이러한 언어 안에서 아무런 불만이 없이 질서를 이루고 있는 듯하다. 이는 이성주의적 언어관이자 언어와 세계에 대한 그들의 결론이었던 것이다.[1)]

5

그러나 언어에 대한 또 다른 상반된 태도 역시 나름대로 흡인력이 있다. 바로 장자 계열의 언어에 대해 회의하고 멸시하는 입장이다.

언어 초월 : 장자와 ... 학들의 '도'에 대한 ...

언어에 대해 회의적이고 멸시하는 듯한 태도는 먼저 확정성에 대한 우려에서 비롯되고 있다. 각각의 '명'은 그것이 지칭하는 하나의 사물이나 현상에 확정성을 부여한다. 그러나 역사는 끊임없이 변화하고 우주 역시 끊임없이 돌고 돌며, 사회도 여러 가지 동요를 겪는다. 이로 인해 세상의 모든 것 가운데 영원히 확정적인 것은 존재하지 않는다. '명'과 '실' 사이에 존재하는 차이의 변화는 어떤 한계나 구별 모두 의미를 상실토록 만든다. 지나간 것은 모두 그와 같으니, 오늘의 나는 어제의 내가 아니며, 예전의 강물 역시 오늘의 강물이 아니다. 남쪽으로 가려는 사람이 북쪽으로 수레를 몰고, 오늘은 옳은데 어제는 그르며, 피아의 진위 또한 가릴 수 없다.

『장자』는 이에 대해 "조금도 변하지 않는 것은 없고 잠시라도 바뀌지 않는

1) 호적, 『중국철학사대강』, 『호적학술문집(중국철학사)』, 154쪽 참조.

것이란 없다(無動而不變, 無時而不移무동이불변, 무시이불이)"[2]라고 하였으니, 이는 많은 이들에게 점점 더 '명'의 확정성과 보편성에 대해 회의를 하게 만들었다. '조삼모사(朝三暮四)'와 '조사모삼(朝四暮三)' 이야기, 모장(毛嬙)과 여희(麗姬)가 사람들에게는 미인이지만 물고기나 새, 사슴 등에게는 악한 대상일 따름이라는 이야기 역시 동일한 예이다. '명'과 '실'의 확정이나 확인은 종종 그러한 확정성에 강압적인 보편성을 띠게 만든다. 마치 사람이 죽은 뒤 내려진 평가처럼 그 어떤 회의적인 태도도 용납하지 않고 심지어 주제넘게 사람들의 마음속에서 사물이나 현상 자체를 대체하여 결국 '각주구검(刻舟求劍 : 배에 표시를 남겨 검을 찾는)'식의 우스꽝스러운 상황에 빠져들게 만들기도 한다.

장자 계열의 학자들은 당시 '명'으로 '실'을 삼는 사상, '명'을 '명'으로만 보는 사상에 대해 만족하지 않았던 듯하다. 우선 전자의 경우, '명'을 '실'로 삼아 '명'의 정형화된 틀에 얽매여 '명'의 구속을 받게 된다. 사람들이 사물과 현상을 '명'으로 고정시킨다면 이것과 저것의 한계를 구분하고 '이것'의 존재를 확립하는 쪽으로 나갈 것이다. 그러나 이렇게 하면 피차가 대립하게 되니, 이는 '좌'와 '우'의 경우와 같다. 본래 왼쪽과 오른쪽이란 고정적으로 존재하는 것이 아니다. 단지 사람이 하나의 입장에서 하나의 방향을 취할 때만 왼쪽과 오른쪽이 존재하게 된다. 일단 좌와 우가 확정되면 사람은 자유자재로 자신의 입장과 방향을 바꿀 수 없다. 이것이 바로 장자가 이야기한 "나누어지는 것은 이루어짐이고 이루어짐이란 훼손되는 것이다(其分也, 成也, 其成也, 毁也기분야, 성야, 기성야, 훼야)"[3]이다. "도의 입장에서 본다면 모든 것이 통해 하나가 된다(道通爲一)." 천하에는 본래 구분이 없기 때문이다.

전하는 바에 의하면 팽몽(彭蒙)의 스승이 이렇게 말했다고 한다. "옛날의 도를 닦은 이는 옳은 것도 없고 그른 것도 없는 경지에 이르렀을 뿐이다(古之道人, 至

---

2) 『장자집석』 권6 「추수(秋水)」, 585쪽, 『장자집석』 권9 「우언(寓言)」, 950쪽, "만물은 모두 종류가 다르며 각기 다른 형체로 무궁히 변화한다. 그 처음과 끝은 고리처럼 구분할 수 없으며, 그 이치는 터득할 수 없다(萬物皆種也, 以不同形相禪, 始卒若環, 莫得其倫만물개종야, 이부동형상선, 시졸약환, 막득기윤)."

3) 『장자집석』 권1 「제물론」, 70쪽.

於莫之是, 莫之非而已矣고지도인, 지어막지시, 막지비이이의)."[1] 그러나 사람들은 보다 확실하게 파악하기 위하여 좌와 우, 인륜과 도덕, 정의와 분별, 변론과 경쟁 등 온갖 인위적인 방법을 통해 숱한 한계와 제한을 마련하고, 이를 통해 옳음과 그름, 이것과 저것을 확정한다. 그러나 사실 "이것은 또한 저것이 되고 저것은 또한 이것이 되며(是亦彼也, 彼亦是也시역피야, 피역시야)", "저것은 이것에서 나오고, 이것은 또한 저것에서 말미암게 된다(彼出於是, 是亦因彼피출어시, 시역인피)" 고 했으니, 구체적인 좌표를 초월하여 더욱 넓은 공간, 더욱 오랜 시간에 서서 보면 일체 아무런 구분도 없다. 그렇기 때문에 "분별하게 되면 보이지 않는 것이 있게 된다."[2]

그러나 '명'으로 '명'을 삼고, '명'과 '실'을 분리하여 오직 '명'에 근거하여 생각을 펼쳐나가는 변자(辨者)들의 방식은 결코 장자가 추구했던 일이 아니었다. 그는 혜시 일파를 "변자의 무리(辯者之徒)"라고 지칭하면서 비판을 마다하지 않았다. 장자가 생각하기에 그들은 각종 명사 개념에 대한 변론에 집착하지만 사실은 '물'을 지칭하는 '이름'을 좇아가느라 결국 번잡한 구분에 빠지고, 그의 사상 또한 '만물에 관심을 흩어놓고'도 만족하지 못하는 꼴이 되고 만 것이다. 그래서 장자는 혜시에 대해 "만물을 뒤쫓느라 자신의 본성으로 되돌아갈 수 없으며(逐萬物而不反축만물이불반)", "울림이 나오는 곳을 찾으려고 소리를 지르거나 형체와 그림자를 경주시키는 것과 같은 일(窮響以聲, 形與影競走궁향이성, 형여영경주)"로 완전히 헛수고나 다름없었으니 "사람의 입은 이길 수 있으되 사람의 마음은 굴복시킬 수 없었던 것이다." 혜시는 이렇듯 비록 끊임없이 주절거렸지만 '도(道)'의 근처에도 가지 못했으니 "그저 한 마리 모기나 등에가 애쓰는 정도였던 것이다(一蚊一虻之勞者也일문일맹지노자야)."[3]

---

1) 『장자집석』 권10, 「천하」, 1091쪽.

2) 『장자집석』 권1, 「제물론」, 83쪽, "辯也者, 有不見也(변야자, 유부견야)." 이 말 바로 직전에 다음과 같은 대목이 적혀 있다. "무릇 도는 처음부터 한계가 없으며, 말은 본시부터 항상됨이 없다. 그렇기 때문에 구별이 생기는 것이다. 그 구별에 대해 말하자면 다음과 같다. 왼쪽이 있으니 오른쪽이 있고, 논리가 있으니 의론이 있으며, 분석이 있으니 변론이 있고 대립이 있으니 다툼이 있다(夫道未始有封, 言未始有常, 爲是而有畛也, 請言其畛. 有左, 有右, 有倫, 有義, 有分, 有辯, 有競, 有爭부도미시유봉, 언미시유상, 위시이유진야, 청언기진. 유좌, 유우, 유륜, 유의, 유분, 유변, 유경, 유쟁)."

3) 『장자집석』 권10, 「천하」, 1111~1112쪽.

그래서 장자 일파는 사람들이 시비에 대해 변설하는 것에 반대하였으니, 무엇보다 "다른 점에서 본다면 한 몸에 있는 간과 쓸개도 초나라와 월나라처럼 멀 것이고, 같다는 점에서 본다면 만물이 모두 한 가지인 것(自其異者視之, 肝膽楚越也, 自其同者視之, 萬物皆一也자기이자시지, 간담초월야, 자기동자시지, 만물개일야)"[4]이기 때문이다. 소위 '일(一)'이란 자연시공을 초월한 영원한 '도(道)'를 이야기한다.

언어로 서술할 수 있는 세계를 초월하여 정신의 위안을 얻고자 하는 것은 깊은 사색에 잠긴 철인들이 추구하는 경지이다. 후세에 '도가(Taoism)'라고 부르는 일부 사상가들은 '도'를 궁극의 위치로 끌어올림에 따라 더욱 언어의 한계에 대해 느끼는 바가 많았다. 그들은 언어가 전달이나 묘사 능력에 한계가 있다는 것을 절감하고 있었다. 『장자』「추수(秋水)」에서 말하길, 언어로 말할 수 있는 것은 '사물의 큰 것(物之粗也물지조야)', 즉 구체적이고 개별적인 현상이나 사물뿐이고, 직감이나 생각으로 체험할 수 있는 것은 '사물의 미세한 것(物之精也물지정야)', 즉 추상적이고 일반적인 철리나 사상이라고 했다. 그러나 언어나 의식으로 도달할 수 없는 것이 있으니, 그것이 바로 진정으로 현묘하고 궁극적인 '도'다.[5]

『노자』에서 이야기한 바와 같이 "도를 가히 도라고 말할 수 있으면 항상된 도가 아니다." 따라서 『장자』「천도(天道)」에서는 문자, 언어, 의미를 구분지어 "세상의 진귀한 것은 바로 문자가 기록한 '도'이지만 문자 기록은 다만 언어에 불과하다고 말하고 있다. 언어가 소중하긴 하지만 진정한 가치는 의미에 있으며, 또한 의미가 중요하긴 하지만 의미에 가치를 부여하는 것은 바로 언어로 전달할 수 없는 '도'라는 뜻이다(世之所貴道者書也, 書不過語, 語有貴也. 語之所貴者意也, 意有所隨. 意之所隨者, 不可以言傳也세지소귀도자서야, 서불과어, 어유귀야. 어지소귀자의야, 의유소수. 의지소수자, 불가이언전야)." 장자는 사람이 형상, 색채, 이름, 소리 밖에 알지 못한다고 탄식했다. 사실 형상, 색채, 이름, 소리 등은 진정한 의미와 가치가 없어 "진정으로 아는 이는 말하지 않고 말하는 이는 알지 못하기(知者不言, 言者不知지자불언, 언자부지)"[6] 때

4) 『장자집석』 권2, 「덕충부(德充符)」, 190쪽.

5) 『장자집석』 권6, 572쪽 참조.

6) 『장자집석』 권5, 488쪽.

문이다. 그들에게 언어는 다만 도구일 뿐 목적이 아니다. “통발은 고기를 잡는 도구이지만 고기를 잡고 나면 통발을 잊게 된다. 올가미는 토끼를 잡는 기구이지만 토끼를 잡고 나면 올가미를 잊게 된다. 말은 뜻을 표현하는 수단이지만 뜻을 표현하고 나면 말을 잊게 된다. 우리는 어찌하면 말을 잊은 사람들과 더불어 이야기할 수 있게 되겠는가?(筌者所以在魚, 得魚而忘筌. 蹄者所以在兎, 得兎而忘蹄. 言者所以在意, 得意而忘言. 吾安得夫忘言之人而與之言哉?전자소이재어, 득어이망전. 제자소이재토, 득토이망제. 언자소이재의, 득의이망언. 오안득부망언지인이여지언재?)”[1]

언어가 직접 ‘도’를 구할 수 없다면 신비한 내면의 체험으로 ‘도’에 접근할 수밖에 없다. 『장자』「인간세(人間世)」에서 “귀로 듣지 말고 마음으로 들을 것이며, 마음으로 듣지 말고 기로 들어야 한다(無聽之以耳而聽之以心, 無聽之以心而聽之以氣 무청지이이이청지이심, 무청지이심이청지이기)”고 했던 ‘심재(心齋)’는 텅 비고 밝으며 담담하고 고요한(虛明恬靜허명념정) 마음으로 ‘도’를 느끼는 것이다. ‘심재’가 가능하려면 ‘좌망(坐忘)’해야 한다. 이성적인 언어, 감각적인 감관, 누적된 경험과 지식 등을 모두 떨쳐버려야 한다. 이리하여 명변지학(名辯之學)은 도가에서 더 이상 설자리를 잃어버리게 된 것이다.

6

언어 조절과 강제
의 사회적 관심
보수주의, 그리고
이

그러나 공자의 후학들 역시 언어의 조절 역량에 대해 지속적인 지지를 표명하고 있었다. 그들은 여전히 언어는 모든 사물, 현상, 사상을 적중하여 표현할 수 있다고 믿었다. 『역(易)』「계사(系辭)」 ‘상’에서 “주역에서 상(象)을 세워 심오한 사상을 모두 표현하고 64괘와 384효를 세워 사물의 본연의 뜻을 다 표현했으며, 괘와 효에 설명을 붙여 할 말을 다하였고, 변하고 통하는 이치로써 이로움을 다 밝혔으며, 이를 통해 사람들을 고무하고 춤추게 하여 그 신묘함을 다 이루었다(立象以盡意, 設卦以盡情僞, 系辭焉以盡其言, 變而通之以盡利, 鼓之舞之以盡神입상이진의, 설괘이진정위,

1) 『장자집석』 권9, 「외물」, 944쪽.

계사언이진기언, 변이통지이진리, 고지무지이진신)" 고 하였는데, 앞의 두 구절을 마치 언어나 부호가 확실하게 표현하고 정확하게 전달할 수 있다는 의미인 듯하다.[2] 그래서 「계사」 '하' 에서 "성인의 정회(情懷)는 괘사와 효사에 드러난다(聖人之情見乎辭성인지정견호사)" 고 하였으니 "서로 다른 괘사는 사물이 발전하는 각각의 방향(가는 바)을 지칭하기" [3] 때문에, "명칭을 칭하는 것은 작으나 그 부류를 취하는 것은 크다(其稱名也小, 其取類也大기칭명야소, 기취류야대)" [4]라고 했던 것이다.

게다가 그들은 이미 원래의 내함(內涵)이나 외연에서 위치 변동이 된 현상이나 사물에 대해 언어가 규범과 조정의 의미를 지니고 있다고 믿고 있었다. 명과 실의 관계는 임의적이어서 순자가 이야기한 바대로 "명칭에는 고정된 실상이 없다(名無固實)" 고 할지라도 일단 그것이 약정되고 관습으로 변하여 '약속으로 실상을 명명하게 되면(約之以命實)', '명(名)' 이 실재하는 것이 된다고 믿었다. 따라서 언어의 사용은 극히 엄숙하고 장중한 일이 아닐 수 없다. 그들에게 있어서 언어란 사실 세계의 정황을 묘사하고 또한 이를 강조시켜 주는 것일 뿐만 아니라 사람의 심리를 표현하고 보여주기도 한다. "인정이 각기 다르기 때문에 그 언사도 각기 다르다(人情不同, 其辭各異인정부동, 기사각이)." 신의를 배반한 이는 말속에 분명 사기치는 듯한 느낌이 들게 되고, 마음에 의혹이 있으면 말이 번잡해지며, 선량한 사람은 말이 많지 않게 된다. 초조하고 불안한 언사는 주절거릴 뿐이고 핵심이 없고, 모함하는 말은 망설여지고 얼버무려지기 마련이며, 절조를 잃어 덕행이 없는 사람의 말은 필시 애매하고 모호하기 마련이다(將叛者其辭慙, 中心疑者其辭枝, 吉人之辭寡, 躁人之辭多, 誣善之人其辭游, 失其守者其辭屈장반자기사참, 중심의자기사지, 길인지사과, 조인지사다, 무선지인기사유, 실기수자기사굴).[5] 그렇기 때문에 언어의 혼란은 질서의 혼란을 야기하니 이른바 "환란이 출현하는 것은 언어를 삼가지 않음이 그 최초 단계라고 할 수 있다(亂之所生也, 則言語以爲階란지소생야, 즉언어이위계)" [6]는 말은 바로 이러한 뜻이

---

2) 『역』「계사」'상', 『십삼경주소』 영인본, 82쪽.

3) 『역』「계사」'하', 『십삼경주소』 영인본, 86쪽. 위(魏)나라의 학자 왕필(王弼) 주, "辭也者, 各指其所之, 故曰情也(사야자, 각지기소지, 고왈정야)."

4) 『역』「계사」'하', 『십삼경주소』 영인본, 89쪽.

5) 「계사」'하', 『십삼경주소』 영인본, 91쪽.

6) 「계사」'상', 『십삼경주소』 영인본, 80쪽.

다. 그들이 보기에 사회 질서는 '명분'이 유지시켜주고 있다.

『예기』「왕제(王制)」에서는 '언어를 분석하여 규율을 파괴하거나 명칭을 어지럽혀 개작(析言破律, 亂名改作석언파율, 란명개작)'할 수 없음을 극히 엄격하게 규정하고 있다. 『순자』「정명(正名)」의 해석에 의하면, 이는 '명'과 '실'의 혼란으로 '귀한 것과 천한 것이 분명치 않게 되고 같은 것과 다른 것이 유별하지 않게 되는(貴賤不明, 同異不別귀천불명, 동이불별)' 결과를 가져와 시비가 불분명해진다. 설사 "법을 지키는 관리나 올바른 가르침을 외우는 유가들일지라도 모두 혼란을 일으키게 된다(守法之吏, 誦數之儒, 亦皆亂也수법지리, 송수지유, 역개란야)." 따라서 '명칭'에도 구분이 있어야 한다. '구분'이라 함은 '실상'에 따라 '명칭'을 고치는 것이 아니라 '명칭'에 근거해 '실상'을 요구하는 것이니, 이를 일러 "명칭을 제정하여 실체를 지정한다(制名以指實제명이지실)", 즉 명칭을 규정하고 이를 통해 실재 현상, 사물을 확인하고 조정하는 것이니, 이렇게 해야만 "위로 귀한 것과 천한 것이 분명해지고, 아래로 같은 것과 다른 것이 분별되는 것이다(上以明貴賤, 下以辯同異상이명귀천, 하이변동이)."

순자의 이론에 따르면, 언어는 정리가 필요하다. '같은 것은 같은 명칭을 붙이고 다른 것은 다른 명칭을 붙여서(同則同之, 異則異之동즉동지, 이즉이지)', '대공명(大共名 : 예를 들어 사물)'과 '대별명(大別名 : 예를 들어 조수鳥獸의 경우)' 및 구체적인 '별명(別名 : 비둘기와 같은 경우)'을 분명하게 구분한 다음 "미루어 구별하고 더 이상 구별할 수 없는 지경에서 그친다(推而別之, 別則有別추이별지, 별즉유별)." 이처럼 현상 세계의 문류(門類)와 종속(種屬)이 정해져야만 관념 세계 안의 우주 질서 또한 혼란을 일으키지 않게 되고, 마찬가지로 이처럼 층차와 등급이 분명한 언어로 사회를 규범 짓고 구조를 조정해야만 사회가 무질서 상태를 탈피하여 질서를 갖추게 된다. 이것이 바로 '이름을 짓는데 가장 중요한 요체(制名之樞要제명지추요)'이다. 그는 "기이한 언사에 기탁하여 정명(正名)을 어지럽히거나(托爲奇辭以亂正名탁위기사이난정명)" "언사를 분석하면서 이를 잘 살펴 아는 것(析辭而爲察석사이위찰)"이라고 주장하는 명변의 풍조를 강력하게 비판하면서 이는 "백성을 의혹에 빠뜨리고 송사와 변론을 일삼게 만드는 것(使民疑惑, 人多辨訟사민의혹, 인다변송)"이며, "괴이한 학설을 익히고 이상한 말장난을 즐기니, 잘 살펴도 소용이 없고 말은 잘해도 소용이 없는 것

(好治怪說, 玩琦辭, 甚察而不惠, 辯而無用호치괴설, 완기사, 심찰이불혜, 변이무용)" 이자 심지어 "다스림의 큰 재앙이다(治之大殃也치지대앙야)" 라고 말하고 있다.[1] 사실 후대의 법제주의(法制主義)를 주장한 이들이 "명칭을 좇아 실상을 구한다(循名以責實순명이책실)"는 사고 방식을 추종한 것은 바로 이로 말미암는 것이다.

"명칭을 좇아 실상을 구한다"는 말은 일종의 극단적으로 깨끗하고 이지적인 현실주의라고 말할 수 있다. 당시는 더 이상 예전처럼 낭만적일 수 없었기 때문에 사람들의 관점은 주로 현실 문제에 집중되었으며, '내용'은 없고 쓸데없이 '명분'만 이야기하는 순수 언어적 사변에 대해서는 더 이상 흥취를 느끼지 않았다. 사회가 더 이상 그렇게 낭만적이지 않을 때 생존 공간은 사회가 질서를 갖추어감에 따라 점점 더 작아져 간다. 더 이상 쓸데없이 계몽의 의미를 가지고 생각의 혼돈을 몰고 오기 쉬운 변자(辯者)는 더 이상 매력이 없다. 순자의 생각은 점차 주류 사회의 의식이 되었다. 이러한 의식 형태에서 후대에 '명가'라고 불리는 전국시대의 변자가 차츰 사라져갔다. 순수한 언어 사변과 분석마저 점차 사상사에서 사라져가다가 당대 불교의 유식론에 대한 저술, 선종(禪宗)의 쟁점에 이르러 잠시 다시 수면에 떠올랐다. 그러나 순식간에 나타났다 사라졌을 뿐이다.

사회적 관심에 집착하는 중국인들은 결코 현실적으로 전혀 실용적인 부분이 없는 순수 언어 사변에 관심이 없는 듯하다. 심령의 초월을 추구하는 중국인들 역시 이처럼 장황하고 세세한 언어적 유희에 빠지길 원하지 않는다. 후대에 '명가(名家)'는 점차 인간의 품행, 명분을 감정하는 학문으로 변화했다. 유가의 '정명(正名)'으로부터 시작하여 명변지학(名辯之學)은 전국시대의 혜시, 공손룡, 묵자의 후학의 손을 거쳐 다시 유학가의 '정명'으로 돌아왔으니, 이것이야말로 의미 있는 문제다.

---

1) 『순자』「비십이자」, 『순자집석』 권3, 59쪽, 62쪽.

제 3 편

中國思想史

서언 : 백가쟁명의 미성(尾聲)과 중국 사상 세계의 형성

중국 역사교과서를 보면 때로 자부심 가득한 어투로 춘추전국시대에 제자가 벌떼처럼 일어나고 백가가 쟁명하였다고 적혀 있다. 의심할 바 없이 당시는 중국 고대사상사에서 가장 찬란했던 시대이다. 야스퍼스(K. Jaspers)의 이론에 따른다면 이 시대를 '축심 시대(軸心時代 : 기축시대)'라고 부를 수 있다. 왜냐하면 중국이 이 시대를 통해 나름의 독특한 사상체계를 갖추었는데, 그 사상이 이후 2천여 년 간 중국을 지배했기 때문이다. 물론 다른 말, 즉 '태변의 시대(蛻變時代)'라고 칭할 수도 있다. 왜냐하면 그 시대가 '절지천통(絶地天通 : 인간과 하늘 간의 통로를 단절시킴. 『상서』에 나오는 말이다)'으로 '민신이업(民神異業 : 사람과 귀신이 서로 다른 일을 함)'을 조성함으로써 기존의 신비한 분위기 속에서 각성된 이성주의를 낳아 중국 사상사가 혼돈과 결별하고 마치 상고시대로부터 '금선탈각(金蟬脫殼 : 껍질을 벗고 매미가 되듯이 화려한 형상으로 바뀐다는 의미)'하여 새로운 한계를 그었기 때문이다.

이러한 주장 역시 일리가 있다. 그러나 우리의 눈빛이 시간을 따라 점차 후대로 내려갈 때 백가쟁명(百家爭鳴)의 미성(尾聲 : 마지막 소리), 즉 전국시대 말기에서 서한(西漢) 전기에 이르는 시간 안에서 각종 사상이 점차 융합되고 교차하는 현상에 관심을 모으지 않을 수 없다.[1] 이는 다음과 같은 이유 때문이다.

첫째, 우주, 사회, 그리고 인류에 관한 지식이 이 시대에 이르러 진정으로 서로 종합을 이루며 하나의 큰 체계를 형성하였다. 제자(諸子) 시대에 '올바른 도술이 천하의 학자들에 의해 갈가리 찢기게 되었으며(道術將爲天下裂도술장위천하열)', 그

---

1) 일찍이 하증우(夏曾佑)는 자신의 저서 『중국고대사』 226쪽에서 이렇게 말한 바 있다. "진한 양조(兩朝)는 특히 중국문화의 표준이라 할 수 있다. 진한이란 인연이 있었기에 지금의 결과를 얻게 된 것이니, 중국의 전도 역시 가히 예측할 수 있다."

들이 확인하고 견지하는 입장과 시각이 각기 한 면만을 고집하여 마치 각자의 방문을 여는 열쇠를 지녔으나 모든 방에 통용되는 이른바 만능열쇠는 지니지 못한 꼴이 되고 말았다. 그리하여 나날이 급변하는 시대적 변화와 사회 요구에 부응할 수 없었다.

둘째, 진한(秦漢)의 대통일 이후 중국 사상 세계는 기본적으로 지극히 방대하고 복잡하며 또한 계통을 지닌 지식체계에 근거하였다. 이러한 지식체계는 바로 이 시대에 점차 형성된 것으로 이후 중국문화의 배경이 되었다. 그러한 배경은 제자들의 일가 일파가 아니라 인문과 사회사상은 물론이고 병법(兵法), 수술(數術), 방기(方技) 등을 모두 포괄하고 있는 거대한 지식체계에 융합된 것들이다.

셋째, 어떤 이가 지적한 바대로 중국문화는 '축심 시대'를 '돌파'하는데 다른 문명과 달리 가장 '온화(溫和)'했다. 여기서 '온화'라는 말은 근고(近古)시대의 이성적인 사상이 원고(遠古)시대의 몽매함에서 탈피할 때 과거 사상에 대해 '이것을 취하여 저것을 대치하는' 식의 부정이 아니라 '온갖 하천이 한데로 모여 흐르는' 식의 종합과 겸용의 방식을 택했고, 이러한 종합과 겸용 속에서 새롭게 정합(整合)과 해석(解釋)을 진행했다는 뜻이다. 이러한 '정합과 해석'은 한나라 무제 시절 '백가를 축출하고 유술을 독존하여(罷黜百家, 獨尊儒術파출백가, 독존유술)' 갑자기 출현한 것이 아니라 전국시대 말기에서 진한(秦漢)시대로 넘어오는 와중에 여러 가지 절충적인 색채로 사상 속에 표출되고 있었던 것이다.

과거 사상에 대해 '이것을 취하여 저것을 대치하는' 식의 부정이 아니라 '온갖 하천이 한데로 모여 흐르는' 식의 종합과 겸용의 방식을 택했고, 이러한 종합과 겸용 속에서 새롭게 정합과 해석(解釋)을 진행했다는 뜻이다.

일찍이 30년대에 요순흠(姚舜欽)은 진한시대의 철학은 '혼성적(混成的)'인 것으로, "한편 낡은 것을 뒤집고 새로운 것을 내놓았으나 동시에 서로 융합되고 통합되었다"라고 말한 바 있다. 이러한 견해에 대해 장동손(張東蓀)이나 장유교(張維喬), 여사면(呂思勉) 등도 동의하였다.[1] 영국 학자로 이미 고인이 된 그레이엄(A. C. Graham) 역시 『갈관자(鶡冠子)』에 대해 논술한 한 편의 논문에서 『여씨춘추(呂氏春秋)』와 『시자(尸子)』가 편찬되던 시절부터 진한 교체기에 『갈관자』가 저작될 때까지 모든 저작물이 '절충주의'적인 추향을 지녔다고 말한 바 있다.[2]

---

1) 요순흠, 『진한철학사』, 6쪽, 권두에 나오는 장동손(1934), 장유교(1935), 여사면(1935)의 서문을 참조하시오. 상무인서관, 1936.

이처럼 이러한 것들이 바로 전국시대 말기부터 진한 교체기까지 중국 사상이 지닌 특징인 듯한데, 특히 이러한 특징은 『회남자(淮南子)』에서 보다 분명하게 드러난다. 확실히 한나라 시대 초기의 황로학파든 아니면 유가학파든 간에 형명(刑名) 법술과 양생 신선술, 그리고 병법 음양술이나 수술(數術), 방기(方技) 등과 구별되면서도 각기 서로 융통되는 현상이 벌어졌다. 특히 황로학파의 학술은 더욱 그러했는데, 『사기』「태사공자서(太史公自序)」의 유명한 구절은 바로 이러한 현상을 말한 것이라 할 수 있다. "그들의 학술은 음양가의 사시(四時) 운행의 큰 순리에 근거하고 유가와 묵가의 좋은 점을 취하며 명가와 법가의 요체를 취하여 시대와 더불어 발전하고 사물에 응하여 변화하며 풍속을 세우고 일을 시행하니 마땅하지 않은 것이 없었다(其爲術也, 因陰陽之大順, 採儒墨之善, 撮名法之要, 與時遷移, 應物變化, 立俗施事, 無所不宜기위술야, 인음양지대순, 채유묵지선, 촬명법지요, 여시천이, 응물변화, 입속시사, 무소불의)." 비록 도가에 대해 말한 내용의 일부이기는 하지만 전국시대 말기부터 진한 교체기까지 지식체계가 점차 융합하고 교류하는 추세를 반영하고 있다는 것은 분명하다.

근래 고고 발굴을 통해 지금까지 보지 못했던 사상 세계의 그림이 제공되고 있다. 수호지(睡虎地)의 간본 『진률(秦律)』과 『일서(日書)』, 마왕퇴(馬王堆) 한묘(漢墓)의 백서 『황제서(黃帝書)』, 『주역(周易)』, 『노자(老子)』 및 『오성점(五星占)』, 『병방(病方)』, 『도인도(導引圖)』, 그리고 방마탄(放馬灘), 은작산(銀雀山), 장가산(張家山), 팔각랑(八角廊), 쌍고퇴(雙古堆) 등에서 출토된 『인서(引書)』, 『맥서(脈書)』, 『만물(萬物)』 등 이미 오래 전에 망실된 것으로 알려진 저작들은 우리들에게 당시의 사상이 우리가 과거에 상상했던 것처럼 빈곤하고 부족한 것이 아님을 알려준다. 이와 동시에 출토된 자료들은 지금까지 위서(僞書)로 알려진 여러 자서(子書)들, 예를 들어 『위료자(尉繚子)』, 『시자』, 『문자(文子)』, 『갈관자』 등을 그로부터 '해방' 시켰다.

그것들은 전국시대 말기부터 진한 교체기에 이르는 사상사의 내함을 보다 풍부하게 만들었고, 이를 통해 우리는 더욱 많은 자료를 이용하여 당시 사상의

---

2) 『일부 소홀하게 여겨진 한나라 시대 이전 철학서 : 갈관자(*A Neglected Pre-Han Philosophical Text : Ho Kuan-Tzu*)』, 중역본, 양민(楊民) 역, 『청화한학연구』 제1집, 청화대학출판사, 1994.

궤적을 찾아나갈 수 있게 되었다. 점점 많아지고 있는 진한 시대의 고고 유물을 만약 일반 사상사나 당시 일반인들의 사상이나 의식을 체현하는 자료로 삼을 수 있다면 백화(帛畵), 벽화(壁畵), 화상석(畵像石), 도용(陶俑)은 물론이고, 매장된 동기(銅器)나 옥기(玉器) 등도 당시 사람들의 마음 깊은 곳에 자리한 이야기를 우리들에게 전할 수 있을 것이다. 만약 우리가 현존하는 여러 가지 문헌을 한데 모아 관련된 부분을 고찰하고, 새롭게 발견한 대량의 간백(簡帛) 일서(佚書)를 당시 지식 현상의 배경이 되는 자료로 삼으며, 아울러 각종 고고 유물들을 참고한다면 당시 사상의 대세를 살피는데 전혀 어려움이 없을 것이다. 그것은 다음과 같다.

여러 가지 지식은 편린적인 것에서 인 쪽으로 향했고 으로 치우친 경향 루 겸용하는 쪽으 했다.

첫째, 과거 우주와 사회, 그리고 인간(옛 사람들의 용어로 말하자면 천·지·인이라고 할 수 있다)에 관한 여러 가지 지식은 점차 편린적인 것에서 체계적인 쪽으로 향했고, 한쪽으로 치우친 경향에서 두루 겸용하는 쪽으로 변화했다. 본래 유자(儒者)들은 자연에 대해 그다지 관심이 없었다. "하늘이 어디 말을 하던가(天何言哉천하언재)"[1]라고 했을 때 '천(天)'은 비록 우주를 의미하는 것임에 틀림없지만 단지 비유일 따름이고, "지나가는 것은 이와 같다(逝者如斯夫서자여사부)"[2]라고 했을 때 '천(川)'은 강물을 의미하지만 이 역시 단지 감탄하는데 이용되었을 따름이다. 한편 묵자는 논리와 기술 등에 대해 여러 가지 탁월한 견해를 제시하였다. 그러나 대부분 경험적인 측면에서 논의한 것일 뿐 추상적인 개괄은 거의 없다고 할 수 있다.

이렇듯 전체적인 우주 관념이 부족하고 편린적인 경험으로 이루어져 있기 때문에 각종 학설은 비록 언어와 세계의 관계를 분석한다고 할지라도 대부분 '명'과 '실'의 관계에서 논의할 따름이었으며, '명'과 '실'의 궁극적인 근거에 관해서는 소홀히 다룰 수밖에 없었다. 혜시(惠施)와 공손룡(公孫龍)의 경우도 마찬가지여서 그들이 순수한 언어 문제에 관심을 표명한 것은 사실이나 결과적으로

---

1) 『논어』「양화(陽貨)」, "하늘이 어디 말을 하더냐? 사시가 제대로 운행되고 만물이 생겨나지만, 하늘이 어디 말을 하더냐(天何言哉. 四時行焉, 百物生焉, 天何言哉천하언재. 사시행언, 백물생언, 천하언재)." 공자가 자공(子貢)에게 한 말이다(역자 주).

2) 『논어』「자한(子罕)」, "지나가는 것은 이와 같으니, 밤낮으로 멈추지 않는다(逝者如斯夫. 不舍晝夜서자여사부. 불사주야)."(역자 주)

'궤변의 술수'에 가까웠던 것이다. 그리고 법제주의(法制主義)를 표방하고 실제적인 관리에 치중했던 이들은 사회, 정치의 조작 수단에 관심을 가졌을 뿐 형이상학적인 우주 이론에는 그다지 관심이 없었기 때문에 단지 법률제도의 측면에 머물 따름이었다.

노장(老莊)의 경우 정신적인 자유나 초월의 문제를 다루었으나 전체적으로 볼 때 상층부 사람들의 심령(마음)의 문제에 치중하여 형이하학적인 실용기술에 대한 논의는 크게 부족했다. 당시 전체 사상 세계를 풍미했던 음양, 오행의 사상적 맥락 역시 우주 현상의 체험에서 비롯된 것이나 고도로 축약된 논설이 철학적 추상이나 기술적 실용화로 흘렀을 뿐 엄밀하고 정돈된 형태로 체계화를 이루지는 못했다. 그렇기 때문에 여러 학술들이 난무하였으나 자연과 사회, 그리고 인류의 여러 측면을 아우르면서 효과적으로 천·지·인(天地人)의 여러 가지 문제를 효과적으로 해석하는 데 어려움이 있었던 것이다.

그러나 시대적인 필요에 부응하여 사상은 점차적으로 통일된 지식 체계와 해석 체계를 갖추는 쪽으로 향하게 된다. 그것은 궁극적인 의미에서 실용적인 기교까지, 그리고 지식과 기술에서 법률제도에 이르기까지 두루 포괄하는 '의식형태(이데올로기)'로 변화하게 된 것이다.[3] 각종 자료로 볼 때, 자연, 사회, 인류는 이미 '일(一 : 도, 태극, 태일)', '이(二 : 음양, 양의兩儀)', '삼(三 : 삼재三才)', '사(四 : 사상四象, 사방, 사시)', '오(五 : 오행)', '팔(八 : 팔괘)', '십이(十二 : 십이월)' 내지는 '이십사(二十四 : 절기)' 등으로 이루어진 숫자의 회로망에 포용되었다. 그래서 우주와 사회, 인류에 대해 나름의 새로운 견해를 제시할 수 있었다.

우선 우주에 관한 논의는 다음과 같다. 우주의 기원은 태일이 양의(兩儀 : 음양)를 낳고, 양의가 사상(四象)을 낳으며, 사상이 팔괘(八卦)를 낳아 만물이 파생된 것이다. 우주의 구조는 오방(五方)과 팔괘, 구야(九野), 이십팔수(二十八宿) 등과 같은 규칙에 의해 조합된 것이며, 만물은 이러한 질서를 갖춘 구조 속에서 차례대로

3) 『여씨춘추』「귀생(貴生)」, "도의 참됨은 자신의 몸을 유지하기 위한 것이고, 그 나머지는 나라와 집안을 위한 것이며, 흙부스러기나 지푸라기와 같은 그 나머지는 천하를 다스리기 위함이다(道之眞, 以持身, 其緖餘, 以爲國家, 其土苴, 以治天下도지진, 이지신, 기서여, 이위국가, 기토저, 이치천하)." 『이십이자』, 633쪽, 상해 고적출판사, 1986.

순환하게 된다.

다음 사회에 대한 논의는 다음과 같다. 사회는 질박함에서 번다함으로 나아갔다. 사회의 조직은 자유자재로 스스로 그러한 것에서 점차 인위적인 쪽으로 향했다. 즉 '무(無)'에서 '유(有)'로 고도의 조직화를 이루게 된 것이다. 이러한 조직화된 사회 구조는 천지, 음양, 사시, 오행 등을 모방하여 합리적인 근거를 갖춘 군신제도로 나타난다.[1)]

마지막으로 인간에 관해 그들은 자신의 체험을 통해 '기(氣)'가 분화하여 음양이 되고, 음양이 합쳐져서 사람이 된다고 여겼다. 그리하여 인간은 천지를 법칙으로 삼아, 남녀는 음양과 유사하여 기가 음양으로 분리되는 것과 같고, 둥근 머리는 하늘을 닮은 것이며, 넓적한 다리는 땅을 닮았으며, 오관은 오행을 사지는 사시, 삼백 육십 개의 골절은 삼백 육십일과 같은 것이다.[2)] 이처럼 방대하고 복잡한 이론체계 안에는 춘추전국시대부터 지식의 배경이 되었던 음양오행 사상과 명(名)과 실(實)과 언어의 문제에 대한 명가의 다양한 사변, 법률제도의 근거와 토대, 유학의 사회도덕, 도자의 자연을 근원으로 하는 이상적인 논의, 심지어 묵자의 귀신 숭배 등까지 모두 포함되어 있다. 또한 이러한 내용은 모두 숫자화, 도식화된 이론적 맥락을 통해 체계적으로 배열되었다.[3)]

---

1) 『문자(文子)』「미명(微明)」, "황제는 태일을 몸으로 삼고, 왕자는 음양을 법으로 삼으며, 패자는 사시를 법칙으로 삼는다." 『여씨춘추』「서의(序意)」, "대환(大圜)은 위에 있고, 대구(大矩)는 아래에 있다." 『갈관자』「환류(環流)」, "기(氣)에서 나와 도에 통하고, 일(事)에 따르고, 시(時)에 바르며, 이름(名)에 아름답고 법에서 이루어진다." 이상은 사회구조의 합리성이 우주에서 기원한다는 뜻이다.

2) 『황제내경소문(黃帝內徑素問)』 권1, 「상고천진론제일(上古天眞論第一)」, "상고시대 사람으로 도를 아는 이는 음양을 법도로 삼고 술수에 화합하였다." 또한 현인은 "천지를 법칙으로 삼고, 일월을 본받으며, 성신을 변별하고 음양을 받아들여 따르며 사시를 분별한다." 「생기통천론제삼(生氣通天論第三)」, "근본에서 태어나니, 음양과 천지간의 육합(六合) 안에서 근본하며……오장과 열두 관절은 모두 천기와 통한다." 『이십이자』, 875~877쪽.

3) 70년대에 출토된 한나라 시대 문헌에서 볼 때 이상의 의론을 확인할 수 있는 증거를 쉽게 발견할 수 있다. 우선 "무엇보다 앞선 시초는 태허(太虛)와 통한다"는 구절은 도자의 학설을 수용한 것이고, "팔정(八定)을 건립하고 칠법(七法)을 행한다"라든지 "도는 법을 낳는다", "시비는 구분이 있으며, 법으로 판단한다"라는 구절은 법제주의자들의 주장과 상통한다. "천지는 항상됨이 있고, 만민은 일정한 일이 있으며, 귀천은 적당한 자리가 있고, 신하를 육성하는 데는 영구한 도가 있고, 백성을 부리는 데는 일정한 제도가 있다"는 주장이나, '육순육역(六順六逆)', '사도(四度)' 등은 유자들이 제창한 등급 질서와 상통한다. 또한 "음양이 번갈아드는 것을 알지 않을 수 없다." "무릇 모든 논의는 음양으로 대의(大義)를 밝혀야 한다." 등의 언술은 그 배경 지식에 음

둘째, 우주와 사회, 그리고 인간(또는 인류)에 관한 과거의 여러 가지 지식과 사상이 변화하고 발전하여 체계를 갖추면서 점차 통일된 궁극적인 근거를 마련하게 되는데, 이는 굳이 증명하지 않아도 자명한 사실이다. 『예기』「경해(經解)」, 『대대례기』「보부(保傅)」, 『사기』「태사공자서(太史公自序)」 등의 전적을 보면 『역』에 나오는 다음과 같은 말을 인용하고 있다. "근본을 바르게 하면 만물이 잘 다스려질 것이니, 털끝만큼이라도 어긋나면 천리나 차이가 날 것이다(易曰, 正其本, 萬物理, 失之毫厘, 差之千里. 故君子愼始역왈, 정기본, 만물리, 실지호리, 차지천리. 고군자신시)."[4] 그렇다면 무엇이 '본(本)'인가? 그것은 사람들의 의식에 존재하는 모든 합리성의 기본적인 근거이다. 중국 고대사상의 세계에서 이러한 근거는 구체적인 사물도 아니고, 그렇다고 추상적인 본체가 아니다. 그것은 천지와 인귀(人鬼)보다 높은 곳에 자리하면서도 천지와 인귀와 상응하는 것으로 우주와 사회, 그리고 인류 모두의 기원이자 도식이다. 그것은 때로 '도'라고 칭해지며 '일(一)'이라고 부르기도 한다. 도자들은 일찍이 체험을 통해 하늘의 '도'를 찾았으며, 유자들은 도덕을 통해 인간의 '도'를 탐구하였다. 그러나 전자가 주장하는 '천도'는 현묘하기 이를 데 없어 사람들이 내적 관조를 통해 체득할 수밖에 없는 내심(內心)에 존재하는 것이었고, 후자가 주장하는 '인도'는 사회적으로 지지를 얻을 수 있었으나 자연법칙까지 포괄할 수는 없었다. 결국 '도'의 합리성이 과연 어디에서 나오는 것인지에 대해 각 학파는 충분한 논술을 하지 못했던 것이다.

그러나 전국시대 말년부터 진한 시절에 이르자 우주와 사회, 인간에 관한 형이상학적인 체계가 완성되면서 일체의 지식이 그 안에서 근거를 찾게 되고 굳이 증명하지 않아도 자명한 합리성을 확보하게 된다. 이러한 합리성은 천지인이 동일한 근원과 동일한 구조를 지녔으며, '도' 또는 '일'에서 기원했다는 논리에 근거한다. 예컨대 『십대경(十大經)』「성법(成法)」에서 "일(一)은 천지에서 살펴 알 수

양학설이 존재한다는 것을 증명한다. 이상은 마왕퇴 한묘 백서본인 「도원(道原)」, 「경법(經法)」, 「칭(稱)」, 부양(阜陽) 한간(漢簡)인 『만물(萬物)』, 『노자을본권전고일서석문(老子乙本卷前古佚書釋文)』 등에 나온다. 문물출판사, 1974. 『문물(文物)』, 1988년 제4기. 『여씨춘추』, 『회남자』 등의 저작은 전체 사상 세계를 두루 포괄하는 사상적 맥락을 구체적으로 체현하고 있다. 이는 앞으로 보다 상세하게 논의할 것이다.

4) 『예기』「경해」, 『십삼경주소』, 1611쪽, 『대례예기해고(大禮禮記解詁)』, 58쪽, 중화서국, 1983. 『사기』, "故易曰, 失之毫厘, 差以千里(고역왈, 실지호리, 차이천리)", 3298쪽.

있고, 일의 도리는 사해에 베풀어진다(一之解, 察於天地, 一之理, 施於四海일지해, 찰어천지, 일지리, 시어사해)"[1]고 말한 것은 그 좋은 증거라고 할 수 있다.

각종 사상, 지식과 기술 등은 이로 인해 각기 논리적 역량을 확보하게 된다. 윤리와 도덕은 인성에서 비롯되지만 또한 자연의 질서와 합치되고, 법률제도는 사회 기강의 필요에 의한 것이지만 또한 자연법칙에서 나온 것으로 여겨진다. 논리 역시 외재하는 세계의 격식이자 내재적 사유의 이론적 맥락이 된다. 또한 명칭은 '도'가 만물을 생성한 후에 명명된 산물이자 모든 만물이 피할 수 없는 부호가 된다. 이외에 의약에 관한 지식도 음양오행의 지지를 얻어 설득력을 갖추게 되고, 양생 방법 역시 우주 기원의 순서에 부합하면서 이론적 토대를 지니게 된다. 이렇듯 모든 것들이 질서정연하고 정리(情理)에 부합하는 근거를 확보하게 되는 것이다.

인류는 언제나 근본적인 이론을 통해 자신이 처한 세계를 해석하고자 노력했다. 중국 고대사상은 아주 먼 옛날부터 자명한 사유(思惟)를 추구해왔는데, 제자(諸子) 시대에 '회의(懷疑)'를 거쳐 진한 시대에 이르자 또 다시 새로운 토대에서 새롭게 거의 모든 것을 포괄하는 지식 배경 속에서 굳이 말하지 않아도 알 수 있는 궁극적인 근거를 마련할 수 있게 된 것이다. 이러한 근거는 또다시 사람들에게 거의 모든 것을 해석할 수 있는 사상체계를 건립하는 데 직접적인 영향을 끼쳤으며, 이로 인해 사람들은 비로소 안심할 수 있었던 것이다.[2] 프레이저(James George Frazer)가 『황금가지(*The Golden Bough : A Study in Magic and Religion*)』에서 말한 것처럼 인류의 사유의 배가 '오래된 정박지에서 밧줄이 풀린 상태로 회의와 불확정의 바다에서 흔들릴 때' 사람들은 고통과 곤혹감 속에서 헤매게 된다. 이후 사유의 배가 다시금 "새로운 신앙과 실천의 체계로 진입한 후에야 비로소 멈

---

1) 『노자을본권전고일서석문(老子乙本卷前古佚書釋文)』, 31쪽, 문물출판사, 1974.

2) 『역』「계사(系辭)」에서 "태극은 양의를 낳았다"는 학설이나 『여씨춘추』의 권1에서 권12까지 '사기십이월(四紀十二月)'과 권13의 '구야구주(九野九州)'론, 그리고 『황제내경소문(黃帝內徑素問)』 권12의 '구궁팔괘팔절기(九宮八卦八節氣)'에 관한 논의 및 마왕퇴 한묘 백서인 『오성점(五星占)』의 '오방오성오행(五方五星五行)'론 등은 모두 이와 같은 것들이다.

3) 『황금가지』 제4장, 서육신(徐育新) 등 역, 88쪽, 중국민간문예출판사, 1987.

추게 된다."[3]

이때가 되어서야 비로소 『묵자』 「법의(法儀)」에서 "하늘을 법으로 삼으니, 움직이고 일을 행함에 있어 반드시 하늘을 법도로 삼는다"라고 한 것이나 『장자』 「천지」에서 "만물은 비록 다양하게 많지만 그 다스림은 하나이다"[4]라고 말한 것처럼 진정으로 확고한 자리를 마련하여 과거의 현허하고 추상적이던 '도', '무', '일' 등이 하나의 체계 속에서 창조적으로 전화하여 능히 조작하고 헤아릴 수 있는 도리로 자리 잡게 된 것이다. 그리고 사람들은 이를 통해 일체의 것을 해석하고, 설사 사이비(似而非)일지라도 말하지 않아도 능히 알 수 있는 것으로 간주하게 된다. 그 좋은 예를 우리는 마왕퇴 한묘 백서인 『경법(經法)』 「론(論)」에서 살펴볼 수 있다. "천(天)은 하나를 잡아 삼(三 : 일·월·성)을 밝히고, 천은 삼을 밝혀 이(二 : 음양)를 정한다." "천은 이를 정하여 팔정(八正 : 사시四時의 동정動靜)을 세운다."[5] 이처럼 유추해 간다면 과연 그 어떤 것이 이러한 해석에서 벗어날 수 있겠는가?

사상의 형이상학 …와 형이상학적 조 …련됨으로써 옛 사 … 말한 '도(道)'와 …' 또한 상호간의 … 가능하게 되며 아 …정한 규범과 도식 …게 된다.

셋째, 그 시기에 지식과 사상의 형이상학적 토대와 형이상학적 조작이 마련됨으로써 옛 사람들이 말한 '도(道)'와 '술(術)' 또한 상호간의 소통이 가능하게 되며, 아울러 일정한 규범과 도식을 갖추게 된다. 자연, 도, 음양, 오행 및 이와 상응하는 여러 가지 범주(예를 들어 음양은 명암, 건습乾濕, 경중輕重과 상응하고, 오행은 오방, 오음, 오색과 상응한다)는 일체의 현상과 사물의 생성, 변화 그리고 구조를 해석하는데 적절한 토대가 되었다. 예를 들어 우레가 번쩍이는 것은 음양이 서로 부딪치기 때문이고, 한발이나 장마 등의 재해는 음양의 변이로 말미암는 것이다. 이처럼 사람의 정리에 부합하는 해석이 가능해지자 이러한 여러 가지 해석에 관한 이론으로 일련의 기술이나 자연의 모방, 기복(祈福)과 양재(禳災 : 재앙을 피하기 위한 푸닥거리)에 관한 논의가 체계화되고, 당연히 효과가 있는 것으로 간주되었다.

이는 사회나 인간의 여러 가지 상황에 관한 해석의 경우도 마찬가지다. 우선 사회는 이미 질박하고 단순한 상태에서 번다하고 복잡한 상태로 변화한 것으로

---

4) 『묵자한고(墨子閒詁)』 권1, 「법의」, 19쪽, 중화서국, 1986. 『장자집해』 권5 「천지」 및 그 아래 인용된 『기(記)』에 보면, "하나로 통하니 만사가 갖추어진다(通於一而萬事畢통어일이만사필)"라고 했다. 403~405쪽, 중화서국, 1961, 1978.

5) 『노자을본권전고일서석문』, 12쪽 B.

인식되었기 때문에 각종 예속(禮俗)제도는 더욱 합리적인 의의를 부여받게 되었다. 예를 들어 군신간의 존비(尊卑)는 천지를 본뜬 것이고, 관료체제는 오행을 본받은 것이다. 사계절의 변화에 따라 봄과 여름은 인자하고 자애로우며, 가을과 겨울은 법률과 기강으로 엄정해야 함을 뜻하는 것이 되었다. 당시 한나라 시대의 황궁(皇宮)은 천상(天象)을 본떠서 세워졌는데, 이는 일련의 자명한 체계가 실용적인 면에 그대로 활용되었음을 증명하는 좋은 예라고 할 수 있다.

다음 인간의 경우도 마찬가지다. 사람의 동정(動靜)은 음양과 같으며, 오관(五官)과 오장(五臟)은 오행이나 오방과 같다. 사람에게 12개의 큰 골절과 360개의 작은 골절이 있는 것은 해와 달의 숫자에 부응하는 것이고, 사람의 사지(四肢)는 사계절, 둥근 머리는 하늘, 넓적한 발은 땅을 본뜬 것이다. 숨을 쉬는 것은 천지만물의 순서에 따른 교체와 같다. 그렇기 때문에 사람은 외재하는 자연에 대한 이해를 근거로 내재하는 생리의 문제를 해석할 수 있었던 것이다. 당시에 의약 관련 전적은 특히 음양오행에 관한 문자로 가득 차 있는데, 이는 이러한 해석이 이미 실제적인 응용 기술로 전화되었음을 뜻하는 것이다. 이렇듯 자명한 근거에 바탕을 둔 해석은 자연과 사회, 그리고 인간의 사상을 관철함과 동시에 과학과 정치, 그리고 기술의 문제까지 두루 관통하고 있었던 것이다. 그것은 단순한 인문사상에서 거의 포함되지 않는 것이 없는 방대한 의식 형태로 변화했고, 후대 사상 세계의 잠재적 배경이 되었으며, 근대에 이르러 서구의 새로운 사조(思潮)가 그것에 대해 강력한 충격을 주기 전까지 줄곧 중국 사상의 토대가 되었던 것이다.

전국시대 말기부터 진한 시절에 이르기까지 비록 분서(焚書)가 행해지고 아예 책을 끼고 다니는 것을 금지하던 때도 있었지만 사상가들은 결코 자신의 사색을 멈춘 적이 없다. 천하가 통일되지 않은 상태에서 혼란이 지속되었지만 사상은 정치적인 압력에도 불구하고 결코 멈춘 적이 없었던 것이다. 마침내 통일 왕조가 출현하고 의식이 통일되는 추세가 점차 강화되면서 사상에 대해 직접적인 영향을 끼치게 된다. 그리하여 "올바른 도술이 천하의 학자들에 의해 갈가리 찢기게 되었다"는 전국시대 말기의 상황은 "숱한 냇물은 각기 다른 곳에서 흘러나오지만 모두 바다로 돌아가고, 수많은 사상가들은 각기 다른 학술을 제기했지만 모두 천하를 다스림에 힘썼다(百川異源而歸於海, 百家殊業而務於治백천이원이귀어해, 백가수업이무어치)"는 쪽으로 전향되기에 이른다.

이렇듯 사상은 '치(治 : 천하를 다스림)'를 위해 다시금 새롭게 정리되면서 또다시 모든 것을 포괄하는 체계를 형성하기에 이른다. 사상은 일련의 형이상학적인 이론과 효용 가치를 지닌 실용적인 모형을 제시해야만 했다. 그것이 바로 '천하가 하나로 새롭게 정해지고(重定於一)', '도술이 상통하는 것(道術相通)'이다. 따라서 통일의 시대가 곧 다가오게 될 전국시대 말기부터 사상가들은 어쩌면 '사상'이라고 칭하기보다 '의식 형태(이데올로기)'라고 칭하는 것이 마땅할 거대한 체계 마련에 돌입하였던 것이다.

『여씨춘추(呂氏春秋)』「서의(序意)」에 보면 이런 구절이 나온다.

> 위로 하늘에서 헤아리고 아래로 땅에서 징험을 얻으며, 가운데로 사람에게서 살핀다. 이렇게 하면 옳음과 그름, 가함과 불가함이 숨을 곳이 없을 것이다(上揆之天, 下驗之地, 中審之人, 若此, 則是非可不可無所遁矣상규지천, 하험지지, 중심지인, 약차, 즉시비가불가무소둔의).[1)]

『사기』「여불위열전(呂不韋列傳)」에 따르면, 여불위는 스스로 자신의 책이 "천지 만물과 고금의 일을 두루 갖추었다"고 여겼다. 그래서 "함양(咸陽) 성문에 책을 진열하고, 그 위에 천금의 현상금을 걸어놓고 여러 제후국의 유사들과 빈객들을 불러들여 만약에 한 글자라도 빼거나 더할 수 있는 이가 있다면 천금을 주겠다"[2)] 고 장담했던 것이다. 1백여 년 후에 나온『회남자』권21「요략(要略)」에도 이와 유사한 말이 나온다.

> 글을 쓰는 목적은 도덕을 기강(紀綱)으로 삼고, 사람의 일을 경위(經緯)로 삼기 위함이다. 그래서 위로 하늘을 헤아리고 아래로 땅을 헤아리며, 가운데로 만물의 이치에 통하고자 했던 것이다(夫作爲書論者, 所以紀綱道德, 經緯人事, 上考之天, 下揆之

1)『여씨춘추』권12,「서의」,『이십이자본』, 665쪽.
2)『사기』권85, 2510쪽.

地, 中通諸理부작위서론자, 소이기강도덕, 경위인사, 상고지천, 하규지지, 중통제리).

아울러 유안(劉安)은 자신의 『회남자』가 "천지의 형상을 살피고 고금의 사적에 두루 통했으며, 일을 헤아려 제도를 확립하고, 형세를 따져 마땅함을 베풀며, 도의 본심에 근원을 두고 삼왕(三王)의 기풍에 합일하니…… 만물을 다스리며, 변화에 응하고 다른 부류들에게도 두루 통할 수 있으니, 하나의 길만 따르거나 한 모퉁이의 취지만 지키는 것이 아니다(觀天地之象, 通古今之事, 權事而立制, 度形而施宜, 原道之心, 合三王之風, 理万物, 應變化, 通殊類, 非循一迹之路, 守一隅之指관천지지상, 통고금지사, 권사이립제, 도형이시의, 원도지심, 합삼왕지풍, 리만물, 응변화, 통수류, 비순일적지로, 수일우지지)"[1]라고 했다. 이는 모두 집대성을 했다는 뜻이다. 이러한 '절충'과 '융통'의 사상적 대세 속에서 개인의 생존과 사회 규범, 방기(方技)와 술수, 형명(刑名)과 법률, 유학(儒學)과 윤리 등이 모두 근 1백 년 동안 사상 세계의 주된 사조를 구성하게 된다. 그렇다면 '백가쟁명(百家爭鳴)'이 끝나게 된 것은 단지 진시황제의 분서갱유(焚書坑儒)나 한나라 무제(武帝)의 파출백가(罷黜百家 : 유가가 독존하고 제자백가를 물리친 것)에 의한 것이 아니라 절충과 융통이 이미 다양한 사상가들의 이론을 겸용하였기 때문에 각 학파의 사상적 차이가 날로 옅어졌기 때문일 것이다. 사상의 통일은 때로 특별한 소멸을 대가로 삼는다. 그러나 이는 어쩔 수 없는 사정이 있기 때문이니, 이러한 어쩔 수 없는 사정이란 것이 바로 역사인 것이다.

사상의 통일은 때로 특별한 소멸을 대가로 삼는다.

1) 『회남홍렬집해(淮南鴻烈集解)』 권21, 700쪽, 711쪽, 중화서국, 1989.

1절

진한 시대의 보편적 지식 배경과 일반 사상의 수준

백서와 백화에서 발견을 통해 새롭게 알게 된 진한 시대의 지식의 배경

20세기 70년대에 호남 장사(長沙) 마왕퇴(馬王堆) 한묘(漢墓)에서 연이어 발굴된 유적을 통해 우리는 진한(秦漢) 시대의 사상을 새롭게 인식하는 데 크게 도움을 준 결정적 증거를 제공받을 수 있었다. 그것은 이제까지 결코 본 적이 없었던 것들이다. 과거 역사 학계는 그저 『사기』나 『한서』를 비롯한 소수의 전적을 통해 진한 시대의 사상 세계를 엿보았을 뿐이다. 그러나 역사 문헌과 실물은 시대의 변화에 따라 끊임없이 사라져가고, 역사 해석의 권력을 장악한 사람들의 역사에 대한 부단한 선택과 주석은 우리들에게 현존하는 그러나 결코 많다고 할 수 없는 기억과 사람의 손을 거쳐 산정(刪定)된 사료를 통해 역사를 만들어 나가도록 만들었다. 또한 경전(經典) 작가나 엘리트 사상을 중시하는 사상사 전통은 또한 이러한 기억과 사료의 경전화를 유도하였고, 결국 실존하는 역사에서 더욱 더 멀리 떨어지도록 만들었다. 예를 들어 진한 시대는 황로 사상이 홍성하고 무제(武帝) 시대는 유술(儒術)이 독존되었으며, 양한(兩漢) 시대는 참위(讖緯 : 미래의 길흉화복의 조짐이나 앞일에 대한 예언이나 책)와 경학(經學), 그리고 왕충(王充)의 사상이 거의 당시 사상사의 주축으로 간주되었다. 그러나 마왕퇴 백서나 백화의 발견은 우리들에게 과거 사상사에서 말하고 있는 세계와 또 다른 세계를 보여주고 있다.[1)]

---

1) 하개균(何介鈞), 장유명(張維明) 편저, 『마왕퇴한묘』, 71~75쪽 참조, 문물출판사, 1982.

마왕퇴 백서(帛書)에 포함된 『노자(老子)』, 『황제서(黃帝書)』, 『경법(經法)』, 『십대경(十大經)』, 『칭(稱)』, 『도원(道原)』, 『오행(五行)』, 『구주(九主)』, 『역경(易經)』 및 『역전(易傳)』(「계사系辭」, 「이삼자문二三子問」, 「요要」, 「무화繆和」, 「소력昭力」, 「역지의易之義」) 부류의 책들은 이후 상층부의 사상 세계의 내용이 되었다.

또한 『전국종횡가서(戰國縱橫家書)』, 『춘추사어(春秋事語)』 등은 역사 저작물로 볼 수 있다.

『오성점(五星占)』, 『천문기상잡점(天文氣象雜占)』, 『상마경(相馬經)』, 『도인도(導引圖)』, 『오십이병방(五十二病方)』, 『각곡식기(却穀食氣)』, 『형덕(刑德)』 등은 후대에 민간 신앙 및 이와 관련되어 사용하는 기술에 관한 전적들이다.

또한 성읍(城邑)과 원침도(園寢圖), 신지도(神祇圖), 승룡도(升龍圖), 지형도(地形圖) 등 도형 문서도 포함되어 있다.

무덤에 수장된 서적들은 때로 묘의 주인이 섭렵한 읽을거리였을 것이다. 묘의 주인이 섭렵한 읽을거리의 범위는 그를 포함한 여러 사람들의 독서 내용을 대표하는 것일 터이고, 그들이 섭렵한 서적들을 통해 당시 보편적인 독서 범위를 추정할 수 있을 것이다. 또한 이러한 보편적인 독서 범위는 대체적으로 당시의 지식 수준과 사상적 홍취를 살피는 데 결정적인 도움을 준다. 의심할 바 없이 마왕퇴 백서(帛書)와 백화(帛畵)가 보여주는 지식 속에는 육경과 제자(諸子) 가운데 황제와 노자의 학문이 포함되어 있으며, 유자들의 역학과 오행설, 당시 역사 전적(典籍), 수술(數術)과 방기(方技)와 관련된 형덕(刑德), 의방(醫方), 점복(占卜), 도인(導引)에 관련된 전적이 섞여 있다.

이외에도 당시 사람들이 행하던 제사나 장례 기술이 포함되어 있는데, 만약 근래에 수호지(睡虎地)에서 출토된 진간(秦簡) 『일서(日書)』나 부양(阜陽) 쌍고퇴(雙古堆) 한묘에서 출토된 점복류 『역』를 참고하고, 정현(定縣) 팔각랑(八角廊) 한묘에서 발견된 죽간 『문자(文子)』, 『유가자언(儒家子言)』, 임기(臨沂) 은작산(銀雀山) 한묘에서 발견된 『손빈병법(孫臏兵法)』, 『손무병법(孫武兵法)』, 『당륵(唐勒)』, 『육도(六韜)』, 장가산(張家山) 한묘에서 발견된 『주언서(奏讞書)』, 『인서(引書)』, 『맥서(脈書)』, 『역보(曆譜)』, 『산술서(算術書)』 등등[1] 고고 발굴을 통해 발견한 여러 가지 '서(書)'를 종합해 보면 『한서』 「예문지(藝文志)」에서 당시 지식을 육예(六藝), 제자(諸子), 시부(詩賦), 병가(兵家), 수술(數術), 방기(方技) 등 여섯 가지로 분류한 것과 정확하게 부합할 것이다. 이를 통해 우리는 『한서』 「예문지」의 분류가 진한 사상 세계의 실제 상황을 그대로 전하는 것임을 확인할 수 있을 것이다.

사람들은 천도(天 관한 철리(哲理)나 世道)에 관한 치리 인도에 관한 윤리 아니라 여러 가지 인 지식이나 기술 해서도 많은 관심을 있었다.

이렇듯 당시 사람들은 천도(天道)에 관한 철리(哲理)나 세도(世道)에 관한 치리(治理), 인도에 관한 윤리뿐만 아니라 여러 가지 실용적인 지식이나 기술에 대해서도 많은 관심을 가지고 있었다. 예를 들어 그들은 일상생활에서 부딪치는 여러 가지 액운을 제거하거나 생명을 연장하는 문제에 대해 많은 관심과 열정을 지니고 있었다. 그래서 여러 가지 기술이나 의약으로 나름의 방도를 강구하였으며, 점복을 통해 미래를 예측하고 상징적인 의식을 통해 기도함으로써 행복한 생활과 생명의 연장을 희구하였던 것이다. 그들의 사유 세계에서 이러한 지식과 기술은 전혀 충돌하지 않았으며, 심지어 경전사상의 경우와 마찬가지로 말하지 않아도 알 수 있는 근거를 갖추고 있었다. 그렇기 때문에 전혀 의심치 않는 거대한 체계 안에서 사상사 역시 그것, 즉 보편적인 지식 배경과 일반적인 사상 수준의 존재와 의의를 무시할 수 없었던 것이다.

1

전해지는 문헌 속 신앙

대대로 전해지는 관련 문헌이 없다고 할지라도 현존하는 저작물 속에서 황로학과 유가의 학설 이외에 당시 민중들이 기타 여러 가지 신앙이나 사상을 지녔음을 능히 알 수 있다. 예를 들어 『사기』 「봉선서(封禪書)」나 『한서』 「교사지(郊祀志)」에 기재된 바에 따르면 전국시대 말기부터 진한 시절까지 각지에서 다양한

1) 이 가운데 임기(臨沂) 한간(漢簡)에 수록된 책들은 나복이(羅福頤), 『임기 한간에서 보이는 고적 개략(臨沂漢簡見古籍槪略)』, 『고문자연구』 제11집(중화서국, 1985)을 참고하시오. 장가산(張家山) 한간인 『인서(引書)』는 『문물』 1990년 제10기에 수록된 역문을 참조하시오. 장가산 한묘에서 발견된 『맥서(脈書)』는 고대륜(高大倫), 『장가산 한간 맥서 교석(張家山漢簡脈書校釋)』(성도출판사成都出版社, 1992)을 참고하시오. 정현(定縣) 팔각랑(八角廊) 한간인 『문자(文子)』는 『문물』 1996년 제1기에 수록된 역문을 참고하시오.

형태의 제사가 거행되었음을 알 수 있다. 예를 들어 옛 제(齊)나라 땅에서는 팔신장(八神將), 즉 천주(天主)와 지주(地主)를 비롯하여 병주(兵主), 음주(陰主), 양주(陽主), 월주(月主), 일주(日主), 사시주(四時主) 등에게 제를 올렸는데, "팔신에 대한 제사는 모두 가축을 희생으로 삼았으나 무축의 숫자가 적고 많음이 다르고, 제기로 사용되는 옥백(玉帛) 등이 차이가 있었다(皆各用牢具祠, 而巫祝所損益, 圭幣雜異焉개각용뢰구사, 이무축소손익, 규폐잡이언)."[1]

진(秦)나라 땅에서는 명산대천과 대총(大冢), 성신(星辰) 등에게 제를 올렸다. 예를 들어 효산(崤山)의 동쪽에 있는 명산이 다섯이었고, 큰 하천이 두 군데였으며, 화산(華山)의 서쪽에 있는 명산은 일곱에 큰 하천이 네 군데였다. 이밖에도 작은 하천과 산 및 네 군데 대총이 포함되었으며, 일(日)과 월(月), 삼(參), 신(辰), 남두(南斗), 북두(北斗), 형혹(熒惑), 태백(太白), 세성(歲星), 전성(填星), 신성(辰星), 이십팔숙(二十八宿), 풍백(風伯), 우사(雨師) 등이 포함되었다. 그 가운데 가장 숭배한 것은 사치(四畤 : 네 군데 천지신명에게 제사를 거행하는 곳)의 상제(上帝)였다. "대축(太祝)이 항상 주관하고 매년 시기에 따라 제를 올렸다(太祝常主, 以歲時奉祠之태축상주, 이세시봉사지)." 그리고 가장 작은 신은 두주(杜主)였다. "(두주는) 원래 주(周)나라 시절 우장군(右將軍)이었는데, 진중(秦中) 지역에서 가장 작은 귀신으로 영험한 이였다(故周之右將軍, 其在秦中最小者也고주지우장군, 기재진중최소자야)."[2]

이외에도 옛 초(楚)나라 땅에서는 『구가(九歌)』와 망산(望山), 포산(包山)에서 출토된 초간(楚簡)에서 볼 수 있듯이 동황태일(東黃太一), 운중군(云中君), 대사명(大司命), 소사명(小司命), 하백(河伯), 산귀(山鬼), 상군(湘君), 상부인(湘夫人) 등이 나름의 체계를 갖춘 제사 대상으로 자리하고 있었다. 한나라 시대에 이르러 초나라 땅 출신인 유씨(劉氏 : 유방) 역시 예전의 제사 습속에 따르는 한편 다른 지역의 신앙에 대해서도 겸용의 태도를 취했다. 『한서』 「교사지(郊祀志)」의 기록에 따르면 양(梁), 진(晋), 제(齊), 진(秦) 등의 제사 전통은 물론이고, 심지어 진중(秦中 : 진나라 2세)의 제사도 관방의 묵인 아래 거행되었다. 다만 기존의 사치(四畤) 외에 북치(北畤)

1) 『한서』 권25, 1202~1203쪽.

2) 『한서』 권25, 1207~1209쪽.

를 더하여 오행, 오색, 오방과 배합되는 오제사(五帝祠)로 바뀌었을 뿐인데, "옛날 사관(祠官)을 부르고 태축(太祝)과 태재(太宰)를 두는 등 이전 진나라 시대의 의례와 같았다(悉召故秦祠官, 復置太祝太宰, 如其故儀禮실소고진사관, 복치태축태재, 여기고의례)."[3] 시간이 흐르고 정권이 바뀌었지만 전통 신앙의 전승은 막을 수 없었던 것이다. 이처럼 사회생활에 광범위하게 유전된 보편적인 신앙 속에서 축(祝 : 축관), 사(史 : 사관), 복(卜 : 무당), 종(宗 : 종백) 등 고대 문화인들은 일정한 사상과 지식이 권력을 장악할 수 있었던 것이다.

유지하려면 일련과 기술이 필요하

신앙을 유지하려면 일련의 지식과 기술이 필요하다. 당시에는 풍각(風角 : 풍향에 의한 점)이나 감여(堪輿 : 풍수지리), 점성술이나 택일법 등이 모두 유행하는 기술에 포함되어 있었다. 저소손(褚少孫)이 보주한 『사기』 「일자열전(日者列傳)」 끝머리를 보면 한나라 무제 시절에 각종 유파의 점복 전문가들을 소집하여 "어느 날 며느리를 맞이하는 것이 좋은가"에 대해 묻는 대목이 나온다. 이는 한나라 시대의 무자(巫子)들이 세속의 행사에 대해 영향력을 끼쳤음을 말해주는 것이자 점복 기술이 사회생활에 두루 만연되어 있었음을 설명하는 것이다. 당시 점복가들 가운데 "오행가는 좋다 말하고 감여가(堪輿家 : 풍수가)는 안 된다 하였으며, 건제가(建除家 : 점을 치는 사람의 일종)는 불길하다 대답하고 총진가(叢辰家 : 십이지에 따라 점을 치는 사람)는 크게 흉하다고 하였으며, 역가(曆家)는 조금 흉하다 하는 등 각자 논쟁을 벌여 결론이 나질 않았다(五行家日可, 五行家日可, 堪輿家日不可, 建除家日不吉, 叢辰家日大兇, 歷家日小兇, 辯訟不決오행가왈가, 오행가왈가, 감여가왈불가, 건제가왈불길, 총진가왈대흉, 력가왈소흉, 변송불결)."[4] 그리하여 한나라 무제는 크게 노여워하며 조서를 내려 "모든 상서롭지 못한 것을 도모하는 데에는 오행을 위주로 하라"고 선포하기에 이르른다.

그러나 일반 민중들은 물론이고 상층부 귀족들 또한 여전히 이러한 부류의 지식이나 기술을 맹신하였다.[5] 마왕퇴 백서에 나오는 「형덕(刑德)」에 보면 오행가들의 기술에 대해 언급하고 있는데, '덕'은 천간(天干)을 지배하고, '형'은 지지

---

3) 『한서』 권25, 1210쪽.

4) 『사기』 권127, 322쪽.

5) 엄돈걸(嚴敦杰), 이령(李零) 등의 연구를 참조하시오. 『중국방술고(中國方術考)』, 금일중국출판사(今日中國出版社), 1994.

(地支)를 지배하니 형과 덕이 육십갑자의 위치를 분별하고 길흉을 예측한다고 주장했다.[1] 쌍고퇴(雙古堆) 한간 『주역』 역시 실용적인 점복의 책으로 다양한 사정을 각 괘사에 연결시키고 있다. 그래서 점을 치는 이는 괘사에 따라 각기 맞는 것을 검색하고, 길흉을 따질 수 있게 되어 있다.[2] 각지에서 출토된 여러 가지 식반(式盤)은 당시 사람들이 천지의 운행 궤도 및 그것과 성수, 방위의 대응관계가 인간의 화복을 예견한다고 믿었음을 보여주고 있다. 이러한 보편적인 지식들은 평민들의 일상생활에 있어서 믿음을 지탱해주었을 뿐만 아니라 제왕이나 귀족들의 심리에도 영향을 주었다.

예를 들어 한나라 무제는 "귀신에 대한 제사를 중시하였다."[3] 그래서 이소군(李少君)의 사조(祠竈), 곡도(谷道), 각노방(却老方)은 물론이고, 유기(謬忌)가 태일단(太一壇)에 제를 올리고, 소옹(少翁)이 귀신을 불러들이는 제를 올렸던 것이다. 이는 제후 왕의 경우도 마찬가지여서 강도(江都) 역왕(易王 : 유비劉非)의 뒤를 이어 왕위에 오른 유건(劉建)은 "무축을 믿어 사람을 시켜 제사와 기도를 행했고 망령된 말을 지어냈으며(信巫祝, 使人禱祠妄言신무축, 사인도사망언)"[4] 형산왕(衡山王)은 "병법을 잘 알고 천문기상을 관측할 수 있는 사람을 구한 적이 있다(求能爲兵法候星氣者구능위병법후성기자)."[5] 그래서 『춘추번로(春秋繁露)』 권16에서 진지하게 하늘에 기우제를 올리는 대목이 실리게 된 것이다.

> 무녀와 왕병(尪病 : 곱사등이)을 앓는 환자를 모아 8일 동안 햇볕을 쬐도록 내놓고 성읍의 동문 바깥에 사면으로 통하는 제단을 세우는데, 사방이 각기 8척이고 팔방에 푸른색의 비단으로 만든 깃발을 꽂는다. 공공(共工 : 물의 신) 신에게 제사를 올리며 8마리 살아 있는 생선과 현주(玄酒 : 맑은 물)를 올리며 아울러 청주와 육포

1) 마크 칼리노프스키(Marc Kalinowski), 「마왕퇴백서형덕시탐(馬王堆帛書刑德試探)」, 『화학(華學)』 제1집, 중산대학출판사, 1995.

2) 「부양쌍고퇴서한여음후묘발굴간보(阜陽雙古堆西漢汝陰侯墓發掘簡報)」, 『문물(文物)』, 1978년 제8기.

3) 『한서』 권25, 「교사지(郊祀志)」, 1215쪽.

4) 『사기』 권59, 「오종세가(五宗世家)」, 2096쪽.

5) 『사기』 권118, 「회남형산왕열전」, 3095쪽.

를 진설한다. 무녀 가운데 청결하고 말재주가 있는 이를 뽑아서 기도를 올리는 축(祝)으로 삼는다(暴巫聚蛇八日於邑東門之外, 爲四通之壇, 方八尺, 植蒼繒八, 其神共工, 祭之以生魚八, 玄酒, 具淸酒膊脯, 擇巫之潔淸辯利者以爲祝포무취사팔일어읍동문지외, 위사통지단, 방팔척, 식창증팔, 기신공공, 제지이생어팔, 현주, 구청주박포, 택무지결청변리자이위축).[6]

3일 전부터 재계(齋戒 : 마음을 깨끗이 하고 음식과 언행을 삼가며 부정을 멀리하는 일)한 후 파란색의 옷을 입고 재배(再拜)한 다음, 무릎을 꿇은 채로 축문을 읊는다. 이후 희생을 바치고 용춤을 추면서 기도를 올린다. 이러한 의식과 상징 및 그 배후에 존재하는 의의는 시종일관 당시 사람들의 믿음을 지탱하고 자신들의 믿음에 합법성을 부여하는 근원이 되었다. 예를 들어 천상의 성력(星曆)에서 인간 세상의 문제에 대한 정확한 해답을 찾고자 하는 점성이나 망기술(望氣術)이 그러하고, 오행, 오색, 오방의 상징을 통해 권력의 합법성을 얻고자 했던 의식, 예를 들어 '제후왕이 처음 봉해질 때 반드시 천자의 사단(社壇)에서 흙을 받아 자신의 영지에서 사당을 짓고 매년 때에 맞추어 제사를 지내는(受封必受土於天子之社수봉필수토어천자지사)' 의식 등이 그러하다.[7] 민중들에게 있어서 이러한 일련의 지식이나 기술은 더욱 보편화되었다. 예를 들어 『풍속통의(風俗通義)』 권9에 보면, "귀신을 모시느라 재물을 탕진하고, 제사를 올리느라 생산물을 다 써버렸다(財盡于鬼神, 產匱于祭祀재진우귀신, 산궤우제사)"는 말이 나온다. 또한 같은 책에 보면, 한나라 시대에 어느 마을에 석인(石人)에게 고사를 올리는 습속이 있었는데, "그곳을 오가는 수레가 많아 항시 붐볐고, 사람들이 쳐놓은 장막이 하늘을 가릴 정도였으며, 음악을 연주하는 소리가 사방 수십 리까지 들렸다(輜輦轂擊, 帷帳絳天, 絲竹之音, 聞數十里치련곡격, 유장강천, 사죽지음, 문수십리)"[8]고 한다.

---

6) 『춘추번로』 권16, 「기우제칠십사(祈雨第七十四)」. 이는 일련의 정형화된 의식이었다. 여름에는 남문에 7척의 단을 쌓고 적룡무(赤龍舞)를 추었고, 가을에는 서문에 9척의 단을 쌓고 백룡무(白龍舞)를 추었으며, 겨울에는 북문에 6척의 단을 쌓고 흑룡무(黑龍舞)를 추었다. 이러한 정제된 색깔과 방위, 숫자에서 알 수 있다시피 모두 오행가들의 기술을 응용한 것이다. 『이십이자(二十二子)』본, 803~804쪽 참조.

7) 『사기』 권60, 「삼왕세가(三王世家)」, 2115쪽.

8) 『풍속통의』 권9, 「회계속다음사(會稽俗多淫祀)」, 「석현사신(石賢士神)」.

2

도형(圖形) 위주의 고고학적 자료 속에서 우리는 진한 시대 사람들의 지식 배경과 사상 수준을 살펴볼 수 있다. 진한 시대 사람들은 자신들의 경험을 토대로 상징과 상징이 모사하고 있는 사물이거나 현상 사이에 모종의 신비한 관계가 있다고 생각했다. 그래서 여러 가지 화상(畵像)이나 도상(圖像) 등은 단순한 예술품이 아니라 모종의 신비한 실용적 의미를 지니고 있는 것이다. 한나라 무제 시절 소옹(少翁)은 그림을 통해 신물(神物)을 불러들였다고 하는데, 예를 들어 운기차(雲氣車)를 그려 악귀를 피하고, 태일(太一) 등 천지의 여러 신을 그려 천신을 불러들이는 것 등이다.[1)]

이는 이미 고대에 경험해본 것들이었다. 예컨대 「주정상물(鑄鼎像物)」은 세 발 솥에 사물을 부조하여 간악한 도적을 피한 것이나, 이른바 「백택정괴도(白澤精怪圖)」에서 벽사(辟邪)를 위해 악귀를 그려 넣는 것이 바로 그것이다. 이러한 기술은 적어도 춘추전국시대에 크게 유행하였다. 생각하건대 이처럼 예술적인 의미가 아닌 실용적인 의미의 상징물 속에 당시 사람들의 진실한 생각이나 관념이 포함되어 있을 것이다. 지금까지 남아 있는 수많은 백화(帛畵), 화상석(畵像石), 벽화(壁畵)에서 일정한 주제를 귀납해 보면, 역시 미지의 세계에 대한 상상이 가장 도드라진다.

장사(長沙) 탄약고에서 발견된 초나라 백서의 사방 주위에 이름을 알 수 없는 12명의 신지(神祇)가 그려져 있다. 생긴 것이 괴이하여 또 다른 세계에 대한 사람들의 환상을 내비치고 있다. 「승룡도(升龍圖)」로 알려진 백화에는 한 사람이 칼을 들고 한 마리의 용과 한 마리의 봉황을 몰고 있는 모습이 그려져 있는데, 이 역시 또 다른 세계에 대한 당시 사람들의 동경을 암시하고 있다. 알다시피 고대 중국인들은 사후의 유명(幽冥) 세계나 신선이 사는 불사의 세계에 대한 관념을 가지고 있었다. 『좌전(左傳)』 은공(隱公) 원년에 기록되어 있는 "정(鄭)나라 군주가 언(鄢 : 주나라 시대의 나라 이름, 춘추시대에 정나라에 망함) 땅에서 숙단을 물리쳤다(鄭伯克段

1) 『한서』 권25, 1219쪽.

於鄭 정백극단어언)"는 이야기에 이미 '황천(黃泉)'에 대한 말이 나온다. 황천은 당시 사람들의 상상 속에 깊이 간직되어 있던 또 다른 세계였다.

『예기』「단궁(檀弓)」'하(下)'에 따르면 사람이 죽으면 "뼈와 살이 다시 흙으로 돌아가니 천명이다. 혼기는 어디든지 갈 수 있다. 어디든지 갈 수 있다(骨肉歸複於土, 命也. 若魂氣則無不之也. 無不之也골육귀복어토, 명야. 약혼기칙무부지야. 무부지야)." 그래서 『초사(楚辭)』에 나오는 「초혼(招魂)」에서 볼 수 있듯이 사람이 죽은 후에 '황천'이나 '토부(土府)'로 가야하나, 정해진 곳이 없이 떠도는 혼령도 있어 그것을 불러 유명(幽冥) 세계에서 편안하게 머물도록 했던 것이다.[2] 동시에 전국시대 이후로 신선이 사는 '산'이나 '섬'에 관한 이야기도 점점 많아진다. 『초사』, 『장자』, 『산해경』, 『목천자전(穆天子傳)』 등에 나오는 곤륜산(崑崙山)이나 봉래섬(蓬萊島)은 이러한 이상세계의 양대 상징이라고 할 수 있다. 고대인들의 마음속에서 이러한 산이나 섬은 현허하고 아름다우며, 신기하고 황홀한 또 다른 세계였다. 이른바 '불로초'나 '오색(五色)의 유수(流水)', '오색의 운기(雲氣)', 황금과 백옥으로 장식된 궁궐 등으로 묘사되면서 많은 이들이 마치 진짜로 있는 것처럼 믿고 모여들었다.[3]

한나라 시대에는 이러한 두 개의 세계가 일반 사상과 지식 계통을 점유하면서 백화, 화상석, 벽화 등에 지극히 매력적인 형태로 등장하였다. 특히 임기(臨沂) 금작산(金雀山) 9호 분묘에서 출토된 백화에 보면 맨 위에 금오(金烏 : 해)와 섬여(蟾蜍 : 달), 중간에 세속 인간, 아래에 두 마리 용이 서로 등을 대고 있는 모습이 그려져 있다.[4] 마왕퇴 한묘 백화에서 가장 유명한 T형 백화를 보면 맨 위는 천계(天界)로 주신(主神) 및 금오, 부상(扶桑 : 동쪽 바닷속 나무), 섬여(蟾蜍 : 두꺼비), 용 등이 그

---

2) 사후 세계에 관한 논문은 마에노 나오아키(前野直彬), 「명계유행(冥界游行)」(『중국문학보』 14~15집, 일본 교토), 사와다 미즈호(澤田瑞穗), 「지옥변 — 중국의 명계설(地獄變-中國の冥界說)」(수정본, 일본 동경, 평하출판사平河出版社, 1991), 여영시(余英時), 「중국고대 사후세계관의 변천(中國古代死後世界觀的演變)」(『중국 사상전통의 현대적 해석』, 타이베이, 연경출판사, 1987), 갈조광(葛兆光), 「사후세계-중국종교와 문학의 한 주제」(『양주사범대학학보』, 1994년 제3기) 등을 참고하시오.

3) 신선 세계에 관한 논문은 고힐강(顧頡剛), 「장자와 초사에 나오는 곤륜과 봉래 신화 계통의 융합(莊子與楚辭中昆侖與蓬萊兩個神話系統的融合)」(『중화문사논총』, 1979년판, 제2기, 상해고적출판사), 갈조광, 「출세간에서 입세간으로 - 중국종교와 문학의 이상세계 주제의 변천」(『문학사』 제3집, 북경대학출판사, 1995) 등을 참고하시오.

4) 『문물』 1997년 제11기 『발굴간보』. 사와라 야스오(佐原康夫), 「한대사당화상고(漢代祠堂畫像考)」, 『동방학보』 제63책, 26쪽, 일본 교토.

려져 있고, 중간에는 세간(世間)으로 두 마리 큰 물고기와 거인이 대지를 높이 들고 있는 모습이 그려져 있다.

이는 모두 한나라 시대 사람들이 자신들이 생존하는 시공간의 세계를 구분하고, 현실에 생존하면서도 신기한 세계를 동경하고 있었음을 잘 보여주고 있다. 어쩌면 하북성 만성(滿城)에서 발굴된 서한시대 중산정왕(中山靖王) 유승(劉勝)의 묘에서 발견된 금루옥의(金縷玉衣) 역시 묘 주인의 신분을 현시하기 위한 목적 이외에도 당시 사람들이 믿고 있었던 것처럼 옥이 생기를 주어 죽은 자의 육신을 썩지 않게 함으로써 또 다른 세계에서 그의 생명을 연장할 수 있다는 믿음을 반영하는 것이라고 할 수 있다.[1)]

현대 발굴된 한나라 시대 벽화는 서한 말기에서 동한 시대의 것이 대부분이다. 그러나 사회의 보편적인 지식과 일반 사상의 수준은 단기간에 격변하는 것이 아니기 때문에 이러한 자료를 통해 진한(秦漢) 시기의 사상과 지식을 이해할 수 있다. 벽화에서 우리는 백화(帛畵)와 유사한 그림이나 도안을 볼 수 있다. 예를 들어 1976년 낙양(洛陽)에서 발견된 서한 말기 복천추(卜千秋)의 분묘의 경우가 그러하다. "복천추의 분묘 문액(門額 : 문얼굴)에는 사람의 머리를 한 신조(神鳥)가 그려져 있고, 주실(主室)의 용마루에는 전벽(前壁)부터 후벽까지 벽화가 가득 그려져 있다. 동쪽과 서쪽에는 복희(伏羲)와 해, 여와(女媧 : 사람의 얼굴과 뱀의 몸을 한 창조신화에 나오는 여신)와 달이 그려져 있으며, 그 사이에 손에 부절(符節)을 든 선인(仙人)이 앞장선 가운데 쌍용(雙龍), 백호(白虎), 주작(朱雀), 효양(梟羊 : 몸은 양처럼 생겼고 머리는 올빼미처럼 생긴 짐승) 등 기이한 동물들이 줄줄이 그려져 있고, 아울러 묘의 주인이 용봉(龍鳳)을 타고 하늘로 올라가는 모습이 그려져 있다." 이외에 벽사(辟邪)의 의미를 지닌 방상씨(方相氏)의 모습도 보인다.

1957년에 낙양에서 발견된 또 다른 한나라 시대 분묘를 보면 묘의 주인이 신선이 되어 승천하거나 벽사(僻邪 : 공상적인 동물)를 몰고 가는 그림 이외에도 다양한 성신(星辰)이 그려진 일종의 천문도를 볼 수 있는데, "흰색 바탕에 검은 색과 붉은 빛 주색(朱色)으로 흐르는 구름을 묘사하고, 주색으로 둥근 점을 그려 하늘의 별

1) 『만성한묘발굴기요(滿城漢墓發掘紀要)』, 『고고(考古)』 1972년 제1기, 『후한지(後漢志)』 권6, 3141쪽, 3152쪽.

을 표현하였다." 또한 1959년에 산서성 평륙(平陸) 조원촌(棗園村)에서 발견된 왕망(王莽) 시기의 분묘 벽화에도 금조(金鳥 : 해를 상징)와 섬여(蟾蜍 : 달을 상징), 천상의 방위를 표시하는 용, 호랑이, 현무(玄武) 등 1백여 개의 별자리가 그려져 있다.[2)]

서한 이후로 묘주(墓主)가 신선으로 승천하는 벽화 대신 묘주의 생전의 생활, 특히 관직과 관련된 업적이나 의장(儀仗)에 관한 내용을 그린 벽화가 많아졌다. 이는 당시 상층 사대부들이 정신적인 면에서 신비하고 기이한 내용에서 벗어나 현실적이고 세속적인 쪽으로 기울어 졌다는 것을 의미한다. 그러나 그것이 이전의 세계에 대한 이해와 관념이 사회생활에서 완전히 물러났음을 의미하는 것은 아니다. 사실 보편적인 지식과 사상에서 신비한 세계에 대한 상상이나 신비한 역량에 대한 신앙, 그리고 천지에 대한 체험과 숭배는 시종일관 당시 사람들의 생명과 생활에 대한 이해를 지배하고 있었다.

동한 시대의 화상석(畵像石)을 보면 이러한 관념의 존재가 여실히 드러나고 있다. 예를 들어 산동 안구(安丘) 동가장(董家莊)에서 발견된 화상석을 보면 "선인(仙人)이 흰 사슴을 타고 있는 모습이나 운거(雲車), 복희와 여와를 비롯한 여러 가지 기이한 짐승이 묘사되어 선인의 승천을 반영하고 있음을 알 수 있다." 기남(沂南)의 화상석묘(畵像石墓)에도 "승선(升仙) 사상과 참위(讖緯) 미신과 관련된 신화 인물들이나 기이한 짐승, 신선초와 가화(嘉禾 : 곡물) 등이 묘사되고 있다." 또한 남양(南陽) 일대의 서한 말기부터 동한 초기의 분묘에서 발견된 화상석들도 "역사 이야기나 무악백희(舞樂百戲 : 아악과 연희), 씨름이나 수렵 등을 주제로 한 것과 더불어 복희와 여와, 응룡(應龍 : 전설에 나오는 날개 있는 용으로 구름과 비를 다룬다고 함)과 우인(羽人 : 『산해경』이나 『초사』 등에 나오는 신선으로 특히 동한시대 우화등선羽化登仙의 상징물로 많이 등장함) 등 승선 사상과 관련된 내용도 흔히 볼 수 있다."[3)]

근년에 산동 추성(鄒城) 고리촌(高李村)에서 화상석묘가 발굴되었는데, 첫 번째 화상석에는 삼족오(三足烏)와 해를 받치고 있는 용의 몸통에 사람 얼굴을 한 괴수가 묘사되고 있으며, 두 번째 화상석 양쪽에는 선인이 용과 봉 등 신령한 짐승

2) 『신중국의 고고발굴과 연구(新中國的考古發現與研究)』, 448쪽, 문물출판사, 1984.

3) 『신중국의 고고발굴과 연구』, 454쪽.

에게 먹이를 주는 형상이, 그리고 세 번째 화상석 양쪽에는 선인이 무악(舞樂)을 즐기는 모습이 묘사되고 있다.[1] 산서 하현(夏縣) 왕촌(王村)에서 발견된 동한 시대 벽화묘에도 선인이 학과 물고기에 올라탄 모습이 그려져 있는데, "선인의 어깨에는 날개가 달려 있고 옷깃이 교차하는 긴 도포를 입고 있으며, 학은 날개를 쭉 펴고 물고기는 큰 머리에 비늘이 달려 있다."[2]

3

동경 명문에 보이는 라 사람들의 관념

일련의 고고 발굴 자료는 당시 사람들의 생활 관념을 반영하고 있다. 지금까지 출토된 대량의 동경(銅鏡) 뒷면에는 대부분 명문(銘文)이 적혀 있는데, 물론 주로 평범한 길상어(吉祥語)가 대부분이지만, 이 역시 당시 사람들의 보편적인 관념을 드러내는 것임에 틀림없다. 이는 다음 몇 가지로 구분해볼 수 있다.

첫 번째는 역시 사람의 수명에 관한 것인데, 장수를 추구하거나 선인(仙人)의 영원성을 선망하는 내용이 주를 이룬다.

> 천추만세(千秋萬歲).
>
> 생명, 행목, 자손 내용
>
> 하늘처럼 장수하고 땅처럼 장구하도다(與天相壽, 與地相長여천상수, 여지상장).
>
> 수명을 늘리고 상서롭지 못한 것을 물리치도다(延年益壽辟不羊'祥'연년익수벽불양 '상').
>
> 상방(尙方 : 황실의 물건을 만드는 곳)에서 만든 거울은 정말 아름다워 위에 새겨진 선인은 늙음을 모르며, 목마르면 옥천의 물을 마시고 배고프면 대추나무를 먹으며, 천하를 떠돌고 사해에서 노닐다가 명산으로 되돌아와 지초를 따는구나(尙方作鏡眞大巧, 上有仙人不知老, 渴飮玉泉飢食棗, 浮游天下遨四海, 翱回名山採芝草상방작경진대교, 상유선인부지로, 갈음옥천기식조, 부유천하오사해, 비회명산채지초).[3]

---

1) 「산동추현고리촌한화상석묘(山東鄒縣高李村漢畫像石墓)」, 『문물』, 25~27쪽, 1994년 제6기.

2) 「산서하현왕촌동한벽화묘(山西夏縣王村東漢壁畫墓)」, 『문물』, 38쪽, 1994년 제8기.

3) 하북 만성(滿城)에서 출토된 중산정왕(中山靖王) 유승(劉勝 : 전한의 황족)의 금은조충서동호(金銀鳥蟲書銅壺)(갑)에 새겨진 명문 역시 "수명을 늘리고 병을 없애 만년 넘게 산다(延壽谷病, 萬年有餘연수곡병, 만년유여)" 고 적혀 있

두 번째는 세간의 행복을 선망하고 희구하는 내용이다. 사람은 누구나 보다 즐겁고 편안하게 살기를 원한다. 이른바 '행복'이란 '부(富)'와 '귀(貴)'이다. 부귀란 "아무 일 없이 즐겁고 항상 득의하며 미인과 더불어 살면서 우금(竽琴 : 악기)을 즐기는 것(樂舞事, 常得意, 美人會, 竽瑟侍악무사, 상득의, 미인회, 우슬시)"이자 "교역에 법도가 있어 만물을 바로잡고, 늙은이가 다시 정정해지고 다시 평안한 삶을 얻는 것이다(商市程, 萬物平, 老復丁, 復生寧상시정, 만물평, 로복정, 복생녕)." 이렇듯 사업이나 행복을 향유하는데 전혀 거리낌이 없는 것이 바로 부귀이자 행복이니, 이것이야말로 모든 이들이 바라는 것이었다.

대락부귀(大樂富貴).

항상 부귀하고 향락이 다함이 없도다(常富貴, 樂未央상부귀, 락미앙).

크게 즐겁고 부귀하여 좋은 것을 얻고, 천추만세토록 먹고 마시는 것이 풍족하도다(大樂富貴得所好, 千秋萬歲宜酒食대락부귀득소호, 천추만세의주식).

이외에 '행복'의 내용에는 가정의 화목과 단결도 포함된다. 고대 중국의 경우 개인의 삶과 행복 이외에 가장 중요한 것은 역시 가족이나 가정에 관한 일이었다. 사람은 누구나 한 가족의 구성원이다. 특히 여자의 경우는 가정이 모든 것이라고 해도 과언이 아니다. 그렇기 때문에 동경(銅鏡)의 명문에는 이와 관련된 글이 적지 않다.

근심 걱정에 내 마음 슬퍼, 그대의 참마음을 원하나 그대는 기뻐하지 않으니, 서로 그리워하며 헤어지지 않기를 바랄 뿐이네(愁思悲, 願君忠, 君不說'悅', 相思願毋絶수사비, 원군충, 군불설 '열', 상사원무절).

다. 장정랑(張政烺)의 「만성 한묘에서 출토된 금은조충서동호(갑) 석문(滿城漢墓出土金銀鳥蟲書銅壺'甲'釋文)」 및 범상옹(範祥雍)의 「만성 한묘 동호 석문 검토(滿城漢墓銅壺釋文商榷)」를 참고하시오. 『중화문사논총』, 1979년 제3기, 1980년 제3기, 상해.

그대 떠나니 내 마음 슬프기만 하고, 그대 오랫동안 보지 못하니 시중들 일도 드물어라(君行卒, 予志悲, 久不見, 侍前稀군행졸, 여지비, 구불견, 시전희).

고대 중국인들에게 생명과 행복, 그리고 가정은 일생일대의 중요한 일이 아닐 수 없었다. 그들은 진정으로 영원한 생명을 추구하였다. 그러나 현실적으로 가능한 것은 아마도 후대 자손들이 끊임없이 이어지는 것이었을 터이다. 그렇기 때문에 명문 내용에는 이와 관련된 표현이 적지 않다.

가족이 풍요롭고 행복하여 다함이 없고, 자손들은 모든 것을 갖추어 중앙(중국)에 거주하네(家當大富樂未央, 子孫具備居中央가당대부락미앙, 자손구비거중앙).

자자손손이 중앙(중국)에 거주하고, 부부가 서로 도와 위엄이 중앙(중국)에 있게 하네(七子八孫居中央, 夫妻相保如威央兮칠자팔손거중앙, 부처상보여위앙혜).

세 번째는 주로 당시 사람들의 마음속에 형성되기 시작한 '민족국가' 관념이 표현된 내용이다. 당시 사람들의 '중국'에 대한 인식은 이미 과거의 그것과 상당히 달랐다. 사방 이민족(四夷)에 대한 경각심은 그다지 깊이 생각해본 적이 없는 '천하' 관념에 큰 변화를 가져왔다. 또한 사예(四裔 : 사방 먼 곳에 사는 사람들)에 대한 지식이 날로 풍부해지면서 오히려 사람들의 마음속에 '중국'에 대한 의식이 도드라지게 되었다. 여하간 동일한 지역에서 동일한 문화를 향유하고 같은 언어, 문자를 사용하고 있기 때문에 사람들은 점차 이러한 통일 국가를 인정하고, 아울러 자신의 가정이나 생활과 연계하기 시작하였으며, 자신이 살고 있는 국가가 더욱 평안하고 부강해지기를 희망하였다. 서로 다른 제작자들이 만든 동경에 똑같은 명문이 적혀 있는 것을 보면 이러한 명문에서 표현되고 있는 '국가'라는 개념이 한나라 시대에 크게 유행하였으며, 모든 이들에게 인정받은 사상이 되었음을 알 수 있다.

천하, 해내, 사이 : 가의 각인

모씨가 만든 동경으로 사방의 오랑캐가 복종하고, 국가에 경축할 일이 많으며 인민들이 편히 쉬도다. 오랑캐들이 섬멸되어 천하가 회복되고, 비바람이 절기에 맞으니 오곡이 잘 익는구나(□氏作鏡四夷服, 多賀國家人民息. 胡虜殄滅天下復, 風雨時節五谷熟□씨작경사이복, 다하국가인민식. 호로진멸천하복, 풍우시절오곡숙).

사람들은 자신들이 생각하는 우주와 사회에 관한 철리(哲理)나 인생에 대한 희망을 모두 '중국'과 연계시키기 시작하였으며, 이를 동경의 뒷면에 적었다. 서한 후기에 나온 금수규구경(禽獸規矩鏡)에 보면 다음과 같은 명문이 새겨져 있다.

> 성인이 동경을 만드셨나니, 오행에서 기를 얻고 도강에서 태어나니 모두 문장이로다. 빛은 일월과 같아 바탕이 맑고 강하며, 옥을 보는 것과 같아 상서롭지 못한 것을 제거한다. 중국이 크게 평안하고 자손이 더욱 창성하니 황제 대길이다. 동경을 제작하는데 나름의 법도가 있다(聖人之作鏡兮, 取氣於五行, 生於道康兮, 咸有文章, 光象日月, 其質淸剛, 以視玉容兮, 辟去不祥, 中國大寧, 子孫益昌, 黃帝元吉, 有紀綱.인지작경혜, 취기어오행, 생어도강혜, 함유문장, 광상일월, 기질청강, 이시옥용혜, 벽거불상, 중국대녕, 자손익창, 황제원길, 유기강).

익양(益陽)에서 출토된 동경에는 장장 70자에 달하는 긴 명문이 적혀 있는데, 당시 일반 백성들이 바라는 이상과 희망을 모두 쓴 것처럼 보인다.

> 이씨가 동경을 만드니 사방 오랑캐가 복종하고 국가에 경축할 일이 많아지며 인민들이 편히 쉴 수 있으며, 오랑캐를 설멸하여 천하가 복종하고, 비바람이 절기에 어울려 오곡이 잘 익는다. 양친을 오랫동안 모시어 하늘의 힘을 얻고, 후세에 이를 알려 즐거움이 다함이 없도다. 이씨가 동경을 만드는데 나름의 법도가 있도다. 위에 새겨진 선인은 늙음을 모르고 목마르면 옥천의 물을 마시고 배고프면 대추나무를 먹는다. 부부가 서로 사랑하는 것이 위전조와 같으며 장생하고 자손들이 많을 것이로다(李氏作鏡四夷服, 多賀國家人民息, 胡虜殄滅, 天下服, 風雨時節五谷熟. 長保二親得天力, 傳告後世樂無極, 自有紀, 上有仙人不知老, 渴飮玉泉飢食棗, 夫妻相愛如威田鳥, 長宜子.이씨작경사이복, 다하국가인민식, 호로진멸, 천하복, 풍우시절오곡숙. 장보이친득천력,

전고후세락무극, 자유기, 상유선인부지로, 갈음옥천기식조, 부처상애여위전조, 장의자).[1]

동경에 이러한 명문을 넣은 것은 동경을 제작하는 사람이 이러한 명문에 참문(讖文 : 미래 기록)과 같은 효험이 있다고 믿었기 때문이다. 그들은 동경을 제작하는 원료인 동(銅)을 '금정(金精 : 도교의 전설에 따르면 선약의 일종)'으로 여겼으며, 동경의 맑고 깨끗함에 특별히 신비한 의미를 부여하였다. 학자들의 연구에 따르면, 고대 중국인들이 동경에 대해 신비감을 지니게 된 것은 선진(先秦) 시대였다고 한다. 그러나 '거울을 세계의 지배자처럼 생각하고 제왕 권력의 상징으로 삼아 신비화, 신령화하기 시작한 것'은 서한 말년에 참위가 성행하면서 보편화된 것이다.

특히 동경은 천상(天象)을 본받아 둥글게 만들었는데, 이는 그것이 하늘의 상징임을 나타낸다. 그 주변에 항상 천간(天干), 지지(地支) 등의 명칭과 사신(四神), 팔괘(八卦), 이십팔수(二十八宿) 등이 자리하고 있어 하늘이 마치 삿갓처럼 생긴 원형으로 보인다. 또한 "바탕이 맑아 환하게 빛나니, 찬란한 빛이 일월을 닮았다(內淸質以昭明, 光輝象夫日月내청질이소명, 광휘상부일월)"라거나 "햇살을 바라보니 천하가 크게 밝다(見日之光, 天下大明견일지광, 천하대명)"라는 등의 명문을 통해 사람들은 일종의 황홀한 깨달음의 느낌을 지니게 된다. 이는 동경의 형태(形)와 바탕(質)이 모두 '하늘(天)'을 근거로 삼고 있기 때문이다.[2] 그렇기 때문에 동경은 '천'의 신성한 의미를 지닐뿐더러 '천'과 마찬가지로 굳이 말하지 않아도 익히 알고 있는 신비한 역량을 지니게 되었다. 바로 이런 이유로 사람들은 자신들의 마음속 이상과 신념을 모두 동경에 적어 넣었던 것이다.

---

1) 본문에 나오는 인용문은 주세영(周世營)의 「호남에서 출토된 동경 문자 연구(湖南出土銅鏡文字研究)」(『고문자연구古文字研究』 제14집, 중화서국, 1986)에서 인용하였다. 인용문에 나오는 '위전조'가 무엇을 의미하는지 정확치 않다. '자유기'는 주로 명문에 많이 나오는 말로 '모씨가 동경을 만드는데 나름의 법도가 있다'는 뜻이다(역자 주).

2) 후쿠나가 미츠지(福永光司), 「도교의 거울과 검(道敎における鏡と劍)」, 『도교사상사연구』, 19쪽, 암파서점(岩波書店), 1987.

) 일반 사상의

우주는 여전히
판단과 이해의
적인 근거다.

4

이제 진한 시대의 보편 지식과 일반 사상에 대해 개괄적으로 정리할 차례이다. 이는 대략 네 가지 정도로 귀납할 수 있다.

첫째, 외재하는 우주는 여전히 인간들의 판단과 이해의 가장 기본적인 근거이다. 당시 사람들은 '천'은 인류가 생존하는 시공간일 뿐만 아니라 인류가 모든 것을 이해하고 판단하는데 무엇보다 근본적인 근거라고 생각했다. 그래서 '천'의 구조를 모방하고 '천'의 운행을 본받으며, '천'의 규칙을 따른다면 사상이나 행위의 합리성을 획득할 수 있었다. 임기(臨沂)에서 발굴된 한나라 죽간인 「조씨음양잔간(曹氏陰陽殘簡)」에 보면 다음과 같은 대목이 나온다. "……다스림이다. 이는 위로 일월성신에 부합하고 아래로 음양사시에 부합할 수 있다고 말하는 것과 같다."[3] 여기서 말하는 부합, 즉 '합(合)'은 일월성신과 음양사시에서 근거를 얻는다는 뜻이다.

이외에도 장가산(張家山)에서 출토된 한나라 죽간인 「인서(引書)」에서 "몸을 다스리는데 천지와 더불어 구하고자 함은 풀무의 바람통처럼 끊임없이 움직이는 것과 같다(治身欲與天地相求, 猶橐籥 치신욕여천지상구, 유탁약)"고 한 것이나, 사람의 생활은 마땅히 "봄에 생겨나고 여름에 자라며 가을에 거두어들이고 겨울에 저장하는 것이 바로 장수했다는 선인 팽조(彭祖 : 800년을 살았다는 전설상의 인물)의 도와 같아야 한다(春產, 夏長, 秋收, 冬臧, 此彭祖之道也춘산, 하장, 추수, 동장, 차팽조지도야)"고 한 것, 그리고 사람이 도인(導引 : 선인이 되기 위한 양생법의 일종)할 때의 원리는 "천기의 건조함과 습함, 덥고 추움에 서로 호응해야 한다(與燥溼寒暑相應여조습한서상응)"[4]고 말한 것 등은 모두 사람의 몸을 다스리는 데도 천인의 상응이 필요하다는 뜻이니, 천지의 사시 변화에 상응하여 그 안에서 영원성의 근거를 찾고자 했던 것이다.

---

3) 나복이(羅福頤), 「임기 한간에서 보이는 고적에 관한 개략(臨沂漢簡所見古籍概略)」, 『고문자연구』, 제11집, 중화서국, 1985. "……爲治矣, 此若言尙可合星辰日月, 下可合陰陽四時(……위치의, 차약언상가합성신일월, 하가합음양사시)."

4) 고대륜(高大倫), 『장가산 한간 「인서」 연구(張家山漢簡引書硏究)』에 있는 해설을 참고하시오. 171쪽, 90쪽, 172쪽, 파촉서사(巴蜀書社), 1995.

당시 사람들은 '천'을 본받음으로써 '천'이 지닌 신비함과 권위를 지닐 수 있다고 믿었다. 그렇기 때문에 이러한 '천'의 의미는 제사 의식을 통해 신비한 지배 역량으로 전화될 수 있었으며, 점복 의식에서는 신비한 대응관계로 전화되고, 일상생활에서도 신비한 희망의 세계로 현현되어 사람들의 믿음을 지탱해줌으로써 사람들이 여러 가지 어렵고 힘든 일을 해결하는 데 도움을 줄 수 있었다.

일반 민중뿐만 아니라 세속의 권세를 장악하고 있는 천자나 귀족들 역시 합리적인 의거(依據 : 근거)와 권력의 토대를 '천'에서 얻고자 했다.[1] 진한 시대에 황궁의 건축은 하늘의 구조를 본받아 건설하였고,[2] 한나라 시대의 묘실 천장에 하늘의 별자리를 그려 넣었으며, 황실 제사 때 상천의 신령에게 제를 지냈다. 또한 제사를 거행하는 장소 역시 천체와 상응하는 구조로 만들었다. 이러한 '천'에 대한 숭배와 모방은 굳이 말하지 않아도 자명한 합리성의 내원이 되었던 것이다.[3] 보편적이고 일반적인 지식과 사상을 지닌 사람들에게 '천'은 여전히 무엇보다 숭고한 지위를 지니고 있었다. 그들에게 '천'은 자연계의 천상일 뿐만 아니라 궁극적인 경계이며, 지고무상한 신지(神祇)이고, 무엇보다 말하지 않아도 자명한 전제이자 의거, 즉 근거였던 것이다.

둘째, 고대 중국의 사상 전통이 연속되면서 '천(天)'으로 현시되는 자연법칙

---

1) 갈조광(葛兆光), 「중묘지문(衆妙之門)」, 『중국문화』 제3기, 홍콩 중화서국, 1990.

2) 『삼보황도(三輔黃圖)』에서 말한 바대로 도성은 천체(天體)를 본받아 건설하였다. "단문(端門)이 사방으로 통하고, 자궁(紫宮 : 천상에서 가장 존귀한 태일신泰一神이 거주하는 자미궁)을 법도로 삼아 제왕이 거주하는 곳으로 삼았고, 위수(渭水)가 도성을 관통하여 흐르니 이는 천한(天漢 : 은하수)을 본뜬 것이며, 위수에 다리를 놓아 남쪽으로 건너갈 수 있도록 한 것은 견우(牽牛)를 법도로 삼은 것이다." 청나라의 고전학자 손성연(孫星衍)의 교본(校本)에서 인용하였다.

이외에도 반고(班固)의 「서도부(西都賦)」, 장형(張衡)의 「서경부(西京賦)」에도 '왼쪽에는 견우, 오른쪽에는 직녀', "왼쪽에 견우(牽牛)의 상을 세우고, 오른 쪽에 직녀(織女)의 상을 세웠다"는 기록이 나온다. 이는 한나라 무제 시절 상림원(上林苑)에 곤명지(昆明池)를 조성할 때도 하늘의 은하수를 모방하여 건설했다는 것을 의미한다. 이상은 왕중수(王仲殊)의 『한대 고고학 개설』(중화서국, 1984)을 참고하시오. 또한 유경주(劉慶柱)는 『한나라 장안성의 고고발굴 및 관련 문제 연구(漢長安城的考古發現及相關問題硏究)』에서 특별히 '숭방(崇方 : 정방형을 숭상함)'과 '택중(擇中 : 중앙을 선택함)'의 문제를 제기하였는데, 이 역시 건축학에서 천지에 대한 이해와 모방의 문제와 불가분의 관계를 지닌다. 『고고(考古)』, 1996년 10기.

3) 아서 웨일리(Arthur Waley : 영국의 동아시아학자)는 자신의 저서인 『도(道)와 도의 힘(*The Way and Its Power*)』의 서문에서 이에 대해 탁월한 견해를 밝힌 바 있다. 아놀드 토인비(Arnold Joseph Toynbee)의 『역사연구』 중, 320쪽(중역본, 상해인민출판사)에서 재인용했다.

은 더욱더 분명하
적인 숫자 개념으
되기 시작했다.

은 더욱더 분명하게 기본적인 숫자 개념으로 표출되기 시작했다. 그리고 이런 개념은 또다시 일련의 조작 가능한 기술로 구체화되면서 '천(天)'과 '인(人)'이 연계되기 시작하였다. 무엇보다 제일 먼저 등장한 것은 역시 '일(一)'이다. '일'은 중심, 절대, 신성 또는 유일의 개념으로 이해될 수 있었다. 그래서 진한 시대에 이미 '일'은 우주의 중심, 유일한 본원, 지상의 신지, 천하의 일통(一統), 군주의 권위, 이성 법칙, 지식의 토대이며 모든 것의 궁극적인 근거가 되었다. "모든 것은 하늘의 운행과 우주의 구조에서 법도를 얻었다." 그러나 그것은 단지 우주의 운행과 구조만이 아니라 도인비가 말한 것처럼 '질서의 관념'[4]이었다.

그 다음은 당연히 '이(二)'인데, 이는 음양을 의미한다. 그러나 일월이나 천지는 물론이고 군신이나 상하를 비유할 뿐만 아니라 음양의 의미에서 파생된 존비, 귀천, 냉온, 조습(燥濕) 등을 상징하기도 하였다. 이리하여 자연스럽게 일련의 조절(調節) 기술을 암시하게 되었다.[5] 다음은 '오(五)'이다. 『여씨춘추』에 보면 '오'로 여러 가지 배합되는 사물과 현상을 병렬하고 있음을 알 수 있다. 이는 당시 사람들이 '오행'으로 우주의 모든 것을 귀납하고 정리하여 우주에 질서를 부여할 수 있다고 여긴 것을 의미한다. 이렇듯 사람들은 문란하지 않고 질서정연한 것이야말로 우주의 법칙과 인류의 이성에 부합하는 것이라고 여겼기 때문에 만약 오행, 오색, 오성, 오미, 오방, 오장(五臟), 오사(五祀) 등이 문란해지면 조절의 기술로 이를 조정해야만 하며, 그렇지 않을 경우 질병이나 사회적 혼란, 우주의 무질서

---

4) 토인비, 『역사연구』 중책, 324쪽.

5) 예를 들어 '음(陰)'에서 '달(月)'의 의미가 파생되었다. 『여씨춘추』「정통(精通)」, "달은 여러 음(陰)의 근본이다." 『회남자』「천문(天文)」, "달은 음의 근원이다." 또한 어떤 동물은 물(水)에서 생겨나기 때문에 '음'에 속하여 '달'과 같은 부류가 된다. 아울러 '달'도 '물'과 상관된다. 그래서 『논형』「설일(說日)」에 보면 "무릇 달은 물이다. 물속에 생물이 있다"는 말이 나온다.
달의 차고 이지러짐에서 여러 동물의 변화를 해석하는 경우도 있다. 『회남자』「설산(說山)」에 보면 이런 대목이 나온다. "달이 하늘 위에서 가득 차거나 이지러지면 땅 아래에서 조개가 살찌거나 야윈다. 같은 기운이 상응하는 데에는 거리의 멀고 가까움은 문제가 되지 않는다." 이렇게 해서 달과 물, 물에 사는 생물이 모두 '음'과 서로 관련이 있는 것이 되고 만다. 그래서 사람들은 『여씨춘추』「정통」에서 말한 것처럼 "보름달이면 조개가 실(實)하고 ……그믐달이면 조개가 허(虛)하다"고 믿었으며, 『회남자』「천문」에서 말한 것처럼 "달이 기울면 물고기의 뇌가 줄어들고, 달이 없어지면 조개의 살이 여윈다"고 믿었던 것이다. 사람들이 이러한 사물 간의 연계를 이해할 수 있게 되자 여러 가지 기술로 모든 것을 조절하고 처리할 수 있게 되었다. 그 중에는 신체의 질병이나 사회적 곤란, 군사적 책략, 물질의 변화 등이 두루 포함되었다.

가 발생한다고 믿었다.

또한 조대(朝代)가 바뀌는 경우에도 반드시 오덕(五德)의 순서에 부합해야만 하고, 사람들의 복식도 오색의 차례에 상응해야 하며, 제사의 대상도 순서에 따라 오방의 지위를 분명하게 해야만 한다.[1] 이러한 숫자의 개념은 앞서 말한 바대로 상당히 이른 시기에 생겨났지만 일정 기간 통합과 논증의 과정을 거치면서 진한 시대에 이르러 마침내 체계를 갖춘 형식으로 고정되면서 각 영역에 침투하게 되었다. 이에 사람들은 이러한 해석 계통에 익숙해져 이를 천지(天地)와 인신(人神)에 관한 모든 문제를 이해하고 처리하는 내재적인 이치이자 근거로 삼게 되었다. 이로써 이와 관련된 여러 가지 지식과 기술이 생겨나게 된 것이다.

셋째, 천지와 인신과 소통할 수 있는 권력은 여전히 소수의 술사(術士)들이 장악하고 있었다. 대다수 사람들은 그들이 모종의 특별한 천부적 자질과 훈련을 통해 신비한 세계와 대화할 수 있는 능력을 지녔다고 믿었다. 그래서 그들은 사람과 하늘, 사람과 귀신이 소통하는 통로이자 반대로 소통을 가로막는 장애이기도 했다. 사람들은 그들을 통해 하늘, 신령, 조상과 교류하고자 했다.[2] 그들은 어떤 면에서 방대하고 체계적인 자연법칙에 의지했다. 예를 들어 『사기』「일자열전(日者列傳)」에 나오는 초나라 점쟁이 사마계주(司馬季主)는 제자들과 함께 "천지의 도, 일월의 운행, 음양과 길흉의 근본에 대해 이야기하였다(辯天地之道, 日月之運, 陰陽吉凶之本변천지지도, 일월지운, 음양길흉지본)."[3] 또 다른 면에서는 비밀스러운 전수(傳授)를 통해 천지인신(天地人神)과 소통하는 기술적 비결, 예를 들어 의식이나 방법 등을 독점했다.

천지와 인신과 소
있는 권력은 여전
의 술사(術士)들
하고 있었다.

이렇듯 그들은 제사 등의 의식을 통해 사람의 의지를 귀신에게 전달하였으며, 부적이나 주술 등의 방법으로 귀신의 역량을 사람에게 전달하였다. 진한 시대 사람들의 사상 세계에서 우주는 신선이나 귀신이 살고 있다는 섬이나 산을 포함한 천상 세계와 인류가 사는 세간, 그리고 '토주(土主)'나 '지하주(地下主)' 및

1) 예를 들어 진한(秦漢)이 '수덕(水德)'인가 여부에 관한 논란이 끊임없이 지속되기도 했다. 『사기』 권96, 「장승상열전(張丞相列傳)」, 2681~2682쪽.

2) 임부사(林富士), 『한대의 무자(漢代的巫者)』, 대북 도향(稻鄉)출판사, 1988.

3) 『사기』 권127 「일자열전」, 3216쪽.

'태산(泰山)'이 관할하고 있는 하계(下界)를 모두 포함하고 있다.[4] 이 세 가지 세계 사이에 거주하면서 상하로 통달할 수 있는 이는 오직 무격(巫覡) 밖에 없다. 물론 한나라 시대에 들어와 그들의 기반이 흔들리면서 대전통의 지식 영역에서 점차 퇴출되는 상황이 벌어졌지만, 그럼에도 불구하고 그 영향력은 여전히 민간에서 결정적인 작용을 하고 있었다.

람들이 관심을 가 던 핵심적인 문제 몇 가지로 간추 다.

넷째, 당시 사람들이 관심을 가지고 있던 핵심적인 문제는 다음 몇 가지로 간추릴 수 있다.

첫 번째는 생명이다. 이는 사람이 생존하는 토대이자 본질이다. 진한 시대 사람들은 사람이 죽지 않고 영원히 살 수 있다고 믿었다. 그러나 그들 역시 영원이란 결코 쉬운 일이 아님을 알고 있었다. 만약 동경(銅鏡)의 명문이나 백화, 화상석 등에 나오는 신선에 관한 내용이나 진한 시대 방사(方士)들이 선약을 구하고 단약을 만드는 등의 활동이 당시 사람들의 생명에 대한 기대와 상상을 반영하는 것이라고 한다면, 그들이 인체의 오묘한 비밀이나 의료 기술 등을 탐색하기 위해 최선의 노력을 경주한 것은 당시 사람들의 초조한 심정과 우환을 반영한 것이라고 말할 수 있다. 특히 후자의 경우는 장가산 한간에 나오는 『인서(引書)』나 『맥서(脈書)』, 마왕퇴 백서에 나오는 『오십이병방(五十二病方)』, 『도인도(導引圖)』, 『각곡식기(却穀食氣)』, 쌍포산(雙包山) 한묘에서 출토된 침구경맥칠목인형(鍼灸經脈漆木人形 : 침구와 경락 등을 표시하고 옻을 바른 인형) 등을 예로 들 수 있다.[5] 고대 중국인은 이러한 기대와 상상, 초조함과 우환 속에서 점차 생사의 관념을 형성하게 되었다.

두 번째는 행복이다. 진한 시대 일반 사상 세계에서 자유와 초월은 점차 행복의 주된 내용에서 다음 순위로 물러나게 되었다. 이러한 정신상의 자유와 초월

4) 고미나미 이치로(小南一郎), 「한대의 조령 관념(漢代の祖靈觀念)」, 『동방학보(東方學報)』 66책, 일본 교토대학인문과학연구소, 1994.

5) 마계흥(馬繼興), 「쌍포산 한묘에서 출토된 침구경맥칠목인형(雙包山漢墓出土的鍼灸經脈漆木人形)」, 『문물』, 1996년 제4기. 「면양 수흥 쌍포산 2호 서한시대 목관묘 발굴 간략 보고(綿陽水興雙包山二號西漢木棺發掘簡報)」, 『문물』, 1996년 제10기. 심종문(沈從文), 『설웅경(說熊經)』, 『화화타타단단관관(花花朵朵壇壇罐罐)』, 외문출판사, 1994. 『사기』 권105, 「편작창공열전(扁鵲倉公列傳)」에 보면 태창공(太倉公 : 서한 시대의 명의)의 『맥서(脈書)』, 『오색진(五色診)』, 『기해술(奇咳術)』, 『석신(石神)』 등에 대해 기록하고 있다. 이에 대해서는 『한서』 「예문지」 방기략(方技略) 의방류(醫方類)를 참고하시오.

에 대한 기대는 때로 보편적인 신선 신앙에 의해 구체화, 세속화하면서 일종의 생리상의 자유와 초월로 변화하게 되었다. 생리상의 자유와 초월은 다시 말해 생명의 영원성 추구를 의미한다. 그러나 현실 생활에서는 오히려 '부귀'와 자손의 '번영'이 실제적인 행복으로 자리 잡게 된다. 사람들의 욕구가 현실화되었다는 것은 특히 동경(銅鏡) 명문 등에서 부귀와 자손 번영에 관한 글귀가 많은 것에서도 증명할 수 있는데, 사람들의 실용적인 생활 관념이 바로 여기에서 전혀 의도하지 않은 채로 드러나고 있는 것이다.

세 번째는 국가이다. 여러 제후국들이 날로 쇠약해지고 다양한 문화 구역이 점차 하나의 문화공동체로 융합되면서 진한 시대 사람들은 비로소 서로를 인정하기 시작하였다. '천하'라는 말은 비교적 순수한 정치적 개념이었는데, 사람들이 점차 광범위한 지리에 관한 지식을 얻게 되면서 자신들에게 익숙한 지역을 천하의 일부분으로 인식하게 된다. 그래서 또다시 '해내(海內)'라는 말을 자주 사용하게 되는데, '해내'라는 말은 당시 중국인의 문화적 강역을 나타내는 대명사가 되었다. 해내에서 생활하는 사람들이나, 공동의 언어와 습관, 관념, 복식을 사용하는 이들은 모두 '문화적 의미'에서 '중국인'을 의미했다. 따라서 "우리 종족이 아니면 그 마음이 분명 다를 것이다(非我族類, 其心必異비아족류, 기심필이)"(『좌전』 성공成公 4년)라는 말에서 종족적 편견을 제외하면 이미 '민족국가'의 관념이 존재하고 있었음을 의미하는 것이라고 말할 수 있다. 다시 말해 이미 문화와 습속 면에서 사람들의 마음속에 공동체 의식이 자리를 차지하고 있었다는 뜻이다.[1)]

진시황(秦始皇)의 중국 통일은 이를 표시하는 하나의 상징이고, 『사기』에서 중국 역사의 기록과 강역을 확인한 것 역시 하나의 상징이며, 동경(銅鏡)에서 '국가'나 '사이(四夷)', '호로(胡虜)'라는 말이 나오는 것도 하나의 상징이다. 그러한 여러 가지 상징(象徵)이나 표지(標志)는 중국인들이 이미 중국, 중국의 이웃나라, 중국의 적대(敵對) 역량 등에 대해 인식하고 있었음을 나타내는데, 바로 이러한 이유로 '한(漢)'은 민족과 국가의 공통된 명칭이 되었으며, 사람들이 서로 인정하는 토대가 되었다. 중국인들은 바로 그러한 시기에 상당히 명확한 국가 관념을 지니

---

1) 『케임브리지 중국 진한사(劍橋中國秦漢史)』, 중역본 407~408쪽, 중국사회과학출판사, 1992.

게 되었으며, 동경의 명문 등을 통해 자신의 국가가 안정되고 더욱 번영하고 부강해지기를 기원하였던 것이다.

그렇다면 이제 우리의 시야를 대전통, 즉 지식 계층의 사상사로 돌려보도록 하자.

2절

철리의 종합 : 『여씨춘추』에서 『회남자』까지

전국시대 말년의 세 : 장자, 순자, 한 학술 비평과 『시자 관자』, 『여씨춘추 상 융합

"올바른 도술이 천하의 학자들에 의해 갈가리 찢기게 되었다(道術爲天下裂)." 다시 말해 사상가들이 분출하던 시대에 여러 가지 심각하면서 또한 편면적인 사상이 싹터 자라나기 시작하였다. 그러나 역사가 분열되면 다시 합치되는 것과 마찬가지로 사상 역시 점차 분열에서 종합으로 전향되기에 이른다. 제후간의 전쟁은 항시 또 다른 형식의 사상 교류를 촉진시켰고, 점차 대국이 작은 나라들을 겸병하고 병탄한 결과 각종 지방색이 강한 사상들이 한군데로 모아지게 되었다. 교통이 점차 편리해짐에 따라 사상의 겸병과 융합 역시 갈수록 빨라졌다.

사실 '겸병(兼竝)'과 '융합(融合)'의 추세는 단지 외재적인 원인에 의해 야기된 것만이 아니라 그보다 오래 전에 지식과 사상 세계에서 이미 조짐이 엿보이기 시작한 것이다. 어떤 학자가 지적한 바대로 『장자』「천하(天下)」에 나오는 "어떤 사물이든 본래 그러하지 않은 것이 없으며, 어떤 사물이든 옳지 않은 것이 없다(無物不然, 無物不可)"는 논리가 바로 "사상의 대대적인 조합의 토대가 되었다"고 할 수 있다. 왜냐하면 그 상대주의적 시비, 선악론이 기존의 모든 항구적이고 고집스럽던 것들을 모두 타파하여 "사람들의 심사를 해방시키고 문호를 지키기 위한 투쟁을 제거했기 때문이다."[1] 또 어떤 학자는 『순자』를 중국의 고대 사상을 종합한

1) 호적(胡適), 『중국중고사상사장편(中國中古思想史長編)』, 『호적학술문집(중국철학사)』 상책, 273쪽, 중화서국, 1991.

인물로 지목하고 "그의 사상은 잠시 '변고(變故)', 즉 옛 것을 바꾼 것이 아니라 전국시대 이래 모든 사상사의 흐름을 수용하여 발전시킨 것이다"라고 하여 제가의 학설에 대한 그의 비판은 제가의 사상을 종합하기 위한 토대가 되었다고 주장하였다.[2)]

그런가 하면 한비자가 "유가는 여덟 개로 분파되고, 묵적은 세 개로 나뉘었는데 취사가 각기 달랐다"고 비판한 것이 일종의 '총결(總結)'이라고 주장한 이도 있다. 이에 따르면, 한비자는 현실 사회의 실용과 효험에 근거하여 유가와 묵가가 요순까지 소급하여 자신들의 편향적인 견해를 고집하는 것에 반대하였는데, 특히 그는 "해내의 선비들이 언사에 있어서 정해진 술수가 없고, 행위에 있어서도 일정한 의론이 없다"고 예리하게 비판하는 한편 공허하게 평등을 주장하는 이상적인 사조나 삶만 귀하게 여기고 사물을 경시하던 양주(楊朱)의 주장, 헛된 이론만 늘어놓는 학사들의 기세나 용맹만을 내세우는 협객이나 건달들의 작풍을 모조리 비난하였다. 혹자는 바로 이것이 바로 '비평의 종합'[3)]이라고 주장하고 있다. 그러나 이상의 주장은 나름대로 일리가 없는 것은 아니나 편파적이라는 시각을 면할 수는 없다.

우선 장자가 "거짓과 괴이한 것들도 도의 입장에서 보면 하나로 통한다(恢詭譎怪, 道通爲一회궤휼괴, 도통위일)"[4)]고 주장한 것은 제가(諸家)의 사상적 보루를 와해시키기 위함이었을 뿐이다. 「천하」에서 비록 '천하의 학술'에 대해 언급하고 있기는 하지만 그가 관심을 두고 있는 비주류의 도론(道論)에 편중되어 있으며, 특별히 유자의 학술이나 그 외에 제자의 사회정치 또는 윤리학설을 두루 언급하고 있는 것은 아니다. 순자 역시 유가와 법가가 주장하는 공통적인 사회사상의 담론들을 총결하고 귀납했을 뿐 그 밖의 제자백가를 하나로 관통하는 사상적 통일을 추구한 것은 아니며, 단지 천도(天道)와 세도(世道), 그리고 인도(人道)의 토대를 수용함으로써 "방략(方略)을 총괄하고 언행을 일치시키며 여러 부류들을 통일시켜야 한다"는 기대와 더불어 "일반 사람들의 병폐는 한 모퉁이에 가려져 있어 천리에

2) 후외려(侯外廬) 등 『중국고대사상학설사』, 제11장, 문봉서국(文鳳書局), 상해, 1946.

3) 『한비자(韓非子)』 권19, 「현학(顯學)」, 『이십이자(二十二子)』 본(本), 1186~1187쪽.

4) 『장자집해』 권1 「제물론」, 70쪽.

어둡다"[1]는 비평을 가하고 있을 따름이다. 그의 주장은 비록 옳은 것이기는 하나 실현될 가능성이 희박했다.

한비자의 경우도 현실적인 이익과 실제 효험을 토대로 한 비평일 뿐이다. 다만 법제주의에 과도하게 편중된 것이라고 말할 수는 없다. 그러한 비평 자체 또한 사상의 표층만 언급한 것일 뿐 사상의 의거까지 건드린 것은 아니다. 바꿔 말해서 한비자가 세우고자 했던 것은 영원하고 심각하며, 말하지 않아도 알 수 있는 자명한 의거가 아니라 현실적인 고려에 근거한 실용적인 책략이란 뜻이다. 시대가 변화함에 따라서 '지금'에만 입각한 책략은 더 이상 적용되지 않거나 유효성을 잃게 된다. 왜냐하면 그러한 책략은 그것이 근거하여 세워놓은 토대, 즉 당시의 정세와 수요를 잃을 수 있으나 사상은 영원한 의거(依據 : 근거)에 기대어 시종일관 사람들이 고민하고 사유하는 화제이기 때문이다.[2]

물론 비평이란 분명 일종의 '대화'라고 할 수 있다. 각각의 학설을 지적하고 분석할 때 비평가는 반드시 상대방의 어경(語境 : 언어의 경계, 언어 환경)에 진입해야만 한다. 그렇게 해야만 설사 비평가와 피비평자의 관념이나 사상적 맥락이 크게 다를지라도 술어나 개념이 점차 소통될 수 있다. 이는 마치 서로 다른 언어는 교류가 불가능하며 교류를 하기 위해서는 반드시 동일한 언어를 사용해야 하는 것과 마찬가지다. 그리고 비평을 하기 위해서는 무엇보다 먼저 상대에 대한 이해와 해석이 필요하다. 이해와 해석은 그것이 정해(正解)이든 아니면 오해(誤解)이든 간

---

1) 『순자집해(荀子集解)』, 권3 「비십이자(非十二子)」 60쪽, 권15 「해폐(解蔽)」 258쪽에 보인다.

2) 이른바 '의거(依據 : 역문에서는 때로 근거로 썼다)'란 때로 오묘하고 아득하여 무용한 것처럼 보인다. 예를 들어 '천도', '역사', '인성' 등이 그러하다. 그러나 그러한 것들은 항시 영원하고 가장 기본적인 것이다. 만약 사상에 우주와 역사, 또는 인성에 대한 증명이 존재하지 않는다면 견실한 토대와 장구한 의미를 상실하게 되며, '하나로 통하는(通于一)' 총체적인 틀을 마련할 수 없다. 이에 대해 본서의 『도론 : 사상사의 저작에 관하여』 제3절을 참고하시오.
특히 한비자는 이 점에서 크게 모자란 듯하다. 그는 효험이 있는 책략만을 지나치게 중시하여 인심의 저변에 자리하고 있는 자명한 사상에 대해 그다지 신경을 쓰지 않았다. 예컨대 『한비자』 「현학」에 나오는 "참고할 만한 효험이 없음에도 확실하다고 여기는 것은 어리석음이고, 확실한 것이 아님에도 그것에 근거하는 것은 속이는 것이다. 그런 까닭에 선왕을 근거로 밝히거나 반드시 요, 순의 도로 단정하는 것은 어리석음이거나 속이는 일이다(無參驗而必之者, 愚也, 弗能必而據之者, 誣也, 故明據先王, 必定堯舜者, 非愚則誣也무참험이필지자, 우야, 불능필이거지자, 무야, 고명거선왕, 필정요순자, 비우칙무야)." 그는 이처럼 사상의 역사적 근거에 대해 심히 경멸하는 태도를 취했다. 『이십이자』 본, 1185쪽.

에 언어의 번역과 마찬가지로 사상가간의 상호 침투와 소통의 시작이라고 할 수 있다. 전국시대 말기에 이러한 종합의 현상이 점차 두드러지기 시작하였다.

비평 이외에도 『한비자』는 「해로(解老)」나 「유로(喩老)」에서 법치를 위한 '도'의 의거를 찾았으며, 『갈관자』는 황제의 학설에 나오는 태일, 음양, 오행학설로 법세(法勢), 정치, 도덕에 관한 사고 방식의 근거를 마련했다.[3] 또한 『시자(尸子)』는 "천지가 만물을 생성하니, 성인이 이를 실어 사물을 재단하여 분수를 정하고 일을 편리하게 하기 위하여 관서를 세웠다(天地生萬物, 聖人載之, 裁物以制分, 便事以立官천지생만물, 성인재지, 재물이제분, 편사이립관)"는 논리로 자연과 법칙 간의 단절을 메울 수 있는 소통의 길을 찾았으며, 친정(親情), 도덕, 윤리, 법률, 제도를 하나의 도로 관통시킬 수 있었다.[4] 또한 천지와 오행, 사시(四時)와 팔극(八極) 등 여러 신들과 수인(燧人), 복희, 신농, 황제, 요, 순, 우, 탕, 문, 무, 주공 등의 전설을 통해 사상에 필요한 우주와 역사의 의거를 찾고자 했으며, 연원이 각기 다른 학설에 대한 종합적인 해설을 시도하였다.[5] 이는 모두 기본적으로 이러한 추세의 산물이라고 할 수 있을 것이다.

물론 그 가운데 가장 중요한 것이 바로 『여씨춘추(呂氏春秋)』다.[6]

---

3) 갈서한(葛瑞漢), 「갈관자-소홀하게 다루어졌던 한대 이전의 철학 저작」, 양민(楊民) 중역본, 『청화한학연구』 제1집, 청화대학출판사, 1994.

4) 『시자』 권상 「분(分)」, 『이십이자』본, 369~370쪽.

5) 『시자』 권하, 「이십이자」본, 373~381쪽.

6) 과거에는 『여씨춘추』를 그다지 중시하지 않았다. 30년대에 이준지(李峻之)는 『여씨춘추』를 일러 "일관된 사상이 없어서 철학적으로 어떤 위치도 차지하지 않는다"라고 말한 바 있다. 그는 그 까닭에 대해 그 책이 '천고에 비난의 대상이 되었던 여불위' 가 주도했기 때문이라고 하면서 바로 이러한 이유로 '중시되지 않았던 것' 이라고 말했다. 『여씨춘추중고서집일(呂氏春秋中古書輯佚)』, 『고사변(古史辯)』 제6책, 321~339쪽, 상해 고적출판사 중인본, 1982년. 그러나 사실은 그렇지 않다. 일찍이 양계초(梁啓超)가 『여씨춘추』를 중시한 이래로 호적 역시 1930년대에 이에 대한 상세한 연구를 진행하여 「여씨춘추를 읽고(讀呂氏春秋)」라는 글을 쓴 바 있다. 이 글은 『호적문존(胡適文存)』 3집에 실렸으며, 이후 호적의 『중국중고사상사장편(長編)』에도 실렸다. 『호적학술문집(중국철학사)』 상책, 중화서국, 1991.

1

진(秦)나라 장왕(莊王) 원년(기원전 249) 여불위(呂不韋)가 진나라의 재상이 되었다. 당시 진나라는 이미 천하를 도모하려는 의도를 감추지 않고 있었는데, 3년 후 진왕 정(政)이 왕위에 오른 후 여불위를 상국(相國)으로 모시고 '중부(仲父)'로 불렀다. 여불위는 자신의 재략과 덕망은 전국시대 사공자(四公子 : 위나라 신릉군信陵君, 조나라 평원군平原君, 초나라 춘신군春申君, 제나라 맹상군孟嘗君)와 비견할 수 있으나 문하의 사인(士人)들은 신통치 않다는 생각이 들었다. 그래서 널리 인재를 초빙하여 "식객이 3천 명에 달했다." 전하는 바에 따르면, 당시 "제후들에게는 변사(辯士)들이 많았는데, 예를 들어 순경(荀卿) 등이 쓴 저서가 천하에 두루 퍼진 상태였다." 그래서 여불위는 휘하에 모인 빈객들에게 『여씨춘추』를 저술토록 하여 사상과 지식 면에서 천하 통일의 자세를 다시 한 번 드러냈다. 『사기』 권85 「여불위열전」의 기록에 따르면, 여불위가 『여씨춘추』를 편찬한 후 다음과 같이 방을 붙였다고 한다.

『여씨춘추』의 각종
에 대한 규범과 겸비

> 함양(咸陽)의 성문에 내걸고 천금을 현상금으로 걸어놓은 다음 제후국의 유사들과 빈객들에게 한 글자라도 증감할 수 있는 이가 있다면 천금을 주겠다고 알렸다(布咸陽市門, 懸千金其上, 延諸侯游士賓客, 有能增損一字者予千金포함양시문, 현천금기상, 연제후유사빈객, 유능증손일자자여천금).[1]

70년대에 어떤 학자는 『여씨춘추』에 대해 '선진시대 경전 및 제자백가의 사상을 종합한 저작물'이라고 말한 바 있다.[2] 그는 『여씨춘추』에 인용된 선진시대 저작에 대해 통계를 낸 적이 있는데, 『시』, 『서』, 『역』, 『춘추』, 『논어』, 『효경(孝經)』 등 전적에서 두루 인용하고 있을 뿐만 아니라 공자(24차례), 묵자(6차례), 노자(4

1) 『사기』 권85, 「여불위열전」, 2510쪽.
2) 서복관(徐復觀), 『양한사상사』 권2, 「여씨춘추와 그것의 한대 학술 및 정치에 대한 영향(呂氏春秋及其對漢代學術及政治的影響)」, 2쪽, 학생서국, 타이베이, 1976.

차례), 장자(2차례), 열자(列子 : 2차례), 황제(黃帝 : 11차례) 등 다양한 인물의 어록을 인용하고 있다고 한다. 그러나 이러한 통계는 이미 1937년 이준지(李峻之)가 「여씨춘추중고서집일(呂氏春秋中古書輯佚)」이라는 글에서 언급한 바 있으며,[3] 1948년 왕범지(王范之) 역시 『여씨춘추연구』라는 미출간의 저작물에서 상세하게 조사한 바 있다. 그의 조사 내용의 일부를 살펴보면 다음과 같다.

> 경전 및 제자에서 인용했다는 것을 분명하게 확인할 수 있는 경우는 다음과 같다. 『역』(3차례), 『시』(12차례), 『서』(12차례), 『효경』(1차례), 『황제서』(7차례), 『증자(曾子)』(5차례), 『자화자(子華子)』(5차례), 『장자』(1차례), 『신도(愼到)』(1차례), 『첨하(詹何)』(1차례), 『공자』(4차례).
>
> 분명치는 않지만 다른 전적이나 제자서에서 인용한 경우는 다음과 같다. 『논어』(3차례), 『묵자』(1차례), 『좌전』(1차례), 『노자』(7차례), 『장자』(16차례).
>
> 경전이나 제자서에 나오는 말을 변용한 경우는 일일이 셀 수 없을 정도로 많은데, 주로 『논어』, 『노자』, 『장자』 등에서 인용하였다.[4]

이상의 통계가 정확하다고 할 수는 없다. 무엇보다 이러한 통계가 현재 우리가 볼 수 있는 전적을 통해 살펴본 것이기 때문이다. 고고학적 발굴을 통해 전혀 볼 수 없었던 저작물이 점차 많아지고 있는 것으로 보아 당시에는 우리가 알지 못하는 고서들이 훨씬 많았을 것이다. 따라서 당시 『여씨춘추』의 편찬자들은 우리가 보지 못했던 고서들 가운데 많은 부분을 인용했을 것이며, 우리는 그 책들이 과연 어떤 것인지 알 수 없는 상황이다. 그러나 그렇다고 하더라도 인용한 통계를 통해 『여씨춘추』가 공문(孔門) 계통의 유자들의 학설을 수용하였을 뿐만 아니라 황제의 말에 가탁하였고, 묵자 일파의 생각이나 노자 및 장자 일파의 천도와 인도에 관한 철리를 받아들이는 등 상당히 다양하고 방대한 고전을 두로 인용하거나 수용했으며, 아울러 당시 전적에서도 풍부한 내용을 참

3) 『고사변(古史辨)』, 제6책, 321~339쪽을 참조하시오.
4) 왕범지(王范之), 『여씨춘추연구』, 내몽고대학출판사, 1933.

조하였다.[1)]

그래서 『여씨춘추』의 편자는 자칭 "옳음과 그름, 가함과 불가함이 숨을 길이 없다(是非可不可無所遁시비가불가무소둔)" 고 말했던 것이다. 『여씨춘추』 「서의(序意)」에 나오는 이 말은 『여씨춘추』가 천하의 사상과 지식을 모두 포괄하겠다는 야심을 드러낸 것이다.[2)]

야심은 자연히 신심(信心), 즉 믿음이 된다. 그러나 자신감만으로 사상과 지식의 거대한 체계를 세울 수는 없는 법이다. 이른바 "천지만물과 고금의 일을 두루 갖춘다"는 것은 불가능하다는 뜻이다. 사상과 저작은 이 세상 만물을 모두 집어넣을 수 있는 거대한 주머니가 아니다. 그러나 『여씨춘추』는 모든 것을 수용할 수 있는 틀을 만들어 모든 지식을 받아들이고자 했다. 그 책의 '십이기(十二紀)'는 천지만물과 고금의 일을 두루 포괄하는 하나의 틀이 되었다.[3)] 그리고 천도의 순

---

1) 유여림(劉汝霖), 『여씨춘추의 분석』. 그는 본문에서 『여씨춘추』의 사상 가운데 유, 도, 묵, 법, 명, 음양, 종횡(縱橫), 농(農), 소설(小說), 병(兵) 등 여러 학파의 성격을 분석한 바 있다. 그러나 그는 보다 진일보한 분석은 하지 않았다. 특히 그는 『한서』 「예문지」의 유파의 분류 방식에 근거하고 있는데, 이는 당시 사상 세계와 일치한다고 말할 수 없다. 『고사변』, 제6책, 340쪽 이하를 참조하시오.

2) 『여씨춘추』 「서의」, 『이십이자』본, 726쪽.

3) 『여씨춘추』는 십이기, 팔람(八覽), 육론(六論)으로 나뉜다. 서복관은 '십이기'는 12달을 의미하는 것이기 때문에 '팔람'은 팔방을, '육론'은 육합을 상징하는 것이라고 추측한 바 있다. 그의 추측은 특별한 증거가 있는 것은 아니다. 일본학자 마치다 사부로(町田三郎)의 연구에 따르면, 『여씨춘추』의 구조로 볼 때 '십이기', '팔람', '육론'은 동일한 시기에 편찬된 것이 아니라고 하는데, 이는 분명하다. 이 점에 대해서는 그의 책 『여씨춘추』 「해설」(강담사講談社, 교토, 1987)을 참조하시오. 내가 생각하기에 『여씨춘추』의 주된 부분은 분명 '십이기'이다. 십이기는 정제된 체계나 완전한 구조를 갖추고 있다. 그러나 '팔람'이나 '육론'은 '십이기'와 중복되는 부분이 상당히 많으며 구조 또한 그다지 정제되어 있지 않다.
그 가운데 '팔람'에 나오는 「유시람(有始覽)」은 경문(經文)처럼 보이며, 매편 말미에 "解在……" 운운한 것은 사람들에게 주의를 주기 위함인 것 같다. 그리고 뒤에 나오는 7편은 경문을 해석한 '전문(傳文)'으로 보인다. '육론'의 경우 「개춘론(開春論)」의 뒷부분에는 계절을 언급한 구절이 보이지 않으며, 쉽게 이해되지 않는 부분이 많다. 아마도 분명한 구조를 갖추지 못한 듯하다. 그러나 또 다른 주장을 하는 이도 있다.
역시 일본 학자인 다나카 토모유키(田中智幸)는 '기', '람', '논'이 편찬될 때 이미 공통된 이야기나 자료가 존재했다고 말하고 있다. 그의 의견은 십이기, 팔람, 육론이 거의 동시에 편찬되었기 때문에 여러 가지 화제가 각기 다른 편장에 나누어 삽입되었다는 뜻으로 보인다. 그의 견해는 「여씨춘추소고(呂氏春秋小考)」(『나카무라 쇼하치中村璋八 박사 고희기념 동양학 논문집』, 급고서원汲古書院, 1996)를 참조하시오.
그러나 중국학자 왕이기(王利器)는 '육론'이 마땅히 맨 앞에 놓인 것이 틀림없다고 주장하고 있다. 첫째 이유는 고서의 서언(序言)은 주로 책의 말미에 붙기 때문인데, '육론'이 '십이기' 뒤에 있는 것은 곧 '십이기'가 책의 마지막에 해당하며, '육론'이 서두에 해당한다는 것을 증명한다. 둘째 이유는 진나라 사람들이 육(六)자를

환과 변화에 따라 사계절과 12달을 벼리로 삼고 음양의 소식(消息)을 체험하면서 '춘생(春生), 하장(夏長), 추수(秋收), 동장(冬臧)'을 연상하여 천상(天象), 물후(物候), 농사, 정사(政事), 인사 등을 모두 연계시켰으며, 각종 사상과 지식, 기술을 종합하여 일상적인 사상과 행위의 질서를 구상하였던 것이다.

자연법칙의 최우 의미

지금의 입장에서 볼 때 '십이기'는 그다지 주밀하거나 완전하다고 말할 수 없다. 그러나 이러한 사상적 틀이 기본적으로 전국시대 이래로 지속적으로 반복되어온 '천도', '세도(世道)', '인도' 등 삼자 간의 동원동구(同源同構)의 상호 감응 관계에 근거하고 있다는 것은 분명하다. 이러한 근거는 사실 이전에 크게 유행했던 황제의 학에서 비롯된 것이다. 여씨 역시 「서의(序意)」에서 이렇게 말하고 있다.

> 일찍이 황제가 전욱(顓頊)을 가르치던 방도를 배울 수 있었는데, 그것은 "대환(大圜 : 하늘)이 위에 있고 대구(大矩 : 땅)가 아래에 있으니, 그대가 이를 본받을 수 있으면 백성들의 부모가 될 수 있다"는 것이다. 듣기에 옛날의 세상을 맑게 하는 것은 곧 천지를 본받는 것이라고 하였다. 대개 '십이기'란 다스림과 어지러움, 살아남음과 멸망함을 다스리는 방도이자, 장수와 요절, 길함과 흉함을 알아내는 방도이다. 위로는 하늘을 헤아리고 아래로 땅을 살피며, 가운데로 사람을 이해한다. 이렇게 하면 옳고 그름과 가함과 불가함이 숨을 곳이 없게 된다. 하늘은 따름을 의미하니 따르게 되면 삶을 유지한다. 땅은 굳음을 의미하니 굳음은 평안을 유지하다. 사람은 믿음을 의미하니, 믿음은 듣는 것을 유지한다. 이 세 가지가 모두 마땅한 제자리를 지키면 인위적이지 않아도 운행이 된다. 하늘, 땅, 사람의 운행이라는 것은 그들의 예정된 이치를 행하는 것이다. 예정된 이치를 행한다는 것은 도리에 따르고, 사사로운 욕심을 바로잡는 것이다(嘗得學黃帝之所以誨顓頊矣, 爰有大圜在上, 大矩在下, 汝能法之, 爲民父母. 蓋聞古之淸世, 是法天地. 凡十二紀者, 所以紀治亂存亡也, 所以知壽夭吉凶也. 上揆之天, 下驗之地, 中審之人, 若此則是非可不可無所遁矣. 天曰

선호했다는 것이다. 그러나 그의 논의는 좀 더 충분한 증거를 확보해야할 것 같다. 「여씨춘추평의(平議)」, 『전통문화와 현대화』, 1996년 제5기, 북경.

順, 順維生, 地曰固, 固維寧, 人曰信, 信維聽. 三者咸當, 無爲而行. 行也者, 行其理也. 行數, 循其理, 平其私상득학황제지소이회전욱의, 원유대환재상, 대구재하, 여능법지, 위민부모. 개문고지청세, 시법천지. 범십이기자, 소이기치란존망야, 소이지수요길흉야. 상규지천, 하험지지, 중심지인, 약차즉시비가불가무소둔의. 천왈순, 순유생, 지왈고, 고유녕, 인왈신, 신유청. 삼자함당, 무위이행. 행야자, 행기리야. 행수, 순기리, 평기사).[1)]

'십이기'는 이러한 학설을 구체적으로 전개하고 있다.[2)] 이는 열두 달의 순서에 따라 천상의 변화와 물후의 변천, 농사 운영, 제의의 순서 등을 기록하였는데, 그 형식은 연원이 상당히 오래되었다. 현존하는 전적 가운데 「하소정(夏小正)」, 『일주서(逸周書)』「주월(周月)」, 「시칙(時則)」, 장사 탄약고에서 발견된 전국시대 초나라 백서 등은 모두 이러한 형식을 따르고 있으며, 민간에서 유행하던 『일서(日書)』는 이러한 형식이 유행하면서 변화된 형태이다. 그러나 「하소정」과 『일주서』 등은 단순한 역법과 관련된 내용으로 전통적으로 희화씨(羲和氏)가 정한 역법의 범위를 벗어나지 않는다. 물론 그 책들 역시 "만물은 봄에 생겨나 여름에 자라고 가을에 거둬들이고 겨울에 간직한다. 천지의 올바름과 사시의 지극함은 바뀔 수 없는 도이다"[3)]라고 말하는 등 역법을 통해 나름의 이치를 궁구하였으나 천상 역

---

1) 『여씨춘추』「서의」, 『이십이자』본, 726쪽.
내 생각에 '上揆之天(상규지천)' 등 몇 구는 황제학의 중심 개념으로 그들이 습관적으로 하는 말로서 천지인이 상호 관련을 맺고 있음을 뜻한다. 마왕퇴 백서본 『십대경(十大經)』「입□(立□)」에 보면 "하늘에서 명을 받고 땅에서 위치를 정하며, 사람에게서 이름을 이룬다"고 했고, 같은 책 『경법(經法)』「대분(大分)」에서도 "천하의 왕노릇을 하는데 필요한 도는 하늘과 사람, 그리고 땅에 관한 것이다"라고 하였다. 『노자을본권전고일서석문(老子乙本卷前古佚書釋文)』, 18쪽B, 7쪽B, 문물출판사, 1974. 또한 『황제내경소문』 권20 「기교변대론(氣交變大論)」에 인용된 『상경(上經)』에서도 "무릇 도란 위로 천문을 알고 아래로 지리를 알며, 가운데로 인사를 알아야 오랫동안 지속된다"라고 하였다. 같은 책 권23 「저지교론(著至教論)」에서도 이와 같은 말이 중복되고 있는 것으로 보아 그 중요성을 알 수 있을 것이다. 『이십이자』본, 955쪽, 983쪽. 본서 제2편 제5절을 참조하시오.

2) 호적은 『중국중고사상사장편』에서 십이기의 사상적 맥락은 추연에서 시작되었다고 말했으며, 서복관 역시 『양한사상사』에서 『여씨춘추』에서 인용된 황제에 관한 발언은 추연에서 비롯되었다고 말한 바 있다. 그러나 오히려 반대로 생각해야만 할 것이다. 70년대 『황제서』가 발견된 이래로 확인한 바에 따르면 황제의 학은 연원이 상당히 오래되었으며, 옛 도자(道者)의 주류라고 할 수 있다. 그들의 학설은 '천도'에 근거하고 음양오행을 법도로 삼았으며, 인간세에서는 주로 방기, 술수, 병략과 음모 등에 편중했다. 추연은 응당 그들의 후예이다.

3) 『일주서휘교집주(逸周書彙校集注)』 권6, 하책, 619쪽, 상해고적출판사, 1995.

법의 도를 해석하여 사회적 규범과 생활의 질서가 될 수 있는 일련의 도리를 궁구한 것은 아니었다.

초(楚)나라 백서나 진(秦)나라 죽간 『일서』의 경우도 비록 천상과 역법에서 나름대로 철리적인 내용을 밝히고자 했으나 그 역시 역일(曆日)로 금기를 말하는 등 주로 점복술에 관한 내용이 대부분이다. 그러나 『여씨춘추』는 크게 다르다. 이 책은 매 달마다 그 달의 천상(天像 : 태양과 별이 보이는 위치), 신지(神祇 : 신과 땅귀신), 동물, 음률, 숫자, 냄새, 제사, 물후(物候 : 철이나 기후에 따라 변화하는 만물의 상태) 등을 묘사했을 뿐만 아니라 천자의 거처, 수레, 복식, 음식 등을 순서에 따라 안배하였고, 정부의 사무나 의식 및 군사와 농사의 금기 사항 등을 규정하였다. 그런 다음 천문에서 계절의 변화나 땅에서 살필 수 있는 물후의 변천에서 연상할 수 있는 것들에 근거하여 '하늘'과 '땅'의 여러 가지 현상들을 '세도'와 '인도'와 연관시켰으며, 이로써 천지의 변화를 자명한 근거로 삼아 인간 세상에서 개인과 사회의 도리를 논증하고자 했다.

변화를 자명한 근
]아 인간 세상에서
사회의 도리를 논
자 했다.

일단 「맹춘기(孟春紀)」를 예로 들어보자. 「하소정」과 「시칙」에 보면 다음과 같이 기재되어 있다.

> 계칩(啓蟄 : 경칩)이 되면 기러기가 북쪽으로 향하고 꿩이 울면서 날갯짓을 한다. 따뜻한 숨을 내쉬며 물고기가 얼음 위로 올라오며, 농부는 쟁기를 맨다. ……이때가 되면 큰 바람(남풍)이 불고 밭 쥐가 나오며, 농부는 서둘러 밭을 갈기 시작한다. 수달은 물고기를 늘어놓고 헌수하는 듯하다. 처음에는 공전(公田)을 갈고 향초를 캔다. ……초혼에 서방 백호(白虎) 칠수(七宿)가 보이고 북두칠성이 아래에 걸린다(啓蟄, 雁北鄉, 雉震呴, 魚陟負冰, 農緯厥耒. ……時有俊風, 田鼠出, 農率均田, 獺獻魚, 服於公田, 采芸. ……初昏參中, 斗柄縣在下계칩, 안북향, 치진구, 어척부빙, 농위궐뢰. ……시유준풍, 전서출, 농솔균전, 달헌어, 복어공전, 채운. ……초혼참중, 두병현재하).[4)]

4) 『대대례기해고(大戴禮記解詁)』 권2, 「하소정」 '제47', 24~30쪽, 왕빙진(王聘珍) 찬, 중화서국, 1983.

동풍이 불어 얼은 것이 녹고 칩거하던 벌레들이 움직이기 시작한다. 고기는 얼음 위로 올라오고 수달이 고기를 늘어놓고 제사를 지내는 것처럼 한다. 큰 기러기는 돌아가고 초목이 싹튼다(東風解凍, 蟄蟲始振, 魚上氷, 獺祭魚, 鴻雁來, 草木萌動동풍해동, 칩충시진, 어상빙, 달제어, 홍안래, 초목맹동).[1)]

그러나 『여씨춘추』는 천상, 물후, 인사에 대한 해석이 더욱 상세할 뿐만 아니라 처음부터 '인도' 및 '세도'와 관계를 토론하고 있다. 「맹춘기」의 「본생(本生)」에 보면 자연스러운 생존 상태를 유지하는 것을 강조하면서 지나친 '자일(自佚)'과 '자강(自强)', '자락(自樂)'을 비판하고 있으며, 「중기(重己)」에서는 개인 존재의 합리성과 개인의 정욕의 합리성에 대해 논술하고 있다. 「귀공(貴公)」과 「거사(去私)」는 개인과 사회, 군주와 신민(臣民)의 관계에 대해 논하고 있는데, 이미 「하소정」과 「시칙」의 범위를 크게 벗어나 있다. 특히 지적할 부분은 이러한 일련의 논술이 당시 사상 세계의 '하늘' 및 천상, 역법에 대한 이해에 근거하고 있다는 점이다.

당시 관념에 따르면 봄은 '생(生)'의 계절이니 맹춘은 만물이 처음 생겨나는 시절이다. 그렇기 때문에 인간의 생존을 1년의 맨 첫머리에 두고 논의한 것이다. '생'이란 자연의 질서에 순응하는 것이니, '천'이 아무런 말없이 절로 변화하는 것의 산물이다. 그렇기 때문에 인간의 '생' 역시 "그 천성을 온전하게 해야만 한다." 과도하게 인위적으로 안일을 추구하거나 지나친 강대함이나 쾌락을 추구하면 '천', 즉 자연을 위반하는 것이 아닐 수 없다. 그래서 이를 일러 '초궐지기(招蹶之機)'라고 한 것이다. 반대로 인간의 생존은 자연스럽게 절로 이루어지는 것이지만 과도하게 안일이나 강대함, 쾌락 등을 억제하는 것 또한 자연에 위배되는 것이다. "무릇 생을 기르는 것은 순응하는 것이니, 생을 순응치 않도록 하는 것은 욕망이다. 그런 까닭에 성인은 필히 먼저 욕망을 적절하게 절제할 것을 주장했던 것이다." '천'은 묵묵부답 아무런 말도 없으며 공평무사하다. '천'의 이러한 품격을 인간 세상에 투사하여 『여씨춘추』는 절대적으로 공평무사한 사회 상태를 가장 이상적인 세계로 그려내고 있다.

---

1) 『일주서회교집주』 권6, 하책, 622~624쪽.

하늘은 사사롭게 덮어주는 일이 없고, 땅은 사사롭게 실어주는 일이 없으며, 해와 달은 사사롭게 밝혀주는 일이 없고, 사계절은 사사롭게 운행하는 일이 없다(天無私覆也, 地無私載也, 日月無私燭也, 四時無私行也천무사복야, 지무사재야, 일월무사촉야, 사시무사행야).[2]

『여씨춘추』「귀공(貴公)」에 이렇게 말하고 있다. "천하는 임금 한 사람만의 천하가 아니고, 천하는 모든 이들의 천하다(天下者非一人之天下也, 天下之天下也천하자비일인지천하야, 천하지천하야)." 이는 무한하고 광대한 천지가 인류를 생육하지만 결코 인류를 사유물로 여기지 않으며, 만물이 모두 천지의 은택을 입고 있지만 그것이 천지로부터 왔다는 것을 모르고 있다. 『여씨춘추』는 이러한 '천지의 은덕'을 성왕에게 연결시켜 '삼황오제의 덕'으로 칭하고 있다. 이로써 『여씨춘추』는 삼황오제에서 비롯된 역사적 근거를 얻게 되었다.

결국 이러한 이론 체계는 자연의 천상과 추상적인 천도, 실존하는 인생과 개인의 정욕, 사회의 이상과 사회의 규범 등과 연계되며, 동시에 묵학(墨學)의 절검(節儉)이나 도가의 자연, 양주의 귀생(貴生), 유자의 개인 윤리 및 사회 이상, 심지어 방기와 술수에 나오는 음양의 학설까지 두로 겸비하게 된 것이다.[3]

2

황제지학(黃帝之學)은 음양과 사계절의 천도를 기본적인 사상적 맥락으로 삼고 있으며, 이러한 사상적 맥락이 '십이기'를 관통하고 있다. 『여씨춘추』 권5 「중하기(仲夏紀)」 '대악(大樂)'에 보면 일종의 강령과 같은 내용이 실려 있다. "태일(太一 : 도)은 양의(兩儀)를 낳고, 양의는 음양을 낳는다. 음양이 변화하여 하나는 위로

2) 『여씨춘추』「맹춘기(孟春紀)」, 권15, 「거사(去私)」.

3) 예를 들어 "집이 많으면 음이 많은 것이고, 대(臺)가 높으면 양이 많은 것이니, 음이 많으면 넘어지고, 양이 많으면 앉은뱅이가 된다(室大則多陰, 臺高則多陽, 多陰則蹶, 多陽則痿 실대즉다음, 대고즉다양, 다음즉궐, 다양즉위)." 이상은 『여씨춘추』「맹춘기」, 『이십이자』본, 630쪽에 나오는 내용들이다.

다른 하나는 아래로 각기 움직이는데 한데 모여 형체를 이룬다. 그 형체는 아직 분명치 않은 혼돈 상태인데 흩어지면 다시 모이고, 모이면 다시 흩어지니 이를 하늘의 항상된 이치라고 한다. 천지는 수레바퀴가 도는 것과 같아서 끝나면 다시 시작하고 다하면 다시 돌아오니, 이에 합당치 않은 것이 없다(太一出兩儀, 兩儀出陰陽. 陰陽變化, 一上一下, 合而成章. 渾渾沌沌, 離則復合, 合則復離, 是謂天常. 天地車輪, 終則復始, 極則復反, 莫不咸當태일출양의, 양의출음양. 음양변화, 일상일하, 합이성장. 혼혼돈돈, 리즉복합, 합즉복리, 시위천상. 천지차륜, 종즉복시, 극즉복반, 막불함당)."[1] 이는 사상적 토대이자 근거가 된다. 이어서 천도를 인간 세상에 투영하니, 일월성신과 사시의 한서(寒暑)를 통해 천상의 역법이 자연스럽게 하늘의 운행 규칙에 따르며, 세상의 이치나 인간의 도리 또한 이러한 천도에 따라 부연된다.[2] 그렇기 때문에 「맹춘기(孟春紀)」에서 「계춘기(季春紀)」에 이르기까지 '춘생(春生)'에 속하는 부분에서 항시 인간 개인의 생존의 의미에 대한 토론을 엿볼 수 있는 것이다.

이에 관한 『여씨춘추』의 논의 내용을 살펴보면 놀랍게도 개인이 사회보다 우선한다는 가치 관념이 존재하고 있음을 확인할 수 있다. 논의에 따르면, 천하는 비록 지극히 중요하고 귀한 것이기는 하지만 천하로 인해 개인의 생존이 위태롭게 되어서는 안 된다. "제왕들의 공적은 성인에게 허드렛일일 뿐이며 몸을 완

---

1) 『이십이자』본, 642쪽.

2) 마왕퇴 한묘 백서 『노자(老子)』 갑본에 옛날 일서(佚書 : 사라져 없었던 책)가 붙어 있는데, 그 기록에 따르면 이윤(伊尹)이 탕(湯)에게 다음과 같이 말했다고 한다. "하늘이 꾀하는 것은 □, 생물이든 아니든 이름을 부여받지 않는 것이 없으니 두 가지 이름을 부여받을 수는 없는 것이다. 이것이 바로 하늘이 꾀하는 것이다(天企無□, 生物不物, 莫不以名, 不可爲二名, 此天企也천기무□, 생물불물, 막불이명, 불가위이명, 차천기야)."
"임금은 하늘을 본받고 보좌하는 이는 땅을 본받는다. 보좌하는 신하는 사시를 본받고 백성은 만물을 본받는다. 이것이 법칙이다. 하늘이 덮고 땅이 실으니 만물이 생장하고 거두어들이며 저장하는 것은 사시에 따라 이루어지는 것이다. ……명분이 이미 정해지니 임금을 법도로 삼는 신하는 마땅히 아무런 소리 없음을 주로 삼아야 한다. 이것을 일러 하늘이 내린 명령의 네 가지 법칙이라고 한다. 네 가지 법칙이 □, 하늘의 법도를 이에 얻게 된다. 도를 얻은 군주에게 나라 역시 그 도에서 나오게 되는 것이다(主法天, 佐法地, 輔臣法四時, 民法萬物, 此謂法則. 天覆地載, 生長收藏, 分四時 ……分名旣定, 法君之佐, 佐主無聲, 謂之天之命四則, 四則當□, 天綸乃得, 得道之君, 邦出乎一道주법천, 좌법지, 보신법사시, 민법만물, 차위법칙. 천복지재, 생장수장, 분사시 ……분명기정, 법군지좌, 좌주무성, 위지천지명사칙, 사칙당□, 천륜내득, 득도지군, 방출호일도)." 석문(釋文)은 『노자갑본급권후고일서(老子甲本及卷後古佚書)』 17쪽, 18쪽에 보인다. 교주(校註)에 따르면 이는 도가에 속하는 『이윤(伊尹)』의 일문(逸文)이라고 한다. 문물출판사, 1974.

전하게 하고 양생하는 도가 아니다(帝王之功, 聖人之餘事也, 非所以完身養生之道也제왕지공, 성인지여사야, 비소이완신양생지도야)."[3] 그래서 '지금 세속의 군자들은 외물을 탐하느라 자신의 몸을 위태롭게 하고 삶을 방기하는(今世俗之君子, 危身棄生以殉物금세속지군자, 위신기생이순물)' 우둔한 행위를 저지르고 있다고 비판하고 있다. 왜냐하면 천하의 관할이나 소유는 개인에게 있어서 생존 밖에 있는 '타물(他物)'에 불과하며, 오히려 개인의 생존이 하나의 완전한 '세계'이기 때문이다. 그래서 "하늘과 땅은 둘이 될 수 없으니 하물며 인류에게 있어서랴? 사람은 천지와 같은 것이다"라고 말하고 있는 것이다. 인간의 생명은 '하늘'이 부여한 것이니 인간은 능히 '하늘''에 감응할 수 있다. 그렇기 때문에 최선을 다해 생존하게 되면 하늘이 부여한 수명을 능히 얻을 수 있는 것이다.

「진수(盡數)」에서 논의하고 있는 것은 바로 이러한 관념인데, 이에 따르면 개체는 군체에 우선하며, 개인은 사회에 우선한다. 이는 '인간'의 근거가 바로 '하늘'이기 때문인데, 바로 이런 이유로 '하늘'이 지닌 질서의 합리성이 '인간' 생존의 합리성을 부여하고, '인간' 생존의 합리성이 사회 존재의 합리성을 결정하는 것이다. 그래서 『여씨춘추』는 다음과 같이 말하고 있다. "오제(五帝)는 도를 앞세우고 덕을 뒤에 두었기 때문에 덕이 성행하지 않았다. 삼왕(三王)은 가르침을 먼저하고 살생을 뒤에 두었기 때문에 일을 하는데 공적이 없었다. 오백(五伯 : 춘추오패)은 일을 앞세우고 군사의 일을 뒤에 두었기 때문에 군대가 막강하지 않았다(五帝先道而後德, 故德莫盛焉, 三王先教而後殺, 故事莫功焉, 五伯先事而後兵, 故兵莫强焉오제선도이후덕, 고덕막성언, 삼왕선교이후살, 고사막공언, 오백선사이후병, 고병막강언)."[4] 천하를 다스리는 이는 먼저 자신의 삶을 온전하게 하여 하늘에 합치된 후에 비로소 이러한 정신을 사회에 확대해야만 한다. 그래서 「선기(先己)」에서 "자신의 몸을 다스리면 천하가 다스려진다(成其身而天下成, 治其身而天下治성기신이천하성, 치기신이천하치)", "문 밖에 나가지 않고도 천하가 다스려지게 하는 이는 오로지 자기 자신, 즉 근본으로 돌아가는 것을 아는 사람뿐이다(不出於門戶而天下治者, 其唯知反於己身者乎!불출어문호이천하치자,

3) 『이십이자』본, 633쪽.
4) 『이십이자』본, 636쪽, 「계춘기」 '선기(先己)'

기유지반어기신자호!)" 라고 말했던 것이다.[1]

이러한 사상은 아마도 극단적인 개인주의를 주장한 양주(楊朱)에게서 비롯된 것인 듯하다. 그러나 이는 더 이상 개인주의적 생활 태도만이 아니라 개인의 생명에 대한 중시와 생활 방식상의 자연스러운 안일, 그리고 양생의 도를 우주에서 근원한 원리에 모두 합치시키고자 한 것이며, 이러한 원리를 개인의 생활에서 군주의 남면지술(南面之術 : 임금의 술수)까지 부연한 것이라고 할 수 있다. 천지의 운행이 자연에 순응하여 다기(多岐)하고 다변(多變)할 수 없다면 군주의 치국 역시 굳이 심신을 상해가면서 허비할 것이 아니라 "덕으로 사물을 대하여 각처에서 마음이 귀의토록 하는 것이다(以德來物, 各處歸心이덕래물, 각처귀심)."

그래서 "사람을 잘 따져서 선택하는 데에 힘을 썼고, 남의 직분에 관한 일에는 관심을 갖지 않았다(勞於論人, 而佚於官事로어논인, 이일어관사)"[2]라고 말한다. 한편 전설에 나오는 황제의 말, 즉 "(황제는) '임금은 항상된 처소가 없으니, 그는 처하는 곳이 있으면서도 또한 처하는 곳이 없다'라고 말함으로써 형벌을 주거나 거스르지 않음을 설명하였는데, 이것이 순환하는 도리이다(帝無常處也, 有處者乃無處也, 以言不刑蹇, 圜道也제무상처야, 유처자내무처야, 이언불형건, 환도야)"[3]라고 말한다. 이를 후대 사람들에게 익숙한 말로 바꿔 말하자면 군주는 하늘과 마찬가지로 '무위이치(無爲而治)'하면서 천하의 본보기가 되어야 한다는 뜻이다.

이어서 시절의 순서에 따라 '하장(夏長)', 즉 만물이 성장하는 여름에 이르게 되면, 인류와 사회 역시 혼돈의 시절에서 벗어나 문명이 성숙한 단계로 진입하게 된다. 황제의 학에서 보여주는 일관된 사상적 맥락에 따르면, 문명의 시대에는 개인 생활에 있어서 순박한 마음과 순수한 정신이 소실되었기 때문에 청명한 이성과 후천적인 지식을 통해 자아 절제를 해야만 한다. 또한 사회 역시 상호 협조하고 공존하는 시대에 진입하게 된다. 이러한 시대에서는 유자의 학설이 합리성을 확보하게 된다. 그래서 「맹하기(孟夏紀)」 '제4', 「중하기(仲夏紀)」 '제5', 「계하기

1) 『아십이자』본, 636쪽.

2) 『여씨춘추』 「당염(當染)」, 『이십이자』본, 634쪽.

3) 『여씨춘추』 「환도(圜道)」, 『이십이자』본, 638쪽.

(李夏紀)」'제6' 등의 내용은 주로 후천적인 교육이나 학습, 사회적 절제와 도덕과 윤리의 문제로 화제를 돌려 사회적 존재에게 가장 핵심적인 윤리, 즉 충과 효의 문제를 다루게 된다.

『여씨춘추』는 이에 따라 주로 공자와 증자 일파의 유자들이 주장한 '권학(勸學)' 사상에 관해 논의하고 있다. 『여씨춘추』의 경우도 후천적인 학습을 통해 인간 내심의 선을 향한 정감을 일으켜야 한다는 점에 동의하면서 이지적으로 군신, 부자, 사생(師生) 지간의 질서를 의식해야 함을 인정하고 있다. 그러나 학습은 단지 외적인 지식을 습득하는 과정일 뿐만 아니라 내적으로 자신의 천성을 계발하는 방법이라는 점을 강조하고 있다. 다시 말해 학습 역시 '하늘'과 상응하는 행위의 일종이며, 교육 또한 '인간'이 그 자신의 천성을 달성하는 방식이라는 뜻이다. 그래서 「존사(尊師)」에서 이렇게 말한 것이다. "무릇 배운다는 것은 듣고 보고 말하고 지각하는 것에 무엇을 더 보탤 수 있게 하는 것이 아니고, 그 본성에 도달하는 것이다. 능히 하늘이 낳은 바를 온전히 하여 이를 허물지 않는 것, 이를 일러 선한 배움이라고 한다(故凡學, 非能益也, 達天性也. 能全天之所生而勿敗之, 是謂善學고범학, 비능익야, 달천성야. 능전천지소생이물패지, 시위선학)."[4]

이와 반대로 배우거나 가르치지 않는다면 이는 그 자신의 자연적인 본성을 해치는 것이 된다. "하늘이 사람을 낳고서 그 귀로 하여금 들을 수 있게 하였지만 배우지 않으면 그 듣는 것이 차라리 듣지 못하는 것만 못하고, 그 눈으로 하여금 볼 수 있게 하였지만 배우지 않으면 그 보는 것이 차라리 보지 못하는 것만 못하다(天生人也, 而使其耳可以聞, 不學, 其聞不若聾, 使其目可以見, 不學, 其見不若盲천생인야, 이사기이가이문, 불학, 기문불약롱, 사기목가이견, 불학, 기견불약맹)."[5] 사람이 태어나게 되면 자연스럽게 감정과 욕망이 존재하게 된다. 만약 그 사람이 자연스럽고 건전하게 성장한다면 이는 당연히 천성에 순응하여 자신의 정욕을 절제할 수 있게 된다.[6] "처음 사

4) 『여씨춘추』「존사(尊師)」, 『이십이자』본, 640쪽.

5) 『여씨춘추』「존사」, 『이십이자』본, 640쪽.

6) 『여씨춘추』는 '천도(天道)'를 '순(順)'이라고 했다. 이는 어떤 면에서 도자의 학설과 부합하는 것이면서 또한 유자의 학설과도 부합한다. 백서 『오행(五行)』에 보면 다음과 같은 내용이 실려 있다. "하늘이 아래를 살피는 것은 취합하기 위함일 따름이다. 초목의 본성을 따라 성장하게 하고 □□□□□, 좋고 나쁜 것이 있으나 예

람을 낳은 것은 하늘이다(始生人者天也).” 하늘은 사람을 낳으면서 욕망과 악함도 지니게 했다. 그래서 음악을 통해 그로 하여금 희열을 느끼게 했지만 또한 예의를 통해 자신을 절제함으로써 평정(平靜)한 마음으로 돌아올 수 있도록 했다.[1] 「대악(大樂)」과 「치악(侈樂)」 두 편은 상호 대조적으로 세상을 다스리는 자는 사람들로 하여금 정욕에 따르게 하면서도 또한 적절하게 절제하도록 해야 함에 대해 언급하고 있다.

「명리(明理)」에 보면 다음과 같이 적혀 있다. “무릇 생명이란 하나의 기운이 변화되어 이루어진 것이 아니고, 기르는 것은 하나의 물질만이 맡은 일이 아니며, 이루어지는 것은 한 가지 형태의 결과로만 나타나는 것이 아니다. 그러므로 여러 가지 올바른 일이 쌓이게 되면 복이 오지 않음이 없고, 여러 가지 사악한 일이 쌓이게 되면 재앙이 미치지 않음이 없다(凡生非一氣之化也, 長非一物之任也, 成非一形之功也. 故衆正之所積, 其福無不及也, 衆邪之所積, 其禍無不逮也범생비일기지화야, 장비일물지임야, 성비일형지공야. 고중정지소적, 기복무불급야, 중사지소적, 기화무불체야).”[2] 이는 자연계의 만물의 경우와 흡사하다. 자연계의 만물은 절로 성장하게 되어 있지만, 또한 적절한 강우와 강설이 필요하며 춥고 더움이 시기적절해야만 한다. 다시 말해 생장은 관련된 여러 가지 인과관계와 얽혀있으며, 이에 따라 이루어진다는 뜻이다. 따라서 사람 역시 '하늘'에서 생명을 부여받았지만 만약 여름과 같은 교육, 학습, 관리, 절제 등이 결핍된다면 결코 순조롭게 성장할 수 없으니, '음양이 차례를 잃고 사계절이 바뀌게 되면(陰陽失次, 四時易節음양실차, 사시역절)' '그 천성을 잃게 되는 것(必

의는 없었다. 인간의 본성을 따르니 곧 뛰어나고 □□□, 인의이다(天地監下也, 雜部焉耳, 循草木之生而生焉, 而□□□□□禽獸之生, 則有好惡焉, 而無禮義焉, 循人之生, 則巍然□□□, 仁義也천지감하야, 잡합언이, 순초목지생이생언, 이□□□□□금수지생, 즉유호악언, 이무예의언, 순인지생, 즉외연□□□, 인의야).” 비록 탈자가 많기는 하지만 대의는 비교적 분명하다. 뛰어난 인간의 본성은 자연의 초목이나 금수의 본성과 다르니 이것이 바로 '천도'라는 것이다. 『노자갑본급권후고일서(老子甲本及卷后古佚書)』, 문물출판사, 1974.

1) 서복관(徐復觀)이 지적한 바대로 유자의 절욕(節慾)은 주로 이성적인 역량에 기대고 있으나 『여씨춘추』의 경우는 “정욕 자체에서 절제의 가능성을 찾고 있다.” 이는 분명 맞는 말이다. 그러나 한 걸음 더 나아가 말하자면 그 배경에 인도에 대한 이해의 근거로서 '하늘', 즉 '천'이 존재하기 때문에 정욕 자체에 합리성을 부여한 것이라고 말할 수 있다. 이에 반해 유자의 경우 정욕은 그 자체로 합리성을 갖추고 있지 못하기 때문에 자기 절제가 불가능한 것으로 간주되었다.

2) 『여씨춘추』 「명리」, 『이십이자』본, 647쪽.

失其天矣필실기천의)'[3]과 같다.

이러한 사고방식은 다시 '추수(秋收)'와 '동장(冬藏)'의 가을과 겨울로 연장된다. 「맹추기」부터 「계추기」까지 『여씨춘추』는 만물을 숙살(肅殺 : 쌀쌀한 가을 기운이 풀이나 나무를 말려 죽임)하는 가을의 기후와 상응하는 군사 및 형법의 문제를 다루고 있다. 오행의 규칙에 따르면, 가을은 오행 가운데 금(金)에 속하는데, 금은 병(兵)과 형(刑)을 주관한다. 여씨의 견해에 따르면 인류 사회는 이미 혼돈에서 문명사회로 진입하였고, 인간의 마음 또한 소박한 상태에서 복잡한 것으로 바뀌었다. 따라서 사회는 질서가 필요하지 않을 수 없게 되었고, 질서를 유지하기 위해서는 교육, 학습, 절제, 감독 이외에도 군대와 형법이 필요하게 되었다. 이는 계절이 봄에서 여름, 여름에서 가을로 바뀌는 것과 같은 이치이다.

그래서 『여씨춘추』는 우선 용병의 도리에 대해 토론하고 있다. 여씨에 따르면, 의로운 병사는 천하를 다스리는 좋은 약과 같다. 그는 군비(軍備)를 폐지하자는 주장에 대해 "설득력이 비록 강하고, 말재주가 비록 민첩하고, 문장과 지식이 비록 해박할지라도 사람들은 오히려 듣고 따라주지 않는다(故說雖彊, 談雖辨, 文學雖博, 猶不見聽고설수강, 담수변, 문학수박, 유불견청)"[4]라고 비판했다. 이는 "무릇 군대라는 것은 위세이고, 위세라는 것은 힘이다(兵也者, 威也, 威也者, 力也병야자, 위야, 위야자, 력야)"[5]라고 생각했기 때문이다. 보편적으로 난세에는 강력한 힘에 기대어 의로운 군사를 모아 옳지 않은 것들을 물리쳐야만 한다. 그래서 "의로운 군대가 오면 이웃나라의 백성들이 그들에게 모여드는 것이 마치 흐르는 물과 같고, 주살한 나라의 백성들이 의로운 군대가 오기를 바라는 것이 마치 부모를 바라보는 것과 같다(義兵至, 則鄰國之民歸之若流水, 誅國之民望之若父母의병지, 즉린국지민귀지약류수, 주국지민망지약부모)."[6] 군대는 위세가 있어야 할 뿐만 아니라 용맹하고 기세를 갖춰야 하며 관병이 일치하여 병사를 친밀하게 대해야만 한다.[7] 또한 정치가 역시 민심에 순응하

---

3) 『여씨춘추』 「명리」, 『이십이자』본, 647쪽.

4) 『여씨춘추』 「탕병(蕩兵)」, 『이십이자』본, 649쪽.

5) 『여씨춘추』 「탕병」, 『이십이자』본, 648쪽.

6) 『여씨춘추』 「회총(懷寵)」, 『이십이자』본, 650쪽.

7) 이에 관해서는 『여씨춘추』 「중추기」, 「논위(論威)」, 「간선(簡選)」, 「결승(決勝)」, 「애사(愛士)」 등에서 주로 논의되고 있다. 『이십이자』본 651~653쪽을 참조하시오.

여 사인(士人)을 이해하고 제대로 임용해야 하며, 자신을 반성할 수 있어야만 비로소 효과적인 정부를 건립할 수 있다고 주장하였다.[1)]

『여씨춘추』는 「맹동기(孟冬紀)」에서 「계동기(季冬紀)」까지 주로 '죽음'의 문제에 대해 논의하고 있다. 이는 기후가 차갑고 만물이 모두 얼어붙는 겨울의 계절적 현상에서 어둡고 유폐된 느낌을 연상하기 때문인데, 여기에서 사람들은 하늘과 인간의 생존 주기 가운데 마지막 단계에 이르렀음을 추론하게 된 것이다. 제일 먼저 다루는 것은 죽은 후의 상장(喪葬)에 관한 것이다.[2)] 「절상(節喪)」에서 성인은 생과 사를 알고 있다고 말하면서 삶을 알기 위해서는 자연에 순응하여 양생하는 것을 깨달아야만 하며, 죽음을 알기 위해서는 죽음을 두려워하지 말고 편안하게 받아들여야 한다고 주장하고 있다. "무릇 천지간에 살게 되면 반드시 죽음이 있기 마련이다(凡生於天地之間, 其必有死)."

또한 사람은 어버이를 존경하고 자식을 사랑하는 마음이 있기 때문에 장례의 의식이 생겨난 것이라고 하면서 "장사를 지낸다는 것은 묻어 넣어두는 것이다(葬也者, 藏也장야자, 장야)"라고 했다. 이는 겨울이 되어 '수장(收藏)'하는 것과 마찬가지다. 그러나 지나치게 사치스러운 장례는 오히려 이러한 의미는 고사하고 도굴 때문에 죽은 이로 하여금 편안한 죽음을 영유할 수 없도록 만든다고 했다.[3)]

다음은 '선비'의 죽음에 대해 논하고 있다. 선비의 충언이 귀에 거슬리게 되면 우둔한 군주는 '선비'에게 극형을 내리게 된다. 그러나 선비는 권력에 굴종할 수 없다. 만약 굴욕을 당할지라도 차라리 의를 위해 죽는 것이 낫다. 이것이 살신성인(殺身成仁)의 도리인 것이다.[4)] 이에 대해 『여씨춘추』는 다음과 같이 말하고 있다.

"선비의 사람됨은 도리를 행해야 하는 일을 당해서는 그 어려움을 피하지

---

1) 이에 관해서는 『여씨춘추』 「계추기(季秋紀)」에 나오는 「순민(順民)」, 「지사(知士)」, 「심기(審己)」 등에서 주로 논의되고 있다. 『이십이자』본 654~655쪽.

2) 「계동기」에 나오는 「사절(士節)」, 「개립(介立)」, 「성렴(誠廉)」, 「불침(不侵)」 등의 내용은 겨울의 상징이나 연상관계가 그다지 명확하지 않다. 이에 대해 서복관은 "겨울의 기후는 엄숙하고 확고하다. 어쩌면 이를 선비의 절개나 기상의 상징으로 삼은 것인지도 모른다"라고 말한 바 있다. 『양한사상사』 권2, 40쪽.

3) 『여씨춘추』 「절장(節葬)」, 『이십이자』본 657쪽.

4) 「중동기(仲冬紀)」에 나오는 「지충(至忠)」, 「충렴(忠廉)」 등을 참조하시오. 『이십이자』본 660~661쪽.

않고, 어려운 일에 임해서는 이익이 되는 것을 잊으며, 생명을 돌보지 않고 의로움을 행하여서는 죽음 보기를 마치 편안한 곳으로 돌아가는 것처럼 여긴다. 이런 사람이 있다면 한 나라의 군주라 하더라도 그를 얻어서 벗으로 사귈 수 없고, 천자라 하더라도 그를 얻어서 신하로 삼을 수 없다. 가장 큰 일은 천하를 평정하는 일이고, 그 다음은 한 나라를 평정하는 일인데 이러한 일들은 반드시 이와 같은 사람에 의해서 이루어져야 한다(士之爲人, 當理不避其難, 臨患忘利, 遺生行義, 視死如歸. 有如此者, 國君不得而友, 天子不得而臣. 大者定天下, 其次定一國, 必由如此人者也사지위인, 당리불피기난, 임환망리, 유생행의, 시사여귀. 유여차자, 국군불득이우, 천자불득이신. 대자정천하, 기차정일국, 필유여차인자야)."[5)]

이리하여 '사(士)', 즉 선비는 개인의 생명의 의미를 완성할 수 있으며, 자신이 군자로서의 이상을 성취할 수 있는 것이다.

봄과 여름에서 가을, 겨울에 이르기까지 여러 가지 상징과 연상을 통해 구축한 천시(天時)의 체계 속에는 농가의 세시에 관한 논의나 병가의 치군에 관한 도, 유자의 입신(立身)에 관한 근본 학설, 묵자의 절장에 관한 논의가 모두 포함되어 있다. 앞서 인용한 『여씨춘추』「서의」의 말을 되새겨 볼 때 우리는 『여씨춘추』에서 황제가 전욱을 가르치며 했던 말에 심오한 뜻이 담겨져 있음을 분명히 알 수 있을 것이다. 그들의 마음속에서 '천지'는 세상 만물을 모두 덮고 실으며, '사시'는 일체를 포용한다. 이처럼 거대한 천지를 하나의 틀로 삼고 '도', '음양', '오행'을 중요 간선으로 삼으니, 각종 사상을 모두 포용할 수 있을 뿐만 아니라 굳이 논증할 필요 없이 자명한 것으로 궁극적 의거가 되는 '천도(天道)'와 '지도(地道)'를 확보하고 천지 속에서 '도'에 따라 전개되는 각종 방략과 원칙을 지닐 수 있게 된 것이다.

> 하늘의 도는 둥글게 도는 것이고 땅의 도는 분수를 지키는 것이어서 성왕은 이를 본받았으니, 이는 임금과 신하, 상하를 세우는 방도이다. ……임금은 둥글게 도는 것을 지키고 신하는 분수를 지키는 것에 처해야 하니, 신하와 임금이 각기

---

5) 『여씨춘추』「계동기」에 나오는 「사절」, 663쪽.

분수를 지키고 순환하는 일을 바꾸지 않으면 그 나라는 창성할 것이다(天道圜, 地道方, 聖王法之, 所以立上下. …… 主執圜, 臣處方, 方圜不易, 其國乃昌천도환, 지도방, 성왕법지, 소이입상하. …… 주집환, 신처방, 방환불역, 기국내창).[1]

이리하여 『여씨춘추』는 황제의 학문에 기반을 둔 '천도'를 중심으로 태일, 양의, 음양, 사계, 오행, 십이월(十二月) 등을 시공간의 구조로 삼은 방대한 조직망을 구축할 수 있었다. 특히 주목할 부분은 그것이 원리적인 면에서 '하늘'과 '인간'의 관계를 완전히 소통하도록 만들었다는 점이다. 하늘과 땅이 사람을 낳는 것은 음양이 화육(化育)하는 것으로 저절로 그렇게 되는 것이다. 왜냐하면 하늘과 인간은 여러 가지 서로 유사한 상황을 지니고 있기 때문이다.[2] 사람이 태어나면 성정을 지니게 되는데, 이는 하늘이 부여한 자연스러운 품성이다.[3] 인성은 천도와 마찬가지로 굳이 말하지 않아도 알 수 있는 근본적인 의의를 지니고 있다.[4] 따라서 하늘이 무언, 무위하여 절로 그러한 것과 마찬가지로 사회 역시 인간의 본성에 순응하여 방종해서도 안 되며 그 반대로 억압을 해서도 안 된다.

『여씨춘추』는 황제
문에 기반을 둔 '천
중심으로 태일, 양
양, 사계, 오행, 십이
二月) 등을 시공간
조로 삼은 방대한 조
을 구축할 수 있었다

이처럼 탄력적이고 상당히 광범위한 해석 공간을 마련함으로써 인간의 도덕, 윤리, 예악, 정치에 관한 유자들의 학설, 사회적 절장(節葬), 상현(尙賢), 비공(非功), 겸애(兼愛) 등 묵자의 이론, 귀생중기(貴生重己)에 관한 양주 학파의 태도는 물

---

1) 『여씨춘추』「계춘기」'환도(圜道)', 638쪽. 이외에도 『한비자』「양권(揚權)」, 『회남자』「주술(主術)」 등에도 이와 유사한 논의가 실려 있다. 이러한 관점은 진한 시대에 보편적으로 받아들여진 것으로 보인다.

2) 『여씨춘추』「지분(知分)」, "무릇 사람이나 사물은 음양의 변화로 생성되었다. 음양이란 하늘에서 만들어져 이루어진 것이다. 하늘은 진실로 쇠함과 싫어함, 없앰과 숨음이 있으며, 성함과 가득 참, 흩어짐과 그침이 있다. 사람 역시 곤궁과 물러남, 다함이 있으며, 충실과 현달함, 그침이 있다. 이는 모두 하늘이 사물을 받아들이는 이치로서 그러하지 않을 수 없는 도리이다(凡人物者, 陰陽之化也. 陰陽者, 造乎天而成者也. 天固有衰嗛廢伏, 有盛盈坌息, 人亦有困窮屈匱, 有充實達遂, 此皆天之容物理也, 而不得不然之數也범인물자, 음양지화야. 음양자, 조호천이성자야. 천고유쇠겸폐복, 유성영분식, 인역유곤궁굴궤, 유충실달수, 차개천지용물리야, 이불득불연지수야)." 『이십이자』본, 704쪽.

3) 『여씨춘추』「지분」, "삶이란 품성을 지니는 것이자 죽을 운명이다(生, 性也, 死命也)." 『이십이자』본 704쪽.

4) 『여씨춘추』「귀당(貴當)」, "성이란 만물의 근본이다. 더 길어질 수도 없고 짧게 할 수도 없다. 왜냐하면 그것이 원래 그러하기 때문이니, 이는 천지의 도리인 것이다(性者萬物之本也, 不可長, 不可短, 因其固然而然之, 此天地之數也성자만물지본야, 불가장, 불가단, 인기고연이연지, 차천지지수야)." 『이십이자』본, 720쪽. 이 말은 『장자』「변무(駢拇)」에 나오는 "길다고 남지 않으며 짧다고 부족하지 않으니 각기 절로 그러함을 얻은 것이다"라는 구절과 같은 이치이다.

론이고 노자의 자연담박(自然澹泊)에 관한 사상과 자유롭고 초월적인 정신을 강조하는 장자와 전국시대 명가나 변론가들의 명변(名辯)에 관한 기술, 심지어 법자 및 관리들의 군주의 권위에 대한 설법 등을 총망라하여 받아들일 수 있었다.[5] 또한 이는 후세의 사상 세계에 아주 가치있는 몇 가지 계시를 제공하였는데, 그 첫째는 황제의 학문에 내재되어 있는 지식과 철학적 의미 속에 지속적으로 확장시킬 수 있는 철학과 지식의 공간이 존재한다는 점이다. 둘째는 궁극적인 가치의 근거로서 천인지간(天人之間)이 서로 관통하고 조화를 이룰 수 있다는 것이다. 셋째는 여러 학파의 학설이 서로 종합되고 융합될 수 있다는 것이다. 그래서 서한의 사상 세계는 바로 이러한 사상적 맥락을 토대로 펼쳐지게 된다.

3

시대 황로지학의 각
른 추향

진한 교체기는 황로지학(黃老之學)의 사조가 광범위하게 유포되어 있었다. 『여씨춘추』 이외에도 전국시대 말기의 『시자(尸子)』, 『갈관자』, 『문자(文子)』 및 『관자(管子)』 내용에도 이에 관한 논의가 실려 있다. 또한 한나라 초기 황로학을 사회에 직접 활용하고자 했던 진평(陳平)과 장량(張良),[6] 악거생(樂巨生), 전숙(田叔), 개공(蓋公), 조참(曹參) 등이 모두 황로학에 관심을 보였고,[7] 도에 관한 학문을 배운 황생(黃生)이나 사마담(司馬談), 방술을 지녔던 사마계주(司馬季主), 태창공(太

5) 『여씨춘추』 「본성(本性)」, "처음에 생명을 낳아 준 것은 하늘이고, 이를 기르고 자라나게 하는 것은 사람이다. 하늘이 낳은 바를 능히 기를 수 있으면서 이를 어그러지게 하지 않는 사람이 천자가 된다(始生之者, 天也, 養成之者, 人也. 能養天之所生而勿攖之謂之天子시생지자, 천야, 양성지자, 인야. 능양천지소생이물영지위지천자)." 『이십이자』본 629쪽. 이러한 말 속에는 천도, 인도, 세도의 도리가 모두 포함되고 있으며, 또한 도가의 자연, 유가의 예교, 법가의 관리에 대한 내용 등이 겸용되고 있다. 심지어 군사적 위세나 역량조차 '천'과 '인'과 연계시켜 말하지 않아도 알 수 있는 자명한 합리성을 부여하고 있다. 예를 들어 「탕병(蕩兵)」에 나오는 군대는 위세이고, 위세는 힘이라는 발언이나 "백성들이 위세 있는 힘을 지니는 것은 본성이다. 본성이란 하늘에서 받는 것이지 사람의 힘으로 만들 수 있는 것이 아니다"라고 말하고 있다. 『이십이자』본, 629쪽, 648쪽.

6) 장량은 『사기』 2044~2048쪽, 진평은 『사기』 2062쪽에 나와 있다. 급암(汲黯)은 『사기』 3105쪽, 정장(鄭莊)은 『사기』 3112쪽에 나온다.

7) 악거공, 전숙은 『사기』 권104, 「전숙열전」, 2775쪽에 나온다.

倉公)[1] 등도 모두 이러한 사조에 직접 참여했던 인물들이다. 이외에도 『신어(新語)』를 쓴 육가(陸賈)나 『신서(新書)』를 편찬한 가의(賈誼) 역시 이러한 사조의 영향 범위에서 벗어날 수 없었다.

그러나 학자들의 연구에 따르면 한나라 시대 초기 '도가'로 통칭되던 사조는 사실 여러 가지 다양하고 각기 다른 사상적 취향이 포함되어 있었다. 예컨대 그 안에는 청정무위를 숭상하고 백성들을 편안하게 살도록 하는 것을 핵심으로 하는 사회적 취향과 도회(韜晦)의 방술로 전생보신(全生保身)을 중심으로 하는 개인 취향, 음모와 결단, 권세와 책략을 중심으로 하는 책략 취향이 존재하고 있었다. 다시 말해 "사기(史記)로써 정치활동을 중시했던 '황로'파 이외에도 '전생보신'을 중시하는 유파가 있었고, 정치에 대해 관심을 두지 않았던 이들도 존재했다. 그들은 다시 순수하게 무위자연을 준수하는 이들과 보신을 중시하면서 아울러 적극적인 행동으로 권모술수도 마다하지 않던 이들, 그리고 사기(史記)의 양생을 중시하여 신선가에 접근했던 이들로 나뉜다."[2] 그러나 황제지학을 중심으로 여러 학파의 학설을 종합하고자 했던 『여씨춘추』는 천도와 인도가 서로 관통한다는 관점을 토대로 자연과 사회, 그리고 개인 생존의 사상 취향을 두루 갖추고 있었기 때문에 점차 당시 사상가들에게 두루 알려지게 되었으며, 이후 조참(曹參)과 두태후(竇太后) 등의 지지를 얻어 점차 하나의 사조를 이루게 된다. 그리고 사마담은 이를 자신의 「논육가요지(論六家要旨)」에서 '도가'에 편입시켜 다음과 같이 소개하고 있다.

> 도가의 학설은 사람으로 하여금 정신을 한 곳으로 집중하게 하고 행동을 무형의 도에 합치게 하며 또한 만물을 풍성하게 한다. 그들의 학술은 음양가의 사시운행의 순행에 근거하고 유가와 묵가의 좋은 점을 취했으며, 명가와 법가의 요점을

---

1) 황생은 왕생(王生)인 듯하다. 『사기』 권102, 「장석지풍당열전(張釋之馮唐列傳)」, 2756쪽, 『한서』 권50, 「장석지전」, 2312쪽에 나온다. 사마계주는 『사기』 권127, 「일자열전」, 3216쪽에 나오며, 태창공은 『사기』 권105, 「편작창공열전」, 2794쪽에 나온다.

2) 카나야 오사무(金谷治), 「한초 도가의 유파 구분」, 『일본학자연구중국사론저선역(日本學者硏究中國史論著選譯)』, 제7권, 34쪽, 중화서국, 1993.

채택했다. 시대와 더불어 옮겨지고 사물에 응하여 변화하며 풍속을 세우고 일을 추진하니 옳지 않은 것이라고는 없다. 그 뜻하는 바가 간단하고 시행하기가 쉬워 노력하는 정도는 적으면서 그 효과는 크다. ……도가의 이론을 시행하는 방법은 허무를 근본으로 삼고 인순(因循 : 자연에 순응함)을 수단으로 삼는다. 고정된 세도 없고 일정한 형상도 없다. 고로 만물의 진실을 밝힐 수 있다. 사물에 앞서지도 않고 사물에 뒤지지도 않는다. 고로 능히 만물을 주제 할 수 있다(道家使人精神專一, 動合無形, .瞻足萬物. 其爲術也, 因陰陽之大順, 采儒墨之善, 撮名法之要, 與時遷移, 應物變化, 立俗施事, 無所不宜, 指約而易操, 事少而功多. ……其術以虛無爲本, 以因徇爲用. 無成勢, 無常形, 故能究萬物之情. 不爲物先, 不爲物后, 故能爲萬物主도가사인정신전일, 동합무형, .첨족만물. 기위술야, 인음양지대순, 채유묵지선, 촬명법지요, 여시천이, 응물변화, 입속시사, 무소불의, 지약이역조, 사소이공다. ……기술이허무위본, 이인순위용. 무성세, 무상형, 고능구만물지정. 불위물선, 불위물후, 고능위만물주).[3)]

한나라 시대 전기에 사마담이 말한 것처럼 '음양가의 사시운행의 순행에 근거하고 유가와 묵가의 좋은 점을 취했으며, 명가와 법가의 요점을 채택하고' 아울러 천지인을 관통하는 『여씨춘추』의 거대한 정신을 고취하는 저작물이 나왔으니, 그것이 바로 회남왕(淮南王) 유안(劉安 : 재위 기원전 164~기원전 122)이 자신의 문객들을 모아 공동으로 편찬한 『회남자(淮南子)』이다.

』 역시 사상 세계
지식을 포괄할
거대한 구조를
고 했다.

『여씨춘추』와 마찬가지로 『회남자』 역시 사상 세계에 모든 지식을 포괄할 수 있는 거대한 구조를 만들려고 했다. 예를 들어 「요략(要略)」에 『회남자』의 종지(宗旨)에 대한 내용을 살펴보면 이를 확인할 수 있을 것이다. "(종지는) 도덕을 기강으로 삼고, 인사를 경위로 삼기 위함이다. 그래서 위로는 하늘을 살피고 아래로 땅을 헤아리며, 가운데로는 만물의 이치에 통하게 되면 비록 진리인 도의 핵심을 파악하지 못했다 할지라도 만물이 변화하는 추이를 파악하는데 어려움이 없을 것이다. ……천지의 형상을 보고 고금의 일에 통하며, 일을 헤아려 제도를 세우고 형세를 따져 적당하게 베풀며, ……천하를 통솔하고 만물을 다스리며, 변화에

3) 『사기』 권130, 「태사공자서」, 3289쪽, 3292쪽.

응하고 이류(異類)에 통한다. 하나의 길만 따르거나 한 귀퉁이의 취지만 지키거나 사물에 구애받거나 계루되지 않으므로 세상과 더불어 추이하지 않는다(紀綱道德, 經緯人事, 上考之天, 下揆之地, 中通諸理, ……觀天地之象, 通古今之事, 權事而立制, 度形而施宜, ……以統天下, 理萬物, 應變化, 通殊類, 非循一跡之路, 守一隅之指기강도덕, 경위인사, 상고지천, 하규지지, 중통제리, ……관천지지상, 통고금지사, 권사이립제. 도형이시의, ……이통천하, 리만물, 응변화, 통수류, 비순일적지로, 수일우지지)." [1)]

이러한 발언은 『여씨춘추』「서의」에서 말한 "위로는 하늘을 헤아리고 아래로 땅을 살피며, 가운데로 사람을 이해한다. 이렇게 하면 옳고 그름과 가함과 불가함이 숨을 곳이 없게 된다."는 내용과 동일한 맥락에서 일종의 종합과 겸용의 태도를 표명한 것이라고 할 수 있다. 그러나 한나라 시대 초기에 편찬된 『회남자』는 진나라 시대에 나온 『여씨춘추』와 다를 수밖에 없다.[2)] 그 차이는 단지 "편제가 더욱 정교해지고 문자에 기력이 넘친다"[3)]는 정도가 아니다. 특히 사상적인 면에서도 그 차이는 무시할 수 없다. 양자 간의 차이는 대략 다음 5가지로 나누어볼 수 있다.

『회남자』의 도 : 인의 위에 있다.

첫째, 『회남자』는 '태상지도(太上之道)'를 절대적으로 우선하여 천지인의 자연법칙과 삶의 본원 위에 두고, 사상적 맥락의 기점이자 가치 근거로 삼고 있다. 『회남자』는 「도원(道原)」에서 '도'의 궁극적인 의미와 무소부재한 보편성에 대해 상세하게 논술하고 있다.[4)] 『회남자』에 있어서 '도'란 모든 것의 본원이자 합리성

---

1) 유문전(劉文典), 『회남홍렬집해』 권21, 700쪽, 중화서국, 1989.

2) 서복관은 『양한사상사』 권2에서 『여씨춘추』가 비록 진나라 영정(嬴政) 8년에 완성된 것이기는 하지만 영정 재위 26년 중국을 통일시킨 이후까지 지속적으로 교정과 보완을 거듭했다고 말한 바 있다. 그는 그 증거로 『여씨춘추』 권13, 「맹동기」「안사(安死)」에서 "제(齊), 형(荊), 연(燕)나라가 일찌감치 망했고, 송(宋)나라와 중산(中山)국이 이미 망했으며, 조(趙), 위(魏), 한(韓)나락 모두 국세가 기울어 이제는 옛 나라가 되고 말았다"라는 구절을 예로 들고 있다. 이러한 관점은 참조할 만하다. 그러나 후세 사람이 임의적으로 집어넣은 것일 수도 있기 때문에 그것이 여불위가 이후 전문적으로 자신의 『여씨춘추』를 보정했다는 결정적인 증거로 삼을 수는 없을 듯하다.

3) 호적, 『중고사상사장편(中古思想史長編)』 제5장, 『호적학술문집(중국철학사)』 상책, 362쪽, 중화서국, 1991.

4) 『회남홍렬집해(淮南鴻烈集解)』 권1, 1쪽, "무릇 도란 하늘을 가리고 땅을 이어 사방에 펼쳐져 있으며, 팔극에 열려있어 높이가 끝이 없고, 깊이를 헤아릴 수 없으며 천지를 감싸고 있으면서 무형을 부여받았다. ……사유(四維 : 사방)에 가로놓이어 음양을 머금고 우주를 벼리로 하여 삼광(三光 : 해와 달, 별)을 빛나게 한다(夫道者, 覆天載地, 廓四方, 柝八極, 高不可際, 深不可測, 包裹天地, 稟授無形, ……橫四維而含陰陽, 紘宇宙, 而章三光부도자, 복천재지, 곽사방, 탁팔극, 고불가제, 심불가측, 포과천지, 품수무형, ……횡사유이함음양, 굉우주, 이장삼광)."

의 근거이다. 또한 우주에 존재하는 모든 것을 지배하는 역량[5]이기도 하며 심지어 인격과 의지를 지닌 신령이기도 하다.[6] 그것은 자연과 사회, 인류 등 자신의 세 가지 영역은 물론이고 신령이나 인류, 유명(幽冥)세계나 인간 세상을 모두 관통하고 있다. '도'는 그 모든 것에 있어서 반드시 지켜야 할 법칙으로 밝혀준다. 이러한 도의 법칙은 첫째 유약청정(柔弱淸淨 : 부드럽고 약하며 맑고 고요함)이며, 둘째 자연무위(自然無爲 : 자연에 따라 행하고 인위를 가하지 않는 것)이고, 셋째 반본복초(返本復初 : 근본이자 시작으로 되돌아감)이다.

그래서 사람은 응당 '도'와 같이 "편안하게 아무런 사념도 없고 담박하게 근심도 없이 하늘을 덮개로 삼고 땅을 수레로 삼으며, 사계절을 말로 삼고 음양으로 다스려야 한다(恬然無思, 澹然無慮, 以天爲蓋, 以地爲輿, 四時爲馬, 陰陽爲御념연무사, 담연무려, 이천위개, 이지위여, 사시위마, 음양위어)." 또한 사람의 심령은 거울이나 물과 마찬가지여서 "맑은 거울과 고요한 물이 형체와 접할 때는 교묘한 수식을 베풀지 않아 네모나거나 둥근 것, 굽은 것이나 곧은 것을 그대로 드러내 숨길 수 없다(鏡水之與形接也, 不設智故, 而方圓曲直, 弗能逃也경수지여형접야, 불설지고, 이방원곡직, 불능도야)." 또한 사람의 본성은 당연히 '하늘'과 같아서 "사람은 태어날 때부터 정적인 것이 천성이다(人生而靜, 天之性也인생이정, 천지성야)." 그렇기 때문에 진정으로 '도'를 체험한 사람이라면 "인사(人事)로 천성을 바꾸지 않는다(不以人易天불이인역천)"고 하였으니, 과도한 정욕으로 본래의 천성을 가리지 않을 뿐만 아니라 지나친 이지(理智)로 본래의 천성을 억누르지 않는다는 것이다. 이것이 바로 "밖으로 외물과 동화되면서도 안으로 천연적인 정(情)을 잃지 않는 것이다(外與物化而內不失其情외여물화이내불실기정)."[7]

---

5) 『회남홍렬집해』 권1, 2쪽, "산은 이로 말미암아 높고 못은 이로 말미암아 깊으며, 짐승은 이로 말미암아 달리고, 새는 이로 말미암아 날며, 해와 달은 이로 말미암아 밝고, 별들은 이로 말미암아 운행한다(山以之高, 淵以之深, 獸以之走, 鳥以之飛, 日月以之明, 星辰以之行산이지고, 연이지심, 수이지주, 조이지비, 일월이지명, 성신이지행)."

6) 『회남홍렬집해』 권1, 5~6쪽, "구름 수레를 타고 구름 무지개로 들어가 미무(微霧 : 하늘의 기운)에 가서 놀면서 황홀한 지경을 달린다(乘雲車, 入雲蜺, 游微霧, 鶩怳忽승운거, 입운예, 유미무, 무황홀)." 이는 마치 천신(天神)을 형용하고 있는 듯하다.

7) 『회남홍렬집해』 권1, 10~11쪽.

이는 사람의 경우만 그러한 것이 아니다. 사회도 역시 '도'를 따라 무위의 다스림을 행해야만 한다. "윗자리에 있어도 백성들이 무겁다고 여기지 아니하고 앞에 있어도 백성들이 해치지 않으니(處上而民弗重, 居前而衆弗害처상이민불중, 거전이중불해)", 이렇게 해야 비로소 "천하가 그 사람에게 돌아오며, 간사한 이들이 모두 두려워하게 된다. 이렇게 모든 일에 있어서 다투지 않으므로 감히 그와 더불어 다투는 자가 없다(天下歸之, 姦邪畏之, 以其無爭於萬物也. 故莫敢與之爭천하귀지, 간사외지, 이기무쟁어만물야. 고막감여지쟁)." 『회남자』는 형상적인 비유를 통해 이렇게 이야기하고 있다. 활과 화살이 있으면 날아가는 새를 잡을 수 있고, 작살이나 낚싯대가 있으면 물고기를 잡을 수 있다. 그러나 아무리 애써도 그저 한두 마리의 새나 물고기를 잡을 뿐이니, 설사 활을 잘 쏘는 후예(后羿)나 봉몽자(逢蒙子)의 재주를 가졌다고 할지라도 그물을 사용해서 잡는 것만 못하다.

이렇듯 이른바 '무위지치(無爲之治)'란 "천하를 펼쳐놓아 새장을 삼고 강과 바다로 그물을 삼는 것이니, 어찌 물고기를 놓치고 새를 잃어버리는 일이 있겠는가?(張天下以爲之籠, 因江海以爲之罟, 又何亡魚失鳥之有乎장천하이위지롱, 인강해이위지고, 우하망어실조지유호)." 다시 말해 구체적이고 하찮은 법률이나 제도로 관리하고자 한다면 언제나 제한이 따르고 놓치는 경우가 발생하게 된다는 뜻이다. 이는 "게(蟹)에게 쥐를 잡도록 하고, 두꺼비에게 벼룩(蚤)을 잡게 하는 것과 같아서 이러한 방식으로는 사악한 짓을 금지시키고 막는데 부족하여 어지러움이 더욱 불어나게 될 따름이다(使蟹捕鼠, 蟾蠩捕蚤, 不足以禁奸塞邪, 亂乃逾滋사해포서, 섬저포조, 부족이금호새사, 란내유자)." 이것이 바로 "대도를 버리고 작은 술수에 맡기는 일인 것이다(釋大道而任小數석대도이임소수)."

이와 달리 '도'란 무소부재하기 때문에 마땅히 "도리의 술을 좇아 천지의 자연에 따르면, 육합(六合)도 평정할 수 있으니(修道理之數, 因天地之自然, 則六合不足均也수도리지수, 인천지지자연, 즉육합부족균야)" 자연에 순응하면 굳이 인위적으로 다스리지 않아도 다스릴 수 있게 된다. 그래서 "도에 통달한 사람은 청정으로 돌아가고, 외물을 궁구하는 사람은 무위로 끝난다(達於道者, 反於淸靜, 窮於物者, 終於無爲달어도자, 반어청정, 궁어물자, 종어무위)"[1)]고 하는 것이다. 『회남자』에서 '도'란 곧 '하늘'이자 '자연'으로 모든 것의 본원이다. "이른바 천(天)이란 순수하고 소박하며, 솔직하고 명백해서 처음부터 잡되게 섞이지 않은 것을 말한다. 이른바 사람이란 타인과 만나면 지혜와 기교를 부리고, 간사한 꾀와 속임수를 써서 세상 사람들의 우러름을 받으면서 세속에 잘 어울리는 자이다(所謂天者, 純粹樸素質直皓白, 未始有與雜糅者也. 所謂人者, 偶差智故, 曲巧僞詐, 所以俛仰於世人, 而與俗交者也소위천자, 순수박소질직호백, 미시유여잡유자야. 소위인자, 우차지고, 곡교위사, 소이면앙어세인, 이여속교자야)." 그래서 『회남자』는 "인사(人事)로 천리를 어지럽히지 말며, 욕심 때문에 청정한 본래의 정을 어지럽히지 말라(不以人滑天, 不以欲亂情불이인활천, 불이욕난정)"[2]고 주장한 것이다. 이는 『여씨춘추』에서 하늘과 인간 모두에게 의지해야 한다고 주장한 것과 다소 차이가 나는 부분이기도 하다.

사회, 그리고 인
통하는 사고 방식

두 번째로 '도'가 자연과 사회, 인류를 통해 드러난다는 점이다. 『회남자』는 『여씨춘추』의 여러 가지 논의들을 수정하거나 더욱 풍부하게 만들었다. 특히 시간(12월의 천상 역법과 춘생春生, 하장夏長, 추수秋收, 동장冬藏의 세속적인 철리)을 이론적 단서로 삼는 간단한 사상적 맥락이나 우주의 기원과 공간(천상과 지형), 시간(시령時令과 역법), 우주와 인류의 미묘한 대응, 유명세계와 인간세계의 상호 관계, 인류 자신의 기원과 생존 등에 대해 상세한 토론을 진행하였으며, 이러한 사상적 맥락을 하나의 완전한 사상체계로 정리하였다.

제2편 「숙진(俶眞)」에서 우주의 기원에 대해 논의하면서 '천지가 아직 갈라지지 않고', '음양이 구별되지 않았으며', '사시가 나누어지지 않고', '만물이 생겨나지 않은' 혼돈시대부터 원기, 음양, 천지, 만물이 차례대로 생성되는 순서에 대해 언급하고 있다. 이에 대한 기본적인 근거는 황제의 학에서 나온 태일, 양의, 사상(四象)과 노자의 학에서 나온 "도는 하나를 낳고, 하나는 둘을 낳으며, 둘은 셋을 낳고, 셋은 만물을 낳는다"는 논의이다.

제3편 「천문(天文)」과 제4편 「추형(墜形)」은 사회 및 인류와 상호 관련을 지어 서로 대응하고 정제(整齊)되어 있는 상하(上下) 공간에 대해 논술하고 있다. 이에 따르면, 천지만물은 상호 대응하는 각종 '유(類)'로 이루어져 있다. 예를 들어 하

---

1) 『회남홍렬집해』 권1, 11쪽, 21쪽.

2) 『회남홍렬집해』 권1, 20~21쪽.

늘에 중심이 있으면 땅에도 중심이 있고, 하늘이 구야(九野)로 나누어져 있으면 땅 또한 구주(九州)로 나누어져 있다. 성수(星宿)와 주군(州郡)이 일일이 대칭하고 천상과 지상(地象)이 하나씩 연결되어 있으며, 계절·방위·풍향·물후(物候)와 인사(人事) 또한 상호 배합되어 서로 감응한다. 이렇듯 천·지·인·물·사(事)가 서로 연계되어 있는 사고 방식은 전국시대에 유행했던 음양, 오행, 팔괘, 구궁(九宮) 등의 이론에 근거한 것인데, 『회남자』는 이러한 각기 다른 이론을 종합하여 가지런하고 층차(層次)가 분명하며, 능히 천·지·인·물·사를 두루 포괄할 수 있는 거대한 체계를 확립한 것이다.

「천문」과 「추형」이 공간 관계를 통해 천·지·인·물·사를 연계시켰다면 제5편인 「시칙(時則)」은 시간 관계를 통해 천·지·인·물·사를 논한 것이라고 할 수 있다. 『여씨춘추』 '십이기'에 해당하는 「시칙」은 현대의 역법과 유사한데, 다만 핵심적인 내용은 주로 사시, 십이월, 이십사절기가 변화하는 과정에서 천상과 물후의 변화, 그리고 인사에서 마땅히 금지해야 할 것이나 상징 등이다. 그리고 그 목적은 인류와 천지가 '시절에 따라 함께 변화하면서' 천지인이 서로 조화를 이루도록 하는 데 있다. 그렇다면 천·지·인·물·사가 서로 대응한다고 할 때 이러한 대응관계는 어떤 의미가 있는 것일까?

그래서 다음에 이어지는 「남명(覽冥)」은 바로 이러한 질문, 즉 감응 관계에 대해 논의하고 있는 것이다. 『회남자』의 입장에서 볼 때 우주에 존재하는 모든 것들은 서로 대응하고 있으며, 상호 대응하는 가운데 신비한 감응을 주고받는다. 예를 들어 동풍이 불면 술이 맑게 변하고, 고래가 죽으면 혜성이 나타난다. 이는 서로 감응이 있기 때문이다. 또한 양수(陽燧 : 화경火鏡)는 불을 태양에서 얻고 방제(方諸 : 달 아래에서 물을 얻는 그릇)는 달에서 이슬을 취한다고 하였으니, 이 역시 피차간에 "자석이 쇠를 당기는 것처럼 같은 사물끼리 감응하는 것이다." 그 가운데 특히 밀접한 것은 하늘과 사람, 그리고 귀신의 관계이다. 상제의 천벌은 '아무리 넓고 아득한 곳이나 멀고 먼 은닉처에 있다고 할지라도(雖在壙虛幽間, 遼遠隱匿수재광허유간, 요원은닉)' 상응하는 대가나 징벌을 피할 수 없다. 이러한 '감응' 관계의 경로는 천·지·인·물·사 다섯 가지가 각기 음양, 오행, 팔방 등과 대응하고 있다.

다음 「정신(精神)」은 인류 자신에 대해 논의하고 있다. 이에 따르면 인간과 천지는 모두 '기(氣)'의 산물로서 하나의 도로 연계되어 있다. 사람은 음양이기(陰陽二氣)를 받아 태어나는데, 정신과 영혼은 하늘에서, 뼈와 혈육은 땅에서 나온다. 사람의 머리가 둥근 것은 하늘의 형상을 본 뜬 것이고 사람의 다리가 네모난 것은 땅의 형상을 이어받은 것이다. 하늘에는 사시와 오행, 구해(九解), 그리고 360일이 있는데, 이와 마찬가지로 사람 역시 사지와 오장, 구변(九變), 그리고 360개의 골절이 있다. 하늘에 바람과 비, 천둥과 번개가 있으니 사람에게는 희로애락이 있다. 그렇기 때문에 사람은 마땅히 천지를 본받아야 하며, 천지에 따라 영정(寧靜 : 평안하고 고요함), 허융(虛融), 안정(安定), 담박(澹泊)해야만 한다. 왜냐하면 이것이 바로 '무(無)'이며, 이렇게 해야만 '반본복초'할 수 있기 때문이다.

이 밖에 외재적인 일체의 수련은 부차적인 것일 따름이다. 예컨대 "국이 끓는데 끓지 않도록 한다고 해서 끓던 것이 곧 바로 멈추는 것은 아니다. 진실로 그 근본을 안다면 그것은 불을 없애는 것뿐이다(以湯止沸, 沸乃不止. 誠知其本, 則去火而已矣이탕지비, 비내불지. 성지기본, 즉거화이이의)." 이렇듯 모든 것을 초월하는 '태상지도'가 『회남자』에서 천지와 인귀(人鬼)를 논술하는 궁극적인 근거가 되기 때문에 『회남자』에서 우주의 공간과 시간, 천지와 인류에 대한 모든 논의는 『여씨춘추』보다 더욱 방대하고 현묘한 체계를 갖추게 되었다.

천지와 인신(人
계에서 한 걸음
사회문제로 영
하고 있다.

세 번째로 『회남자』는 자연의 천지와 인신(人神)의 관계에서 한 걸음 더 나아가 사회문제로 영역을 확대하고 있다. 제8편 「본경(本經)」에서 제13편 「범론(氾論)」까지는 주로 '도'를 중심으로 정치와 윤리의 문제를 논의하고 있다. 특히 '도'에 부합하는 사회는 마땅히 원시적이고 소박하기 때문에 마땅히 "경하할 만한 이로움도 없고 형벌의 위엄도 없으며, 예의염치도 베풀지 않고 훼방이나 칭찬, 어짊이나 비루함도 세우지 않아도 만백성이 모두 서로 침범하거나 포악하게 해치지 않으면서도 오히려 도의 가운데 존재하는 것과 같다(無慶賀之利, 刑罰之威, 禮義廉恥不設, 毀譽仁鄙不立, 而萬民莫相侵欺暴虐, 猶在于混冥之中무경하지리, 형벌지위, 예의염치불설, 훼예인비불립, 이만민막상침기포학, 유재우혼명지중)"(「본경」)고 주장했으며, '도'를 체득한 사람은 무사무려(無思無慮)하여 "슬퍼하거나 즐거워하지도 않고, 기쁘거나 노하지도 않으며, 앉아 있어도 깊은 생각을 하지 않고, 잠잘 때도 꿈을 꾸지 않는다(不哀不樂, 不喜不怒 其坐無慮, 其寢無夢불애불악, 불희불노 기좌무려, 기침무몽)"(「무칭繆稱」)고 말하고 있다.

그러나 『회남자』 역시 시대가 한 번 가면 되돌아오지 않음을 인지하여 "도가 없어지면 덕이 쓰이고, 덕이 쇠하니 인의가 생겨났다(道滅而德用, 德衰而仁義生도멸이덕용, 덕쇠이인의생)"(「무칭」)고 보았다. 그래서 현실적으로 실재하는 사회의 치리(治理) 문제를 집중적으로 다루고 있다. 「본경」과 「주술(主術)」에서는 주로 계급사회에서 치리의 방식에 대해 논하고 있는데, 가장 상책은 역시 '도'이다. 이는 다시 말해 '무위이치(無爲而治)'이다. 다음은 예악을 통한 교화이니, 이를 통해 "정치적 교화가 공평하게 이루어지고 인애가 넉넉하게 펼쳐지며, 상하가 같은 마음이 되어 군신이 화목하게 된다. 의식(衣食)이 넉넉하여 집집마다 풍족하고, 아비와 아들이 자애롭고 형과 동생이 우애가 있으니, 산 자는 원망이 없고 죽은 자도 원한이 없게 된다(政教平, 仁愛洽, 上下同心, 君臣輯睦, 衣食有餘, 家給人足, 父慈子孝, 兄良弟順, 生者不怨, 死者不恨정교평, 인애흡, 상하동심, 군신집목, 의식유여, 가급인족, 부자자효, 형양제순, 생자불원, 사자불한)."

그 다음은 신불해(申不害 : ?~기원전 337)[1] 일파가 주장한 것으로 군주가 신하를 다스리는 술수를 이용하는 것이다. 이에 따르면 군주는 '도'와 마찬가지로 어느 곳이든 행할 수 있고 변화가 신묘하여 신하들이 자신의 책무를 자신의 몸보다 중시하여 언제든지 맡은 바 직무를 완수할 수 있도록 만들어야만 한다. 「무칭(繆稱)」에 보면 군자와 소인의 명실에 관한 문제를 다루는 대목이 나오는데, 이는 원래 황로 일파의 관점을 따른 것이다. 이에 따르면 상고시대 사람들은 "도를 체득하고 덕을 사용하지 않았으며(體道而不德체도이부덕)", 중고시대 사람들은 "덕을 지켜 훼손시키지 않았지만(守德而弗壞수덕이불괴)" 지금 사람들은 구차스럽게 "오직 인의를 잃을까 두려워한다(惟恐失仁義유공실인의)."

이는 현실적으로 '인의'가 사람의 마음속에서 최후의 방어선이 되고 말았기 때문에 어쩔 수 없이 전전긍긍하고 사람이 사람으로서 도리를 지키는 경계선을 지킬 수밖에 없으며, 군자라면 이러한 인의의 마음으로 인의의 행동을 실천에 옮

1) 전국시대 한(韓)나라의 재상으로 법률과 형벌로서 나라를 다스릴 것을 주장했다. 『사기』에 '신자(申子 : 신불해를 높여 부른 말)에 대한 기록이 있는데, 황로에 근거를 두고 형명(刑名)을 주장했다는 기록이 있다(역자 주).

길 수 있도록 노력해야 한다는 말이다. 군자(君子)와 소인(小人)은 명실상부하게 나름의 역할을 지니게 되는데, 군자는 인의를 말하고 소인은 좋아하거나 욕망을 말한다는 것이 가장 큰 구별이라고 할 수 있다. "군자의 덕은 바람이며 소인의 덕은 바람에 눕는 풀과 같다"는 공자의 말에 따라 『회남자』는 군자의 기풍으로 사회를 바른 방향으로 이끌어야 한다고 주장하고 있다.

다음에 이어지는 「제속(齊俗)」에서는 어떻게 하면 천하 백성들이 군자의 덕을 품을 수 있는가에 대해 논의하고 있다. 『회남자』는 이 편에서 전국시대 이래로 인성에 관한 문제를 다룰 때 사용하던 개념, 즉 '성(性)'이나 '습(習)'을 그대로 수용하고 있을 뿐만 아니라 그 사상적 맥락도 그대로 받아들여 논의를 진행하고 있다. 근본적인 원리로 볼 때 이는 유자들이 규정한 윤리나 도덕이 영원불변의 규범이나 형식이라는 주장과 다르다. 『회남자』「제속」은 오히려 삼대가 각기 다른 풍습을 지녔고 시세가 항시 변화하며, 사방의 풍속이 달라 지역마다 차이가 있기 때문에 고정불변의 규정으로 습속, 예의, 행위 등을 획일적으로 교정하는 것은 거문고의 기러기발을 고정시킨 것과 마찬가지로 인간의 자유를 속박하게 될 것이라고 보았다. 사실 궁극적인 면에서 볼 때 사람은 마땅히 사람이 될 수 있는 경계와 품격을 추구하면 그 뿐이다. 인간의 본성은 순수하고 영정한 것이기 때문에 이러한 본성을 따라 행하면 그것이 바로 '도'이며, '천성'을 얻는 것이 바로 '덕'이기 때문이다.[2)]

그러나 『회남자』 역시 현세가 말세이고 오래된 습속이 이미 사라졌으며, 인간의 본성은 옛 것과 같을지라도 환경이 크게 달라 인간의 심령 또한 옛 사람들과 달라질 수밖에 없다는 것을 인정하고 있다. "어린 아이가 태어난 지 3개월 만에 다른 나라로 옮기면 그는 자신이 태어난 나라의 풍속을 모른다(三月嬰兒, 生而徙國, 則不能知其故俗삼월영아, 생이사국, 즉불능지기고속)." 그러나 학습과 교육은 능히 사람의 마음과 사상을 바꿀 수 있다. 이는 대나무가 원래 물에 뜨지만 이를 잘라 다발로 묶은 다음 물에 던지면 가라앉는 것이나 쇠는 본래 물에 가라앉지만 배 위에 올려놓으면 뜨는 것과 같다. 또한 "흰 비단의 본래 바탕은 희지만 이에 검은 흙으로

---

2) 『회남자』 권11 「제속」, 『회남홍렬집해』, 343쪽

물들이면 검어지고, 누런 비단은 본래 황색이나 이를 붉은 물감으로 물들이면 붉어진다(素之質白, 染之以涅則黑, 縑之性黃, 染之以丹則赤소지질백, 염지이열즉흑 겸지성황, 염지이단즉적)"는 것과 같다. 그렇기 때문에 '이풍역속(移風易俗)', 즉 풍속을 바꾸어 예악이 조화를 이루고 안팎으로 두루 군자가 존중받는 사회적 기풍을 조성해야 한다고 주장한 것이다.

그러나 『회남자』는 분명 황제와 노자의 지식에 근거하고 있음이 분명하다. 사회와 생활 방면에서도 유자의 방법을 비교적 많이 응용하고 있는 것은 사실이다. 하지만 이러한 방법을 모두 '도'라는 근본적인 사상 맥락에 포함시키고 있다. 그렇기 때문에 「도응(道應)」과 「범론(氾論)」 두 편은 또 다시 '도'의 응용과 변화를 논의하고 있는 것이다. 이 두 편에서는 주로 여러 가지 사례를 통해 '도'가 현묘하고 황홀한 궁극적인 의거이라는 것을 밝히고 있다. 이에 따르면 '도'는 구체적이고 확실한 조작 기술로서 우주에 관한 '이치'이자 인간에 관한 '수(數 : 방도)'이다.

이를 후대의 개념으로 말하자면 '도'는 곧 '체(體)'이자 '용(用)'이라는 뜻이다. "모든 하천은 물길이 다르지만 모두 바다로 모이고, 모든 사람은 직업이 다르지만 모두 잘 다스리려고 애쓴다(百川異源而皆歸於海, 百家殊業而皆務於治백천이원이개귀어해, 백가수업이개무어치)." 무릇 '치(治)', 즉 다스림에 관한 이론과 방법은 모두 궁극적이고 합리적인 근거를 갖춰야만 하기 때문에 다양한 세속의 다스림에 관한 이론과 방법을 모두 지탱하고 겸용하며 심지어 초월할 수 있어야 하며, 시대와 정세의 변화에 부응해야만 한다. 이러한 것들은 모두 '도'의 기치 아래 통일될 수 있다. "무릇 도가 이지러진 것은 도가 온전한 것만 못하기 때문이다(夫道之缺也, 不若道其全也부도지결야, 불약도기전야)."

한나라 시대 신도가(新道家)들은 만상을 망라하고 천지를 모두 포함시키겠다는 포부를 지니고 있었다. 이를 위해 그들은 우주천지의 '태상지도'를 제시하였다. 그것은 인간 세상을 다스리는 '치세지도'이자 인류의 생존문제를 해결할 수 있는 모든 '기술'을 포함한 것이기도 했다. 또한 그것은 사회질서를 처리하는 데 필요한 '지식'으로 실용적인 일련의 정책과 책략의 바탕이기도 했다.

네 번째로 『여씨춘추』는 '십이기' 이외에도 팔람과 육론을 통해 부족한 점을 보충하고 있다. 『회남자』는 '태상의 도'를 밝힌 「도원」, 천지인을 다룬 「숙진」,

「천문」 등 여섯 편, 사회질서에 관해 논한 「본경」과 「주술」 등 여섯 편 이외에도 보기에 잡다한 약간의 편장을 보충하고 있다. 그러나 이는 『여씨춘추』에 나오는 팔람이나 육론과 다르다. 그것은 전편의 기본적인 논의 밖에서 외따로 떨어져 있는 것이 아니라 전면에 나온 각 편과 상호 관련을 맺으며, 춘추, 전국시대의 여러 가지 학설을 망라하여 하나의 거대한 체계를 이루고 있다.

제14편 「전언(詮言)」에서 제9편 「수무(修務)」까지 내용은 '도'의 사상을 중심으로 인간의 각종 사무에 관한 여러 논자들의 견해를 광범위하게 채집하여 정치, 군사, 인간 관계, 개인 수양 등 여러 방면으로 나누어 논의하고 있다. 예를 들어 「전언」에 보면 이런 대목이 있다. "명성과 도는 양립할 수 없음이 분명하니, 사람이 명성을 얻으면 도는 사용되지 않고, 도가 사람을 이기면 명성이 멈추게 된다(名與道不兩明, 人受名則道不用, 道勝人則名息矣명여도불양명, 인수명즉도불용, 도승인즉명식의)." 사람이 '허망'한 외재적 '명(名 : 명성)'을 중시하면 자칫 '자연'에 부합하는 '도'를 소홀하게 되고, 군주가 기지(機智)로 '치(治 : 다스림)'을 시도하면 결국 재앙을 불러오게 된다는 뜻이다. 사람들이 형체만 중시하고 정신을 경시하면 "형체는 뛰어나지만 정신은 빈곤하게 된다(形勝而神窮형승이신궁)." 그렇기 때문에 천명에 근원하고 심술(心術)을 다스리며, 호오와 애증을 이치에 맞게 하고 성정을 적절하게 다스린다고 할지라도 결국에는 '무명', '무위', '무욕', '무심'으로 돌아오게 되는 것이다.

또한 「병략(兵略)」에서는 용병 역시 '도'를 따라야 한다는 것을 강조하고 있다. 그렇다면 무엇이 '도'인가? 그것은 바로 '무형(無形)'이다. 일반적으로 용병하는 이는 전술과 전략을 강구하기 마련이다. 어떻게 진을 짜고 어떤 대책을 마련할 것인가에 관한 고민이다. 그러나 이러한 것들은 모두 눈으로 볼 수 있는 '형'이자 말로 할 수 있는 '법'에 불과하다. 진실로 고명한 이라면 용병을 하는데 '형'과 '법'을 초월하여 '자연'을 추구한다. "전적에 있는 것은 세상 사람들이 이를 전승하여 배운다. 이는 모두가 서로 형상으로 이기는 것이다(有篇籍者, 世人傳學之, 此皆以形相勝者也유편적자, 세인전학지, 차개이형상승자야)." 그러나 진정한 용병의 극치는 오히려 일종의 자연이며, 무형이자 무법이다. 형상이 없으면 "제어하여 압박할 수 없고 헤아려 잴 수 없으며, 교묘하게 속일 수도 없고 엿보아 생각할 수도 없다

(不可制迫也, 不可度量也, 不可巧詐也, 不可規慮也불가제박야, 불가도량야, 불가교사야, 불가규려야)." 그리하여 마침내 "묘당에서 작전을 운용하여 천리 밖의 승리를 결정할 수 있게 되는 것이다(運籌於廟堂之上, 而決勝乎千里之外운주어표당지상, 이결승호천리지외)." 용병 과정에 필요한 구체적인 방략은 무엇인가? 「전언」에 따르면, '세(勢)'와 '권(權)'이니, 이것이 바로 용병의 '도'인 것이다.

「전언」에서는 '도', 「병략」에서는 '병(兵)'을 논했다면 「설산(說山)」과 「설림(說林)」에서는 비유의 방식으로 여러 가지 인생과 사회의 철리에 대해 논의하였으며, 「인간(人間)」은 인간사회의 길흉과 화복의 유래와 조짐 및 길흉의 대처 방안에 대해 논의하고 있다. 그리고 「수무(修務)」에서는 사회가 변화한 후 성인들은 어떻게 변화하는 정세에 맞추어 사회를 다스리고 질서를 중건할 것인가에 대해 말하고 있다. 우선 인간의 화복에 대한 논의를 살펴보면 '마음'이란 영예를 얻을 수도 있고 비방을 초래할 수도 있으며, '술(術 : 술수)'은 일을 성공시키기도 하지만 실패하게 만들기도 한다. 오직 '도'만이 사람과 하늘을 알 수 있기 때문에 사람을 완전한 사람으로 만든다. 그렇다면 사회의 질서는 어떻게 되는가? 「수무」에 따르면 "다섯 명의 성인(신농·요·순·우·탕)을 관찰해 보면 무위가 아닌 것은 분명하다(五聖觀之, 則莫得無爲明오성관지, 즉막득무위명)." 그렇다면 이는 형이상학적인 궁극적 의미나 정신의 자유, 생명의 영원성만을 추구했을 뿐 실제 정치와 현실 생활이나 사회 실정을 무시한 '도가'의 전통을 벗어난 것이라고 할 수 있다. 이는 다시 말해 『회남자』의 사고방식이나 여러 학설의 수용 범위가 이미 전국시대 황제지학(黃帝之學)을 벗어났다는 뜻이다.

다섯 번째로 『회남자』는 확실히 『여씨춘추』보다 정밀하고 교묘한 이론 체계를 마련하고 있다.[1] 『회남자』는 먼저 자연, 사회, 인류에 대해 논술한 후에 나름의

1) 비록 『회남자』가 전체적인 계획 아래 이론체계를 마련했다고 하지만, 각 편(篇)간에 서로 다르거나 충돌하는 부분이 적지 않다. 이는 한 사람이 아닌 여러 사람의 손을 빌렸기 때문일 것이다. 예를 들어 카나야 오사무(金谷治)가 「한초 도가 사조의 유파(漢初道家思潮的派別)」에서 지적한 바와 같이 「도원」와 「도응」에서 『노자』를 인용할 때 서로 다른 두 가지 태도를 보이고 있다. 하나는 원문을 중시하여 노자의 사상을 선양하는데 치중한 반면 다른 하나는 정신(精神)을 중시하여 이에 대한 이해를 구하는데 치중하고 있다. 이러한 차이는 이외에도 적지 않다. 『일본학자 연구 중국사 논저 선역(日本學者研究中國史論著選譯)』 제7권, 37쪽, 1993.

'총론'을 마련하여 개괄을 시도하고 있다. 제20편 「태족(泰族)」을 결말로 삼아 제1편 「도원(道原)」과 서로 호응할 수 있도록 했다. 「태족」은 주로 방대한 체계의 내적 구조에 대해 논의하고 있는데, 이에 대해 후한의 학자 허신(許愼)은 다음과 같이 말했다. "고금의 도를 크게 논하고 만물의 가리킴을 일리(一理)에 모아 그 말하는 바를 밝히니, 그런 까닭에 크게 모은다는 뜻에서 태족이라고 한 것이다(泰言古今之道, 萬物之指, 族於一理, 明其所謂也, 故曰泰族태언고금지도, 만물지지, 족어일리, 명기소위야, 고왈태족)." 여기서 '일리(一理)'란 무엇인가? 천, 지, 인이 일체로 감응하는 관계를 뜻한다.

즉 하늘이 무위한 것을 '신명(神明)'이라 하고, 사람이 무위한 것은 '성인(聖人)'이라 한다. 천지는 자연을 본받고 음양과 조화를 이루며 인위적인 일을 하지 않지만 그렇다고 하지 않는 것도 없다. 성인은 천지를 본받아 명당을 세우고 음양과 사시와 조화를 이루며, 예악을 제정하고 인의의 도를 실천한다. 이것이 바로 『노자』가 말한 "사람은 땅을 본받고 땅은 하늘을 본받으며, 하늘은 '도'를 본받고 도는 스스로 그러함을 본받는다(人法地, 地法天, 天法道, 道法自然인법지, 지법천, 천법도, 도법자연)"의 본래 뜻이다.

그래서 「태족」에서 특별히 다음과 같은 내용을 강조하고 있는 것이다. "학자는 천지의 구분을 바르게 하고 치란(治亂)의 근본에 통달하며, 마음과 뜻을 맑고 깨끗하게 하여 이를 지니고 있어 그 처음과 끝을 볼 수 있으니 가히 지모(智謀)를 갖춘 사람이라고 할 만하다(凡學者能明於天人之分, 通於治亂之本, 澄心淸意以存之, 見其始終, 可謂知略矣범학자능명어천인지분, 통어치란지본, 징심청의이존지, 견기시종, 가위지략의)." 만약 책의 첫 편인 「도원」이 우주의 본원과 궁극에 대해 종적으로 논술했다면 마지막 편인 「태족」은 우주 안의 자연, 사회, 인류, 귀신 등의 상호 관계에 대해 횡적으로 논술했다고 말할 수 있다. 이는 상호 감응과 피차간의 모방 관계를 이용한 것이라고 할 수 있는데, 이처럼 서로 다른 영역, 현상, 사물, 원리를 하나의 방대한 구조로 결합시킴으로써 독특한 우주의 인식에 대한 형식을 마련할 수 있었던 것이다.

4

『여씨춘추』는 자연의 '천(天)'을 사상의 기본적인 의거(依據)로 삼고, '인(人)', 즉 개인의 생존의 합리성을 '천'과 통하게 만들었다. 그렇기 때문에 개인의 존재와 우주의 법칙은 지고무상(至高無上)한 것이 될 수 있었다. 이는 의심할 여지없이 세속의 정치 권력에 대한 의혹을 풀어주는 역할을 했으며, 특히 군주의 권위와 법률의 존엄, 그리고 제도상의 규범이나 윤리도덕의 근거 마련에 영향을 끼쳤다. 천하는 임금 한 사람만의 천하가 아니고, 천하는 모든 이들의 천하이다.[1] 그래서 정치의 법칙은 '천', 즉 자연의 법칙에 순응해야 하며, 통치자는 천도와 마찬가지로 '무위청정(無爲淸淨)', '간박과욕(簡朴寡欲)'해야 한다. 그리고 개인의 존재는 오히려 군체의 존재보다 높은 것이 된다. 이리하여 군주정치와 사회규범 위에 가치 등급이 더 높은 '천도'를 제시한 것이고, 도구에 속하는 실용 기술이나 기교, 실제 책략을 초월하여 가치를 제공하는 이성적 지위를 확립하고자 했던 것이다.

동시에 이러한 '천도'는 지식계층에 의해 확인된 것으로서 귀족계층에 의해 농단될 수 있는 것이 아니라 권력은 이성에 복종해야 하고, 정치는 문화에 복종해야 하며, 통치자는 문화인들에게 복종해야 한다는 요구를 분명하게 제기한 것이라고 할 수 있다. 『여씨춘추』 권4「맹하기」 '존사(尊師)'에 보면 문화로서 정치를 지도해야 한다는 바람이 강렬하게 표명되고 있다.

> 지금 존중을 받음이 임금에 이르지도 못하고, 지혜로움이 성인에 이르지도 못하면서 스승을 존중하는 일을 없애고자 한다면 무엇을 통해 임금에 이를 것이며, 무엇을 통해 성인에 이를 것인가?(今尊不至於帝, 智不至於聖, 而欲無尊師, 奚由至哉!금존부지어제, 지부지어성, 이욕무존사, 해유지재!)[2]

---

1) 『여씨춘추』「귀공(貴公)」, "천하는 임금 한 사람만의 천하가 아니고, 천하는 모든 이들의 천하이다(天下者非一人之天下也, 天下之天下也)." 「거사(去私)」, "순임금은 자신의 아들에게 천하를 물려주지 않고 우임금에게 주었으니, 이는 지극한 공(公 : 사사롭지 않고 함께 나눔)이다." 「환도(圜道)」, "관리를 세우면서 분수에 맞지 않게 되면 사욕으로 어지럽게 된다(立官不能使之方, 以私欲亂之也)." 『이십이자』본 631쪽, 638쪽, 703쪽.

2) 『여씨춘추』 권4「맹하기」 '존사'.

권15「하현(下賢)」에도 위문후(魏文侯)가 단간목(段干木)을 만났을 때 "서서 있느라 피곤하였으나 감히 쉬지 않았다"고 하고, 적황(翟璜)을 만났을 때도 "당(堂)에 앉아 그와 함께 말을 나누었다"는 이야기가 나온다. 이러한 일이 설사 사실이 아닐지라도 당시 지식인들이 지니고 있었던 '제왕의 스승'이라는 의식을 상징하기에 충분하다고 말할 수 있다. 이러한 사상은 당시 지식 계층이 자신들의 가치와 지위를 찾기 위함이자 후세에 '도통(道統)'이 '정통(政統)'보다 높다는 사고방식의 토대가 되었다고 할 있다. 물론 이러한 사상은 이미 오래 전부터 있어왔다. 예를 들어 공자는「태백(泰伯)」에서 이렇게 말한 적이 있다. "독실하게 믿고 배우기를 좋아하며, 옳은 도를 사수한다. 위험한 나라에는 들어가지 않고, 혼란스러운 나라에는 거주하지 않는다. 천하에 도가 있으면 나타나고, 도가 없으면 숨어버린다(篤信善學, 守死善道. 危邦不入, 亂邦不居. 天下有道則見, 無道則隱독신선학, 수사선도. 위방불입, 란방불거. 천하유도즉견, 무도즉은)."[3)]

또한 맹자 역시 이렇게 말한 바 있다. "왕공이라도 경의와 예를 다하지 않는다면 그들을 자주 만날 수 없었다. 만나는 것조차 자주할 수 없는데, 하물며 현명한 이를 신하로 삼는 일이 쉬울 수 있겠는가?(王公不致敬盡禮, 則不得亟見之, 見且猶不得亟, 而況得而臣之乎왕공불치경진례, 즉불득극견지, 견차유불득극, 이황득이신지호)"[4)] 장자가 초나라 왕의 징소(徵召 : 부름)를 우습게 여기고 응하지 않았던 것도 개인의 자유가 정치적 이익보다 우선이라는 태도를 표명한 것이다. 그러나 공자나 맹자, 장자가 단순히 사(士)의 출처(出處)는 반드시 '도'에 근거해야 함을 표명한 것뿐이라면『여씨춘추』는 이러한 '도' 자체의 근거를 부각시켜, 이를 자연법칙의 토대 위에 올려놓고 사회 정치와 윤리의 구체적인 목표로 뒤집어씌운 것이라고 할 수 있다. 아울러 이는 '도'의 진정한 실현을 지식계층의 참여와 동등한 것으로 간주한 것이자 정치권력이 이미 극도로 팽창한 시대에 문화 담론의 권력과 정치 담론의 권력의 대결을 의미하는 것이기도 하다. 이러한 혼전이 멈추지 않아 통일이 시급하고, 또한 실제적인 효과가 무엇보다 필요한 시대적 분위기에서 허공을 휘젓는 의

---

3)『논어』「태백」,『십삼경주소』, 2487쪽.

4)『맹자』「진심(盡心)」,『십삼경주소』, 2487쪽.

론만 가지고 있을 뿐 맨주먹에 불과한 사인(士人)의 힘만으로는 통치 권력을 결코 굴복시킬 수 없었다. 사실 어떤 시대이든 강권 통치가 이루어지는 상황에서 문화정신이 승리를 얻기란 거의 불가능하다.

『사기』 권6 「진시황본기」와 권85 「여불위열전」의 기록에서 보다시피 노애(嫪毐)와 그의 문인들이 모두 멸족되고 여불위마저 죽임을 당하고 말았다. 일설에는 짐새의 독을 마시고 죽었다고 하나 촉나라로 폄적(貶謫 : 귀향)되어 가다가 죽었다는 설도 있다. 그러나 『사기』 권6의 「색은(索隱)」에 따르면 여불위 문하의 빈객이나 변사(辯士) 수천 명이 몰래 그를 모셔다가 낙양 북망산에 묻었다고 한다. 여하튼 이는 하나의 상징이라고 볼 수 있다. 다시 말해 사(士)의 계층의 항쟁이 실패로 돌아가고 여불위가 사라짐에 따라 제왕의 스승을 자부하였던 사의 계층의 몽상까지도 따라서 흰 연기처럼 허공에 사라지고 말았다는 뜻이다. 그렇지만 처사(處士)로 천하를 횡행하면서 도통 계승이라는 자부심을 지니고 있던 이들의 정신은 빈객들의 마음 깊은 곳에 그대로 남아 문화인들의 사상 속에 대대로 이어지면서 마침내 중국 문화정신의 불굴의 상징으로 남게 되었다.

만약 어떤 의미에서 『여씨춘추』가 상징하는 것이 사의 계층 및 그들이 대표하는 '도통'과 정치권력으로 대표되는 '정통'의 항쟁이라고 한다면, 『회남자』는 어떤 의미에서 서한 전기에 주변 지역의 사조(思潮)와 중심이 되는 국가의 사조 간의 충돌을 상징한다고 말할 수 있을 것이다. 한나라 초기에 황로지학(黃老之學)이 '중심'의 자리에 올랐던 적이 있는데, 이는 당시 사회적 배경과 상층부의 소수 사람들의 편애와 관련이 있다. 전자는 조참(曹參)이 개공(蓋公 : 서한시대 학자로 황로지학에 밝음)을 존중하여 그에게 가르침을 받았음을 말하는 것이고, 후자는 문제(文帝)나 두태후 등이 노자서(老子書)를 좋아했다는 것을 말한다.

그러나 조참이 소하(蕭何)의 뒤를 이어 국정을 맡으면서 "청정을 귀하게 여기면 백성들이 저절로 안정된다(貴淸淨而民自定귀청정이민자정)"는 개공(蓋公)의 가르침을 구체화하여 정치적 책략으로 삼고 황로지학을 실용적으로 활용한 것은 사실이지만, 그렇다고 그가 진정으로 황로의 사상을 숭상한 것은 아니었다. 또한 두태후의 경우도 마찬가지다. 그녀는 극도의 권력욕을 지닌 여인으로 수십 년간 조정을 좌지우지하였다. 그녀는 자신이 편애하는 일을 다른 이들에게까지 강요하였으며, 심지어 조관(趙綰), 왕장(王臧) 등을 살해하고 원고생(轅固生)을 음해하여 죽이려고 하였다.[1] 이런 분위기에서 경제(景帝)나 무제(武帝), 여러 두씨(竇氏)들도 "어쩔 수 없이 황제와 노자를 읽고 그들의 학문을 존중할 수밖에 없었다(不得不讀黃帝老子, 尊其術불득불독황제노자, 존기술)."[2]

그러나 그렇다고 그녀가 황로의 학문을 진정으로 이해했다고 말할 수는 없으며, 황로의 학문을 나라의 이데올로기로 삼으려는 의도가 있었다고 말할 수도 없다. 단지 그들의 실용적인 책략과 개인적인 편애로 인해 황로지학이 한때 홍성한 사조가 되었을 뿐이라는 뜻이다. 이렇듯 진정한 토대가 마련되지 않은 상태였기 때문에 시간이 흘러 한나라 무제 시대가 되면서 모든 것이 변화하고 말았던 것이다.

]대 황로지학의 비
향과 민심 이탈 경

『회남자』를 보면 현세를 비판하는 경향이 자못 강하다. 이는 『회남자』가 '천'을 질서의 합리성을 판단하는 최종 근거로 삼고, '도'라는 궁극적 경계를 높이 매달아 그것을 추구하는 것을 목표로 삼았으며, '고(古)'를 추구해야 할 이상사회로 삼고, '무위'를 현실적이고 합리적인 책략으로 삼았기 때문이다. 그래서 『회남자』는 결함이 있을 수밖에 없는 현세의 질서와 책략, 생활에 대해 가혹할 정도로 비판을 했던 것이다. 「도원」에 보면 이런 대목이 나온다.

> 성인은 인사로써 천리를 어지럽히지 않으며, 욕심 때문에 청정한 본래의 정을 어지럽히지 아니하니, 도모하지 않아도 들어맞고, 말하지 않아도 믿음직스러우며, 생각하지도 않고 얻으며, 하지 않아도 이룬다. 그리하여 정신이 신령의 경지에 통하여 조화옹(造化翁 : 만물을 창조하는 조물주)과 짝이 된다(聖人不以人滑天, 不以欲亂情. 不謀而當, 不言而信, 不慮而得, 不爲而成, 精通于靈府, 與造化者爲人성인불이인활천, 불이욕난정. 불모이당, 불언이신, 불려이득, 불위이성, 정통우령부, 여조화자위인).[3]

---

1) 『사기』 권121, 「유림열전(儒林列傳)」, 3123쪽.
2) 『사기』 권49, 1975쪽. 『한서』 권88, 3592쪽, 권97 상, 3945쪽을 참고하시오.
3) 『회남홍렬집해』 권1, 21쪽.

그리하여 모든 것은 "그 자연에 따라 추진해야만 한다(因其自然而推之 인기자연이추지)."[1] 정치적 권위나 법률의 강제, 책략의 유도(誘導) 등도 그것이 유익한지 여부와 상관없이 모두 유위(有爲)적인 '지(智)'나 '욕(欲)', '위(僞)'로 간주되어 자연의 '진(眞)'을 방해하는 것으로 비난을 받게 된다. 「숙진」의 내용에 따르면, 성인의 학문은 반드시 "본성을 처음의 소박함으로 되돌려 마음을 공허함 속에 노닐게 하며(返性於初而游心於虛 반성어초이유심어허)", 달인의 학문도 "본성을 광대무변함에 통하게 하여 적막 속에서 깨닫게 한다(通性於遼闊而覺於寂漠 통성어요활이각어적막)."[2] 그리하여 이데올로기나 제도, 법률, 도덕, 윤리 등의 담론 권력을 장악하고 있는 제왕은 오히려 부차적이고 부득이하게 세워진 구체적인 관리자 정도로 간주되고, 그의 위에 현원(玄遠)하고 영원한 '도'와 결코 의심할 수 없는 '천'이 자리 잡게 되는 것이다. 그리고 성인 아래에 개인의 생명을 추구하는 '달인(達人)'과 권리를 통제할 수 없는 '세외(世外)'가 있게 된다.

『회남자』는 거듭해서 인간 세상의 제왕에게 부여된 '부'와 '귀' 등 세속의 행복 이외에도 위로 궁극적인 가치의 근거인 '천도'와 아래로 더욱 귀한 이목의 밝음(총명), 오장(五臟)의 평안, 기지(氣志)의 안정, 정신의 내적 수양 등 개인에 속하는 자유와 초월이 존재한다고 주장하고 있다. 「요략(要略)」은 이에 대해 보다 분명하게 말하고 있다. "한 마디 말로 깨닫게 하려면 천을 존중하고 참됨을 보존해야 하며, 두 마디로 통하게 하려면 사물을 천시하고 자신을 귀하게 여겨야 하며, 세 마디로 궁구하고자 하려면 사물을 도외시하고 정(情)으로 돌아가야 한다(欲一言而寤, 則尊天而保眞, 欲再言而通, 則賤物而貴身, 欲參言而究, 則外欲而返情 욕일언이오, 즉존천이보진, 욕재언이통, 즉천물이귀신, 욕참언이구, 즉외욕이반정)."[3] 이러한 사고 방식은 주로 노자와 장자에서 유래한 것이라고 하였는데, 이는 『회남자』와 『여씨춘추』의 사고방식이 대부분 황로지학에서 유래한 것과는 다르다. 아마도 이는 혹자가 이미 지적한 바대로 초기에 노자와 장자를 병칭하는 저술로 간주했기 때문일 것이다.[4]

---

1) 『회남홍렬집해』, 권1, 10쪽.

2) 『회남홍렬집해』, 권2, 67쪽.

3) 『회남홍렬집해』, 권21, 700~703쪽. 여기서 특히 부각하고 있는 부분은 '천'과 '인', 즉 자연과 생명이다.

4) 『회남홍렬집해』, 권21, 704쪽, "考驗乎老莊之術(고험호노장지술)."

장자는 반체제, 반주류의 성격이 강렬하고 특히 개체의 자유와 정신적 초월을 추구하는 경향이 심하다. 예를 들어 소요(逍遙)나 제물(齊物)[5]의 내용이 그러한데, 『회남자』는 이러한 영향으로 반중심, 반일존(反一尊 : 어느 하나만을 존중하는 것에 반대함), 그리고 자유를 추구하는 경향을 띄게 되었다. 예를 들어 「제물(齊物)」에 보면 이런 구절이 나온다. "한 임금의 법전만 고수하면서 대대로 전해오는 풍속을 비난하는 것은 비유하건대 기러기발을 아교로 붙여놓고 거문고를 조절하는 것과 같이 융통성이 없는 것이다(握一君之法籍, 以非傳代之俗, 譬由膠柱而調瑟也악일군지법적, 이비전대지속, 비유교주이조슬야)."[6] 이렇듯 '호인(胡人)들은 말을 타는 것이 편하고 월인(越人)들은 배를 타는 것이 편한 것처럼' 어떤 일정한 습속이나 불변의 예의, 고정된 법률이나 영원한 제도가 있는 것이 아니라 모든 일이 때에 따라 달라지고 지역에 따라 변화한다고 생각하고 있다. 만약 진정으로 이렇게 생각했다면 이러한 학설이 어찌 국가와 사회, 군주, 하나의 질서를 유지하는 도덕과 윤리, 정치를 말하지 않아도 자명한 특별한 위치에 올려놓을 수 있을 것이며, 또한 어떻게 주류의 이데올로기로서 관방의 주된 사상이자 학설이 될 수 있겠는가?

그리하여 얼마 되지 않아 이러한 상황에 큰 변화가 일어나게 된다. 한나라 무제는 건원 6년, 즉 기원전 135년 두태후가 세상을 뜨자 "그 이듬해 문학지사(文學之士)를 구하였다(其明年, 徵文學之士기명년, 징문학지사)."[7] 위현(韋賢), 위상(魏相), 병길(邴吉), 황패(黃霸), 위현성(韋玄成), 광형(匡衡) 등 『시』, 『서』, 『춘추』 등 유가의 기본 전적을 공부하고 윤리 학설을 기본적인 사고방식으로 삼으며, 예의 제도를 통해 사회질서를 추구하는 일군의 '문학지사' 들이 신속하게 정치무대의 중심인물로 부상하게 된다. 반면에 기존의 황로지학을 배운 학자들은 전혀 다른 상황을 맞이하게 되었다. 원수(元狩) 원년(기원전 122) "회남왕 유안이 스스로 목숨을 끊고, 왕후도 태자 천과 모반자들이 모두 주살되었다. ……나라가 없어지고 구강군이 되었

---

5) 「요략」, 708쪽, "其於逍遙一世之間, 宰匠萬物之形, 亦優游矣(기어소요일세지간, 재장만물지형, 역우유의)."

6) 「요략」, 358쪽.

7) 『한서』 권25, 「교사지(郊祀志)」, 1215쪽. 『논어』 「선진(先進)」 황간(皇侃)의 소(疏)에 인용된 범녕(范寧)의 말에 따르면, '문학(文學)'이란 "선왕의 전적에 능한 자를 말한다." 다시 말해 『시』, 『서』 등을 기본 전적으로 삼아 자신의 사상을 밝히는 문인이란 뜻이다.

다(淮南王安自荼殺. 王后荼太子遷諸所與謀反者皆族, ……國除爲九江郡회남왕안자경살. 왕후도태자천제소여모반자개족, ……국제위구강군)." "열후, 이천석, 호걸 수 천 명 등이 모두 죄의 경중에 따라 주살되거나 벌을 받았다(列侯, 二千石, 豪杰數千人, 皆以罪輕重受誅열후, 이천석, 호걸수천인, 개이죄경중수주)."[1] 이렇게 지방의 제후왕들이 수난을 당하게 되자 그들 문하에서 황로지학에 밝았던 학자들 또한 죄에 연루되어 희생양이 되고 말았다. 정치적 국면의 변화와 더불어 한나라 왕조가 적극적인 확장주의 정책과 집권(集權) 경향을 띠게 되면서 황로지학은 점차 국가의 이념이나 담론의 '중심'에서 '변두리'로 내처지게 된다.[2] 이는 한 시대의 종말을 의미하는 것이자 또 다른 시대의 시작을 예시하는 것이었다.

1) 『사기』 권118, 3093~3094쪽. 회남왕의 모반 사건을 담당한 것은 동중서의 제자인 여보서(呂步舒)이다. 『한서』 권27, 「오행지상(五行志上)」 1333쪽에 따르면 그는 상당히 독단적인 인물로 "『춘추』로 독단하여 듣지 않았다(以春秋誼顓斷於外, 不聽이춘추의전단어외, 불청)." 당시 연좌되어 죽임을 당한 이들이 수만 명에 달했다.

2) 황로지학의 전향과 변형에 관해서는 제4편에서 다시 상세하게 논의하겠다.

3절

국가 이데올로기의 확립 : 『춘추번로(春秋繁露)』에서 『백호통(白虎通)』까지

실용적 경향과 책 나라 시대 의례 제 . 『왕제(王制)』 찬 건립

진한 교체 시기에 육가(陸賈)라고 부르는 문사가 한나라의 개국 군주인 유방(劉邦)과 유명한 쟁론을 벌인 적이 있다. 『사기』의 기록에 따르면, 육가는 항상 유방의 면전에서 『시경(詩經)』, 『상서(尙書)』 등 고대의 전적을 인용하곤 하였는데, 유방은 그때마다 핀잔을 주면서 이렇게 말했다고 한다. "나는 말 위에서 천하를 얻었는데, 어찌 『시』, 『서』 따위에 얽매이겠소?(乃公居馬上得之, 安事詩書내공거마상득지, 안사시서)" 이에 육가가 다음과 같이 반박했다. "말 위에서 얻었다고 하나 어찌 말 위에서 다스릴 수 있겠습니까?(居馬上得之, 寧可以馬上治之거마상득지, 녕가이마상치지)" 결국 유방은 그에게 진나라가 망하고 한나라가 흥하게 된 경험과 역사상 치란(治亂)의 연고에 대해 논술토록 하였는데, 그 결과 나온 것이 바로 『신어(新語)』 12편이다. 육가는 그 책에서 '인의를 행하고 옛 성인들을 본받을 것(行仁義, 法先王행인의, 법선왕)'을 논하였으니, 유방도 "잘 했다(不稱善불칭선)"[1]고 칭찬하지 않을 수 없었다.

육가와 마찬가지로 가의(賈誼), 가산(賈山) 등 유술(儒術)을 사상적 맥락으로 삼고 있는 문사들 역시 진한 교체를 예증으로 삼아 유학이 정치적 이데올로기가 되어야 하는 합리성에 대해 논술한 바 있다.[2] 그들은 "어찌 말 위에서 천하를 다

---

1) 『사기』 권97, 「가생육가열전」, 2699쪽.

2) 『한서』 권48, 「가의전」, 2230~2258쪽. 권51, 「가산전」에 인용된 「지언(至言)」, 2327~2336쪽을 참조하시오.

스릴 수 있겠습니까"라고 하여 실용적인 의의를 부각시키면서 당시 권력자에게 유가의 학술과 사상을 받아들일 것을 권고하고, 의도적으로 "사안을 제정할 때는 법도에 따라야 하며, 복약(服藥)할 때는 좋은 것을 따라야 합니다. 전적(典籍)이라고 하여 반드시 중니(仲尼)의 문하에서 시작할 필요는 없으며, 약을 먹는데 반드시 편작(扁鵲)의 처방이 필요한 것은 아닙니다. 자신에게 맞으면 그것이 좋은 것이니, 그것을 법도로 삼으면 됩니다. 이렇듯 세상의 변화에 따르게 되면 권력이 절로 행해지게 되는 것입니다"[1]라고 하여 현실적 이성을 강조하였다. 하지만 그들은 궁극적으로 "인의를 행하고 옛 성인을 본받아야 한다"는 말로 자신들이 제왕의 스승이 되어야 한다는 이상주의를 견지함으로써 지식과 권력의 지위를 대등하게 유지하거나 심지어 권력을 초월할 수 있기를 희망하고 있었다.

그러나 세상은 이미 크게 변한 상태였다. 그리하여 역사적 변동의 시기에 대다수 유자들은 자신의 이상주의적 고집과 옛날의 왕사(王師)로서의 존엄을 포기하지 않을 수 없었다. 또한 민족국가 확립이 무엇보다 시급한 시대에 직면하여 사상과 학술 또한 순수한 정신주의와 도덕주의를 지양하지 않을 수 없었으니, 이는 사상의 생존을 위한 길이자 자신들의 학설을 실현시키기 위함이었다. 사실 유학이 지극히 실용적인 입신출세의 경향을 보이기 시작한 것은 순자(荀子)부터다. 다음 몇 가지 유명한 예는 이러한 경향을 상징적으로 보여주고 있다. 우선 진나라 말기 천하가 분란에 휩싸여 있을 때 "노나라 유자들이 공씨(공자)의 예기(禮器)를 들고 진왕(陳王)에게 몰려갔다. 그리하여 공갑(孔甲)이 진섭(陳涉)의 박사가 되었다(魯諸儒持孔氏之禮器往歸陳王. 於是孔甲爲陳涉博士노제유지공씨지례기왕귀진왕. 어시공갑위진섭박사)." 사실 그들은 진섭의 사상적 경향에 대해 그다지 아는 바가 없었다. 그러나 그들은 진나라가 '시서를 불태우고 술사들을 매장시킨 것'에 대한 분노에다 진섭이 향후 거사를 성공할 수 있을지도 모른다는 희망을 걸어 스스로 "가서 예물을 바치고 신하가 되었던 것이다(往委質爲臣왕위질위신)."[2]

이들 노나라 유생들보다 좀 더 심하게 실용적인 면에서 입세(入世)하여 책략

1) 『신어교주(新語校注)』 권 상, 「술사(術事)」, 44쪽, 왕이기(王利器) 교주본, 중화서국, 1986.
2) 『사기』 권121, 「유림열전」, 3116~3117쪽.

을 제시한 이는 숙손통(叔孫通)이다. 그는 한나라 왕조의 의례 제도를 확립시킨 대유(大儒)로 평가받고 있는데, 사실 상당히 머리 회전이 빠르고 변화에 민첩하게 대응할 줄 아는 모략(謀略)을 갖춘 이였다. 그는 거짓말로 진(秦)나라 2세를 속이기도 했고, 반대로 초나라의 의복을 입어 한나라 고조(高祖)의 환심을 사기도 했다. 또한 군주의 비위를 맞추느라 '군도장사(群盜壯士)' 들을 추천하기도 했다. 그는 고집스럽게 이상만을 추구하는 유자들을 일러 "시대의 변화를 모른다(不知時變)" 고 질책하였는데, 사마천은 그가 '한나라 시대 유가의 조종이 될 수 있었던 것(漢家儒宗)' 은 바로 "시대에 따라 변화할 수 있었기 때문이다" 라고 했다. 그를 따르는 이들 역시 그가 성철(聖哲)인 까닭이 바로 그가 '당시의 중요한 업무(當世之要務)'[3]를 제대로 파악하고 있기 때문임을 알게 된다.

이리하여 유가의 이상주의는 실용주의로 접근하게 되고, 유자의 사상과 학설 역시 정치 이데올로기 쪽으로 기울게 되면서 최종적으로 숙손통에 의해 한나라의 예의 제도가 제정됨으로써 유가의 예악을 통한 정치적 질서를 건립하려는 목적이 실현되기에 이른 것이다. 그의 성공을 통해 당시 대다수 유자들 역시 하나의 사상, 학설이 세간의 제도나 법률, 또는 이데올로기로 확정되기 위해서는 무엇보다 책략에 기대야 하며 단순히 이상만으로는 이루어질 수 없다는 것을 분명하게 알게 되었다. 한나라 무제 시절 또 한 명의 성공한 유자인 공손홍(公孫弘) 역시 숙손통의 경우와 마찬가지로 지극히 현실적인 책략을 통해 자신의 정치적 지위를 확보할 수 있었던 것이다.

『한서』 권58의 기록에 따르면, 공손홍은 매번 회의에 참가할 때마다 애매한 건의를 하면서 "군주로 하여금 스스로 선택하게 만들고 조정에서 직간하며 이치를 따지지 않았으며, 상주한 일이 불가하게 되었을지라도 조정에서 변론하지 않았다" 고 한다. 그러니 무제가 그를 좋아한 것은 당연한 일일 것이다. 사실 그는 질투심이 강하고 야박한 인물이었지만 표면적으로 다른 이들과 다툼 없이 잘 지냈으며, 『춘추』를 학문적 바탕으로 삼고 있는 유자 출신이지만 "문법리(文法吏)의 일을 배우고 익히며 유자의 학문으로 겉치레를 하였다(習文法吏事, 緣飾以儒術습문법리사,

3) 『사기』 권99, 「유경숙손통열전(劉敬叔孫通列傳)」, 2722~2723쪽, 2726쪽.

연식이유술)."[1] 이러한 책략에 기대어 그는 조정에서 확고한 자리를 차지할 수 있었다. 조정에서 그의 존재는 곧 유술(儒術)의 존재를 상징하는 것이었으며, 또한 모종의 의미에서 유학이 유술로 전향하고 있음을 상징하는 것이라고 할 수 있다.

물론 이것이 당시 유자들이 모두 성의 없이 겉으로만 고분 고분하는 태도를 취했음을 의미하는 것은 아니다. 이데올로기로서 담론의 권력을 쟁취하는 과정에서 유자들 역시 자신들의 입장을 고집하고 이상을 견지하기 위해 나름대로 대가를 지불하기도 했다. 예를 들어 고집스럽게 『노자』에 대해 경멸하는 자세를 굽히지 않아 하마터면 황로학을 좋아했던 두태후(竇太后)에게 목숨을 잃을 뻔했던 원고생(轅固生)은 일찍이 실용정신이 지나치게 강한 공손홍에게 "바른 학문에 힘써 직언토록 하고, 배운 것을 왜곡하여 세태에 아부하지 말라(務正學以立言, 無取學以阿世무정학이입언, 무취학이아세)"[2]고 경고하기도 했다. 또한 명당(明堂)을 건립하여 제후들이 조회토록 하는 방식을 통해 정치적으로 유가의 이데올로기를 강화하고자 했던 어사대부 조관(趙綰)과 낭중령 왕장(王臧)은 두태후와 충돌하여 하옥되었으며, 결국 옥중에서 자살하고 말았다.[3]

그러나 황권이 점차 팽창되던 시기에 사상과 학설의 흥망성쇠나 운명은 단지 그 자체의 사상적 맥락의 합리성에 따르는 것이 아니라 그 사상이나 학설을 신봉하는 이의 선전과 책략, 그 사상이나 학설이 국가 이데올로기로 전화할 수 있는 가능성, 그리고 약간 우연적이기는 하지만 결정적인 인물의 편향과 기호에 따르는 경우가 더 많다.

그렇기 때문에 서한시대 유가 사상이 황로를 대치하는 과정에서 다음 사건이 관건이 되었을 가능성이 농후하다. 한나라 초기 숙손통이 예의를 제정하고 조정의 상하의 존비 질서를 분명하게 확립하여 황권의 인정을 받게 되었다. 한나라 고조는 이를 통해 황제의 위력이 사해의 존엄을 얻을 만한 것임을 몸소 체득할 수 있었다. 한나라 문제(文帝) 시절 박사와 여러 유생들이 황제의 명을 받들어 『왕

1) 『한서』 권58, 「공손홍전」, 2618쪽.
2) 『사기』 권121, 「유림열전」, 3124쪽.
3) 『사기』 권121, 「유림열전」, 3122쪽. 『사기』 권107, 『한서』 권88, 권6.

제(王制)』를 편찬하였는데, 구체적으로 천하를 구주(九州), 1773국(國)으로 구분하여 지역의 관계 및 관할 지역을 분명하게 정했다. 또한 조빙(朝聘), 공봉(貢奉), 법률, 생산, 제사 등의 책임과 권리에 대해서도 극히 명확한 이상적인 질서를 확립하여 민족국가의 관념을 더욱 강화시켰다. 이는 군주로 하여금 "두루 하늘 아래 왕의 영토가 아닌 것이 없다(溥天之下莫非王土부천지하막비왕토)"는 가능성을 의식하게 만들었다.

장창(張蒼)은 오덕종시의 이론과 천상역법의 기술을 통해 한나라 왕조의 율력을 확립하였다. "오덕의 운행 법칙에 따르면, 한나라는 수덕의 시대에 해당하기 때문에 예전과 마찬가지로 흑색을 숭상하였다. 12율의 관악기를 불어 음악을 조율하여 오음에 맞게 하였다. 경중과 대소에 따라 율령을 확정하였으며, 천하의 공장(工匠)들의 편의를 위해 백공(百工)을 같게 하여 정품(程品 : 규격품)을 만들게 했다(以爲漢當水德之時, 尙黑如故, 吹律調樂, 入之音聲, 及以比定律令, 若百工, 天下作程品이위한당수덕지시, 상흑여고, 취율조락, 입지음성, 급이비정율령, 약백공, 천하작정품)."[4] 또한 진나라를 윤여(閏餘 : 여분, 즉 정통이 아님)로 여기고 한나라를 정통으로 삼아 우주론에서 한나라 왕가를 위한 합리적인 근거를 마련하였다.

한나라 무제 시절 조관(趙綰)과 왕장(王臧)은 두영(竇嬰)과 전분(田蚡) 등 권귀(權貴)의 세력을 빌어 신공(申公)을 초청하여 명당(明堂)을 건설하려는 계획을 세웠다. 그들은 명당에서 제후들이 천자를 알현하도록 하여 명당을 천자의 권위를 상징하는 곳으로 삼고자 했다. 아울러 순수(巡狩), 봉선(封禪), 역법 개정, 복색 변경 등 일련의 계획을 통해 천자의 합리성과 권위성을 확립하고자 했다.[5] 비록 이러한 발상이나 계획이 완전하게 실현된 것은 아니지만 유가 학파의 지지는 물론이고 현실적으로도 필요했기 때문에 당시 군주와 조정의 선택에 큰 영향을 끼쳤다. 건원(建元) 6년 즉 기원전 135년 두태후가 사망하자 퇴출되었던 전분 등이 다시 조정으로 복귀하여 한나라 무제와 강력한 정책을 집행하기에 이른다.

---

4) 『사기』 권96, 「장승상열전(張丞相列傳)」, 2681쪽.

5) 명당에 관해서는 「명당형제초탐(明堂形制初探)」을 참조하시오. 이 글에 따르면, 한나라 시절 명당을 건설한 것은 천지 신령에게 제사를 올리는 묘우(廟宇 : 사당)를 마련한다는 이유뿐만 아니라 정치적이고 윤리적인 상징적 기념비를 만든다는 이유도 있었다고 한다. 『중국문화연구집간』, 제4집, 복단대학출판사, 1987.

무안후(武安侯) 전분이 승상이 되어 황로와 형명 등 백가의 학설을 배척하고 문학과 유학자 수백 명을 끌어들였는데, 공손홍은 춘추로 한낱 평민에서 천자의 삼공이 되었고 평진후에 봉해졌다. 이로써 천하의 학사들이 일제히 유학에 쏠리게 되었다(侯田蚡爲丞相, 絀黃老刑名百家之言, 延文學儒者數百人, 而公孫弘以春秋白衣爲天子三公, 封以平津侯. 天下之學士靡然向風矣후전분위승상, 출황로형명백가지언, 연문학유자수백인, 이공손홍이춘추백의위천자삼공, 봉이평진후. 천하지학사미연향풍의).[1)]

1

『춘추번로』의 근
근거 : 우주 질서와
적 경험

앞서 언급한 바대로 하나의 사상 유파로서 유자들이 자신들의 전통을 지속적으로 유지하고 다른 학파와 구분될 수 있었던 이유는 상당한 부분 그들의 사생(師生) 관계나 경전을 통한 전수 방식에 기인한다. 유자들은 오경을 기본 경전으로 삼아 명확한 지식의 토대를 갖추고 있었기 때문에 상호 인증할 수 있는 근거를 마련할 수 있었다. 대개의 경우 오경에서 얻은 지식과 오경의 해석이나 설명을 업으로 삼는 이들이 바로 '유(儒)'였던 것이다. 한나라 초기 문제(文帝)나 경제(景帝) 시절에 "(박사의) 인원을 모두 채우고 황제의 하문에 대비토록 하였으나 아직 관원이 된 것은 아니었다(具官待問, 未有進者구관대문, 미유진자)"(『사기』「유림전」). 당시 신공(申公), 한영(韓嬰), 원고생(轅固生)은 『시』로 박사가 되었고, 호무생(胡毋生), 동중서(董仲舒)는 『춘추』로 박사가 되었으며, 조조(晁錯)는 어명을 받고 복생(伏生)이 있는 곳으로 가서 『상서』를 배웠다. 이렇듯 경전을 전수받고 또한 국가가 이러한 전수를 인정한 것은 유학의 지식 계통의 연속성을 보증한 것이나 다름없다.

그러나 하나의 사상 학술로서 유학은 급변하는 사회 속에서 민족국가의 이데올로기[2)]가 되어 다른 학설 보다 우위에 서서 독존적인 지위를 얻고자 했다. 이

---

1) 『사기』 권121, 「유림열전」, 3118쪽.

2) '사상(ideas)'과 '의식 형태(ideology)'의 구별은 지금까지 계속 쟁론의 대상이 되고 있는 문제이다. 이 문제만으로도 한 권의 책이 나올 정도이지만 여기서는 임시적으로 간단한 규정을 내리고자 한다. 사상과 학설은 때로 하나의 가설에 불과하다. 근거나 사로(思路 : 사고방식)는 검증을 통해야만 비로소 사람들이 믿을 수 있는

를 위해 보다 합리적이고 궁극적인 근거와 일체를 포괄하는 이론 구조와 현상을 해석할 수 있는 지식 체계, 시대와 부응하여 조작 가능한 정치적 책략 등을 포함하는 방대한 체계를 구축하고자 했다. 그래야만 세계의 질서를 규범화하고 정리하여 역사의 진로를 확정하고 인도할 수 있기 때문이다.

유학은 우주론의 근거가 미약하다.

많은 이들이 주지하다시피 한 민족국가의 이데올로기로서 유학은 우주론의 근거가 미약하다는 것이 단점이다. '천하언재(天何言哉 : 하늘이 무슨 말을 하겠는가)'라는 공자의 발언은 너무 간략하고 '유천위대(唯天爲大 : 오직 하늘만이 크다)'라는 설법은 지나치게 애매모호하다. 이처럼 우주론적인 근거가 부족하기 때문에 유학은 어떤 면에서 인간과 사회의 도덕학설과 예악제도의 합리성에 관해 자연법칙의 토대가 결핍됨으로써 보편타당한 권위성이 오히려 공허하게 들릴 수도 있고, 또 다른 면에서 일반 민중들이 생활에서 존중하거나 필요로 하는 실용기술이나 지식과 전혀 소통할 방법이 부족할 수밖에 없었다. 예를 들어 의방(醫方) 분야의 이론이나 무격의 논리 등은 유학과 거의 무관한 것처럼 여겨졌으며, 유학은 그저 도덕적인 문제나 다룰 뿐 일상생활에 깊이 있게 다가설 수 없기에 사람들이 생활하는 데 필요한 지식과 자신을 제공할 수 없었다.

자사나 맹자가 '오행'의 사고 맥락을 끌어들여 우주론의 구조를 강화하고자 노력했지만 지나치게 도덕적인 해석을 강조하는 바람에 결국 자승자박을 면하지 못하고, 사고의 범위가 국한될 수밖에 없었다. 순자의 경우도 현실의 정치제도에 대해 관심을 집중하여 유학의 실용화를 촉진하였지만 '천도'에 대한 지나

진리로 인정을 받는다. 그러나 의식 형태, 즉 이데올로기는 다르다. 물론 이데올로기 역시 하나의 가설이다. 그러나 그것의 근거나 사고방식은 의심의 여지가 없다. 사상과 학설은 사상가나 학자들의 사고로서 강제성이 없다. 그러나 이데올로기는 한 시대에 지배적인 지위를 점유하고 있는 관념 체계이다. 그것은 비록 사상이나 학설에서 나온 것이지만 일단 형성되면 인간들의 복종을 요구한다. 바꾸어 말하면 사상이나 학설은 '권력'이 없으나, 이데올로기는 '권력'을 갖추고 있다는 뜻이다.
또한 사상과 학설은 제도나 법률과 사고방식 면에서 관련이 있기는 하지만 직접적인 인과관계를 지닌 것은 아니다. 그러나 이데올로기는 실제 제도나 법률, 윤리 도덕 등과 사고방식 면에서 연관되며 이러한 제도나 법률을 제정하는데 직접적인 근거로 작용한다. 따라서 그것은 강렬한 조작의 의미를 지녔다고 할 수 있다. 마지막으로 사상과 학설은 국부적이고 단편적이며 분산적이다. 이에 비해 이데올로기는 반드시 궁극적인 이상과 관념체계, 실제 책략 등을 모두 포괄하여 일련의 완전한 계통을 이룬다. 이상의 논의는 여영시(余英時)의 「의식 형태와 학술사상(意識形態與學術思想)」(『중국 사상 전통의 현대적 해석中國思想傳統的現代詮釋』, 타이베이, 연경출판사업공사, 1987)을 참고하였다.

친 경멸이 오히려 유학의 편향을 야기하고 말았다.

그래서 한나라 초기에 육가(陸賈)는 황로의 학문과 음양오행 사상, 그리고 수술(數術), 방기(方技)와 공통적인 근거가 되는 기초적인 사상을 받아들여 의식적으로 유학의 형이상학적 우주론을 지탱할 수 있는 체계를 마련하고자 노력했다. 예를 들어 『신어(新語)』에 보면 서두부터 『전(傳)』에 나오는 천, 지, 인의 관계에 대한 내용을 인용하면서 "하늘이 만물을 낳고 땅이 이를 양육하니 성인이 이를 완성한다. 공덕이 합쳐지니 도술이 생겨나는 것이다"라고 하였다. 여기에 나오는 '천(하늘)'은 인간의 궁극적인 근거이자 본받아야할 목표이다. "(하늘은) 해와 달을 늘어놓고 별들을 진열하였으며 사시의 순서를 정하고 음양의 조화를 이루며 기를 안배하고 성(性)을 다스렸으며, 오행을 순서대로 배치하고 춘하추동에 따라 낳고 기르며 거두고 감추게 하였다('天' 張日月, 列星辰, 序四時, 調陰陽, 布氣冶性, 次置五行, 春生夏長秋收冬藏 '천' 장일월, 렬성신, 서사시, 조음양, 포기야성, 차치오행, 춘생하장추수동장)."[1)]

이렇듯 이미 인간들을 위해 일종의 자연법칙을 교시하고 있다. 아울러 이러한 자연법칙에 근거하여 합리적인 인간의 질서를 갖추도록 하였다. 따라서 '사람'은 마땅히 "천시(天時)에 따라 형벌을 행하고, 음양을 좇아 운동해야 한다(因天時而行罰, 順陰陽而運動인천시이행벌, 순음양이운동)."[2)] 그리고 '천' 역시 이에 따라 인간과 상응하니 "악정(惡政)은 악기(惡氣)를 낳고, 악기는 재이(災異)를 낳는다." 그래서 "아래에서 다스리는 도를 잃게 되면 위에서 천문(天文)이 변화하고, 백성들에게 악정이 행해지면 들판에 명충(螟蟲)이 생겨난다(治道失于下, 則天問變干上, 惡政流于民, 則螺蟲生于野치도실우하, 즉천문변간상, 악정류우민, 즉라충생우야)"는 말이 나오게 되는 것이다.[3)]

그러나 현존하는 문헌 자료로 볼 때, '천'을 인간질서의 합리적인 배경으로 삼고 자연과 역사를 해석하는 이러한 우주 법칙에 대해 비교적 충분하게 논술한 이는 역시 동중서(董仲舒 : 기원전 179~104)이다. 그의 사상은 육가의 영향을 받은 것으로 알려져 있지만[4)] 서한 시대 또는 그 이후의 사상적, 역사적 의의로 볼 때 동

1) 『신어교주』 권 상 「도기(道基)」 제1), 왕이기(王利器) 교주본, 1~2쪽, 『신어』는 책 서두부터 천지에 관해 논술하고 있는데, 『역』 「계사」나 『회남자』의 내용과 상당히 접근해 있다.

2) 『신어교주』 권 상, 「신미(愼微)」 '제6', 95쪽.

3) 『신어교주』 권 하, 「명성(明誠)」 '제11', 155쪽.

중서가 육가보다 훨씬 심원하다고 할 수 있다. 유가 학설을 중건하여 방대한 이론적 토대를 마련하고 이를 통해 민족 국가의 이데올로기로 격상시킨 이가 바로 동중서이기 때문이다. 그렇지만 정치가로서 그는 백의경상(白衣卿相)으로 칭해지는 공손홍처럼 유자들이 추존하는 상징적인 인물이 아니었다. 정치적으로 그다지 성공적인 인물이 아니었다는 뜻이다. 그러나 사상사로서 그의 영향력은 동시대 어떤 유자들보다 탁월하다.

한나라 무제의 책문(策問)에 대한 세 번째 답변에서 그는 이렇게 말했다. "천이란 뭇 사물의 원조입니다. 그런 까닭에 두루 퍼져 모든 것을 포괄하고 있지만 어디서든지 다르지 않고, 일월과 풍우를 만들어 조화롭게 하고 음양과 한서(寒暑)를 다스려 이룬다. 그래서 성인은 하늘을 본받아 도를 세운 것이다(天者, 群物之祖也, 故遍覆包涵以無所殊, 建日月風雨以和之, 經陰陽寒暑以成之, 故聖人法天而立道천자, 군물지조야, 고편복포함이무소수, 건일월풍우이화지, 경음양한서이성지, 고성인법천이립도)."[5] 그러나 '천'은 자연계의 하늘일 뿐만 아니라 우주에 있는 모든 질서의 본원이자 근거이다. 그의 말에 따른다면 '천', 즉 우주는 인간에게 다음 세 가지 측면에서 중요한 의미를 지니고 있다.

즉 우주는 인간에게 세 가지 측면에서 중 의미를 지니고 있다.

첫째, '천'의 중심과 본원은 '원(元)'이다. 원이란 '일(一)'을 의미하는데 "원은 원(原)과 같으며 그 뜻은 하늘의 시작과 끝을 이른다(元猶原也, 其義以隨天始終也원유원야, 기의이수천시종야)."[6] 그것은 사회 정치의 합리성의 본원이자 근거이다. "원(元)의 깊은 심연의 것으로 하늘의 단서(端緖)를 바로잡고, 하늘의 단서로써 왕의 정사(政事)를 바로잡으며, 왕의 정치로써 제후들의 지위(地位)를 바로잡으니, 이 다섯 가지가 함께 바르게 되면 교화(敎化)가 크게 행해진다(以元之深, 正天之瑞, 以天之瑞, 正王之政, 以王之政, 正諸侯之位, 五者俱正而化大行이원지심, 정천지서, 이천지서, 정왕지정, 이왕지정, 정제후지위, 오자구정이화대행)."[7] 동시에 그것은 사람의 본원이자 근거이기도 하다. 사람

---

4) 왕충(王充), 『논형』 「안서(案書)」, "『신어』는 육가가 쓴 것인데 동중서가 이를 따랐다. 주로 군신의 정치적 득실에 관해 말하고 있다." 황휘(黃暉), 『논형교석(論衡校釋)』, 권29, 1169쪽, 중화서국, 1990.

5) 『한서』 권56 「동중서전」, 2515쪽.

6) 『춘추번로(春秋繁露)』 권6 「중정(重政)」 '제13', 『이십이자』 본, 779쪽, 상해고적출판사, 1985.

7) 『춘추번로』 권6 「이단(二端)」 '제15', 780쪽.

은 마치 '천'의 그림자와 같다. "사람의 형체는 하늘의 수에 따라 이루어지고, 사람의 혈기는 하늘의 뜻에 따라 어질어지며, 사람의 덕행은 하늘의 이치를 따라 의로워지고, 사람의 호오(好惡)는 하늘의 따뜻하고 맑음에 따르고, 사람의 희노(喜怒)는 하늘의 추위와 더위에 따르며, 사람이 하늘의 명을 받는 것은 하늘의 사시(四時)에 따르는 것이다(人之形體, 化天數而成, 人之血氣, 化天志而仁, 人之德行, 化天理而義, 人之好惡, 化天之暖淸, 人之喜怒, 化天之寒暑, 人之受命, 化天之四時인지형체, 화천수이성, 입지혈기, 화천지이인, 인지덕행, 화천리이의, 인지호악, 화천지난청, 인지희노, 화천지한서, 인지수명, 화천지사시)."[1] 또한 사람의 신체 또한 '천'의 산물이다. 그래서 머리는 둥근 것이 하늘과 같고, 이목(耳目)은 일월과 같으며, 구비(口鼻)는 풍기(風氣)와 같고, 골절은 하늘의 수(天數)와 같은데 큰 골절은 달의 숫자와 같다. 또한 오장은 오행과 상응하고 사지는 사계절과 같다. 심지어 눈을 깜빡거리는 것은 주야가 바뀌는 것과 같다.[2]

둘째, 천은 "나뉘어 음양이 되고 구분되어 사시가 되며, 늘어져 오행이 된다." 양은 남쪽에서 나오고 음은 북쪽에서 나오는데 계절과 방위에 따라 순환하며 반복한다. "동지 이후에는 음이 고개를 숙이고 서쪽으로 들어가며 양은 우러러보며 동쪽으로 나간다(冬至之後, 陰俯而西入, 陽仰而東出동지지후, 음부이서입, 양앙이동출)."[3] 음양은 또한 선악, 형덕(刑德)과 서로 호응한다. 그래서 사람에게 선과 악이 있는 것처럼 정치 역시 형벌과 덕치를 병행하게 된다. 한발(旱魃) 등 재해나 재해를 다스리는 방식 역시 음양과 관련이 있다. 대한(大旱)은 양이 성하고 음이 쇠한 것으로 존비의 순서에 합치된다. 다만 지나칠 경우 제사를 지내 조화롭기를 청해야 한다. 대수(大水)는 음이 성하고 양이 쇠한 것으로 존비의 순서에 위배된다. 그래서 "북을 울려 다스리고 붉은 실로 위협해야만 한다(鳴鼓而攻之, 朱絲而脅之명고이공지, 주사이협지)."[4]

음양은 또한 사계절과 호응하며 사계절은 오행과 서로 대응한다. 춘생(春生 : 봄에 생겨남), 하장(夏長 : 여름에 자라남), 추수(秋收 : 가을에 거둬들임), 동장(冬藏 : 겨울에 저

1) 『춘추번로』 권11 「위인자천(爲人者天)」 '제41', 793쪽.
2) 『춘추번로』 권13 「인부천수(人副天數)」 '제56', 797쪽.
3) 『춘추번로』 권12 「음양종시(陰陽終始)」 '제48', 795쪽,
4) 『춘추번로』 권3 「정화(精華)」 '제5', 774쪽.

장함)이라는 사고방식에 따라 음양오행은 사회를 다스리고 운영하는 책략과 태도, 인륜 도덕의 행위와 규범은 물론이고 일체 사물과 현상까지 연계된다. 예를 들면 "목이 생겨나면 화가 길러주고, 금이 죽으면 수가 감추어주며, 화는 목을 즐거워하여 양으로 길러내고 수는 금을 이겨 음으로 잃게 만든다(木已生而火養之, 金已死而水藏之, 火樂木而養以陽, 水克金而喪以陰목이생이화양지, 금이사이수장지, 화락목이양이양, 수극금이상이음)"는 논리에서 "선비는 하늘을 섬겨 충성을 다한다(士之事天竭其忠사지사천갈기충)"[5]는 논리가 파생되었다. 또한 사방(四方)이 춘하추동과 대응한다는 논리에서 천문 사상(四象)이 사람의 패식(佩飾), 즉 장식품에 대응한다는 논리로 발전하여 "검(劍 : 양쪽에 날이 있는 칼)을 왼쪽에 차는 것은 청룡을 상징하고 도(刀 : 한쪽에 날이 있는 칼)를 오른 쪽에 차는 것은 백호를 상징하며 인끈을 앞에 차는 것은 적조를 상징하고 관을 머리에 쓰는 것은 현무를 상징한다(劍之在左, 青龍之象也, 刀之在右, 白虎之象也, 韍之在前, 赤鳥之象也, 冠之在首, 玄武之象也검지재좌, 청룡지상야, 도지재우, 백호지상야, 불지재전, 적조지상야, 관지재수, 현무지상야)"[6]는 데까지 나아갔다.

셋째, '천'은 우주의 공간과 관련될 뿐만 아니라 시간과도 관련이 있다. 자연 법칙 이외에 역사적 영상(影象)도 인간 질서의 합리성의 한 근거가 된다. 앞서 우리는 춘추전국시대 이래로 중국에서 형성된 습관, 즉 역사에서 합리성의 근거를 찾는 관습에 대해 이야기한 바 있다. 『춘추』를 배운 동중서는 자연스럽게 이러한 전통을 계승하였다. 『춘추번로(春秋繁露)』 권1 「초장왕(楚莊王)」 '제1' 서두에서 그는 "『춘추』의 도는 하늘을 받들고 옛 것을 법도로 삼는다"라고 하였다. 여기서 '봉천(奉天)', 즉 하늘을 받든다는 말은 우주를 인간의 지식을 지탱하는 근간으로 삼겠다는 뜻이고, '법고(法古)', 즉 옛 것을 법도로 삼는다는 말은 역사를 현세 질서의 합리적인 근거로 삼겠다는 의미다. 동중서가 볼 때, 이는 규구(規矩)가 없으면 방원(方圓)을 그릴 수 없는 것이나 육률(六律)이 없으면 오음(五音)을 정할 수 없는 것이나 마찬가지다. "비록 사물을 아는 마음을 가졌다고 할지라도 선왕을 살펴보지 않으면 천하를 평정할 수 없다(雖有知心, 不覽先王, 不能平天下수유지심, 불람선왕,

---

5) 『춘추번로』 권11 「오행지의(五行之義)」 '제42', 793쪽.
6) 『춘추번로』 권6 「복제상(服制象)」 '제14', 779쪽.

불능평천하)."[1]

그래서 유가의 경전은 실용적인 정치 교과서가 되고 중요 경전의 교학은 지식의 중요한 근원이 되었다.[2] 또한 상고시대 제왕의 도덕에 관한 이야기, 삼대(三代 : 하, 은, 주)의 역법이나 복식 개정 등의 전통, 시군(弑君) 망국의 교훈, 전통적이고 상상적인 제도나 법률 및 예의 규범 등은 지극히 심오한 모범이자 후세에 대한 경고의 의미로 받아들여졌다. "전대에 이미 행해진 일을 살펴 하늘과 사람이 서로 참여하는 때를 관찰한다(視前世已行之事, 以觀天人相與之際시전세이행지사, 이관천인상여지제)."[3] 이렇듯 기존의 단순한 역사 지식은 여기에서 역사철학으로 전화되며 역사의 기억(記憶) 역시 이때에 이르러 실존하는 역사로 대치된다.

2

그러나 바로 여기에서 유가의 입장은 와해되고 만다. 왜냐하면 이러한 사상적 추론에 근거하여 만약 '인(人)'의 생명 존재가 의심할 바 없이 천연적인 합리성과 가치 우선권을 지니게 될 것이다. 다시 말해 만약 사람의 생명 존재가 지고무상(至高無上)한 가치를 지녔다면 생래적인 성정과 욕망 역시 존중받고 유지되어야 하는 것 아니겠는가? 또한 만약 '하늘'이 진정으로 아무런 말없이 묵묵하게 무위(無爲)속에서 질서에 따라 운행된다면 '인' 또한 아무런 인위적 행위도 하지 않은 채로 무위하며 고요하게 변화를 따라가면 되지 않겠는가?[4] 그렇다면 유가는 결

『춘추번로』의 인간
성은 선악을 모두
있다.

1) 『춘추번로』 권1 「초장왕」 '제1', 769쪽.

2) 『춘추번로』 권3 「정화(精華)」 '제5', 775쪽, "고인이 말하길, 앞으로 올 것은 알지 못하나 지난 것은 볼 수 있다. 지금 춘추를 학문으로 삼는 까닭은 지난 것을 길로 삼아 앞으로 올 것을 밝히고자 함이다(古之人有言曰, 不知來, 視諸往. 今春秋之爲學也, 道往而明來者也고지인유언왈, 부지래, 시제왕. 금춘추지위학야, 도왕이명래자야)."

3) 『한서』 권56, 2498쪽.

4) 이것이 바로 후대 왕충이 힐문했던 내용이다. "사람은 천지에서 태어났는데, 천지는 아무런 의식도 없다. 사람은 하늘의 성품을 부여받았다고 하는데 그렇다면 응당 의식이 없어야 하지 않는가? 그러나 사람은 오히려 의식적으로 행위를 하고 있으니 이 어찌된 도리인가?(人生於天地, 天地無爲, 人稟天性者, 亦當無爲, 而有爲何也인생어천지, 천지무위, 인품천성자, 역당무위, 이유위하야)." 『논형교석』 781쪽.

국 황제와 노자 그리고 양주의 사고방식을 따라야만 할 것이다.

그러나 동중서는 '인'의 문제, 즉 사람이 천성을 받아 태어났다는 관념에 약간의 수정을 가했다. 『춘추번로』 권41 「위인자천(爲人者天)」에서 그는 이렇게 말하고 있다. "생겨난다(生)고 해서 사람이 될 수 있는 것은 아니다. 사람을 만드는 것은 하늘이다." 여기서 그는 '생(生)'을 '인'의 자연적인 품성으로 삼고 있지만, 이러한 자연적인 품성이 사람을 사람답게 만드는 토대라는 점은 부인하고 있다. 대신 교묘하게 '천'과 '인' 사이에 '성(性)'을 부가하여 '생(生)', '성(性)', '정(情)'을 구분하였다. 그에게 인간의 생명은 '생'이며 곧 '천'이다. '정'은 인간의 욕망으로 '인(人)'이다. 그러나 사람을 사람답게 만드는 '성'을 확립하기 위해서는 선천적인 본성 이외에도 후천적인 수양이 필요하다.

「심찰명호(深察名號)」에서 그는 '성'이란 '생' 또는 '생의 자연스러운 자질과 같은 것'이 아니라고 말했다. 왜냐하면 사람은 생래적으로 "어짊과 탐욕의 두 기운이 한 몸에 존재하고 있기 때문이다(仁貪之氣, 兩在於身인탐지기, 양재어신)." 비록 사람이 하늘에서 천성을 부여받아 생겨났지만 '천'에 음과 양이 있는 것처럼 어진 사람도 있고 탐욕이 많은 이도 있다. 이런 면에서 본다면 인도와 천도는 역시 같은 것이다.[5] 『춘추번로』 권10 「실성(實性)」 '제36'에 보면 교묘한 비유가 적혀 있다. "성(性)은 쌀과 같고 선(善)은 벼와 같다. 쌀은 벼에서 나오지만 벼가 모두 쌀이 될 수는 없다. 선은 사람의 본성에서 나오지만 본성이 모두 선할 수는 없다." "쌀과 선은 사람이 하늘을 계승하여 밖에서 이루어진 것이지 하늘이 만들어낸 안에 있는 것이 아니다." 이처럼 사람이 사람다워야 한다면 그 최종적인 경계는 자연스럽게 이루어진 생존에 있는 것이 아니며, 생존 역시 더 이상 자연스럽게 저절로 합리성을 부여받는 것이 아니다. 따라서 사상의 흐름은 자연스럽게 조절, 교육, 관리의 의미로 전향하게 된다.

동중서가 생각하기에, 하늘이 사람을 낳은 초기에는 "사람이 의(義)와 이(利)에서 살게 했으며, 이는 사람의 몸을 기르고 의는 사람의 마음을 길러 마음이 의를 얻지 못하면 즐거울 수 없고, 몸이 이를 얻지 못하면 평안하지 못했다." 동중

5) 『춘추번로』 권10, 791쪽.

서는 사람과 금수가 서로 다르다는 점을 강조하였는데, 이는 사람이라면 능히 물질적 욕망과 생존을 초월하여 자각적으로 정신적 희열과 자존을 추구할 수 있기 때문이었다. 그래서 그는 '이(利)'가 없어도 오히려 "그 행동이 영화롭고 스스로 좋아하며 삶을 즐길 수 있다(尙榮其行, 以自好而樂상영기행, 이자호이락)"[1]고 하였다. 이는 인성에 '의'의 경향이 존재하기 때문인데, 다만 '이'에 의해 자주 가려질 따름이다.[2] 인생에서 가장 높은 이상적 경계는 '인도(人道)'인데, '인도'는 "즐겨도 어지럽지 않고 거듭해도 싫어하지 않는다(樂而不亂, 復而不厭락이불란, 복이불염)"[3]는 자각적인 조정을 통해야만 한다.

다시 말해 "자신을 도야하여 완성해야만 한다"는 뜻이다. 그 까닭은 "사람은 순수하게 아름답기만 할 수 없고 치란(治亂)이 있어 항시 가지런할 수 없기 때문이다(不能粹美, 有治亂之所生, 故不齊也불능수미, 유치란지소생, 고불제야)."[4] 그는 「왕제(王制)」에서 이른바 '칠교(七教 : 부자, 형제, 부부, 군신, 장유, 붕우, 빈객)'에 근거하고, 이를 음양오행과 상응시켜 음양에 부합하는 '삼강(三綱)'과 오행과 비교할 수 있는 '오상(五常)'을 제기하였다.[5] 이것이 바로 "인의제도의 법칙은 모두 하늘에서 취한다(仁義制度之數, 盡取之天인의제도지수, 진취지천)"[6]는 말의 본뜻이다.

이는 유자 입장의 기점이자 유가에게 가장 장점인 영역이다. 도덕과 윤리, 도덕과 윤리에 대한 교육, 교육을 위해 설치한 오경과 육예의 학문, 오경과 육예의 학문에 근거하여 배치된 예의 제도 등은 이때에 이르러 비로소 지극히 중요한 의미를 지니게 되었다. 여기서 더욱 중요한 것은 이것이 유가학설에서 일련의 제도적 내용으로 출발한 논리의 기점이자 유가의 사상이나 학술이 민족국가의 이데올로기로 전환되는 관건이라는 점이다. 이러한 일련의 사고 맥락 속에 거의 유

이는 유자 입장의 기점이자 유가에게 가장 장점인 영역이다.

1) 『춘추번로』 권9 「신지양중어의(身之養重於義)」 '제31'.

2) 『춘추번로』 권3 「옥영(玉英)」 '제4', 773쪽.

3) 『춘추번로』 권17 「천지음양」 '제81', 808쪽.

4) 『한서』 권56 「동중서전」, 808쪽.

5) '삼강'은 부처(夫妻), 부자, 군신의 관계이고 '오상'은 오생이 상생하는 순서는 부자 관계이고, 토(土)가 중앙에 있고 금·목·수·화는 사방으로 나뉘어 사계절과 상응하고 있는 것은 군신 관계이다. 오행이 인·지·신·의·예와 서로 상응하고 있는 것은 인간의 도덕 품덕과 천(天)의 상응 관계이다.

6) 『춘추번로』 권12 「기의(基義)」 '제53', 797쪽.

학 전체의 중요한 내용이 드러난다. '인(人)'이 단지 자연적인 품성에 근거하여 유가가 생각하는 사람이 될 수 없다면, 인생의 지고한 경계 역시 자연스럽게 아무런 작위도 없이 존재할 수 있는 것이 결코 아니다.

그렇다면 '인'에 대한 관리와 교육, 다시 말해 법률제도와 교화(敎化) 조치가 무엇보다 필요하게 된다. 또한 자연적인 '천'이 직접적으로 사람을 사람답게 할 수 없고, 천의(天意)가 때로 세간의 권위를 통해 표현되거나 실현되어야 한다면 위로 천의에 통달하고 아래로 여민(黎民)을 다스리는 군주가 마땅히 '통천철지(通天徹地 : 천지를 꿰뚫어 통찰함)'의 권력을 장악해야 한다. 일반적으로 자재적이고 절대적이며 또한 초월적인 '도'는 이때에 이르러 "치도에 적합한 길이 되며 인의예악이 모두 갖추어지게 된다(所由適于治之路也, 仁義禮樂皆其具也소유적우치지로야, 인의예악개기구야)."[7] 또한 '왕(王)'은 하나로 셋을 관통하여(王의 가로 획 세 개는 하늘과 땅, 그리고 인간을 의미하고, 가운데 세로 획은 세 개를 관통한다는 뜻이다. 허신許愼의 『설문해자』에 나온다) 위로 하늘을 통하고 아래로 땅의 일을 통찰하며, 가운데로 인간의 일을 다스린다.[8]

그는 한편으로 하늘을 대신하여 도를 행하여 "죽이고 살리는 권한을 주기도 하고 빼앗기도 하는데 각기 그 기준에 합당하여 사계절과 같게 하고, 관직을 설치하고 관리를 두는데 반드시 그 능력에 따라 배치하는 것은 오행과 같게 한다. 덕에 맡기고 형벌을 멀리하는 것은 음양과 같게 한다(與奪生殺, 各當其義, 若四時, 列官置吏, 必以其能, 若五行, 好仁惡戾, 任德遠刑, 若陰陽. 此之謂能配天여탈생살, 각당기의, 약사시, 열관치리, 필이기능, 약오행, 호인악려, 임덕원형, 약음양. 차지위능배천)."[9] 다른 한편으로 세상을 편안하게 하고 백성을 교화시키는데, "(사람을) 하늘이 낳고 대지는 실으며 성인이 교화시킨다. 군주는 백성의 마음이며, 백성은 군주의 몸이다(天生之, 地載之, 聖人敎之, 君者, 民之心也, 民者, 君之體也천생지, 지재지, 성입교지, 군자, 민지심야, 민자, 군지체야)."[10] 이는 세 번에 걸친 한나라 무제의 책문에 대한 동중서의 답변에서 더욱 극명하게 드러난

---

7) 『한서』 권56, 2500쪽.

8) 『춘추번로』 권11 「왕도통삼(王道通三)」 '제44', 794쪽.

9) 『춘추번로』 권17 「여천지위(如天之爲)」 '제80', 808쪽.

10) 『춘추번로』 권11 「위인자천(爲人者天)」 '제41'.

다. "하늘이 명령하는 것을 일러 명(命)이라고 한다. 명은 성인이 아니면 행할 수 없다. 질박한 것을 일러 성(性)이라고 한다. 성은 교화가 아니면 행할 수 없다. 사람의 욕망은 정(情)이라고 한다. 정은 제도가 아니면 조절될 수 없다(天令謂之命, 命非聖人不行, 質朴之謂性, 性非教化不行, 人欲之謂情, 情非制度不節천령위지명, 명비성인불행, 질박지위성, 성비교화불행, 인욕지위정, 정비제도불절)."[1] 이렇듯 성인은 '교화'와 '제도'를 장악하게 되는데, 성인이 바로 군주이다. "왕자는 위로 하늘의 뜻을 삼가 받들어 명령에 순응하며, 아래로 백성을 교화하는데 힘써 이로써 사람의 본성을 완성시키고, 법도의 마땅함을 바르게 하며 상하의 질서를 구분하여 욕정을 막는다(王者上謹於天意, 以順命也, 下務明教化民, 以成性也, 正法度之宜, 別上下之序, 以防欲也왕자상근어천의, 이순명야, 하무명교화민, 이성성야, 정법도지의, 별상하지서, 이방욕야)." 그(군주)는 '하늘을 법도로 삼아 도를 행하는(法天而行道법천이행도)'[2] 인물인 셈이다.

군주의 의의 부각의 이데올로기화

우리가 기억하고 있듯이 진나라 시대에 외재적인 제도나 법률에 근거하여 관리하는 국가를 세우려는 시도가 있었다. 그래서 당시 진나라는 "관리를 스승으로 삼는다(以吏爲師이리위사)"는 방침을 세웠다. 그러나 한나라 시대에 들어와 실제로 성공한 것은 경전을 근거로 삼는 도덕 교육에 법률을 근거로 하는 외재적 관리 및 단속을 겸한 이른바 "왕도와 패도가 섞여 있는(王霸道雜之왕패도잡지)" 방식이었다. 그것은 어떤 면에서 중국의 정치 이데올로기와 정치의 운용 방식에 예악과 법률, 감정과 이성을 겸용한 것이자, 또 다른 면에서 중국의 지식계층들이 왕조의 통치 범위 안으로 수용됨으로써 전체 중국 지식계층의 운명을 바꿔놓고 말았다.

앞서 언급한 바대로 상고시대에 천지인귀(天地人鬼) 간의 소통을 독점하여 '천' 또는 '신(神)'의 의지를 전달하는 매개자로 자처한 이들은 무축사종(巫祝史宗)과 같은 이들이다. 그들은 지식과 기술로 '땅과 하늘의 통로를 단절한(絶地天通)' 후에 의미나 가치, 합리성의 해석의 권한을 장악하였다. 당시 '문화권력'과 '정치권력' 사이에는 일종의 상호 제약의 긴장이 존재했다. 춘추전국시대 이후에 굴기하기 시작한 사(士)의 계층은 다양한 방식과 사고로 의의와 가치, 합리성에 대

1) 『한서』 권56 「동중서전」, 2500쪽.

2) 『한서』 권56 「동중서전」, 2515쪽.

한 주장을 펼쳤다. 그들은 처사(處士)로 자유스럽게 의론을 내놓거나 또는 군주의 스승이 되기도 했다. 때로 말 한마디에 서로 의기가 투합하면 그 즉시 입사(入仕)하여 관직을 얻을 수도 있었고, 그렇지 않을 경우는 재야에서 떠돌기도 했다. 이렇듯 당시 문화권력과 정치권력은 일정한 정도의 평형을 유지하고 있었으며, 사회적으로 공공의 자유로운 공간이 다소 존재했다고 말할 수 있다.

그러나 진한 이후로 넘어오면 상황이 달라진다. 우선 대일통의 국가가 성립하면서 민족의 권위와 상징을 필요로 하게 되고, 관념의 통일과 협조를 요구하게 된다. 또한 사회의 안정과 질서가 필요하게 되자 기존의 긴장 관계가 사라지고 평형이 무너지면서, 군주의 지위가 두드러지게 부상하게 된다. 그래서 동중서는 첫 번째로 '줄기를 강하게 하고 가지를 약하게 하며, 뿌리를 크게 하고 지엽을 작게 하며', '인', '군', '천' 삼자 중에서 "사람들은 군주를 따르게 하고 군주는 하늘을 따르게 하며 ……백성들을 억제하고 군주를 신장시키며, 군주를 억제하고 하늘을 신장시킨다(以人隨君, 以君隨天. ……屈民而伸君, 屈君而伸天이인수군, 이군수천. ……굴민이신군, 굴군이신천)"[3]고 말했던 것이다. 동중서는 이것이 바로 『춘추』의 대의(大義)라고 주장하였다. 두 번째로 그는 "왕(王)은 인민이 찾아와(往) 의지한다는 뜻이고, 군(君)이란 자신의 무리(群)를 잃지 않는다는 뜻이다(王者, 民之所往, 君者, 不失其群왕자, 민지소왕, 군자, 불실기군)"[4]라고 하였으며, 세 번째로 '명(名)'과 '호(號)'는 모두 '하늘의 뜻을 드러내는(達天意)' 부호라는 점을 논증하였다. 그는 군주의 명호(名號)는 천연적인 합리성과 권위성을 지닌다고 하면서 "사물은 각각의 이름을 따라야 하고, 각각의 이름은 하늘의 의지를 따라야 한다"고 했다. 예를 들어 '왕'은 하나로 천지인 세 가지를 관통하는 것이기 때문에 군왕의 이름을 지녀 의심할 바 없는 신성함을 보유하게 된다.[5]

그래서 그는 이렇게 말한 것이다. "가로의 세 획은 각기 하늘과 땅, 인간을 나타내며, 가운데를 잇는 세로의 한 획은 천지인의 가운데를 취하여 하나로 관통

3) 『춘추번로』 권1 「옥배(玉杯)」 '제2', 770쪽.

4) 『춘추번로』, 권5 「멸국(滅國) 제7', 778쪽.

5) 『춘추번로』 권10 「심찰명호(深察名號)」 '제35', 791쪽.

함을 상징한다. 그러니 왕이 아니라면 누가 능히 이를 감당할 수 있겠는가?(三畫者, 天地人也, 而連其中者, 通其追也, 取天地與人之中以爲貫而參通之, 非王者孰能當是삼화자, 천지인야, 이련기중자, 통기추야, 취천지여인지중이위관이삼통지, 비왕자숙능당시)"[1] 이러한 사상적 맥락에 근거하여 동중서는 「보위권(保位權)」에서 다음과 같이 말하였다. "군주가 군주다운 까닭은 권위에 있다. 따라서 덕(德 : 베풂의 덕)은 공유할 수 없고 권위는 분산할 수 없다. 덕을 공유하면 백성들에게 은혜를 줄 수 없고, 권위가 분산되면 권력을 상실하게 된다. 권력을 상실하면 군주의 지위가 비천해지고, 은혜를 줄 수 없으면 백성이 흩어지게 된다(君之所以爲君者, 威也, 故德不可共, 威不可分, 德共則失恩, 威分則失權, 失權則君賤, 失威則民散군지소이위군자, 위야, 고덕불가공, 위불가분, 덕공즉실은, 위분즉실권, 실권즉군천, 실위즉민산)."[2] 군주는 이렇듯 백성들이 생활하는 공동체 국가를 대표할 뿐 아니라 결코 의심할 수 없는 합리성과 권위성을 지니게 되는 것이다.

구체적으로 세간의 다스림에 관해 동중서는 이렇게 지적하고 있다. 군주는 의심할 수 없는 권력을 소유하고 있으며, 아울러 의심할 바 없는 책임도 지니고 있다. 이러한 책임은 다음 두 가지 측면에서 살필 수 있다. 하나는 "위세로 정치를 이루는 일이다." 다시 말해 형률과 법규를 제정하는 것이다.[3] 다른 하나는 "반드시 교화가 있어야 한다"는 것이다. 덕을 위주로 하여 교육을 중시한다는 뜻이다. 그래서 일련의 제도화된 책략이 수반되어 우주론적인 합리성을 취득하게 된다. 고대 중국의 사상 세계에서 춘추(春秋)는 원래 덕과 형을 상징한다. 이른바 '덕'이란 교화를 의미하고 '형'은 법치를 뜻한다.

그러나 이전 시절의 교화는 주로 문사들에게 법제는 관리들에게 의존하였다. 문사들, 특히 유자들은 학생들을 교육하기 위해 태학을 세우고 오경을 가르쳤다. 그들은 학생을 선발하는 일을 중시하고 도덕을 존중하였다.[4] 그러나 관리

---

1) 『춘추번로』 권11 「왕도통삼(王道通三)」 '제44', 794쪽.

2) 『춘추번로』 권7 「보위권」 '제20', 782쪽. 이렇듯 국가 및 국가를 상징하는 군주가 자연이나 개인 위에 우선한다는 일종의 '우선권'을 규정하였다.

3) 『한서』 권60 「두주전(杜周傳)」 2659쪽에 보면 다음과 같은 두주의 말이 적혀 있다. "前主所是著爲律, 後主所是疎爲令, 當時爲是, 何古之法呼?(전주소시저위율, 후주소시소위령, 당시위시, 하고지법호?)"

4) 한나라 무제 원삭(元朔) 5년(기원전 124) 공손홍의 건의를 비준하여 박사제자 50명을 선발하여 향후 국가의 관원으로 활용할 수 있도록 하였다. 이는 극히 중요한 사건이다. 『한서』 88 「유림전」 3594쪽을 참고하시오.

: 교육과 관리 및 혹리

는 나라를 다스리는데 필요한 인재로 얼마나 정확하게 업무를 파악하고 일을 하는지가 중요하다. 그들은 법률을 밝게 알고 공과를 분명하게 처리하는데 능숙해야 한다. 이렇듯 문사와 관리는 직업과 인생이 서로 다르다. 당연히 서로 다른 가치 평가의 체계가 필요하다. 전자는 '도통(道統)', 후자는 '정통(政統)'에 귀속된다.

그러나 동중서는 국가와 군주의 절대 권위 하에서 도통과 정통의 합일을 지향했다. 이러한 사고방식 속에서 다음 세 가지 측면에서 변화가 이루어졌다. 첫째, 지식계층이 상부구조로 진입하면서 인문정신의 교육체계와 관리 지식의 교육체계가 궤를 같이하게 되었고, 도덕교육과 기술교육, 인격수양과 관리 선발이 점차 합일되기 시작했다. 또한 지식과 권력 간에 존재하던 긴장과 대결 양상이 사라지고 오히려 지식계층과 관료체계가 하나로 합쳐지는 현상이 생겨나면서 점차 지식과 정신의 독립적인 영역이 서로 합쳐지게 되었다.

둘째, 교육과 관리는 '덕'과 '형'으로 이해될 뿐만 아니라 군주가 하늘을 대신하여 도를 행하거나 백성을 위해 행하는 행위로도 간주되었다. 그렇기 때문에 양자는 상호 모순된 것이 아니라 표리의 관계로 인식되었다. 도덕과 윤리는 법률의 근거와 배경이 되었으며, 법률은 도덕과 윤리의 보증이자 연장이 되었다. 이는 중국 이데올로기에서 '예법합일(禮法合一)' 또는 "예를 법으로 삼는다(以禮爲法)"는 주장의 토대가 되었다.

셋째, 이로부터 지식계층 가운데 이른바 '순리(循吏)'와 '혹리(酷吏)'라는 개념이 등장하였다. 전자는 주로 교육을 강조하고 후자는 징벌을 중시하였지만, 사실은 거의 같다고 할 수 있다. 이처럼 '도통'과 '정통'이 서로 융합되고 점차 실용화되면서 중국 이데올로기는 탄력과 장력을 함께 갖춘 나름의 체계를 형성하였고, 더욱 풍부하게 중국 지식계층의 인격과 정신을 형성하는데 큰 영향을 끼쳤다. 이렇게 유가의 사상 학술은 마침내 조리가 분명하고 형이상학과 형이하학을 겸비한 이론으로서 사회의 국가 이데올로기로 활용되기에 이른다. 이상주의에서 현실주의로 가는 과도기를 완성한 셈이다.[5)]

---

5) 호적은 『중국중고사상사장편(中國中古思想史長編)』(『호적학술문집(중국철학사)』 439쪽)에서 동중서 등은 "한나라 제국의 체계적인 규모를 세웠을 뿐만 아니라 2천년 중국 정치사상과 제도에도 큰 영향을 끼쳤다"고 말했는

3

여기서 토론할 문제는 '천인감응(天人感應)'에 관한 것이다. 상당수의 사상사나 철학사는 동중서(董仲舒)와 그 이후의 유자들이 자연재이(自然災異)와 정치인사(政治人事)를 서로 연계시키는 경향에 대해 주목하고 있다.[1] 예를 들어 『사기』에 보면 동중서가 "『춘추』에 적힌 천재지이(天災地異)의 변화로 음양이 운행하는 이치를 유추하였다. 그런 까닭에 비를 바랄 경우에는 모든 양기를 밀폐시키고 모든 음기를 발산시켰으며, 비를 그치게 하는 경우에는 그 반대로 실행하였다(以春秋災異之變推陰陽所以錯行, 故求雨閉諸陽, 縱諸陰, 其止雨反是이춘추재이지변추음양소이착행, 고구우폐제양, 종제음, 기지우반시)"[2]라고 하였다. 확실히 『춘추번로』에 보면 '재이(災異)'는 '천견(天譴 : 하늘의 견책)'이라든지 제왕이 흥하게 되면 '미상(美祥 : 상서로운 조짐)'이 생기고 망하게 되면 '요얼(妖孼 : 괴이하고 불길한 징조)'이 생겨난다, 또는 치세와 난세는 각기 다른 징조와 다른 기운이 있게 된다는 이야기가 적지 않게 기록되어 있

천인감응의 배의도 : 군주에과 권력에 대한

데, 옳은 말이다.

또한 여영시는 「한대 순리와 문화 전파(漢代循吏與文化傳播)」(『중국 사상전통의 현대적 해석』 182쪽, 타이베이, 연경출판사업공사, 1987)에서 다음과 같이 말하고 있다. 한나라 때 음양오행화한 학설이 유가를 왜곡시킨 것은 "단지 그것의 초월적인 역사 근거의 일면에 국한된다." 문화적 가치에 있어서, "예를 들어 인의예지신 등에 대해 한유(漢儒)는 옛 설을 거의 바꾸지 않았다." 한 걸음 더 나아가 말하자면, 한유는 음양오행이라는 통속 관념으로 선진(先秦) 유가의 철학논증을 대신하였다. 공교롭게도 이를 통해 유가는 대전통(大傳統)의 울타리에서 벗어나 일반인들이 접근할 수 있는 도리로 변화할 수 있었다.

여영시의 말 역시 옳다. 그러나 그는 다음과 같은 문제에 대해 구체적으로 분석한 것은 아니다. 예를 들면 다음과 같다. 이처럼 기본적인 문화가치와 원칙을 구성하고 있는 '문화도리(文化道理)'가 어떻게 그가 말하는 통속적인 음양오행화한 학설 속에서 합리적인 근거를 얻을 수 있었는가? 법률과 교육이라는 두 가지 경로를 통해 민족과 국가 이데올로기 형태의 핵심이 될 수 있었던 것은 어떤 이유인가? 어떻게 해서 소전통에 관한 것과 대전통에 관한 것이 서로 연결되어 이데올로기가 상하층에 속하는 대다수 사람들에게 신앙처럼 받아들여지고, 이로 인해 유가 자체의 성질이 변화하게 되었는가?

1) 『춘추번로』 권8 「필인차지(必仁且智)」 '제30', 권13 「동류상동(同類相動)」 '제57', 권17 「천지음양(天地陰陽)」 '제81' 등을 참조하시오. 『염철론(鹽鐵論)』 권9 「논재(論災)」 '제54'에서도 동중서가 '추력음양(推曆陰陽)'할 때 했던 말을 인용하여 다음과 같이 말하고 있다. "신하가 신하답지 못하면 음양이 조화롭지 못해 일월에 변화가 생긴다. 정교가 고르지 못하면 불시에 수해나 한발이 일어나고 해충이 생겨나니 이는 재이가 감응하는 것이다(臣不臣, 則陰陽不調, 日月有變, 政教不均, 則水旱不時, 螟螣生, 此災異之應也신불신, 즉음양불조, 일월유변, 정교불균, 즉수한불시, 명등생, 차재이지응야)."

2) 『사기』 권121 「유림열전」, 3128쪽.

다. 동중서 본인은 이러한 '감응'에 대해 정말로 믿고 있었던 것 같다.

왕충(王充)의 『논형(論衡)』 「안서(案書)」에 보면 "기우제를 올리면 하늘을 감응시켜 토룡(土龍)이 비를 부를 수 있다(雩祭可以應天, 土龍可以致雨우제가이응천, 토룡가이치우)"[3]는 내용이 나오는데, 동중서는 이러한 '감응'을 정말로 믿었던 것 같다. 그러나 이러한 '감응'설을 '신학 유심론'으로 몰고 갈 필요는 없는 듯하다.[4] 왜냐하면 고대 중국에는 이미 오래전부터 우주와 사회, 인류가 하나의 근원과 동일한 구조를 가지고 서로 감응한다는 전통적인 관념 체계를 가지고 있었기 때문이다. 그것이 거의 모든 사상이나 학설, 지식, 기술의 총체적인 배경이자 토대였다. 그래서 진한시대에 황로사상을 위주로 한 논저에도 이러한 논조가 존재하며, 한나라 초기 유학을 중심으로 한 육가(陸賈)의 논의에도 이러한 표현이 보인다.[5] 육가는 이러한 관념을 유자의 지식체계 안에 편입시키면서 묵자의 '천지(天志)', '명귀(明鬼)' 등의 사상을 겸용하여 유자의 윤리원칙에 '천'과 '귀신'의 감독과 보증을 확보하였으며 정치권력 역시 '천'과 '귀신'의 지지와 권위를 통해 권위를 확보할 수 있도록 만들었다. 그런 까닭에 한나라 무제 시절 가장 유명한 대유(大儒) 공손홍과 동중서 역시 굳이 말하지 않아도 알 수 있는 이러한 관념을 신봉하여 『역』의 사상에서 이러한 내용을 인용하여 말했던 것이다.

또 다른 예로 『여씨춘추』 「응동(應同)」에 보면 "부류가 같으면 서로 부르며, 기가 같으면 합쳐지고, 소리가 견주어지면 서로 응하게 된다(類同相召, 氣同則合, 聲比則應류동상소, 기동즉합, 성비즉응)"고 했는데, 육가는 "일은 부류에 따라 서로 따르고, 소리는 음에 따라 서로 호응한다(事以類相從, 聲以音相應사이류상종, 성이음상응)"[6]고 했다. 공손홍과 동중서 역시 이에 상응하는 말을 하고 있다. 우선 공손홍은 이렇게 말했다. "기가 같으면 따르고 소리가 견주어지면 서로 응한다. 지금 군주가 위에서 덕에 합치면 백성들이 아래에서 화합한다. ……그런 까닭에 음양이 조화로우면 비바람이 때에 맞고 감로(甘露)가 내리며, 오곡이 풍성하고 육축이 번성하

3) 『논형교석』 권29, 1169쪽.

4) 임계유(任繼愈), 『중국철학사』 제2책, 71쪽, 인민출판사, 1966.

5))『신어교주(新語校注)』 권 하 「명계(明誡)」 '제11', 155쪽.

6) 『신어교주(新語校注)』 권 상 「술사(術事)」 '제2', 47쪽.

며……(氣同則從, 聲比則應, 今人主和德于上, 百姓和合于下, ……故陰陽和, 風雨時, 甘露降, 五穀登, 六畜蕃, 嘉禾興, 朱草生, 山不童, 澤不涸 기동즉종, 성비즉응, 금인주화덕우상, 백성화합우하, ……고음양화, 풍우시, 감로강, 오곡등, 륙축번, 가화흥, 주초생, 산불동, 택불학)"[1] 또한 동중서는 이렇게 말했다. "기가 같으면 모이게 되고, 소리가 견주게 되면 응하니, 그 징험이 명백하다(氣同則合, 聲比則應, 其驗皎然也 기동즉합, 성비즉응, 기험교연야)."[2] 비록 전자의 목적은 천자의 공덕을 찬송하는 데에 있고, 후자의 목적은 권계를 보이는 데에 있기는 하지만 그들 모두 '기동성비(氣同聲比)'의 감응을 믿고 있었음은 분명하다.

의심할 바 없이 이를 통해 사회의 제도나 책략에 우주론적 지지를 얻을 수 있게 된다. 이는 『염철론』에서 문학(文學)이 대부(大夫)를 비판할 때 보여주었던 것처럼 유자가 이미 우주법칙에서 정치에 관한 합리적 근거를 얻고 있으며, 아울러 그 안에서 일련의 법률제도에 관한 사고방식을 뽑아냈다는 것을 의미한다. 『염철론』의 관련 대목을 보면 다음과 같다. "봄과 여름은 만물을 생장시키니 성인이 이를 모방하여 영(令)을 만들고, 가을과 겨울은 쇠락하고 감추니 성인이 이를 본받아 법을 삼았다. 그런 까닭에 영이란 가르침이니 그런 까닭에 백성들을 인도하는 것이고, 법은 형벌이니 그런 까닭에 강포(强暴)한 일을 금하는 것이다. 이 두 가지는 치란의 도구이자 존망을 가늠하는 효능을 지닌다(春夏生長, 聖人象而爲令, 秋冬殺藏, 聖人則而爲法, 故令者敎也, 所以導民人, 法者刑罰也, 所以禁暴强也, 二者, 治亂之具, 存亡之效也 춘하생장, 성인상이위령, 추동살장, 성인즉이위법, 고령자교야, 소이도민인, 법자형벌야, 소이금폭강야, 이자, 치란지구, 존망지효야)." 이어서 "위에서 맡는다(在上所任)"라는 구절이 나오는데, 이것이 아주 중요한 의미를 지니고 있다. 즉 그 속에 '성인'과 '군주'가 중첩되면서 이러한 합리적이고 합법적인 것이 전제(專制)의 이유가 되고,[3] 인문의 경전과 세속의 율령이 중첩되면서 가혹한 형법이 거의 의심할 바 없는 이유를 얻게 된다.

아울러 유자의 학설 역시 이러한 변화 속에서 점차 법률화의 과정을 밟게 된다. 『한서』 권59 「장탕전(張湯傳)」의 다음 대목은 그 한 예라고 할 수 있다. "이때

1) 『한서』 권58 「공손홍전」, 2616쪽.
2) 『춘추번로』 권13 「동류상동」 '제57'.
3) 『염철론교주』, 595쪽.

황상은 인재 선발을 중시했다. 장탕은 큰 사건을 심리하면서 고대의 율령을 인용하고자 박사제자들을 청해 『상서』, 『춘추』를 정리하고 정위관(廷尉官)을 보충하여 해결하기 어려운 문제를 살펴 조정했다. 상주하여 이미 판결된 안건이라도 의심스러우면 반드시 먼저 안건에 대해 원인을 분별하고 다시 황상에게 주청하여 황상이 인가하면 수리하고 아울러 법률 조문으로 남겨 황상의 영명하심을 찬송하였다(是時上方向問學, '張' 湯決大獄, 欲傳古義, 乃請博士弟子治尙書, 春秋, 補廷尉史, 平亭疑法, 奏讞疑, 必奏, 先爲上分別其原, 上所是, 受而著讞法廷尉挈令, 揚主之明시시상방향문학, '장' 탕결대옥, 욕전고의, 내청박사제자치상서, 춘추, 보정위사, 평정의법, 주얼의, 필주, 선위상분별기원, 상소시, 수이저얼법정위체령, 양주지명)." 유자의 학문은 본래 인간이 지켜야 할 도덕이나 윤리에 대해 지나치게 엄격하고 군주의 권위나 정당성을 지나치게 존중하는 측면이 강하다. 그러나 이처럼 지나치게 엄격한 도덕적 표준도 일단 의심할 바 없는 경전의 지지를 받게 되면서 혹리(酷吏)들에게 좋은 구실이 되었다. 하늘이 부여한 것이나 다를 바 없는 자연법칙은 인간들이 지켜야 할 도덕의 합리적인 배경으로 바뀌었다. 그리하여 백성들은 이를 피할 도리가 없었다. 사서(史書)의 다음과 같은 기록은 그 좋은 예라고 할 수 있다. "가혹하고 엄준한 관리들은 대부분 짐승의 발톱과 이빨처럼 활용되었는데 문학지사(文學之士)를 의지하고 따랐다. 승상인 공손홍이 수차례나 이를 칭찬하였다(深刻吏多爲爪牙用者, 依于問學之士, 丞相弘 '公孫弘' 數稱其美심각리다위조아용자, 의우문학지사, 승상홍 '공손홍' 수칭기미)."[4]

그러나 이러한 '천인감응'의 배후에 있는 또 다른 지식계층의 심정을 탐구한 이들은 오히려 적었다. 선진 이래로 유학 전통은 "군군신신부부자자(君君臣臣父父子子)", "대일통(大一統)", "존왕양이(尊王攘夷)" 등을 주장하여 한편으로 한나라의 국가 이데올로기 형성에 학술적 근거를 제공하였으며, 또 다른 한편으로 '인정(仁政)', '덕치' 등의 사상으로 재야의 비판적 이데올로기에 학술적 근거를 제공하였다. 본래 '천', '인' 또는 천도나 인성 등을 우선으로 하는 사고방식은 군주의 전제권력을 제약하는데 유효했다. 그러나 한나라 시대에 민족국가가 형성하는

---

4) 『한서』 권59, 2639쪽, " 이외에 『이십이사차기(二十二史箚記)』(세계서국 본, 1939.) 권2, 「한시이경의단사(漢時以經義斷事)」, 26쪽 참고.

과정에서 현실적으로 가장 필요한 것은 상징성을 갖춘 영수(領袖)였다. 그래서 '천'과 '군(君)'의 절대적인 위상을 확연하게 부각시키고 '천'과 '군'을 상호 대등한 관계를 확립하였다.

그렇다면 군주의 절대적인 권위가 확립된 후 과연 어떤 역량이 이러한 '천부적인 왕권'을 유효하게 제약하고 감독할 수 있으며, 전제적인 황권이 끊임없이 팽창하지 못하도록 할 수 있겠는가? 진나라 시대는 관료계층으로 피라미드식의 법제를 만들었고, 한나라 시대 유자들은 예의를 제정하고 봉선(封禪)을 행하여 하늘의 뜻인 '천지(天志)'를 '왕권'과 '군명(君命)'과 연결시킴으로써 군주의 권위와 명망을 더 이상 오를 수 없는 지경까지 끌어올렸다. 어떤 의미에서 볼 때 군주는 이미 '천'의 투영이자 '신'의 화신이 된 것이며, '천자'라는 말은 이미 '천'과 '인'이 합일되었던 자연적인 관계를 다시 한 번 분할한 셈이라고 할 수 있다.

고대 '절지천통(絶地天通)'은 첫 번째 문화적 독점계층인 무축사종을 양성하는 결과를 낳았는데, 이번 '절지천통'은 결과적으로 천인 사이에서 세속의 권력을 행사하는 '천자'의 권한을 강화하는 쪽으로 발전하였다. 그래서 정치권력과 문화권력이 모두 천자의 수중에 집중되었다. 그는 이미 하늘 아래 모든 백성과 신하의 군주이자 하늘 아래 모든 도덕과 인격의 모범으로 정치적 영수이자 문화적 영수의 지위에 오르게 되었다. 이후 군주는 '천지군친사(天地君親師 : 하늘, 토지신, 황제, 부모, 스승 등 오성五聖의 신위)'의 가운데에 위치하여 위패를 대표하게 된다.

그러나 오랜 세월 의의나 가치의 지도자이자 해석자로 자처해온 지식계층은 일면 민족과 국가의 형성 과정에서 군주의 상징성을 확보하는 데 결정적인 역할을 맡았다. 하지만 다른 일면 진나라의 경우처럼 군주의 전제 권력이 무한하게 확장하여 모든 것을 능가하고, 심지어 지식계층이 확보하고 있는 의의와 가치의 최종 재판권마저 박탈당할지 모른다는 두려움을 지니고 있었다. 그래서 동중서는 군주에게 여러 번에 걸쳐 이익 위에 정의가 있으며 역량 위에 양심이 있고, 권력 위에 '천'의 보살핌이 존재한다는 것을 일깨웠다. 예를 들어 "하늘에도 기뻐하거나 화를 내는 기운과 슬퍼하거나 즐거워하는 마음이 있어 사람과 서로 부합하며 같은 부류로 합치되니 하늘과 사람은 동일하다(天亦有喜怒之氣, 哀樂之心, 與人相副, 以類合之, 天人一也천역유희노지기, 애락지심, 여인상부, 이류합지, 천인일야)"[1]라고 말한 것이나 이른바 군주의 정령(政令)이 잘못되거나 도덕을 존중하지 않고 인의를 행하지 않으면 하늘이 재이(災異)로 경고를 보낸다는 등의 발언은 권력이 이미 무한의 지경에 이른 군주 위에 권력이 더욱 무한한 '천'을 올려놓은 것이라 할 수 있다.

그가 『춘추번로』에서 "백성들을 억제하고 군주를 신장시키며, 군주를 억제하고 하늘을 신장시킨다"라고 말한 것도 사실은 군주가 '하늘을 본받아 행할 것(法天而行법천이행)'[2]을 희망했기 때문이며, '무도(無道)를 벌하는(有道伐無道유도벌무도)' '천리(天理)'를 견지한 것도 군주에게도 두려워하는 것이 있기를 바라고 있었기 때문이다.[3] 그래서 그는 이렇게 말했다. "(군주가 만약) 예를 행하는데 공경하지 않으면 행위에 손상됨이 있어 백성이 존경하지 않고, 위에 거하면서도 너그럽지 않으면 두터움을 손상시켜 백성이 친하지 않게 된다. 친화하지 않으면 믿지 않게 되고 존중하지 않으면 공경하지 않게 된다(爲禮不敬, 則傷行而民弗尊, 居上不寬, 則傷厚而民弗親, 弗親則弗信. 弗尊則不敬위례불경, 즉상행이민불존, 거상불관, 즉상후이민불친, 불친즉불신. 불존즉불경)."[4] 이상에서 볼 수 있듯이 그는 군주가 하늘의 재이로 인해 자신의 언행을 삼가야 한다는 것을 희구했다.

이렇게 해서 지식계층은 또 한번 하늘을 대신하여 입언(立言)하여 정치에 대항하고 군주에게 제약을 가할 수 있는 권력을 차지하게 된 것이다. 사실 직접적으로 가치와 의의를 확인할 수 있는 담론의 권력을 지닌 제왕의 스승이자 벗이던 시절부터 간접적으로 재이나 상서(祥瑞) 등의 감응에 의존하여 군주에게 가치와 의의를 인가하는 제왕의 신하가 되기를 간청하는 시절에 이르기까지 지식계층은 이미 곤혹과 모순의 와중에 처하게 되었다. 그렇다면 천인감응이라는 사고방식의 배후에서 그들의 고심과 고독을 엿볼 수 있지 않겠는가?[5]

---

1) 『춘추번로』 권12 「음양의(陰陽義)」 '제49', 796쪽.

2) 『춘추번로』 권6 「이합근(離合根)」 '제18', 780쪽.

3) 『춘추번로』 권8 「요순불천이, 탕무불전살(堯舜不擅移湯武不專殺)」 '제25', 785쪽.

4) 『춘추번로』 권8 「인의법(仁義法)」 '제29', 788쪽.

5) 『한서』 「예문지」, '수술략(數術略)'에 나오는 '천문류(天文類)'의 소서(小序)에 보면 흥미로운 기록이 나온다. "성상(星象 : 별의 모습)의 흉험(凶險)은 사고가 깊고 세밀한 사람이 아니면 파악할 수 없고, 무릇 천상의 경관을 관찰하여 정치의 득실을 질책하는 일은 영명한 군주가 아니면 아랫사람들이 듣고 따르지 않는다. 성상의 일을 파악할 수 없는 신하는 군왕에게 간하여 듣게 할 수 없으니, 이러한 두 가지가 우환의 이유이다(星事凶悍,

4

건원(建元) 원년 동(冬) 시월 한나라 무제는 승상(丞相), 어사(御史), 열후(列侯), 중이천석(中二千石), 제후(諸侯), 현량(賢良), 방정(方正), 직언(直言), 극간(極諫) 등을 조정에 불러놓고 책문을 내렸다. 동중서는 당시 책문에서 무제에게 세 차례에 걸쳐 자신의 의견을 올렸다. 그는 그 안에서 천인합일과 군권천수(君權天授)에 관한 원칙을 확인하고, 음양형덕(陰陽刑德)의 사고방식을 정했으며, 제도와 교육의 책략을 명확하게 하고, 우주와 역사의 근거를 찾았으며, 아울러 사상문화의 통일이 민족국가의 이데올로기에 얼마나 필요한가에 대해 논했다.

『춘추』에서 논하고 있는 대일통(大一統) 사상은 천지간에 불변하는 도이자 고금에 모두 통용되는 올바른 도리입니다. 그러나 지금 사람들은 다른 도를 모범으로 삼고 사람들마다 다른 주장을 하며 백가(百家)가 각기 다른 방도를 지니고 지향하는 관점도 같지 않습니다. 이로 인해 군왕은 하나의 도통을 견지하지 못하고 법령제도는 누차 변화하여 아래로 백성들이 지켜야할 바를 모릅니다. 신(臣)이 생각하기에 육예와 공자 학설의 범위에 포함되지 않는 것은 모두 폐지시켜 정도(正道)와 함께 나갈 수 없도록 해야 할 것입니다. 사악하고 부정한 사상이나 학설이 모두 폐지된 후에야 통일된 도통을 하나로 하고 법도를 명확하게 지킬 수 있을 것이며, 백성들이 따라야할 바를 알게 될 것입니다(春秋大一統者, 天地之常經, 古今之通誼也. 今師異道, 人異論, 百家殊方, 指意不同, 是以上亡以持一統, 法制數變, 下不知所守, 臣愚以爲, 諸不在六藝之科, 孔子之術者, 皆絶其道, 勿使竝進. 邪僻之說滅息, 然後統紀可一而法度可明, 民知所從矣춘추대일통자, 천지지상경, 고금지통의야. 금사이도, 인이론, 백가수방, 지의불동, 시이상망이지일통, 법제수변, 하부지소수, 신우이위, 제부재륙예지과, 공자지술자, 개절기도, 물사병진. 사벽

非湛密者弗能由也, 夫觀景以譴形, 非明王亦不能服聽也. 以不能由之臣, 諫不能聽之王, 此所以兩有患也성사홍한, 비담밀자불능유야, 부관경이견형, 비명왕역불능복은야. 이불능유지신, 간불능청지왕, 차소이양유환야)." 이렇듯 지식계층은 '천'의 재이를 통해 군주의 행위를 조절하고 경고하였다. 그러나 이는 또한 그들의 걱정과 모순을 표현한 것이기도 하다. 『한서』「예문지」'주석휘(注釋彙)'편, 203쪽, 중화서국, 1983.

지설멸식, 연후통기가일이법도가명, 민지소종의).[1]

그러나 사상의 역사는 그렇게 간단하지 않았다. 동중서의 '천인삼책(天人三策)'은 한나라 시대 유학의 전환에 결정적인 사고방식을 확립하였다. 심지어 중국 2천년에 걸친 국가 이데올로기의 토대를 확정했다고 말할 수도 있다. 그렇지만 당시 그는 이로 인해 영달하여 이데올로기의 지도자로서 위상을 확보한 것이 아니라 오히려 관직 생활의 어려움을 겪어야만 했다. 우선 주부언(主父偃)에게 음양재이에 관한 원고를 탈취당해 이에 관한 보고문을 작성하다가 하마터면 죽임을 당할 뻔 했고, 계속해서 공손홍의 질시로 인해 교서(膠西)로 좌천되어 그곳 제후를 보좌하는 상(相) 노릇을 해야만 했다. 만년에는 퇴직하여 집안에서 저술에 몰두하다 세상을 떠났다. 개인적으로 이처럼 굴곡을 겪었지만 그의 사고방식이나 사상은 서서히 한나라 시대 정치에 영향을 끼쳤으며, 이후 대대로 해석과 연역을 통해 끊임없이 수용되기에 이른다. 그래서 『한서』는 그에 대해 다음과 같이 평가하였다. "후학들에게 통일된 사상을 지니게 하여 여러 유가의 수장이 되었다." "처음으로 음양의 이론을 추론하여 유자의 종주가 되었다." 이는 동중서가 사상사에서 어떤 의의를 지녔는가를 제대로 평가한 것이라고 할 수 있다.

의와 석거각회의

한나라 무제 건원 6년(기원전 135) 이후 유학은 점차 사상계의 중심으로 진입하였으며, 아울러 일반 사람들의 의식과 생활에 깊숙이 파고들기 시작했다. 유학은 음양과 성정, 오행과 오상(五常)을 배합하여 천인상응의 이론을 통해 군주의 권위를 부각시켰다. 아울러 이와 상응하는 제도와 법률을 확립한 유가 역시 이를 통해 선진 유학의 상징주의와 인본주의적 성질과 추세에서 탈바꿈을 시도하였다. 유가가 한나라 시대의 국가 이데올로기의 지위에 오르는 과정에서 서한 소제(昭帝) 시원(始元) 6년(기원전 81)에 "유사에게 조서를 내려 군국에서 천거한 현량과 문인에게 백성들이 고통 받아 소금과 철의 각고(榷酤 : 독점)를 폐지하는 것을 논의하도록 했다(詔有司問郡國所擧賢良文學民所疾苦, 議罷鹽鐵榷酤조유사문군국소거현량문학민소질고, 의파염철각고)." 이 '염철회의(鹽鐵會議)'와 선제(宣帝) 감로(甘露) 3년(기원전 51) '여

---

1) 『한서』 권56 「동중서전」, 2523쪽.

러 유생들을 불러 모아 오경(五經)의 동이(同異)를 강론하게 했던' '석거각회의(石渠閣會議)'가 중요한 에피소드 역할을 했다.

'염철회의'는 중앙집권과 전제를 강화하려는 관리들과 황권과 민권을 강조하는 유생들이 이상주의와 실용주의라는 서로 다른 관점에서 교화와 법치, 중농(重農)과 중상(重商), 상덕(尙德)과 상력(尙力) 등 여러 가지 문제에 대해 치열한 논변을 벌였다. 유생, 즉 현량(賢良)과 방정(方正) 등은 소제(昭帝)의 지지를 얻어 '국가의 염철(鹽鐵) 독점과 관내(關內)의 철관(鐵官)을 폐지할 것'과 흉노와의 전쟁을 중지할 것을 건의하였다. 유가 사상과 학설은 군주의 전제에 대한 제약의 의미를 뚜렷하게 내보였다. 그들은 도덕과 윤리를 제도와 법률, 책략의 자명한 전제로 간주하여 자신들의 가치 관념과 의의를 절대적인 차원으로 승격시켰다. 이처럼 윤상(倫常 : 인륜의 상도常道)을 핵심으로 하는 유가의 사상은 제도와 법률, 책략 등을 탄력적으로 조절하고 종합하는 능력을 갖추고 있었으며, 이를 통해 진한 시대에 관리에 의한 관치와 법제가 지나치게 엄격하여 사회적으로 긴장 국면을 조성하던 폐해를 교정하고자 했다.

'석거각회의'는 공양학파(公羊學派 : 『공양전公羊傳』에 근거하여 공자의 사상을 연구하는 학파)와 곡량학파(穀梁學派)의 치열한 쟁론을 통해 곡량학자들이 학관을 세우고 박사로 충원되었는데, 이는 유학이 국가 이데올로기가 되면서 군주가 정치적 영수는 물론이고 정신적 영수로서 신분을 겸하게 되었다는 것을 뜻한다. 아울러 유자들은 자신들의 생존 지위를 위해 분쟁을 마다하지 않을 수 없는 국면이 전개되었다. 이후로 유학은 관방에서 승인한 학문이 되었으며, 승급에 따라 진급할 수 있게 되었다. 이는 표면적으로 볼 때 유가의 승리라고 할 수 있다. 그러나 실제로 유가는 이를 통해 독립적인 비판의 자유를 잃게 되었고, 유생은 황권의 지배를 받는 관원이 되어 황권의 제약과 속박에서 벗어날 수 없게 되었다. 유생은 자신들에게 돌아올 이익으로 인해 실제에 맞게 융통성을 발휘해야 하는 책략과 태도를 취하지 않을 수 없었다.

표면적으로 유가의
였으나 실제로 유
립적인 비판의 자
게 된다.

석거각회의에서 유생들은 각기 사승(師承) 관계에 따라 학관(學官)을 설립하기 위해 다투었는데, 이는 정치권력이 이미 사상권력에 대해 승리를 거두었음을 의미하는 것이기도 하다. 이러한 정치권력과 사상권력의 상호 작용 속에서 유학은 점차 변화하기 시작했다. 그 가운데 중요한 점은 유자 자신들의 변화이다. 예를 들어 유자들은 옛날과 달리 "세상사에 정통하고 문법(文法)을 분명히 익히며 경술(經術)로 관리의 일을 윤색하였다(通於世務, 明習文法, 以經術潤飾吏事통어세무, 명습문법, 이경술윤식리사)."[1] 관리 선발제도[2]를 통해 유자는 관리가 되었고, 그 결과 유가 사상과 학설 중에서 가치 관념과 행위 준칙 등이 교육과 관리를 통해 평민들에게 전파되었으며, 다른 한편으로 제도와 경전의 내용이 법률에 반영되었다.

전자의 경우 『한서』「유림전(儒林傳)」에 나오는 공손홍의 건의에서 여실히 드러난다. 그의 건의는 대략 다음과 같다. "학문을 권면하고 예를 중흥시키며 교화를 숭상하고 현자를 독려하여 사방에 교화를 펼쳐야 한다(勸學興禮, 崇化厲賢, 以風四方권학흥례, 숭화려현, 이풍사방)." "박사관에 제자 50명을 두고 부세와 요역을 면제해야 한다(爲博士官置弟子五十人, 復其身위박사관치제자오십인, 복기신)." "치례(治禮)와 장고(掌故)의 직책은 경학과 예의를 잘 아는 이가 담당토록 하였는데, 그들은 승진이 적체되었다(以治禮掌故以文學禮義爲官, 遷留滯이치례장고이문학예의위관, 천류체)."[3] 이후 한나라 선제(宣帝) 시절에는 순리(循吏)가 "살아서 영광스러운 호칭을 얻고 죽어서 제사를 받았다(生有榮號, 死見奉祀생유영호, 사견봉사)"고 할 정도로 특별한 대우를 받는 지경까지 이르게 되었는데,[4] 실제로 이는 유가의 사상 학설의 세속화, 도덕화로서 일종의 영예이자 상징이었다. 이렇게 유학은 사회에 모범을 보여주고 유생은 풍속과 생활을 정돈하는 교관이 되었다.

후자의 경우는 한나라 시대 초기에 "관리의 치적이 훌륭하고 악행을 저지르지 않으니 백성들이 태평했다(吏治蒸蒸, 不至於奸, 黎民艾安리치증증, 부지어간, 여민애안)"[5] 고 한 것이나 장탕(張湯)이 경술에 근거하여 관리의 업무를 윤색하여 "큰 사건을 심리하면서 고대의 율령을 인용하고자 박사(博士) 제자(弟子)들을 청해 『상서』,

---

1) 『한서』 권89 「순리전(循吏傳)」, 3623~3624쪽.

2) 이 문제에 관해서는 염보극(閻步克)의 『사대부의 정치적 발전사에 관한 연구(士大夫政治演生史稿)』(북경대학출판사, 1996) 420~421쪽을 참고하시오.

3) 『한서』 권88 「유림전」.

4) 『한서』 권89, 3624쪽.

5) 『한서』 권90 「혹리전(酷吏傳)」, 3646쪽.

『춘추』를 정리하고 정위관(廷尉官)을 보충하여 해결하기 어려운 문제를 살펴 조정했다(決大獄欲傳古義, 乃請博士弟子治尙書, 春秋, 補廷尉史, 平亭疑法결대옥욕부고의, 내청박사제자치상서, 춘추, 보정위사, 평정의법)"[1]는 데에서 여실히 드러난다.

이렇듯 유가 사상은 점차 법령을 제정하고 형벌을 판결하는 원칙이자 법규가 되었으며, 공리공담을 늘어놓던 유자들 또한 실제로 정책을 시행하는 법제주의자로 변화하기 시작했다. 이는 『후한서』 권48 「곽서전(霍諝傳)」에 나오는 다음과 같은 말에서도 확인할 수 있다. "『춘추』의 뜻에 따르면, 인정(人情)에 근거하여 죄를 판단하고, 실제 행동을 불문하고 마음에 뜻을 품은 것으로 죄를 결정한다. ……이는 중니(공자)가 왕법으로 후세에 전한 것이니 한나라 시대에도 마땅히 전대에 닦아놓은 것을 존중해야 한다(春秋之義, 原情定過, 赦事誅意, ……此仲尼所以垂王法, 漢世所宜遵前修也춘추지의, 원정정과, 사사주의, ……차중니소이수왕법, 한세소의준전수야)."[2] 여기서 말하는 '원정(原情)', 즉 인정에 근거한다는 말은 유가가 인정(人情)에 근거하여 정한 도덕적 표준에 따른다는 뜻이고, '주의(誅意)', 즉 마음에 뜻을 품은 것으로 죄를 결정한다는 말은 형벌을 주는 것보다 더욱 중요한 것은 정신적인 제약을 가하는 것이라는 의미다. 이렇듯 유학은 형법의 내재적 중심으로 변화하였고, 유생은 정부를 관리하는 관원으로 변화하였다. 유학은 이렇게 한걸음씩 국가 이데올로기의 지위를 획득하고 있었다.[3]

그러나 반드시 강조해야 할 부분은 이러한 일련의 과정이 오랜 세월에 걸쳐 지극히 완만하게 진행되었다는 점이다. 어느 학자의 연구에서 증명된 바처럼 한나라 무제의 정책은 단지 '공자의 지위를 진일보 격상시킨 것에 불과하며', 이미 국가가 유학을 존중하기로 확정했음을 의미하는 것이 아니다.[4] 한나라 선제(宣

---

1) 『한서』 권59, 2639쪽.

2) 『후한서』 권48 「곽서전」, 1615쪽.

3) 드 베리(W. T. de Bary : 미국의 동양학자)는 「중국의 전제정치와 유가 사상」(『중국 사상과 제도논집中國思想與制度論集』 215쪽, 연경출판사업공사, 1976)이라는 글에서 다음과 같이 말했다. "유가 사상은 자신들의 도덕 설교를 통해 끊임없이 전제권력에 여러 가지 제한을 가했고, 그러면서 또한 지속적으로 정부 조직을 개혁하는 일에 참여하였다. 이러한 것들은 중국의 전제정치를 조화롭고 유연하게 만드는 데 일정한 작용을 한 것으로 보인다." 능히 인정할 수 있는 견해이다.

4) 쉬록(John K. Shryock), 『공자의 국가 숭배의 기원과 발전(*The Origin and Development of the State Cult of Confucius*)』, p 228~229, The Century Co, New York, London, 1932, 1966.

帝)만해도 여전히 "문법리(文法吏 : 법령에 통달하고 법집행을 엄격하게 처리하는 관리)를 많이 등용하여 형명(刑名)으로 아랫사람들을 속박하였다." 그는 "한가(漢家 : 한나라 왕실)는 자체적으로 제도를 지니고 있는데, 본래 왕도와 패도가 섞여 있었다. 그러니 어찌 순수하게 덕교(德教)만을 따르는 주대(周代)의 정치를 사용하겠는가?" 라고 말했는데, 이는 유가의 학설 가운데 이미 단초가 엿보이기 시작한 의식(儀式) 형태의 의미를 아직까지 충분히 인식하지 못했음을 의미한다.

당시 유가 학설로 인식된 것들은 오늘날 이른바 "문화나 사회적 범주에 속하는 것들이다. ……그래서 무형적인 것이 유형적인 것보다 중시되고 민간이 조정보다 넘어섰으며, 풍속에 관한 것이 제도와 관련된 것보다 많았다."[5] 공자에 대한 숭배 의식은 여전히 공자의 후손들에 의해 거행되었으며, 황제나 관리들은 때로 참배하여 경의를 표할 정도였다. 따라서 공자학설은 아직까지 '국교(國教)'로 확정된 것이 아니었다. 동중서 이후 거의 2백여 년의 세월이 흐른 동한시대 광무제(光武帝), 명제(明帝), 장제(章帝) 시대에 이르러 비로소 유가 사상과 학설의 성질과 경향에 근본적인 변화가 생겨나기 시작했다.

『후한서』「유림전」의 기록에 따르면, 한나라 광무제는 유씨(劉氏)의 천하를 재건한 후 "경적(經籍)을 애호하여 제위에 오르기 전에 이미 유아(儒雅 : 유자, 문인)를 예방하였으며, 경전의 문장 중에 빠진 글자를 찾고 누락된 부분을 보충하였다(愛好經術, 未及下車, 而先訪儒雅, 採求闕文, 補綴漏逸애호경술, 미급하거, 이선방유아, 채구궐문, 보철루일)." 또한 사방의 유자들을 널리 모아 오경을 전수하는 학관(學官)을 설치하고 14가(家)의 오경박사를 임명하였으며 아울러 태학을 건립하였다. 또한 유가 전적의 규정에 따라 "제기(祭器)와 간척(干戚 : 방패와 도끼 등 의례에 사용되는 기구)의 의용(儀容)을 대열에 따라 갖추고 옷깃을 곧게 한 유자의 복식을 입고 법도에 맞는 걸음을 연습하며 순종하는 모습을 보였다(籩豆干戚之容, 備之於列, 服方領習矩步者, 委它乎其中변두간척지용, 비지어열, 복방령습구보자, 위타호기중)."

그리고 한나라 명제(明帝)는 유가의 예의 제도에 따라 "통천관(通天冠)을 쓰고 일월의(日月衣)를 입기 시작했으며, 의장(儀仗)과 제사 등의 기물을 완비하여 청정

5) 여영시(余英時), 「한대 순리(循吏)와 문화전파」, 『중국 사상전통의 현대적 해석(中國思想傳統的現代詮釋)』, 180쪽.

무위(淸淨無爲)의 도를 크게 발홍하였으며, 고당(高堂)에 앉아 여러 신하를 알현하고 영대(靈臺)에 올라 구름과 풍경을 관람하였다(天子始冠通天, 衣日月, 備法物之駕, 盛淸道之儀. 坐明堂而朝群臣, 登靈台以望云物천자시관통천, 의일월, 비법물지가, 성청도지의. 좌명당이조군신, 등령태이망운물)."[1)] 또한 유가가 존중하는 의식과 상징으로 사위(嗣位)의 합법성과 권위성을 확보하는 한편 제위에 오른 후에 유생들을 모아 유가 경전의 함의를 토론하였으며, 심지어 '『효경』 장구(章句 : 경전의 주해)'를 익히는 것을 관리가 최소한 갖추어야 할 교육 수준이자 문화 수준으로 삼았다. 그래서 한나라 장제(章帝)의 건초(建初) 연간(서기 78년)에 정부 명의로 여러 학자들을 소집하여 정치권력을 유가의 학문으로 삼아 의심할 바 없는 강목으로 귀납하는 백호관(白虎觀) 회의를 열었던 것이다.

> 그래서 태상에게 조서를 내려 장(將), 대부, 박사, 의랑(議郞), 낭관 및 제생(諸生), 제유(諸儒) 등이 백호관에 모여 오경의 동이(同異)를 의론하게 하고, 오관중랑장(五官中郎將)인 위응(魏應)에게 질문을 만들고 시중 순우공(淳于恭)이 상주하니 황제께서 친히 임하여 결정하셨다. 효제와 선제 시절의 감로와 석거의 경우처럼 『백호의주(白虎議奏)』를 만들었다(於是下太常, 將大夫博士議郎郎官及諸生諸儒會白虎觀, 講義五經同異, 使五官中郎將魏應承制問, 侍中淳于恭奏, 帝親稱制臨決, 如孝宣甘露, 石渠故事, 作白虎議奏어시하태상, 장대부박사의랑낭관급제생제유회백호관, 강의오경동이, 사오관중랑장위응승제문, 시중순우공주, 제친칭제림결, 여효선감로, 석거고사, 작백호의주).[2)]

5

『백호의주』의 자료에 근거하여 편찬된 『백호통(白虎通)』은 결코 반고(班固) 개인의 사상이 아니라 당시 군주가 승인한 국가 이데올로기에 대한 이론적 논술이

『백호통』은 우주
간질서에 대해 ?
숫자화한 것이다.

1) 『후한서』 권79, 2545~2546쪽.
2) 『후한서』 권3 「장제기(章帝紀)」, 138쪽.

라고 할 수 있다.[3]

동중서의 학설과 비슷하게 『백호통』 역시 우주자연의 법칙에 근원한 지식 배경을 가지고 있다. 그것은 위로 동중서 시대에 천인관계의 사고방식을 계승하였고, 아래로 당시 자못 유행하고 있던 위서(緯書)에 나오는 천문지리, 음양오행 등의 방술(方術 : 수술數術과 방기方技) 지식을 채용하였다. 아울러 『회남자』의 전체 구성을 모방하여 질서정연하고 조화로운 구조를 갖추었다. 『백호통』의 편명인 「천지」, 「일월」, 「사시」 등은 '태초', '태시', '태소(太素)'를 통해 생겨나서 '높은 곳에 거하며 이래를 다스리는(居高理下)' 하나의 '천'과 '만물을 품고 있는(萬物懷任)' 하나의 '지'에 대해 묘술하고 있다.[4]

이에 따르면 우주에 있는 천지 상하는 존비 구분의 합리성을 상징하며, 천지가 처음 생겨나 음양이 있게 되니 하늘은 왼쪽으로 돌고 땅은 오른쪽으로 돌며 해는 느긋하게 가고 달은 빠르게 가서 양과 음이 서로 호응한다. 이는 곧 군신과 남녀 간의 '상대적인 도리(相對之義상대지의)'를 상징한다. 우주에는 낮과 밤이 있고 겨울과 여름이 있는데, 이는 '음양을 대비하기 위함이고', 한 해에 사계절이 있는 것은 '시간의 추이에 따른 변화의 약속(消息之期소식지기)'를 예고하기 위함이다. 이러한 것들은 모두 사람들에게 일련의 질서와 규칙의 의미를 암시하는 것이기도 하다. 그리고 「오행」에서는 한 걸음 더 나아가 오행을 사계절과 사방과 배합하여 음양의 성쇠에 따라 사계절과 사방이 순서에 따라 운행됨을 해석하였으며, 금목수화토에 대한 사람들의 느낌과 연상을 이러한 관계에 따라 확대 부연하였다.

화(火)는 양으로 존귀하니 그런 까닭에 위에 있다. 물(水)은 음으로 낮으니 그런

3) 『백호의주』와 『후한서』 「반고전」에서 말하고 있는 『백호통덕론(白虎通德論)』 및 지금의 『백호통』이 같은 책인지 여부에 관한 문제는 오칙우(吳則虞)가 점교(點校 : 표점 작업)한 청나라 때 사람 진립(陳立)의 『백호통소증(白虎通疏證)』, 유사배(劉師培)의 『백호통의원류고(白虎通義源流考)』 등을 참고하시오. 나는 『의주』의 내용은 초기 기록이고 『백호통』은 종합적으로 편찬한 것이라는 관점에 동의한다. 중화서국, 1994.

4) 이러한 사고방식이나 언어들은 대부분 위서에서 나온 것들이다. 예를 들어 하늘이 "높은 곳에 거하며 아래를 다스린다"는 말은 위서인 「춘추설제사(春秋說題辭)」, 『고미서(古微書)』 권11, 『위서집성』 214쪽에 나온다. 또한 「천지」에 "(땅은) 만물을 품어 서로 바꾸고 변화 시킨다"는 말이나 우주는 '태초', '태시', '태소' 등을 거쳐 처음 이루어졌다는 관점은 「춘추원명포(春秋元命苞)」 및 「주역건착도(周易乾鑿度)」 권 하, 『위서집성』(상해 고적출판사 영인본, 1995) 103쪽, 52쪽에서 볼 수 있다.

까닭에 아래에 있다. 목(木)은 소양(少陽 : 양이 적음)이고 금(金)은 소음(少陰 : 음이 적음)으로 중화(中和)의 성질을 지니는 까닭에 나무의 가지가 굽어지고 줄기는 곧으며, 쇠는 부드럽게 순종하거나 다른 기물로 변혁될 수 있다. 토(土)는 가장 큰 것이어서 모든 사물을 두루 포함하여 살아있는 것을 내놓고 죽은 것은 받아들여 맑고 탁한 것을 가리지 않고 만물을 이룬다(火者陽也, 尊, 故上. 水者陰也, 卑, 故下. 水者少陽, 金者少陰, 有中和之性, 故可曲直從革. 土者最大, 苞含物, 將生者出, 將歸者入, 不嫌淸濁爲萬物화자양야, 존, 고상. 수자음야, 비, 고하. 수자소양, 금자소음, 유중화지성, 고가곡직종혁. 토자최대, 포함물, 장생자출, 장귀자입, 불혐청탁위만물).[1)]

뿐만 아니라 전통적인 관점도 수용하여 화(火)는 쓴맛, 남방, 양육(養育), 수(水)는 짠맛, 북방, 견고함, 목(木)은 신맛, 동방, 생(生), 금(金)은 매운맛, 서방, 살상(煞傷), 토(土)는 단맛, 중앙, 주(主)와 서로 배합시켰다.[2)] 그리고 오행은 공간적으로 악률(樂律), 월력(月曆), 간지(干支) 등과 하나하나 서로 연결시켰으며, 시간적으로 역사상 조대의 교체와 일일이 부합시켰다. 이렇게 해서 신비하고 또한 신성하며 침묵 속에서 질서정연한 우주 법칙을 모든 합리성의 근원으로 삼았다.

물론 의심할 바 없이 이러한 우주 법칙을 서술하는데 핵심은 인간의 질서를 논증하는 것이었다. 첫째, 천지에 음양이 있으니 인간에 존비가 있고 우주에 중앙과 사방이 있으니 인간들도 제왕과 제후가 있다. 또한 "하늘에 뭇 별이 있다"는 것은 "군주 아래 여러 백성들이 있다"는 것을 상징한다. 따라서 이러한 등급제의 사회는 당연히 합리적인 사회가 된다. 사회의 모든 합리적인 질서는 마치 우주의 자연 질서에서 유래한 것으로 보이게 된다. 권4「오행」에 "사람의 일은 오행에서 법도를 취한다(人事取法五行)"는 구절이 나오는데 이에 관해 적지 않은 예를 들고 있다. 예컨대 "아비가 죽으면 아들이 계승한다(父死子繼)"는 말은 "목이 죽으면 화가 왕이 된다(木終火王)"는 자연계의 질서에서 합리성을 확보하였고, "형이 죽으면 아우가 직위나 사업의 뒤를 잇는다(兄死弟及)"는 말은 자연계의 "여

1) 『백호통소증(白虎通疏證)』 권4「오행」, 169~170쪽.

2) 『백호통소증(白虎通疏證)』 권4「오행」, 171~173쪽.

름이 봄을 잇는다(夏之承春)"는 데에서 합리성을 구하였다.

또한 '군주가 어려서 신하가 섭정하게 되면(主幼臣攝주유신섭)' "선비는 일을 하는데 좋지도 나쁘지도 않은 적당한 수준에 맞춘다(土用事於季孟之間토용사어계맹지간)"는 것에서 나름의 우주적 근거를 찾았다. '자식이 원수를 갚는 일(子復仇자복구)'의 합리성은 "토가 수를 이기고, 수가 화를 이기는 것(土勝水, 水勝火토승수, 수승화)"에서 찾았고, '자식이 아비에게 순종하고 아내가 남편에게 순종하며 신하가 임금에게 순종하는 것'의 우주적 근거는 "땅이 하늘에 순종한다(地順天지순천)"에서 찾았다. '아비가 자식을 숨겨주는 것'은 "나무가 불을 감춰준다(木之藏火목지장화)"는 것을 따른 것이고, '자식이 아비를 숨겨주는 것'은 "물이 쇠를 비켜가는 것(水逃金수도금)"을 본받은 것이다. 심지어 '임금이 한 번에 아홉 명의 여자를 맞이하는 것(君一娶九女군일취구녀)'도 나름의 자연법칙을 따른 것이니, "하늘이 구주에 베푸는 것을 본받음이다(象天之施九州상천지시구주)." 또한 '동성끼리 혼인하지 않는 것'도 자연이 증명하는 것이니, 이를 일러 "오행은 다른 부류끼리 상생한다(五行異類乃相生오행이류내상생)"[3)]고 말한다.

둘째, 인간의 이러한 준칙은 이미 우주 법칙의 지지를 얻어 굳이 논증할 필요 없으며, 천연적인 합리성을 갖추게 된다. 이후 『백호통』은 「작(爵)」, 「호(號)」, 「시(諡)」, 「오사(五祀)」, 「사직(社稷)」, 「예악(禮樂)」 등의 편장을 통해 군주부터 아래로 백성들에 이르는 온갖 지위, 칭호, 명분, 시호(諡號), 제사 등에 대해 본격적으로 토론하고 있다. 이는 우주 법칙의 상징성에 근거하여 군주를 중심으로 한 사회질서를 확립하고, 천자를 중심으로 한 봉건제후 연방제의 국가 형식을 확인하는 작업이라고 할 수 있다. 또한 「삼강육기(三綱六紀)」 편은 사람과 천지, 일월, 사계절 간의 질서 관계를 논증하면서 인간사회에서 등급 질서가 의심할 바 없는 합리성과 필요성을 지니고 있음을 확인하였다. 이외에도 '봉선(封禪)'이나 '순수(巡狩)' 등 외재적인 의식(儀式) 활동을 통해 천자의 권위를 논증하여 '천'의 인가를 확보하였다. 그래서 천자의 '주벌(誅伐)'은 '천'의 절대적인 합리성을 지닌 것이 되며, 신하는 '재변(災變)'을 통해 황권과 협조하고 조정을 통해 합치할 수 있는

3) 『백호통소증』 권4 「오행」, 191~198쪽.

가능성을 얻게 된다. '간쟁(諫諍)' 역시 이로 인해 모종의 상대적인 합리성을 갖추게 된다.

셋째, 정통으로서 유학의 지위는 '벽옹(辟雍)'에서 확인을 얻었다. 유가는 의식, 즉 제도로서 예악을 통해 황권을 인정하고, 황권은 교육을 담당하는 권력을 부여함으로써 유학에 대해 보답하였다. 벽옹, 반궁(泮弓), 상서(庠序)에서 이루어지는 교육을 통해 사도(師道)는 '문화'와 '가치'의 존엄성을 확보할 수 있었으며, 영대(靈臺), 명당(明堂)은 일종의 상징물이 되어 지식계층에게 하늘을 대신하여 도를 행한다는 '대천행도(代天行道)'의 권력을 보존할 수 있도록 하였다. 도덕과 인격 역시 여기에서 확인을 얻게 되며, '충(忠)', '경(敬)', '문(文)' 등 세 가지 가르침이 합리적인 이유도 그것이 "그릇된 정치를 보완하고 혼탁함을 없앨 수 있다(追補敗政, 靡弊溷濁박보패정, 미폐혼탁)"는 것뿐만 아니라 그 세 가지가 "천지인을 본받아 안으로 충성스럽고 밖으로 경외하며 문채를 이루어 세 가지를 갖추고 있기 때문이다(法天地人, 內忠, 外敬, 文飾之, 故三而備법천지인, 내충, 외경, 문식지, 고삼이비)."[1] 이처럼 도덕에 속하는 이념 역시 '천지인'의 지지를 얻고 있기 때문에 그 가치와 의의는 사람들의 생활 속에서 나름의 재판권을 유지하며 모든 것을 황권 아래 굴복시키지 않더라도 실용적이고 냉혹한 이성에 의해 완전히 점거되는 것이다.

여기에 이르면 모든 것이 간명해진다. 고대 중국에서 신봉하고 있던 신비한 숫자들은 이러한 도리를 천연적이고 합리적이게 만들었다. 숫자로 이루어진 일련의 우주 도식(圖式) 역시 마치 조화롭고 치밀하게 설계된 것처럼 보인다. 천지, 성신, 일월, 사시, 오방, 12개월, 24절기, 360일 등 숫자로 개괄된 일련의 이치는 마치 성인이 의도적으로 안배한 것 같다. 그래서 인의예지신(仁義禮智信)이나 희로애락애오(喜怒哀樂愛惡) 등은 사람의 성정일 뿐만 아니라 '오(五)', '육(六)' 역시 우주의 신비한 숫자와 부합한다. '오'는 오행이고 '육'은 육기(六氣)이니, "사람은 음양의 기운을 받아 태어난다. 그런 까닭에 안으로 오성(五性)과 육정(六情)을 품게 된다(人稟陰陽氣而生, 故內懷五性六情인품음양기이생, 고내회오성륙정)." "성이 다섯 가지이고 정이 여섯 가지인 것은 무엇 때문인가? 사람이 본래 육률과 오행의 기운을 머금

1) 『백호통소증』 권8 「삼교(三敎)」, 370~371쪽.

어 태어나기 때문이니 그런 까닭에 사람 몸 안에는 오장육부가 있는 것이다(性所以五, 情所以六何? 人本含六律五行之氣而生, 故內有五臟六腑성소이오, 정소이륙하? 인본함륙률오행지기이생, 고내유오장육부)."[2]

혈연관계에 있는 친족 간에 '오종(五宗)'을 인정하는 것은 소종(小宗)의 경우 5대가 지나면 옮겨야 한다(五世而遷오세이천)는 규정에 따라 "오종으로 친족의 범위가 이미 갖추어져 있다(凡有五宗, 人之親所以備범유오종, 인지친소이비)"는 것이 결정되어 있기 때문만이 아니며, 친족끼리 서로 모이고 합치는데 '구족(九族)'을 이야기하는 것도 단지 『상서』「요전(堯傳)」에서 '이친구족(以親九族)'이라고 했다거나 '부계로 사촌, 모계로 삼촌, 처의 인척으로 이촌'이 혈연관계가 비교적 가까운 친족이라는 규정 때문만이 아니라 어쩌면 '오(五)'와 '구(九)'라는 숫자가 지닌 모종의 신비한 의미 때문인지도 모른다.[3] 이른바 삼강인 군위신강(君爲臣綱), 부위자강(父爲子綱), 부위처강(夫爲妻綱)은 "하나의 음과 하나의 양을 일러 도라고 한다(陰一陽之謂道음일양지위도)" 말과 부합할 뿐 아니라 '삼'과 '육' 역시 나름의 우주적 근거를 지니고 있으니, "삼강은 천지인(天地人)을 본받은 것이고 육기는 육합(六合)을 법도로 삼은 것이다(三綱法天地人, 六氣法六合삼강법천지인, 육기법육합)."[4]

개인의 사고를 국가의 정치이데올로기로 전환하려는 노력이라고 말할 수 있다.

이는 체계를 갖춘 사상 학술로 모든 것을 망라하겠다는 일종의 시도이자 사상가 개인의 사고를 국가의 정치이데올로기로 전환하려는 노력이라고 말할 수 있다. 『백호통』에서 우리는 일체의 모든 것을 포괄하려는 이러한 시도가 상상으로 가득 차 있기는 하지만 상당히 많은 유자들의 현실적인 고려도 포함되어 있다는 것을 엿볼 수 있다. 이러한 이데올로기를 건립하는 과정에서 유자들은 자신의 입장을 견지하면서도 어쩔 수 없는 타협을 시도하지 않을 수 없었다. 그 타협은 한편으로 우주론에서 황로학파나 음양오행학설, 수술과 방기의 지식을 두루 겸용한 것이고, 다른 한편으로 사회 통치의 문제에서 법제주의와 행정체계에 대해 나름대로 양보하지 않을 수 없었다는 점이다. 이렇게 했기 때문에 유자는 비로소

2) 『백호통소증』 권8 「삼강육기(三綱六紀)」, 380~382쪽.
3) 『백호통소증』 권8 「종족(宗族)」, 394~398쪽.
4) 『백호통소증』 권8 「삼강육기」, 374~375쪽.

진정한 의미에서 우주와 사회, 그리고 인류 자신들을 모두 포괄하는 방대한 체계를 세울 수 있었으며, 실제적으로 일상생활을 통제하고 그 안까지 깊숙이 파고들 수 있는 이데올로기를 만들어낼 수 있었던 것이다.

동한 시대에 이러한 이데올로기가 최종적으로 완성된 이후, 유가학설은 우주자연의 법칙을 갖추어 근거로 삼고, 군주제로 널리 시행할 수 있는 역량을 갖추었으며, 순리(循吏)를 대표로 하는 행정계통의 교육과 사상 주입, 그리고 확대 보급하는데 편리하도록 숫자화, 간략화된 언어계통을 갖추게 되었다. 이로써 본래 혈연간의 친밀한 정감을 중시하고, 이에 대한 사회적 공동체 의식을 갖추고 있던 고대 중국인들은 보다 쉽게 이러한 일련의 사상을 수용할 수 있었다. 그러나 이러한 숫자화된 언어계통이 나타내는 사상 학설을 수용하여 익숙해지면서 사람들은 자신이 의도하지 못하는 사이에 그것의 합리적 근거를 추궁하는 권력을 상실하게 되었으며, 또한 이러한 '표준화'의 강제적 역량이 사람들을 규제하는 것을 승인하지 않을 수 없었다. 이로써 이른바 '사상 일치'의 시대가 서서히 다가오고 있었던 것이다.

4절

경과 위 : 일반 지식과 정영 사상의 상호 관련 및 그 결과

진한 양대(兩代)의 사상사는 아무튼 참위(讖緯)의 학문에서 벗어날 수 없다. 특히 한나라 시대 참위의 기풍은 거의 사상 세계의 절반을 차지하고 있었다고 말해도 과언이 아니다. 이성이 크게 신장된 후세의 입장에서 볼 때 현존하는 참위의 관련 전적의 내용은 '허망(虛妄)'이거나 '미신(迷信)'이라 비판 받을 수 있다. 또한 냉정하고 이지적인 태도로 자못 신비하기까지 한 참위의 사상을 평가한다면 이를 경전 사상사의 문밖으로 내쫓을 수도 있을 것이다. 그러나 만약 우리가 당시 사람들의 심정으로 이를 끊임없이 이어진 일반 지식과 사상의 자연적인 연속으로 간주한다면 마땅히 참위가 발생하게 된 필연적인 내적 기인을 이해하고 그 발생 배후에 극히 복잡한 사회문화적 배경이 존재한다는 것을 이해할 수 있을 것이다.[1)]

---

1) 과거 특히 1950년대 이후 사상사에서 참위에 대한 연구는 기본적으로 정치적 배경과 근대 과학, 그리고 서양 철학의 사상적 맥락에 따라 비판 위주로 진행되었다. 예를 들어 후외려(侯外廬)는 『중국 사상통사』 제2권 225쪽에서 백호관 회의를 언급하면서 백호관 회의를 통해 '참위가 국교화되어' 황제와 상제의 관계가 확고하게 자리매김하였다라고 말한 바 있다. 이는 정치사적 입장에서 사상사의 문제를 평가한 것이라고 말할 수 있다. 또한 임계유(任繼愈)는 『중국철학사』에서 참위는 "봉건 신학과 용속(庸俗)한 경학의 혼합물이다"고 단정 짓고, 종교적 미신을 선양하는 참위는 지극히 천박하고 황탄(荒誕)한 것이라고 비판했으며, 비록 참위의 내용 가운데 "고대사 자료나 고대 지리 관련 자료 이외에도 천문이나 악률, 의학에 관한 자료가 담겨있기는 하지만 위서의 내용은 기본적인 내용과 추향은 과학을 반대하는 종교적 미신에 불과하다"고 말했다. 제2책 95~98쪽, 인민출판사, 1966.

근년에 출판된 종조붕(鍾肇鵬)의 『참위설략(讖緯說略)』 역시 참위는 '방대하고 풍부한 내용 가운데 일부 과학적인 지식이 포함되어 있기는 하지만', 역시 '만상을 모두 포괄하고 있는 하나의 신학체계이며', "전체 사상체계는 신학유심론이다"고 말하고 있다. 요녕 교육출판사, 1992.

1

근대 참위학 연구자 가운데 한 사람인 진반(陳槃)은 참위란 "추연(鄒衍)과 연(燕), 제(齊)나라의 바닷가 방사들의 학술에 근원을 두고 있으며"[1], "진한 시대 사람들이 지녔던 미신의 유산이다"[2]라고 주장한 바 있다. 그는 『하도(河圖)』와 『낙서(洛書)』 등 위서(緯書)에 대한 고증을 통해 참위가 "진한 시절 무수한 방사들의 손에서 나왔기 때문에 내용이 비교적 잡다하지만 추연의 학설과 대체적으로 유사하다"[3]고 주장했다. 이러한 관점은 일본 학자들의 주장과 거의 일치한다. 비교적 이른 시기에 나온 『지나경학사론(支那經學史論)』 제3장 4절의 「제학(齊學)의 흥성」에서 저자인 혼다 시게유키(本田成之)는 이렇게 말하고 있다. "전국시대에 오행으로 모든 사물을 설명하는 학파가 생겨났다. 그들의 학설은 참위설과 연관되면서 진대(秦代)와 양한(兩漢)의 사상계를 풍미하였다. ……이것이 바로 맹자 시대 제나라 사람이었던 추연이 제창한 학설이다."[4]

또한 다케우치 요시오(武內義雄) 역시 참위학은 추연 일파에 근원을 두고 있을 뿐만 아니라 한나라 시대 참위의 학설 역시 "공양(公羊)을 중심으로 하는 제학(齊學)에서 나온 것이 분명하다."[5] 그러나 나는 음양오행의 학설을 과연 추연이나 제나라 학파 가운데 누군가에서 귀결시키는 것이 마땅한가에 대해 의문을 가지고 있다. 그래서 음양오행이 당시 보편적인 지식과 사상으로 두루 알고 있

일본의 일부 사상사 연구자들 역시 이와 마찬가지인데, 그들은 때로 경전주의의 입장을 드러내고 있기도 하다. 예를 들면 다케우치 요시오(武內義雄)의 『중국 사상사』(173쪽, 암파서점, 1957)가 그러하다. 일본 학자 야스이 코오잔(安居香山)의 지적에 따르면 다케우치 요시오는 참위를 제학(齊學)에 근거한 유학과 음양오행이 결합한 말류의 학문으로 퇴락한 미신으로 간주하고 있다. 그러나 이는 지나치게 유가 경전의 입장을 강조하여 사상을 주류와 이단으로 양분하여 주류에 속하지 않는 사상은 모두 이단으로 간주하는 우를 범하고 있다. 이러한 방식은 결코 취할 것이 아니다. 『중국의 신비사상』, 3~6쪽, 평하출판사(平河出版社), 1988.

1) 「참위연원」, 『역사어언연구소집간』, 11본, 317쪽, 1947.

2) 「진한 시대 이른바 부응에 관한 약론(秦漢間之所謂符應略論)」 '서언(序言)', 『역사어언연구소집간』, 16본, 1948.

3) 「진한 시대 이른바 부응에 관한 약론(秦漢間之所謂符應略論)」 '서언(序言)', 56쪽.

4) 혼다 시게유키, 『지나경학사론』, 177쪽, 홍문당서방(弘文堂書房), 1926, 중역본, 손양공(孫俍工) 역, 『중국경학사』, 중화서국, 1935. 강협암(江俠庵) 역본, 『경학사론』, 상무인서관, 1934.

5) 야스이 코오잔(安居香山)의 『위서의 성립과 그 전개』, 333쪽(국서간행회國書刊行會, 1979)을 참고하시오.

었던 것이며, 참위와 수술(數術)의 학문이 상통할 수 있었다고 말하는 것이 더 나을 것이라고 생각한다. 수술(數術)의 학문은 절대로 어떤 개인이나 일개 학파에 의해 창안될 수 있는 것이 아니며, 당시 통행되던 지식과 기술이기 때문이다. 따라서 참위학의 기반은 제학과 비교할 때 보다 광범위했다고 보는 것이 옳을 듯하다.[6)]

의 수술 지식 배경
장기, 점성, 물험, 추
曆) 등

위서(緯書)를 펼쳐보면 상당히 많은 부분이 수술(數術)학의 지식에서 나온 것임을 알 수 있는데, 그 예를 들면 다음과 같다. 『주역건착도(周易乾鑿度)』 권 하, 『역위계람도(易緯稽覽圖)』 권 하에 보면 '이위입궤년수제궤산진(以位入軌年數除軌算盡)'의 '추액소조법(推厄所遭法 : 앞날의 액운을 추론하는 법)'[7)]이 나온다. 이는 역수(曆數)로 길흉을 추산하는 괘기(卦氣)의 술수라고 할 수 있는데, 이런 기술은 위로 진한시대 『일서(日書)』, 아래로 청대 건륭연간의 『협기변방서(協紀辨方書)』 등 평민들이 길흉을 점치기 위해 일수(日數)로 계산하는 서적들과 관련을 맺고 있다. 『역위(易緯)』의 '추액(推厄)'은 이러한 점술 방식을 확대하여 연수로 왕조의 운수(運數)를 계산하는 것이다. 또한 『춘추문요구(春秋文耀鉤)』에 보면 "노인성(老人星)이 보이면 군주가 편안하고, 보이지 않으면 병란(兵亂)이 일어난다(老人星見, 則主安, 不見, 則兵起노인성견, 즉주안, 불견, 즉병기)"[8)]라고 기재되어 있고, 『효경내사도(孝經內事圖)』에 보면, "꼬리별(彗星)이 북두성(北斗星)에 있으며 큰 재앙이 일어날 조짐이며, 삼태성(三台星)에 있으면 신하가 군주를 시해할 조짐이고, 태미성(太微星)에 있으면 군주가 신하를 살해할 조짐이며, 천옥성(天獄星)에 있으면 제후가 재앙을 일으킬 조짐이다.

---

6) 주여동(周予同), 『참위와 경금고문학(經今古文學)』, 제1절 「참위의 계설(界說)」, "참위는 고대의 음양가에서 발원했으며, 영진(嬴秦)에서 일어나 서한 애제(哀帝)와 평제(平帝) 시절을 거쳐 동한 시절에 크게 홍성했다." 『주여동경학사논저선집』 47~48쪽, 상해인민출판사, 1983. 그러나 진반(陳槃)은 참위는 진한 시절에서 생겨났다고 주장한 바 있다. 이학근의 연구에 따르면, 「주역건착도(周易乾鑿度)」와 같은 경우는 진한 시절에 생겨난 것이라고 한다. 이학근(李學勤), 「역위건착도에 관한 몇 가지 연구」, 『청화한학연구』, 제1집, 청화대학출판사, 1994년. 이상 진반과 이학근의 견해는 위서가 서한 애제와 평제 시절에 나왔다는 일반적인 주장과 다르다. 나는 기본적으로 위서가 비교적 이른 시기에 나왔다는 점에 동의하지만 위서의 학설은 비교적 장기간에 걸친 수술의 학설이 점차적으로 발전하여 이루어진 것이라고 본다.

7) 『참위집성』, 37쪽, 52쪽, 상해고적출판사 영인본, 1994. 이하 위서 자료는 대부분 이 책에서 인용한 것이기 때문에 일일이 판본을 제시하지 않으며, 다만 『집성(集成)』으로 약칭하여 쪽수만 기재한다.

8) 『집성』 106쪽.

이렇듯 혜성의 움직임은 그 나라에 크게 불길함이 있을 조짐이다(彗在北斗, 禍大起, 在三台, 臣害君, 在太微, 君害至'臣', 在天獄, 諸侯作禍, 彗星所指, 其國大惡혜재북두, 화대기, 재삼태, 신해군, 재태미, 군해지'신', 재천옥, 제후작화, 혜성소지, 기국대악)"[1]라고 기록되어 있는데, 이는 모두 점성술로 화복을 예측하는 것이다.

이러한 기술은 『여씨춘추』 권6 「제악(制樂)」에 나오는 자위(子韋), 『좌전』 소공(昭公) 9년에 나오는 비조(裨竈)[2] 등으로 소급해 볼 수 있다. 마왕퇴 한묘에서 출토된 『오성점(五星占)』이나 이후 『개원점경(開元占經)』에도 나오는 것을 보면 이것이 서한 시대는 물론이고, 그 이후에도 여전히 완강한 생명력을 유지하고 있었음을 알 수 있다. 또 『하도계요구(河圖稽耀鉤)』에 보면 "청운(靑雲)이 달을 찌르면 오곡이 제대로 익지 않는다(靑雲刺月, 五穀不熟청운자월, 오곡불숙)", "달 근처에 흰 구름이 있어 마치 절굿공이가 달을 세 번 관통하는 모양을 보이면 60일 내에 병란이 있을 징조이다(月旁有白雲如杵者三貫月, 六十日內有兵戰월방유백운여저자삼관월, 육십일내유병전)"[3]라고 했고, 『역통괘험(易通卦驗)』에 보면 "동지(冬至)에는 양운(陽雲)이 기성(箕星)에서 나와 수목의 형태를 보이고, 소한(小寒)에 합동창(合凍蒼)하여 양운이 저성(氐星)에서 나온다(冬至, 陽雲出箕, 如樹木之狀, 小寒, 合凍蒼, 陽雲出氐……동지, 양운출기, 여수목지상, 소한, 합동창, 양운출저……)"[4]라고 했는데, 이는 모두 고대에 기후를 관찰하거나 풍각(風角)의 술수이다.

이러한 전통적인 기술들은 『주례』, 『좌전』, 『국어』, 『묵자』 등의 전적에도 모두 기재되어 있다.[5] 이른바 "영대(靈臺)를 지어 운물(雲物 : 천상과 천지간의 경물)을 묻

---

1) 『집성』 124쪽, 349쪽.

2) 이외에도 『회남자』 「도응(道應)」, 『사기』 권38, 「송미자세가(宋微子世家)」, 『좌전』 소공 10년, 17년 등에서도 볼 수 있다. 『좌전』 문공(文公) 14년의 기록은 다음과 같다. "패성(孛星 : 살별, 즉 혜성)이 북두로 들어가자 내사 숙복(叔服)이 말하길 7년 이내에 송나라와 제나라 군주가 모두 죽을 것이라고 말했다." 한나라 시대에도 여전히 이러한 논조가 유지되었다. 예를 들어 동중서나 유향, 경방(京房) 등이 모두 혜성이 북두성으로 들어가는 것은 난리를 상징한다고 주장하고 있다. 위서는 이러한 이론을 받아들였으니, 『춘추감정부(春秋感精符)』, 『춘추한함얼(春秋漢含孼)』 등이 그러한 전적이다. 『개원점경(開元占經)』 권90, 중국서점 영인본, 659쪽, 1989.

3) 『고미서(古微書)』, 권33, 『집성』 359쪽.

4) 『고미서』, 권14, 『집성』, 232쪽.

5) 『주례』 「춘관(春官)」 '보장씨(保章氏)', "오운으로 길흉을 변별한다(以五雲之物辨吉凶이오운지물변길흉)." 『십삼경주소』, 819쪽. 『국어』 「초어(楚語)」 '상', "대는 길흉의 천기를 보는 곳에 불과하다(臺不過望氛祥대불과망분상)." 『십삼경주소』, 545쪽, 상해고적출판사, 1988. 『좌전』 소공 20년에 보면, 노나라 대부 재신(梓愼)이 천기를 본

는다"[6]는 등의 기술은 후세에도 여전히 세속에서 길흉을 판단하는 수단으로 활용되었다. 돈황(敦煌)에서 발견된 『점운기서(占雲氣書)』에도 다음과 같은 유사한 내용이 담겨있다. "구름이 진을 펼치는 것 같으면 천하에 병란이 일어난다", "구름이 한 필의 베처럼 보이면 절로 천하에 병란이 일어난다", "표범처럼 생긴 구름이 네다섯 겹으로 겹치게 되면 나라가 강해진다."[7] 이외에도 『시기역추(詩紀歷樞)』에도 "귀뚜라미가 집에 있으면 화성이 서쪽으로 내려온다"라든지 『악계요가(樂稽耀嘉)』에서 "초명(焦明 : 물새)이 날아올 때 비를 대비하면 나라가 평안하다"[8] 등의 내용 역시 고대 '물후(物候)'의 지식이나 '물험(物驗)'에 관한 기술이다. 이러한 것들은 위로 『시경(詩經)』「칠월(七月)」, 『일주서』「시칙(時則)」으로 거슬러 올라갈 수 있으며, 후대 도사나 방사들의 점치는 기술과 이어지게 된다.[9]

의 수술 지식 배경
천문과 지리

위서(緯書) 중에는 이처럼 점으로 길흉을 점치는 지식 이외에도 천문이나 지리에 관한 지식이 상당히 많이 수록되어 있다.[10] 만약 우리가 현대적인 논리나 실험 또는 효용 등 과학주의적인 관념에서 이러한 두 가지 지식의 높고 낮음을

뒤에 송나라에 난리가 일어날 것이라고 말하는 대목이 나온다. 『십삼경주소』, 2090쪽. 『묵자』「영적사(迎敵祠)」, 『묵자한고』 권15, 528쪽 이하, 중화서국, 1986.

6) 『시경』「대아(大雅)」'영대(靈臺)', 정현(鄭玄)의 전(箋)에 따르면, "천자가 영대를 만든 것은 침상(祲象 : 요사스러운 기상)을 살피고 기상의 요상(妖祥 : 괴이함과 상서로움)을 관찰하고자 함이다." 『십삼경주소』, 524쪽.

7) 마세장(馬世長), 「돈황현 박물관 소장 성도, 점운기서 잔권(敦煌縣博物館藏星圖, 占雲氣書殘卷)-돈박(敦博) 제58호 권 자(子) 연구 3」, 북경대학 중고사 연구중심 편찬, 『돈황 투루판 문헌 연구논집(敦煌吐魯番文獻研究論集)』, 중화서국, 1983. 사카데 요시노부(坂出祥伸), 「望氣術のさまさま」, 『중국고대의 점법(占法)-기술과 주술의 주변』, 연문(研文)출판사, 도쿄, 1991.

8) 『위서집성』, 1~2쪽, 284쪽.

9) 『도법회원(道法會元)』 권14에 소장된 물험술(物驗術), 『정통도장(正統道藏)』 정일부(正一部), 문물출판사, 상해서점, 천진고적출판사 영인본, 28책, 1988.

10) 물론 천문이나 지리에 관한 지식과 실용적인 생활 기술을 서로 연관을 맺고 있다. 예컨대 천문지리와 관련이 있는 기상 경험이 그러하다. 『춘추좌조기(春秋佐助期)』에 나오는 '고어(古語)'나 『춘추한함얼(春秋漢含孳)』에 기록된 풍우 측량에 대한 내용이 그것인데, 전자의 경우 "달이 필성(畢星)보다 아름다우면 큰 비가 내리고, 달이 기성보다 아름다우면 모래바람이 일어난다"고 했고, 후자는 "땅 구멍에 사는 개미가 비가 오는 것을 먼저 아니, 검은 구름이 아직 끼지 않았어도 물고기들은 물 위에 입을 내놓고 빠끔거린다. 둥지에 있는 새들은 바람이 부는 것을 먼저 알아 수목이 흔들리지 않는데도 날갯짓을 그친다"라고 했다. 이는 경험과 하늘의 별자리나 땅 아래 물후(物候)를 관찰함으로써 얻은 기상 지식들이다(『고미서古微書』 권12, 『집성』 218~219쪽). 내가 생각건대 이와 유사한 발언이 『회남자』 권20 「태족」(『회남홍열집해』 663쪽)에 보인다. 또한 기양(祈禳)과 관련된 의식 방법으로 『춘추한함얼』에 '월제도사(雩祭禱辭 : 기우제 기도문)'나 '청우축(請雨祝 : 기우제 주술)' 등이 기록되어 있다. "온 나라가 지금 크게 가뭄이 들어 들판에 곡식이 자라질 않으니 과인이 마땅히 죽어야 할

판단하고자 한다면 다음과 같은 사실을 분명하게 기억해야만 할 것이다. 그것은 고대 중국인의 사상 세계에서 그것들이 본래 동일한 문화 배경과 토양에서 생성된 동일한 지식 계통의 산물이자 경험과 연상을 통해 나온 것이라는 사실이다. 그렇기 때문에 당연히 믿을 만하고 또한 합리적인 것이 아닐 수 없다. 만약 전자를 사람들이 사회나 인류의 길흉을 예측하는데 사용한 것이라면, 후자는 사람들이 우주나 자연 운행의 궤적을 예측하는 데 사용한 것이다. 당시에는 이처럼 후세에 천문과 지리에 관한 학문으로 구분되고 아울러 점복 기술과 확연하게 다른 지식이 이미 상당히 발달했다고 말할 수 있다.

천상역법의 경우 『낙서견요도(洛書甄耀度)』에 나오는 "주천은 삼백육십오도 사분도의 일이며, 일도는 천구백삼십이리이다(周天三百六十五度四分度之一, 一度爲千九百三十二里주천삼백육십오도사분도지일, 일도위천구백삼십이리)"와 같은 기록은 지구의 공전 궤도와 주기에 관한 계산이라고 할 수 있으며,[1] 『상서고영요(尙書考靈曜)』에 나오는 "땅에는 사유(四游)가 있다"는 말은 사실 공전 궤도가 수직이 아닌 지구의 자전으로 인해 태양이 동지와 하지에 다르게 보이는 것과 관련이 있다. 그래서 그 책에 나오는 "땅은 항상 움직이지만 사람들이 모를 뿐이다(地常動移而人不知지상동이이인부지)"[2]라는 발언을 통해 혹시 옛 사람들이 지구의 운행을 이미 예측하고 있었던 것은 아닌가라고 생각하게 되는 것이다.

또한 『춘추원명포(春秋元命苞)』에 보면 "하늘은 닭처럼 생겼는데, 하늘은 크고 땅은 작다. 표면에는 물이 있으며, 땅은 각기 기(氣)를 받아 서 있다(天如鷄子, 天大地小, 表裏有水, 地各承氣而立천여계자, 천대지소, 표리유수, 지각승기이립)"[3]는 혼천설이 나오

것이니, 어찌 백성들을 탓할 것인가? 감히 백성들을 괴롭히지 마시기를 청하오니 원컨대 백성들을 위로하시고, 신새무상(身塞無狀)하기를 바랍니다." 이상 전자의 내용은 주로 천자가 기우제를 올릴 때 사용하던 것이다. 다음 후자의 것은 "호천(昊天 : 큰 하늘)이 오곡을 내리시어 인간을 양육하시는데, 지금 오곡이 병들고 가뭄으로 추수를 할 수 없게 되었나이다. 이에 삼가 청주와 육포를 받들어 비를 내려주십사 재배하니 다행으로 큰 비가 내릴지어다"라는 것인데, 이는 일반 백성들이 기우제를 올릴 때 사용하던 주술문이다. 『고미서』 권12, 『집성』 219쪽.

1) 『집성』 129쪽.

2) 『집성』 94쪽, 139쪽.

3) 『집성』 103쪽.

니, 이 또한 후인들이 생각하기에 옛 사람들이 이미 우주에 대해 예리한 직각(直覺)을 지니고 있었음을 경탄하게 만드는 것이 아닐 수 없다. 『역통괘험(易通卦驗)』에 보면 일구(日晷)의 그림자가 1년 각 절기마다 장단의 변화가 있음에 대해 기록하고 있는데, 이는 당시 천문을 관장하던 이가 일구로 관측하여 기록한 것이라고 할 수 있다. 『효경원신계(孝經援神契)』에 북두칠성의 두병(斗柄)의 방향과 절기를 대응시킨 것은 태양력의 천문학적 근거를 다룬 것이다.[4)]

다른 한편 지리박물(地理博物)의 측면에서 볼 때 『춘추원명포』에서 "묘성(昴星)과 필성(畢星) 사이에 천가(天街)가 있는데, 산(散)하여 기주(冀州)가 되고 분(分)하여 조국(趙國)이 되고, 입(立)하여 상산(常山)이 된다"라고 말한 것은 기(冀), 양(揚), 형(荊), 청(青), 서(徐), 연(兗), 예(豫), 옹(雍), 익(益), 유(幽), 병(幷) 등 각 주(州)와 28수(宿)를 연계시킨 것으로 당시 사람들이 자신들이 살고 있는 세계에 대한 이해를 보여주는 예라고 할 수 있다.[5)] 『시함신무(詩含神霧)』에도 제(齊), 진(陣), 진(秦), 당(唐), 위(魏)나라 등지의 위치를 계절, 음율, 토지의 특징, 민풍 등과 연관시켜 논의한 바 있고, 『효경원신계』 역시 천하의 토지나 산천에 대해 숫자로 묘사한 바 있다. 이러한 것들은 비록 상상의 산물이기는 하지만 당시 천하 자원에 대한 파악을 시도한 것이라고 할 수 있으며, 또한 당시 사람들의 지리 환경에 대한 인식을 반영하고 있다고 말할 수 있을 것이다.[6)]

이외에 『악계요가(樂稽耀嘉)』에서 "동이(東夷)의 악무는 창을 들고 추는 춤이고, 남이(南夷)의 악무는 깃털을 들고 추는 춤인데, 동이의 악무는 이(離), 남이의 악무는 두(兜)라고 부른다"라고 한 것이나, 『시함신무』에서 "사방에 사는 이맥(夷貊)이 만든 기물들은 대부분 중국(中國)과 반대이다. 글씨는 횡으로 쓰고, 음식은

4) 『고미서』 권15, 권27, 『집성』, 237~238쪽, 318쪽. 왕몽구(王夢鷗)는 「음양오행가와 성력(星曆) 및 점서(占筮)」에서 "음양가는 기상학자였다"라는 주장을 한 적이 있다. 『역사 언어연구소 집간』 43본, 타이베이, 1971.

5) 『고미서』 권7, 『집성』, 185~186쪽. 이러한 관점은 물론 위서만 그러한 것이 아니다. 『사기』 「천관서(天官書)」, 『회남자』 「천문(天文)」, 『회남자』 「지형(地形)」 등에도 이와 유사한 관점이 실려 있다. 다만 이러한 것들이 특히 위서에 보편적으로 존재하고 있다는 것은 당시 이런 관점들이 일반 대중들에게 두루 인지된 지식이었음을 설명한다.

6) 『고미서』 권23, 권27, 『집성』, 289쪽, 320쪽.

모두 함께 먹으며, 앉을 때는 다리를 교차하여 앉고, 북은 허리가 잘룩한 것을 두드린다"[1]라고 한 것은 당시 사람들이 주변에 살고 있던 이민족의 문명을 추측하거나 상상하여 얻은 지식을 기록한 것이다.[2]

상술한 두 가지 방면의 지식은 모두 공통된 배경을 지니고 있으며, 동일한 토양에서 생성된 것이다. 『예기』「월령(月令)」의 공영달(孔穎達) 소(疏)에 따르면, 『주례』의 풍상(馮相), 보장(保章) 두 사람은 "비록 모두 천문을 관장하고 있었지만 각기 맡은 일이 달랐다." 풍상씨는 "주로 일월과 오성(五星)을 주관하여 한 해의 기후와 절후(節侯)가 느리고 빠른 것을 따져 정확한 일자를 알고 있으니 지금의 사력(司曆 : 역법을 관장하는 관리)과 마찬가지로 주로 절기의 산술(算術)을 관장한다." 다른 한편 보장씨는 "하늘의 문장(文章), 즉 천문의 변화 양태를 살피는데, 일정한 순서를 잃는가를 헤아리고 요얼(妖孼 : 괴이하고 불길한 징조)이 있는 곳이나 길흉이 생겨나는 바를 살핀다. 지금의 천문가에 해당하니 주로 변이(變異)를 관장한다."[3] 이렇듯 풍상과 보장의 구분은 두 가지 지식의 차이에서 연유한 것인데, 그들 두 사람은 모두 주나라 왕실의 관리들이다.

이는 상술한 두 가지 지식이 공통된 연원과 토대를 지니고 있음을 상징하는 것이다. 다만 그것들은 전국시대 정영(精英) 사상과 일반 지식이 '도술이 천하에 분열되어' 점차 분명하게 구분되고 있을 때 당시 사람들이 더욱 많은 관심을 지녔던 인문 지식과 정치 책략에 의해 사상사의 '변두리'로 내쫓겨 더 이상 사상사의 '중심'에 설 수 없었다. 그러나 사상사의 중심에 있지 않았다는 것이 그러한 지식이 완전히 소멸되었음을 의미하는 것은 결코 아니다. 『한서』「예문지」에 보면, 이른바 '수술(數術)'이라는 두 가지 지식이 여전히 당대 지식의 큰 부류로 간

---

1) 『고미서』 권22, 권23, 『집성』, 288쪽, 294쪽. 『고미서』 권34, 「하도옥판(河圖玉版)」에도 고대 월(越)나라에서 방풍신(防風神)에게 제를 지내는 습속에 관해 기록되어 있다.

2) 하창군(賀昌群)은 이렇게 말하고 있다. "고대의 세계 지리에 대한 지식은 두 가지 계통으로 나누어 볼 수 있다. 그 하나는 상상으로 구성된 것이다 .……다른 하나는 ……그 지역에 살았던 사람들이 직접 눈으로 보고 귀로 들은 것을 참조한 것이다." 위서에 나오는 지리에 관한 지식 역시 이와 같다. 「한대 이후 중국인의 세계 지리 지식에 관한 발전」, 『하창군사학논저선』, 29쪽, 중국사회과학출판사, 1985.

3) 『예기』「월령」, "이에 태사에게 명하여 전법(典法)을 지키고 봉행하도록 하다(乃命大司, 守典奉法내명대사, 수전봉법)" 에 대한 공영달의 소이다. 『십삼경주소』본, 1356쪽.

주되고 있음을 알 수 있다.

『한서』「예문지」의 수술략(數術略)에 보면 첫 번째 부분은 주로 점성술에 관한 것으로 고대 천문학과 유사하며,[4] 두 번째 부분은 역법을 추산하는 것으로 고대 역산학(曆算學)과 관련이 있다.[5] 세 번째 부분은 음양형덕(陰陽刑德), 오행재이(五行災異)의 방술과 관련이 있는데, 주로 감여(堪輿 : 감은 天道, 여는 地道), 종률(鍾律 : 율려를 말함), 형덕(刑德), 식점(式占) 등을 포함하고 있다.[6] 네 번째 부분은 서구(筮龜), 즉 역점(易占)이다. 이는 아주 오랜 내원을 지닌 고대의 예측 방식이다. 다섯 번째 부분은 잡점(雜占)이다. 예를 들어 인귀(人鬼), 정물(精物), 육축(六畜) 등의 변괴나 재채기, 이명 등에 의해 길흉 점치기, 기이한 꿈 등이 모두 이에 포함된다. 마지막 여섯 번째는 형법(形法)이다. 이른바 형법이란 이역(異域)의 지리, 풍수지리, 인물의 골격을 통한 길흉, 귀천 판단 등이 포함된다.「예문지」에 따르면 형법이란 "크게 구주의 형세를 들어 성곽과 집의 형태를 세우고, 사람과 육축의 골법의 도수(度數)나 기물의 형용으로 그 성기(聲氣)와 귀천, 길흉을 구하는 것이다(大擧九州之勢以立城郭室舍形, 人及六畜骨法之度數, 器物之形容以求其聲氣貴賤吉凶대거구주지세이립성곽실사형, 인급륙축골법지도수, 기물지형용이구기성기귀천길흉)."

이로 보건대 '수술'이라는 기술은 한나라 시대에 이미 만상을 두루 포괄하고 광범위한 지역에 두루 유포되었을 뿐만 아니라 당시 사람들에게 보편적으로 수용된 지식이라고 할 수 있다. 그것의 존재 자체는 고대 사상의 토양이 우리가 이해하고 있는 것처럼 그렇게 '순결'하거나 '고아'한 것이 아님을 증명하고 있기

---

4) "28수를 순서대로 정하고 오성과 일월을 추보하여 길흉의 상을 기록하니 성왕은 이를 정치에 반영한다(序二十八宿, 步五星日月, 以紀吉凶之象, 聖王所以參政也서이십팔숙, 보오성일월, 이기길흉지상, 성왕소이참정야)."

5) "사시가 처하는 위치의 순서를 정하고 분, 지의 절후를 바르게 하며 일월, 오성의 성좌가 만나게 하여 그것으로 추위와 더위, 죽음과 삶의 실질을 살핀다. ……오성과 일월의 만남을 탐색한다. 흉하고 사나운 근심과 길하고 융성하는 기쁨, 그 방술이 모두 여기에서 나온다. 이는 성인이 천명을 아는 방술인 것이다(序四時之位, 正分至之節. 會日月五星之辰, 以考寒暑殺生之實. ……又以探知五星日月之會, 凶厄之患, 吉隆之喜, 其術皆出焉, 此聖人知命之術也서사시지위, 정분지지절. 회일월오성지진, 이고한서살생지실. ……우이탐지오성일월지회, 흉액지환, 길륭지희, 기술개출언, 차성인지명지술야)."

6) "오행의 순서가 어지러워지고, 오성의 변화가 생겨나는 것은 모두 율력의 술수에서 비롯된 것인데, 분리되어 일가를 이룬 것이다. 그 법술은 오덕종시설에서 기원하였는데, 그 지극함을 확대하면 이르지 못함이 없다(五行之序亂, 五星之變作, 皆出于律歷之數而分爲一者也. 其法亦起五德終始, 推其極則無不至오행지서란, 오성지변작, 개출우률력지수이분위일자야. 기법역기오덕종시, 추기극칙무부지)."

도 하다. 그렇다면 그러한 토양에서 위서의 학설이 생겨났다는 것은 결코 기이한 일이라고 할 수 없을 것이다.

지식을 제고시키는 품격 : 술사들의 수론화와 지식 계통화 한 노력

특히 주목할 점은 오히려 자연 상태에서 존속되어온 지식과 기술이 비록 고대 중국의 공통된 지식 배경과 문화 토양에서 생성된 것이기는 하지만 진한 시대 이전까지 만해도 보편적이기는 하되 산발적인 상태에 놓여 있었기 때문에 현재까지의 입장에서 볼 때 어떤 사상적 체계를 살필 수 없으나 진한 시대에 이르러 중국 사상계가 점차 정형화하면서 그러한 지식과 기술 내부에 잠재되어 있던 이론과 사상적 맥락이 서서히 자리를 잡게 되었다는 점이다. 이러한 지식과 기술은 고대 중국의 '기', '음양', '오행'에 관한 사상을 통해 귀납과 정합의 이론을 제공받았으며, 고대 중국의 천문 지식과 지리 지식을 통해서 시간과 공간의 구조를 확보할 수 있게 되었다. 또한 고대 중국에서 크게 유행하고 특히 진한 시대에 번성하여 여러 학파의 공인을 받은 바 있는 감응의 원칙도 이러한 지식과 기술에 자신을 연계시켜 하나의 경험으로 삼을 수 있는 체계와 회로망(네트워크)을 제공하였다. 줄곧 사회생활 속에서 실제 생활의 지식을 담당하면서도 이데올로기로서 담론의 권력을 지닌 적이 없었던 무축이나 술사들은 보편적인 이론 구조나 체계를 인식하게 되면서 의식적으로 자신들의 지식과 기술을 위해 이미 공인되어 주류를 이루어 체계를 갖춘 이론적 근거와 경전 근거를 찾기 위해 노력하기 시작했다.

『사기』 권127, 「일자열전(日者列傳)」에 보면 사마계주(司馬季主)에 대한 기록이 나오는데, 그가 "한가롭게 앉아 있을 때 제자 서너 명이 시립(侍立 : 웃어른을 모시고 섬)하였다"고 한다. 이는 마치 염유(冉有), 공서화(公西華), 증점(曾点) 등이 공자를 에워싸고 있는 모습을 연상시킨다. 그 뿐만 아니라 그들이 담론하는 주제 역시 더 이상 구체적인 방술에 관한 것이 아니라 "천지의 도, 일월의 운행, 음양과 길흉의 근본에 대한 변론이었다(方辯天地之道, 日月之運, 陰陽吉凶之本방변천지지도, 일월지운, 음양길흉지본)."[1] 당시 가의(賈誼)와 송충(宋忠)이 그를 만나 가르침을 청하였다. 그러자 "그가 앞서 하던 이야기를 계속하였다. 그는 천지의 처음과 끝을 분별하

1) 『사기』 권127 「일자열전(日者列傳)」.

고 일월성신의 운행 규칙에 대해 이야기하였으며, 인(仁)과 의(義)를 순서대로 구별하고, 길흉의 징험을 열거하였다. 이렇게 수천 마디 말을 하였지만 이치에 어긋난 말은 한 마디도 없었다(復理前語, 分別天地之終始, 日月星辰之紀, 差次仁義之際, 列吉兇之符, 語數千言, 莫不順理부리전어, 분별천지지종시, 일월성진지기, 차차인의지제, 렬길흉지부, 어수천언, 막불순리)."[2)]

"천지의 처음과 끝"이라든지 "이치에 어긋난 말은 한 마디도 없었다"는 등의 발언은 구체적인 문제를 해결하는 방기나 수술이 더 이상 아니라는 의미를 지닌다. 사마계주는 하나의 상징, 즉 방술과 방사들이 지니고자 했던 문화적 품격을 상징한다고 말할 수 있다. 또한 그는 방술에 총체적인 철리 체계와 경전의 근거를 부여함으로써 사회의식의 주류로 진입하는 추세를 반영하고 있기도 하다. 앞서 말한 바대로 진한 시대에 지식과 기술을 장악하고 있던 이들 가운데 소수 지식 엘리트를 제외하고 상당수 무축과 유사한 술사들이 존재했다. 그들은 사회의 여러 층에서 활약하면서 위로 조정에서 아래로 일반 촌락에 이르기까지 진한 시대의 사상과 행위를 지배했다.

그들은 일부 철리적인 의미가 다분한 엘리트 사상 이외에도 상당히 풍부하고 실용적인 경험과 기술, 그리고 이와 관련이 있는 지식을 지니고 있었다. 역수(曆數), 성상(星象), 운기(雲氣), 물괴(物怪) 등에 관한 지식과 곤륜(崑崙), 삼도(三島), 십주(十洲) 등에 관한 전설이 당시에 크게 유행했는데, 이는 철리적인 내용과 비교할 때 결코 영향이 적다고 말할 수 없다. 그것들이 본래 우주, 사회, 인류가 동일한 근원과 구조를 지니고 있다는 '동원동구(同源同構)'로 서로 감응한다는 사상적 맥락을 배경으로 한 경험과 이러한 경험에서 형성된 지식과 기술이기 때문이다. 이러한 지식과 기술은 점차 사상의 정합 과정을 통해 자신들 나름의 근거를 확보하게 되었으며, 마침내 권위적인 경전에 기대어 자신들의 사상적 근거를 표출하면서 자신들의 문화적 품격을 격상시키고자 했다. 아울러 기존의 엘리트들이 장악하고 있던 문화 세계에서 나름의 위상을 차지하고자 애썼다. 왜냐하면 그들 역시 천지인 합일의 천인감응을 기본적인 사상으로 삼고 있었기 때문이다. 내가 생각하

2) 『사기』 권127, 「일자열전(日者列傳)」.

기에 이것이 바로 위서가 한나라 시대에 크게 홍기한 이유 가운데 하나인 듯하다.

2

지식 계층의 수술 지식에 대한 인용 : 유사의 신학화와 정치화 기풍

일반 지식이 엘리트 사상을 향해 한층 더 높아지려는 추세가 격화되면서 엘리트 사상 역시 일반 지식에서 자원을 얻고자 노력하게 된다. 한나라 초기 이래로 학술과 사상이 이데올로기화하는 과정에서 유학은 지나친 이상주의와 정신주의에 바탕을 둔 도덕 중심의 사상적 맥락을 부단히 수정했으며, 이와 동시에 여러 사상을 수용하여 자신들의 이론적 체계를 강화하고자 노력했다. 예를 들어 황제와 노자의 사상을 통해 자신들의 우주이론을 구상하고자 했으며,[1] 상당히 많은 법술 사상을 수용하여 제도와 법률 체계를 개발하고자 노력했다. 또한 수술과 방기 지식을 받아들여 우주 이론을 실제 정치 운용과 사회생활에 있어서의 책략과 수단과 연결시키는 작업을 서둘렀다. 동중서는 물론이고 이후 상당히 많은 유자 및 관료들이 음양오행을 골간으로 삼고 천인감응을 중심으로 하여 재이상서(災異祥瑞)와 현실 정치가 상통한다는 이론을 운용하였으며, 그들 스스로 이러한 화복을 예측하는 기술에 정통하기도 했다.[2] 구체적으로 예를 들어 『한서』「위상전(魏相傳)」을 보면 한나라 선제(宣帝) 시절의 일에 대해 다음과 같이 기록하고 있다.

> (위상이) 몇 차례나 『역음양』과 『명당』, 『월령』의 관련 내용을 적취하여 상주하였다('魏相' 數表採『易陰陽』及『明堂』, 『月令』奏之 '위상' 수표채 『역음양』급『명당』, 『월령』 주지).

이른바 『역음양(易陰陽)』은 음양의 변화에 대해 강술한 것이고, 『명당(明堂)』은 제사 제도에 대해 논술한 것이다. 그리고 『월령(月令)』은 천상의 역산을 중심으

1) 이에 관해서는 본편 제23절의 논의를 참조하시오.

2) 그 가운데 맹희(孟喜), 초연수(焦延壽), 경방(京房)의 역학, 즉 '상수지학(象數之學)'은 바로 "음양 재변(災變)을 예측하는 책이다." 『한서』 권88, 「유림전」, 3599쪽, 3601쪽.

로 여러 가지 일을 처리하고 안배하는 학문인데, 이상 세 가지는 모두 순수한 도덕 윤리와 무관하며 오히려 현실적인 음양의 재변이나 신령에 대한 기양(祈禳), 천상에 따른 역산 등과 가깝다. 그래서 그는 황제에게 올리는 문장에서 "음양이 아직 조화롭지 못하고 재해가 그치질 않고 있다(陰陽未和, 災害未息음양미화, 재해미식)"는 말을 반복해서 강조하는 한편, "천지의 변화는 반드시 음양으로 말미암으며 음양의 구분은 해를 법도로 삼으니, 해의 동하지는, 즉 팔풍의 순서이고 만민의 천성이다"라는 일련의 도리와 오방과 오행이 오신과 팔괘와 배합하는 지식에 관해 설명하고 있다(天地變化, 必由陰陽, 陰陽之分, 以日爲紀, 日冬夏至, 則八風之序立, 萬民之性成천지변화, 필유음양, 음양지분, 이일위기, 일동하지, 즉팔풍지서립, 만민지성성).[3] 사실 이는 위서의 내용과 대단히 유사하다.

『한서』「익봉전(翼奉傳)」에 보면, 익봉이 "율력과 음양에 따른 점치기를 좋아했다(好律曆陰陽之占호률력음양지점)"고 하는데, 그는 한나라 선제 시절에 황제에게 "신하를 이해하는 방법은 육정과 십이율에 있을 따름입니다(知下之術, 在於六情十二律而已지하지술, 재어륙정십이율이기)"라고 아뢰었다고 한다. 이른바 '육정십이율'이란 인간의 여러 가지 정감과 오방을 서로 배합하고 이를 십이지로 나누어 집어넣은 것으로, 이러한 '십이율에 따라 여섯 가지 정감을 제어'하게 되면 신하들의 충정과 간악(奸惡)을 통찰할 수 있다고 했다. 그는 자신이 '오제의 요체(五際之要)'를 알고 있기 때문에 '마치 둥지에 사는 것은 바람이 불어 올 것을 알고, 구멍에 사는 것이 비가 올 것을 아는 것과 마찬가지로(猶巢居知風, 穴處知雨유소거지풍, 혈처지우)'[4] 일식과 지진의 징험을 분명히 알 수 있다고 말하기도 했다. 여기서 이른바 '오제'란 역일(曆日)과 간지의 관계를 통해 인사(人事)를 판단하는 방법이다. 맹강(孟康)은 『시내전(詩內傳)』에서 오제란 "묘(卯)·유(酉)·오(午)·술(戌)·해(亥)이니, 음과 양이 만나는 해이다. 이때가 되면 정치적 변화가 일어난다(卯酉午戌亥也, 陰陽終始際會之歲, 於此則有變改之政也(란백오무해야, 음양종시제회지세, 어차즉유변개지정야)"[5]고 했는데,

3) 『한서』 권74, 3139쪽.

4) 『한서』 권75, 3175쪽.

5) 『고미서』 권24 주의 인용문, 『집성』, 300쪽.

예를 들어 묘유(卯酉) 사이는 혁정(革政), 오해(午亥) 사이는 혁명(革命)이 일어난다.

계속해서 익봉(翼奉)은 다음과 같이 말했다. "사람이 기(氣)를 안에서 맞이하면 천지를 감동시킨다. 하늘의 변화는 성기(星氣)나 일식에서 드러나고 땅의 변화는 기이한 사물이나 지진에서 드러난다(人氣內逆, 則感動天地, 天變見于星氣日蝕, 地變見于奇物震動인기내역, 즉감동천지, 천변견우성기일식, 지변견우기물진동)."[1] 이리하여 전통적인 역일로 운세를 추측하는 학문이나 망기(望氣), 점성에 관한 학문, 사물의 징험이나 지진에 관한 학문이 모두 음양오행의 큰 체계 안에 포괄되어 정치적으로 운용되었던 것이다. 익봉이 말한 '육정'이나 '오제' 등은 비록 그가 전수하였던 제시(齊詩 : 한나라 초기에 제나라 사람 원고생轅固生이 전수한 『시경』의 일파로 금문학파에 속함)의 견해에서 비롯된 것이기는 하지만 이로 인해 위서(緯書)의 학문이 크게 홍성하게 되었다. 「춘추연공도(春秋演孔圖)」는 이러한 이론을 끄집어내어 "『시』는 오제와 육정을 가지고 있다(詩含五際六情시함오제육정)"고 했으며, 「춘추한함얼(春秋漢含孼)」에서도 익봉의 비유를 그대로 활용하여 "둥우리에 사는 동물은 바람이 불어오는 것을 알고 구멍에 사는 동물은 비가 올 것을 안다(巢居知風, 穴處知雨소거지풍, 혈처지우)"고 하였다.[2]

이는 당시에 크게 유행했던 풍조인 것 같다. 『한서』「소망지전(蕭望之傳)」에 기재된 바에 따르면, 한나라 선제 지절(地節) 3년 경성에 우박이 내리자 소망지가 황제에게 "약간의 시간을 허락하신다면 재이(災異)가 발생하게 된 의미를 진언하겠습니다"라고 상주하고, "음양이 조화를 이루지 못한 것은 대신들이 정무를 독점하여 한 개의 성(姓)이 권세를 장악하고 있기 때문에 일어난 것입니다(陰陽不和, 是大臣任政, 一姓擅勢所致음양불화, 시대신임정, 일성천세소치)"[3]고 하였다. 또한 「광형전(匡衡傳)」에도 한나라 원제(元帝) 초엽에 '일식과 지진의 이변이 생겨 황상께서 정치의 득실을 하문하였는데', 광형이 다음과 같이 상소를 올렸다고 한다. "하늘과 사람 사이에는 정기가 서로 동탕하니, 그 안에서 선악을 미루어 알 수 있습니다. 그리

1) 『한서』 권75.

2) 『고미서』 권8, 권13, 『집성』, 191쪽, 218쪽.

3) 『한서』 권78, 3273쪽.

하여 아래에서 무슨 일이 발생하면 위에서 반드시 징조가 있게 됩니다. 음양의 변화의 도리는 각기 응험이 있는 법입니다(天人之際, 精祲有必相蕩, 善惡有以相擅. 事作乎下者. 象動乎上, 陰陽之理各應其感천인지제, 정침유필상탕, 선악유이상당. 사작호하자. 상동호상, 음양지리각응기감)."[4]

이외에도 다음과 같은 두 가지 사건은 당시 사람들 마음속에 이러한 기풍이 깊이 파고들었음을 보여주는 좋은 예라고 할 수 있다.

그 하나는 『한서』 「적방진전(翟方進傳)」의 기록이다. 한나라 성제(成帝) 시절에 이심(李尋)이 천상에 형혹수심(熒惑守心 : 화성이 심숙心宿 즉 전갈자리에 접근함)의 조짐을 보고 곧장 적방진에게 알렸다. "삼광(三光 : 일, 월, 성)에 이상 현상이 출현한 것은 변동의 시작이라고 볼 수 있습니다. 산천이나 샘물이 자연의 이치에 반하여 흐르면 환란이 일어날 것입니다. 백성들 사이에서 유언비어가 생겨나고 사물이 흩어지고 명망이 동요합니다. ……지금 섭제성(攝提星)이 모서리를 들어 올리고 왕시성(枉矢星)이 그 가운데를 꿰뚫고 지나며, 낭성(狼星)이 모서리를 들어 올리고 천궁구성(天弓九星)이 밝지 않으며, 태백금성이 무고(武庫)를 지나고 토성이 역행하며 보성(輔星)이 침몰하고 화성이 일월이 지나는 자리에 머물고 있습니다(三光垂象, 變動見端, 山川水泉, 反理視患, 民人訛謠, 斥事感名 ……今提揚眉, 矢貫中, 狼奮角, 弓且張, 金曆庫, 土逆度, 輔湛沒, 火守舍삼광수상, 변동견단, 산천수천, 반리시환, 민인와요, 척사감명 ……금제양미, 시관중, 랑분각, 궁차장, 금력고, 토역도, 보담몰, 화수사)." 그는 이러한 이유로 반드시 큰 변화가 있을 것이라고 하였다. 이에 적방진은 심히 걱정하였다. 적방진은 성력(星曆)의 학문을 좋아하여 일찍이 전종술(田終術) 등에게 이러한 기술을 전수받은 적이 있었다. 결국 그는 이러한 재변은 "대신이 마땅히 징벌을 받아야 한다(大臣宜當之대신의당지)"는 말을 들은 데다 성제(成帝)까지 질책을 하자 "끝내 자살하고 말았다(卽日自殺즉일자살)."[5]

다른 하나는 『한서』 「병길전(丙吉傳)」에 나오는 유명한 우천(牛喘 : 소가 헐떡거림) 이야기이다. 병길이 정무를 맡고 있을 때 "길거리에서 뭇 사람들이 싸우는 것을

4) 『한서』 권81, 3335~3337쪽.

5) 『한서』 권84, 3421~3424쪽.

보게 되었는데 죽거나 다친 이들이 길가에 쓰러져 있었다. 그러나 병길은 묻지도 않고 그냥 지나쳤다(逢淸道群斗者, 死傷橫道, 吉過之不問봉청도군두자, 사상횡도, 길과지불문)." 그러다 '소가 혀를 내밀고 헐떡이는 것을 보더니' 오히려 관심을 보이며 그 까닭을 물어보았다. 이에 사람들이 의아하게 생각하며 물어보자 이렇게 대답하였다. "지금은 바야흐로 봄으로 기후가 한습하고 덥지도 않은데 그다지 먼 길을 걷지도 않은 소가 더위를 먹어 헐떡거리고 있다면 이는 기후가 조절되지 않고 있다는 것이니 천하게 큰 폐해가 생겨날지도 모른다(方春少陽用事, 未可大熱, 恐牛近行用暑故喘, 此時氣失節, 恐有所傷害也방춘소양용사, 미가대열, 공우근행용서고천, 차시기실절, 공유소상해야)."[1]

이는 다시 말해 삼공(三公)의 자리에 있는 사람에게 중요한 일은 일반 백성들이 싸우다가 서로 죽거나 죽이는 일보다 '음양의 조화'와 관계된 일이라는 뜻이다. 만약 소가 평상시와 달리 숨이 차서 헐떡거리고 있다면 음양이 조화를 이루지 못하고 있다는 징조이다. 그래서 병길은 음양이 변화하게 된 까닭이 무엇인지 살펴보고자 했던 것이다. 이것이 바로 이른바 "『춘추』에서 재이(災異)는 경관의 모습이나 형태를 언어로 삼아 사람들에게 알려준다. 그래서 한 가지 유형을 얻게 되면 그 포함된 의미를 터득할 수 있게 된다"는 사고방식의 전형이라고 할 수 있다.

위에 말한 위상은 『역』에 정통한 인물이었다. 그는 "현량에 천거되어 대책(對策)에서 우수한 성적을 거둬 어사대부의 자리까지 올랐다." 그리고 익봉은 "『제시(齊詩)』를 배웠는데, 소망지, 광형 등과 같이 동문수학하였다." 소망지는 『제시』를 배웠을 뿐만 아니라 하후승(夏侯勝)에게 『논어』와 『예복(禮服)』에 대해 물어보기도 했다. 적방진은 『곡량전(谷梁傳)』을 배운 박사로서 "10여 년에 걸쳐 경학을 학습하여 정통했다." 당시 유자들이 받들던 경전은 모종의 형태나 경물로 조짐을 나타내는 '지상(指象)'이 부족했다. 그래서 미래의 길흉화복을 예측할 수 없었으며, 어떻게 기양(祈禳 : 액막이)하여 재앙을 회피할 수 있는지 알려줄 수 없었다. 그런 까닭에 그들은 부지불식간에 천상역산(天象曆算)이나 점성망기(占星望氣 : 성신을 관찰하여 길흉을 따지는 점성과 운기의 변화를 따져 길흉을 예언하는 망기)에 관한 지식

---

1) 『한서』 권74, 3147쪽.

과 기술을 끌어들여 자신들의 사상체계를 보완하고 확장하기에 이르렀다.

그 가운데 제일 먼저 『역』의 음양, 『시』의 비흥(比興), 『춘추』의 재이 등이 수용되어 천인감응의 공간을 확대하기 시작했다. 그들은 징조와 상징 이외에도 망기나 점성, 사물의 증험 등의 지식을 끌어들이는 한편 음양오행의 이론을 빌리고 방술에 나오는 괘효, 간지, 천상역산 등의 방법을 수용하여 이를 정치 문제까지 연관시켰으며, 이를 통해 정치적 활동을 조절하는데 활용하였다.[2)]

본래 방기, 수술에 관한 지식은 천상역산이나 기상물후(氣象物候), 지리박물(地理博物) 등에 관한 경험에서 비롯된 것으로 단편적이고 그다지 체계적이지 않았다. 그러나 그것이 일단 상층 사회로 진입하여 현재와 미래, 이미 알고 있거나 알지 못하는 모든 사물과 현상에 대한 해석을 요구받게 되자 어쩔 수 없이 한계를 드러낼 수밖에 없었다. 구체적인 경험만으로 모든 것을 해석할 수 없었기 때문이다. 그래서 그것이 상층 문화인들에게 수용되어 보다 고급스러운 사상으로 격상되기 위해 기존의 여러 가지 경험을 확장하고 당시 주류의 우주이론을 수용하면서 이론적인 운산(運算)을 빌리고 상상을 덧붙여 기존의 포용 범위가 신속하게 팽창하기 시작했으며, 이를 통해 이미 알고 있는 현상을 해석하고 미지의 영역을 추측하였다.

통해 이미 알고 있
상을 해석하고 미지
역을 추측하였다.

우리는 다양한 위서를 통해 상당히 많은 내용이 주로 무축사종의 지식이나 기술과 관련이 있다는 것을 알 수 있다. 그러나 또한 당시의 철리를 흡수하고 구

---

2) 물론 이는 한나라 시대의 군주와 관련된 미신과 유관하다. 『후한서』 권82 「방술전(方術傳)」, 2705쪽, "한나라 시대는 무제가 자못 방술을 좋아한 이래로 천하가 장생을 수련하는 방사들을 키우고 여기에 동조하지 않는 사람이 없으니 그 추세가 계속이어졌다(漢自武帝頗好方術, 天下懷協道藝之士, 莫不負策抵掌, 順風而屆焉한자무제파호방술, 천하회협도예지사, 막불부책저장, 순풍이계언)." 아울러 이러한 기풍은 동한 시절까지 지속되었다. "그 이후로 답습하여 도참을 공부하는 것이 풍습이 되니, 기묘한 문제를 추앙하고 기이한 도술을 중시하니, 각각의 시기에 그 같은 사람이 적지 않았다(習爲內學, 尙奇問, 貴異數, 不乏於時矣습위내학, 상기문, 귀이수, 불핍어시의)." 그러나 다른 각도에서 볼 때 이는 한나라 시대 유자들이 의식적으로 제창한 일이기도 하다. 한나라 시대 역사 문헌을 살펴보면 유학의 이러한 책략은 상당히 유효했던 것으로 보인다. 그래서 한나라 시대 군주들은 일식, 지진, 가뭄이나 홍수 등의 현상을 지극히 중시하였다. 이 역시 당시 사회에서 위서(緯書)가 맡고 있던 역할 가운데 하나이다. 이 문제에 관해서는 다음을 참고하시오. 청나라 시대 조익(趙翼)의 『이십이사차기』 권2 「한중일식(漢重日食)」, 「한조다구사(漢詔多懼詞)」, 25쪽, 세계서국, 1939. 이외에도 종조붕(鍾肇鵬)의 『참위논략(讖緯論略)』 152쪽에 보면 일식과 정치의 관계에 관한 도표가 실려 있다. 요녕교육출판사, 1992.

체적이고 조작적인 범위를 벗어나 순수하고 심지어 형이상학에 속하는 사변까지 이룩할 수 있었다. 예를 들어 우주의 시간은 '태초', '태시', '태소'를 거친다고 생각하거나 우주 공간의 상태가 "수레의 바퀴가 지나간 것과 같다"[1]고 상상하고, 하늘과 땅이 일대일로 대응하여 "하늘에 오행(五行)이 있으니 땅에 오악(五岳)이 있고, 하늘에 칠성(七星)이 있으니 땅에 칠표(七表)가 있으며, 하늘에 팔기(八氣)가 있으니 땅에 팔풍(八風)이 있고, 하늘에 구도(九道)가 있으니 땅에 구주(九州)가 있다(天有五行, 地有五岳, 天有七星, 地有七表, 天有八氣, 地有八風, 天有九道, 地有九州천유오행, 지유오악, 천유칠성, 지유칠표, 천유팔기, 지유팔풍, 천유구도, 지유구주)"[2]는 식으로 추론을 펼치기도 했다. 또한 자신이 직접 본 것 이외의 지역을 상상하기도 했는데, 예를 들면 다음과 같다. "삼위산(三危山)은 오수의 서남쪽에 있는데, 그 위가 천원(天苑)이다. 성정산(星政山)은 곤륜 동남쪽에 있으며 지유(地乳 : 땅의 젖)가 되며, 그 위가 천미성(天麋星)이다……(三危山在烏鼠之西南, 上爲天苑, 星政山在昆侖東南, 爲地乳, 上爲天麋星……삼위산재오서지서남, 상위천원, 성정산재곤륜동남, 위지유, 상위천미성……)."[3] 중국 밖에 별도로 십주(十洲)가 있으니 "현주는 북해에 있다. ……위에 온갖 지초(芝草)와 현간(玄澗)이 있다(玄洲在北海中, ……上有芝草玄澗현주재북해중, ……상유지초현간)." "유주는 서해에 있다. ……돌(철광석)을 제련하여 칼을 만드는데 그 빛이 수정 구슬처럼 환하게 빛난다", "流洲在西海中, ……… 冶其鐵作劍, 光明照洞如水精유주재서해중, ……… 야기철작검, 광명조동여수정)."[4]

내가 생각하기에 위서(緯書)는 당시 사람들이 보았던 모든 사물과 현상을 자체적으로 설정한 질서에 받아들여 가지런하게 정리하면서 적절하고 합리적인 해석, 적어도 믿을 만한 해석을 얻을 수 있었으며, 또한 이를 통해 자신의 적용 범위를 확장하여 미래에 발생 가능한 사물이나 현상에 대해 앞서 준비하고 해석함으로써 자체 이론의 권위성이 더 이상 도전받지 않도록 노력하였다. 그렇기 때문에 위서는 나름의 상상과 추리를 확대하여 이미 알고 있는 것으로부터 미지의 것

1) 『건곤착도(乾坤鑿度)』 권 상, 『춘추원명포』, 『집성』 6쪽, 103쪽에 보인다.

2) 『하도괄지상(河圖括地象)』, 『집성』 125쪽.

3) 『낙서견요도(洛書甄耀度)』, 『집성』 129쪽.

4) 『용어하도(龍魚河圖)』, 『집성』 124~125쪽.

을 상상하고 현존하는 것으로 미래를 예측하였으며, 경험을 확장하여 이론화하였다. 위서에서 '기', '음양', '오행' 등을 차용한 것은 그러한 사고방식이 중국 고대부터 사람들이 가장 신봉하는 것이었기 때문이고 그러한 이론의 포괄성과 초월성이 위서가 마치 그럴듯하게 모든 것을 해석할 수 있는 것처럼 보이게 만들었으며, 사람들의 직각이나 경험에 부합했기 때문이다. 그래서 "한나라 시대의 사상가들은 비록 전부는 아닐지라도 거의 대부분이 이러한 이론을 받아들였다."[5] 그 원인은 위서가 고대 중국의 사상 세계에 근원을 두고 있어 전통의 관성을 지니고 있으며 사물이나 현상을 해석하는데 그럴 듯하게 자신의 학설을 꾸며댈 수 있었기 때문이다.

그래서 위서의 학문은 방술보다 한층 자각적인 우주이론과 사회사상의 색채가 다분하고 우주이론과 사회사상의 지지를 받고 있기 때문에 더욱 많은 경험과 상상, 사물과 현상을 자신 있게 해석할 수 있었던 것이다. 『상서고령요(尙書考靈曜)』를 펼쳐보면 처음부터 천상과 지리, 역산과 추운(推運 : 운세를 점치는 것)에 대해 논술하고 있는데, 이는 위서를 통해 거의 모든 것을 포괄할 정도로 방대한 체계를 갖추고 거의 모든 것을 이러한 체계 안에서 합리적인 해석을 얻을 수 있도록 하기 위함이다. "천문에 정통한 것은 명(明), 지리를 환히 아는 것은 창(昌)이라고 하는데, 명이라고 한 것은 하늘의 때를 밝게 알기 때문이고, 창이라고 한 것은 땅의 재물을 창성하게 할 수 있기 때문이다(通天文者明, 審地理者昌, 明者天之時也, 昌者地之財也통천문자명, 심지리자창, 명자천지시야, 창자지지재야)."[6]

몇 가지 예를 들어보자. 겨울철에 취화(取火 : 새 불을 얻다)는 원래 갱신(更新)의 의식이다.[7] 그런데 '오행'의 이론과 연계되면서 "봄에는 느릅나무와 버드나무에서 불을 얻고(나무에 구멍을 뚫고 마찰로 불을 일으킨다는 뜻), 여름에는 대추와 살구나무에서 불을 얻으며, 늦은 여름에는 뽕나무와 산뽕나무에서 불을 얻고, 가을에는 떡갈나무와 졸참나무에서 불을 얻으며, 겨울에는 홰나무와 박달나무에서 불을

5) 『케임브리지 중국 진한사(劍橋中國秦漢史)』, 738쪽, 중역본, 중국사회과학출판사.

6) 『고미서』 권1, 권2, 『집성』, 139~155쪽.

7) 취화(取火)에 관해서는 구석규(裘錫圭)의 「한식과 불 바꾸기(寒食與改火)」를 참고하시오. 『중국문화』 제2기, 홍콩 중화서국, 1990.

얻는다"[1]고 말한 원인을 해석할 수 있게 된다. 또한 일구(日晷 : 해시계)의 그림자가 길고 짧음은 지구의 공전 각도에 기인한 것이다. 이를 계산하는 것은 역일(曆日)의 학문에 속한다. 그러나 '음양' 이론이 접목되면서 일구의 그림자 변화가 암시하는 수해, 가뭄, 일식, 월식 등이 음양의 변화와 어떤 관계가 있는지 해석할 수 있게 된다.[2]

이외에 『춘추원명포』에 보면 달에 관해서 "본체는 원래 빛이 없는데 햇빛을 빌어 밝다"라고 상상하고 있는데, 흥미롭게도 근대의 관측 결과와 일치한다. 그러나 그 책의 근거는 관측이 아니라 음양이론이다. 이러한 상상은 음양이론의 부연에 힘입어 궁극적인 해석을 부여할 수 있게 된다. 이에 따르면 달은 '음정(陰精)'이다. 음은 양의 도움을 받는데, 그래서 양의 빛을 빌릴 수밖에 없게 된다.[3] 물론 지금 우리들이 볼 때 이러한 해석은 그럴듯하지만 그릇된 것임에 틀림없다. 그러나 이러한 해석이 천재적 상상력의 결과인지 아니면 단순히 견강부회에 불과한지 여부를 떠나 당시에 여러 가지를 해석하는데 지극히 유효했으며, 아울러 사람들에게 모든 것을 장악할 수 있다는 자신감을 부여했다는 점은 분명하다.

3

상호 영향 : 우주
지 획득과 경전의
획득

우주론의 지지를 획득하는 것은 방술과 같은 지식이 권위와 신앙을 얻기 위한 중요한 방법 가운데 하나이다. 그러나 그것만으로는 부족하다. 한나라 시대의 유가 경전은 이미 지식의 근간이 되었으며, 관방에 의해 학관이 설립된 후에 경

---

1) 취화에 관한 담론은 주로 『주서(周書)』와 『추자(鄒子)』에서 비롯된다. 예를 들어 『논어』에 나오는 "점수개화(鑽燧改火 : 불을 일으키는 나무를 새로 뚫어 새 불을 만들다)"의 주(注)에 보면 『주서』와 『주례』「사관(司爟)」을 인용하고 있고, 소(疏)는 정사농(鄭司農)의 주를 인용하면서, 그 안에 나오는 『추자』를 인용하고 있다. 뿐만 아니라 『태평어람(太平御覽)』 권22, 958쪽에는 『주서』가 인용되고 권24, 26쪽, 954쪽, 965쪽에는 『추자』가 인용되고 있는데, 이 모든 것이 '취화'에 관한 것이다.

2) 『고미서』 권14, 『집성』 233쪽.

3) 『오행대의(五行大義)』 제16 「논칠정(論七政)」에서 인용했다. 『중국방술개관』 「법식권(法式卷)」, 114쪽, 인민중국출판사, 1993.

전 계통의 지지를 획득하였다. 이는 유학이 권위와 신앙을 획득하는 또 다른 경로였다. 이미 알고 있듯이 한나라 시대 이전에 육경은 이미 지식의 집결지이자 진리의 근거라는 관념이 존재했다.[4] 이러한 경전은 '선왕의 옛 전적'으로 유구한 역사와 찬란한 기원을 지녔을 뿐만 아니라 확실히 풍부한 내용을 포함하고 있으며 해석의 여지가 상당히 넓었기 때문이다. 『예기』「경해(經解)」에 보면 이른바 경전의 가르침에 대해 다음과 같이 말하고 있다. "온유돈후(溫柔敦厚)는 『시』의 가르침이고, 소통지원(疏通知遠)은 『서』의 가르침이며, 광박역량(廣博易良)은 『악』의 가르침이고, 혈정정미(絜靜精微)는 『역』의 가르침이며, 공검장경(恭儉莊敬)은 『예』의 가르침이고, 속사비사(屬辭比事)는 『춘추』의 가르침이다."

그러나 실제 설명할 수 있는 공간은 여기에서 그치는 것이 아니었다. 『사기』「태사공자서」에 보면 오경 속에는 천지, 음양, 사시, 오행, 경제, 인륜, 산천, 계곡은 물론이고 초목이나 어류, 벌레에 이르기까지 거의 모든 것이 포함된다. 또한 『역』은 변화에 장점이 있고, 『예』는 행함에 이로우며, 『서』는 행정에 도움이 되고, 『시』는 풍자에 장점이 있으며, 『악』은 화합에 이롭고, 『춘추』는 사람들을 다스리는데 도움이 된다고 하였으니, 정신과 인격은 물론이고 우주, 정치, 자연, 사회 각 방면에 두루 걸쳐 있다고 말할 수 있다. 그래서 어떤 학자는 이렇게 말했던 것이다. "경서(經書)의 표준적인 내용은 인류 정신에 의해 지배되는 여러 가지 생활에서 내재적 도덕 교화의 측면은 물론이고 외재적인 실제 응용의 측면에서도 광범위하고 보편적인 근거가 되었다."[5] "중국 정신사에서 경서는 본질적인 의의를 지니고 있다." 이러한 상황은 서한 이래로 더욱 분명해졌다. 『한서』「하후승전(夏侯勝傳)」에 보면 하후승이 자신감을 갖고 자신의 제자들에게 말한 내용이 나온다.

> 선비가 우려할 바는 자신이 경술을 모르는 것이다. 진실로 경술에 통달하게 되면 푸르거나 붉은 관복을 입는 것은 마치 허리를 구부려 땅에서 풀을 집는 것처럼

---

4) 『회남자』 권20 「태족」에서 육경에 관해 언급하면서 "易之失鬼, 樂之失淫, 詩之失愚, 書之失拘, 禮之失忮, 春秋之失訾(역지실귀, 락지실음, 시지실우, 서지실구, 예지실기, 춘추지실자)"라고 하여 완곡하게 비판하고 있기는 하지만 이는 소수 황로학파의 논조일 따름이다. 이후에는 기본적으로 칭찬 일색이었다. 『회남홍렬집해』, 674쪽.

5) 카가 에이지(加賀榮治), 『중국고전해석사』「위진(魏晋)」, 6쪽, 경초서방(勁草書房), 도쿄, 1964.

쉬운 일이다. 만약 너희가 경술을 배우는데 성실하지 않아 그 도리를 제대로 알지 못한다면 차라리 집으로 돌아가서 밭이나 가는 것만 못하다(士病不明經術, 經術苟明, 其取青紫如俯拾地芥耳, 學經不明, 不如歸耕사병불명경술, 경술구명, 기취청자여부습지개이, 학경불명, 불여귀경).[1]

이는 문화인에게 있어서 경전 공부가 문화적인 의미의 학술을 벗어나 정치적인 의의를 지닌 지식이 되었음을 표명한 것이다. 경전 공부가 '청자(青紫)', 즉 정치권력과 경제적 이익과 관계를 맺음으로써 경전은 불변의 독점적 지위와 더불어 실용적인 성질까지 갖추게 되었다. 이는 한나라 시절 광형(匡衡)이 성제(成帝)에게 올린 상서에서 여실히 증명된다.

육경이란 성인이 천지의 마음을 종합한 것이자 선악의 귀결점을 분명하게 드러내고 길흉의 구분을 밝히며, 인도(人道)의 올바름을 관통하여 사람이 그 본성을 위배하지 않도록 하는 것입니다. 그런 까닭에 육예의 요지를 깊이 살피게 되면 사람과 하늘의 도리를 얻어 조화를 이룰 수 있고, 초목과 곤충을 얻어 생육시킬 수 있으니, 이는 영원히 바뀔 수 없는 도입니다(六經者, 聖人之所以統天地之心, 著善惡之歸, 明吉凶二之分, 通人造之正, 使不悖于其本性者也. 故審六藝之指, 則人天之理, 可得而和, 草木昆蟲, 可得而育, 此永永不易之道也육경자, 성인지소이통천지지심, 저선악지귀, 명길흉이지분, 통인조지정, 사불패우기본성자야. 고심륙예지지, 즉인천지리, 가득이화, 초목곤충, 가득이육, 차영영불역지도야).[2]

본래 역사, 문학, 점복(占卜), 의식에 관한 저술이 일단 정신적으로 절대적인 의의를 지니고 앞서 말한 바와 같이 현실 속에서 절대적인 이익을 보장하게 되자, 이전처럼 자유롭게 읽고 연구할 수 있는 학술 텍스트가 아니라 우러러 보아야 하는 신앙의 대상이 되고 말았다. 또한 이러한 저술들은 여러 전적들과 평등

1) 『한서』 권75, 3159쪽.
2) 『한서』 권81, 3343쪽.

한 관계가 아니라 모든 전적 위에 자리한 '경(經)'이 되었다. '경'이 생겨나자 경전의 권위를 나누어 갖고자 하는 '위(緯 : 위서)'가 자연스럽게 등장하였다. 경서는 단지 몇 종에 불과하기 때문에 어떤 해석을 하든지 간에 항시 역사와 텍스트의 제약을 받게 된다. 그러나 위서는 오히려 거의 무제한으로 만들어질 수 있었기 때문에 그 시대에 유행하는 지식과 기술, 상상과 경험을 모두 받아들일 수 있었다.

또한 위서는 경서와 관계를 맺어야 그 권위의 후광을 나눌 수 있다. 그렇기 때문에 어떤 면에서 위서의 학문 중에서 『역』은 "기를 조절하여(절기에 상응하고) 오정(五精)을 함유하며(오행과 상응하며) 율과 역의 관계를 표시한다. 상경(上經)은 하늘을 본받고(천상과 대응하고) 하경(下經)은 책력을 셈하며(역법에 대응하며), 「문언(文言)」은 상서로운 징조를 세우고, 「상(象)」은 그 절목(節目)을 나타내며 「단(彖)」은 변화를 말하고, 「계(系)」는 동일한 흔적을 세운다"고 할 정도로 신비한 저작물이 되었고(氣之節, 含五精, 宣律曆. 上經象天, 下經計曆, 文言立符, 象出其節, 彖言變化, 系說類迹기지절, 함오정, 선율력. 상경상천, 하경계력, 문언립부, 상출기절, 단언변화, 계설류적),[3] 『서』는 "상천(上天 : 하늘)이 문상(文象 : 자연계의 현상)을 드리워 적절한 법도를 알려준다(上天垂文象, 布節度상천수문상, 포절도)"[4]고 하였으니, 하늘의 상징과 인간에 대한 경고를 담은 위대한 저작이 되었다.

또한 『예』는 "천지와 같은 기운을 지니고 사계절과 합치되어 참되며, 음양에 부합하고 일월처럼 밝다(與天地同氣, 四時合信, 陰陽爲符, 日月爲明여천지동기, 사시합신, 음양위부, 일월위명)"[5]고 하였으며, 『시』는 "천지의 마음이자 군조(君祖 : 선왕)의 덕이며, 모든 복의 근본이고 만물이 출입하는 문이다(天地之心, 君祖之德, 百福之宗, 萬物之戶也천지지심, 군조지덕, 백복지종, 만물지호야)."[6] 그리고 『춘추』는 "하늘의 올바름으로 왕자의 정치를 바르게 한다(以天之端, 正王者之政이천지단, 정왕자지정)"는 위대한 책이 되었다.[7]

---

3) 「춘추위설제사(春秋緯說題辭)」, 『고미서』 권11, 『집성』 213쪽.
4) 「상서선기검(尙書璇璣鈐)」, 『고미서』 권5, 위의 책, 173쪽.
5) 「예계명징(禮稽命徵)」, 『고미서』 권18, 『집성』, 255쪽.
6) 「시함신무(詩含神霧)」, 『고미서』 권23, 『집성』, 288쪽.
7) 「춘추원명포」, 『고미서』 권6, 『집성』, 177쪽.

그러나 또 다른 면에서 비록 공자 이래로 경전이 "하늘과 사람의 관계를 진술하고 기이한 일을 기록하며, 상서로운 징조를 고찰하였지만(陳天人之際, 記異考符 진천인지제, 기이고부)"[1] 역시 위서로 경서를 보조할 필요가 있었다. 이는 "하늘과 사람이 동일한 법도를 지녀 올바른 법도를 서로 받고 있기 때문에 하늘은 문상(文象 : 일월성신이 변화하는 궤적)을 내려주고 사람은 이에 상응하는 일을 행한다(天人同度, 正法相授, 天垂文象, 人行其事천인동도, 정법상수, 천수문상, 인행기사)"는 구체적인 근거와 실례가 필요하다는 뜻이기도 하다.[2] 『고미서(古微書)』에 따르면 전체 위서가 완전하게 수집된 것은 아니지만 후세까지 잔존한 위서는 대략 다음과 같다. 우선 『상서』와 관련된 것이 19종, 『춘추』와 관련된 것이 15종이며, 『주역』은 11종, 『예』와 『악』, 『시』는 각기 3종, 『논어』는 5종, 『효경』은 7종이다. 이외에 『하도(河圖)』, 『낙서(洛書)』 등의 이름이 붙은 23종을 모두 포함하면 대략 90여 종인데, 이러한 위서는 자명한 우주, 음양, 오행이론과 천문지리의 지식 배경을 지니고 있을 뿐만 아니라 경서의 권위를 함께 누렸기 때문에 한나라 시대에 상당한 독자와 추종자를 지녔다고 말할 수 있다.

만약 한 걸음 더 나아가 분석해 본다면, 단지 이론이나 지식의 권위성을 확보한다고 해서 이른바 '담론의 권력'을 실현할 수 있는 것은 아니다. 어떤 의미에서 볼 때 경전이 지닌 '담론의 권력'은 그것이 국가 이데올로기나 제도, 법률, 교육에 대해 어느 정도로 간섭하고 독점했는가에 따라 달라진다. 위서가 만약 경전과 동등한 담론의 권력을 지니고자 한다면 반드시 위서 내부에 명확한 정치적 지향을 담고 있어야만 한다. 그래서 현존하는 위서를 보면 점성술(占星術)이나 풍각(風角), 물험(物驗), 책력(册曆) 등에 관한 구체적인 기술에 관한 서술 속에서 최종적으로 지향하는 것은 대부분 조정의 정사에 관한 이야기이다. "군주가 문치(文治)를 애호하니 봉황이 날아든다(其主好文, 則鳳凰來翔기주호문, 즉봉황래상)." "월식이 생기면 신하의 행동을 바르게 하고, 일식은 임금의 도를 바르게 해야 한다(月食則正臣下之行, 日食則正人主之道월식즉정신하지행, 일식즉정인주지도)." "나라의 임금이 선비를 어여삐 여기지 않

1) 「춘추합계도(春秋合誡圖)」, 『고미서』 권12, 『집성』, 221쪽.

2) 「춘추원명포」, 『고미서』 권7, 『집성』, 183쪽.

고 달리는 말에 비단 옷을 입히며 개나 이리가 사람이 먹는 것을 먹으면 온갖 가축이 말을 하게 된다(人君不好士, 走馬被文繡, 犬狼食人食, 則有六畜談言인군불호사, 주마피문수, 견낭식인식, 즉유육축담언)." "임금이 마땅한 예를 행하게 되면 종묘에 상서로운 나무가 생겨난다(王者得禮之宜, 則宗廟生祥木왕자득례지의, 즉종묘생상목)." "임금이 덕으로 정치를 베풀어 천하가 부유해지면 진성(鎭星 : 토성)이 입궐(入闕)한다(王者德政, 海內富昌, 則鎭星入闕왕자덕정, 해내부창, 즉진성입궐)." 이상과 같은 발언은 위서가 정치에 대해 간섭한 예라고 할 수 있다.[3)]

이처럼 정치적인 열정으로 인해 위서 저술가들은 한편으로 역사를 수집하여 당시 정치에 도움을 제공하고자 노력했다. 그래서 위서에는 선인들의 영광이나 치욕과 관련된 이야기가 다양하게 수록되었으며, 아울러 신비하고 천명과 관련된 내용 또는 득실과 관련된 전설이 끼어들게 되었다. 예를 들면 다음과 같다. 요(堯)임금이 꿈속에서 키가 큰 사람을 만난 후 순(舜)을 천거했다. 순임금이 천명을 받았을 때 봉황이 내려와 의용(儀容)을 보였다. 백제정(白帝精)이 별에 감응하여 우(禹)를 낳았다. 하나라 걸(桀)임금이 무도하니 땅에서 누런 안개가 피어오르고 누런 물고기가 쌍으로 제단에서 튀어 올랐다. 천을(天乙)이 천명을 받으니 주작(朱雀)이 단서(丹書)를 입에 물고 희창(姬昌)의 문 앞에 머물렀다. 열흘 동안 박(亳)에 토우(土雨)가 내리자 주(紂)임금이 죽고 나라가 멸망했다.[4)]

또한 그런가하면 현세의 문제에 특별히 관심을 경주하여 재이상서(災異祥瑞)로 당국을 경계하였는데, 그런 까닭에 위서 안에 정치적 조치에 관한 상당히 많은 견해가 담겨져 있으며, 아울러 정치적 득실을 천지변화와 서로 관련시키고 있다. 예를 들면 다음과 같다. "온갖 하천이 끓어오르고 온갖 음(陰)적인 것이 들어오니 산과 무덤이 무너져 사람이 올려다볼 곳이 없고, 높은 언덕이 계곡이 되고 현자들이 물러나니 깊은 계곡이 언덕이 되어 작은 것이 큰 것을 내려다본다(百川沸騰, 衆陰進, 山家摧崩, 人無仰, 高岸爲谷, 賢者退, 深谷爲陵, 小臨大백천비등, 중음진, 산가최붕, 인

---

3) 이상의 인용문은 「악계요가(樂稽耀嘉)」, 「역통괘험(易通卦驗)」, 「악엽도징(樂葉圖徵)」, 「역맹기추(易萌氣樞)」, 「예계명징(禮稽命徵)」, 「춘추연공도(春秋演孔圖)」 등에 나온다. 『집성』 284쪽, 233쪽, 274쪽, 248쪽, 259쪽, 192쪽.

4) 이상의 인용문은 「상서제명험(尙書帝命驗)」, 『고미서』 권3, 『집성』 157~167쪽을 참고하시오.

무앙, 고안위곡, 현자퇴, 심곡위릉, 소림대).” “정권이 신하에게 있고 인척들이 조정에 간여하는데 임금은 혼미하여 깨어나지 못하니, 무지개가 해를 관통한다(政在臣下, 婚戚干朝, 君不覺寤, 虹霓貫日 정재신하, 혼척간조, 군불각오, 홍예관일).” “나라에 큰 가뭄이 들고 원망 가득한 옥사가 쌓인다(國大旱, 冤獄結국대한, 원옥결).” “신하가 반역하고 백성들이 슬퍼하며 감정을 드러내니, 제방이 터져 물이 넘쳐난다(逆民悲, 情發則水出問決也거역민비, 정발즉수출문결야).”[1]

이상에서 볼 수 있듯이 그들은 우주 자연의 법칙이나 질서와 상응하면서 의심할 바 없는 합리성을 확보한 정치적 질서를 희구하였다. 그래서 때로는 자신의 범위를 벗어나 정치적 대세와 관련된 주장을 제기하기도 했다. 『효경수신계(孝經授神契)』에서 그 예를 살필 수 있다. 방대한 체계를 갖춘 이 책은 지금까지 보존되고 있는 위서 중에서 천지와 우주의 총체적인 묘사는 물론이고 우주와 천지를 배경으로 삼아 거의 모든 조정의 중요 제사 의식이나 시설 등에 대해 가장 자세하게 논술하고 있다. 예를 들어 우주의 천상을 모방하여 위는 둥글게 만들고 아래는 네모나게 만들어 ‘상제를 모시고’, ‘문왕(文王)에게 제사를 올리는’ 명당이나 천상을 관측하여 역일(曆日)을 추론하고 운기나 별의 변화를 관찰하여 ‘덕을 베풀고 세밀한 부분을 살피는(宣德察微선덕찰미)’ 영대(靈臺), 토지와 오곡에 제사를 지내는 사직(社稷), 태산 봉선(封禪), 벽옹(辟雍) 등에 대해 상세하게 논의하고 있다.[2] 그들은 이러한 고대 중국인의 마음속에 상징적인 의미가 다분한 의식이나 전례를 통해 인간 세상의 질서를 더욱 정숙하게 만들기를 희망하였으며, 아울러 질서에 관한 일련의 논의를 통해 위서와 그 배후에 있는 지식 및 기술의 문화적 위상과 등급을 제고시킬 수 있기를 희망하였다.

---

1) 「시추도재(詩推度災)」, 「역서류모(易筮類謀)」, 「춘추감정부(春秋感精符)」, 『집성』 299쪽, 247쪽, 204쪽.
2) 『고미서』 권28, 『집성』, 327~328쪽.

4

진한 시절부터 동한 말엽까지 3, 4백 년의 세월이 흐르는 동안 중국의 사상 세계 안에서 위서(緯書)의 학문은 홍성해졌다가 다시 쇠미해졌다. 위서의 학문은 고대 중국의 우주에 관한 관념이나 천문지리에 대한 지식, 점성술 등의 기술, 신선과 같은 전설과 이야기 등을 전통적인 도덕과 정치 학설과 한데 얼버무려 그 이론과 경전으로 지식체계 안에서 자신의 문화적 등급과 품위를 제고시키고자 시도하였으며, 또한 제가(諸家)의 학설과 천지인신에 관한 논의를 모두 망라하면서 궁극적인 이상과 사상, 도덕, 제도, 법률 및 구체적인 방술에 관한 지식체계를 관통하여 정치에 개입하여 이상적인 질서를 세우려고 하였다.[3] 이는 양한 시기 사상의 체계화와 표준화 경향을 뚜렷하게 보여주는 것이자 국가 신학의 탄생을 촉진한 것이기도 하다.

발생학의 각도에서 볼 때 우리는 대략 다음과 같이 판단할 수 있을 것이다. 위서의 학문은 주로 일반 지식과 기술에서 동력을 얻어 자체적으로 통합하고 승급하는 경향을 나타내고 있다. 그러나 또한 전통적인 엘리트 사상이 민간에서 지식과 기술을 흡수하고 활용했음을 결코 부인할 수 없다. 엘리트 사상과 일반 지식이 자연스럽게 분화한 이래로 양자는 각기 자신들만의 길을 따라 가면서도 마

---

3) 위서 및 위서의 영향을 받은 역사 문헌 속에서 우리는 중국인의 마음속에 자리한 우주와 사회질서의 구조를 살필 수 있다. 이는 자연과 사회, 인간이 삼위일체가 되어 유사한 구조와 상통하는 혼돈된 우주체계라고 할 수 있다. 이러한 체계 속에서 천지는 정지하여 움직이지 않는 '극(極)'을 중심으로 삼고, 천체는 북두(北斗)를 근본으로 삼으며, 일월이 이에 따라 운행하고 사방에 이십팔수가 분포되어 음양오행의 규율에 따라 움직이게 된다. 이처럼 자연의 질서를 안배하니, 사회와 개인 또한 '천(天)'에 상응한다. '극'은 지상의 제왕에 상당하고, 성신은 제왕을 둘러싸고 있는 정부 관리에 상당한다. 또한 거대한 천궁(天穹)은 방국의 영토와 같고, '중국'은 비록 지리적으로 중심에 있는 것은 아니지만 정치문화의 중심이 된다. 사이(四夷)는 이를 둘러싼 뭇별과 같다. '사람'에게도 천지가 투영된다. 『효경수신계』에 따르면, "사람의 머리가 둥근 것은 하늘을 닮았고, 다리가 네모진 것은 땅을 닮았다. 오장은 오행을 닮았고, 사지는 사시를 본받은 것이다." 『춘추원명포』는 심지어 이런 말을 하고 있기도 하다. "손바닥이 둥근 것은 하늘을 본받아 운동하는 것이고, 손가락이 다섯 개인 것은 오행을 본받은 것이다." 결론적으로 사람의 경험과 상상, 그리고 체험의 과정을 통해 자연과 사회는 인간과 서로 감응하고 호응하는 관계를 맺고 있었던 것이다.
나의 「중묘지문 - 북극, 도, 태일과 태극」(『중국문화』 제3기, 홍콩 중화서국, 1990) 및 『도교와 중국문화』(상해 인민출판사, 1987)를 참고하시오.

치 우물과 강물이 구별되듯이 각자의 경계선이 분명했던 것은 아니라는 뜻이다. 오히려 상호 작용을 하는 과정에서 다양한 교류가 이루어졌다. 방술이나 음양오행의 이론 및 천문지리에 관한 지식이 서로 융합하면서 유가학설과 음양오행의 이론 및 천문지리에 관한 지식이 뒤섞이고, 음양오행의 이론과 천문지리에 관한 지식이라는 보편적인 문화적 토양에서 엘리트 사상과 일반 지식 모두 예전의 공통된 배경과 근거를 찾았다. 이러한 배경과 근거 속에서 양자는 서로 접근할 수 있었던 것이다.

이처럼 양자가 상호 융합하고 합류하면서 서로간의 경계가 무너지게 되었다. 양자의 경계가 무너지자 또 다른 결과가 생겨났다. 그것은 독립성이 부족하지만 막강한 지식의 전통 계승과 권력에 의해 보장받는 계통이 한 쪽에 의해 청산되거나 동화되었다는 것이다. 예를 들어 동중서 이후의 유학은 어떤 면에서 관방에서 확정된 유가 경전의 지위와 교육을 통한 지식의 전승계통에 힘입어 서서히 정통 또는 주류의 지위를 확립하였고, 또 다른 면에서 경전지식 이외에 위서를 포함한 각종 지식과 기술을 전용하게 되었다. 통상적으로 사람들은 『한서』「예문지」에 기록되지 않은 책들을 위서라고 생각하고 있다. 그러나 자세하게 살펴보면, 위서의 지식과 기술 가운데 경서 계통에 흡수된 것들이 적지 않음을 알 수 있다.

예를 들어 『역』의 종류에는 『잡재이(雜災異)』 35편, 『재이맹씨경방(災異孟氏京房)』 66편이 들어가 있고, 『서』 종류에는 유향(劉向)의 『오행전기(五行傳記)』 11권[1], 허상(許商)의 『오행전기(五行傳記)』 1편이 포함되어 있으며, 『예』 종류에는 『명당음양(明堂陰陽)』 33편, 『명당음양설』 5편 등이 포함되어 있다.[2] 이는 경전 계통의 유학 역시 우주론의 배경 아래 일반지식과 기술을 수용하여 도덕과 정치를 토론하

1) 양수달(楊樹達)은 『한서규관(漢書窺管)』에서 『오행지(五行志)』를 인용하여 유향이 『곡량춘추(谷梁春秋)』를 연구했다고 하면서 이렇게 말했다. "숫자로 화복을 헤아려 『홍범(洪範)』을 전수하였다(數以禍福, 傳以洪範수이화복, 전이홍범)." 또한 왕응린(王應麟)은 『한지고증(漢志考證)』에서 심약(沈約)의 말을 인용하여 "유향은 『홍범』을 널리 부연하여 길흉에 관한 글이 더욱 많아졌다(劉向廣演洪範, 休咎之文益備유향광연홍범, 휴구지문익비)."

2) 『한서예문지주석휘편(漢書藝文志注釋彙編)』, 14~15쪽을 참조하시오. 심흠한(沈欽韓 : 청나라 때의 학자)은 『후한서』「낭의전(郎顗傳)」에 나오는 『역천인응(易天人應)』은 『잡재이(雜災異)』류의 저술이라고 했다.

는 실용적인 책략으로 삼았다는 것을 말해주는 것이다. 그래서 앞서 인용한 위상(魏相)이나 익봉(翼奉), 광형(匡衡), 소망지(蕭望之), 병길(丙吉) 등 여러 사대부 계층의 학자나 관료들도 음양재이에 관해 나름의 흥취와 믿음을 지니게 되었던 것이다.

『백호의주(白虎議奏)』과 『백호통(白虎通)』의 시대에 이르자 이러한 흡수와 수용은 더 이상 문제가 되지 않았으며, 위서의 학문 역시 더 이상 '타자(他者)'가 아니었다. 그리하여 위서의 학문은 점점 정통 및 주류의 인정을 받게 되었다. 그러나 인정을 받음으로써 오히려 위서는 존재의 의미를 상실하게 되었기 때문에 위학(緯學)은 정점에 이르렀을 때 쇠망하기 시작했다고 말하는 것이다. 유자들이 음양오행의 이론과 천문, 역산에 관한 지식을 정통 및 주류의 이데올로기 안에 수용하자, 결국 점복, 천문, 역법, 오행 등에 관한 지식인 수술(數術)과 고대 의학에 관한 기술과 지식인 방기(方技)만 남게 되었으며, 그마저도 이지적(理智的)인 학자들의 비난 속에서 점차 퇴조하여 민간, 즉 원래의 기점으로 되돌아가게 되었다.[3)]

이와 상반되게 유가의 경학은 그 시기에 점차 사상의 권위를 차지하게 되었다. 서한 문제와 경제 시대에는 『시경』 박사(신배申培, 한영韓嬰, 원고생轅固生)와 『공양춘추(公羊春秋)』 박사(호무생胡毋生, 동중서董仲舒)[4)]만 있었으나, 한나라 무제 시절에 "오경박사를 두었으며"(『상서』는 구양생(歐陽生), 『예』는 후창(後蒼), 『역』은 양하(楊何), 『춘추』는 동중서와 호무생, 『시』는 노시(魯詩), 한시(韓詩), 제시(齊詩) 삼가三家이다), 선제 시절에는 정식으로 오경 14박사를 두었다. 한나라 초기에는 "(박사의) 인원을 모두 채우

---

3) 예를 들어 『한서』「예문지」'수술략(數術略)'의 몇몇 소서(小序)에 보면, 방술을 '도'의 차원으로 승격시키면서도 오히려 하층의 방사들의 구체적인 기술이나 조작에 대해서는 비판을 가하고 있다. 반고(班固)는 대도(大道 : 원문에는 성사星事, 즉 별에 관한 일로 나온다. 역자 주)는 "맑고 그윽한 자가 아니면 능히 사용할 수 없다(非湛密者弗能由也비담밀자불능유야)"고 하면서 "하찮은 점술가가 이것으로 길흉을 점쳐 세상에 행해지면서 점차 서로 어지럽게 되었다(小數家因此以爲吉凶, 而行於世, 寖以相亂소수가인차이위길흉, 이행어세, 침이상란)"고 하였다. 그러나 위서의 학문은 양진(兩晋) 남북조 시대 사대부들에게도 일정한 정도 영향을 끼쳤다. 이에 관해서는 다음을 참고하시오. 여종력(呂宗力), 「양진 남북조에서 수나라까지 도참을 근절한 역사의 진상(兩晉南北朝より隋に至る圖讖を禁絶する歷史の眞相)」, 『나카무라 쇼하치 박사 고희 기념-동양학논집(中村璋八博士古稀紀念-東洋學論集)』, 272~286쪽, 급고서원(汲古書院), 도쿄, 1996.

4) 왕응린(王應麟 : 남송시대의 유학자)은 『곤학기문(困學紀聞)』 3127~3128쪽에서 동한 사람 적보(翟輔)의 말을 인용하여 한나라 무제 이전에는 오직 『시(詩)』 박사만 있었다고 하나, 이는 틀린 생각이라고 하였다. 그 근거로 그는 『사기』 권121 「유림열전」에 이미 호무생과 동중서가 "『춘추』를 연구하였으며, 효경(孝景 : 경제景帝) 시절에 박사가 되었다"는 기록을 제시하고 있다.

고 황제의 하문에 대비토록 하였으나 아직 관원이 된 것은 아니었다(諸博士具官備問, 未有進者제박사구관비문, 미유진자)." 그러나 무제 시절에 공손홍은 "『춘추』 박사로 한낱 평민에서 천자의 삼공(三公)의 자리에 올랐고, 평진후(平津侯)로 봉해졌다(以春秋, 白衣爲天子三公, 封平津侯이춘추, 백의위천자삼공, 봉평진후)."[1] 박사 제자들은 무제(武帝) 시절에 50명, 소제(昭帝) 시절에 100명, 선제(宣帝) 시절에 200명으로 불어났으며, 성제(成帝) 시절에는 3,000명으로 크게 확대되었다. 경전을 하나라도 통달하면 부역을 면제받을 수 있었다.

이렇게 경전의 학문은 이상을 향한 유일한 계단이 되어 더욱 많은 사인(士人)들이 이를 모든 지식의 기본적인 내원으로 삼게 되었다. 당시 사인들의 입장에서 볼 때 경학은 인격과 정신의 지주와 다를 바 없었다. 예를 들면 황패(黃霸)와 하후승(夏侯勝)의 일화가 그러하다. 두 사람은 오랫동안 옥에 갇혀 있었는데, 황패가 하후승에게 경학을 배우기를 청했다. 하후승이 학문이 무슨 소용이냐고 마다하자, 황패가 말하길 "아침에 성인의 도에 대해 들으면 저녁에 죽어도 좋다"고 하였다. 이에 하후승이 감동하여 그에게 경전을 가르쳐 주었다. 이렇듯 경전을 배우는 것은 곧 도를 배우는 것과 같았다. 또한 하후승은 자신의 조카인 하후건(夏侯建)이 경전을 공부면서 여러 가지 주해(註解)를 받아들여 '해설을 쓰자(具文飾說구문식설)', "경전의 장구(章句)만 아는 소유(小儒)에 불과하니 오히려 경전의 대도(大道)를 지리멸렬하게 만들었다(章句小儒, 破碎大道장구소유, 파쇄대도)"고 비판하였다. 이렇듯 경전을 해체하는 것은 곧 대도를 파괴하는 것으로 간주했던 것이다.[2]

그리고 경전은 지식과 기술의 총체이기도 했다. 피석서(皮錫瑞)가 『경학역사』에서 말한 것처럼 "『우공(禹貢)』으로 하천을 다스리고, 『홍범(洪範)』으로 변화를 관찰하며 『춘추(春秋)』로 옥사를 판결하고, 『삼백편(三百篇)』으로 간서(諫書 : 간언하는 글)를 삼았다." 확실히 당시에는 경전을 교과서로 삼아 언어 문자를 학습하고 초목이나 조수(鳥獸)의 이름을 익히며, 사람의 도리를 배웠다. 경전이 전승되면서 지식도 대대로 전수되었다. 동한 시대에 경학에 관한 저술이 크게 증가하면서 여

1) 『사기』 권121, 「유림열전」, 3118쪽.
2) 『한서』 권75, 「하후승전」, 3157~3159쪽.

러 경전을 두루 통달하고 있는 통유(通儒)가 등장하였는데, 허신(許愼), 윤민(尹敏), 가규(賈逵), 마융(馬融), 경란(景鸞), 하휴(何休) 등이 대표적인 인물들이다. 그들에 의해 『역설(易說)』, 『시해(詩解)』, 『공양해고(公羊解詁)』, 『논어주(論語注)』, 『오경이의(五經異義)』, 『주관해고(周官解詁)』, 『시주(詩注)』, 『역주(易注)』, 『상서주(尙書注)』, 『논어주』 등 탁월한 저술이 이루어졌다. 아울러 정현(鄭玄)처럼 뛰어난 대학자가 등장하여 경전에 대한 상세하고 방대한 주해가 이루어졌다.

『후한서』「환영전(桓榮傳)」에 따르면, 환영이 소부(少傅)가 되어 거마를 하사받았을 때 득의양양하여 "여러 학생들을 불러놓고 거마와 인수(印綬 : 소부의 도장끈)를 진열해 놓고 말하길, '오늘 이런 영예를 입은 것은 옛 것을 배운 역량 때문이다(今日所蒙, 稽古之力금일소몽, 계고지력)'"라고 말했다. 이렇듯 '계고(稽古)'는 청자(靑紫 : 고대 관료의 인수印綬와 복식의 색깔), 즉 관직을 얻게 해주며 또한 가장 기본적인 인문 지식에서 가장 고급스러운 우주 지식까지 모두 배울 수 있게 해준다. 그리하여 경학은 절대적인 현학(顯學)이 되었으며, 절대적인 권위를 지닌 경전을 해석하는 학문도 이로 인해 중국의 엘리트 사상지식의 내원이자 진리의 근거가 되었던 것이다. 경전과 경전에 대한 주석을 통해 사람들은 모든 지식을 얻게 되었으며, 진리 또한 합리성을 갖출 수 있게 되었다.[3]

절대적인 현학이 며, 절대적인 권 니닌 경전을 해석 학문도 이로 인해 엘리트 사상지식 l이자 진리의 근 었다.

3) 금문과 고문경학에 관한 논쟁은 학관에서 채용되느냐 여부에 관한 문제이기도 하다. 비록 그들 양자는 학술 풍격이나 기술면에서 서로 다르기는 하지만 한나라 시대 사상사의 각도에서 본다면 그다지 중요한 의미를 가진 것은 아니었다. 금고문(今古文)의 학술 논쟁이 사상사에서 실질적인 영향을 끼친 것은 사실 청나라 때였다. 따라서 여기서는 이에 대해 논의하지 않는다.

제 4 편

中國思想史

서언 : 이역(異域)의 풍(風)

중국이 언제부터 외
계와 문화적인 접촉
|작했으며, 이러한
의 범위는 어느 정도
그 접촉의 결과 어
과를 야기시켰는가?

동쪽으로 큰 바다를 접하고 서쪽으로 설산(雪山)이 가로막고 있는 지리 환경으로 인해 고대 중국인들은 대외 왕래에 한계가 있었을지도 모른다. 그러나 이러한 제한으로 중국이 바깥세상과 단절된 것은 아니었다. 근래에 들어와 많은 이들이 점차 흥미를 가지게 된 화제 가운데 하나는 고대 중국이 언제부터 외부 세계와 문화적인 접촉을 시작했으며, 이러한 접촉의 범위가 어느 정도였는가, 그리고 그 접촉은 어떤 결과를 야기시켰는가 등에 관한 것이다. 이는 상당히 오래전부터 유전된 화제인데 다시 한 번 제기된 것을 보면 분명 나름대로 심각한 원인과 특별한 배경이 있는 듯하다.

『일주서(逸周書)』「왕회편(王會篇)」을 보면 서주(西周) 무왕(武王 : 일설에는 성왕成王) 시절에 팔방에서 진공(進貢)하는 장면이 묘사되어 있다. 또한 『상서』에 나오는 「이윤조헌(伊尹朝獻)」을 보면 은상(殷商) 시대에 이미 사방(부루符婁, 구주仇州, 이려伊慮, 구심仇深 및 구이십만九夷十蠻)과 왕래를 했던 것처럼 보인다. 그러나 여기에서 말하는 사방, 팔방은 모두 중국의 영역 안에 있는 곳이다.[1] 『목천자전(穆天子傳)』에도 주(周)나라 목왕(穆王)이 서정(西征)하는 이야기가 기록되어 있는데, 곤륜산(崑崙山)에 가서 서왕모(西王母)를 만났다고 하였다. 그러나 이는 실제 이야기와 상상이 반반씩 섞인 것이며, 상상한 내용도 중국의 서부 강역(疆域)을 벗어나지 못하고 있다.[2]

---

1) 『일주서회교집주(逸周書匯校集注)』 권7 「왕회해(王會解)」 '제59', 850~893쪽, 상해 고적출판사, 1995. 『대대례기(大戴禮記)』 「갑병(甲兵)」 노주(盧注)에서 말하길, "은(殷)나라의 오랑캐 국은 동방에 10곳, 남방에 6곳 서방에 9곳 북방에 13곳이 있었다."

2) 『목천자전』에서 말하는 곤륜은 『우공(禹貢)』, 『일주서』, 『장자』, 『산해경』에 나오는 곤륜과 마찬가지로 모두 기련산(祁連山)을 말한다. 이 점에 대해서 방호(方豪)의 『중서교통사(中西交通史)』, 41쪽, 악록서사(岳麓書社) 중인본, 1987년판을 참고하시오.

"나는 남쪽으로 삼도(三塗) 너머를 바라보고, 나는 북으로 유악(有岳) 너머를 바라보도다."[1] 이것이 당시 사람들이 상상하던 가장 아득한 세계의 정도이다.

『산해경(山海經)』의 기록은 물론 사람의 눈으로 볼 수 있는 범위를 벗어난다. 어떤 이는 그것이 고대 중국인들의 탐험 기록이라고 말하는 이도 있고, 고대 중국인들이 신대륙을 발견했다는 증거라고 말하는 이들도 있다. 그러나 좀 더 신중하게 생각하면 그것은 단지 상상이거나 전설로서 옛 사람들이 다문박식(多聞博識)이나 귀신, 이물(異物)에 대한 견식을 드러낸 도판(圖版) 해설서일 뿐 사실에 대한 기록이라고 볼 수 없다.[2] 설사 우리가 교류와 호삼(互滲 : 상호 침투함)이 존재했음을 알고 있다 할지라도 두 글자의 본의처럼 '류(流)'와 '삼(滲)'은 실제로 대단히 완만하고 또한 드물었다고 생각해 왔다. 그러나 근래의 고고 발굴이나 엄숙한 문헌 고증을 살펴보면 우리들이 과거에 고대 중국과 외부의 왕래에 대해 과소평가했다는 생각이 드는 한편,, 고대 중국인들의 마음속에 존재하던 세계에 대한 지식을 다시 한 번 생각하지 않을 수 없다.

하나의 예를 들어보는 것도 좋을 듯하다. 과거에 우리들이 이해하고 있던 은상 문명은 단지 중원 일대에 존재했던 것이라 여겼다. 그러나 근래에 강서성 신간(新干) 대양주(大洋洲)와 사천성 광한(廣漢) 삼성퇴(三星堆)에서 정밀하고 아름다운 청동기가 발견되면서 강남, 심지어 과거에는 개발이 비교적 늦었을 것이라고 추측하던 파촉(巴蜀) 등지에도 이미 상당히 높은 문명, 지식, 기술이 존재했다는 암시를 받게 된다. 앞서 수차례 제기한 바대로 은상 시대에는 의식을 중시하였는데, 당시 의식에는 다음 두 가지 중요한 활동이 있었다. 하나는 점복(占卜)이고, 또 다른 하나는 제헌(祭獻)이다. 그러나 당시 점복이나 제헌에 사용된 물품의 상당수는 중원에서 조달한 것들이 아니다. 생물학자의 감정에 따르면 점복에 사용된 귀갑(龜甲)은 지극히 먼 남해에서 가져온 것이라고 한다. 또한 새로운 연구 성과에

---

1) 『일주서휘교집주』 권5 「도읍해(度邑解)」 '제44', 513쪽.

2) 방호(方豪)의 『중서교통사』 상책 제3장에 보면 선진(先秦) 시대에 중국과 주변 나라 간에 왕래가 있었다고 적혀 있다. 또한 4장을 보면 중국의 지식이 서구에 전해진 것은 한나라 시대 이전에도 있었다고 기록하고 있다. 그러나 그가 제5장에서 강조하고 있는 바대로 장건(張騫)이 서역을 개척한 후에야 비로소 "새로운 국면이 조성되어 후세에 지대하고 중대한 영향을 끼치게 되었다." 44~77쪽 참조.

따르면 청동기를 만드는 데 필요한 금속 재료는 더욱더 먼 운남(云南)에서 가져온 것이라고 한다.[3] 뿐만 아니라 광한 삼성퇴에서 출토된 동면구(銅面具)나 기이한 동립인(銅立人) 등은 중원의 풍격과 크게 다르다.

그렇다면 한 걸음 더 나아가 중국의 서쪽에서 예술 영감의 내원을 찾는 것도 가능한 일이 아닐까? 운남이 인도와 왕래하는 요로가 된 것은 장건(張騫) 이후의 일이라고 생각해 왔다. 그러나 이미 아득한 은상 시대에 이미 대규모 동광(銅鑛 : 동의 원석)이 중원까지 운반되었다고 한다면 운남과 서남의 여러 문화 구역을 통해 서로 교통하는 통로가 있었으니 굳이 한나라 시대까지 기다릴 필요가 없었을지도 모른다.[4]

우리는 더욱 이른 시절의 미미한 단서를 통해서 마치 바람이나 그림자를 잡으려는 듯 고대 중국과 세계의 관계를 추론할 수는 없다. 이는 20세기 초부터 지금까지 지속되고 있는 만(卍)자를 통해서 동서 교통의 경로를 추측하는 일 등에 대해서 믿을 수 없는 것과 같다. 우리는 또한 과도한 상상을 통해 고대 중국과 세계의 관계를 묘사하는 일, 예를 들어 은상 시대 사람들이 바다를 건너 인도에서 인디안이 되었다는 등의 신화와 같은 이야기도 동의할 수 없다. 그러나 이후에 중국과 세계의 구체적인 왕래, 예를 들어 갈홍(葛洪)이 인도네시아에 간 적이 있다는 등의 이야기에 대해서는 특별히 세심한 고증을 할 필요를 느끼지 않는다. 당시의 경우 이미 가능한 일이어서 한두 가지를 덧붙여 증거로 삼는 것이 별 다른 의미가 없기 때문이다.

우리는 다만 현재 존재하는 몇 가지 발견 사실을 통해 고대 중국과 세계가 아주 오랜 시절에도 단절되지 않았으며, 미미한 스며듦과 점차적인 접촉을 통해

---

3) 김정요(金正耀), 「만상(晩商) 중원 청동 원석의 내원 연구」, 『과학사논집』, 중국 과기대학 출판사, 1987. 이효잠(李曉岑), 「상주 중원 청동 원석 내원에 대한 재연구」, 『자연과학사연구』 12권 3기, 1993. 이학근(李學勤), 「상대 동남아로 통하는 도로(道路)」, 『학술집림』 권1, 상해 원동(遠東) 출판사, 1994. 진천(陳茜)은 「천전면인고도초고(川滇緬印古道初考)」(『중국사회과학』, 1981년 제1기)에서 기원전 4세기 인도의 『치국안방술(治國安邦術)』이라는 책에 나오는 중국 비단에 대한 기록에 근거하여 당시 이미 서남(西南) 통로가 있었음을 고증하였다.

4) 황시감(黃時鑒) 주편의 『중서관계사연표』(절강 인민출판사, 1994)에서도 "이미 춘추전국시대에 중서 관계의 서막이 열렸다"고 인정하고 있다. 그러나 좀 더 신중을 기하기 위해 그는 서술을 진한 시대부터 시작하고 있다. 이는 이해할 수 있는 일이다.

단절의 장벽을 무너뜨려 마침내 한나라 시대에 이르렀다고 보는 것이다. 또한 한나라 시대에 이르러 한나라 왕조와 흉노가 서역에 대한 통제권을 놓고 쟁투를 벌이고, 대월씨(大月氏)가 서쪽으로 옮겨가고 귀상(貴霜 : 쿠샨) 왕조가 굴기하였으며, 로마 제국과 한나라 제국이 병립하고, 육상과 해상의 교통 기술이 발전하였기 때문에 홀연 중국인의 시야가 확대되고, 중국인의 '세계'가 더욱 넓게 전개되어 진정으로 중국 사상 세계에 의미 있는 영향을 미치게 되었다고 생각한다.

1936년 하창군(賀昌群)이 발표한 「한대 이후 중국인의 세계 지리 지식에 대한 진전」이란 논문에서 지적한 바와 같이, 『사기』「대완열전(大宛列傳)」과 『한서』「서역전(西域傳)」에서 당시 중국의 옥문양관(玉門陽關) 서쪽의 세계에 대해 언급하고 있는데, 서한 시절에는 '지금의 사마르칸트와 러시아에 속해 있는 투르키스탄에서 더 나아가 시베리아, 파사(波斯 : 페르시아, 지금의 이란), 소아시아 및 인도까지 이르렀고', 동한 시절에는 더욱 확대되어 서쪽으로 조지(條支)에 도달했으며, 대진(大秦 : 로마 공화국)의 존재를 알게 되었고, 북쪽으로 정령(丁零)과 견곤(堅昆 : 키르기스 Kirghiz)을 알고 있었으며 바이칼호까지 도달하였다. 또한 동쪽으로 일본과 왕래를 하였으니, 일본 구주에서 발견된 한왜노왕(漢倭奴王)의 금인(金印)이 그 예증이다.[1)]

지리지질학에 '대륙이동설'이라는 가설이 있다. 원래 지구는 하나의 대륙이었는데 어떤 힘에 의해 여러 개로 분할되거나 또는 여러 개의 대륙이 상호 충돌과 압축으로 하나의 대륙을 이루었다는 것이다. 학설에 따르면 히말라야 산맥 역시 바로 이러한 충돌에 의해 이루어진 '조산운동(造山運動)'에 의한 결과라고 한다. 사상사의 교류 역시 마찬가지다. 시야가 세계적으로 확대되면서 필연적으로 문화의 융합과 충돌이 발생하게 되며, 문화의 융합과 충돌은 당연히 사상 세계의 변화를 가져온다. 일반적으로 '의식 형태(이데올로기)'가 점차 성숙되고 정형화, 고정화되는 시대에는 사상체계 내부에 자아 혁신이나 변화를 주도할 만한 자원이 더 이상 존재하지 않게 된다. 설사 존재한다고 할지라도 혁신이나 변화는 사상

1) 『우공(禹貢)』 반월간, 5권 3, 4기 합간본, 1936. 이후 『하창군사학논저선』에 수록되었는데, 28쪽과 29쪽에 기록되어 있다. 중국 사회과학 출판사, 1985. 은연근(殷連勤), 『정령(丁零), 고차(高車)와 철륵(鐵勒)』, 상해 인민출판사, 1988년 참조.

세계 내부에 존재할 따름이지 전체 사상 세계의 틀에 영향을 미치지 못한다. 이런 시대에 세계가 확대되고 사상이 충돌하게 되면 상대적으로 봉쇄된 사상 세계에 외재적인 것이 따라오게 되는데 이 역시 신선한 변혁의 동력이 된다.

지금 우리들이 살펴볼 시대에서 가장 중요한 외래 자원은 바로 인도에서 생겨난 불교였다. 내가 볼 때 중국의 사상 세계는 춘추전국의 분화를 거쳐 양한 시대에 이르면서 점차 온갖 하천이 바다로 몰려들 듯이 체계적인 의식 형태를 형성하였다. 따라서 더 이상 자기 변화나 혁신을 달성할 수 있는 내재적 동력이 존재하지 않았다. 바로 이러한 시기에 불교가 들어옴으로써 중국의 사상 세계는 자아 조정의 계기를 마련할 수 있었다. 한나라 시대 이후 중국 사상사는 대체적으로 불교의 전래와 중국화, 도교의 굴기와 불교에 대한 대응, 중국 전통 사상과 불교의 부단한 융합, 그리고 중국 고유의 자원에 대한 끊임없는 재발견을 통해 지속적으로 새로운 활로를 찾아나갔다고 할 수 있다.

1절

한(漢)나라에서 진(晉)나라 때까지 : 고유 사상과 학술의 변화

기원(紀元) 전후에 속하는 서한과 동한 시절 중국의 사상 세계에게 가장 주목할 만한 일은 사상의 통일이다. 이른바 '일통(一統)'이다. 이는 지식을 배경으로 문화적 통합이 대체적으로 완성되었으며, 이론을 밝히는 경전의 근거가 정리되었고, 사상 체계의 맥락과 틀거리가 대체적으로 확정되었다는 것을 의미하는 것일 뿐만 아니라 사상, 학술과 정치 이데올로기 간에 협조, 즉 전통적인 방식으로 말하자면 도통(道通), 학통(學統)과 정통(正統)이 합류하게 되었다는 것을 뜻한다.

지식 계층의 주변화 식 형태 아래의 사치

합류로 인해 사상의 총체는 '담론의 권력을 지니게 되었지만 사상 자체는 '담론의 권력'을 잃고 말았다. 또한 합류로 인해 사상은 '정치권력'이 되었지만 사상가는 '정치권력'에 의존하게 되었다. " '권력(power)'은 개인과 집단, 그리고 조직이 각종 수단을 통해 다른 이들을 복종시킬 수 있는 능력을 획득하는 것을 뜻한다. 각종 수단에는 폭력, 강제, 설득, 그리고 원래부터 전승되어 온 권위와 법통을 포괄하고 있다."[1] 사상은 정치 이데올로기가 되었을 때만 비로소 진정으로 절대적인 '권력'을 지니게 된다. 그러나 사상이 권력을 지니게 되면 그것 자체로 이데올로기가 된다. 이데올로기는 끊임없이 사상을 와해시키고 쇠약하게 만든다. 그것은 더 이상 개인의 사상이 아니기 때문에 자유성과 초월성을 잃게 된다.

---

1) 프래신짓트 두아라(Prasenjit Duara), 『문화와 권력, 그리고 국가』, 4쪽, 왕복명(王福明)의 중역본, 강소인민출판사, 1995년. 두아라(Prasenjit Duara), 『*Culture, Power and the State : Rural North China, 1900~1942*』, Standford University Press, 1988.

사상사는 동한 시대에 이르러 다음과 같은 두 가지 분명한 특징을 지니게 되었다. 그 하나는 사상과 학술의 담당자들인 지식계층의 '주변화'이다. 왕실 귀족들은 말할 필요도 없이 정치권력과 문화권력의 중심에 위치하고 있었으며, 그들 이외에 왕권에 가장 밀접하게 접근해 있는 환관 집단과 외척 집단은 왕권을 이용하여 권력에 대한 격렬한 각축을 벌이게 된다. 이로 인해 사상이나 학술을 지니지 못한 이들이 역사의 중심 무대에 오르고, 사상과 학술을 지닌 이들은 오히려 역사의 변두리로 쫓겨나고 만다.

이는 다음과 같은 예에서도 확인할 수 있다. 전하는 바에 따르면 '열 살 때 『춘추』에 능통하고', '『상서』에도 밝았던' 한나라 명제(明帝)는 『오행장구(五行章句)』를 저술하였고, 겨울에 벽옹(辟雍)에 가서 강연을 한 뒤에 그의 스승인 환영(桓榮)의 아들인 환욱(桓郁)에게 다시 일장 연설을 한 다음 득의한 나머지 급기야 자신을 공자에 비유하며 환욱에게 이렇게 말했다. "내가 공자라면 그대는 자하(子夏)가 될 것이니, 나를 세우는 이는 상(商)이겠구려."[2] 표면적으로 볼 때 겸허한 발언인 듯하나 그 배후에는 오만한 자만심이 숨겨져 있다. 이러한 이야기는 '정통'이 '도통'을 겸병했거나 '도통'이 '정통'에 굴복했음을 상징한다.

또 다른 특징은 사상의 일치이다. 권력을 통해 사상이 이데올로기가 되면 사상을 질식시키고 끝내 해체시켜 버린다. 일련의 텍스트가 전통과 권력의 지지를 받아 경전이 되어 표준화된 해석 사상을 지니게 되고, 그리하여 그 사상이 완전한 형태와 체계를 갖춘 틀을 갖추게 되면 이미 준비된 답변이 있는 것처럼 모든 것이 경전의 해석 범위에 속해 의외의 변화나 의외의 현상은 전혀 존재할 수 없게 된다. 그리하여 우주, 사회, 인간이 일련의 부호로 고정된 사상 속에서 움직이게 된다. 바로 이때 일종의 사상에 대한 경멸이 생겨나게 되는 것이다. 특히 고유한 사상이 신분이 확실하고 가치가 분명한 수단으로 변하게 될 때 사람들은 더욱 새로운 사상 세계를 넘볼 수 없게 될 뿐만 아니라 낡은 사상체계에 대해 감히 회

---

2) 『후한서』 권37 「환영전」에 「환욱전」이 함께 실려 있다. 주석에서 「동관기(東觀記)」를 인용한 부분에 실려 있다. 1255쪽. 「오행장구」는 『후한서』에 「오가요설장구(五家要說章句)」로 쓰여 있기도 한데 주석에 따르면 화교서(華嶠書)에서 인용한 것이다.

의할 수 없게 된다.

동한 시절에 번준(樊准)이란 인물이 등태후(鄧太后)가 조회에 나왔을 때 '유학능체(儒學陵替 : 능체란 기강이 문란해져 아랫사람이 윗사람의 권한을 침해하는 것을 말함)'로 인해 상서를 올려 말하길 '수정고전, 유의경예(垂情古典, 游意經藝)', 즉 고전에 몰두하고 경전 뜻풀이만 하여 지금처럼 "박사들이 자리에 연연하여 발언을 하지 않고, 유자들이 부염(浮艷 : 실속없이 겉만 아르다운)한 언설만 다투어 논하게 되었으니"[1], 이것이 바로 그 결과라고 말한 바 있다. 설사 표면적으로 문화가 크게 성하는 것 같으나 독립된 사상과 자유의 정신은 서서히 소멸되고, 남은 것은 단지 형식만 갖춘 문사(文辭) 뿐이었던 것이다.

그러나 이러한 추세의 배후에는 이후 사상과 학술 기풍의 변화가 도사리고 있었다.

1

사상과 권력의 긴
서 진리와 인격의
의를 수호하다.

지식계층이 '왕자의 스승(爲王者師)'이 될 수 있었던 유일한 근거는 '진리'였다. 그러나 사상이 점차 정형화되고 관방의 인가를 받아 이데올로기가 되는 한편, 교육의 보급을 통해 보편적인 지식으로 변하게 되자 지식계층은 자신들의 근거인 '진리'를 잃어 '권력'과 대항할 능력을 상실하여 '왕자의 스승'에서 '황제의 신하(帝之臣僕)'로 위상이 떨어지고 말았다. 그리하여 상당수의 사인(士人)들은 과분할 정도로 강렬한 이상주의적 정신을 고양하고자 노력했으며, 이른바 '군자'라는 기치를 높이 들고 상당히 고상한 인격과 도덕적 표준으로 현세를 재량(裁量)하고자 했다. 이러한 보편적이고 영원한 진리 속에서 자신의 '담론의 권력'을 회복함으로써 주변화의 운명에서 벗어나고자 했던 것이다. 일찍이 서한 후기에 '스스로 자신의 품행이 방정하고 재능이 뛰어나 나라에 도움을 준다고 여기고(自以行淸能高, 有益於國자이행청능고, 유익어국)', 항시 '상고 시절 군주의 시정 방식으로 현

---

1) 『후한서』 권32 「번굉전(樊宏傳)」에 실려 있는 「번준전(樊準傳)」, 1125~1126쪽.

재 황상을 올바른 방향으로 이끌고자 했던(欲以太古久遠之事匡拂天子욕이태고구원지사광불천자)' 갑관요(蓋寬饒)는 이러한 '성도(聖道)'로 '중상서(中尙書)의 환관을 신임하고 있는' 황제에게 다음과 같이 교훈을 주고자 했다.

> 현재 성인의 시정 조치는 점차 폐기되고 유가의 치국의 도도 채용되지 않고 있는데, 오히려 형벌을 받은 환관들을 주공(周公)이나 소공(召公)처럼 생각하고 형법으로 『시(詩 : 詩經)』나 『서(書 : 書經)』를 대체하고 계십니다. (『한씨역전(韓氏易傳)』에서 말하길) 오제는 천하를 백관(百官)에게 귀속시키셨고, 삼왕은 천하를 자신의 집안으로 간주하였습니다. 천하를 집안으로 간주하니 천하를 아들에게 건네준 것이고, 천하를 백관에게 귀속시키니 천하를 재덕이 있는 이에게 넘겨 마치 1년 사계절이 교체하는 것처럼 자신의 사명을 완수한 자는 물러나고 성현이 아니면 천자의 자리를 차지할 수 없었던 것입니다(方今聖道寖廢, 儒術不行, 以刑余爲周召, 以法律爲詩書. 五帝官天下, 三王家天下, 家以傳子, 官以傳賢, 若四時之運, 功成者去, 不得其人則不居其位방금성도침폐, 유술불행, 이형여위주소, 이법률위시서. 오제관천하, 삼왕가천하, 가이전자, 관이전현, 약사시지운, 공성자거, 불득기인즉불거기위).

황제는 그의 글을 중이천석(中二千石 : 조정의 공경대부)에게 회부하여 논의토록 하였는데, 결국 대역부도(大逆不道)의 죄를 뒤집어쓰고 형리에게 넘겨진 후 그 스스로 차고 있던 칼을 뽑아 목을 찔러 자결하였다.[2)]

그러나 문사 계층은 반드시 이러한 입장을 견지해야만 했다. 이는 그들이 자신의 존재를 완강하게 드러낼 수 있는 유일한 방식이자 자신을 보존하여 적어도 인멸되지 않을 수 있는 유일한 책략이었다. 고전 지식은 그들이 지닌 모든 자원이었고, 이상주의적인 도덕적 잠언과 진리는 그들이 반드시 치켜들어야 할 기치였다. 그들 자신은 권력의 핵심이 될 수 없었다. 그러나 권력을 지닌 이가 이러한

2) 『한서』 권77, 3243~3248쪽. 사실 천자가 가장 기피하는 말은 당시 집금오(執金吾)가 언급한 '천자의 자리를 자신에게 선양하라는 뜻이니 대역부도의 죄'라는 것이었다. 사상이 권력과 대항하거나 사인이 황제에게 담론의 권력을 함께 누리자고 요구하게 되면 결국 이런 결말이 나고 만다.

고전 지식과 도덕 수준을 갖추도록 요구할 수 있었으며, 권력을 지닌 이들이 어쩔 수 없이 이러한 규칙을 준수하게 될 때 문사들은 비로소 자신들이 권력 위에 섰다는 느낌을 지닐 수 있었다.

이런 점에서 서한 말년 왕망(王莽)이 나름의 덕망과 영향력을 가지고 등장하자 주위의 많은 이들이 너나할 것 없이 찬양하고 환호한 까닭을 이해할 수 있을 것이다. 왕망에 대해 편견을 가지고 있던 『한서』조차도 왕망이 "학문에 부지런하여 박학하고 유생처럼 옷을 입었다", "작위가 높아질수록 품덕은 더욱 겸양하였다"라고 말하지 않을 수 없었다. 그는 대의에 따라 친척을 멀리하고, 직위가 낮은 선비들을 예로 대우하였으며, 저명한 유학자들을 존중하였다. "위로 종묘를 존중하여 제사를 올릴 때 예악을 늘렸고, 아래로 사민(士民) 가운데 홀아비나 과부 등에게 은혜를 베풀어 정책적으로 은덕이 미치지 않는 곳이 없도록 하였다." 또한 대외적으로 흉노와 강화조약을 맺었고, 대내적으로 고전 문화를 존중하였다.

(왕망이 상주하기를) 명당, 벽옹, 영대를 건설하고 독서인들을 위해 1만 칸의 학사를 지으며, 시장을 개설하고 창고를 항시 가득 채우도록 하여 외면적으로 볼 때 제도가 융성하여 장관을 이루었다. 『악경(樂經)』을 정립하여 박사 인원을 증가시켜 경전마다 각기 다섯 명이 되게 하였다. 전국에서 한 가지라도 예(藝)에 능통하던 교수 11명 이상을 초빙하였으며, 산일된 『예』와 고서인 『서』, 『모시(毛詩)』, 『주관(周官)』, 『이아(爾雅)』 등 경전과 천문, 도참, 종률(음악), 월령, 병법, 사편문자(역사서) 중에서 그 전적의 내용에 능통한 이들을 모두 공거서(公車署)에 집합토록 하였다. 천하에 특별한 재능이 있는 이들이 두루 모여드니 그 숫자가 천 명이 넘었다. 그들에게 궁정에서 글을 쓰고 말하도록 하였는데, 그들에게 잘못된 부분을 교정하여 서로 다른 관점을 통일토록 하였다(起明堂辟雍靈臺, 爲學者築舍萬區, 作市, 常滿倉, 制度甚盛, 立樂經, 益博士員, 經各五人, 徵天下通一藝敎授十一人以上, 及有逸禮古書毛詩周官爾雅天文圖讖鍾律月令兵法史篇文字, 通知其意者, 皆詣公車. 網羅天下異能之士, 至者前後千數, 皆令記說廷中, 將令正乖謬, 壹異說云기명당벽옹영대, 위학자축사만구, 작시, 상만창, 제도심성, 립악경, 익박사원, 경각오인, 징천하통일예교수십일인이상, 급유일례고서모시주관이아천문도참종률월령병법사편문자, 통지기의자, 개예공거. 망라천하이능지사, 지자전후천수, 개령기설정중, 장령

정괴류, 일이설운).

그는 고대 전적에 근거하여 제도에 대한 대대적인 개혁을 취했다. 『주관(周官)』, 『왕제(王制)』에 따라 관리를 세우고, 고대에 전하는 이야기에 따라 순수(巡狩)하며 제사를 올리도록 했고, 고대의 형식에 따라 명당에서 제후들에게 모토(茅土)를 주었다. 이러한 고전주의적 방식은 분명 실제와 부합하지 않는 것이었으며, 또한 당시 실질적인 권력을 지니고 있던 귀족들의 저항을 일으키기에 충분했다. 그러나 당시 사인들은 이를 크게 환영하였다.[1] 왕망이 군중심리에 영합하여 신임을 얻었는지 또는 인위적으로 그러한 척을 했는지에 관계없이 당시 그의 조치는 의심할 바 없이 당시 사인계층들에게 자신감을 불러일으키기에 충분했다. 또한 거의 가혹하다고 할 수 있을 정도의 인격적 이상과 정치적 이상을 고무시켰다. 문사들은 이러한 이상적인 입장에서 자신의 신념을 견지하고 자신들의 존재를 드러낼 수 있었다. 왕망이 끝내 실패한 것은 설사 결정적인 것은 아니라고 할지라도 일정한 정도 이러한 이상의 파멸을 야기시켰다고 말할 수 있다.

동한 시절에는 이처럼 개혁사상과 권력 간에 긴장된 국면이 존재하지 않았다. 권력은 황족과 외척, 그리고 환관들 사이에서 끊임없이 분배되고 전이되었으며, 심지어 더욱 긴장 상태로 나아갔다. 동한의 권력자들은 문화, 사상, 지식에 대해 일종의 실용적인 태도를 취했으며, 문사 계층에 속하는 일부 사람들은 권력의 압박으로 인해 이른바 '군자'의 이상을 포기하고 '문리(文吏)' 즉 관료 계층으로 실제 지식과 기술로 사회 가치를 실현하는 처지가 될 수밖에 없었다.[2] 그러나 일부 '문사'들은 이처럼 긴장된 상황에서도 더욱 자신들의 존재를 부각시키는 한편, 거의 교조적인 이상주의에 몰입하였다. 그들은 절대적으로 비실용적인 가치관을 높이 치켜들고 이로써 세속 사회의 침식에 맞서고 세속 사회의 비문화적 경향을 비판하였으며, 또한 고전지식을 완고하게 고수함으로써 보통 사람들이 쉽

---

1) 『한서』 권99 「왕망전」, 4039~4040쪽, 4048쪽, 4069쪽에 나온다. 왕망에 대한 공정한 평가는 『케임브리지 중국 진한사(秦漢史)』 중역본, 255쪽, 중국사회과학출판사, 1994년을 참고하시오.

2) 한나라 광무제는 도참을 신봉하였다. 도참을 반대하는 이들 가운데 환담(桓譚)처럼 강직한 이들은 거의 피살되었고, 정흥(鄭興)처럼 비교적 유약한 이들은 자신은 "배운 적이 없다"는 완곡한 말로 정면 충돌을 회피하였다.

게 이해하기 어려운 지식으로 사상, 문화 영역에서 자신들의 독점적인 지위를 확보하고 동시에 자신과 다른 계층 간의 거리와 차이를 분명하게 해두었다.

『이십이사차기(廿二史箚記)』 권5 「동한상명절(東漢尙名節)」 '1조'에 보면 이와 관련된 여러 가지 사례가 수집되어 있다. 이는 당시 문사들 가운데 '다른 이들에게 호령하고 자신에게 가혹하나 허위가 아닌 것으로 명예와 절개를 세우는' 기풍이 있었으며,[1] 더욱 중요한 것은 동한의 문사들이 문자로 격양(激揚)하고, 처사들이 횡의(橫議)하는 가운데 이러한 이상적인 정신과 진리를 높이 치켜들었다는 점이다. 『후한서』 「당고열전서(黨錮列傳序)」에 보면 당시 이런 기풍이 입세하여 가치를 실현하는 관리들로부터 세속의 실제적인 일에서 초월한 필부들에게까지 전이되어 "필부들도 격분하여 항거하고 처사들이 이것저것 논의하여 마침내 스스로 자신의 명성을 널리 알리고 서로 제불(題拂)하고, 공경(公卿)에 대한 품평과 정치적 역량에 대한 평가를 하는 등 행직(婞直)의 기풍이 이에서 행해졌다." 이른바 '행직'이란 바로 '정(正)'을 말한다.

> 조정의 정치가 나날이 그릇되자 청의(淸議 : 고결하고 공정한 언론)가 더욱 엄준해졌다. 정인(正人)이라고 부르는 이들은 권력을 지닌 간신들을 비난하며 강력하게 정론을 견지하였으니, 이로써 그의 명성이 더욱 높아졌다(朝政日非, 則淸議益峻, 號爲正人者, 指斥權奸, 力持正論, 由是其名益高조정일비, 즉청의익준, 호위정인자, 지척권간, 력지정론, 유시기명익고).[2]

'정인(正人)'이 되기 위해서는 인격적으로 자신에게 가혹할 뿐만 아니라 다른 이들에 대해서도 가혹해야만 했다. '정론(正論)'은 철리적인 면에서 정의와 공정(公正)을 추구하는 것이자 완벽하고 영원한 진리를 추구하는 것이었다. 이러한 '정인'의 인격 추구와 '정론'의 진리 추구는 이상적인 경계에서 속하는 것이지 실용적인 것은 아니었다. 범엽(范曄)은 일찍이 동한의 명사들이 "자신의 감정을

---

1) 조익(趙翼), 『이십사차기』, 권5, 61쪽, 62쪽, 세계서국, 1939, 중국서점 영인본, 1987.
2) 조익, 『이십사차기』 권5 「당고지기(黨錮之起), 64쪽.

가혹할 정도로 절제하고 용모를 단정하게 하면서 오로지 도예(道藝)에 의지하여 자신의 성가(聲價)를 이루고자 했다." 그러나 위로 '사물에 통하거나 현실적인 일을 두루 살피는데' 능하지 못하고, 아래로 '헛된 명성을 도적질하여' 끝내 "아무데도 쓸 데 없는 쪽으로 귀결하고 말았다."[3)]

그러나 문사들의 입장에서 본다면 이는 그들 자신의 결코 바꿀 수 없는 입장이자 토대가 아닐 수 없었다.[4)] 양정(楊政)은 "옷을 벗고 화살로 귀를 관통시킨 후 범승(范升)의 아들을 안고 길가에 몰래 숨어 있다가 황제의 수레가 오기를 기다렸다." 이는 스승의 억울한 누명을 호소하고자 함이었다. 그는 황제의 사위인 양송(梁松)을 비롯해 황후의 동생인 음(陰)과 교제하면서 "매번 함께 담론하면서도 항시 자신을 가다듬고 정성을 다했으며, 굴욕적인 모습을 보이지 않았다." 그는 이처럼 '현명(顯名)'을 원하면서도 또한 '정인'의 인격적인 표준에 어긋나지 않도록 애썼던 것이다.[5)] 또한 노비(魯丕)는 경전이란 "규구(規矩)이자 권형(權衡)으로 절대로 바꿀 수 없는 것이다"라고 하면서 가법을 고수하는 한편, '정론', 즉 가장 높은 진리의 보편성과 절대성을 강력하게 견지하였다. 그는 조왕(趙王) 상(商)이 전염병을 피하기 위해 학관(學官)에서 거주하자 상서를 올려『예경』을 통해 학관을 수호하고자 했다. 그는 '학관은 오제(五帝)의 도를 전수하는 곳이며, 선왕의 예악과 교화를 닦는 곳'이기 때문에 결코 아무나 들어올 수 없다고 하였다. 이러한 발상은 사상, 지식과 권력 사이에 경중을 묻는 상징적인 대목이라고 할 수 있다.[6)]

서기 106년 고민(高敏)이라는 문인이 상서를 올렸다. 그는 현재 "속리(俗吏)들은 번다할 정도로 많으나 유생들은 극히 적습니다"라고 하면서 설사 명의상 유생이라고 하나 "경학에 힘쓰지 않고 인사(人事)만 다투고 있습니다"라고 하였다.

---

3)『후한서』권82「방술전(方術傳)」'상', 2724~2725쪽. 권61「황경전(黃瓊傳)」2032쪽에서도 "세속 사람들이 논하길 처사들이 오로지 헛된 명성을 도적질하고 있다고 한다"는 이고(李固)의 말을 인용하고 있다. 이로 보건대 이는 범엽만의 생각이 아니며, 일찍이 동한 시절에도 이런 이야기가 있었다는 것을 알 수 있다.

4) 범방(范滂)이 심문을 받을 때 "선(善)은 그 청결함으로 선하게 하고, 악은 그 더러움으로 악하게 하고자 한다"고 말한 바 있는데, 이는 그의 이상으로 가장 중요하게 생각하는 말이 아닐 수 없었다. 이는 다시 말해 청(淸)과 탁(濁), 양대 집단의 가치 평가를 분명하게 하고자 한다는 뜻이다.

5)『후한서』권79 상,「유림열전」'상', 2552쪽.

6)『후한서』권25「노비전(魯丕傳)」, 883~885쪽.

이는 문사들의 이상과 사상이 세속적인 사무에 치여 실용주의에 의해 와해되고 있는 현실에 대한 우려라고 할 수 있다. 그의 다음과 같은 말은 극히 흥미로운 부분이 아닐 수 없다.

> 전에서 말하길, "임금이 된 이의 신하는 기실 스승이다"라고 하였습니다. 이는 그의 도덕이 스승으로 삼을 만하다는 것을 말하는 것입니다(傳曰, '王者之臣, 其實師也', 言其道德可師也전왈, '왕자지신, 기실사야', 언기도덕가사야).

경전의 인용은 문사들이 경전을 통해 현실에 대한 비판의 진리를 장악하고자 기도하고 있다는 것을 반영한다. 그리고 "기실 스승이다"라고 한 것은 당시 문사를 '임금이 된 이의 신하'로 부차적인 지위로 격하시키는 현실에 대한 불만을 완곡하게 표현한 것이다. "도덕이 스승으로 삼을 만하다"는 말은 당시 문사들이 문화적 인격과 도덕으로 자신들의 정치를 초월한 바람을 실현시키고자 시도하고 있음을 드러낸 것이다. 그들은 분명 "행동거지가 도리에 맞으면 포악한 자도 그 위세를 꺾을 수 있고, 몇 마디 말로도 올바른 도리를 위배한다면 노비도 부릴 수가 없다. 그러니 옛 성인들이 남긴 행적을 탐구할 가치가 있는 것이다(擧中於理, 則强梁褫氣, 片言違正, 則厮臺解情, 蓋前哲之遺塵, 有足求者거중어리, 즉강양치기, 편언위정, 즉시대해정, 개전철지유진, 유족구자)"[1]를 확신하고 있었다. 그리고 이전 선현들이 남긴 언사와 절대적인 진리가 바로 그들이 권력에 대항할 수 있는 유일한 근거라고 여겼다. 그래서 문사들의 이상주의는 문사 자신들이 점차 주변화 할수록 더욱 공고해질 수밖에 없었다.[2]

그들은 문화적 인격
덕으로 자신들의
초월한 바람을 실
고자 시도했다.

---

1) 『후한서』 권67, 「당고열전(黨錮列傳)」, 2183쪽.

2) 특히 분명한 이상주의 정서는 사상과 학술에 의지하는 문사들과 제도나 법률에 의지하는 문리(文吏)들 간의 충돌에서 여실히 표현되고 있다. 왕충의 『논형』 가운데 몇 편에서 바로 이 문제에 대해 토론하고 있다. 그는 "유생은 대도(大道)를 닦고 문리는 부서(簿書 : 장부나 실용적인 책)에 밝다. 도는 세속적인 일보다 낫기 때문에 유생이 자못 문사보다 낫다고 말하는 것이다."
그러나 권력의 관계에서 본다면 "유생에게 부족한 점이 있으며, 세상 사람들이 모두 그 단점을 비난하지만 문리들에게 과오가 있으면 세상 사람들은 감히 헐뜯지 못한다. 그리하여 비난은 유생들에게 돌아가고, 옳은 것은 문리들에게 가게 된다." 그래서 사람들은 실무에 대해서는 애써 노력하는 태도를 취하고, 지식에 대해서는 경멸하는 태도를 취했다. 사실 "유생의 마음속에는 오히려 더욱 많은 것이 담겨져 있다고 생각한다." 그

2세기 중엽 이러한 이상주의는 문사들의 의론 속에서 점차 유행처럼 번지기 시작했다. 전하는 바에 따르면 당시 "공경 이하로 그들의 폄의(貶議)를 두려워하지 않는 이가 없었으니, 서둘러 그들 문전에 몰려들었다(中外承風, 竟以臧否相尙, 自公卿以下, 莫不畏其貶議, 屣履到門중외승풍, 경이장부상상, 자공경이하, 막불외기폄의, 사리도문)." 그러나 이처럼 이상주의를 통해 당시 특권과 이익을 독점하고 있던 집단에 대한 구체적인 비판이 절정에 이르자 결국 그들의 반격을 자초하고 말았다. 이른바 '당고(黨錮)의 화(禍)'[3]는 바로 이러한 이상주의 정신과 보편적 진리의 좌절을 뜻하는 것으로서 이후 사상사의 일대 변화를 불러일으켰다.

2

서한에서 동한에 이르러 최종적으로 정형화된 의식 형태는 지극히 방대한 체계다. 동중서가 비판한 바와 같이 "사람마다 각기 다른 논의를 하고 백가가 서로 다른 방책을 내놓아 나타내는 뜻이 서로 다른(人異論, 百家殊方, 指意不同인이론, 백가수방, 지의부동)" 현상은 이미 소멸되었다.[4] 방대한 체계가 모든 것을 에워싸고 덮어씌웠다. 그것은 그 속에서 생활하는 이들에게 하나의 인상, 즉 모든 것이 완미(完美 : 완전하여 결함이 없음)하다는 인상을 주기에 충분했다. 사람들은 그 틀에서 자신의 생활을 조절하고, 자신의 지식을 보충하며, 자신의 심령을 선한 상태로 이끌면 모든 것이 원만해질 수 있다고 믿었다. 이러한 지나치게 자족하고 완전한 형태를 갖춘 의식 형태에 둘러싸여 사상은 더 이상 발전할 수 없었고, 사상가들 역시 이미 마련된 답안으로 충만한 사상 세계에서 기꺼이 침묵하였다. 그렇기 때문

러나 사람들은 오히려 그들을 문리와 같은 부류로 여겼다. '얕고 깊음, 많고 적음이 같은 것으로 처리되니' 왕충은 이에 대해 크게 실망하고 불만을 지니고 있었던 것이다. 『논형교석』 권12, 「정재(程材)」, 「양지(量知)」, 「사단(謝短)」, 533~578쪽 참조. 중화서국, 1990, 1995.

3) 후한의 환제(桓帝)와 영제(靈帝) 때 환관들이 정권을 장악하고 국사를 마음대로 하자, 진번(陳蕃)와 이응(李膺) 등의 학자와 태학생들이 환관을 탄핵하였으나 도리어 환관들에 의해 모두 죽게 된 일을 말한다(역자 주).

4) 『한서』 「동중서전」.

에 물론 관학(官學)에서 "유학(游學)이 점차 성행하여 학생이 3만여 명에 이르렀으나" "장구(章句)는 점차 적어지고 부화(浮華 : 실속은 없고 겉만 화려함)한 언사를 서로 높이는 경향이 많아지면서 유학자의 기풍이 날로 쇠약해졌다."[1]

그러나 이는 오히려 박문강기(博聞强記 : 사물을 널리 알고 잘 기억함)를 특징으로 하는 또 다른 지식주의 기풍을 자극시켰다. 사상이 자원이나 동력이 되지 못하는 사회에서 사람들은 자신의 생각을 더욱 확대하여 견문을 넓히는 데 애쓰기 마련이다. 그리하여 과거에는 한 번도 다뤄보지 못한 영역까지 파고들어 더욱 깊고 더욱 넓은 곳에서 지식을 얻는 기쁨과 즐거움을 얻고자 하는 것이다. 특히 경전이 사람들이 반드시 읽어야 할 유일한 텍스트가 되었던 당시 경전의 주석에 근거하여 자신의 재능과 견문을 드러내는 방식이 크게 성행하였는데, 해석하는 과정에서 자극을 받아 역사 지식, 문자 지식, 심지어 조수(鳥獸)나 초목에 대한 지식까지 두루 넓히게 되었으며, 아울러 지식의 의미가 더욱 분명해졌다.

그리하여 '박사들은 자리에 앉아 강의를 하지 않고 유자들은 다투어 실속없이 화려한 언사로 담론하여' 사상이 더욱 부염한 문사로 변하였다. "문리들은 법률은 놔두고 서로 헐뜯는 것이나 배우고 도필(刀筆 : 소장을 비롯한 공문서를 작성하는 필기구)의 끝을 예리하게 만들고 형벌을 무겁게 하는 것만 결정할 따름이었다." 이렇게 사상은 실용적인 수단으로 전화하였다. 또한 민간에는 지식, 특히 역사 지식과 문자 지식, 그리고 박물(博物) 지식을 숭상하는 기풍이 형성되었으며, 이를 따라 '고학(古學)'과 '통유(通儒)'의 전통이 형성되기에 이르렀다. 『후한서』에 보면 이에 관한 많은 기록을 엿볼 수 있다.

> 환담(桓譚)은 박학하고 여러 방면에 능통하였으며, 오경을 두루 학습하였는데 모두 대의(大義)를 훈고(訓詁)하고 장구(章句)에 연연하지 않았다. 문장을 잘 지었으며, 특히 고학을 좋아하였다.[2]
>
> 정흥(鄭興)은 고학을 좋아하였는데, 특히 『좌씨』, 『주관』에 밝았고, 역수(曆數)를

---

1) 『후한서』 권79 「유림열전」, 2547쪽.
2) 『후한서』 권28 상 「환담전」, 955쪽.

잘하였다. 두림(杜林), 환담, 위굉(衛宏)의 무리들로부터 짐작(斟酌)하지 않음이 없었다. ……(아들인 정중鄭衆은) 학문에 힘을 쏟아 삼통력에 밝았고, 『춘추난기조훈(春秋難記條訓)』을 지었으며, 『역』과 『시』에 겸통하였다.[3)]

두림은 장송(張竦)에게 배웠는데 박학하고 다문(多聞)하여 당시 통유(通儒 : 세상사에 통달한 유학자)로 칭해졌다.[4)]

가규(賈逵)는…… 약관에 『좌씨전(左氏傳)』과 오경 본문을 모두 외웠으며, 『대하후상서(大夏侯尙書)』를 가르쳤다. 비록 고학을 배웠으나 오가(五家)의 『곡량(谷梁)』의 학설을 겸통하였으며, …… 학자들이 그를 종정(宗正)으로 삼았으며, 후세에 통유로 칭해졌다.[5)]

왕충(王充)은 항시 낙양 저잣거리를 돌아다니며 시중에서 파는 책을 읽었는데, 한 번 보기만 하면 모두 외어버렸다. 그리하여 백가(百家)의 언설에 두루 능통하였다.[6)]

마융(馬融)은 재질이 뛰어나고 박학하였다. 그래서 당시 통유가 되어 여러 학생들을 가르쳤는데 언제나 천여 명씩이나 되었다.[7)]

通儒)와 고학(古學)

'통유(通儒)'라는 명칭이 출현하게 된 것은 당시 사람들이 실용적인 목적을 위해 경전 한 가지만 연구하는 것에 대한 한계를 인식했다는 것을 뜻한다.[8)] 또한 '고학(古學)'이라는 명칭을 중시한 것은 여러 가지 내력이 오래된 경전의 지위가

3) 『후한서』 권36 「정홍전」, 1223~1224쪽. 정홍은 유흠(劉歆)이 좋아했던 인물로 "어려서 『공양춘추』를 배웠고, 만년에 『좌씨전』에 정통하였으며, ……동학들이 모두 그를 스승으로 섬겼다" 고 한다.

4) 『후한서』 권27, 935쪽.

5) 『후한서』 권1235, 1240쪽.

6) 『후한서』 권49 「왕충전」, 1629쪽.

7) 『후한서』 권60 상 「마융전」, 1972쪽.

8) 『후한서』 권57 「두림전」의 주석에 보면 「풍속통(風俗通)」을 인용하여 다음과 같이 말하고 있다. "유(儒)는 구(區)라고 한 것은 유가는 고금을 구별해야 한다는 뜻이다. 안거할 때는 성현의 말씀을 즐겨 배우고, 움직이면 전적에서 배운 도를 실천해야 한다." 이는 다시 말해 유학자들은 경전을 근본으로 삼지만 '선왕의 제도를 살펴 당시의 일을 바로 세워야' '통유'라고 할 수 있고, '경전을 강의하고 암송할 뿐 고금을 왕래할 수 없으면' '속유'에 불과하다는 뜻이다. 『후한서』 권66 「가규전」에도 「풍속통」의 "국체(國體)의 기강이 되어 근본에 근원하면서도 변화할 수 있는 이가 통유이다"라는 구절이 인용되어 있다. 그러나 이러한 '통'은 주로 고금에 관통하는 것을 뜻하며, 본문에서 말하는 학문에 두루 박학하고 능통한 것과 동일한 뜻이라고는 할 수 없다.

상승했다는 것을 설명하는 것일 뿐만 아니라 이처럼 오래된 경전을 해석하는 역사 지식 역시 당시 지식 계보에서 우선하게 되었다는 것을 상징한다.[1] '박학(博學)'이란 말이 사람의 재주나 지식을 평가하는데 사용되었다는 것은 사회적으로 지식에 대한 흥취가 증가하게 되었다는 것을 의미한다. 따라서 학문의 연원이 있고 박학한 이가 아니라면 당시 지식계층의 존경을 받아 정신적인 영수가 되는 것이 거의 불가능했을 것이다.[2] 바로 이러한 기풍으로 말미암아 당시 사회에서 '한 가지라도 모르는 것을 수치스럽게 여기는(치일물지불지恥一物之不知)' 지식주의 기풍이 형성되었던 것이다.[3]

본래 고대 중국에는 이처럼 후세에 '도문학(道問學)'이라고 말하는 전통이 존재했었다. 공자는 일찍이 "내가 종일토록 밥도 먹지 않고 잠도 자지 않으면서 생각에 잠겨보았는데, 아무런 도움도 되지 않는 것이 배우는 것만 못했다(吾嘗終日不食, 終夜不寢以思, 無益, 不如學也.오상종일불식, 종야부침이사, 무익, 불여학야)."[4] 『순자』와 『대대례기(大戴禮記)』에서도 "내가 종일토록 생각만 해본 적이 있었는데, 잠시 배우는 것만 못했다"[5]라고 하여 공자의 말을 이어받고 있다. 또한 『예기』「유행(儒行)」은 '박학이불궁(博學而不窮 : 두루 배워 다함이 없음)'[6]을 유가의 표준 가운데 하나로 삼고

---

1) 『후한서』 권35 「정현전(鄭玄傳)」에 보면 범승(范升), 진원(陳元), 이육(李育), 가규(賈逵) 등이 '고금의 학문'을 토론하였으나, 마융과 정현에 이르러서야 비로소 고학이 밝아졌다고 하였다. 1208쪽.

2) 이고(李固), 두교(杜喬) 등은 모두 박학한 선비(博學之士)였다. 『후한서』 권63 「이고전」의 주석에 보면 사승(謝承)은 『후한서』의 말을 인용하여 이고는 "고금을 두루 살펴 풍각(風角), 성산(星算), 하도(河圖), 참위(讖緯) 등에 두루 밝았고, 천문을 살피고 점복에 능하여 신묘한 일과 천지의 변화를 모두 알았다"고 말한 바 있다. 2073쪽. 「두교전」의 주석에서도 사마표(司馬彪)의 『속한서』를 인용하여 두교가 "한시(韓詩)를 배웠고, 경씨(京氏)의 『역』과 구양(歐陽)의 『상서』를 배웠다"고 적고 있다. 2092쪽. 이로 볼 때 이상주의적인 정신적 영수들은 모두 박학을 전면에 내세웠으니, 당시 박학이 개인의 사상적 지위에서 상당히 중요했음을 알 수 있다.

3) "치일물지불지(恥一物之不知)", 이 말은 장형(張衡)의 「응문(應問)」에 나오는 말이다. 『장형시문집교주』 283쪽에 보인다. 장진택(張震澤) 교주, 상해고적출판사, 1986. 그 역시 하나의 예라고 할 수 있다. 최원(崔瑗)의 「하간장평자비(河間張平子碑)」에 보면 "어찌 배우지 않은 것이 있고, 또한 어찌 스승으로 삼지 않은 자가 있겠는가?", "한 가지라도 모르면 실로 수치로 여겼다", "품류(品類)를 모두 포괄하였고, 무형(無形)을 받아들였다." 『장형시문집교주』 「부록」 391쪽.

4) 『논어』 「위령공(衛靈公)」, 『십삼경주소』, 2518쪽.

5) 『순자집해』 권1 「권학(勸學)」, 『제자집성』본 2쪽. 『대대례기해고(大戴禮記解詁)』 권7 「권학」, 131쪽, 중화서국, 1983.

6) 『십삼경주소』 1670쪽.

있다.

동한 시절에 이르러 이러한 기풍이 다시 일기 시작하였다. 『안씨가훈(顔氏家訓)』 권3 「면학(勉學)」에 보면 한나라 시대의 학풍에 대해 다음과 같이 논평한 구절이 나온다. '하나의 경전으로 성인의 도를 널리 펼쳤는데' 이후 사람들은 "헛되이 장구에 얽매여 그저 스승의 말만 외울 뿐이다." 그래서 "사대부 자제들은 모두 박섭(博涉 : 두루 섭렵함)을 귀하게 여기고, 전유(專儒)가 되려고 하지 않았다." 사실 이러한 기풍은 동한 시절에 이미 시작되었다고 보는 것이 옳을 듯하다. 예를 들어 순숙(荀淑)은 "박학하여 장구(章句)를 좋아하지 않았으며 속유와 크게 달랐다(博學而不好章句, 多爲俗儒所非박학이불호장구, 다위속유소비)." 또한 양홍(梁鴻)은 "박람(博覽)하여 통하지 않는 바가 없었으나 장구에 얽매이지 않았다(博覽無不通, 而不爲章句박람무불통, 이불위장구).", 법진(法眞)은 "학문을 좋아하였으나 일정한 데에 얽매이지 않았고, 안팎으로 여러 가지 전적에 능통하였다(好學而無常家 博通內外圖典호학이무상가 박통내외도전)."[7] 이들은 모두 한 가지 경전에 구속된 부유(腐儒)들이 아니었던 것이다.

특히 동한 시절에 가장 대표적인 학자라고 할 수 있는 왕충 역시 『논형』 「자기(自紀)」에서 스스로 말하길, 어린 시절 "읽은 책들이 또한 날마다 많아졌다"고 하였으며, 성년이 된 이후에는 더욱 더 "고문을 닥치는 대로 읽었으며, 기이한 이야기를 듣는 것을 좋아했다(淫讀古文, 甘聞異言음독고문, 감문이언)"[8]고 한다. 장형(張衡) 역시 다음과 같이 아주 분명하게 밝히고 있다. "군자는 지위가 존귀하지 않음을 걱정할 것이 아니라 인덕이 존중받지 못할까 걱정할 것이며, 복록이 많지 않음을 수치스럽게 여길 것이 아니라 박학하지 않음을 수치스럽게 여겨야할 것이다(君子不患位之不尊, 而患德之不崇, 不恥祿之不夥, 而恥智之不博군자불환위지부존, 이환덕지불숭, 불치록지불과, 이치지지불박)."[9] 이외에도 왕부(王符) 역시 『잠부론』 첫머리 「찬학(贊學)」에서 11명의 성인, 존사(尊師)들의 학문을 중시했던 일을 열거하면서 "밝게 알기 위해서

7) 『후한서』 권62 「순숙전」, 2049쪽, 권83 「일민열전(逸民列傳)」, 2765쪽, 2774쪽.
8) 『논형교석』 권30, 1188쪽.
9) 「응문(應問)」, 『장형시문집교주』 279쪽.

는 학문을 탐구해야 한다"는 것을 말하고 있다. 그는 "선비가 뜻을 밝히고자 한다면 반드시 먼저 책을 읽어야 한다"고 하였다. 이 역시 공자가 말한 "생각하는 것이 배우는 것만 못하다"는 말에 근거한 것이다.[1)]

이러한 분위기에서 관방(官方) 이외에도 사학이 발전하면서 오경에 두루 통하고, 역사 지식이 풍부한 저작이 출현하였다. 예를 들어 허신(許愼)의 『오경이의(五經異義)』와 『설문해자(說文解字)』는 문자의 정리를 통해 경전의 의의를 소통시키고 심지어 현상 세계의 모든 지식을 정리하고자 했던 것이고, 반고의 「양도부(兩都賦)」는 복잡한 역사 지리에 대해 풍부한 언어로 복잡한 지식을 표현하고자 했으며, 장형의 「영헌(靈憲)」은 그가 제작한 혼천의(渾天儀)와 후풍지동의(候風地動儀)와 더불어 심오한 천문, 역산 등 우주 관련 지식을 담고 있다. 왕충의 『논형』은 인문과 자연의 여러 가지 현상에 대해 논급하고 있는데, 그의 비평은 거의 당시 모든 성명(性命), 귀신, 재이, 전적 등은 물론이고 인륜에 관한 모든 지식을 망라하고 있다. 그래서 당시 어떤 이는 왕충의 저서에 대해 "내용이 지나치게 방대하고 출입이 번다하여 때로 유가 같기도 하고 때로 묵가처럼 보이기도 한다(兼箱累袟, 而乍出乍入, 或儒或墨겸상루질, 이사출사입, 혹유혹묵)"고 비판하였다.

그러나 갈홍은 오히려 이에 대해 반박하길 "왕생(王生 : 왕충)은 박학하고 재주가 많으니, 어찌 뺄 수 있겠는가(王生學博才大, 又安省乎왕생학박재대, 우안성호)"[2)]라고 하였다. 심지어 공양학을 배운 하휴(何休)조차도 삼분오전(三墳五典), 음양산술(陰陽算術), 하락참위(河洛讖緯)에 관한 학문을 배우기도 했다. 건광(建光) 원년, 즉 서기 121년 허신의 아들인 허충(許沖)이 상서를 올려 아비의 저작인 『설문해자』을 헌상하면서 특별히 허신이 "여러 사람들에게 두루 물어보았으며, 가규에게 살펴보도록 했다"고 적는 한편, 허신의 책이 박학함을 드러내어 "육예와 여러 서적을 참고하여 그 뜻을 따랐고, 천지, 귀신, 산천, 초목, 조수, 벌레, 잡물, 기괴(奇怪), 왕제(王制), 예의, 세간의 인사(人事) 등 기록하지 않은 것이 없다"[3)]고 특별히 강조하였다.

---

1) 왕계배(汪繼培), 『잠부론전교정(潛夫論箋校正)』, 1~3쪽, 중화서국, 1985.

2) 『포박자(抱朴子)』「유폐(喩蔽)」, 『포박자외편교석』, 중화서국, 1993.

3) 계복(桂馥 : 청나라 때 학자), 『설문해자의증(說文解字義證)』 권49, 1330쪽. 제로서사 영인본, 1987.

사상사의 각도에서 볼 때 동한 시절의 이러한 지적 분위기는 사상적 변화를 직접적으로 불러왔다. 시비에 대한 평가 기준이 신앙에서 이성으로 전향되었으며, 경전을 주석하는 형식에서 '고학(古學)'이 강조하는 것 또한 신비적인 체험이거나 임의적인 상상, 성현의 철리에 대한 경건한 심정이나 미언대의(微言大義 : 뜻이 깊고 마땅히 행해야 할 도리)에 대한 현묘한 탐색 등이 아니라 역사, 사물, 언어와 문자에 대한 정확한 지식, 경전의 학술성에 대한 설명과 해석이었다. 바로 이러한 이유로 양웅(揚雄), 윤민(尹敏), 정흥(鄭興), 환담(桓譚), 왕충(王充), 공희(孔僖) 등은 모두 참위의 학문을 비난하고 멸시하게 된 것이다. 그들에게 있어서 경험과 지식, 논리와 이지(理智)는 모든 사물을 평가하는 척도나 표준이 되었다.

왕충은 이에 대해 다음과 같은 예를 든 적이 있다. 공자가 괴이한 동물을 보고 그것이 성성(狌狌 : 원숭이의 일종인 오랑우탄)이라는 것을 알게 된 것은 그가 「소인의 노래(昭人之歌)」를 들은 적이 있기 때문이다. 태사공(太史公)이 장량(張良)이 여자처럼 생겼다는 것을 알게 된 것은 그가 선실(宣室)에서 장량의 화상(畵像)을 본 적이 있기 때문이다.[4] 그래서 "배우지 않으면 이루지 못하고, 묻지 않으면 알 수 없는 것이다"[5] 이렇듯 박학하여 많은 지식을 지녀야만 더욱 존중을 받을 수 있었다. 가규(賈逵)와 마융(馬融)이 선후로 당시 지식계의 영수가 된 것은 바로 이러한 기풍의 상징이라 할 수 있다. 이후 고금에 관통하고 육경(六經)에 두루 밝은 정현(鄭玄)이 출현하게 된 것은 바로 이러한 지식계의 기풍이 낳은 결과라고 할 수 있다. 이처럼 박학하고 풍부한 지식을 요구하는 지적 분위기는 무형 중에 사상의 범위를 넓혔을 뿐만 아니라 사상의 자원 또한 크게 넓혔다.[6]

---

4) 『논형교석』 권26 「실지(實知)」, 1079쪽.

5) 『논형교석』 권26 「실지(實知)」, 1076쪽. 이외에도 「사단(謝短)」 가운데 유생에 대해 비판하는 대목에도 나온다.

6) 모윤손(牟潤孫)의 「위진 이래 담변 숭상과 그 영향을 논함(論魏晉以來崇尙談辯及其影響)」이라는 논문은 바로 이 점에 대해 언급하고 있는데, 다만 깊이 천착하지 못하고 있다. 『주사재총고(注史齋叢稿)』 307쪽, 중화서국, 1987.

3

동한 시대 사대부들이 추존한 이상적인 인격이나 도덕 정신은 보편적인 정치권력의 압박 아래 세속의 비소(卑小)한 인격이나 실용정신에 상대하면서 격렬한 태도로 자신의 입장을 유지, 보호하고 자신의 존재를 부각시키지 않을 수 없었다. 그리하여 점차 극단으로 치닫기 시작했다. 이러한 이상주의적 입장은 세속과 함께 하거나 세속에 아부하길 거절했다. 따라서 항상 전통적이고 이상적이며 경전에 근거한 도덕 표준을 자신 스스로에게 요구하였고, 타인을 인정할 때도 바로 이러한 표준을 적용하였다. 이러한 토대에서 문화 군체 또는 계층이 형성되었다. 여영시(余英時)는 이에 대해 동한 시대에 '동지(同志)'라는 어휘가 유행하였으며, 이는 "사대부의 군체(群體)에 대한 자각이다"[1]라고 명확하게 지적한 바 있다. 영수나 상징으로서 삼군(三君), 팔준(八俊), 팔급(八及), 팔주(八廚) 등의 명목이 출현하고, 또한 사대부들이 도덕과 정신적인 영수를 존중하고 따랐던 것은 당시 지식계층이 지식과 인격으로 권력과 실리에 대항하였다는 것을 의미한다.[2]

군체 자각에서 [illegible]로 전이하다.

그러나 더욱 주목할 부분은 이러한 이상주의가 극단으로 향하면서 일종의 '결벽(潔癖)'에 가까운 태도를 보이기 시작했다는 점이다. 가혹한 도덕 표준으로 모든 것을 재량하였고, 심지어 그 어떤 상황에서도 '추동(趨同)'을 거절하였다. 설사 정치적인 맹우(盟友)나 사상적 동지의 경우도 마찬가지였다. 본래 군자는 조화를 중시하되 부하뇌동하지 않는다는 뜻인 '군자화이부동(君子和而不同)'은 지극히 이상적인 설법이다. 그러나 당시에는 이것이 오히려 고결함의 표지가 되었다. 그것은 어떤 면에서 집단적으로 서로 인정할 때는 서로 모범이 되거나 서로 끌어주는 사실에 대한 하나의 표준이 되었고, 또 다른 면에서는 사상에 대한 개인적인 추구이기도 했다. 유량(劉梁)은 『변화동지론(辯和同之論)』에서 "군자의 행동거지는 골고루 미쳐야 하나 모방해서는 안 되며, 조화를 이루되 부하뇌동하면 안 된다. 과오를 고치는 것을 올바름으로 삼고, 사악한 것을 바로잡는 것을 충(忠)으로 삼아

1) 『중국지식계층사론』, 215쪽, 연경출판사업공사, 타이베이, 1980, 1989.

2) 『후한서』 권66 「당고열전(黨錮列傳)」, 2187쪽을 참조하시오.

야 한다(君子之行, 周而不比, 和而不同, 以救過爲正, 以匡惡爲忠군자지행, 주이불비, 화이부동, 이구과위정, 이광악위충)" 고 말한 바 있다. 이는 하나의 도리로서 전혀 의심할 여지가 없다.

그렇지만 좀 더 자세히 생각해 보면 그가 "군자가 일을 하는데 친소(親疎)에 따라 달리하면 안 되고, 반드시 의(義)로써 살펴보아야 한다(君子於事也, 無適無莫, 必考之以義焉군자어사야, 무적무막, 필고지이의언)"[3]고 한 것은 시비 판단의 기준을 군체의 확인이 아닌 절대 진리에 놓았다는 것을 뜻한다. 이러한 관념이 확장되어 실제로 '다수의 대중'이 지닌 언어 권력을 거절하고, '의로써 올바름을 취하는(以義取是)' 진리 표준을 수용하게 되는 것이다. 그래서 "올바름으로 그름을 구제하는 것이 화(和)이며, 악한 것을 좋아하는 것이 다르지 않음이 동(同)이다"라고 말할 수 있었던 것이다. 이렇듯 '동(同)'은 붕당이고, '화(和)'는 동지이다. '동'하면 때로 지식계층들이 서로 인정하는 가운데 자신의 언어를 상실하게 되며, '화'하면 개인과 집체의 언어가 서로 차이가 나게 된다.

동한(東漢)이란 혹독한 시대에 이러한 개인적인 이상주의와 인정의 표준은 더욱 많은 지식인들에게 수용되었다. 앞서 인용한 유량의 『변화동지론』은 비교적 평화로운 어조를 사용하고 있으나 주목(朱穆)의 『절교론(絶交論)』은 대단히 격렬한 어조로 군체 간에 인정하는 방식에 대해 예리하게 비판하고 있다. 이후 범엽(范曄)이 그에 대해 "우의로서 부분과 전체를 나누고 동지들이 추구하는 바를 단절함으로써 협객이 결성한 붕당의 폐해가 생기고 친구의 의를 저버렸다(以友分少全, 因絶同志之求, 黨俠生敝, 而忘得朋之義이우분소전, 인절동지지구, 당협생폐, 이망득붕지의)"[4]라고 말하기는 했지만, 이는 분명 목이 메어 음식을 넘길 수 없는 이가 스스로 '목이 메임(噎)'을 자각하고 경고하는 것임에 틀림없다. 이후 조일(趙壹)은 「자세질사부(刺世疾邪賦)」에서 "황하의 물은 맑기를 고대할 수 없고, 사람의 목숨은 제멋대로 늘릴 수 없다. 순풍이 거세지면 풀은 쓰러지는 법, 부귀를 누리는 이들이 어질다는 칭송을 받으니, 뱃속 가득 찬 학문이란 지갑 속의 한 푼만도 못하구나"라고 한탄하였는데, 이는 당고의 화가 발생한 후의 상황을 그대로 보여주는 한 예이다.

---

3) 『후한서』 권80 하, 「문원전(文苑傳)」, 2636쪽.

4) 『후한서』 권43 「주목전(朱穆傳)」, 1474쪽.

바로 이러한 상황에서 사람들은 "베옷을 입은 이는 금옥(金玉)을 속에 품고, 향초(香草 : 향기로운 풀)인 난혜(蘭蕙 : 난초와 혜초처럼 향기로운 풀이라는 뜻으로 현인과 군자를 이르는 말)가 짐승을 먹이는 꼴로 변했으며, 현자는 비록 홀로 깨닫고 있으나 어리석은 무리들에 의해 곤혹을 당한다"는 것을 쉽게 알 수 있었다. 그들은 또한 "질세(疾世 : 병든 세상)에는 이익을 따져 교제하고, 사악하고 바르지 못한 이들이 서로 붕당을 만든다"는 것을 직접 눈으로 볼 수 있었다. 그래서 이처럼 군체의 언어로 권력 언어를 형성하는 행태에 대해 회의하게 되었다.

그리하여 이러한 집체적 이상주의는 곧 개인적 이상주의로 쉽게 전향되기에 이르렀고, 아울러 공통적인 도덕 준칙과 이상적인 인격 역시 개성화된 도덕 준칙과 개인의 이상적인 인격으로 전향하기에 이른 것이다. 후쿠이 시게마사(福井重雅)는 「후한 시대 선거(選擧)에서 사퇴와 추천 현상에 대한 탐원(探原)」이란 글에서 주섭(周燮), 종고(種暠), 서치(徐稚), 이고(李固), 강굉(姜肱), 하순(賀純) 등의 예를 들어 그들이 추천을 받아 징벽(徵辟 : 임금이 초야에 묻혀있는 사람을 예를 갖추어 불러서 벼슬을 시킴)되는 것을 거절한 이유에 대해 설명하고 있다. 또한 장해(張楷)의 예에서도 이러한 사례를 엿볼 수 있다.

> 사예(司隷)가 무재(茂才)로 천거하여 장릉의 영에 제수하였는데, 관(官)에 이르지 않고 홍농산중(弘農山中)에 은거하였다. 학생들이 그를 따르니 그가 거하는 곳이 문전성시를 이루었다(司隷擧茂才, 除長陵令, 不至官, 隱居弘農山中, 學者隨之, 所居成市사예거무재, 제장릉령, 부지관, 은거홍농산중, 학자수지, 소거성시).

한(漢)나라 순제(順帝)조차도 어쩔 수 없어 그를 "높은 뜻이 확연하고 무리들 중에 홀로 뛰어나다(高志確然, 獨拔群俗고지확연, 독발군속)"[1]고 표창하였다. 당시 장지(張芝), 곽태(郭太), 조엽(趙曄) 등 세 명은 조정에서 '유도(有道)', 즉 도가 있다는 명목으로 표창(表彰)하고 추천하였으나 모두 거절하여 오히려 당시 사람들에게 "도가 있다"[2]는 칭찬을 받은 바 있다. 이는 당시 국가가 도덕적 영역에서 언어 권력

1) 『후한서』 권36 「장해전」, 1243쪽.

을 상실하였으며, 어쩔 수 없이 이러한 이상주의적인 개별 행위의 존재와 합리성을 인정하지 않을 수 없었다는 것을 의미한다.

개인의 이상주의는 고대 중국의 경우 주로 노장 사상에 귀속되는 경우가 흔했는데, 당시에도 실제 그러했다. 기원전 1세기 초엽, 번준(樊准)이라는 문인이 상서를 올려 당시 문화와 학술에 대해 결렬하게 비판한 적이 있었다. 그는 유학과 경학에 자못 실망하고 있던 중 우연히 서한 시대 역사를 살펴보다가 "예전에 효문두후(孝文竇后 : 두태후)가 황로의 학설을 좋아하여 경제와 무제 시절에 청정(淸淨)의 변화가 흘렀다"는 것을 알게 된다. 그래서 그는 당시 문화 사상의 무대에서 활약하고 있던 문사와 유생들을 무시하고 조정에 건의하기를 "두루 그윽하게 숨어 있는 이들을 구하고, 어두운 암혈(巖穴 : 은사의 거주지를 비유함)을 열어 우아한 선비들을 받아들여야 한다(博求幽隱, 發揚巖穴, 寵進雅儒박구유은, 발양암혈, 총진아유)"고 건의하였다. 그는 이상적인 인격과 도덕 정신에 대한 추구를 체제 내에서 체제 밖으로 전향시키는 한편, 군체의 현세적 모델을 개체의 초월 정신으로 전향시켜 이를 통해 "목을 길게 내미는 자는 매일 볼 수 있고, 귀를 기울이는 자는 매달 들을 수 있기를(延頸者日有所見, 傾耳者月有所聞연경자일유소견, 경이자월유소문)"[3] 바랬다.

이후 주목은 『숭후론(崇厚論)』을 저술하여 도가의 언론으로 "인의가 일어나면 도덕이 옮겨가고, 예법이 흥하면 순박함이 사라진다"는 역사 관념을 제시하는 한편, 『노자』에 나오는 "대장부는 두터움에 처해야지 얕음에 처하면 안 되고, 질박함에 처해야지 부화함에 처하면 안 된다. 그런 까닭에 저것을 버리고 이것을 취해야 한다"는 내용에 근거하여 "서로 비방하는 것을 좋아하며 이를 일러 장부(臧否)라고 한다"는 등의 세속 분위기에 대해 크게 비난하였다. 또한 『절교론』을 저술하여 '안부를 묻지 않고 손님도 만나지 않으며 대답도 하지 않은(絶存問, 不見客, 亦不答절존문, 불견객, 역부답)' 자신의 고고한 행위에 대해 변호하였다. 그는 유백종(劉伯宗)에게 보내는 「절교시(絶交詩)」에서 자신을 봉황에 비교하면서 독선기신(獨善其身)하는 고결한 지향을 드러내는 한편, 세속에 아부하지 않고 대중을 따르지

2) 후쿠이 시게마사의 글은 중역본 『국외중국학연구역총』 2집, 257~261쪽(청해인민출판사, 1988)에 실려 있다.
3) 『후한서』 권32, 1126~1127쪽.

않고 서로 인정하지 않는 것을 척도로 하는 개인화 경향을 극대화시켰다.[1)]

이러한 이상적 인격과 초월정신은 분명 노장 계열의 사상과 일치하는 것이다. 앞서 언급한 바대로 동한 사상계와 학술계는 지식주의적 기풍이 크게 일어났는데, 이처럼 박학을 추구하는 분위기 속에서 정통 경전의 속박에서 벗어날 수 있었으며, 아울러 변두리로 밀려났던 노장 사상이 다시금 권토중래하는 계기를 제공하였다.

지식주의적 분위기
음 두 가지 방향에
개되었다.

이러한 지식주의적 분위기는 다음 두 가지 방향에서 전개되었다. 하나는 경전 해석이라는 전통 안에서 가능한 한 역사와 명물(名物), 언어 지식 등을 충실하게 하는 쪽으로 전개되었고, 다른 하나는 경전 해석의 범위 밖에서 가능한 한 더욱 광범위한 사상과 지식 자원을 흡수하는 쪽으로 흘렀다. 전자는 서한 이래 전통의 연속이었으나 후자는 동한 시절에 새롭게 세워진 전통이었다. 양웅(揚雄)은 『역』을 좋아하여 『태현(太玄)』을 짓고, 정균(鄭均)은 '어려서 황로의 서적을 좋아하였으며', 왕충은 도가의 학설을 좋아하여 만년에 양생의 저서를 지었다. 또한 장형(張衡)은 「사현(思玄)」, 「귀전(歸田)」, 「고루(骷髏)」 등 세 편의 부를 지었고, 마융은 『노자』와 『장자』의 학설을 좋아하였으며, 중장통(仲長統) 역시 도가에 대해 취미를 지니고 있었다. 이러한 사례는 당시의 사상과 학술 홍취가 크게 변화하고 있었다는 것을 암시하는 것들이다. 영초(永初) 연간(107~113년)에 박학으로 유명했던 마융은 개체의 생존이 군체의 이익에 앞선다는 태도를 보인 바 있었다.

> 고인(장자)이 말하길, "왼손으로 천하를 도모하는 이는 오른 손으로 자신의 목을 베어야 하니, 우부(愚夫)는 할 수 없다" 하였는데, 그 까닭은 목숨이 천하보다 귀하기 때문이다. 지금 속되고 지척의 수치스러움으로 의지할 바 없는 몸이 망하게 되었으니 노장이 말한 바가 아닌 듯하다(古人有言, 左手據天下之圖, 右手刎其喉, 愚夫不爲. 所以然者, 生貴于天下也. 今以曲俗咫尺之羞, 滅無資之軀, 殆非老莊所謂也고인유언, 좌수거천하지도, 우수문기후, 우부불위. 소이연자, 생귀우천하야. 금이곡속지척지수, 멸무자지구, 태비노장소위야).[2)]

1) 『후한서』 권43 「주목전」 및 그 주석, 1464~1467쪽.

군체의 이상주의로 정치에 대항하는 취향과 개체의 초월로 사회적 공인에 대항하는 추향은 언뜻 보기에 서로 상반되는 것 같지만 사실은 상통하는 것이다. 또한 후자는 전자의 최종적인 귀결이 될 가능성이 크다. 『후한서』「곽태전(郭太傳)」에 보면 범방(范滂)의 말을 인용하여 곽태를 칭찬하는 대목이 나오는데, 이는 일종의 지식계층의 이상적인 경계를 표방하고자 한 것과 다를 바 없다.

> 은자가 친한 이를 꺼리지 않고, 곧은 이는 세속을 끊지 않으나 천자의 신하가 될 수 없고, 제후의 친구가 될 수 없다(隱不諱親, 貞不絶俗, 天子不得臣, 諸侯不得友은불휘친, 정불절속, 천자불득신, 제후불득우).[3)]

그들은 인간 가치의 높고 낮음을 세속의 이익을 초월하는 정신과 연관시켰으며, 지식계층의 문화에 대한 농단을 통해 정치권력과 분정항례(分庭抗禮)의 지위를 회복할 수 있도록 시도하였다. 그러나 실제로 그렇게 할 수 있는 것이 아니었다. 정치권력이 모든 것을 장악하고 있는 상황에서 군체의 대항은 끝내 공간을 찾을 수 없었으며, 결국 유일한 길은 개인적으로 도피하거나 은거하여 이상주의적인 입장을 견지하는 일이었다. 이는 권력이 용인하거나 심지어 조장하는 일이기도 했다. 「곽태전(郭泰傳)」의 기록에 따르면 곽태는 이응(李膺) 등의 사대부들과 함께 이러한 교제를 통해 명성을 얻었으나 그는 끝내 입사(入仕)하기를 원치 않았다. "대장부가 어찌 작은 밥통 때문에 싸울 것인가?" 이렇게 말한 것을 볼 때 이미 독립적인 정신을 지니고 있었다고 볼 수 있다. 또한 그는 "포의(褒衣 : 넓은 옷자락)를 입고 넓은 관대를 한 채로 여러 군국(郡國)을 돌아다녔다." 여러 유가들은 그를 보고 신선과 같은 인물이라고 여겼다. 그가 별 뜻 없이 두건의 한 쪽을 접었는데, 어느새 그것이 사인들에게 크게 유행할 정도였다.

『포박자(抱朴子)』「정곽(正郭)」에 보면 그의 말이 인용되어 있는데, 그는 당시 사회에서 '텅 빈 바람을 무릅쓰고 달리는 파도에 올라타기'를 원치 않았으며, 오

2) 『후한서』 권60 「마융전」, 1953쪽.
3) 『후한서』 권68 「곽태전」, 2226쪽.

히려 "바위 산굴에서 정신을 기르고, 마음을 평안하게 하여 팽조(彭祖)와 노자를 따르며, 넉넉하게 노닐며 애오라지 천수를 누리고자 하였다." 이렇듯 이미 개체가 군체보다 더욱 중요한 자리에 놓였다는 것을 알 수 있다. 그러나 명사(名士)라는 점에서 그 역시 군체의 찬사와 인정을 벗어 날 수 없었으며, 대중에 영향을 줌으로써 명성을 얻었다.

그러나 또 한 사람 서치(徐稚)는 이에서 한 걸음 더 나아갔다. 그는 곽태를 풍자하여 말하길 이미 그대는 "하늘이 폐하고자 하는 바를 지탱할 수 없다" 고 하였는데, 왜 명성을 얻는데 연연하며 군체의 의사에 영향을 주고자 애쓰고 있느냐고 질책하면서 이는 분명 거짓 청고(淸高)라고 단정하였다. 그래서 그는 "곽림종(郭林宗 : 림종은 곽태郭泰의 자字다)께 말씀드리건대, 큰 나무가 거의 무너질 지경에 이르러 새끼줄로 묶어 지탱할 수 있는 것이 아닌데, 어찌 허둥거리며 그곳에 깃들고자 하시는가?(爲我謝大樹將顚, 非一繩所能維, 何必栖栖皇皇위아사대수장전, 비일승소능유, 하필서서황황)"라고 말했던 것이다. 이러한 가치의 높고 낮음의 분별은 이미 극단을 치닫고 있었던 것이다. 이상적인 경계는 이미 완전히 개인적인 것이 되고 말았다. 이러한 상황에서 '천자의 신하가 될 수 없고, 제후의 벗이 될 수 없는' 개인이 비로소 전전반측(輾轉反側 : 누워서 잠을 이루지 못하고 몸을 이리저리 뒤척이는 것)하는 공간을 획득할 수 있게 된 것이다.

『후한서』「일민전(逸民傳)」에 따르면 동한 장제(章帝) 이후로 "황제의 덕이 점차 쇠해지고 사악한 무리들이 일을 맡자 경개(耿介)한 이들은 경대부와 서로 견주기를 부끄럽게 여겼다." 그리하여 선비들이 대거 은일(隱逸 : 은둔)의 대열에 참여하게 된다. 범엽은 『역』에 나오는 "왕후를 섬기지 않고 그 일을 고상하게 한다" 는 대목과 『순자』에서 "의지를 수양하여 부귀를 무시하고, 도의를 중히 여겨 왕공을 경시한다" 는 구절을 통해 이러한 행위에 대해 합리성을 제공하였다.[1] 사실 이러한 은일 행위가 광범위하게 행해진 것은 단순히 그들이 '그 일을 고상하게 하거나' 자신들의 '의지를 수양하고', '도의를 중시하였기' 때문만이 아니라 이러한 행위를 당시 이데올로기나 정치권력이 용인할 수 있었기 때문이었다. 이리하여

1) 『후한서』 권83, 2757쪽, 2755쪽.

개인적인 현실 도피와 자신들의 이상에 대한 견지가 최대한도로 이루어졌다. 166년 당고의 사건이 일어난 후 이전의 집단적인 항의는 점차 이러한 개체의 견지와 도피로 변화되었다. 또한 인간의 존재 가치와 의의, 사람들의 평판을 가르는 기준 역시 사회적 공적에서 개인의 품격으로 전환되기 시작하였다.

4

동한 시대의 환제 연희(延熹) 9년, 즉 서기 166년은 상징적인 의미가 풍부한 한 해로 특히 의미 있는 여러 가지 일이 일어났던 해였다.

그 해에 가장 주목할 만한 일은 제1차 당고의 화(黨錮之禍)이다. 당시 지식계층은 지식 권력에 대한 세속 권력의 압박에 대해 날이 갈수록 더욱 불만을 품게 되었다. 이러한 압력 하에서 그들은 서로 인정하는 군체를 형성하였고, 세속사회에서 결코 넘볼 수 없는 '군자'의 인격을 표방하였다. 이러한 인격과 정신은 세속의 비천함을 천시하였다. 당시 태학에서 유행하던 '천하해모(天下楷模 : 천하의 모범) 이원례(李元禮), 불외강어(不畏强禦 : 죽음을 무릅쓰고 저항함) 진중거(陳仲擧), 천하준수(天下俊秀) 왕숙무(王叔茂)'라는 말이 유행하였는데, '천하해모', '불외강어', '천하준수' 등의 인격을 품평하는 언사의 배후에는 지식계층이 자신들의 이상과 정신 역량으로 세속관념이나 정치권력과 서로 대립하고자 했음을 암시하고 있다.

한때 여론 역시 대단히 위력적이었던 것 같다. 사서의 기록에 따르면 당시 지식계층의 "위험을 두려워하지 않는 직언과 심오한 언론은 호강(豪强 : 세력)이라고 예외가 없었으며, 공경 이하 사람들도 그들의 폄의(貶議 : 비평)를 두려워하지 않는 자가 없었으니, 너나할 것 없이 서둘러 그들 문전에 몰려들었다(危言深論, 不隱豪强, 自公卿以下, 莫不畏其貶議, 屣履到門 위언심론, 불은호강, 자공경이하, 막불외기폄의, 사리도문)"[2] 심지어 천자조차도 이러한 문화 및 지식의 압력을 느낄 정도였다. 당시 정치권력과 문화권력 간에는 일종의 긴장과 한시적인 평형이 유지되고 있었다.

---

2) 『후한서』 권67 「당고열전」, 2186쪽.

155년 유도(劉陶)라는 한 태학생은 당시 사회 문제를 모두 황제 탓으로 돌리고 아울러 황제에게 진(秦)나라 왕조의 운명을 생각해 보라는 등을 내용으로 한 상소문을 올렸고, 159년 진번(陳蕃)은 조정이 제후들의 권력을 남용하고 있다고 비판하는 한편, 천자가 수많은 궁녀를 데리고 있는 것에 대해 비판하기도 했다. 바로 이러한 시기에 우연한 계기로 인해 아슬아슬하게 이어지던 평형이 깨지고 말았다.

한 학생이 잘못을 저지르자 이응(李膺)이 이를 혹독하게 처리하였다. 그러자 그 학생이 상서를 올려 "이응 등이 태학에서 유사(游士)를 양성하고 여러 군의 생도들을 결집시켜 서로 다그치며 붕당을 만들었으며, 조정을 비난하고 풍속을 어지럽히고 있습니다"라고 고발하였다.

이리하여 정치권력의 격렬한 반격이 시작되었다. 천자의 적극적인 지지 하에 '군국으로 나누어 사람을 보내 당인들을 체포하였고', 체포하지 못한 이들은 "모두 현상금을 내걸어 수배하였으며 사방으로 사자를 내보내 길가에서 서로 마주칠 정도였다(皆懸金購募, 使者四出, 相望于道개현금구모, 사자사출, 상망우도)."[1] 이번 '당고의 화'는 '정직(正直 : 옳고 바른 세력)이 폐(廢)해지고, 사왕(邪枉 : 사악하고 굽은 세력)이 크게 일어서는 일이었기' 때문에 더욱 대규모 지식계층의 집단적인 반항을 불러일으켰다. 몇 년 후 지식계층은 몇 명의 명사를 중심으로 또다시 군체를 형성하기에 이르렀다. 그들은 '일세의 근본으로 삼을 만한 것'으로 품격과 정신의 평가 기준을 만들었는데, 그 중에는 '덕행으로 남을 인도할 수 있는 사람', '남을 인도하여 근본을 좇아가도록 할 수 있는 사람', '재물로 사람을 구제할 수 있는 사람', '뭇 사람들 가운데 뛰어난 인물(人之英)' 등이 있었다.

또한 '삼군(三君)', '팔준(八俊)', '팔고(八顧)', '팔급(八及)', '팔주(八廚)' 등을 추대하여 자신들의 영수로 삼았다. 이렇듯 지식계층은 자신의 정신적 권위로 세속사회의 정치 권위에 맞서고자 했던 것이다. 그리하여 그들은 한(漢)나라 영제(靈帝) 건녕(建寧) 3년(169년) 또다시 조정의 대규모 체포와 진압에 직면하게 된다. 이때 우방(虞放), 두밀(杜密), 이응(李膺), 주우(朱寓), 파숙(巴肅) 등 백여 명이 옥중에서 사망하였다. 사서의 기록에 따르면 당시 사건의 파문이 주군(州郡)까지 미쳤으며,

1) 『후한서』 권67 「당고열전」, 2187쪽.

주군에서 또다시 확대되어 "교제나 관련이 전혀 없는 이들도 유배를 떠나거나 독약을 마시고 죽거나 폐금된 이들이 6~7백 명이나 되었다"고 한다. 환제 연희(延熹) 9년(166년)에서 영제 건녕 2년(169년)까지 3~4년 동안 두 번에 걸친 대대적인 탄압으로 인하여 당시 지식계층은 커다란 타격을 받았음이 틀림없다.

과연 그들이 어느 정도로 심각한 타격을 받았는지는 상세하게 알 수 없으나 적어도 다음 두 가지는 분명한 것으로 보인다. 우선 두 번에 걸친 정권의 탄압은 지식계층의 이상주의에 어두운 그림자를 드리웠으며, 아울러 지식과 권력이 균형을 이룰 수 있다는 상상이 철저하게 깨지고 이로 인해 개체 생존을 중심으로 하는 관념이 생성되기에 이르렀다. 다음으로 일련의 사건을 거치면서 사대부들은 집단적인 상호 표방의 방식에 대해 혐오감을 가지게 되었다. 그리하여 더욱 개인적인 독립과 자유의 정신 경계를 찾는 쪽으로 방향을 선회하게 되었다.

『후한서』에 보면 이와 관련한 상징적인 사건이 기록되어 있다. 범방(范滂) 등이 "조정을 크게 비난하자 공경 이하 관리들이 모두 부절(折節)을 꺾고 그의 밑에 모였고, 태학생들은 다투어 그 기풍을 숭모하였다." 많은 이들이 모두 "문학이 장차 부흥하고 처사들이 다시 등용될 것이다"고 생각하고 있을 때, 신도반(申屠蟠)이란 문사는 오히려 이번 사건은 전국시대 말년에 처사들이 횡의(橫議)하여 진나라 때 '분서갱유의 화(坑儒燒書之禍)'[2]를 야기시킨 것과 같다고 보았다. 그리하여 산중에 은거하여 개인적 초월의 길로 전향하였다.

또한 유량(劉梁)이란 문사 역시 세상을 구제하기 위해 붕당을 짓고 무리를 이루는 기풍이 만연한 가운데 오히려 "항시 세상 사람들이 이익을 따라 교제하며 사악한 이들이 서로 붕당을 짓는 것을 미워하여 『파군론(破群論)』을 지었다. 당시 이를 본 이들은 '중니(仲尼)가 『춘추』를 짓자 난신(亂臣)들이 두려워하였는데, 지금 『파군론』을 지으니 속사(俗士)들이 어찌 부끄러워하지 않겠는가?(常疾世多利交, 以邪曲相黨, 乃著破群論, 時之覽者以爲仲尼作春秋, 亂臣知懼, 今此論之作, 俗士皆不愧心상질세다이교, 이사곡상당, 내저파군론, 시지람자이위중니작춘추, 난신지구, 금차론지작, 속사개불괴심)"[3]라고 하

2) 『후한서』 권53 「신도반전(申屠蟠傳)」, 1752쪽.
3) 『후한서』 권80 「문원전(文苑傳)」, 2653쪽.

였다. 이처럼 사회 기풍과 서로 배치되는 인식이 생기기 시작했다는 것은 군체의 인정을 최고 가치로 보는 관념이 변화하고 있다는 사실을 보여주는 것이다.

이후 서간(徐幹)은 『중론(中論)』에서 환제와 영제(靈帝) 시절에 호문(豪門) 자제들이 붕당을 결성하고 권문귀족들이 서로 교제하며 명성을 얻고자 하는 기풍을 비판하면서 문사들도 "서로 장사를 하듯이 사람을 얻지 않음이 없고 스스로도 거리낌 없이 밑으로 들어갈 뿐만 아니라 ……자신을 경영하고 사사로움에 애쓰며, 권세와 이익을 추구한다(莫不相商得人, 自矜以下士, ……營己治私, 求勢逐利막불상상득인, 자긍이하사, ……영기치사, 구세축리)"고 말하였다. 아울러 "집안 문을 닫고 자신을 지키며 무리들과 어울리지 않고 육적(六籍 : 육예)을 읽으며 마음으로 기뻐한다(閉戶自守, 不與之群, 以六籍娛心폐호자수, 불여지군, 이육적오심)"는 자신의 취향을 밝혔다. 이 역시 일종의 개인적인 이상 추구가 당시 지식인 계층에 점차 만연되고 있음을 예시하는 것이다.[1)]

바로 그 해에 박학하기로 유명한 마융(馬融)이 세상을 떠났다. 마융은 동한 박학통재(博學通才)를 중시하는 지식 기풍을 대표하는 인물이다. 묵수(墨守)와 번쇄(繁瑣)를 특징으로 하는 당시 학풍에서 그는 '도문학'의 전통을 이어온 상징적인 인물이었다. 『후한서』의 기록에 따르면 그는 『삼전이동설(三傳異同說)』을 저작하였고, 『효경』, 『논어』, 『시경』, 『역』, 『예』, 『상서』를 주석한 것은 물론이고 『열녀전(列女傳)』, 『노자』, 『이소(離騷)』, 『회남자』 등도 주석하였다. 이렇듯 그의 저술 범위는 유가 경전의 범위를 크게 벗어났으며, 황로(黃老)와 도가학설까지 두루 겸했다. 또한 그는 "학생들을 가르치고 육성하였는데 항시 배우는 학생이 1천여 명이나 되었다." 이러한 박학을 추구하는 기풍은 정현(鄭玄)과 같은 문인들을 통해 전수되었으며, 그의 '인생에 통달하고 본성에 충실하면서 유가의 세목에 얽매이지 않는' 인생의 정취 역시 사표(師表)가 되었는데 그의 태도와 가르침을 통해 후인들에게 크게 영향을 주었다.[2)]

---

1) 『중론』「견교(譴交)」'제12', 『건안칠자집(建安七子集)』, 292쪽, 중화서국, 1989.

2) 『후한서』권60 상 「마융전」, 1972쪽, "達生任性, 不拘儒者之節(달생임성, 부구유자지절)." 또한 『후한서』 권35 「정현전」의 기록에 따르면 "마융의 문도는 4백여 명이다." 「정현전」에 보면 정현이 대장군 하진(何進)에게 징벽(徵辟)되었는데, "조복도 받지 않고 두건을 쓴 채로 알현하였으며, 하룻밤만에 도망치고 말았다"는 기록이

그의 사후 정현과 같은 박통한 학자뿐만 아니라 다양한 경전 주석가들, 예를 들어 두예(杜預), 왕필, 왕숙(王肅) 등과 같은 이들이 연이어 등장하여 학풍을 크게 변화시켰다. 이러한 사상의 변화에 자원을 제공한 학자나 사상가들은 대부분 마융과 그의 저작에 영향을 받은 바가 컸다. 그렇기 때문에 마융의 죽음은 구시대가 끝나고 새로운 시대가 도래하였음을 상징한다고 볼 수 있다.

그 해에 또 하나 주목할 부분은 양해(襄楷)가 올린 상서이다. 그 해에 양해는 두 편의 상소문을 올렸는데, "밤중에 아무런 이유도 없이 울부짖는 소리가 들리고 구름에 불빛이 보입니다." '봄, 여름 이래로 서리와 우박, 뇌우가 계속되며', '산에서 용(龍)이 죽었고', '별이 떨어져 돌이 되었으며' 등등 자연 재이에 근거하여 정치적 견해를 밝히고 있다. 그는 이미 모두에서 천자와 '엄수(閹竪 : 환관)'을 직접 지목하였으며, "한조가 건립된 이래로 간언을 막거나 현자를 주살하는데 오늘날처럼 형벌을 가혹하게 사용한 적이 없습니다(漢興以來, 未有拒諫誅賢用刑太深如今者也한흥이래, 미유거간주현용형태심여금자야)"라는 등 극단적인 발언을 서슴지 않았고, 심지어는 "문덕이 장차 쇠해지고 교화가 폐지될 것입니다(文德將衰, 敎化廢也문덕장쇠, 교화폐야)"[3]라고 단언하기도 했다.

이는 의심할 바 없이 지식계층의 불요불굴의 정치적 비판 자세를 상징하는 것이라고 할 수 있다. 그러나 사상사의 측면에서 볼 때 더욱 중요한 부분은 따로 있다. 우선 그의 상소문은 "궁중에 황로와 부도(浮屠 : 부처)의 사낭을 세웠다"는 것을 처음으로 밝혔다는 점에서 큰 의미를 지닌다. 양해의 상소문에 "이 도리(황로와 불교)는 청허(淸虛)하여 무위를 숭상하고 생명을 귀하게 여기고 살생을 미워하였으며 욕망과 사치를 억제했다"라고 써 있는 것을 통해 우리는 당시 사람들이 황로와 불교에 대해 어떻게 생각하고 있었는지 짐작할 수 있다. "노자가 이적(夷狄 :

나오는데, 마융의 영향을 받은 때문인지 알 수 없다. 그러나 박학을 추구하던 정현의 학술 기풍은 분명 마융의 영향을 받은 것이 틀림없다. 정현은 「계자서(戒子書)」에서 자신에 대해 다음과 같이 언급하고 있다. "환로(宦路)에 있을 때는 두루 사람들과 통하고, 은거하고 있을 때는 대유(大儒)가 되어야 한다"는 가르침을 받았기 때문에 "육예를 두루 살피고, 전기(傳記)를 대략 훑어보았으며, 때로 비서(秘書), 위술(緯術 : 유가의 경전이 아닌 다른 학파의 학술)의 오묘함을 엿보기도 했다." 그래서 마침내 "대전(大典)을 두루 포괄하고, 뭇 가의 학설을 망라하게 되었다."

3) 『후한서』 권30 「양해전」, 1077쪽, 1080쪽.

오랑캐)의 땅으로 들어가 부도(浮屠)가 되었으며, 부도가 상(桑 : 보리수를 말한다) 아래에서 오래지 않아 곧 옮겨간 것은 장생과 애련(愛戀)의 마음이 없었다는 것을 나타낸다." "천신(天神)이 아리따운 여자를 보냈는데, 부도가 말하길 '이는 피로 가득 찬 가죽 주머니에 불과하다'고 말했다." 이러한 예를 통해 우리는 당시 사람들이 불교에 대해 어느 정도 지식이 있었음을 확인할 수 있다.

또한 당시에 낭야(琅琊) 사람 궁숭(宮崇)이 자신의 스승인 간길(干吉)이 얻었다는 『태평청령서(太平淸領書)』 170권을 얻었다고 순제에게 아뢴 적이 있다. 당시 관리들은 "그 내용이 주로 음양오행을 위주로 하고 있으며, 대부분 무격(巫覡)의 잡다한 언사로 이루어져 있다"고 하여 "요망하고 불경하다"고 판정하였지만 이미 그 책은 민간에서 궁정으로 전해진 상태였다.[1] 그렇기 때문에 바로 그 해에 황제는 정식으로 용탁궁(龍濯宮)에서 노자의 제를 지냈던 것이다.

그렇다면 이것이야말로 사상사가 새로운 시대로 진입했음을 의미하는 것이 아니겠는가?

1) 『후한서』 권30 「양해전」, 1082~1084쪽.

에서 3세기로 넘어
ㅓ 사상과 학술 분위
변하기 시작했다.

2절

현의유원(玄意幽遠) : 3세기 사상사의 전환

동한 광화(光和) 5년(서기 182년) 육경에 정통하고 역산(曆算)에 능했으며, 풍각(風角 : 팔방八方의 바람을 오음五音으로 구별하여 길흉을 점치는 방술)에 밝았던 학자 하휴(何休)가 세상을 떠났다.[1] 10년 후에는 박학할 뿐 아니라 '사장(辭章), 수술(數術), 천문을 잘했고, 음률을 교묘하게 부릴 줄 알았던(好辭章數術天文, 妙操音律호사장수술천문, 묘조음률)' 채옹(蔡邕)이 피살되었다.[2] 건안(建安) 5년은 서기 2세기의 마지막 해인 200년이었다. 그 해에 박학하고 다재다능하여 여러 경전을 두루 주해하고, 경학의 금문과 고문을 융합시킨 정현(鄭玄)도 세상을 떴다. 『후한서』의 기록에 따르면 그가 세상을 떠날 때 공자가 꿈에 나타나 그에게 이렇게 말했다고 한다. "일어나시게, 일어나! 올해는 경진년이고 내년은 신사년일세(起, 起, 今年歲在辰, 來年歲在巳기, 기, 금년세재진, 내년세재사)."[3] 과연 경진과 신사년이 교체하던 그때는 바로 서기 2세기에서 3세기로 넘어가는 교체의 시기였다. 그의 죽음은 낡은 사상의 시대가 완전히 끝나고, 또 하나의 새로운 사상의 시대가 본격적으로 시작됨을 의미하는 것이었다.

신구(新舊)가 교체하면서 사상과 학술의 기풍 또한 이미 전환되고 있었다. 앞서 언급한 바대로[4] 2세기 중엽에 들어서면서 특히 지식계층은 군체가 인정하는

1) 『후한서』 권79 하 「하휴전」, 2582~2583쪽.

2) 『후한서』 권60 하 「채옹전」, 1980쪽.

3) 『후한서』 권35 「정현전」, 1211쪽.

4) 『진한(晋漢) 시기 : 고유 사상과 학술의 변화』를 참고하시오.

가치를 표준적인 인격이상으로 삼던 것에서 점차 멀어지면서 개인 정신의 독립과 자유를 추구하는 쪽으로 전향하기에 이르렀다. 이는 물론 권력과 대항하여 끝내 실패한 심리적 그늘의 영향 때문이다. 그러나 또한 진리의 절대성의 근거에 대한 진일보한 질문의 결과이기도 하다. 그들 가운데 어떤 이들은 진리의 궁극적인 근거는 '군체의 확인'에 있는 것이 아니라 '개인의 체험을 통한 증험'에 있다고 여기기 시작했다. 인간의 존재 가치는 사회의 찬사에 있는 것이 아니라 심령의 자유에 있다는 인식이기도 했다.

다른 한편으로 서기 2세기에 점차 만연해지기 시작한 박학통식(博學通識)의 지식인 기풍은 진일보하여 사상의 자원으로 확산되었다. 이러한 기풍은 경전의 권위가 이미 확립되고 아울러 일체를 농단하고 있던 시대에 사상적인 면에서 더욱 넓은 공간을 찾아나가도록 만들었다. 다시 말해 그것은 '정통(正統)'과 '도통(道統)' 그리고 '학통(學統)'이 일체를 이루고 있는 시대에 개인의 심지(心智)와 생각이 자유롭게 치달릴 수 있는 천지를 확보하고자 했다는 것을 뜻한다. 동한 시대에 고학(古學)이 홍성하고 사학이 크게 일어난 것은 바로 지식계층 자신들에게 속하는 사상공간을 찾겠다는 의미였다. 이런 두 가지 기풍은 당시 사상과 학술이 방향 전환을 하도록 이끌었다. 양웅(揚雄), 환담(桓譚), 왕충(王充) 이래로 주류 지식계층 내부에서 잠복하고 있던 독립과 자유를 추구하는 사상이 비로소 전면으로 부상하기 시작했으며, 더욱 광활해진 사상 영역에서 도가의 사상 자원이 지지를 얻게 되었고, 이로써 후대에 현학이라고 부르는 기풍이 탄생하기에 이른 것이다.

1

성과 천도, 유가 종점이 현학 화제이 되다.

유학의 전통 중에 가장 박약하고 유약하여 특히 쉽게 도전 받을 수 있는 부분이 있다. 그것은 우주와 인간의 형이상학적인 사로(思路 : 생각의 길, 사고 방식)에 관해 보다 세밀하게 탐구하여 자신들의 사상적 이로(理路 : 논리의 길)의 궁극적인 입각점으로 삼을 수 없었다는 점이다. 대신 그들은 현실 세상의 실질적인 문제인 윤리, 도덕, 정치 등을 처리하는데 지나치게 몰두하여 역사적으로 점차 형성되었던 군체의 사회적 가치에 의심할 바 없는 지위를 부여하였다. 그렇기 때문에 당시 사람들은 이러한 관념의 기원이나 합리적인 근거를 끊임없이 파고들었으나 끝내 실체를 다 볼 수 없었다. 『논어』「공야장」에 보면 다음과 같이 기록되어 있다.

> 자공이 말했다. 공자의 문장은 능히 얻어들을 수 있으나, 공자께서 성과 천도에 대해 말씀하신 것은 가히 들을 수 없다(子貢曰, 夫子之文章, 可得而聞也, 夫子之言性與天道, 不可得而聞也자공왈, 부자지문장, 가득이문야, 부자지언성여천도, 불가득이문야).[1)]

이는 유가들이 궁극적인 문제에 파고 들어가는 것을 회피했음을 반영한다. 공교롭게도 이러한 회피는 사상사에 새로운 화제를 남겼고, 또한 더욱 매서운 힐문(詰問 : 트집을 잡아 따져 물음)을 야기시켰다.

한나라 시대 사람들은 '성(性)'이라는 인간의 궁극적인 근거에 대해 그다지 토론한 적이 없었다. 그러나 예악 제도가 세워지고 찰거(察擧)를 인재 평가의 표준으로 삼은 것을 보면 당시 사회가 순자의 사상관념의 길을 따라 운영되었다는 것을 눈치 챌 수 있다. 이렇듯 예악 제도로 인간의 정감과 사상을 절제시키고, 찰거의 방식으로 인간의 품격과 정조(情操)를 격려하며, 형법과 율령으로 인간의 행위와 활동을 단속하는 것이야말로 현실적인 사회적 관념이었던 것이다. 또한 한나라 시대 사람들은 '천도'라는 우주의 궁극적인 문제에 대해서도 그다지 많은 논의를 한 것이 아니다. 언뜻 보기에 많은 토론을 한 것 같지만, 오제치(五帝畤 : 오제에게 제를 올리는 곳)와 명당을 건립하거나 참위설이 흥성했다는 등의 현상에서 볼 수 있듯이 한나라 시대 사람들이 이해하고 있던 '천도'란 주로 음양오행을 근간으로 하는 우주 구조론에 치중되어 있었다. 이러한 '천도'는 직접적으로 사회정치에 투영되고, 방술에 직접 운영되었기 때문에 현실성이 극히 강한 관념이 아닐 수 없었다.

그래서 정현은 앞서 인용한 문장에 나오는 '성여천도(性與天道)' 구절을 주석하면서 '성'을 '현우길흉(賢愚吉凶)', '천도'를 '칠정변동지점(七政變動之占 : 별자리의

---

1) 『논어』「공야장(公冶長)」, 『십삼경주소』 2474쪽.

움직으로 본 점성술. 칠정은 태양, 달, 화성, 수성, 목성, 금성, 토성을 말함)'[1]이라고 이해하였던 것이다. 따라서 궁극적인 인성의 근거와 현원한 우주의 근거에 대해 혹자는 가볍게 한 쪽에 방기한 채로 더 이상 추론하지 않았으며, 혹자는 아예 추론하지 않는 것을 당연한 것으로 여기게 되었던 것이다. 이러한 사로(思路)는 여러 학자들에게 그대로 수용되었다. 예를 들어 환담 역시 그러한 인물 가운데 한 사람이다. 『후한서』「환담전」에 실린 내용을 보면 동한 초년에 "황제가 참위설을 믿기 시작하여 대부분 의심나는 일을 결정하였다." 그러자 환담이 상서를 올렸는데, 이러한 '기괴하고 허황된(奇怪虛誕기괴허탄)' 이문(異聞)과 '아득하게 멀고 깊은(玄遠幽深현원유심)' 철리를 모두 '천도'라는 단어로 처리하고 말하길, 세상 사람들이 '기이한 이야기를 귀하게 여기나' 선왕들께서는 "모두 인의의 올바른 길을 근본으로 삼으시어 기괴하고 허황된 일에는 관심을 두지 않으셨습니다"라고 말하였다. 그리고 계속해서 그 이유에 대해 다음과 같이 말하고 있다.

> 무릇 천도와 성명(性命)이란 성인께서도 말하기 어려웠던 부분이기 때문에 자공 이래로 능히 들은 적이 없었다고 하였으니 하물며 후세의 미천한 유자들이 이에 대해 능통할 수 있겠습니까?(蓋天道性命, 聖人所難言也, 自子貢以下, 不得而聞, 況後世淺儒能通之乎?개천도성명, 성인소난언야, 자자공이하, 불득이문, 황후세천유능통지호?)

그러나 공자가 겸양한 것이든 아니면 유생들이 회피한 것이든지 간에 이 문제는 한위(漢魏) 시절에 들어와 오히려 자신을 전복시키는 계기가 되고 말았다. 우리가 알고 있듯이 사상의 자원은 항상 공유하기 마련이다. 사상가는 언제나 전대(前代)의 사상서에서 '이의역지(以意逆志)'의 해석 방법을 통해 새로운 사상을 창출해 낸다. 따라서 낡은 사상을 새롭게 발양하기도 하고 새로운 학설 속에 오래된 전통이 깃들어 있기도 하는 것이다. 이것이 바로 '사로(思路)'이다.

특히 고대 중국의 학설은 그다지 분명하게 구분 짓기가 어렵다. 그래서 사상 유파끼리 경계를 넘나드는 것은 이미 고대부터 일상적인 일이었다. 마치 강 건너

1) 『후한서』 권28 「환담전」 주석 인용, 960쪽.

불 구경을 하면서 불씨를 얻을 수도 있는 것과 마찬가지다. 비교적 합법적이고도 권위적인 경전에서도 화제를 끄집어내거나 제기할 때 이런 방식을 보편적으로 사용하기도 했다. 예를 들어 『논어』에서 "무위로 다스리는 것은 순임금이시다(無爲而治者, 其舜也與무위이치자, 기순야여)", "정치가 덕이어야 함은 북극성이 마땅한 자리에 거하면 뭇 별들이 그를 에워싸는 것과 같다(爲政以德, 譬如北辰, 居其所而衆星共之위정이덕, 비여북신, 거기소이중성공지)"라고 말한 것은 비교적 분명하게 도교사상에서 유래한 것으로 해석할 수 있다. 한위(漢魏) 시절에 도가사상을 신봉한 이들은 마치 약속이라도 한 듯이 유가 경전에서 자신의 입언(立言: 의견을 세상에 말함)의 근거나 문제의 합리성을 찾아내어 유자들의 사상을 와해시키는데 사용하였다. 『삼국지』 권10 주석에 보면 하소(何邵)의 「순찬전(荀粲傳)」 내용이 기재되어 있는데 대략 대화(대화) 초년(227년)에 순찬(荀粲)이 다음과 같이 여겼다고 기록하고 있다.

> (순찬은) 항시 자공이 공자가 성과 천도에 대해 언급한 내용은 들을 수 없었다고 하였는데, 그렇다면 육적(六籍 : 유가의 여섯 가지 경전)이 비록 있다고 하나 그것은 모두 성인의 강비(糠粃 : 쌀겨와 같은 쭉정이)에 불과하다(常以爲子貢稱夫子之言性與天道, 不得而聞, 然則六籍雖存, 固聖人之糠粃상이위자공칭부자지언성여천도, 불득이문, 연칙육적수존, 고성인지강비).[2)]

유가들이 회피하 -치했던 본원, 즉 고 심원한 것의 근 고자 했다.

순찬의 말에서 볼 수 있듯이 그의 사로가 전통적인 사고 방식과 다른 점은 무엇보다 그가 과거 유가들이 회피하거나 방치했던 본원, 즉 유심하고 심원한 것의 근거를 찾고자 했다는 점이다. 다시 말해 그는 '도'와 '성'처럼 현허한 개념을 자신이 토론하고자 하는 관건사(關鍵詞), 즉 키 포인트로 삼았던 것이다. 두 번째로 그는 자신의 사상 가운데 '성과 천도'에 대해 우선적인 의미를 부여하여 '도'는 모든 사물과 현상의 근본이며, '성'은 모든 품격과 도덕의 근간이라고 주장하

---

2) 『삼국지』 권10 『위서』 「순욱순유가후전(荀彧荀攸賈詡傳)」 주석에서 인용함, 319쪽. 또한 유소는 『인물지(人物志)』에서 전국시대 유가의 오행설과 도가의 자연설을 접합시켜 '중용'에 대해 도가적으로 해석하고 있는데, 이 역시 한 예라고 할 수 있다. 탕용동(湯用彤)의 「인물지를 읽고(讀人物志)」를 참고하시오. 그의 문장은 원래 『위진현학논고』에 실렸으며, 본문에서는 『탕용동학술논문집』 196~213쪽, 중화서국, 1983년을 참조했다.

였다. 그가 "천하 어느 곳에 근본이 부족함이 있어 지엽적인 것이 남음이 있는 경우가 있겠는가?"라고 한 것은 바로 이러한 의미였다. 또한 '성과 천도'는 언어로 표현하거나 물상(物象)으로 견줄 수 있는 것이 아니었다. 다시 말해 "이치의 미묘한 부분은 물상으로 예거(例擧)할 수 있는 바가 아니었다." 그것은 이렇듯 체득할 수는 있지만 언어로 말할 수 있는 것이 아니기 때문에 이른바 '상외지의(象外之意)', 즉 물상을 벗어난 뜻이었던 것이다. 정시(正始) 연간(240~249년)에 이르러 '노장의 언설을 좋아했던' 또 한 명의 명사인 하안(何晏)은 『논어집해(論語集解)』에서 '성과 천도'를 주해하면서 이렇게 말하고 있다.

성이란 인간이 부여받은 생명이다.

천도란 원형(元亨 : 크게 형통하다)이 매일 새로워지는 도로서 심오하고 미묘하다. 그렇기 때문에 능히 얻어들을 수 없다(性者, 人之所受以生也. 天道者, 元亨日新之道, 深微, 故不可得而聞也성자, 인지소수이생야. 천도자, 원형일신지도, 심미, 고불가득이문야).[1)]

이를 이전 정현의 주해와 비교해 보면 하안이 '성과 천도'를 통해 추구하고자 했던 것은 사람이 사회에서 행하는 구체적인 행위나 품격 또는 그 결과인 '현우(賢愚)와 길흉(吉凶)'이 아니라 사람을 사람이게 만드는 궁극적인 근거, 즉 '부여받은 생명'이었으며, '칠정변동(七政變動)' 등 구체적인 천체의 모습이나 별자리의 움직임 등과 관련된 것이 아니라 우주가 우주일 수 있는 심오하고 미묘한 도에 관한 것임을 알 수 있다. 동시대에 살았던 왕필(王弼) 역시 하안과 마찬가지로 유가의 경전에서 도가의 현허(玄虛 : 현묘한 이치)한 사상으로 전향하는 근거를 찾아냈다.[2)] 『논어』「팔일(八佾)」에 보면 "임방(林放)이 예의 근본을 묻자 공자가 말씀하시길 '질문이 크구나'라고 하였다"라는 구절이 나오는데, 왕필은 이에 대해 "당시

1) 『논어주해』, 『십삼경주소』 2474쪽.

2) 사실 왕필은 상당히 많은 한나라 시대 경학가들의 지식과 사상을 계승하였다. 예를 들어 그의 『주역주』에 보면 마융의 관괘계사주(觀卦卦辭注), 송충(宋忠)의 혁괘괘사주(革卦卦辭注), 정현의 췌괘상육효사주(萃卦上六爻辭注)와 태괘초구효사주(泰卦初九爻辭注), 그리고 우번(虞翻)과 왕숙(王肅)의 해설 등이 포함되어 있다. 카가 에이지(加賀榮治)의 『중국고전해석사』「위진편」, 201~202쪽, 경초서방(勁草書房), 도쿄, 1964.

사람들이 근본을 방기한 채 말단만 숭상하였다. 그래서 공자가 능히 예의의 근본을 찾고자 함을 크다고 하였던 것이다"[3]라고 하였다.

물론 여기에서 말하는 '본(本)'이란 바로 '천도'를 말한다. 『논어』「양화(陽貨)」에 보면 공자가 우연하게 '천'에 대해 언급한 부분이 나온다. "하늘이 무엇을 말하겠는가? 사시(四時)가 운행하여 만물이 소생하는 것이니 하늘이 무엇을 말한다는 말인가?" 이는 원래 공자가 스스로 비유하면서 "말을 조심할 것을 경계한다(戒人愼言계인신언)"거나 또는 "군자는 언사는 어눌할지라도 실천하는데 민첩해야 한다(君子訥於言而敏於行군자눌어언이민어행)"[4]는 뜻으로 말한 것이었다. 그러나 왕필은 예리한 감각으로 이를 인용하여 자신이 말하고자 하는 '근본'을 해석하는데 활용하였다.

> 내가 무언(無言)하고자 하는 바는 근본을 밝힘에 있으니 근본을 들어 말단을 통어(通語 : 말이 통함 혹은 널리 쓰는 말)하여 사물의 궁극적인 부분을 드러내고자 함에 있다. ……근본을 닦으려면 언어를 폐해야 하니 그러면 하늘을 본받아 변화가 이루어진다. 순박함으로써 살펴야 하는 즉 천지의 마음은 언어로 드러나는 것이 아니니, 추위와 더위가 순서대로 자리를 바꾸는 것은 곧 불언의 명령에 따라 사시가 운행되는 것이다. 그러니 어찌 하늘이 다정하여 그런 것이겠는가?(予欲無言, 蓋欲明本, 擧本統末, 而示物於極者也. ……修本廢言, 則天而行化, 以淳而觀, 則天地之心見於不言, 寒暑代序, 則不言之令行乎四時. 天蓋諄諄者哉?여욕무언, 개욕명본, 거본통말, 이시물어극자야. ……수본폐언, 즉천이행화, 이순이관, 즉천지지심견어불언, 한서대서, 즉불언지영행호사시. 천개순순자재?)[5]

---

3) 『논어석의(論語釋義)』, 『왕필집교석』 622쪽, 중화서국, 1980년. 당시 유학을 신봉하던 이들은 이에 대해 전혀 인식하지 않은 상태에서 그저 '예악' 자체를 굳이 말하지 않아도 아는 것쯤으로 간주하고 있었다. 예를 들어 고당륭(高堂隆)은 「답변란난취종(答卞蘭難取鍾)」에서 "무릇 예악이란 다스림의 큰 근본이다"라고 말한 바 있다. 그러나 '예악'이 왜 근본이 되는가에 대해서는 전혀 대답하지 않고 있다. 왕필은 바로 이러한 점에서 동시대에 살았던 이들에 비해 한 걸음 앞으로 나아갔다고 말할 수 있다. 『전삼국문(全三國文)』 권31, 『전상고삼대진한육조문』 1230쪽, 중화서국 영인본, 1958, 1985.

4) 『논어』 형소(邢疏), 『십삼경주소』 2526쪽.

5) 『논어석의』, 『왕필집교석』 634쪽.

바로 "하늘을 법칙으로 삼아 변화를 이루고, 도는 자연에 동화한다(則天成化, 道同自然칙천성화, 도동자연)"는 '천도'이자 흉악한 자는 절로 벌을 받고, 선한 자는 절로 도움을 받는 세상의 도, 즉 '세도(世道)'이며, 또한 백성들이 매일 사용하고 있으면서도 그 까닭을 알지 못하는 '인도(人道)'였던 것이다. 그러나 이러한 '도'는 더 이상 공자가 중시했던 현실 세계의 구체적인 사회 문제나 도덕 문제와 연관된 규칙이나 질서가 아니라 그러한 질서나 규칙이 성립할 수 있는 근거였던 것이다. 그것은 '적연(寂然)하고 실체가 없기 때문에 형상이 될 수는 없지만' 그럼에도 불구하고 '통하지 않는 바가 없고, 말미암지 않는 바가 없는' '도'로서 마치 '무(無)'와 같다. 이러한 관념의 전향을 통해 구체적인 사회 규범이나 인간의 질서는 합리적인 필요에 따라 보다 근원적인 질문의 대상으로 바뀌게 되었다.

그리하여 '물상(物象)이 될 수 없고', '언어로 말할 수 없는' 궁극적인 문제가 도출되기 시작한 것이다.[1] 탕용동(湯用彤)은 일찍이 한나라 말에서 위진(魏晋)에 이르는 시기에 사상과 의론이 '구체적인 인사(人事)'에서 '추상적인 현리'로 전환하였는데, 이는 "학문적 진전의 필연적 추세였다"[2]라고 말한 바 있다. 그러나 한 가지 지적할 부분은 이러한 '추세'가 '필연'으로 변하게 된 까닭은 바로 본문에서 지적한 전환의 관계에 있다는 점이다.

이처럼 보기에 형이상학적인 문제를 전통적인 언사로 표현하고자 한다면 당연히 유원현미(幽遠玄微 : 심오하여 아득하고 헤아리기 어려울 만큼 깊고 미묘함)하지 않을 수 없다. 3세기 30년대에 세상을 떠난 조식(曹植)은 「계지수행(桂之樹行)」에서

형이상학적인 문제
통적인 언사로 표
자 한다면 당연히
미하지 않을 수 없

1) 의도적으로 유가 경전에서 도가사상을 끄집어내거나 또는 무의식적으로 도가사상으로 유가 경전을 이해하는 등의 방법이 남북조 시대에 크게 유행하였다. 예를 들어 황간(皇侃)은 『논어의소(論語義疏)』 권5에서 무협(繆協)이 『논어』 「자한(子罕)」에 나오는 '공공여야(空空如也)'에 대해 주석한 것을 인용하면서 "무릇 명(名 : 명성)이란 흔적에서 생겨나는 것이기 때문에 행한 일이 현저함을 알게 되는데, 무위하여 적연하면 어찌 알 수 있겠는가? 그러나 그것이 무(無)이기에 응하지 않는 바가 없는 것이다"라고 하였고, 권6에서도 대사숙명(大史叔明)이 『논어』 「선진(先進)」에 나오는 "안회는 성인의 도에 가까웠으나 매번 음식을 거를 정도로 가난하였다(回也其庶乎屢空회야기서호누공)"라는 구절을 인용하면서 '공(空)'이란 "인의를 버리고, 예악을 잊으며, 사지를 무너뜨리고 총명을 제거하는 것이다. 좌망(坐忘)하여 모든 것을 잊고 큰 도와 통하니, 이는 망(忘), 즉 잊는다는 뜻이다. 잊음으로 순식간에 모든 것이 다하니, '공(空)'이 아니면 어찌 가능하겠는가?" 이는 거의 불교 용어로 해석한 것과 마찬가지라고 볼 수 있다.

2) 「독인물지(讀人物志)」, 『탕용동학술논문집』 205쪽.

"요체가 되는 도는 심히 간단하여 번잡하지 않으니, 담박, 무위, 자연이다(要道甚省不煩, 淡泊, 無爲, 自然요도심성부번, 담박, 무위, 자연)"[3]라고 말한 바 있다. 인용문의 요체가 되는 도, 즉 '요도(要道)'는 간단하면서도 현원하다. 그러나 조식이 말한 바대로 당시 사람들은 여전히 "고담허론(高談虛論 : 고아하면서 내용이 없는 담론)을 나누며 그 도의 근원이 무엇인가에 대해 물었다."[4] 이른바 '도원(道原)', 즉 도의 근원은 바로 '요도'의 본원으로 심령의 깊은 곳에 자리하고 있는 것이다. 3세기 중엽에 이르러 이러한 '고담허론'은 이미 당시 사인들의 기풍이 되었으며, 학술적으로 크게 유행하기도 했다. 하소(何劭)는 「순찬별전」에서 순찬에 대해 "담론이 고상하고 현원(玄遠)하였다"[5]고 말한 바 있으며, 사마소(司馬昭)는 완적에 대해 언급하면서 그가 "매번 이야기를 나누는데 언사가 모두 현원하였다(每與之言, 言皆玄遠매여지언, 언개현원)"[6]고 칭찬한 바 있다. 또한 「관로전(管輅傳)」에서 배휘(裵徽)에 대해 말하면서 "재주가 높고 풍도가 뛰어나며 현묘한 언사를 잘 사용했다(高才逸度, 善言玄妙고재일도, 선언현묘)"[7]고 했으며, 『진서(晋書)』 「배위전(裴頠傳)」에서도 배위를 칭찬하면서 다음과 같이 말했다.

> 언사를 사용하는데 허무에 기대는 것을 일러 현묘라고 한다(立言藉其虛無, 謂之玄妙입언자기허무, 위지현묘).

이른바 '현묘', 또는 '현원'의 '현(玄)'은 무엇인가? 『설문해자』는 '유원(幽遠)'으로 해석하면서, 그 본래 뜻은 '검고 붉은 색이 감도는 것(黑而有赤色)'이라고 풀이했다. 『설문』에 따르면 이른바 '현'은 "아래 요(幺) 자에 두(亠) 자를 덮은 것과

---

3) 『조식집교주』 권3, 399쪽, 조유문(趙幼文) 교주, 인민문학출판사, 1984.

4) 『문선(文選)』 권30 사령운(謝靈運 : 남북시대의 시인), 「의위태자업중집팔수(擬魏太子鄴中集八首)」 이선(李善)은 주석에서 조식의 사언시를 인용하고 있다. 중화서국 영인본, 438쪽, 1977.

5) 이외에도 『세설신어(世說新語)』 「문학」, "談尙玄遠(담상현원)", 『세설신어교전』 107쪽, 서진악(徐震堮) 교전(校箋), 중화서국, 1984. 이외에도 같은 책에 보면 "부하(傅嘏)는 말을 잘했는데, 현허한 점이 뛰어났으며, 순찬은 담론이 고상하고 현원하였다"라는 구절이 나온다.

6) 『세설신어』 「덕행」의 주석에 인용된 「가계(家戒)」에 나온다. 『교전(校箋)』 10쪽.

7) 『세설신어』 「문학」 주석에 인용됨, 『교전(校箋)』, 108쪽.

같으니(象幽而一覆之)" 왕필이 말한 '천도'의 '심미(深微)'와 마찬가지다. 이는 『노자』에서 "현하고 또 현하니 온갖 묘함의 문이다"라고 한 '도'의 근원과 다를 바 없다.[1] 이처럼 추상적이고 심히 은미한 철학적 이론이 사상의 조류가 되면서, 이러한 사상 조류를 일러 '현학'이라고 칭하였다. 그것의 주된 화제가 구체적인 천상이나 세간의 도덕에서 현허한 '도'나 '무'로 이전되면서, 기존의 유가 대신 도가의 논리에 기탁하게 되었다. 이러한 사상사적 전환 속에서 유가가 논의하고자 했던 사상의 종점은 도가 사상의 기점이 되었으며, 경학가들이 우연히 놓치고 말았던 것을 현학가들이 크게 발휘하게 된 것이다. 그리하여 한나라 시대에 모든 지식과 사상의 근거였던 우주론, 예를 들어 음양오행설은 새로운 지식과 사상의 근거, 즉 본원적인 '유'와 '무'에 의해 대치되고 말았다.

주된 화제가 구체적인 천상이나 세간의 도덕에서 현허한 '도'나 '무'로 이전되면서, 기존의 유가 대신 도가의 논리에 기탁하게 되었다.

동진(東晋) 시대 장담(張湛)이 『열자』「천서(天瑞)」 주석에서 말한 내용은 이를 시사한다. "음양과 사시는 변화하는 것이나 유생(有生)의 영역에 속하는 것이다. 모두 이에 따라 움직이니 사시가 바뀌어 끊임이 없고, 만물이 변화하여 그침이 없는 것이다(陰陽四時, 變化之物, 而復屬於有生之域者, 皆隨此陶運, 四時改而不停, 萬物化而不息 음양사시, 변화지물, 이복속어유생지역자, 개수차도운, 사시개이부정, 만물화이불식)." 그러나 그는 진정으로 궁극적인 것은 "오로지 고요하고 지극하게 비어 하나로 응결하여 불변하는 것은 음양으로 시종(始終)하는 것이 아니며, 사시(四時)로 변혁되는 것이 아니다(夫唯寂然至虛, 凝一而不變者, 非陰陽之所終始, 四時之所遷革 부유적연지허, 응일이불변자, 비음양지소종시, 사시지소천혁)"[2]라고 하였다. 이는 음양오행을 근간으로 한 우주 시공이 결코 모든 존재의 의거가 아니며, 오로지 '도'나 '무'처럼 영원하고 또한 모든 것을 초월하는 본원이 있어야만 일체를 충당할 수 있는 의거가 될 수 있다는 뜻이다.[3] 이처럼 우주의 본원과 궁극적인 의거가 중심적인 화제가 되면서 '유'와 '무', '언'과 '의' 등이 사상사의 주요한 개념이 되었다. 3세기 40년대 이후로 하후현(夏侯玄),

---

1) 대연(戴燕)의 『현의유원(玄意幽遠)』을 참고하시오. 홍콩 중화서국, 1994.

2) 『열자』「천서」, 양백준(楊伯峻), 『열자집석』 2쪽, 중화서국, 1979, 1985. 같은 편에서 열자가 말한 "예전 성인은 음양을 통해 천지를 통어하였다. 그러나 무릇 유형은 무형에서 생겨난다"는 것 역시 이러한 뜻이다.

3) 이는 탕용동이 말한 바 "천도를 논한다는 것은 우주를 구성하는 질료(Cosmology)에 구속되지 않고 본체의 존재(Ontology)로 직접 들어가 탐구하는 것이다.「언의지변(言意之辯)」, 『탕용동학술논문집』, 214쪽.

하안(何晏), 황보밀(皇甫謐), 혜강(嵇康), 완적(阮籍), 상수(向秀), 왕필(王弼), 종회(鍾會), 왕융(王戎) 등이 연이어 사상사에 출현하면서 현학 시대의 도래를 알리게 된다.

2

오행에서 유무(有無)

앞서 말한 바대로 순찬, 하안, 왕필 등은 유가학설이 궁극적인 본원, 즉 '성과 천도'의 문제에 대해 더 이상 나아가지 못하고 주저하고 있다는 점을 예리하게 간파하였다. 그리고 이를 발판으로 삼아 자신들의 사로를 유가에서 도가로 전이시켰다. 이미 널리 알려진 자료를 통해 왕필이 어떻게 '유'와 '무'의 화제에 있어서 사상적 경향을 유가에서 도가로 전환시켰는가를 살필 수 있다. 『삼국지』 「종회전」의 주석에 인용된 하소의 「왕필전」 기록에 따르면 왕필이 배휘를 알현했을 때 배휘가 다음과 같이 말한 것으로 알려져 있다.

> 무릇 무라는 것이 만물이 바탕으로 삼는 것이라고 하나 성인이 이에 대해 말을 한 적이 없고, 대신 노자가 말한 무만 있는 것은 왜 그런 것인가?(夫無者滅萬物之所資也, 然聖人莫肯致言, 而老子申之無已者何?부무자멸만물지소자야, 연성인막긍치언, 이노자신지무이자하?)[4]

배휘가 질문한 내용은 분명하다. 그는 '무'의 궁극적인 의의를 인정하고 있었으나 다른 한편 '무'에 대한 '성인'의 인가가 없다는 점이 걸렸다. 그래서 그는 자신의 우려를 없애기 위해 왕필에게 정치적 합리성과 더불어 사상적 합리성을 갖춘 해석을 요구한 것이다. 이에 왕필이 다음과 같이 대답하였다.

> 성인은 '무'에 대해 체득하고 있었으나 '무'는 가히 말로 설명할 수 있는 것이 아니기 때문에 말하지 않은 것이고, 노자는 '유'를 인정하고 있었기 때문에 항시

4) 『삼국지』 권28, 795쪽.

'무'의 부족한 바를 말한 것이다(聖人體無, 無又不可訓, 故不設也, 老子是有者也, 故恒言無所不足 성인체무, 무우불가훈, 고불설야, 노자시유자야, 고항언무소부족).[1)]

다시 말해 그의 말은 공자는 실제로 '무'를 체험하였으나 정확하게 '무'의 불가언성(不可言性)을 파악하고 있었기 때문에 정면으로 '무'를 토론하지 않았으며, 노자는 '유'를 승인하고 있었기 때문에 '유'의 각도에서 항시 '무'의 다른 일면을 말했다는 뜻이다. 이렇게 '무'에 관한 화제는 주류의 이데올로기에 의해 인정된 합리성을 지니게 되었으며, 도가의 사상은 유가의 외피를 뒤집어쓴 상태에서 모든 이들이 마음 놓고 아주 당당하게 토론의 화제로 삼을 수 있었던 것이다.[2)]

『진서』에 따르면 당시 하안과 왕필은 노장에 대해 논술하면서 천하만물이 '무'를 '본'으로 삼는다는 점을 입론의 근거로 삼았다. 이후 왕연(王衍)은 "현언을 잘 말했으며, 오로지 노장에 관해 이야기하는 것으로 일을 삼았다(妙善玄言, 唯談老莊爲事 묘선현언, 유담노장위사)"[3)]고 말한 바 있다. 그렇다면 '무'는 무엇이고, '유'는 무엇인가? 『노자』 40장에 따르면 "천하 만물은 '유'에서 나오고, '유'는 '무'에서 나온다". 분명히 노자는 '무'를 포용성이 무한한 우주의 본원으로 삼고, 일체의 현상과 사물 이전에 존재하는 것이라고 하였다. 이는 다시 말해 '무'를 역사와 시간의 서열에서 가장 절대적으로 우선하며, 원초적인 의미로 간주한 것이다. 이처럼 원초적이고 포용성을 지닌 '무'가 있어야만 비로소 우주에 존재하는 모든 현상과 사물의 개별성과 차이성을 초월하여 일체의 기점이자 초석이 될 수 있는 것이다.

그래서 왕필은 『노자주(老子注)』에서 바로 이에 근거하여 "천하의 사물은 모두 '유'로서 생명을 지닌다. 그러나 유는 무를 근본으로 시작하니 장차 유를 온전케 하고자 한다면 반드시 무로 돌아가야만 할 것이다(天下之物, 皆以有爲生, 有之所始,

---

1) 『삼국지』 권28, 795쪽.

2) 그레이엄(A. C. Graham)은 이러한 '유'와 '무'의 토론은 서구 현대 철학의 존재에 관한 토론과 다르다고 말한 바 있는데, 그의 견해는 적절하다. 『*'Being' in Western Philosophy compared with Shih(是)/Fei(非) and Yu(有)/Wu(無) in Chinese Philosophy*』, AM, NS. 7(1959), 79~112쪽.

3) 『진서』 권43, 「왕연전(王衍傳)」, 1236쪽.

以無爲本, 將欲全有, 必反於無也천하지물, 개이유위생, 유지소시, 이무위본, 장욕전유, 필반어무야)"[4]라고 주장하였다. 왜냐하면 그 어떤 사물이나 현상도 시간과 공간 속에 존재하며, 또한 '명(名)'과 '형(形)'을 통해 자신을 드러내어 만약 시간과 공간, 언어와 형색을 벗어나면 더 이상 존재할 수 없기 때문이다. 그래서 시공간에서 형체와 이름으로 존재하여 개별성과 차이성을 지닌 사물이나 현상은 모두 상대적이고 일시적일 수밖에 없으며, 차별성을 지닌 일체를 두루 포용하여 기를 수 있는 본원이 될 수 없다. 따라서 오로지 '무'만이 시공과 형명(形名)의 기점이 될 수 있는 것이다. 바로 이러한 이유 때문에 『주역』「계사(系辭)」에서 왕필은 '무'는 곧 '도'라고 하면서 다음과 같이 풀이하고 있는 것이다.

> 도란 무엇인가? 무의 칭호이다. 통하지 않는 것도 없고, 말미암지 않는 것도 없으니 굳이 비유하면 도라고 말할 수 있다. 적연하고 형체가 없으니 형상으로 드러나지 않는다(道者何? 無之稱也, 無不通也, 無不由也, 況之曰道, 寂然無體, 不可謂象도자하? 무지칭야, 무불통야, 무불유야, 황지왈도, 적연무체, 불가위상).[5]

이미 존재하는 '무'는 존재한 적이 없는 '무'에서 생겨난다. 따라서 '무'는 '유'의 근본이며, '유'는 '무'의 말단이다. 존재한 적이 없는 '무'는 일체의 '유'를 낳고 기를 뿐만 아니라 일체의 '유'에 존재의 합리적 의거를 제공한다. 하안은 「무위론(無爲論)」에서 "천지만물은 모두 '무'를 근본으로 한다. '무'란 사물의 시작을 열고 일을 이루는 것이니 이루지 못하는 것이 없다. 음양은 이에 기대어 생물을 변화시키며 만물은 이에 기대어 형체를 이루고, 현자는 이로써 덕을 이루

---

4) 『왕필집교석』 110쪽, 이 점에 대해 아래 두 가지를 참고하시오. 『노자』 제42장 '도생일(道生一)'에서 '일'에 대해 왕필은 "만물의 온갖 형태는 '일(一)'로 돌아간다. 그렇다면 무엇으로 말미암아 '일'에 이르는가? '무'로 말미암는다. '무'로 말미암아 '일'이 되니 '일'은 '무'라고 말할 수 있을까? 이미 그것을 '일'이라고 말했으니 어찌 '무언(無言)'이라고 하겠는가?"라고 주석한 바 있다. 이는 '일'은 '무'가 아니며, '무'는 '도'이자 '일'의 근본이라는 뜻이다. 또한 『주역』「계사」의 주석에서 왕필은 "무릇 유는 반드시 무에서 시작된다. 그런 까닭에 태극이 양의를 낳는 것이다(夫有必始於無, 故太極生兩儀也부유필시어무, 고태극생양의야)"라고 하였다. 여기에서 '태극'이 바로 '무'이며, '양의'는 '유'이다. 『교석』 117쪽, 553쪽.

5) 『왕필집교석』 541쪽.

고, 불초자는 이로서 몸의 화를 면할 수 있다(天地萬物, 皆以無爲本, 無也者, 開物成務, 無往不成者也, 陰陽恃此化生, 萬物恃此成形, 賢者恃以成德, 不肖恃以免身천지만물, 개이무위본, 무야자, 개물성무, 무왕불성자야, 음양시차화생, 만물시차성형, 현자시이성덕, 불초시이면신)"[1] 바로 이러한 이유로 말미암아 사람들은 '무'를 가장 우선적인 자리에 놓아야만 하는 것이다. 이는 마치 근본이 커야 말단을 말할 수 있고, 뿌리가 깊어야 가지가 무성한 것과 마찬가지로 사회나 개인 모두 응당 '무'가 상징하고 암시하는 의미를 본받고 의거해야만 한다.

왜냐하면 '무' 또는 '도'는 "천지의 변화를 두루 포괄하여도 지나침이 없고, 만물을 두루 이루면서도 놓치는 것이 없으며, 주야(晝夜)의 도에 통하되 형체가 없는 것(範圍天地之化而不過, 曲成萬物而不遺, 通乎晝夜之道而無體범위천지지화이불과, 곡성만물이불유, 통호주야지도이무체)"[2]이기 때문이다. 일체의 만물은 응당 그것을 모방하고 따라야만 비로소 합리성을 얻을 수 있고, 정확한 길과 결과를 획득할 수 있다. 그것은 마치 강거목장(綱擧目張 : 그물의 벼리만 집어 올리면 그물은 저절로 펴진다는 뜻으로 사물의 의거인 도로 인해 모든 사물의 문제가 이에 따라 해결된다는 의미)과 같아서 그 어떤 사상이든 아니면 지식이든 모든 것이 이러한 '무'의 상징과 암시에 의거해야만 하는 것이다. 그래서 "무릇 적은 것은 많은 것이 귀하게 여기며, 과(寡)한 것은 중(衆)한 것이 근원으로 삼아야 하는 것이니(夫少者, 多之所貴也, 寡者, 衆之所宗也부소자, 다지소귀야, 과자, 중지소종야)" 이렇게 해야만 "번다하면서도 어지럽지 않고, 많으면서도 미혹됨이 없게 된다(繁而不亂, 衆而不惑번이불란, 중이불혹)"[3]고 말한 것이다. 『논어』「이인(里仁)」에서 공자가 증삼(曾參)에게 "내 도는 하나로 관통한다(吾道一以貫之)"고 말하자 증삼이 "공자님의 도는 충서일 따름이다(夫子之道, 忠恕而已矣부자지도, 충서이이의)"라고 답한 적이 있었다. 그러나 왕필은 오히려 증자의 해석을 한 쪽으로 내몰고 공자의 도를 궁극적인 '도'로 해석하고 있다.

---

1) 『전삼국문』 권39, 『전상고삼대진한육조문(全上古三代秦漢六朝文)』 1274쪽, 또한 『진서』 권43 「왕연전」, 1236쪽에도 보인다.

2) 『주역약례(周易略例)』, 『왕필집교석』, 598쪽.

3) 『주역약례』, 591쪽.

관은 통과 뜻이 같다. 무릇 일은 돌아가는 곳이 있고, 도리는 모이는 곳이 있기 마련이니 그 돌아가는 곳을 얻게 되면 일은 비록 아무리 크다고 할지라도 가히 하나로 들 수 있고, 그 모임을 총괄하면 도리가 아무리 크다고 할지라도 가히 간략하게 궁구할 수 있다. …… 능히 도리의 지극함을 다하면 통어할 수 없는 사물이 없게 되고, 궁극은 둘이 될 수 없으니 그것을 일러 하나라고 말한 것이다(貫, 猶通也, 夫事有歸, 理有會, 故得其歸, 事雖殷大, 可以一名擧, 總其會, 理雖博, 可以至約窮也. …… 能盡理極, 則無物不通, 極不可二, 故謂之一也관, 유통야, 부사유귀, 리유회, 고득기귀, 사수은대, 가이일명거, 총기회, 리수박, 가이지약궁야. …… 능진리극, 즉무물불통, 극불가이, 고위지일야).[4)]

그리하여 그들은 이처럼 간이하고 궁극적인 철리를 연구함으로써 일체의 근원을 찾아 마침내 '만물의 본체'를 '무'로 귀결시켰던 것이다. 앞서 말한 바대로 전국시대 말기부터 진한(秦漢) 시대까지는 우주의 구조론을 중심 화제로 삼았던 시대이다. 이에 대한 토론 속에서 우주 만상의 공간적 구조, 그것과 사회, 인류의 대응관계 등은 당시 사람들이 특히 주목하던 화제였다. 그러나 항시 현묘하여 말로 설명하기 어려운 우주의 궁극적인 본원에 대해 논의한 것만이 아니었으며, 오히려 구체적인 사물과 현상을 이해하고 분석하여 그것들을 문류(門類)와 종속(種屬)에 따라 귀납하고 추상하는데 주력하였다. 그렇기 때문에 각기 구체적인 지식과 기술이 여전히 중요했으니, 박학(博學)의 기풍은 이와 관련이 깊다.

예를 들어 '천'의 경우, 여러 가지 천상, 성신, 역법, 신귀 등과 관련이 있는 지식이나 기술이 크게 발달했으며, 천도에 관한 철리는 오히려 그다지 사람들에게 중시되지 않았다. 위진 이래로 이러한 지식 전통은 여전히 남방을 중심으로 지속되었다. 예를 들어 육적(陸績)은 경방(京房)의 학(學)으로 『역』을 주해하였고, 천상에 관한 지식으로 『혼천도(渾天圖)』를 지었다. 또한 우번승(虞翻承)은 맹씨(孟氏)의 학문으로 『역』을 주해하였고, 천문의 술(術)로 『안천론(安天論)』을 지었다. 이외에도 왕번(王蕃)의 '지천지물(知天知物)'이나 요신(姚信)의 『흔천론(昕天論)』, 그리고 갈형(葛衡)이 혼천(渾天)을 만들어 "땅을 우주의 중심에 두고 기계로 그것을 움

4) 『왕필집교석』, 622쪽.

직여 하늘은 돌지만 땅은 멈추도록 한 것(使地居于中, 以機轉之, 天轉而地止사지거우중, 이기전지, 천전이지지)"[1] 등도 모두 이러한 예증이다.

그러나 중원, 즉 낙양을 중심으로 한 북방의 학풍은 이미 변화하고 있었다.[2] 북방의 학풍은 우주, 사회, 인류 구조에 대한 관심에서 벗어나 우주와 사회, 인류의 본원에 대한 홍취로 다가서고 있었으며, 기존의 박학을 중시하는 지식 전통은 이미 간이(簡易)를 중시하는 사상 기풍으로 전향하였다. 그리고 사람들은 일체의 것을 해석할 수 있는 최종적인 답안을 찾고자 했으며, 이러한 '강거목장'의 사로를 통해 모든 것을 이해하고자 했다. 그렇기 때문에 왕필은 『노자지략(老子指略)』에서 노자의 학문만이 "숭본식말(崇本息末 : 근본을 숭상하여 지엽적인 것을 그치게 한다)" 할 뿐 아니라 사상적 맥락의 측면에서 "언사가 근본에서 멀지 않고 논의하는 일이 주체를 잃지 않기 때문에 비록 전체 문장이 오천언(五千言 : 오천자)에 불과하나 하나로 관통하고 있으며, 뜻은 비록 광범위하고 많지만 여러 가지를 동류로 삼으니 그것을 풀어 한마디로 말하자면 아득하여 알지 못하는 것이 없다(言不遠宗, 事不失主, 文雖五千, 貫之者一, 義雖廣瞻, 衆則同流, 解其一言以蔽之, 則無幽而不識언불원종, 사불실주, 문수오천, 관지자일, 의수광섬, 중즉동류, 해기일언이폐지, 즉무유이불식)" 고 말하는 것이다.

그렇지만 공문(孔門)의 번다한 예의나 참위의 별자리나 역술과 관련된 수술(數術), 황제의 천문 역법 등은 모두 "모든 일에 대해 각기 그 뜻을 풀이하니, 분석할수록 오히려 의심스럽기만 하다(每事各爲意, 則雖辨而愈惑매사각위의, 즉수변이유혹)"[3]고 주장했다. 그래서 이처럼 간이하고 근본적인 것을 추구하는 기풍 속에서 노장의 학문의 의의가 나날이 도드라지게 되었던 것이다. 그들은 "천지의 도는 인위적으로 행하지 않더라도 잘 시작되며, 수고하지 않아도 잘 이룬다. 그래서 그것을 일러 이간(易簡)이라고 한다(天地易簡, 萬物各載其形, 聖人不爲, 群方各遂其位也천지역간, 만물각

---

1) 『삼국지』 권63의 주석에 인용된 『진양추(晋陽秋)』, 1426쪽. 당장유(唐長孺), 「포박자를 읽고 남북 학풍의 이동을 추론함(讀抱朴子推論南北學風之異同)」, 『위진남북조사론총』, 367~368쪽, 삼련서점, 1955, 1978.

2) 사서에서는 하안이 "선거를 주관하면서 이전에 그와 관련이 있는 이들을 대거 발탁하였다(主選擧, 其宿與之有舊者, 多被拔擢주선거, 기숙여지유구자, 다피발탁)" 고 하였는데, 아마도 이것이 당시의 기풍에 영향을 주었을 것이다. 또한 하씨와 동시대의 사람들, 예를 들어 왕필, 순융(荀融), 종회 등의 학풍 역시 거의 비슷했다. 『삼국지』 권9, 292쪽 주석에 인용된 『위략(魏略)』을 참조하시오.

3) 『왕필집교석』, 198쪽.

재기형, 성인불위, 군방각수기위야)". "천지는 쉽고 간략하기 때문에 만물은 각기 그 형체를 부여받아 지니고 있을 뿐이며, 성인이 굳이 인위적인 일을 하지 않더라도 뭇 사물이나 일이 각기 그 자리를 차지하게 되는 것이다(天下之理, 莫不由易簡, 而各得其分位也천하지리, 막불유역간, 이각득기분위야)."[4] 이리하여 일체 모든 것이 그 궁극적인 곳에서 합리적인 의거를 찾아야만 하는 것이니 그 중에는 하늘과 땅 뿐만 아니라 모든 사회의 다스림이나 개인의 인생 태도도 모두 포함되어 있다. 이렇듯 일단 노장의 사로(思路)로 전향함으로써 모든 문제가 간단명료하게 변하기 시작한 것이다.

3

문제는 이러한 궁극적인 '무(無)', 만상의 '본(本)'이 언어나 형상 안에 있는 것이 아니며, 시공간 내에 있는 것도 아니라는 점이다. 그것은 현원(玄遠)하고 유명(幽冥)하여, 노자가 말한 바대로 "오묘하고 또 오묘하다(玄之又玄)"는 특징을 지녔다. 당시 '언의지변(言意之辯)'이 뜨거운 화제로 떠오른 것은 바로 이 때문이다. 하안은 「무명론(無名論)」에서 "도란 형상으로 존재하는 것이 없다(道者, 惟無所有者也도자, 유무소유자야)"라고 하여 도가 실존하는 모든 현상이나 사물과 다르다고 했으며, "도는 본래 명칭이 없다(道本無名)"이라고 하여 도가 언어 문자로 지칭될 수 있는 것이 아님을 밝혔다. 그는 노자와 공자의 말에 근거하여 '억지로 그것의 이름을 지은' 까닭은 "세상 사람들이 아는 바를 취해 칭한 것일 따름이다"고 했다. 바꾸어 말하면 사람들이 이해할 수 있도록 은유의 방식을 통해 그것을 지칭하였으며, 이로써 사람들의 의식 속에서 잠시나마 그것이 드러나도록 하였다는 뜻이다.[5]

'언(言)'과 '의(意)'의 명제는 원래 『주역』 「계사」에서 나온 것이다. 「계사」를 보면 공자의 말을 인용하여 다음과 같이 말하고 있다.

4) 『주역주』, 『왕필집교석』, 536쪽.
5) 『전삼국문』 권39, 『전상고삼대진한육조문』 1275쪽.

공자가 말하길, 책은 언사를 다할 수 없고, 언사는 뜻을 다할 수 없다. 그렇다면 성인의 뜻은 볼 수 없는 것인가? 공자는 성인은 상(象)을 세워 뜻을 다하였고, 괘(卦)를 만들어 정의를 다하고, 사(辭)를 풀어 그 말을 다하였다고 말하였다(子曰, 書不盡言, 言不盡意. 然則聖人之意, 其不可見乎? 子曰, 聖人立象以盡意, 設卦以盡情僞, 繫辭焉以盡其言자왈, 서부진언, 언부진의. 연즉성인지의, 기불가견호? 자왈, 성인입상이진의, 설괘이진정위, 계사언이진기언).

분명 「계사」는 언어에 대해 회의하는 전통을 계승하고 있지만 여기서는 '상', '괘', '사'를 통해 '성인의 뜻'을 표달(表達 : 의사나 감정을 표현하여 전달함)할 수 있다는 점을 긍정하고 있다. 『삼국지』 「순욱전(荀彧傳)」의 주석에 인용된 하소(何劭)의 「순찬전」의 기록에 따르면 순욱은 이 대목을 인용하여 '성과 천도'에 관해 공자가 "능히 들을 수 없다"고 말한 것에 대해 의문을 표시하면서 "성인이 상을 세워 뜻을 다했고, 사를 풀어 말을 다했다고 하였는데 어찌 미묘한 말을 능히 언어들을 수 없다고 하는가?"라고 물었다. 그러나 의도적으로 유가를 '천도' 문제에 관한 토론에서 배제하고자 했던 순찬은 오히려 다음과 같이 반박하고 있다. "대체적으로 이치의 미묘함은 물상(物象 : 사물의 형상)으로 들춰낼 수 있는 것이 아니다. 지금 상을 세워 뜻을 다한다고 하였으나, 이는 뜻 밖에 있는 것과 통할 수 있는 것이 아니다. 사를 풀이하여 말을 다한다고 하였으나 이는 문사 밖에 있는 것을 말할 수 있는 것이 아니다. 이러한즉 물상 밖의 뜻이나 문사 밖에 있는 말은 그저 쌓아둔다고 하여 표출되는 것이 아니다(蓋理之微者, 非物象之所擧也, 今稱立象以盡意, 此非通於意外者也, 繫辭焉以盡言, 此非言乎繫表者也. 斯則象外之意, 繫表之言, 固蘊而不出矣개리지미자, 비물상지소거야, 금칭립상이진의, 차비통어의외자야, 계사언이진언, 차비언호계표자야. 사즉상외지의, 계표지언, 고온이불출의)."[1)]

이는 다시 말해 언어로 표달할 수 있는 '의(意)'의 밖에 언어로 표달할 수 없는 '의외지의(意外之意)'가 존재한다는 뜻이다. 그러나 왕필의 관점은 이와 약간 다르다. 그는 『주역약례』 「명상(明象)」에서 '상(象)'은 '의를 드러내는 것'이고, '언

1) 『삼국지』 권10 『위서』 「순욱순유가후전(荀彧荀攸賈詡傳)」, 319~320쪽.

(言)'은 '상을 밝히는 것'이기 때문에 "뜻은 상으로 다하고, 상은 언어로 분명하게 드러난다"는 점을 인정하였으나 화제를 바꿔 '상', '언', '의' 삼자 간에 가치의 등급을 정하였다. 그는 '언'과 '상'은 단지 부호일 뿐 실제 뜻이 아니기 때문에 지칭하는 부호에 얽매여 본래의 의의를 잊어서는 안 된다고 하였다. 토끼를 잡으면 올가미를 잊고 고기를 잡으면 통발을 잊어버리는 것과 같이 일단 뜻을 파악하게 되면 부호는 버려도 된다는 것이 그의 생각이었다.

그래서 그는 자못 경멸하는 어투로 "언이란 상의 올가미이고, 상이란 뜻의 통발이다"라고 지적한 것이다. 언어, 문자로 기록된 것은 진정으로 현상 세계의 정황을 파악한 것이 아니다. 또한 현상 세계의 정황을 파악했다고 할지라도 그것이 의의(意義 : 말이나 글의 속뜻)의 세계가 존재함을 통찰한 것과 같을 수 없다. 그리하여 그는 경멸의 어투에서 한 걸음 더 나아가 아예 내버릴 것을 주장하였다. "상에 집착하지 말고 잊어야 비로소 뜻을 얻을 수 있으며, 말에 집착하지 말고 잊어야 상을 얻을 수 있는 것이다. 뜻을 얻었다면 상을 잊은 것이고, 상을 얻었다면 말을 잊은 것이다(忘象者, 乃得意者也, 忘言者, 乃得象者也, 得意在忘象, 得象在忘言망상자, 내득의자야, 망언자, 내득상자야, 득의재망상, 득상재망언)."[2] 그래서 '언'과 '의'의 논변에서 순찬, 하안, 왕필 등은 '언'이 지칭하는 의미를 점차 경시하고, '의'의 본질적인 의미를 더욱 중시하였다. 현학이 언어를 경시하게 된 것은 바로 이러한 이유에서 기인한다. "언어는 뜻을 다할 수 없다는 세상의 논의는 그 유래가 오래되었다. 박학다식한 이들도 모두 그렇게 생각하고 있다(世之論言不盡意, 由來尙矣, 至乎通才達識, 咸以爲然세지론언부진의, 유래상의, 지호통재달식, 함이위연)."[3]

경시하는 철리와
계를 추구하는 기
-고 방식 면에서
ㅏ.

구체적인 언어를 멸시하는 철리나 초월적인 경계를 추구하는 기풍은 사상의 맥락상 일치한다. 그것은 정신적으로 속세를 초월하는 현원(玄遠 : 속이 깊고 멂)한 사유를 불러오며, 인생에 있어서 육신의 얽매임을 벗어난 유원(幽遠 : 심오하여 아득함)한 정취를 불러온다. 하안이나 왕필과 동시대나 그 이후에도 많은 이들이 그와 같은 편애와 추구의 양태를 보였다.

---

2) 『왕필집교석』 609쪽.

3) 구양건(歐陽建), 「언진의론(言盡意論)」, 『예문유취(藝文類聚)』 권19에서 재인용.

혜강(嵇康)은 「사언증형수재입군(四言贈兄秀才入軍 : 종군하기 위해 떠나는 수재인 형 혜희嵇喜에게 보내는 사언시)」에서 "천지자연을 앙부(仰俯 : 아래를 굽어보고 위를 우러러봄)하며 자득(自得 : 스스로 깨달아 얻음)하고 마음은 태현(太玄)에서 노닐고 있나니. 저 낚시하는 노인네(장자를 뜻함)를 찬미하노니 물고기를 잡으니 통발을 잊었네. 허나 영인(郢人 : 『장자』 「서무귀」에 도끼 다루는 솜씨가 뛰어난 석장(石匠)과 그의 상대가 되었던 영인의 이야기가 나온다)이 사라지고 없으니 누구와 더불어 말을 다할 것인가?(仰俯自得, 游心太玄, 嘉彼釣叟, 得魚忘筌, 郢人逝矣, 誰與盡言앙부자득, 유심태현, 가피조수, 득어망전, 영인서의, 수여진언)"라고 하였고, 하소(何劭)는 「장화에게 보내는 시(贈張華詩)」에서 "소요하며 거문고나 책이나 모으고 우거진 숲 아래 응달에서 술잔을 든다네. 쓸데없어 형해(形骸 : 내용이 없는 뼈대)를 던져버리나니 물고기를 얻으니 통발을 잊음일세(逍遙綜琴書, 擧爵茂陰下, 奚用遺形骸, 忘筌在得魚소요종금서, 거작무음하, 해용유형해, 망전재득어)"라고 하였다. 또한 노담(盧湛)은 「유곤에게 보내는 시(贈劉琨詩)」에서 "누가 언어가 정미한 것이라 했나. 뜻을 음미하는 데에 이르면 그만일세. 물고기를 잡으면 미끼를 잊는다는 것을 보지 못하였나. 형해를 잊고, 심오한 지혜에 기탁하시게나(誰謂言精, 致在賞意, 不見得魚, 亦忘厥餌, 遺其形骸, 寄之深識수위언정, 치재상의, 불견득어, 역망궐이, 유기형해, 기지심식)"이라고 하였다.

이처럼 여러 사람들의 시가에 왕필이 말했던 내용이 전고로 사용되고 있다.[1] 그러나 이러한 득의망언의 사상적 맥락의 기점과 종점은 여전히 '무'와 '유'의 문제이다. 왕필 역시 "명(名)이란 어떤 사물을 정하는 것이고, 칭(稱)이란 일컬음을 따르는 것"임을 알고 있었다. 또한 "무릇 명은 변별할 수 없기 때문에 더불어 이치를 말할 수 없고, 이름은 단정지을 수 없기 때문에 더불어 실질을 논할 수 없다"는 것을 알고 있었다. 그러나 그는 "명은 형에서 나온 이상 어떤 이름이 있으면 반드시 그에 따른 형체가 있기 마련이고, 어떤 형체가 있다면 반드시

1) 체흠립(逯欽立)이 편찬한 『선진한위남북조시』, 483쪽, 648쪽, 882쪽, 중화서국, 1983. 혜강, 「사언증형수재입군(四言贈兄秀才入軍)」, 하소, 「증장화시(贈張華詩)」, 노담, 「증유곤시(贈劉琨詩)」. 또한 노담의 시에는 짧은 서(序)가 실려 있는데, 여기에서도 『역』 「계사」에 나오는 언의에 관한 변론을 인용하는 한편, "그런 까닭에 서책(書冊)이란 말을 다할 수 있는 그릇이 아니고, 말이란 뜻을 다할 수 없는 도구이다. 말이 뜻을 다할 수 있는 데에 이를 수 없거늘, 어찌 책이 말을 다할 수 있는 데에 이를 수 있겠는가?"라고 하였다.

나름의 분(分 : 구분)이 있기 마련이다"는 점을 인정하였다. 그렇다면 무릇 '언'이 지칭하는 것은 모두 각기 그 '실(實)'을 지니고 있어 이미 만들어진 '유'인 것이며, 각기 그 '분'인 현상과 사물을 지니게 될 것이다. 그러나 '무물(無物)에 섭(涉)하여 말미암지 않는' '현'과 '도', 그리고 무한한 포용성과 가능성을 지닌 '무'에 대해서는 그것에 어떤 차이성도 존재하지 않기 때문에 '명'으로 지칭할 수 없으며, 단지 직각적인 체험을 통해야만 유현하고 심원한 '의', 혹은 '의외지의(意外之意)'를 체득할 수 있는 것이다.[2)]

4

'무(無)'를 '본(本)'으로 하는 절대적인 의의를 확립한 것은 '언'에 대한 '의'의 우선적인 의미를 돌출시킨 것으로 순수한 철학적 현사(玄思)이자 명상(冥想)이라고 할 수 있다.

서기 3세기 중엽에 이르러 사회적 인정과 긍정을 포기하고 개체의 독립과 의의를 추구하는 사조의 영향 아래서 상층 문화인들 사이에서 심령의 초월과 정신적 자유를 추구하는 삶의 취향이 유행하였으며, 이는 도가, 특히 노장 사상으로의 회귀를 자극하였다. 물론 이러한 유행은 단지 낙양이나 업하(鄴下)에만 국한된 것이 아니었다. 예를 들어 촉(蜀) 땅의 진복(秦宓)은 '자신을 소부(巢夫)와 허유(許由), 사호(四皓) 선생 등과 비교하였으며' 다른 이들이 그를 징소(徵召)하자 이에 대해 답하면서 『장자』와 『주역』에 근거하여 때로 "농무(隴畝 : 밭이랑)에서 일하느라 등이 검게 타고, 임택(林澤 : 숲과 못)에서 소요하겠다(曝背乎隴畝之中, 翺翔於林澤폭배호농무지중, 고상어림택)"고 하였다. 또한 그는 "일신의 평안을 즐거움으로 삼고 걱정이 없음을 복락으로 여기며, 명성도 없고 신령할 것도 없어 나를 아는 이가 드문 것을 귀하게 여길 것이다(安身爲樂, 無憂爲福, 處空虛之名, 居不靈之龜, 知我者希, 則我貴矣

2) 『노자지략』, 『왕필집교석』 197쪽, 199쪽 참조.

안신위락, 무우위복, 처공허지명, 거불령지구, 지아자희, 즉아귀의)"[1]라고 하였다.

그러나 이러한 사상은 역시 낙양과 업하, 즉 위나라에서 가장 유행하였다.[2] 이보다 앞서 공융(孔融)은 비록 정통적인 이데올로기의 사상적 맥락에서 벗어나지는 않았지만 내심 '천자와 힐항(頡頏)하고', '세속이 장차 크게 어그러질 것을 걱정하며 밤새 큰 소리로 울음을 우는' 여남(汝南)의 탁월한 선비의 기풍을 좋아하였다.[3] 왕찬(王粲) 역시 「칠석(七釋)」을 지어 잠허장인(潛虛丈人)이 '세속을 회피하고 염담(恬淡 : 욕심이 없고 마음이 깨끗함)하고 청현(淸玄 : 맑고 고요함)하며 혼돈스럽고 순박함'에 대해 비난을 가했지만 내심 깊은 곳에서는 이처럼 육신의 누(累)를 면할 수 있는 경계에 미련을 버릴 수 없었다. 그래서 「안신론(安身論)」에서 사람이 일신을 편안하게 하는 근본은 '과욕(寡慾)'[4]에 있다는 것을 인정하였던 것이다.

이들보다 좀 더 늦은 인물로 왕창(王昶)이라는 문인은 자신의 아들과 조카들의 이름과 자를 지을 때 "모두 겸실(謙實)에 따라 자신의 뜻을 보이고자 했다." 그래서 이름을 '묵(默)', '심(沈)', '혼(渾)', '심(深)'으로, 그리고 자는 '처정(處靜)', '처도(處道)', '현충(玄沖)', '도충(道沖)' 등으로 나누어지었다. 이러한 명명을 통해 그는 사람에게 가장 중요한 것은 '보신전행(寶身全行)'에 있으니 만약 위험한 정치에 투신하여 두루 사회적으로 인정을 받고 이로써 가치를 얻고자 한다면 "근본에서 벗어나 말단을 좇음으로써 부화(浮華)함에 빠지게 되고, 붕당을 이루게 된다"고 하였다. 부화함을 추구하게 되면 절로 허위에 속박되고, 붕당을 짓게 되면 피차간에 구속될 수밖에 없기 때문이다. 그는 후손들에게 반드시 다음과 같이 행할 것을 당부하였다.

> 유자의 가르침을 따르고, 도가의 언사를 실천하라. 그런 까닭에 현·묵·충·허로 이름을 지은 것이다(遵儒者之教, 履道家之言, 故以玄默沖虛爲名준유자지교, 리도가지언,

---

1) 『삼국지』 권38 「진복전」, 973~974쪽.

2) 당장유(唐長孺) 선생은 「위진현학의 형성과 그 발전(魏晉玄學之形成及其發展)」에서 건안 말년의 사상계에 대해 전면적으로 소개하고 있다. 당시에는 도가뿐만 아니라 명가, 법가, 병가, 종횡가 등 여러 학파가 모두 부흥하였다. 『위진남북조사논총』 313~316쪽 참조.

3) 「여영우열론(汝穎優劣論)」, 『건안칠자집(建安七子集)』 권1, 27쪽, 중화서국, 1989.

4) 「칠석」, 「안신론」 등은 모두 『건안칠자집』 권3, 117쪽, 128쪽에 보인다.

고이현묵충허위명).[5]

이렇듯 그들의 마음속에서는 이미 도가와 유가가 병존하고 있었던 것이다. 좀 더 이후 정시 연간에 이르자 하후현, 순찬, 순융, 종회, 왕필 및 완적, 혜강, 상수 등이 거의 비슷한 시기에 등장하였다. 또한 하안(何晏)이 선거(選擧)를 주관하면서 "허무에 대한 언론이 나날이 널리 확대되어 많은 무리들이 선동하며 각기 나름의 논설을 펼치니(虛無之言, 日以廣衍, 衆家扇起, 各列其說허무지언, 일이광연, 중가선기, 각렬기설)"[6] 사대부의 기풍이 크게 변화하게 되었다.

우선적인 위치에
것은 사상적 맥락의
있어서 대전환을
였으며 생활상의
태도에 있어서도 대
불러일으켰다.

'유'와 '무'의 토론에서 '무'를 우선적인 위치에 놓은 것은 사상적 맥락의 기점에 있어서 대전환을 유도하였으며 생활상의 가치 태도에 있어서도 대전환을 불러일으켰다. '무'를 근본으로 삼고 '유'를 말단으로 보았기 때문에 자연스럽게 '무'와 상응하는 자연 질서가 '유'와 상응하는 도덕 질서 앞에 놓이게 되었고, '무'와 상응하는 자연적인 인성이 '유'와 상응하는 사회적 인성의 앞에 자리하게 되었다. 또한 순박하고 혼돈에 가까운 자연 생활의 태도가 명지(明智), 이성, 화해 등을 중시하는 예악 생활의 태도 앞에 서게 되어 가치의 측면에서 절대적인 의의를 확보하게 되었다. 물론 이는 그들이 처음으로 발견한 것이 아니라 도가의 종지를 재차 해석하여 새롭게 발현한 것이었다.

이미 동한 시대에 왕충은 『논형』을 저술하면서 '시험 삼아 도가의 종지에 따라'[7] '자연'의 의미를 해석하였으며, "천지는 기를 함유하여 저절로 그러한 것(자연)이다(天地, 含氣之自然也천지, 함기지자연야)"[8]라고 하여 인류가 본받아야 할 대상으로 삼았다. '천'이 암시하는 것은 일종의 무언자화(無言自化 : 언사로 드러남이 없이 저절로 변화함)하는 상태이자 경계이다. "천을 일러 자연무위라고 하는 것은 무엇 때문인가? 기(氣)란 염담하고 무욕, 무위, 무사(無事)하는 것이다." 그러나 '인(人)'은

---

5) 『삼국지』 권27 「서호이왕전(徐胡二王傳)」, 744~745쪽.

6) 『진서』 권35 「배위전」에 수록된 「숭유론(崇有論)」, 1046쪽.

7) 『논형교석』 권18 「자연」, 775쪽, 황휘(黃暉) 교석, 중화서국, 1990, 1995.

8) 『논형교석』 권11 「담천(談天)」, 473쪽.

'천'과 마찬가지로 기를 받아 생겨나기 때문에 응당 '천'과 마찬가지로 자연무위(自然無爲)해야 한다. 3세기 30~40년대에 이르자 낙양의 상층 문화인들을 중심으로 이러한 관념을 보편적으로 받아들이게 되었다. 하안은 「무명론」에서 하후연(夏后淵)의 말을 인용하여 "천지는 자연으로 운행하고, 성인은 자연으로 쓰여진다. 자연이란 도이다(天地以自然運, 聖人以自然用, 自然者, 道也천지이자연운, 성인이자연용, 자연자, 도야)"[1]라고 하였다. 왕필은 한 걸음 더 나아가 유가와 도가의 경전에서 '도', '무', '자연' 등의 개념에 대해 보다 깊이 논구하였으며, 아울러 이를 '술(術)', '유(有)', '예교(禮教)'의 역사 기점이자 가치 근거로 삼았다. 『논어』 「태백(泰伯)」에 나오는 "오직 하늘만이 위대하며, 오로지 요임금만이 이를 본받았다"라는 구절에 대해 왕필은 다음과 같이 언급하고 있다.

> 하늘을 본받아 변화를 이룩하니 도는 자연과 동일한 것이다(則天成化, 道同自然 즉천성화, 도동자연).[2]

『논어』 「양화(陽貨)」에 나오는 "하늘이 어찌 말하겠는가"라는 구절에 대해서도 왕필은 '천'이 '무언'인 까닭은 바로 '근본을 들어 말단을 통어하니 궁극적인 것에서 사물을 드러내기' 때문이라고 해석하였다. 이른바 '사물을 드러냄(示物)'이란 "천지의 마음은 불언(不言 : 언사를 행하지 않음)하나 추위와 더위가 차례대로 이어지니 불언(不言)의 영(令)이 사시(四時)에 행해지는 것이다(天地之心見於不言, 寒暑代序, 則不言之令乎四時천지지심견어불언, 한서대서, 즉불언지령호사시)."[3] 또한 그는 『노자주』에서 더욱 도가의 경전에 근거하여 천도와 자연의 뜻을 부각시키고 있다. 예를 들어 『노자』 17장, "공적을 이루고 일을 완수하자 백성들이 모두 자연이라고 하였다." 27장, "선행은 흔적이 없다", 29장, "인위적으로 행하려는 자는 일을 어그러뜨릴 것이고, 집착하는 자는 잃어버릴 것이다", 37장, "도는 항시 무위한다" 등

---

1) 『전삼국문』 권39, 1275쪽.

2) 『논어석의(論語釋疑)』, 『왕필집교석』 626쪽.

3) 『논어석의(論語釋疑)』, 『왕필집교석』 634쪽.

이 모두 이와 관련된 것들이다.

왕필은 재삼 천도가 곧 자연이며, 자연은 무위라는 점을 강조하였다. 무위이기 때문에 '자연을 따라 행하되 인위적으로 조성하거나 시혜하지 않아' 마치 거마가 바퀴의 흔적이 없이 천하를 주행하는 것과 같으며, "만물이 저절로 그러함을 돕지만 애써 시작을 하지 않는다(輔萬物之自然而不爲始보만물지자연이불위시)." 그리하여 만물은 "자연을 본성으로 삼기 때문에 자연에 기인하면서도 애써 인위적으로 행하지 않고, 자연과 통하면서도 애써 집착하지 않는 것이다(以自然爲性, 故可因而不可爲也, 可通而不可執也이자연위성, 고가인이불가위야, 가통이불가집야)."[4)]

그러나 실제 생활에서 인간간의 관계를 조절하고 사회질서를 세우는 것은 이러한 '자연', '무위'의 '도'가 아니라 인위적인 '명교(名教)', 즉 역사와 사회 속에서 형성된 법률, 제도, 습속이자 전통과 현실에서 형성된 것으로 질서를 유지하는데 필요한 정의나 합리성, 공평성 등의 개념들이다. 그것들은 자연적이고 무위적인 상태가 아니라 인위적이고 강제적인 형식이기 때문에 결국 '자연'과 '명교'의 충돌이 일어나게 된다. 통상적으로 세속의 인성(人性)은 이익을 추구하고 안일을 좋아하기 마련이다. 그렇다면 '도'와 상응하는 '자연'은 단지 성인의 일일 뿐인가? 하안은 일찍이 세속의 인정 위에 이처럼 절대적이고 순수한 성인의 성을 새로 건립하고자 했다. 그는 '성인무정(聖人無情)', 즉 성인은 정감이 없다는 관점을 제시하였다. 그의 설법은 비록 성인을 지극히 성결한 존재로 만들기는 했으나 성인을 지나치게 냉혹하게 만들어 천도와 자연에 부합하지 않을 뿐 아니라 '정신적 초월'과 '생활의 자연'을 서로 다른 것으로 구분하게 만들었다.

그래서 왕필은 하안을 비판하여 성인도 성정을 지니고 있다는 점에서 일반 사람과 다를 바 없으며, 다만 일반인들이 외재의 사물에 쉽게 얽매이는 데에 반하여 성인의 성정은 '사물에 응대하나 사물 때문에 누를 끼치는 일이 없으니', 이는 희노애락이 모두 자연에서 나오기 때문이라고 말했던 것이다. 사람의 마음 깊은 곳에는 사실 합리적인 자연의 성정이 존재한다. 따라서 만약 그것이 자연스럽게 생겨난 감정이라면 당연히 합리성을 지닌다. 예를 들어 '효(孝)'의 경우 그것이

---

4) 『왕필집교석』 71쪽, 77쪽.

예법에 대한 경외나 혈육에 대한 비호로 말미암는 것이라면 합리적인 것이 아니라 오히려 인정의 '위(僞)', 즉 거짓된 인정이다. 그러나 만약 그것이 자연에서 나왔다면 천성에 부합하는 것이 당연하다. 그는 순융(荀融)에게 보내는 답신에서 모든 이들이 숨길 수 없는 자연스러운 천성을 지니고 있으니 설사 후천적인 이지(理智)가 사람의 마음 깊은 곳까지 침습하여 습관처럼 자리를 잡았다고 할지라도 "자연의 본성은 제거할 수 없다(不能去自然之性불능거자연지성)"[1]고 주장하였다.

왕필의 마음속에서 이른바 '인의(仁義)'는 천과 인의 자연적인 본성이 아니었다. 더군다나 '예교(禮敎)'는 후세의 역사와 사회의 산물이었다. 인류가 혼돈 상태에서 벗어난 후 "도를 잃게 되자 이후에 덕이 생기게 되고, 덕을 잃자 이후에 인이 생기게 되었으며, 인을 잃자 의가 생겨나고, 의를 잃자 이후에 예가 생겨나게 된 것이다." 이렇듯 인의와 예교란 이미 자연의 순수한 경계에서 멀리 벗어난 것일 따름이었다. "무위할 수 없으니 두루 베품(博施)을 귀하게 여기고, 두루 베풀 수 없으니 정직을 귀하게 여기고, 정직할 수 없으니 장식하여 경건하게 만드는 것(飾敬)을 귀하게 여기는 것이다." 그리하여 상징적인 '식경(飾敬)'을 특징으로 하여 사회질서를 규범 짓는 '예교'가 있게 된 것이다. 설사 예교가 유지하려고 하는 것이 '인의'라고 할지라도 그 '인의' 역시 인위적인 것에 불과하다. "무릇 인의는 내심에서 생겨나는 것이니 그것을 행함은 인위적인 것과 같다. 외적인 장식에 힘쓰니 오래갈 수 있겠는가? 그런 까닭에 무릇 예라는 것은 충(忠)과 신(信)이 드물어 혼란을 조장하는 단초라고 할 수 있다(夫仁義發於內, 爲之猶僞, 況務外飾而可久乎? 故夫禮者, 忠信之薄而亂之首也부인의발어내, 위지유위, 황무외식이가구호? 고부례자, 충신지박이난지수야)."[2]

이러한 역사적 시간의 선후 서열에 따라 '명교'와 '자연'의 가치 합리성을 평가하는 사상적 맥락은 노자와 장자부터 시작하는 것이었으나 당시에 이미 많은 이들이 이에 공명하고 있었다. 『삼국지』 권23 「상림전(常林傳)」의 주석에 인용된 『위략(魏略)』 「청개전(淸介傳)」에 보면 목병(沐竝)의 『계자서(戒子書)』가 실려 있는데, 그 내용을 보면 다음과 같다. 비록 "예가 사람이 태어나 처음 배우는 가르침

---

1) 하소, 「왕필전」, 『왕필집교석』 부록, 640쪽.

2) 『노자주』 제38장, 『왕필집교석』 94쪽.

이자 백세(百世) 내내 지켜야 할 중용(中庸)이기는 하지만(夫禮者, 生民之始教, 而百世之中庸也부례자, 생민지시교, 이백세지중용야)", 이는 단지 "유학이 어지러움을 다스려 올바름으로 돌아가고 세속의 잘못을 교정하기 위해 크게 고취하려는 큰 뜻일 뿐이며, 이치와 본성을 궁구하여 변화를 도야(陶冶)하는 실제적인 논술이 아니다(儒學撥亂反正, 鳴鼓矯俗之大義也, 未是夫窮理盡性, 陶冶變化之實論유학발란반정, 명고교속지대의야, 미시부궁리진성, 도야변화지실론)." 만약에 본원을 탐구하여 "시작과 끝의 근원을 살피고자 한다면 역시 도를 따라야 할 것이다." 따라서 '도'의 경계에 있어야만 "화복의 근원과 죽음과 삶의 운명을 동일시할 수 있으며, 관곽(棺槨)을 감옥으로 여기거나 의상(衣裳)에 얽매일 필요가 없게 된다(以棺槨爲牢, 衣裳爲纏이관곽위뢰, 의상위전)."[3)]

완적(阮籍)은 『달장론(達莊論)』과 『통노론(通老論)』에서 노장 사상에 근거하여 더욱 분명하게 자신의 뜻을 밝혔다. "명리의 길이 열리면 진심과 믿음의 순수함이 적어지며, 시비의 언사가 현저해지면 돈후하고 순박한 정취가 사그라진다(名利之途開, 則忠信之誠薄, 是非之辭著, 則醇厚之情爍 명리지도개, 즉충신지성박, 시비지사저, 즉순후지정삭)." 그래서 그는 아주 먼 옛날 혼돈 세계의 감각과 생활만이 진정한 '도'의 경계라고 여겼다. "성인은 천인(天人 : 천과 사람)의 이치에 밝고 자연의 분수를 통달한다(聖人明乎天人之理, 達乎自然之分성인명호천인지리, 달호자연지분)." 그래서 이른바 근본적인 참됨이라고 할 수 있는 '천인(天人)의 이치'와 '자연의 분수'는 그 옛날 진인(眞人)의 시대에 가장 순수했던 것이다. 『대인선생전(大人先生傳)』에서 그는 "태초의 진인(眞人)은 오로지 하늘에 근본을 두고 기를 전일하게 하여 뜻을 하나로 하였으며, 만물이 더불어 병존하였다(太初眞人, 唯天之根, 專氣一志, 萬物以存태초진인, 유천지근, 전기일지, 만물이존)"[4)] 정시(正始) 연간에 또 한 명의 저명인사인 혜강 역시 더욱 분명하게 발언하고 있다.

> 그 근원을 추론해 보면 육경은 억제하고 유도하는 것을 위주로 한다. 인성이란 생긴 대로 따르는 것을 기쁘게 여기는데, 억제하고 유도하게 되면 그 원하는 바와

3) 『삼국지』 권23, 661~662쪽.

4) 『완적집교주』 146쪽, 154쪽, 171쪽, 진백군(陳伯君) 교주(校註), 중화서국, 1987.

어긋나게 된다. 생긴 대로 따라야만 자연을 얻을 수 있다. ……그런 까닭에 어짐과 올바름이란 이치의 그릇됨에 힘쓰는 것이니 참됨을 기르는 요긴한 방술이 아니며, 청렴과 겸양이란 쟁탈에서 비롯되는 것이니 자연에서 나온 것이 아니다(推其原也, 六經以抑引爲主, 人性以從容爲歡, 抑引則違其願, 從欲則得自然, ……故仁義務於理僞, 非養眞要術, 廉讓生於爭奪, 非自然之所出也추기원야, 육경이억인위주, 인성이종용위환, 억인즉위기원, 종욕즉득자연, ……고인의무어리위, 비양진요술, 렴양생어쟁탈, 비자연지소출야).[1)]

사람들은 이러한 사상의 맥락에 따라 근원을 파고들어 이른바 '태시의 논리이며 아득한 옛적의 은미한 언사(太始之論, 玄古之微言태시지론, 현고지미언)'를 인생의 근거로 찾았다. 이리하여 '자연'은 '명교'의 위에 자리하게 되고, '자연'이라는 개념에 포함된 여러 가지 함의 역시 이에 따라 더 이상 증명이 필요 없는 합리성을 갖추게 된다. 혜강과 변론하였던 상수(向秀)는 「난양생론(難養生論)」에서 혜강보다 한 걸음 더 '자연' 쪽으로 나아갔다. 만약 혜강이 '자연'의 염담하고 무위함을 고수하였다면 상수는 '자연' 속에 인간이 지닌 모든 정욕을 모두 포함시켜, "영예를 좋아하고, 굴욕을 싫어하며, 안일을 좋아하고 수고로움을 싫어하는 것은 모두 자연에서 나온 것이다"라고 하여 '자연' 속에 인간이 지닌 모든 정욕을 포함시켰다고 말할 수 있다. 또한 혜강에게 있어 '자연'이 여전히 역사가 기원(起源)하던 시절의 경계이자 요원한 목표였다고 말한다면 상수의 입장에서 볼 때 '자연'이란 현실의 사람 마음속에 있는 성정과 욕망이었다고 말할 수 있다. 그래서 그는 "생명을 얻게 되면 절로 정(情 : 감정과 정욕)이 있게 되는 것이니 정이라고 칭하는 것이 곧 자연이다"라고 하였던 것이다. 권력을 얻는 것이나 부귀를 향하는 것 역시 "자연에 관계하는 것이니 서로 위배하는 것이 아니다(關之自然, 不得相外관지자연, 불득상외)."[2)]

따라서 이를 통해 "명교는 자연에 근본을 둔다"는 철리적 논증이 "명교를 초

1) 「난장료숙자연호학론(難張遼叔自然好學論)」, 『전삼국문』 권50, 『전상고삼대진한삼국육조문』, 1336쪽, 중화서국 영인본, 1958.
2) 「난혜숙야양생론(難嵇叔夜養生論)」, 『전진문(全晋文)』 권72, 『전상고삼대진한삼국육조문』, 1876쪽.

월하여 자연에 맡긴다"는 인생 실천으로 전환하는데 합리적인 근거가 제공되기에 이르렀던 것이다. 그리하여 '노장 사상에 대해 말하길 좋아하고, 기이한 것을 숭상하고 임협(任俠)하였던' 혜강, '대범하고 거리낌이 없으며, 자신을 잘 다스려 과욕하였고, 장주(莊周)를 모범으로 삼았던' 완적, '항시 술 한 병을 들고 사슴이 끄는 수레를 타고 다니며 하인에게 삽을 들고 따르도록 하여 죽거들랑 그 자리에 묻어버리라고 하였던' 유령(劉伶) 역시 정시(正始) 이후의 사인(士人)들 속에서 '현묘'와 '아원(雅遠)', '광달(曠達)'을 표방하는 이른바 '풍류'와 '방탄(放誕)'이 존재하게 되었던 것이다.[3)]

5

10년에서 경원 4년

정시(正始) 10년(249년) 하안이 피살되고, 왕필이 병사하였다. 그리하여 '무'를 중심으로 하는 철리적 토론의 장에서 뛰어난 학식과 예리한 사상적 안목을 지닌 천재는 더 이상 존재하지 않았다. 다시 14년이 흐른 뒤인 경원(景元) 4년(263년) 혜강과 종회가 피살되고, 완적이 병사하였다. 인재란 마치 한꺼번에 왔다가 한꺼번에 떠나는 듯하였다. 그러나 한 시대를 풍미했던 인물들은 사라졌지만, 그들이 추구했던 현학은 진한(秦漢) 이래 정형화된 사상의 학설을 완전히 변환시키고 말았다.

이후 몇 년 동안 이른바 '현풍(玄風 : 깊고 그윽한 풍취)이 고취되어 경쟁하듯이 서로 방탄(放誕)을 일삼는' 현상이 일어났다. 『삼국지』 및 배송지(裴松之 : 372~451년,

---

3) 배위는 「숭유론」에서 당시의 '현묘', '아원', '광달'에 대해 해석한 바 있다. 그에 따르면 당시 사람들에게 있어서 현묘란 '언사(言辭)에 있어서 허무(虛無)에 근거하는 것'이고, 아원이란 '관직에 있으면서도 맡은 직책을 멀리하는 것'이며, 광달이란 '자신의 몸을 기르는데 청렴과 절조를 흩어놓는 것'이다. 이러한 해석은 간보(干寶)의 『진기총론(晉紀總論)』에서 말한 바 "자신의 몸을 닦는 이는 방탁(放濁 : 혼탁한 세상에 섞임)을 통달이라 여기고 절개와 신의를 하찮은 것으로 생각하며, 벼슬길에 오른 이는 구득(苟得 : 관직을 구차하게 여김)을 귀하게 여기고 올바름에 거함을 비루하게 생각한다. 관직에 있는 이는 망공(望空 : 하는 일없이 소일함)을 고아하게 여기고 부지런히 일하고 애써 삼가는 것을 비웃는다"는 내용과 거의 비슷하다. 이처럼 전통 관념에서 확인된 언론의 의미와 사회적 책임, 그리고 인간됨의 도덕 등이 모두 와해되고 말았다. 『진서』 권35, 1044~1046쪽, 『문선』 권49, 692쪽.

남북조시대 송나라의 역사가로 진수陳壽의 『삼국지』에 주석을 붙임)의 주석, 『진서(晋書)』, 『세설신어』 등에 보면 위진(魏晋) 이래로 사풍(士風)이 변화한 모습을 기록하고 있는데, 이는 현학이 유행하면서 문화인들의 내적 심정 변화와 생활 태도의 전환을 나타내는 것이다. 물론 이러한 이야기들은 대단히 재미있고 문학적 분위기가 물씬 풍긴다. 그러나 사상사의 중심 화제가 될 수는 없다. 당시 많은 문사들이 손에 주미(麈尾 : 먼지털이로 속세의 먼지를 털어낸다는 뜻을 지님)를 들고 말끝마다 삼현(三玄 : 『노자』, 『장자』, 『주역』을 말함)을 언급하고 논변을 반복하면서 다투어 현리(玄理 : 오묘하고 깊은 이치)를 이야기하여 사람들의 주목을 끌었다. 여러 문헌을 통해 우리는 상당히 다채로운 현언(玄言)에 관한 언론과 작품을 살펴볼 수 있다. 물론 뛰어난 부분도 있기는 하지만 창조적인 사상이라고 말할 수는 없고 차라리 현언의 유희나 훈련이라고 말하는 것이 낫다.

이렇듯 현리 자체는 이미 부차적인 것이 되었고, 문사들 또한 그것을 자연스럽게 수용하기는 했으나 단지 그것을 통해 자신의 구변을 연마하는 논제로 삼거나 자신의 문학을 표현하는 유희로 이용했을 뿐이다. 때문에 사상사의 중심적인 화제로 올릴 수 없는 것이다. 사상사에서 토론할 부분은 다만 이러한 사상적 전환의 외재적 방향과 내재적 사상의 맥락, 그리고 이러한 방향과 맥락이 후세 사상사의 변화 발전에 어떤 의미를 지니는가에 관한 것일 따름이다.

사상사에서 주의해야 할 현상

사상사에서 주의해야 할 현상 가운데 하나는 중국 상층 문화인들의 지식 구조와 사상 습관의 변화이다. 문인들은 지식에 대한 분류의 구체적인 파악 관념이 점차 엷어져 갔으며, 대신 철리에 대한 간략하고 현허한 이해를 택하기 시작했다. 그리하여 기존의 박학(博學)의 기풍은 현사(玄思)의 기풍으로 대치되었고,[1] 사람들은 경험이나 지식과 무관한 화제들, 예를 들어 무와 유의 관계, 세속을 초월한 성인에게 감정이 존재하는가 여부, 사상과 언어의 관계, 음악의 본성 등에 관해 토론하는데 익숙해지거나 심지어 열중하기에 이르렀다. 이러한 화제에 잠재

지식구조와 사상 변화

1) 탕용동은 청의(淸議 : 고귀하고 공정한 언론)를 청담(淸談 : 명리를 떠난 맑고 고상한 이야기)의 시작이라고 보았다. 그래서 "담론은 이미 오래 전부터 구체적인 인사(人事)에서 추상적인 현리로 바뀌었으니 이는 학문이 변화 발전하는 필연적인 추세이다"라고 지적하였다. 『위진현학논고』, 『탕용동학술논문집』 205쪽, 중화서국, 1983.

되어 있는 지향점 역시 생활 세계와 무관하다고 말할 수 없기는 하지만 실제 토론은 경험 세계와 서로 격리된 상태에서 진행되곤 했다.

당장유(唐長孺) 선생이 지적한 위진 시대의 '청통간요(清通簡要)'한 '남인지학(南人之學)'이란 사실 낙양을 중심으로 한 하남(河南)의 학풍을 말한다. 당시 강남 오지(吳地 : 오나라 땅)는 여전히 천문 역산(曆算)이나 점성술, 상수(象數 : 역상易象과 역수易數)를 중시하는 한나라 시대의 학풍이 만연하고 있었다. 전자는 주로 우주의 궁극적인 본원에 대한 현리에 관심을 집중시켰는데, 현리는 하나(一)로 다수를 통어하기 때문에 간이하면서 통달하였다. 이에 비해 후자는 주로 음양오행과 천상에 따른 역산에 치중하였기 때문에 분석과 고찰을 위주로 하여 이처럼 간명한 사유가 불가능했다. 그러나 오나라가 멸망한 후 강세에 처한 낙양 학풍이 위세를 몰아 전 중국을 장악하게 되었다. 전하는 말에 따르면 예를 들어 육운(陸雲)이 오나라에서 낙양으로 들어가는 길에 우연히 왕필의 혼백과 마주치게 되었다. 육운이 '고금의 문제를 제기하며 명실에 맞게 논하였으나' '교묘하게 현미(玄微)'한 현론(玄論)을 상대할 수 없었다. 그리하여 "육운은 본래 현학에 관심이 없었는데, 이로부터 『노자』를 담론하여 크게 나아감이 있었다."[2)]

또한 사서에 기록된 바에 따르면 오군(吳郡)의 기첨(紀瞻)이 "고영(顧榮)과 함께 낙양으로 가는 길에 함께 『역』의 태극에 대해 논의하였다." 비록 두 사람 모두 왕필을 비판한 것이지만, 그들이 낙양에 들어가기 전에 이미 왕필의 학문에 대해 심히 경계하며, 대항하고자 했다는 것을 알 수 있다. 경계하고 대항하면서 그들은 자신들도 모르게 영향을 받지 않을 수 없었을 것이다.[3)] 동진 시대에 북방 사인들이 남하하면서 낙양의 현학의 기풍 또한 따라서 내려와 전체 강남에 영향을 미치게 되었다.

ㅏ상의 변화

사상사에서 주의해야 할 현상 가운데 두 번째는 현학의 사상적 맥락의 분화에 관한 것이다. 이 문제에 있어서는 두 가지 분명한 추향이 존재한다. 하나는 '무'에서 '유'로의 전환이니 이로써 현학 속에 귀무론과 숭유론이란 두 가지 다

2) 『진서』 권54 「육운전」, 1486쪽.

3) 『진서』 권68 「기첨전」, 1819쪽.

른 학설이 배양되기에 이른다. 또 다른 하나는 『노자』에서 『장자』로 현학의 근거가 되는 경전의 전환이다. 근거가 되는 경전의 변화 역시 은연중에 사상 맥락의 변화를 불러 일으켰다.

예를 들어 정시(正始) 연간 현학의 기풍 속에서 상당히 많은 학자들이 '무'를 근본으로 하는 기풍을 추종하였다. 그러나 정시 이후에 비록 사색의 방식은 서로 비슷하나 사색의 기점이 다른 일련의 학자들이 출현하였다. 예를 들어 「숭유(崇有)」와 「귀무(貴無)」론을 찬술한 바 있는 배위(裴頠)[1]와 그를 비판한 손성(孫盛)이 대표적이다. 배위는 사실 정시 연간 이래로 근원을 추론하고 탐색하려는 사변의 풍조와 맥을 같이하고 있다. 그러나 그는 '허(虛)'와 '무(無)'를 귀중하게 여기는 이론이 '입에 바른 부허(浮虛)한 담론으로 예법을 따르지 않고 하는 일 없이 복록이나 총애를 탐하며 관직에 있으면서 제대로 종사하지 않는' 풍조의 근거가 될지도 모른다고 걱정하면서, '유'를 내세워 현실 세계를 위해 '여러 가지로 혼돈된 상태에 있는 근본을 찾아 종극적인 도'의 궁극적 근거로 삼고자 했다.

그래서 그는 '유'가 '무'에서 나온다는 것을 승인하는 한편, '유'는 '무'에서 생겨난 이후에 마치 '매미가 허물을 벗듯이' '무'와 구분되며, 이때 현허하고 유원한 '무'는 그대로 남아 있고, 실재하는 '유', 즉 존재의 통일성이 차이성을 지닌 일체의 구체적인 사물의 본원이 된다고 주장하였다.

그리하여 '유'가 근본이 되어 "이것으로 생을 얻어 가히 찾을 수 있는 것이 바로 이(理)이며, 이의 본체가 되는 것이 이른바 '유'이다." 이리하여 우주, 사회, 인생의 질서를 확립하는 '이치' 역시 합리성을 지니게 되고, "그 궁극적인 것을 크게 세우고 뭇 생명을 편안하게 다스리며, 사물을 인도하여 모범을 세우는 것이 존재하게 된다. 이것이 바로 성인이 정치를 하는 까닭인 것이다." 이와는 반대로 만약 세속 세계가 이미 '유', 즉 실존의 상태에 처해 있는데도 사상은 여전히 '무', 즉 혼돈한 허무에 집착하게 된다면 현세의 일을 처리할 수 없다. "(현실은) 형

---

1) 「귀무」와 「숭유」 두 가지가 배위의 저작인지에 관해서는 탕일개(湯一介)의 「배위가 귀무론을 저작하였는가(裴頠是否著有貴無論」(『학인學人』 제10집, 강소문예출판사, 1996)를 참고하시오. 『자치통감』의 기록과 『진서』의 기록이 다른데, 본문에서는 두 가지를 참고하였다.

체와 기물인 까닭에 징험할 수 있으나 텅 비고 허무한 의론은 이를 단도리할 수 없고, 변론과 교묘한 문사는 가히 심복할 수 있으나 괘상(卦象)과 같은 언사는 미혹될 뿐이기 때문에 아무리 들어도 어지럽기만 하고 이미 만들어진 언설에 빠질 뿐이다." 그 결과는 필연적으로 "여러 가지 세상의 업무를 가볍게 여기고, 공로와 위엄을 하찮게 생각하며, 하는 일 없이 부유(浮游)하는 것을 높이 여기고 조리가 있고 진실한 어진 이들을 낮게 여기게 된다."[2)]

만약에 배위가 '무'와 '유'를 분명하게 구분하여 '무' 대신에 '유'를 근본으로 삼고, 이를 바탕으로 『노자』에 대해 "허를 위주로 하여 편파적인 일가의 언사를 세웠다"고 비판했다면 손성(孫盛)은 한 걸음 더 나아가 '무'와 '유'의 고정된 입장을 초월하여 '무'와 '유'의 의의를 모두 '자연' 아래에 두었다고 말할 수 있다. 그에게 있어서 '도'는 마땅히 '응함에 일정한 한계가 없기 때문에 적응하는 바에 따라 변화하는 것'이다. 따라서 이미 시세(時勢)가 변화하였으니, '도' 역시 그 자연스러움에 순응하여 변화하는 것이 당연하다. 그래서 그는 '무'나 '유'는 모두 한 쪽에 치우친 것이기 때문에 "무를 숭상하는 것은 이미 도를 잃은 것이며, 유를 숭상하는 것 역시 도를 얻을 수 있는 것이 아니다"라고 하였던 것이다. 이러한 관점에서 그는 배위를 비판하였고, 또한 노자를 비판하였다.

그러나 그는 배위가 확립한 '유'를 비난한 것이 아니라 배위가 "지금의 유(有)로 예전의 풍(風)을 끊어버렸다"는 것을 비난한 것이고, 노자의 허를 위주로 하는 '무'를 비판한 것이 아니라 노자가 옛 도에 집착하여 지금의 '유'를 통어하려는 것을 비판하였던 것이다. 그가 이처럼 배위와 노자를 비판한 것은 그들의 논의가 '원화(圓化 : 원만한 변화)에 통달할 수 없는 도(不達圓化之道불달원화지도)'[3)]라고

2) 이상은 『진서』 권35, 1044~1046쪽에 나온다. 일부 학자들은 배위를 현학가로 간주하지 않고 있다. 이는 그의 명리에 대한 담론이 유학과 세무(世務)를 위주로 하고 있기 때문이다. 이러한 관점은 '현학'을 일종에 명확한 사상 학설을 지닌 유파로 간주하기 때문에 '현학'이 유가의 사상적 맥락을 수용할 수 있다는 가능성을 홀시한 것이다. 사실 '현학'은 하나의 풍조, 즉 현허한 형이상학적인 내용을 담론하는 학술적 사상 풍조라고 말하는 것이 옳다. 그래야만 보다 쉽게 현학의 내함을 해석할 수 있을 것이다. 이 점에 대해서는 이중화(李中華)의 「배위와 그의 숭유론에 대한 새로운 탐색(裴頠及其崇有論新探)」 『학인』 제2집(강소문예출판사, 1991)을 참고하시오.

3) 손성, 「노담비대현론(老聃非大賢論)」, 『전진문』 권63, 『전상고삼대진한육조문』, 1816쪽, 1817쪽.

여겼기 때문이다. 이리하여 현학은 점차 '무'를 근본으로 하는 일변도의 사상 맥락을 벗어나게 되었을 뿐만 아니라 현학이 의존하는 경전 역시 점차 『노자』의 울타리를 벗어나게 되었다.

바로 이러한 시대에 상수(向秀)와 곽상(郭象)의 『장자주(莊子注)』가 등장하여 장자에 대한 탁월한 해석으로 점차 현학의 일부 사상적 맥락을 현원한 본체론에서 인생의 정취와 정신적 자유에 대한 홍취로 이끌게 되었다. 상수와 곽상의 주석은 '무'와 '유'의 대립을 완화시키는 한편, '자연'의 의미를 특화시켰다. 「지북유(知北游)」의 주석을 통해 그들은 다음과 같이 해석하였다. 사물에 우선하는 것은 음양이지만 음양 역시 물(物)이며, 음양에 우선하는 것이 자연이지만 자연 역시 물 자체의 저절로 그러한 것일 따름이다. 만약에 일체의 본원이 지극한 도(至道)라고 말한다면 지극한 도는 지극한 무, 즉 지무(至無)일 것이다. 그렇다면 '무'는 어떻게 '물'을 낳는가? 우주 안에 일종의 저절로 그러한 과정이 있기 때문인지도 모른다. "사물을 밝히는 자연은 '유'가 시켜서 그러한 것이 아니다(明物之自然, 非有使然也명물지자연, 비유사연야)."[1]

이렇듯 「지북유」의 주석에서 반복해서 나오는 핵심어는 '유'와 '무'에 관한 본체의 추론에 관한 것이 아니라 '자연'과 '독화(獨化)'에 관한 과정의 확인이다. 그들은 우주의 생생불식(生生不息)을 해석하면서 '유'나 '무'를 활용하는 대신 '유'와 '무'를 초월하는 영역으로 파고들어가 "유가 무와 관여하는 것은 능히 알 수 없는 가운데 이루어진다(有之與無, 斯不能知, 乃至유지여무, 사불능지, 내지)"[2]고 주장하였다. 또한 이러한 생생불식하는 것을 일종의 자연 과정으로 간주하여 "생명을 낳는 것은 누구인가? 그 자체로 절로 생겨나는 것일 따름이다. ……자기가 스스로 그러하니 그것을 일러 천연(天然)이라고 하고, 천연일 따름이니 인위적인 것이 아니다(生生者誰哉? 塊然而自生耳. ……自己而然, 則謂之天然, 天然耳, 非爲也생생자수재? 괴연이자생이. ……자기이연, 즉위지천연, 천연이, 비위야)."[3] 바로 이러한 천연 무위한 것이 바로 우

---

1) 곽경번(郭慶藩), 『장자집석』 권7, 764쪽, 중화서국, 1961, 1978.
2) 곽경번(郭慶藩), 『장자집석』 「제물론」, 76쪽.
3) 곽경번(郭慶藩), 『장자집석』 「제물론」, 50쪽.

주의 필연적인 도이자 사회의 필연적인 도이고, 인생의 필연적인 도인 것이다.[4]

우주이든, 사회이든, 인류이든지 간에 가능한 한 순수한 혼돈의 상태를 보존하면서, 또한 시대에 따라 변화하여 어떤 확정적인 입장을 고집하지 않아야만 한다. 사람에게 있어서 전자의 경계는 다음과 같다. "천지를 잊어버리고 만물을 내버려둔 채로 안으로 우주를 성찰하거나 밖으로 자신의 몸을 느끼는 일이 없기에 능히 광달(曠達 : 도량이 넓고 큼)하여 누를 끼침이 없고 외물과 서로 왕래하여 응하지 않는 바가 없다(忘天地, 遺萬物, 外不察乎宇宙, 內不覺其 身, 故能曠然無累, 與物俱往而無所不應也망천지, 유만물, 외불찰호우주, 내불각기일신, 고능광연무누, 여물구왕이무소불응야)."[5] 그리고 후자의 경계는 다음과 같다. "반드시 필연적일 필요가 없기 때문에 굳이 일방만 고집할 필요가 없다. 오로지 때와 더불어 변화하니 능히 법도를 넘어 항시 통달할 수 있다(不可必, 故待之不可以一方也, 唯與時俱化者, 爲能涉度而常通불가필, 고대지불가이일방야, 유여시구화자, 위능섭도이상통)."[6]

玄瞑의 경계에서 독化)하다

상수와 곽상의 『장자주』에 "독화어현명지경(獨化於玄冥之境)"[7]이라는 말이 나온다. 여기에서 '독화(獨化)'란 우주, 사회, 인간이 아무런 외재적 간섭없이 완전히 자연스러운 상태를 말한다. 그 가운데 특히 인간의 '독화'란 인생의 세속에 대한 초월과 정신의 형체에 대한 자유를 암시한다. 피의(被衣)가 노래를 부르며 찬양한 "형체는 마른 해골과 같고 마음은 식은 재와 같으니 진실로 모든 사실을 알면서도 스스로 뽐내지 않네. 흐릿하고 컴컴하게 무심하여 함께 이야기할 수도 없으니, 이는 어찌된 사람인가?(形若槁骸, 心若死灰, 眞其實知, 不以故自持, 媒媒晦晦, 無心而不可與謀형약고해, 심약사회, 진기실지, 불이고자지, 매매회회, 무심이불가여모)"가 바로 '독화자(獨

---

4) 『장자집석』 권5, 「천지」 주(注), "무위하는 것은 자연을 임금으로 삼는다(無爲者, 自然爲君무위자, 자연위군)", 404쪽. 권 「천도」 주, "항시 무심한 까닭에 천하의 임금이 되어도 피로하거나 병나지 않는다(常無心, 故王天下而不疲病상무심, 고왕천하이부피병)", 464쪽. 권6 「추수(秋水)」 주, "절로 행함에 따라 행하지 않는다면 안명(安命)할 수 있겠는가?(不因其自爲而故爲之者, 命其安在乎불인기자위이고위지자, 명기안재호)", 591쪽.

5) 『장자집석』 「제물론」, 75쪽.

6) 『장자집석』 권7 「산목(山木)」, 670쪽.

7) 탕용동은 「숭유지학과 상수, 곽상의 학설(崇有之學與向郭學說)」에서 이 말은 "자못 이해하기 어려운데, 이 말의 뜻을 이해할 수 있으면 곽상과 상수의 학설을 이해할 수 있다"라고 말한 바 있다. 『이학과 불학과 현학』, 337쪽, 북경대학출판사, 1991.

化者)' 인 것이며,[1] 공자가 말한 "생으로 사를 생하지 않고, 사로 생을 사하지 않는 것이 바로 독화하여 죽음에 이르고, 독화하여 삶에 이르는 것이다(不以生生死, 不以死死生, 獨化而死, 獨化而生불이생생사, 불이사사생, 독화이사, 독화이생)."[2]

또한 구작자(瞿鵲子)가 말한 "세상의 업무에 종사하지 않고 이익에 나가지 않으며, 어기거나 해치지 않고 즐겨 추구하지 않으며, 도에 따르기 위해 연연하지 않는(不從事于務, 不就利, 不違害, 不喜求, 不緣道부종사우무, 불취리, 불위해, 불희구, 불연도)" 성인 역시 '독지자(獨至者)' 인 것이다.[3] 이러한 '독지' 또는 '독화' 의 최고 경계는 당연히 자득(自得), 임성(任性 : 본성에 맡김), 자유의 소요(逍遙)이다. 『장자주』 서두에서 말한 바대로 "장자의 대의는 소요하며 얽매임 없이 노니는데 있으며, 인위적인 일을 하지 않고 자득하는데 있다. 그렇기 때문에 크고 작음의 극에 이르러 성분(性分)에 따른 적합을 밝힌 것이다(莊子之大意, 在乎逍遙遊放, 無爲而自得, 故極小大之致, 以明性分之適장자지대의, 재호소요유방, 무위이자득, 고극소대지치, 이명성분지적)"[4] 이처럼 대단히 초월적이고 자유로운 경계는 직접 삶에서 실천할 수 있기 때문에 금세 사대부들의 관심의 초점이 되었으며, 『장자』 역시 사상적 토론의 핵심 텍스트가 되었고, 이후의 사상사에서 그 중요성이 더욱 도드라지게 되었다.

현학의 유희 경향과 취향

사상사에서 주목하는 현상의 세 번째는 현학의 유희 경향과 문학 취향이다. 서진(西晉) 시대에 부함(傅咸)이 왕융(王戎)에 대해 "요순의 전모(典謨)를 숭상하지 않고 부화함으로 치달아 풍속을 어그러뜨렸다(不依仰堯舜典謨, 驅動浮華, 虧敗風俗불의앙요순전모, 구동부화, 휴패풍속)"[5]고 탄핵하고, 동진 시대에 대규(戴逵)가 쓴 「방달비도론(放達非道論)」에서 죽림의 여러 인사들(죽림칠현)이 보여준 광달(曠達)한 행태는 "병적인 괴벽으로 이맛살을 찌푸리게 만드는 것이다(有疾而爲琵顰유질이위빈)." 원강(元康) 이후의 방달(放達)은 "덕도 없는 주제에 두건을 잘라 쓰고 다닌다(無德而折巾무덕이절건)"[6]고 풍자하였지만 일단 변화하기 시작한 기풍을 인위적으로 역전시킬

1) 『장자집석』 권7 「지북유」, 738쪽.
2) 『장자집석』 권7 「지북유」, 763쪽.
3) 『장자집석』 권1 「제물론」, 98쪽.
4) 『장자집석』 권1 「소요유」, 3쪽.
5) 『진서』 권43 「왕융전」, 1233쪽, 같은 책 권47 「부함전」, 1392쪽을 참고하시오.

수 없었다. 그리하여 『문선(文選)』 「진기총론(晉紀總論)」의 주석에서 인용한 『진기(晉紀)』에서 유홍교(劉弘教)는 다음과 같이 말했던 것이다. "태강 이래로 천하의 사람들이 모두 무위를 숭상하고, 노장에 대해 담론하는 것을 귀하게 여겼으며, 세상사에 대해 이야기하는 경우가 드물었다(太康以來, 天下共尙無爲, 貴談老莊, 少有說事 태강이래, 천하공상무위, 귀담노장, 소유설사)."[7)]

그러나 자세하게 살펴보면 그 가운데 진지한 철학적 사색은 점차 희미해지고, 주로 언어 훈련식의 사변 유희와 인생 태도를 표현하는 문학적 연습이 많아지고 있다는 것을 발견할 수 있다. 이는 아마도 '모든 만물을 일체시하고, 시비를 동일시하는' 관념에서 자연스럽게 전이되고, 아울러 현담(玄談)의 유행 분위기가 만연되었기 때문일 것이다. 『진서(晉書)』 「은호전(殷浩傳)」에 보면 유익(庾翼)이 은호에게 보낸 서신이 인용되어 있는데, 그 내용을 보면 당시에 이미 "『장자』와 『노자』에 대해 고담준론(高談峻論)을 나눈다고 하나 종일토록 공허한 말만 늘어놓아 비록 도에 대해 논한다고 하나 실제는 장화(長華)를 다투는 것과 같았다(高談莊老, 說空終日, 雖云談道, 實長華競고담장노, 설공종일, 수운담도, 실장화경)."[8)] 이른바 '장화(長華)'란 철학적 깊은 사고는 없고, 단지 현허한 청담의 기풍만 남아 있는 것을 말한다.

서진 시대 왕연(王衍)은 "명성이 자자하여 시절을 풍미하고 현담을 교묘하게 잘하였는데, 오로지 노장에 대해 담론하는 것을 일로 삼았다(名聲藉甚, 傾動當世, 妙善玄言, 唯談老莊爲事명성자심, 경동당세, 묘선현언, 유담노장위사)." 그러나 그는 왕필과 하안의 '무(無)'를 존중하면서도 배위(裴頠)가 말한 '유(有)' 또한 반대하지 않아 "담론의 의리(義理)가 불안하여 종종 상황에 따라 바꾸었다(義理有所不安, 隨則改更의리유소불안, 수즉개갱)"고 한다. 이는 다시 말해 진정한 판단 기준이 없었다는 뜻에 다름 아

6) 『진서』 권94 「대규전」, 2457~2458쪽.

7) 이는 『문선』 권49, 692쪽. 간보(干寶)의 『진기총론(晉紀總論)』에 실린 "학자들은 장자와 노자를 근본으로 삼고 육경을 배척하였으며, 담론하는 이들은 공허한 내용을 논변의 주제로 삼고 명예와 예법을 천시하였다(學者以莊老爲宗, 而黜六經, 談者以虛薄爲辯, 而賤名儉학자이장노위종, 이출육경, 담자이허박위변, 이천명검)"라는 구절에 이선(李善)이 주석을 달면서 인용한 구절이다.

8) 『진서』 권77, 2044쪽.

니다.[1] 『세설신어』「문학」에 보면 다음과 같은 기록이 남아 있다. 왕연(王衍)의 사위인 배하(裴遐)가 예전에 결혼을 할 때 곽상과 현언을 나눈 적이 있었는데, 전문적으로 현학을 일로 삼는 이였다고 한다. 그래서 "변론을 업으로 삼아 명리를 잘 서술하였는데, 언사의 기운이 맑고 막힘이 없었으며, 금슬처럼 낭랑하였다." 그러나 도대체 어떤 원칙을 지니고 있는 것인지 알 수 없었으며, 듣는 이들 또한 별다른 입장을 가진 것이 아니어서 "그의 말을 듣는 이들은 알든 모르든 탄복하지 않는 이가 없었다."[2]

그러나 이처럼 철리적 논변의 흥취가 점차 사라져 가는 시기에 이르러 과거에는 실로 새롭고 기이한 학설로 여겨져 논변과 증명을 필요로 했던 사상들이 어느새 '일용하면서도 알지 못하는' 일종의 생활 관념으로 변하고 말았다. 당시 '현(玄)'이나 '청(淸)'은 이미 사인(士人)들이 언담을 통해 추구하는 경계일 뿐만 아니라 생활에서 추구하는 경계가 되었다. 또한 '자연'은 문인들의 철리적 사색의 대상일 뿐만 아니라 문인들의 고아한 정취를 드러내는 하나의 표지가 되었다. 『열자(列子)』「황제(黃帝)」 주석에 보면 다음과 같은 상수의 말이 인용되어 있다. "모두 형형색색의 사물뿐이니 능히 서로 앞을 다툴 수 없다. 상대하여 앞설 수 있는 것은 오로지 자연일 뿐이다(同是形色之物耳, 未足以相先也, 以相先者, 唯自然也동시형색지물이, 미족이상선야, 이상선자, 유자연야)"[3] 여기에서 말하는 '자연'을 만약 철리적 토론에서 말하는 '자연이연(自然而然)'이나 '생생자생(生生自生)'의 자연이라고 한다면 여러 문인들의 붓끝에서 나온 '자연'은 문인들이 마음속으로 자연을 추구하는 인생 경계나 자연의 산수 경물을 뜻하는 것이라고 볼 수 있다.

---

1) 『진서』 권43 「왕연전」, 1236쪽.

2) 『세설신어교전』 권 상, 113쪽. 또한 같은 책에 다음과 같은 내용도 기록되어 있다. 동진의 저명한 인물인 왕도(王導)는 도강(渡江 : 서진의 난리를 피해 양자강을 건너 남방으로 내려옴)한 이후로 "성무애락(聲無哀樂), 양생(養生), 언진의(言盡意 : 말은 뜻을 다 할 수 있다) 등의 세 가지 논의에 대해 더 이상 언급하지 않았을 뿐 못할 것이 없었다." 이렇듯 그는 현학의 철리에 나름의 일가를 이룬 것은 아니었으며, 다만 교묘한 말에 능하여 여러 사람들의 찬탄을 받았을 뿐이었다. 따라서 이 시기에 이르러 현학과 청담은 더 이상 무엇을 이야기할 것인가에 주의하기보다는 주로 어떻게 말할 것인가에 관심을 집중시켰다고 말할 수 있을 것이다. 같은 책 211쪽.

3) 『열자집해』 권2 「황제」, 양백준(楊伯峻) 교주, 49쪽, 중화서국, 1979, 1985. 또한 같은 책 41쪽에 "其民無嗜慾, 自然而已"라는 구절이 나오는데 장담(張湛)의 주석에 따르면 "자연이란 외부에서 빌리지 않는 것(自然者, 不資于外也)"을 말한다.

외물에 둘러쌓여 마음을 부리니 어찌 내 자신이 자연스럽다고 하겠는가?(役心以嬰物, 豈云我自然역심이영물, 개운아자연)(장화張華).

혼연히 만물과 더불어 변화하여 그윽함이 있고, 홀로 우뚝 자연과 함께 하네(渾萬化而冥有, 兀同體于自然혼만화이명유, 올동체우자연)(손작孫綽).

번잡한 울타리에 너무 오래 있어 이제 다시 자연으로 돌아가련다(久在樊籠里, 復得返自然구재번롱리, 복득반자연)(도연명陶淵明).

자연의 신묘한 아름다움을 골라 고아한 곳에 사는 뜻을 얻고자 하네(選自然之神麗, 盡高栖之意得선자연지신려, 진고서지의득)(사령운謝靈運).[4)]

당시 현학은 더 이상 초창기의 사상과 같을 수 없었다. 현학은 이미 상층 문인들의 생활 관념과 책략에 깊이 파고 들어가 담론과 창작에 응용되어 표현하고자 하는 대상이 되었을 뿐 사고의 내용은 될 수 없었다. 이는 당시 현학이 더 이상 추구해야 할 문제가 아니라 이미 완성된 사상이었기 때문이다 진나라(晋)시대의 장담(張湛)은 『열자』 사상에 대해 언급하면서 다음과 같이 말한 바 있다. "열자는 대체적으로 여러 가지 실유(實有)를 밝힘에 있어 지극한 빔(至虛)을 종지로 삼고, 온갖 사물을 밝힘에 궁극적인 적멸(寂滅)을 징험으로 삼았다. ……그리하여 그 밝히고자 함이 때로 불경(佛經)의 내용과 서로 섞이기는 했지만 대체적으로 노장 사상으로 귀일한다(其書大略明群有以至虛爲宗, 萬品以終滅爲驗, ……然其所明, 往往與佛經相參, 大歸同於老莊기서대략명군유이지허위종, 만품이종멸위험, ……연기소명, 왕왕여불경상참, 대귀동어노장)"[5)]

이렇듯 당시 사람들은 노장 사상의 현묘한 종지를 보편적으로 수용하여 이미 노장의 현묘한 사상은 보편진리로서 더 이상 사색이 필요 없게 되었다. 그것

4) 장화의 시는 원래 제목이 없다. 체흠립(逮欽立), 『선진한위진남북조시』, 623쪽에 나온다. 손작의 「천태산부(天台山賦)」는 『전진문』 권61, 『전상고삼대진한육조문(全上古三代秦漢六朝文)』, 1806쪽에 실려 있다. 도연명, 「귀원전거(歸園田居)」 5수 가운데 제1수, 『도연명집』 권2, 40쪽, 체흠립 교주, 중화서국, 1979, 1982. 사령운, 「산거부(山居賦)」, 『전송문(全宋文)』 권31, 『전상고삼대진한육조문』, 2604쪽. 당시 자연 관념에 대해서는 오비 코이치(小尾郊一), 『중국문학에 표현된 자연과 자연관』, 중역본, 소의평(邵毅平) 역, 상해고적출판사, 1989년을 참고하시오.

5) 『열자집석』 부록 2, 279쪽.

은 일종의 '자원(資源)'이자 '배경', 특히 외래의 사상을 수용하고 이해하는 본토(중국)의 자원이자 배경이 되었던 것이다. 불교는 바로 이러한 '서로 섞임(相參)'을 통해 서서히 중국의 상층 지식계와 사상계로 진입하게 된다.

3절

청정도교(淸淨道敎) : 도교 사상, 지식, 기술의 종교화 과정

성에 관한 두 가 방식

도교가 언제 형성되었는가를 정확하게 말하기란 지극히 곤란하다. 학술계의 전통적인 사유 방식은 도교와 관련이 있는 최초의 현저한 사건이나 현상을 찾아 도교 형성의 시간상의 표지로 삼는다는 것이다. 그래서 한나라 말 촉(蜀)지방에 웅거한 오두미도(五斗米道 : 후한 말 장릉張陵이 창시한 도교의 교단)나 황건적의 봉기로 알려진 태평도(太平道)를 도교 탄생의 시작이라고 본다. 상당히 많은 학자들이 이러한 방법을 받아들이고 있는데, 이는 한나라 말 이래 여러 가지 도교와 관련된 현상, 예를 들어 노자의 제를 지낸다거나 『태평청령서(太平淸領書)』나 『상이주(想爾注)』가 세상에 나왔다는 등과 연결할 수 있고, 다른 한편 한나라 말 사회 동란과 연계하여 종교의 형성은 사회의 정치·경제적 배경과 밀접한 연관이 있다는 사회사적 이론을 증명할 수도 있기 때문이다.[1] 그러나 다른 사유 방법도 있다. 그 방법은 위진(魏晋) 이후에 도교 경전이 만들어지고 사상과 계율이 형성되었으며, 신보(神譜)가

1) 경희태(卿希泰), 『중국도교사상사강』 권1, 사천인민출판사, 1980. 그가 주편한 『중국도교』 제1책, 15쪽에서 이러한 관점을 반복하여 한나라 시대에 '방선도(方仙道)'부터 '황로도(黃老道)'에 이르는 장기간에 걸친 성숙기를 거치면서 종교 조직의 형식이 출현하였기 때문에 한나라 말에 도교가 형성되었다고 주장하고 있다. 임계유(任繼愈) 역시 『중국도교사』 제1장 17~18쪽(상해인민출판사, 1990)에서 도교는 "한나라 시대에 성숙되어 한나라 말에 탄생했다"고 분명하게 지적하였다. 그는 도교 형성의 사회적 배경에 대해 첫째 유신론의 범람, 둘째 통치자의 신선 방술에 대한 관심, 셋째 경학의 쇠퇴와 사회적 위기의 심화, 넷째 사회적 동란, 다섯째 불교의 전래 등으로 들고 있다. 이러한 관점은 이미 오래 전부터 존재하던 것이다. 예를 들어 허지산(許地山)은 1920년대에 「도가사상과 도교」(『연경학보』, 제2기, 1927)라는 문장을 발표하면서 오두미도와 태평도 "두 교파의 도교가 바로 오늘날 도교의 정통 원조이다"라고 말한 바 있다.

마련되었다는 사실을 중시하여 북방의 구겸지(寇謙之)의 종교 개혁과 남방의 갈홍(葛洪), 육수정(陸修靜), 도홍경(陶弘景) 등의 종교 활동을 도교 형성의 표지로 간주하는 것이다.[1] 이는 단편적인 초기 종교의 맹아와 자각적으로 계통을 세운 후세의 종교 행위를 구별하는 것이자 위진 이후에 비로소 도교 경전, 의식, 방법, 신보, 조직 등이 완비되었음을 고려한 것이다. 또한 이는 종교학의 이론에 근거한 것이기도 한데, 이에 따르면 종교는 단순히 사회 모순을 반영하는 '인민의 아편'이거나 인간의 심령에 존재하는 '신앙에 대한 이해'만이 아니다. 장기적으로 연속되는 그 어떤 종교이든지 간에 반드시 경전의 내용이나 의식 방법, 숭배하는 신의 계보 및 조직 형식을 갖춰야만 한다.

물론 표지(標志)란 일종의 상징이다. 그것은 오랜 역사의 과정 속에서 비교적 현저한 상징을 찾아 기억의 경계를 나타내는 하나의 비석을 세우는 것이자 임시로 구별하는 표지를 삼는 일이다. 그것은 필연적인 일이 아닐 수 없다. 도교의 역사 문헌은 한정되어 있기 때문에 연구자들이 보는 자료 또한 거의 엇비슷하여 그들의 눈에 연출되는 역사 또한 거의 비슷한 그림이며, 나오는 인물도 똑같다. 설사 어떤 이가 잠시 서둘다가 몇 가지를 빠뜨릴 수도 있고, 또한 때로 다른 데 정신이 팔려 전후 사건을 서로 중첩해서 처리하는 경우도 있을 수 있다. 물론 그렇다고 전체 줄거리가 크게 달라지는 것은 아니다.

그러나 무심하게 말한 것일지라도 듣는 이에 따라 각기 다른 의미 부여가 가능하다. 이렇게 보면 고개지만 저리 보면 봉우리일 수도 있다는 뜻이다. 따라서 상징적인 현상이나 인물 또는 사건을 역사의 표지로 삼을 때 배후에 잠복한 관념의 차이가 돌출되어 각자의 입장과 시각이 구분된다. 오두미도와 태평도를 도교

1) 나는 1987년에 출간된 『도교와 중국문화』(상해인민출판사, 1987)에서 이러한 관점을 제시한 바 있는데, 지금도 여전히 이러한 의견을 견지하고 있다. 일본학자들의 태도는 비록 애매하기는 하지만 이러한 관점에 기울어져 있다. 예를 들어 구보 노리타다(窪德忠)는 『도교사』에서 오두미도와 태평도는 모두 "이후 도교 교단의 토대가 되었으나 나는 당시의 두 집단을 도교 교단으로 간주하는 것은 곤란하다고 생각한다"라고 지적하였다. 그는 다음 장에서 갈홍 등에 대해 서술하면서 비로소 '도교 교단의 확립'이란 말을 썼다. 중역본 91~92쪽, 소곤화(蕭坤華) 역, 상해역문출판사, 1987. 후쿠이 고우준(福井康順) 등도 『도교』에서 오두미도와 태평도를 '원시 도교 교단'이라고 칭하고 이후 구겸지의 도교를 '국가 도교'로 칭하면서 '교리 체계의 완비'는 갈홍 이후 강남 도교를 통해 이루어졌다고 말했다. 중역본 29~42쪽, 주월리(朱越利) 역, 상해고적출판사, 1990.

성숙의 표지로 삼는 전자의 경우, 종교 형성 과정에서 사회 배경이 결정적인 작용을 한다고 보고 진한 이래의 무격 방술을 이러한 사회 환경을 통해 종합한 것이다. 그러나 후자는 위진 이후 도교의 정체성 확립을 도교 형성의 표지로 본 것이다. 이러한 사고 방식에 따르면 종교란 종교 자체의 이론적 논리가 존재하며, 그러한 이론적 논리 속에 종교적 조정(調整)과 승화, 그리고 정리 과정이 존재한다. 나는 이를 '종교화 역정(歷程)'이라고 칭하며, 이러한 역정이 한나라 시대부터 위진남북조까지 끊임없이 이어졌다고 본다.

『위서(魏書)』「석노지(釋老志)」에서 말하길, 태상노군(太上老君)이 숭악산(崇岳山)에 강림하여 『운중음송신과지계(云中音誦新科之誡)』를 북위(北魏)의 도사인 구겸지(寇謙之)에게 전수하였으며, 그에게 "나의 새로운 가르침을 선포하노니 도교를 청정케 하라(宣吾新科, 清整道教선오신과, 청정도교)"[2]고 요구했다고 한다. 여기에서 말하는 '청정'은 "깨끗하게 정리한다"는 뜻과 "정리하여 종합한다"는 뜻을 지니고 있는데, 이 말은 교묘하게 내가 생각하는 것과 일치한다. 그래서 나는 2세기 말에서 6세기 말까지 4백 년에 걸친 도교의 역사를 '청정도교(清整道教)'라는 네 글자로 개괄하고자 한다.

1

…성에 관한 두 개 …맥락

1954년 낙양 서쪽 근교에서 고고 발굴을 통해 동한 시대의 유물인 해주병(解注甁)이 발견되었다. 해주병에는 '해주병, 백해거, 여율령(解注甁, 百解去, 如律令)'처럼 후세에 도교에서 부정한 것을 물리치는데 흔히 사용되던 주술이 쓰여 있고, 또한 세 가지 서로 다른 부적이 그려져 있는데,[3] 학자들의 분석에 따르면 그것은 각기 산(山), 천(川), 일(日), 월(月), 이(耳), 목(目), 여섯 가지 신(神) 등을 상징하는 것으로 벽사(辟邪), 승천(昇天), 축귀(逐鬼), 기신(祈神) 등의 함의를 지녔다고 한다.

---

2) 『위서』 권114, 3051쪽.

3) 곽보균(郭寶鈞), 「1954년 봄 낙양 서교(西郊)발굴 보고」 『고고학보』, 1956년 제2기, 북경.

이후 계속해서 이와 유사한 것들이 발견되었는데, 그 중에서 1972년 섬서 호현(戶縣)에서 발견된 조씨(曹氏) 주서(朱書) 해주병에 적힌 양가(陽嘉) 2년(133년) 해제문과 부도(附圖)는 앞서 말한 낙양 서쪽 근교에서 발견된 내용과 관련이 있다. 그 해제문(解除文)을 보면 "천제의 사자가 삼가 조백(曹伯) 노가(魯家)를 위해 재앙을 물리치고 허물을 제거하여 멀리 천 리 밖으로 보내노니, ……삶과 죽음은 서로 다른 길로 아득히 만 리나 떨어져 있다. 이후로 자손들이 금석(金石)처럼 장수하고 아무런 흉사도 없을 것이니. 무엇으로 증험할 것인가? 신약(神藥)으로 염진(厭塡)하고 황신(黃神)의 월장(越章)의 인으로 봉하니 율령처럼 행하소서"라고 쓰여져 있다. 위에 적힌 부적 역시 일, 월, 미(尾), 귀, 시(時) 그리고 '대천일주제돈악귀이절(大天一主除敦惡鬼以節)'과 피병부(避兵符)인 '태일봉(太一鋒)' 등으로 구성되어 있는데,[1] 일월성신의 신력을 빌어 악귀를 몰아내고 귀신이 더 이상 산 사람에게 달라붙지 못하도록 하는 한편, 자손들이 영원토록 장수하고 평안하기를 갈구하는 뜻을 담고 있다.

이는 상고시대 무격의 방술과 직접적인 관련을 지닌 것들이다. 또한 '신약으로 염진한다'거나 '황신의 월장의 인으로 봉하는' 기술은 후대 도교의 장기인 선약이나 인장 기술과 직접적인 연원 관계를 지닌다.[2] 일반적으로 도교가 아직 형성되기 이전이라고 알려진 동한 시대의 문물 유적을 통해 우리는 당시 사상과 지식계통이 이미 상고시대 신비한 신앙의 전통을 계승하고 있으며, 아래로 도교에서 흔히 볼 수 있는 지식과 방술, 예를 들어 약, 부적, 주술, 인장 등과 직접적으로 연관되어 있다는 것을 확인할 수 있다.[3] 그렇기 때문에 우리는 일반적인 도교의 기원에 관한 사상 맥락을 벗어나 더욱 광범위한 지식과 기술의 배경 하에서

---

1) 작진서(禚振西), 「섬서호현의 한묘 두 기에 대한 고찰(陝西戶縣的兩座漢墓)」, 『고고학보』, 1980년 제1기. 『포박자』 권15 「잡응(雜應)」에 보면 '북두와 일월의 글자를 써서' 피병(避兵)한다는 기록이 보인다. 태일봉과 북두는 서로 연관이 있는 듯하다. 왕명(왕명王明), 『포박자내편교석(증간본)』 270쪽, 중화서국, 1985년 참조.

2) 연소명(連邵名)은 「동한 건초 4년 무도권서(巫禱券書)와 고대의 책축(冊祝)」에서 한나라 시대 해제 활동에서 사용된 방술은 고대의 책축에서 근원한다고 주장하고 있다. 『전통문화와 현대화』 1996년 제6기.

3) 왕육성(王育成), 「동한도부석례(東漢道符釋例)」, 『고고학보』 1991년 제1기. 고고학적 발견을 통해 해주문(解注文)이 후세에도 계속해서 사용되었음을 알 수 있다. 돈황을 포함하여 적지 않은 곳에서 도교 해주문에 관한 자료가 발견되었는데, 이 점은 유소서(劉昭瑞)의 「고고발굴을 통해 발견된 도교 해주문에 관해 논함」, 『돈황연구』, 1991년 제4기, 만방(萬方)의 「고대 주병(注病)과 양해(禳解) 치료에 관한 고찰」, 『돈황연구』, 1992년 제4

단편적인 도교의 지식과 기술의 근원을 찾고자 한 것이고, 아울러 고대에 원래 무축사종(巫祝史宗) 일파에 속했던 지식과 기술이 후세에 어떻게 종교화의 과정을 거쳐 정합되었는가를 새롭게 정리하지 않을 수 없는 것이다.

앞서 우리는 전국시대부터 진한시대까지 보편적인 지식 배경과 일반적인 사상 수준에 대해 반복적으로 언급한 바 있다.[4] 상당히 오랜 세월 사람들은 우주의 시공간이 절대적인 중심과 음양 양극, 그리고 다섯 가지 기본적인 요소로 완미하고 조화로운 질서를 이루고 있다고 믿고 있었다. 이러한 질서는 모두 합리성의 기본적인 근거였으며, 동시에 그 배후에는 신비한 역량이 도사리고 있었다. 그들은 또한 천지인신은 서로 소통한다고 여겼으며, 그처럼 상통하는 지식과 기술은 무축사종의 수중에 놓여 있었다. 그들의 가장 큰 관심은 '생명', '행복', '민족국가' 등 자신의 생활과 밀접한 문제들이었으며, 대다수 사람들의 마음속에서 이러한 문제는 오직 무축과 방사의 지식과 기술을 통해서 해결된다고 여겨졌다.

그래서 천지인신이 서로 소통하고, 세속에 사는 인간들의 액운을 없애며, 현세의 행복을 추구하고 심지어 영원한 생명을 희구하는 지식이나 기술은 상당히 오랜 옛날부터 진한 시대에 이르기까지 지속적으로 이어졌던 것이다. 예를 들어 후대 도교가 전매품처럼 여기고 있던 연금(煉金), 염핵(厭劾), 기도, 점복, 양생, 택일 등은 이처럼 오래된 연원을 지닌 것들이었다.[5]

기를 참조하시오.

'황신(黃神)'은 「동한 희평 2년 장숙경(張叔敬) 묘소의 해제문」에 나오는 "황신은 오악을 낳고 죽은 이들의 기록을 주관하며 혼백을 부르고 죽은 이들의 호적을 주관한다"는 구절에서 볼 수 있다시피 오악과 관련이 있으며 생사를 주관하는 신인 듯하다. '황신'은 '월장'과 서로 대를 이루는데 『포박자』 권17 「등섭(登涉)」에 보면 다음과 같은 구절이 나온다. "옛날에 입산하는 이는 항상 황신의 월장의 인을 가지고 갔는데, 너비가 4촌이고 글자는 120자였으며, 진흙으로 봉해 거하는 곳에서 사방 1백보 되는 곳에 표시해서 놔두면 호랑이가 감히 그 안으로 들어오지 못했다." 왕명(王明), 『포박자내편교석』, 313쪽. 또한 『홍명집(弘明集)』 권8 석현광(釋玄光)의 「변혹론(辨惑論)」에서도 도교에서 "황신의 월장을 만드는 것은 그것으로 귀신을 죽이기 위함이며, ……적장(赤章)을 만드는 것은 그것으로 사람을 죽이기 위함이다"고 기록하고 있다. 사부비요본(四部備要本), 66쪽.

4) 본서 제1권 제3편 1절 「진한시대의 보편 지식 배경과 일반 사상의 수준」을 참고하시오.

5) 이 방면에 관한 연구로 다음을 참고하시오. 타이라 히데미치(平秀道), 「위서에 의거한 도교의 사상(緯書にあらはれた道教の思想)」, 『동방종교』 제7호, 77쪽, 법장관(法藏館), 1955. 이령(李零), 『중국방술고』, 인민중국출판사, 1993. 전자는 도교가 위서(緯書)의 상당히 많은 부분을 직접적으로 수용하고 있다는 점을 예를 들어 설명하고 있다. 예를 들면 천제가 인산(人算)과 지초선약(芝草仙藥)을 빼앗는 등의 전설에 대한 것들이다. 후자는 고대 수술이나 방기 가운데 여러 가지 내용, 특히 연단이나 복식, 방중 등이 도교와 관련이 깊다는 것을 고증하고 있다.

임부사(林富士)는 『한대의 무자(巫子)』에서 한나라 시대의 일상적인 생활 속에서 이루어졌던 여러 가지 무격 활동을 구체적으로 묘사한 바 있다. 그의 연구에 따르면 도교가 발생하기 이전에 이미 무격이나 방사들이 실제 생활에서 다음과 같은 일을 주관했다고 한다.[1)]

귀신과의 소통 : 강신, 점복, 제사, 시귀(視鬼 : 귀신을 보는 것) 등을 포함하여 주로 무격, 방사가 매개가 되어 귀신과 사람간의 의견을 소통하고 전달하는 것.

해제(解除) : 축이(祝移), 해토(解土) 등 모종의 기술을 이용하여 재해를 예방하고 배제시키는 일.

구역(驅疫) : 질병을 예방하거나 몰아내는 일.

전쟁(戰爭) : 전쟁을 수행하면서 적군을 저주하고 아군의 승리를 비는 일.

수한(水旱) : 기우(祈雨), 지우(止雨) 등 음양의 조화를 빌고 수해나 한발을 예방하는 일.

축저(祝詛) : 저주(詛呪), 무고(巫蠱), 미도(媚道) 등 여러 가지 기술을 통해 상대를 재앙에 빠뜨리거나 자신의 목적을 달성하는 일.

생육(生育) : 여러 가지 방법을 통해 자녀의 생육을 기원하고 생명을 연장토록 하는 일.

상장(喪葬) : 발상(發喪)이나 안장(安葬)의 때나 장소를 선택하고 망자를 위무하여 산자들에게 해가 없도록 하는 일.

이외에 임부사는 구체적으로 언급하지 않았지만 사람들에게 섭생이나 양기, 방중술을 가르치는 일도 포함되어 있었을 것이다. 그래서 장각(張角)이 구절장(九節杖)을 잡고 질병을 치료하며, 머리를 조아리고 죄를 비는(叩頭思過고두사과) 방법으로 기도하게 만든 것이나, 장형(張衡)이 노자에게 배례토록 하고 청도지법(淸禱之法)을 행한 것은 말할 것도 없거니와 상당수의 무격들이 갖가지 방법이나 기술을 통해 민중들 속에서 재액을 없애고 복락을 기원하는 등의 직능을 맡고 있었던 것이다.

---

1) 『한대의 무자(漢代的巫者)』, 도향출판사(稻鄕出版社), 타이베이, 1988.

다케우치 요시오(武內義雄)가 『신선설(神仙說)』에서 귀납한 결론에 따르면 동한 시대 무격, 방술가들은 대략 세 가지 부류로 나눌 수 있다고 한다. 그 하나는 도참, 재이, 점성자들로 주로 경학이나 위학에 근거하고 있다. 번영(樊英), 당단(唐檀), 공사목(公沙穆) 등이 대표적인 인물인데 후대에 『주역참동계(周易參同契)』를 저술한 위백양(魏伯陽) 역시 같은 부류이다. 두 번째는 『태평청령서(太平淸領書)』를 만든 간길(干吉)부터 장각(張角), 장수(張修)에 이르기까지 한나라 말의 극심한 사회변동 속에서 활동한 이들로 도교 기원의 한 지파로 지목되고 있는 이들이다. 마지막 부류는 노여생(魯女生), 계자훈(薊子訓), 봉군달(封君達), 좌원방(左元放)부터 갈현(葛玄)에 이르는 일단의 인물들이 대표하는데, 주로 장생술을 중시하는 신선가의 일파라고 할 수 있다.[2)]

이후 위진 시대는 물론이고 육조 시대에 이르기까지 이 세 부류의 인물들이 지속적으로 활동하면서 점차 도교 형성과 정합의 중요한 내부적 인자가 되었던 것이다.[3)] 조식(曹植)의 「변도론(辨道論)」은 비록 당시 방사들의 허망함에 대해 비판을 가하는 문장이기는 하지만,[4)] 그 문장을 통해 우리는 당시 세간에 유행하고 있던 지식과 기술 가운데 이미 도교와 관련된 내용들, 즉 도교의 신선전설, 연형시해(煉形尸解), 도인방중(導引房中), 벽곡절기(辟穀節氣), 합약연금(合藥煉金) 등이 포함되어 있었다는 것을 알 수 있다. 또한 이러한 지식과 기술의 배후에는 우리는 후대 도교 관념의 핵심인 생명의 영원함과 생활의 행복 추구에 관한 내용이 잠재하고 있음을 엿볼 수 있다.

문화 양 방면에서
ㅣ 직면한다.

그러나 당시 이러한 지식과 기술, 그리고 이러한 것들을 지닌 이들은 결코 담론의 권력을 지닌 이들이 아니었으며, 당시 사회의 주류 또한 아니었다. 오히려 그들은 정치, 문화 양 방면에서 상당히 엄중한 비판에 직면하고 있었다. 당시 실용적인 정책을 취하고 있던 서한 정부의 관리들은 "전염병이 유행하는 시절의 무

---

2) 미야카와 히시유키(宮川尙志), 『육조사연구(종교편)』, 85~86쪽, 평락사(平樂寺) 서점, 1964, 1992.

3) 『삼국지』에 보면 호루(扈累), 각검(郤儉), 감시(甘始), 관로(管輅), 좌자(左慈), 오범(吳范), 유순(劉淳), 조달(趙達) 등의 인물에 대한 기록이 나온다. 『삼국지』 권11 주석에 인용된 『위략(魏略)』, 365쪽, 권29 「방술전」, 804~812쪽. 권63 「오범유순조달전(吳范劉淳趙達傳)」, 1421~1425쪽. 이외에도 미야카와 히시유키(宮川尙志)의 『육조사연구(종교편)』 가운데 「육조시대의 무속」, 제2절 「위진시대의 무자」가 참고할 만하다.

4) 『조식집교주』 권1, 187~189쪽, 인민출판사, 1984.

당처럼 그저 입만 놀릴 따름이다(疫歲之巫, 徒能鼓口舌耳역세지무, 도능고구설이)"고 그들을 비난했고, 문화의 가치 관념을 중시하던 당시 지식계층은 "거짓을 일삼고 사기 행각을 벌이는 이들이 바로 무축이다(飾僞行詐, 爲民巫祝식위행사, 위민무축)"라고 하면서 '무업으로 치부하는' 사기꾼이라고 비난했다.[1] 특히 동한 시대 왕충(王充)은 무축과 제사를 신봉하는 것에 대해 다음과 같이 강렬하게 비판하였다.

> 자신의 품행은 닦지 않고 제사는 성대하게 하며, 조상은 경애하지 않고 귀신을 두려워하며, 죽음에 이르거나 재앙이 닥치면 귀신의 나쁜 짓 때문으로 돌리고 어떤 귀신이 해코지를 하는지 모르기 때문이니 찾아서 제사를 지내야 한다고 말한다. 그래도 재앙이 그치지 않으면 이번에는 제사 탓으로 돌리며 제사가 불경했기 때문이라고 말한다. 해제에 대해 논하자면 해제는 전혀 이로운 것이 없고, 제사에 대해 논하자면 제사는 보탬이 되는 것이 없으며, 무축에 대해 논하자면 무축은 힘이 될 만한 것이 없다(不修其行而豊其祝, 不敬其上而畏其鬼. 身死禍至, 歸之於祟, 謂祟未得, 得祟修祀, 禍繁不止, 歸之於祭, 謂祭未敬, 夫論解除, 解除無益, 論祭祀, 祭祀無補, 論巫祝, 巫祝無力불수기행이풍기축, 불경기상이외기귀. 신사화지, 귀지어수, 위수미득, 득수수사, 화번부지, 귀지어제, 위제미경, 부론해제, 해제무익, 논제사, 제사무보, 논무축, 무축무력).[2]

그래서 그는 인간의 운명의 향방은 "귀신이 아니라 인간에게 있으며, 제사에 있는 것이 아니라 덕을 쌓는데 있다"고 말한 것이다. 왕충 이외에 왕부(王符) 역시 "범인의 길흉은 행위에 의해 주관되며 운명이 결정한다. ……무축들이 귀신과 교통하여 세밀한 것들을 구한다고 하는데 대명(大命)은 그러한 것이 아니다(凡人吉凶, 以行爲主, 以命爲決, ……巫史祝祈者, 蓋所以交鬼神而救細微爾, 至於大命, 未如之何범인길흉, 이행위주, 이명위결, ……무사축기자, 개소이교귀신이구세미이, 지어대명, 미여지하)"[3]라고 하여, 인간의 운명은 무축을 통해 소통한다는 귀신에게 있는 것이 아니라 권력을 장악하

---

1) 왕이기(王利器), 『염철론교주(鹽鐵論校注)』 권6 「구궤(救匱)」, 401쪽, 권6 「산부족(散不足)」, 352쪽, 중화서국, 1992.

2) 황휘(黃暉), 『논형교석』 권25 「해제(解除)」, 1046쪽, 중화서국, 1990.

3) 『잠부론전교정(潛夫論箋校正)』 「무열(巫列)」 '제26', 301쪽, "보통 사람의 길흉은 그의 행실에 의해 주관되며,

고 있는 황제의 수중에 있으며, 인간의 희망은 귀신과 소통하는 제사에 있는 것이 아니라 유가가 제창한 도덕에 있다고 주장했다.

이러한 관점의 전이는 언어의 권력을 상층 사회와 주류 사상에 귀속시키는 일이기도 했다. 그리하여 당시 방사 유근(劉根)이 "산중에 은거하니 좋은 일이 먼 곳에서 절로 이르러 도를 배우기 시작했다"고 하자 태수 사기(史祈)는 "유근을 요망한 이로 단정 짓고, 그를 군에 불러다가 '도대체 어떤 방술로 백성들을 미혹시켰느냐'고 힐난했다."[4] 이외에도 제오륜(第五倫)은 회계에 가서 음사(淫祀)를 금하는 한편, "무축들이 귀신에 의탁하여 어리석은 백성들을 속이고 두려움에 떨게 하자 모두 입건하여 논죄하였다"고 했고, 송균(宋均)은 진양, 구강에서 무축들을 치죄하는 한편, "학교를 세워 음사를 금지시켰다." 또한 난파(欒巴)는 예장에 가서 도술로 무술을 다스려 "방사를 모두 헐어버리고 간악한 무당들을 모두 정리하였다."[5]

이러한 사례는 모두 무축 방사들이 귀신과 소통하며 영원한 지식과 기술을 추구하던 것이 주류 사회에서 배척되었음을 증명하는 것들이다. 그래서 한나라 순제(順帝)와 환제(桓帝) 시절(서기 126~144년, 166년) 궁숭(宮崇)과 양해(襄楷)가 두 차례에 걸쳐 『태평청령서』를 올리자 유사(有司)에 의해 궁숭은 "요망하고 불경한 것을 올렸다"는 이유로 냉궁(冷宮)에 갇혔고, 양해는 상서(尙書)에 의해 "언사가 법률을 어기고, 경전에 위배되며 거짓으로 성숙(星宿 : 별자리)의 명의를 빌었으며, 신령에 거짓으로 의탁하여 사사로운 뜻을 담아 황상을 잘못된 길로 인도하고 허황된 일을 저질렀다"는 이유로 탄핵받아 낙양에서 정죄(定罪)되었다.[6]

운명에 의해 결정된다. ……무축들은 귀신과 교통한다고 하지만 자질구레한 것만 얻을 수 있을 뿐이니, 큰 운명과 같은 것은 어찌 할 수 있는 것이 아니다. 중화서국, 1990.

4) 『후한서』 권82 하 「방술열전」 '하', 2746쪽.

5) 『후한서』 권41 「제오종리송한열전(第五鍾離宋寒列傳)」, 1397쪽, 1411~1412쪽, 권57 「난파전」, 1841쪽.

6) 『후한서』 권30 「양해전」, 1082~1084쪽.

2

2세기 중엽 전염병이 크게 유행하자 부서(符書)를 만들거나 귀신을 부리며, 부적과 주술로 병을 치료하고 병자에게 고개를 조아리고 죄를 회개하도록 만드는 등의 기술에 의지한 무격 방사들이 서서히 중국 서촉(西蜀) 지방과 동부에 출현하기 시작했다.[1] 그들은 처음으로 교단을 만들기 시작했는데, 전설에 따르면 장릉(張陵)은 이십사치(二十四治 : 치는 교단의 단위)를 만들어 "토단을 설치하고 초가집으로 지붕을 만들었다"[2]고 한다. 또한 장각은 삼십육방(三十六方)을 두었는데, "대방은 1만여 명이고, 소방은 6, 7천 명이었으며, 각기 거수(渠帥)를 지도자로 세웠다"[3]고 한다. 그들 역시 초보적이기는 하지만 나름대로 경전을 만들었다. 예를 들어 장수(張修)는 '좨주(祭酒)에게 명하여 『노자』 오천문(五千文)을 위주로 한 경전을 모두 학습토록 하였으며'[4], 『태평경』, 『노자상이주』, 『주역참동계』, 『천이백관의(千二百官儀)』 등을 계속해서 만들었다.[5]

---

1) 『광홍명집(廣弘明集)』 권8 석도안(釋道安)의 「이교론(二教論)」에 따르면 "장릉은 구사(丘社)에서 질병과 학살을 피하고, 귀신에게 비는 주술서를 얻어 귀신을 부리는 방법을 알게 되었다." 또한 장릉은 "순제 시절에 촉 땅에 가서 곡명산에서 도를 배웠는데, 부서(符書)를 조작하여 백성들을 미혹시켰다." 『후한서』 권71 「황보숭전(皇甫嵩傳)」에 보면 "장각은 ……꿇어앉아 자신의 과오를 고백하고 부적을 담은 물로 주문을 외어 병을 치료하였다" 고 한다. 2299쪽.

2) 『광홍명집』 권12 석명개(釋明概), 「결대부혁폐불승사(決對傅奕廢佛僧事)」, 102쪽.

3) 『후한서』 권71 「황보숭전(黃甫崇傳)」, 2299쪽. '方'은 '방(坊)'으로 쓰기도 한다.

4) 『삼국지』 권8 「장노전(張魯傳)」 주석에 인용한 『전략(典略)』, 264쪽.

5) 1934년 탕용동이 「독태평경서소견(讀太平經所見)」(『탕용동학술논문집』 52~79쪽, 중화서국, 1983)에서 『태평경』은 "한나라 시대의 고서이다"라고 말한 이후로 상당히 많은 이들이 그의 의견을 따르는 한편, 그 책이 바로 궁숭(宮崇)이 황상에게 바쳤다는 『태평청령서(太平清領書)』라고 믿고 있다. 물론 어떤 이들은 이에 대해 반대의 의견을 제시한 바 있다.
나 역시 그 책이 한나라 시대에 나왔다고 생각하지만 상당히 오랜 기간 동안 첨삭, 증보를 거쳤다고 본다. 『상이주(想爾注)』는 1956년 요종이(饒宗頤), 진세양(陳世驤) 등이 연이어 돈황에서 출토된 두루마리 문서를 고증한 이후로 한나라 시대의 작품으로 간주하기 시작했다(요종이, 『노자상이주교전』, 홍콩대학중문과, 1956. 『노자상이주교증』, 상해 고적출판사, 1991. 진세양, 「상이노자도경돈황잔권논증(想爾老子道經敦煌殘卷論證)」, 『청화학보』 제1권 제2기, 타이베이, 1957. 오오후치 닌지(大淵忍爾), 「노자도덕경서결(書訣)의 성립」, 『동양학보』 42권 1,2호, 도쿄, 1959). 그러나 이 책 역시 민간에 유전되면서 후대의 내용이 끼어들어 이를 의심하는 이들이 적지 않다. 예를 들어 후쿠이고우준(福井康順), 구스야마 하루키(楠山春樹) 등이 그러하다. 구스야마 하루키, 「노자상이주고(老子想爾注考)」, 『노자전설연구』, 창문사, 1979년. 『도가사상과 도교』, 39~41쪽, 63쪽, 평하(平河)출판사, 1992.

또한 신도를 위한 대체적인 규율도 만들었는데, 장각은 '병자는 고개를 조아리며 자신의 과오를 반성토록 하였고', 장수(張修)는 환자들에게 조용한 방에서 "과오를 반성토록 하였다." 또한 장노(張魯)는 신도들에게 "작은 과실이 있는 이들은 백보(百步)를 걸으며 도를 닦도록 하고, 월령에 따라 봄과 여름에는 살생을 금하도록 했다(有小過者, 當治道百步, 依月令春夏禁殺유소과자, 당치도백보, 의월령춘하금살)."[6] 그러나 이러한 것들은 당시 주류 이데올로기나 주류 사상의 변두리에 있던 초기 도교의 위상을 변화시키기에는 역부족이었다. 그렇기 때문에 상당히 오랜 기간 초기 도교의 혼란하고 조잡한 종교 조직이나 경전과 규범, 그리고 활동 등은 여전히 상류 사회 대다수 사람들에게 하찮게 여겨지거나 지식계층의 비판을 면할 수 없었다.[7]

이데올로기에 대한 과 이성주의 사상에 굴복

그러나 위진남북조 시대의 도교 경전을 살펴보면 도교 내부에서 도교 자체의 문화적 품격이나 도덕 윤리, 그리고 행위 규범에 대한 비판과 반성이 상당히 엄격해진다는 것을 알 수 있다. 갈홍은 『포박자』「내편(內篇)」에서 이렇게 말하고 있다. "도사들 가운데 학문적으로 박학다식한 자는 드물고 제멋대로 단정하고 헛된 말을 하는 자는 많다(道士淵博洽聞者寡, 而意斷忘說者衆도사연박흡문자과, 이의단망설자중)." 그는 또한 같은 책 「금단(金丹)」에서 서(徐)·예(豫)·형(荊)·양(襄)·강(江)·광(廣) 등지에 살고 있는 민간 도사들이 수십 권의 책을 썼다고 하지만 모두 이해할 수 있는 것은 아니라고 풍자하기도 했다.[8] 이러한 비판은 당시 도교 내부에 문화적 품격을 높이려는 관심이 점차 증가하고 있음을 반영하는 것이다.

---

6) 『삼국지』 권8 「장노전」에 인용된 『전략(典略)』 264쪽. 요시가와 타다오(吉川忠夫)의 「정실고(靜室考)」, 중역본은 『일본학자연구중국사논저선역』 제7권, 446~447쪽, 중화서국, 1993.

7) 특히 초기 무격 방술과 유관한 종교 행위들은 당시 지식계층들에게 비난의 표적이 되었다. 그러나 양생이나 기 수련을 위주로 한 신선사상은 오히려 지식계층의 비교적 많은 이들과 연관을 맺게 된다. 예를 들어 남조 유송(劉宋)시대에 주랑(周朗)은 "구름을 집 삼고 산굴을 침실 삼으며, 모감주나무와 계수나무 우거진 곳에서 꿀과 영지를 이슬에 띄우고 소나무 자르고 눈을 베개로 삼으며⋯⋯ 흙이나 돌을 제후나 공경(公卿)으로 여기며 동량(棟梁)과 비단을 썩은 짐새로 여긴다"며 출세(出世)의 생활을 이상으로 삼았다. 그러나 '귀도(鬼道)로 뭇 백성을 미혹시키고 요사스러운 무속으로 풍속을 깨뜨리는 것'이나 '남녀관계가 어지럽고 음식을 함께 먹으며 이로 인해 무축에게 기도를 올리고, 이를 좇아 요청하고', '방마다 신령을 모신다고 재물을 탕진하고 풍속을 어그러뜨리는' 일에 대해서는 극도의 반감을 표시하였다. 『송서(宋書)』 권82, 2091쪽, 2100쪽.

8) 『포박자내편교석』, 367쪽, 70쪽.

대략 동시대이거나 좀 더 늦은 시대에 나온 『태상동연신주경(太上洞淵神呪經)』에서도 한나라 말 이래로 "백성들이 크게 좋아했지만 대부분 도를 믿은 것은 아니다"라고 하였다. 그러나 도사들 역시 자신의 직분에 최선을 다하지 않았기 때문에 백성들이 "도가 있는 지도 모르고, 법이 있는 지도 몰랐으며, 경전이 있다는 것도 모르는 채로 그저 절로 그러한 것을 받들 뿐이었다."[1] 이처럼 "절로 그러한 것을 받들 뿐이었다"는 비판이나 도, 법, 경전에 대해 크게 강조한 것은 도교가 종교화되는 일종의 정합(整合) 과정을 밟아야 한다는 의도를 드러낸 것이라 할 수 있다.

얼마 후에 나온 『삼천내해경(三天內解經)』 상권에 보면 세간에서 "사도를 믿고 진실된 것을 어지럽히며 근원이 되는 도를 잘못 어그러뜨려 어리석은 자들이 소란을 피워 화의 근본이 말미암는 바를 알지 못 한다"라고 강력하게 비판하는 한편, 세가의 무축 방사들이 '가축을 제멋대로 잡아먹고 허무에 대고 기원을 올리며 비속한 노래와 춤을 추고 오로지 술과 고기만 찾는' 풍습을 '사도(邪道)'로 배척하였다.[2]

이렇듯 무격들이 사도를 비판하는 것은 자신들의 '정도(正道)'를 수립하고자 함이었다. 특히 지적할 점은 도교가 종교 단체 형식을 개혁했다는 사실이다. 나는 초기 도교가 주로 정부나 군대의 형식을 모방하여 신도들을 관리했다는 것에 대해 의심하지 않을 수 없다. 태평도의 '삼십육방' 조직이나 '장군'이란 칭호, 오두미도의 '이십사치' 조직과 '좨주'라는 칭호, 그리고 앞서 언급한 동진 시대 분묘에서 출토된 도교 '삼오장군(三五將軍)'이란 인신(印信) 등등으로 볼 때 이러한 조직과 칭호 및 권력 상징물 등은 종교 권력의 팽창과 정치 역량의 의심을 자아내기에 충분했을 것이다.

예를 들어 『진서』 「주찰전(周札傳)」에서 이팔백(李八百)에 대해 언급하면서 그가 "귀도(鬼道)로 질병을 치료하고 사람들에게 관직을 주어 배치하였는데 당시 많

---

1) 『태상통연신주경』 권1, 『도장(道藏)』 통현부 본문류(洞玄部本文類), 시일(始一), 제6책, 문물출판사, 상해서점, 천진고적출판사, 1988. 오오후치 닌지(大淵忍爾)의 『도교사의 연구』 제4장 「통연신주경의 성립」에 보면 『태상통연신주경』은 대략 동진 말에서 유송(劉宋) 초기에 세상에 나왔다고 한다.

2) 『도장』, 정일부(正一部), 만팔(滿八), 제28책.

은 사람들이 그를 믿었다(以鬼道療病, 又署人官位, 時人多信之이귀도료병, 우서인관위, 시인다신지)"[3]고 기록한 대목이 나온다. 이는 정치권력의 통제 하에 있는 세속 사회에서 치명적인 재난을 당할 위험성이 농후한 것이었다. 그래서 나중에 세속 권리를 쟁취하고자 했던 불교도 도안(道安)이나 견란(甄鸞)은 『이교론(二教論)』과 『소도론(笑道論)』에서 특별히 군주에게 암시하기를 도교에서 "치록, 병부, 사계를 전수하면서 군장이나 이병(吏兵) 등의 호칭을 쓰는데, 이는 모두 도교에서 훈계하는 뜻과 무관합니다(先受治籙, 兵符, 社契, 皆言軍將吏兵, 都無教誡之義선수치록, 병부, 사계, 개언군장리병, 도무교계지의)", "봄과 가을 두 번으로 나누어 토지 신과 부엌 신에게 제를 올리며, 겨울과 여름 두 번에 걸쳐 세속 사람들과 더불어 제사를 올리는데, 병부, 사계, 군장, 이병 등은 모두 도교에서 권계(勸誡)하는 글과 관련이 없습니다(春秋二分, 祭社祠竈, 冬夏兩至, 同俗祠祀, 兵符, 社契, 軍將, 吏兵, 都無誡勸之文춘추이분, 제사사조, 동하양지, 동속사사, 병부, 사계, 군장, 리병, 도무계권지문)"[4]라고 하였다.

그렇기 때문에 북위의 구겸지는 "사사로운 도사의 호칭을 다스려 좨주의 명칭을 개인적으로 바꾸었다(治竊道士之號, 私易祭酒之名치절도사지호, 사역제주지명)"고 하였으니 정권과 갈등을 유발시킬 수 있는 조직 방식을 순수한 종교 수행의 조직 방식으로 전화시킨 것이다. 또한 노군(老君)의 이름을 빌렸지만 사실 구겸지 자신이 직접 쓴 『노군음송계경(老君吟誦誡經)』에서 특별히 주류 사회의 정치와 이데올로기 및 도덕 규범에 정면으로 대항하는 행위에 대해 다음과 같이 격렬하게 비판한 것이다. "세간의 작위는 경전의 도를 잘못 공격한 것이다. ……만민을 미혹하여 혼란을 가중시키고 귀신의 말을 사칭하여 어리석은 백성들이 신복하도록 하며, 거짓으로 온갖 징조를 만들고 관을 사칭하고 멋대로 호칭을 만들어 개미처럼 사람들을 모아 토지를 그르치고 어지럽힌다(世間作僞, 攻錯經道, ……惑亂萬民, 稱鬼神語, 愚民信之, 誑詐萬瑞, 稱官設號, 蟻聚人衆, 壞亂土地세간작위, 공착경도, ……혹란만민, 칭귀신어, 우민신지, 광사만서, 칭관설호, 의취인중, 괴란토지)."[5]

---

3) 『진서』 권58, 1575쪽.

4) 『광홍명집』 권8, 권9, 『사부비요(四部備要)』본, 66쪽, 76쪽. 『대정신수대장경(大正新修大藏經)』 52권, 140쪽, 149쪽.

5) 『도장』 동신부 계율류(洞神部戒律類), 역이(力二), 제18책.

이처럼 주류 이데올로기를 인정하고 기존 질서에 굴복하는 것은 어쩔 수 없는 일이었다. 유가의 담론이 관리가 되는 필수 지식이자 인간의 기본적인 준칙이 되어 관리들에 의해 전파되고 미혹된 점을 해결하는 한편, 문화 전파의 책임을 담당하고 있는 지식계층의 보편적인 인정을 받아 상층 사회 권력의 중심이 되자, 기타 모든 지식이나 기술은 모두 '주변화' 되지 않을 수 없었다. 이러한 지식과 기술은 마치 '개인' 적이고, '구체' 적인 것, 또는 '경험' 적인 것으로 치부되었으며, 더 이상 일체의 현상이나 사물을 해석하는 보편적 합리성을 갖춘 것으로 간주될 수 없었다. 따라서 그것들은 '통행되는' 담론이 아니라 '비밀스러운' 이야기로 여겨져 공공 교육을 통해 전수되지 못하고 사제 간에 비밀스럽게 전수되는 길을 택할 수밖에 없었다. 설사 권력 중심에 있는 유가사상이 직접적으로 다른 사상을 억압하지 않았다고 할지라도 은연중에 발휘되는 무형의 압력으로 인해 기타 사상은 보편적으로 적용될 수 있는 성질을 잃게 되었으며, 그야말로 말하지 않아도 알 수 있는 근거의 자격을 박탈되기에 이른 것이다. 그리하여 일련의 낡은 지식 세계에 근원하여 무격이나 방사들에 의해 전해진 지식과 기술은 물론이고, 그들의 조직과 강령조차도 새롭게 정리되고 정합(整合)되기에 이른다.

이처럼 주류 사상의 압력 이외에도 다음 몇 가지 이유가 있다. 첫째, 생활 속에서 장기간에 걸쳐 액운을 없애고 복락을 기원하는데 이용되었던 지식과 기술이 비록 심층에 잠재하는 사상적 근거와 체계를 지니고 있기는 했지만 처음부터 명확한 이론적 논의를 통한 자체 합리화가 불가능했다. 둘째, 사회적으로 천지인신의 상호 소통을 책임지는 직능을 갖춘 방사나 도사들이 나름의 지식을 갖춘 것은 사실이지만 명확한 조직을 통한 합법화가 결핍된 상태였다. 셋째, 세속에서 상당한 작용을 발휘하던 종교적 활동 역시 나름대로 상당한 정도로 일반 민중의 지지기반을 지니고 있었지만 철저한 도덕과 윤리 규범을 통해 신성화하는데 실패하였다.

초월적 몽상과 장생에 대한 희구, 그리고 행복 추구는 시종일관 인간들 내심에 자리한 것이기 때문에 도교가 자리할 수 있는 토양으로 건재하였다. 그러나 도교는 무엇보다 경전화의 문제를 고려할 필요가 있었다. 그것은 다시 말해 자신들의 지식과 기술을 합리화하는 것이고 조직 형식을 합법화하는 것이며,

그들 나름의 도덕과 율령을 신성화하는 것이었다. 우리는 종교가 신도들에게 초월이나 해탈을 허락하면서도, 다른 한편은 그들 신도들에게 세속을 초월한 신성과 순결을 요구하는 것을 잘 알고 있다. 특히 이러한 구속에는 도덕 생활을 통해 규칙을 준수하는 습관이 포함되어 있으며, 종교적 감정 속에서 신앙을 길러나가는 열정과 사상의 이념적인 면에서 종교적 견실함을 형성해나가는 것이 포함되어 있다. 그렇기 때문에 도교가 사회에서 보편적인 인정을 받는 종교로 부상하고자 한다면 무엇보다 상당히 오랜 시일이 걸리는 경전화 역정을 겪어야만 하는 것이니, 이러한 역정은 2세기 말에 시작하여 장장 몇 세기에 걸쳐 지속된다.

3

메카니즘 : 엄격한 · 정제된 규범 확립

이처럼 오랜 세월에 걸친 경전화 과정 중에서 우리가 주목할 만한 첫 번째 현상은 도교가 점차 엄격한 규율을 확립하면서 여러 가지 도교의 행위 역시 고대 중국의 인심에 깊이 파고든 도덕 규범에 부합하게 되었다는 것이다. 이는 상층의 지식계층과의 관계 개선에 활용되었을 뿐 아니라 주류 이데올로기와 상관된 긴장 상태를 이완시키는 작용을 하였다. 또한 이를 통해 도교의 교단을 성립시키고 정리하는데 큰 도움을 받을 수 있었다.

한나라 말 오두미도와 태평도는 비록 후세에 '도교의 기원'으로 간주되었지만 실제로 그 내부 조직 규범과 지식 기술의 혼란, 특히 주류 사회와 언론 권력에 대한 저항 자세 등은 후세 도교가 사회에서 공식적으로 인정받고 존속하는데 상당히 성가신 부분으로 잔존하고 있었다. 이처럼 무격, 방사의 전통과 연속선상에 있는 것들로 인해 후세 도교는 여러 측면에서 비판을 받게 된다. 그 비판은 유가 이외에도 거의 동시에 흥기하여 생존 공간을 쟁취하고자 목숨을 걸었던 불교에서 온 것도 적지 않았다. 예를 들어 "오로지 금백(金帛)만 받으면 경전을 내준다", "황서를 펼쳐 참된 경전이라고 하고, 자록(紫籙)을 패용하는 것을 묘술이라 여긴다", "부록(符籙)을 판매하며, 뺨을 치고 이빨을 부딪치고, 몸을 묶어 땅에 엎드리며, 글자 형태의 부적이나 남녀 합기(合氣)를 조장한다"[1]는 등의 도교에 대한 비판은 바로 불교도의 입에서 나온 것들이다.

이처럼 폭로성 비난에 직면하여 도교는 견디기 힘들 지경에 이르렀다. 그래서 초창기 도교에서 시작되어 계속해서 비판의 표적이 된 여러 가지 현상에 대한 반성과 정리 작업이 진행되었다. 노군(老君)이 직접 전수했다는 『노군음송계경(老君音誦戒經)』에서 '삼장위법(三張僞法 : 삼장의 거짓 법)'에 대해 날카로운 비판을 가하여 그것이 단지 무격, 방사의 유풍일 뿐이라고 지적한 것도 같은 맥락이다. 그 책에 따르면 무격과 방사들의 유풍 가운데 다음 세 가지가 특히 비판의 대상이 되었다. 첫째, "사람들에게 직계(職契)를 주면서 금은이나 비단 등 재화를 받았다." 둘째, "장릉은 거짓으로 전수받았다는 황적방중술(黃赤房中術)로 사람들을 짝짓고 음란한 기풍을 크게 일으켰으니 도교를 욕되게 하는 일이었다." 셋째, "좨주의 관직을 아비가 죽으면 자식이 이어받게 했다." 이러한 것들로 말미암아 도교는 세속의 이익에 얽매여 종교적 순결성을 상실하게 되었고, 고대 중국의 도덕과 윤리에 관한 오랜 관습을 위배하는 꼴이 되고 말았다. 또한 신도들의 도교에 대한 신성한 느낌을 와해시키는 한편, 신성한 종교를 전제적 가족 권력으로 변질시킴으로써 고대 중국의 정치권력의 불문율을 침범하게 되었다. 결국 이리하여 생존 공간을 획득하는데 더욱 어려움에 직면하게 된 것이다.

들리는 바에 따르면 북위 신서(神瑞) 2년, 즉 서기 415년 북방에 거주하던 도사 구겸지가 노군이 친히 전수한 천서 『운중음송신과지계(云中音誦新科之戒)』를 얻었다고 하는데, 후에 태무제(太武帝)의 지지를 얻어 신의 뜻을 전달하게 된다. 그 핵심적인 내용은 "도교를 청정하게 만들어야 할 것이니, 삼장의 거짓 법과 조미전세(租米錢稅) 및 남녀 합기(合氣)의 술수(방중술)을 제거해야 한다"는 것이었으며, 아울러 도교는 마땅히 "예절과 절도를 으뜸으로 삼고 복식과 폐련(閉練)을 부가해

1) 석현광(釋玄光)의 『변혹론(辨惑論)』, 석혜통(釋慧通)의 『고도사 이하론을 반박함(駁顧道士夷夏論)』, 석덕민(釋德愍)의 『융화의 고도사 이하론 논석(戎華論析顧道士夷夏論)』 등을 참고하시오. 『홍명집』 권8, 65쪽, "但得金帛, 便與其經(단득금백, 편여기경)", 62쪽, "陳黃書以爲眞典, 佩紫籙以爲妙術(진황서이위진전, 패자록이위묘술)", 63쪽, "販符賣籙, 縛頰叩齒(판부매록, 박협고치)", 64쪽, "反縛伏地, 符章合氣(반박복지, 부장합기)". '부장(符章)'은 글자 형태를 변형시켜 만든 일종의 부적이며, '합기'는 남녀 간의 성행위를 말한다.

야 한다(專以禮度爲首, 而加以服食閉練전이예도위수, 이가이복식폐련)"[2]고 주장하였다.

이후 남방 도사 육수정(陸修靜)은 『동현영보오감문(洞玄靈寶五感文)』에서 "세상이 말세에 이르고 교법과 강령이 무너져 사람들이 너나할 것 없이 다른 것으로 나아가려고 하나 나만은 홀로 이 법을 지키겠다(生値末世, 教法綱頹, 人皆趣彼而我竊守此法생치말세, 교법강퇴, 인개취피이아절수차법)"[3]고 주장하고, 송(宋)나라 문제 원가(元嘉) 30년(태초 원년, 서기 453년) 겨울 사람들을 이끌고 산중으로 들어가 도탄재(塗炭齋)를 거행하였다. 그는 힘들고 고통스러운 방법으로 자신의 의지를 갈고 닦아 상천의 복락을 구하는 한편, 도교는 마땅히 "신은 음식을 먹지 않고 도사(道師)는 돈을 받지 않으며 백성들로 하여금 안으로 자애와 효행을 수행토록 하고 밖으로 공경과 겸양을 실천토록 해야 한다"며 도교를 신봉하는 이들이 모일 경우 "음주와 식육을 금하고 시끄럽게 떠들며 담소하는 것을 금지시켜야 한다(不得飮酒食肉, 喧譁言笑불득음주식육, 훤화언소)"[4]는 규칙을 제시하였다.

종교화 과정은 상당히 오랜 세월에 걸쳐 천천히 이루어졌다. 그 가운데 몇 가지 낡은 제도나 습관은 여전히 잔존하여 쉽게 바뀌지지 않았는데, 전통적인 의식이나 방법 역시 예전 방식 그대로 전래되었다. 예컨대 "삼장의 법도에 따르면 봄과 가을 두 번으로 나누어 토지 신과 부엌 신에게 제를 올리며, 겨울과 여름 두 번에 걸쳐 세속 사람들과 더불어 망인이 된 선조들에게 제사를 올리며 치록, 병부, 사계를 전수받는 것을 모두 장군, 이병(吏兵)의 일이라고 말한다(三張之法, 春秋二分, 祭社祠竈, 冬夏兩至, 同俗祠祀先亡, 及受治籙, 兵符, 社契, 皆言將軍吏兵之事삼장지법, 춘추이분, 제사사조, 동하양지, 동속사사선망, 급수치록, 병부, 사계, 개언장군리병지사)"[5]고 한 것이 그러하다. 사계절마다 제사를 올려야 한다는 삼장의 주장은 고대 중국에서 오랜 세월 전래되던 습관이기도 했다.

『예기』 「월령(月令)」을 보면 "중춘(仲春) 달에 ……원일(元日)을 택해 토지 신에

---

2) 『위서』 권114 「석노지(釋老志)」, 3051쪽. 구겸지의 청정도교에 관한 문제는 탕용동, 탕일개(湯一介)의 『구겸지의 저작과 사상-도교사 잡론 1』을 참조하시오.

3) 『도장』 정일부(正一部), 생(笙), 제32책.

4) 「육선생도문과략(陸先生道門科略)」, 『도장』 태평부(太平部), 의구(儀九), 제24책.

5) 『변정론(辯正論)』 권2 「삼교치도론(三教治道論)」, 『대정신수대장경』 제52책, 497쪽.

게 제사를 올리도록 해야 한다", "맹하(孟夏) 달에 ……부엌 신에게 제사를 올려야 한다" 등 이와 관련된 기록이 나온다. 이러한 활동은 본래 무격, 방사들이 주관하던 것으로 민간에서 이미 관례가 된 상태였다. 그렇기 때문에 도교에서 이를 계승한 이후로도 쉽게 변할 수 없었다. 그래서 『삼천내해경(三天內解經)』 상권에서도 여전히 "오랍(五臘 : 천랍天臘, 지랍地臘, 도덕랍道德臘, 민세랍民歲臘, 후왕랍侯王臘의 합칭이다. 도교에서 재계하고 선조에게 제를 지내는 날이다) 길일에 가친의 종조부모에게 제사를 지내고, 2월 8일에 토지신과 부엌 신에게 제를 올려야 한다"는 것을 도교의 합리적인 활동으로 간주하고, 아울러 이것은 노군이 장릉에게 새로 전수한 "정일명위(正一明威)의 도이자, 신출노군(新出老君)의 제도이다"라고 말했던 것이다. 「육선생도문과략(陸先生道門科略)」에서도 '오랍 길일에 선조에게 제사를 지내고 2월 8일에 토지신과 부엌 신에게 제를 올리는 것'을 정당한 행위로 여겨 도교 규범에 집어넣었으며, "이외의 것은 제를 지내면 안 된다"고 못 박았다.

이처럼 몇 가지 관습은 여전히 잔존하고 있었지만 또 다른 몇 가지는 점차 사라지게 된다. 예를 들면 남녀합기(男女合氣) 등이 그러한데, 불교도나 상층 인사들에게 멸시되었던 방중, 양생술은 비록 그 기원이 상당히 오래되고 수많은 도교 관련 전적, 예컨대 『진인내조율(眞人內朝律)』, 『진인내예예사가행도율(眞人內禮詣師家行道律)』 등에 모두 정당한 기술로 기록되어 있었지만,[1] 구겸지 시대에 이르러 공개적인 활동이 엄격하게 금지되었다. 방중, 양생술은 다만 도교 수련의 보조 기술로 활용되었는데, 남방 도교의 경우는 비교적 늦게까지 지속되었다. 그래서 갈홍의 『포박자』 「지리(至理)」를 보면 "또한 방중술을 펼쳐 알아야 하는 것은 이 때문이니 음양의 방중술을 모르면 번거롭게 수고만하고 손해를 끼칠 것이니 기를 운행함에 힘을 얻기 힘들 것이다(又宣知房中之術, 所以爾者, 不知陰陽之述, 屢爲勞損, 則行氣難得力也우선지방중지술, 소이이자, 부지음양지술, 누위노손, 즉행기난득력야)"[2]라는 구절이 나오고, 『진고(眞誥)』에서도 방중술에 대해 약간 모호한 태도를 취해 이는 장릉이 "교화를 전수받아 시행하면서 하나의 종자로 사용한 술수일 따름이다(受施教化,

1) 앙리 마스페로(Henri Maspero), 『도교(道教)』, 가와가쯔 요시오(川勝義雄)의 일역본, 177쪽, 평범사, 도쿄, 1978, 1992년 참조.

2) 『포박자내편교석』 114쪽.

爲種子之一述耳수시교화, 위종자지일술이)"[3]라고 말했다.

그러나 『태상동연신주경』 권10[4]을 보면 당시 도교도들에게 "황적도사(黃赤道士)와 함께 노닐지 말라"고 권계하는 대목이 나온다. 비록 그것이 세속생활에서 '남녀황적'의 도를 엄격하게 제한한 것은 아닐지라도 중국 도덕윤리에 위배되는 행위가 적어도 도교에서는 더 이상 공개적으로 행해지지 않고 비밀스러운 쪽으로 전향하기에 이르렀으며, 신도들의 사상과 행위 역시 종교적 속박을 받게 되었음을 의미한다.[5]

로 속박의 길을 택했 것은 전통 윤리와 도덕에 대한 인정을 한다.

스스로 속박의 길을 택했다는 것은 전통 윤리와 세속 도덕에 대한 인정을 의미한다. 사실 도교는 그 처음부터 중국의 생활 윤리와 도덕의 토양에서 생겨난 것이다. 따라서 도교 경전을 살펴보면 이미 오랜 역사 속에서 보편적으로 인정되어 온 윤리와 도덕이 그대로 잔존하고 있다. 예를 들어 『태평경』에 나오는 윤리와 관련된 '십려(十閭)'[6]나 『노자상이주』에 나오는 "신하는 충성하고 자식은 효도해야 한다", "도를 준수하고 하늘을 경외해야 한다"[7] 등의 내용은 물론이고, 이후 등장한 갈홍 역시 "도교도는 마땅히 공덕 세우기를 먼저 해야 한다"고 주장하면

---

3) 『도장』 태현부(太玄部), 안이(安二), 제20책.

4) 대연인이(大淵忍爾)의 연구에 따르면 『동연신주경』 권10은 대략 남조 진(陳)과 수(隋)나라 때에 이루어진 것이니 대략 서기 6세기 후반의 저작이라고 말할 수 있다.

5) 그러나 몇 가지 의식과 방법이 변화하기까지 좀 더 오랜 시간이 필요했다. 예를 들어 자신을 고통스럽게 만들어 귀신을 감동시키는 방법의 일종인 도탄재법(塗炭齋法)에서 황토로 얼굴을 칠하고 산발하여 기둥에 매달리거나 자신의 몸을 포박하는 등의 방식이 여전히 통용되었는데, 전하는 바에 따르면 『태평경』에 나오는 '머리를 조아리고 자신을 포박하여 크게 울음을 울면서' 자신의 죄를 고백하는 전통 역시 이와 관련된 것이라고 하니 오랜 내력을 지닌 것에 틀림없다.

이러한 것들은 비록 불교도들에 의해 매서운 비판을 받았지만 『동현영보오감문(洞玄靈寶五感文)』에 이에 대한 기록이 나오는 것으로 보아 특히 남방의 경우 여전히 유행되었음을 알 수 있다. 그러나 대략 8세기 이후로 점차 사라지게 되는데, 두광정(杜光庭)의 『태상동신태원하도삼원앙사의(太上洞神太元河圖三元仰謝儀)』에 따르면 "무릎을 꿇고 머리를 땅에 두드리는 것은 오직 정지(精志 : 뜻을 전일하게 함)를 위함이니 관을 벗고 산발할 필요는 없다"고 했으며, 『동현영보하도앙사삼십육천재의(洞玄靈寶河圖仰謝三十六天齋儀)』에서도 "큰 재앙이나 중병이 걸렸을 때 산발하고 땅에 머리를 두드리는데 뺨을 칠 필요는 없다"고 하였다. 양련승(楊聯陞)의 「도교의 자박과 불교의 자복(道教之自縛與佛教之自撲)」 및 「보론(補論)」, 『양련승논문집』, 15~32쪽, 중국사회과학출판사, 1992.

6) 왕명(王明), 『태평경합교(太平經合校)』 권73~85, 301쪽을 참조하시오. 원본의 일부는 이미 산실되었는데, 왕명이 『태평경초(太平經鈔)』 무부(戊部) 부분으로 보충하였다.

7) 『노자상이주교증』, 23~24쪽.

서 『옥검경(玉鈐經)』, 『역내계(易內戒)』, 『적송자경(赤松子經)』 등을 인용하여 "신선이 되고자 하는 이는 마땅히 충효와 화순(和順 : 온화하고 순함), 그리고 인신(仁信 : 어짊과 미쁨)을 근본으로 삼아야 한다"는 관점을 제기하였다.

또한 그는 구체적으로 지선(地仙)은 3백 가지의 선을 행해야 하며, 천선(天仙)은 1천 2백 가지 선을 행해야 한다고 주장하면서 "선은 클수록 좋고 악은 작을수록 좋다"고 하여, 만약에 "덕행을 닦지 않고 애오라지 방술에만 힘쓰면 장생을 얻을 수 없으며, ……적선(積善)을 가득 채우지 않으면 아무리 선약을 먹어도 이로움이 없다"고 하였다. 『태평경』은 전통 윤리와 도덕을 준수하는데 상당히 엄격한 규정을 마련하고 있다. 예를 들어 천상에 죄를 검사하는 신이 있어서 매일 사람들을 따라다니며 그들의 행위를 검사하는데, 3년마다 한 번씩 중고(中考 : 일종의 중간 점검)를 하고 5년마다 한 번씩 대고(大考 : 최종 점검)를 한다. 그리하여 "죄가 중한 자는 죽게 하고 죄가 적은 자는 수명을 줄인다."[1)]

갈홍은 이어서 말하길, 천지간에 허물을 다스리는 신이 있는데 세속의 선악을 계산하여 인간의 수명을 결정짓는다고 하였다.[2)] 그에 따르면 '선을 미워하고 살인을 좋아하며 말로만 옳은 이야기를 하거나 등 뒤에서 다른 말을 하는 행위, 정직한 것에 반대하거나 어그러뜨리는 행위, 아랫사람을 학대하고 윗사람에게 거짓을 행하는 일'로부터 '도량이 적어 참과 거짓이 뒤섞여 있거나 간사하게 이익을 얻고 남을 유인하여 재물을 취하며 우물이나 부뚜막을 뛰어넘거나 그믐날 노래를 부르고 초하루에 곡을 하는 행위'[3)] 등은 모두 엄격하게 금하는 일들이었다. 그러나 무격방사들의 전통이나 민간에 기생하며 살고 있던 방사들은 때로 이러한 규칙을 따르지 않기 일쑤였으며, 그렇기 때문에 당시 주류 사회는 그들을 하찮게 여기거나 심지어 배척하기도 했다.

또한 이러한 천시와 배척으로 말미암아 도교는 시종 상류사회의 언저리에

---

1) 『태평경합교』 권118 「천신고과구교삼합결제이백이십일(天神考過拘校三合訣第二百二十一)」, 672쪽.

2) 이런 주장은 『입공익산경(立功益算經)』이나 『도사탈산경(道士奪算經)』에서 유래한 것 같다. 『포박자내편교석』, 333쪽을 참조하시오.

3) 『포박자내편교석』 권6 「미지(微旨)」, 미야카와 히사유키(宮川尙志)의 『육조사연구(종교편)』 제7장 제2절 115쪽을 참조하시오.

서 머물 수밖에 없었으며, 때로 탄압이나 공격의 대상이 되기도 했다. 심지어 도교 자체가 견제를 당하는 일도 있었다. 예를 들어 서진(西晋) 함녕(咸寧) 연간인 277년 건위(犍爲 : 사천성의 현 이름)에서 진서(陳瑞)가 천사로 자칭하면서 "귀도(鬼道)로 혹세무민하였다." 아마도 그는 오두미도의 후예일 가능성이 크다. 그런데 자사 왕준(王浚)이 진서를 체포하여 처벌하면서 아울러 "익주 사람들 가운데 진서의 도를 숭상하는 이들 가운데 이천석(二千石)의 장리(長吏)와 파군(巴郡)의 태수(太守), 건위(犍爲)의 당정(唐定) 등이 포함되어 있었는데 모두 파면하거나 제명시켰다"[4]라고 기록한 바 있다. 또한 동진 태녕(太寧) 2년(324년) 도사 이탈(李脫), 즉 이팔백(李八百)이 "귀도로 병을 다스리고 관직을 하사했다"는 이유로 모반죄에 걸려 처벌받았다.[5] 그리하여 6세기까지 이어지는 종교화 과정에서 도교는 점차 상대적으로 엄정하고 분명한 질서를 갖추게 되었으며, 이러한 질서는 종교적 조직 활동의 규범과 종교 생활의 규칙을 약정하는 계율로 드러나게 된다.

도교의 규칙은 주로 도교 활동의 규범화를 이끌었다. 『태상동연신주경』 권8에 보면 "만약 도사가 산으로 들어갈 경우 산길이 위험하고 멀어 민간인들이 보이지 않는다면 귀의할 곳이 없게 될 것이니, 아무리 본심(세상을 구도할 마음)을 지니고 있다고 할지라도 서로 헤아릴 곳이 없게 된다"고 적혀 있다. 그렇기 때문에 도사는 반드시 세속사회에서 구속(救贖)의 직능을 실현함으로써 자신의 지식과 기술의 선승을 완성시켜야 한다는 뜻이다. 현재 남아 있는 사료로 볼 때 비록 개인적이고 초월적이며 경전적인 신선도술이 남방의 상층 인사들에게 유행한 것은 사실이지만 구속을 위주로 한 도교의 주류 역시 후세 도교의 주된 근원으로 자리하게 된다.

이처럼 '구속'의 책임이 강해지면서 도교는 사승관계를 더욱 중시하게 되었고, 특히 비밀리에 이루어지는 비법 전수로 인해 사승관계(師承關係)가 더욱 극단적인 정도로 중요하게 여겨졌다. 그래서 "도사가 스승을 받들 때는 마땅히 하늘

---

4) 임내강(任乃强), 『화양국지교주도보(華陽國志校註圖補)』 권8 「대동지(大同志)」, 440쪽, 상해 고적출판사, 1994.

5) 『진서』 권6 「명제기(明帝紀)」, 160쪽, 권58 「주찰전(周札傳)」, 1575쪽을 참조하시오. 이외에도 동진 간문제(簡文帝) 함안(咸安) 2년(372년)에 대도군(大道君)으로 자칭했던 노송(盧悚)과 동진 안제(安帝) 융안(隆安) 2년(398년) 손태(孫泰)에 대한 진압은 모두 이와 같은 예라고 할 수 있다. 『자치통감(資治通鑒)』 권103, 권110을 참조하시오.

을 받드는 것처럼 경건해야 할 것이며 사시사철 내왕하며 스승의 안부를 물어야 할 것이다." "스승을 배반해서는 안 된다. 배반하면 십고(十苦)의 고통을 겪게 될 것이며, 후세에 육축(六畜 : 짐승)으로 태어날 것이다."[1] 그러나 상당히 오랜 기간에 걸쳐 '도관의 좨주들이 어리석고 은밀하게 비법을 전수하고', '남녀 도관이 부패한지 이미 오래되어' 『현도율문(玄都律文)』에서 말한 바와 같이 "근래에 이르러 뭇 도관의 백성이나 도민(道民)들이 스승도 없이 스스로 법을 세우고 사사롭게 호칭을 전수하며 백성을 이끌어 조직을 만들고 권위와 복락을 자기 멋대로 내세웠고, 혹은 다스릴 수 없는 곳으로 떠나 아예 연락을 끊으니 세금을 내야할 백성들이 체납하고 도망친 지가 몇 년이나 되었으며, 사사로이 숨어 들어가 아룀이 전해지지 않았다."[2]

그래서 도교 영수들은 이미 권위가 사라지고 권위가 사라지면서 기강의 붕괴를 가져왔으며, 필연적으로 이른바 '청정(淸整)'의 필요성이 대두되었던 것이다. 청정이란 도교 내부 활동에 대한 여러 가지 법도와 규칙을 말한다. 이는 도교를 믿는 신자들의 생활과 정신에 대한 구속이나 제한이며, 도교 조직의 활동 방식이나 절차, 단계에 여러 가지 규칙이 있어야 됨을 의미한다. 그래서 『동현영보삼동봉도계영시(洞玄靈寶三洞奉道誡營始)』 등과 같은 도교의 의식이나 활동에 대한 저작이나 도교의 건축, 입상(立像)에 대해 엄격한 규범을 마련하고 있는 저작물이 계속 출간되었다.

이러한 책들은 여러 가지 규칙이나 규범을 제시하고 있다. "도사나 여관(女冠 : 여도사)의 거동이나 행위, 좌기(坐起), 와식(臥息), 의복이나 음식, 주거나 거처 등은 경전의 뜻에 맞지 않으면 안 되고, 입관(立觀 : 도관을 세우는 일), 도인(度人), 조상(造像), 사경(寫經), 공양, 예배, 분향, 명등(明燈), 독송, 강설, 전수(傳授), 계청(啓請), 재계, 궤의(軌儀), 수행, 법상(法相) 등 모든 일마다 규칙이 있다."[3] 이를 통해 도교는

---

1) 『태상동연신주경』 권8, 『도장』 동현부 본문류(本文類), 시팔(始八) 제6책, 『요수과의계율초(要修科儀戒律鈔)』 권3, 『도장』, 동현부 계율류(戒律類), 당삼(唐三), 제6책.

2) 『현도율문(玄都律文)』은 대략 육조(六朝) 시대에 출현하였다. 『도장』 동진부 계율류(洞眞部戒律類), 우(雨), 제3책.

3) 『동현영보삼동봉도계영시(洞玄靈寶三洞奉道誡營始)』, 금(金)나라 명칠진(明七眞)이 편찬한 것으로 적혀 있으나, 남조 양대(梁代)에 이루어진 것으로 알려져 있다. 『도장』 태평부, 의삼(儀三), 제24책.

점차 엄격한 규율과 법도를 갖추게 되었으며, 아울러 '닭이나 돼지, 오리나 거위 등을 잡고 음주하여 만취하면서', '가무를 즐기고 주육(酒肉)만 좋아하는' 민간의 무격방사들이나 '서민들의 금은재화를 얻어 민호(民戶)를 다스리며 겁을 주고 핍박하며', '경전과 법도를 공격하고, 청진(淸眞)을 혼탁하고 어지럽히며', '온갖 귀신으로 백성들을 미혹시키고 어지럽히는' 삼장(三張 : 오두미교의 세 사람)의 낡은 법규 등과 서서히 구분되기 시작했다.

도교의 규율이란 곧 모든 신도들의 신앙의 도덕화를 의미한다. 계율의 근거는 유가의 윤리에서 나왔고, 텍스트는 주로 불교의 계율에서 참조하였다. 진인각(陳寅恪)의 연구에 따르면 후진이 멸망한 후 관중에 성행했던 불교의 「십송율(十誦律)」이 점차 강남에 전래되었으나 오히려 북방에 전해지는 것은 극히 적었다. 그래서 구겸지는 그것을 이용하여 도교 정풍을 진행시켰고, 노군이 전수했다는 『운중음송신과계경』의 이름으로 새로운 도교 규율을 건립하였다. 이러한 주장이 과연 확실한지는 좀 더 연구해야겠지만,[4] 초기 『상이주(想爾注)』에서 "사람은 도를 행해야 하고 계율을 위반하면 안 된다(人行道, 不違誡인행도, 불위계)", "도교의 계율을 받들며 선을 쌓고 공을 이룬다(奉道誡, 積善成功봉도계, 적선성공)"[5] 등의 내용이 보이고, 동진 초기 저작인 『포박자(抱朴子)』에 "도교의 계율을 살펴보니 장생을 희구하는 이는 마땅히 선을 쌓고 공을 세워야 한다고 말하지 않음이 없었다(覽諸道誡, 無不云欲求長生者必欲積善立功람제도계, 무불운욕구장생자필욕적선립공)"는 구절이 나오는 것으로 보아 이미 도교 초창기에 나름의 계율이 있었음을 확인할 수 있다.

그러나 초기 도교의 계율은 아직까지 조악하고 혼잡한 것처럼 보인다. 이후 점진적인 청정(淸整) 과정을 거치면서 불교의 계율을 차용하면서 나름의 계율 체계를 갖추게 된다. 예를 들어 이후 점차적으로 만들어진 '승현오계(升玄五戒)'라든지 '동신오계(洞神五戒)', '정일오계(正一五戒)' 등은 형식적인 면에서 불교의 영향을 많이 받은 것들이다.[6] 그래서 위진남북조 시기에 계속 나타나기 시작한 여러

4) 「최호와 구겸지(崔浩與寇謙之)」, 『영남학보』 11권 1기, 1950. 이후 『금명관총고초편(金明館叢稿初編)』(상해 고적출판사, 1979)에 실렸다.

5) 요종이, 『노자상이주교증』, 7쪽, 16쪽.

6) 구스야마 하루키(楠山春樹)의 「도교계율의 개관과 오계 및 팔계(道敎誡の槪觀と五戒, 八戒)」, 「도교의 십계(道敎における十戒)」 등을 참고하시오. 구스야마 하루키, 『도가사상과 도교』, 64~82쪽, 83~113쪽, 평하출판사(平河出版社), 1992.

가지 계율에 관한 전적들은 대체적으로 전통적인 도덕과 윤리에 근간을 두고 신도들에게 이미 세속적으로 인가된 충, 효, 자(慈), 근(謹) 등의 도[1]를 따르도록 요구하는 한편, 불교를 모방하여 종교적 금령을 만들어 신도들에게 살인, 도둑질, 음란행위, 망언, 음주 등의 행위를 할 경우 엄격하게 징벌한다는 금령을 따를 것을 요구하였다. 당시에 출현한 계율 관계 전적들은 『정일법문천사교계과경(正一法文天師教誡科經)』 1권, 『적송자중계경(赤松子中誡經)』 1권, 『여청귀율(女青鬼律)』 1권, 『태상노군계경(太上老君誡經)』 1권, 『노군음송계경(老君音誦誡經)』 1권, 『태상동진지혜상품대계(太上洞眞智慧上品大誡)』 1권 등 십여 종이다.

특히 유가나 불가에서 줄곧 강력하게 비판해오던 이른바 '삼장위법(三張僞法)'의 여러 가지 폐단의 경우 완전히 제거하는 규정을 제정하기도 했다. 예를 들어 종교 활동에서 재물을 강요하는 일은 한나라 시대 이래로 관습적으로 이루어지고 있었다. 그러나 『현도율문(玄都律文)』이나 『노군음송계경』 등을 보면 이에 대해 엄격한 규제를 하고 있다. 또한 한나라 시대 이래로 수련의 전통적인 방법 가운데 하나로 남녀 합기(合氣)를 시행하였는데, 『노군음송계경』이나 『태상동연신주경』 등은 이를 강력하게 비판하였다.

이외에 도교는 관련 지식이 비밀리에 전수되었기 때문에 최고 지도자나 영수가 죽었을 경우 그의 아들이 대를 잇는 경우가 비일비재했다. 그러나 이 역시 『노군음송계경』 등에서 심각한 비난에 직면하였다.[2] 이러한 현상 중에서 특히

---

1) 『태상노군계경』은 신도들에게 이렇게 요구하고 있다. "자신의 재물이 아니면 취하지 말고 재난을 구제하라(不取非財, 救禍濟難불취비재, 구화제난)." "임금에게 말하노니 나라에 은혜를 베풀고, 신하에게 말하노니 임금에게 충성하라(與人君言則惠於國, 與人臣言則忠於君여인군언즉혜어국, 여인신언즉충어군)." 『도장』 동신부 계율류, 역2(力二), 제18책.

2) 아래를 참고하시오. 1. 『현도율문』, "백성이 질병으로 액운이 들면 당장 돌아와 고하고 마땅히 엎드려 구해야지 사사롭게 해서는 안 된다. ……받는 것은 모두 죄를 감하는 것으로 계산한다. 규율을 어기면 1기(一紀)로 계산하여 벌을 받는다." 『노군음송계경』, "도교의 치록부계(治籙符契)를 전수받아 대행할 때 어찌 한 푼이라도 받아야 한다는 법이 있었겠느냐? ……치록을 대행할 때 재물이나 비단을 받지 않는 것을 본받아야 한다." 2. 『노군음송계경』, "손님을 청해 모이면 습관적으로 의복을 정제하여 마치 천자가 궁전에서 보일 때처럼 모든 이들이 공경하고 엄숙해야 한다." 『진고(眞誥)』 권2, 방중술은 "비록 장생의 비법이기는 하지만 생명을 얻는 데 하급의 방술이다." "너는 생명을 더럽히는 하급의 방술을 삼가 진소(眞霄)의 정기를 더럽히지 않도록 해야 한다." 3. 『노군음송계경』, "도와 덕은 존귀한 것이니 오직 현자만이 전수받을 수 있다. ……좨주(祭酒)의 관리에게 불초의 아들이 있어 앞뒤가 바뀐 행동을 하고 제멋대로 규율에 역행하며 도법(道法)을 어지럽힌

주목할 부분은 도교 신도들의 사상이나 행위에 대한 규율을 정하면서 도교가 자신의 종교 행위를 유가사상에 근거한 이데올로기와 정치권력이 허용하는 범위 안에 놓고, 아울러 세속의 사회윤리와 상호 협조하거나 심지어 불교윤리와 점차적으로 조화를 이루고자 했다는 점이다. 이러한 사고방식 속에서 도교는 나름의 규범과 질서를 확립하였다. 또한 도교는 이러한 종교화 과정을 통해 일면 스스로 신성화하면서 엄격한 종교 교단을 이루었고, 그리고 자신들의 태도와 위상을 조정하여 주류 사회와 사상이 인정하는 이데올로기로 진입하게 된다.[3)]

4

계통 : 고대 중국 천주론에 근거한 정합

오랜 세월 지속된 경전화 과정에서 우리가 주목해야 할 두 번째 현상은 도교가 고대 중국의 우주와 천지의 구조에 근거하여 고대 중국의 상징체계를 새롭게 정리하면서 점차 완전한 귀신계보를 세우고, 아울러 이러한 귀신계보에 비교적 명확하고 분명한 우주의 근거와 도덕적 지향을 갖춤으로써 인간의 질서를 깨끗하게 정리하는 상징체계로 자리 잡게 되었다는 점일 것이다.

1966년 진강(鎭江) 단도(丹徒)의 동진 시대 분묘에서 도교와 관련이 있는 육면동인(六面銅印)이 출토되었다. 동인의 정면에는 전서(篆書)로 '남제삼랑(南帝三郞)'이라는 글자가 음각되어 있고, 앞쪽 측면에는 '삼오장군(三五將君)', 뒤쪽 측면에는 '동치삼사(東治三師)', 왼쪽 측면에는 '대일삼부(大一三府)'라고 새겨져 있다.[4)]학

다면 어찌 계승하여 이어받을 도리가 있겠는가?……이로 인해 도가 황폐해지고 혼탁하게 된다." 이는 도교 교단의 영수가 죽었을 경우 그 아들이 그 자리를 잇는 것에 대한 비판이다.

3) 『태상동현령보지혜죄근상품대계경(太上洞玄靈寶智慧罪根上品大誡經)』 상권에 보면 도교 신도들에게 다음 열 가지 대계(大誡)를 제시하고 있다. 1. 휼사호생(恤死護生 : 죽음을 동정하고 생을 보호하다). 2. 구질치병(救疾治病 : 질병을 구제하다). 3. 시혜궁곤(施惠窮困 : 빈궁한 자들에게 은혜를 베풀다). 4. 봉시사보(奉侍師寶 : 스승을 받들고 섬기다). 5. 신석송경(晨夕誦經 : 아침저녁으로 경전을 읽다). 6. 수재염도(修齋念道 : 재계를 하며 도를 닦다). 7. 염담퇴수(恬淡退守 : 물러나 담백하고 편안한 삶을 유지하다). 8. 선화우속(宣化愚俗 : 어리석은 속세를 교화하다). 9. 입정종수(立井種樹 : 우물을 만들고 나무를 심다). 10. 위인수범(爲人垂範 : 다른 이의 모범이 되다). "이상 열 가지 선한 인연은 으뜸이 되는 계율이다." 『도장』 동현부 계율류, 도(陶), 제6책.

4) 「진강 박물관 소장 고대 동인(鎭江博物館藏古代銅印)」, 『문물』 1983년 제8기.

자들의 연구에 따르면 이는 계속 출토되고 있는 동한 시대 '천제사자(天帝使者)'의 인과 이후 문헌에서 볼 수 있는 '황신월장(黃神越章)' 인과 마찬가지로 도교에서 신봉하고 있는 신을 통해 귀물(鬼物)을 다스리는 일종의 법기(法器)라고 한다. '삼오장군'은 북주(北周) 사람 견란(甄鸞)의 「소도론(笑道論)」에 보이는데, "도사가 삼오장군의 금염지법(禁厭之法)을 얻게 되면 원망하고 증오하는 이들을 모두 문둥병에 걸려 미쳐 죽게 만든다(道士受三五將軍禁厭之法. 有怨憎者, 癩狂殞命도사수삼오장군금염지법. 유원증자, 라광운명)." '대일삼부'는 고대 중국에서 신봉하는 최고의 신인 '태일(太一)'의 휘하 부서인 것 같다. 그리고 '남제삼랑'은 오방제(五方帝) 가운데 하나인 남제의 후계자인 듯하다.[1)]

이러한 동인(銅印), 즉 동으로 만든 도장에서 볼 수 있다시피 당시 도교는 아직까지 방대하고 체계적인 귀신의 계보를 완성한 상태가 아니었다. 비록 『태평경』 시대부터 도교는 숭배를 위한 상징체계를 만들기 위해 다양한 상상과 표현을 시도한 바 있다. 예를 들어 북극과 곤륜을 신선이 사는 곳으로 설정하고 오방을 사시(四時), 오사(五祀), 오색(五色), 오장(五臟) 등과 짝지어 신지(神祇)를 안배하였으며, 신지가 출행할 때면 구름을 타고 용을 몰며, 난학(鸞鶴)이 뒤를 따른다는 식으로 상상의 나래를 펼쳤다.[2)]

그러나 적어도 서기 4세기까지 만해도 도교의 제사 체계는 상당히 혼란스럽고 번잡했다.[3)] 귀신 체계가 혼란스럽다는 것은 곧 상징체계의 혼란을 의미하며,

---

1) 유소서(劉昭瑞), 「동치삼사, 삼오장군, 대일삼부, 남제삼랑에 관한 고찰(東治三師, 三五將君, 大一三府, 南帝三郎考)」, 『고고』 1991년 제5기. 이에 따르면 이러한 인(印)은 "규범성과 실용성을 지닐뿐더러, ……도교의 사대부(士大夫)화가 적극적으로 시도되었음을 나타낸다. 이는 이후 남조 육수정과 북조 구겸지 등의 청정도교와 전후로 호응한다." 그러나 아직 필요한 설명이 빠져있다.

2) 『태평경합교』 권112, 583쪽, 권69, 262쪽 이하, 권72, 292쪽, 권112 "하늘에 교사(教使)가 있어 분주하게 움직이는데 운기를 수레로 삼고 비룡을 탄다(天有教使, 奔走而行, 以雲氣爲車, 駕乘飛龍천유교사, 분주이행, 이운기위차, 가승비룡)" 등을 참고하시오.

3) 여러 귀신의 이름은 이미 오래 전부터 있었다. 비교적 체계적인 것은 『초사(楚辭)』「구가(九歌)」나 『포산초간(包山楚簡)』 및 한나라 시절 관방에서 행해지던 제사의 전장제도에서 찾아볼 수 있다. 그러나 각지 무격이나 방사들이 제사를 할 때 모시는 귀신들마다 각기 명당(名堂)이 있어 상당히 복잡하였다. 예를 들어 강소성 한강(邗江) 호장(湖場) 5호 서한묘에서 출토된 본시(本始) 3년(기원전 71년)의 목패(木牌)에 보면 이미 30여 개의 신지 이름이 적혀 있는데, 이해할 수 있을 정도로 체계를 갖춘 것은 아니다.

전하는 바에 따르면 장릉이 『천이백관의(千二百官儀)』를 만들어 도사들이 신을 청하는 근본으로 삼도록 하였

상징체계의 혼란은 상징의 지향성의 의미가 혼란스럽다는 것을 의미한다. 상징의 지향성이 분명치 않으니, 종교적 신앙이나 숭배의 가치나 의미에 대한 보다 명확하고 강력한 흡인력이 부족할 수밖에 없었다. 하나의 종교에 만약 귀신의 계보가 혼란스럽고 무질서한 상태로 지속될 경우, 신자들은 어떤 신이든 무조건 분향하고 배례하는 수밖에 없으며, 신앙의 감정 또한 혼란스러워지게 된다. 당시 실용적인 목적으로 진행된 기도 행위를 제외한다면 신자들의 마음속에 명확한 종교윤리나 정신적 승화를 형성할 수 있는 것이 아무 것도 없는 셈이었다. 이렇듯 아무런 계통도 없고 체계도 갖추지 못한 여러 가지 제사가 중첩되어 제멋대로 봉행되자 주류사회는 경각심과 더불어 제한을 가하기 시작했다.

금지하다

역대로 '음사(淫祀)'를 금지했던 기록은 바로 이러한 주류 사회의 경각심의 발로였다. 황건군을 척결하는 싸움에 참가했던 조조(曹操)는 제남(濟南)에서 공직에 있을 당시 민간에서 유장(劉章)에 대한 제사를 금지시키면서 이렇게 말했다. "정사를 맡아 두루 혁파하니 세간의 음사가 끊어지게 되었다(及秉大政, 普加除翦, 世之淫祀遂絶급병대정, 보가제전, 세지음사수절)."[4] 그의 계승자인 조비(曹丕)도 황초(黃初) 5년(224년) 조서에서 '말세에 이르러 무격을 숭상하는 행위(叔世衰亂, 崇信巫史숙세쇠란, 숭신무사)'를 강력하게 비난하면서 "지금부터 감히 예에 합당치 않은 제사를 행하고 무축에 관해 이야기하는 자가 있으면 모두 좌도(左道 : 정도가 아닌 사악하고 부정한 도)로 다스리겠다(自今敢設非禮之祭, 巫祝之言, 皆以執左道論자금감설비례지제, 무축지언, 개이집좌도론)"[5]고 하였다. 남방의 손호(孫皓)도 여러 가지 전적(典籍)에 실리지 않은 제사를 금지시켰다. 『고승전(高僧傳)』의 기록에 따르면 그는 "음사를 폐지하면서 불사(佛寺)까지 훼손하려고 했다." 불교는 물론이고 도교도 예외는 아니었다. 성문에서

는데, 현존하는 『정일법문경장관품(正一法文經章官品)』이 바로 그 일부분이라고 한다. 그러나 진(晉)나라 시대 오두미교의 경우에도 삼사(三師 : 장릉, 장형, 장로)에 대해 경배한 후에 다시 북쪽으로 상황북상대도군(上皇北上大道君)을 향해 배례하고, 동쪽으로 태상노군(太上老君), 태상장인(太上丈人), 천제군(天帝君), 천제장인(天帝丈人), 구로선도군(九老仙都君), 구로장인(九老丈人) 및 백천만중도기(百千萬重道氣), 천이백관군(千二百官君) 등에게 배례를 올렸다. 이렇듯 당시에는 아직 질서를 갖추지 못한 상태로 합리적인 지지 구조가 부족한 상태였다고 할 수 있다. 유림(劉琳)이 『삼장(三張) 오두미도의 일부 중요 문헌』에서 『정일법문경장관품』에 대해 논술한 부분을 참조하시오. 『고적정리와 연구』 제4집, 중화서국, 1989.

4) 『송서』 권17, 487쪽.

5) 『삼국지』 권2, 84쪽.

불이 나니 성지(城池)에 사는 물고기까지 재앙이 미치는 꼴이었다.[1)]

조대가 바뀌고 진(晉)나라 무제(武帝)가 들어선 후에도 상황은 변하지 않았다. 무제는 즉위한 첫 해(265년)에 다시 금령을 발표하여 '요망한 짓으로 서로 선동하고 올바름을 버리고 사악함을 행하는(妖妄相煽, 舍正爲邪요망상선, 사정위사)' 각종 '예에 벗어나 독신(瀆神)을 경배하고 제멋대로 기원하는(僭禮瀆神, 縱欲祈請참례독신, 종욕기청)'[2)] 행위를 통박하는 한편, 유사들이 춘분(春分)에 제사를 올려 액막이를 해야 한다는 요청을 단호하게 거절하였다. 조정은 여러 지방 장관들을 독려하여 이른바 '제사에 관한 전적에 기록되지 않은(不在祀典)' 종교 활동을 제재토록 하였다. 아마도 이러한 분위기 속에서 도교는 점차 '청정'의 의미를 의식하게 되었는지도 모른다. 『태상동연신주경』 권8에 따르면 당시 도교도들은 이미 지극히 혼란한 상황에 처하게 되었다. 그래서 "세속의 속사(俗師 : 천박한 술사)들은 북을 치며 신에게 고사를 지내고 돼지, 개, 닭 등 가축을 도살하여 풀이나 물 위에 뿌리고 온갖 귀신을 부르며 들판의 신들에게 제사를 올렸다(世俗俗師, 打鼓祀神, 殺猪犬鷄豚三牲, 草水之上, 召喚百鬼, 祠祀野神세속속사, 타고사신, 살저견계돈삼생, 초수지상, 소환백귀, 사사야신)."[3)]

그렇기 때문에 서기 4세기 이래로 도교는 점차 귀신에게 제를 지내는 기양(祈禳) 계통에 대한 정리 작업을 펼치게 되는데, 도홍경(陶弘景)의 『진고(眞誥)』와 『진령위업도(眞靈位業圖)』, 『도인경(度人經)』, 『동연신주경(洞淵神呪經)』부터 『무상비요(無上秘要)』에 이르기까지 도교의 귀신 계보가 점차 그 대체적인 윤곽을 드러내고 아울러 귀신 계보를 지탱하는 관념 구조 또한 서서히 현시되기 시작하였다.

여기서 주목할 점은 도교의 귀신 체계를 정리하는데 필요한 관념 구조의 배경 가운데 하나가 고대 중국인들의 우주에 대한 시공간적 상상과 경험이라는 것이다.[4)] 도교의 『창세기』라고 칭할 수 있는 『침중서(枕中書)』[5)]를 보면 이를 확인할

---

1) 『고승전』 권1, 『위오건업건초사강승회(魏吳建業建初寺康僧會)』, 탕용동 교주본, 16쪽, 중화서국, 1992.

2) 『진서』 권19, 「예지(禮志)」 '상', 600~601쪽.

3) 『태상동연신주경』 권8, 『도장』 동현부 본문류, 시팔(始八), 제6책.

4) 사실 이는 아주 오래전부터 있어 왔다. 『정일법문천사교계과경(正一法文天師敎戒科經)』에 나오는 「가령계(家令戒)」에 보면 비판적인 말투로 다음과 같이 말하고 있다. "직책을 맡은 이들이 모두 천지의 기후에 대해 지나치게 대하며 삼관의 문서(三官文書 : 천관, 지관, 수관에 대한 문서)를 처리하여 자신의 몸을 살찌운다(受職者皆濫對天地氣候, 理三官文書, 事身厚食수직자개람대천지기후, 이삼관문서, 사신후식)" 천지 기후(예를 들어 성신, 일월, 산천, 풍

수 있다. "이의(二儀 : 천과 지)가 아직 나누어지지 않아 어두운 기운이 혼돈 상태에 머물며 아직 형태가 이루어지지 않고 천지일월도 갖추어지지 않으니 마치 계란과 같으니 현황(玄黃)이 섞여 나누어지지 않았다." 이러한 때에 '하늘의 중심에 있는' 옥경산(玉京山)이 반고진인(盤古眞人), 즉 원시천왕(元始天王)이 으뜸이 되고, 이의(二儀)가 처음 분화하면서 생겨난 '태원옥녀(太元玉女)'가 원시천왕을 보좌하며, 원시(元始)와 태원(太原)이 화합하여 천황동왕공(天皇東王公)과 태진서왕모(太眞西王母)를 낳고, 이어서 천황(天皇)이 지황(地皇)을, 지황이 인황(人皇)을 낳으면서 우주 간의 최고 신의 계보가 형성되기에 이른다.

이러한 신보의 배후에는 고대 중국의 우주 기원 및 태극, 양의(兩儀), 천지인(天地人 : 삼재三才) 등에 대한 상상과 추론이 자리 잡고 있다. 후세에 '도교 제일의 완전한 신의 계보'라고 칭해지던 『진령위업도(眞靈位業圖)』에 보면 다음과 같은 신들이 존재한다. 우선 높은 옥청(玉淸)에 거하고 있는 원시천존(元始天尊)이 있고, 상청(上淸)으로 칭해지는 대도군(大道君), 임진(壬辰)에 속세에 하강하여 태평교주(太平敎主)를 맡았다는 태극금궐제군(太極金闕帝君), 속세로 내려와 만민에게 임하여 태평교주를 맡았다는 태상노군(太上老君 : 노자) 및 인간세계의 구궁상서(九宮尙書)와 중모군(中茅君), 그리고 '천하 귀신들의 으뜸으로 북방의 나풍산(羅酆山)을 다스리는' 북음(北陰) 풍도대제(酆都大帝) 등이 위주가 되어, 신과 귀, 천과 지, 신계와 인간계의 귀신 계보가 구성되어 있다.

이러한 신의 계보를 지탱하는 지식과 관념의 배경에는 고대 중국의 지식 세계에서 우주의 점진적인 형성에 대한 시간 관념 이외에도 신과 귀, 천과 지, 생과 사, 선과 악 등 이분법적인 관념들이 포함되어 있다. 그것은 우주의 생멸이라는 양원 대립을 상징하며 또한 우주의 출생과 재생이라는 시간 과정을 상징한다.[6)]

의 시간 과정이 도교
의 체계를 지탱하는
가 되고 있는 것과

이렇듯 우주의 시간 과정이 도교 귀신의 체계를 지탱하는 근거가 되고 있는 것과 마찬가지로 고대 중국의 우주에 대한 공간 구조 역시 귀신 체계를 세우는데

우)에 대응하는 '수직자'란 도교의 수령(首領)일 가능성이 크지만, 도교의 신지(神祇)에 견강부회하기도 어렵지 않다.

5) 유존인(柳存仁), 「도교전사이장(道教前史二章)」, 『중화문사논총』 51집, 상해고적출판사, 1993.

6) 갈조광, 『도교와 중국문화』, 60~61쪽을 참고하시오.

하나의 배경이 되고 있다. 한나라 시대 위서에 나오는 일련의 신령들, 예를 들어 오방이나 오색과 짝지은 오제(五帝 : 영위앙靈威仰, 적표노赤飄弩, 함추뉴含樞紐, 요백보曜魄寶, 은후국隱候局) 등도 『영보오부서(靈寶五符書)』 상권의 「영보오제관장호(靈寶五帝官將號)」에 부연되거나 전용되어 동서남북, 중앙의 오방신도(五方神圖)를 구성하였고, 이후에 이러한 우주공간에 따라 분배된 신도(神圖)가 더욱 확대되고 정제되어 육수정(陸修靜)이 편찬한 『태상동현영보수도의(太上洞玄靈寶授度儀)』에 실리게 된다. 이에 따르면 팔방 이외에도 상방 32천의 상제(上帝)와 하방 36지(地)의 원황천군(元皇天君)이 있다. 또한 이외에도 태상현일(太上玄一) 제일진인(第一眞人), 제이(第二)진인, 제삼(第三)진인 등이 자리하고 있다.[1]

『위서』 「석노지(釋老志)」에 따르면 "(도교에서) 말하길, 이의(二儀) 사이에 36개의 천이 있고 가운데 36개의 궁이 있으며, 궁마다 주인이 있다(又言, 二儀之間有三十六天, 中有三十六宮, 宮有一主우언, 이의지간유삼십육천, 중유삼십육궁, 궁유일주)."[2] 『진고(眞誥)』 권1 「운상편(運象篇)」에서도 '삼십육천십방상하(三十六天十方上下)'[3]라고 하였다. 또한 현존하는 「영보무량도인상품묘경(靈寶无量度人上品妙經)」에서 가장 오래된 부분인 『도인경(度人經)』 권1에서는 36천(天)이 보다 정제된 32천, 즉 동방, 남방, 서방, 북방 각기 8천씩 전체 32천으로 바뀌었고, 또한 천상의 두수(斗宿 : 이십팔수의 여덟째 별자리) 및 오방신과 결합하여 도교에서 가장 거대하고 완전한 신귀(神鬼) 계보를 구성하게 된다.

이러한 신보(神譜) 가운데 으뜸은 원시천존이며, 다음은 우주 사방팔방을 에워싸고 있어 우주 공간을 상징하는 '십방지진비천신왕장생도세무량대신(十方至眞飛天神王長生度世無量大神)', 즉 32천의 32제(天帝)이고, 연이어 "북두칠성 가운데 동두(東斗)는 수명을 계산하고, 서두(西斗)는 공명(功名)을 기록하며, 북두(北斗)는 사적(死籍)을 주관하며, 남두(南斗)는 생록(生錄)을 관장한다. 그리고 북두칠성 가운데 중두(中斗)는 사두(四斗) 가운데 으뜸으로 여러 정령을 통괄한다." 그리고 "청제(青帝)는 혼(魂)을 보호하고 백제(白帝)는 백(魄)을 모시며, 적제(赤帝)는 기(氣)를 기르

마찬가지로 고대 중
우주에 대한 공간
역시 귀신 체계를 세
데 하나의 배경이
있다.

1) 『도장』 동현부 위의류(威儀類), 화이(化二), 제9책.

2) 『위서』 권114, 3052쪽.

3) 『진고』 권1, 『도장』 태현부(太玄部), 안1(安一), 제20책.

고, 흑제(黑帝)는 피를 통하게 하며, 황제(黃帝)는 중주(中主)가 되니 모든 신이 서로 벗어나거나 그릇됨이 없다."

물론 이상(理想)이나 행복을 상징하는 신계(神界) 이외에 공포나 죽음을 상징하는 귀계(鬼界)도 빼놓을 수 없다. 그래서 "청천마왕파원추백(青天魔王巴元醜伯), 적천마왕부천담석(赤天魔王負天擔石), 백천마왕반산육목(白天魔王反山六目), 흑천마왕감추낭복(黑天魔王監醜朗馥), 황천마왕횡천담력(黃天魔王橫天擔力 : 이름 가운데 앞에 네 글자는 호칭이고 가운데 두 글자는 휘諱이며 마지막 두 글자는 자字다. 휘와 자는 주로 마왕의 위력을 나타낸다), ……신공(대라천大羅天의 승상)이 천존의 명을 받아 온갖 상서롭지 못한 귀(鬼)를 소탕하고, 팔위(八威 : 여덟 마리 위엄을 갖춘 신룡神龍 또는 용, 기린, 호랑이, 표범, 사자, 붉은 뱀, 천마, 맹수 등을 말함)가 사방으로 독을 내뿜고 맹마(猛馬 : 천령天靈의 육마陸馬)가 사방으로 달려 사악한 귀를 제거한다. 천정(天丁 : 오정五丁의 역사力士, 즉 전설에 나오는 촉나라의 다섯 역사를 말함)이 앞에서 달려가고 대수(大帥 : 대마귀의 장수)가 무기와 깃발을 들고 달려간다."[4] 또한 『태상동연신주경』에서 말하고 있는 '시방지귀(十方之鬼)', '삼심육천마왕(三十六天魔王)', '칠방소왕(七方小王)', '귀왕청진대마왕(鬼王青眞大魔王)' 등도 있다. 산서성 예성(芮城) 영락궁(永樂宮) 삼청전(三淸殿) 벽화에 가보면 질서정연하고 방대한 신귀의 계보를 실제로 느껴볼 수 있을 것이다.

청정 도교의 신귀 계보의 배경 가운데 두 번째는 고대 중국의 지리 관념과 지리와 관련된 신화, 전설이다. 이미 이른 시기에 십주삼도(十洲三島)의 전설이 나왔다. 『태평경』에 보면 "대천(大天) 아래 81개의 지역이 있고, 1만 1천의 나라가 자리하고 있다"[5]는 기록이 나오는데, 이른바 십주삼도의 전설은 도교, 특히 강남(江南)에 유행했던 도교에서 크게 유행하였다. 도교의 신선 역시 주로 이러한 '주

---

4) 『도장』 동진부 본문류, 천1(天一), 제1책, "東斗主算, 西斗記名, 北斗落死, 南斗上生, 中斗大魁, 總監衆靈(동두주산, 서두기명, 북두락사, 남두상생, 중두대괴, 총감중령)", "青帝護魂, 白帝侍魄, 赤帝養氣, 黑帝通血, 黃帝中主, 萬神無越(청제호혼, 백제시백, 적제양기, 흑제통혈, 황제중주, 만신무월)", "青天魔王巴元醜伯, 赤天魔王負天擔石, 白天魔王反山六目, 黑天魔王監醜朗馥, 黃天魔王橫天擔力, ……神公受命, 普掃不祥, 八威吐毒, 猛馬四張, 天丁前驅, 大帥仗播(청천마왕파원추백, 적천마왕부천담석, 백천마왕반산륙목, 흑천마왕감추랑복, 황천마왕횡천담력, ……신공수명, 보소불상, 팔위토독, 맹마사장, 천정전구, 대수장번)."

5) 『태평경합교』 권137~153, 709쪽, 그 일부는 이미 사라지고 없기 때문에 『태평경초(太平經鈔)』 임부(壬部)의 내용에 따라 보충했다. 권93, 389쪽에 동일한 내용이 기록되어 있다.

(洲)'나 '도(島)'에 사는 것으로 설정되어 있다. 그러나 서왕모(西王母), 한무제(漢武帝), 동방삭(東方朔) 등의 이야기에서 변화 발전한 「오악진형도서(五岳眞形圖序)」에는 십주삼도에 대한 이야기 이외에도 오악의 전설에 관한 내용이 첨가되었다. 예를 들면 다음과 같다. "태산군(泰山君)이 주관하였다. ……주로 삶과 죽음을 다스리고, 백귀(百鬼)의 장수이다(泰山君主之, ……主治死生, 百鬼之主帥也태산군주지, ……주치사생, 백귀지주수야)."[1] 북주(北周) 시대 저작인 『무상비요(無上秘要)』는 더욱 체계화시켜 북음(北陰) 풍도대제(酆都大帝) 아래에 오색(五色) 귀제(鬼帝)와 다섯 지옥을 오악에 배치시키고 있다.

> 네 번째 북악 항산은 명령(溟泠) 지옥으로 흑제가 주관하며……
>
> 다섯 번째 중악 숭고산은 보략(普掠) 지옥으로 황제가 주관한다(第四北岳恒山, 名溟泠之獄, 黑帝主之……, 第五中岳嵩高山, 名普掠之獄, 皇帝主之……제사북악항산, 명명령지옥, 흑제주지……, 제오중악숭고산, 명보략지옥, 황제주지).

동시에 한나라 시대 이래로 지리에 관한 위서(緯書)에 나오는 '동천(洞天)'에 관한 이야기 역시 중국 각지의 분포되어 있는 산이나 섬, 동굴 등 실제 지리와 신비한 색채가 풍부한 신화적 지리를 한데 섞어 도교의 귀신들이 사는 공간으로 구성하였다.[2] 학자들의 연구 결과에 의하면 육조 시대 사람들은 이미 산이나 강, 대지 등을 하나의 유기체로 간주하기 시작했다고 한다. "여러 유명한 산을 조직화했을 뿐만 아니라 신성한 숫자 관념에 따라 서로 다른 뭇 산들을 연계시켰다. 심지어 여러 뭇 산들도 같은 맥락을 지녀 서로 통한다고 여겼다. 그렇기 때문에 원래 서로 연속되지 않는 산들도 신비한 관계를 맺게 된다."[3] 예를 들어 포산(包山)과 구곡(句曲) 등 구불구불하고 깊은 곳에 자리한 신비한 동굴 역시 인간 세상과

---

1) 『도장』 정일부, 생(笙), 제32책, 『운급칠첨(雲笈七籤)』 권26에 기재되어 있는 십주삼도의 이야기를 참조하시오.

2) 예를 들어 『진고』 권1에 보면 동악(東岳), 봉래(蓬萊), 융산(戎山), 소실(少室), 민산(岷山), 구의산(九疑山), 화산(華山), 잠산(潛山), 구곡(句曲), 남악, 북악 등의 실제 이름이 적혀 있다.

3) 이풍무(李豐楙), 「육조 도교 동천설과 선경 유람 소설(六朝道教洞天說與游歷仙境小說)」, 『오입과 적강(誤入與謫降)』, 타이베이, 학생서국, 1996.

전혀 다른 세상에 숨겨져 있는 것처럼 포장된다.

동진(東晋) 전후에 나온 「태상영보오부서(太上靈寶五符序)」에 실려 있는 포산에 관한 기록을 보면 '그 끝을 알 수 없고(不知其所極부지기소극)' 안에 "수많은 크고 작은 길마다 모랫길이 어지럽지만 모두 한 곳으로 모여든다. 생긴 것이 극히 흡사하고 출입문이 서로 비슷하며 여러 길 입구에 금성(金城)과 같은 집들이 들어서 있는데, 주위가 5백리나 된다(千徑萬路, 沙道亂來, 俱會一處, 形象極似, 門戶同類, 其叢徑之口, 有金城之屋, 周回五百里천경만로, 사도난래, 구회일처, 형상극사, 문호동류, 기총경지구, 유금성지옥, 주회오백리)."[4] 도교에서 전하는 말에 따르면 신선은 이러한 산이나 동굴에 사는데, 일반 사람들이 이러한 영생의 길을 찾는 일은 결코 쉽지 않다.

그래서 갈홍은 "상사(上士)가 산에 들어갈 때는 『삼황내문(三皇內文)』이나 『오악진형도』를 지니고 간다"[5]고 하였다. 뿐만 아니라 귀신의 이름이나 형상도 알고 있어야만 한다. '동(洞)'은 동굴의 뜻이지만 새로운 세상을 통찰한다는 뜻도 함유하고 있다. 이처럼 신비한 동굴로 들어가기 위해서는 당연히 신기한 기연(機緣)이 있어야만 한다. 무엇보다 그 곳이 인간 세상과 떨어진 또 하나의 세계이기 때문이다. 이후로 도교는 "산에 동굴이 있으며, 동굴 속에 천(天 : 다른 세계)이 있다"는 나름의 형식을 통해 36개의 작은 동천과 10개의 큰 동천을 만들었고,[6] 이를 통해 세속의 인간 세상과 떨어져 있으되 서로 대응하는 신비한 신선의 세계를 조성하였으며,[7] 아울러 인간 세상에서 도교의 귀신 체계를 마련하였다. 이후 이러한 일련의 체계가 반복적으로 과장되고 상상력이 가미되면서 천대(天臺)나 도원(桃源) 등 선경에 관한 이야기가 더욱 풍부해지고 널리 퍼지게 되었다. 이 역시 인류의 영생과 재생에 대한 바람을 상징하는 것이다.

일본 학자 후쿠나가 미츠지(福永光司)는 「도교에서 천신의 강림 수계(授戒) —

---

4) 『도장』 동현부, 신부류(神符類), 의(衣), 제6책.

5) 『포박자내편교석』, 권17, 「등섭(登涉)」, 300쪽.

6) 미우라 쿠니오(三浦國雄)는 「동천복지소고(洞天福地小考)」에서 36개 동천설은 10개 동천설에 비해 이른 시기인 364년에서 370년 사이에 제기되었으며, 모산(茅山) 대동경록(大洞經錄)에 이미 초보적인 언급이 있었다고 주장하였다. 『동방종교』 51집, 4~5쪽, 도쿄, 1983.

7) 이 문제에 관해서는 프랑스 출신의 학자 베를렝(Franciscus Verellen)의 「초월적 내재성 : 도교의식과 우주론 중의 동천관(洞天觀)」 중역본(『프랑스 한학法國漢學』 제2집, 청화대학 출판사, 1997)을 참고하시오.

그 사상과 신앙의 원류」라는 글에서 구겸지가 숭악에서 노군(老君)에게 경전과 계율을 전수받은 예를 통해 도교의 천신강림에 관한 이야기를 분석하고 있다. 태상노군을 천신으로 보는 이러한 이야기는 우리들이 고대 사상사에서 종교에서 철리로, 다시 철리에서 종교로 회귀하는 사상 과정을 이해하는 데 도움을 줄지도 모른다. 그 이야기에 따르면 노군은 세상의 도덕의 쇠퇴와 인격의 추락을 구제하기 위해 속세로 내려와 가르침을 베푼다고 했다. 이는 도교의 도리 속에서 '도인(度人)'과 '구고(救苦)' 사상의 토대가 성립되었음을 표현한다.

또한 노군을 중극(中極)의 곤륜산과 서로 연결시킨 것은 도교 신학에서 '일(一)'과 '다(多)', 한나라 무제가 태일(太一)에게 제사를 지낸 것과 한나라 시대의 태일 신앙, 서왕모와 동해 청동군(靑童君) 신앙의 관계를 보여준다. 노군이 강림할 때 의식이나 교통수단, 예를 들어 구름이나 용, 용이나 호랑이 등은 도교의 신학이 연단술이나 환단금액(還丹金液) 및 제사나 선술(仙術) 간에도 모종의 관계가 있음을 암시한다.[1)] 아주 좋은 분석이다. 도교가 신의 계보를 정리하는 과정을 통해 우리는 도교에서 귀신의 계보를 확립하는 배후에 상당히 풍부한 사상과 관념이 작용하고 있음을 알 수 있다. 그 중에서 가장 중요한 것은 역시 중국의 천지(天地) 및 시공(時空)의 구조와 질서에 관한 것인데, 이러한 구조와 질서를 통해 도교의 신보는 더욱 선명하고 짜임새 있는 격식을 갖추게 되었으며, 합리적인 근거를 확보할 수 있었다. 아울러 사실적인 인간 세상 위에 비현실적인 가공의 귀신세계를 만들 수 있게 되었다.

다음으로 고대 중국에서 인가 받은 도덕 윤리를 들 수 있다. 도덕 윤리에서 규정하고 있는 '선'과 '악'에 따라 도교는 생과 사의 희망과 절망을 선인과 악인으로 구분하여 제시하고 있다. 그래서 비현실적인 가공의 귀신세계가 생존과 사망, 선량과 죄악을 상징하게 된다. 하늘과 땅, 신(神)과 귀(鬼), 생과 사, 선과 악 등과 같은 이원 대립적 세계는 분명하게 대립되는 두 개의 윤리 세계를 상징한다. 나풍산(羅酆山) 육천궁(六天宮)처럼 괴이한 명칭이나 오악(五岳)마다 배치된 지옥 등 공포

1) 「도교에서 천신의 강림수계(道教における天神の降臨授戒)」, 『중국 중세의 종교와 문화(中國中世の宗教と文化)』, 43쪽, 교토대학 인문과학연구소, 1982.

분위기는 인간의 여러 가지 죄악에 대한 징벌을 암시하며, 곤륜(崑崙), 낭풍(閬風), 봉래(蓬萊) 등 아득한 선경이나 동천과 같은 또 다른 세계 및 전설에 나오는 기이한 조우나 기연 등은 인간들의 여러 가지 선행이나 정성에 대한 응답을 상징한다. 이는 『상이주(想爾注)』에서 "도는 삶으로 선행을 칭찬하고, 죽음으로 악행을 두려워하게 만든다(道設生以賞善, 設死以威惡도설생이상선, 설사이위악)"[2]고 한 것과 같다.

후세 도교에서 상용되는 말 가운데 "여러 죄악을 짓지 말고 많은 선행을 받들어 행하라"는 말이 있다. 불교에서도 흔히 쓰는 말이긴 한데, 과연 어느 쪽에서 먼저 말하기 시작했는지 지금은 알 수 없다. 그러나 이 말이 신자들에게 전하려는 의도는 분명하다. 나쁜 짓을 하면 그만큼의 업보를 받을 것이며, 죽음과 암흑, 그리고 두려움의 세계가 기다리게 된다. 반대로 착한 일을 하면 그만큼의 좋은 결과가 있을 것이니, 영생과 광명, 그리고 행복의 세계가 기다리게 된다. 도교는 이러한 상상 속의 귀신세계를 통해 실재 인간 세상의 질서를 정리하면서 아울러 도교의 도덕 윤리를 확립하였다.

5

경전의 건설 : 보편
ㄴ 공개적으로 전파
경전의 토대를 세

길고 긴 경전화(經典化) 과정에서 우리가 주목해야 할 세 번째 현상은 도교가 점차 체계적인 신학적 사고 방향을 형성하면서 기존에 비밀리에 전수되던 무격, 방사들의 지식과 기술이 보다 견실한 관념적 배경과 명확한 이론적 논술을 확보함으로써 공개적인 전수의 보편성과 합리성을 얻게 되었으며, 아울러 불교의 자극으로 인해 도교의 경전 체계를 보다 분명하게 세울 수 있었다는 점이다.

한나라 말 이래로 도교는 고대 전적을 끊임없이 전용하거나 베껴 썼으며, 자체적으로 새로운 전적을 만들어내기도 했다. 예를 들어 『태평경(太平經)』이나 『상이주(想爾注)』, 『참동계(參同契)』 등이 그것이다. 그러나 진정한 의미에서 도교 경전이 대량으로 쏟아져 나오기 시작한 것은 역시 위진 시대이다. 갈홍의 『포박자』에

---

2) 『노자상이주교증』, 25쪽.

나오는 「하람(遐覽)」은 동진 이전까지 도교 관련 서적에 관한 가장 완전한 서목이라고 할 수 있는데, 4세기 중엽까지 전체 250여 종, 1천 1백여 권의 도교 관련 도서 목록이 기록되어 있다.[1)]

이를 통해 위진 시대 도교 관련 전적의 대강을 알 수 있는데, 도교 전적의 내용과 내원은 크게 세 부분으로 나누어 볼 수 있다.

첫째, 전통적인 방기류(方技類) 지식과 기술에서 내원한 것으로 『양생서(養生書)』, 『안마경(按摩經)』, 『소녀경(素女經)』, 『팽조경(彭祖經)』, 『용성경(容成經)』, 『황정경(黃庭經)』 및 연단에 관한 전적이다. 이러한 책들은 고대 의경, 경방(經方), 방중, 신선 등의 지식 계통에서 유래한 것들로 장생과 건강에 관한 기술을 제공하고 있다.

둘째, 전통적인 수술류(數術類) 지식과 기술에서 자생한 전적들로 『삼황문(三皇文)』, 『영복선경(靈卜仙經)』, 『입산경(入山經)』, 『정기경(正機經)』, 『수습백귀소오악승태산주자기(收拾百鬼召五岳丞太山主者記)』 및 각종 부도(符圖 : 부적이나 그림) 등이다. 그 안에는 과거부터 비밀스럽게 전수된 귀신을 부르거나 내쫓는 방법, 병을 다스리는 방법, 염핵(厭劾 : 요괴를 진압하고 제거하는 방술)과 기양(祈禳 : 액막이 기원), 감여하장(堪輿下葬: 풍수 보는 방법과 매장 방법), 복문휴구(卜問休咎 : 길흉화복을 점치는 방법) 등이 포함되며, 신자들에게 현실 생활에서 액막이 기술을 제공한다.

셋째, 도교의 철리 및 여러 가지 도교의 신화 전설에 관한 것이다. 예컨대 『서승경(西升經)』, 『노군옥력진경(老君玉歷眞經)』, 『화호경(化胡經)』, 『십주기(十洲記)』 등인데, 주로 고대부터 유전되어온 여러 학자들의 저작이나 역사 기록에 근거하고 있으며, 우주 천지에 대한 도교적 상상과 모색에 관한 내용을 담고 있다. 이는 사람들에게 신앙의 근거와 신심(信心)을 제공하여 더욱 철저하게 신앙생활을 할 수 있도록 격려하는 역할을 한다.

그러나 당시 도교 관련 서적은 지극히 산만하게 흩어진 상태였다. 이는 다음

---

1) 『포박자내편교석』, 권19, 333~336쪽. 권4 「금단(金丹)」에 보면 그가 수집하거나 섭렵한 '양생에 관한 책'이나 '구시(久視)의 방술'이 "1천여 권에 달한다"고 했으며, 권16 「황백(黃白)」에서는 그가 읽은 연단에 관한 책이 『신선경』 황백지방(黃白之方) 25권 이외에도 『금은액경(金銀液經)』, 『황백중경(黃白中經)』 등이 있다고 했다. 이렇듯 갈홍이 당시 섭렵한 도교 관련 서적이 대단히 광범위했음을 알 수 있다. 「하람(遐覽)」에 기록된 책 목록이 당시 사회에 유행되던 도서의 전체는 아닌 듯하다.

과 같이 갈홍이 보고 말한 바와 같다. "도서(道書 : 도교 관련 서적) 가운데 황로(黃老)에서 나온 것은 얼마 되지 않았으며, 대부분 후세의 호사가들이 각기 자신들이 보고 들은 바를 적은 것들이 점차 산처럼 쌓인 것이다(道書之出於黃老者, 蓋少許耳, 率多后世之好事者, 各以所周見而滋長, 遂令篇卷至于山積도서지출어황로자, 개소허이, 솔다후세지호사자, 각이소주견이자장, 수령편권지우산적)."[2] 각지의 도사들은 각기 약간의 경서를 가지고 있었으며, 서로 다른 도사들 역시 각기 다른 전적을 신봉하였다. 이런 상황에서 시간이 흐름에 따라 도교 경전에 대한 조정과 정리 작업이 시급해졌다.

그 원인은 단순하다. 우선 도교 전적이 끊임없이 증가함에 따라 심오하거나 천박한 내용, 세밀하거나 또는 조악한 내용이 분별없이 저술되었고, 신비한 기술이나 방술에 관한 비밀스러운 내용이 그대로 베껴지거나 구결(口訣)이나 부적들도 계속 증가되었다. 또한 날로 세밀하고 신기한 도교 신선 전설도 계속 불어났다. 이처럼 도교 관련 서적이 선별되지 않은 상태에서 잡다하게 증가하게 되자 도교 전적 자체의 신성성(神聖性)이 떨어지고 경전의 의미가 퇴색되기에 이르렀다. 이러한 상황에 대한 비판은 『노군음송계경(老君音誦誡經)』을 포함한 여러 전적에서 여실하게 볼 수 있다. "작금 이래로 사람들이 거짓을 행하고 도가 황무해져 경서에 잘못된 점이 많으며, 후인들이 거짓을 날조하여 사람들마다 제멋대로였다(從今以來, 人僞道荒, 經書舛錯, 後人僞詐, 仙經圖書, 人人造法종금이래, 인위도황, 경서천착, 후인위사, 선경도서, 인인조법)." 그래서 신자들에게 "전인들이 위조한 전적을 더 이상 신봉하지 말라(勿復承接前人僞書經律물복승접전인위서경률)"고 했다.[3]

육수정 역시 도교를 믿는 이들에게 이렇게 선언했다. "근자 이래로 경서의 내용이 어수선하여 비슷한 것 같으면서도 다른 내용이 서로 어지럽게 얽혀 있다. …… 학사들이 존숭(尊崇)하고 있지만 선별할 만한 것이 드물다(頃者以來, 經問紛互, 似非相亂 ……學士宗竟, 鮮有甄別경자이래, 경문분호, 사비상란 ……학사종경, 선유견별)." 그래서 그는 『영보경(靈寶經)』에서 "상청(上淸 : 『상청경』의 내용)의 잡다한 내용을 삭제하거나 남은 경서를 가려내고, 서설(序說)을 만들었으며 편목을 정리하였다. ……또한 옛

2) 『포박자내편교석』, 권8 「석체(釋滯)」.

3) 『도장』, 동신부 계율류, 역2(力二), 제18책.

전적을 보충하거나 별도로 계율을 설치하였다. ……정교하고 조잡한 부분이 섞여 있고, 진위가 불분명하여 이를 보고 듣는 자는 의혹이 생기고 수련하고 체득하려는 자는 번민하였다(或删破上淸, 或採搏餘經, 或造立序說, 或回換篇目 ……或以充舊典, 或別置盟戒 ……遂令精粗揉雜, 眞僞混行, 視聽者疑惑, 修味者悶煩혹산파상청, 혹채단여경, 혹조립서설, 혹회환편목 ……혹이충구전, 혹별치맹계 ……축령정조유잡, 진위혼행, 시청자의혹, 수미자민번)." 결국 그 결과 "위로 영유(靈囿 : 서주 시대 원림의 이름이나 여기서는 신선세계를 비유함)에 누를 끼치고 아래로 학자들을 부끄럽게 만들었다(上則損辱于靈囿, 下則恥累于學者상즉손욕우령유, 하즉치루우학자)."[1)]

그러나 이것이 도교가 기존의 전적 내용을 모두 삭제하거나 버렸다는 뜻은 아니다. 예를 들어 『노군음송계경』에서 제기된 내용은 지나치게 딱딱하고 엄격하다. 그 책은 당시 세상에 나와 있는 모든 전적을 전혀 가치가 없는 것으로 간주하고 있으며, 기존의 경전을 연구하면 "비록 한 몸에 도움이 될 수는 있어도 조상의 음덕을 받아 부귀해지는 정도일 뿐이며, 장생과 등선(登仙)의 단계까지 이를 수 없다"고 했다. 따라서 오직 『노자』 오천문을 읽어야만 능히 영생의 도를 얻게 된다고 주장했다. 그러나 문제는 『노자』라는 책이 신학 관련 저서가 아니라 철리에 관한 책이라는 점이다. 따라서 『노자』만을 읽도록 한다면 도교의 세속적인 목적과 직접적인 관련이 희박해질 뿐 아니라 도교의 기본 경전으로서 신학을 체계화하고 신자들에게 장생의 길과 방법을 이야기할 수 없게 된다.

불교도들은 바로 이 점을 정확하게 간파하고 있었다. 그래서 『노자』의 이러한 특징을 교묘하게 이용하여 도가와 도교를 구분하여 『노자』를 치켜세우는 한편, 도교를 심히 폄하하였다. 예를 들어 사진(謝鎭)은 「다시 고도사에게 보내는 글(重與顧道士書)」에서, 도교 관련 전적 가운데 오직 『노자』만은 탄복할 만하지만 나머지 "도가 경전은 보잘 것 없고 빈약하며 견강부회한 면이 많다(道家經籍簡陋, 多生穿鑿도가경적간루, 다생천착)"[2)]고 말했다. 불교도들은 "도가의 요지는 노씨의 이경(二經 : 도경과 덕경)에 있으며, 현묘한 뜻은 장생(莊生 : 장자)의 7장(『장자』 내편)에 모두 마

---

1) 『운급칠첨』 권4에 인용된 육수정의 『영보경목서(靈寶經目序)』, 『도장』 태현보, 학4(學四), 제22책.

2) 『홍명집』 권6, 『사부비요』본, 56쪽.

련되어 있다(道家之旨, 其在老氏二經, 敷玄之妙, 備乎莊生七章도가지지, 기재로씨이경, 부현지묘, 비호장생칠장)"고 여겼으며, 나머지 전적은 "진한(秦漢) 시대에 망년된 이야기들이 위진 시대까지 계속 이어진 것으로 문장이 신성하지 않으니 어찌 진정한 경전이라고 말할 수 있겠는가?(秦漢之妄, 妖延魏晋, 言不經聖, 問云眞典진한지망, 요연위진, 언불경성, 문운진전)"[3]라고 비꼬았다.

석도안(釋道安)은 『이교론(二教論)』에서 "노자의 도경은 소박하여 가히 숭상할 만하고, 장생(장자)의 내편은 스승으로 삼아 받아들일 만하다(老子道經, 朴素可崇, 莊生內篇, 宗師可領로자도경, 박소가숭, 장생내편, 종사가령)"고 하면서 이외에 『황정(黃庭)』, 『영보(靈寶)』, 『상청(上淸)』 등은 불경을 표절하거나 후인들이 날조한 것으로 세속의 저속한 욕망이나 감정을 표현하고 있다고 했다. 또한 그는 이렇게 말했다. "금단(金丹)을 제조한다거나 이슬과 옥을 먹는 행위, 우화등선(羽化登仙)이나 시해형화(尸解形化 : 몸은 놔두고 혼백만 빠져나가 신선이 되는 것) 등은 모두 노장의 현언(玄言)의 본래 뜻에 어긋난다(煉服金丹, 餐霞餌玉, 靈升羽蛻, 尸懈形化, 斯皆乖老庄玄言之本理연복금단, 찬하이옥, 령승우태, 시해형화, 사개괴로장현언지본리)."[4] 확실히 도교가 종교 형태로 변화하게 되자 더 이상 노장의 현묘한 철리로 자신의 종지를 체현할 수 없었으며, 그 목적 또한 노자나 장자의 격언이나 우언을 통해 실현할 수 없었다. 장생과 행복을 추구하는 종교에서 현실에 부합하고 실현 가능한 지식과 기술이 없을 수 없고, 신앙과 정신을 지탱하고 죄악과 타락을 징벌하는 상징체계가 존재하지 않을 수 없었다. "지금의 도가에서 가르치는 것은 오직 장생을 종지로 삼고 불사(不死)를 위주로 했다(今之道家所教, 唯以長生爲宗, 不死爲主금지도가소교, 유이장생위종, 불사위주)."[5]

이렇듯 당시 도교는 이미 도가의 철리만을 존중하는 단계에서 벗어나 염승핵소(厭勝劾召 : 염승은 저주를 통해 사악한 것을 막는 방법이고, 핵소는 귀신을 불러들여 없애는 방법이다), 액막이, 양기와 단련, 우화등선(羽化登仙)과 시해형화(尸解形化), 귀신에 관한 전설이나 부적, 주술 등 여러 가지 다양한 지식과 기술을 수용하지 않을 수

3) 명승소(明僧紹), 『정이교론(正二教論)』, 『홍명집(弘明集)』 권6, 『사부비요(四部備要)』본, 51쪽.

4) 『광홍명집(廣弘明集)』 권8, 『사부비요』본, 64쪽.

5) 『홍명집』 권6, 『정이교론』, 『사부비요』본, 52쪽.

없는 상황에 이르렀다. 그렇다면 문제는 이러한 지식과 기술에 관한 전적을 어떻게 경전으로 삼고 신성화하는가에 있을 따름이었다.

그렇기 때문에 서기 4세기부터 5세기까지 도교 경전은 서서히 대규모 정리 및 조정의 과정을 거치게 되며, 최종적으로 『삼황문』, 『오악진형도』를 위주로 한 동신류(洞神類) 경전이 만들어졌으며, 예전의 『영보경』 위주의 동현부 경전 및 『대동진경』, 『황정경』 등 문헌을 위주로 한 상청류 경전이 만들어졌다. 남조 유송(劉宋) 태시(泰始) 7년(471년) 육수정은 칙령을 받들어 도교 전적을 정리하여 『삼동경서목록(三洞經書目錄)』을 편찬하였다. 이로부터 도교의 전적은 불교와 견줄 정도의 대체적인 윤곽을 갖추게 된다.[1]

도교 전적의 형성사는 사상사에서 토론할 중심 화제가 아니다. 이는 이미 사상사의 범위를 벗어나 문헌학사의 영역에 포함되기 때문이다. 또한 앙리 마스페로(Henri Maspero), 진국부(陳國符), 후쿠이 고우준(福井康順), 요시오카 요시토요(吉岡義豊), 오오후치 닌지(大淵忍爾) 등이 이미 이에 관해 상당히 세밀한 연구 성과를 제출한 바 있다.[2] 그렇다면 우리가 논의하고자 하는 문제는 무엇인가? 앞서 살펴본 바대로 도교 전적의 '청정(淸整 : 정리와 조정)' 속에서 본래 장생(長生)이나 액막이 등에 속하는 여러 가지 지식이나 기술 관련 전적, 신앙을 지탱하고 정신을 진작시키는 신선에 관한 전적 등이 이전까지 비밀스럽게 전래되다가 공개적으로 전수되기 시작했으며, 잡다하고 산만한 내용이 정제되고 체계화되면서 당당한 도교 경전의 반열에 오르게 되었다.

그렇다면 다음과 같은 질문이 가능하다. 우선 사상으로서 도가와 종교로서의 도교 사이에 그렇지 않아도 취약하고 희박했던 관계가 정식으로 단절되었는

---

1) 『소도론(笑道論)』 「제자도서삼십육(諸子道書三十六)」의 기록에 따르면 이 목록에는 도교 경서, 약방(藥方), 부적과 그림 등 전체 1228권이 포함되어 있다. 『광홍명집』 권9, 『사부비요』본, 80쪽. 육수정의 삼동(三洞) 관련 도서의 내용은 『변정론(辯正論)』 권8, 「출도위무편(出道僞謬篇)」을 참고하시오. 『대정장(大正藏)』, 권52, 545~547쪽.

2) 앙리 마스페로(Henri Maspero), 『도교』, 일역본, 평범사, 1978, 1992. 진국부, 『도장원류고(道藏源流考)』, 중화서국, 1963, 1985, 후쿠이 고우준, 『도교에 관한 기초 연구(道教の基礎的研究)』, 『후쿠이 고우준 저작집(福井康順著作集)』, 제1권, 법장관(法藏館), 1990, 요시오카 요시토요, 『도교경전사론(道教經典史論)』, 도교간행회, 1955, 오오후치 닌지, 『돈황도경목록(敦煌道經目錄)』, 복무서점(福武書店), 1978, 「돈황과 중국도교(敦煌と中國道教)」, 『돈황강좌』, 제4종, 대동출판사, 1983.

가? 경전의 문제에 있어서 도교는 초기에 도가의 저서를 해석하는 쪽에서 이후 도교 저작을 존중하는 쪽으로 전향하였다. 그렇다면 이것이 도교가 세속 사회의 종교로서 자리매김했다는 의미인가? 마지막으로 도교의 사상, 지식, 기술의 경전화 및 신성화 과정은 동시에 도교 자체의 사회적 효능의 생활화, 세속화의 과정이라고 볼 수 있는가?

6

화 과정 : 세속 생활 도교의 의의 확인

이 문제는 보다 심도 있는 토론이 필요하다.

도교의 경전화 과정은 계율과 규범 확립, 신귀 계보의 조정, 도교의 전적 정리 등이 포함된다. 이는 도교가 자체적으로 신비감과 철리성, 그리고 종교로서 성스러운 내용을 담보하여 신자들의 믿음을 강화하기 위함이었다고 볼 수 있다. 분명 경전화의 과정은 사상적으로나 문화적으로 도교의 등급이나 품격을 격상시켜 주류 사회의 진입을 지향하였다. 그러나 실제 도교가 경전화 과정에서 끊임없이 자신의 사회적 위상을 새롭게 조정하고 일반 신도들에 대한 영향력을 확보하며 신자들에게 자신의 의미를 더욱 부각시키고자 노력했기 때문에 자연스럽게 세속화 추세가 가속화되었다. 이러한 추세는 세속적인 삶에서 도교의 가치를 확인하기 위한 것이다. 이러한 경전화와 세속화를 통해 2세기 말부터 6세기 말까지 도교의 종교화 과정이 이루어진다.

이러한 세속화 추세는 사실 처음부터 존재하고 있었다. 특히 갈홍(葛洪) 등은 신앙의 의미와 새로운 경전 해석의 가치를 새롭게 확인하면서 이미 이러한 사실을 인식하고 있었다. 그는 『포박자(抱朴子)』 권8 「석체(釋滯)」에서 이렇게 말하고 있다.

도가의 분리

> 『오천문(五千文 : 도덕경)』은 비록 노자의 저술이나 전반적인 논술이 소략하다. 그 가운데 앞뒤가 맞지 않는 것도 있지만, 전체적으로 보면 따를 수 있는 것도 있다. 그러나 이를 암송해도 요체가 되는 도를 얻을 수 없으면 쓸데없는 짓이 되는데, 하물며 미미한 자에 있어서랴. 문자나 장자, 관령, 윤희의 무리들이 문장을 지

어 비록 황제와 노자의 가르침을 서술하고 현허한 도를 밝혔다고 하나, 그 대략의 뜻을 부연한 것일 뿐 지극한 말은 전혀 없다(五千問雖出老子, 然皆泛論較略耳, 其中了不肯首尾全擧其事, 有可承按者也. 但暗誦此經, 而不得要道, 直爲徒勞耳, 又況不及者乎? 至于問子, 莊子, 關令, 尹喜之徒, 其屬文華, 雖祖述黃, 老, 憲章玄虛, 但演其大旨, 永無至言오천문수출로자, 연개범론교략이, 기중료불긍수미전거기사, 유가승안자야. 단암송차경, 이불득요도, 직위도로이, 우황불급자호? 지우문자, 장자, 관령, 윤희지도, 기속문화, 수조술황, 노, 헌장현허, 단연기대지, 영무지언).[1]

그렇다면 이유는 무엇인가? 갈홍은 담담하게 이렇게 말하고 있다. "그것이 이미 신선에서 벗어나 수천억 리나 떨어져 있으니 어찌 즐길 수 있겠는가(其去神仙已千億里矣, 蓋足耽玩哉기거신선이천억리의, 개족탐완재)."[2] 여기서 우리는 점차 종교화 과정을 걷고 있는 도교가 도가와 구별되고 있음을 간파할 수 있다. 당시 도교는 점차 나름의 궁극적인 이상을 분명하게 밝히면서 우주의 철리를 탐구하는 것이 아니라 영생의 길을 찾는 쪽으로 발전하였다. 그래서 '신선', 다시 말해 세속적인 행복과 영생을 우선하는 쪽으로 선회하게 된 것이다. 이는 『포박자』 권3, 「대속(對俗)」의 다음과 같은 내용과 일치한다. "사람의 도는 맛난 음식을 먹고 가볍고 따스한 옷을 입으며 음양을 소통시키고 관직을 맡는 것이니, 이목이 총명하고 근골이 튼튼하며 안색이 즐거워야 늙어도 쇠하지 않고 장생할 수 있으며, 마음대로 들고나도 추위나 더위, 풍습병(류마티즘)에 몸이 상하지 않고 귀신이나 요괴가 범하지 않으며, 온갖 병기(兵器)나 독약에 중독되지 않고 우환이나 비방에 걱정하지 않아야 귀하게 된다(人道當食甘旨, 服輕暖, 通陰陽, 處官秩, 耳目聰明, 骨節堅强, 顏色悅懌老而不衰, 延年久視, 出處任意, 寒溫風濕不能傷, 鬼神衆精不能犯, 五兵百毒不能中, 憂喜毁譽不爲累, 乃爲貴耳인도당식감지, 복경난, 통음양, 처관질, 이목총명, 골절견강, 안색열역로이불쇠, 연년구시, 출처임의, 한온풍습불능상, 귀신중정불능범, 오병백독불능중, 우희훼예불위루, 내위귀이)."[3]

그래서 우주 철리는 단지 영생을 길을 찾기 위한 사고의 방법으로 전락하고,

---

1) 『포박자내편교석』 권8 「석체(釋滯)」.

2) 『포박자내편교석』 151쪽.

3) 『포박자내편교석』 52~53쪽.

오히려 세속 세계의 행복과 인생이 주요 관심사로 부상하였다. 『포박자』 권5에서 말한 것처럼 "사람으로 태어나 누군들 삶을 좋아하고 죽음을 두려워하지 않겠는가?(圓首含氣, 孰不樂生而畏死哉원수함기, 숙불락생이외사재)" 생사의 문제는 사람들이 가장 관심을 지닌 문제이자 도교가 신자들을 모을 수 있는 근본적인 원인이기도 했다. 『상이주』에서 "장생의 도를 모르면 죽은 시신이 걸어다니는 것과 같다(不知長生之道, 身皆尸行耳부지장생지도, 신개시행이)"[4]고 한 것이나, 『태상동연신주경』 권14에서 "사람이 한 세상을 산다는 것은 소나무에 기대어 꿈을 꾸는 것과 같다. 소나무가 죽으면 꿈도 따라 사라지니 사람의 생명이 어찌 풍족하다고 하겠는가?(人生一世間, 猶如托松夢, 松死夢亦枯, 人命何足多인생일세간, 유여탁송몽, 송사몽역고, 인명하족다)"[5]라고 말한 것에서 볼 수 있듯이 도교는 지속적으로 삶과 죽음의 문제를 중시하여 관심을 집중시켰다.

그래서 현묘한 철리적 내용이 축소되고 고대의 전통적인 윤리 도덕이나 관념에 따라 신자들의 선과 악을 구분할 수 있는 규율과 규칙이 만들어졌으며, 신화나 전설을 통해 신자들의 신앙심을 고양하고 죄악과 욕망을 절제할 수 있는 '광명의 세계'와 '유명(幽冥)의 세계'가 구축되었다. 또한 고대의 지식과 기술에 근거하여 도교 자체의 의식과 방법이 마련되었다. 이리하여 언뜻 보기에 평범한 사상이나 관념, 규칙, 그리고 세속적인 의식이나 방법, 기술 등이 당시 도교의 종교화 과정에서 지속적으로 정리되고 개조되었다.[6] 그렇기 때문에 도교의 경전화 과정은 동시에 세속화 과정이라고 할 수 있다. 또한 도교가 세속화하는 과정에서 도교 사상의 핵심인 일련의 관념들이 점차 도드라지기 시작하였으며, 이러한 관

의 경전화 과정 속에
화 과정이 존재한다.

---

4) 요종이, 『노자상이주교증』, 10쪽.

5) 『도장』 동현부 본문류, 제4(制四), 제6책.

6) 예를 들어 『상이주』에 보면 '세간의 거짓 재주를 가진 자들이 도의 형체를 지정하거나 도에 대해 말로 형용하는 것(世間僞伎指形名道세간위기지형명도)'에 대해 거듭 비판하면서 복색이나 상태, 장단(長短) 등을 묘사한 신을 받들고 무형의 '도'를 따르지 않는 것에 대해 반대하였다. 또한 "여러 서적이나 전기 역시 대부분 거짓으로 쓸 만한 것이 없는 '사악한 문장'이자 시인(尸人)이 지은 것으로 모두 사악한 것이다."(22쪽)라고 비판하였으며, 제사나 기도 등의 의식 역시 사악한 것이며, '하늘의 바른 법'은 이에 존재하는 것이 아니라고 하면서 도자(道者)들은 마땅히 이에 중벌을 내려야 하며 "절대로 제사나 기도를 하는 일을 해서는 안 된다"고 주장했다.(31~32쪽) 그러나 사실 수백 년에 걸쳐 도교의 의식과 방법은 결코 폐기된 적이 없었으며, 끊임없이 보완되고 조정되었다. 무엇보다 그것이야말로 도교가 사람들에게 영향력을 끼칠 수 있는 중요한 수단이었기 때문이다.

념 속에서 사상사, 특히 일반 사상사와의 관계가 더욱 밀접해지고 중요해지기 시작했다. 이는 다음 몇 가지 측면에서 살펴볼 수 있는데, 현대적인 단어로 말하자면 '생명', '행복', '도덕', 그리고 '민족국가'다.

생명, 행복, 도덕 : 도 사회 가치 관념

이미 알고 있듯이 도교는 생명에 대한 각별한 관념을 지니고 있다. 후세 도교에서 가장 광범위하게 유행한 경전 가운데 하나인 『도인경』 권1에 보면 도교의 종지에 대해 다음과 같이 선언하고 있다. "선도는 생명을 귀하게 여기고 다함없이 사람을 구제한다(仙道貴生, 無量度人)." '귀생(貴生)'의 사상은 진한 이래로 심원한 영향을 끼쳤다. 『논형』「도허(道虛)」에 보면 이런 구절이 나온다. "도가는 도기(導氣), 양성(養性)으로 선인(仙人)이 되어 죽지 않게 한다." "도가는 때로 약물을 복용하여 몸을 가볍게 하고 기를 보충하여 수명을 늘리고 선인이 되게 한다." 여기서 말하는 '도가'는 모두 '도교'를 지칭하는데, 이렇듯 도교는 처음부터 '생명'에 관심을 집중하였다.

그래서 도교는 『태평경』에서 "사람은 천지 사이에 거하는데, 사람마다 각기 한 번의 생을 얻을 뿐 두 번 다시 살 수 없다. ……그런 까닭에 일반 사람들은 한 번 죽으면 다시 태어날 수 없다"고 경고하고, 아울러 "스스로 자신을 아끼고 사랑하며 귀하게 여기는 장수(長壽)의 도와 먼저 생명을 인도하는 처방을 앞에 두어 이로써 기(氣)를 남겨두어야 한다." "천일(千日) 동안 절식하면 ……온갖 질병이 사라지고 안색이 더욱 좋아지며 못하는 것이 없게 된다"는 등의 양생 방법, 그리고 장수에 관한 목록이 중극(中極), 일명 곤륜산에 있다는 신선 전설[1] 등에 대해 이야기하고 있는 것이다.

『상이주』에서 도교는 "천지는 장구하니, 천지가 오래갈 수 있는 것은 스스로 자신만 살겠다고 하지 않기 때문이니, 그런 까닭에 장생하는 것이다(天長地久, 天地所以能長且久者, 以其不自生, 故能長生천장지구, 천지소이능장차구자, 이기불자생, 고능장생)"라는 노자의 말을 빌려 장생구시(長生久視)의 도리를 말하고 있다.[2] 갈홍의 『포박자』나 도홍경의 『양성연년록(養性延年錄)』 역시 이러한 점을 더욱 강조하고 있다. "자신의

1) 『태평경합교』 권120~136, 684쪽, 권110, 532쪽.

2) 『노자상이주교증』, 9~10쪽.

몸을 도야하고 사물을 창조하는데 사람보다 뛰어난 것은 없다. 그런 까닭에 그 얕은 지경에 이른 이는 능히 만물을 부릴 수 있고, 그 깊은 것을 얻은 자는 능히 장생구시할 수 있다(陶冶造化, 莫靈於入, 故達其淺者, 則能役用万物, 得其深者, 則能長生久視도야조화, 막령어입, 고달기천자, 즉능역용만물, 득기심자, 즉능장생구시)." 그리고 "영기를 풍부히 받으니 오직 사람이 귀중하며 사람이 귀중한 것은 생명에 있다(稟氣含靈, 唯人爲貴, 人所貴者, 盖貴于生품기함령, 유인위귀, 인소귀자, 개귀우생)."[3] 그래서 『도인경』 권1에서 "선도는 생명을 귀하게 여기고 다함없이 사람을 구제한다"고 말한 것이다. 바로 이런 이유 때문에 프랑스 학자 마스페로는 「기원 초기 몇 세기의 도교 연구(Taoisme et les religions chinoises)」라는 글에서 도교를 '영생을 추구하는 종교'라고 말했으며, 일본 학자 요시오카 요시토요(吉岡義豊)는 1970년대에 세계 종교 총서에서 도교 항목을 집필하면서 『도교 : 영생을 향한 바람』[4]이라는 제목을 붙였다.

가 중시하고 있는 것 세의 만족이다.

불교가 내세의 행복과 현세의 평온을 중시한 것과 달리 도교가 중시하고 있는 것은 현세의 만족이다. 또한 불교가 심리적 평형과 정신적 초탈을 중시한 것과 달리 도교가 신자들에게 요구하는 것은 실제의 결과와 구체적인 수확이다. 따라서 이른바 '귀생'이나 '생명'은 도교에서 무엇보다 현세의 생존과 영원한 삶을 의미하는 것이었으며, 이를 위해 상당히 복잡한 생리적, 또는 심리적 훈련 기술과 신비한 의식과 약물 등 보조적인 방법을 강구하였다.[5] 도교는 신자들이 이러한 영생의 희망을 실현할 수 있도록 일련의 방법을 제시하는 한편, 신자들에게도 도교의 요구에 따라 생활할 것을 강조하였다.

도교의 논조에 따르면 인간의 생명과 매우 밀접하게 연관된 것은 다음 세 가지 요소이다. 첫 번째는 천지의 '기'이다. 이는 부모의 정기를 빌어 생명으로 태

---

3) 『포박자내편교석』 권3, 「대속」, 46쪽, 『양성연명록』 「서(序)」, 『도장』 동신부 방법류, 임2(臨二) 제18책.

4) 요시오카 요시토요(吉岡義豊), 『영생을 원하다-도교(永生への願い-道教)』, 도교, 담문사, 『세계의 종교(世界の宗教)』, 제9권, 1970.

5) 여기에는 도교의 이른바 내단(內丹)과 외단(外丹)이 포함된다. 마스페로가 『도교』에서 말한 바에 따르면 이러한 방식은 '윤리적 생활과 덕행', 그리고 '생리적 실천' 두 부분이 포함된다. 생리적 실천에는 '연금술', '식이법', '호흡', '성(性)', 체조 등의 내용으로 나눌 수 있다. 그 가운데 연금술과 식이법은 '외물을 빌려 자신을 견고하게 만드는' 방법으로 약물에 의한 장생술이 포함되며, 뒤에 나오는 세 가지는 심리와 생리적 자아수련을 통해 영생을 추구하는 방법이라고 할 수 있다. 100~165쪽 참조.

어나게 되는 가장 근본적인 뿌리이다. 그렇기 때문에 신자들은 반드시 도교의 수련 방식에 따라 기를 보양하고 정신을 수양하며, "보근(寶根)을 청정하게 하는 것이 복명(復命)의 영원한 법칙임을 알아야 한다(知寶根清靜, 復命之常法也지보근청정, 복명지상법야)." 또한 약물을 빌어 자신의 신체를 건강하고 튼튼하게 해야 한다. 두 번째는 사람에게 내재하는 '덕'과 외재하는 '행(行)'이다. 이는 사람이 '기'를 함양하여 심리적 평형과 신체적 건강을 담보할 수 있는가 여부를 가름하는 중요한 요소이다. 그래서 『포박자』는 "만약 덕행을 닦지 않고 그저 방술에만 힘쓴다면 장생을 얻지 못한다(若德行不修而但務方術, 皆不得長生也약덕행불수이단무방술, 개불득장생야)"[1] 고 말했던 것이다. 세 번째는 저승의 '귀신'이다. 이는 천지를 대신하여 사람들의 덕행에 따라 수명을 결정하는 집행자 역할을 맡고 있다. 도교의 주장에 따르면 "천지에는 사람들의 허물을 관리하는 신(司過之神)이 있다." 귀신은 공평무사하며 어두운 저승에서 인간의 사상과 행위를 감독하며, 사람들의 선과 악에 따라 사람들의 수명을 조절한다.

이상 세 가지 요소 가운데 가장 중요한 것은 두 번째 덕행이다. 천지, 귀신, 그리고 인간은 서로 호응관계에 놓여 있다. 그 가운데 인간이 자체적으로 장악할 수 있는 부분은 오직 '인간' 자신 밖에 없다. 사람들은 원기를 배양하고 정신을 함양하며, 천지에 순응하고 귀신을 공경한다. 그러나 최후의 결론은 언제나 인간 자신의 덕행에 존재한다. 사람이 도교가 정한 윤리를 따라야만 비로소 천지, 귀신과 상응하여 보응을 얻을 수 있으며, 사람이 도교가 규정한 윤리를 존중해야만 비로소 평정과 고요한 마음과 정신의 경계를 유지할 수 있다.[2] 그래서 『상이주』는 "법도에 능해야 한다. 그래야만 자생하여 오랫동안 유지할 수 있다"고 했던 것이다. 여기서 '법도'란 '의지(意志)가 넘치지 않도록 하여' 정신이 잡념을 버리고 마음을 텅 빈 상태를 유지하는 것을 말한다.

---

1) 『포박자내편교석』 권3, 「대속」, 53쪽.

2) 마스페로가 『도교』에서 지적한 바와 같이, 도교는 서기 초년에 『서승경(西升經)』을 통해 자기 구제의 문제를 제기하였다. 그러나 그 해결의 핵심 문제는 인간 육신의 영생에 있었기 때문에 당시 식자층에게 만족을 줄 수 없었다. 그래서 일부 현실 문제에 치중한 이들은 유가로 전향하고, 종교에 심취한 이들은 불교를 선택하였다. 일역본, 62쪽. 다만 도교사에서 볼 때, 도교가 구제의 문제에 대해 유가의 사회적 도덕 취향과 불교의 심리적 초월의 취향을 모두 수용하고 있다는 것을 알 수 있다.

다시 말해 "신선처럼 장수하며 천복을 누리고자 한다면 도를 믿고 계율과 신심을 지키며 두 번 다시 잘못을 저지르지 않아야 한다(欲求仙壽天福, 要在信道, 守誡守信, 不爲武過욕구선수천복, 요재신도, 수계수신, 불위무과)"는 뜻이다. 왜냐하면 도를 믿는다는 것 자체가 도교에서 제시하는 윤리 규범을 준수한다는 의미이기 때문이다. "세속 사람들은 비록 죽음을 두려워하지만 도를 바르게 믿지 않고 나쁜 짓을 좋아하니 어찌 죽음에서 벗어날 수 있겠는가? 선사(仙士)는 죽음을 두려워하지만 도를 독실하게 믿고 계율을 지키니 생과 합치된다(俗人雖畏死, 端不信道, 好爲惡事, 奈何未央脫死乎? 仙士畏死, 信道守誡, 故與生合也속인수외사, 단불신도, 호위악사, 내하미앙탈사호? 선사외사, 신도수성, 고여생합야)."[3)]

남조 유송(劉宋) 시대 저작인 『동현령보재설광촉계벌등축원의(洞玄靈寶齋說光燭戒罰燈祝願儀)』는 진지하게 세상 사람들에게 다음과 같이 권계하고 있다. "사람의 몸은 신성하거나 참되지 않으며, 오탁(五濁 : 사람의 수명이 점차 줄어들면서 생겨나는 다섯 가지 찌꺼기)과 삼시(三尸 : 사람의 몸에 살면서 해를 주는 신)에 처해 있다. ……기아와 추위, 가난과 빈천으로 고생하며 질병으로 형벌을 받고 재해로 고통 받고 흉화(凶禍)가 모이는 곳이다(人體非聖眞, 而身處五濁三尸 ……飢寒窮賤, 疾病刑罰, 災害所纏, 凶禍所集인체비성진, 이신처오탁삼시 ……기한궁천, 질병형벌, 재해소전, 흉화소집)." 그래서 태상천존(太上天尊)이 영보묘재(靈寶妙齋)를 통해 세상 사람들을 구제하고, 예배를 통해 사람들의 살인이나 도적질, 음탕한 짓을 구속하고 경전을 읽음으로써 사람들의 사악한 이야기나 망령된 짓거리를 속박하고, 사신(思神 : 신체나 자연에 있는 신령을 생각함)을 통해 인간의 탐욕과 성냄을 억제한다.[4)] 그런 까닭에 사람은 마땅히 도교를 믿고 도교의 약속을 따라 생명을 추구해야 한다. 이는 당연히 유효하다. 무엇보다 일반 신자들의 경우 영생을 얻는 것이 바로 신앙의 보답이며, 이러한 보답을 얻고자 한다면 당연히 믿고 따라야만 한다.

말이 나온 김에 좀 더 이야기해 보고자 한다. 고대 중국에서 생명의 영원성은 특별한 방식을 지닌다. 원래 생명은 인간에게 주어진 일정한 기간 내에서 가능하

3) 『노자상이주교증』, 31쪽, 25쪽.

4) 『도장』, 동현부 위의류(威儀類), 화6(化六), 제9책.

다. 그러나 이것이 인간의 시간이 아닌 또 다른 시간으로 변하게 되면 훨씬 오랜 시간, 심지어 영원한 생명까지 가능해진다. 일반적으로 사람이 사는데 백년을 넘기란 지극히 어려운 일이다. 그러나 전설에 따르면 "천상의 하루는 인간 세상의 1년과 같다." 비록 상상에 불과하지만 도교에서는 이런 이야기가 흔히 나온다. 도교의 신선 전설 가운데 '동천(洞天)'이나 '선도(仙島)', '신산(神山)' 등의 시간은 인간 세상의 시간과 다르다. 신선의 시간이 일반 사람들의 시간과 다른 것처럼 말이다. 그래서 신선은 사람들이 세월에 따라 변화하는 모습을 볼 수 있으며, 수백 수천 년이 흘러도 신선의 얼굴은 언제나 동안처럼 윤기가 흐르고 원기왕성하다.

육조시대 도교의 전설에 한나라 명제 시절에 유신(劉晨)과 완조(阮肇)라는 사람이 천태산(天台山)에 들어갔다가 신선을 만나고 돌아오니, 이미 진(晉)나라 시절이었다는 이야기나, 진대에 어떤 나무꾼이 신선들이 바둑 두는 것을 보고 돌아와 보니 어느새 도끼자루가 모두 썩어버릴 정도로 세월이 흘렀다는 이야기 등이 전해진다. 이러한 이야기는 은연중에 사람이 세속의 시간 체계를 초월하여 도교에서 상상하는 신선의 시간 체계로 들어가야 한다고 암시하고 있다. 그것은 마치 단약을 제조하는 정로(鼎爐)를 만드는데 우주 천체를 본 따고 음양과 팔괘, 24절기, 28수(宿) 등을 그려 넣어 우주의 시간을 표시한 것이나, 사람의 기가 '주천(周天)'의 운행처럼 임맥(任脈)과 독맥(督脈)을 따라 운행하는 것과 같다. 만약 그가 신귀의 보우 하에 도사의 도움을 받게 된다면 또 다른 시간 계통에서 더욱 장구한 생명을 얻게 될 것이다.[1)]

다음으로 논의할 문제는 '행복'이다. 아마도 이는 일반 대중들이 도교 사상에서 가장 중요하게 여기는 문제일 것이다. 모든 이들이 영생을 얻을 수 있는 것이 아닌 이상 현세의 생활이 무엇보다 중요하기 때문이다. 일반적인 신자의 경우 '성선(成仙)'은 지나친 사치이거나 요원한 몽상일 뿐이다. 더욱 현실적인 것은 현세에서 얻을 수 있는 이익이다. 도교는 모든 이들이 행복할 수 있다고 말한다. 그 행복은 개인의 장수 이외에도 개인과 가족의 평안이 우선일 것이고, 다음으로 의식주 해결, 그리고 자손의 번창 등으로 요약된다. 이는 세속적인 것이긴 하지만

도교는 모든 이들
할 수 있다고 말한

1) 갈조광(葛兆光), 『상상력의 세계』, 현대 출판사, 북경, 1990.

사람이라면 누구나 바라는 이상이자 고대 중국에서 뿌리 깊고 오랜 유래를 지닌 전통적인 관념이기도 하다.

동한 시대 환담(桓譚)은 『신론(新論)』「변혹(辨惑)」'제13'에서 "오복은 장수와 부, 귀, 안락, 자손이 많은 것이다(五福, 壽, 富, 貴, 安樂, 子孫衆多오복, 수, 부, 귀, 안락, 자손중다)"[2]라고 하면서 반대로 "큰 악은 네 가지인데, 전쟁, 질병, 수재, 화재이다(大惡有四, 兵, 病, 水, 火대악유사, 병, 병, 수, 화)"[3]고 했다. 일상생활에서 사람들은 때때로 어려움에 처해 고통을 받거나, 자신이 보잘 것 없으며 외롭다는 생각이 들기도 한다. 그럴 때면 어떤 방식으로든 위로를 받거나 어려움을 해결하여 삶의 활력을 되찾고자 한다. 『주례』「춘관(春官)」'대축(大祝)'에 보면 대축은 '육축(六祝)'을 책임진다고 하였다. 정사농(鄭司農)의 해석에 따르면 육축은 "매년 풍년이 들고, 영정(永貞 : 매년 올바름)하며 복상(福祥)하기를 기원하고 재난과 병란을 그치게 하며, 제 때에 비가 내리고 바람이나 한발이 들지 않도록 하며, 죄악과 질병을 멀리하는 것(順豊年, 求永貞, 祈福祥, '弭災兵, 逆時雨寧風旱, 遠罪疾순풍년, 구영정, 기복상, 미재병, 역시우녕풍한, 원죄질)"[4] 등 여섯 가지를 주관한다. 이러한 것들이 바로 사람들의 마음속에서 가장 기본적인 행복과 불행의 내용이었다.

어찌 보면 이러한 행복관은 하찮아서 말할 가치도 없다고 말하지도 모른다. 그러나 이는 오히려 가장 보편적인 사상이다. 지식계층의 관점에서 볼 때 지나치게 자질구레하고 식섭적인 것일 수도 있다. 분명 이는 초월적이고 궁극적인 숭고한 신앙으로 실제의 문제를 해결하는 기술이나 방법이 아니다. 또한 이는 인간의 정신과 지혜를 발양하는 것이 아니라 오히려 인간의 본성과 욕망에 영합하는 일이다.

그러나 우리는 이러한 사상에 대해 더 이상 가혹하게 다룰 필요는 없다. 보편적인 지식의 배경과 일반 사상의 수준은 바로 이러한 인간의 정리(情理)에 부합하는 생활상의 이념 위에 세워지는 법이다. 힘들고 고통스러운 세상에서 무엇보다 중요한 것은 생존, 즉 살아감이다. 살아가는 이들은 누구나 평안과 풍요로움을 추구할 권리가 있다. 일단 생활이 안정되고 풍요롭게 되면 당연히 자신의 후

---

2) 『전후한문(全后漢文)』 권15, 『전상고삼대진한육조문』, 550쪽, 중화서국 영인본, 1958.

3) 『태평경합고(太平經合校)』, 3쪽.

4) 『주례주소(周禮注疏)』, 권25, 『십삼경주소』 808쪽.

손들도 영원히 행복하기를 바란다. 종교가 이를 허락했으니 그들 또한 종교에 대한 신앙을 통해 이러한 보답을 기대하기 마련이다. 일단 성실한 도교도로서 도교를 자신의 종교로 받아들였다면 그들은 제일 먼저 자신의 삶과 가장 밀접한 구체적인 행복을 생각하게 될 것이다. 도교 자체적으로 볼 때, 신자들이 도교가 정한 종교적 계율이나 규칙을 준수하고 신자들의 생활 태도나 관념 또한 종교 나름의 궤도를 따르게 되면 사람의 마음을 바른 쪽으로 인도하는 종교의 사명 역시 마찬가지로 보답을 받는 셈이다.

그렇다면 자연스럽게 토론해야 할 세 번째 관념, 즉 '도덕'의 문제로 넘어가기로 하자. 신귀의 가호를 받아 현세의 행복이나 영원한 생명을 얻고자 한다면 일정한 윤리와 도덕의 준칙을 준수해야만 한다. 이러한 윤리와 도덕 준칙에는 다음 몇 가지가 포함되어 있다.

신귀의 가호를 받아 의 행복이나 영원한 을 얻고자 한다면 윤리와 도덕의 준칙 수해야만 한다.

첫째, 개인의 품격 면에서 마땅히 청빈을 감수하고 청심과욕(清心寡欲)하며 마음을 단정하게 다스리고 겸허하고 온화하며 평온하고 고요해야만 한다. 대략 육조 말기에 나와 불교의 영향을 받은 동신오계(洞神五戒)의 규정에 따르면 사람은 마땅히 이목구비와 신(身)에서 오색(五色), 오음(五音), 오기(五氣), 오미(五味), 오채(五采)를 탐해서는 안 된다.[1] 둘째, 가정생활에서는 마땅히 효순과 자애를 실천해야 한다. 『노자하상공주(老子河上公注)』에 보면 "부자간에 자애롭고 효순해야 하며, 형제간에 우애가 있고 부부간에 믿음과 바름이 있어야 한다"는 것을 마땅히 지켜야할 도덕으로 제시하면서 그렇게 해야만 "조상의 은덕이 후손에게 미칠 수 있다"고 하였다. 셋째, 사회생활에서는 마땅히 신의와 예의를 중시하고 질서를 잘 지키며 행동거지를 바르게 해야 한다. 도교는 개인의 사리사욕을 위해 의리를 배반하거나 남의 물건을 약탈하는 등의 행위를 강력하게 질책하는 한편[2], 신도

---

1) 당대(唐代) 장만복(張萬福)이 편집한 『삼동중계문(三洞衆戒文)』과 『도장』 동진부 계율류, 우(雨), 제3책, '목불탐오색(目不貪五色)', '이불탐오음(耳不貪五音)', '비불탐오기(鼻不貪五氣)', '구불탐오미(口不貪五味)', '신불탐오채(身不貪五彩)'. 내가 생각하기에 그 내원은 육조 시대로 보는 것이 타당하다. 북주(北周) 시절에 나온 『무상비요』 권46에 이를 인용하여 '동신오계' 라고 칭했으며, 아울러 『동신경』에서 나왔다고 했기 때문이다. 『도장』 태평부, 자구(子九), 제25책.

2) 갈홍은 『포박자』 「미지(微旨)」에서 이와 비슷한 다음과 같은 예를 들고 있다. "取人長錢, 還人短陌(취인장전, 환인단맥)", "强求强取, 擄掠致富(강구강취, 노략치부)."

교 역시 사회질서를 정
하는 면에서 유가가 갖
지 못한 효능을 지니고
었다.

들에게 "위급한 사람을 도와 화를 면하게 해주고, 병에 걸린 이들을 돌보아 억울하게 죽지 않도록 하라"고 당부하였다. 이는 "선을 행하여 음덕을 쌓지 않으면 신명을 감동시킬 수 없기 때문이다(非積善陰德不足以感神明비적선음덕부족이감신명)."[3]

고대 중국에서 윤리 도덕은 주로 유가의 사상 영역에 속하는 것으로 간주되었다. 그러나 도교 역시 사회질서를 정리하는 면에서 유가가 갖추지 못한 효능을 지니고 있었다. 『상이주』의 말을 빌리자면 이는 "생(生)을 내세워 선행을 기리고 죽음을 내세워 악행을 위협하는 것이다(設生以賞善, 設死以威惡설생이상선, 설사이위악)." 이미 전국시대에 묵자는 유가에 대해 다음과 같이 우려의 말을 한 적이 있다. 유가가 귀신을 경원(敬遠)하여 마치 신이 실재하는 것처럼 제사를 지내고 있지만, 하늘과 귀신이 사람들에게 경고하는 작용을 할 수 없게 된다면 사람들은 최소한의 경외심조차 잃게 될 것이고, 결국 정신적 추락을 면치 못할 것이다.

그러나 도교는 오히려 생과 사, 신과 귀, 복과 화를 통해 선과 악에 대해 절대적이고 보편적인 인가(認可)의 자세를 취하고 있다. "사람이 인의를 행하여 참됨에 이르게 되면 하늘이 그에게 상을 주고, 참됨에 이르지 않으면 하늘이 그에게 벌을 준다. 하늘의 관찰은 사람에게서 살필 수 있으니 도를 존중하고 하늘을 경외하면 인의가 절로 참됨에 이르게 된다(人爲仁義, 自當至誠, 天自賞之, 不至誠者, 天自罰之, 天察必審於人, 皆知尊道畏天, 仁義便至誠矣인위인의, 자당지성, 천자상지, 부지성자, 천자벌지, 천찰필심어인, 개지존도외천, 인의편지성의)."[4] 이러한 사회 행위에 대한 선악 결과는 본인에게 보답할 뿐 아니라 자신의 조상이나 자손들에게도 화복이 미치게 된다. 『노자상이주』에서 "재앙이 개인뿐만 아니라 자손들에게까지 미친다"라고 한 것은 바로 이를 두고 한 말이다.[5]

많은 학자들이 도교의 '승부(承負 : 이어받아 부담함)'설에 주목하고 있다. 이른바 '승부'란 말 그대로 이어받고 책임을 진다는 뜻인데, 『역전(易傳)』에 나오는 "선을 쌓는 집안에는 조상의 은덕이 넘치고, 선을 쌓지 않는 집안에는 대대로 재

---

3) 『포박자내편교석』 권3, 「대속」에 인용된 「옥검경중편(玉鈐經中篇)」 권6, 「미지(微旨)」.

4) 『노자상이주교증』, 제19장, '절인기의(絶仁棄義)'의 주석, 24쪽.

5) 『노자상이주교증』, 제30장, '기사호환(其事好還)'의 주석, 38쪽.

앙이 있게 된다(積善之家必有餘慶, 積不善之家必有餘殃적선지가필유여경, 적불선지가필유여앙)"는 관점을 계승하여 선을 행하거나 또는 악을 행한 이는 그 본인은 물론이고 후손들까지 행한 일에 따른 응보(應報)를 받게 된다는 의미를 지닌다.[1] 비록 초기 도교는 아직까지 현세나 내세(來世)에 관한 관념이 존재하지 않았지만 화복을 개인은 물론이고 위로 조상, 아래로 자손들까지 미치는 것으로 확대함으로써 불교의 '인과응보'설과 마찬가지로 선과 악의 원인이 후세 화복의 결과를 낳는다는 관념을 만들게 되었다고 할 수 있다. 이를 통해 사람들은 심리적 압박을 받았으며, 일상생활을 하거나 어떤 일을 할 때 자신은 물론이고 자신의 후손들의 삶까지 고려하지 않을 수 없었다. 이러한 관념은 후세까지 지속적으로 이어졌다.

갈홍은 『포박자』에서 '탈산(奪算)'에 관한 관점을 제기하고 있다. 『정일법문천사교계과경(正一法文天師敎戒科經)』에 보면 선을 쌓는 수행을 하면 "몸이 하늘과 통하고 축복이 자손까지 흐른다"는 기록이 나오며, 『진고(眞誥)』 권5에는 공과(功過)의 숫자나 그 결과에 대한 이야기가 적혀 있다. 또한 돈황 잔권(殘卷)(S · 4226) 『태평경』에 나오는 수도자의 "큰 복조(福祚 : 복락)가 자손까지 미친다"는 말 역시 모두 도교의 이러한 사상을 계승한 것이라고 할 수 있다. 생과 사, 신과 귀, 화와 복의 강림을 통해 인간의 도덕과 윤리를 규범화하고 있는 것이다.

7

『태상동연신주경(太上洞淵神呪經)』 첫머리에 보면 이러한 글이 적혀 있다.

"말세의 백성(季世之民)들은 거짓을 행하는 이들이 많다. 순박한 근원이 이미 사라지고 요사스러운 기운이 싹트기 시작하여 임금에게 불충하고 부모에게 불효하며 삼강과 오상(五常)의 가르침을 따르지 않아 절로 죽을 길로 빠져든다. 이로 말미암아 육천(六天)의 오래된 기운이나 마귀 등과 더불어 역대 패군(敗軍)의 죽은

1) 탕일개(湯一介), 「승부설과 윤회설(承負說與輪回說)」, 『위진남북조시기의 도교』 333~344쪽을 참조하시오. 섬서사범대학 출판사, 1988.

장군들이 집결하여 무리를 이루어 생민들에게 해를 끼치고 풍우를 몰면서 쇠퇴한 틈을 노리고 있으니 각종 질병이 유행하고 상해를 입은 자들이 심히 많아졌으며, 천수를 누리지 못하고 억울하게 요절하는 이들이 많았다(季世之民, 僥僞者衆, 淳源既散, 妖氣萌生, 不忠於君, 不孝于親, 違三綱五常之敬, 自投死地, 繇是六天故氣魔鬼等與歷代敗軍死將, 聚結成黨, 戰害生民, 駕雨乘風, 因衰伺隙, 爲種種病, 中傷甚多, 亦有不終天年, 罹於天枉계세지민, 요위자중, 순원기산, 요기맹생, 불충어군, 불효우친, 위삼강오상지경, 자투사지, 요시륙천고기마귀등여력대패군사장, 취결성당, 전해생민, 가우승풍, 인쇠사극, 위종종병, 중상심다, 역유불종천년, 리어천왕)."[2]

인용문에 나오는 '계세(季世)'는 통상 말세의 의미다. 일부 학자들의 연구에 따르면 당시 도교에 '말세(末世)'의 설법이 유행했으며, 그 근거는 한편으로 한나라 시대 유흠(劉歆)의 『삼통력(三統歷)』에 나오는 자연 역법에 대한 묘사에서 시작되었고, 다른 한편으로 불교의 겁수(劫數)에 관한 관념에서 비롯되었다고 한다.[3] 이는 당시 혼란한 사회 속에서 곧 천붕지열(天崩地裂)의 재난이 닥칠 것이라고 상상한 것이라고 할 수 있다. 서기 4세기 20년대, 즉 동진 이후로 이러한 '말세론'이 크게 유행하였다. 하진(荷秦) 시절에 나온 『정일법문천사교계과경(正一法問天師教戒科經)』에 나오는 「가령계(家令戒)」를 보면 한나라 말 이래의 상황에 대해 "권세가들이 거침없이 횡포를 부리고 강자와 약자가 서로 능멸하니 백성들이 교활해지고 남녀가 음란하여, 정치가 백성을 구제하지 못하고 가법(家法)으로 서로 금할 수 없게 되었다. 그래서 도적들이 성읍에 가득하고 억울하고 원통한 일로 서로 싸우며 노복이 서로 바뀌고 백성들을 잠식하여 그들의 원망이 쌓이고 생각이 어지러워지며 불순한 기운이 하늘을 거슬렀다(豪强縱橫, 强弱相發, 人民歸黠 , 男女輕淫, 政不能齊, 家不相禁, 抄盜城市, 怨枉相爭, 更相撲役, 蠶食百姓, 民怨思亂, 逆氣干天호강종횡, 강약상발, 인민귀힐, 남녀경음, 정불능제, 가불상금, 초도성시, 원왕상쟁, 경상복역, 잠식백성, 민원사란, 역기간천)"[4] 라고 말하고 있다.

도교는 사람들이 사회가 혼란하여 우주가 곧 무너질 것이라고 믿도록 강력

---

2) 『태상동연신주경』 첫머리, 『도장』 동현부 본문류.

3) 코바야시 마사미(小林正美), 『동진기의 도교 종말론(東晋期の道教の終末論)』, 대장출판주식회사, 1988.

4) 『도장』 동신부 계율류, 역(力), 제18책. 당장유(唐長孺), 「위진시기 북방 천사도의 전파」, 『위진남북조사론습유(魏晋南北朝史論拾遺)』 224~232쪽 참조, 중화서국, 1983.

하게 추진하였다. 그러나 세상 사람들은 여전히 멍한 상태에 머물러 있었다. "중원 사람이나 오랑캐나 모든 백성들을 바라보니 종인(種人)은 보이지 않고 그저 시민(尸民)만 보인다("觀視百姓夷胡秦, 不見人種但尸民관시백성이호진, 불견인종단시민)."[1] 이렇듯 사람들이 살고 있기는 하지만 죽은 시체나 다를 바 없다는 것이다. 도교는 머지않은 장래에 세상에 큰 재앙이 덮쳐 온갖 요괴가 도처에서 생겨나 사람들을 괴롭힐 것이며, 이러한 혼란이 지난 후에 악인들은 모두 죽어버리고 오직 선량한 사람들만 도교 신령의 보우 하에 도교가 지정한 장소로 도피하여 재앙에서 벗어나며 미래 세상의 태평 성인을 볼 수 있다고 예언하였다. 또한 이처럼 선량한 사람들은 이 세계의 종자(種子)라는 의미에서 '종민(種民)'[2]이라 칭했으며, "악인들은 모두 제거되어 이미 물과 불속에 빠졌고, 자애롭고 선한 사람들은 남아 종민(種民)이 되었다(滅惡人已于水火, 存慈善巳爲種民멸악인이우수화, 존자선이위종민)"[3]고 하였다. 종민에 뽑힌 사람들은 당연히 마음이 선량하고 도교의 계율을 준수하는 신도들이었다.

『위서』「석노지」에 보면 이와 관련하여 다음과 같이 말하고 있다. "지상의 생민들은 말겁(末劫 : 말세)이 도래하면 그 속에서 가르침을 행하는 것이 심히 어렵게 된다. 그러나 남녀들에게 단우(壇宇)를 세워 조석으로 예배를 올리게 하고, 만약 집안에 엄군(嚴君 : 부모나 부친)이 있으면 그 공적이 전대까지 미치게 된다. 그 가운데 몸을 수양하고 단약을 만들며 장생의 술을 배우게 되면 진군(眞君)의 종민이 될

---

1) 『정일법문천사교계과경(正一法問天師教戒科經)』「천사교(天師教)」, 『도장』 동신부 계율류, 역, 제18책. 夷와 胡는 중원 사방의 오랑캐, 秦은 한족을 말한다.

2) 『진고』 권14, "백육(百六)의 운(運)이 장차 이르게 되면 양장대산(陽長大山 : 방장方丈의 서북쪽에 있으며 신선이 거주하는 곳이다)의 물이 마르게 되고, 음성대산(陰成大山 : 낭浪 서남쪽에 있으며 신선이 거주한다)에 물이 차서 다리를 놓게 된다. 양구의 운이 장차 이르게 되면 음성대산의 물이 마르게 되고, 양장대산에 물이 차서 다리를 놓게 된다. 지금은 음성대산의 물이 이미 구천 장에 이르렀으니, 온갖 행운이 와서 거듭 오래된 때가 없다(百六之運將至, 則陽長水竭, 陰成水架矣, 陽九之運將至, 則陰成水竭, 陽長水架矣, 頃者是陰成山水際已高九千丈矣, 百六之來, 無復久時백륙지운장지, 즉양장수갈, 음성수가의, 양구지운장지, 즉음성수갈, 양장수가의, 경자시음성산수제이고구천장의, 백륙지래, 무복구시)." 사람들은 마땅히 도교의 가르침에 따라 금릉(金陵)과 같은 도교의 동천복지로 가게 된다.
같은 책 권 11에 보면 "금릉은 동허(洞虛)의 기름진 땅이자 구곡(九曲)의 지폐산(地肺山)으로 그곳을 밟은 자들은 수없이 많지만 알고 있는 자는 하나도 없다. ……전쟁이나 수해가 넘볼 수 없고 재난이나 역병이 범할 수도 없는 곳이다." 『도장』 태현부, 정4(定四), 정1(定一), 제20책.

3) 돈황 권자본 『태평경』(S·4226), 탕일개, 『위진남북조시기의 도교』에 수록된 잔권(殘卷) 교문(校文), 388쪽.

수 있었다(地上生民, 末劫垂及, 其中行教甚難, 但令男女立壇宇, 朝夕禮拜, 若家有嚴君, 功及上世. 其中能修身煉藥, 學長生之術, 卽爲眞君種民지상생민, 말겁수급, 기중행교심난, 단령남녀립단우, 조석예배, 약가유엄군, 공급상세. 기중능수신련약, 학장생지술, 즉위진군종민)."[4] 도교는 끊임없는 경전화 과정을 통해 자체의 종교적 의미를 확인하는 한편, 세속화 과정을 통해 인간을 구휼할 수 있는 효능이 있음을 확인하였다. 인간을 구휼하면서 도교는 점차 인간 세상의 시간을 초월한 영생을 추구하였으며, 이에 관한 사회적 책임을 맡게 되었다.

『선감(仙鑒)』 권30에 보면 도사 우문후(牛文侯 : 458~539년)에 대한 기록이 나오는데, 그는 신도들에게 다음과 같이 말하고 있다. "그 본성에 따라 충효로 인도하며, 권계(勸誡)로 죄와 복의 이치를 알려주고, 부록(符籙)의 조목으로 악한 일을 금하도록 한다." 이처럼 당시 이데올로기에 부합하는 자세를 취함으로써 도교는 종교의 규칙을 정리하면서 다른 한편 인간의 질서를 정돈할 수 있었다. 그들은 이를 통해 '도교의 법도와 가르침을 중흥시켜 사람들이 악에서 선으로 교화될 수 있기를'[5] 희망하였다.

서기 2세기부터 6세기까지 4백년은 도교의 종교화 시기라고 할 수 있다. 4백년에 걸친 '청정(淸整)'을 통해 도교는 서서히 성숙하고 보다 완전한 종교 체계를 갖추었다. 그러나 그 4백년의 기간이 또한 불교가 동전(東傳)하면서 서서히 중국 사상 세계로 스며들던 시기와 맞물린다는 점을 간과할 수 없다. 그렇기 때문에 도교의 종교화 과정은 불교의 영향에서 결코 자유로울 수 없었다. 불교는 한편으로 도교의 경전화 및 신성화(神聖化)에 영향을 끼쳐 도교가 종교적 계통을 갖추고 엄숙한 윤리나 계율을 확립하며 사회적 위상을 확보할 수 있도록 하였다. 다른 한편으로 도교 속에 잠재하고 있는 민족주의를 자극하여 도교가 불교와 대응하는 과정에서 '민족국가'의 개념을 확인할 수 있도록 만들었다. 이로써 도교는 중국 본토의 종교로서 중국에서 불교의 교세가 확장되는 것에 대항할 수 있었다. 이 점에 대해서는 뒤에서 다시 논하고자 한다.

---

4) 『위서(魏書)』 권114 「석노지(釋老志)」, 3051~3052쪽.

5) 『역세진선체도통감(歷世眞仙體道通鑑)』, 권30, 『도장』, 동진부(洞眞部) 기전류(記傳類), 담10(淡十), 제5책.

4절

불교의 동방 전래와 그 사상사적 의의(1)

불교가 서역에서 왔

당(唐)나라 시대의 선종(禪宗) 어록 가운데 매우 보편적으로 보이는 질문 중 "불조(佛祖)가 서역에서 왔다는 의미는 무엇인가?"라는 것이 있다. 이는 아마도 매우 이른 시기부터 불교가 서역에서 전래되었다는 것을 자명한 역사적 사실로 간주한 것으로, 이러한 학술적 판단은 현대의 불교사 연구자들에게도 상당히 지지를 얻고 있는 듯하다. 양계초(梁啓超), 펠리오(Paul Pelliot : 1878~1945년, 프랑스의 고고학자)와 같은 소수의 학자들을 제외하고는[1] 많은 학자들이 불교의 동방 전래 경로와 고대 비단길의 경로가 일치한다고 믿고 있다. 또한 여러 전적에 기록된, 한(漢)나라 명제(明帝) 영평(永平) 연간에 대월지(大月氏)에서 불법(佛法)을 구하고, 더 이전에 이존(伊存)이 불법을 전했다는 사실(애제哀帝 원수元壽 원년元年, 즉 기원전 2년), 동한(東漢) 말경 안청(安淸)의 불경 번역, 그리고 고고학적 발견으로 관심이 모아지고 있는 '사막의 낙타 방울소리'나 '동굴을 뚫어 절을 세웠다'는 상상과 같은 이

1) 양계초, 『불교의 초기 유입(佛敎之初輸入)』 부록2, "불교의 전래는 육로가 아니라 뱃길에 의해서였다. 그 최초의 근거지는 한대의 수도와 낙수(洛水)지역이 아니라 양자강과 회수(淮水)지역이었다." 『불교연구18편(佛敎硏究十八篇)』, 중화서국중인본, 25쪽, 1989.
펠리오, 『모자고(牟子考)』, "서기 1세기에 운남과 미얀마와의 통도(通道)와 2세기 때의 교주(交州 : 지금의 광동과 광서 운남 북부 지역)와 남해의 통도 또한 불교가 유입될 때 반드시 지나왔을 경로다." 원문은 『통보(通報, Toung Pao, 1920)』에 발표되었다. 풍승균(馮承鈞)의 중국어 번역은 『북평도서관관간(北平圖書館館刊)』 6권 3호에 실렸으며, 후에 『서역남해사지고증역총(西域南海史地考證譯叢)』 제5편에 모아졌다. 상무인서관중인본 161쪽, 1995. 이런 관점에 대해 호적(胡適)도 어느 정도 동의하고 있다. 『연경학보(燕京學報)』 36기에 보이는 호적이 주일량(周一良)에게 쓴 편지 참조.

야기들조차도 모두 불교가 서기 1세기 중엽 중앙아시아와 서역을 통해 중국에 전래되었다는 것을 증명해 주는 고사로 여기는 듯하다.

그래서 시라토리 구라키치(白鳥庫吉)는 "불교가 중국에 전래된 경로는 단 한 곳으로 『한서(漢書)』에서 말하는 '계빈오익산리도(罽賓烏弋山離道 : 계빈은 간다라, 오익산리는 알렉산드리아를 말함)' 뿐이다"[2]라고 단호하게 말했다. 20세기 초 중국 불교사와 관련한 두 권의 명저에서도 모두 이 의견을 받아들이고 있다. 1930년대에 탕용동(湯用彤)은 『한위양진남북조 불교사(漢魏兩晉南北朝佛敎史)』를 저술하였는데, 그는 양계초와 펠리오를 함께 비평하면서 "불교가 중국에 전래된 것은 주로 육로였으며, ……양계초가 한(漢)나라 시대에 불교가 먼저 해로를 통해 전래되었다고 하는 것은 믿을 수 없다. ……그리고 프랑스인 펠리오는 초기 불교가 양자강 하류 교파와 북방 교파로 나뉘어졌다고 하는데 이 역시 받아들일 수 없는 논술이다"[3]라고 하였다. 1950년대 에릭 쥐르허(Erik Zürcher) 또한 『불교의 중국 정복(佛敎征服中國)』이라는 저술에서 여전히 이러한 전통적 관점을 견지하고 있다. 그는 그의 책 제2장 「역사 개관(歷史槪觀)」부분에서 "비록 불교가 언제 중국에 전래되었는지 명백하지는 않지만 서북쪽으로부터 점차 중국 내륙으로 침투했다는 사실은 의심의 여지가 없다." 전래 경로는 구체적으로 실크로드의 남북 두 갈래 길이었으며, 돈황을 통과하여 감숙성(甘肅省)의 하서주랑(河西走廊)을 지나 옥문관(玉門關) 관내(關內), 즉 중국 북방에 도달한 것이라고 주장하였다.[4]

그러나 고대 중국의 많은 역사적 사실들이 지하세계에 숨겨져 있다가 고고학적 발굴에 의해 차츰 많은 비밀들이 밝혀지고 있다. 비록 불교가 서역(西域)에서 전래되었다는 것은 상당한 문헌들의 지지를 얻고 있어 당연히 역사적으로 존

---

2) 『서역사연구(西域史硏究)』 상책, 도쿄, 암파서점(岩波書店), 497쪽, 1981.

3) 『한위양진남북조 불교사(漢魏兩晉南北朝佛敎史)』, 중화서국 중인본, 59~60쪽, 1983. 1940년대 후기에 계선림(季羨林)은 불(佛)자가 범어에서 온 것이 아니라 토화라문(吐火羅文)A(언기문焉耆文)과 토화라문B(귀자문龜玆文)의 번역에서 왔다는 고증과 논술은 간접적으로 이 관점을 지지한다. 「부도와 부처(浮屠與佛)」, 『중앙연구원역사어언연구소집간』 제20본, 1947, 「부도와 부처를 다시 논함(再談浮屠與佛)」, 『역사연구』, 1990년 2기.

4) 에릭 쥐르허(Erik Zürcher), 『불교의 중국 정복(佛敎征服中國)』(*The Buddhist Conquest of China-The Spread and Adaptation of Buddhism in Early Medieval China*. 2 vols, Leiden, 1959), 일역본, 다나카 수미오(田中純男) 등 역, 세리카서방(せりか書房), 도쿄, 49쪽, 1995.

재하는 사실이지만, 간과할 수 없는 것은 일찍이 중국과 인도 사이에 또 다른 통로가 있었을 가능성이다. 즉 상인들의 무역 경로를 통해 이러한 신앙이 중국에 침투할 수도 있었을 것이라는 사실이다. 예를 들면 불교가 남방 해로를 통해 전해졌다고 하는 과거 양계초의 주장이 근래 일련의 고고학적 자료로 인해 지지를 얻고 있으며 일부 역사학자들도 호응하고 있다. 따라서 불교의 전래 역사를 연구하는 학자들은 이처럼 다양한 역사적 현상들을 무시할 수 없게 되었다.[1)]

또한 불교가 서남쪽 통로를 통해 전래되었다는 펠리오의 주장은 기본적으로는 연구자들의 지지를 얻고 있지 못하지만,[2)] 서남쪽 비단길에 대한 고고학적 연구 결과로 인해[3)] 이제 이 견해도 주의하지 않을 수 없게 되었다. 은상(殷商) 시기에 이미 운남에서 중남아시아로 통하는 길이 있었다면 불교가 왜 그 길을 통하여 중국으로 들어오지 않았겠는가? 유위초(俞偉超)는 「동한불교도상고(東漢佛教圖像考)」에서 일찍이 한나라 시대 불교에 대한 고고학적 자료들을 열거하였는데,

---

1) 오정구(吳廷璆), 정팽년(鄭彭年), 「불교가 해상으로 중국에 전입된 것에 대한 연구(佛教海上傳入中國之硏究)」, 『중외관계사총론(中外關係史論叢)』 제5집, 서목문헌출판사, 북경, 1996. 그들의 논증 방법은 1) 『한서(漢書)』 「지리지(地理志)」 등의 기록에 의거하여 서한 시기에 이미 남해를 통해 인도와 심지어는 로마제국까지 해상 비단길이 있었다고 설명한다. 2) 기원전후에 대월지(大月氏)에는 아직 불교를 신앙하지 않았으나 불교는 이미 중국에 전래되었으니, 불교가 최초로 서역으로부터 전래하였다는 사실을 믿을 수 없음을 증명한다. 3) 역사문헌과 고고학 발견에 근거하면, 남방불교가 흥성하였던 것은 불교가 해로로 전래하였음을 방증한다. 4) 후에 불교도가 해상으로 중국과 인도 사이를 왕래하였다는 것은 해상을 통한 불교전래 경로가 있었음을 설명한다. 오작(吳焯) 「한인의 분향이 불가의 예임을 논함(漢人焚香爲佛家禮說)—불교의 중국 남방에서의 조기 전파를 아울러 논함(兼論佛教在中國南方的早期傳播)」에서도 불교의 다양한 전래 경로설을 주장하고, 아울러 분향에 관한 역사기록은 '현재로서는 아직 확실하지 않지만, 불교가 중국 남방에서 초기에 전파되었다는 중요한 단서를' 제공할 수 있다고 지적한다. 그러나 그는 또한 동한 환제(桓帝), 영제(靈帝) 사이에 불교가 먼저 수도인 낙양에서 발전하게 되고 여타 지방에서는 상대적으로 완만하였다고 여겼다. 남방의 교주(交州) 지역은 교통상의 지정학적 위치 때문에 비교적 쉽게 불교의 영향을 받았으나, 진정한 불교의 발전은 한나라 말 중원이 어지러웠을 때에 북방의 불교가 남하하여 교주 지역의 불교 유행을 자극하였다고 한다. 『전통문화와 현대화(傳統文化與現代化)』, 1994년 제6기, 북경.

2) 예를 들면 완춘영(阮春榮)은 불상이 운남, 사천 지역을 경과하여 양자강 연안을 따라 중국 내륙으로 들어왔다고 여긴다. 『불교전래의 길(佛教傳來之道)-남방지로(南方之路)』, 일어본, 웅혼사(雄渾社), 1996. 또한 「불교의 남방 노선 북삼산동남부(佛教的南方之路北滲山東南部)」, 『고궁문물월간(故宮文物月刊)』 14권 제10기, 1997년 1월, 타이베이.

3) 진천(陳茜) 「천전면인고도초고(川滇緬印古道初考)」에서 일찍이 기원전 4세기 인도의 고서 『치국안방술(治國安邦術)』에 보이는 중국 비단길에 관한 기록을 근거로 하여, 당시에 이미 서남쪽 통로가 있었다고 고증한다. 『중국사회과학』, 1981년 제1기. 본편의 서문인 「이역의 바람(異域之風)」 참조.

내몽고 화림격이(和林格爾) 소판신1호묘(小板申一號墓)의 벽화인 '선인기백상(仙人騎白象)', '사리반(舍利盤)', 산동(山東) 기남(沂南) 화상석묘(畵像石墓) 팔각경천주(八角擎天柱) 위의 불상, 산동 등현(滕縣) 화상석(畵像石) 위의 육아백상(六牙白象), 사천(四川) 낙산(樂山) 마호화시자만(麻壕和柿子灣) 애묘(崖墓)불상, 사천 팽산(彭山) 애묘(崖墓)의 일불이보살상(一佛二菩薩像), 신강(新疆) 민풍니아(民豐尼雅) 유적지 묘에서 나온 납힐면포(臘纈緬布) 위의 보살상(菩薩像)[4] 외에도 유명한 연운항(連運港) 공망산(孔望山) 마애불상(摩崖佛像) 등이다.

전래의 다양한 경로

이들은 대체로 동한 중기나 말기에 나타난 불교자료들인데 서쪽에서 동쪽에 이르는 주요 경로선상에 있지 않고 각 지방에 흩어져 분포하고 있어, 당시 불교가 여러 경로를 통해 전래되었을 가능성을 암시한다. 예를 들면 연운항 공망산 마애불상은 해로의 전래 가능성에 주의를 기울이게 하며, 사천 낙산(樂山)과 팽산(彭山)의 고고학적 발견은 학자들로 하여금 서남 전래설에 관심을 갖게 한다. 당연히 화림격이(和林格爾) 한묘벽화와 산동 기남 화상석위의 불상은 불교가 서역으로부터 전래되었다는 전통적 관점을 설명해주고 있으며 또한 많은 고고학적 증거도 내포하고 있다.

이러한 고고학적 자료들은 의외로 시기적으로 매우 가까워, 중국의 불교 전래 시기를 추산하고 확정하는 데 도움을 줄 수 있다. 중국에 불교가 이미 광범위하게 전파되고 이러한 화상(畵像)이 만들어진 시기 또한 동한 환제(桓帝)와 영제(靈帝) 사이(147~189년)가 되니, 그렇다면 여러 정황으로 미루어 불교가 중국에 최초로 전래된 시기는 대략 동한 명제(明帝) 때로 볼 수 있다. 그러나 이 문제는 과거부터 상당한 논쟁이 있었으며, 때로는 각종 복잡한 역사기록으로 인하여 문제의 진위를 구별할 수 없게 만들기도 하였다. 한(漢)나라 명제는 꿈에서 신(神)을 본 후, 대월지(大月氏)에 사신을 파견해 불경을 필사하고 불법을 구해 오라고 하였다는데, 이러한 기록이 『사십이장경(四十二章經)』과 『출삼장기집(出三藏記集)』 권2에 기록되

---

4) 「동한불교도상고(東漢佛教圖像考)」, 『문물』, 1980년 제5기. 수정본은 『향달(向達)선생기념론문집』, 신강인민출판사, 330~352쪽, 1986년에 실렸다. 양홍(楊泓)은 「사천조기불교조상(四川早期佛教造像)」에서 동한시기 사천 불상의 유래에 대해 신중한 태도를 견지하였으나 상술한 관점을 부정하지 않고, 이들 불상은 '불교조형예술의 영향을 받은 문물자료'라고 말했다. 양홍, 손기(孫機), 『심상의 정치(尋常的精致)』, 요녕교육출판사, 1996년에 실림.

어 있다.[1] 『역대삼보기(歷代三寶記)』에는 "진시황 때 석리방(釋利防) 등 18명의 불교 현자들이 불경을 가지고 중국에 왔다"는 전설도 기록되어 있다.[2]

때로는 한 권의 역사서적에 대해서도 서로 다른 연구결과를 내놓아 문제를 매우 복잡하게 만들기도 하였다. 즉 불교의 중국 전래에 관하여 관건이 되는 또 하나의 문헌인 『모자이혹론(牟子理惑論)』을 두고, 펠리오는 2세기 말의 작품으로 여기지만 마스페로(Maspero)는 2세기에서 4세기 사이에 출현했을 것이라 여긴다.[3] 그리고 마쓰모트 분자부로(松本文三郎)는 네 가지 증거를 들어 동진(東晋) 이후에야 세상에 나온 위서(僞書)라고 주장한다.[4] 양계초 또한 완곡한 어조로 "동진(東晋)과 유송(劉宋) 사이의 사람이 쓴 위작일 것이다"라고 말하며,[5] 여가석(余嘉錫)은 "불법의 초기 중국 전래에 관한 기록으로는 이 책이 가장 오래된 것이다"라 주장한다.[6] 그리하여 『모자이혹론』의 진위 문제는 중국의 불교의 전래 시기와 더불어 논쟁의 쟁점이 되고 있으나 아직까지도 정론이 없다.

그러나 이러한 논쟁은 잠시 차치하기로 하겠다. 왜냐하면 역사 기록과 여러 고고학적 발굴에 의해 불교는 대체로 서기 1세기경에 이미 중국에 전래되었으며, 또한 1, 2백년 사이에 상당히 넓은 범위까지 전파되었다는 사실이 신뢰할 만하기 때문이다. 이러한 사실은 장차 중국 사상사의 앞날을 변화시킬 것이다.

---

1) 『대정신수대장경(大正新修大藏經)』 제55권, 5쪽. 이후에서는 『대정신수대장경(大正新修大藏經)』을 『대정경(大正經)』이라 약칭하겠다.

2) 『역대삼보기(歷代三寶記)』 권1, 『대정경(大正經)』 제49권, 23쪽.

3) 펠리오, 「모자고(牟子考)」, 마르페로, 「한명제감몽견사구경사고증(漢明帝感夢遣使求經事考證)」, 중역본, 풍승균(馮承鈞) 역, 『서역남해사지고증역총(西域南海史地考證譯叢)』 제1권, 상무인서관중인본, 1995.

4) 송본문삼낭(松本文三郎) 「모자이혹의 술작년대고(牟子理惑の述作年代考)」, 『불교사잡고(佛教史雜考)』, 오사카, 창원사, 3~40쪽, 1944.

5) 양계초 「불교의 초기도입(佛教之初輸入)」, 부록 3 「모자이혹론변위(牟子理惑論辯僞)」, 『불학연구 18편』, 『음빙실전집(飮冰室專集)』본, 중화서국, 29쪽, 1989.

6) 「모자이혹론검토(牟子理惑論檢討)」, 『여가석 논학 잡저(余嘉錫論學雜著)』 상책, 중화서국, 109~132쪽, 1977. 『모자이혹론(牟子理惑論)』에 관한 토론은 이외에도 매우 많으나 주일량(周一良) 「모자이혹론시대고(牟子理惑論時代考)」의 관점이 흥미롭다. 그는 이 책이 아마도 2세기경에 교주(交州) 사람이 노자와 도가에 관해 토론한 책이라고 가정한다. 교주에도 불교가 유행했고, 불교는 초기에 도가에 의탁했기때문에 책에서 부처를 언급하였을 것이다. 후에 불교도들이 책 속에 부처를 언급하였기 때문에 내용을 수정하여 불교를 선양하는 책이 된 것이다. 그리고 수정된 부분은 불교 전래와 한나라 명제 때에 불법을 구한 내용 등이다. 그러므로 그의 결론은 "한나라 명제 때에 불법을 구했다는 전설은 이전에 상상했던 것만큼 그렇게 이르지 않다." 『위진남북조사론집(魏晋南北朝史論集)』, 중화서국, 288~303쪽, 1963.

1

(무기) 일반 사상 세속의 불교 영향

대략 서기 147~148년 사이, 지루가참(支婁迦讖 : 월지국 출신의 승려)과 안세고(安世高 : 안식국 출신의 승려)는 각각 낙양에 도착하여 불경의 중국어 번역 작업을 시작하였는데, 이들과 함께 축불삭(竺佛朔), 안현(安玄), 지요(支曜), 강맹상(康孟詳), 지겸(支謙), 강승회(康僧會) 등도 번역 작업에 참여하여 서진(西晉) 초기의 약 백여 년 사이에 이미 265부(部) 411권(卷)의 불경이 중국어로 번역되었다.[7] 이 가운데에는 매우 중요한 불경들도 포함되어 있는데, 후에 일반 세속에 지대한 영향을 끼친 『반주삼매경(般舟三昧經)』, 『문지옥사경(問地獄事經)』, 불타(佛陀 : 부처)의 생애와 행적에 관한 주요 문헌인 『태자서응본기경(太子瑞應本紀經)』, 대승 반야학(大乘般若學) 경전인 『반야도행품경(般若道行品經)』과 이 경전의 다른 번역본인 『대명도무극경(大明度無極經)』, 소승선학(小乘禪學)의 주요 텍스트인 『안반수의경(安般守意經)』 등이 포함되어 있다. 이러한 불경들은 부처와 그 제자들의 우주와 인생에 대한 생각과 지혜를 담고 있으며, 인류와 사회를 구제하는 방법들을 기록하고 있는데, 이렇게 하여 중국에 전래된 것이다.

그러나 불교의 중국 전래와 그 사상사적 의의를 토론하는 데 있어 주의해야 할 점은 불교가 중국 지식인들의 사상이나 지식 신앙 세계에 대하여 전래 당시에는 그다지 깊은 영향을 미치지 못했다는 점이다. 에릭 쥐르허(Erik Zürcher)는 일찍이 『불교의 중국 정복』이라는 책에서 매우 재미있는 현상을 지적하고 있다. 즉 『고승전(高僧傳)』, 『출삼장기집(出三藏記集)』과 같은 불교 문헌과 『삼국지(三國志)』의 배송지(裴松之) 주석(注釋), 『세설신어(世說新語)』, 『진서(晉書)』 등의 서적에서 서기 290년 이전의 승려와 교양 있는 상류 계층의 기록은 거의 찾아볼 수 없다는 것이다.[8] 동한(東漢)에서 동진(東晋)에 이르는 몇 명의 인명과 몇 권의 경전으로 짜깁기

7) 통계에 의하면 당시 불경 번역본 가운데 138권이 현존한다고 한다. 이 숫자는 왕문안(王文顔) 『불경한역의 연구(佛經漢譯之硏究)』 제2장의 표1 「역대역경사표(歷代譯經師表)」, 95~97쪽(천화출판사업공사, 타이베이, 1984)을 참고하였다.

8) Erich Zürcher, 『불교의 중국 정복(*The Buddhist Conquest of China - The Spread and Adaptation of Buddhism in Early Medieval China*)』, 2 vols, Leiden, 일역본 107쪽.

된 초기의 불교 전래 역사는 사실 매우 길고 지난한 과정이었다. 초기 불경 번역자들의 이름에서 알 수 있듯이 이들은 주로 서역의 월지(月氏), 안식(安息), 강거(康居)와 천축(天竺) 등의 지역에서 온 이민족들이었으며, "양한(兩漢)시기에 등용된 지식인들은 모두 경학에 의존하였고, 위(魏)나라 정시(正始) 이후에는 오히려 현학(玄學)을 숭상하였다(兩漢登賢, 咸資經術, 洎魏正始以後, 更尙玄虛양한등현, 함자경술, 계위정시이후, 갱상현허)".[1)]

이처럼 서진과 동진의 교체 시기까지도 중국 본토에서 자생한 지식과 사상이 여전히 지식인들의 생각을 지배하고 있었으며, 사상적 언어를 농단한다고 할 수 있는 지식인들은 이역으로부터 온 불교라는 종교에 별 흥미를 갖지 않았을 뿐만 아니라 심도 있는 이해 또한 부족하였다.

그럼에도 불구하고 민중들의 생활 속에는 불교의 고사(故事)나 의식(儀式), 그리고 관념들이 매우 세속적인 면을 통해 서서히 스며들고 있었다.

불교의 고사나 의스
념 등이 매우 세속
방식을 통해 서서히
들다.

많은 연구자들이 지적했듯이 불교가 중국에 전해지기 시작한 초기 1, 2백년은 일반인들의 마음속에, 불교는 그저 도교와 유사한 종교일 뿐이었다. 예를 들면 『모자이혹론』에서 이른바 '불(佛)'을 "'삼황신(三皇神)이나, 오제성(五帝聖)', 또는 '도덕(道德)의 원조(元祖), 신명(神明)스러운 조상' 등으로 부르며, 홀연히 변화하기도 하고 신체가 분해되기도 하며, 날 수도 있고 앉아 있으면 빛을 발한다(恍惚變化, 分身散體, ……欲行則飛, 坐則揚光황홀변화, 분신산체 ……욕행즉비, 좌즉양광)"[2)]고 적고 있는데, 이는 아마 모자(牟子)의 생각이 아니라, 신통하고 위대한 신령이 중생을 구제하려는 마음을 품고 해탈의 길을 제시한 것이라는 당시 신도들의 생각이었을 것이다. 불교에 대한 이러한 느낌과 관념은 사상계에서 일찍이 발생한 적이 없었던 어떤 근본적인 변화였다.

그러나 사상사에서 주의해야 할 점은 불교는 어찌되었건 이역에서 생겨난 종교이기 때문에, 우주·사회·인생에 대한 이해나 해석 그리고 대응 방법이 결국은 중국과 크게 다르다는 점이다. 따라서 불교가 중국에 처음 들어왔을 때 중국

1) 『남사(南史)』「유림열전(儒林列傳)」 권71, 1730쪽.
2) 『홍명집(弘明集)』 권1, 7쪽, 사부비요본, 중화서국.

신도들에게 비쳤던 불교의 우주·사회·인생에 대한 사상 중에는 기존 중국 사상에서 들어본 적이 없거나 확립된 적이 없는 내용들이 사뭇 들어있었다. 다시 말해 우주의 허황함, 생존의 고통, 삼세(三世)의 윤회, 그리고 진실을 추구하고 고통으로부터 해탈해 윤회의 수레바퀴로부터 벗어나려는 언뜻 보기에 일상적이 아닌 듯한 방법과 수단 등이 그것이다.

이러한 불교의 지식과 사상은 고대의 중국 사상과 간단히 비교해 볼 수 있다. 즉 고대 중국인의 전통적 생각에 의하면, 영원한 생존도 고귀하지만 설령 생명이 짧은 존재일지라도 인간세계는 행복을 의미했다. 왜냐하면 생존은 의심할 바 없는 진실한 세계이기 때문이다. 따라서 『여씨춘추(呂氏春秋)』에서 『태평경(太平經)』에 이르기까지, 마왕퇴(馬王堆)에서 출토된 양생도인도(養生導引圖)에서 화타(華陀)의 오금희(五禽戲)[3]에 이르기까지 모두 '생명을 귀하게 여기는' 사고를 내비치고 있다.

그러나 한나라 시대에 번역되었다고 전해지는 『사십이장경(四十二章經)』에는 "몸 가운데 사대(四大)[4]는 이름만 있을 뿐 실제는 전혀 없는 것인데 내가 그것에 의탁하여 살고 생명 또한 오래 가지 못하니 환영일 뿐이다"라 하고 있으며, 동한(東漢)의 안세고가 번역한 『팔대인각경(八大人覺經)』에서도 "세상은 무상하고, 국토는 위험하고 취약하며, 사대고(四大苦 : 생로병사의 네 가지 고통)의 고통도 공(空)이며, 오음(五陰)에도 아(我)가 없다" 고 한다.[5] 또한 삼국시대 오나라 유지난(維祇難)이 번역한 『법구경(法句經)』의 첫 부분은 「무상품(無常品)」인데 그 표현에 의하면, 진실하고 영원한 존재도 없으며 모든 것이 무상하다. 인생은 생사의 윤회 가운데 있어서 사람은 "물이 부족한 물고기와 같으니 무슨 즐거움이 있겠는가"라고 하고 있다.[6]

고대 중국인의 전통적 사고에 의하면 사람은 죽은 후에 육체는 비록 땅으로 돌아가지만 혼은 가지 않는 곳이 없다고 한다.[7] 그러나 진정한 실존은 현실 세계

3) 오금희는 화타가 개발한 건강체조술로 호랑이, 사슴, 곰, 원숭이, 새들의 동작을 모방하여 전신을 움직이는 운동을 함으로써 병을 예방하고 전신을 가볍게 하는데 도움이 되는 도인술의 일종이다(역자 주).

4) 불교에서 지(地), 수(水), 화(火), 풍(風)을 사대(四大)라 한다. 이 네 가지는 견(堅), 습(濕), 난(暖), 동(動)의 성능을 포함하고 있으며, 사람의 몸은 이로부터 구성된다. 따라서 인신(人身)을 지칭하기도 한다(역자 주).

5) 『대장경(大藏經)』 17권, 715쪽.

6) 『대장경(大藏經)』 4권, 557~575쪽.

7) 『예기(禮記)』 「단궁(檀弓)」의 글, 『십삼경주소(十三經注疏)』, 1314쪽.

이며, 생명은 단 한 세상 밖에 없어, "사람이 죽으면 모두 재나 흙이 되고 다시는 보지 못하게 된다. ……이제 한번 죽으면 끝내 하늘이 다하고 땅이 꺼지도록 영원히 사람이 되지 못한다(人死者乃盡滅, 盡成灰土, 將不復見, ……今一死, 乃終古窮天畢地, 不得復見自爲人也인사자내진멸, 진성회토, 장불부견, ……금일사, 내종고궁천필지, 불득부견자위인야)" 고 하니, 이는 도교의 관념일 뿐 아니라 중국의 전통 관념이기도 하다.[1] 그러나 불교는 도리어 인간에게 '영(靈)은 없어져도 신(神)은 남아 수시로 전생(轉生)하고', '전광(電光)처럼 형체와 생명을 받아 밤낮으로 변하여 머물기 어려우며',[2] 사람의 정신과 영혼은 단지 형체를 기탁하는 오두막으로 여길 뿐이니, 형체가 비록 훼손되더라도 정신과 영혼은 다음 윤회의 생사순환 고리로 들어간다고 말한다. 『이혹론(理惑論)』에서도 "정신과 영혼은 본디 없어지지 않고, 단지 몸만 스스로 썩어 없어질 뿐이니(魂神固不滅矣, 但身自朽爛耳혼신고불멸의, 단신자후란이)" 마치 오곡이 뿌리와 잎은 죽으나 종자는 오래도록 사는 것과 같다.[3] 그러므로 "사람은 윤회하여 여섯 곳에 태어나니 바퀴의 시작과 끝이 없는 것과 같다(有情輪回六道生, 欲如車輪無始終유정윤회육도생, 욕여차륜무시종)" 고 말한다.

고대 중국인들은 사람이 해탈이나 초월을 얻고자 할 때는, 응당 신선을 본받아 약물을 복용해 형체로부터 벗어나 신선이 되는 것을 수련하면서 불로장생을 추구한다. 그러나 불교는 도리어 사람들에게 해탈이나 초월은 매우 복잡한 문제라고 다음과 같이 말한다. "먼저, 사람은 죽지만 정신은 존재하여 삼세인과(三世因果)에 의해 윤회하므로 마땅히 선과 악을 알아야 한다." "도를 따르는 삶을 살았다면 비록 죽더라도 정신은 복당(福堂)으로 돌아가고, 악을 행하다 죽었으면 정신은 재앙을 당하게 된다(有道雖死, 神歸福堂, 爲惡旣死, 神當其殃유도수사, 신귀복당, 위악기사, 신당기앙)." "단지 온 마음으로 불교를 믿는다면 구제를 받아 곤란한 액운으로부터 해탈하게 된다."

다음으로 사람은 태어나면서부터 욕망을 갖게 되는데, 이 욕망 때문에 각종 번뇌와 고통을 불러와 생사의 속박으로부터 사람들을 벗어나지 못하게 한다. 그

1) 본장의 제3절 「청정도교(聽整道教)」와 갈조광 「사후세계(死後世界)」, 『양주사범학원학보』, 1994년 제3기 참조.
2) 『법구경(法句經)』 「생사품(生死品)」 '제37', 『대장경(大藏經)』 4권, 559~575쪽.
3) 『홍명집(弘明集)』 권1, 사부비요본, 9쪽.

러므로 "많은 욕망은 괴로움이 될 뿐이다. 생사와 피로는 탐욕으로부터 일어나니 욕망을 적게 하고 거짓된 행위를 하지 않으면 심신이 자유롭다(多欲爲苦, 生死疲勞, 從貪欲起, 少欲無爲, 身心自在다욕위고, 생사피로, 종탐욕기, 소욕무위, 신심자재)"[4]는 것을 깨달아야 한다. 그러기에 불교는 각종 수련 방법을 통하여 불자들의 심령을 청정하고 편안하게 하려고 한다. 그리고 또한 인간 세상은 무상하고 생사는 모두 고통이므로 마땅히 생사를 초월하여 '공중도 아니고 바다 가운데도 아니며, 인간세상도 아니고 산천지간도 아니며, 있을 곳도 없으며, 생사를 벗어나 죽음을 받지 않는 해탈'을 이루어야 하니, 이것이 바로 불교에서 말하는 비인간의 초월 경지다.

- 고대 중국의 신도
] 여러 가지 구속
의 방법을 제시하

이러한 관념뿐 아니라 불교는 고대 중국의 신도들에게 여러 가지 구속(救贖)의 방법을 제시하였다. 물론 완전한 불교도가 되려면 출가의 방식으로 석가모니에게 해탈의 염원을 표시하는 것이 구속의 최소한 조건이었으나,[5] 그 외에도 각종 방법이 있었다. 『고승전(高僧傳)』의 분류를 예로 들어보면, 불교 경전을 번역하고 해제하는데, 즉 신앙에 대한 이해와 불교 규율에 대한 명확한 인식을 한 후, 한 개인으로서 신도는 종교적 사명을 실현하고 이로부터 구속의 길을 얻는 데 몇 가지 방법이 있다.

첫째, 신비로운 기적이다. 신기한 내용의 기록은 비록 불도징(佛圖澄)으로부터 시작하지만, 실제로 불교가 중국에 전해지는 과정에서 신기한 기적을 보여주는 것은 줄곧 신도들을 끌어들이는 중요한 형식이었다. 『고승전(高僧傳)』에 의하면, "불교의 교화는 무릇 능력을 드러냄을 억제하고 오만함을 꺾으며, 사납고 날카로움을 무너뜨리고 속세의 사념을 해소하며, 윤보(輪寶 : 법륜, 즉 법의 수레바퀴)를 굴리면 충실한 신도들을 귀의시키고, 우뚝 솟은 돌 바위들이 구름으로 치솟아 있는 모습은 역사(力士)들을 감복하게 한다(6쪽)"[6]라고 기록하고 있듯이, 별자리를 관찰하거나 길흉을 점치고 질병을 치료하거나 호랑이를 훈련시키고 용을 길들

---

4) 『팔대인각경(八大人覺經)』, 『대장경(大藏經)』 17권, 715쪽.

5) 불교의 출가에 대한 이런 요구는 『유마힐소설경(維摩詰所說經)』이 광범위하게 유행한 후에 점차 약해졌다. 『유마힐경(維摩詰經)』 권 상의 「제자품」 '제3'에 라후라(囉喉囉)가 유마힐의 설법을 전술하면서 말하기를, 부모가 동의하지 않으면 출가할 수 없고, 단지 아뇩다라삼막삼보리심(阿褥多羅三藐三菩提心)을 내면 "즉 이것이 출가이고, 이것이면 충분하다." 『대장경(大藏經)』 14권, 541쪽.

6) 『고승전(高僧傳)』 권10, 탕용동교주본, 중화서국, 398쪽, 1992.

이며, 무당의 변화술 등 각종 신기한 기술(技術)과 과장된 이야기들이 신도들의 신앙심을 두텁게 한다는 측면에서 상당히 중요한 작용을 했다.

둘째, 선을 익히는 것(習禪)과 몸을 잃는(亡身) 것이다. 이러한 구속 방법은 대체로 자신의 심령 속 정감과 사상, 신체의 욕망과 행동에 대한 제약과 징계 심지어 희생까지 가함으로써 불교에서 허락하는 보답을 얻게 된다. 선(禪)을 익히는 경우를 예로 보자면, 『고승전(高僧傳)』에 기록된 삼십이인 가운데, 승현(僧顯)은 '서방정토만을 생각했으며', 법서(法緖)는 '청정하고 삼가며 채식(蔬食)을 하였고', 혜괴(慧嵬)는 '산골짜기에 거처하였으며', 승주(僧周)는 '재능을 드러내지 않았으며', 정도(淨度)는 '산림에 홀로 살았으며', 승종(僧從)은 '오곡을 먹지 않았으며', 마지막으로 소개된 적성산(赤城山)의 혜명(慧明)스님도 "참선과 불경 암송에 마음을 기탁하다가 바짝 수척하여 죽었다"고 기록하고 있다.

대체로 이들은 모두 불교의 전통적인 선법을 따라 불경 암송과 명상 그리고 고행을 주로 하였다. 그들은 자신의 신체가 헛된 환영의 집합일 뿐이며, 영속성이나 진실성이 없다고 생각하였다. 그러므로 인생은 '무상'하여 아무리 각종 고뇌와 어려움이 있다 하더라도 단지 실재하지 않는 공허한 감각일 뿐이며, 다양한 욕망과 향유를 즐긴다 하더라도 언뜻 일어났다 소멸하는 물방울 같은 것이라 생각하였다. 그들은 이러한 생각으로 심령의 안정과 초월을 추구했다.[1)]

그리고 망신(亡身 : 몸을 죽임)에 있어 더욱 개인의 희생을 필요로 했으니, 예를 들면 호랑이의 환난을 종식시키기 위해 자신의 몸을 호랑이 밥으로 준다든지, 배고픈 백성을 구제하기 위해 몸을 버려 먹을거리가 되기를 원한다든지, 자기의 심장과 간을 도적의 무리에게 줌으로써 어린애의 신장과 간을 돌려받는다는 등, "삼계(三界 : 욕계欲界, 색계色界, 무색계無色界)는 긴 밤을 머무는 곳임을 체득하고, 사생(四生 : 태생胎生, 난생卵生, 습생濕生, 화생化生)은 꿈이나 환상의 경지임을 깨닫는 것이다(體三界爲長夜之宅, 悟四生爲夢幻之境체삼계위장야지택, 오사생위몽환지경)." 불교는 이처럼 개인의 희생으로, 비록 계율을 위반할 염려는 있지만, "자기를 버려 남을 구함(遺己贍人)"으로써 개인의 해탈과 초월을 얻을 수 있음을 암시한다.[2)]

1) 『고승전(高僧傳)』 권11, 401~427쪽.

둘째는 불경 암송이다. 이는 지금까지도 여전히 불교의 가장 중요한 학습이며, 초기 당시에도 구속의 중요한 형식이었다. 『고승전(高僧傳)』 외에도, 청나라 조익(趙翼)의 『입이사차기(廿二史箚記)』 권15에는 일찍이 『진서(晉書)』, 『송서(宋書)』, 『위서(魏書)』, 『남제서(南齊書)』, 『북제서(北齊書)』, 『주서(周書)』 등에서 불경 암송을 통해 재난을 면할 수 있다는 관련 이야기들을 열거하고 있다. 불교는 사람들로 하여금 "공(空)이나 적(寂)에 대해 이야기 할 뿐 아니라 ……대개 한 종교가 흥성하여 천하를 놀라게 하고 후세까지 영향을 미치려면 그 처음에는 반드시 기이한 인물이나 술책 그리고 신기한 영험이 있어야 한다(非徒恃談空說寂也. ……蓋一教之興, 能聳動天下後世者, 其始亦必有異人異術, 神奇靈驗비도시담공설적야. ……개일교지흥, 능용동천하후세자, 기시역필유이인이술, 신기영험)"[3]고 여겼다.

현재 일본에 전해지는 문헌으로 남조(南朝) 시기의 세속 신도들이 저술한 『광세음응험기(光世音應驗記)』, 『속광세음응험기(續光世音應驗記)』, 『계관세음응험기(系觀世音應驗記)』 등도 바로 불경 암송을 통해 재난을 면했다는 각종 사적(事跡)들을 기록하고 있다. 그 중 상당 부분의 신기한 이야기들은 당시 널리 전파되었을 것으로 생각된다. 불경 암송과 유사한 것으로 염불이 있다. 『불명경(佛名經)』 첫 권 서문에 의하면, "여러 불명(佛名)을 지속적으로 독송하면 현세에서는 평안히 모든 재난을 피하고 죄악을 모두 소멸시킬 수 있으며, 미래에서는 마땅히 아뇩다라삼막삼보리(阿褥多羅三藐三菩提)를 얻게 된다"고 되어있다. 부처를 생각하면서 이름을 칭송하며 입정(入定)하거나, 찬송·독송 등을 포함하는 '불명(佛名) 칭송'이나 '불호(佛號) 암송'을 일종의 공덕으로 여겨 불경을 암송하는 것처럼 해탈과 초월의 방법으로 삼았다. 이러한 행위는 불자가 부처에 대한 바람의 싹을 키우는 것과, 구제자를 향해 구속의 신호를 보내는 것을 의미한다.[4]

---

2) 『고승전(高僧傳)』 권12, 445~457쪽.

3) 『22사차기(廿二史箚記)』, 중국서점에서 영인한 세계서국의 1939년 배인본, 202쪽. 마키타 타이료(牧田諦亮) 『중국불교사연구제1(中國佛教史研究第一)』, 23~27쪽 참조.

4) 서기 4세기부터 6세기까지 중국에는 사실상 이미 1) 석도안(釋道安) 이후 『미륵상생두솔천경(彌勒上生兜率天經)』, 『미륵하생경(彌勒下生經)』 등 경전에 의거한 '미륵정토(彌勒淨土)', 2) 혜원(慧遠), 축법광(竺法曠) 이후 『아미타경(阿彌陀經)』 등 삼부 미타경전(彌陀經典)에 의거한 '미타정토(彌陀淨土)', 그리고 3) 『법화경(法華經)』 「보문품(普門品)」에 의거하여 관세음 암송을 위주로 하는 '관음정토(觀音淨土)' 등의 정토수행 방법이 점차 생겨났다.

셋째, '광복(光福)' 이다. 이는 매우 광범한 구속 방법을 망라하는 것으로 절을 짓고 탑을 세우며 불상을 만드는 등으로, 현재 화북(華北) 지역에 남아있는 상당수의 석굴이나 불상 또는 석각(石刻)들이 모두 당시 이러한 종교 관념의 유산들이다. 또 『도행반야경(道行般若經)』에는 "불상을 만드는 까닭은 단지 사람들로 하여금 복을 얻게 하기 위함이다"라 하고 있으며, 『묘법연화경(妙法蓮華經)』에도 "사람이 석가모니로 인하여 여러 형상을 건립하고 많은 상들을 조각하는 것은 모두 불도(佛道)가 된다"고 한다.[1] 불상을 세우고 절을 건립하는 것은 사람들에게 보이기 위함이니, 타인을 위한 방편일 뿐 아니라 자신을 위해서도 '조금씩 훌륭한 업을 쌓음'으로써 불교의 승인을 얻는 것이다.

학자들은 5~6세기의 불상 연구에 근거하여, 불교 경전의 고무와 '관불(觀佛)'을 중요한 수행 방법의 하나로 삼았다고 지적한다. 이처럼 5~6세기에는 상당히 많은 불상들이 출현하는데,[2] 이렇게 방대한 수량의 불상은 건립 당시 거행되었던 팔관제회(八觀齋會), 행도의식(行道儀式), 그리고 불교의 각종 기념일로 욕불(浴佛)[3], 우란분회(盂蘭盆會)[4] 등 불교 구속(救贖) 관념의 전파에 상당한 역할을 하였을 것이다. 이러한 관념과 방법은 간단하고 쉬워서 부천(膚淺)하게 보이기는 하지만 이러한 것들이 불교가 중국 사상계에 가지고 온 새로운 내용이었으며, 몇 백 년 동안 일반 사상계의 불교에 대한 기본 지식이 되었다. 『위서(魏書)』「석노지(釋老志)」에는 다음과 같이 이러한 사실들을 개괄하고 있는데, 이는 매우 정확한 것으로 보인다.

> 무릇 그 경전의 주지(主旨)는 대개 끊임없이 생성한다는 종류의 이야기를 말하고 있는데, 모두 행업(行業)으로 인하여 생긴다. 과거와 현재 미래가 있고, 삼세(과

1) 『대장경(大藏經)』 제8권, 476쪽과 제9권, 8쪽에 각각 보인다.

2) 유숙분(劉淑芬) 「5~6세기 화북 향촌의 불교신앙(五至六世紀華北鄉村的佛教信仰)」, 『중앙연구원역사어언연구소집간』 제63본 제3분, 타이베이, 1993.

3) '욕불(浴佛)'은 '관불(灌佛)'이라고도 하는데, 석가탄신일 날 불상을 씻는 의식을 말한다(역자 주).

4) 목련(目連)이 음력 7월 15일 음식을 차려놓고 삼보(불, 법, 승)를 공양하며, 죽은 어머니를 아귀 가운데서 '도현(倒懸)의 고통'(매우 심한 고통을 의미함)으로부터 구했다는 데서 유래하였으며, 후에 불경을 독송하고 음식을 보시하는 행사가 되었다(역자 주).

거 현재 미래)를 거쳐도 심령은 여전하고 소멸하지 않는다. 무릇 선과 악을 행하면 반드시 응분의 대가가 있게 된다. 조금씩 훌륭한 업을 쌓고 조야(粗野)함과 비루함을 도야하고 수없이 죽고 나면서 신명을 수련하면 다시 태어남이 없는 불도를 얻는 경지에 이르게 된다. 사람마다 심행(心行)의 차이가 있고 등급이 다르지만 모두 얕은 쪽에서 시작하여 깊은 쪽으로 가며, 미미한 상태에서 출발하여 마침내 드러나게 된다. 인순(仁順)을 쌓고 탐욕을 제거하며, 허정(虛靜)을 익혀 훤히 알게 된다. 그러므로 처음 마음을 닦으면 불·법·승(佛·法·僧)에 의지하니 이를 '삼귀(三歸)'라 한다. 이는 마치 군자의 삼외(三畏 : 천명天命, 대인大人, 성인聖人의 말)와 같다. 또한 다섯 계율이 있으니 살인, 도적질, 음행, 망언, 음주를 멀리하는 것이다. 이는 대체로 인, 의, 예, 지, 신과 같으나 이름만 다를 뿐이다. 이를 받들어 실행하면 천인(天人)이 사는 훌륭한 곳에 태어나고, 위반하면 귀신과 동물이 사는 온갖 고통이 있는 곳으로 떨어진다. 그리고 선과 악이 생겨나는 곳에 무릇 육도윤회(六道輪廻)가 있다(凡其經旨, 大抵言生生之類, 皆因行業而起. 有過去, 當今, 未來, 歷三世, 識神常不滅. 凡爲善惡, 必有報應. 漸積勝業, 陶冶粗鄙, 經無數形, 澡練神明, 乃致無生而得佛道. 其間階次心行, 等級非一, 皆緣淺以至深, 藉微而爲著. 率在于積仁順, 蠲嗜欲, 習虛靜而成通照也. 故其始修心則依佛法僧, 謂之三歸, 若君子之三畏也. 又有五戒, 去殺, 盜, 淫, 妄言, 飮酒, 大意與仁, 義, 禮, 智, 信同, 名爲異耳. 云奉持之, 則生天人勝處, 虧犯則墜鬼畜諸苦. 又善惡生處, 凡有六道焉범기경지, 대저언생생지류, 개인행업이기. 유과거, 당금, 미래, 력삼세, 식신상불멸. 범위선악, 필유보응. 점적승업, 도야조비, 경무수형, 조련신명, 내치무생이득불도. 기간계차심행, 등급비일, 개연천이지심, 자미이위저. 률재우적인순, 견기욕, 습허정이성통조야. 고기시수심즉의불법승, 위지삼귀, 약군자지삼외야. 우유오계, 거살, 도, 음, 망언, 음주, 대의여인, 의, 예, 지, 신동, 명위이이. 운봉지지, 즉생천인승처, 휴범즉추귀축제고. 우선악생처, 범유육도언).[5)]

서기 2세기에서 6세기에 이르는 400년 동안 불교 신앙은 고대 중국인들의 생활과 사상 속에 상당히 보편화되었을 정도로 이미 퍼져있었다. 불교의 오묘한 도리는 신기하고 현묘한 고사들과 아울러 전파를 위해 함께 들어온 각종 기예(技

5) 『위서(魏書)』 권114, 3026쪽.

藝), 전파 때에 거행되는 다양한 의식 등과 더불어 점차 사람들로 하여금 불교에 흥미를 갖게 했다. 『낙양가람기(洛陽伽藍記)』 권1에는 장추사(長秋寺)의 4월 4일 '행상(行像)'[1]에 대하여 "구경꾼들이 담을 이룰 정도이다 보니 서로 밟혀 죽는 자가 자주 있었다"라 하고 있으며, 경락사(景樂寺)의 음악과 춤 그리고 잡기 공연에 대해서도 "남녀 구경꾼들의 정신을 쏙 빼놓았다"고 기록하고 있다.[2]

이처럼 신도들은 각종 불교의식 가운데 상황에 따른 적절한 방식으로 불교의 개념을 전파하였던 것이다. "출가한 오중(五衆)을 위해서는 절실하게 무상함의 의미를 전달하고, 고통스런 참회를 진술할 필요가 있었으며, 임금이나 윗사람을 위해서는 세속의 경전을 인용하여 문장을 만드는 것이 필요하였으며, 수많은 일반인들을 위해서는 일을 지적하고 형상을 만들며, 듣고 본 일을 직접 이야기하고, 산골이나 들에 사는 사람들을 위해서는 가까운 친구에게 쓰는 언사로 죄목을 나열하며 책망하였다(如爲出家五衆, 則須切語無常, 苦陳懺悔, 若爲君王長者, 則須兼引俗典, 綺綜成辭. 若爲悠悠凡庶, 則須指事造形, 直談聞見, 若爲山民野處, 則須近局言辭, 陳斥罪目여위출가오중, 즉수절어무상, 고진참회, 약위군왕장자, 즉수겸인속전, 기종성사. 약위유유범서, 즉수지사조형, 직담문견, 약위산민야처, 즉수근국언사, 진척죄목)." 이렇듯 불교를 전파하는 가운데 "인생의 무상함을 이야기하여 사람들의 심신을 전율케 했으며, 지옥을 언급하여 공포의 눈물을 가득 흐르게 했다. 또 옛 인연을 증명하여 지나간 업보를 보게 하는 듯 했으며, 현세의 과보를 조사함으로써 내세에 받을 과보를 미리 보여주기도 했다. 그리하여 즐거운 이야기를 하면 가슴 가득 희열을 느끼고, 슬픈 일을 서술하면 눈물을 뿌리며 비통해 하였다(談無常, 則令心形戰慄, 語地獄, 則使怖淚交零, 徵昔因, 則如見往業. 核當果, 則已示來報. 談怡樂, 則情抱暢悅, 敍哀戚, 則灑淚含酸담무상, 즉영심형전율, 어지옥, 즉사포누교령, 징석인, 즉여견왕업. 핵당과, 즉이시래보. 담이락, 즉정포창열, 서애척, 즉쇄누함산)."[3] 불경 해독을 통해 중생을 창도하려는 스님들의 설법을 들을 때에 "모든 중생들은 마음을 기울여 온 강당이 측은함과 슬픔으로 가득 차며, 전신을 바닥에 내던져 혼신을 다

1) 행상(行像)은 석가탄신일에 불상을 싣고 도시의 거리를 도는 일종의 의식이다. 따라서 '행성(行城)'이라고도 불린다(역자 주).

2) 『낙양가람기교주(洛陽伽藍記校注)』, 범상옹(范祥雍)교주본, 상해고적출판사, 43쪽, 52쪽, 1958, 1978, 1982년 참조.

3) 『고승전(高僧傳)』 권13, 「창도(唱導)」 '제10', 521쪽.

해 슬픔을 진술하게 하였다.” 이처럼 중생들은 해탈과 초월을 얻기 위해 불교의 우주와 인생에 대한 가르침을 받아들이기 원했던 것이다.[4]

2

, 조상, 창법 중에 보 종교의식 및 그것의 사회 속에서의 변화

그렇다면 불교가 도대체 신도들에게 무엇을 보장하였는가? 불교에 대한 신앙이 왜 민중 사이에 급속도로 전파될 수 있었는가? 일반적으로 주목의 대상이 되지는 못했지만 평범한 신앙인들을 보여주는 자료 중에서 다음과 같은 신앙 현상을 알 수 있다. 서기 4세기에서 6세기 불교 자료 가운데 불상의 제기(題記), 경전의 제지(題識), 발원문(發願文), 참문(懺文) 등은 사뭇 민중의 불교 신앙이 지향하는 바를 반영하고 있다. 이러한 자료들을 통해서 신도들이 불교를 믿는 까닭과 고행을 하며 선(禪)을 익히고, 절을 만들고 탑을 건립하며, 불경을 암송하고 염불을 하며, 스님을 봉양하는 등 신앙의 배후에 깔려 있는 것들을 읽을 수 있다. 다시 말해서 현실 생활과 자신의 운명, 그리고 가정의 미래에 대한 관심뿐만 아니라 자신과 부모의 내세, 7세(七世) 선조의 운명 등에 대한 걱정, 심지어 중생들이나 국가의 희망에 대한 관심을 포함하고 있다. 일본학자인 이케다 온(池田溫)은 『중국고대사본지어집록(中國古代寫本識語集錄)』에서 불경 사본에 있는 상당 양의 제지(題識)를 수집하였다. 여기에서 서기 4세기 중엽부터 6세기 중엽까지 해당하는 자료들을 선택, 귀납하여 신도들의 바람이 무엇이었는지를 살펴보고자 한다. 첫째로 자신과 부모 그

---

4) 전하는 말에 의하면, 6세기 초 즉 천감(天監) 4년(505)에 양무제(梁武帝)는 보창(寶唱)으로 하여금 각종 불교의 의식과 규칙을 총 정리한 책을 편찬하도록 하였다. “혹은 복을 세워 재앙을 물리치고, 혹은 참회의 의식을 통해 업장을 제거하며, 혹은 용왕에게 제사를 지내는 등 분류별로 나누어 거의 100권의 분량이 되었다. 8부는 신의 이름으로 3권의 분량이니 유령이나 오묘한 내용을 포함하고 고금의 사건이 자세하거나 간략하게 기록되었다(或建福禳災, 或禮懺除障, 或饗接神鬼, 或祭祀龍王, 部類區分, 將近百卷, 八部神名, 以爲三卷, 包括幽奧, 詳略古今, 故諸所祈求, 帝必親覽, 指事祀禱, 多感威靈혹건복양재, 혹예참제장, 혹향접신귀, 혹제사용왕, 부류구분, 장근백권, 팔부신명, 이위삼권, 포괄유오, 상략고금, 고제소기구, 제필친람, 지사사도, 다감위령).” 30년 후인 대통연간(大統年間)(535)에 승상 우문태(宇文泰)가 다시 승려 담현(曇顯) 등을 시켜 『보살장중(菩薩藏衆)』, 『백이십법문(百二十法門)』 등을 편찬하게 하였다. 이렇게 불교 의식은 정식으로 국가의 의식으로 승인받게 된다. 『속고승전』 권1 「석보창전(釋寶唱傳)」과 같은 권의 「보제류지전(菩提流支傳)」, 『대정장(大正藏)』 50권, 426쪽 참조.

리고 조상을 위해 복을 구하고 재앙을 떨치려는 내용으로 다음과 같은 경우이다.

7대 사부와 부모를 위해 경을 만들다(爲七代師尊父母所造經위칠대사존부모소조경).(『화엄경華嚴經』 권2, 413년 비구인 법견法堅의 제기)

부모를 위해 경을 공양하다(爲父母供養經위부모공양경).(『무량수경無量壽經』 권 상, 415년 왕징王澄의 제기).

돌아가신 부모가 지옥과 아귀(餓鬼) 그리고 축생으로의 환생을 면하고 빠른 시일 내에 평안을 찾기 위해 삼가 공양을 드립니다(爲亡父母, 免生惡道, 快得安隱 '穩?', 敬造供養위망부모, 면생악도, 쾌득안은' 온?', 경조공양).(『법화경法華經』 권4, 463년 승패會貝의 제기)

7세 부모와 친생 부모 그리고 대소 간의 가족, 내외 친척, 모두 삼도(參途)[1]로부터 멀어지고, 삼보(三寶 : 불, 법, 승)를 만나게 하소서(爲七世父母, 所生父母, 家眷大小, 內外親戚, 遠離參途, 值遇三寶위칠세부모, 소생부모, 가권대소, 내외친척, 원리삼도, 치우삼보).(『대반열반경大般涅槃經』, 권40, 505년 무위인武威人인 장보호張寶護의 제기)

위로 7세 부모와 아래로 자신에 이르기까지(上及七世父母, 下及己身상급칠세부모, 하급기신).(『호신명경護身命經』, 521년 장아의張阿宜의 제기)

이 외에도 죽은 누이나 형을 위해 복을 기원하고, 고통의 바다에서 하루 빨리 벗어나기를 기도하는 등 내용은 대동소이하지만, 그 의미는 모두 신앙의 힘을 빌려 개인과 가정 그리고 가족의 평안과 행복을 바꾸려는 데에 있다.

둘째는 이러한 선량한 소망을 혈연관계가 없는 일반 중생에게까지 확대하고 있다.

이백 명의 무고하게 죽어간 한족(漢族)과 소수민족을 위해 "환생의 영겁으로부터 해탈하여 삼보를 믿고 퇴보된 윤회가 없기를 바란다(爲二百被無辜殺害的漢胡平民, 願蒙解脫生生, 敬信三寶, 無有退轉위이백피무고살해적한호평민, 원몽해탈생생, 경신삼보, 무유퇴전).(『비유경출광인품譬喻經出廣演品』「출지옥품出地獄品」, 359년 무명인의 제기)

---

1) 삼도(參途)는 화도(火途) 즉 지옥도, 혈도 즉 축생도, 도도(刀途) 즉 아귀도(餓鬼道)를 가리킨다(역자 주).

모든 중생을 위해 꿋꿋이 받들어 공양하며 환생하는 곳에 고통이 없고 평안을 얻기를 기원한다(爲一切衆生頂戴供養, 願所往生處, 離苦獲安위일절중생정대공양, 원소왕생처, 리고획안).(『법화경法華經』 권5, 415년 혹은 475년 여신도인 요아희姚阿姬의 제기)

이 공덕을 가져다 모든 중생에게 베풀고, 배득□지, 초연히 불법의 세계에 들며, 삶도 죽음도 초월한 무생인(無生忍)[2]을 얻고 무상도(無上道)[3]를 이루기 원한다(願持此功德, 施與一切衆生, 背得□持, 超入法城, 獲無生忍, 成無上道원지차공덕, 시여일절중생, 배득□지, 초입법성, 획무생인, 성무상도).(『대방등무상대운경大方等無想大雲經』 권6, 434년 비구 법융法融의 제기)

물론 위 두 종류의 소원을 모두 쓴 것도 있다. 492년 비구인 무각(無覺)이 『대방등대집경(大方等大集經)』의 제기에서 "이 공덕으로 7세 부모가 평생토록 극락정토에 들기를 바라며, 마음으로 깨달음을 생각하고 모든 중생의 수명이 늘어나며, 악도(惡道 : 지옥, 아귀, 축생)로부터 멀리 떨어지기를 바란다(以此功德, 願七世父母, 畢生淨土, 心念菩提, 一切衆生, 壽命增長, 遠離惡道이차공덕, 원칠세부모, 필생정토, 심념보제, 일체중생, 수명증장, 원리악도)"라고 썼다. 이는 자기로부터 미루어 타인에 미치는 일종의 자비심을 인간 세상에 베풀려는 심정의 표현이다.

셋째는 해탈의 종교 신앙과 세속의 정치적 희망을 연계하여 국가를 위해 기원하는 것이다. 이러한 바람은 종종 상당히 정치적 지위가 있는 사람이 정치적 입장에서 발한 내용으로, 예를 들면 북량(北凉) 하서왕(河西王)의 세자 저거흥국(沮渠興國)이 오백 승려와 더불어 담마참(曇摩讖)을 청하여 계율을 번역하면서 다음과 같이 제기하고 있다.

이 공덕으로 국운이 무궁하고 장래 미륵을 만나기를 염원한다(願此功德, 令國祚無窮, 將來之世, 值遇彌勒원차공덕, 령국조무궁, 장래지세, 치우미륵).(『우파색계優婆塞戒』 권7, 427년 후기)

---

2) 무생무멸(無生無滅)의 이치에 통달하여 마음에 움직임이 없는 경지를 말한다(역자 주).

3) 여래불이 성취한 그 이상이 없는 도의 경지를 말한다(역자 주).

마찬가지로 527년 환제의 수행원인 동양왕(東陽王) 원영(元榮)의 관원인 윤파(尹波) 또한 『관세음경(觀世音經)』에 후제(後題)를 달아, "『관세음경』 47권을 써서 뭇 사원에서 독송하게 하고, 관세음보살의 자비를 밝혀 영원히 복되게 하며, 온 세상이 하루 빨리 맑아져…… 임금의 도가 밝아 충신들이 세세토록 이어지며 팔방 우주가 끝내 한 궤도에 일치할 수 있게 되기를 바란다(寫觀世音經四十卷, 施諸寺讀誦, 願使二聖慈明, 永延福祚, 九域早清, ……君道欽明, 忠臣累葉, 八表宇宙, 終齊一軌사관세음경사십권, 시제사독송, 원사이성자명, 영연복조, 구역조청, ……군도흠명, 충신누엽, 팔표우주, 종제일궤)" 고 쓰고 있다. 물론 관원만이 국가와 사회에 대해 관심을 갖은 것은 아니다. 평민들 역시 자신들이 생활하는 세계가 밝고 안정되기를 희망하기 때문에 이상과 같은 염원을 자주 자신들이 돈을 내어 베낀 경전 위에 써 놓았다. 예를 들면 471년에 정주인(定州人) 장소(張巢)가 『금광명경(金光明經)』 권2 뒤에 "스스로 재난이 많아 부모 양육의 공덕을 우러러 갚을 길이 없음을 개탄한다. 또한 고향이 이끌어준 은혜와 그리움을 기탁할 수 없음을 느낀다. 이러한 까닭에 이 외로운 성에서 집집마다 복짓기를 기원하며 소경(素經)을 만들어 ……본 고향에 유통시켜 풍속을 바꾸고자 하며, 복이 황실의 세가처럼 모여 만대토록 융성하기를 바란다(自慨多難, 父母恩育, 無以仰報, 又感鄉援, 靡托恩戀, 是以在此單城, 謁家建福, 興造素經.……欲令流通本鄉, 道俗異玩, 願使福鍾皇家, 祚隆萬代자개다난, 부모은육, 무이앙보, 우감향원, 미탁은연, 시이재차단성, 알가건복, 흥조소경.……욕영류통본향, 도속이완, 원사복종황가, 조룡만대)"[1]고 쓰고 있다.

불경을 베끼는 것 뿐만 아니라 불상을 만들고 사원을 세우며, 참회를 행하고 발원을 하는 등 종교 행위의 목적 또한 이들과 대조해 볼 수 있다. 불상을 조각하고 석굴을 만들며, 사원을 세우는 것에 대하여 청나라 때 왕창(王昶)은 『금석취편(金石萃編)』 권39의 「북조조상제비총론(北朝造像諸碑總論)」에서 북조의 불상 조각의 관념에 대해 분석하였는데, 비록 사대부의 편견을 피하진 못하였지만 비교적 철저하고 정확하게 보고 있다. "석가모니께서 서방 극락정토에 환생하여 도솔천궁(兜率天宮)에 오르셨다는 이야기를 가지고 사람들을 끌어들이자 어리석은 남녀들

1) 이케다 온(池田溫) 『중국고대사본식어집록(中國古代寫本識語集錄)』, 도쿄, 대장(大藏)출판주식회사, 76~114쪽, 1990. 이 현상에 대하여 나정림(羅汀琳) 「돈황불경사권제기의 현실성(敦煌佛經寫卷題記之現實性)」에서 이미 좋은 토론을 해주고 있다. 『국제불학연구』 연간 창간호, 국제불학연구중심, 타이베이, 1991.

이 서로 불상을 만들어 석가모니의 도움을 바랐고, 백년 사이에 풍습이 되어버렸다. ……불상 조각에 대한 여러 기록을 두루 살펴 보건데, 위로는 국가의 일에서부터 아래로는 부자간의 일, 내세의 문제에까지 이르며 그 바라는 바는 매우 높다. 그 나머지는 비루하여 보잘 것 없어 우리 유생이 필히 내칠 바이지만, 다행스럽게 살아 죽음을 두려워하고, 난리를 가슴아파하며 태평스런 세상을 생각하니, 부득이한 경우는 기록하지만 망령되고 허황한 것은 기록하지 않는다."[2)]

신앙은 '삶을 다행으로 여기고 죽음을 두려워하며, 난리를 가슴아파하며 태평스런 세상'을 원할 때 비로소 종교의 인도와 구제를 필요로 한다. 이렇게 종교의 인도와 구제가 필요할 때에 중국의 신도들은 "선을 쌓지 않으면 재앙이 생긴다"는 그들의 전통적 사상과 불교의 인과응보설을 연결시킬 것이라는 생각을 쉽게 할 것이다. 아울러 이러한 대가로 종교적 구제를 얻을 수 있을 것이라는 생각을 할 것이다. 이러한 정신적 교역은 재력을 이용하여 불상을 만들고 사원을 세우는 것 이외에도 참회를 행하고 발원을 하는 방식을 이용한다. 본래 오로지 자신만의 도덕적 죄과를 참회하는 것이 아니라 수계(授戒), 설계(說戒), 치죄(治罪), 참죄(懺罪) 등 다양한 의미의 불교적 참회 방법[3)]은 중국에서는 오히려 도교의 "과실을 뉘우치다(思過)"와 "과실을 인정하다(首過)"와 같은 개념과 섞이게 되어 자신의 도덕이나 윤리에 대한 반성 행위로 변하게 되었다.

그리하여 신앙의 규범이 사회윤리로써 구제의 현세성과 교환하는 공리적 의미가 있게 되었다. 일본학자인 시모이리 료토(鹽入良道)는 「병무참회 경전에 의거한 참법(依據幷無懺悔的經典的懺法)」에서 일찍이 『남해기귀내법전(南海寄歸內法傳)』 권2와 『근본설일체유부비내야(根本說一切有部毗奈耶)』 권15의 주를 인용하여 이렇게 지적했다. "옛날 참마(懺摩)라는 것은 죄를 말하는 것이 아니었다. 그렇다면 무엇을 말하는 것인가? 참마는 서방의 음으로 그 자체에 참다(忍)라는 의미가 있다. 회(悔)는 동방 중국의 글자로 회한을 쫓는 것이 목적이다. 회(悔)와 인(忍)은 전혀

2) 엽창치(葉昌熾) 지음, 가창사(柯昌泗) 평 『어석(語石)』 권5 「어석이동평(語石異同評)」의 불교 조상(造像)에 관한 기록과 소개에 대한 글 참조. 『고학전간병종(古學專刊丙種)』 제4호, 중화서국, 304쪽 이하 참조, 1994.

3) 참마는 범문(梵文)으로 크샤마(Ksama)이고, 참회는 범문으로 크샤마야트(Ksamayat)라고 한다.

관계가 없다."[1] 그러나 중국에 들어와서 사회윤리를 정돈하는 의미가 생겼는데, 이는 "현실적 이익을 목적으로 하는 행위에 의해 대부분을 차지하게 되었다. 즉 예불이나 독경을 통해서 재앙을 떨치고 해를 제거할 수 있다는 현실적 이익을 얻게 되었고, 액운을 배제하거나 비를 구하며, 질병을 치료하고 기사회생이나 장수(長壽) 때문에 현실적 경향의 중국인들은 비교적 쉽게 받아들이게 되었다."[2]

일설에 의하면 중국인 스스로 위조한 불경 『점찰선악업보경(占察善惡業報經)』의 명칭은 이 점을 잘 설명하고 있다. 이 책에 의하면 만약 악(惡)을 많이 행한 사람은 선(善)을 배우거나 지혜를 닦을 수 있는 자격조차 구비되어 있지 않으므로 "마땅히 먼저 참회의 법을 닦아야 한다."[3] 만약 참회의 목적이 현실적 바람을 위한 것이라면 발원문의 바람은 매우 명백하게 말할 수 있을 것이다. 신앙이 있다면 신앙을 위해 헌신하고, 당연히 불타나 보살에게 구하는 바가 있게 된다. 돈황문서에 있는 것으로, 이미 정리된 『돈황원문집(敦煌願文集)』에 수록된 '기원을 통해 재앙을 제거하는 내용'의 발원문은[4] 신도들의 사상을 담고 있는 매우 전형적인 텍스트다.

그중 가장 의미 있는 것은 양무제(梁武帝)의 『동도발원문(東都發願文)』이다. 그는 다음과 같이 발원하고 있다. "이후로 다시는 욕심을 내지 않고 꿈에서조차 범하지 않겠다." "다시는 중생들의 재산을 탐식하지 않을 것이며 꿈에서도 우유와 꿀을 먹지 않겠다." 그러나 그는 부차가 그의 다음과 같은 바람에 응답해 주기를 바라고 있다. "태고 이래로 지금까지 일체의 업장(業障)을 모두 소멸시키며, 모든 중생이 고통으로부터 연을 끊고 해탈한다." 또한 그의 큰형과 죽은 동생 그리고 신하와 백성, 심지어 '북방의 소수민족과 교류가 없는 땅'의 민족까지도 모두 구제 받기를 바랐다. 만약 이와 같이 된다면 그는 사람들을 대신하여 지옥의 고통

---

1) 『대장경(大藏經)』 54권, 217쪽. 왕방유(王邦維) 『남해기귀내법전교주』, 중화서국, 115쪽, 1995년 참조.

2) 시모이리 료토(鹽入良道) 「참회 경전에 의거한 참법(懺悔のない經典に依據した懺法)」, 『중국의 종교, 사상과 과학 - 마키오 료우카이 박사 송수 기념 논문집(中國の宗教, 思想と科學 - 牧尾良海博士頌壽紀念論文集)』, 국서간행회, 도쿄, 189~190쪽, 1984.

3) 『대장경(大藏經)』 17권, 903쪽.

4) 어느 학자가 지적했듯이 일부 발원문은 제문(齋文)이라 불러야 더욱 합당하다. 이 문제에 대해서 전문가의 연구가 필요하고, 더 이상 토론을 하지 않겠다. 여기서는 인용한 책에서 칭한 대로 발원문이라 부르겠다.

을 포함하여 각종 고난을 감내할 수 있다고 말했다.[5] 이러한 발원문에서 질병을 치료하거나 행복을 구하며 망혼을 좇아 구제하거나 액운을 면하고 곤란을 해결하는 등의 내용도 볼 수 있다. 그러므로 액운을 피하고 복을 구하는 것이 일반 신도들이 이해하는 종교 신앙의 의의였던 것이다.[6]

그러나 아무리 액운을 피하고 복을 구하는 것이 개인적 종교 행위라 할지라도 중국 불교의 특색에 대한 이러한 결과는 개인적 종교 행위에 의존하여 획득될 뿐이다. 본래 구제를 받을 수 있느냐의 여부는 종교 신앙에서 마땅히 신도의 사상과 행위에 의해 결정되어야 한다. 이런 사상과 행위가 인정을 받을 수 있느냐는 본래 신도 개인의 일이다.

『낙양가람기(洛陽伽藍記)』 권2에 실린 이야기는 불교 초기의 이러한 생각을 잘 나타내 준다. 기록에 의하면 비구인 혜응(慧凝)은 염라대왕에 의해 지옥에서 해방되어 돌아오게 되는데, 그는 다섯 명의 비구가 지옥에 있는 것을 보았다. 이는 그들의 운명이 자기와 다름을 통해, 불교가 서로 다른 신앙의 행위에 따라 가치 판단이 다름을 암시 한다. 좌선과 고행의 보명사(寶明寺) 지성(智聖)과 『열반경(涅槃經)』을 독송하는 반야사(般若寺) 도품(道品)의 신앙 행위는 단지 개인적이지만 천당에 오를 수 있었다. 그러나 『열반(涅槃)』과 『화엄(華嚴)』을 강론하고 천 명의 신도를 거느렸던 융각사(融覺寺) 담모최(曇謨最)는 세상에 들어갔기 때문에 염라대왕으로부터 "마음에 피아(彼我)를 품고 사물을 업신여기고 능멸한다"는 비판을 받았으니, 이는 비구 중 첫 번째 조잡한 행위로 간주되어 책임자에게 넘겨져 처벌되었다. 신도들을 교화하고 불경을 만들어 사람들에게 주었던 선림사(禪林寺) 도홍(道弘)은 염라대왕에게 '삼독(三毒 : 탐·진·치)을 제거하지 못하고 번뇌가 많은' 탐심한 사람이라고 더욱 질책을 받았다. 마지막으로 영각사(靈覺寺) 보명(寶

5) 황징(黃徵), 오위(吳偉) 편교 『돈황원문집(敦煌願文集)』, 악록서사, 283~286쪽, 1995. 곽여영(郭麗英) 「돈황본동도발원문고략(敦煌本東都發願文考略)」, 『프랑스학자 돈황학 논문선췌(法國學者敦煌學論文選萃)』, 경승 중역본(耿升中譯本), 중화서국, 105~119쪽, 1993년 참조.

6) 『돈황원문집(敦煌願文集)』에 수록된 발원문은 매우 많다. 그러나 서문에서 "남북조 시기에서 송나라 왕조 초기까지 돈황에 유행한 것들을 모은 것이다"라고 뭉뚱그려서 말하고 있다. 본문에서는 어떤 작품이 남북조 시기의 사본인지 일일이 설명하지 않고 있다. 나도 여기에서 단지 발원문의 내용을 개략적으로 빌어 인용함으로써 당시 불교 사상의 전파 과정을 설명할 뿐이다.

明)은 출가 전 관리였기에 비록 사원을 만들고 예불을 하였더라도 일찍이 "예(禮)를 왜곡하고 법을 어겼으며, 백성의 재산을 겁탈한 일이 있었다"는 사실이 지워지지 않았다. 염라대왕의 말에 의하면 불교 신도는 마땅히 "마음을 써서 불도를 지키고 좌선과 독경에 뜻을 두며, 세상사에 간여하지 말고 무언가 함이 없어야 한다."[1)]

그러나 중국의 경우 모든 종교 행위는 중국 사상 가운데 이미 확립되어 있고, 개인보다 우선시 되는 사회적 도덕과 윤리 규범 속에 포함되어 있다. 이러한 까닭에 개인의 해탈과 종교적 구제는 여태껏 개인의 종교에 대한 문제가 아니라 각자 개인이 가정, 가족, 사회, 국가의 사상과 행위에 대한 문제다. 종교적 권력에 대해서는 종교가 이런 사상과 행위에 대하여 받아들이고 허락하느냐 그렇지 않느냐의 문제이며, 상응하는 보답을 해주느냐의 문제다. 주의할 점은 제기(題記)든 불상이든 발원문이든 모든 자료에 공통적으로 나타나는 현상은 종교의 허락을 얻어 소망을 실현하려고 한다는 중요한 사실을 볼 수 있다. 다시 말해 '선(善)'을 따르고 '악(惡)'은 피하라는 것이다. 선악은 중국에서 사회적 도덕과 윤리의 범주에 자주 관련된다. 따라서 불교가 신도들에게 허락하는 가운데 이미 개인적 신앙의 순수성을 벗어나게 되며 사회질서의 정돈과 사회도덕의 유지 그리고 윤리규범의 중건(重建)과 같은 문제에 관여하게 된다.

중국의 경우 모든 행위는 중국 사상 가 이미 확립되어 있고 인보다 우선시 되는 적 도덕과 윤리 규 에 포함되어 있다.

『증일아함경(增一阿含經)』에서 아난(阿難)이 말한 게송은 후에 중국 불교의 의식과 중국의 민간 언어에 매우 유행하는 말이 되었는데, 바로 "모든 악은 짓지 말 것이며 모든 선은 받들어 행할 것이다"[2)]라는 것이다. 그러나 육조(六朝) 시대 중국인들의 선악 표준은 이미 전통적인 유가의 가치 기준에 의해 확립되었으며, 또한 보편적으로 받아들여진 상황이어서 소위 '악(惡)'은 불충(不忠)이나 불효(不孝), 윗사람을 범하거나 난(亂)을 일으키는 일, 마을 사람을 해치는 일, 지나친 향락과 탐욕 등을 지칭하고, '선(善)'이 가리키는 것은 효성과 충성, 친척간의 정, 본분을 잘 지키는 일, 검약하고 자율적인 행위 등이다. 다시 말해 인간관계에서 혈연과

---

1) 『낙양가람기교주(洛陽伽藍記校注)』 80쪽.

2) 『법원주림(法苑珠林)』 권48 인용, 『대장경(大藏經)』 53권, 649쪽.

친연을 근간으로 삼으며, 인품에 있어서는 겸양과 화목을 목표로 삼고 일상생활에 있어서는 부지런함과 검약을 표준으로 한다.

단지 무엇으로 사람들의 선과 악을 판단하고, 사람들의 선과 악을 감시할 것인가의 문제는 불교가 간여할 여지가 있다. 만약 선과 악의 윤리 원칙을 유가에 의해 규정한다면, 이 윤리 원칙이 실행되는 감독 책임은 기본적으로 불교가 완성할 수 있는 것이다. 이러한 감독 기능에 가장 효율적인 개념이 바로 '인과응보(因果應報)' 사상이다. 불교의 전파 과정 중에 일반인들을 대상으로 줄곧 "선에는 선한 보답이 있고 악에는 악한 보답이 있다"는 불법을 설파하였다.

불교가 처음 중국에 전래될 때, 안세고가 『십팔니리경(十八泥梨經)』을 번역하고, 강거(康巨)가 『문지옥사경(問地獄事經)』을 번역한 이래, 선한 사람이 가는 서방극락세계와 악한 사람이 떨어지는 지옥의 공포 세계에 대한 이야기는 세속 생활의 윤리 질서를 유지하는 상징적 의미를 갖게 되었다. 『아미타경(阿彌陀經)』과 『무량수경(無量壽經)』의 서방정토에 대한 묘사와 『경율이상(經律異相)』의 권49, 권50, 그리고 『법원주림(法苑珠林)』 권7의 지옥에 대한 묘사는 사람들로 하여금 세속에서 자신의 행위에 대하여 구속을 하지 않을 수 없게 하였다.[3] 마치 왕소(王劭)가 『술불지(述佛志)』에서 "사람의 몸과 마음의 선하고 악함은 ……무릇 백성들은 명을 따르지 않을 수 없으니, 지위가 있는 사람들은 몸과 입을 삼가고 지혜의 문을 닦아야 한다"[4]고 설명한 것과 같다.

따라서 불교의 인간 구제에 대한 기본적인 생각은 신비한 힘인 타력에 의지해 구제하려는 경향이 한때 중국에서 성행한 후 점차 사라졌고, 자신의 종교적 신앙과 도덕적 행위에 의해 자력으로 구제를 받으려는 경향으로 돌아섰다. 이는 개인의 구제 문제에 대한 종교 행위가 점차 뒷자리로 밀려나고, 가정, 가족, 사회, 국가를 위한 종교 행위가 대중의 종교 활동의 주류를 이루게 되었으며, 개인의 종교 신앙에 의지하여 인생의 해탈을 이루려는 사상이 급속도로 사회적 인정(認定)에 의거한 도덕적 구제 사상으로 변했음을 의미한다.

---

3) 사와다 미즈호(澤田瑞穗) 『지옥변-중국의 명계설(地獄變-中國の冥界說)』, 수정본, 평하출판사, 1991.

4) 『광홍명집(廣弘明集)』 권2, 사부비요본, 20쪽.

이는 매우 중요한 전환이다. 본래 불교 사상에 따르면 불교를 통해 구제를 받고자 할 때, 첫째는 세속적 욕망으로 가득 찬 가정과 사회를 떠나 출가 생활과 세속 생활의 한계를 분명히 하며,[1] 둘째 마땅히 불교 신자의 종교 생활의 규칙에 따라 성스러운 종교 생활과 세속 생활을 구분하며, 셋째 이러한 성도와 같은 생활은 단지 일종의 대가이고, 이로써 부처나 보살 혹은 스님이 신력(神力)으로써 받아들이고 인도함을 얻어 신도도 신통력을 얻는 것에 그 의의가 있는 것이다.[2]

그러나 중국에서 후세에 적지 않은 출가자들이 있었고, 또한 진정으로 성스러운 정신을 유지하여 출가자의 생활 규칙을 따른다 할지라도 사회에는 여전히 불교와 연관된 각종 신기한 이야기들이 떠돌아 다녔다. 그러나 대다수의 불교 신자들은 처음부터 순수하게 신도 개인의 해탈 문제를 종교 구제의 가장 중요한 것으로 여기지 않았다. 중국 신도들의 사상에 정말로 영향을 끼친 것은 불교가 사회의 세속 신도들에게 실행했던 각종 구제 활동이었다. 이러한 활동의 내용과 의미는 모두 사회적 경향을 띠고 있으며, 불교를 통한 구제의 관건은 개인이 점차 사회도덕의 사상과 행위에 부합되게 변하며, 이런 사상과 행위를 통해 사회적 인정과 신의 보호를 획득하는 것이다. 『고승전(高僧傳)』 권1에는 삼국시대 오나라의 강승회(康僧會)와 오나라의 군주 손호(孫皓) 사이에 있었던 매우 상징적인 대화 기

불교 구속의 관건이
인간 자신의 사회도
부합하는 사상과
그리고 이러한 사상
위가 얻어낸 사회적
과 신귀의 보호 쪽
변화한다.

1) 불교의 교리 가운데 일찍이 '건장한 젊은이가 말을 타고 무기를 잡고 가는' 경우와 '노인이 피폐한 말을 타고 식량도 없이 가는' 경우 누가 먼저 목적지에 도달할 것인가를 비유하고 있는데, 이는 출가하는 것이 집에 있는 것에 비해 빨리 득도할 수 있음을 설명한 것이다. 북위(北魏) 길가야(吉迦夜), 담요(曇曜)가 번역한 『잡보장경(雜寶藏經)』 권8의 「난타왕과 나가사나가 함께 연을 논함(難陀王與那迦斯那共論緣)」, 『대장경(大藏經)』 4권, 492쪽, 493쪽 참조. 그러나 중국에서 국가의 관리 하에 불교 신자가 출가하기는 결코 쉽지 않았다. 일설에 의하면 동한에 불교가 "처음 전해졌을 때 단지 서역인 만이 도읍에 사원을 세워 그들의 신을 섬겼고, 한인은 출가할 수가 없었다. 위(魏)나라는 한나라의 제도를 이어받아 그대로 따랐다." 『고승전(高僧傳)』 권9의 「진업중축불도징(晋鄴中竺佛圖澄)」에서 왕도(王度)의 말을 인용, 352쪽 참조. 마키타 타이료(牧田諦亮) 『중국불교사연구 제1(中國(佛教史研究第一)』, 도쿄, 대동출판사, 21~23쪽, 1981년 참조. 당시 민중의 출가자 수의 문제에 대하여 하자전(何兹全), 「중고시대의 중국 불교사원(中古時代之中國佛教寺院)」, 『중국경제』 2권 9기, 1934. 후에 『오십년 한당 불교사원 경제연구(五十年來漢唐佛教寺院經濟硏究)』(1934~1984), 북경사범대학출판사, 1986년에 수록됨.

2) 『고승전(高僧傳)』에 보이는 초인적인 기적에 관한 기록인 「신이(神異)」 부분에 묘사된 20명의 스님들과 같은 것이다. 이 점에 대하여 야나기다 세이잔(柳田聖山) 「초기의 중국 불교(初期的中國佛教)」, 중역본, 오여균(吳汝鈞) 『불학 연구방법론(佛學硏究方法論)』, 타이베이, 학생서국, 235~243쪽, 1982년 참조.

록이 한차례 나온다. 손호가 묻기를, "불교가 밝히려는 바는 선악에 따른 인과응보의 사상이라고 하는데 무엇을 말하는 것입니까?" 강승회가 대답하길, "현명한 군주가 효성과 자비로 세상을 가르치면, 새끼 까마귀가 날아오르고 노인이 현현(顯現)하며, 인덕(仁德)으로 만물을 양육하면 단 샘물이 솟아오르고 훌륭한 싹이 자라나게 됩니다. 선하면 길함이 있고 악하면 나쁘게 되니, 남 몰래 악을 행하면 귀신이 알고 벌하며, 드러내 놓고 악을 행하면 사람들이 알고 벌할 것입니다. 『역(易)』에 이르기를 "선을 쌓으면 기쁨이 남아돈다(積善餘慶적선여경)" 고 하였고, 『시(詩)』에는 "복을 구하면 나쁘지 않게 된다(求福不回구복불회)" 고 읊고 있으니, 비록 유가 경전의 격언이지만 불교의 가르침을 밝히고 있습니다." 손호가 다시 묻기를, "만약 그렇다면 주공(周公)과 공자가 이미 밝혔는데 불교의 가르침을 어디다 쓸 것인가?" 라고 하자, 강승회는 여기서 매우 중요한 대답을 하고 있다.

> 주공과 공자가 말한 바는 (도의) 가까운 모습을 대략 보여주었고, 석가의 가르침에 이르러서야 (도의) 그윽하고 미묘한 부분까지 모두 이르렀습니다. 그러므로 악을 행하면 지옥의 오랜 고통을 받게 되고, 선을 닦으면 천궁의 영원한 즐거움이 있는 것입니다. 이를 들어 권면(勸勉)하니 위대하지 않습니까?(周孔所信, 略示近迹, 至于釋教, 則備極幽微, 故行惡則有地獄長苦, 修善則有天宮永樂, 擧茲以明勸沮, 不亦大哉?주공소신, 략시근적, 지우석교, 즉비극유미, 고행악즉유지옥장고, 수선즉유천궁영락, 거자이명권저, 불역대재?)[3]

강승회의 대답에는 최소한 다음의 세 가지 의미가 함축되어 있다. 첫째 불교가 중국에 존재하는 이유는 개인의 해탈과 초월을 추구하는 종교일 뿐 아니라 사회 사상과 행위를 규범 짓는 기능을 갖추고 있으며, 둘째 이렇게 사상과 행위를 규범 짓는 가치 기준이 주나라 공자의 가르침과 충돌하지 않고, 심지어 공자로 표준을 삼을 수도 있으며, 셋째 사람의 사상과 행위를 규범 짓는 힘이 신령스러운 인과응보의 개념으로부터 왔다는 것이다. 이 선악에 따른 인과응보의 개념이 있게 된 후 불교의 종교적 기능이 개인적 성향에서 사회적 성향으로 바뀐 것이

3) 『고승전(高僧傳)』 권1, 17쪽.

다. 이렇게 하여 종교의 구제 문제에 관한 불교와 공자 가르침 사이의 충돌, 다시 말해 중국 전통과의 마찰이 와해된 것이다.

"기묘한 행위를 연마하여 천당에 오르기를 바라고 오계(五戒)를 삼가 행함으로써 지옥을 멀리 한다"[1]는 불교의 가르침의 변화는, 몇 백 년 동안 각종 세속 활동 속에서 교리를 통해 사회를 규범화하는 데 그 의미가 갈수록 더욱 명백하게 드러나게 된다. 그래서 불교를 비판하는 사람들은 이렇게 말했다. "크게 방편적인 가르침을 세워 놓고 어리석은 풍속을 고취하려고 하니, 한편으로는 권유하여 가르치지만 한편으로는 위협하는 것이다. 악을 행하면 반드시 영겁의 재앙이 있게 될 것이며, 선을 닦으면 무궁한 즐거움이 있게 된다. 죄를 논할 때는 지옥의 사자를 들먹이고, 복을 말할 때는 신명의 도움이 있다고 한다. 불교의 교리를 돈독히 연마하여 따르게 하여 사람들이 할 수 없는 것을 행하게 하며, 억지로 부추겨 사람이 할 수 없는 일을 하게끔 권한다."[2]

그러나 불교를 찬양하는 사람들은 이렇게 말했다. "불멸의 정신으로 요임금의 지혜를 갖고서, 만세토록 숨기도 하고 드러나기도 하여, 고통으로써 악을 경계하고 즐거움으로써 선을 이끈다. …… '즐거움은 뒤로하고 지옥과 축생 그리고 아귀의 재앙을 받는다'는 설법은 믿지 않을 수 없다. 인연은 선후가 있으므로 각자에게 이르는 시기의 빠르고 느림이 있는 것이다. 이는 마치 인생의 화(禍)나 복(福)에도 빠르고 느림이 있는 것과 같다. 그러므로 공자의 가르침은 불교를 도와 통하게 하니,"[3] 사실 모두 같은 현상을 말하고 있는 것이다.

3

4세기 초 불교의 상층에서의 전파

대략 4세기 20년대쯤은 진(晋)나라 왕조가 남도(南都)한 후의 시기인데, 불교 교리에 대해 상대적으로 냉담했던 상층 계층의 사상 세계에 대한 기본적인 틀이

1) 종병(宗炳), 「답하형양서(答何衡陽書)」, 『홍명집(弘明集)』 권3, 사부비요본, 25쪽.
2) 도항(道恒) 『석불론(釋佛論)』 인용, 『홍명집(弘明集)』 권6, 사부비요본, 49쪽.
3) 종병(宗炳), 「명불론(明佛論)」, 『홍명집(弘明集)』, 사부비요본, 18쪽, 22쪽.

끝내 변화하기 시작하는 때다. '양자강 이남에는 불교가 더욱 성행하였는데',[4] "왕도(王導), 주개(周顗)는 재상의 관개(冠蓋)이고, 왕몽(王濛)과 사상(謝尙)은 인륜의 의표(儀表)이다. 치초(郗超), 왕탄(王坦), 왕공(王恭), 왕밀(王謐)은 절륜(絶倫)이라 하기도 하고 독보적이라 하기도 하며, 봄기운 같은 정절은 또한 만물의 의표가 될 만하다. 곽문(郭文), 사부(謝敷), 대규(戴逵) 등은 모두 천인(天人) 사이에 마음을 쓰고, 연하(煙霞) 사이에서 노닐었다……."[5]

주의해야 할 점은 진(晋)나라 왕실이 남도한 후 사상적 변화가 일어나는데, 이때에는 소수민족 승려들의 불경 번역과 소수 신도들의 사원 건립뿐 아니라 이미 한족 승려와 상층 문인들을 중심으로 불교 교리에 대한 토론이 있게 되는데 이는 매우 중요한 현상으로, 『고승전(高僧傳)』의 기록에 의하면 상당수 불법을 해

---

4) 『세설신어교전(世說新語校箋)』 권 상, 「문학(文學)」 '제4', 주(注)에서 인용, 「속진양추(續晋陽秋)」, 143쪽. 또한 환현(桓玄)은 「난왕중령(難王中令)」에서 말한다. "옛날 진나라 사람들은 거의 불교를 믿지 않았고, 사문(沙門)의 무리들은 모두 여러 소수민족들이었다. 그리고 왕도 이들과 접촉하지 않았다." 여기에서 말하는 진나라 사람은 서진(西晋)의 사인(士人)이고 동진(東晋) 때는 달랐다. 『홍명집(弘明集)』 권13, 사부비요본, 103쪽. 그러나 당시의 어떤 역사학자는 이런 변화가 동진 시기에 일어난 것으로 여기지 않는 것 같고, 사상사의 관점에서 본 동진은 서진의 연속선상에 있는 것으로 여긴다. 그리고 뭉뚱그려 도가 또는 현학 사상의 천하로 간주한다. 예를 들면 심약(沈約) 『송서(宋書)』 권67, 「사령운전론(謝靈運傳論)」에 "진(晋)나라가 중흥하자 현풍(玄風)이 유독 일어났으며 배움은 노자에 다함이 있었고, 만물을 널리 아는 데는 장자에 그쳤다." 1778쪽. 소자현(蕭子顯) 『남제서(南齊書)』 권52, 「문학전론(文學傳論)」에 "강좌(江左)(동진)에는 도가가 성행하는 분위기였다." 908쪽. 아마 이런 관점은 문학사적인 관점일 것이다.
그러나 이는 동진의 분위기의 사상사에서의 의의를 소홀히 한 점이 있다. 사실 동진 초기의 국면에 대한 사인들의 입장은 거의 유사 이래로 없었던 큰 변화에 직면했었던 것이다. 마치 대흥(大興) 2년(319)에 우예(虞預)가 상서(上書)에서 언급했듯이 이 시기는 "서북 소수민족이 중국에 침입하였고 종묘가 전화에 타 없어졌으며, 천리 사이에 밥 짓는 인가가 없었고 중국에는 관대를 한 사람이 없었다. 천지개벽 이래로 서적에 기록된 바에 의하면 대란의 극심함이 이와 같을 때가 없었다." 『진서(晉書)』 권82, 「우예전」, 2144쪽.
동시에 현학이 동진에서 이미 독창적인 사상사적 의미를 갖지 못했고, 기껏해야 이전 시기의 사상적 습관의 연속의 의미를 지닐 뿐이었다. 왕도(王導)가 토론한 주제가 혜강(嵇康)의 '성무애악(聲無哀樂)', '양생(養生)' 1991, 구양건(歐陽建)의 '언진의(言盡意)'처럼 단지 '완곡하게 관련되어 들어가지 않은 곳이 없을' 1991, 따름이다. 나종강(羅宗强)이 『현학여위진사인심태(玄學與魏晋士人心態)』에서 이미 지적하였듯이 "동진의 담론 풍조는 실제로 중조(中朝)의 옛 풍을 이은 것이다…. 현학 이론의 관점에서 정시(正始)와 중조(中朝) 시기를 비교해 보면 결코 큰 발전이 보이지 않는다." 반대로 당시에 나타나기 시작한 새로운 화제는 불교에서 온 것이 대부분이다. 절강인민출판사, 332쪽, 1991.

5) 『홍명집(弘明集)』 권11, 하상지(何尙之) 「송문제찬양불교사에 답함(答宋文帝贊揚佛教事)」, 사부비요본, 91쪽. 그리고 이 단락은 『고승전(高僧傳)』 권7, 「송경사동안사석혜엄전(宋京師東安寺釋慧嚴傳)」의 "아울러 뜻을 받아 귀의하니 마음 써서 깊이 믿네" 등의 표현은 비교적 명백하다. 261쪽.

설하는 승려들이 크게 환영을 받았다고 한다.

축법잠(竺法潛) : 진나라 영가(永嘉) 연간 초기에 난을 피해 도강하였는데, 중종(中宗) 원황(元皇)과 숙조(肅祖) 명제(明帝), 승상 왕무홍(王茂弘), 태위(太尉) 유원규(庾元規) 등은 모두 그의 풍모와 덕을 흠모하였으며, 벗 삼고 존경하였다(竺法潛 : 晉永嘉初避亂過江, 中宗元皇及肅祖明帝, 丞相王茂弘, 太尉庾元規, 幷欽其風德, 友而敬焉축법잠 : 진영가초피란과강, 중종원황급숙조명제, 승상왕무홍, 태위유원규, 병흠기풍덕, 우이경언).

지둔(支遁) : 나이 25세에 출가하였다……. 왕흡(王洽), 유회(劉恢), 은호(殷浩), 허순(許詢), 치초(郗超), 손작(孫綽), 단언표(桓彦表), 왕경인(王敬仁), 하차도(何次道), 왕문도(王文道), 사장하(謝長遐), 원언백(袁彦伯) 등은 모두 일대의 명사들로 세속 밖의 일로 저명하다(支遁 : 年二十五出家……, 王洽, 劉恢, 殷浩, 許詢, 郗超, 孫綽, 桓彦表, 王敬仁, 何次道, 王文度, 謝長遐, 袁彦伯等, 幷一代名流, 皆著塵外之狎지둔 : 년이십오출가……, 왕흡, 류회, 은호, 허순, 치초, 손작, 환언표, 왕경인, 하차도, 왕문도, 사장하, 원언백등, 병일대명류, 개저진외지압).

축법태(竺法汰) : 도시로 내려가 와관사(瓦官寺)에 머물렀다. 진나라 태종(太宗) 간문황제(簡文皇帝)와 깊이 서로 존중하여, 그에게 『방광경(放光經)』을 강론할 것을 청했다. 큰 모임에서 발표를 시작할 때 황제가 친히 왕림하셨으며, 왕후공경(王侯公卿)들이 구름처럼 모여들었다(竺法汰 : 下都止瓦官寺, 晉太宗簡文皇帝深相敬重, 請講『放光經』, 開題大會, 帝親臨幸, 王侯公卿, 莫不畢集축법태 : 하도지와관사, 진태종간문황제심상경중, 청강『방광경』, 개제대회, 제친림행, 왕후공경, 막불필집).[1]

'격의'와 '합본자주'

위의 축법잠, 지둔, 축법태 등은 비록 호족(胡族)의 성을 쓰고 있지만, 사실은 이미 한족 출신의 승려들이다. 심지어 '외모는 인도 사람이지만 언어는 실지로 중국말을 하는 사람'인 강승연(康僧淵)[2] 또한 이미 한나라 문화에 흠뻑 젖은 중국 승려였다. 그리고 『세설신어(世說新語)』의 기록에 의하면 "은중군(殷中軍)이 불경을 보고 이치는 마땅히 이보다 높다"고 말했을 뿐 아니라 사안(謝安), 허순(許詢), 손성

---

1) 『고승전(高僧傳)』 권4~5, 156쪽, 159쪽, 160쪽, 192쪽.

2) 『고승전(高僧傳)』 권4, 151쪽.

(孫盛), 은중감(殷仲堪), 치초(郗超), 손작(孫綽), 왕탄지(王坦之), 왕수(王修) 등도 불교 교리의 토론에 아주 열심이었다.[3] 이러한 명사들은 대부분 철학적 이치에 정통하였고, 현담에 뛰어난 문인들이었다. 이처럼 심후한 중국적 전통 배경을 갖고 있는 사람들이 불교 연구와 토론에 참여했기 때문에 그들의 이해력은 종종 세속의 구체적인 구제, 공양, 시사(施舍), 보응(報應)의 개념을 뛰어넘어 치밀한 사상적 이치를 천착할 수 있었다. 그리하여 많은 의문들이 나타나기 시작하였고, 이러한 의문들은 때로는 중국어로 번역한 불경에 나타나기도 하였다.[4]

의문이 생기면 적절한 해석이 필요하고, 해석을 하는 데는 쉽게 이해할 수 있는 언어가 필요하다. 쉽게 이해할 수 있는 언어는 자체의 문화 환경으로부터 나올 수밖에 없기 때문에 중국 전통의 언어로 불교의 교리를 번역하고 해석하는데, 여기에서 소위 '격의(格義)'라는 개념이 생기게 된 것이다. 불경 번역이 점차 많아지면서 한 경전에 다양한 번역이 있게 되고, 다른 번역본에 자주 서로 다른 언어가 사용되면서 그 서로 다른 언어가 같은 의미인가 아니면 다른 의미인가 하는 것이 문제가 되었다. 불교의 교리를 깊이 이해하기 시작한 학자들은 대비를 통해 원전과 본의가 무엇인가를 찾기 시작했고, 이에 '합본자주(合本子注)'가 나오게 되었다. 근래에 진인각(陳寅恪)은 불교사에서 관련 불교 교리 해석의 두 가지 형식은 중국인들이 진정으로 불교를 이해하기 시작했다는 것을 상징한다고 말하고 있다.

---

3) 『세설신어(世說新語)』의 「언어」 '제2', 「문학」 '제4', 서진악(徐震堮)『세설신어교전(世說新語校箋)』 권 상, 중화서국, 1984년 참조.

4) 은호(殷浩)를 예로 들면, 『고승전(高僧傳)』 권4의 기록에 강승연(康僧淵)이 "진군(陳郡)의 은호를 만났는데, 호가 처음 불경의 심원한 이치를 묻자 도리어 속세 서적의 성정(性情)의 뜻을 변호하였다. 낮부터 황혼까지 은호는 굴복할 수 없었으나 이로부터 생각을 바꾸었다." 『세설신어』 「문학」에 기록하기를 은호가 불경을 읽는데 "모두 정확하게 이해하였고, 오직 사물의 명칭이 나올 때만 이해하지 못했으나 한 도인을 만나 표시한 곳을 묻자 곧 풀렸다." 같은 곳의 다른 기록에 의하면, "은중군(殷中軍)이 『소품(小品)』을 읽다가 2백 곳을 표시하였는데, 모두 정미한 내용이었다. 세상의 은둔자들이 일찍이 지도림(支道林)과 논변하였으나 그 뜻을 얻지 못하였다." 유효표(劉孝標)가 주(注)에서 『고일사문전(高逸沙門傳)』과 『어림(語林)』을 인용하여 그가 확실히 지둔(支遁)을 찾아 『소품』의 반야의 뜻을 의논하려 했음을 증명하였다. 이로부터 우리는 은호가 불교의 이치에 대해 깊은 연구를 하였고, 또한 적지 않은 의문이 있었음을 알 수 있다. 이런 의문은 불교의 교리가 세속의 성정 문제에 어떻게 해답하는가와 불교 자체에 포함되는 사수(事數 : 사물의 명칭)를 어떻게 이해하는가, 그리고 반야의 의미가 무엇인가 등의 문제를 포함한다. 『고승전(高僧傳)』 151쪽, 『세설신어교전(世說新語校箋)』, 124쪽, 131쪽.

불교 교리를 해석한 승려들을 기술하고 있는 『고승전(高僧傳)』 제4권에서는 축법아(竺法雅)와 강법랑(康法郞)이 "불경의 명칭을 다른 서적과 연계시켜 억지로 해석 하는 경우를 격의라 한다"고 하였으며, 또한 비부(毘浮), 상담(相曇) 등은 "격의를 변론하여 제자들을 가르쳤다"[1]고 기록하고 있다. 탕용동(湯用彤)의 연구에 의하면 이 방법은 아마도 한나라 시대의 학술 풍토의 영향을 받은 것으로, 중국 북방에는 이미 전해져 "축법아와 그의 동료들이 체계적으로 중국 본토의 개념이나 명사를 범어의 범주와 대비하는 일에 종사하며 이를 확대시켰다. 이렇게 하여 그의 제자들에게 관념과 명사들의 의미 범주가 서로 동등한 예를 대량으로 제공하였고, 이를 통해 그들이 완벽하게 불경을 이해하도록 인도하였다"[2]고 하였다.

이러한 관점은 매우 옳다. 그러나 탕용동은 '격(格)'을 '양(量)'이라고 푼다. 이는 확실히 불교가 중국으로 전래된 이후의 개념을 사용한 것이다. 사실 중국 고전에서의 '격(格)'은 '지(至)' 혹은 '래(來)'의 뜻이다. 『예기(禮記)』「대학(大學)」에 "치지는 격물에 있다(致知在格物)"는 구절 아래에 정현(鄭玄)이 "격(格)은 래(來)이다"라고 주를 달고 있다. 다시 말해서 덕행과 지혜는 만물을 불러온다는 것이다.[3] '격의'라는 말은 뜻을 드러나게 하는 것이다. 불교의 반복되고 괴이한 명칭에 대해 중국의 고전 가운데서 아무리 해도 대응되는 단어를 찾지 못하자, 비슷한 어휘를 사용하여 사람들의 이해를 도왔다. 그래서 중국의 저서나 언어를 사용하여 해석할 필요가 있는 불교의 명칭들은 바로 은호(殷浩)가 고난을 느꼈던 불교 용어의 명사들이다.

『세설(世說)』의 유효표(劉孝標)가 주(注)에서 한 해설에 의하면 바로 '오음(五陰), 십이입(十二入), 사제(四諦), 십이인연(十二因緣), 오근(五根), 오력(五力), 칠각(七覺)의 부류'[4]가 이런 명칭들이다. 은호가 후에 "한 도인을 만나 표시한 곳을 묻자 곧 풀렸다"는 상황에서, 그 도인이 '격의'의 방법을 사용하여 은호로 하여금 대오(大

---

1) 『고승전(高僧傳)』, 152쪽.

2) 탕용동, 「논격의(論格義)」, 『이학, 불학, 현학』, 북경대학출판사, 291쪽, 1991. 또 그의 『한위양진남북조불교사』, 중화서국, 중인본, 168쪽, 1983.

3) 이 점에 대하여 구석규(裘錫圭) 「설격물(說格物)」(『학술집림(學術集林)』 권1, 상해원동출판사, 1994)을 참조하시오.

4) 『세설신어교전(世說新語校箋)』, 131쪽.

悟)하게 하였는지는 알 수 없다. 그러나 후대의 순수한 불교 이론 전문가들에 의해 '초기의 격의는 교리와 어긋난 부분이 많고', '제멋대로 격의를 강론하는데 교리의 본의와 맞지 않고 어긋나' 점차 사용하지 않았던 이해 방식이라고 비평한다.[5] 사실 불교의 생각이 아직 중국인들에게 보편적으로 받아들여지지 않았을 때에는 격의가 확실히 교량의 역할과 계몽의 기능을 하였으며, 불교 사상이 중국의 언어 환경에서 그 의미를 갖게 하였다.

'합본자주(合本子注)'는 중국어 환경에서 불교 경전의 원의를 탐구하고 찾는 주석본이다. 한 권의 불경에 여러 개의 중국어 번역본이 있는 경우, 하나의 범어 어휘에 여러 개의 중국어 어휘가 대응하는 꼴이다. 이때에 사람들은 비로소 중국어 역자들의 서로 다른 이해에 따라 서로 다른 번역어가 사용되었음을 발견하게 된 것이다. 다른 번역어는 중국어의 환경에서 사실 다른 의미를 함축하게 된다.[6]

그렇다면 도대체 어떤 것이 정확한 번역인가? 일설에 의하면 삼국시대 위(魏)나라의 주사행(朱士行)이 서역의 우전(于闐 : 서역)에 다녀왔는데, 그 목적은 대승불전의 원의를 찾기 위해서였다고 한다.[7] 대다수 사람들이 불전의 원문을 직접 이해할 수 없는 상황에서 중국 경전의 전통적인 해석 방법을 채용하여 각종 서로 다른 판본에 대한 교감과 주석을 가하는 것은 원의를 탐색할 수 있는 하나의 길임은 의심할 바 없다. 그리고 이런 교감과 주석은 사람들에게 경전 원의를 이해하고자 하는 개인적인 소망을 자극하였다. 일설에 의하면 강승회는 일찍이 『안반수의경(安般守意經)』에 주석을 달았는데 "간혹 의미가 숨어 드러나지 않았고",

---

5) 앞의 말(前句)은 『고승전(高僧傳)』 권5, 「승선전(僧先傳)」에서 인용한 도안(道安)의 말에 보인다. '선(先)'은 '광(光)'으로 쓰기도 한다. 195쪽. 뒷말(後句)는 『출삼장기집(出三藏記集)』 권8에 승예(僧叡)의 「비마라힐제경의소서(毘摩羅詰堤經義疏序)」에 보인다. 『대장경(大藏經)』 55권, 58쪽.

6) 불교 경전의 의미가 이해하기 어렵게 된 것은 처음부터 번역에서 비롯되었다. 예를 들면 『출삼장기집(出三藏記集)』 권5에 말하기를, "방언의 음이 서로 다르고, 수식과 내용이 달랐다. 호인(胡人)의 말(범어)을 진(晋)나라의 언어로 번역함에 있어서도 한 사람이 번역하는 것이 아니었다. 혹은 호인의 말에 능통하고 진나라의 언어에 서툴기도 하고, 혹은 진나라의 언어에 능통하나 호인의 언어를 잘하지 못했다." 이런 이유로 불교도들은 "물청소하는 여가를 이용하여 뭇 경전들에 다음과 같은 주(注)를 달았다. 주(注)는 감히 자기가 반드시 옳다고 하지 않고 성인의 마음에 맞추었으며, 모두 문장의 의미를 고찰 할 때 뜻이 합치하기를 바랐다." 『대장경(大藏經)』 55권, 39쪽.

7) 『고승전(高僧傳)』 권4에 주사행(朱士行)이 감로(甘露) 5년(260)에 우전에 가서 불경을 갖고 왔다고 기록하고 있다. 145쪽.

동시대의 지겸(支謙) 또한 『요본생사경(了本生死經)』에 주석을 달았는데, 흐릿한 내용을 탐구하고 막힌 부분을 통창(通暢)시켰다고 한다.[1] 아마도 이런 교감과 주석을 다는 과정에서 불교도로 하여금 '격의'와 '합본자주'의 생각이 일어나게 하였을 것이다.

'합본자주'는 삼국시대에 최초로 나왔다. 지겸(支謙)은 『합미밀지타이(린)니총지삼본(合微密持陀以(鄰)尼總持三本)』에서 일찍이 '문구가 들쭉날쭉하고 혹은 소수민족의 언어로 혹은 한어로 되어 음이 다르고, 혹은 뜻에 따라 단어를 사용하여 좌우처럼 각각 다른 곳'을 일일이 나열하면서 뜻에 따라 문자를 사용하면 모두 부합될 수 있다고 하였다.[2] 비록 이러한 방법이 아직은 문자를 대조하여 교정하는 것이 주된 작업이지만, 그러나 이런 문자 교정 작업에서 곧 어구의 의미를 다루는 쪽으로 영역을 넓혀가게 된다. 예를 들면 조금 뒤의 지민도(支愍度)는 『유마힐경(維摩詰經)』의 지겸(支謙), 축법호(竺法護), 축숙란(竺叔蘭) 등의 세 종류의 번역본을 근거로 하여 말하길, "혹은 어휘와 문구가 달라 앞뒤가 같지 않고, 혹은 유무이합(有無離合)의 수가 같기도 하고 다르기도 하며, 혹은 방언에 대한 훈고(訓詁)를 통해 글자가 괴리되기도 하나 의미는 같기도 하고, 혹은 그 글이 남북으로 달라 그 의미 또한 괴리되기도 하며, 혹은 글의 의미가 혼잡하여 의문의 상태로 남아있기도 하다"고 하였다.

『출삼장기집(出三藏記集)』 권7에도 지민도가 일찍이 "명(明)에서 나온 것을 본(本)으로 하고, 란(蘭)에서 나온 것을 자(子)로 하여 대조하고 교감하였다"[3]고 하였다. 그리고 또 다른 불경인 『수능엄경(首楞嚴經)』은 한나라 시대의 지참(支讖), 오지월(吳支越), 지법호(支法護), 축숙란(竺叔蘭)의 번역본이 있는데, 학설에 의하면 지참의 번역본은 "깊고 현묘한 의미가 많고, 실질과 중용의 의미를 귀하게 여기며 문식을 하지 않았다"고 한다. 아마 유장하게 번역되지 않아, 지월(支越)은 지참이 번역한 내용에 대해 "어휘가 질박하고 소수민족의 음이 많은 점"을 꺼려 한 차례

1) 『출삼장기집(出三藏記集)』 권6에 석도안(釋道安)의 「안반주서(安般注序)」와 「요본생사경서(了本生死經序)」를 인용하고 있다.

2) 『출삼장기집(出三藏記集)』 권7, 『대장경(大藏經)』 55권, 51쪽.

3) 『출삼장기집(出三藏記集)』 권8, 『대장경(大藏經)』 55권, 58쪽.

수정을 하였다. 그리고 사부(謝敷)는 이 둘을 한권으로 합하여 주석본을 만들어, "오지월이 정한 바를 모(母)로 삼고, 지법호에게서 나온 것을 자(子)로 삼으며, 축숙란(竺叔蘭)이 번역한 내용은 함께 묶었다."[4] 그리고 사부는 『안반수의경(安般守意經)』에 주석을 하였는데, "『대안반(大安般)』, 『수행(修行)』과 같은 경전에 상응하는 사안은 베껴 모아 인용하여 합하며, 혹은 서로 감추고 드러남에 따라서 그릇된 문구를 찾는 번거로움이 있었다."

이렇게 의미를 비교하고 해석하는 데는 반드시 불경 원본에 대해 상당한 지식이 있어야 하고, 불교의 교리에 대해서도 많은 이해가 선행되어야 비로소 할 수 있는 것이다.[5] 지민도는 『합유마힐경서(合維摩詰經序)』에서 다음과 같이 지적하고 있다. "만약 상이점을 교정한 내용을 참고하면 자주 변통할 수 있을 것이니, 만 가지의 교리가 하나로 귀결되고 백 가지의 생각이 한 곳으로 이르게 되어, 깨우치지 못한 곳을 크게 통하게 하며, 같고 다름이 한 곳으로 합쳐지게 된다." 이렇게 여러 종류의 텍스트와 사상을 함께 교감하고 격의하는데, 지식인들이 점차 불교 용어 가운데서 이해의 길을 찾았다. 이처럼 토론과 쟁론 과정을 거치면서, 불교 교리는 점차 중국어의 환경 속에서 자체의 새로운 의미를 갖게 된다.

4

어 환경 속에 불교 : 무심, 본무, 색즉 타

3세기 이후 중국에서의 불교 전파 상황은 '불교가 중국을 정복'한 것처럼 보이지만, 상층 지식인들의 사상계에서는 도리어 노장사상 중의 일부 정신을 더욱 두드러지게 하는데 더 큰 의미가 있었으며, 줄곧 중국 사상계의 변두리에 처해 있었던 노장사상이 불교를 통해 심도 있는 이론적 지지를 얻는 결과를 가져왔다. 과거에는 인생의 격언과 사변적 편린들이 얽혀 있는 도가의 현묘한 사상이 3세

4) 『출삼장기집(出三藏記集)』 권7, 『대장경(大藏經)』 55권, 49쪽.

5) 『출삼장기집(出三藏記集)』 권6에 석도안의 『안반주서』와 『료본생사경서(了本生死經序)』, 사부의 『안반수의경서』를 인용하고 있다. 각각 『대장경(大藏經)』 55권, 43쪽, 44쪽, 45쪽 참조.

기 '현학' 시기의 제련과정을 거치면서 이미 초보적인 형이상학적 철학체계가 갖추어지게 된 것이다. 도가의 형이상학적 내용은 불교의 사상과 가장 근접하여, 초기 불교를 이해하는 언어 환경이 되었다.

이에 대해 길장(吉藏 : 549~623년, 수나라 때의 승려)은 『중론서소(中論序疏)』에서, "진실로 중국에서는 다른 도리가 없어, 노장을 이용하여 지극함에 이를 수 있다"고 말했다. 사람들은 노장을 빌어 불교를 해석하였고, 불교 또한 부단한 번역과 해석 과정 속에서 노장사상의 체계에 들어갈 수 있었다. 아울러 불교로 하여금 그의 사상적 체계성을 드러나게 하기 시작하였다. 이러한 의미에서 보면 중국이 불교를 정복한 것이다. 왜냐하면 불교가 중국의 상층 사상계에 전파되는데 있어, 실제로 상수(向秀)나 곽상(郭象) 이래의 노장 현학의 생각을 대신하거나, 중국의 고대사상의 우주와 인생에 대한 현묘한 사상을 지속시켰기 때문이다.

중국어 환경에서 불교를 이해하는데 있어서는 먼저 중국 사상계의 전통 술어를 사용하여 불교 어휘들과 배합시켜야 한다. 『후한서』「교사지(郊祀志)」에는 불교는 "허무를 종(宗)으로 한다"고 말하고 있는데, 이는 불교 개념인 '공(空)'을 표현한 것으로, '허무' 두 글자는 본래 중국의 노장사상의 중심 개념을 나타내는 어휘다. 과거 많은 학자들이 지적했듯이, '도(道)'로써 '보리(菩提)'의 개념을 이해하고, '무(無)'로써 '공(空)'의 개념을 대신했으며, '무대(無待)'로써 '열반(涅槃)'의 개념을 대신하는 등, 이는 바로 도교와 불교 간의 언어 배합의 예들이다.

이를 간단히 살펴보면, 『출삼장기집(出三藏記集)』 권6에서 권10까지 수록된 각종 불교 전적의 서언 가운데, '도(道)'자가 10번 나오는데, "무명(無名)과 무시(無始)는 도(道)의 몸통이다(無名無始, 道之體也)", '근본으로 돌아가는 도(返本之道)'와 같은 노장 현학의 표현들이 자주 보인다. '무(無)'는 당연히 더욱 많이 출현한다. 자주 '공(空)'의 대명사로 쓰이고 있으며, 다른 글자들과 배합되어 있다. 예를 들면, '무위(無爲)'는 11번 출현하는데, 그중 3번은 노자의 말에 나오는 '무위무불위(無爲無不爲)'를 그대로 쓰고 있다. 그리고 장자 사상에 나오는 '무심(無心)'도 네 차례나 보이고 있다.

모조리 없어지면 가믈음을 잊고, 가믈음을 잊으면 무심하다(盡無則忘玄, 忘玄則

無心진무즉망현, 망현즉무심).

허종(무상, 무심)이라도 부합함이 없는 것이 아니니 합치하는 것은 무심이다(虛宗非無契, 而契之者無心허종비무계, 이계지자무심).

그러므로 지인은 무심의 오묘한 지혜로써 저 무상의 허종에 부합한다(故至人以無心之妙慧, 而契彼無相之虛宗고지인이무심지묘혜, 이계피무상지허종).

욕심이 없으면 주옥에도 무심하다(不欲則無心于珠玉불욕즉무심우주옥).[1]

네 번째 예문의 문학 형식의 비유를 제외하면, 다른 예문은 사실 모두 노장사상에 가깝다. 특별히 설명할 점은 이런 배합은 종종 사상을 이해하는데 '같은 점(同)'을 찾고 '다른 점(異)'은 소홀히 하기 싶다. 남조(南朝) 제(齊)나라 학자로 『법화경(法華經)』에 주를 달고 스스로 불교 교리를 강론했던 유규(劉虯)[2]는 『무량의경서(無量義經序)』에서 다음과 같이 말하고 있다. "곤륜산의 동쪽은 태일(太一)을 말하고, 카시미르의 서쪽은 바른 깨달음을 표방한다. 중국에서는 백년 사이의 길흉을 밝히고 서역에서는 삼세(三世 : 과거 현재 미래)의 화복을 변별하니, 무(無)를 바라는 것과 공(空)을 닦는 그 법도는 같다."[3] 당시의 경향이 바로 이러하였다. 일본 학자가 중국 불교에 대해 토론하면서 일찍이 지적하기를, "사람들은 둘 이상의 사상적으로 같거나 상이한 문제를 처리할 때에 같은 쪽으로 통일하려는 경향이 있고 다른 쪽 문제는 상관하지 않으려 한다."[4] 같은 쪽으로 향하려는 의의는 이해에 도움이 되기 때문이다. 그러나 이러한 경향에서의 문제점은 차이점을 소멸시켜 더욱 깊은 이해의 기회를 없애버리고 풍부한 불교 사상을 한정된 고대 중국 사상의 이해 범주 속에 제한시킨다는데 있다.

서기 4세기 동진(東晋) 시기, 반야학(般若學)의 '육가칠종(六家七宗)'의 불교 교리에 대한 해석은 아무리 서로 다른 해석을 하고 있지만, 기본적으로는 이러한

1) 내가 여기에서 사용한 자료는 일본 학자 나카지마 류조우(中嶋隆藏)의 저서 『출삼장기집서권색인(出三藏記集序卷索引)』의 통계이다. 교토, 붕우(朋友)서점, 1991.

2) 『남제서(南齊書)』 권54, 「고일전(高逸傳)」, 939쪽.

3) 『출삼장기집(出三藏記集)』 권9, 『대장경(大藏經)』 55권, 68쪽.

4) 야나기다 세이잔(柳田聖山), 「초기의 중국 불교」, 중역본, 오여균(吳汝鈞), 『불학 연구 방법론』, 타이베이, 학생서국, 263쪽, 1982년에 수록되어 있다.

배합의 해석 수준을 넘어서지 못하고 있다.[1] 불교학자들은 벌써 『반야(般若)』의 기본 사상은 '공(空)'이지만, 이 '공'의 의미는 모든 현상에 '자성(自性, svabhava)'이 없다는 것이다. 자성이 없는 것만이 유일한 존재이며, 이 우주천지 간에 유일한 존재를 언어와 문자로 표현할 수 없다는 것이다. 이런 존재를 체험하기 위해서는 오직 마음으로 증명할 수밖에 없다. 왜냐하면 일단 언어로 표현하면 그것은 제한과 구명이 생기게 된다. 이러한 '진여(眞如, tathata)'의 최종 진리를 계시하기 위해 『반야경(般若經)』은 부정과 역순의 구식(句式)을 사용하였다.

그러나 이러한 언어 경험과 지식 배경이 없는 중국인으로서는 쉽게 '공(空)'과 '무(無)'를 연결시킨다. 왜냐하면 첫째, 초기 불경 번역 가운데 노장과 현학이 사용한 '무'는 이미 불교의 '공'과 연결되어 있다.[2] 둘째, 현학의 '무'는 확실히 '공'의 이러한 본원성과 초월성을 갖고 있다. 셋째, '무'를 이해하고 체험하는 것은 언어의 장애를 꿰뚫어 보는 것이 필요하다.[3] 따라서 지민도, 축법온(竺法蘊), 도항(道恒) 등은 『반야』를 '무심(無心)'으로 해석하였다. 그들은 현학의 설법을 사용하여 '공'이 "만물에 무심하고, 만물은 빈 적이 없다"는 의미라고 제시한다. 『반야경(般若經)』의 '공'은 사람의 마음이 비고 영험하여 만물에 집착하지 않음을 말한다.[4]

이러한 언어 경험과 배경이 없는 중국인서는 쉽게 '공(空)'과 '무(無)'를 연결시킨다.

그렇지만 이러한 설법은 반야학의 '공'과 들어맞지 않고, 또한 불교의 '무아(無我, anatmya)'의 의미도 아니다. 도리어 노장의 '수일(守一)'이나 '좌망(坐忘)'과 흡사하거나 불교 선학(禪學)의 '지관(止觀)'과 유사하다. 단지 심령의 경지를 수련하는 일종의 방법인 것이다. 만물이 심령과 둘로 나뉘지 않는다는 '공'의 개념이

1) 소위 육가칠종(六家七宗)은 통상적으로 본무종(本無宗), 무이종(無異宗)(이상 두 종이 일가가 된다), 즉색종(卽色宗), 식함종(識含宗), 환화종(幻化宗), 심무종(心無宗), 연회종(緣會宗)을 지칭한다. 탕용동 『한위양진남북조불교사』, 194쪽 참조.

2) 『안반수의경(安般守意經)』에 "있다는 것은 만물을 말하고, 없다는 것은 공을 말한다." 양증문(楊曾文) 「불교 반야경 사상과 현학의 비교」, 『세계종교연구』, 1983년, 4기.

3) 에릭 쥐르허(許理和, Erik Zürcher), 『불교의 중국 정복(佛教征服中國)』(*The Buddhist Conquest of China-The Spread and Adaptation of Buddhismin Early Medieval China*, 2vols, Leiden, 1959), 일역본, 145쪽.

4) 원강(元康) 『조론소(肇論疏)』, 길장(吉藏) 『중관론소(中觀論疏)』, 『중국불교 사상자료선집』 제1권, 중화서국, 77쪽, 1981.

있다 하더라도, 불교가 우주에 대한 정교한 분석과 인생의 초월 방식을 하나로 관통할 수는 없다. 사람들은 묻기를, 만물이 실제로 존재한다면 마음은 어떻게 없을 수 있는가? 이러한 까닭에 불교는 당시 매우 격렬한 비판을 받았다. 예를 들면, 『세설신어』「가휼(假譎)」에 지민도가 양자강을 건너 '마음에 뜻이 없음(心無義)'의 도리를 세웠다는 이야기는 은연중에 그가 생존을 도모하기 위해 그렇게 하였음을 풍자한다. 그리고 그와 함께 뜻을 세우지 않았던 도인이 다른 사람에게 부탁하여 말을 하였다. "뜻이 없는데 무엇을 세울 것인가? 이 계책을 쓰는 것은 배고픔을 구하기 위해서다. 하지 않으면 여래불의 도리를 저버리게 된다."[5] 사실은 이론적으로 이러한 생각은 성립되지 않는다는 말이다.

'무심(無心)'설과 비교하여, '본무(本無)'설은 이론적으로 더욱 완전해 보인다. "본무"는 본래 현학의 개념이다. 특히 하안(何晏)과 왕필(王弼)의 명제였다. 하안은 『무위론(無爲論)』에서 "천지만물은 다 무를 근본으로 한다"[6]고 말한다. 왕필은 『노자주(老子注)』에서 또한 "천하의 만물은 유(有)에서 생겨나나, 유가 시작하는 바는 무(無)를 근본으로 한다. 장차 유를 온전하게 하려면 반드시 무로 돌아가야 한다."[7] 그러므로 『진서(晋書)』「왕연전(王衍傳)」에서 결론적으로 말하길, "하안과 왕필은 노장을 근원으로 서술하며, 논리를 세우는데 천지만물은 모두 무를 근본으로 삼는다"고 했다.[8] 하안과 왕필이 말하는 '본무(本無)'는 우주의 일체의 현상

---

5) 『세설신어교전(世說新語校箋)』 권 하, 459쪽. 지민도, 축법온의 '심무의(心無義)'와 상반되나 실제 생각은 같다고 그들을 비평한 사람은 일법사(壹法師)였다. 탕용동의 설에 의하면 일(壹)은 축법태의 제자 도일(道壹)일 것이라 한다. 그의 사상은 "사물은 함께 변환하고 심신(心神)은 정말로 있다"는 것이다. 그러나 이러한 추론은 여전히 철저하게 진정한 '공'에 도달하지 못한 것이다. 『한위양진남북조불교사』, 187쪽, 190쪽.

6) 『전삼국문(全三國文)』 권39, 『전상고삼대진한육조문(全上古三代秦漢六朝文)』, 1274쪽. 그리고 『진서(晋書)』 권43, 「왕연전(王衍傳)」, 1236쪽.

7) 『왕필집교석(王弼集校釋)』, 110쪽. 『노자』 제42장 '도생일(道生一)'에 대해 왕필은 다음과 같이 주를 달았다. "만물에 만 가지 형상이 있으나 그 귀결은 하나이다. 무엇으로부터 사물이 만들어지는가? 무로부터이다. 무로부터 일이 되니, 일은 무라 할 수 있는가? 이미 일이라 말했으니 어찌 말할 수 없겠는가?(萬物萬形, 其歸一也. 何由致物? 由於無也. 由無乃一, 一可謂無? 已謂之一, 豈得無言乎?만물만형, 기귀일야. 하유치물? 유어무야. 유무내일, 일가위무? 이위지일, 개득무언호?)" 다시 말해서 '일'은 결코 '무'가 아니고, '무'는 '도'이고, '일'의 근본이다. 또 『주역』「계사」 주에 왕필이 말하길, "무릇 유는 반드시 무에서 시작하므로 태극은 양의(兩儀)를 만든다." 여기에서 태극은 '무'이고 양의는 '유'이다. 『교석』, 117쪽, 553쪽 참조.

8) 『진서(晉書)』 제43, 1236쪽.

과 사물의 본원이 비어서 없다(虛無)는 것이다. 그러므로 인생의 끝 또한 마땅히 이 본원으로 돌아와야 한다. 이러한 생각의 기본 근거는 『노자』이며, 불교와 근접한 측면이 있다.

따라서 초기의 불경 번역은 '본무'로써 '진여(眞如)'를 번역했는데, 예를 들면 지참(支讖), 축숙란(竺叔蘭), 축념불(竺念佛)이 반야를 번역할 때이다. 그리고 4세기 상당히 많은 불교도들 또한 '본무'로써 불교의 최종 경지와 최고의 진리를 대신 지칭했다.[1] 이러한 본무에 대한 생각은 먼저 우주간의 현상과 사물의 공허함을 확인하고, 다음으로 심령을 가상의 곤혹으로부터 영향을 받지 않는 무욕무념(無慾無念)의 상태에 처하게 하며, 그 다음 허무공적(虛無空寂)의 심령으로 같은 허무공적의 우주 본원을 체험하며, 이를 통해 정적의 영원한 경지를 깨닫는 것을 말한다.

도안(道安 : 312~385년)을 예를 들면, 그는 비교적 자주 『노자』를 사용하여 불교 사상을 해석하였다. 『대십이문경서(大十二門經序)』에서 도안은, 우주만상이 있으므로(有) 막히고 고착됨을 면할 수 없다. 그러므로 불교는 이러한 '유'를 와해하려 하고, "온갖 형상이 처음부터 있는 것이 아님과 온갖 변화는 잠시 지나가는 환상과 같은 것임을 밝히려 한다." 그리고 사람들로 하여금 있는 듯 하면서도 없는 현상세계에 미련이나 집착을 갖지 않게 하는 것이 첫 번째 행보다.

그는 『음지입경서(陰持入經序)』에서는, "커다란 적막으로 지극한 즐거움을 삼으면, 오음(五音)이 그 귀를 멀게 하지 않으며, 무위로 맛을 삼으면, 오미가 입맛을 잃지 않게 한다"고 하여 사람들로 하여금 무사무념에 처하게 한다. 이것이 그 두 번째 행보다.

또한 그는 『안반주서(安般注序)』에서 사람의 욕망과 감정, 사상과 행위에 대하여 "감하고 또 감하여 무위에 이르게 하고, 잊고 또 잊어 무욕에 이르게 해야 한다"고 했다. 다시 말해서 욕망을 해소하고, 그래야만 초월의 경지에 도달할 수 있다는 뜻이다. 『합방광광찬수략해서(合放光光贊隨略解序)』에서는 '진여(眞際)'의

---

1) 탕용동, 「중국불사령편(中國佛史零篇) · (2)본말진속여유무(本末眞俗與有無)」, 『이학(理學), 불학(佛學), 현학(玄學)』, 224~225쪽. 「위진현학유별론」, 『탕용동학술논문집』, 235~236쪽. 『한위양진남북조불교사』, 170~171쪽 참조.

경지는 자유롭고 장애가 없는 상태다. "드러난 바가 없어서 담백하게 움직이지 않고, 침잠하듯 현묘하게 가지런하여 함이 없으며 하지 않음이 없다." 이것이 세 번째 행보다.[2] 여기서는 노자의 생각뿐 아니라 그의 언어까지도 사용하고 있다. 이러한 생각과 언어 속에서 우주의 근원과 인생의 경지가 통일을 이루며 생각의 근거와 추리가 관통하게 된다.

그러나 현학적 생각을 더욱 잘 체현할 수 있는 것은 '즉색(卽色)'의 개념이다. '본무'는 우주의 현상과 사물에 대하여 기본적으로 부정적인 방식을 택하여, 무물무심(無物無心)하고 허무공적(虛無空寂)하고자 한다. 그러나 이러한 생각을 따라서 물어 가면 상당히 관건이 되는 문제에 직면하게 된다. 즉 실존의 세계에서 생활하고 있는 사람들이 어떻게 '유'의 세계에서 '무'에 이를 수 있는가? 만약 큰 세상에 직면하여 그것을 인정하는 것을 부정하고, 아울러 귀를 막고 종을 도둑질하는 스스로 자신을 속이는 방식으로 심령과 세계를 격리시킨다면, 실을 짜서 자박하고 땅을 그어 감옥을 삼는 격이어서, 도리어 심령의 텅 빈 공명의 세계에 도달하기 어렵지 않겠는가? 당시의 현학 또한 이와 비슷한 문제에 직면했다.

예를 들면 상수(向秀)와 곽상(郭象)은 일찍이 '유'와 '무'를 희석시키는 방식으로 "스스로 그러하면서 그러한(自然而然)" 과정을 드러내고, "현명의 경지에서 스스로 변화한다(獨化於玄冥之境)"는 개념으로 이 과정의 의미를 설명하려고 시도하였다.[3] 그러므로 상수와 곽상의 사고방식에서 사람의 경지는 "천지를 잊고 만물을 버리며, 밖으로 우주를 살펴서 알지 않고, 안으로 한 몸을 느끼지 않으므로 능히 텅 비듯 연루됨이 없으며, 사물과 함께 가서 반응하지 않음이 없다."[4] 이는 "반드시 그러해야 하는 것이 아니므로 한 방편만을 기대하지는 않는다. 오직 때에 따라 함께 변화하는 자만이 건너서 넘고 항상 통할 수 있다."[5] 여기서 말하는 "사물과 함께 가고, 때와 함께 변화한다(輿物俱往, 輿時俱化)"는 것은 사람들로 하여

---

2) 이상은 모두 『출삼장기집(出三藏記集)』 권6, 권7, 『대장경(大藏經)』 55권, 46쪽, 44쪽, 48쪽에 보인다. 또 승예(僧叡)는 『대품경서(大品經序)』에서 도안은 "머물지 않음으로써 시작을 삼고, 얻음이 없음으로써 끝을 삼는다"고 말했다. 『출삼장기집(出三藏記集)』 권8, 『대장경(大藏經)』, 55권, 53쪽.

3) 본편의 제2절 「현의유원(玄意幽遠) : 3세기 사상사의 전환」을 참조하시오.

4) 곽경번(郭慶藩,), 『장자집석』 권1, 「제물론(齊物論)」, 중화서국, 75쪽, 1961, 1978.

5) 곽경번(郭慶藩), 『장자집석』 권7, 「산목(山木)」, 670쪽.

금 '유'와 '무' 사이에서 선택하거나 회피하는데 어렵지 않게 하려는 것이니, 여기에는 사실 이미 '즉색(卽色)'의 생각이 깔려있는 것이다.

'즉색'의 개념을 창도한 지둔(支遁 : 314~366년)은 아마 동진(東晋) 시대 상류사회의 중요한 불교 전파자였을 것이다. 『고승전(高僧傳)』의 기록에 의하면 그는 '집안이 대대로 불교를 믿었고, 일찍부터 비상한 도리를 깨우쳤을' 뿐 아니라 어려서부터 불교에 대한 경험이 있고, 또한 출가하기 전에 벌써 여항산(余杭山)에 은거하여 『반야경(般若經)』을 배웠다고 한다.[1)] 불교의 우주와 인생 본원의 사상에 대하여 깊은 깨달음이 있었고, 특히 그의 장자 학설에 대한 연구는 반야사상의 이해를 열어주었다. 일설에 의하면 『장자』「소요유(逍遙游)」는 상수와 곽상에 이르러 그 의미가 철저히 이해되었으며, 그 이해의 범주를 뛰어넘을 수 있는 사람이 드물었다고 한다.

그런데 지둔의 『장자』「소요유」 해석은 뭇 유생들을 감복시켰는데, 그 해석의 편린들이 아직 『세설신어』「문학」의 주석에 보존되어 있다. 만약 이 편린의 기록에 의한다면, 상수와 곽상의 해석은 이미 개인의 '자족(自足)'과 '적의(適意)'를 '소요'로 삼았고, 성인의 '무대(無待)'를 인생의 최종 경지로 삼고 있다. "비록 대소의 차이는 있으나, 각기 본성을 따라 그 본분을 담당하면 소요의 경지는 같다……. 오직 성인은 사물과 어두운 곳에서 큰 변화를 따르고, 능히 무대함으로 항상 통하니, 어찌 홀로 자기만 통할 따름이겠는가?"

그러나 지둔은 이 생각을 더욱 세밀하게 나누어 주석을 하였다. 그는 개인의 자족은 '대도(大道)'가 아니라고 여겼다. "지인(至人)은 하늘의 바름(正)을 타고 높이 오르고, 방랑 중에 무궁의 세계를 노닐며, 사물은 사물이나 사물에 대해 사물로 여기지 않으면, 소요하며 자아를 얻지 않게 된다. 가물(玄)은 느낌으로 의식적인 행위를 하지 않고, 급하지 않으나 속도가 있으며 소요하듯 가지 않은 곳이 없는 것을 소요한다고 한다." 그는 성인은 더욱 큰 만족을 얻는데 이를 '지족(至足)'이라 한다. 성인의 지족은 개인과 우주의 융합과 통일의 경지를 추구하며, 이러한 경지는 작은 새와 같은 평범한 만족이 아니고, 또한 대붕(大鵬)과 같은 고집스런 추구도 아니다.

---

1) 『고승전(高僧傳)』 권4, 159쪽.

먹을 것도 잊고 술도 끊는 자기 억제 방법은 결코 진정한 초월이 아니다.[2)]

그러므로 『즉색유현론(卽色游玄論)』에서 말하길, '색(色 : 현상세계)'은 자체가 본래 실제의 본성을 갖고 있지 않으므로 사실은 '공'인 것이다. 비록 '색'과 '공'은 다르지만 결국은 '색즉시공(色卽是空)'인 것이다. '지(知 : 의식세계)'는 자체로는 만족할 만한 지각 능력을 갖고 있지 않으므로 '지'와 '적(寂)'은 실제로는 같다.[3)] 이러한 생각에 따르면 사람들은 굳이 심령의 '공'에 고착될 필요가 없으며, 우주의 '색'을 피할 필요도 없고, 조심스럽게 지식의 장애를 방지할 필요도 없다. 또한 어렵사리 공적(空寂)의 경지를 추구할 필요도 없다. 따라서 자연스럽고 즐거운 가운데 우주와 사람의 마음이 합일에 이르면 되는 것이다.

스럽고 즐거운 가운데
와 사람의 마음이 합
이르면 되는 것이다.

노장 사상으로 불교를 이해하면서 대품(大品)과 소품반야경(小品般若經)에 대해 비교를 해보면 지둔은 사실 격의의 방법을 사용하였고, 또 합본자주의 방법을 사용하였다. 『대소품대비요초서(大小品對比要鈔序)』에서 지둔은 불교 반야학을 당시의 지식계층이 가장 환영하는 현학과 서로 접목시켰다. 그의 생각은 먼저 궁극의 진리는 유도 아니고 무도 아니며, 이름도 없고 시작도 없는 어두운 골짜기와 같은 경지다. 만약 만물의 형상이 본래 없다는 생각에 집착하여 이러한 자아의 억제와 이념의 부정과 같은 것에 의지하여, 심령의 정적(靜寂)과 세계에 대한 망각을 추구하는 것은 사실은 연목구어와 같은 것이다. "만약 무를 둠으로 정적을 구하고 지혜를 바라면서 마음을 잊고자 하나, 지혜는 모든 것을 무로 하는데 부족하고, 정적은 정신을 아득하게 하는데 부족하다." 그 다음으로 이 종극의 진리를 체험하기 위해 반드시 "두 가지 즉 지혜와 정적에 기탁함이 없어야 하며, 아득하게 하고 다하게 하려는 바가 없어야 하며, 언어의 속박을 벗어나야 하고 감관의 지각을 버려야 한다. 왜냐하면 이치가 아득하면 언어가 무너지고, 감각을 잊

---

2) 『세설신어교전(世說新語校箋)』, 유효표가 주에서 상수, 곽상의 『소요의(逍遙義)』와 지둔(支遁)의 『소요론(逍遙論)』을 인용한 부분이다. 120쪽.

3) 『세설신어』 「문학」 주에서 『지도림집』 「묘관장(妙觀章)」의 "무릇 색의 성은 자체로 색이 있는 것이 아니고, 색이 스스로 있는 것도 아니므로 비록 색이나 공이다. 고로 '색은 공이면서, 색은 공과 다르다.' 마지막 구는 마땅히 본질적인 측면에서 이해해야 한다, '색'과 '공'은 하나이고 둘이 아니다. 그러나 단어의 의미로 보면 '색'과 '공'은 같지 않다." 121쪽. 또 『즉색유현론(卽色游玄論)』, 안징(安澄) 『중론소기(中論疏記)』 인용, 『중국불교 사상자료선집』, 제1권, 64쪽.

으면 지혜가 온전하게 된다.” 그 다음으로 반야의 의의는 ‘지무(至無)’의 경지를 드러내는 것이다. 그리고 이러한 ‘지무’한 초월의 경지에서 사람으로 하여금 ‘제물(齊物)’과 ‘운지(運智)’를 할 수 있게 한다. 끝으로 사람들이 반야의 지혜를 체험하였을 때 마땅히 반야의 ‘무시(無始)’로부터 만물의 ‘스스로 그러함(自然)’을 밝혀야 한다고 지둔은 말한다.

> 군중과 세속에서 기묘한 도를 깨우치고, 점차 쌓은 바를 덜어냄으로써 지극히 없는(至無) 경지에 이른다. 가믈은 덕을 베풀어 가르침을 넓히고 만물의 생산자인 계곡의 신을 지킴으로서 빔을 둔다. 가믈한 같음에 뭇 머리를 가지런히 하고, ‘본무’의 상태에 뭇 심령을 돌아가게 한다(悟群俗以妙道, 漸積損以至無. 設玄德以廣敎, 守谷神以存虛. 齊衆首于玄同, 還群靈乎本無오군속이묘도, 점적손이지무. 설현덕이광교, 수곡신이존허. 제중수우현동, 환군령호본무).[1]

이렇게 “불교는 도가로 인하여 그 교리가 더욱 명백하게 변했다. 그러나 도가 또한 불교의 도움으로 인해 그 사상의 폭이 넓어졌다.”[2] 지둔은 사람들로 하여금 불교 반야학의 ‘공’에 대한 이해에 있어 왕필, 하안이 『노자』를 해석한 단계에서 상수, 곽상이 『장자』를 해석한 단계로 넘어가게 했다. 그러나 현학 사변의 최고 성취를 이룬 상수와 곽상의 학문조차도 불교의 더욱 복잡하고 깊은 사상을 계속 해석해 내지 못하고 있을때, 사람들은 현학을 뛰어넘어 직접 불교를 이해하기 시작했다. 『세설신어(世說新語)』에 “이가(二家 : 상수와 곽상)의 겉(表)에 새로운 이치를 표방하고, 뭇 현인들의 이해의 틀 밖에 다른 뜻을 세운다”[3]는 기록이 있는데, 지둔에 대한 이 두 문구의 평어(評語) 중 ‘신이(新理)’와 ‘이의(異義)’ 두 어휘는 불교의 우주와 인생의 이해에 대한 현학을 초월하고 자신을 드러내기 시작한 것을 상징하는 것이 아닐까?

현학을 초월하여 즈
교를 이해하는 길로
서다.

---

1) 『출삼장기집(出三藏記集)』 권8, 『대장경(大藏經)』 55권, 55쪽.

2) 폴 드미에비유(Paul Démieville : 프랑스의 한학자, 불교학자)의 말. 『캠브리지 중국 진한사(劍橋中國秦漢史)』, 중역본, 중국사회과학출판사, 906쪽, 1992, 1994.

3) 『세설신어교전(世說新語校箋)』 권상, 120쪽.

5절

불교의 동방 전래와 그 사상사적 의의 (2)

ㅣ중엽부터 5세기 상 까지의 불교

서기 4세기 중엽 이후 많은 불교 승려들이 남북 각지에서 활동함으로써 불교 사상은 점차 중국 사상의 주류로 들어오게 되었으며, 점차 중국 지식인들의 사상적 흥미의 중심에 자리잡게 되었다. 이때부터 5세기 상반기의 근 백년 사이에 가장 주의해야 할 사람은 4세기 중엽 양양(襄陽)과 장안에서 활동했던 도안(道安 : 312~385년), 그리고 강남에 살았던 지둔(支遁 : 약 313~366년)이다. 도안은 불교의 전적을 다시 새롭게 정리하고 번역하여 불교의 각파에 따라 달랐던 구 전적들을 정리하였으며, 불교 내부에서도 많은 걸출한 제자들에게 도를 전수하여 당시의 방대한 집단을 형성하였다는데 그 주된 의의가 있다. 그리고 지둔은 반야학의 심오한 도리와 현학사상의 최고 성취를 융합하고, 불교 신자 이외에도 상당한 사대부들에게 영향을 미쳐 중국 사상으로 하여금 불교와 접합하고 아울러 현학을 뛰어넘게 하였다는 데 의의가 있다.

에릭 쥐르허는 일찍이 『세설신어(世說新語)』와 『고승전(高僧傳)』의 자료 통계에 의거해, 문헌에 기록된 인물 가운데 지둔과 내왕이 있었던 유명한 상층 문화인들만도 서른다섯 명이라 하고 있다. 일반적인 내왕을 했던 사안(謝安), 왕희지(王羲之) 등을 제외하고, 불교에 상당한 흥미를 갖고 있었던 사람들로는 치초(郗超 : 336~377년), 은호(殷浩 : ?~356년), 손작(孫綽 : 약 300~380년), 왕흡(王洽 : 323~358년), 허순(許詢 : 생몰연대 미상) 등이다.[1)]

1) Erich Zürcher, 『불교의 중국 정복(*The Buddhist Conquest of China - The Spread and Adaptation of Buddhism in Early Medieval China*)』, 일역본, 181쪽.

그러나 4세기 후반에서 5세기 초에 주의해야 할 인물은 남방의 혜원(慧遠)과 북방의 구마라습(鳩摩羅什 : 344~413년)이다. 도안의 제자인 혜원(慧遠 : 334~416년)은 여산(廬山)을 중심으로 강남의 조정 또는 지식계층 사람들과 광범위한 교유를 하면서, 한편으로는 불교의 초월성을 항변하고, 한편으로는 불교의 세속화를 촉진시켰다. 그리하여 신불멸(神不滅), 삼세설(三世說), 출세론(出世論)과 염불삼미(念佛三昧)의 방법으로 불교를 중국 사상계와 접촉시켰다. 한편 이역에서 온 구마라습은 많은 불경 번역을 통해 정확하고 유장한 언어로 더욱 깊고 다양한 불교 학설을 중국 지식인들에게 소개하였다. 그 후 구마라습의 학생인 축도생(竺道生 : ?~434년), 승조(僧肇 : 384~414년), 도융(道融 : 생몰연대 미상), 승예(僧叡 : 생몰연대 미상) 등은 중국 상류사회에서 활약하면서, 아울러 지식인들에게 진정한 대승불교의 사상을 선양하고 해석하였으니 이때가 서기 5세기 상반기였다. 이때 중국 사상계의 불교 이해는 4세기 중엽과는 비교도 할 수 없을 정도로 발전해 있었다.

1

4세기 중엽 사회의 지식

먼저 간단하게 4세기 중엽 사회의 불교 지식에 대해 돌아보기로 하자. 4세기 중엽 중국 상류사회의 지식인들 가운데 불교에 흥미를 가졌던 이들의 불교에 대한 이해는 당연히 그 이전 사람들보다 깊었다. 『세설신어(世說新語)』에 언급된 것을 보면 은호는 『유마힐(維摩詰)』과 『소품(小品)』을 읽었는데, 그는 비록『소품』을 완전히 이해하지 못하여 “사물의 이름이나 형상을 이해할 수 없는 곳 이백여 곳에 표시를 하였는데, 모두 정미하여 세상 사람들이 모두 어려워하며 막힌 부분이었다”[1]고 하니, 그는 상층 지식인들 가운데서도 불교에 대한 이해가 깊은 사람 중 한 사람이었다. 또 사부(謝敷)는 『안반수의(安般守意)』, 『수능엄경(首楞嚴經)』을 합주한 것 외에도 선학(禪學)에 대한 자신의 견해를 발표하였는데, “선비를 개도하여 선을 수행케 하여 공적을 지키게 함이 아니라 마음을 현명에 노닐

1) 『세설신어교전(世說新語校箋)』, 124쪽, 131쪽.

게 하기 위해서이다" 라며 중국식 이해를 제시했다.[2)] 그러나 이들이 비록 상층사회의 인물이지만 일반 불교에 관한 지식은 결코 깊다고 할 수 없다는 점은 지적할 만하다.

상층사회 인물들의 불교 이해에 대한 일반적 수준에 대해서는 치초(郗超)의 『봉법요(奉法要)』를 전형적인 분석 텍스트로 삼을 수 있다. 『홍명집(弘明集)』 권13에 보존되어 있는 이 글은 불교의 기본 사상에 대한 적록(摘錄 : 나중에 참고하기 위하여 간단히 적어둠)이다.[3)] 이 글은 불교의 세간 구제에 대한 각종 규정들을 포함하고 있다.

예를 들면 '삼귀(三歸 : 후에 삼보에 귀의한다는 내용)', '오계(五戒 : 계살戒殺, 도盜, 음淫, 기欺, 음주飮酒)', '수제(修齋 : 매년 정월, 오월, 구월, 세 차례 반 달 간의 제계齋戒, 그리고 매월 8, 14, 15, 23, 29, 30일에 6차례 재계를 포함함)', '행선(行善 : 신身, 구口, 의意의 각종 금계를 준수함)' 그리고 불교가 세속의 구제를 위해 베푼 각종 기본 지식들, 예를 들면 '삼계오도(三戒五道 : 천, 인, 축생, 아귀, 지옥)', '오음(五陰 : 색色, 통양痛痒, 사상思想, 생사生死, 식識)', '오개(五蓋 : 탐貪, 진瞋, 치痴, 사견私見, 조희(調戲)', '육정(六情)', '인과응보(因果應報)' '사비상(四非常 : 무상無上, 고苦, 공空, 비신非身)', '육도(六度 : 시施, 계戒, 인욕忍辱, 정진精進, 일심一心, 지혜智慧) 등이다.

만약 이를 더욱 이른 시기의 『모자(牟子)』와 비교한다면 불교의 세간 구제의 지식과 어휘의 이해에서 확실히 더욱 정확하고 깊이가 있다. 또한 중국 사상 전통과 언어 환경의 속박에서 점차 벗어나 불교 교리의 본래면모를 드러내고 있다. 그러나 불교의 심오한 이치에 있어서는 깊이 있고 정미한 부분까지 특별히 들어가지는 못했다. 즉 『봉법요』에서는 불교의 만물에 대한 지식과 우주와 인생의 최종 근거를 토론하여 불교의 심층적인 핵심 언어들을 이해하려고 했을 때 여전히

---

2) 『출삼장기집(出三藏記集)』 권6, 『대장경(大藏經)』 55권, 43쪽. 사부(謝敷) 전기(傳記)는 『진서(晉書)』, 권94, 2456쪽. 사부(謝敷)의 선관(禪觀)의 의의는 갈조광 『중국 선(禪) 사상사』, (북경대학출판사, 70~71쪽, 1995)를 참고하시오.

3) 미야카와 히시유키(宮川尙志) 『육조사연구(종교편)』 제11장, 「六朝時代士大夫の佛敎信仰」에서 지적하기를 『봉법요』는 대체적으로 『이산십이문경(異山十二門經)』, 『정재경(正齋經)』, 『십이문경(十二門經)』, 『현자덕경(賢者德經)』, 『본기경(本起經)』, 『니원경(泥洹經)』, 『보요경(普曜經)』, 『유마힐경(維摩詰經)』 등에서 절록(節錄)한 것이다. 평락사서점, 교토, 291쪽, 1964, 1992.

현학의 언어 환경과 배경의 도움을 필요로 했다. 그는 불교의 우주 본원에 대한 '공'의 개념을 사람의 현상세계에 대한 '망회(忘懷)'로 이해하였으며, 지둔의 영향을 받아 '유'와 '무'에 집착하지 않으려 시도했다. 또한 초월을 심령의 '무'와 '유'에 대한 해소로 이해했다. "유무(有無)는 사방 일촌인 마음으로부터 오고 외부의 사물과 무관하다." 그리하여 불교의 '공'과 노장의 '무'는 모두 근본으로 돌아가 처음을 회복하는 방편으로 보고 내재한 심령의 평정을 추구하는 것으로 변화시켰다.[1)]

그러나 5세기 상반기에 이르러 축법란(竺法蘭)이 번역한 『방광반야(放光般若)』에는 이미 구마라습이 새롭게 번역한 『마하반야(摩訶般若)』가 있고, 『유마(維摩)』는 지겸 외에도 구마라습 역본이 있어, 승조(僧肇)와 축도생이 주석하고 해설하였다. 『법화(法華)』는 축법호 역본 외에도 구마라습의 신역이 있었다. 『열반(涅槃)』은 담무참(曇無讖)과 법현(法顯)의 두 역본이 있었으며, 반야학(般若學)에 대해 더욱 깊이 파고든 『백론(百論)』, 『중론(中論)』 그리고 『십이문(十二門)』 등 삼론도 번역되었다. 번역이 많아지자 이제는 직역에만 만족하지 않게 되어 주석을 가할 때에 대비와 분석을 하게 되었다.

이러한 과정에서 불교도뿐만 아니라 상층 문인들도 불교에 대한 이해가 그 이전보다 훨씬 심화되었다. 그들은 새롭게 불교 해석의 역사와 현실을 돌아보면서 종종 불만을 느꼈는데, 예를 들면 승조는 과거 반야학의 천박함에 대한 의견을 내놓았다. "석가모니부터 멀어져 문의(文意)가 다양하고 복잡해졌으며, 옛날 이해한 바가 자주 어긋나는 부분이 있다"[2)]고 하였다. 축도생은 "불교 경전이 중국에 전래된 이래로 역자들이 그 뜻을 거듭 막아버리고, 독자들은 대부분 뜻이 막힌 문장을 지키고 있으니 완전한 의미를 보기 드물게 되었다"[3)]고 하였다. 승예 또한 『유마라힐제경의소서(維摩羅詰提經義疏序)』에서 다음과 같이 비평하였다.

---

1) 『홍명집(弘明集)』 권13, 사부비요본, 111쪽. 또 동시대의 사람 중에 『홍명집(弘明集)』 권5에 수록된 나함(羅含)의 「갱생론(更生論)」, 권3에 수록된 손작(孫綽)의 「유도론(喩道論)」의 불교 지식에 대한 수준은 이와 비슷하다.

2) 『고승전(高僧傳)』 권6, 249쪽.

3) 『고승전(高僧傳)』 권7, 256쪽.

> 지혜로운 바람이 동쪽으로 불어와 법언이 유행하고 읽혀지게 되면서 비록 강론과 학습이 이루어졌으나 격의의 내용이 본의와 어긋나 괴리되고, 육가(六家)는 치우쳐 직설적이지 않다. "성품이 공하다(性空)"는 가르침은 지금 증험해 보아도 가장 진리이나 야금(冶金)의 공력이 미약하여 미치지 못함이 한스러우니, 마땅히 찾을 수 있는 방법이 없어서이지 찾아 얻지 못함이 아니었다(自慧風東扇, 法言流咏以來, 雖曰講肆, 格義迂而乖本, 六家偏而不卽. 性空之宗, 以今驗之, 最得其實, 然爐冶之功, 微恨不及, 當是無法可尋, 非尋之不得也자혜풍동선, 법언유영이래, 수왈강사, 격의우이괴본, 육가편이불즉. 성공지종, 이금험지, 최득기실, 연로야지공, 미한불급, 당시무법가심, 비심지불득야).[4)]

여기에서 '격의(格義)'와 '육가(六家)'에 대해서 이미 비평을 하고 있으며, 불교의 정통적인 의미와 가장 가까운 '성공설(性空說)'조차도 그에 의해서 결함이 지적되었다. 이는 '찾을 방법이 없었기' 때문이라 하였는데, 그렇다면 대량의 경전들이 번역되어 사람들이 '찾을 방법이 있게 되었을 때'는 불교 이해가 일반 종교의 구제에 대한 지식을 초월할 수 있는 것인지? 또한 현학이 포괄하는 주제나 어휘의 사고방식을 뛰어넘을 수 있는 것인지?

아래의 몇 가지 사실은 매우 상징적 의미가 있다. 첫째, 사상이 풍부한 불교는 중국 사상과 그 한계를 분명히 하기 시작했고, 동시에 중국에 전래되어 들어온 바라문 사상을 조사하고 정리하였다. 『고승전(高僧傳)』 권6 「도융전(道融傳)」의 기록에 의하면, 후진(後秦) 요흥(姚興)시기에 불교와 바라문교도 사이에 한차례 논쟁이 있었다. 도융(道融)은 이 논쟁을 위해 대량의 바라문 경전을 읽고, 변론할 때에는 "칼날 같은 변론으로 현묘한 도리를 드날렸다." 변론 외에도 이로 말미암아 자연스럽게 불교 사상의 사고방식과 언어에 대해 더욱 명쾌한 인식과 정의를 내릴 수 있게 되었다.[5)]

둘째, 상류사회에서 어떤 사람들은 이미 공개적으로 불교의 도리가 중국의 도리보다 정밀하고 깊다는 것을 인정하였다. 유송(劉宋)시기 범태(范泰)와 사령운

---

4) 『출삼장기집(出三藏記集)』 권8, 『대장경(大藏經)』 55권, 58쪽.
5) 『고승전(高僧傳)』 권6, 241~242쪽.

(謝靈運 : 385~433년)은 유가의 육경은 주로 세속을 구제하고 다스림에 유익하지만, 그러나 "반드시 성령과 본성의 참 진리를 구하려면 어찌 불교를 지침으로 삼지 않고서 얻을 수 있겠는가?"[1]라고 하였다. 종병(宗炳)은 더 나아가 불경은 "유가 오경의 덕을 포함하면서도 원대한 진실을 깊이 더하고, 노장의 허를 포괄하면서도 만상이 모두 공이라는 궁극을 거듭 증대시켰다"[2]고 하였다. 즉 불교는 유가의 도를 포함할 뿐 아니라 유가와 도가를 뛰어넘는다는 말이다. 이처럼 오히려 승려의 능력을 찬양하면서 자신의 밑천이 부족함을 인정하는 어조의 이면에는 불교 사상이 주류임을 이미 인정하는 것이다.

셋째, 몇 가지 중국 사상 중에 없거나 명백하지 않았던 명제에 관한 것이다. 예를 들면 사람의 불성(佛性)에 관한 명제인데, 사람들은 이제 당연한 것으로 불성의 합리성을 인정하려 하지 않고, 습관적으로 불교 경전 속에서 그 근거를 찾으려 하였다. 그러므로 축도생이 "일천제(一闡提)[3]도 불성이 있다"는 말을 하면서 『대반야반경(大般若槃經)』을 번역해 내자 비로소 인정을 받게 되었다. 이렇게 하여 점차 불경도 경전으로 인정받게 되면서 진리를 담고 있는 것으로 여기게 되었다.

넷째, 불경의 이해에 대하여 중국의 지식 문화인들은 이때에도 여전히 불교 교리를 받아들이고 그대로 사용하는 것에 대해 불만이었다. 그래서 중국인 승려 법현(法顯 : 약 337~422년)과 그의 동문은 서쪽으로 불법을 구하러 가는 장거(壯擧)를 행하게 된다. 또한 상층 지식인 사령운은 스스로 범어를 배우고 불경 번역에 참여하였다. 그는 "불교의 이치를 독실하게 좋아하여 다른 나라의 언어를 대부분 통달하고 이해하였으며, 또한 혜원(慧遠)과 승예에게 불경의 많은 글자들과 뭇 음들의 다른 뜻에 대해 자문을 구하였다. 그리하여 『십사음훈서(十四音訓敍)』를 저술하여 범어와 한어의 가닥을 나누어 분명한 매듭을 지어 문자들의 의미에 근거를 두게 되었다."[4]

---

1) 『고승전(高僧傳)』 권7, 「혜엄전(慧嚴傳)」, 261쪽. 또 하상지(何尙之), 「송 문제의 불교사 찬양에 답함(答宋文帝贊揚佛教事)」, 『홍명집(弘明集)』 권11, 사부비요본, 91쪽.

2) 『홍명집(弘明集)』 권2, 사부비요본, 17쪽.

3) '일천제(一闡提)'는 불교 용어로 믿음이 없거나 성불할 수 있는 선한 뿌리가 단절되어 버린 사람을 말한다(역자 주).

4) 『고승전(高僧傳)』 권7, 260쪽. 십사음에 대하여 담무참(曇無讖)이 번역한 『대반열반경(大般涅槃經)』 권8, 「여래성품(如來性品)」 '제4(第四)' 중의 다섯 번째에 나온다. 『대장경(大藏經)』 12권, 423쪽, 414쪽 참조하시오.

그리하여 천축에서 나온 바라문을 포함한 각종 사상과 종교의 논쟁 가운데 중국의 불교 사상은 자기의 경계와 사고방식을 명확하게 드러냈다. 지식인들의 불교 사상에 대한 인정과 존경은 중국 사상계에서 불교의 위치를 확인하고 확립하였다. 불교 경전 원본의 권위에 대한 긍정은 사상적 이해의 과정에서 상상과 감성의 간단한 단계를 초월하게 하였고, 경전 원본의 근원에 대한 추구는 사상적 이해의 심도를 이론적으로 더욱 강화시켰다. 바로 이와 같은 보편적 독서 분위기와 해석 가운데 생겨난 이해와 깨달음이 중국 불교 사상의 형성을 자극하였던 것이다.

2

5세기 상반기에 『반야(般若)』, 『법화(法華)』, 『유마(維摩)』, 『열반(涅槃)』 그리고 『대지도론(大智度論)』, 『중론(中論)』, 『백론(百論)』, 『십이문론(十二門論)』 등의 경전이 성행한 것은 승예의 반야학에 대한 해석과 선법(禪法)의 중시, 승조의 '부진공(不眞空)'에 대한 해석과 '물불천(物不遷)'에 대한 서술, 축도생의 '불성(佛性)'과 '돈오(頓悟)'에 대한 해석, 사령운과 종병 등 상층 문화인들의 불교에 대한 심화된 이해와 설명 등이 이 시기 중국 사상사에서 가장 주목해야 할 대목이다. 이 대목의 배후에 중국의 전통 지식의 시야 문제에 대한 새로운 성찰과 중국 사상의 언어 환경에서의 사상 표현에 대한 새로운 표현 방식, 그 중 아래 몇 개의 불교에 관한 화제와 그에 대한 이해 및 표현 방식 등은 매우 중요한 문제이다.

)의 의미와 이를 표
는 사유 방식

'공(空)'에 관한 사변은 여전히 이 시기 주요 화제였다. 비록 전통 중국 사상계에 '무'와 '유'에 대한 토론이 있었고, 위진(魏晋) 시기 이러한 토론이 상당히 깊이 있게 다루어졌다고는 하지만, 우주의 본원과 인생의 의지처인 형이상학적 사고에 대하여 치밀한 분석과 정확한 관념은 종종 부족함을 드러내었다. 많은 불확실한 의미의 형용과 과장된 언어가 자주 사람들이 존재 본원을 이해하는 유일한 길이었다. 이러한 점이 문제를 토론하거나 말할 수 없게 하였다. 즉 유무의 양 극단을 초월하는 절대적 존재를 포함하는 토론은 단지 내용이 상당히 애매한 '독화(獨化)'라는 단어로 나타냈고, 또한 구체적 생활 정취의 멋을 담고 있으며 의미의 폭이 상당히 넓은 어휘인 '자연'으로 덮어씌웠다.

고대 중국에서는 형이상학적 본원에 대한 명석한 단계적 사고가 결핍되었으며, 또한 언어의 정밀함과 정확성도 부족하였다. 중국어 세계의 이런 애매모호한 점은 초기 불교 사상에 영향을 끼쳤다. 심지어 외국에서 온 불경 번역가들도 한어로 '공'을 해석하고 표현하려 했을 때 모두 정확하지 못했다. 예를 들면 후진(後秦)시기 각현(覺賢), 즉 불타발타라(佛陀跋馱羅)는 일찍이 구마라습과 한차례 '공'에 관한 토론을 한 적이 있는데, 각현이 말하길, "뭇 작은 것(衆微)이 모여서 색(色, 즉 형상)을 이루는데 색은 자성이 없으므로 색은 항상 공이다"고 하자, 구마라습이 물었다. "이미 가장 작은 것(極微)으로써 색을 깨뜨려 공으로 만들었는데 그렇다면 무엇으로 작은 것(微)을 깨뜨리겠는가." 각현이 사뭇 왕처럼 좌우를 돌아보며 여유롭게 답했다. "뭇 스승들이 혹 하나의 작은 것(一微)을 깨뜨려 분석하려고 하면 나는 그럴 수 없다고 말할 뿐이다." 구마라습이 또 묻기를 "작은 것은항상 존재하는가?"라고 하자, 대답하기를, "하나의 작은 것으로 인하여 뭇 작은 것이 공이고, 뭇 작은 것으로 인하여 하나의 작은 것이 공이다"고 하자 모두 이해하지 못했다. 그 다음 날 그가 또 말했다. "무릇 사물은 스스로 생겨나지 않는다. 인연이 모여서 생겨난 것이며, 하나의 작은 것이 모여서 뭇 작은 것이 있는 것이며, 작은 것은 자체에 성품이 없으므로 공이 된다. 어찌 한 작은 것을 깨트리지 않는다 하여 상존하기 때문에 공이 아니라고 말할 수 있는가?"

일설에 의하면 당시 많은 사람들이 모두 이해하지 못하였는데, 확실히 그의 해석은 분명하지 못한 데가 있다. 이 문제의 관건은 '미(微)'가 무슨 의미인가이다. 중국어의 '미'는 쉽게 작고 가늘다는 의미로 오해되기 쉬우나, 지극히 미세하여 공과 색 사이의 전환점이 바로 '미'에 있다. 하나의 미가 공이면 많은 미도 공이고, 하나의 미가 색이면 많은 미도 색인가?[1] 그러나 한어(漢語)에서 아무리 미세한 미라 할지라도 만약 그것이 모여 색을 이룰 수 있는 기본 단위라면 그것은

---

1) 정씨(丁氏), 『불교대사전』, 1198쪽에 해석하기를, "색체(色體)의 지극히 적음이 극미(極微)이고, 극미의 일곱 배가 미진(微塵)이며 금진(金塵)이다. 금진이라는 것은 금 사이의 틈을 노닐 수 있는 것이다." 아울러 『구사론(俱舍論)』 권12에서 나왔음을 주에 밝히고 있다. 문물출판사 영인본, 1984.

색이고 공이 될 수 없다. 그러므로 '공'에 관한 분석은 수량의 분석방식으로 공이 공됨을 해체할 수 없고, 단지 의식의 집합방식을 사용하여 색의 색 됨을 와해할 수 있을 것이다. 다시 말해서 이러한 사고와 해석은 마치 『노자』의 "덜고 또 던다(損之又損)"는 방식처럼 결국에는 진정한 '공'과 '무'의 최종 경지를 추론하고 만질 수 없다. 아무리 동진(東晋)시기 육가칠종(六家七宗)이 '공'에 대해 연구를 하였지만 모든 불교도들이 모두 '공'의 이해와 분석에 있어 지극한 경지에 이른 것은 아니었다.[2)]

그러나 이때 특히 교양 있는 상층 인물들 중에 불교의 '공'에 대한 생각과 진술이 상당히 복잡하고 깊이가 있는 경우를 볼 수 있다. 당시 유행했던 불교 경전의 상당 부분이 불교 교리의 관건인 이 '공'을 논하고 있다. 『유마힐(維摩詰)』, 『방광반야(放光般若)』, 『사익(思益)』에서 『법화(法華)』에 이르기까지 남북조시기 유행했던 경전 가운데 복잡한 토론이 이루어졌던 내용은 '공'에 관한 것임을 볼 수 있고, 또한 경전의 유행으로 인하여 사람들의 이 절대 본원에 대한 이해와 표현의 수준을 끌어 올렸다.

승조의 육가칠종의 '공'에 대한 각종 이해와 해석에 대한 비평이 그 전형적 예증이다. 그의 사고에 의하면 과거 몇 가지 '공'에 대한 해석은 모두 최고 경지에 이르지 못했다. 우선 '심무(心無)'설은 단지 '만물에 마음이 없음'을 설명하고, 또 심령으로 하여금 고요한 평안을 얻게 할 뿐이다. 따라서 '심무'설은 만물을 심령 속에서 허화(虛化)시켜버릴 수는 있으나, 만물 자체가 허하다는 본원(本原)은 설명하지 못한다. '즉색(卽色)'설은 비록 현상 세계가 일시적으로 거짓 모습을 보여준다고 지적함으로써 사람들로 하여금 현상 세계에 직면한 긴장을 해소시켜 주지만 현상 세계가 스스로 만들어지거나 존재할 수 없고, 영원히 헛된 환상임을 명백하게 설명하지는 못한다. '본무(本無)'설은 본원을 끄집어내어 현상 세계의 허망함을 직접 지적했지만, 문제는 시종 부정적 사고에 집착하여 '부정'과 '긍정'을 초월하지 못하고, '진무(眞無)'와 '가유(假有)'를 모두 수용할 수 없다는 데 있다.[3)]

---

2) 『고승전(高僧傳)』 권2, 71쪽.

3) 『조론(肇論)』 중의 「부진공론(不眞空論)」과 「물불천론(物不遷論)」, 『대장경(大藏經)』 45권, 151~152쪽 참조.

그러나 승조는 '공'의 이해와 해석에 대해 현상 세계의 '가유'와 심령 세계의 '진무'를 초월하고 포함하였다. 그것은 첫째 현상 세계 속에 존재하고 소멸하는 일체는 비록 자성이 있지 않지만 시간의 흐름 속에서 변동하며, 사람 마음의 감각에 나타난다. 그러므로 또한 '유'한 것이다. 둘째 현상 세계의 시간 중에 존재하고 소멸하는 일체는 시간 차이성의 본원이 허환(虛幻)이므로 사람의 마음 가운데 감각적인 느낌의 결집 또한 참이 아니다. 그러므로 그들 또한 단지 허환이며, 따라서 '무'이다. 셋째 진정한 본원은 일체의 절대적 존재를 초월하는 것이다. 그것은 동(動)도 아니고 정(靜)도 아니다. 유도 아니고 무도 아니다. 현상 세계의 '유'는 연기의 측면에서 말하고, '무'는 인연의 측면에서 말하는 것이다. 그러므로 절대와 본원의 진정한 이해는 마땅히 "유도 아니고 무도 아니다(不有不無)." '불유불무(不有不無)'의 의의는 사람들로 하여금 유를 위해 욕망을 자극하여 경망하게 움직이지 않게 하며, 사람들로 하여금 무를 위해 '만물을 씻어 제거하고 보고 듣는 것을 막아 적막하고 허허롭게' 살게 하여 사람들로 하여금 한 곳에 집착하지 않게 하기 위함이니, '사물에 따라 통하고' 또 '성은 바꿀 수 없으니', 다시 말해서 현상 세계에서 자유롭게 적응하여 만족하며, 또한 심령 세계도 청정하고 순수할 수 있음을 말한다.[1)]

3

사상사의 관심은 사상뿐만 아니라 사상의 이해와 표현에도 있다. 사람들이 사고하고 생각하는 세계와 쓰고 말하는 세계 사이의 구별은 결코 절대적이지 않다. 왜냐하면 세계라는 것은 바로 사람들이 분석하는 세계이고, 사상의 깊이와 언어의 결핍 때문에 때로는 긴장이 형성되어 사상으로 하여금 부득이 언어의 표현을 포기하는 극단적인 방법을 사용하게 하였다. 그러나 언어 표현이 조금 풍부

1) 후외려(侯外廬) 등 『중국 사상통사』 제3권 제10장 "승조의 불교 사상의 발전 과정은 현학에서 반야로, 다시 반야로부터 삼론을 융해관통(融解貫通)하였다." 인민출판사, 445쪽, 1957. 이 관점은 대체적으로 성립한다고 할 수 있다.

하게 되자 사람들은 여전히 다시 언어를 사용하여 사상을 표현하였다. 아무리 이 세계의 그윽하고 깊은 본원을 언어와 문자로 표현할 수 없다지만 언어 표현은 사람들로 하여금 점차 이 세계를 명확하게 이해하게 하였으며, 그 본원에 접근하게 한 것도 바로 언어와 문자였다. 각종 다른 어휘와 어휘의 연결로 드러나는 사상의 세계는 사람의 사상을 고찰하고, 사람들의 사상에 대한 이해와 표현을 고찰한다. 전통 중국에서의 형이상학적 최종 본원에 대한 토론과 비교해 보았을 때 불교는 사고의 깊이가 있을 뿐 아니라 정확하고 명쾌하다.

의 각종 경전과 논저
데 상당히 정교하고
한 비유들이 있다.

먼저 불교의 각종 경전과 논저 가운데 상당히 정교하고 복잡한 비유들이 있는데, 『대반열반경(大般涅槃經)』 권29, 「사자후보살품(獅子吼菩薩品)」 '제11의 3' 에서 불교의 여덟 가지 비유에 관하여 분석하였는데 정교하고 치밀한 비유를 운용하여 복잡한 철학적 이치를 드러냈다고 말한다. 불교는 실제로 이에 대해서 자각적이고 깊이 있게 실천하였다. 예를 들면 '공(空)' 에 대하여 '수중월(水中月)', '열시염(熱時焰)', '호성향(呼聲響)', '공중운(空中雲)'. '수취말(水聚沫)', '수상포(水上泡)', '맹자견색(盲者見色)', '공중조적(空中鳥迹)' 등 개별적인 비유가 있다.[2)]

이 외에도 맹인이 코끼리 만지는 일로 사물에 본성이 없음을 비유하고, 감각과 뭇 인연의 화합을 위해 수(輪), 원(轅), 복(輻), 축(軸), 상(箱)을 조합하여 수레가 됨으로 다른 수레가 없다는 것으로써 오음(五陰)이 모이고, 더욱 중생이 없다는 등 비교적 복잡한 비유를 하고 있다. 그리고 '경(鏡)' 으로 '공(空)' 을 비유하는데 이 비유가 '공' 의 각종 복잡한 함축 의미를 수용하기 때문이며, 불교도들에 의해 자주 사용되었다. '공' 의 매우 복잡하고 미묘한 뜻이 이러한 정교하고 치밀한 비유 가운데 층층이 드러났다.[3)]

---

2) 『유마힐소설경(維摩詰所說經)』 권 상(卷上) 「방편품(方便品)」 '제2', 권중(卷中) 「관중생품(觀衆生品)」 '제7', 『방광반야경(放光般若經)』 권3, 「요본품(了本品)」 '제14' 등을 참조하시오.

3) '경(鏡)' 으로 '공(空)' 을 비유한 것은 상당히 많은 불교 경론에 보이는데, 그 중에서 반야 계열의 경전에 주로 나타난다. 예를 들면 『반야(般若)』, 『지도(智度)』, 『유마힐(維摩詰)』 등이다. 이 비유의 여러 가지 뜻을 종합해 보면 대체적으로 '공' 의 아래와 같은 의미를 귀납할 수 있다. "거울 속에 본래 상이 없는 것이 마치 공성(空性)같다", "거울 속의 상은 인연 따라 상을 이루는데 마치 상이 있는 듯하다", "거울 속의 상은 사람을 현혹시키는 가상으로 마치 사람이 거울을 집어 거울 속의 사람 모습을 보고 거울의 주인이 왔다고 여기고 놀라 거울을 던져버리는 것과 같다", "사람들이 거울에 모습을 비추어 모습이 예쁘기도 하고 추하기도 하므로 '얼굴이 정 깨끗하면 기쁘고 깨끗하지 않으면 기쁘지 않으니, 호악(好惡)의 번뇌를 일으키게 된다' ", "거울 속의 가상(假相)에 빠

다음으로 불교 경전 중의 술어가 매우 세밀하고 번잡하다. '공'이라는 개념만 보아도 중국 사상에서의 '무'보다 훨씬 복잡하고 세밀하다. 『방광반야경(放光般若經)』 가운데 '공'에 관하여 내공(內空), 외공(外空), 내외공(內外空), 공공(空空), 대공(大空), 최공(最空), 유위공(有爲空), 무위공(無爲空), 지경공(至竟空), 불가득원공(不可得原空), 무작공(無作空), 성공(性空), 제법공(諸法空), 자상공(自相空), 무소득공(無所得空), 무공(無空), 유공(有空), 무유공(無有空) 등 18공이 있다.[1] 만약 우리가 당시의 불교 경전과 논저들을 읽는다면 한어(漢語)의 어휘가 많이 증가하였음을 느낄 수 있을 것이다. 언어가 이러한 표현 과정을 통해 점차 세밀해지고 정교하게 되었고, 언어 사용자의 사상은 이러한 분석 과정 중에 복잡하고 정밀해졌다.

불교 경전 중의 술
매우 세밀하고 번잡하

다음으로 불교가 특별히 주의하여 긍정(후에 또 '표전表詮'이라 했다)과 부정(후에 또 '차전遮詮'이라 했다)의 결합, 속체(俗諦 : samvrti, 또 '세제世諦'라고도 칭했다)와 진제(眞諦 : paramartha, 또 '성제聖諦'라고도 칭했다)의 병거(竝擧), 불요의(不了義 : 더 이상의 진술을 하여야 비로소 최종에 도달될 수 있다는 설명)와 요의(了義 : 명백하고 철저한 설명)의 연결의 방식을 사용함으로써[2] 때때로 사람들에게 '공'이 정말로 부정이 아니며 정말로 긍정도 아니고, '무'도 아니며 '유'도 아니라는 것을 상기시켰다. 그리하여 과거에 비해 '무'에 대한 이해와 표현이 더욱 다양한 깊이가 있게 되었고, 더욱 초월성을 띠게 되었다.

불교는 긍정과 부정
합 : 속체와 진체의
불요의와 요의의 연
식을 사용한다.

특별히 『중론(中論)』, 『백론(百論)』 그리고 『십이문론(十二門論)』이 번역되어 나온 이후 '중도(中道)'의 개념이 '공'을 이해하는 데 응용되었다. 이러한 이해와 표

져있으면 마치 거짓 세계에 빠진 것과 같아 이 때문에 미치게 된다", "사실은 이러한 환상은 인연 따라 소멸하므로 자연히 없어진다. 거울 속에 결코 상이 있는 것이 아니므로 결국 본원은 영원히 '공'인 것이다."

1) 『방광반야경(放光般若經)』 권4, 「문마가연품(問摩訶衍品)」 '제19', 『대장경(大藏經)』 8권, 22~23쪽. 『마사반야경(摩訶般若經)』 권4, 「구의품(句義品)」 '제12', 『대장경(大藏經)』 8권, 243쪽 참조하시오.

2) 여징(呂澄), 『중국 불교 원류 강의(中國佛敎源流略講)』 제3강 중에 인도 사람들의 사물을 이해하는 방식을 논술하면서 "인도인의 사물 인식은 모두 현량(現量 : 사물과 접촉하여 생기는 지식)과 비량(比量 : 추리하여 얻는 지식)의 측면에서 보고, 또한 가설과 이언(離言 : 말로는 표현될 수 없는 것)의 두 측면으로부터 본다. 이는 중국인들에게 습관이 되지 않았다." 습관이 되지 않은 인식과 표현 방식은 중국인들에게 새로운 사고의 길을 가져다 줬다. 중화서국, 51쪽, 1979, 1993. 또 와더(A. K. Warder : 악덕이渥德爾), 『인도불교사(*Indian Buddhism*,)』(p.150, 1980)의 불교의 이중의 진술방식에 대한 토론 참조. 그러나 그의 토론은 비교적 간단하며, 불교 경전의 표현은 이중보다 더욱 복잡하고 세세하다. 왕세안(王世安), 중역본, 상무인서관, 136쪽.

현은 중국의 직접적인 진술 방식의 묘사나 과장과 비교했을 때 더욱 정확하게 미묘한 뜻을 표현하였다. 이러한 사고방식의 표현을 보면, 첫째 일체의 현상 세계가 모두 확정되거나 영원함이 없고 홀연히 멈추지 않고 태어나고 머물며 변하여 소멸하는 과정을 겪는다. 그러므로 사람들은 '생주이멸(生住異滅 : 모든 존재는 생겨나서 머무르다가 변하고 결국 사라지게 되는 현상)'이 마치 시간의 과정 중에 실제로 연속되어 있는 것처럼 여긴다. 그러나 시간의 과정 자체가 허망한 것이므로 '생주이멸'의 연속 과정도 또한 허망한 것이다. 따라서 사람들은 단지 이러한 자성이 결핍되고 영원할 수 없는 내적 체험이 있게 되면 이것을 진(眞)이라고 이해할 수 있지만, 그러나 마음속의 이러한 체험 또한 인연으로 일어난 것이며, 끝내는 '생주이멸'의 고리로 들어간다. 그러므로 사람들은 마땅히 이것 또한 허망하고,[3] 진정으로 유일하고 절대이며 본원인 것은 일체의 지식과 경험이나 체험으로 이해할 수 있는 경계를 초월한다는 것을 깨달아야 한다.

둘째, 그렇다면 유일하고 절대적이고 본원인 '공'은 도대체 무엇인가? 불교는 한편으론 "색은 공과 다르지 않고, 공도 색과 다르지 않다(色不異空, 空不異色색불이공, 공불이색)"와 "오음(五陰)[4]이 공이니 공 역시 오음이다(五陰卽是空, 空卽是五陰오음즉시공, 공즉시오음)"와 같은 전면적인 표현을 사용하여 한편으로는 확정성을 부단히 부정하면서 곳곳의 근거를 해체하는 방법을 채용한다. 불경의 설명에 근거하면 경험 세계의 모든 실재하는 것은 개별적이고 일시적이며, 차별적이다. 그러한 존재는 시간과 공간 가운데 있으나 '공'은 결코 시공 중에 있지 않고, 또한 어떤 개별성과 차별성이 있지 않다. "태어나지 않으며 또한소멸하지 않는다. 항상 있는 것도 아니고 끊어지지도 않는다. 하나가 아니고 다르지도 않다. 오지도 않고 가

3) 승조는 『주유마힐경(注維摩詰經)』에서 다음과 같이 분명하게 설명하고 있다. "제법은 번개 같아 새롭고 새로워 멈추지 않고 일어났다 소멸하며, 서로를 기다려 주지 않는다. 손가락을 퉁기는 사이에 60개의 생각이 지나가니, 제법은 일념의 경각도 머물지 않으니 하물며 오래 멈추고자 하겠는가? 머뭄이 없으니 환상 같고, 환상 같으니 실제가 아니고 , 실제가 아니니 공인 것이다." 이 관점은 곽상(郭象)의 '자연'과 매우 다르다. 곽상의 '자연'은 시간에 순응하는 것으로 시간의 흐름 속에서 운행하고 변한다. 그러나 승조의 '공'은 시간을 와해한다. 시간이 환상이 되었을 때 일체 또한 순간에 사라지는 환상이 되는 것이다. 『대장경(大藏經)』 38권, 356쪽.

4) 불교에서 오음(五陰)은 오온(五蘊)이라고도 하며 색(色), 수(受), 상(想), 행(行), 식(識) 등 다섯 가지가 합하여 이루어진 인간의 몸과 마음 덩어리를 말한다(역자 주).

지도 않는다."[1]

셋째, 완전히 시간과 공간을 초월하고 경험 세계에서 드러나지 않는 절대 본원은 사상과 언어로 직접 파악할 수 없다면 사람들은 반드시 의식과 이해의 습관적 시각과 집착된 입장을 부단히 와해하여야 한다. "중생이라는 생각을 하지 않고, 나라는 생각을 하지 않으며, 피아의 생각을 하지 않아야 한다."[2] 이렇게 하여야 '응당 의지하는 바가 없게 되고', 어떤 한계에도 떨어지지 않으며, 결코 집착이 없는 경지에 처하게 된다.[3] 이렇게 불교 반야학 경전 중에 온갖 방법을 생각해 내어 사유함에 있어서 한걸음씩 후퇴하면서 의식 속에서 부단히 부정하는 과정의 최종 방향은 바로 종극의 '공'이다. 이것이 바로 소위 '요의(了義)'이다. 그리고 사색할 수 있거나 표현될 수 있는 것은 어떠한 것이든 모두 '불요의(不了義)'이다.[4]

비록 중국 사상계에 장자(莊子)의 '무무(無無)'나 곽상(郭象)의 발언, 즉 "이미 시비(是非)를 보내고, 또 그 보냄도 보내며, 보내고 또 보내어 보냄이 없음에 이른다. 그런 후에 보내지 않으나 보내지 않음이 없게 되니, 이는 스스로 가는 것이 아니다(旣遣是非, 又遣其遣, 遣之又遣之以至於無遣, 然後無遣無不遣, 而是非自去기견시비, 우견기견, 견지우견지이지어무견, 연후무견무불견, 이시비자거)"[5]가 있지만, 그러한 '한 층을 넘어서는' 정도의 초월 경지는 불교 이해와 표현상의 깊고 자세함에 비교할 수 없다. 사령

---

1) 『중론』, 『대장경(大藏經)』 30권, 1쪽. 이 점에 관하여 『유마힐소설경(維摩詰所說經)』 권 상, 「보살품」 '제4'에 유마힐과 미륵이 "도심은 후퇴하지 않는다(不退轉)"에 관하여 대화하는 기록이 있는데, 그 중에 본래 생도 없고 소멸도 없는 것 같다면 일체 중생은 과거와 현재와 미래의 시간을 소멸한다는 생각과 같다고 했다. 『중론』의 관점과 참고해 볼만하다. 『대정장(大正藏)』 14권, 542쪽.

2) 『사익범천소문경(思益梵天所問經)』 권1, 「분별품(分別品)」 '제3', 『대정장(大正藏)』 15권, 36~37쪽.

3) "지혜는 어지러움에 있지 않고, 또한 정(定)함에 있지도 않다. 지혜는 일정함에 있는 것(有常)에 있는 것도 아니고 일정함이 없는 것(無常)에 있는 것도 아니다. 지혜는 고락에 있는 것도 아니고 유아와 무아에 있는 것도 아니다." 『방광반야경(放光般若經)』 권3, 「문승나품(問僧那品)」 '제16', 『대정장(大正藏)』 권8, 20쪽. "의심하지 않고 범하지 않으며, 노하지 않고 인내하지도 않으며, 나아가지도 않고 태만하지도 않으며, 정(定)하지도 않고 어지럽지도 않으며, 지혜롭지도 않고 어리석지도 않으며, 베풀어주지도 않고 탐함이 있지도 않다." 『방광반야경(放光般若經)』 권2, 「마가반야파라밀오신통품(摩訶般若波羅蜜五神通品)」 '제5', 『대정장(大正藏)』 권8, 10쪽.

4) 만약 우리가 '요의'에 대해 더 깊게 분석을 한다면, 『해심밀경(解深密經)』처럼 용수(龍樹)가 한 "일체 법은 본래 성이 없다(一切法無自性)"는 말의 뜻은 '편계소집성(遍計所執性 : 온갖 분별로써 마음속으로 지어낸 허구적인 대상)', '의타기성(依他起性 : 온갖 분별을 잇달아 일으키는 인식 작용)', '원성실성(圓成實性 : 분별과 망상이 소멸된 상태에서 드러나는 있는 그대로의 청정한 모습)' 등으로 나눠어 진다.

5) 『장자집석』 권2, 「제물론」, 중화서국, 79쪽, 1982.

운(謝靈運)은 「답망림이법사(答網琳二法師)」에서 사람들은 "유무의 배후에 이르면 서로 통한다"는 것을 이해하지 못하니, 이것은 "습성에 구속되어 의심이 생기기 때문이다(拘於所習以生此疑耳구어소습이생차의이)"라고 말했다. 이는 중국의 학자들이 전통적 사고의 영향을 받아 불교의 유무 초월 경지를 이해하기 어려워하는 단면을 보여준다고 할 수 있다.[6)]

는 특별히 언어의 한 을 강조한다.

끝으로 불교는 특별히 언어의 한계성을 강조한다. '공'의 이해와 표현은 어떤 언어도 맡아 할 수 없다. 모든 언어는 또한 사상을 고착된 분별 속에 처하게 하여 사상을 통해 존재의 본원을 직접 탐구하는 것을 방해한다. 물론 언어가 '이름을 세우고 부호를 빌어 글자를 만드는 것'은 인정하지만 말이다. 결국 불교는 언어를 초월할 것을 요구한다. 『유마힐경(維摩詰經)』「제자품(弟子品)」의 "문자를 짓지 않는다(不著文字불저문자)"와 『화엄경』의 '내심으로부터 증명된 바(自內所證자내소증)'[7)]는 모두 존재 본원의 유일한 길을 깨달은 것이다. 여기에 위에서 이야기한 말들의 현묘하고 깊은 경지조차도 단지 잠시 드러내거나 깨닫기 위해 베풀어진 상황에 따른 방편적인 기제이다. 그리고 진정한 실재는 '불가사의(不可思議)'하거나 '말할 수 없으니', 종극의 '공'은 그윽하고 깊으며 미묘한 것이다.[8)]

---

6) 『광홍명집(廣弘明集)』 권21, 사부비요본, 172쪽.

7) 『유마힐소설경(維摩詰所說經)』 권 상, 「제자품」 '제3', "지자(智者)는 문자를 짓지 않으므로 두려울 바가 없다. 무슨 까닭인가? 문자는 본성이 없으므로 문자를 둠이 없어야 해탈할 수 있다(不著文字, 故無所懼, 何以故? 文字性離, 無有文字, 是則解脫불저문자, 고무소구, 하이고? 문자성리, 무유문자, 시즉해탈)." 『사십화엄경』 권38, "가장 뛰어난 첫 번째 뜻은 나지도 않고 소멸하지도 않으며, 잃지도 않고 무너지지도 않으며, 오지도 않고 가지도 않으며, 이와 같은 언어는 이미 언어 환경이 아니고 말로 미칠 수 없으며, 기술하여 구별할 수 없으니 장난삼은 논리나 생각으로 알바가 아니다. 본래 언설이 있는 것이 아니고 체성(體性)이 정적하니 오직 여러 성인만이 내심으로부터 증험하는 바이다(最勝第一義, 不生不滅, 不失不壞, 不來不去, 如此語言, 旣非言境, 言說不及, 不能記別, 非是戱論, 思度所知, 本無言說, 体性寂靜, 唯諸聖者, 自內所證최승제일의, 불생불멸, 불실불괴, 불래불거, 여차어언, 기비언경, 언설불급, 불능기별, 비시희론, 사도소지, 본무언설, 체성적정, 유제성자, 자내소증)." 『사십화엄경』 권31에 "이 불법은 미묘하여 문자 언어로 펴서 말하기가 어렵다. 무슨 까닭인가? 일체의 문자 경지를 초월하고, 일체의 언어 경지도 초월하기 때문이다(此法微妙, 難以文字語言宣說, 何以故? 超過一切文字境界故, 超過一切言語境界故차법미묘, 난이문자어언선설, 하이고? 초과일체문자경계고, 초과일체언어경계고)."

8) 의심할 바 없이 당시의 불교도들은 '공'에 대한 사고와 중국 사상의 매우 깊은 관련성에 관하여 한편에서만 알고 의견을 개진한 것은 아니다. 예를 들면 현학자들이 '무'를 토론하면서 상당히 조심스럽게 그 의미에 대한 이해와 표현을 하였다. 곽상이 『장자』「제물론」을 주하면서, 일찍이 단순하게 '유'와 '무', '시'와 '비'와 같은 기존 사고의 틀에 빠지지 않으려고 시도했다. "천하는 스스로 옳지 않음이 없으며, 서로 그르지 않음도 없다. 그러므로 옳기도 하고 그르기도 하며, 이 둘이 끝이 없이 진행되니 오직 공(空)에 다다르고 중용을 얻은

4

인성에서 불성으로 배후의 근거

그러나 우주 본원인 '공'의 토론은 결국 인생의 최종 의의에 근거를 제공하려는 것이다. 당시 불교의 인성과 불성 문제에 관한 사고방식은 형이상학적 기초 위에 세워져 이어온 것처럼 보였다.

전통 중국 사상계에서 사람 본원의 품성과 종극(終極)의 경지 문제에 대한 여러 의견이 있었고, 성은 선악이 없고, 성선과 성악론은 일찍이 격렬한 쟁론이 있었다. 또한 사람을 본원(本原), 윤락(淪落), 복귀(復歸)의 과정으로부터 '성(性)', '정(情)', '선(善)' 혹은 '생(生)', '성(性)', '선(善)'의 서로 다른 층으로 분류할 수 있다는 견해도 있었다. 그러나 이러한 견해는 모두 매우 간단하고, 인생의 본원, 인생의 변화, 인생의 회귀 등의 문제에 대하여 분석적이고 직접적인 진술은 있지 않았다. 예를 들면 한(漢)나라 시대 『회남자(淮南子)』에서는 소위 "사람은 태어나면서 정(靜)함이 천성이다. 느낌이 있은 후에 움직이는 것은 성(性)을 해치는 것이다. 사물이 이르면 정신이 반응하는 것은 지각이 움직이는 것이다. 지각과 사물이 접촉하여 좋아함과 싫어함이 여기에서 생긴다. 좋아함과 싫어함이 형성되면 지각이 밖에서 유혹하고 자기에게 되돌아 갈 수 없게 되어 천리가 소멸되게 된다"[1]고 하였다. 인성이 어떻게 정(靜)하며, 정(靜)한 것이 어떻게 움직이는가? 정신이 어떻게 사물과 반응하며, 지각이 어떻게 사물과 접촉하는가 등의 문제에 대하여 모두 세밀한 분석이 결핍되었고, 단지 간단한 결론이나 혹은 내용이 불분명한 비유만 들고 있다.

예를 들면 『문자(文子)』, 『회남자(淮南子)』에 "황하가 맑고자 하나 모래와 흙이

자만이 훤하게 마음속에 품지 않고 타고서 노닌다." 여기에서의 '공(空)'과 '중(中)'은 불교와 매우 흡사하다. 그러나 근본적으로 보아 현학의 사고방식 중에 최종의 경지는 시공에 순응하고 일종의 스스로 그러함으로써 그러한 과정의 합리성을 확립하는 것이다. 이러한 스스로 그러한 상태에서 종극의 실재를 체험하게 된다(自然而然). 그러나 불교 반야학의 사고방식에서는 시공을 초월하며, 일체의 현상 세계가 시간의 흐름 속에서 부단히 자신을 와해하지만, 그러나 시간의 연속성 또한 진실이 아니므로 사람들은 단지 부단한 와해 과정 중에 실재를 체험해야 한다. 아카츠카 키요시(赤塚忠), 카나야 오사무(金谷治), 후쿠나가 미츠지(福永光司) 등의 『중국 사상사』에서 이 문제에 대한 간략한 해석 부분 참조, 장소 중역본(張昭中譯本), 타이베이, 174쪽, 1981.

1) 『회남홍렬집해(淮南鴻烈集解)』 권1, 11쪽.

더럽힌다"를 가지고 "인성이 평온하고자 하나 기호와 욕망이 방해한다"는 것을 비유하고, 『춘추번로(春秋繁露)』에서는 누에고치가 실을 내고 알에서 새끼가 나오고 벼가 쌀을 만들어 내는 것을 들어 '성(性)', '정(情)' 혹은 '성(性)', '선(善)'을 비유하고 있다.[2] 인성(人性)이 무엇으로 구성되어 있는가? 인성이 정말 본래 평정한 것인가? 인성이 도대체 어떻게 타락하기도 하고 어떻게 승화하기도 하는가? 이러한 문제에 대하여 생리, 감각, 심리와 사회적 측면에서 세밀한 연구가 되어 있지 않다. 사람들은 한편으로는 도리적인 측면에서 습관적으로 이미 이루어진 말할 필요도 없는 결론에 빠져들고, 또 한편으로는 실천의 측면에서 주의력을 사회질서와 관련된 윤리 도덕의 문제에 집중한다. 중국 사상계의 주류에서 추구하는 종극의 경지는 결코 진정한 절대와 초월이 아니라, 사회생활 가운데에서 원만한 인생을 실현하는 것이다.

의 분석은 중국 전통 그것 보다 훨씬 세밀 깊이가 있다.

그러나 불교의 분석은 중국 전통의 그것 보다 훨씬 세밀하고 깊이가 있다. 그 이유는 첫째, 불교는 우주 본원에 대한 세밀하고 복잡한 분석의 기초 위에 견실하게 서 있다. 둘째, 불교는 감각, 지각, 심리, 심지어 사회를 관통하는 고리로 연결된 추리를 함유하고 있다. 셋째, 불교는 논리의 견실한 근거와 세밀한 추리의 방법을 갖고 있을 뿐 아니라 그로부터 인성의 원만한 경지를 실현하는 순서와 방법을 추론하여 도출해 낸다. 이러한 차별에 대하여 중국 지식인들은 4,5세기경에야 비로소 점차 인식하기 시작했다.

당시 사령운은 감개하여 말하길, 유교와 중국 사상계는 '속세는 구할 수 있으나', '성령의 심오함'은 탐구할 수 없다고 했다. 그리고 종병은 『명불론(明佛論)』에서 솔직하게 "중국 군자들은 예의에 밝으나 인심(人心)을 아는 데는 어두우니, 어찌 불심(佛心)을 알 수 있겠는가? 금세의 업(業)과 가까운 일을 도모하는데 잘하지 못해도 여전히 홍망이 미치는데, 하물며 정신세계의 나의 존재를 살피랴? 불심을 얻으면 맑게 승화함이 무궁할 것이나, 잃으면 영원히 추락하여 끝이 없을 것이다"라고 말했다. 그는 또 비유하여 말하길, 이러한 종극의 그윽하고 심원한

2) 『문자』 권6, 「이십이자(二十二子)」본, 847쪽, 『회남홍렬집해(淮南鴻烈集解)』 권11, 352쪽, 『춘추번로(春秋繁露)』 권10, 「이십이자」본, 791~792쪽.

근본을 탐색하지 못하고 단지 중국 경전만 고수하며 '『서(書)』, 『예(禮)』를 한계로 삼을 줄만 안다면' 이는 "층층의 구름 아래만 다니며 일월의 존재를 믿지 않는 것과 같다"[1]고 하였다.

확실히 사람들은 불경을 읽을 때, 불교가 문제를 토론하면서 먼저 토론의 근거와 기초를 확립하고, 그런 후에 매우 정밀한 논리로 감각, 지각, 의식 그리고 심리, 물리(物理) 심지어 사회생활의 체험까지를 관통하여, 십분 연관성 있는 사고와 층이 매우 분명한 질문 과정을 형성하고 있다는 것을 알 수 있을 것이다. 예를 들면 『유마힐경(維摩詰經)』「관중생품(觀衆生品)」 '제7'에서 계속 핍박하는 듯한 질문 과정이 있다. 질문자가 묻기를, "선하고 선하지 않음은 무엇을 근본으로 하는가?" 답하길, "신(身)이 근본이다." 또 묻기를, "신은 무엇을 근본으로 하는가?" 답하길, "탐욕을 근본으로 한다." 세 번째 묻기를, "탐욕은 무엇을 근본으로 하는가?" 답하길, "허망의 분별을 근본으로 한다." 네 번째 묻기를, "허망의 분별은 무엇을 근본으로 하는가?" 답하길, "생각을 거꾸로 뒤집는 것을 근본으로 한다." 다섯 번째 묻기를, "생각을 거꾸로 뒤집는 것은 무엇을 근본으로 하는가?" 답하길, "머묾이 없는 것을 근본으로 한다." 여섯 번째 묻기를, "머묾이 없음은 무엇을 근본으로 하는가?" 답하길, "머묾이 없음(無住)은 근본이 없다." 여기에서 결론을 말하는데, 바로 "무주(無住)를 근본으로 하여 일체의 법을 세운다."[2]

불교의 사고는 자주 이렇게 층층의 단계적인 추리로 상호 고리를 연결하는 방식이다. 불성에 대하여 사실 혜원과 구마라습 모두 상당히 깊이 있는 논의가 있었다. 예를 들면 혜원은 『법성론(法性論)』에서 이렇게 말했다. "지극함에 이르는 것은 불변(不變)을 본성으로 하고, 본성을 얻는 것은 지극함을 체험하는 것으로 근원을 삼는다."[3] 사실 여기서 불성 문제의 관건이 되는 점을 이미 지적해 냈다. 구마라습도 일찍이 『법화경(法華經)』을 근거로 하여 모든 중생도 불성이 있다고

---

1) 『홍명집(弘明集)』 권2, 사부비요본, 17쪽.

2) 『대정장(大正藏)』 14권, 248쪽.

3) 『고승전(高僧傳)』 권6, 「진여산석혜원(晋廬山釋慧遠)」, 218쪽.

4) 혜예(慧睿), 『유의(喩義)』, 『전송문(全宋文)』 권62, 『전상고삼대진한육조문(全上古三代秦漢六朝文)』, 2771쪽, 중화서국 영인본.

추론하였다.[4] 그러나 가장 전형적 의미를 가진 것은 5세기 상반기 축도생의 생각이다. 그는 『열반경(涅槃經)』을 근거로 하고 있으나, 『열반경』의 인생 문제에 대한 생각은 『반야(般若)』의 우주 본원에 대한 분석 위에 기초하고 있기 때문에[5] 『반야』로부터 이야기를 시작해도 무방하겠다.

『반야』의 중심 사상은 '공'에 대한 논설이다. 일체 모든 것은 자성이 없고, 단지 인연 따라 모였다 홀연히 생멸하니, 불교는 외부 세계와 심령 세계를 오음(五陰)과 육입(六入)[6]으로 개괄하고 관통하였다. 사람의 눈(眼), 귀(耳), 코(鼻), 혀(舌), 몸(身), 뜻(意)의 육근(六根)으로부터 육입(六入), 즉 색(色), 소리(聲), 향기(香), 맛(味), 감각(觸), 법(法)을 끌어냈다. 이러한 각종 감각과 지각이 모이면 소위 색(色), 수(受), 상(想), 행(行), 식(識), 즉 이를 '오음(五陰)'이라 한다. 육입과 오음이 원래 없는 것을 홀연히 있는 것으로 착각하게 만들어(幻化) 마음에 세계가 형성된다.

마찬가지로 『대반열반경(大般涅槃經)』 또한 우주 시공 중의 현상과 사물은 모두 확정성과 자주성이 없다는 것을 논증한다. "모든 법은 화염 같고 건달바성(乾闥婆城 : 실체는 없이 공중에 나타나는 성곽, 즉 건달바가 만든 성이라는 뜻)의 그림 속 물줄기와 같고, 또한 파초나무의 물방울처럼 비어 실체가 없다. 명(命)도 아니고 아(我)도 아니니 고락이 있지 않다."[7] 또한 마술사가 만들어낸 병거(兵車)와 상마(象馬)가 성읍과 산림처럼 많은 것 같기도 하고, 사람들이 산골짜기의 물소리의 반향을 들은 것 같이 일체의 모든 것이 색(色), 향(香), 미(味), 촉(觸) 등 감각이 모인 것으로 생멸이 정해지지 않은 '무상'이며 '공'인 것이다.

마찬가지로 사람 자체가 '공'이고 오음이 모인 것이다. 사람이 일단 자신을 진실한 존재로 여긴다면 '아(我)'가 있게 되고, 진실이 없는 '고(苦)'의 세계에 잘

---

5) 『열반경(涅槃經)』은 『반야경(般若經)』의 분석을 기초로 하고 있으며, 축도생의 불성론도 '공'의 분석에 기초하고 있다. 이 점에 대해 많은 학자들이 이미 지적하였다. 축도생, 『주유마힐경(注維摩詰經)』과 『열반경집석』의 상관된 진술 참조. 예를 들면 『대정장(大正藏)』 38권, 347쪽, 37권, 548쪽.

6) 육입(六入)은 불교의 육근(六根 : 眼, 耳, 鼻, 舌, 身, 意)를 내육입(內六入)이라 하고, 육진(六塵 : 色, 聲, 香, 味, 觸, 法)을 외육입(外六入)이라 한다. 육근과 육진은 서로 영향을 미치니, 안(眼)은 색(色)에 들고, 이(耳)는 성(聲)에 들고, 비(鼻)는 향(香)에 들고, 설(舌)은 미(味)에 들고, 신(身)은 촉(觸)에 들고, 의(意)는 법(法)에 든다(역자 주).

7) 『대반열반경(大般涅槃經)』 권21, 「광명편조고귀덕왕보살품(光明遍照高貴德王菩薩品)」 '제10의 1', 『대정장(大正藏)』 12권, 488쪽.

못 들어가게 된다.[1] 다시 말해서 세계는 한편으로 외재하는 진세(塵世)의 인연의 투영이고, 한편으로 심령의 감각, 지각의 반응이다. 이로부터 변화하여 마치 사람들의 마음속에 실제로 존재하는 것 같은 세계는 세속 사람들의 환각, 욕망, 행위 등을 불러일으킨다. 이 때문에 야기된 각종 고뇌와 얽매임은 사람들로 하여금 세상에서 피할 수 없는 생사윤회(十二因緣)의 굴레 속으로 들어가게 된다. 이러한 인연은 "사람들로 하여금 사랑하는 사람과 이별하고, 원망하는 사람과 만나게 되고, 어리석은 사람들을 해하여 유의 세계에 떨어뜨리며, 항상 모든 죽고 사는 중생들을 번뇌하게 하고, 항상 스스로 번뇌하고 남을 해치는 생각을 품게 하여, 끝내 지옥에 들어가게 된다."[2] 일천제(一闡提)의 죄과와 업보가 바로 이로부터 말미암은 것이다.

그러나 이러한 실재하는 것 같은 '색(色), 수(受), 상(想), 행(行), 식(識)'은 실재하는 자성이 없기 때문에 부단한 연기와 소멸 중에 처하고, '차례가 이어져 끊어지지 않고 변하니' '무상(無常)'함이라 한다. 단지 사람들이 여기에 흠뻑 빠져버리기 때문에 고집스럽게 불진(不眞)을 진(眞)이라 여기고, 이러한 집착이 있게 되면서 '아(我)'가 있게 되며, 또한 무상한 순환 속으로 빠지게 된다. 그러나 결국에는 어찌 항상 있고 불변하는 '사중금(四重禁 : 승려가 지켜야 할 네 가지 중요한 계율, 즉 살생, 도둑질, 음행, 깨달음을 얻었다고 거짓말 하는 것 등을 해서는 안 된다)', '방법심(謗法心)', '오역죄(五逆罪)' 같은 것이 진정으로 존재하겠는가?

"비유하면 허공이 만약 더러운 것을 받으면 받은 곳이 없듯이 심성 또한 이와 같아 만약 더러움을 받더라도 더럽혀진 곳이 없음이 마치 허공과 같다. 비록 안개나 먼지 구름에 의해 밝지 않고 깨끗하지 않게 되더라도 허공의 성품을 더럽힐 수 없는 이치와 같은 것이다(譬如虛空, 若受垢汚, 無有是處, 心性亦如是, 若有汚垢, 無有是處, 又如虛空, 雖爲烟塵雲霧覆翳, 不明不淨, 而不能染汚虛空之性비여허공, 약수구오, 무유시처, 심성역여시, 약유오구, 무유시처, 우여허공, 수위연진운무복예, 불명부정, 이불능염오허공지성)."[3] 불타가

1) 『대반열반경(大般涅槃經)』 권22, 「광명편조고귀덕왕보살품」 '제10의 2', 『대정장(大正藏)』 12권, 494쪽.
2) 『대반열반경(大般涅槃經)』 권23, 「광명편조고귀덕왕보살품」 '제10의 3', 『대정장(大正藏)』 13권, 499쪽.
3) 『사익범천소문경(思益梵天所問經)』 권3, 「논적품논적품」 '제8', 『대정장(大正藏)』 15권, 50~51쪽.

이어 묻기를, 만약 일체의 현상과 사물, 시비와 선악 모두가 시공(時空)안에 있다면 확정성과 진실성이 없는 것인가? 그렇다면 일천제의 그런 죄과는 확정성과 진실성이 있어 생멸할 수 없는 것인가? 그렇지 않은가?[4] 만약 일천제의 이러한 '사중금', '방법심', '오역죄' 같은 것이 모두 허상이고 무상하여 끝내 생멸한다면 일천제가 왜 해탈하여 성불할 권리를 얻을 수 없는가? 이러한 생각으로 추론하면 "일체 중생은 모두 불성이 있다"와 "일체의 어두운 번뇌 등의 법(法)도 모두 불성이다"라는 결론을 얻을 수 있다.

이어서 『대반열반경(大般涅槃經)』은 사람들에게 눈앞의 세계에 관하여 "한편으로는 외재하는 세속 인연의 투영이고, 한편으로는 심령의 감각과 지각의 반응이다"라고 말했지만, 사람들은 이러한 공허한 환상을 통찰하지 못하여, '아(我)'가 있게 되고, '망(妄 : 망상)'과 '집(執 : 집착)'이 있게 된 것이다"라며 경계한다. 그러나 또 고집스럽게 한 극단으로 치닫지 못하게 경고하며, 편협됨은 어떤 것도 사람들로 하여금 절대와 초월의 경지에 이를 수 없다고 한다. 왜냐하면 눈앞의 현상 세계를 거절하고 도피하는 것은 이미 결과를 낳게 하는 '인(因)'이기 때문이며, 이 역시 심령으로 하여금 긴장 상태에 처하게 하여 '집착(執)'을 초월할 수 없게 하기 때문이다. '인(因)'이 있으면 반드시 '과(果)'가 있으며 생멸이 있게 된다. '집(執)'이 있으면 '통(通)'할 수 없고 초월 할 수 없다. 그러므로 단지 양 극단을 떠나고, 유무를 초월하면, '중도(中道)' 에 부합하게 되고, 비로소 반야학에서 인정하는 초월과 절대의 경지에 이른다.

그러면 무엇이 진정한 불성인가? 『대반열반경(大般涅槃經)』의 설명은 반야의 견해에 의거하여 '불(佛)'은 경험 세계에서 확립할 수 있는 것이 아니다. 불은 법(法)이 아니고 법이 아닌 것도 아니며, 색(色)이 아니고 색이 아닌 것도 아니며, 유도 아니고 무도 아니며, 여래도 아니고 여래가 아닌 것도 아니니 불성은 현상 세계에 존재하는 것이 아니다. 불성은 삼계(三界 : 불교 용어로 중생이 윤회하는 욕계, 색계, 무색계를 말함)에 있지 않고 시공을 초월하며, 현상 세계의 영원성과 절대성을 초월

---

4) 『대반열반경(大般涅槃經)』 권22, 「광명편조고귀덕왕보살품」 '제10의 2'에, 왜 일천제가 열반에 들 수 있는가? 이는 왜냐하면 "일천제도 결정된 것이 아니기 때문에… 결정된 것이 아니므로 얻을 수 있는 것이다." 『대정장(大正藏)』 12권, 493쪽.

한다. 그러므로 '부정(不定)'이라 부르며, 확정할 수 없는 것이다. 그러나 이러한 영원성과 절대성은 또한 현상 세계 밖에 독립하여 존재하는 어떤 존재가 아니며, 현상 세계의 유동적인 변화 중에 숨어 있는 현상 뒤의 어떤 본원이다.

예를 들면 현상 세계의 무상함처럼 불성이 생주이멸의 과정에 가운데 있다고 말한다. 그러나 생주이멸의 과정은 영원히 존재하고, 따라서 이는 '상(常)'이 되는 것이니 마치 진짜 쇠는 제련하여 각종 기물이 되는 것과 비유될 수 있다. 또 각종 기물은 부단히 다시 제련하여 또 다른 기물을 주조할 수 있다. 그러나 쇠의 성질은 시종 여전하다. 흐르는 물은 부단히 흘러 움직이며 가는 것이 이와 같지만 물의 흐름은 영원히 같다.

불경에 말하길, 무엇이 일천제인가? 일천제는 세속에서 말하는 소위 믿음(信)이 없고 선이 없으며, 나아감(進)이 없고 생각함(念)이 없으며, 정(定)함이 없고 지혜가 없는 자를 이른다.[1] 그러나 세속의 의식 중에 확립된 '믿음(信)', '선방편(善方便)', '진(進)', '념(念)', '정(定)', '혜(慧)'와 같은 개념은 진정으로 초월한 불성이 아니다. 왜냐하면 이들은 거절이 있고 대립이 있으며 편집이 있어, 이에 어두움, 죄과, 업보(蘖業)와 마찬가지로 생주이멸 가운데 처하게 된다. 사람들은 신(信), 선(善), 진(進), 념(念), 정(定), 혜(慧)와 무명(無明), 죄과, 얼업(蘖業)의 배후에 진정한 영원과 초월이 있고, 바깥 세계와 사람의 심령이 비록 이러한 생멸의 순환 가운데 처한다지만 본질적으로 일종의 영원을 갖고 있고, 이는 불성의 영원과 같은 것이지만 단지 사람들은 "보지 못할 뿐이다." 마치 가난한 사람이 자기에게 숨겨진 보물이 있으나 알지 못하는 것과 같다.[2]

그러므로 진정으로 지혜로운 자는 '공(空)과 불공(不空,) 상(常)과 무상(無常), 고(苦)와 낙(樂), 아(我)와 무아(無我)'를 보고 한편으로 치우치지 않고, 영원히 집착하지 않으며, 생주이멸의 현상 세계를 통해 배후에 숨겨진 영원의 절대를 통찰할 수 있으며, 이러한 영원히 멈추지 않는 영원한 과정과 함께 영원할 수 있는 것이다. 또한 시간과 공간을 초월하고, 분별과 차이가 없는 우주 본원을 『대반열반경

---

1) 『대반열반경(大般涅槃經)』 권26, 「광명편조고귀덕왕보살품」 '제10의 6', 『대정장(大正藏)』 12권, 519쪽.

2) 『대반열반경(大般涅槃經)』 권27, 「사자후보살품(獅子吼菩薩品)」 '제11의 1', 『대정장(大正藏)』 12권, 523쪽.

(大般涅槃經)』에서 '제일의 공(第一義空)'이라 칭한다. 또 "일체가 공임을 보고 공이 아닌 것은 보지 않으며, 중도를 이름(名)하지 않는다. 일체가 무아임을 보고, 아를 보지 않음에 이르러 중도를 이름하지 않는다(見一切空, 不見不空, 不明中道, 乃至見一切無我, 不見我者, 不明中道견일체공, 불견불공, 불명중도, 내지견일체무아, 불견아자, 불명중도)."[3] 중도는 불생불멸하고 불상부단(不常不斷)하며, 불일불이(不一不異)하고 불래불거(不來不去)하니, 진정한 중도가 바로 불성이다.

그러므로 축도생은 "성(性)이라는 것은 진실로 지극하여 변함이 없다는 의미다"라고 말한다. 혜예는 또 불성을 체험함이 바로 열반이라고 말한다. "니원(泥洹 : 열반)은 영원히 존재하며 반응하고 비쳐 보는 근본이며, 큰 변화에 없어지지 않으며, 진정한 본원이 여기에 존재한다."[4] 이러한 보편적이며 영원히 존재하는 일체 모든 것의 본원과 사람들이 이러한 본원을 이해할 수 있는 오성(悟性)이 바로 불성이다.

이어서 보편적이며 영원히 존재하는 일체 모든 것의 본원과 사람들이 이러한 본원을 이해할 수 있는 오성이 불성이라면, 심령에 존재하는 '혹(惑)'과 '불혹(不惑)'에 대해 승조는 "있기도 하고 없기도 하니, 마음의 영향이다. 말(言)이기도 하고 상(象)이기도 하니, 영향의 인연에 따른 것이다"[5]고 말한 기록이 있다. 다시 말해서 상(常)과 무상(無常), 공(空)과 불공(不空), 고(苦)와 악(樂), 생(生)과 사(死) 등은 사실 심령의 작용과 영향이다. 따라서 '열반'은 모든 환상을 꿰뚫어 보고 환상적 현실에 얽매이지 않으며, 시간 속에서 반복하지 않고, 가는 것도 없으며 오는 것도 없고, 얻기를 탐하지 않고, 신(新)과 구(舊)의 분별이 없으며, 고정된 관념의 장애가 없고, 사람을 곤혹스럽게 하는 모든 형상이 없으며, 또한 각종 번뇌도 없다.[6]

사람의 의식은 마땅히 모든 개별성과 차별성의 현상과 사물은 모두 영원과 초월을 방해한다는 것을 이해하고 깨달아야 한다. 이러한 개별적이고 차별적인 현상과 사물에 집착하는 모든 것은 심령을 일시성과 분별성에 매이게 하여 시공

---

3) 『대반열반경(大般涅槃經)』 권27, 「사자후보살품」 '제11의 1', 『대정장(大正藏)』 12권, 523쪽.

4) 『출삼장기집(出三藏記集)』 권5, 『대정장(大正藏)』 55권, 41쪽. 『전송문(全宋文)』 권62, 『전상고삼대진한육조문』, 2770쪽.

5) 『답유유민서(答劉遺民書)』, 『대정장(大正藏)』 38권, 156쪽.

6) 『답유유민서(答劉遺民書)』 권25, 「광명편조고귀덕왕보살품」 '제10의 5', 『대정장(大正藏)』 12권, 514쪽.

을 초월하지 못하고, 생주이멸하고 무상유전(無常流轉)하는 인연의 고리에 빠지는 원인이다. 그러나 이러한 무상유전하는 공허한 환상이 실제로 유일한 존재이며, '공'인 것이다. 만약 진정으로 '공'을 깨닫는다면 '공무아(空無我)'로부터이고, 무아(無我)이면 생사 중 아(我)가 없게 된다. 그리고 불성인 아(我)만 있는 것이다.[1] 사람은 이러한 유일한 실재와 영원에 깊이 침잠할 수 있으며, 불(佛)처럼 생주이멸의 무상 가운데 처하면서 무상의 상이 바로 영원임을 항상 파악할 수 있다. 왜냐하면 '불성'은 일체를 초월하는 '중도'이며, "항상 변화가 없는 영원한 것이다."[2]

서기 5세기 30년대에 축도생은 『니원경(泥洹經)』에 의거하여 "일천제인 사람도 모두 불성을 얻을 수 있다"고 제창했다. 그러나 상당히 많은 사람들의 반대에 부딪쳤으니, 그의 주장은 "그릇된 설법이라 여기어져 비방과 분노가 크게 일어나서 마침내 대중에게 드러내, 제거하고 버려야 한다"라는 비판에 직면하였다. 그리하여 그로 하여금 대중 앞에서 다음과 같은 맹서를 하게 했다. 만약 불교 경전의 교리를 위배한다면 나에게 당장 악질이 걸릴 것이다. 만약 나의 견해가 불경의 교리를 위반하지 않는다면 내가 죽을 때에 석가모니의 자리를 차지하게 될 것이다.[3] 그러나 『열반경(涅槃經)』이 전래되면서 이러한 의심은 씻은 듯 사라졌다. 당연히 이는 불교 경전의 의심할 바 없는 권위에서 말미암은 것이다. 그러나 불교 경전의 권위가 또한 그 교리를 원만하게 설명하려 할 때 사용한 지극히 세밀한 개념과 고리로 연결되는 사고, 그리고 타파하기 힘든 분석으로부터 온 것인가?

5

불성에 도달하는 방법과 길

중생이 모두 불성이 있다면 불성에 도달하는 방법과 길은 무엇인가? 이 화제가 자연스레 당시 불교 토론의 초점이 되었다. 초기 불교는 송경(誦經), 염불(念佛),

---

1) 『유마힐경주(維摩詰經注)』, "무아이니 본래 생사 중의 아가 없는 것이며, 불성인 아가 있지 않은 것이 아니다." 『대정장(大正藏)』 38권, 354쪽.

2) 『유마힐경주(維摩詰經注)』 권27, 「사자후보살품」 '제10의 1', 『대정장(大正藏)』 12권, 522쪽.

3) 『고승전(高僧傳)』 권7, 256쪽.

칭명(稱名), 지계(持戒), 습선(習禪), 인욕(忍辱), 홍복(興福) 등 형태와 자취가 있는 종교 행위를 제창하였다. 이러한 종교 행위 중 어떤 것은 심령의 조급한 움직임을 억제하고 현상 세계의 유혹을 저항하기 위해서이고, 어떤 것은 불타나 보살의 동정을 얻어 구제의 승낙을 받기 위해서이며, 어떤 경우는 정신적으로 원만한 도덕성을 얻어 자신의 심령에 일종의 승화된 만족감이 생기게 하기 위해서이다. 따라서 불교는 줄곧 현실에서 피안으로 가기 위해 상당히 먼 길을 가야한다고 여긴다. 진정한 불교도는 마땅히 이러한 시험을 견뎌야 하며, 수행의 길은 어렵고 험난한 과정을 건너야 비로소 신성의 경지에 점차 접근할 수 있다고 하였다.

서기 5세기에 이르러 비록 불교는 과거의 신비적이고 요원하며 종극의 미묘한 문에 매달린 불성을 점차 사람들 각자의 마음속에 구비하고 있는 친근하고 자각할 수 있는 인성에 가깝게 가져갔다. 그러나 후대의 선종처럼 아예 "인심(人心)이 곧 불심이다"라고 이야기하고, 수행을 불교의 일에서 축출하지는 않았다. 『세설신어』「언어」에 사공(謝公)의 말을 인용하여, '성현과 사람 사이의 거리는 가까울 따름이며(聖賢去人, 其間亦邇성현거인, 기간역이)', 아울러 만약 치초(郗超)가 아직 살아 있다면 이 말을 이해할 수 있을 것이라고 했다.[4] 그러나 '이(邇)'는 결국 '가까운(近)' 것이나, 결코 가까워 거리가 전혀 없다는 말은 아니다. 그러므로 법현(法顯)은 『대반니원경(大般泥洹經)』을 번역하면서 사람의 깨달음을 '불성을 개발하는 것'이라 번역했다. 혜예(慧睿)는 『유의(喩義)』에서 『니원(泥洹)』을 언급하면서, "단련하여 정교해지면 진정한 성(性)이 발하게 된다(陶練即精, 眞性乃發도련즉정, 진성내발)"[5]고 말했다. 『세설신어』「문학」에 간문제(簡文帝)의 말을 인용하여, "단련의 공(功)은 결코 깔볼 수 없는 것이다(陶練之功, 尙不可誣도련지공, 상불가무)"[6]라고 말했다. 이러한 기록들은 불교 신도들이 보편적으로 인성과 불성 사이에는 일정한 거리가 있다고 이해하였음을 말하고 있다.

그러나 거리는 갈수록 가까워졌다. 그 사고의 변천을 살펴보면 사람에게 이

4) 『세설신어교전(世說新語校箋)』 권상, 75쪽.

5) 『출삼장기집(出三藏記集)』 권5, 『대정장(大正藏)』 55권, 42쪽. 또 『전송문』 권62, 『전상고삼대진한육조문(全上古三代秦漢六朝文)』, 2771쪽.

6) 『세설신어교전(世說新語校箋)』 권상, 125쪽.

미 불성이 있다면 왜 세속에 빠지게 되는가? 5세기 종병(宗炳)은 불경을 인용하여 다음과 같이 설명한다. "일체의 법은 생각으로부터 형상이 만들어진다." 사람들의 불성이 잠시 가려졌기 때문에 이 점을 이해하지 못하고, '서로 인연 따라 알게 되고, 앎을 느끼게 되면 형상을 이루니', 마치 잔, 활, 뱀의 그림자처럼 각종 환상에 얽매이게 된다. 그러므로 '마음이 법의 근본이고 마음이 천당을 만들며, 마음이 지옥도 만드니', 사실 "성(性)은 없는 것이다." 이렇게 보면 당연히 간단하지만 대략 불교의 의미를 설명해 내고 있다. 다시 말해서 이는 인심이 가(假)를 진(眞)으로 삼으면서 분별이 있게 되고, 애오(愛惡)가 일어나며, 욕망을 불어온 것이다. 아무것도 생각하지 아니하고 사물에 마음이 움직이지 아니하는 상태에서 어떻게 신도들로 하여금 세속의 유혹을 초월할 수 있게 하는가? 종병은 말하길, 사람들은 항상 머무는 '허명(虛明)한 근본'을 갖고 있는데, '마음이 사물과 끊어지게' 하면 신명한 허정(虛靜 : 아무것도 생각하지 않고 사물에 마음이 움직이지 않는 상태)을 유지할 수 있고, 불교의 변하고 사라지는(變易離散)의 법칙을 배울 수 있으며, "법식(法識)의 성(性)은 공(空)한 것이니 몽환(夢幻), 그림자나 소리, 거품, 물에 비친 달 등과 같은 것 아니겠는가?(法識之性空, 夢幻影響泡沫水月, 豈不然哉법식지성공, 몽환영향포말수월, 개불연재)" 그래서 불성이 드러나고 망상을 버리고 진(眞)에 돌아가게 된다.[1] 어떻게 망상을 버리고 진에 돌아가는가에 대해서 종병은 이야기하지 않았지만 생각해 보면 일정한 수행의 길이 있다. 그러나 주의해야 할 점은 반야학의 공은 매우 확실한 사상적 근거이며, 오히려 상당히 강렬한 사상의 부식제이기도 하다. 공의 개념에서는 일체가 모두 진실성과 확실성을 잃게 된다. 사람들로 하여금 타락하게 하는 세속의 성색정욕(聲色情欲)이 아무리 어떻더라도 타락으로부터 벗어나기 위해 성색정욕에 대해 저항하는 것이 존재하든 존재하지 않든, 망상이든 진실이든 모두 고집스런 분별을 불러일으키며, 무상한 인과의 고리 속에서 끝내 생멸의 순간적 현현(顯現)을 하게 되고 영원한 초월성은 없는 것이다.

그러므로 부정된 모든 죄과와 업보 그리고 긍정된 복을 일으키는 선행이 다 허망한 것이며, 여래불조차 진실한 존재가 아니다. 오직 색과 공이 하나같다는

1) 『홍명집(弘明集)』 권2, 사부비요본, 18쪽.

체험과 느낌만이 유일한 진실이며, '오(悟)'와 '미(迷)'가 심령의 '혹(惑)'과 '불혹(不惑)'에 달려 있고, '혹'과 '불혹' 또한 마음(內)으로부터 증명할 수밖에 없으며, 불성은 단지 마음으로 증명할 수밖에 없는 '제1의 공(第一義空)'이라는 사실에 당면했을 때 과거의 비안(此岸)에서 어렵게 피안(彼岸)으로 건너가기 위한 각종 방법들, 예를 들면 송경(誦經), 고행(苦行), 흥복(興福), 조상(造像), 주불(鑄佛)같은 행위들이 불필요하게 되었다.

과거에 불교를 선전하면서 사람은 마땅히 선을 행해야 하고, 그 '선'으로 인하여 '인(因)'을 이루어 '선'한 '과(果)'가 생기게 된다고 말했다. 그러나 이 이론을 반야사상의 배경 속에 놓고 보았을 때 인이 있고 과가 있으니, 생생하는 윤회의 무상 속에 떨어지는 것을 면하지 못한다. 그리고 이 이론은 진정한 영원일 수가 없고, 오염과 청정, 세속과 신성, 타락과 초월, 차안과 피안도 모두 절대적이지 않은 분별이다. 단지 사람 마음속에 오염으로부터 청정으로, 세속에서 신성으로, 타락으로부터 초월로, 차안에서 피안으로라는 생각이 존재한다면 이 또한 일종의 집착인 것이다.[2] 그리고 '제1의 공'이란 불성의 경지에서는 차이와 분별이 없다. 당시 축도생이 놀랄 만한 생각을 제시했는데, 바로 "선불수보 돈오성불(善不受報 頓悟成佛 : 선은 보답을 받지 않고 돈오하여 성불한다)"이라는 말이다.

은 보답 받지 않는 돈오설, 그리고 이들 후세에 끼친 영향

소위 '돈오(頓悟)'는 사람 의식 속에서 일념의 전환을 통해 절대 진리를 깨닫는 것을 가리킨다. 본래 일찍이 '돈오'에 대한 여러 견해가 있었는데, 이것들을 '소돈오(小頓悟)'라 불렀다. 그러나 이것이 불성이 무엇이며, 불성이 존재하는 곳, 불성이 나타내는 것 등의 문제를 해결해 주지 못하기 때문에 완전한 이론을 세우지 못했다. 서기 5세기 상반기에 이르러 불성에 대한 이론이 이미 『반야경(般若經)』으로부터 형이상학적 토대를 세우고, 『열반경(涅槃經)』으로부터 선양하고 널리 퍼뜨려졌다. 특히 사람들이 이미 축도생의 불성이 사람마다 있다는 견해를 믿게 되고, 아울러 불성은 변화 가운데 그 영원성을 드러내며, 상대적인 상황에서 절대성을 체현하고, 불성은 응당 자연스레 드러난다는 도리를 받아들였을 때

2) 갈조광, 『중국 선 사상사 : 6세기~9세기』, 북경대학출판사, 103~104쪽, 1995.

'돈오' 설은 상당히 견실한 근거가 있게 되었다.[1]

『대반열반경(大般涅槃經)』 권21에 "일체 중생은 불성이 있다"는 '깊은 비밀의 뜻'이 있는데, 바로 "비록 여러 업이 있다 하더라도 지을 자를 기다리지 않고, 이를 곳이 있으나 가는 자가 있지 않으며, 매어 묶여 있으나 속박 받음이 없고, 열반이 있으나 소멸함이 없다(雖有諸業, 不待作者, 雖有至處, 無有去者, 雖有系縛, 無受縛者, 雖有涅槃, 亦無滅者수유제업, 불대작자, 수유지처, 무유거자, 수유계박, 무수박자, 수유열반, 역무멸자)"고 말한다.[2] 이 생각을 미루어 나가면, 신도들이 또한 무슨 분별과 배척의 필요가 있을 것이며, 고집과 견지가 필요할 것인가? 인연과 생멸의 모든 현상 세계 즉 속박과 해방, 오염과 청정, 선행과 죄과, 차안(此岸)과 피안(彼岸) 등은 모두 실재성을 갖지 않는다. 그렇다면 사람이 의식 속에서 일념의 전환이 이루어져 차안이 바로 피안임을 깨달아 인성과 불성 사이에 거리가 없고, 초월과 절대의 시각으로 인간 생존의 세계를 관조함으로써 '그 생각을 비우고 그윽한 마음으로 진실한 경지를 생각하고, 미묘함이 윤회의 고리 속에 있으니, 유무가 한 가지이며', 유무(有無), 고락(苦樂), 진속(眞俗) 등이 모두 절대적 차별성과 개별성을 잃음을 알게 된다.

이에 세속의 인성은 청정의 불성과 같게 되며, 심지어 "일체 무명의 번뇌 등의 법조차도 모두 불성이 된다." 이로부터 사람은 애(愛)와 증(憎)에 대한 편집을 초월하게 되고, 일종의 정신적 희열을 얻게 되며, 아울러 심신의 해방과 자유를 체험하게 된다. 이럼으로써 해탈과 초월의 길이 매우 쉬워진다. 이것이 바로 『유마힐소설경』「불국품(佛國品)」 '제1'의 명구인 "마음의 맑음을 따르면 불국토가 맑다(隨其心淨, 卽佛土淨수기심정, 즉불토정)"는 식의 '대돈오'이고, 또한 『묘법연화경(妙

---

1) 『고승전(高僧傳)』 권7, 「송경사용광사축도생(宋京師龍光寺竺道生)」의 한 단락에, 과거에 자주 인용되었으나 심도 있게 분석을 하지 않았던 내용이 있다. 즉 "당시 사람 축도생은 일천제도 득불할 수 있다는 설을 제시했는데, 이 말은 근거가 있다. 돈오와 불수보(不受報)와 같은 설 또한 당시에 또한 법문이 되었다." 257쪽. 이 말은 사실 "일천제도 득불(得佛)할 수 있다"는 설이 경전의 근거를 확보하게 되어 사람들이 믿지 않을 수 없게 된 후, 사람들은 자연스럽게 축도생의 '돈오'에 대한 생각을 받아들였다. 이는 한편으로 사람들 마음속의 타성 때문에 축도생 이전의 사상이 증명되고, 이에 그 후의 추론은 사람들의 마음속에 살아있는 말과 같은 권력을 갖게 되었다. 그리고 한편으론 생각의 연속성 때문에 "중생(衆生)도 불성(佛性)이 있다"는 기본 개념으로부터 '돈오' 설이 순조롭게 합리성을 갖게 되었다.

2) 『대반열반경(大般涅槃經)』 권21, 「광명편조고귀덕왕보살품」 '제10의 1', 『대정장(大正藏)』 12권, 488쪽.

法蓮華經)』「제파달다품(提婆達多品)」'제12'에서 묘사하고 있는 여덟 살의 용녀가 "찰나에 보리심(깨달음의 마음)을 내고 물러나지 않게 된다. ……순식간에 바른 깨달음을 이룬다(刹那頃發菩提心, 得不退轉. ……須臾頃便成正覺찰나경발보제심, 득불퇴전. ……수유경편성정각)"는 식의 '대돈오'이다.[3)]

축도생은 일찍이 말하길, "불법을 체험한 사람은 자연과 은연중에 합하고, 일체의 모든 불법이 다 그렇지 않음이 없다. 그러므로 법이 불성이다."[4)] 불교의 이러한 생각은 다시 한 번 장자의 '제물(齊物)' 사상과 만난다. 즉 "내 성이 곧 불성이니 둘이 아니고 차별도 없다." 사람은 세속에서 세속 세계를 초월하여, 항상 나의 맑음을 즐거워할 수 있다. 이러한 열반의 경지는 세속에 실존하는 '무상(無常), 고(苦), 무아(無我), 부정(不淨)' 등과 다르며, 세속의 욕망 중에 전전하고 다투는 고난에 떨어지지도 않고, 또 세속에서 추구하는 영원히 존재하는 '상(常)', 느낌의 '낙(樂)', 개별의 '아(我)', 더러움을 거절하는 '정(淨)' 등과도 같지 않으며, 또한 종교 수행에서 고생스럽게 추구하는 영원한 해탈의 고뇌에 빠지지도 않는다. 열반의 경지는 가볍고 자유스러운 심경이고, 양 극단을 초월하는 '중도'이며, 각 개인에게 존재하는 진정한 불성의 경지이다.[5)]

(禪學)에 끼친 영향

내친김에 이런 생각이 선학(禪學)에 끼친 영향에 대해 언급해 보고자 한다. 많은 학자들이 이미 지적한 바 있는데, 불경 번역에서 이미 볼 수 있듯이 초기 불교사에서 가장 영향력 있고 또 후세에 영향이 가장 컸던 학파는 반야학과 선학이었다. 전자는 철학적 이치의 분석과 계도의 측면이고, 후자는 기술적 수련과 배양의 측면에 대한 영향이었다. 그러나 상당히 긴 시간 속에서 이 양 극단의 학파는 하나로 잘 융합하지 못하고 각자의 길을 간 것 같다. 왜냐하면 초기 불교에서의 선학은 본래 유가팔지실수법(瑜珈八支實修法)의 한 갈래로 심신을 안정시키는 수행 기술이었다. 중국에 전해졌던 선학은 비록 방법은 매우 많았으나 대체적으로 생리에서 심리로, 신체에서 심령을 수행하는 길을 걸었다. 즉 신체의 훈련을 빌

---

3) 『유마힐소설경(維摩詰所說經)』 권상, ",『대정장(大正藏)』 14권, 538쪽. 『묘법연화경(妙法蓮華經)』 권4, 『대정장(大正藏)』 9권, 35쪽.
4) 『열반경집해』에서 인용, 『대정장(大正藏)』 37권, 549쪽.
5) 이상의 내용은 주로 『대반열반경(大般涅槃經)』을 분석의 텍스트로 삼았고, 일일이 주를 달지 않는다.

어 의념을 전환시키거나 집중하게 함으로써 다른 사념을 배제하고 정신을 한 곳에 모으게 하거나 평정의 상태에 머물게 한다. 그러므로 이러한 방법을 '수심(守心)' 혹은 '수의(守意)'라 부르기도 한다. 사념처(四念處)나 구조심(九調心)과 같은 것은 엄격하게 말하면, 육신과 정신을 포함하는 이중의 고된 수련을 통해 심령의 안정과 해탈을 얻으려는 종교적 방법이다.

그러나 이러한 방법은 여전히 자발적인 징계와 속박의 기술이어서 상층 문화인들의 관심을 끌지 못했다. 도리어 『유마힐소설경(維摩詰所說經)』에 '불법을 버리지 않고 범부의 일을 드러내고', '번뇌를 끊지 않고 열반에 들며', '마음이 안에 머물지도 않고 밖에 머물지도 않는' '좌선(宴坐)'이 상층 인사들의 흥취에 부합했다.[1] 동진(東晋) 시기의 사부(謝敷)는 『안반수의경서(安般守意經序)』에서 "지혜에 의지하여 선에 들면 또한 삼배(三輩)[2]의 복이 있으니, 하나는 고난을 두려워하여 색을 멸하고, 즐거이 열반에 머물며, 다른 하나는 오묘한 현상을 우러러 희구해서 유를 따르고 무를 버린다"는 것을 지적하였다. 그들은 세속의 욕망을 거절하고 도피하는 방법을 이용하여 해탈을 얻고, 청정한 경지를 찾고 추구하는 방법을 이용하여 해탈을 얻으려 한다.

그렇지만 이러한 선학의 방법은 모두 진정한 해방과 자유를 얻을 수 없다. 단지 '욕망의 티끌이 마음을 가려 지혜가 세워지지 않는' 근기가 낮은 사람(下根人)은 비로소 '편안한 즐거움을 빌어 치닫는 생각을 쉬게 할' 필요가 있다. 그러나 진정으로 근기가 높은 사람(上根人)은 "고요함을 지키지 않고 그윽한 곳에 마음을 노닌다." 왜냐하면 그들은 "깊이 유의 근본에 도달하고, 인연이 원래 없는 것임을 통달한다. 근본에 도달한 자는 있는 것이 저절로 공해지고, 무에 도달한 자는 인연이 항상 적멸하다. 저절로 공하기 때문에 유를 떠나지 않고서 무에 들어가고, 항상 적멸하기 때문에 인연을 다 없애지 않고도 공으로 돌아간다. 본(本)이 있음을 깊이 통달하고 인연이 없음을 꿰뚫은 자들이니, 달본자(達本者)는 유가 공으로부터 있게 되고, 창무자(暢無者)는 인연이 항상 적멸한 상태임을 아니, 공으

1) 『유마힐소설경(維摩詰所說經)』 권상, 「제자품」 '제3', 『대정장(大正藏)』 14권, 539쪽.

2) 아미타 정토세계에 왕생하는 사람은 그 행업의 심천에 따라 상중하 세 종류가 있다(역자 주).

로부터 말미암으므로 유에서 나와 무로 들어가지 않고, 항상 적멸하므로 인연을 다하여 공으로 돌아가지도 않는다." 다시 말해서 상근인(上根人)이 이미 유무의 양 극단에 대해 집착이 없게 될 때 그들은 고생스럽게 좌선을 할 필요가 없고, 심령은 자연스럽게 공명(空明)과 상적(常寂)의 경지에 이른다.

이처럼 자연스럽게 유무의 경계를 벗어나고 시비를 떠남을 드러내는 '공'이 바로 인간의 불성이며, 인간의 열반이다. 이러한 '공'의 경지는 더 이상 '사념처', '구조심' 혹은 '감하고 또 감하는(損之又損)' 도피나 억제를 통해 깨달을 수 있는 것은 아니고, 심령의 내재적 체험 중에 체득할 수 있는 것이다. 따라서 실제로는 몇 해를 두고 선을 익힐 필연성은 없는 것이다. 때로는 한번 깨달음이 바로 큰 깨달음이 되는 것이다.[3] 5세기 초 상층 문화인들에게 선학의 이러한 추세는 매우 명백하게 드러났다. 단순히 심신 훈련을 하는 선학은 이미 더 이상 그들의 환영을 받지 못했다. 그리고 철학적 이치의 지지가 없는 방법은 단지 천박한 기술에 불과했다.

혜원(慧遠)은 『여산수행방편선경통서(廬山修行方便禪經統序)』에서 이렇게 말했다. "선(禪)은 지혜가 아니면 그 적멸의 경지를 다할 수 없고, 지혜는 선이 아니면 그 비추어 봄을 다할 수 없다", 왜냐하면 "색(色)은 너를 떠나지 않고 너도 색을 떠나지 않으니, 색이 너고 너가 색인 것이다(色不離如, 如不離色, 色則是如, 如則是色색불리여, 여불리색, 색즉시여, 여즉시색)"고 말했다. 반야의 배경 하에 선(禪) 체험은 심령 깊은 곳의 깨달음을 위한 것이니, "일어남도 생이 아니고, 멸함도 소멸하는 것이 아니며, 비록 가고 오나 그것의 틈이 없으니 처음부터 너에게서 나온 것이 아니다."

승예(僧叡)는 『관중출선경서(關中出禪經序)』에서 선법은 단지 "도를 향한 시작의 문이고, 열반으로 향하는 교량이다"고 말했다. 만약 한 마음 한 뜻으로 고집스럽게 청정한 심경을 추구한다면 "그 감정에 더욱 골똘히 빠져 유혹됨이 더욱 심하게 될 것이다." 그러므로 반드시 '마음을 집중하여 생각이 밝아지게' 하고, 지혜와 철리로써 뿌리를 삼아야 비로소 "맑고 밝게 비추어 극함에 나아감이 더욱 세밀해 질 것이다." 따라서 승예는 경전을 인용하여 "선(禪)이 없으면 지혜롭지

3) 『출삼장기집(出三藏記集)』 권6, 『대정장(大正藏)』 55권, 43쪽.

않고 지혜가 없으면 선을 할 수 없다. 그런즉 선은 지혜가 아니면 비출 수 없고, 비추는 힘(지혜)은 선이 아니면 이룰 수 없다."[1)]

그러나 선학의 기술과 반야 철리의 관통과 선학의 방법과 불성 사상의 융회(融匯)로 말미암아 선은 더 이상 고생스럽게 심신을 억제하는 수행 방식이 아니고, 어렵고 독특한 수련의 긴 역정을 필요로 하지 않았다. 선과 지혜를 함께 수행한다는(禪智雙修) 생각에는 이미 '돈오'의 요소를 저변에 포함하고 있는 것이다. 그리하여 선학(禪學)은 점차 단순한 불교 수행 기술에서 철리에 근거하고 방법을 포함하는 사상 체계로 변화하게 되었다. 중생들이 피동적으로 외부의 유혹을 저어했던 수련 방법으로부터 문화인으로서 자연적인 자기 마음의 오성(悟性 : 지성이나 사고의 능력) 능력에 적극 적응하는 쪽으로 변화하게 되었다.[2)] 이렇게 하여 선종이 출현하고 발전하게 되었는데, 이는 당연히 후의 일이다.

'돈오' 사상의 중국 사에서의 의의

중국 사상사에서 '돈오' 사상의 의의를 설명하기 위해서는 선행하는 충분한 준비가 필요하다. 많은 연구자들이 지적하기를, 축도생의 불교학 의의는 마치 왕필의 현학에서의 지위와 같다. 그는 불교 사상을 복잡하고 케케묵은 이미지에서 간결하고 명쾌하게 변화시켰으며, 과거의 번잡하고 어려운 불교를 통한 구제의 길을 모두 반야의 기초 위에 세움으로써 명석한 이치가 있게 되었으며, 한꺼번에 간단하고 부담 없게 변화시켰다. 많은 학자들은 이러한 사상과 후대의 선종 간에 관계가 있음을 간파했다. 그래서 "후일의 선종에서 심성을 이야기 할 때 돈오를 위주로 한 사람들은 부득불 축도생을 시조로 삼았다……. 『고승전(高僧傳)』에도 '축도생은 옛 학설을 포괄하고 있고 미묘한 학설 속에 깊은 뜻이 있다'고 기록하였다. 그리고 사실은 그가 발명한 '신론(新論)'은 아래로 선종의 학설을 이었고, 더욱이 중국 학술을 위해 수백 년간의 풍조를 열었다."[3)] 그러나 마땅히 간파해야

---

1) 『출삼장기집(出三藏記集)』 권9, 『대정장(大正藏)』 55권, 65쪽.

2) 갈조광, 『중국 선사상사 : 6~9세기』, 제1장 제2절에 「종방법도사상(從方法到思想)」의 상관 단락의 분석, 79~88쪽 참조.

3) 탕용동, 『한위양진남북조불교사』, 제16장, 451쪽, 475쪽. 또 그의 『사령운변종론서후』에서 "축도생 이후 범부를 초월하여 성인의 경지에 들어가는 것이 단번에 이룰 수 있었고 멀리 추구할 필요가 없게 되었다. 따라서 현묘한 학설이 새로운 방향으로 변환하였고, 선종으로부터 아래로 송명학을 이었고, 그중 비록 장구한 세월이 흘렀으나, 축도생이 세운 이 새로운 학설은 실로 이러한 변천의 과정에서 커다란 관건의 역할을 하였다." 『탕용동학술논문집』, 중화서국, 293~294쪽, 1983.

할 점은, 그의 학설 제시로 말미암아 불교의 청정한 계율과 수행 방법, 그리고 이론 분석들이 모두 와해될 처지에 놓였고, 또한 불교 자체도 소멸할 처지에 놓이게 되었다는 점이다. 만약 사람이 절대적 초월의 최종 경지에 도달한다면 이는 단지 자기 심령이나 의식의 순간적 전환일 것이다. 그렇다면 종교의 존재가 무슨 의미가 있겠는가?

6

(理)' 에 대한 흥미, 불
의 중국 사대부 계층
의 발전 노선

『세설신어』「문학」'제4'에 보면 "은중군(殷中軍)이 불경을 보다가 말하길, '이치는 마땅히 이 위에 있다'"라는 구절이 나온다.[4] 은호(殷浩)는 4세기 상층 지식인 가운데 불교에 대해서 가장 이해가 빠른 사람이었다. 그 후 사령운(謝靈運)은 「변종론」에서 이렇게 말했다. "중국 민족은 이치를 쉽게 알지만, 가르침을 받기는 어렵다. 그러므로 지루한 배움을 닫고 한 극단을 열었다. 이인(夷人 : 오랑캐)은 쉽게 가르침을 받으나 이치를 보는데 어려우므로 돈오(頓悟)를 닫고, 점오(漸悟)를 열었다."[5] 사령운은 5세기 전반 불교를 매우 열심히 공부한 사람이다. 그들은 모두 '이(理)'에 대해 담론했는데, 그렇다면 중국의 지식계층 사람들이 특별히 흥미를 갖고 이해했던 '이(理)'는 도대체 무엇이었는가?

『세설신어』에 매우 상징적인 기록이 나온다. "유공(庾公)이 일찍이 불사에 들어가 와불(臥佛)을 보고 말하길, '이 와불은 진량(津梁 : 나루터의 다리)의 역할에 피곤해 있다'고 했는데, 당시의 명언이 되었다."[6] 중국 사대부들이 보기에 유씨의 말 속에 담겨 있는 뜻은 부처가 세속의 구제 때문에 지나치게 힘을 썼으며, 불교를 인생의 고해를 건너는 '진량'으로 여겼다는 것이다. 이 말은 상류사회의 갈채를 받았는데, 문화인들이 보편적으로 불교가 행한 세속에서의 종교적 구제 활동과 수단에 대해 마땅치 않게 여겼음을 보여준다. 이는 아마 형이상학적 현학과 걱정

4) 『세설신어교전(世說新語校箋)』 권 상, 「문학」 '제4', 116쪽.
5) 『광홍명집(廣弘明集)』 권20, 사부비요본, 169쪽.
6) 『세설신어교전(世說新語校箋)』 권 상, 「언어」 '제2', 56쪽.

없는 생활 습관에 젖어 있는 상류계층 인사들의 불교에 대한 반응일 것이다. 따라서 상류계층의 지식인들은 자각적이며 정미한 철학적 사색과 이로부터 느낄 수 있는 인생의 이해에 더욱 흥미를 가졌다.

일반적으로 중국의 지식계층은 '교(教)'를 좋아하지 않는다. 다시 말해 종교적 의미가 지나친 구제방식을 싫어하며, 또한 '신(神)'에 의존하는 것, 즉 타력에 의지하고 자기 스스로 운명을 장악할 수 없는 수행방식도 좋아하지 않는다. 상대적으로 분석하는 과정에 자각적으로 '이(理)'의 의미를 깨닫고 심령 속에서 종극의 경지를 체험하는 것을 환영한다. 따라서 불교의 '교(教)'에는 냉담했으나 '이(理)'에 대해서는 흥미를 가졌다. 동시에 불교는 이론의 이해와 표현에 있어서 중국 사상보다도 깊고 정밀하여, '현량(現量 : 직감)'과 '비량(比量 : 추리)', '표전(表詮 : 정면 설명)'과 '차전(遮詮 : 반면 설명)', '속체(俗諦 : 속세에서 쉽게 이해할 수 있게 설명한 도리)'와 '진체(眞諦 : 진정한 도리)'의 층차에 의한 점진적 추리를 통해 고리로 서로 얽어매고 있을 뿐 아니라 온 심신의 체험을 필요로 한다. 불교의 '매우 깊은 법성(法性)'이나 '매우 미묘한 뜻'과 같은 말은 사실 체험에 의지해 우주의 본원과 인성의 깊은 의미를 추구하는 것이다. 또한 사령운이 말한 "진정한 지혜라는 것은 적멸을 비추므로 이치가 쓰임이 되고 쓰임이 이치가 되어 영원히 진정한 지혜가 된다"는 철저한 깨달음이다. 그러므로 그들은 분석 과정에서 인생을 깨닫고 체험 중 진리를 얻게 된다.

축도생은 이렇게 말했다. 불교의 "불가사의라는 것에는 무릇 두 종류가 있다. 첫째, 이치가 공리(空理)이므로 미혹된 정(情)으로 도모할 바가 아니다. 둘째, 신기함이나 천박한 앎으로 헤아릴 수 있는 바가 아니다. 만약 공리(空理)를 체험(體驗)한다면 생각의 미혹으로부터 탈피할 수 있고 ……미혹으로부터 탈피하는 것은 공을 체험하는데 있으니, 공이 그 체험한 바인 것이다." 다시 말해서 불교의 가장 깊고 미묘한 경지 가운데 하나는 '공(空)'의 철학적 이치를 체험을 통해 깨닫는 것이라는 뜻이다. 그러나 세속 사람들은 일반적으로 이해하지 못한다. 다른 하나는 신기한 힘을 표현하는 것이다. 이는 일반인들은 쉽게 상상할 수 없다.

그러나 만약 전자의 경우 사람들이 깨닫고 체험할 수 있게 된다면, 사상과 언어에 의해 도달할 수 있는 경지를 초월하고, 그로부터 진정으로 투철한 지혜에 이르는 것이다. 이러한 사람은 자연히 열반을 얻은 것이다. 그러나 “이치를 관(觀)하여 불성을 얻었으면 마땅히 열반이라는 생각을 버려야 한다. 만약 열반을 소중하게 여겨 취하려 한다면 다시 열반에 의해 묶임을 당하게 된다.”[1]

은호가 말한 ‘이(理)’는 계율에 의지하여 신도들에게 속박을 가하고, 의식의 방법이나 기술을 통해 신기한 힘을 드러내며 신도들에게 구제를 승낙하는 ‘교(敎)’가 아니라 구체적 경험의 현상 세계를 꿰뚫어 직접 절대적 철리를 나타내는 것이다. 사령운은 “중국 민족은 쉽게 이치를 본다”고 했을 때 ‘화민(華民 : 중국 민족)’은 상층인사들을 지칭하고, 따라서 ‘이(理)’는 또한 종교 계율과 의식, 방법, 기술 계통의 철리를 초월하는 것을 가리킨다. 철리를 이해할 수 없는 이인(夷人 : 소수민족)은 종교적 계율에 의해 구속해야 하고, 타력 즉 신기한 힘에 의지하여 구제해야 하니, 그들의 피안에 이르는 길은 당연히 요원하고 길기만 하다.

그러나 불교 철학을 이해하는 중국 사대부들은 ‘이(理)’에 대한 깨달음의 과정에서, ‘이(理)’가 의지하는 언어, 문자, 부호들을 초월하고, 찰라지간에 종극의 경지로 뛰어 넘는다. 이것이 바로 혜림(慧琳)이 『용광사 축도생 법사뢰(龍光寺竺道生法師誄)』에서 “상(象)이라는 것은 이(理)가 가탁한 바이고, 상(象)에 집착하는 것은 이(理 : 이치)에 미혹된 것이다. 교(敎)라는 것은 변화의 원인이지만 교를 구속하는 것은 어리석게 변화하는 것이다.”[2] 이는 당연히 민족주의적인 자부심이 표현된 것이지만, 또한 소수민족을 폄하한 편견인 것이다. 그러나 이러한 가치 판단이 담긴 평론에서 우리는 중국 지식인들의 불교에 대한 흥미를 엿볼 수 있다. 그리고 이러한 현상은 후세의 불교 발전에 상당히 큰 영향을 미쳤다.

---

1) 『주유마힐경(維摩詰經)』「경명해(經名解)」, 또 『주유마힐경(維摩詰經)』「제자품(弟子品)」, 『중국 불교사상 자료선편』 제1권, 중화서국, 204쪽, 206쪽, 1981.

2) 『광홍명집(廣弘明集)』 권26, 사부비요본, 219쪽.

6절

불교가 중국을 정복했는가?

불교의 침투 : 융합과 돌

서기 5세기부터 7세기까지 2~3백년 사이의 사상사는 종종 유(儒), 불(佛), 도(道) 세 사조의 분쟁 혹은 각축과 서로간의 융합 과정의 역사로 간주된다. 서로 침투하고 부딪히고 단련하면서 이 3대 사조는 중국 사상계에 각자의 사상 영역을 확립하고, 점차 다른 사상의 일부를 받아들였다. '삼교의 합류'는 비록 후에 생긴 명칭이지만, 그러나 당시의 사상적 경향을 지적하는데 사용할 수 있는 적당한 용어이다. 때로는 사상사의 저술에서 상징적인 인물과 고도의 개괄적 의미를 갖는 언어를 사용하여 사상의 경향을 표현한다. 이는 유효한 저술 방법이라 할 수 있다. 그러므로 나 또한 여기에서 이 방법을 사용하여 당시 사상의 경향을 설명하려 한다. 예로 장융(張融)과 도홍경(陶弘景)의 '임종 유언'을 들어 보겠다.

삼천에 관을 사고, 새 옷은 만들지 말라. 좌측 손에는 『효경(孝經)』과 『노자(老子)』를 잡고, 우측 속에는 『소품(小品)』과 『법화경(法華經)』을 잡게 하라(三千買棺, 無制新衾. 左手執孝經, 老子, 右手執小品, 法華經삼천매관, 무제신금. 좌수집효경, 노자, 우수집소품, 법화경).[1)]

좌측 팔꿈치에 녹령(錄鈴)을 우측 팔꿈치에 약령(藥鈴)을 달고, 패물부적(佩物符籍)은 좌측 겨드랑이 아래에 매고, ……큰 가사와 덮게 이불로 머리와 발을 가리

1) 『남제서(南齊書)』 권41, 「장융전」, 중화서국, 729쪽, 1972. 또 『남사』 권33, 중화서국, 837쪽, 1975.

고, 수장품으로 거마(車馬)를 두고, 도인과 도사는 모두 문중에 있게 하되, 도인은 좌측에 도사는 우측에 있게 하라(左肘錄鈴, 右肘藥鈴, 佩符絡左腋下, ……通以大袈裟覆衾蒙首足, 明器有車馬, 道人道士幷在門中, 道人左, 道士右좌주록령, 우주약령, 패부락좌액하, ……통이대가사복금몽수족, 명기유차마, 도인도사병재문중, 도인좌, 도사우).[2)]

만약 "사람이 장차 죽으려 하면 그 말이 선하다(人之將死 其言也善인지장사 기언야선)"는 속언이 일종의 규율이라면, 이 두 사람의 임종 유언은 어느 정도 당시 선진 지식인들의 새로운 경향을 전달하고 있다고 볼 수 있다.[3)]

5세기에서 7세기까지 "공(空)을 담론하는데 불교 경전보다 더 공하고, 현(玄)을 탐구하는데 도가보다 더 현한 인물들이 많아졌다."[4)] 그리하여 불교의 도리와 도가의 현언을 함께 놓고 이야기 거리로 삼는 것이 점차 당시의 관습이 되었다. '고요한 곳에서 단식하며 신선이 되는 이술(餌術)과 호마(胡麻 : 깨)를 먹고', 동시에 또 '불교를 믿고 거친 의복을 입으며, 예불과 제계(齋戒)를 지키는' 사람이 정말 적지 않았다.[5)] 상당한 사인(士人)들은 이미 불교와 도교의 신앙과 방법을 한가지로 융합하여 구분하지 않았다. 심지어 유가에서 이야기하는 사상과 도리조차 이들의 사상을 주저 없이 받아들여 융합하였다.

『진서(陳書)』「유림전(儒林傳)」에 양진(梁陳) 두 나라를 섬겼던 유생 장기(張譏)는 『역(易)』, 『노(老)』, 『장(莊)』 등 당시 유행했던 삼현에 능했는데, "오군(吳郡)의 육

---

2) 『남사』 권76, 「은일전(隱逸傳)」 '하', 1900쪽.

3) 위진(魏晋) 이래의 각종 『임종유령(臨終遺令)』은 죽은 후의 장례 제도와 묘장 상황에 관심을 보인다. 이는 살아 있는 사람들의 생각을 잘 반영한다. 예를 들면 위나라의 황보밀(皇甫謐)은 "아침에 죽으면 저녁에 묻고, 저녁에 죽으면 다음날 아침에 묻고, 관곽을 만들지 않으며, 염(殮)을 하지 않고, 목욕을 시키지 않으며, 새 옷도 만들지 않는다"하고, 동진의 두이(杜夷)는 '간결하고 검소하길 힘썼으며', 북위 위자건(魏子建)은 "염(殮)은 당시의 복장으로 하라"고 주장했으며, 정준(程駿) 또한 "염(殮)은 당시 복장으로 하고 기물은 옛것을 따르라"고 주장했는데, 이는 서로 다른 시대의 서로 다른 풍속을 반영한다고 할 수 있다. 이러한 자료들도 당시 유행했던 『계자서(戒子書)』처럼 사상사의 자료로 삼을 수 있다. 요시카와 타다오(吉川忠夫), 『육조수당시대 때의 종교의 풍경(六朝隋唐時代における宗教の風景)』의 '종제(終制)' 절 참조, 『중국사학』 제2권, 1992. 채안빈(蔡雁彬) 「계자서로 본 간한위육조 종제관의 연변(從戒子書看漢魏六朝終制觀的演變)」, 『중국전적과문화』, 강소고적출판사, 1992년 제2기.

4) 「북산이문(北山移文)」의 주옹(周顒)에 대한 비평, 『문선』 권43, 중화서국 영인본, 613쪽, 1977.

5) 『남제서(南齊書)』 권54, 「유규전(劉虯傳)」, 939쪽.

원랑(陸元朗), 주맹박(朱孟博), 일승사(一乘寺)의 스님 법재(法才), 법운사(法雲寺) 스님 혜휴(慧休), 지진관도사(至眞觀道士) 요수(姚綏) 등은 모두 그의 도를 전했다."[1] 이처럼 '조화된 분위기' 의 삼가(三家)가 한 곳에 모인 독특한 경관은 당시 여러 사인들의 유, 불, 도를 융합하는 사상의 경향을 반영하고 있다.

그러나 사상과 문화의 융합은 결코 간단하거나 평화로운 것만은 아니다. 외국으로부터 지식과 사상 그리고 신앙이 중국에 들어오면 초기 단계나 가장 표면적 단계에서는 직접적으로 저항하지 않는다. 그러나 이러한 외래 지식, 사상, 신앙의 자극으로 인한 부단한 화합 과정 중에 중국 본토의 본래 사상은 점차 자체의 가치와 의의를 확인하면서 꾸준히 자극을 받는다. 아울러 외래 지식, 사상, 신앙과의 충돌 과정 중에 점차 자신의 내적 함의와 한계를 드러낸다. 이는 사상사에 자주 있는 변화 과정으로 불교가 중국에 들어온 이후의 문화 상황도 마찬가지였다. 과거에는 잠재해 있던 일상에서 자주 접촉하는 당연한 관념들이 불교의 자극으로 인해 논증이 필요한 문제로 변했고, 그럼으로써 사상 영역으로 들어오게 되었다. 예를 들면 종교 세력이 침식하는 상황에서의 세속 세력의 합리적 지위 문제, 새로운 종교 신앙 중의 전통 도덕의 가치와 의의 문제, 날로 강대해진 주변 영향 아래서의 중국 문명의 영구성 문제 등이다.

부단한 화합 과정 중[...] 중국 본토의 본래 사[...] 점차 자체의 가치와 의[...] 를 확인하면서 꾸준히[...] 극을 받는다.

나는 에릭 쥐르허가 『불교의 중국 정복(佛教征服中國)』 제5장에서 4세기에서 5세기 초반 불교 사조를 반대하는 것에 대한 그의 귀납적인 방식에 찬성한다. 그는 당시 불교가 중국에 들어옴으로써 야기되었던 상층사회의 '반 승려주의'를 '경제와 정치 문제로부터 야기된 비평', '실제 이익의 각도에서 본 비평', '문화 우월감에서 야기된 비평', '도덕에 관한 비평' 등 네 방면으로 분류했다. 그리고 『홍명집(弘明集)』과 『광홍명집(廣弘明集)』 등에 기록된 당시의 각종 토론 문헌과 자료를 네 항목의 표제 아래 분류하여 배열하였는데, 확실히 간결하고 명료하다.[2]

---

1) 『진서(晉書)』 권33, 「유림장기전(儒林張譏傳)」, 중화서국, 444~445쪽, 1972.

2) Erich Züecher, 『불교의 중국 정복(佛教征服中國)』(*The Buddhist Conquest of China-The Spread and Adaptation of Buddhismin Early Medieval China*, 2vols, Leiden, 1959), 일역본, 290쪽 이하 참조, 다나카 수미오(田中純男) 등 역, 세리카서방(せりか書房), 도쿄, 1995.

그러나 사상사의 범위 내에서 불교가 중국에 전래된 이후 야기된 충돌을 더욱 간단하게 세 가지 문제로 귀납하고 있다. 중국 고대 문명의 특수한 환경 가운데에서 이 세 가지 문제는 다음과 같다.

가지 문제

첫째, 종교가 세속 국가의 이익과 함께 처했을 때, 존재의 독립성을 가질 수 있는가?

둘째, 종교 신앙은 사회적 윤리와 도덕적 규범보다 우선권이 있고 절대적 지위를 가질 수 있는가?

셋째, 종교적 이상은 민족 문화의 특수성을 소멸하고 보편적 의의를 가질 수 있는가?

1

-(沙門)은 왕을 경외 않는다?: 종교 단체 계속적인 국가의 이익 공존하면서 독립적으 존재할 수 있는가?

종교가 세속 국가의 이익과 함께 처했을 때, 존재의 독립성을 가질 수 있는가? 고대 중국에서는 매우 곤란했을 것이다. "넓은 하늘 아래 왕의 땅 아닌 곳이 없다"는 관념은 고대 중국의 왕권을 가진 자에게는 이미 불변의 진리였고, 고대 중국의 일반 백성들에게 또한 말할 필요가 없는 도리였다. "왕은 하나의 도리로 천지인(天地人)을 꿰뚫는다"는 사상은 유가에 의해 받아들여졌을 뿐만 아니라 심지어 자형(字形: '王' 자는 세 개의 천지인을 관통하고 있는 모습이다)으로 보아도 이를 증명하고 지지할 수 있다. 이처럼 하늘이 준 천부(天賦)의 권력은 의식 형태의 언어라는 면과 진리의 영역이라는 측면을 제외하면 국가의 상징으로 삼을 수 있다. 이 권력은 자연의 이익 분배의 영역까지 미치는데, 국가와 국가를 상징하는 군주의 그늘 아래 있는 일체의 모든 것은 그 영향에서 벗어날 수가 없다. 이는 고대 중국에서는 아주 자명한 사실로 아무도 이 문제를 거론하지 않았다.

그러나 이역의 불교가 인도와 중앙아시아의 방식으로 종교 단체로서 자기들의 신도를 보호하고, 불교 신도들로 하여금 국가의 그늘로부터 벗어나게 하려고 했을 때 이러한 종교 권력과 세속 권력의 자리다툼의 모습은 중국 사상계, 특히 중국 정치계의 격렬한 반응을 불러일으켰다.

4세기 중엽 집권자 유빙(庾冰)과 불교를 믿었던 하충(何充)과의 충돌[1]이라든가, 5세기 초 국가의 이익을 대표하는 환현(桓玄)과 왕밀(王謐)의 쟁론은 모두 국가, 즉 세속적 권력 의식이 불교의 자극을 받아 드러난 것이다. 특히 환현(桓玄)은 "천지의 큰 덕을 생(生)이라 하고, 생명을 통창(通暢)하게 하고 사물을 다스리는 일은 왕에게 있는 것이다"라고 제시하며, 불교도의 '덕을 받았으나 예를 버린'[2] 것에 대해 비평하였다. 그리고 저명한 혜원(慧遠)은 「사문불경왕자론(沙門不敬王者論)」을 지어 "국가에서는 법을 받드니……. 그러므로 천성적인 애(愛)와 주인을 받들어야 하는 예(禮)가 있는 것이다"라고 제시했다. 그러나 출가자는 '국가 밖의 손님(方外之賓)'이므로 "세상을 피해 뜻을 추구할 수 있고, 풍속을 바꾸어 불교의 도를 통달할 수 있다"고 한 후에 이러한 쟁론들은 상당히 격렬해졌다.[3]

유빙(庾冰)과 환현(桓玄)의 말에서 볼 수 있듯이, "유교의 가르침(名教)은 유래가 있으니, 백대가 지나도 폐하지 않을 것이다", "존비를 펴지 않은 것은 왕의 가르침은 부득불 하나로 해야 하고 둘로 하면 어지러워지기 때문이다", "성인이 자리에 있으면 천지 혹은 일월(二儀)이라 견주어 칭한다", "군신 간의 공경은 자연스레 생겨난 것이다"와 같은 이야기를 개괄하면 다음과 같다. 세속 사회의 등급 제도는 그 역사가 오래되었고 불변의 진리이다. 국가권력을 상징하는 군주는 천지와 같은 것으로 절대적인 권위를 지니고 있고, 군주의 존엄과 권위는 사회질서를 담보하는 보증이니, 일단 사회가 동요하면 혼란이 발생한다.

이러한 사고방식은 본래 말할 필요도 없이 합리성을 지니고 있는 것은 아니다. 그러나 고대 중국 사회에서는 그 불합리성을 전혀 도전 받아 본적이 없고, 그 근거에 대해서도 의심해 본 사람이 없다. 의심할 수 없는 이러한 근거로 인해 불교도들의 반응을 보면 그 근거의 궁색함이 드러난다. 그래서 하충(何充)은 유빙

---

1) 하충(何充), 「주사문불응진경표(奏沙門不應盡敬表)」, 유빙(庾冰), 「대진성제사문불응진경조(代晋成帝沙門不應盡敬詔)」 등, 『홍명집(弘明集)』 권12, 사부비요본, 101~102쪽을 참조하시오.

2) 환현(桓玄), 「여팔좌론사문경사서(與八座論沙門敬事書)」, 『홍명집(弘明集)』 권12, 사부비요본, 102쪽을 참조하시오.

3) 혜원(慧遠), 「사문불경왕자론(沙門不敬王者論)」, 『홍명집(弘明集)』 권5, 42쪽. 환현(桓玄)은 4세기 말에서 5세기 초까지 정치 권력을 이용하여 불교 승려들을 도태시켰는데, 불경에 대해 깊이 연구하고, 계율을 엄격히 준수하며 항상 사원에서 머문 자와 산림을 떠나지 않고 세속 일을 간여하지 않는 불교도들을 제외하고는 모두 환속시켰다.

(庾冰)에게 회답하면서 단지 불교 보호 정책의 역사를 강조하면서 "선대의 성현이 세세토록 보호하셨으니 바꿀수 없다"고 말할 수밖에 없었다. 왕밀(王謐)이 환현(桓玄)에게 대답할 때에도 불교는 '다른 나라의 특이한 풍속'이라고 말할 수밖에 없었으며, 겨우 군신의 예에 대한 역사에 약간의 의문을 품어 "태고 시기부터 군신은 이미 자리 매겨졌으니 자연스런 감정과 아낌은 교화의 근본에 의로움이 드러났으나 이때에 이르러 몸으로 공경함을 들어보지 못했다"고 말했을 뿐이다. 그러나 곧 세속의 예가 천연의 합리성을 지닌 것이라 인정하였다.

하충(何充)은 불교의 "오계의 율법은 실제로 왕의 교화를 돕는다." 승려들은 "매번 향을 태우고 축원할 때 반드시 국가를 위해 먼저 한다"는 점을 강조했다. 왕밀(王謐) 또한 내키지는 않지만 불교를 위해 변호하기를, 불교는 세속 군주에게 "마음으로 깊이 공경하고, 형체를 굽히는 것을 예로 삼지 않는다"고 말했다.[4] 혜원은 『사문불경왕자론(沙門不敬王者論)』에서 불교도들은 통치자들의 왕화(王化)를 도울 수 있는 각종 방법을 갖고 있고, "안으로는 천성의 중함을 따르지만 효를 위배하지는 않고, 밖으로 군주를 받드는 공손이 부족하지만 그 공경을 잃지는 않는다"는 것을 반복하여 강조하였다. 그러나 세속 질서와 충돌하는 깊은 도리에 대해서는 직접적으로 진술하지 않았다.

사실은 마지막 말에 대해서 완전하고 철저하게 설명할 수 없는 것은 아니다. 혜원은 「사문불경왕자론(沙門不敬王者論)」, 「답환태위서(答桓太尉書)」, 「답하진남난단복론(答何鎭南難袒服論)」에서, "몸이 있음으로써 근심이 생기고 인연이 쌓이니, 몸이 존재하지 않으면 근심이 사라진다. 끊임없이 생기는 것(生生)을 아는 것이 교화에 있으므로 교화를 따르지 않음으로써 최고의 가르침을 구한다(達患累緣於有身, 不存身以息患, 知生生在於稟化, 不順化以求宗달환누연어유신, 부존신이식환, 지생생재어품화, 불순화이구종)"는 말을 네 차례나 했다.[5] 사실 이 말이 비로소 진정으로 불교 신앙과 세속의 질서 관계의 근본적인 논리 근거를 언급하고 있다. 만약 우주와 인생의 본원이 '공(空)'이라는 것을 인정한다면 사람이 현세에서의 생존은 가치가 없고, 사회의

---

4) 하충(何充), 왕밀(王謐) 그리고 유빙(庾冰), 환현(桓玄)의 논변의 글은 『홍명집(弘明集)』 권12, 101~102쪽에 보인다.

5) 「사문불경왕자론(沙門不敬王者論)」의 「출가이(出家二)」, 「구종불순화삼(求宗不順化三)」, 「답하진남(答何鎭南)」과 「답환태위서(答桓太尉書)」, 『홍명집(弘明集)』 권5, 권12, 42쪽, 44쪽, 106쪽.

현실 질서도 의미가 없게 된다. 만약 사람의 생존이 고난이며 인과 과정의 연속이라면 부모의 양육 은혜와 가정의 혈연의 정, 군주 통치의 덕, 모두가 불변의 합리성을 갖지 못하게 된다. 그렇다면 무엇 때문에 세속 사회의 질서와 예의를 지킬 필요가 있겠는가?

그러나 고대중국의 세속 질서의 합리성이 역사와 전통에 의해 반복적으로 확인된 사회에서는 도안(道安)이 "국왕에게 의지하지 않으면 법치의 일이 서기 어렵다(不依國主, 則法事難立)"[1]고 말했듯이, 불교는 세속 권력 앞에서 정면으로 다투지 못하고 양보할 수밖에 없었다.[2] 그러므로 불교의 근본 도리는 본래 이러한 담론 중에 반짝이듯 잠시 출현할 뿐이었다. 그러나 세속 권력과의 관계에 있어서 특별히 말할 수 없는 상당히 중요한 사실이 있다. 이는 종교 단체가 신도들을 통제하고 이끌면 이미 세속 정권의 이익을 침해하는 것이고, 종교 단체의 확장은 쉽게 세속 정권과 경제적 실력을 다투게 되어, 예를 들면 토지나 세금이나 노동력을 쟁탈하려는 국면을 형성하게 되는데, 종교 단체가 방대해지면서 쉽게 세속 정권과 대항하는 세력이 되었다.

이에 대해 어떤 학자들은 서기 4세기말에서 5세기 초 환현(桓玄)이 여산(廬山)에 올라 혜원을 만난 까닭은 그의 정치 맞수인 은중감(殷仲堪)이 서기 392년에 여산을 방문했기 때문이라고 지적한다. 이러한 까닭에 그는 여산을 중심으로 불교의 명의(名義)로 모여 있는 남방 지식인 단체의 세력에 대해 매우 조심했음을 알 수 있다. 402년에 불교 승려들을 도태시킨 직접적인 배경에서 반드시 주목할 부분은 환현(桓玄)이 동진 정권을 장악한 후 오두미교(五斗米敎)의 손은(孫恩) 부류와 같은 종교 방식으로 군중을 모아 의거를 일으켰다는 현실적 심정과 형세에 직면했다는 점이다.[3] 그러나 초기의 쟁론을 다투는 문장에는 이러한 심정과 배경이

---

1) 『고승전(高僧傳)』 권5, 「도안전(道安傳)」, 탕용동교주본, 178쪽, 1992.

2) 환현(桓玄)과 혜원(慧遠)이 각자 자신의 입장을 견지하면서 서로 양보하지 않고 불교가 세속 권력과 고개를 숙이며 예를 갖추어야 하는 지에 대해 쟁론하고 있을 때 5세기 초 북방의 법과(法果)는 이미 자신의 입장을 바꾸어 세속 권력의 지고무상함을 인정하였다. 그는 위(魏)나라 태조에게 "현명하고 맑게 도를 좋아하면 바로 현세의 여래이니, 사문에서는 마땅히 예를 다해야 한다"고 말했다. 또 사람들에게 "능히 도를 널리 펼 수 있는 자는 인주(人主)이니, 나는 천자에게 인사를 하는 것이 아니라 예불하는 것이다"고 말했다. 『위서(魏書)』 권114, 「석로지(釋老志)」, 3031쪽.

장엄한 윤리적 토론에 가려 있었다. 그러다가 환현(桓玄)이 최종적으로 강제성을 띤 명령을 내리면서 비교적 분명하게 드러났다. 불교로 인하여 사회에 "부역을 피하여 백 리나 되는 사람들이 모여들고 도망자들이 사원에 가득했으며, 한 군데 현에 그 수가 수천에 이르러 촌락을 이루었으며, 읍에는 떠도는 식객들이 모여들었고, 국경에는 구속받지 않는 무리들이 넘쳤다." 그리고 마침내 그는 불교와 세속 정권과의 문제에 대해 "정치를 해친다"고 단언했다.[4)]

2

에 관한 문제 : 종교 을 사회적 윤리 신조 도덕 규범보다 앞서는 적 지위를 가질 수 는가?

근본적으로 보면, 이는 종교가 상징하는 문화 정신이 정권이 상징하는 세속 이익보다 우선권이 있느냐의 문제이다. 원류의 측면에서 보면 이는 인도 불교가 승려 단체의 등급을 세속의 성씨 등급을 초월하려는 시도이며, 종교적 이상 세계의 전통을 세워 중국에 지속시키려는 문제이다.[5)] 현실 이익에 속하는 마음 저변

3) 마키타 타이료(牧田諦亮), 『중국 불교사 연구 제1』 제3장 제5절, 「사문불경왕자에 관하여(沙門不敬王者について)」, 대동출판사, 도쿄, 144쪽, 1981. 주의할만한 또 다른 사실은 손은과 같이 후에 조정의 '반적(叛賊)'이 된 노순(盧循)도 여산에 가서 혜원(慧遠)을 방문한 적이 있고, 이 사건은 정치 권력자들의 경각심을 불러일으키지 않을 수 없었다.

4) 「여료속사태승중교(與僚屬沙汰僧衆教)」, 『홍명집(弘明集)』 권12, 107쪽. 비록 시기 404년 환현(桓玄)이 끝내 사문도 세속 왕에게 공경의 예를 할 수 있게 동의했지만, 이는 아마 다른 우연한 이유, 예를 들면 혜원(慧遠)의 설복과 왕밀(王謐) 때문이었을 것이다. 그러나 사상과 정치의 측면에서 보면 세속 정권은 자신의 입장과 관념을 바꾸지 않았다. 따라서 불교를 반대하는 이러한 이유는 4세기부터 7세기까지 줄곧 관방의 입장에 서있는 사람들이 중시하는 바였다. 가장 명백한 표현으로 유송(劉宋) 시기의 소모(蕭摹)의 불교 확대에 관한 다음 발언을 참조할 수 있다. "정성으로써 지극함을 삼지 않고, 더욱 사치스런 경쟁을 중요하게 여겼다……. 토지를 내고 주택을 헌납하여 이에 거의 바닥이 났다. 목재와 대나무 동(銅)과 채색 비단이 훼손되어 없어지지 않음이 없었다." 『홍명집(弘明集)』 권11, 하상지(何尚之), 「답송문제찬양불교사(答宋文帝贊揚佛教事)」, 91쪽. 또 당나라 시대 부혁(傅奕)의 「상폐불승표(上廢佛僧表)」에서 불교가 "백성의 재산을 빼앗고, 국고를 축내며, 군민은 병역을 도피하여 삭발하고 숨어버린다"라고 질책하고 있다. 『광홍명집(廣弘明集)』 권11, 89쪽.

5) 이 문제에 관하여 강락(康樂), 「沙門不敬王者論-"不爲不恭敬人說法" 及相關諸問題」 참조. 그는 "이는 마땅히 신앙의 문제이다"라고 지적하고, 다음과 같이 분석하고 있다. 우선 "중국 사회는 결코 종교의 권위가 정치 권력을 초월한다는 관념을 보편적으로 받아들이지 않으며, 또한 사회 금자탑의 첨단에 있는 제사계층(祭師階層)도 없다." 다음으로 "당시 중국의 사회계층은 이미 '사인'이 머리에 있었으며, 군주는 모든 계급 위에 있었다." 따라서 인도 전통의 "사문은 백의(白衣)에게 예하지 않는다"는 관념이 매우 신중한 실험에 직면한 것이다. 특히 중국의 조상 숭배와 효도 관념과의 대항에 직면할 수밖에 없었다. 『신사학(新史學)』 7권 3기, 타이베이, 1996.

의 경각심은 종종 직접적인 대항의 이유가 되지 않았다. 공개적인 변론 중에 쌍방은 줄곧 도덕과 윤리의 입장에 서서 항변을 진행했고, 따라서 종교 신앙이 사회의 윤리 신조와 도덕규범을 우선하는 절대적 지위를 갖고 있는지에 대해 대답을 해야 했다. 분명 두 민족의 종교적 신앙 사이에 존재하는 기본적인 근거에 차이가 있기 때문에 외래의 종교는 중국 본래의 윤리 신조와 도덕규범에 우선할 수 없으며, 특히 고대의 중국 사회에서 윤리의 기본 근간인 '효'의 문제와 관련이 될 때 중국인들은 불교의 관념을 받아들일 수 없었다.

불교는 '정신'과 '초월'을 기본 가치 개념으로 삼아 신앙 체계를 세운 종교이다. 또한 무차별의 경지를 우주와 인생의 본원과 이상으로 삼으며, 실제로 실존의 질서를 와해하고 개인 정신의 초월을 사회 책임과 혈연의 정 위에 놓고 있다. 그러나 중국 고대의 사상계에서 '가정'과 '국가'는 말할 필요 없이 실재하는 것이고, '효'를 핵심으로 하는 혈연의 정은 자연스런 감정이다. 이러한 자연스런 감정의 토대 위에 선 인성은 바로 가정과 사회의 정상적인 질서를 유지하는 토대이다. 따라서 만약 이 토대가 동요되면 모든 질서가 붕괴된다.

일설에 의하면, 2세기말에 쓰인 『모자이혹론(牟子理惑論)』에 이미 고대 중국인들이 불교 사상의 이러한 점에 대해 의심하고 있다고 한다. 쟁론의 여지가 많은 이 문헌에 의하면 누군가가 사문에서 처자를 버리고 삭발을 하며 무릎 꿇고 절하지 않는 것은 유가 경전의 "신체발부는 부모로부터 받았으니 훼손해서는 안 된다"는 가르침과 위배될 뿐만 아니라 "복은 자손을 잇는 것보다 큰 것이 없고 불효는 후손이 끊기는 것보다 더 큰 것이 없다"는 효자의 도와도 맞지 않으며, 더욱 의복 제도나 관복 장식도 어긋난다고 묻고 있다.[1] 이러한 문제에 대한 질의는 2세기부터 7세기까지 몇 백 년 동안 시종 그친 적이 없다. 그리고 문제의 제시 방법이나 각도도 몇 백 년 동안 특별히 달라지지 않았다. 예를 들면 대략 4세기 70년대, 즉 370년쯤에 쓰인 손작(孫綽)의 『유도론(喩道論)』에 당시 사람의 물음을 인용하여 쓰고 있는데, 여전히 이러한 논조를 견지하고 있다.

1) 『홍명집(弘明集)』 권1, 8~9쪽.

주공(周孔 : 주공과 공자)의 가르침은 효를 머리로 하는데, 효는 덕의 지극함이며 백행의 근본이다. 근본이 서면 도가 생기고 신명(神明)과 통하게 된다. 그러므로 아들이 아비를 섬김에 살아계실 때는 그 봉양을 다하고 돌아가시면 제사를 받든다. 삼천(三千 : 고대의 형벌)의 책망은 후손이 없는 것보다 큰 것이 없으며, 부모로부터 받은 몸은 함부로 훼손해서는 안 된다……. 사문의 도리는 부모를 떠나고 버려 멀리하며, 수염과 머리를 깎아 태어난 모습을 훼손하고, 살아계실 때는 음식의 공양을 폐하여 끝내 생명의 음식을 끊고, 골육의 혈친이라도 행인과 같이 여기니 이치를 어기고 인정을 다치게 함이 이보다 심함이 없다. 그러면서 도를 홍양하고 인을 도탑게 하여 널리 중생을 구제한다고 하니, 이는 근본을 베어버리고 가지와 줄기에 이르려는 것과 어찌 다르지 않겠는가?(周孔之教以孝爲首, 孝德之至, 百行之本, 本立道生, 通于神明. 故子之事親, 生則致其養, 沒則奉其祀. 三千之責, 莫大無後, 體之父母, 不敢夷毁……. 而沙門之道, 委離所生, 棄親即疎, 刓剔鬚髮, 殘其天貌, 生廢色養, 終絶血食, 骨肉之親, 等之行路, 背理傷情, 莫此之甚. 而云弘道敦仁, 廣濟群生, 斯何棄斬刈根本而修枝幹주공지교이효위수, 효덕지지, 백행지본, 본립도생, 통우신명. 고자지사친, 생즉치기양, 몰즉봉기사. 삼천지책, 막대무후, 체지부모, 불감이훼……. 이사문지도, 위리소생, 기친즉소, 완척수발, 잔기천모, 생폐색양, 종절혈식, 골육지친, 등지행로, 배리상정, 막차지심. 이운홍도돈인, 광제군생, 사하기참예근본이수지간)[2)]

또한 6세기 상반기 무렵 유협(劉勰)은 「멸혹론(滅惑論)」에서 「삼파론(三破論)」을 인용하여 반박하면서 여전히 이 화제를 거론하고 있다.

제2의 깨트림(破)은 집에 들면 집을 깨트리는 것인데, 부자간에 다른 일을 일삼고 형제간에 다른 법을 본받으며, 양친을 버리고 효도를 끊으며, 근심과 즐거움이 서로 다르고 노래와 울음이 같지 않으며, 골육 간에 살아서 원수가 되고 복속들을 영원히 버리며, 교화를 어그러지게 하고 따르는 것을 어긋나게 하며, 하늘에 대한 보답도 없으니 오역(五逆)과 불효가 이보다 큼이 없다(第二破曰 : 入家而破家, 使父子殊事, 兄弟異法, 遺棄二親, 孝道頓絶, 憂娛各異, 歌哭不同, 骨肉生仇, 服屬永棄, 悖化犯順, 無

2) 『홍명집(弘明集)』 권3, 29쪽.

昊天之報, 五逆不孝, 不復過此제이파왈 : 입가이파가, 사부자수사, 형제이법, 유기이친, 효도돈절, 우오각이, 가곡부동, 골육생구, 복속영기, 패화범순, 무호천지보, 오역불효, 불복과차).[1]

7세기의 반(反)불교 인사들도 여전히 이러한 이유를 들고 있으며, 불교도가 지은 「구잠편(九箴篇)」에서도 당시의 불교를 반대하는 언론을 인용하여 다음과 같이 말하고 있다.

> 신하와 백성이 예를 잃고도 그 나라가 존재하며, 자손이 불효하고도 그 집이 서는 것은 일찍이 본 적이 없다. 요즘 구담(瞿曇 : 고타마 싯다르타, 즉 석가모니)이 법을 만들어 반드시 의복은 호복(胡服)과 같아야 한다고 하고, 사람들의 스승이면서도 입으로는 이민족의 말을 외워 세간에 귀한 사람이 되고, 무뢰한 무리들로 하여금 이로 인하여 반역하게 하고, 부형의 위에 가부좌하고 앉아 스스로 불교도라 하며, 군왕 앞에서도 오만을 떤다(未見臣民失禮, 其國可存, 子孫不孝, 而家可立. 今瞿曇制法, 必令衣同胡服, 卽是人中之師, 口誦夷言, 便爲世間之貴, 致使無賴之徒, 因斯勃逆, 箕踞父兄之上, 自號桑門, 傲慢君王之前미견신민실례, 기국가존, 자손불효, 이가가립. 금구담제법, 필령의동호복, 즉시인중지사, 구송이언, 편위세간지귀, 치사무뢰지도, 인사발역, 기거부형지상, 자호상문, 오만군왕지전).[2]

본래 불교는 고대 중국의 혈연의 정을 자연스런 인성으로 여겼고, 아울러 절대적 의미를 부여한 전통에 대해서도 응했다. 그러나 인도 불교에서는 부모의 은혜와 후손에 대한 양육의 의의가 결코 중국처럼 절대적인 지경에 이르지 않았다. 인도 불교는 사람들에게 출가하기를 요구하며, 종교 신앙의 의미를 세속적인 혈친의 정 위에 둔다. 부처가 집을 떠나고 나라를 떠난다는 이야기는 상징적인 코드로 가정과 국가에 대한 책임과 감정은 초월과 자유와 영원을 추구하는 종교 이상과 함께 논할 수 없다는 것을 상징한다. 조그만 예를 들어보면, 인도 불교 중에 신도가 자살함으로써 생사윤회의 초월을 추구하는 방법이 있는데, 이는 법현(法

---

1) 『홍명집(弘明集)』 권8, 67쪽.

2) 『광홍명집(廣弘明集)』 권14, 「구잠편(九箴篇)」, 116쪽.

顯)의 『불국기(佛國記)』에 일찍이 언급된 바 있다.[3)]

그러나 중국에서는 도리어 가정과 국가를 버리는 무책임한 행위는 불교에서조차 장려하지 않았으며, 심해야 손가락을 지지고 어깨를 자르는 정도였다. 인도의 불교 계율에도 부모을 대하는 태도와 다른 사람을 대하는 태도의 구별이 비록 있기는 하지만 그리 크지 않다. 예를 들면 불교 계율에서 말하듯이 비구가 부모를 죽이고 그후 자살을 하였을 때 만약 부모가 먼저 죽으면 가장 큰 죄(波羅夷 : 바라이, 즉 최대죄最大罪)를 범하는 것이다. 그러나 비구가 먼저 죽으면 그저 큰 죄(蘭遮 : 란차, 즉 대죄大罪)를 짓는 것이다. 만약 비구가 병이 나서 부모가 문병왔는데 비구가 부모 몸 위에 넘어져 부모가 압사하면 비구는 죄가 없다는 것이다.

그렇지만 고대 중국에서 이러한 상황은 불가사의한 일이다. 부모를 대하는 태도는 사람의 선악을 가름하는 가장 중요한 표준이다. 만약 한 사람이 부모에게 불효하다면 육친을 욕되게 하는 일이며, 이런 사람은 국가나 군주에게 충성 할 수 없다. 반대로 어떤 사람이 부모에게 효도한다면, 이는 가장 중요한 선행으로 견실한 신앙이나 성실한 실천보다 더욱 중요하다.[4)] "효제(孝悌)는 인을 하는 근본이다(孝悌也者, 其爲仁之本歟효제야자, 기위인지본여)."[5)] 이렇듯 '효(孝)'는 가정이나 가족, 또한 고대 중국의 국가 질서가 '인성(人性)'이라는 면에서 합리성을 갖출 수 있는 근본적인 근거이다.

---

3) 『대정장(大正藏)』 51권, 863쪽.

4) 『십송율(十誦律)』 권52, 『대정장(大正藏)』 23권, 381쪽. 후에 민간에 널리 전파된 『목련구모(目連救母)』와 민간에서 자주 독송된 혈분경참(血盆經懺)은 모두 후대 중국 불교의 이러한 특징들을 나타낸다. 『불설대장정교혈분경(佛說大藏正教血盆經)』, 명나라 정통(正統) 2년 각본 참조. 마키타 타이료(牧田諦亮)는 일찍이 중국 민간신앙의 승려들을 예로 들고 있다. 그가 말한 '육도(六度)'는 불교에서 말하는 '보살육도(菩薩六度)'를 중국화한 여섯 가지 도덕규범으로 고친 것이다. 예를 들면 '효순부모(孝順父母)'를 '경중삼보(敬重三寶)' 앞에 놓아 제일도로 삼고, 고행, 행선, 연빈(憐貧) 등의 사회윤리의 규범을 더하였다. 불교 초기의 사파라이(四波羅夷)와 비교했을 때 '음(淫)'과 '망어(妄語)'가 없고 효순, 행선, 연민 등의 사회 윤리와 관련된 내용이 더해졌다. 마키타 타이료, 『중국근대불교사연구』, 평동사서점, 도쿄, 21쪽, 1957. 이러한 전통은 줄곧 중국의 민간불교 신앙 속에서 지속되었다. 예를 들면 하남 지역의 민요 중에 "천리를 가서 향을 피우는 것도 집에서 부모에게 효도하는 것만 못하다"는 내용의 가사가 있고, 민간에 "집에서 부모에게 효도하는 것이 밖에 나가 불상에게 예배하는 것보다 낫다"는 말이 있다. 민국(民國) 25년 연인본(鉛印本), 『양무현지(陽武縣志)』, 민국 22년 연인본, 『속안양현지(續安陽縣志)』, 『중국지방지민속자료회편』 중남권(中南卷), 서목문헌출판사, 86쪽, 104쪽, 1991년 참조.

5) 『논어』 「학이(學而)」 '제1', 『십삼경주소(十三經注疏)』, 중화서국 영인본, 2457쪽.

이러한 뿌리 깊은 윤리 관념은 유구한 역사를 통해 전통이 되었으며, 또한 사람들에게 이미 익숙해져서 그 가운데서 생활하는 규칙과 관습의 패턴을 갖추고 있었다. 그리하여 2~3세기경에야 대규모로 중국에 들어오게 된 불교는 사람들이 인정하는 이러한 불변의 윤리 관념에 직접적으로 대항할 수가 없었다. 이에 단지 종교의 신성함을 보호한다는 우회적인 방법을 쓸 수밖에 없었다. 『모자이혹론(牟子理惑論)』은 이 점을 강조하여 사문은 삭발을 하고 처자를 버리며 꿇어 절하지 않는다고 하는데, 이는 결코 효도를 하지 않고 예를 그르다고 한 것이 아니라 더욱 높은 경지를 추구하려는 것이자, 시대적 요구에 적응하여 더욱 순수한 도덕적 경지를 희구하려는 것이라고 설명하였다.

그는 또한 공자와 노자의 말을 인용하여 근거로 삼아 다음과 같이 말했다. "진실로 큰 덕이 있으면 작은 것에 얽매이지 않는다." 승려가 "가산을 헌납하고 처자를 버리며, 음(音)을 듣지 않고 색(色)을 보지 않는다"는 것은 '양보의 지극함'이고, 불교의 "몸을 깨끗이 하고 함이 없는 것(無爲)은 도의 미묘함이며", 사문의 "도와 덕을 수련함으로써 세속을 노니는 환락과 바꾸고, 현숙함으로 돌아감으로써 처자를 갖는 환락과 바꾸는" 것은 기이한 행위로 "큰 덕은 덕스럽지 않으니 이로써 덕이 있게 된다"는 뜻이라고 말했다. 이렇듯 사문의 행위는 순박하고 두터우며 무위의 시대 풍습과 부합된다고 하면서, "군자의 도는 혹은 나오기도 하고 머물기도 하며, 혹은 침묵하기도 하고 말하기도 한다. ……쓰일 곳에 있을 뿐이다"라고 했다.

손작(孫綽)도 『유도론(喩道論)』에서 "효의 귀중함은 효가 몸을 세우고 도를 행하게 하며, 부모를 오래도록 빛나게 한다"는 전제 하에, 부처가 출가한 사실은 더욱 큰 영광과 성취를 위함이며, 부왕과 국가에 이익을 가져다주고, 이로써 부모를 영광스럽게 하였으니 "어떤 효행이 이와 같을 수 있겠는가" 라고 말했다.

유협(劉勰)은 『멸혹론(滅惑論)』에서 부처를 삼황(三皇)에 비유하면서, 불교의 '무복(無服 : 상복을 입지 않음)'을 삼황의 '순박(淳朴)' 개념으로 대비하여 말하고, 노자(老子) 사상의 말을 빌어 불교와 예법이 모순되고 저촉됨을 도가의 "세속을 버리고 진으로 돌아간다(棄俗反眞기속반진)"나 "신묘한 변화가 세속과 함께 (자연으로) 돌아간다(玄化同歸현화동귀)"와 같은 개념으로 해석하였다. 불교를 믿는 의의와 전통과 어긋남에 대하여 "현세에서의 봉양을 다하는 것은 사후의 영혼을 구제하는

데 도움이 안 된다. 도를 익혀 부모를 구제하는 것이 사후에 지옥의 고통을 영원히 소멸하는 것이다"라고 해석하였다. 마치 더욱 효도를 다하는 듯하다.

주(周)나라 무제(武帝)가 불교를 멸하려고 했을 때 임도림(任道林)이 불교의 입장에서 반대 의견을 제시하였는데, 그 이유는 단지 무제(武帝)가 불교 사원과 불상을 훼손하고 불교의 전파와 승려를 없애려는 것이 태조(太祖)의 법규에 어긋나는 것이기 때문에 불효라는 것이었다. 그리고 그는 이렇게 말했다. "효라는 것은 지극한 하늘의 도이고, 따르는 것은(順) 지극한 땅의 양육이다(孝者至天之道, 順者極地之養효자지천지도, 순자극지지양)."[1)]

감히 종병처럼 "속유들이 편찬한 것은 오로지 치란의 사적에 관한 것이지만(俗儒所編, 專在治迹속유소편, 전재치적)", 불교 경전은 "오경의 덕을 포함하며, 원대한 진실을 깊이 더하고, 노장의 허(虛)를 함유하고 있으며, 모든 것이 공으로 끝난다는 것을 거듭 강조한다"고 주장한 사람은 많지 않았다.[2)] 앞에서 인용한 「구잠편(九箴篇)」에서도 불교의 불충과 불효에 관한 비평을 논박하는데 매우 대담했다. 그러나 단지 '도를 세우는 일(立道)'과 '다스림을 이루는 일(成治)'을 나누어, "입도(立道)에 있어서는 여기에 사는 것이 가장 좋은 곳에 거하는 것이고, 성치(成治)에 있어서는 또한 충과 효를 마땅히 우선해야 한다"고 설명했으며, 단지 불교의 초월성을 이용하여 포괄성을 대신하며, '도를 세우는 것'이 바로 "널리 인을 펴고 구제하는 일이며 또한 충과 효의 성대함이다"고 말하였다.

대다수 불교도들이 이말 저말 하지만 결국에는 고대 중국의 세속적 도덕을 직접적으로 부정하지 못하고, 단지 이처럼 우회적인 방식을 사용하여 양자가 모두 합리성을 갖고 있다는 것을 인정했으며, 심지어 중국의 고대 전통의 성현들의 말을 인용하여 중국의 전통 도덕과 비유함으로써 불교 신앙을 확인하는 방식을

---

1) 『광홍명집(廣弘明集)』 권10, 「변혹편(辯惑篇)」 '제2의 6', 82쪽. 이에 대해 다음과 같이 주(周)나라 무제(武帝)는 예리하게 반박했다. "사문들을 환속시켜 부모를 섬겨서 천하의 효를 이루게 하고, 각자 가기의 삶을 살며 타인의 위해 번민하지 말고, 사는 땅에서 이익을 얻게 하며 오랑캐(인도)를 버리고 중국 것을 따르고, 천지사방이 하나 되면 만대에 이름을 떨치며 태조의 공덕을 드러내게 되니, 바로 효의 끝인 것이다." 마찬가지로 이치가 있는 말이다.

2) 『홍명집(弘明集)』 권2, 종병, 「명불론(明佛論)」, 17쪽.

사용했다. 마치 초당(初唐)의 스님 명개(明概)가 부혁(傅奕)을 반박하면서 불교 존재의 합리성을 증명하기 위해 '충효(忠孝)' 두 자를 이유로 삼아 "도안(道安)은 직간을 함으로써 진(秦)나라를 도왔고, 불도(佛圖)는 충언으로써 조(趙)나라를 바로잡았으며, 목련은 발(鉢)을 받들고 어머니를 봉양했고, 석가는 관을 메고 부모의 장례를 지냈으니, 나라를 평안하게 하고 가정을 구제하였는데 어찌 충효가 아니겠는가?(道安直諫以輔秦, 佛圖忠言以匡趙, 目連俸鉢而餇母, 釋迦擔棺而葬親, 宇國濟家, 豈非忠孝也도안직간이보진, 불도충언이광조, 목련봉발이동모, 석가담관이장친, 우국제가, 기비충효야)"[1]라고 설명한 것과 같다. 그리고 그러한 이야기들이 진실인지의 여부는 논하지 않고 '충효'로 불교입지의 이유를 삼으려 했다. 이렇게 하여 불교 신앙이 고대 중국 사상계의 인정을 얻었다하지만, 그러나 그 합리성의 근거는 도리어 고대 중국의 도덕과 윤리의 기초 위에 옮겨 놓은 것이다.[2]

3

인도로부터 온 불교 신앙의 합리성이 왜 고대 중국의 사상 세계의 토대 위로 옮겨와 성립되었는가? 종교의 보편적 이상은 민족이라는 협소한 입장을 초월할 수 없는가? 이는 계속 토론이 필요한 문제이다. 그러나 당시의 민족주의 정서가 불교를 반대하는 사람들 속에 하나의 민족주의를 세우려는 입장이었고, 이러한 입장에서 불교에 대한 격렬한 비평이나 심지어 비난하고 훼손(毁損)하려는 것은 말할 필요도 없이 정당한 행위였다. 그렇다면 이러한 정당성의 근거는 무엇인가? 또한 외래 종교인 불교는 이렇듯 옥죄어 오는 비평에 어떻게 직면하였는가? 여기

오랑캐와 중화의 싸
종교 이상은 민족문
특수성을 없애고 보
의의를 지닐 수 있는가

1) 『광홍명집(廣弘明集)』 권12, 「근주결파부혁방불리훼승사(謹奏決破傅奕謗佛理毁僧事) 8조」, 100쪽.

2) 불교사의 연구자들은 불교의 윤리가 중국에서 점차 '효'의 내용을 드러냈다는 것에 대부분 주목하였다. 예를 들면 『보살영락본업경(菩薩瓔珞本業經)』과 『범망경(梵網經)』에 모두 "부모에게 효도하는 것이 승려의 삼보이다"는 내용이 있고, 심지어 '효'와 '계(戒)'를 동등시하고, "효를 계가 명(名)하고 또한 제지(制止)라고 명하기도 한다" 이 점에 대해 케네스 첸(Kenneth K. S. Chen : 진관승陳觀勝), 『*The Chinese Transformation of Buddhism*』, Princeton University Press, 1973. 일역본, 후쿠이 후미마사(福井文雅), 오카모토 텐세이(岡本天晴) 역, 『불교와 중국사회(佛教と中國社會)』, 금화사(金花舍), 도쿄, 1981년 참조.

서는 세 번째 문제, 즉 종교적 이상은 민족 문화의 특수성을 소멸하고 보편적 의의를 지닐 수 있는 것인가에 대해 논의하고자 한다.

이렇게 격렬하며 심지어 과도하기까지 한 민족주의적 정서는 불교가 중국에 들어오는 과정 중 더욱 자극되어 살아나고 팽창되었다. 북주(北周) 시기 불교를 소멸시키려 했을 때 도사(道士) 엄달(嚴達)이 주나라 무제의 질문에 답변하면서 다음과 같은 유명한 말을 남겼다. 도석(道釋) 간에는 도가가 주인이고 불교는 객이니, 당연히 주인이 우수하고 객이 열등하다. 따라서 마땅히 불교를 인도로 몰아내야 한다. "객이 자기 나라로 돌아가는 것은 그 나라에도 이익이 되는 것이다. 주인이 남는 것은 중화(中華)에 손해가 되지 않는다."[3] 그리고 당나라 시대에 가장 격렬하게 불교를 반대했던 부혁(傅奕) 또한 "사대부 가문에서 삭발승의 사악한 계율을 받고 유생들의 배움 중에 도리어 요망한 오랑캐의 망발을 말한다"[4]고 뭇 사람들이 자주 인용하는 말을 남겼다.

그러나 이러한 편협한 말들을 자세히 생각해 보면 결코 합리적이지 않다. 왜냐하면 당시 사람들에 의해 '이하론(夷夏論)'으로 칭해졌던 토론 가운데 쌍방의 지위가 현격하게 차이가 있었기 때문이다. 한(漢)나라 문화 본연의 입장에 선 중국 사대부들은 한문화의 우월성을 주장하였는데, 이는 다른 증명이 필요하지 않았다. 그리고 외래 종교의 사악한 점을 설명하려 해도, 이는 증명하지 않아도 자명한 것이었다. 그러므로 중국에 들어온 불교는 반드시 먼지 한문화의 우월성을 인정한다는 전제 하에 불교 신앙의 우월성을 설명해야 했다. 따라서 부득불 제물론식(齊物論式)의 다원적 태도로 천하가 일가라는 세계주의 입장에서 상상 중의 상고 시기나 혹은 현실 중의 근세를 근거로 지나치게 강조된 민족문화의 우월감을 다소 해소시켰다. 이렇기 때문에 에릭 쥐르허는 불교에 대한 비평에 대하여 '문화의 우월감으로부터 온 비평'이라고 말했다.

이러한 우월감의 내력은 오래 되었다. 고대 중국에는 매우 완고한 시공 관념

---

3) 『혼원성기(混元聖紀)』 권8, 『도장(道藏)』 동신부보록류(洞神部譜錄類), 여팔(與八), 문물출판사, 상해서점, 천진고적출판사 영인본, 17책, 1988.

4) 『광홍명집(廣弘明集)』 권11, 인부혁(引傅奕), 「상폐성불승표(上廢省佛僧表)」, 89쪽.

이 존재하는데, 바로 '천하'라는 중국을 중심으로 끊임없이 밖으로 확장하는 사각형의 개념이다. 그리고 문명의 등급은 이 공간의 위치에 의해 결정되는데, 중심에 위치할수록 문명의 등급이 높고, 반대면 점차 낮아진다. 선진(先秦) 시기 오복(五服)[1]의 설명은 이러한 공간의 위치 관념과 문명의 가치 관념의 표현이다. 고대 중국 사람들은 화하(華夏)가 문명의 중심이고 사방 주위의 민족들은 태어나면서 중국인들과 인성이 다르며, 이러한 인성은 풍습에 영향을 미치고, 풍습은 또 인성에 다시 영향을 미치니, 따라서 바꿀 수 없다고 여긴다.

『예기(禮記)』「왕제(王制)」에 "중국, 융이(戎夷), 오방(五方)의 민족은 모두 성이 있는데, 미루어 바꿀 수 없다."[2] 마치 동이(東夷), 남만(南蠻), 서융(西戎), 북적(北狄)처럼 문신과 단발을 하기도 하고, 머리를 길고 가죽옷을 입기도 하며, 익힌 음식을 먹지 않고, 오곡을 먹지 않는데 이는 모두 야만을 상징한다. 『좌전(左傳)』 희공(僖公) 24년에 부신(富辰)이 정(鄭)나라와 적(狄)과의 대화에 당시 중국인의 생각을 대표할 만한 기록이 있다. "귀가 오성(五聲)의 조화를 듣지 못하면 농(聾)이라 하고, 눈이 오색의 무늬를 구별 못하면 매(昧)라 하며, 마음이 덕과 의의 법을 본받지 않으면 완(頑)하다 하고, 입으로 충(忠)과 신(信)의 말을 하지 않으면 은(嚚)하다 하니, 적(狄)은 이것들을 본받아야 한다"[3]

불교가 중국에 들어온 후 사람들은 종종 불교를 만이(蠻夷)로부터 온 종교로 여겼고, 따라서 중국 사람들은 만이의 국가인 이국으로부터 온 불교가 중국에 들어왔을 때 당연히 이러한 자연적인 우월감에 직면하게 되었다. 불교는 인도 문화가 중국보다 우월하다는 것을 무리하게 논증할 수 없었고, 단지 천하의 문화는 다 같다고 설명할 수밖에 없었다. 『모자이혹론(牟子理惑論)』은 공자가 상심했을 때의 넋두리를 인용하여 자신의 방패로 삼으며, 공자도 일찍이 "구이(九夷 : 동쪽의 아홉 민족)에서 살고 싶다"는 말을 했다고 주장하였다. 그러므로 단지 군자가 거주하는 지역이면 무슨 다른 점이 있겠는가? 또 한편으론 제물론식의 방법을 사용하여

1) 고대 중국에 왕기(王畿)를 중심으로 각 500리를 기준으로 후복(侯服), 전복(甸服), 완복(綏服), 요복(要服), 황복(荒服)을 합하여 오복이라 했다(역자 주).

2) 『십삼경주소(十三經注疏)』, 1338쪽.

3) 『춘추좌전정의』 권15, 『십삼경주소(十三經注疏)』, 1818쪽.

천하를 모두 문명의 영역으로 삼고, 모든 사람을 불타와 함께 연결시킴으로써 중국이 결코 천하에 유일한 문명국이 아니며, 모든 사람이 성현이 될 수 있는 가능성을 갖고 있다고 말한다. 그러므로 단지 한문화의 우월감만 인정하는 것은 도리에 맞지 않다.[4)]

이러한 우회적이고 부드러운 반응 방법은 불교 신도들이 줄곧 견지했던 태도였다. 동진(東晋) 말년에 중국의 귀족 출신 신도인 왕민(王珉)이 백시리밀(帛尸梨蜜)에게 써준 서문 중 대표할 만한 말이 있다. "『춘추(春秋)』에 오(吳)와 초(楚)를 자(子)라 칭하는데 전에는 중국을 우선하고 사이(四夷)를 뒤로한 것이라 여겼다. 어찌 삼대의 후손이 다른 풍속의 예를 행하고 융적이 탐람(貪婪)하여 인양(仁讓)의 본성이 없는 것이 아니겠는가? 그러나 절세의 빼어난 사람도 때로는 융적의 땅에서 나고, 출중한 인재가 중국과 대등하기도 하니, 하늘이 영재를 내림이 어찌 중국과 융적의 땅을 가리겠는가?"[5)] 이 말은 한편으로는 한문화 전통의 보편적 우월성을 인정하며, 다른 한편으로는 우선 한문화의 예악인양(禮樂仁讓)의 절대적 가치를 승인하고, 다시 완곡하게 이족(異族)도 한문화 전통에 부합하는 '절세의 빼어남'과 '출중한 재능'과 같은 인물이 있을 수 있음을 강조한 것이다. 이러한 방법을 통해 불교의 핵심과 경전이 한문화 전통의 인정을 확보할 수 있게 하였다.

환현(桓玄) 이후 5세기에서 7세기의 중국 사대부들 중 적지 않은 사람들은 "육이(六夷)가 교만해지고 강대해져 일반적인 교화로는 변하지 않게 되었다. 따라서 영험하고 기묘한 가르침을 베풀어 그들을 두렵게 하여 복종케 해야 한다"는 말을 믿었다. 그러면서 계율을 강구하고 신이함을 믿는 종교는 단지 그런 야만민족을 위해 만들어진 것으로 느꼈다. 뿐만 아니라 예의의 나라는 만이의 그러한 가르침이 필요 없다고 여겼다.[6)] 이는 마치 유송(劉宋) 시기 하승천(何承天)이 "화

4) 예를 들면 동진(東晋) 시기에 쓰여졌다고 여겨지는 『정무론(正誣論)』에 "열 집에도 현인을 용납하는데, 하물며 넓은 천하에서 받아들이지 않을 수 있겠는가? 순(舜)임금은 동이(東夷)에서 태어났고, 우(禹)임금은 서강(西羌)에서 나왔으니, 성철이 일어나는 곳이 어찌 일정한 장소가 있으리오." 『홍명집(弘明集)』 권1, 13쪽.

5) 『고승전(高僧傳)』 권1, 31쪽.

6) 환현(桓玄), 「난왕중령(難王中令)」, 『홍명집(弘明集)』 권12, 103쪽.

융(華戎)은 본래 다른 점이 있는데 무엇인가? 중국 사람은 타고난 기운이 맑고 조화로우며 인을 모으고 의를 포함하고 있기 때문에 주공과 공자가 본성과 인습(因習)의 가르침을 밝혔다. 외국 민족은 타고난 본성이 강경하고 탐욕스러우며 사나우므로 석씨(釋氏)가 오계(五戒)의 조목을 엄격하게 만들었다" 고 말한 것과 같다.[1] 중국 사람의 인성과 외국 사람의 인성을 구별하는 것은, 비록 "중국 민족이 아니면 그 마음이 반드시 다를 것이다" 라는 전통을 계승한 것이지만, 당시의 상황을 보면 결국은 중국에서의 불교 전파를 금지하려는 것이었다. 불교를 중국에 전파하려면 중국 문명의 우월성을 인정할 수밖에 없었고, 또 중국 사상의 역사를 인정할 수밖에 없었으므로, 불교는 단지 반복적으로 불교를 만든 인도도 중국과 같은 문명을 갖고 있다는 것을 강조할 수밖에 없었다.

그리하여 각종 전설을 수집하여 역사의 증거로 삼았다. 그래서 종병(宗炳)은 백대(百代)의 서적들이 이미 상실되었으니, 어떻게 오늘날의 지식으로 불교의 가르침이 근거가 없다고 단정할 수 있을 것인가? 한나라 시대 유향(劉向)이 『신선전(神仙傳)』을 지었는데, 그중 74인은 불경에서 찾아볼 수 있지 않은가?[2] 라고 말했던 것이다. 사실 앞의 첫구는 억지 논리라는 점을 면하기 어려울 것 같고, 뒷구는 무의식 중의 오신(誤信)이 아니라 의식적인 오전(誤傳)이다. 오히려 종병이 하승천(何承天)에게 "동이, 서융도 혹은 성현일 수 있다" 고 한 것과 사진지(謝鎭之)가 고환(顧歡)에게 답하면서 "천지인(三才)이 통솔한 바를 어찌 이(夷), 하(夏)로 구분하겠는가?" 라는 말이 진정으로 '인류' 와 '진리' 의 보편성을 띤 것이라고 말할 수 있다.[3]

그러나 이러한 보편성이 모든 사람들에게 받아들여진 것은 아닌 듯하다. 5

1) 『홍명집(弘明集)』 권3, 재하승천(載何承天), 「답종거사서(答宗居士書)」, 27쪽.

2) 「명불론(名佛論)」, 『홍명집(弘明集)』 권2, 20쪽.

3) 종병, 「답하형양서(答何衡陽書)」 '제2', 『홍명집(弘明集)』 권3, 27쪽. 사전지(謝鎭之), 「여고도사서석이하론(與顧道士書析夷夏論)」, 『홍명집(弘明集)』 권6, 55쪽. 그러나 고대 중국에서는 결코 불교의 진리가 민족을 초월하는 보편성을 지니고 있다고 인정하지 않은 것 같다. 특별히 도가(道家)가 논쟁에 가입하면서, '이하(夷夏)의 쟁론' 은 민족 문화의 우월성과 종교 진리의 보편성에 관한 토론에서 불교와 도교 간의 자격과 역사에 관한 쟁변으로 변화되었다. 고환(顧歡)의 「이하론(夷夏論)」은 불교신도들에게 큰 빛이 되었으며, 『노자화호경(老子化胡經)』의 날조와 전파는 쌍방의 날카로운 비평을 불러일으켰다. 이에 그 후의 불교와 도교 간의 논쟁은 의기가 충만하게 되었으나 격렬한 욕설에 가까운 논쟁의 배후에는 여전히 민족주의의 정서와 보편주의의 종교 사이의 충돌을 엿볼 수 있다.

세기 후반 심약(沈約)은 「균성론(均聖論)」을 지어 "내성(內聖)과 외성(外聖) 모두 그 의의는 하나의 도를 다스린다"고 말하며, 진리의 영원성과 보편성은 마땅히 역사적 시간과 지리적 공간을 초월하는 것이고, 불교 사상 또한 고대에 중국에 전해지지 않고 전파 지역이 서역 변두리에 제한되었다고 해서 그 가치를 잃은 것이 결코 아니라는 것을 증명하려고 했다. 그렇지만 도홍경(陶弘景)의 집착에 가까운 반박에 부딪쳤다.[4] 또한 북주(北周) 시기의 도안(道安)은 「정이교론(正二教論)」에서 "오직 성인의 교화만이 지역의 구분이 없고, 사람과 하늘의 감응이 어긋나지 않으며, 미묘한 변화가 벗어남이 없으니, 어찌 화융(華戎)에 의해 그 정리가 방해받을 것인가? 그러므로 한 목소리로 노래 부르면 만 가지 사람들이 함께 깨달을 것이다. 어찌 이하(夷夏)의 구분으로 인하여 나눠질 수 있겠는가?"[5]라고 했다. 비록 이 말은 이치가 있는 듯하지만 결코 모든 사람들에게 인정받지는 못했다.

혈통이 순수하지 않았던 주나라 무제조차도 "불경은 외국법이므로 이 나라에서는 필요하지 않다"[6]고 느꼈다. 그는 건덕(建德) 6년의 조서에서 매우 강경하게 한문화의 근본 입장을 견지하며, "불교는 서역에서 생겨나 동쪽 중국으로 전래되었는데, 원래 불교의 가르침은 중국과 매우 다르고, 한(漢), 위(魏), 진(晋)나라 시기에는 있는 듯 없는 듯하다가 오호(五胡)의 어지러운 통치 시기에 불교의 교화가 비로소 흥성하기 시작했다. 그러나 짐은 오호가 아니므로 마음으로 공경할 일이 없으며, 바른 종교가 아니므로 이를 폐지한다"[7]고 말했다. 그리고 당(唐)나라 시대의 도선(道宣)은 「변혹편우서(辯惑篇又序)」에서 "주(周)나라와 위(魏)나라의 무제(武帝)는 북방(幽都)에서 태어났고, 혁연(赫連) 성을 가진 두 임금은 혈통이 북방 민족이다. 고향이 인의의 지역이 아니니 본성이 교화의 마음과 두절되었다"고 하여 말은 비록 통쾌하고 시원스럽지만, "자신들의 중국 민족과 같은 부류가 아니면 그 마음이 반드시 다르다"는 것을 인정하고 있다. 이러한 이치로 질문을 해

---

4) 『광홍명집(廣弘明集)』 권5, 사부비요본, 43쪽.

5) 『광홍명집(廣弘明集)』 권8, 68쪽.

6) 『광홍명집(廣弘明集)』 권10, 「변혹편(辯惑篇)」 '제2의 6 : 서주무제갱흥도법사(敍周武帝更興道法事)', 81쪽.

7) 『광홍명집(廣弘明集)』 권10, 「변혹편」 '제2의 6 : 서주무제갱흥도법사', 82쪽.

나가면, 그가 스스로 보호하려는 불교가 도리어 존재의 합리성을 잃게 된다. 왜냐하면 불교는 이방에서 온 종교가 확실하기 때문이다.[1]

4

불교는 중국에 들어온 이후 중국어란 환경에 처하면서 중국 역사의 유구한 전통이 하나의커다란 압력으로 작용했다. 이러한 압력은 무형의 것으로, 미셸 푸코(Michel Foucault : 1926~1984년, 프랑스의 철학자)의 용어를 빌어 표현하자면 '활어 권력(活語權力 : 담론 권력)'이라는 것이다. 이러한 담론 권력은 종종 세 방면으로부터 구성되어지는데, 첫째는 세속 정권이 갖고 있는 강제적 역량이고, 둘째는 이 문명 지역에 사는 사람들에 의해 형성된 습관적인 이해와 해석 방식이며, 셋째는 이 문명의 역사적 전통의 권위이다. 불교가 중국에 들어온 후 직면하게 된 이 세 방면의 압력이 모두 존재했고, 이렇게 구성된 담론 권력은 바꿀 수가 없었다. 이에 앞서 이야기했듯이 불교는 긴 시간 동안 중국어의 환경 속에서 중국의 문제에 반응하는 과정 중에 사실 아무도 모르게 불교의 생각도 변화하고 있었다.

중국어 환경 속에서 불교 입장의 변이와 전[illegible] 대한 변화

본래 불교는 유구한 역사를 근거로 하여 자기 존재의 합리성을 삼을 필요가 없었다. 밖으로부터 온 불교는 중국의 전통과 직면하면서 자주 '지금부터'나 상황의 적절함에 따른다는 태도를 제창함으로써 강대한 역사적 압력과 전통적 관습의 힘을 해소하려 하였다. 『모자이혹론(牟子理惑論)』에 여러 차례 언급하고 있는 "저것이 한 때이면 이것도 한 때이다"와 "언어의 담론은 각기 때가 있다"[2]는 말 등은 그들의 이러한 심정을 잘 표현해 준다. 그러나 모든 일에 '사실(史實)로 증명하고' 혹은 '예부터 있었다'고 해야 비로소 믿는 중국에서는 역사의 길고 짧음이 진리 가치의 고저와 연관되며, 심지어 진리 가치의 고저를 결정하기도 한다. 따라서 역사 전적과 전통 권위의 지지를 갖는 것은 매우 중요하다. 이 때문에

1) 『광홍명집(廣弘明集)』 권5, 39쪽.

2) 나카지마 류조우(中嶋隆藏), 『육조사상의 연구(六朝思想の硏究)』, 제3장 제4절 「상고와 제세(尙古と齊世)」 중에 이미 이 문제에 대해 토론하였다. 평락사서점, 일본 교토, 214~223쪽, 1985, 1992년 참조.

불교를 반대하던 인사들은 재삼 역사가 짧고, 사실에 근거가 없다는 점을 이용하여 불교를 공격하였다.[3] 이때 불교는 그 자체가 본래 뛰어나지 않은 역사적 개념을 이용하여 각종 방법을 생각하여 고대 중국에서 불교 역사의 기점을 찾으려 했다.

양(梁)나라 시대의 심약은 도홍경의 불교는 유구한 역사를 갖지 않았다는 점에 대답하면서, 이는 "인연이 아직 이르지 않았을 뿐이며 결코 불교역사가 길지 않은 것이 아니다"[4]고 했다. 물론 이것으로 충분하지만 더욱 많은 불교 신자들은 여전히 중국의 역사 전적과 전설 중에서 증거를 찾아내고자 희망했다. 그래서 유송(劉宋) 시기 불교를 방어하기로 유명한 종병은, 소위 분전(墳典 : 삼분오전三墳五典으로 고대시기의 전적)은 속유들이 편찬한 것으로 치란의 사적만을 중시하고, 빠진 부분이 매우 많다. 그러므로 불교의 상황이 기록 되지 않은 것이니, 또한 기이한 것이 아니다. 하물며 사마천(司馬遷)도 백가(百家)가 황제를 언급할 때 그 말이 고아하지 않기 때문에 반드시 전적에 의거하지 않을 수 없다고 했지만, 그 자신도 도처에서 증거를 찾지 않을 수 없었으니, 예를 들면 『산해경(山海經)』, 『신선전(神仙傳)』과 같은 믿을 수 없는 전적까지도 자신의 증거로 삼았다고 말했다. 그리고 계속해서 후대 사람들은 더욱 더 황당하여 『춘추(春秋)』의 기록을 견강부회하여 "항성이 나타나지 않았고, 밤인데도 밝기가 대낮 같았다"는 기이한 현상으로 부처의 출생을 미화했고, 한나라 명제(明帝)가 영명(永明) 3년에 금인(金人)을 꿈에서 보았다는 전설을 역사화하여 불교가 이미 중국에 들어왔다는 것을 증명하려 했다.[5] 이처럼 중국 전통과의 대화 과정에서 불교는 이미 부지불식간에 중국의 관습에 용해되어 들어오게 되었다.

---

3) 예를 들면, 고환(顧歡)은 도교 경전이 서주 시기에 나왔으나, 불교 경전은 동한 때에 비로소 있었다. '해가 8백년이 넘고 세대는 수십 대가 지났으니' 도교가 마땅히 불교보다 먼저이다. 『남제서(南齊書)』 권54, 「고일전(高逸傳)」, 933쪽.

4) 『남제서(南齊書)』 권5, 심약, 「답도은거(答陶隱居)」. 도홍경, 「난균서론(難均聖論)」, 44쪽 참조.

5) 『광홍명집(廣弘明集)』 권11, 90쪽, 법림(法琳)이 부혁(傅奕)의 생각에 반대한 부분과, 권12, 105쪽, 석명개(釋明概)의 「근주결파부혁방불훼승사(謹奏決破傅赫謗佛毀僧事)」 중, "신묘(辛卯)일 밝은 밤에 노사(魯史)는 그 교화의 자취를 전하고, 병자일에 별이 갑자기 성하였는데, 한나라 시대의 책에 그 위령(威靈)을 기록하고 있다. 그런 후에 교화는 서쪽으로 옮겨가고 불법은 동쪽으로 점차 흘러들었다"는 부분을 참조하시오.

본래 불교는 또한 우주 공간의 위치로 보아 자기의 종교적 진리를 위해 그 가치의 토대를 찾을 필요가 없었다. 그러나 앞서 이야기했듯이 중국인이 보기에 중국은 우주의 중심이고, 우주 공간의 중심 의의는 문화 가치의 중심이라는 의의와 관련되며, 대하중화(大夏中華)의 뜻은 한인의 생활이 천지의 정중앙에 있다는 것을 가리킨다. 또한 한문화만이 우주 공간에서 유일하게 보편성의 가치 체계를 가질 수 있다는 것을 의미한다. 그러므로 채모(蔡謨)는 "불자는 이인(夷人)으로 오직 이(夷)를 변화시켜 하(夏)를 따르게 한다는 말은 들어봤어도, 하(夏)를 변화시켜 이(夷)를 따르게 한다는 것은 들어보지 못했다" 고 말하였다. 여기에서 '왜?' 라는 이유는 논설할 필요가 없다. 부혁(傅奕)이 부처를 '서역의 오랑캐'라 욕하고, "불교는 서방에서 왔으니 중국의 바른 습속이 아니며, 요망하고 사악한 기운이다" 라고 비난했는데, 질책의 토대와 증거는 열거할 필요 없을 것 같다.

그러나 이러한 질책에 응답하기 위해 불교는 부득불 중국식 논변의 틀을 답습할 수밖에 없었다. 즉 중국 사람들도 모두 군자가 아닌 것처럼 이역 사람이라고 해서 모두 요얼(妖孼 : 요망스러운 사람)인 것은 아니다. 그들은 신화와 전설을 이용하여 이러한 질책에 대응했다. 법림(法琳)은 『사기(史記)』를 인용하여, 복희(伏羲)는 뱀의 몸에 사람머리의 형상이고, 여와(女媧)도 뱀의 몸에 사람머리였다. 하우(夏禹)는 서쪽 강족에서 태어났고, 주나라 문왕 또한 서쪽 강족에서 태어났으며, 북위(元魏)는 이적이었다. 그러나 그들은 모두 "하늘에 응하여 명(命)을 잘 밝힌 사람들이다." 이 말 뜻은 부처가 서방에서 태어났으나 중국의 성인이 될 수 있다는 것이다. 이를 일러 "성인이 태어남은 지역을 가리지 않으니, 계기에 따라 현현한다" 라고 말한다. 도선(道宣)은 중국 역사에도 하나라의 걸(桀), 진시황과 같은 나쁜 사람이 있다는 것을 반복해서 표명하고, 결코 중국 땅에서 태어난 사람이 천성적으로 모두 성인은 아니라고 하였다."

이 정도의 설명으로 이미 충분하지만, 그들이 중국의 사고 방식 속에서 이런 문제를 다룰 때는 지역 위치의 중앙과 변방의 차이와 문화 가치의 고급과 저급의 차별을 함께 논해야 한다. 도선은 중국이 결코 천지의 중간에 있지 않다는 것을 설명하려고 했기 때문에 "도가 있으면 존경하고, 이(夷)나 하(夏)에 구애받지 않는다" 고 말했다. 그리고 채모(蔡謨)를 반박하면서 채모는 신주(神州 : 중국)에 국한되어 중국을 천지의 중심이라고 여기는데, 부처는 염부주(閻浮洲)에 거주하니, 만약 그곳에서 본다면 중국이 변두리고 진정한 중앙은 천축이 된다고 했다. "천축은 지구의 중심이고, 중국에서 북쪽으로 가면 사각의 중앙은 그림자도 없게 되니, 천축이 천지의 정중앙의 국가이다(天竺, 地之中心, 夏至北行, 方中無影, 則天地之正國也천축, 지지중심, 하지북행, 방중무영, 즉천지지정국야)."[1)]

본래 불교가 세속 사회에서 종교의 독립을 견지하고 정신적 초월을 추구하는 이유는 인생에 관한 불교의 큰도리에서 온 것이다. 인생에 관해서 마땅히 주의해야 할 문제는 소위 "정신은 소멸하지 않는다(神不滅)"는 이론이다. 그러나 현대의 많은 학자들은 '신멸(神滅)'과 '신불멸(神不滅)'에 관한 논쟁의 사상사적 의의를 과대평가하고 있는 것 같다. 사실 이 논쟁의 심층적 의의는 변론의 과정에서 슬며시 해소되어 버렸다. 불교의 관점에서 보면, 사람의 육체는 비록 죽지만 정신과 의식은 불멸한다고 여기는데, 이는 마치 땔나무가 다 타더라도 불씨는 전해지는 것과 같다. 이 이론은 인류는 낳고 남을 쉬지 않으니 모두 육도(六道)[2)]의 윤회과정 중에 있고, 정신과 의식은 불멸하므로 인과에 따라 대대로 대가를 받게 된다는 것이다. 따라서 사람들이 불교 진리를 믿는 의의는 근본적으로 어떻게 정신으로 하여금 차별의 경지를 초월하느냐에 있다. 이로써 생사의 윤회로부터 벗어나고 세속을 초월하며, 다시는 윤회의 고리로 들어가지 않는 '불퇴전(不退轉)'의 경지를 얻는 것이다.

그러나 후대의 중국 사상계에서는 이러한 경지는 불교가 세속에서 선전하는 '육도윤회(六道輪回)'와 '인과응보(因果應報)'와 같은 이론의 간단한 지지 배경이 될 뿐이다. 역사를 거슬러 올라가 보면, 우리들은 '신멸(神滅)'과 '신불멸(神不滅)', '수보(受報)'와 '불수보(不受報)'와 같은 화제를 발견할 수 있으며, 이들은 일찍이 남조(南朝) 시기 상당히 격렬한 논쟁을 불러일으켰다. 예를 들면 송(宋)나라 시대 하승천(何承天)과 종병, 안연지(顔延之), 양대(梁代) 범진(范縝)과 조사문(曹思文), 소침

---

1) 이상 내용은 각각 『광홍명집(廣弘明集)』 권6, 「변혹편」 '제2의 2', 48~49쪽, 그리고 권11, 「변혹편」 '제2의 7', 92쪽에 보인다.

2) 육도는 불교 용어로 중생이 윤회과정 중에 가게 되는 여섯 곳으로 천도, 인도, 아수라도, 축생도, 아귀도, 지옥도를 말한다(역자 주).

(蕭琛), 양무제(梁武帝) 등은 모두 매우 깊이 있는 토론을 하였다. 그러나 이렇게 인생의 의의와 관련된 토론은 종종 문자의 쟁론 차원에 머물러 있었다. '신멸'을 제창하던 사람들은 '신(神)'과 육체에 의탁하는 '영혼'을 같은 것으로 보고 "살아 있는 것은 반드시 죽게 마련이니, 형체가 죽으면 정신은 흩어진다"고 말한다. 범진의 "정신은 형체이고 형체가 곧 정신이다. 그러므로 형체가 존재하면 정신도 존재하게 되고, 형체가 시들면 정신도 소멸하게 된다(神卽形也, 形卽神也, 是以形存則神存, 形謝則神滅也신즉형야, 형즉신야, 시이형존즉신존, 형사즉신멸야)"[1]는 주장에 이르러서는 대부분 그 설명이 이와 유사했다.

'신불멸(神不滅)'을 주장하는 불교도들은 '신(神)'을 일종의 아득하고 빈 초월적인 본원으로 본다. 정도자(鄭道子)의 "정신은 생의 근원이고 그 근원은 지극히 미묘하니, 어찌 7척의 몸과 함께 말라버리겠는가?"의 설명으로부터 종병의 "정신은 사방으로 통달하며 끝없는 곳까지 이른다. 위로는 하늘에 이르고 아래로는 땅에 도리를 틀며, 성인이 그 기미를 다하고 현인이 그 미묘함을 연마한다"[2]는 주장에 이르면, '신'은 거의 말로 표현할 수 없는 불가사의 한 개념이 되고 말았다. 따라서 실질적인 경험 논증도 없이 단지 상징적인 비유와 역사 전적 사이에 얽혀 있게 되었다. 예를 들면 칼날과 날카로움, 땔나무와 불, 꿈꿀 때의 형체와 정신 등의 비유와 "골육은 땅으로 다시 돌아가고, 혼기도 가지 않음이 없다"는 등의 전적 중의 말이 변론 과정에 자주 등장한다.

사실 만약 이러한 토론의 이로(理路)에 깊이 들어가 불교의 인생에 관한 이론이 정말로 고대 중국인의 인생론을 대신하게 된다면, 고대 중국인의 '입덕(立德)', '입공(立功)', '입언(立言)'을 인생 추구의 목표로 삼는 가치 체계는 무너지게 되고, 그들의 혈연의 정, 가정 윤리, 사회 책임을 평가의 기초로 삼는 전통의 준칙은 장차 그 의미를 잃게 된다. 왜냐하면 마치 인생의 존재가 의미가 없게 됐다는 착각은 도덕, 공적, 저작 등도 단지 눈앞을 스치는 연기나 구름 같고, 고상과 사악, 정확함과 어긋남도 이미 절대적 차이를 갖지 않다고 여기게 되기 때문이다. 그리고

1) 하승천의 「달성론(達性論)」, 『홍명집(弘明集)』 권4, 31쪽. 소침(蕭琛)의 「난신멸론(難神滅論)」, 『홍명집(弘明集)』 권9, 74쪽.

2) 종병의 「명불론(明佛論)」, 또는 「신불멸(神不滅)론」, 『홍명집(弘明集)』 권2, 17쪽.

모두 육도(六道)의 윤회 속에 있으므로 그 결과는 단지 오십보백보의 차이일 뿐이다. 인생의 최고 경지는 사회를 초월하고 생사에서 벗어남에 있다. 그럼으로써 불교의 인생 관념은 매우 쉽게 강렬한 부식제가 되었고, 사람이 되는 근본 출발점으로부터 고대 중국의 인생 관념과 행위의 준칙을 와해시킬 수 있었다.

그러나 이러한 토론은 깊이 진행되지 않았고, 논쟁의 목적도 현실적이며 구체적인 실용성을 갖추게 되었다. 그들 각자의 설명에 의하면, 신멸론(神滅論)을 주장하던 사람들은 단지 '불교가 정치를 해치고 풍속을 나쁘게 물들이는 것'을 저지하기 위함이었고, '신불멸(神不滅)'론을 보호하려는 사람들은 '부처의 유무를 신리(神理)의 존멸과 관련지어 표현했기'[3] 때문이었다. 이 논쟁의 최종 목적이 이미 불교와 사회의 충돌 문제로 옮겨왔고, 이에 각종 정치적 필요, 경제적 이익 등 실용적인 요인들이 섞여들었다. 종병은 「명불론(明佛論)」에서 다음과 같은 말을 하고 있다. "이제 불멸의 신이 요임금의 지식을 알아 만세 가운데 그윽하게 드러내며, 고통으로 악을 잘라내고 즐거움으로 선을 끌어낸다."[4]

이러한 사고 방식이 '신멸(神滅)'과 '신불멸(神不滅)'의 철학적 의의를 권선징악의 사회적 의의로 전환시킨 것이다. 이렇게 됨으로써 이 명제는 고대 중국에서 인간의 종극의 근거와 관련된 문제와 다시는 충돌하지 않게 되었으며, 도리어 전통 윤리와 사회질서를 보호하는 실제적인 수단이 된 것이다. 그럼으로 인하여 양나라 무제가 정치적 권위의 상징으로 직접 이 토론에 개입하였을 때 그 토론은 단순한 인생의 종극 문제의 이론을 둘러싼 논쟁이 아니었고, 그 결과 또한 이론적 근거의 견실함이나 사고의 정당성에 의거하지 않게 되었다. 전통을 고수하던 사람들이 이러한 관념으로는 결코 고대 중국 사상의 기본 구조를 흔들 수 없다는 것을 의식하고, 다만 '인과응보', '삼세윤회'의 이론적 근거로 존재하게 되었다. 이러한 토론은 빠르게 실제적인 세속적 측면으로 접어들어, '영혼전세(靈魂轉世)'라는 간단한 내용만이 문제가 되었다. 불교가 이미 권력의 비호를 얻게 되고, 중국 사상계와 근본적인 충돌이 다시는 없게 되자 불교는 '인과응보', '귀신' 등의

---

3) 소침의 「난신멸론(難神滅論)」, 『홍명집(弘明集)』 권9, 76쪽.

4) 『홍명집(弘明集)』 권2, 18쪽.

종교적 구속으로 전통적 도덕 윤리를 보호하는 진영으로 녹아들었으며, 고대중국 세계에서 자신의 위치를 찾게 되었다.

그러나 예외적인 일들도 있게 마련이어서, 진정 토론이 필요한 내용은 도리어 충분히 논의되지 못했다. 불교의 우주에 관한 지식과 도리도 받아들여지지 않았다. 인도에는 일찍부터 우주본체론과 천문지리에 관한 지식이 상당히 발달하였다. 이러한 우주본체론과 천문지리에 관한 지식은 일찍이 불교의 지식적 배경으로 불교 사상을 지지하였다. 그러나 이러한 인도의 우주본원에 대한 상상과 우주의 천상(天象), 그리고 지리에 대한 묘사는 고대 중국과 상당한 차이가 있다. 예를 들면 우주를 구성하는 기본 요소인 '사대(四大)', 대지의 평면 구조인 '사주(四洲)', 우주의 훼멸과 재생 주기에 관한 '겁(劫)'의 개념 등은 모두 고대 중국의 음양오행, 구주(九州) 그리고 역사, 시간 개념과 다르다.

불교의 우주에 관한 지식과 도리도 받아들여지지 않았다.

그러나 이러한 차이점은 전통 중국의 우주천상(宇宙天象)과 지리 관념에 큰 자극을 주지 못했다. 왜냐하면 몇몇 사람들의 생각에 거의 처음부터 인도의 천상, 지리에 관한 지식은 중국의 천상, 역법과 구주대지(九州大地)의 말속에 존재한다고 여겼기 때문이다. 예를 들면 유송(劉宋) 시기의 혜엄(慧嚴) 스님은 하승천의 인도에서 사용하는 역법에 대한 질문에 답하면서, 인도의 천상역산(天象曆算)을 순식간에 중국식의 것으로 변화시켰다. "천축의 하지 날은 방중(方中 : 네모난 지구의 중앙)에 그림자가 없으니 이른바 천중(天中)이다. 오행에서 토덕(土德)이고, 색은 황색을 숭상하고, 숫자는 오(五)를 숭상한다. 팔촌(八寸)이 일척이며, 십량(十兩)은 중국의 십이량에 해당하고, 건진(建辰)의 달을 세수(歲首)로 삼는다."[1)]

'이른바 천중(所謂天中)'이란 말을 제외하고, 이러한 지식들은 모두 고대 중국의 천상역산 범위 안으로 포함되는 것들이다. 그리고 '이른바 천중'이란 말은 앞서 인용한 당나라 시대의 도선이 어쩔 수 없는 상황에서 이 용어를 사용하여 채모를 반박하면서 '천중'의 지리적 위치와 문명 중심의 문화 등급과 연결시킨 경우를 제외하고 불교도들도 이 문제를 지나치게 많이 토론한 것 같지는 않다. 단지 제량(齊梁) 사이의 승우(僧祐 : 435~518년, 남북조시대 제나라와 양나라에서 율을 강설하여

1) 『고승전(高僧傳)』 권7, 262쪽.

명성을 떨침)가 자기가 편집한 『세계기(世界記)』에서 일찍이 『장아함경(張阿含經)』, 『화엄경(華嚴經)』, 『누탄경(樓炭經)』등의 불교 경전 중에서 우주와 관련된 생각들을 수집하여 고대 중국의 우주도경(圖景 : 상상 속의 모습) 밖에서 불교 사상에 부합하는 우주도경을 건립하여 사상의 근거로 삼으려 했다.

그는 「목록(目錄)」의 서문에서, "세계가 그 몸이 세워지고, 사대에 의해 이루어진 인간은 업과 연이 합하여 때와 더불어 일어나고, 수가 차면 재난이 일고, 다시 소멸로 돌아간다. 소위 수명이 짧은 자는 그것이 길다고 말하고, 수명이 긴 자는 그것이 짧다고 말한다"고 하였다. 이렇게 우주 본질에 대한 부정적인 논술을 한 후, 그는 비로소 '환상' 세계의 공간과 시간 상태에 대해서 토론을 시작하였다. "무릇 허공은 존재하지 않으므로 그 양은 끝이 없다. 세계는 무궁하므로 그 모습이 하나가 아니다." 이는 고대 중국에서 일월성신의 천상을 일체의 합리적 근거로 삼았던 전통과 상당히 다르다. 이러한 설정으로부터 출발하면 당연히 시간과 공간 속에 존재하는 어떤 습관이나 고집도 부정할 수 있다. 왜냐하면 천지군친(天地君親)을 포함하는 시공 중에 존재하는 어떤 것도 모두 업과 연의 순간적인 결합이며, 상대적인 존재로 종극에는 빈 환상인 것이다. 이에 일체의 모든 것이 와해하게 된다. 승우는 이 목록의 서문에서 매우 격렬하게 중국의 전통 사상계를 향해 도전장을 제시하였다.

세상에서 주공과 공자를 종지로 삼고 경서를 의지하나, 논변으로 우주를 개괄하기에는 헤아림이 미치지 못한다. 『역(易)』에서 하늘을 가믈타고 했으니 그 그윽하고 깊은 현상의 이름을 취한 것이고, 『장자(莊子)』에서 창창하다고 말하는데 이는 하늘을 멀리서 바라보는 색과 가깝다. 이에 야인(野人)은 명백한 것을 믿으므로 하늘이 벽옥처럼 푸르다고 하고, 유사(儒士)는 전적에 의거하여 하늘은 칠흑처럼 검다고 말한다. 그러나 청(青)과 흑(黑)은 엄연히 다르니, 그 본체와 어긋남에 있어서는 같다. 유사와 야인이 비록 다르나 그 알지 못함에 있어서는 같다. 이는 속세에서 하늘의 이름은 존중하나 하늘의 실질을 알지 못하는 것과 같다(世宗周孔, 雅仗經書, 然辯括宇宙, 臆度不了, 『易』稱天玄, 盖取幽深之名, 『莊』說蒼蒼, 近在遠望之色, 于是野人信明, 謂旻青如碧, 儒士據典, 謂乾黑如漆, 青黑誠異, 乖體是同, 儒野雖殊, 不如一也, 是則

> 俗尊天名而莫識天實세종주공, 아장경서, 연변괄우주, 억도불료, 『역』칭천현, 개취유심지명, 『장』설창창, 근재원망지색, 우시야인신명, 위민청여벽, 유사거전, 위건흑여칠, 청흑성이, 괴체시동, 유야수수, 불여일야, 시즉속존천명이막식천실).[1)]

그러나 이러한 천상과 우주와 관련한 지식과 사상은 도리어 상당히 냉담한 반응에 직면하였다. 고대 중국인들은 여전히 자신들의 유구한 역사와 시각적으로 일치하는 가지런하고 질서 있는 천상을 믿었다. 또한 자기들의 전적에 기록된 분명하게 나뉘고 심리적으로도 서로 부합되는 가지런하고 질서 있는 대지와 이러한 천상과 대지로부터 암시되는 우주 질서를 여전히 믿었다.[2)] 이러한 우주 질서를 지식과 사상의 근거로 삼고 고대 중국 사상계로 하여금 여전히 "하늘이 변하지 않았으니 도리 또한 변하지 않았다" 고 생각하게 만들었다.

5

최초의 낙양(洛陽) 백마사(白馬寺), 건강(建康) 건초사(建初寺)로부터 후대 북방의 영녕사(永寧寺), 강남의 정림사(定林寺)에 이르기까지 불교의 종교적 공간은 5세기 이후 점차 확대되었다. 동한 말에 안세고(安世高)와 지루가참(支婁迦讖)[3)]의 첫 불

---

1) 『출삼장기집(出三藏記集)』권12, 『대정장(大正藏)』 제55권, 88쪽.

2) 에릭 쥐르허는 일찍이 그의 저서 『불교의 중국 정복(佛教征服中國)』의 제2판 서문에서 이 문제를 언급했다. 그러나 그의 시각과 결론은 나와 조금 다르다. 그의 말에 따르면 우주론 방면에서는 서기 5세기 초에 불교의 전파로 말미암아 전통 중국의 본위과학(Chinese proto-science)의 일원론이 이원론으로 나뉘었다. 이질 문화의 이식은 당(唐)나라 시대에 이르러 전성기에 다다랐다. "대량의 복잡한 외래 관념이 고립적으로 차용되었으나, 관방의 세계관 형성에는 어떤 영향도 끼치지 않았다." 그러나 내 생각에 영향을 끼치지 않은 이유는 불교의 관념들이 이미 중국의 언어 환경 속에 들어와 새로운 이해와 해석의 과정을 걸쳤기 때문이다. 따라서 우주론의 의의에서 '일원론을 이원론으로 나뉘게 하지 않았고', 중국 지식과 사상계에 어떤 작용하지도 않았다. 그러나 일종의 상상으로서 줄곧 종교와 문학 사이에 갇혀있었다. Erich Zürcher, 『불교의 중국 정복(佛教征服中國)』, 재판서언(再版序言)(*The Buddhist Conquest of China-The Spread and Adaptation of Buddhism in Early Medieval China*, Leiden, reprint, 1972).

3) 월지국(月支國) 출신의 승려로 후한의 영제와 헌제 무렵, 안세고보다 약간 늦게 낙양에 가서 처음에 대승경전을 한역한 것으로 알려지며, 소승경전을 한역한 안세고와 대비된다. 179년경에 『도행반야경(道行般若經)』,

경 번역에서부터 남조 양대(梁代)의 승소(僧紹), 보창(寶唱)이 『화림불전중경목록(華林佛殿衆經目錄)』을 만들기까지, 5세기 이후 불교 경전은 점차 구비되었다. 서기 3세기 중엽 담가가라(曇柯迦羅)가 『승지계심(僧祇戒心)』을 번역하고 5세기 초 『사분율(四分律)』이 번역되기까지 불교의 승단 조직의 규칙도 점차 확립되기 시작하였다.[4] 초창기의 간단한 법사(法事) 의식으로부터 6세기 중엽 남방의 보창이 칙령을 받들어 총괄 편찬한 의식에 이르기까지 신사(神祀)를 깨끗이 다스리게 되었다. 북방의 담현(曇顯)은 명을 받들어 『보살장중경요(菩薩藏衆經要)』와 『120법문(百二十法門)』을 편집하였는데, 점차 불교 의식의 규범이 정형화된 것을 보여준다.[5] 5세기 이후 2~3백년 사이에 불교는 이미 중국에 광범위하게 전파되었고, 동시에 불교 자체도 중국의 생활과 사상 세계에 깊이 섞여들었다.

아래에서 몇 개의 예를 들어보기로 하겠다.

전의 번역, 선택, 제작

먼저 각종 불교 경전이 번역되어 나오는 중에 중국인의 관념과 부합하는 경전이 특별히 선택되어 나왔다는 점이 관심을 끈다. 이어서 중국인의 이해에 근거하여 자기들 스스로 편집하여 만든 '위경(僞經)'이 제작되었다는 점이다. 예를 들면 '효'에 관하여 안세고가 『시가라월육방예경(尸迦羅越六方禮經)』[6]을 번역한 이후 서진(西晉)의 지법도(支法度)가 『불설선생자경(佛說善生子經)』을 번역하였으며, 무명인이 『보살섬자경(菩薩睒子經)』을 번역하였고, 축법호는 『우란분경(盂蘭盆經)』을 번

『반주삼매경(般舟三昧經)』 등을 번역하였다.

4) 『고승전(高僧傳)』 권1, 「담가가라전(曇柯迦羅傳)」에 "중하(中夏)의 계율이 여기에서 시작한다"고 했다. 13쪽.

5) 『속고승전(續高僧傳)』 권1, 「보창스님전(釋寶唱傳)」에 "(양무제)가 칙령을 내려 보창으로 하여금 집록을 총괄 편찬하게 하여 당시의 시대적 요구에 응하려고 했는데, 혹은 복을 세우고 재난을 없애며, 혹은 참회를 고하고 업장을 제거하며, 혹은 귀신을 모셔 접신(接神)하고, 혹은 용왕에게 제사 지내는 등 부류에 따라 구분하니 거의 백 권에 가까운 분량이었다. 8부의 신명(神名)은 3권으로 만들었고, 깊고 원대한 내용을 포함하며 고금의 정황이 자세하다." 또 권1, 「보리유지전(菩提流支傳)」에 서위(西魏) 대통(大統) 년간에 승상 우문흑태(宇文黑泰)가 담현 등에게 명령하여 『보살장중경요(菩薩藏衆經要)』 등을 편찬하게 하고, "오시(五時) 천태종(天台宗)에서 부처가 도를 이루고 열반의 경지에서 설법한 과정까지를 다섯 시기로 나눌 수 있는데, 즉 화엄시(華嚴時), 녹원시(鹿苑時)·방등시(方等時)·반야시(般若時)·화엄열반시(華嚴涅槃時)의 가르침의 자취가 지금까지 유행하고, 불교의 가르침이 전해지며 예배하고 창도하니, 모두 그 법을 이으려 한다"고 기록되어 있다. 『대정장(大正藏)』 50권, 426쪽, 429쪽.

6) 『대정장(大正藏)』 권1, 251쪽. 이 경전은 다섯 가지의 부모를 봉양하는 태도에 대해 언급하고 있는데, 예를 들면 부모를 부족하게 하지 말고, 일을 행하기에 앞서 부모에게 먼저 고하며, 부모의 명령을 어기지 말라 등이다.

역하였다.[1] 『불설섬자경(佛說睒子經)』은 "내가 진정한 도의 비결을 급히 이룬 까닭은 모두 내 부모님의 양육의 자애로운 은덕이다. 죽음으로부터 생을 얻고 천룡(天龍)과 귀신을 감동시킴은 부모 은혜의 귀중함이니 효자가 보답할 바이다. 이제 불도를 얻었으니, 나라 사람을 함께 구제하리라"고 말하고, 부처가 아난에게 세인들을 향해 다음과 같은 말을 선언하게 하였다. "사람에게 부모가 계시니 효도하지 않을 수 없다."[2] 이렇게 하여 불교는 고대 중국의 개인 윤리와 충돌이 없게 되었다.

또한 '충'에 관해서도 마찬가지다. 당시 점차 유행하게 된 『금광명최승왕경(金光明最勝王經)』과 『인왕반야경(仁王般若經)』에서 제창하고 있는 왕과 신하의 호법과 불교의 호국을 이해하면, 중국의 언어 환경에서 불교가 점차 국가에 굴복하고 있다는 것을 금방 알 수 있다. 중국의 주류 이데올로기로부터 인정을 얻는 과정에서 불교는 이미 이렇게 불교와 고대중국의 사회윤리간의 가장 깊은 계곡을 평지화 시켜버렸다. 일설에 의하면 후대 중국인들이 만든 의경(疑經)으로 의심된다는『범망경(梵網經)』, 『부모은중경(父母恩重經)』과 출신이 불분명한 의경인 『혈분경(血盆經)』 중에는 중국과 인도의 서로 다른 윤리체계 간의 깊은 구덩이가 이미 흔적도 없이 사라져버렸다.

방술 중의 불교 내용

다음은 사람들의 주목을 그리 받지 않은 것으로 고대 중국의 생활 가운데 생활 기술로 여겨지는 방술 영역 중에도 이미 불교는 중국의 전통 속으로 용해해 들어가고 있다.[3] 여기에서는 중국의 관념 세계와 지식 세계를 살그머니 바꾸고 있으며, 불교 자신도 부단히 변화해 가고 있다. 그 세 가지 예를 들어보겠다. 인도

---

1) 『불설선생자경(佛說善生子經)』, 『대정장(大正藏)』 1권, 254쪽. 『보살섬자경』, 『대정장(大正藏)』 권3, 436~438쪽에 보인다. 『경율이상(經律異相)』 권10, 『법원주림(法苑珠林)』 권49, 『대정장(大正藏)』 53권, 51~62쪽, 656쪽. 『불설우란분경(佛說盂蘭盆經)』, 『대정장(大正藏)』 16권, 779쪽 참조.

2) 이부화(李富華), 『불서중의 효경(佛書中的孝經)』, 『남해(南海)』 171기, 타이베이, 1997.

3) 중국에 온 고승들 중에 각종 지식과 기술에 정통한 사람들이 매우 많았다. 예를 들면 구나발타라(求那跋陀羅)는 "어려서 오명(五明 : 고대 인도의 다섯 종류의 학문으로 성명聲明, 공교명工巧明, 의방명醫方明, 인명因明, 내명內明 등을 말한다. 역자 주)의 여러 이론과 천문서산(天文書算), 의방주술(醫方呪術) 등 널리 배우지 않음이 없었다." 구나비지(求那毗地)는 "외전(外典)을 함께 배웠고, 음양을 잘 이해했으며, 점칠 때의 사건에 따라 맞추는 영험함이 그 징조에 각기 달랐다." 『고승전(高僧傳)』 권3, 130쪽, 138쪽.

의 천문역법의 지식은 불교를 따라 들어와 중국 전통의 천상성점역산(天象星占曆算)의 학문과 상당히 융합되었다. 이 점은 당(唐)나라 시대 사람이 편찬한 『수서(隋書)』「경적지(經籍志)」의 자부(子部) 가운데 천문역수(天文曆數) 두 종류와 구담실달(瞿曇悉達)이 편한 『개원점경(開元占經)』 중에 베껴 모아 놓은 내용을 보면 바로 알 수 있다. 중국인들이 인도의 지식을 배웠으나 인도의 지식이 고대 중국의 우주, 천상(天象) 그리고 역산의 개념 속으로 섞여들었다는 것을 알 수 있다.[4)]

또 인도의 의약 지식과 기술도 불교의 전래와 함께 전해졌는데, 7세기 이전에 『용수보살약방(龍樹菩薩藥方)』, 『바라문제선약방(婆羅門諸仙藥方)』 등은 이미 중국에 전해져 유행되었고, 불교 승려들도 적지 않은 방술에 관한 책을 저술하였다. 예를 들면 불교 승려인 행지(行智)는 『제약이명(諸藥異名)』을 지었고, 담란(曇鸞)은 『요백병잡방(療百病雜方)』 3권을 저술했으며, 승심(僧深)은 『약방(藥方)』 30권을 편찬하였다. 그러나 이러한 저술로부터 중국 전통의 방술 속에 인도의 기술과 지식이 섞여들고, 바라문과 불교의 안마(按摩), 좌선(坐禪)의 방법 등을 흡수했으며, 불교 또한 점차 고대 중국의 복식, 도인(導引), 심지어 방중술까지도 받아들였음을 볼 수 있다.[5)]

그리고 불교의 법술이 중국에 들어 온 이후, 마찬가지로 고대 중국의 방술과 점차 결합하여 불교 민간 전파의 어려움을 해소하는 수단이 되었다. 마치 신주

---

4) 인도의 천문역법에 관한 지식은 대부분 바라문에서 나왔다. 그러나 중국에 들어와서는 많은 경우 불교의 힘에 의지하였다. 7세기 이전에 중국에 들어온 여달마유지(如達摩流支)는 『바라문천문경(婆羅文天文經)』 21권, 『바라문갈가선인천문설(婆羅門竭迦仙人天文說)』 30권, 『바라문천문(婆羅門天文)』 1권, 『바라문산법(婆羅門算法)』 3권, 『바라문음양산력(婆羅門陰陽算曆)』 1권, 『바라문산경(婆羅門算經)』 3권 등을 번역했다. 『수서』「경적지」, 고젠 히로시(興膳宏), 가와이 고조(川合康三), 『수서경적지상고(隋書經籍志詳考)』, 급고서원, 도쿄, 603쪽, 1995, 627쪽 참조. 이러한 지식이 중국에 들어 온 이후, 또한 중국의 개천(蓋天), 혼천설(渾天說)이나 음양오행과 같은 옛 이론과 많은 내용이 섞이게 되었다. 하병욱(何丙郁)은 「태을술수여 '남제서·고제본기' 사신왈장(太乙術數與'南齊書·高帝本紀上' 史臣曰章)」에서 일찍이 당나라 시대의 '태을술수'는 고대 그리스와 고대 인도의 영향을 받았고, 사실은 더욱 이른 시기인 남북조시기에 이미 교류가 있었다고 주장했다. 『역사어언연구소집간』 제육십칠본이분(第六十七本二分), 타이베이, 1996. 이 문제에 관하여 『개원점경(開元占經)』 권1, 「천지명체(天地名體)」 '천체혼종(天體渾宗)', 중국서점영인본, 1989, 그리고 『속고승전(續高僧傳)』 권2, 『대정장(大正藏)』 50권, 436쪽 참조. 후자의 기록에 의하면, 경양인 유풍(劉馮)이라는 사람이 불경 번역에 참여한 이후, 『내외방통비교수법(內外旁通比較數法)』이라는 책을 썼는데 서문에 중국과 인도 문자의 차이를 열거하고, 또 두 국가의 수량 단위의 차이를 설명했다. 이러한 저서의 출현은 서로 간에 깊이 융합되고 있는 현상을 말해준다.

5) 마백영(馬伯英), 『중국의학문화사』, 제9장 「불교와 중국의학」, 상해인민출판사, 1994.

(神咒)가 고대 중국의 주술과 점차 혼동되어, 예를 들면 『천전타라니신주(千轉陀羅尼神咒)』가 수(隋)나라 대업(大業) 초년에 급다삼장(笈多三藏)에 의해 번역된 후, 조금 뒤에 언종(彥琮)은 그 책을 널리 선전하여 "화이(華夷)지역에 두루 전파했다." 단지 '서천(西天)의 범어를 중국 사람이 번역했기 때문에' 반드시 어조를 정확하게 읽을 필요가 있었다. 그리고 '음담주육(飮啖酒肉)', '잡식훈성(雜食葷腥)', '촉수한예(觸手汗穢)', '낭담속어(浪談俗語)', '의복불정(衣服不淨)', '처소불엄(處所不嚴)' 등에 대한 금기와 '쇄석발목(碎石拔木)', '이통멸아(移痛滅痾)', '소집귀신(召集鬼神)', '가어규용(駕御虯龍)', '흥운포우(興雲布雨)', '집복각재(集福却災)' 등의 효력은 모두 같았다.[1] 조금 뒤 고대 중국에서 자주 볼 수 있는 부인술(符印術)까지도 불교가 흡수했는데, 돈황에 보존된 『관세음급세존부인십이통급신주(觀世音及世尊符印十二通及神咒)』 중에 수집된 부인은 도교로부터 온 것 같다.[2]

『속고승전(續高僧傳)』 권1의 「보리유지전(菩提流支傳)」에 기록되기를, 북주(北周) 시기의 양나발타라(攘那跋陀羅)와 야사굴다(耶舍堀多)가 합작하여 인도의 성(聲), 의(醫), 공(工), 술(術)과 부주(符咒)의 기술에 관한 『오명론(五明論)』을 번역하였다. 이 일은 우리에게 인도의 지식이 도대체 불교의 중국 전래와 함께 얼마나 들어왔는가를 생각하게 만든다. 현재로서는 아직까지 계산할 수 없는 상황이다. 그러나 주의해야 할 점은 이를 반대로 보면 불교도들도 대량으로 중국의 사상과 지식을 받아들였다는 것이다. 예를 들면 저명한 혜사(慧思)는 그의 「입서원문(立誓願文)」에서 맹서하기를 "오통신선(五通神仙)을 이루고, 장수선인(長壽仙人)이 먼저 되며, 심산의 고요한 곳을 얻어서 정신을 풍족하게 하는 단약을 만들어 이 원을 닦고 외단의 힘을 빌어 내단을 닦으려 한다"고 했다.[3]

그리고 혜사의 학생으로 유명한 지의(智顗)는 『마가지관(摩訶止觀)』에서 『황제비법(皇帝秘法)』을 인용하여 불교 수련의 법문으로 삼고, "천지의 두 기운이 교

---

1) 『법원주림(法苑珠林)』 권60, 「주술편(咒術篇)」 '참회부(懺悔部)', 『대정장(大正藏)』 53권, 728쪽.

2) 고국번(高國藩), 『돈황의 고대 민속과 변천(敦煌古俗與民俗流變) - 중국민속탐미(中國民俗探微)』, 하해대학출판사, 140~148쪽, 1989년 참조.

3) 진인각(陳寅恪), 「남악대사입서원문발(南岳大師立誓願文跋)」에서 이미 지적하기를, "안은 본체와 같은 바탕이나 밖으로부터 환경의 습관적인 영향을 받아 사상의 변화는 도가 신선의 학설과 부합되지 않게 되었다." 『역사어언연구소집간(歷史語言研究所集刊)』, 제삼본삼분(第三本三分).

합하여 각 오행이 있게 되고, 금·목·수·화·토(金木水火土)가 순환하듯 하니, 금(金)을 대신하여 수(水)가 생긴다"[4]고 말했다. 북조(北朝)의 은소상(殷紹上)은 『사서감여(四序堪輿)』에서 말하길, 일찍이 대유 성공흥(成公興)이 자기를 데리고 불문의 석담영(釋曇影)에게 가서 산법을 익혔고, 석담영은 또 다른 승려 법목일도(法穆一道)와 그에게 『구장(九章)』을 가르쳤을 뿐 아니라 "오장육부심수혈맥(五臟六腑心隨血脈), 상공대산(商功大算), 단부변화(端部變化), 현상(玄象), 토규(土圭), 『주비(周髀)』등을 가르쳤다."[5] 이것들은 거의 대부분의 술수(術數), 방술(方術)의 지식과 기술 내용을 포함하는 것으로 모두 불교도에 의해 전수된 점으로 보아 당시에 불교적인 요소가 얼마나 고대 중국의 지식 세계에 섞여들었는지 상상할 수 있다. 동시에 당시의 불교가 고대 중국의 지식을 얼마나 깊이 받아들였는지도 헤아릴 수 있다.

다음은 사람들이 주의하면서도 아직 충분한 연구가 이루어지지 않은 것으로 5세기에서 7세기까지 출현한 각종 의경(疑經)과 위경(僞經)으로 의심되는 것들이다. 이러한 의경과 위경은 불교가 중국에 용해되어 들어간 것과 중국인의 불교에 대한 해석을 충분히 반영하고 있다. 앞에서 서술한 '효'에 관한 위경인 『부모은중경(父母恩重經)』은 그 좋은 예이다. 일본학자의 연구에 의하면, 『부모은중경』은 7세기 후반 무측천(武則天) 시대에 출현했으며, 8세기 상반기 당나라 개원(開元) 년간에 삼지경본(三紙經本)이 출현하였고, 8세기 하반기 정원(貞元) 년간에 이르러서는 이미 십지본(十紙本)이 되었다. 그리하여 9세기에 이르러서는 이 위경이 이미 널리 유행하였고, 돈황(敦煌) 막고굴(莫高窟) 156, 170, 238, 449굴(窟)에 모두 『부모은중경변상(父母恩重經變相)』이 그려져 있다.[6]

위경의 변천 과정으로부터 불교가 전통 중국의 윤리를 받아들일 수밖에 없었

4) 『마가지관(摩訶止觀)』 권8, 『대정장(大正藏)』 권46, 108쪽.

5) 『북사(北史)』「예술전(藝術傳)」에 보면 고대중국에 상당히 뛰어난 오행사상과 기술에 관한 저서인 『오행대의(五行大義)』를 지은 소길(蕭吉)은 그의 지식 중에 적지 않은 부분이 불교로부터 왔다. 왜냐하면 그는 일찍이 『금색선인문경(金色仙人問經)』, 『대승동성경(大乘同性經)』, 『십이면관세음신주경(十二面觀世音神咒經)』, 『정의천자문경(定意天子問經)』의 번역에 참여한 적이 있었다. 청화대학 유국충(劉國忠) 박사논문인 「오행대의연구(五行大義研究)」, 제4장 '소길급기저술고(蕭吉及其著述考)', 미간(未刊) 참조.

6) 마키타 타이료(牧田諦亮), 후쿠이 후미마사(福井文雅) 편, 『돈황과 중국불교(敦煌と中國佛敎)』, 『강좌돈황(講座敦煌)』 '제7', 대동출판사(大東出版社), 도쿄, 1984.

으며, 아울러 이러한 기초 위에 불교 신앙이 세워졌음을 알 수 있다. 앞서 언급되지 않았던 『제위파리경(提謂波利經)』과 『점찰경(占察經)』도 그 예이다. 『출삼장기집(出三藏記集)』 권5에 의하면, 『제위경(提謂經)』 2권은 유송 효무제(孝武帝) 때 북방 승려 담정(曇靖)이 위작한 것으로, 이 위경은 과거의 『제위경(提謂經)』에 고대 중국의 오행(五行)중 오방(五方), 오색(五色), 오장(五臟)을 배합한 생각들을 가미하였고, 또 불교의 오계(五戒)를 부가하여 잡탕을 만들었다. 그러나 수대(隋代)에 이르러서도 "민간에서 왕왕 아직도 『제위(提謂)』를 익혔다."[1] 그리고 『점찰경(占察經)』은 아마 5세기 초에 출현했을 것으로 보이는데, 상권에서는 과거, 현재, 미래의 운명을 이해하는 방법과 고대 중국의 술수와 상관된 내용을 말하고 있고, 하권에서는 제법이 공임을 말하고 있는데, 아마도 『육근취경(六根聚經)』을 베껴 모아놓은 것 같다.

이처럼 잡다한 내용을 담고 있는 위경의 기록 방법은 수나라 때에 매우 유행했던 것 같다. 『속고승전(續高僧傳)』에 의하면, 593년 광주(廣州)의 한 승려가 『점찰경』의 방법에 따라 '탑참법(塔懺法)'을 행하고 앞길의 선악을 예측하였다고 한다.[2] 프랑스 학자의 연구에 의하면 그 기록은 5세기 말과 6세기 초를 전후로 불교의 민간에서의 면모를 반영하고 있으며, 당시 경원식(經院式) 불교와 민간 수도(修道) 간의 혼합된 모습을 종합적으로 보여주고 있는 자료일 뿐 아니라 불교가 고대 중국의 지식과 기술을 받아들이고 변화시켜가는 현상들을 보여준다.[3] 더욱 중요한 점은 또한 지금까지 논쟁이 끊이지 않는 『금강삼매경(金剛三昧經)』, 『대승기신론(大乘起信論)』과 조금 뒤의 『능엄경(楞嚴經)』 등도 한 예이다.

---

1) 『속고승전(續高僧傳)』 권1, 「석담요전(釋曇曜傳)」, 『대정장(大正藏)』 50권, 428쪽. 또 『제위파리경(提謂波利經)』 일문(佚文)은 『법원주림(法苑珠林)』 권23, 권37, 권88에 보인다. 돈황에서 출토된 권자(卷子)에서도 잔권(殘卷)이 있다. S·2051과 3732쪽에 보인다.

2) 『속고승전(續高僧傳)』 권2, 「달마급다전부(達摩笈多傳附)」, 또 『속고승전(續高僧傳)』 권9 「영유전(靈裕傳)」에 기록하기를, 북주 시기는 "험난한 시대로 식량을 얻을 길이 없었다" 고 한다. 영유(靈裕)와 20여 명의 승려가 함께 『복서(卜書)』 1권을 위조했는데, 점복의 방법을 사용하여 식량을 얻어냈다. 『대정장(大正藏)』 50권, 435쪽, 436쪽, 496쪽에 각각 보인다. 이 외에도 불교는 '목륜상법(木輪相法)', '신책법(神策法)'이 있다. 그중에 일부분은 중국의 영첨(靈簽)과 비슷하다. 『불설관정범천신책경(佛說灌頂梵天神策經)』, 『대정장(大正藏)』 제21권, 523~528쪽.

3) 곽여영(郭麗英 : Kuo Li-ying), 『중국 불교에 나오는 점복놀이와 청정(中國佛教中的占卜遊戲和淸淨)—한문위경점찰경연구(漢文僞經占察經硏究)』, 중역본은 『프랑스 한학(法國漢學)』 제2집, 청화대학출판사, 1997.

이러한 의경 혹은 위경은 인도 불교의 기본 교의가 중국어의 환경에서 변화되고, 중국 신도들이 중국 문화의 배경 아래서 불교에 대해 새로운 이해와 해석을 하였다는 사실을 더욱 광범위하게 보여준다. 오노 겐묘(小野玄妙)가 말했듯이 수당(隋唐) 시대에 이르러 의경(疑經)과 위경(僞經)이 크게 유행하였고, 심지어 불교계의 승려인 지의(智顗)와 선도(善導) 등도 일찍이 이러한 경전들을 인용했다고 하니, 민간에 유행하고 성행했음은 더욱 말할 필요가 없겠다. 따라서 "의경과 위경이 비록 불교의 진정한 경전은 아니더라도, 기다의 어러 사상을 혼합한 전적이며 더욱이 민간 신앙을 채집하여 함께 섞어 만든 것이니, 냉정하고 객관적인 시각으로 이러한 자료들을 따져보면, 사실 여기에 풍부하고 유용한 연구 자료가 들어있다고 하겠다."[4] 단지 사상사의 시각에서 고려하면 『대승기신론(大乘起信論)』과 같은 당나라 시대 이후에 만들어져 큰 영향을 끼쳤던 의경과 위경에 대한 더욱 자세한 분석은 차후 진행하기로 하겠다.[5]

6

(通道) : 주나라 무제
정책과 그 상징 의미

매우 상징적인 의미를 갖는 한 역사적인 사건이 있다. 즉 북주 건덕(建德) 3년(574년) 5월에 주나라 무제가 조령을 내려 불교와 도교 양교를 폐지하게 하고, 또 6월에 조령을 내려 장안에 통도관(通道觀)을 설립하게 하였다. 『주서(周書)』 권5의 「무제기(武帝紀)」에 실려 있는 조서를 보면, "성철(聖哲)의 미언(微言)과 선현의 전훈(典訓), 금과옥전(金科玉篆), 비적현문(秘迹玄文)들은 백성들을 구제하고 양육하며 붙들어 가르치는 뜻이니, 이제 통도관을 세워 이를 마땅히 널리 선양하여 하나의 도로 일관되게 할 것이다(今可立通道觀, 聖哲微言, 先賢典訓, 金科玉篆, 秘迹玄文, 所以濟養黎元, 扶成教義者, 幷宜弘闡, 一以貫之금가립통도관, 성철미언, 선현전훈, 금과옥전, 비적현문, 소이제양

---

4) 『불서해설대사전』, 『불교 경전 총론』 제2부, 「녹외경전고(錄外經典考)」 제5장, 대동출판사, 도쿄, 448쪽, 1936년 참조.

5) 의경과 위경에 관한 연구는 마키타 타이료(牧田諦亮)의 『의경연구(疑經硏究)』, 교토대학인문과학연구소, 1976년 참조.

여원, 부성교의자, 병의홍천, 일이관지)"[1]고 하였다. 정원이 120명인 통도관(通道觀)은 유, 도, 불 출신의 각종 문화인들을 수용하였고, 북주와 함께 줄곧 7년을 공존하면서 중국 역사상 전무후무한 삼교 일체의 문화기구가 되었다. 그리고 바로 이 기구의 명칭인 '통도관'은 5세기에서 7세기 중엽까지 불교와 도교 그리고 전통 중국의 사상계에서 절대적 권위를 갖는 유가 사상과 근본적인 의미에서 도의 '일이관지(一以貫之)' 경향을 상징한다.

1957년 에릭 쥐르허는 그의 초기 중국 불교사의 저작 책명을 『불교의 중국정복(*The Buddhist Conquest of China*)』이라고 지었다. 'Conquest'는 '정복'으로 번역된다. 혜원의 의의(意義)를 언급하면서 에릭 쥐르허는 감탄하며 말하길, "사백 년의 역사를 경과하면서 불교는 기이하면서도 수많은 매력적인 역사를 이루었으니, 한 위대한 종교가 한 위대한 문화를 정복한 것이다"[2]고 하였다. 그러나 1973년 진관승(陳觀勝)은 중국 불교와 사회를 이해하기 위한 교재의 서명을 지으면서 『불교의 중국화(*The Chinese Transformation of Buddhism*)』라고 하였다. 'Transformation'은 '전화(轉化)'로 번역된다. 내 생각도 비교적 후자에 속한다. 5세기에서 7세기의 사상사의 진척 과정을 살펴보면, 불교가 중국을 정복한 것이 아니라 중국이 불교 사상으로 하여금 변화를 일으키게 만들었다. 불교 교단과 세속 정권, 불교 계율과 사회도덕과 윤리, 불교 정신과 민족 입장 등 세 방면에서 불교는 모두 조용하게 입장의 전이를 이루었다.

다시 말해 중국과 같은 상당히 긴 역사 전통을 갖고 있는 문명 지역에서 생존하기 위해서 불교는 중국에 적응할 수밖에 없었다. 전제적인 중국 정권의 통치

---

1) 『주서(周書)』 권5, 중화서국, 85쪽, 1975. 통도관에 관하여 여가석(余嘉錫)의 「위원숭사적고(衛元嵩事迹考)」이 『여가석논학잡저(余嘉錫論學雜著)』 235쪽 이하에 실려 있다. 중화서국, 1963, 1977. 또 일본 학자 또한 많은 연구를 진행하였다. 예를 들면 구보 노리타다(窪德忠)의 「북주 통도관에 관한 추측(關於北周通道觀的一種推測)」이 『복정문화논집(福井文化論集)』에 실려 있고, 「두 개의 통도관(二つの通道觀)」가 『동방종교』 55기, 1980년에 실려 있다. 야마자키 히로시(山崎宏)의 「북주의 통도관에 대하여(北周の通道觀についこ)」가 『동방종교(東方宗教)』 54기, 1979. 근래에 또 일본 학자 스나야마 미노루(砂山稔)의 『수당도교사상사연구(隋唐道教思想史研究)』(평하출판사, 1990)이 있다. 내 생각으론 통도관의 최종 결과는 불교, 도교, 유교 삼자 간의 이해를 촉진시켰을 것이다. 아무리 통도관의 설립으로 서로 간에 공격하는 대립 현상을 촉진시켰다고 하나, 서로 간의 공격의 전제는 서로 간의 이해가 앞서야 하기 때문이다.

2) 『불교의 중국 정복(佛教征服中國)』, 일문본, 288쪽.

아래에서 불교는 무조건적인 정권의 지고무상한 권력을 인정하고, 종교는 마땅히 황제의 권력 아래 존재해야 한다는 사실을 인정할 수밖에 없었다. 전통이 유구한 중국 윤리의 그늘 아래서 불교는 먼저 전통의 합리성을 확인하고, 이 합리성의 범위 안에서 불교의 윤리규범을 조정한 것이다. 중국의 한족 중심의 입장이 지극히 강렬한 정세 하에서, 불교는 자주 완곡하게 불교와 중국의 인연을 설명할 필요가 있었고, 각종 비교나 비유를 들어 민족정서의 강렬한 대항을 회피하였다. 그리하여 7세기에 이르면, 중국에서 불교가 사실 이미 중국 사상계에 상당히 섞여들었고, 불교의 사상도 상당히 한화(漢化)되었던 것이다.

7절

목록과 유서 및 경전 주소에서 보이는 7세기 중국 지식과 사상 세계의 윤곽

목록과 유서 및 경전 소는 사료(史料)로서 상사에 활용된다.

한 시대의 지식과 사상 세계를 대체적으로 서술하는 것은 실로 어려운 문제가 아닐 수 없다. 특히 급격한 변화를 거친 7세기 경우는 더욱 그러하다. 그러나 변통할 수 있는 방법이 전혀 없는 것은 아니니, 당시의 목록(目錄)과 유서(類書), 주소(注疏) 등에서 개략적으로나마 당시 세계의 윤곽을 귀납할 수 있을 것이다.

고대 지식과 사상은 대부분 도서에 기록되어 있다. 고대의 도서는 주로 관방(官方)에 집중되어 있는데, 관방의 도서는 일련의 도서 목록으로 등록되어 있다. 따라서 목록 속에서 당시 지식의 대체적인 범위를 이해할 수 있으며, 당시 사람들의 열독 범위를 판정할 수 있을 뿐만 아니라 당시 사람들이 어떤 책에 흥미를 지니고 있었는지 확인할 수 있다. 그런 까닭에 고대 중국에는 이미 오래 전부터 목록지학(目錄之學 : 목록의 학문)에 "학술을 변별하여 밝히고, 원류를 고증하여 거울처럼 밝힌다(辯章學術, 考鏡源流변장학술, 고경원류)"는 전통이 자리하고 있었다. 어떤 이는 아예 이러한 목록의 학문을 학술사의 남상(濫觴 : 큰 강도 가늘게 흐르는 시냇물이 그 근원이듯이, 사물의 처음이나 기원을 이르는 말)이자 근원으로 보고 있기도 하다.

고대 유서(類書)는 당시 사람들이 수집할 수 있었던 문헌들을 부류에 따라 배열한 것이니, 이른바 "부류를 구분하고 문헌을 열거하여 싣지 않은 것이 없다(區分臚列, 靡所不載구분려열, 미소부재)"는 것이 바로 이 체재에 대한 언급이다. 아마도 처음 생각은 문인들이 수달이 물고기를 잡아 제물처럼 늘어놓는 것처럼 전고(典故)나 화려한 문체를 수집하기 위함이었을 것이다. 그러나 결과적으로 지금처럼 백과전서와 같은 유서가 생겨나게 된 것이다. 사실 이처럼 '크고 작은 것을 모두 열거하면서'도 '전혀 가공하지 않은' 형식으로 인해 주관적인 의도가 완전히 배제되어 있다. 원래 자료가 직접적으로 진열되어 본래 면모를 그대로 드러내고 있다. 이러한 특별한 분류 방식은 곧 당시 사람들의 생각, 특히 앞에 놓인 세계에 대한 그들 나름의 분류 방법을 보여주는 것이기도 하다. 분류란 곧 사상의 질서이다.

주소(注疏)란 경전에 대한 해석이다. 따라서 가장 권위적인 지식과 사상의 이해를 상징한다고 말할 수 있다. 고대 중국에서 경전은 주류의 사상일 뿐만 아니라 보편적인 지식이다. 또한 대다수 피교육자들이 제일 먼저 접하는 것도 바로 경전에 대한 교육이다. 그들의 최초 지식은 바로 경전에서 나왔다. 초목이나 물고기, 벌레의 이름은 물론이고 충효예지(忠孝禮智)의 의미를 배우는 것도 경전을 통해서이다. 그래서 동몽지학(童蒙之學)이라고 하는 것이니, 주소의 목적 또한 바로 이것이다. 경전은 또한 대다수 고대 문화인들이 지닌 지식과 사상의 밑바탕이며, 주소는 어린 시절 그것을 익히는 사람들에게 상당히 풍부한 지식과 사상을 제공한다. 또한 경전의 권위를 통해 은연중에 지식과 사상의 합리적 범위가 확정되기도 한다.

무덕(武德) 7년(624년)에 각종 문헌을 모아 "고금을 절충하고 삼분(三墳 : 복희, 신농, 황제의 책)과 오전(五典 : 소호, 전욱, 고신, 요, 순의 책)을 본받았다"고 칭해지는 『예문유취(藝文類聚)』가 편찬되고,[1] 정관(貞觀) 16년(642년)에 '오경정의', 즉 『주역정의(周易正義)』, 『상서정의(尙書正義)』, 『모시정의(毛時正義)』, 『예기정의(禮記正義)』, 『춘추좌전정의(春秋左傳正義)』 등이 완성되었다.[2] 현경(顯慶) 원년(656년) 남북조 시대 장서(藏書)의 역사와 당나라 시대 관방에서 실제로 소장하고 있는 저서를 기록한 『수서(隋書)』「경적지(經籍志)」가 편찬되었다.[3] 이렇듯 공교롭게도 7세기에 이르러 상당히 전형적이며 지금까지 유전되고 있는 도서 목록, 대형 유서, 그리고 집대

1) 『예문유취』 권두에 나오는 구양순(歐陽詢)의 서문, 27쪽, 상해 고적출판사, 1981.

2) 『주역정의』 권두 공영달의 서문 참조, 중화서국 영인 『십삼경주소』, 1979.

3) 『수서』 표점본의 권두에 출판에 관한 설명이 적혀 있다. 중화서국, 1973. 고젠 히로시(興膳宏) 등, 「수서경적지상고(隋書經籍志詳考)」 앞에 실린 「해설」을 참고하시오. 급고서원(汲古書院), 도쿄, 1995.

성식의 주소가 세상에 쏟아졌다. 이러한 문헌의 출현은 융합과 종합, 그리고 총결 시대의 결과물이다. 또한 당시 지식과 사상이 상대적으로 안정되고 정형화되었던 세계를 기술하고 있는 자료이기도 하다.

1

『수서』「경적지」에서 볼 수 있는 지식과 사상의 확장과 변화

만약 우리가 『한서』「예문지」를 동한과 서한 무렵의 지식과 사상을 측정하는 데 필요한 가장 기본적인 텍스트이고, 『수서』「경적지」는 당(唐)나라 시대 초기 지식과 사상을 살피는 데 필요한 기본 텍스트라고 간주한다면, 이를 통해 우리는 지식과 사상 세계의 확장과 융합, 그리고 변화를 엿볼 수 있을 것이다.[1] 『한서』「예문지」에 언급된 서적은 12,269권인데 비해 『수서』「경적지」는 36,708권이다. 이렇듯 수적인 면에서 지난 5백여 년간 지식과 사상이 상당히 많이 늘었음을 알 수 있다. 그러나 『수서』「경적지」에 실려 있는 것이 전부는 아니다. 이 외에도 개인이 소장하고 있던 서적, 예를 들어 심약(沈約)의 장서 2만여 권, 왕승유(王僧孺)와 임방(任昉)의 장서 1만여 권, 소명태자(昭明太子)의 동궁에 소장되어 있던 3만여 권 등이 제외되었고, 양대(梁代) 태청 3년(549년) 후경(侯景)이 건업(建鄴)을 포위했을 때 간문제(簡文帝 : 양나라 제2대 황제)가 "모아놓은 전적 수백 주(廚 : 상자)를 모조리 불태워 없애라"[2]는 명령을 내렸고, 승성(承聖) 3년(554년) 서위(西魏)의 군사들이 강릉으로 진입하였을 때 양(梁)나라 원제(元帝)가 "수집한 도서 10만여 권을 모두 불태우라"[3]는 명령을 내렸으니 당시에 불에 타 없어진 전적들도 모두 제외되었다. 게다가 당나라 시대 무덕(武德) 7년 수많은 전적을 운송하면서 황하에서 배가 전복되어 "실려 있던 책들 가운데 열에 한두 권도 남아 있지 않았다"고 할 정도로 대규모 손실이 있었으며, 『수서』「경적지」에 서적을 등록할 때 "문장의 뜻이 천

1) 『한서』「예문지」에서 『수서』「경적지」까지의 변화는 제억명(諸億明)의 「현존하는 최고의 도서목록 두 부(現存兩部最古的圖書目錄)」(『문사지식』, 1982년 제7기, 북경, 중화서국)을 참고하시오.

2) 『남사(南史)』 권80 「후경전(侯景傳)」, 1999쪽, 중화서국, 1975.

3) 『남사』 권8 「양본기하」, 245쪽. 『수서』「경적지」에 따르면 대략 7만여 권이다.

박하고 속되며, 교리에 도움이 되지 않는"[4] 부분은 모조리 삭제했다는 것을 상기해 본다면 서기 7세기의 전적이 얼마나 많았는지 짐작할 수 있을 것이다.

다음으로 이러한 목록에 실려 있는 각종 부류의 서적을 살펴보면 지식과 사상이 이미 상당히 많은 변화를 보이고 있음을 알 수 있다. 사부(史部)는 그 전까지 부용(附庸)에 불과했으나, 이미 대국(大國)을 형성할 정도로 독보적인 위상을 차지하였다. 이는 당시에 이미 역사적 근거와 선인들의 전적이 하나의 전통으로 간주되었음을 의미한다. 표면적인 변화가 그다지 크지 않은 자부(子部)도 미세한 변화를 보이고 있다. 법가(法家)는 한)나라 시대에 10가(家) 217편이었으나 당나라 시대 초기에는 6부 72권으로 축소되었고, 명가(名家)는 한나라 시대에 7가 36편이었는데 당나라 시대 초기에는 4부 7권으로 줄었으며, 묵가(墨家)는 한나라 시대 6가 86권에서 당나라 시대 초기 3부 17권, 종횡가(縱橫家)는 한나라 시대 12가 107편에서 당나라 시대 초기 2부 6권으로 줄어들었다. 서적의 인멸(湮滅)이 사상의 후퇴와 정비례하고 있음을 알 수 있다. 그러나 술수 방기 가운데 천문, 역수, 오행, 의방에 관한 서적은 비록 수적인 면에서 훨씬 많아졌지만 상당히 많은 지식과 기술이 이미 자부로 편입되고 말았다. 이러한 수량의 증가와 문류(門類)의 감소라는 대조적인 결과는 5백여 년간에 걸친 사상사의 변화된 모습을 드러내는 것이기도 하다. 다시 말해 술수나 방기에 관한 지식과 기술이 여전히 세상에 유행하고 있으며, 심지어 과거보다 훨씬 발달하였지만 관념적으로 여전히 학술의 주변에 머물러 당시 지식계층이나 주류문화에서 미결된 상태로 남아 있었다는 것을 뜻한다. 이와 달리 문학과 역사는 지속적으로 중심의 자리를 점하여, 이른바 오늘날의 '인문 지식'으로서 중국의 지식 세계의 주류가 되었다. 이는 이후 중국의 역사적 운명에 상당히 중요한 영향을 끼쳤다.

다음으로 『수서』「경적지」에 언급은 되었지만 상세하게 등록되지 않거나 수량이 기록되지 않은 불가나 도가의 저작들도 당시 이미 상당히 방대한 양의 전적이 남아 있었다. 수(隋)나라 시대 개황(開皇) 14년(594년) 법경(法經)이 편찬한 불경

---

4) 『수서』 권32 「경적지」, 908쪽, 이하 『수서』 「경적지」는 일일이 출처를 밝히지 않는다.

목록을 보면, 이미 1045부(部) 3089권에 이르렀고, 목록이 남아 있는 것만 해도 881부 1140권이다.[1] 그러나 『수서』「경적지」에 실린 것은 1950부, 6198권 정도이다. 마찬가지로 도교의 저작물 역시 상당히 풍부하였다. 전하는 말에 따르면 북주(北周) 건덕(建德) 연간에 무제가 통도관의 도사인 왕연(王延)에게 도교 전적을 교정(校定)하도록 했는데, 전체 8030권이었다고 한다.[2] 물론 이는 북주에서 도교가 유독 성행했던 이유 때문인데, 이 외에도 도교가 여러 가지 다양한 전적을 자신들의 저작물로 삽입한 결과이기도 하다. 그러나 『수서』「경적지」에 기록된 도교 관련 저작 역시 이미 377부 1216권에 이를 정도로 상당히 불어난 상태이다. 이렇듯 불교와 도교는 수백 년 동안 이미 전통적인 지식이나 사상 세계와 정립(鼎立)할 정도로 급속히 팽창하여 고대 사상의 구조가 바뀌었음을 알 수 있다.

마지막으로 『수서』「경적지」에 실려 있는 도서와 작가로 볼 때, 상당히 많은 지식과 사상 영역에서 상호 침투와 영향의 흔적을 엿볼 수 있다. 이에 대해 다음 두 가지 예를 들겠다. 첫째, 주류 문화의 경전 학문에 관한 것이다. 『수서』「경적지」에서 볼 수 있다시피 통일 이후 북방의 전통과 남방의 새로운 변화가 서로 교차하면서 영향을 주었다. 『주역』을 예로 들면 북방에는 한대의 전통에 따른 상수지학(象數之學)이 여전히 유행하였지만, 다른 한편으로 남방을 중심으로 노장사상을 해석의 배경으로 삼는 저작들이 나타나기 시작했다. "정현(鄭玄), 왕필(王弼)의 주석이 국학(國學)에 편입되었고, 제나라 시절에는 오로지 정의(鄭義 : 정현의 주석)만 전수되었다. 수나라 때에 이르러 왕필의 주석이 성행하고 정현의 학문은 점차 미약해졌다."[3] 당나라 시대 초기에 공영달(孔穎達)이 『오경정의(五經正義)』를 편찬

---

1) 양계초, 「중국 목록학에서 불가 경전목록의 위치(佛家經錄在中國目錄學之位置)」, 『불교연구 18편』, 320쪽, 중화서국 중인본, 1989.

2) 진국부(陳國符), 「역대 도에 관한 서목 및 도장 찬수와 누판(歷代道書目及道藏之纂修與鏤板)」, 『도장원류고』, 108~112쪽 참조, 중화서국, 1963, 1985.

3) 엄격하게 말해서 여기에서 말하는 '북방'은 초기에 황하 이북을 뜻했으며, 나중에야 지금의 하북, 하남을 포함하게 되었다. 『위서(魏書)』 권82 「유림전(儒林傳)」에 따르면 "정현의 역, 서, 예, 논어, 효경, 복건(服虔)의 좌씨춘추, 하휴(何休)의 공양전 등이 하북에 크게 유행하였다"고 했는데, 그다지 명확한 것 같지 않다. 그러나 『북제서(北齊書)』 권44 「유림전」은 "하북에서는 정강성(鄭康成 : 정현)이 주석한 주역을 이야기하고, ……하남 및 청제(青齊) 사이에는 유생들이 주로 왕보사(王輔嗣 : 왕필)가 주석한 주역을 이야기했다"라고 하여 보다 구체적으로 설명하였다. 남방은 주로 '강남'을 의미한다. 「남제서」 권39 「육징전(陸澄傳)」에 인용된 「왕검에게

했는데, 그는 비록 북방사람이기는 하지만 남방에서 성행하던 왕씨의 주를 저본으로 삼았다. 둘째, 생활에 직접적으로 관련이 있는 실용지식과 기술이 수술방기(數術方技)의 학문에 관한 것이다. 불교가 전래되면서 인도의 다양한 지식과 기술이 함께 전해졌다. 이러한 지식과 기술은 별무리 없이 중국의 지식세계로 조화롭게 유입되었다. 『수서』「경적지」에 천문류(天文類)로 달마유지(達摩流支)가 북주(北周)의 권신인 우문호(宇文護)를 위해 번역한 『바라문천문경(婆羅門天文經)』 21권이 수록되어 있고, 역수류(曆數類)에 무명씨의 『바라문음양산력(婆羅門陰陽算曆)』 1권, 오행류(五行類)에 무명씨가 번역한 『갈가선인점몽서(竭伽仙人占夢書)』 1권, 그리고 의방류(醫方類)에 마가호(摩訶胡)가 찬한 『마가출호국방(摩訶出胡國方)』 10권, 무명씨가 쓴 『서역제선제설약방(西域諸仙諸說藥方)』 23권, 역시 무명씨가 쓴 『용수보살약방(龍樹菩薩藥方)』 4권 등이 실려 있는 것을 보면 이를 확인할 수 있다. 이렇듯 사상과 지식, 그리고 기술은 수백 년에 걸친 혼란의 세월을 겪으면서 이미 거듭 새로워지고 통합되는 토대를 마련하게 된 것이다.

2

류와 진열 : 『예문유취』 분류 차례와 가치 등, 『무상비요』와 『법원림』을 통한 보충 설명

유서(類書) 편찬의 연원을 따질 때면 주로 위(魏)나라 문제(文帝)의 『황람(皇覽)』으로 거슬러 올라가기 마련이다.[4] 그러나 유서의 체례나 분류로 7세기 중국의 사상 세계의 윤곽을 논하고자 한다면, 역시 『예문유취(藝文類聚)』를 기본 텍스트로 삼아야 한다.

유서에 관한 연구는 이미 오래전부터 적지 않게 이루어졌다. 그러나 과거의 연구는 주로 문헌학에 치중하고 있는데 반해 나는 사상사에 착안점을 두고 있다.

주는 글(與王儉書)」에 보면 이런 내용이 실려 있다. "원가(元嘉)의 학문은 처음에 현(玄 : 정현)과 필(弼 : 왕필)이 양립하였는데, 안연지(顔延之)가 좨주(祭酒)가 되었을 때 정현의 학문을 버리고 왕필의 학문을 내세웠으니, 이는 '귀현(貴玄 : 현학을 중시함)'에 뜻이 있었기 때문이다." 그래서 『수서(隋書)』 권75 「유림전」은 다음과 같이 총결하고 있다. "강좌(江左 : 동진과 남조가 통치하던 지역)의 주역은 왕보사를 모범으로 삼았고, 상서는 공안국, 좌전은 두원개(杜元凱 : 두예杜預)를 본받았다. 하락(河洛 : 낙양을 중심으로 한 북방지역) 좌전은 복자신(服子愼 : 복건), 상서와 주역은 정성공을 본받았다." 1705~1706쪽.

4) 예를 들어 호도정(胡道靜)의 『중국고대의 유서(中國古代的類書)』(중화서국, 1982)가 그러하다.

그렇기 때문에 과거에 유서를 연구한 학자들은 유실된 전적 수집에 집중하여 유서에 실린 일서(佚書) 비급(秘笈 : 비밀리에 수장한 전적)의 수량을 중시하는 것과 달리 나는 유서의 분류와 순서 배후에 있는 지식과 사상의 통합과 규범에 대해 더 많은 관심을 갖고 있다. 또한 과거에 유서를 사용하던 문인들이 이면에서 아름답고 화려한 구절을 찾는 데 익숙했던 것과 달리 나는 유서에 수집된 문헌이 과연 얼마나 많은 지식과 사상 자원을 제공하였는가에 관심이 있다.

당나라 고조(高祖) 무덕(武德) 7년(624년)에 편찬된 『예문유취』는 유목(類目)으로 '간가(間架 : 틀)'[1)]을 삼아 당시 수집할 수 있는 지식 텍스트를 각종 유목 아래에 한데 모아 7세기의 방대한 지식 문고를 구성하였다. 이러한 거대한 지식 문고는 마치 하나의 도서관과 같다. 사람들에게 지식을 제공하는 방대한 도서관은 다음과 같이 분류되어 있다.

천부(天部) 2권, 세시부(歲時部) 3권, 지부(地部), 주부(州部), 군부(郡部) 합 1권, 산부(山部), 수부(水部) 합 3권.

부명부(符命部) 1권, 제왕부(帝王部) 4권, 후비부(后妃部) 1권, 저궁부(儲宮部) 1권.

인부(人部) 21권, 예부(禮部) 3권, 악부(樂部) 4권, 직관부(職官部) 6권, 봉작부(封爵部) 1권, 치정부(治政部) 2권, 형법부(刑法部) 1권, 잡문부(雜文部) 4권, 무부(武部) 1권, 군기부(軍器部) 1권.

거처부(居處部) 4권, 산업부(產業部) 2권, 의관부(衣冠部) 1권, 의식부(儀飾部) 1권, 복식부(服飾部) 2권, 주거부(舟車部) 1권, 식물부(食物部) 1권, 잡기물부(雜器物部) 1권, 교예부(巧藝部) 1권, 방술부(方術部) 1권.

내전부(內典部) 2권, 영이부(靈異部) 2권

화부(火部) 1권, 약향초부(藥香草部) 2권, 보옥부(寶玉部) 2권, 백곡부(百穀部), 포백

---

1) 표점본 『예문유취』, 「전언(前言)」, 상해 고적출판사, 8쪽, 1982년 참조. 「전언」에 따르면 고대 유서는 유목을 '문가', 즉 틀로 삼았다고 했는데, 이는 맞는 말이다. 또한 부(部)나 류(類)의 안배나 내용을 개괄한 명목에서 사상 경향을 엿볼 수 있다고 했는데, 이 역시 맞는 말이다. 그러나 이데올로기적인 의미가 농후한 비판적 어조로 "봉건적인 정통 관점과 윤리, 도덕, 미신 등 진부한 분위기를 그대로 드러내고 있다"거나 "지주계급 문화 고유의 특질을 표현하고 있다"고 말한 것은 지나친 평이 아닐 수 없다.

부(포백부) 합 1권, 과부(果部) 2권, 목부(木部) 2권, 조부(鳥部) 3권, 수부(獸部) 3권, 인개부(鱗介部), 충치부(蟲豸部) 합 2권, 상서부(祥瑞部) 2권, 재이부(災異部) 1권.

이러한 분류표에서 우리는 그것이 보여주고 있는 사고의 방향이 광대한 세계에 대한 이해와 서술에 초점이 맞추어져 있으며, 그렇기 때문에 시간과 공간을 상징하는 천지(天地)부터 시작되고 있음을 알 수 있다. 이처럼 모든 지식을 총결하고 망라한다는 자신을 내비치는 『예문유취』에서 '천지'는 가장 우선하는 자리를 차지하고 있다. 그래서 『주역』, 『상서』, 『예기』, 『논어』 등에 나오는 다음과 같은 구절을 인용하고 있다. "크도다 건의 원이여. 만물이 이에 의지하여 시작된다(大哉乾元, 萬物資始대재건원, 만물자시)." "하늘의 도를 세우는 것을 음과 양이라고 말한다(立天之道, 曰陰與陽입천지도, 왈음여양)." "하늘과 땅의 도는 광박하고 심후하며 높고 밝다(天地之道, 博也, 厚也, 高也, 明也천지지도, 박야, 후야, 고야, 명야)." "하늘이 무슨 말을 하겠느냐? 사시가 운행되고 만물이 생성되고 있나니(天何言哉, 四時行焉, 萬物生焉천하언재, 사시행언, 만물생언)." 또한 『노자』, 『장자』, 『신자(申子)』, 『문자(文子)』, 『이아(爾雅)』, 『춘추원명포(春秋元命苞)』, 『혼천의(渾天儀)』, 『황제소문(黃帝素問)』 등에 나오는 다음 구절도 인용하였다. "하늘은 하나를 얻어 맑다(天得一以淸)." "하늘은 푸르고 푸르다(天之蒼蒼)." "하늘의 도는 사사로움이 없다(天道無私)." "높은 것은 하늘보다 높은 것이 없다(高莫高於天)." "궁창은 푸른 하늘이니, 봄 하늘은 창천이고 여름 하늘은 호천이다(穹蒼, 蒼天也, 春爲蒼天, 夏爲昊天)." "하늘의 둘레는 9981만 리이다(天周九九八十一萬里)." "하늘은 달걀처럼 생겼다(天如鷄子)." "양이 쌓여 하늘이 된다(積陽爲天)."[2] 이렇듯 온갖 고대 전적에서 가장 높은 자리에 있는 천상(天象)이 암시하는 도덕, 철리, 공간과 시간 등을 모두 상징으로 변화시켜, 7세기 사람들의 지식세계에서 존재의 기본적인 근거로서 하나의 '천(天)'을 공동으로 구성하였다. 이는 '지(地)'의 경우도 마찬가지여서 『주역』, 『신농서(神農書)』, 『황제소문』, 『춘추원명포(春秋元命苞)』에 나오는 다음과 같은 구절을 인용하였다. "땅의 도를 세우는 것을 유와 강이라고 말한다(立地之道曰柔與剛입지지도왈유여강)." "혼탁한 것은 땅이 된다(湛濁爲地

2) 『예문유취』 권1, 1쪽.

담탁위지)." "음이 쌓여 땅이 된다(積陰爲地적음위지)." "사물을 기르고 품으며, 서로 바뀌고 변화하고, 머금고 뱉으며 절기에 적응한다(養物懷任, 交易變化, 含吐應節양물회임, 교역변화, 함토응절)." 또한 『하도괄지상(河圖括地象)』, 『춘추원명포』에 나오는 다음 구절도 인용하였다. "땅의 너비는 동서로 2만 8천이고, 남북으로 2만 8천이다(地廣東西二萬八千, 南北二萬八千)." "땅이 오른쪽으로 도는 까닭은 기가 탁하고 정미한 것이 적기 때문이다(地所以右轉者, 氣濁精少)."[1] 이렇듯 '천'과 상대하는 '지'를 하나의 상징으로 변화시켜 '천'과 더불어 인류가 생활하는 우주를 구성하였다. 이와 동시에 천상과 지리의 공간의 변화는 인간세상의 시간 질서를 구성했다. 이것이 바로 '세시(歲時)'이다. 춘하추동과 각종 절기는 천상 아래 인간세상에서 차례대로 일정한 시간을 분할하고 있으며, 사계절과 12달, 그리고 24절기는 오행, 오방, 오덕 및 각종 물후(物候)와 대응하면서 각종 정치적 의미를 암시하고 인간 질서의 유전과 변천을 상징한다. 뿐만 아니라 사람의 생활에 일정한 규율을 부여하여 각종 절일(節日)에 따른 제사를 통해 이러한 질서의 의의를 강화할 수 있도록 하였다. 그래서 '천지'와 '세시'는 공간과 시간의 구조를 드러내어 모든 것을 지배하는 질서가 되었으며, 그러한 질서에 합리적인 근거를 부여했다.[2]

천지가 상징하는 시공의 구조를 모든 것의 종극적인 근거로 확립한 후에 이어서 '부명(符命)'과 '제왕(帝王)'으로 넘어간다. 물론 '제왕'과 관련이 있는 황족 구성원, 예를 들어 후비나 저궁(儲宮)도 모두 포함시켰다. 이는 제왕은 인간세상을 주재하며 위로 천지의 뜻을 받들고 아래로 백성의 생활을 다스린다는 고대 중국의 관념을 그대로 보여주는 것이기도 하다. "제(帝)는 하늘의 호칭이고, 왕(王)은 사람의 칭호이다(帝者, 天號也, 王者, 人稱也)." "정기(正氣)는 제(帝)가 되고, 한기(閑氣)는 신하가 되며, 수기(秀氣)는 사람이 된다(正氣爲帝, 閑氣爲臣, 秀氣爲人)."[3] 그러나

---

1) 『예문유취』 권6, 99~100쪽.

2) 『예문유취』보다 이른 시기에 이루어진 유서 가운데 두 가지가 현존하고 있다. 하나는 두공첨(杜公瞻)의 『편주(編珠)』로 현재 앞머리 두 권이 남아 있다. 이 책 역시 『예문유취』와 마찬가지로 맨 앞에 '천지부(天地部)'와 '산천부(山川部)'를 두었다. 다만 전적의 진위 여부에 대한 의문이 남아 있다. 다른 하나는 우세남(虞世南)의 『북당서초(北堂書鈔)』 160권이다. 이 책은 '천', '세시', '지' 등 삼부(三部)를 가장 마지막에 두고 있어 '천지'를 부각시켜 합리성의 종국적인 근거로 삼겠다는 의도는 보이지 않는다. 중국서점 영인본, 1989.

3) 『예문유취』 권11, 198쪽.

제왕이 합리성을 지니는가 여부는 또한 천의(天意)의 통제와 제약을 받는다. '부명'을 '제왕' 앞에 둔 것은 권력을 획득하려면 반드시 상창(上蒼 : 하늘)의 인가를 받아야 된다는 것을 의미한다. 상창은 여러 가지 다양한 부명을 통해 암시와 상징을 보여주는데, 이러한 암시와 상징의 해석권은 때로 지식계층에 의해 농단되기도 했다. 이로 인해 고대 중국 제왕의 권력은 어느 정도 제약을 받았으며, 또한 '혁명'이나 '개조환대(改朝換代 : 조대를 바꿈)' 역시 합리적인 지지를 얻을 수 있었다. 예를 들어 "백기관일(白氣貫日 : 흰 기운이 해를 꿰뚫음)"하여 강생(降生)한 상탕(商湯)이 강생할 때 "흰 기운이 해를 꿰뚫었다(白氣貫日)"고 하거나 주나라 무왕이 상나라를 정벌하기 위해 강을 건널 때 "흰 물고기가 배 위로 튀어 올랐다(白魚入船)"고 한 것은 모두 혁명의 권력을 암시하는 것으로 간주되었다.[4]

제왕이 통제하는 것은 '인(人)'이다. 그래서 그 다음으로 '인'을 넣었다. 사람의 생리, 외형, 행동거지에 관한 3권 이 외에도 사람의 도덕, 윤리, 행위, 품격, 정감 및 각종 사회생활에 필요한 방식 등에 관한 내용이 18권에 담겨 있다. 이처럼 사람의 사회생활에 필요한 규범을 중시했기 때문에 아래로 인간의 질서와 관련이 있는 예악제도나 관리체계를 9부 23권에 넣었다. 이는 사회생활에 대한 7세기 중국 사람들의 관념을 대표하고 있다. 이러한 지식을 '거처(居處)'나 '산업(產業)' 등 인간의 생활과 관련이 있는 구체적인 지식 앞에 둔 것은 고대 중국인들이 사람의 사회적 의의와 위치를 보는 관점을 보여주는 것이기도 하다. 성(聖), 현(賢), 충(忠), 효(孝), 덕(德), 양(讓), 지(智) 등의 배열순서는 기본 도덕의 구성과 윤리의 선후를 암시하는 것이며, 각종 행위의 포폄(褒貶 : 옳고 그름이나 선하고 악함을 판단)이자 평가라고 할 수 있다. 다시 말해 사회의 집체의식과 정치적 이데올로기의 권력을 표현했다는 뜻이다. 이렇듯 사회질서가 개인의 자유보다 앞서며, 사회의 가치가 개인의 성취보다 높고, 타인의 평가가 자아 감각보다 우선한다는 관념은 고대 중국에서 유래가 오래되었을 뿐만 아니라 유서의 분류에서도 상당히 구체적으로 표현되고 있는 것이다.

4) 『예문유취』 권10, 184쪽. 이는 당대에 지극히 보편적인 관념이었다. 예를 들어 당(唐)나라 시대 장현소(張玄素)는 상서에서 이렇게 말하고 있다. "신이 듣건대, 황천(皇天)은 사사로운 친근함이 없이 오로지 덕(德)으로 도울 뿐이니 만약 천도를 그르치면 사람과 신에게 모두 버림을 당하게 됩니다." 『구당서』 권75, 「장현소전」, 2641쪽.

불교나 도교와 관련이 있는 지식은 후반부에 두었는데, 그것도 각기 두 권씩만 배당하였다. 이는 불교와 도교가 7세기 지식과 사상의 담론 체계에서 결코 소홀히 다룰 수 없는 것이라는 뜻도 되지만, 다른 한편으로 주류 이데올로기가 불교와 도교를 배척하고 억압하는 분위기가 농후했음을 반영하는 것이기도 하다. 앞서 언급한 바대로 『수서』 「경적지」는 불교와 도교를 사부(四部) 서적 밖에 있는 가장 마지막 부분에 싣고 있다. 또한 소서(小序)를 두었을 뿐이고 보다 구체적으로 서적을 등록하지 않았다. 이는 『예문유취』와 마찬가지로 당시 관방(官方)이 지니고 있던 일종의 잠재의식을 드러낸 것이라고 말할 수 있다.

맨 마지막에 수록된 자연세계에 대한 여러 가지 구체적인 지식들에 관해서는 비록 고대 중국의 전통에 원래 "초목과 벌레, 물고기, 새, 짐승의 이름을 많이 알아야 한다(多識草木蟲魚鳥獸之名다식초목충어조수지명)"는 말이 있기는 하지만, 이러한 지식에 대해 상당히 관용과 이해를 하고 있는 것처럼 보이지만 7세기 시절에는 이러한 지식이 지엽적이고 말단의 하찮은 것으로 간주되었음을 알 수 있다. 『예문유취』는 이러한 지식을 맨 마지막 부분에 넣음으로써 이러한 지식이 사람들의 관념 속의 부침을 보여주고 있다. 반드시 주목해야 할 부분은 그것의 유서가 주로 대자연의 각종 존재물에 편중되어 있으며, 기술의 발명이나 제작물에 대한 기록은 거의 보이지 않는다는 점이다. 게다가 그 내용조차 대부분 문학 언어로 형용되거나 치장된 문헌들이고, 지식이나 기술적인 기록은 극히 적다. 아름답고 화려한 문장을 채록하는 것은 지식이나 기술에 대한 기록과 거의 관련이 없다. 자연에 대한 노래나 홍치는 자연에 대한 정확한 묘사와 관련이 없다. 후대 중국의 상황으로 볼 때 이러한 지식과 기술에 대한 경시와 추방은 고대 중국의 기술지식의 진전에 영향을 주었으며, 고대 중국인들의 인문 지식과 사상이 지나치게 사회적 책임을 지는 결과를 가져왔다. 그리하여 그것이 마치 전체 지식인양 오도되어 절대 다수 문화인 교육의 내용이 되고 말았다.

서기 7세기 전후로 각종 지식과 사상이 종합되고 협조와 정리가 되는 과정에서 관방의 『예문유취』 1백 권 이 외에도 도교는 그 이전 6세기 후반에 북주 무제 시절에 이미 자신들의 전적 총결판이라고 할 수 있는 유서 『무상비요(無上秘要)』 1백 권을 편찬하였으며, 불교 또한 『예문유취』 이후인 당(唐)나라 시대 인덕

(麟德) 3년(666년) 상당히 방대한 유서인 『법원주림(法苑珠林)』 1백 권을 편찬하였다. 만약 우리들이 이후 각기 1백 권씩인 종교 유서를 대조 분석할 기회가 있다면, 『예문유취』에 나오는 여러 가지 사고방식이 단지 관방의 이데올로기에만 국한된 것이 아님을 발견하게 될 것이다. 다시 말해 불교나 도교의 유서 역시 관방의 유서와 비슷한 사고 맥락에 따라 이루어졌다는 뜻이다. 예를 들어 『무상비요』나 『법원주림』은 각기 자신의 종교적 어휘에 따라 천지를 모든 것의 앞에 두었다. 이는 천지를 합리성의 궁극적인 근거로 삼겠다는 의미이다. 『무상비요』는 "천, 일, 월, 성"과 "삼계(三界), 구지(九地), 영산(靈山), 임수(林樹), 산동(山洞), 동천(洞天), 신수(神水)"로 분류하였고, 『법원주림』은 특별히 '겁(劫)'과 '삼계'를 '제천(諸天)'과 '일월' 앞에 두고 있기는 하지만, 여전히 '천지'를 '불법승(佛法僧)' 이전에 두어 합리성의 기본적인 근거로 삼고 있다. 『무상비요』는 천지 다음에 '인(人)'과 '제왕(帝王)'을 두어 그것이 중국에서 태어난 종교라는 점을 분명히 밝힌 셈이다. 그 가치적인 면에서 볼 수 있는 질서체계는 관방의 이데올로기와 대체적으로 일치한다. 도교는 중국 세속 사회와 역사나 전통 면에서 관련이 있고, 또한 현실 속에서 점차 적응하면서 조화를 이루었다. 『법원주림』은 비교적 완강하게 종교적 지식을 부각시키고 있다. 예를 들어 '치배(致拜)', '복전(福田)', '귀신(歸信)' 등은 '경탑(經塔)', '가람(伽藍)', '사리(舍利)', '공양(供養)', '수청(受請)' 뒤에 두었고, 또한 신속하게 불교 전설에 나오는 '법륜왕(法輪王)'부터 세속 사회의 권력자들에 대해 이야기하고 있다. '군신(君臣)', '납간(納諫)', '심찰(審察)', '사신(思愼)' 및 '화순(和順)', '충효(忠孝)', '불효(不孝)', '보은(報恩)', '배은(背恩)', '선우(善友)' 등의 유목만 보더라도 불교가 중국의 언어 환경에서 이미 관방의 이데올로기와 거의 동일한 가치 체계와 분류 사고방식을 지녔음을 알 수 있다.[1)]

---

1) 『무상비요』 권수(卷首) 목록, 『도장』 태평부, 숙일(叔一), 문물출판사, 상해서점, 천진고적출판사, 영인본 제25책, 1~3쪽, 1988. 『법원주림』 권1, 『대정장(大正藏)』 제53권, 269쪽. 내가 생각하기에, 도교에서 편찬한 유서는 『무상비요』가 가장 오래되었고, 이 외에 현존하는 것으로 당나라 시대의 『도교의추(道教義樞)』, 『상청도유사상(上清道類事相)』, 『삼동주낭(三洞珠囊)』 및 송(宋)나라 시대 사람이 편찬한 『운급칠첨』 등이 있다. 불교에서 편찬한 유서 가운데 『법원주림』보다 오래된 것으로 양보창(梁寶唱)이 편찬한 『경율이상(經律異相)』 등이 있다. 본문에서는 『무상비요』와 『법원주림』을 분석 텍스트로 삼는다. 그 책들이 모두 1백 권이고 6세기 후반에서 7세기 전반부에 편찬된 것이기 때문이다.

7세기의 사람들은 변화와 동요의 시대를 겪으면서 자신들 앞에 놓여있는 세계가 끊임없이 팽창하고 낯선 지식들이 점점 많아지며, 지식의 관계 또한 날로 복잡해진다는 것을 깨달았다. 그래서 언제나 지식과 사상 세계의 질서를 보다 명확히 할 수 있기를 바라는 이들은 때로 일종의 지식주의 충동에 사로잡혔다. 그들은 모든 지식을 하나의 구조적인 체계로 분류하고 정리하여 이러한 지식의 요점을 간단명료하게 밝히는 데 도움을 얻고자 시도했다. 그들은 자신의 가치 등급에 따라 자신들의 눈앞에 있는 복잡한 세계를 구분하였고, 선후의 질서를 강제로 정하여 자신의 머릿속에 혼란한 상태로 있는 사고 맥락을 보다 명쾌하게 정리하고자 노력했다. 그들은 또한 모든 문헌을 각종 유목에 따라 꿰매어 하나의 방대한 그물망 또는 주머니를 만들었다. 언제라도 자신이 원할 때 그 그물망이나 주머니에서 필요한 물건을 빼내는 데 편리하고자 함이었다. 그래서 그 시대에 이른바 '백과전서' 식 저술이 생겨난 것이다. 이러한 유서는 어떤 의미에서 당시 지식주의의 결과물이라고 말할 수 있다. 물론 동시에 그것은 우리들에게 당시 사람들이 상상하고 파악하고자 했던 지식과 사상 세계의 질서와 범위, 그리고 경계를 보여주고 있는 것이다.[1)]

3

지식과 사상의 범위에 관해서 우리는 경전의 주소(注疏)에 대해 진일보한 토론을 할 필요가 있다.[2)] 앞서 말한 바와 같이[3)] 한나라 시대 이래로 유가가 점차 진

1) 후대의 중요한 유서, 예를 들어 『초학기(初學記)』, 『백씨육첩(白氏六帖)』, 『태평어람(太平御覽)』 등은 모두 제일 먼저 '천', '세시', '지' 등에 대해 설명하고, 이어서 '제왕', '직관', '예악'에 대해, 그리고 그 다음으로 '인'에 대해 설명한 후 마지막으로 각종 사물의 차례와 구조를 설명하고 있다. 심지어 일반 지식계층이 상비하고 있던 수첩 형태의 유서, 예를 들어 『영장돈황문헌(英藏敦煌文獻)』 제9책 가운데 일련번호 S·5755에 실려 있는 「주옥초(珠玉鈔)」, 「익지문(益智文)」이나 「수신보(隨身寶)」라고 불리는 잡다한 필사본 등도 이런 차례와 구성으로 이루어져 있다. 그렇다면 이런 차례나 구성은 당시 오랜 역사 시기 동안 사람들이 지니고 있던 세계에 관한 관념과 가치의 질서를 반영하는 것이 아닐까?

2) 유가 경전 주소의 방식과 그 발전 변화에 관해서는 모윤손(牟潤孫)의 「유가와 불가의 강경과 의소에 관해 논

리의 권력을 독점하면서 중국 사상 세계는 지식과 사상의 권위를 지닌 경전을 갖추게 되었다. 이러한 경전과 그것에 대한 주석이나 해석, 설명은 모든 지식과 사상을 두루 포용하고 있는 듯하다. 『사기』「태사공자서」에서 언급한 바대로 오경 속에는 천지, 음양, 사시, 오행, 경제와 인륜, 산천과 계곡, 심지어 초목이나 벌레 등에 이르기까지 거의 모든 것을 포괄하고 있다. 정신과 인격에서 그치지 않고 우주, 정치, 자연, 사회 각 방면을 모두 포함하고 있는 셈이다. 그래서 "경서의 표준적인 내용은 인류의 정신이 지배하는 여러 가지 생활면에서 내재적 도덕, 교화 측면은 물론이고 외적인 실제 응용 측면에 이르기까지 광범위하고 보편적인 근거가 되었다."[4)]

이런 정황은 이후 노장 현학이나 인도 불학이 사상 세계로 편입된 후에도 그다지 큰 변화가 없었다. 경전 주석은 '자사(字詞)', 즉 글자에 관한 것이지만 이를 통해 경전의 '의의'를 추구했고, 마찬가지로 경전에 대한 강소(講疏)는 '의의'를 이해하기 위함이지만 경전에서 언급하고 있는 다양한 사물의 명칭부터 시작하기 마련이었다. 그렇기 때문에 문화인들에게 있어 경전에 대한 독해나 연구는 추상적인 의미에서 사상의 세례였을 뿐만 아니라 실용적인 의미에서 지식에 대한 학습과 다를 바 없었다. 특히 그것과 '청자(靑紫 : 고대 고위 관료의 인수印綬와 복식服飾의 색깔로 고위관료를 뜻한다)', 즉 정치 권력이나 경제적 이익이 연관되면서 그것은 천경지의(天經地義)의 독점적 지위와 실용적인 성질을 지니게 되었다. 본래 역사, 문학, 점복, 의식에 대한 저술이 일단 이러한 정신적인 면에서 절대적인 의의와 현실적인 면에서 절대적인 이익을 지니게 되면 그것은 단순히 자유롭게 살펴볼 수 있는 학술 교본이 아니라 우러러보는 신앙의 대상이 되고 만다. 마찬가지로 그것 역시 수많은 전적들 속에서 다른 책들과 평등한 위치를 점하는 것이 아니라 뭇 전적들 위에 있는 '경(經 : 경서)'의 자리를 차지하게 된다. 특히 이러한 경전에 대한 주석이나 해설이 끊임없이 경전 자체에 더욱 풍부한 내용을 첨가하게 되면

2경정의」: 경전은 지식
사상이 모여있는 곳이
.

함(論儒釋兩家之講經與義疏)」을 참고하시기 바란다. 『주사재총고(注史齋叢稿)』(중화서국, 1987) 239쪽 이하에 실려 있다.

3) 제3편 제4절 「경과 위 : 일반 지식과 정영사상의 상호 관련 및 그 결과」 참조.

4) 카가 에이지(加賀榮治), 『중국 고전 해석사』「위진편(魏晉篇)」, 6쪽, 경초서방, 도쿄, 1964.

서, 경전은 지식과 사상의 연원으로 부상하게 된다.

그러나 수백 년 동안 축적된 방대한 양의 경전 주석은 오히려 7세기에 들어와 사람들의 지식과 사상 시야에 혼란과 곤혹감을 조성하게 된다. 『북사』「유림전」, 『수서』「경적지」를 보면, 강좌(江左 : 장강 하류의 동남지역)와 하락(河洛 : 낙양 중심의 중원지역)의 서로 다른 주석본을 선택하고 있다. 이는 남북 학풍의 차이에 따른 것으로 남북의 서로 다른 학풍과 기호를 반영하는 것이다. 이렇게 경전에 대한 해석이 서로 차이가 나자 사람들도 갈피를 잡을 수 없었다. 『수서』「유림전」은 이러한 상황에 대해 이렇게 말하고 있다. "정삭이 일치하지 않은 이래로 3백 년 동안 사설(師說)이 분분하여 올바른 것을 취할 곳이 없었다(自正朔不一, 將三百年, 師說紛紛, 無所取正자정삭불일, 장삼백년, 사설분분, 무소취정)."[1] 그래서 천하를 통일한 제국이 등장하자 통일된 경전과 해석 계통이 필요하게 되었다. 이는 지식과 사상을 정리하는 데 도움이 되었을 뿐만 아니라 교육과 관리 선발에도 중요한 의의를 지니고 있었다. 교육, 특히 초기 교육은 지시인들의 사상 취향의 토대를 확립하는 것이고, 실제 이익을 동반한 관원 선발은 더욱더 지식과 사상 취향을 격려하는 데 가장 강력한 인도자가 되기 때문이었다.

사실 남북의 서로 다른 취향을 종합하거나 조화시키는 시도는 6세기 말 7세기 초엽에도 있었다. 앞서 인용한 『수서』「유림전」에서 수대(隋代)에 천하를 평정하고 유학을 부흥시켜 유생들을 널리 징벽(徵辟)하여 "동도(東都)에 모여 서로 득실을 강론하고 납언(納言)하여 차례를 정하고, 그 가운데 하나를 상주하였다." 관방뿐만 아니라 사인(私人)들의 강학의 경우도 마찬가지였다. 당시 가장 명성을 얻어 '후생들이 깊이 우러러보며', '진신(縉紳)사대부들이 모두 종사(宗師)로 삼았던' 유작(劉焯)은 『오경술의(五經述義)』를 찬술하였고, 유현(劉炫) 역시 『오경정명(五經正名)』과 『논어』, 『춘추』, 『상서』, 『모시(毛詩)』, 『효경』에 대한 『술의(述義)』를 지었다. 『수서』 권75 「유현전(劉炫傳)」에 기록된 유씨의 자술에 따르면 그가 『주례』, 『예기』, 『모시』, 『상서』, 『공양』, 『효경』, 『논어』는 물론이고 공안국(孔安國), 정현, 왕숙(王肅), 하휴(何休), 복건(服虔), 두예(杜預)의 주(注) 등 전체 13가의 주석본을 연

---

1) 『수서』 권75 「유림전」, 1706쪽.

구하였으며, 이를 강의할 수 있었다고 한다. 『수서』「유림전」에 따르면, "강좌(江左 : 장강의 동쪽) 지역의 경우 주역은 왕보사(王輔嗣 : 왕필), 상서는 공안국, 좌전은 두원개(杜元凱)의 것을 따랐고, 하락(河洛 : 낙양을 중심으로 한 인근 지역) 지역은 좌전은 복자신(服子愼 : 동한 경학가 복건服虔), 상서와 주역은 정강성(鄭康成 : 정현)을 따랐다." 이렇게 볼 때 유작의 학문은 이미 남북 양쪽을 두루 겸하고 있음을 알 수 있다. 당나라 초기에 이르러 유학은 이러한 회통과 융합을 통해 관방의 이데올로기가 되었다. 『구당서』「저량전(褚亮傳)」에 따르면 당나라 태종이 천하를 평정한 후 '유학에 뜻을 두고', 두여회(杜如晦), 방현령(房玄齡), 우지녕(于志寧), 육덕명(陸德明), 그리고 공영달(孔穎達) 등 당시 가장 저명한 학자들을 불러 모아 "고대 전적을 토론하고 전대의 기록을 논의하도록 했다(討論墳籍, 商略前載토론분적, 상략전재)."[2] 특히 국가 이데올로기의 근거가 되는 유학 경전을 중요 대상으로 하였다. 『신당서』「유학전서(儒學傳序)」에 보면 이렇게 적혀 있다.

> 황제(당나라 태종)께서 『오경』에 잘못되고 누락된 부분을 교정하여 천하에 반포하여 학자들에게 보여주고 여러 유생들과 더불어 문장 구절을 모아 의소를 만들어 오랫동안 전승되도록 하였다. 양대(梁代) 황간, 저중도, 북주(北周)의 웅안생, 심중, 진대(陳代)의 심문아, 주홍정, 장기, 수대(隋代)의 하타, 유현 등은 모두 전대의 통유(通儒)이니, 그들의 자손을 발탁하라고 조서를 내렸다. 정관(貞觀) 21년 조서에서 이르길, "좌구명, 복자하, 공양고, 곡량적, 복승, 고당생, 대성, 모장, 공안국, 유향, 정중, 두자춘, 마융, 노식, 정현, 복건, 하휴, 왕숙, 왕필, 두예, 범녕 등 스무 한 명이 경전을 주해한 전적을 모두 채용하고 그들의 학설을 행하여 마땅히 크게 기리고 존중할 것이며, 지금부터 태학(太學)에서 전례를 거행할 때 공자의 묘당에 배향(配享)하라"고 하시었다(帝又讐正五經繆闕, 頒天下示學者, 與諸儒粹章句爲義疏, 俾久其傳. 因詔前代通儒梁皇侃, 褚仲都, 周熊安生, 沈重, 陳沈文阿, 周弘正, 張譏, 隋何妥, 劉炫等子孫, 幷加引擢. 二十一年, 詔左丘明, 卜子夏, 公羊高, 谷梁赤, 伏勝, 高堂生, 戴聖, 毛萇, 孔安國, 劉向, 鄭衆, 杜子春, 馬融, 盧植, 鄭玄, 服虔, 何休, 王肅, 王弼, 杜預, 范寧二十一人, 用其書,

2) 『구당서』 권72, 「저량전(褚亮傳)」, 2583쪽.

行其道, 宜有以褒大之, 自今幷配享孔子廟廷제우수정오경무궐, 반천하시학자, 여제유졸장구위의소, 비구기전. 인조전대통유량황간, 저중도, 주웅안생, 침중, 진침문아, 주홍정, 장기, 수하타, 유현등자손, 병가인탁. 이십일년, 조좌구명, 복자하, 공양고, 곡량적, 복승, 고당생, 대성, 모장, 공안국, 류향, 정중, 두자춘, 마융, 로식, 정현, 복건, 하휴, 왕숙, 왕필, 두예, 범녕이십일인, 용기서, 행기도, 의유이포대지, 자금병배향공자묘정).[1]

인용문에 나오는 21명의 명단에서 볼 수 있다시피 한나라 시대 이후로 서로 대치하고 있던 금문과 고문의 구분이 해소되고, 남방에서 중시하던 왕필(『역』), 공안국(『상서』), 두예(『좌전』)와 북방에서 존중되던 정현(『역』, 『상서』), 복건(『좌전』) 등이 모두 공자의 묘당에 배향되었다. 황제는 이렇듯 조정의 정치 담론 권력으로 경전의 이해와 해석에 포용성이 풍부한 구조를 요구하였다. 이러한 의도는 정관(貞觀) 연간에 공영달 등이 『오경정의(五經正義)』를 편찬하면서 구체적으로 드러난다.[2]

공영달이 『오경정의』를 편찬하면서 쓴 「서(序)」에 따르면 『주역』에 대한 해석은 서한 시대에 정(丁 : 정관丁寬), 맹(孟 : 맹희孟喜), 경(京 : 경방京房), 전(田 : 전하田何) 등이 있고, 동한 시대에는 순(荀 : 순상荀爽), 유(劉 : 유표劉表), 마(馬 : 마융馬融), 정(鄭 : 정현)

1) 『신당서』 권198 「유학」 '상', 5636쪽.

2) 신구 『당서』의 기록에 따르면 공영달의 경전 연구는 처음부터 오경 겸통(兼通), 남북 학술 겸용을 지향했다. 그는 『시』, 『서』, 『역』, 『예』, 『춘추』를 모두 연구하였다. 그러나 『좌전』의 경우는 북방의 전통적인 복건의 주(注)를 활용했으며, 『상서』와 『시경』, 그리고 『예기』를 배울 때도 북방 전통의 정현의 주를 따랐다. 다만 『주역』의 경우는 남방에서 유행하던 왕필의 주를 사용하였다. 이것이 그의 학통(學統)과 유관한 것인지는 정확하게 알 수 없다. 『구당서』의 기록에 따르면 그는 유작(劉焯)과 같은 군(郡) 출신으로 일찍이 유작에게 경학에 대한 가르침을 청한 적이 있었다. 당시 해내에 명성을 떨치고 있던 유작은 그다지 관심이 없었으나, "공영달이 질의하는 내용이 심오하고 뜻밖의 것이어서 안색을 고치고 그를 공경했다(穎達請質疑滯, 多出其意表, 焯改容敬之영달청질의체, 다출기의표, 작개용경지)." 『구당서』 권73, 「공영달전」, 2601쪽. 『신당서』 권198, 『유학(儒學)』 상권 「공영달전」, 5643쪽. 또한 정관 연간에 공영달이 황제의 명을 받들어 당시 관방학자들과 함께 『주역』, 『상서』, 『시경』, 『예기』, 『좌전』의 문장과 주석에 대해 전면적인 고증을 시행한 적이 있었는데, 아마도 당시 주관자는 안사고(顔師古)일 가능성이 크다. 『신당서』 권198, 5641쪽, 『유학(儒學)』 상권의 다음과 같은 기록을 보면 당시 당나라 태종의 생각을 엿볼 수 있다. "오경이 성현의 시대와 멀어 전승되면서 점차 어긋나게 되었다. 그래서 안사고에게 명하여 비서성에서 이를 고증토록 하니 많은 부분을 개정하였다. ……황제께서 흠정(欽定) 오경을 천하에 반포하시니 여러 학자들이 이에 의지하였다(五經去聖遠, 傳習寖訛, 詔師古於秘書省考定, 多所釐正. ……帝因頒所定書於天下, 學者賴之오경거성원, 전습침와, 조사고어비서성고정, 다소리정. ……제인반소정서어천하, 학자뢰지)."

등의 것이 있다. 그러나 가장 좋은 것은 역시 왕필의 주석본으로 "고금에 으뜸이었다(冠絶古今관절고금)." 왕필의 주소본이 강남으로 전해져 "하북(河北)의 학자들 가운데 이에 능한 이들이 적었다." 그래서 그는 『주역』을 전석(詮釋)하면서 비록 "그 일을 고찰할 경우는 반드시 중니(仲尼)를 근원으로 삼았지만", "의리(義理)에 대해 설명하는 경우는 보사(輔嗣 : 왕필)을 근본으로 삼았다." 『상서』에 관한 주석은 공안국의 주석이 "문사가 풍부하고 두루 갖추어져 있으며, 의미가 넓고 전아한데(其辭富而備, 其義弘而雅기사부이비, 기의홍이아)", 뜻밖의 '무고(巫蠱)'로 인해 유전되지 않았다. 그래서 마융과 정현은 이를 볼 수 없었으며, 황보밀(皇甫謐) 이후에야 비로소 강남에서 중시되었으며, 수나라 초기에 북방에서 유행하였다.

그래서 공영달은 공안국의 주해를 근본으로 삼고 이전 사람들 특히 유작과 유현의 의소(義疏)에 근거하여 "고인의 전기를 두루 살피고 근대 사람들의 차이를 대질하여 옳은 것은 남기고 그른 것을 제거하였으며, 번다한 부분은 삭제하고 소략한 부분은 증보하였다(覽古人之傳記, 質近代之異同, 存其是而去其非, 削其繁而增其簡람고인지전기, 질근대지이동, 존기시이거기비, 삭기번이증기간)." 『시경』 주석의 경우 그는 정현의 전주(箋注)에 대해 이렇게 말하고 있다. "진(晉)과 송(宋)나라 시절에 그(정현)의 학설이 크게 유행하였으며, 제나라와 위나라 양하(兩河 : 황하와 회하) 사이에서도 그 학풍이 떨어지지 않았다." 이는 남방은 물론이고 북방에서도 정현의 학설이 크게 성행했다는 뜻이다. 그렇기 때문에 그 역시 남북방의 의소(義疏) 특히 유작과 유현의 『술의(述義)』를 근본으로 삼고 "번다한 부분은 삭제하고, 소략한 부분은 증보한 것이다." 『예기』에 관해 그는 한나라 시대 이후의 상황에 대해 이렇게 말하고 있다. "대소 이대(二戴 : 대덕戴德과 대승戴勝)는 형제이지만 학문이 구분되고, 왕과 정현은 같은 경전을 연구했으나 주석이 다르다(大小二戴, 共氏而分門, 王鄭兩家, 同經而異注대소이대, 공씨이분문, 왕정양가, 동경이이주)." 진송(晉宋) 이후로 북주(北周)와 수(隋)나라에 이르기까지 비록 남방과 북방에 각기 해설이 있었으나 당시 세상에 유행한 것은 오히려 황간(皇侃)과 웅안생(熊安生)의 것이다. 그의 주장에 따르면 웅안생의 주는 "본경에 위배되고 다른 뜻을 많이 인용하였고(違背本經, 多引外義위배본경, 다인외의)", 황간의 주는 "정현의 학문을 존중하였으나 때로 정현의 뜻에 어긋났다(旣遵鄭氏, 乃時乖鄭義기준정씨, 내시괴정의)." 양자를 비교해보면 황간의 것이 비교적 뛰어났다. 그래서 그는 정현의 주를 근본으로 삼되 황간의 주를 참고하였으며, "때로 부족한 부분은 웅안생의 주로 보충하였다." 『좌전』은 한나라 시대 이래로 정중(鄭衆), 가규(賈逵), 복건(服虔), 허혜경(許惠卿)의 주석이 유행하였다.

그러나 공영달은 이러한 주석들이 대부분 『공양(公羊)』이나 『곡양(谷梁)』을 잡다하게 취해 『좌전』을 해석한 것으로 순정(純正)하지 않다고 생각했다. 그가 생각하기에 진(晉)나라 시대에 두예(杜預)의 주는 이러한 병폐를 일소하였고, 진나라와 송나라 이래로 심문아(沈文阿), 소관(蘇寬), 유현(劉炫)의 의소가 유행하였는데, 그 가운데 유현의 것이 가장 뛰어났다. 하지만 "심오한 뜻을 탐구하였으되 먼 데까지 이를 수 없었다(探賾鉤深, 未能致遠탐신구심, 미능치원)." 그래서 그는 두예의 주를 근본으로 삼고 유현의 의소를 참고하였으며, "소략하거나 누락된 부분은 심문아의 것으로 보완했다."[1]

물론 당시 문화적 변천 과정에서 남방은 북방에 비해 상승세를 타고 있었고, 남북이 융합되는 추세 속에서도 대체적으로 남방의 학술 전통을 근거로 삼는 경우가 많았다. 각종 경전의 석문(釋文)을 저술하여 이후 『오경정의』의 사상 자원을 제공한 바 있는 육덕명(陸德明)은 남방인이고, 그가 저술한 『경전석문(經典釋文)』이 근거로 삼고 있는 옛 주석은 『역』의 왕필, 『상서』의 공안국, 『시경』의 정현, 『좌전』의 두예 등을 따랐지만 기본적으로 남방의 학문에 속한다. 『오경정의』 편찬을 주관한 공영달의 경우도 마찬가지이다. 물론 그는 북방 사람으로 소싯적 경전 공부를 하면서 북방의 전통을 따랐다. 예를 들어 『좌전』은 복건, 『시』, 『서』, 『예기』는 정현, 그리고 『주역』은 왕필의 주를 배웠다. 그러나 『오경정의』는 완전히 남방의 학문 전통을 따라 『좌전』은 남방에서 유행하던 두예의 주를 근본으로 삼았고, 『상서』 역시 남방에서 유행하던 공안국의 주를 따랐다. 이러한 예는 다음과 같은 사실과 추세, 즉 오경정의를 편찬하라는 명을 받았을 때, 그들은 '오랜 덕망을 갖춘 홍유뿐만 아니라 정책의 요체를 두루 통달하고 있는 인물(非惟宿德鴻儒, 亦兼達政要비유숙덕홍유, 역겸달정요)'[2]의 입장에서 개인의 이해에서 벗어나 집체(集體 : 국가)의

1) 『주역정의』「서(序)」, 『상서정의』「서」, 『모씨정의』「서」, 『예기정의』「서」, 『춘추좌전정의』「서」, 중화서국 영인본 『십삼경주소』, 6쪽, 110쪽, 261쪽, 1222쪽, 1698~1699쪽, 1980.

2) 『구당서』 권75, 「장현소전」에서 공영달의 평을 인용함, 2642쪽.

개인의 이해에서 벗어나 집체(국가)의 해석을 위주로 하였고, 개인의 학술 취향이 아닌 관방의 정치 취향을 수용했다.

해석을 위주로 하였고, 개인의 학술 취향이 아닌 관방의 정치 취향을 수용했다는 것을 암시한다. 그렇기 때문에 그들이 학술 배경에 대해 언급하고 있는 서문은 개인적인 것이 아니라 당시 관방의 이데올로기를 대신한 것이라고 말할 수 있다. 특히 사상사에서 주목할 부분은 이러한 서문이 금문과 고문의 차이를 해소하고, 남방과 북방의 구별을 없애 종합하는 추세를 반영하고 있다는 점 외에도 당시 관방에서 육조시기 경전 해석에 대해 개인적이거나 또는 역사 텍스트나 기존의 전통적인 해석에서 벗어나려고 애쓰는 경향에 대해 비판적이었다는 사실을 말해주고 있다는 점이다.

『오경정의』에서 볼 수 있다시피 경전의 각종 주석과 그 근거가 되는 구주(舊注)가 서로 모순을 일으키지 않고, 전통적인 이해와 해석에 영향을 끼치지 않을 경우 일반적으로 의소(義疏)를 겸용하였다. 『오경정의』는 때로 육조에서 유행하거나 새롭게 나온 여러 가지 주장이나 관점을 인용하였다. 예를 들어 『좌전』 소공(昭公) 20년에서 '일기(一氣)' 아래 구절에 대한 공영달의 소(疏)는 북방에서 유행하던 복건의 학설을 인용하였는데, 이는 복건의 설이 두예의 설과 그다지 어긋나거나 다를 바 없었기 때문이다. 또한 공영달은 『예기』 「중용」 첫머리에 나오는 "하늘이 명한 것을 일러 성이라 한다(天命之謂性)"를 해석하면서 한대의 구설(舊說)인 황간의 사방, 사계, 오행, 사람의 성정과 도덕에 관한 논설을 인용하였고, "성에 따르는 것을 도라고 한다(率性之謂道)"는 말에 대해서는 불가나 현학과 자못 상통하는 내용이기는 하지만 "물결과 물의 관계와 같으니, 고요할 때는 물이지만 움직이면 물결이다. 고요한 것은 성이고, 움직이는 것은 정이다(波之與水, 靜時是水, 動時是波, 靜時是性, 動時是情파지여수, 정시시수, 동시시파, 정시시성, 동시시정)"라는 하창(何瑒)의 주장을 인용하여 해석했다.[3]

그러나 만약 당시 유행하거나 새롭게 창안된 이해나 해석이 관방에서 확정한 주본(注本)과 충돌할 경우 『오경정의』는 이에 대해 상세한 설명 없이 비판하거나 배척했다. 예를 들어 『예기』 「악기」에 "악은 음에서 생겨난다(樂者, 音之所由生也)"는 대목의 경우 정현은 "사람의 소리는 볼 수 있는 바(안색)에 있다(人聲在所見)"

3) 『십삼경주소』, 2093쪽, 1625쪽.

라고 했고, 황간은 '악성(樂聲)', 즉 음악 소리로 풀이하였는데, 구체적인 이유 없이 황간의 설을 배척하고 정현의 것을 따랐다. 또한 『예기』「왕제(王制)」에서 "천자는 5년 만에 한 번씩 제후를 순수(巡守)한다(天子五年一巡守)"는 대목에 대해 정현은 "천자가 순수할 때 제사를 거행하는 경우 제사 단상에 방명을 두어야 한다(天子巡守之祭有方明)"[1]라고 풀이했지만, 황간은 "왕이 순수하여 제후들을 조견할 때는 방명이 없다(王巡守見諸侯無方明)"고 풀이했다. 또한 『예기』「월령」에 나오는 "천자는 현당(북당北堂을 말함) 서편에 거한다(天子居玄堂右個)"라는 구절에서 정현은 "차월지중(此月之中 : 그 달의 가운데)"이라고 풀이하였는데, 황간은 "차월중기(此月中氣 : 그 달의 가운데 기)"로 풀이했다.[2]

공영달은 이렇게 서로 차이가 나는 경우 무조건 정현의 주를 따르고 황간의 것을 배척했다. 그 이유는 단지 "황간의 예기 해석이 정현이 풀이한 뜻에 위배되었기 때문이다(皇氏解禮違鄭解義也황씨해예위정해의야)."[3] 그러나 정현의 주가 근거가 되는 주본(注本)이 아니라 단지 참고용 텍스트일 경우는 정현의 주석 역시 이처럼 굳이 말하지 않아도 당연하게 받아들여지는 특권을 누릴 수 없었다. 예를 들어 『주역』「설괘(說卦)」, "즐거우면 반드시 따름이 있기 마련이다(豫必有隨)"에 대해 정현은 "기뻐하며 나오면 사람들이 따르게 된다(喜樂而出, 人則隨從)"라고 풀이하고, 왕숙(王肅)은 "임금이 기뻐하시면 사람들이 따르게 되어 있다(歡豫, 人必有隨)"라고 풀이했는데 모두 받아들여지지 않았고, 오히려 왕필의 주와 일체를 이루는 한강백(韓康伯)의 "순종하여 움직이는 자는 무리들이 따르게 된다(順以動者, 衆之所隨)"라는 풀이를 합리적인 것으로 간주했다. 또한 『주역』「계사(系辭)」에 나오는 "가깝게는 사람의 몸에서 취하고, 멀게는 각종 사물에서 취했다(近取諸身, 遠取諸物)"는 구절의 경우 공영달은 이렇게 말하고 있다. "여러 유자들이 괘의 형상을 본받아 기물을 만들었다고 하는 것은 모두 괘의 효상(爻象)의 형체를 취한 것인데, 지금 한강백의 뜻은 단지 괘의 이름만을 취하여 그것으로 기물을 만들었다는

1) '방명'은 제단에 설치하는 상하, 사방의 신위(神位)를 말한다(역자 주).

2) 달(月)과 배합되는 오행(五行)의 기(氣), 예를 들어 금목수화토(如金木水火土)에 대한 언급인데, 정현의 '차월지중(此月之中)'의 '중'은 그 달의 중간을 의미한다. 그런데 황간은 이를 '기(氣)'로 해석하였다.

3) 『십삼경주소』, 1527쪽, 1328쪽, 1383쪽.

것이다(諸儒象卦制器, 皆取卦之爻象之體, 今韓氏之意直取卦名, 因以制器제유상괘제기, 개취괘지효상지체, 금한씨지의직취괘명, 인이제기)." 물론 공영달의 소(疏)가 한강백의 해석을 전적으로 따르고 있는 것은 아니다. 그런 면에서 그가 다음 구절에서 말한 내용이 참으로 재미있다. "지금은 한씨(한강백)의 학설을 따라 잠시 그것에 근거하여 해석한다(今旣遵韓氏之學, 且依此釋之也금기준한씨지학, 차의차석지야)."[4)]

'소불파주'의 의의

경학사(經學史)에서 상용되는 술어로 '소불파주(疏不破注)'라는 말이 있다. 후대 사람들의 소증(疏證)이나 해설이 원래 주석의 범위나 한계를 벗어날 수 없으며, 특히 전대 사람들의 해석을 위배하거나 반박할 수 없다는 뜻이다. 공영달의 여러 의소나 서문에 보이는 진송(晋宋) 이래 주석가에 대한 비평은 학자들에게 새삼 이러한 관념을 불러일으킨다. 예를 들어 『주역정의』「서(序)」에서 그는 강남지역의 의소에 대해 비판하면서 "불가의 뜻이 포함되어 공문의 가르침이 아닌 것이 있으니 근본을 위배하고 이전의 주와 다르다(義涉釋氏, 非爲教於孔門也, 旣背其本, 又違於注의섭석씨, 비위교어공문야, 기배기본, 우위어주)."라고 했으며, 『상서정의』「서」에서는 유작(劉焯)을 포함한 북방 학자들을 비판하면서 "경문을 조합하고 견강부회하여 새로운 견해라고 속이고, 전대의 유가들과 달리 난삽하지 않은 부분을 더욱 난삽하게 하고, 뜻이 없는 부분에 억지로 뜻을 달았다(織綜經文, 穿鑿孔穴, 詭其新見, 異彼前儒, 非險而更爲險, 無義而更生義직종경문, 천착공혈, 궤기신견, 이피전유, 비험이갱위험, 무의이갱생의)"고 지적하였다. 또한 『모시정의』「서」에서는 유작과 유현에 대해 "자신의 재주만 믿고 선현을 경시하여 다른 것을 같다고 하고 같은 것은 다르게 만들었다(負恃才氣, 輕鄙先賢, 同其所異, 異其所同부시재기, 경비선현, 동기소이, 이기소동)"고 질책하였으며, 『예기정의』「서」에서도 비유를 들어 황간의 주가 "정현의 주를 존중한다고 하면서 때로 정현의 뜻에 위배되었다(旣遵鄭氏, 乃時乖鄭義기준정씨, 내시괴정의)"고 비판하면서, 그는 "나무가 떨어져 뿌리로 돌아가지 않고, 여우가 죽어서도 태어난 언덕으로 고개를 돌리지 않는 것(木落不歸其本, 狐死不首其丘목락불귀기본, 호사불수기구)"과 다를 바 없다고 했다. 유현의 두예 주에 대한 비판과 보완에 대해서는 『춘추좌전정의』「서」에서 불문곡직하고 "두예의 학설을 따르면서도 두예를 공격하는 것은

4) 『십삼경주소』, 95쪽, 86쪽.

나무좀이 나무에서 태어났으면서도 그 나무를 먹는 것과 같이 도리가 아니다(習杜義而攻杜氏, 猶蠹生於木而還食其木, 非其理也습두의이공두씨, 유두생어목이환식기목, 비기리야)"[1] 라고 비판했다.

"도리가 아니다"라고 했지만 이 역시 나름의 '도리'가 있다. '소불파주(疏不破注)'가 바로 그런 '도리'이다. 남북조 시대에 학풍이 서로 어긋나면서 지식과 사상 역시 남북으로 분화하고, 전통 지식과 새롭게 흥기하는 사상이 서로 차이가 나면서 과연 어느 것이 정확한 것인가에 대한 분간이 점차 힘들어졌다. 교육 역시 기본이 되는 틀을 만드는 데 어려움이 있었고, 특히 남조의 경전 해석에 상당 부분 현학과 불교의 지식이나 사상이 끼어들었기 때문에 적지 않은 의혹이 생겨났으며, 또한 정치권력의 불안을 불러일으켰다.[2] 왜냐하면 유가 경전이 전통 지식이나 사상 세계의 중심이자 의거였기 때문이다. 그래서 남북의 경전 주소(注疏) 방식을 겸용하여 학풍간의 분쟁을 종식시키고, 지역 간 학술 차이를 없애는데 '소불파주'의 규칙을 활용하여 지식과 사상이 대체적인 경계를 확보할 필요가 있었던 것이다. 프랑스 학자 자크 르 고프(Jacques Le Goff)는 유럽 중세기 스콜라 철학의 경전 연구에 대해 논의하면서 경전에 대한 '평주(評注 : 평론과 주석)'가 토론거리가 되면, 그 토론은 경전 텍스트의 범위를 벗어날 가능성이 있다고 지적했

---

1) 『오경정의』가 '소불파주'의 원칙을 고수했다는 예는 이 외에도 적지 않다. 예를 들면 다음과 같다. 『주역정의』「곤」'문언', "사실 음은 그 동류를 벗어나지 못했기 때문에 다시 혈(血)이라고 칭한다. 이른바 '현황(玄黃)'이란 천지가 서로 혼합된 것이니, 하늘은 검고 땅은 누렇다(猶未離其類也, 故稱血焉. 夫玄黃者, 天地之雜也, 天玄而地黃유미리기류야, 고칭혈언. 부현황자, 천지지잡야, 천현이지황)." 이 문장에 대해 공영달은 왕필의 주를 끌어들이는 한편 장씨(莊氏 : 생평 미상)가 왕필을 비판한 것에 대한 반박하고 있다. 이 외에도 「진(晉)」'구사(九四)' 소(疏)에서 왕필의 주를 옹호하고 정현과 육덕명의 주석에 대해 비판한 부분, 『모시정의』에서 「소아」'포전(甫田)' 소에서 손육(孫毓)의 정현 주 비판에 대한 반박 부분, 『좌전』 은공 5년 '우수(羽數)'에 대한 주소(注疏)에서 두예의 주를 옹호한 부분 등이 모두 유사한 예이다. 이에 대해서는 손흠선(孫欽善), 『중국고문헌사』(중화서국, 1994) 제4장 3절 356~383쪽에 제시되고 있는 예를 참조하시오.

2) 『송서』, 『남제서』에는 별도의 유림전을 두지 않았기 때문에 『양서』「유림전」(『양서』 권48, 「유림전」, 662~681쪽)의 예를 들겠다. 복만용(伏曼容)은 "『노자』, 『주역』에 뛰어났고, ……『주역』, 『모시』, 『상복(喪服)』의 집해, 『노자』, 『장자』, 『논어』의 의(義)를 편찬했다." 엄식지(嚴植之)는 "어려서부터 『노자』, 『장자』를 연구하여 현언(玄言 : 현학의 문사)에 능했고, 『상복』, 『효경』, 『논어』에 정통하였다." 태사 숙명(叔明)은 "어려서부터 『장자』와 『노자』에 뛰어났으며, 아울러 『효경』, 『예기』를 연구하였고, 특히 삼현(三玄)에 정통했다." 이 외에도 하창(賀瑒)은 현학사상으로 『중용』을 해석했고, 저명한 황간은 『논어의소』를 편찬하면서 현언을 사용하였다. 당장유(唐長孺), 『위진남북조 수당사(隋唐史) 삼론(三論)』, 214쪽, 무한대학 출판사, 1996.

다. 일단 이러한 토론이 텍스트의 범위를 벗어나게 되면 "전주(銓注)가 일련의 의심스러운 문제로 대체되고 상응하는 처리 과정을 통해 '평주'가 '연구'로 바뀌며, 대학의 지식인들이 그 때 생겨나게 된다. ……교사는 더 이상 주석가가 아니라 사상가가 된다."[3] 그러나 『오경정의』는 오히려 선택한 주석 텍스트를 통해 경전의 지식 범위를 확대하고, 주석 텍스트의 모습을 지킴으로써 경전의 사상적 순결을 확인하고 보위하였으며, 한위(漢魏) 이래 이미 확장된 지식의 범위를 확립하였다. 이러한 인가된 지식의 세계 안에서 사상은 이해와 해석의 자유를 얻을 수 있었다. 그러나 이 역시 지식과 사상 세계의 중심은 확정적인 것이지만 나머지 변두리의 비주류는 한계가 있음을 암묵적으로 보여주고 있는 셈이다.

지식과 사상 세계의 중심은 확정적이지만 변두리는 유한하다.

4

무덕(武德) 7년(624년), 『예문유취(藝文類聚)』가 완성된 이후로 정관 16년(642년) 『오경정의』, 현경(顯慶) 원년(656년) 『수서』「경적지」가 출간되었다. 그러나 이는 단지 대규모 지식과 사상의 통합을 보여주는 몇 가지 전적에 불과하다. 나는 이러한 몇 가지 전적을 분석 텍스트로 삼았지만, 당시 총결과 종합 시대를 상징하는 것이 단지 이런 저작물뿐임을 의미하지는 않는다. 실제로 7세기 무렵 『예문유취』 외에도 더욱 규모가 방대한 『문관사림(文館詞林)』과 『요산옥채(瑤山玉彩)』가 당나라 고종(高宗) 현경(顯庚) 3년(658년)과 용삭(龍朔) 3년(663년)에 편찬되었고, 『오경정의』 외에도 태상박사 가공언(賈公彥)이 영휘(永徽) 연간에 방대하고 세밀한 『주례소(周禮疏)』와 『의례소(儀禮疏)』를 찬술하기도 했다. 또한 『수서』「경적지」 외에 당시 편찬한 목록 관계 전적으로 인덕(麟德) 원년(664년)에 편찬된 『대당내전록(大唐內典錄)』을 손꼽을 수 있다.

뿐만 아니라 이와 동시에 또는 전후로 유가 외에도 도교나 불교에서도 종합적인 저술이 출현하였다. 그중에는 목록학이나 유서 편찬은 물론이고 경전 주

3) 『자크 르 고프(Jacques Le Goff), 『중세기의 지식인』, 장홍중(張弘重) 역, 82쪽, 상무인서관, 1996.

소(注疏)도 포함되어 있다. 특히 주목할 부분은 역사학 방면에서 남북조 시대에 관한 기전체 정사가 편찬되었으며, 사적으로 『남북사』가 편수되었고, 『사통(史通)』과 같은 이론 저작물도 등장하였다. 또한 법률 방면에서 『당률소의(唐律疏議)』가 영휘(永徽) 3년(652년)에 찬수되었다. 이러한 대규모 방대한 저작물에서 드러나는 것이 바로 종합화, 규범화의 추세에 있는 7세기 지식과 사상 세계의 윤곽이다.

하늘과 땅, 즉 천지는 고대 중국인들이 생각하는 우주의 시간과 공간이다. 그것은 상징과 유추를 통해 당시 중국 지식과 사상의 근본적인 의거이자 체계가 되었으며, 제왕을 중심으로 확장된 가정식(家庭式) 국가, 등급을 질서로 삼는 국가의 예악제도가 여전히 천경지의(天經地義)로서 절대 불변의 합리성을 갖추고 있었다. 인문 지식과 문헌 지식이 지식의 중심에 자리한 곳에서 종교는 세속을 초월한 위상을 지닐 수 없었으며, 다만 이데올로기의 또 다른 자원으로 중국의 전통 사상과 협조하고 있었다. 비록 분명하지는 않지만 이러한 대략적인 윤곽 속에서 우리는 2세기 이후 7세기까지 점차 변화하거나 또는 변하지 않은 지식과 사상 세계, 그리고 새롭게 정돈된 지식과 사상 세계의 질서와 구조를 엿볼 수 있다. 또한 우리는 이러한 질서와 구조의 배후에 존재하고 있는 사고방식과 그 안에 잠재되어 있는 역사와 전통을 살필 수 있다. 물론 이러한 시대에 새롭게 통합되고 규범화한 지식과 사상 세계의 주변을 볼 수 있기도 하다.

그러나 7세기 지식과 사상 세계에 관해 나는 오랫동안 다음과 같은 의문이 들었다. 중심이 이미 명확해지고 주변에도 이미 분명한 지식과 사상 세계가 형성된 다음에는 당연히 사람들의 곤혹감이 감소되었을 것이고, 분분하게 여러 갈래로 나뉘어져 있던 사상으로 인해 사람들이 더 이상 갈 바를 모르고 헤매지 않아도 되었을 것이다. 사람들 스스로 장악할 수 있는 지식과 사상 세계에서 모든 것을 이해하고 해석할 수 있을 때 지금까지 느껴보지 못한 안심과 자신감이 그들을 감쌌을 것이다. 사람들은 이러한 풍부한 전적 속에서 거의 모든 문제의 답안을 찾을 수 있었을 것이고, 방대한 지식 체계 속에서 교육을 받으며, 이미 분류가 끝나 잘 배열된 유서를 통해 자신이 필요한 문헌과 자료를 쉽게 찾아 자신들이 우주와 사회, 인류의 모든 질서를 체계화하는 데 도움을 받을 수 있었을 것이다. 또람들은 새로운 지식과 상이 필요했을까? 새롭 또한 낯선 지식과 사 으로 자신이 누리고 있 평정과 만족을 어지럽 고자 했을까?

한 새롭게 정리된 경전과 주석은 사람들에게 지식과 사상의 중심과 변방을 암시하였을 것이다. 그렇다면 이런 상황에서 사람들은 새로운 지식과 사상이 필요했을까? 새롭고 또한 낯선 지식과 사상으로 자신이 누리고 있는 평정과 만족을 어지럽히고자 했을까?[1)]

1) 필자는 오래전부터 당(唐)나라 시대라는 이른바 전성시대에 사상사는 상대적으로 평범한 상태에 머물렀지만, 문학사는 전대미문의 번영시기로 진입하게 된 것은 7세기 중엽 이래로 지식과 사상 세계가 이미 만들어진 답안을 제시하여 정돈과 종합을 완성한 것과 직간접적인 관계가 있다고 생각해 왔다. 이 문제에 대해서는 나중에 보다 진일보한 논술을 하고자 한다.

옮긴이의 글

이 책은 현재 복단대학 문사연구원(文史研究院) 원장을 맡고 있는 거자오광(葛兆光) 교수의 『중국 사상사』 제1권과 「도론(導論)」을 번역한 것이다. 그의 『중국 사상사』는 7세기를 전후로 하여 상권과 하권으로 나뉘며, 두 권 서두에 각기 「사상사의 서술방법」에 대한 논의가 실려 있다. 이 책은 이를 「도론」으로 묶어 제1권과 함께 엮었다. 전체 200만 자가 넘는 상당한 분량의 『중국 사상사』는 중국의 고고학자이자 역사학자인 리쉐친(李學勤)의 말대로 방법적인 면이나 시각적인 면에서 기존의 사상사와 전혀 다른 참신한 면모를 지니고 있다. 그것은 기존의 사상사나 철학사가 주로 엘리트 사상 또는 경전에 입각한 사상의 역사에 몰두한 데 반해, 거자오광의 사상사는 엘리트 사상이나 경전 사상에 대한 발전사 외에도 그러한 사상이 형성되고 확립되는 데 필요한 지식의 내원과 궁극적인 근거를 밝히고자 했으며, 아울러 그러한 사상의 토대가 되는 '일반 지식과 사상, 그리고 신앙의 역사'를 그려내고 있기 때문이다. 그가 제2권에서 7세기 이후부터 19세기까지 중국 사상 세계가 완성되고, 또한 점차 와해되는 과정을 토론하고자 했던 것도 단지 사상가 또는 그들의 사상의 나열에 그치는 기존 사상사의 관행에서 크게 벗어나는 작업이었다.

기존의 사상사를 꺼내보면 쉽게 알 수 있듯이 내용이 주로 탁월한 사상가나 중요 경전에 대한 설명으로 이루어져 있기 때문에 장기간 지속되어온 '역사'로서 사상사를 이해하는 데 부족한 점이 적지 않다. 그래서 우리는 유가를 이야기하면서 언제나 공자부터 시작하는 데 익숙해져 있고, 탁월한 사상가가 부재했던 시대에는 사상 또한 부재했다고 여긴다. 그렇다면 공자 이전의 유(儒) 집단은 공자와 아무런 관계가 없는가? 또한 이른바 탁월한 사상이란 것이 오로지 탁월한 사상가 개인의 탁월한 사고에 의해 이루어졌다는 것인가? 또 이런 질문도 가능하다. 중국 사상에는 '도'를 비롯한 궁극적인 근거가 존재한다. 그렇다면 그것은 처음부터 궁극적인 근거였던가? 이 책은 그렇지 않다고 말한다. 이 책이 기존의 다른 사상사와 다른 것은 바로 이 때문이다.

거자오광 교수가 굳이 '사상사의 서술 방법(思想史的寫法)'이라는 제목으로 별도의 책을 묶은 것은 그만큼 그가 새로운 사상사 쓰기에 몰두했음을 보여주는 증거라고 할 수 있다. 그 안에서 그는 앞서 말한 질문에 대한 답변은 물론이고 기존의 사상사가 지닌 여러 가지 문제점과 대안, 사상사 연구에서 새롭게 등장한 고고학과 문물, 특히 무문자(無文字) 자료의 중요성에 대해 상세하게 논술하고 있으며, 사상사 연구의 자원(資源)으로써 포스트모던 역사학, 그리고 그에게 큰 영향을 끼친 것처럼 보이는 푸코의 발상과 그 적용에 대해 상당한 분량의 지면을 할애하고 있다. 이처럼 그가 사상사를 서술하는 방법에 대해 관심을 갖는 것은 사상사의 각기 다른 서술 방법의 배후에 언제나 각기 다른 관념과 사고방식 및 방법이 존재한다고 생각하기 때문이다. 따라서 그에게 있어서 서술 방법을 바꾼다는 것은 사상사 연구의 관념이나 사고 맥락, 방법 등을 바꾼다는 것을 의미한다. 또한 그것은 필연적인 일일 수도 있다.

『중국 사상사』 제1권은 이러한 새로운 글쓰기 방법을 통해 논술되고 있다. 상고시대부터 당대(唐代) 이전까지를 중요 내용으로 삼고 있는 제1권은 무엇보다 다른 책에서 볼 수 없는 새로운 사상 자원, 특히 고고학의 발전에 따라 새롭게 발굴된 유물을 통한 민간의 지식과 신앙세계에 대한 논의는 기존의 사상사에서 결코 볼 수 없는 새로운 내용을 담고 있다는 점에서 특기할 만하다. 또한 이 책 제2편에서 볼 수 있듯이 춘추전국시대의 지식과 사상에 대해 설명하면서, 유가, 도가, 묵가 등 이른바 엘리트 사상을 그 이전 사상 전통의 연속과 갱신으로 다루고, 그들의 화제를 우주시공, 사회질서, 개인 존재 등으로 구분한 것 역시 새로운 사상사의 글쓰기로 신선하게 다가온다. 이러한 새로운 사상사의 글쓰기를 통해 우리는 중국의 사상 전통이 고대부터 현대까지 어떻게 점진적으로 이루어졌는가를 이해함과 동시에 현재 중국학계의 새로운 움직임을 엿볼 수도 있을 것이다.

언젠가 북경 어느 병원에서 거자오광 교수를 만났을 때 그는 땅속에서 나오고 있는 사상사의 자원에 대해 언급하면서 신중국 수립 이후 고고학적 발굴을 통해 얻게 된 유물이나 문헌이 사상사를 다시 써야 할 만큼 심각한 중요성을 지니고 있음을 강조하였다. 만약 그것들이 기존의 문헌 자료를 보충하는 정도가 아니라 전혀 다르고, 또 지금까지 볼 수 없었던 내용이라면 응당 한정된 문헌 자료나 문물에 의해 기록된 저작물은 다시 쓰기를 감행해야만 할 것이다. 그리고 세월이 흘렀다. 이 책 『중국 사상사』는 바로 그러한 다시 쓰기의 증거물인 셈이다.

그의 말에 따르면 『중국 사상사』는 1994년 11월에 집필을 시작하여 제1권을 1997년에 완성했고, 제2권은 2000년 10월에 완성하였다. 장장 7년에 걸친 역저를 처음 입수하여 번역에 착수한 것은 2004년 12월의 일이다. 번역자는 이등연(제2편 1~2), 심규호(제2편 3~10, 제3편, 제4편 1~3), 양충렬(제1편), 오만종(제4편 4~6)이다. 2007년 『중국사상사 도론 : 사상사의 서술 방법』을 출간하고 다시 5년이란 세월이 흘렀다. 이제 첫 번째 권인 『중국사상사 — 7세기 이전의 중국의 지식과 사상, 그리고 신앙 세계』를 내놓는다. 역자들 스스로 두 번째 권인 『중국사상사 — 7세기에서 19세기까지의 중국의 지식과 사상, 그리고 신앙 세계』를 좀 더 빨리 끝낼 것이라고 다짐한다. 매우 흥미진진한 중국의 사상사를 기대하셔도 좋다. 여러 가지 어려운 여건 속에서 이 책의 출간을 맡아준 '도서출판 일빛(중국이나 대만에서는 라오광勞光으로 알려져 있다)'에 번역자들 모두 감사의 말을 전한다.

참고문헌

기본문헌(基本文獻) 부분

1. 『갈관자(鶡冠子)』, 육전(陸佃, 루뎬) 주석, 『도장(道藏)』본.

2. 『개원점경(開元占經)』, 중국서점(中國書店) 영인본(影印本), 1989.

3. 『고승전교주(高僧傳校注)』, 탕용동(湯用彤, 탕융퉁), 중화서국(中華書局), 1992.

4. 『공손룡자현해(公孫龍子懸解)』, 왕관(王琯), 중화서국, 1992.

5. 『광홍명집(廣弘明集)』, 사부비요본(四部備要本), 중화서국.

6. 『국어(國語)』, 상해고적출판사(上海古籍出版社), 교감 조판본, 1988.

7. 『낙양가람기교주(洛陽伽藍記校注)』, 범상옹(范祥雍, 판샹융), 상해고적출판사, 1958, 1978, 1982.

8. 『노자갑본급권후고일서(老子甲本及卷後古佚書)』, 문물출판사(文物出版社), 1974.

9. 『노자을본권전고일서석문(老子乙本卷前古佚書釋文)』, 문물출판사, 1974.

10. 『논형교석(論衡校釋)』, 황휘(黃暉, 황후이), 중화서국, 1990, 1995.

11. 『대례예기해고(大禮禮記解詁)』, 왕빙진(王聘珍, 왕핀전), 중화서국, 1983.

12. 『대정신수대장경(大正新修大藏經)』, 신문풍출판공사(新文豊出版公司) 영인본, 타이베이(臺北).

13. 『돈황보장(敦煌寶藏)』, 황영무(黃永武, 황융우), 신문풍출판공사, 타이베이.

14. 「만물(萬物)」, 부양한간석문(阜陽漢簡釋文), 『문물(文物)』 1988년 제4기.

15. 『묵자한고(墨子間詁)』, 손이양(孫詒讓), 중화서국, 1986.

16. 『문선(文選)』, 중화서국 영인본, 1977.

17. 『문심조룡교주습유(文心雕龍校注拾遺)』, 양명조(楊明照, 양밍자오), 상해고적출판사, 1982.

18. 『문자요전(文子要詮)』, 서혜군(徐慧君, 쉬후이쥔), 이정생(李定生, 리딩성), 복단대학출판사(復旦大學出版社), 1988.

19. 『백씨육첩(白氏六帖)』, 중화서국 영인본, 1985.

20. 『백호통소증(白虎通疏證)』, 진립(陳立, 천리), 중화서국, 1994.

21. 『산해경교주(山海經校注)』, 원가(袁珂, 위안커), 상해고적출판사, 1980.

22. 『선진한위남북조시(先秦漢魏南北朝詩)』, 체흠립(逯欽立, 다이친리) 엮음, 중화서국, 1983.

23. 『설문해자의증(說文解字義證)』, 계복(桂馥), 제노서사(齊魯書社) 영인본, 1987.

24. 『설원교증(說苑校證)』, 상종노(向宗魯), 중화서국, 1987.

25. 『세설신어교전(世說新語校箋)』, 서진악(徐震堮, 쉬전어), 중화서국, 1984.

26. 『순자집해(荀子集解)』, 왕선겸(王先謙), 『제자집성(諸子集成)』본, 중화서국.

27. 『신어교주(新語校注)』, 왕이기(王利器, 왕리치), 중화서국, 1986.

28. 『십삼경주소(十三經注疏)』, 중화서국 영인본. 1980.

29. 『열자집석(列子集釋)』, 양백준(楊伯峻, 양보쥔), 중화서국, 1979, 1985.

30. 『염철론교주(鹽鐵論校注)』, 왕이기, 중화서국, 1992.

31. 『예문유취(藝文類聚)』, 상해고적출판사, 1981.

32. 『완적집교주(阮籍集校注)』, 진백군(陳伯君, 천보쥔), 중화서국, 1987.

33. 『왕필집교수(王弼集校注)』, 루녕열(樓寧烈, 러우닝례), 중화서국, 1980.

34. 『월절서교석(越絶書校釋)』, 이보가(李步嘉, 리부자), 무한대학출판사(武漢大學出版社), 1992.

35. 『위서집성(緯書集成)』, 상해고적출판사 영인본, 1995.

36. 『은작산 한간 석문(銀雀山漢簡釋文)』, 오구룡(吳九龍, 우주룽), 문물출판사, 1985.

37. 『이십오사(二十五史)』, 중화서국 교감본.

38. 『이십이자(二十二子)』, 상해고적출판사 영인본, 청광서초(清光緒初) 절강서국본(浙江書局本), 1985.

39. 『인서 — 장가산한간석문(引書 — 張家山漢簡釋文)』, 『문물(文物)』 1990년 제10기.

40. 『일주서회교집주(逸周書匯校集注)』, 상해고적출판사, 1995.

41. 『자치통감(資治通鑒)』, 중화서국 교감본.

42. 『잠부론전(潛夫論箋)』, 왕계배(汪繼培, 왕지페이), 중화서국, 1985.

43. 『장가산 한간 맥서교석(張家山漢簡脈書校釋)』, 고대륜(高大倫, 가오다룬), 성도출판사(成都出版社), 1992.

44. 『장자집석(莊子集釋)』, 곽경번(郭慶藩, 궈칭판), 중화서국, 1978.

45. 『장형시문집교주(張衡詩文集校注)』, 장진택(張震澤, 장전쩌) 교주, 상해고적출판사, 1986.

46. 『전국책(戰國策)』, 상해고적출판사, 1978.

47. 『전당문(全唐文)』, 상해고적출판사 영인본, 1990.

48. 『전상고삼대진한삼국육조문(全上古三代秦漢三國六朝文)』, 엄가균(嚴可均) 집(輯), 중화서국 영인본, 1958, 1985.

49. 『정통도장(正統道藏)』, 문물출판사, 상해서점(上海書店), 천진고적출판사(天津古籍出版社) 영인본, 1988.

50. 「정현 서한 중산회왕묘 죽간 문자 석문(定縣西漢中山懷王墓竹簡文子釋文)」, 『문물(文物)』, 1996년 제1기.

51. 『조식집교주(曹植集校注)』, 조유문(趙幼文, 자오유원), 인민문학출판사(人民文學出版社), 1984.

52. 『주자어류(朱子語類)』, 중화서국, 1986.

53. 『중국방술개관(中國方術概觀)』, 인민중국출판사(人民中國出版社), 1993.

54. 『초사보주(楚辭補注)』, 홍흥조(洪興祖, 홍싱주), 중화서국, 1983.

55. 『초학기(初學記)』, 중화서국, 1980.

56. 『태평경합교(太平經合校)』, 왕명(王明, 왕밍), 중화서국, 1960.

57. 『포박자내편교석(抱朴子內篇校釋)』, 왕명, 중화서국.

58. 『한서예술지주석회편(漢書藝術志注釋匯編)』, 중화서국, 1983.

59. 『홍명집(弘明集)』, 사부비요본, 중화서국.

60. 『회남홍렬집해(淮南鴻烈集解)』, 유문전(劉文典, 류원뎬), 중화서국, 1989.

Ⅱ 현대인들의 저작 부분

1. 가토 죠켄(加藤常賢), 『중국 고대의 종교와 사상(中國古代の宗教と思想)』, 하버드·연경·동지사(Harvard·燕京·同志社), 일본 교토(京都), 1954.

2. 갈조광(葛兆光, 거자오광), 「사상의 또 다른 형식의 역사(思想的另一種形式的歷史)」, 「사상사의 시야에서(置於思想史的視野中)」, 「고대 중국에는 또 얼마나 많은 비밀이 있는가(古代中國還有多少奧秘)」, 『독서(讀書)』 1992년 제9기, 1994년 제10기, 1995년 제11기.

3. 갈조광, 「중묘지문 – 북극, 태일, 태극과 도(衆妙之門 – 北極, 太一, 太極與道)」, 『중국문화(中國文化)』 제3집, 홍콩중화서국(香港中華書局), 1990.

4. 갈조광, 「천붕지열 – 고대중국 질서의 건립과 붕괴(天崩地裂 – 古代中國宇宙秩序的建立與坍塌)」, 『상해 문화(上海文化)』 1995년 제2기.

5. 갈조광, 『도교와 중국문화(道教與中國文化)』, 상해인민출판사(上海人民出版社), 1987.

6. 갈조광, 『중국선사상사 : 6세기~9세기(中國禪思想史 : 從6世紀到9世紀)』, 북경대학출판사(北京大學出版社), 1995.

7. 갈조광, 「배경과 의의(背景與意義)」, 『학인(學人)』 제1집, 강소문예출판사(江蘇文藝出版社), 남경(南京), 1991.

8. 강락(康樂, 캉러), 「사문불경왕자론 – '불위불공경인설법' 및 관련자 문제(沙門不敬王者論 – '不爲不恭敬人說法' 及相關諸問題)」, 『신사학(新史學)』 7권 제3기, 타이베이, 1996.

9. 경희태(卿希泰, 칭시타이), 『중국도교사상사강(中國道教思想史綱)』 1권, 사천인민출판사, 1980.

10. 경희태, 『중국도교(中國道教)』, 지식출판사(知識出版社), 1994.

11. 계선림(季羨林, 지셴린), 「부도와 부처(浮屠與佛)」, 『중앙연구원역사어언연구소집간』 제20본, 1947, 「부도와 부처를 다시 논함(再談浮屠與佛)」, 『역사연구(歷史研究)』, 1990년 제2기.

12. 고국번(高國藩, 가오궈판), 『돈황의 고대 민속과 민속의 변천 – 중국민속탐미(敦煌古俗與民俗流變 – 中國民俗探微)』, 하해대학출판사(河海大學出版社), 남경, 1989.

13. 고대륜(高大倫, 가오거룬), 『장가산 한간 맥서 교석(張家山漢簡脈書校釋)』, 성도출판사(成都出版社), 1995.

14. 고미나미 이치로(小南一郞), 『천명과 덕(天命と德)』, 『동방학보(東方學報)』 64책(冊), 일본교토대학인문과학연구소, 1992.

15. 고미나미 이치로, 「한대의 조령 관념(漢代の祖靈觀念)」, 『동방학보(東方學報)』 66책(冊), 일본교토대학인문과학연구소(日本京都大學人文科學研究所), 1994.

16. 고젠 히로시(興膳宏), 가와이 고조(川合康三), 『수서경적지상고(隋書經籍志詳考)』, 급고서원(汲古書院), 도쿄(東京), 1995.

17. 고진서(糕振西, 가오전시), 「협서 호현의 두 개의 한묘(陝西戶縣的兩座漢墓)」, 『고고와 문물(考古與文物)』 1980년 제1기.

18. 고힐강(顧頡剛, 구제강), 「장자와 초사에 나오는 곤륜과 봉래 신화 계통의 융합(莊子與楚辭中昆侖與蓬萊兩個神話系統的融合)」, 『중화문사논총(中華文史論叢)』 제2집, 중화서국.

19. 고힐강, 『사림잡식(史林雜識)』, 중화서국, 1977.

20. 고힐강 등 편집, 『고사변(古史辨)』, 상해고적출판사(上海古籍出版社) 중인본(重印本), 1982.

21. 고힐강, 「일주서 세부편의 교감과 평론(逸周書世俘篇校注寫定與評論)」, 『문사(文史)』 제2집, 중화서국.

22. 곽말약(郭沫若, 궈모뤄), 「석조비(釋祖妣)」, 『갑골문자연구(甲骨文字硏究)』, 과학출판사(科學出版社), 1962.

23. 곽말약, 『복사통찬(卜辭通纂)』, 도쿄 문구당(東京 文求堂), 1933; 『곽말약전집(郭沫若全集)』 「고고편(考古篇)」, 제2권, 과학출판사(科學出版社), 1983.

24. 곽말약, 『청동시대(靑銅時代)』, 과학출판사, 1957.

25. 곽말약, 「간지를 해석함(釋干支)」, 『곽말약전집 — 고고편(郭沫若全集 — 考古篇)』 제1권, 인민출판사(人民出版社).

26. 곽보균(郭寶鈞, 궈바오쥔), 『중국 청동기시대(中國靑銅器時代)』, 삼련서점(三聯書店), 1978년

27. 곽보균, 「1954년 봄 낙양 서교발굴 보고(1954年春洛陽西郊發掘報告)」, 『고고학보(考古學報)』, 1956년 제2기, 북경(北京).

28. 곽여영(郭麗英, 궈리잉, Kuo Li-ying), 「돈황본동도발원문고략(敦煌本東都發願文考略)」, 『프랑스학자 돈황학논문선췌(法國學者敦煌學論文選萃)』, 경승(耿升, 겅성), 중역본, 중화서국, 1993.

29. 곽여영, 『중국 불교에 나오는 점복놀이와 청정 — 한문위경점찰경연구(中國佛教中的占卜遊戲和淸淨 — 漢文僞經占察經硏究)』, 중역본은 『프랑스 한학(法國漢學)』 제2집, 청화대학출판사(淸華大學出版社), 1997.

30. 관봉(關鋒, 관펑), 「묵자와 양주학파를 논함(論墨子與楊朱學派)」, 『중화문사논총(中華文史論叢)』 제6집, 중화서국 상해편집소(中華書局上海編輯所), 1965.

31. 구보 노리타다(窪德忠), 『도교사(道敎史)』, 중역본, 소곤화(蕭坤華, 샤오쿤화) 번역, 상해역문출판사(上海譯文出版社), 1987.

32. 구석규(裘錫圭, 추시구이), 「설격물(說格物)」, 『학술집림(學術集林)』 권1, 상해원동출판사, 1994.

33. 구석규, 「한식과 불 바꾸기(寒食與改火)」, 『중국문화(中國文化)』 제2기, 홍콩중화서국, 1990.

34. 구석규, 「한자 형성 문제의 초보적 탐색(漢字形成問題的初步探索)」, 『고대 문사 연구 신탐(古代文史硏究新探)』, 강소고적출판사, 1992.

35. 구석규, 「복사 중 무당과 곱사등이를 불태우고 토룡을 만든 것에 대해 말하다(說卜辭的焚巫尫與作土龍)」, 『갑골문과 은상사(甲骨文與殷商史)』, 상해고적출판사, 1983.

36. 구스야마 하루키(楠山春樹), 『도가사상과 도교(道家思想と道教)』, 평하출판사(平河出版社), 1992.

37. 구스야마 하루키, 「노자상이주고(老子想爾注考)」, 『노자전설연구(老子傳說硏究)』, 창문사(創文社), 1979.

38. 굴만리(屈萬里, 취완리), 「주서 세부편 읽기(讀周書世俘篇)」, 『이제(리지)선생 칠십세 논문집(李濟先生七十歲論文集)』 상책(上冊), 타이베이.

39. 그레이엄(A. C. Graham), 「*Studis in Chinese Philosophy and Philosophical Literature*」, The institute of East Asian Philosophies, 『맹자 인성론의 배경(孟子人性論的背景)』, 싱가포르, 1986. 또한 이 글은 이미 『청화 중국연구잡지(清華中國硏究雜誌)』 에도 게재된 적이 있음. 대만신죽(臺灣新竹), 1963.

40. 그레이엄, 「갈관자 : 일부 소홀하게 다루어졌던 한대 이전 철학서(鶡冠子 : 一部被忽略的漢前哲學著作)」, 양민(楊民, 양민) 번역, 청화대학출판사, 1994.

41. 그레이엄, 『도의 논쟁자들 : 중국 고대의 철학논변(道的論辯者 : 中國古代的哲學論辯)』 (*Disputers of the Tao : Philosophical Argument in Ancient China*, Open Court Publishing Company, p. 56, 1989).

42. 그레이엄, 『두 명의 중국 철학자 정이와 정호(兩個中國哲學家 : 程頤與程顥)』 (*Two Chinese Philosophers : Cheng Ming-tao and Cheng Yi-Chuan*, Lund Humphries, London, 1958).

43. 그레이엄, 『서양철학속의 '존재'와 중국철학 속의 '시비'와 '유무'(西方哲學中的'存在'與中國哲學中的'是非'與'有無')』 (*'Being' in Western Philosophy compared with Shih(是)/Fei(非) and Yu(有)/Wu(無) in Chinese Philosophy*, AM, NS. 1959).

44. 그레이엄, 『노자역주 : 도가 경전(列子譯注 : 一部道家經典)』 (*The Book of Lieh-tzu : A Classic of the Tao*, Columbia University Press, New York, 1960, 1990).

45. 김수신(金受申, 진서우선), 『직하파 연구(稷下派之硏究)』, 상무인서관 국학소총서본(國學小叢書本), 1933.

46. 김정요(金正耀, 진정야오), 「만상 중원 청동 원석의 내원 연구(晚商中原青銅器的礦料來源硏究)」, 『과학사논집(科學史論集)』, 중국과기대학출판사(中國科技大學出版社), 1987.

47. 나복이(羅福頤, 뤄푸이), 『임기 한간에서 보이는 고적 개략(臨沂漢簡所見古籍概略)』, 『고문자연구(古文字硏究)』 제11집, 중화서국, 1985.

48. 나정림(羅汀琳, 뤄팅린), 「돈황불경사권제기의현실성(敦煌佛經寫卷題記之現實性)」, 『국제불학연구(國際佛學硏究)』 연간 창간호, 국제불학연구중심(國際佛學硏究中心), 타이베이, 1991.

49. 나종강(羅宗强, 뤄쭝창), 『현학여위진사인심태(玄學與魏晉士人心態)』, 절강인민출판사, 1991.

50. 나진옥(羅振玉), 『은허 서계 전편(殷墟書契前編)』, 『은허 서계 후편(殷墟書契後編)』.

51. 나카무라 하지메(中村元), 『동방민족의 사유방법(東方民族的思維方法)』, 중역본, 절강인민출판사(浙江人民出版社), 1989.

52. 나카지마 류조우(中嶋隆藏), 『육조사상의 연구(六朝思想の硏究)』, 평락사서점(平樂寺書店), 교토, 1985, 1992.

53. 나카지마 류조우, 『출토장기집 서(序)권 색인(出土藏記集序卷索引)』, 붕우서점(朋友書店), 교토, 1991.

54. 노간(勞榦, 라오칸), 「육박 및 박국의 연변(六博及博局的演變)」, 『역사어언연구소집간(歷史語言硏究所集刊)』 제35본, 타이베이, 1964.

55. 니시다 기타로(西田幾多郎), 『선의 연구(善的硏究)』, 하천(何倩, 허첸) 번역, 상무인서관(商務印書館), 1965,

1989.

56. 다나카 토모유키(田中智幸), 「여씨춘추소고(呂氏春秋小考)」, 『나카무라 쇼하치 박사 고희기념 동양학론집(中村璋八博士古稀紀念 – 東洋學論集)』, 급고서원, 1996.

57. 다케우치 요시오(武內義雄), 『중국 사상사(中國思想史)』, 암파서점(岩波書店), 1957.

58. 단연근(段連勤, 된롄친), 『정령, 고차와 철륵(丁零, 高車與鐵勒)』, 상해인민출판사, 1988.

59. 단옥재(段玉裁), 『설문해자주(說文解字注)』, 성도고적서점(成都古籍書店) 영인본(影印本).

60. 담계보(譚戒甫, 탄제푸), 『공손룡자형명발휘(公孫龍子形名發微)』, 과학출판사, 1957.

61. 담사동(譚嗣同), 『담사동전집(譚嗣同全集)』(증간본), 중화서국, 1990.

62. 당군의(唐君毅, 탕쥔이), 「중국철학사를 논할 때 주장해야 할 태도와 그 분기(略論作中國哲學史應持之態度及其分期)」(1940), 「중국철학연구의 새로운 방향(中國哲學硏究之一新方向)」(1965), 『중국사상사방법론문선집(中國思想史方法論文選集)』 참고, 대림출판사, 타이베이, 1981.

63. 당란(唐蘭, 탕란), 「시, 종 및 주에 관한 해석(釋示, 宗及主)」, 『고고사간(考古社刊)』 제6기, 1937.

64. 당란, 「중국 6천여 년의 문명사(中國有六千多年的文明史)」, 『홍콩 대공보(大公報) 복간 30주년 기념문집(大公報在港復刊三十周年紀念文集)』, 1978.

65. 당란, 「마왕퇴에서 출토된 '노자' 을본 앞에 나오는 일서 연구(馬王堆出土'老子'乙本卷前古佚書的硏究)」, 『고고학보(考古學報)』, 1975년 제1기.

66. 당장유(唐長孺, 탕장루), 『위진남북조사론습유(魏晉南北朝史論拾遺)』, 중화서국, 1983.

67. 당장유, 『위진남북조수당삼론(魏晉南北朝隋唐三論)』, 무한대학출판사(武漢大學出版社), 1996.

68. 당장유, 『위진남북조사논총(魏晉南北朝史論叢)』, 삼련서점, 1955, 1978.

69. 당지균(唐志鈞, 탕즈쥔)등, 『서한의 경학과 정치(西漢經學與政治)』, 상해고적출판사, 1994.

70. 데이비드 홀(David L. Hall), 로저 엠즈(Roger T. Ames), 『공자철학사미(孔子哲學思微)』(*Thinking Through Confucius*), 중역본, 강소인민출판사(江蘇人民出版社), 1996.

71. 도날드 먼로(Donnald J. Munro), 『초기 중국의 '인' 관념(早期中國 '人' 觀念)』(*The Concept of Man in Early China*), 장국웅(張國雄, 장궈숑) 등 번역, 상해고적출판사, 1994.

72. 두금붕(杜金鵬, 두진펑), 「황皇에 대해 논하다(說皇)」, 『문물(文物)』 1994년 제7기.

73. 드 베리(W. T. de Bary), 「중국의 전제정치와 유가사상(中國的專制政治與儒家思想)」, 『중국 사상과 제도논집(中國思想與制度論集)』, 연경출판사업공사(聯經出版事業公司), 타이베이, 1976.

74. 로버트 레드필드(Robert Redfield), 『소작농 사회와 문화 3 : 전통적 사회 구조(*Peasant Society and Culture III : The Social Organization of Tradition*)』, The University of Chicago Press, 1956.

75. 로타 폰 폴켄하우젠(Lothar von Falkenhausen), 「문헌과 고고학을 함께 중시하는 케임브리지 중국 상고사 주편 술략(文獻考古幷重的劍橋中國遠古史籌編述略)」, 『한학연구통신(漢學硏究通訊)』 14권 제1기, 총53기, 1995.

76. 료명춘(廖名春, 랴오밍춘), 「백서석요(帛書釋要)」, 『중국문화(中國文化)』 제10집, 홍콩중화서국(香港中華書局), 1994.

77. 루시앙 레비브륄(Lucien Levy-Bruhl), 『원시사유(原始思維)』(*Les Fonctions mentales dans les sociétés primitives*), 정유(丁由, 딩유) 번역, 상무인서관, 1985.

78. 루이스 모건(Lewis Henry Morgan), 『고대사회(古代社會)』(1877), 양동순(楊東蒓, 양둥춘) 등 번역, 상무인서관, 1981.

79. 마계홍(馬繼興, 마지싱), 「쌍포산 한묘에서 출토된 침구경맥칠목인형(雙包山漢墓出土的鍼灸經脈漆木人形)」, 『문물(文物)』, 1996년 제4기

80. 마백영(馬伯英, 마보잉), 『중국의학문화사』, 제9장 「불교와 중국의학」, 상해인민출판사, 1994.

81. 마세장(馬世長, 마스장), 「돈황현 박물관 소장 성도, 점운기서 잔권 — 돈박(敦博) 제58호 권 자(子) 연구 3(敦煌縣博物館藏星圖, 占雲氣書殘卷 — 敦博第58號卷子研究之三)」, 북경대학 중고사 연구중심 편찬(北京大學中古史研究中心編), 『돈황 투루판 문헌 연구논집(敦煌吐魯番文獻研究論集)』, 중화서국, 1983.

82. 마세지(馬世之, 마스즈), 「중국 고대도성 계획 중의 '상천' 문제(中國古代都城規劃中的'象天'問題)」, 『중주학간(中州學刊)』 1992년 제1기, 정주(鄭州).

83. 마쓰모토 분자부로(松本文三郎), 「모자이혹의 술작년대고(牟子理惑の述作年代考)」, 『불교사잡고(佛教史雜考)』, 창원사(創元社), 오사카(大阪), 1944.

84. 마에노 나오아키(前野直彬), 「명계유행(冥界游行)」, 『중국문학보(中國文學報)』 14~15집, 일본(日本), 교토대학문학부(京都大學文學部).

85. 마이클 로이(Michael Loewe), 『고대 중국 문헌(*Early Chinese Texts : A bibliographical Guide*)』, 1993.

86. 마치다 사부로(町田三郎), 『여씨춘추해설(呂氏春秋解說)』, 강담서(講談社), 도쿄, 1987.

87. 마크 카리노스키(Marc Kalinowski), 「마왕퇴백서형덕시탐(馬王堆帛書刑德試探)」, 『화학(華學)』 제1집, 중산대학출판사(中山大學出版社), 1995.

88. 마키타 타이료(牧田諦亮), 『의경연구(疑經研究)』, 교토대학인문과학연구소, 1976.

89. 마키타 타이료, 『중국근대불교사연구(中國近世佛教史研究)』, 평락사서점(平樂寺書店), 도쿄, 1957.

90. 마키타 타이료, 『중국불교사연구제1(中國佛教史研究第一)』, 대동출판사(大東出版社), 도쿄, 1981.

91. 마키타 타이료, 후쿠이 후미마사(福井文雅) 편, 「돈황과 중국불교(敦煌と中國佛教)」, 『강좌돈황(講座敦煌)』 7, 대동출판사(大東出版社), 도쿄, 1984.

92. 마형(馬衡, 마헝), 『범장제금석총고(凡將齋金石叢稿)』, 중화서국, 1977.

93. 막스 베버(Max Weber), 『중국의 종교 : 유교와 도교(中國的宗教 : 儒教與道教)』, 중역본, 간혜미(簡惠美, 젠후이메이) 번역, 타이베이, 1985.

94. 만방(萬方, 완팡), 「고대 주병과 양해 치료에 관한 고찰(古代注病及禳解治療考術)」, 『돈황연구(敦煌研究)』, 1992년 제4기.

95. 모윤손(牟潤孫, 무룬쑨), 『주사재총고(注史齋叢稿)』, 중화서국, 1987.

96. 몽문통(蒙文通, 멍원퉁), 『고학진미(古學甄微)』, 파촉서사(巴蜀書社), 1987.

97. 무홍(巫鴻, 우훙), 「예의 속의 미술 : 마왕퇴에 대한 재고(禮儀中的美術 : 馬王堆的再思)」, 『고고학의 역사, 이

론, 실천(考古學的歷史, 理論, 實踐)』, 중주고적출판사(中州古籍出版社), 정주, 1996.

98. 미르치아 엘리아데(Mircea Eliade), 『세계 신앙과 종교 사상의 역사(世界信仰與宗教思想的曆史)』(*Histoire des Croyances et Idees Religieuses, II*, Paris, 1978). 일역본 『세계종교사(世界宗教史)』, 시마다 히로미(島田裕己), 시바타 후미코(紫田史子) 번역, 축마서방(筑摩書房), 도쿄, 1991, 1992.

99. 미셸 푸코(Michel Foucault), 「지식고고학(知識考古學)」, 일본판 「지의 고고학(知の考古學)」, 나카무라 유지로(中村雄二郎) 번역, 하출서방(河出書房), 1981, 1994. 위요우(韋遨宇, 웨이야오위) 중국어 번역, 『다시 분석한 위대한 전통(重新解讀偉大的傳統)』, 사회과학문헌출판사(社會科學文獻出版社), 1993.

100. 미셸 푸코, 『성의 역사(性史)』(*The History of Sexuality*), 장정침(張廷琛, 장팅천) 등 번역, 상해과학기술문헌출판사(上海科學技術文獻出版社), 1989.

101. 미셸 푸코, 『단어와 사물 — 인문과학의 고고학(詞與物 — 人文科學的考古學)』(*The Order of Things : An Archaeology of the Human Sciences*, New York, Vintage, Random House, 1973). 일어판 참고 『언어와 사물 — 인문과학의 고고학(言葉と物 — 人文科學の考古學)』, 와타나베 카즈타미(渡邊一民), 사사키 아키라(佐佐木明) 번역, 신조사(新潮社), 도쿄, 1974, 1992.

102. 미야카와 히시유키(宮川尙志), 『육조사연구, 종교편(六朝史硏究, 宗教篇)』, 평락사서점, 1964, 1992.

103. 미우라 쿠니오(三浦國雄), 「동천복지소고(洞天福地小考)」, 『동방종교(東方宗教)』 제51집, 도쿄, 1983.

104. 방박(龐朴, 팡푸), 「오행만설(五行漫說)」, 『문사(文史)』 제39집, 중화서국, 1994.

105. 방박, 「육계와 잡다(六峜與雜多)」, 『학인(學人)』 제6집, 강소문예출판사, 1994.

106. 방박, 『백서오행편연구(帛書五行篇硏究)』, 제로서사(齊魯書社), 1980.

107. 방박, 「사맹오행신고(思孟五行新考)」, 『문사(文史)』 제7집, 중화서국.

108. 방호(方豪, 팡하오), 『중서교통사(中西交通史)』, 악록서사(岳麓書社) 중인본, 1987.

109. 범상옹(范祥雍, 판샹융), 「만성한묘동호석문상각(滿城漢墓銅壺釋文商榷)」『중화문사논총(中華文史論叢)』 1980년 제3기, 상해고적출판사.

110. 베를렝(Franciscus Verellen), 「초월적 내재성 : 도교의식과 우주론 중의 동천관(超越的內在性 : 道教儀式與宇宙論中的洞天觀)」, 중역본, 『프랑스 한학(法國漢學)』 제2집, 청화대학출판사, 1997.

111. 벤자민 슈바르츠(Benjamin I. Schwartz), 「중국 사상사에 대한 약간의 초보적인 고찰(關於中國思想史的若幹初步考察)」, 중역본, 장영당(張永堂, 장융탕), 『중국사상과 제도 논집(中國思想與制度論集)』, 연경출판사업공사, 1976, 1977.

112. 벤자민 슈바르츠, 『고대중국의 사상세계(*The World of Thoughtin Ancient China*, The Belknap Press of Harvard University Press, Cambridge, Massachusetts, and London, 1985)』

113. 부검평(傅劍平, 푸 젠 핑), 「주역수괘탐원(周易需卦探源)」, 『중국문화』 제7집, 홍콩중화서국, 1992.

114. 부사년(傅斯年, 푸쓰녠), 『부사년선집(傅斯年選集)』, 천진인민출판사(天津人民出版社), 1996

115. 부사년, 『부사년선집(傅斯年選集)』, 문성서점(文星書店), 타이베이, 1967.

116. 사라 앨런(Sarah Allan), 『거북의 비밀(龜之謎)』(*The Shape of the Turtle*), 중국어 번역 왕도(汪濤, 왕타오), 사천

인민출판사(四川人民出版社), 1992.

117. 사무량(謝無量, 셰우량), 『중국철학사(中國哲學史)』, 중화서국, 상해(上海), 1916.

118. 사와다 미즈호(澤田瑞穗), 『지옥변 – 중국의 명계설(地獄變 – 中國の冥界說)』, 수정본, 도쿄, 평하출판사, 1991.

119. 사와라 야스오(佐原康夫), 「한대사당화상고(漢代祠堂畵像考)」, 『동방학보(東方學報)』 제63책, 26쪽, 일본 교토.

120. 사카데 요시노부(坂出祥伸), 『중국 고대의 점법 – 기술 및 주술의 주변(中國古代の占法 – 技術と呪術の周邊)』, 연문출판(硏文出版), 도쿄, 1991.

121. 상민걸(尙民杰, 상민제), 「수당 장안성의 설계사상과 수당의 정치(隋唐長安城的設計思想與隋唐政治)」, 『인문잡지(人文雜誌)』 1991년 제1기, 서안(西安).

122. 서병창(徐炳昶, 서빙창), 『중국 고대사의 전설 시대(中國古史的傳說時代)』, 과학출판사, 북경, 1960.

123. 서복관(徐復觀, 쉬푸관), 「여씨춘추와 그것의 한대 학술 및 정치에 대한 영향(呂氏春秋及其對漢代學術及政治的影響)」, 『양한사상사(兩漢思想史)』 권2, 학생서국(學生書局), 타이베이, 1976.

124. 손보선(孫寶瑄), 『망산려일기(忘山廬日記)』 상책(上册), 상해고적출판사, 1983.

125. 손창무(孫昌武, 쑨창우) 교정본, 『관세음 영업기 3종(觀世音應驗記三種)』, 중화서국, 1994.

126. 손흠선(孫欽善, 쑨친산), 『중국고문헌사(中國古文獻史)』, 중화서국, 1994.

127. 송서(宋恕), 『송서집(宋恕集)』 중화서국, 1993.

128. 송진호(宋鎭豪, 쑹전하오), 『하상 사회생활사(夏商社會生活史)』, 중국사회과학출판사, 1996.

129. 송진호, 「갑골문의 출일과 입일에 관한 고찰(甲骨文出日入日考)」, 『출토문헌 연구(出土文獻硏究)』, 문물출판사, 1985.

130. 스나야마 미노루(砂山稔), 『수당도교사상사연구(隋唐道教思想史硏究)』, 평하출판사, 1990.

131. 시라카와 시즈카(白川靜), 『중국고대문화(中國古代文化)』, 중역본, 문진출판사(文津出版社), 타이베이, 1983.

132. 시라토리 구라키치(白鳥庫吉), 『서역사연구(西域史硏究)』, 암파서점, 도쿄, 1981.

133. 시모이리 료토(鹽入良道), 「참회 경전에 의거한 참법(懺悔のない經典に依據した懺法)」, 『중국의 종교, 사상과 과학 – 마키오 료우카이 박사 송수 기념 논문집(中國の宗教, 思想と科學 – 牧尾良海博士頌壽紀念論文集)』, 국서간행회(國書刊行會), 도쿄, 1984.

134. 심건화(沈建華, 선젠화), 「은대 제성교례를 통해 오행의 기원을 논하다(從殷代祭星郊禮論五行起源)」, 중국국제 한학학술토론회(中國國際漢學學術討論會) 논문, 해구(海口), 1995.

135. 심종문(沈從文, 선쭝원), 「설웅경(說熊經)」, 『화화타타단단관관(花花朶朶壇壇罐罐)』, 외문출판사(外文出版社), 1994.

136. 쓰다 소우키치(津田左右吉), 『중국불교연구(シナ佛教の硏究)』, 암파서점, 도쿄, 1957.

137. 아놀드 토인비(Arnold Joseph Toynbee), 『역사연구(歷史硏究)』(*A Study of History*) 중역본, 상해인민출판사.

138. 아더 워레이(Arther Walay), 『논어(論語)』의 번역본 『*The Analects of Confucius*』, New York, 1938.
139. 아더 워레이, 『고대 중국의 세 가지 사고방식(*Three Ways of Thought in Ancient China*)』, Stanford University Press, California, 1982.
140. 아카츠카 키요시(赤塚忠), 등 공동 편찬, 『사상사(思想史)』, 대수관(大修館), 도쿄, 1968 ; 중역본, 장소(張昭, 장자오) 번역, 유림출판사(儒林出版社), 타이베이, 1981.
141. 알프레드 포르케(Alfred Forke), 『중국인의 세계관념 : 천문학, 우주론 및 자연철학의 사변(中國人的世界觀念 : 其天文學, 宇宙論, 以及自然哲學的思辨)』(*The World Conception of the Chinese : Their Astronomical, Cosmological and Physico - philosophical Speculations*), 원작 『*Probsthain's Orieintal Series*』 제14권 출판, London, 1925. 일역본 『지나자연과학사상사(支那自然科學思想史)』, 오와다 다케오(小和田武雄) 번역, 생활사(生活社), 도쿄, 1939.
142. 앙리 마스페로(Henri Maspero), 『도교(道教)』, 가와가쯔 요시오(川勝義雄)의 일역본, 평범사(平凡社), 도쿄, 1978, 1992.
143. 앙리 마스페로, 「한명제감몽견사구경사고증(漢明帝感夢遣使求經事考證)」, 중역본, 평청쥔 중역, 『서역남해사지고증역총(西域南海史地考證譯叢)』 제1권, 상무인서관 중인본, 1995.
144. 야나기다 세이잔(柳田聖山), 「초기의 중국불교(初期的中國佛教)」, 중역본, 오여균(吳汝鈞, 우루쥔), 『불학연구 방법론(佛學研究方法論)』, 학생서국, 타이베이, 1982.
145. 야마자키 히로시(山崎宏), 「북주의 통도관에 대하여(北周の通道觀について)」, 『동방종교(東方宗教)』 제54기, 도쿄, 1979.
146. 야스이 코오잔(安居香山), 『중국의 신비한 사상(中國の神秘思想)』, 평하출판사, 1988.
147. 야스이 코오잔, 『위서의 성립과 그 전개(緯書の成立とその展開)』, 국서간행회, 1979.
148. 양계초(梁啓超), 『불교연구18편(佛教研究十八篇)』, 중화서국 중인본, 1989.
149. 양관(楊寬, 양콴), 『전국사(戰國史)』, 상해인민출판사, 1957.
150. 양관, 「일주서를 논하다(論逸周書)」, 『중화문사논총(中華文史論叢)』, 1989년 제1기, 상해고적출판사.
151. 양연승(楊聯陞, 양롄성), 『양연승논문집(楊聯陞論文集)』, 중국사회과학출판사, 1992.
152. 양증문(楊曾文, 양쩡원), 「불교반야경사상과 현학의 비교(佛教般若心經與玄學的比較)」, 『세계종교연구(世界宗教研究)』, 1983년 제4기.
153. 양홍(楊泓, 양훙), 손기(孫機, 쑨지), 『심상의 정치(尋常的精致)』, 요녕교육출판사, 1996.
154. 양희매(楊希枚, 양시메이), 『선진문화사논집(先秦文化史論集)』, 중국사회과학출판사, 1992.
155. 에릭 쥐르허(Erik Zürcher, 허이화許理和), 『불교의 중국 정복(佛教征服中國)』(*The Buddhist Conquest of China - The Spread and Adaptation of Buddhism in Early Medieval China*. 2 vols, Leiden, 1959), 일역본, 다나카 수미오(田中純男) 등 번역, 세리카서방(せりか書房), 도쿄, 1995.
156. 여가석(余嘉錫, 위자시), 『여가석 논학 잡저(余嘉錫論學雜著)』 상책(上册), 중화서국, 1977.
157. 여개(呂凱, 뤼카이), 「백호통의 윤리체계(白虎通の倫理體系)」, 일역본, 『나카무라 쇼하치 박사 고희기념 동양학논집(中村璋八博士古稀紀念 – 東洋學論集)』, 급고서원, 도쿄, 1996.

158. 여영시(余英時, 위잉스), 『역사와 사상(歷史與思想)』, 연경출판사업공사, 타이베이, 1976, 1992.

159. 여영시, 『중국 사상전통의 현대적 해석(中國思想傳統的現代詮釋)』, 연경출판사업공사, 타이베이, 1987, 1992.

160. 여영시, 『사(士)와 중국문화(士與中國文化)』, 상해인민출판사, 1987.

161. 여종력(呂宗力, 뤼쭝리), 「양진 남북조에서 수나라까지 도참을 근절한 역사의 진상(兩晉南北朝より隋に至る圖讖を禁絶する歷史の眞相)」, 『나카무라 쇼하치 박사 고희기념 동양학논집(中村璋八博士古稀紀念 — 東洋學論集)』, 급고서원, 도쿄, 1996.

162. 여징(呂澄, 뤼청), 『중국 불교 원류 강의(中國佛教源流略講)』, 중화서국, 1979, 1993.

163. 연소명(連劭名, 롄사오밍), 「동한 건초 4년 무도권서와 고대의 책축(東漢建初四年巫禱券書與古代的册祝)」, 『전통문화여현대화(傳統文化與現代化)』 1996년 제6기.

164. 연소명, 「갑골문 '옥' 및 상관문제(甲骨文'玉'及相關問題)」, 『출토문헌연구(出土文獻硏究)』, 문물출판사(文物出版社), 1985.

165. 염보극(閻步克, 옌부커), 「악사와 '유'의 문화 기원(樂師與'儒'之文化起源)」, 『북경대학학보(北京大學學報)』, 1995년 제5기.

166. 염보극, 『사대부의 정치적 발전사에 관한 연구(士大夫政治演生史稿)』, 북경대학출판사, 1996.

167. 엽창치(葉昌熾) 지음, 가창사(柯昌泗, 커창쓰) 평, 「어석이동평(語石異同評)」, 『어석(語石)』, 중화서국, 1994.

168. 오노 겐묘(小野玄妙), 『불서해설대사전(佛書解說大辭典)』, 대동출판사, 도쿄, 1936.

169. 오비 코이치(小尾郊一), 『중국문학에 표현된 자연과 자연관(中國文學中所表現的自然與自然觀)』, 중역본, 소의평(邵毅平, 사오이핑) 번역, 상해고적출판사, 1989.

170. 오오후치 닌지(大淵忍爾), 「노자도덕경서결의 성립(老子道德經書訣の成立)」, 『동양학보(東洋學報)』 42권 1~2호, 도쿄, 1959.

171. 오오후치 닌지 외, 「돈황과 중국도교(敦煌と中國道教)」, 『돈황강좌(敦煌講座)』, 제4종, 대동출판사, 1983.

172. 오오후치 닌지, 『돈황도경목록(敦煌道經目錄)』, 복무서점(福武書店), 1978.

173. 오작(吳焯, 우차오), 「한인분향위불가예설 — 겸론불교재중국남방적조기전파(漢人焚香爲佛家禮說 — 兼論佛教在中國南方的早期傳播)」, 『전통문화와 현대화(傳統文化與現代化)』 1994년 제6기, 북경.

174. 오정구(吳廷璆, 우팅추), 정팽년(鄭彭年, 정펑녠), 「불교해상전입중국의 연구(佛教海上傳入中國之硏究)」, 『중외관계사총론(中外關係史論叢)』 제5집, 서목문헌출판사(書目文獻出版社), 북경, 1996.

175. 와더(A. K. Warder), 『인도불교사(印度佛教史)』(*Indian Buddhism*), 왕세안(王世安, 왕스안), 중역본, 상무인서관, 1980.

176. 완춘영, 『불교전래의 길 — 남방지로(佛教傳來之道 — 南方之路)』, 일어본, 웅혼사(雄渾社), 1996.

177. 완춘영(阮春榮, 루안춘룽), 「불교의 남방노선 북삼산 동남부(佛教的南方之路北滲山東南部)」, 『고궁문물월간(故宮文物月刊)』 14권 제10기, 1997년 1월, 타이베이.

178. 왕국유(王國維), 『관당집림(觀堂集林)』, 중화서국, 1959, 1994.

179. 왕명(王明, 왕밍), 『포박자내편교석(抱朴子內篇校釋)』(증간본), 중화서국, 1985.

180. 왕몽구(王夢鷗, 왕멍어우), 「음양오행가와 성력 및 점서(陰陽五行家與星曆及占筮)」, 『역사어언연구소집간(歷史語言研究所集刊)』 43본, 타이베이, 1971.

181. 왕문안(王文顏, 왕원옌), 『불경 한역의 연구(佛經漢譯之硏究)』 천화출판사업공사(天華出版社業公司), 타이베이, 1984.

182. 왕방유(王邦維, 왕방웨이), 『남해기귀내법전교주(南海寄歸內法傳校注)』, 중화서국, 1995

183. 왕범지(王范之, 왕판즈), 『여씨춘추연구(呂氏春秋硏究)』, 내몽고대학출판사(內蒙古大學出版社), 1993.

184. 왕세인(王世仁, 왕스런), 「명당형제초탐(明堂形制初探)」, 『중화문화연구집간(中華文化研究集刊)』 제4기, 복단대학출판사(復旦大學出版社), 1987.

185. 왕우신(王宇信, 왕위신), 「서주갑골술론(西周甲骨述論)」, 『갑골문과 은상사(甲骨文與殷商史)』 제2집, 상해고적출판사, 1986.

186. 왕육성(王育成, 왕위청), 「동한도부석례(東漢道符釋例)」, 『고고학보(考古學報)』 1991년 제1기.

187. 왕이기(王利器, 왕리치), 「여씨춘추평의(呂氏春秋平議)」, 『전통문화와 현대화(傳統文化與現代化)』, 1996년 제5기, 북경.

188. 왕중수(王仲殊, 왕중수), 『한대 고고학 개설(漢代考古學概說)』, 중화서국, 1984.

189. 왕후화(王煦華, 왕쉬화), 「지물론전석(指物論詮釋)」, 『중화문사논총(中華文史論叢)』, 1979년 제2기, 상해고적출판사.

190. 요순흠(姚舜欽, 야오순친), 『진한철학사(秦漢哲學史)』, 상무인서관, 1936.

191. 요시가와 타다오(吉川忠夫), 「정실고(靜室考)」, 중역본 『일본학자연구중국사논저선역(日本學者研究中國史論著選譯)』 제7권, 중화서국, 1993.

192. 요시가와 타다오, 「육조수당시대 때의 종교의 풍경(六朝隋唐時代における宗教の風景)」, 『중국사학(中國史學)』 제2권, 1992.

193. 요시오카 요시토요(吉岡義豊), 「영생을 원하다 – 도교(永生への願い – 道教)」, 『세계의 종교(世界の宗教)』 제9권, 담문사(淡文士), 도쿄, 1970.

194. 요시오카 요시토요, 『도교경전사론(道教經典史論)』, 도교간행회(道教刊行會), 1995.

195. 요종이(饒宗頤, 라오쫑이), 「마왕퇴 의서에서 볼 수 있는 '능양자명경' 일설(馬王堆醫書陵陽子明經佚說)」, 『문사(文史)』 제20집, 중화서국, 1983.

196. 요종이, 「문자 이전 방위와 수리 관계를 표시한 옥판(未有文字以前表示方位與數理關系的玉版)」, 『문물연구(文物研究)』 제6집, 홍콩, 1990.

197. 요종이, 「중문대학 문물관에 소장된 건초 4년 서녕병간과 포산간 – 전국, 진한 시대 해질도사의 여러 신과 고대 역사 인물에 대해 논함(中文大學文物館序藏建初四年序寧病簡與包山簡 – 論戰國秦漢解疾禱祠之諸神與古史人物)」, 해남국제한학토론회(海南國際漢學討論會) 논문, 1995.

198. 요종이, 「천신관과 도덕사상(天神觀與道德思想)」, 『역사어언연구소집간(歷史語言研究所集刊)』 제49본 제1

분(分), 타이베이, 1978.

199. 요종이, 『노자상이주교전(老子想爾注校箋)』, 홍콩대학중문과(香港大學中文系), 1956, 『노자상이주교증(老子想爾注校證)』, 상해고적출판사, 1991.

200. 요종이, 「4천 년 전 중국 문사 기록(四千年前中國的文史紀實)」, 『명보 월간(明報月刊)』 338, 340기, 홍콩(香港), 1994.

201. 요종이, 「고대 청음지학과 협풍성악설의 근원(古代聽音之學與協風成樂說溯源)」, 『요종이 사학논저선(饒宗頤史學論著選)』, 상해고적출판사, 1993.

202. 요효수(姚孝遂, 야오샤오쑤이), 초정(肖丁, 샤오딩), 「소둔 남지의 갑골에 대한 고찰(小屯南地甲骨考釋)」, 중화서국, 1985.

203. 우세남(虞世南), 『북당서초(北堂書鈔)』, 중국서점(中國書店) 영인본, 1989.

204. 유경주(劉慶柱, 류칭주), 「한나라 장안성의 고고발굴 및 관련 문제 연구(漢長安城的考古發現及相關問題研究)」, 『고고(考古)』 1996년 제10기.

205. 유둔(劉鈍, 류둔), 『대재언수(大哉言數)』, 요녕교육출판사(遼寧教育出版社).

206. 유림(劉琳, 류린), 「삼장 오두미도의 일부 중요 문헌(三張五斗米道的一部重要文獻)」, 『고적의 정리와 연구(古籍整理與研究)』 제4집, 중화서국, 1989.

207. 유상(劉翔, 류샹), 『중국 전통 가치관 해석학(中國傳統價值觀詮釋學)』, 상해삼련서점(上海三聯書店), 1996.

208. 유상, 「'유'와 '무'에 관한 해석(關于'有', '無'的詮釋)」, 『중국문화와 중국철학(中國文化與中國哲學)』 1989년호, 삼련서점, 1991.

209. 유상, 진항(陳抗, 천항), 등 편저, 『상주시기의 고문자 독본(商周古文字讀本)』, 어문출판사(語文出版社), 1989.

210. 유소명(劉紹明, 류사오밍), 「천공출행경(天公出行鏡)」, 『중국문물보(中國文物報)』 1996년 5월 26일.

211. 유소서(劉昭瑞, 류자오루이), 「고고발굴을 통해 발견된 도교 해주문에 관해 논함(談考古發現的道教解注文)」, 『돈황연구(敦煌硏究)』, 1991년 제4기, 감숙돈황(甘肅敦煌).

212. 유소서, 「동치삼사, 삼오장군, 대일삼부, 남제삼랑에 관한 고찰(東治三師, 三五將君, 大一三府, 南帝三郎考)」, 『고고(考古)』 1991년 제5기.

213. 유숙분(劉淑芬, 류수펀), 「5~6세기 화북 향촌의 불교신앙(五至六世紀華北鄕村的佛教信仰)」, 『중앙연구원역사어언연구소집간(中央研究員歷史語言研究所集刊)』 제63본 제3분, 타이베이, 1993.

214. 유술선(劉述先, 류수셴), 「사화자 '중국고대 사상세계' 평가(史華慈 '中國古代思想世界' 評價)」, 『당대(當代)』 1986년 제2기, 타이베이.

215. 유신방(劉信芳, 류신팡), 「중국 최초의 물후 역월명(中國最早的物候曆月名)」, 『중화문사논총(中華文史論叢)』 제53집, 상해고적출판사(上海古籍出版社), 1994.

216. 유영(劉英, 류잉), 「언어문제의 기본 관념(語言問題的基本觀點)」, 『북경대학연구생학간(北京大學研究生學刊)』 1987년 제1기.

217. 유위초(兪偉超, 위웨이차오), 「함산 능가탄 옥기와 고고학에 있어 연구정신영역의 문제(含山凌家灘玉器和考古學中硏究精神領域的問題)」, 『문물연구(文物硏究)』 제5집, 홍콩, 1989.

218. 유위초, 『선진양한 고고학논문집(先秦兩漢考古學論集)』, 문물출판사, 1985.

219. 유위초, 「동한불교도상고(東漢佛敎圖像考)」, 『문물(文物)』 1980년 제5기, 수정본은 『향달(샹다) 선생 기념 논문집(向達先生紀念論文集)』, 신강인민출판사(新疆人民出版社), 1986.

220. 유위초, 고명(高明, 가오밍), 「주나라 시대 정의 사용제도 연구(周代用鼎制度硏究)」(상편), 『북경대학학보(北京大學學報)』, 1978년 제1기.

221. 유조신(劉祖信, 류주신), 「형문 초묘의 놀랄만한 발견(荊門楚墓的驚人發現)」, 『문물천지(文物天地)』 1995년 제6기.

222. 유존인(柳存仁, 류춘런), 「도교전사이장(道敎前史二章)」, 『중화문사논총(中華文史論叢)』 제51집, 상해고적출판사, 1993년.

223. 이금전(李錦全, 리진추안), 「등석, 혜시, 공손룡사상 초탐(鄧析, 惠施, 公孫龍思想初探)」, 『중산대학학보(中山大學學報)』 1979년 제2기, 광주(廣州).

224. 이령(李零, 리링), 『장사 탄약고의 초나라 백서 연구(長沙子彈庫楚帛書硏究)』 중화서국, 1983.

225. 이령, 「포산초간 연구, 점복류(包山楚簡硏究, 占卜類)」, 『중국 전적과 문화논총(中國典籍與文化論叢)』 제1집, 중화서국, 1993.

226. 이령, 『중국방술고(中國方術考)』, 중국인민출판사(中國人民出版社), 1993.

227. 이령, 「전국 진한 방사 유파 고찰(戰國秦漢方士流派考)」, 『전통문화와 현대화(傳統文化與現代化)』, 1995년 제2기, 북경.

228. 이부화(李富華, 리푸화), 『불서중의 효경(佛書中的孝經)』, 『남해(南海)』 제171기, 타이베이, 1997.

229. 이중화(李中華, 리중화), 「배위와 그의 숭유론에 대한 새로운 탐색(裵頠及其崇有論新探)」, 『학인(學人)』 제2집, 강소문예출판사, 1991.

230. 이케다 도모히사(池田知久), 『마왕퇴 백서 오행편 연구(馬王堆帛書五行篇硏究)』, 급고서원, 도쿄, 1993.

231. 이케다 온(池田溫), 『중국 고대사본 지어집록(中國古代寫本識語集錄)』, 대장출판주식회사(大藏出版株式會社), 도쿄, 1990.

232. 이토 미치하루(伊藤道治), 『왕권과 제사(王權與祭祀)』, 중국국제한학연구회(中國國際漢學硏討會) 논문, 해구, 1995.

233. 이풍무(李豐懋, 리펑마오), 『오입과 적강(誤入與謫降)』, 학생서국(學生書局), 타이베이, 1996.

234. 이학근(李學勤, 리쉐친), 「능가탄 옥거북이 옥판을 논하다(論凌家灘玉龜玉版)」, 『중국문화(中國文化)』 제6기, 1992.

235. 이학근, 「백서요편과 그 학술적 의미(帛書要篇及其學術史意義)」, 『중국사학』 제4권, 1994.

236. 이학근, 「상대 동남아로 통하는 도로(商代通向東南亞的道路)」, 『학술집림(學術集林)』 권1, 상해원동출판사(上海遠東出版社), 1994.

237. 이학근, 「상대의 사풍과 사시(商代的四風與四時)」, 『이학근집(李學勤集)』, 흑룡강교육출판사(黑龍江教育出版社), 1989.

238. 이학근, 「새로 출토된 대문구문화 도기의 부호에 대해 논하다(論新出大汶口文化陶器符號)」, 『문물(文物)』, 1987년 제12기.

239. 이학근, 「역위건착도에 관한 몇 가지 연구(易緯乾鑿度的幾點研究)」, 『청화한학연구(清華漢學研究)』, 제1집, 청화대학출판사, 1994.

240. 이학근, 『죽백일서와 학술서(簡帛佚籍與學術史)』, 시보출판공사(時報出版公司), 타이베이, 1995.

241. 이학근, 「간지기년과 십이생초(12지지의 동물로 사람의 띠를 표시함)의 기원에 관한 새로운 증거(干支紀年和十二生肖起源新證)」, 『문물천지(文物天地)』, 1984년 제3기.

242. 이홍기(李弘祺, 리훙치), 「사상사의 역사연구에 대한 시론(試論思想史的歷史研究)」, 『중국사상사 방법론 문선집(中國思想史方法論文選集)』, 대림출판사(大林出版社), 타이베이, 1981.

243. 이효잠(李曉岑, 리샤오천), 「상주 중원 청동 원석 내원에 대한 재연구(商周中原青銅礦料來源再研究)」, 『자연과학사연구(自然科學史研究)』 12권 제3기, 1993.

244. 임계유(任繼愈, 런지위), 『중국도교사(中國道教史)』, 상해인민출판사, 1990.

245. 임계유, 『중국철학사(中國哲學史)』 제2책, 인민출판사, 1966.

246. 임내강(任乃强, 런나이창), 「대동지(大同志)」, 『화양국지교주도보(華陽國志校註圖補)』 권8, 상해고적출판사, 1994.

247. 임혜상(林惠祥, 린후이샹), 「인류학 총론(人類學總論)」, 『임혜상 인류학논저(林惠祥人類學論著)』, 복건인민출판사(福建人民出版社), 1981.

248. 자크 르 고프(Jacques Le Goff), 『중세의 지식인(中世紀的知識分子)』, 장홍(張弘, 장훙) 중역, 상무인서관, 1996.

249. 자크 르 고프, 『새로운 역사(新史學)』, 요몽중(姚蒙中, 야오멍중), 상해역문출판사, 1989.

250. 장광직(張光直, 장광즈), 『중국청동시대 2집(中國青銅時代二集)』, 삼련서점, 1983.

251. 장광직, 『중국청동시대(中國青銅時代)』, 삼련서점, 1983.

252. 장정랑(張政烺, 장정랑), 「문자와 서법(文字與書法)」, 『중국서법(中國書法)』, 1994년 제1기.

253. 장정랑 「만성 한묘에서 출토된 금은조충서동호 '갑' 석문(滿城漢墓出土金銀鳥蟲書銅壺 '甲' 釋文)」, 『중화문사논총(中華文史論叢)』, 1979년 제3기, 1980년 제3기, 상해고적출판사.

254. 전의초(田宜超, 톈이차오), 「허백제 금문고석(虛白齋金文考釋)」, 『중화문사논총(中華文史論叢)』 1980년 제4기, 상해고적출판사.

255. 전현(錢玄, 첸쉬안), 『삼례통론(三禮通論)』, 남경사범대학출판사(南京師範大學出版社), 1996.

256. 제억명(諸億明, 주이밍), 「현존하는 두 권의 최고 도서 목록(現存兩部最古的圖書目錄)」, 『문사지식(文史知識)』 1982년 제7기, 북경, 중화서국.

257. 조셉 니덤(Joseph Needham), 「과학사상사(科學思想史)」, 『중국과학기술사(中國科學技術史)』 제2권, 중역본,

과학출판사와 상해고적출판사(科學出版社與上海古籍出版社), 1991.

258. 조익(趙翼), 『이십이사차기(二十二史箚記)』, 세계서국(世界書局), 1939.

259. 존 매쿼리(John Macquarrie), 『20세기 종교사조 — 1900~1980년의 철학과 신학의 가장자리(二十世紀宗教思潮 — 1900~1980年的哲學與神學的邊緣)』, 중역본, 하광호(何光滬, 허광후) 번역, 계관도서주식회사(桂冠圖書股彬公司), 타이베이, 1992.

260. 존 페어뱅크(John K. Fairbank), 에드윈 라이샤워(Edwin O. Reischauer) 주편, 『중국 : 전통과 변혁(中國 : 傳統與變革)』, 중역본, 강소인민출판사, 1992.

261. 종조붕(鍾肇鵬, 중자오핑), 『참위논략(讖緯論略)』, 요녕교육출판사, 1992.

262. 죠셉 에서릭(Joseph W. Esherick), 『의화단 운동의 기원(義和團運動的起源)』(*the Origins of The Boxer Uprising*) 장준의(張俊義, 장쥔이) 등 번역, 강소인민출판사, 1994.

263. 주세영(周世營, 저우스잉), 「호남에서 출토된 동경 문자 연구(湖南出土銅鏡文字研究)」, 『고문자연구(古文字研究)』 제14집, 중화서국, 1986.

264. 주여동(周予同, 저우위퉁), 『주여동경학사논저선집(周予同經學史論著選集)』, 상해인민출판사, 1983.

265. 주유쟁(朱維錚, 주웨이정), 「신주장야수지구(神州長夜誰之咎)」, 『복단대학학보(復旦大學學報)』 1980년 제1기.

266. 주유쟁, 「만청의 배순(순자배척)과 존순(순자 존중)(晩淸的排荀與尊荀)」, 『학술집림(學術集林)』 제4권, 상해원동출판사, 1995.

267. 주일량(周一良, 저우이량), 『위진남북조사논집(魏秦南北朝史論集)』, 중화서국, 1963.

268. 주책종(周策縱, 저우처쭝), 「5·4사조가 한학에 끼친 영향 및 그 검토(五四思潮對漢學的影響及其檢討)」, 『한학연구의 회고와 전망(漢學研究之回顧與前瞻)』 하책(下冊), 중화서국, 1995.

269. 주책종, 「4천 년 전 중국 문사 기록(四千年前中國的文史紀實)」, 『명보월간(明報月刊)』 제336~337기, 홍콩, 1993, 1994.

270. 중국과학원 고고연구소(中國科學院考古研究所), 『신중국의 고고와 발견(新中國的考古和發現)』, 문물출판사, 1984.

271. 진계운(陳啓雲, 천치윈), 「양한 사상문화사의 거시적 의의(兩漢思想文化史的宏觀意義)」, 『한학연구의 회고와 전망(漢學研究之回顧與前瞻)』 하권, 중화서국, 1995.

272. 진계천(陳啓天, 천치톈), 『한비자참고서집요(韓非子參考書輯要)』, 중화서국, 1945.

273. 진고응(陳鼓應, 천구잉), 『노자주석과 평가(老子註釋及評介)』, 중화서국, 1987.

274. 진구금(陳久金, 천주진), 장경국(張敬國, 장징궈) 「함산 출토 옥편 도형에 관한 시험적 고찰(含山出土玉片圖形試考)」, 『문물(文物)』 1989년 제4기.

275. 진국부(陳國符, 천궈푸), 『도장원류고(道藏源流考)』, 중화서국, 1963, 1985.

276. 진래(陳來, 천라이), 『고대 종교와 윤리 — 유가사상의 근원(古代宗教與倫理 — 儒家思想的根源)』, 삼련서점, 북경, 1996.

278. 진몽가(陳夢家, 천멍자), 「고문자에 나오는 상주의 제사(古文字中之商周祭祀)」, 『연경학보(燕京學報)』 제19기.

279. 진몽가, 『은허복사총론(殷虛卜辭綜述)』, 과학출판사, 1956. 중화서국 중인본 1981.

280. 진반(陳槃, 천판), 「참위연원(讖緯淵源)」, 『역사어언연구소집간』, 11본, 1947.

281. 진반, 「진한 시대 이른바 부응에 관한 약론(秦漢間之所謂符應略論)」 '서언(序言)', 『역사어언연구소집간(歷史語言研究所集刊)』 16본, 1948.

282. 진방정(陳方正, 천팡정), 「본체와 효율로 본 중국 고대과학(從體與用看中國古代科學)」, 『21세기』 1997년 4월, 총40기, 홍콩.

283. 진불신(陳黻宸), 『진불신집(陳黻宸集)』, 중화서국, 1995.

284. 진세양(陳世驤, 천스샹), 「상이노자도경돈황잔권논증(想爾老子道經敦煌殘卷論證)」, 『청화학보』 신(新)1권 제2기, 타이베이, 1957.

285. 진인각(陳寅恪, 천인커), 『금명관총고초편(金明館叢稿初編)』, 상해고적출판사, 1979.

286. 진잉용(陳剩勇, 천성융), 「동남지구 하문화의 맹아와 굴기(東南地區夏文化的萌生與崛起)」, 『동남문화』 1991년 제1기, 남경.

287. 진종범(陳種凡, 천중판), 『진종범 논문집(陳種凡論文集)』, 상해고적출판사, 1981.

288. 진진(陳晉), 『설문연구법(說文研究法)』, 상무인서관, 1933.

289. 진천(陳匯, 천첸), 「천전면인고도초고(川滇緬印古道初考)」, 『중국사회과학(中國社會科學)』, 1981년 제1기.

290. 진한평(陳漢平, 천한핑), 『서주책명제도연구(西周冊命制度研究)』, 학림출판사(學林出版社), 1986.

291. 채상사(蔡尙思, 차이상쓰), 『중국사상사 연구법(中國思想史研究法)』, 상무인서관, 1939.

292. 채안빈(蔡雁彬, 차이안빈), 「계자서로 본 한위육조 종제관의 연변(從戒子書看漢魏六朝終制觀的演變)」, 『중국전적과 문화(中國典籍與文化)』, 1997년 제2기, 강소고적출판사(江蘇古籍出版社).

293. 첨은흠(詹鄞鑫, 잔인신), 『신령과 제사(神靈與祭祀)』, 강소고적출판사, 1992.

294. 추진환(鄒振環, 쩌우전환), 『중국근대사회에 영향을 미친 100가지 번역작품(影響中國近代社會的一白種譯作)』, 중국대외번역출판공사(中國對外飜譯出版公司), 1996.

295. 카가 에이지(加賀榮治), 『중국고전해석사 — 위진편(中國古典解釋史 — 魏晉篇)』, 경초서방(勁草書房), 도쿄, 1964.

296. 카나야 오사무(金谷治), 「중국 고대 인류관의 각성(中國古代人類觀的覺醒)」 중역본, 『일본학자가 논한 중국철학사(日本學者論中國哲學史)』, 중화서국, 1986.

297. 카나야 오사무, 「한초 도가의 유파 구분(漢初道家的派別)」 중역본, 『일본학자연구중국사론저선역(日本學者研究中國史論著選譯)』 제7권, 중화서국, 1993.

298. 카나야 오사무, 「추연의 사상(鄒衍の思想)」 중역본, 『일본학자가 논한 중국철학사(日本學者論中國哲學史)』, 중화서국, 1986.

299. 카를 야스퍼스(Karl Jaspers), 『지혜의 길(智慧之路)』, 가금화(柯錦華, 커진화) 등의 중역본, 중국국제광파출판사(中國國制廣播出版社), 1988.

300. 카이틀리(David N. Keightley), 「고고학과 사상 — 중국의 탄생(考古學與思想 — 中國的誕生)」, 진성찬(陳星燦,

천싱찬) 중역, 『고고학의 역사 · 이론 · 실천(考古學的歷史 · 理論 · 實踐)』, 중주고적출판사(中州古籍出版社), 정주, 1996.

302. 칼텐마크(Maxime Kaltenmark), 「영보(링바오)에 관한 필기(關於靈寶的筆記)」, 중역본, 『프랑스 한학(法國漢學)』 제2집, 청화대학출판사, 1997.

303. 케네스 첸(Kenneth K. S. Chen), 진관승(陳觀勝, 천관성), 『불교의 중국화(*The Chinese Transformation of Buddhism*)』, Princeton University Press, 1973. 일역본, 『불교와 중국사회(佛教と中國社會)』, 후쿠이 후미마사(福井文雅), 오카모토 텐세이(岡本天晴) 번역, 금화사(金花舍), 도쿄, 1981.

304. 코바야시 마사미(小林正美), 「동진기의 도교 종말론(東晉期の道教の終末論)」, 『중국의 불교와 문화 — 카마다 시게오 박사 환역기념논집(中國の佛教と文化 — 田茂雄博士還歷紀念論集)』, 대장출판주식회사, 도쿄, 1988.

306. 콜링우드(R. G. Collingwood), 『자서전(自傳)』(*An Autobiography*), 중역본, 제목 『콜링우드』, 진정(陳靜, 천징) 등 번역, 중국사회과학출판사, 1993.

307. 콜링우드, 『역사의 관념(歷史的觀念)』, 중역본, 하조무(何兆武, 허자오우) 번역, 중국사회과학출판사, 1986.

308. 크램닉(Isaac Kramnick), 『의식형태의 시대(意識形態的時代)』, 중역본, 장비궁(張必功, 장필공) 번역, 동제대학출판사(同濟大學出版社), 1991.

309. 클로드 레비스트로스(Claude Levi-Strauss), 『구조 인류학(結構人類學)』(*Structural Anthropology*), 중역본, 사유양(謝維揚, 셰웨이양) 등 번역, 상해역문출판사, 1995.

400. 클로드 레비스트로스, 『야성적 사유(野性的思惟)』(*La Peneese Sauvage*, 한국에서는 『야생의 사고』로 번역 출판됨), 중역본, 이유증(李幼蒸, 리유정) 번역, 상무인서관, 1987.

401. 타이라 히데미치(平秀道), 「위서에 의거한 도교의 사상(緯書にあらはれた道教の思想)」, 『동방종교(東方宗教)』 제7호, 법장관(法藏館), 1955.

402. 탕용동(湯用彤, 탕융퉁), 『탕용동학술논문집(湯用彤學術論文集)』, 중화서국, 1983.

403. 탕용동, 『한위양진남북조불교사(漢魏兩晉南北朝佛教史)』, 중화서국, 중인본, 1983.

404. 탕용동, 『이학, 불학, 현학(理學, 佛學, 玄學)』, 북경대학출판사, 1991.

405. 탕일개(湯一介, 탕이제), 『위진남북조시기의 도교(魏晉南北朝時期的道教)』, 협서사범대학출판사(陝西師範大學出版社), 1988.

406. 탕일개, 「배위가 귀무론을 저작하였는가(裴頠是否著有貴無論)」, 『학인(學人)』 제10집, 강소문예출판사, 1996.

407. 페르낭 브로델(Fernand Braudel), 「장기지속 : 역사와 사회과학(長時段 : 歷史與社會科學)」(*Histoire et sciences sociales: La longue durée*), 중역본, 『자본주의논총(資本主義論叢)』, 구량(顧良, 고량) 외 번역, 중앙편역출판사(中央編譯出版社), 1997.

408. 포모주(蒲慕洲, 푸무저우), 「수호지에서 발견된 진간 일서의 세계(睡虎地秦簡日書的世界)」, 『역사언어연구

소집간(歷史語言硏究所集刊)』 제62본 사분(四分), 타이베이, 1993.

409. 폴 틸리히(Paul Tillich), 『문화신학(文化神學)』(*Theology of Culture*), 중역본, 진신권(陳新權, 천신취안) 등 번역, 공인출판사(工人出版社), 1988.

410. 폴 펠리오(Paul Pelliot), 『모자고(牟子考)』, 풍승균(馮承鈞, 펑청쥔) 중역, 『서역남해사지고증역총(西域南海史地考證譯叢)』 제5편, 상무인서관 중인본, 1995.

411. 풍계인(馮繼仁, 펑지런), 「음양풍수가 북송의 황릉에 미친 전면적인 영향에 대하여 논하다(論陰陽堪輿大北宋皇陵的全面影響)」, 『문물(文物)』, 1994년 제8기.

412. 풍시(馮時, 펑스), 「산동 정공 용산시대의 문자 해독(山東丁公龍山時代文字解讀)」, 『고고(考古)』, 1994년 제1기.

413. 풍우란(馮友蘭, 펑유란), 『중국철학사(中國哲學史)』, 중화서국 중인본, 1984.

414. 프래신지트 두아라(Prasenjit Duara), 『문화와 권력, 그리고 국가(文化, 勸力與國家)』(*Prasenjit Duara, Culture, Power and the State : Rural North China, 1900~1942*, Standford University Press, 1988). 왕복명(王福明, 왕푸밍) 중역, 강소인민출판사, 1995.

415. 프레이저(J. G. Frazer), 『황금가지(金枝)』(*The Golden Bough : a study in magic and religion*), 서육신(徐育新, 쉬위신) 등 번역, 중국민간문학출판사(中國民間文學出版社), 1987.

416. 핑거레트(Herbert Fingarette), 『공자 : 신성한 속인(孔子 : 神聖的俗人)』(*Confucius : The Secular as Sacred*, Harper and Row, Publishers), New York, 1972.

417. 하개균(何介鈞, 허제쥔), 「장강 중류지역의 선사시기 문화 및 제2차 아시아 문명 학술발표회 대강(長江中游史前文化暨第二屆亞洲文明學術硏討會紀要)」, 『고고(考古)』, 1996년 제2기.

418. 하개균, 장유명(張維明, 장웨이밍) 편저, 『마왕퇴한묘(馬王堆漢墓)』, 문물출판사, 1982.

419. 하병송(何炳松), 『하병송논문집(何炳松論文集)』, 상무인서관, 1990.

420. 하병욱(何丙郁, 허빙위), 「태을술수여(남제서·고제본기상)사신왈장(太乙術數與南齊書·高帝本紀上, 史臣曰章)」, 『역사어언연구소집간(歷史語言硏究所集刊)』 제67본 2분, 타이베이, 1996.

421. 하자전(何玆全, 허쯔추안), 「중고시대의 중국 불교사원(中古時代之中國佛教寺院)」, 『중국경제(中國經濟)』 2권 제9기, 1934. 후에 『오십년 한당 불교사원 경제연구(五十年來漢唐佛教寺院經濟硏究)』(1934~1984), 북경사범대학출판사(北京師範大學出版社), 1986.

422. 하증우(夏曾佑), 『하증우 시집교(夏曾佑詩集校)』, 자오선슈(趙愼修, 조신수) 교정, 중국사회과학출판사(中國社會科學出版社), 1985.

423. 하창군(賀昌群, 허창췬), 『하창군 사학논저선(賀昌群, 史學論著選)』, 중국사회과학출판사, 1985년.

424. 한센(Chad Hansen), 『중국고대의 언어와 논리(中國古代的語言與邏輯)』(*Language and Logic in Ancient China*), University of Michigan Press, 1983.

425. 한중민(韓仲民, 한중민), 「장사마왕퇴한묘백서개설(長沙馬王堆陶漢墓帛書槪說)」, 『문물(文物)』, 1974년 제9기.

426. 허지산(許地山), 「도가사상과 도교(道家思想與道教)」, 『연경학보(燕京學報)』, 1927년 제2기.

427. 혁풍실(奕豊實, 이펑스), 「정공 용산 성지와 용산문자의 발견 및 그 의미(丁公龍山城址和龍山文字的發現及其

意義)」, 『문사철(文史哲)』, 1994년 제3기.

428. 호도정(胡道靜, 후다오징), 『중국고대의 유서(中國古代的類書)』, 중화서국, 1982.

429. 호적(胡適, 후스), 「중국철학사(中國哲學史)」, 『호적학술문집(胡適學術文集)』, 중화서국, 1991.

430. 호적, 『호적논학근저(胡適論學近著)』, 상무인서관.

431. 호후선(胡厚宣, 후허우쉬안), 「고궁 박물관에서 새로 거둔 두 편의 갑골 복사에 대해 적다(記故宮博物館新收的兩片甲骨卜辭)」, 『중화문사논총(中華文史論叢)』 1981년 제1집, 상해고적출판사.

432. 호후선, 「'여일인' 문제를 다시 논함(重論余一人問題)」, 『고문자 연구 논문집(古文字研究論文集)』, 사천대학학보총간(四川大學學報叢刊) 제10집, 1982.

433. 혼다 시게유키(本田成之), 『지나경학사론(支那經學史論)』, 홍문당서방(弘文當書房), 1926; 중역본, 손양공(孫俍工, 쑨량공) 번역, 『중국경학사(中國經學史)』, 중화서국, 1935; 강협암(江俠庵, 장샤안) 번역, 『경학사론(經學史論)』, 상무인서관, 1934.

434. 황시감(黃時鑒, 황스젠) 주편, 『중서관계사연표(中西關係史年表)』, 절강인민출판사, 1994.

435. 황일농(黃一農, 황이눙), 「예수회 회원들이 중국의 전통 점성술을 대하는 태도(耶穌會士對中國傳統星占術數的態度)」, 『구주학간(九州學刊)』, 홍콩, 1991.

436. 황징(黃徵, 황즈), 오위(吳偉, 오웨이), 『돈황원문집(敦煌願文集)』, 악록서사, 1995.

437. 후외려(侯外廬, 허우와이루) 등, 『중국사상통사(中國思想通史)』, 인민출판사, 1957.

438. 후외려, 『중국고대사상학설사(中國古代思想學說史)』, 문풍서국(文風書局), 상해, 1946.

439. 후쿠나가 미츠지(福永光司) 주편, 「도교에서의 천신의 강림수계(道教における天神の降臨授戒)」, 『중국 중세의 종교와 문화(中國中世の宗教と文化)』, 동도대학인문과학연구소(東都大學人文科學研究所), 1982.

440. 후쿠이 고우준(福井康順) 등, 『도교(道教)』, 중역본, 주월리(朱越利, 주웨리) 번역, 상해고적출판사, 1990.

441. 후쿠이 고우준, 『도교에 관한 기초 연구(道教の基礎的研究)』, 『후쿠이 고오준 저작집(福井康順著作集)』 제1권, 법장관, 1990.

442. 후쿠이 고우준, 「동양사상연구 제4(東洋思想研究第四)」, 『후쿠이 고우준 저작집』, 법장관, 1990.

443. 후쿠이 후미마사(福井文雅), 『중국사상 연구와 현대(中國思想研究と現代)』, 융문관(隆文館), 1990.

444. 히라타 쇼지(平田昌司), 『당송의 과거제도 전환과 방언 배경 — 과거제도와 한어사 제6(唐宋科擧制度轉變的方言背景 — 漢語史第六)』, 중문본, 『오어와 민어의 비교연구(吳語與閩語的比較研究)』, 상해교육출판사(上海教育出版社), 1995.

찾아보기

| ㄴ |

| ㄷ |

| ㄹ |

| ㅁ |

| ㅂ |

| ㅋ |

| ㅌ |

| ㅍ |

| ㅎ |

중국사상사 1
–7세기 이전 중국의 지식과 사상, 그리고 신앙세계

2013년 3월 18일 초판 1쇄 발행
2015년 12월 10일 초판 2쇄 발행

지은이 | 거자오광(葛兆光)
옮긴이 | 이등연·심규호·양충렬·오만종

펴낸이 | 이성우
펴낸곳 | 도서출판 일빛
등록번호 | 제10-1424호(1990년 4월 6일)
주소 | 121-898 서울시 마포구 동교로27길 12 동교씨티빌 201호
전화 | 02) 3142-1703~4
팩스 | 02) 3142-1706
전자우편 | ilbit@naver.com

값 55,000원
ISBN 978-89-5645-168-8 (94150)
978-89-5645-175-6 (전2권)